Egbert Jeschke, Eckehard Pfeifer, Helmut Reinke, Sara Unverhau,
Bodo Fienitz, Jens Bock

Microsoft Excel – Formeln & Funktionen
Das Maxibuch, 2. Auflage

Egbert Jeschke, Eckehard Pfeifer, Helmut Reinke, Sara Unverhau,
Bodo Fienitz, Jens Bock

Microsoft Excel – Formeln & Funktionen Das Maxibuch, 2. Auflage

Microsoft Press

Egbert Jeschke, Eckehard Pfeifer, Helmut Reinke, Sara Unverhau, Bodo Fienitz, Jens Bock:
Microsoft Excel – Formeln & Funktionen – Das Maxibuch, 2. Auflage

15 14 13 12 11 10 9 8 7 6 5 4 3 2
13 12

ISBN 978-3-86645-233-6

Balthasarstr. 81, 50670 Köln

Fachlektorat: Georg Weiherer, Münzenberg
Korrektorat: Dorothee Klein, Judith Klein, Karin Baeyens, Siegen
Layout und Satz: Cordula Winkler, mediaService, Siegen (www.media-service.tv)
Umschlaggestaltung: Hommer Design GmbH, Haar (www.HommerDesign.com)
Gesamtherstellung: Kösel, Krugzell (www.KoeselBuch.de)

Übersicht

Inhaltsverzeichnis

Vorwort

Wir freuen uns, Ihnen die zweite Neuauflage unseres Funktionsbuches vorlegen zu können. Seit wir dieses Buch geschrieben haben, sind für Excel-Verhältnisse zwei kleine Revolutionen passiert: Vor wenigen Jahren kam Excel 2007 mit vielen neuen Eigenschaften und Möglichkeiten auf den Markt. Seit wenigen Monaten steht uns Excel 2010 zur Verfügung, wo abermals neue Möglichkeiten hinzu kamen. Wir werden partiell darauf eingehen.

Es war also erneut notwendig, das erste komplette deutsche Kompendium zu den Excel-Arbeitsblattfunktionen zu überarbeiten. Wir hoffen, dass Sie, liebe Leserinnen und Leser, das neue Konzept begrüßen und Ihnen dieses Nachschlagewerk viele Anregungen und Hilfestellungen geben wird.

Auch in diesem Vorwort möchten wir uns bei unseren Lektoren Thomas Pohlmann, Thomas Braun-Wiesholler und Georg Weiherer für ihre Inspiration, Geduld und Mühe bedanken. Wir haben versucht, in allen Kapiteln fundierte Beschreibungen, praxisnahe Beispiele und Lösungen zu bringen und die Materialfülle fehlerfrei darzubieten. Ob es uns gelungen ist, diesen Ansprüchen gerecht zu werden, entscheiden Sie. Wir sind Realisten und wissen, dass man ein Buch wie dieses trotz aller Bemühungen immer noch besser machen kann. Wir freuen uns deshalb auf Ihre Kritiken, Vorschläge und Hinweise.

Wer war an diesem Buch beteiligt?

Wir – das sind Excel-Spezialisten aus verschiedenen Berufen mit sehr unterschiedlichen Erfahrungen. In diesem Handbuch finden Sie unsere gesammelten Erfahrungen aus der täglichen Arbeit mit Excel im Controlling, im Software-Training, in der Statistik, in Datenbankprojekten oder in der Programmierung. Sie werden sich fragen, wer sich dahinter verbirgt:

- *Sara Unverhau* ist internationale Diplom-Betriebswirtin mit den Spezialgebieten Marketing, Controlling und Sprachen. Sie ist im Bereich Marketing und Kommunikation tätig. Sara verfasste bereits zahlreiche Artikel und Buchkapitel zu betriebswirtschaftlichen Themen bei verschiedenen Verlagen.
- *Jens Bock*, Diplom-Betriebswirt mit den Spezialgebieten Qualitätsmanagement und Dokumentation, ist im Bereich Dokumenten- und Qualitätsmanagement tätig. Unter anderem durch seine Tätigkeiten als Berater für Qualitätsmanagement und Webanwendungen verfügt er über einen breiten Erfahrungsschatz in der Anwendung von Microsoft Excel.
- *Dr. Bodo Fienitz* ist promovierter Chemiker und seit 1991 hauptberuflich Dozent in der Erwachsenenbildung. Er unterrichtet neben naturwissenschaftlichen Fächern (Chemie, Physik und Biologie) regelmäßig EDV-bezogene Themen in Theorie und Anwendung. Die Spannbreite geht von EDV-Grundlagen über Betriebssysteme bis zu kaufmännischen und technischen Branchenlösungen. Den ersten Kontakt zur EDV hatte er im Jahre 1971 während seines Studiums der Elektrotechnik an der TU Berlin. Für seine Promotionsarbeit in Chemie an der FU Berlin während der 80ger Jahre setzte er rechnergesteuerte Prozesssteuerung, Messdatenerfassung und Verfahren zur numerischen Messdatenauswertung ein. Im Zusammenhang mit der notwendigen Visualisierung und Weiterverarbeitung der Daten wurde Dr. Fienitz zum Excel-Experten.
- *Egbert Jeschke* ist seit Jahren als Trainer und Anwendungsberater und -entwickler tätig. Auch bzw. gerade als jemand, der sich den relationalen und multidimensionalen Datenbanken verschrieben hat, weiß er die Stärken von Excel zu schätzen und zu nutzen.

Fundierte Kenntnisse in SQL, VBA und der Textverarbeitung Word machen ihn zum Allrounder. Er ist Autor bzw. Mitautor verschiedener Bücher zum Einsatz von Office-Software bei Microsoft Press und anderen Verlagen.

- *Dr. Eckehard Pfeifer* aus Dresden ist habilitierter Mathematiker und als freiberuflicher Berater, Entwickler und Trainer tätig. Er ist Microsoft Certified Application Developer .NET und hat sich im Wesentlichen auf das Office-Umfeld spezialisiert. Als Autor schreibt er für verschiedene Fachmagazine und Lose-Blatt-Sammlungen. Er ist Mitautor verschiedener Bücher bei Microsoft Press (Excel Handbuch, PowerPoint Handbuch, Excel Programmierrezepte, Office 2007 Programmierung). Sie erreichen ihn über seine Website *www.dr-e-pfeifer.net.*
- *Helmut Reinke*, der Spiritus Rector dieses Teams, steht für zahlreiche Veröffentlichungen zu den Office-Anwendungen, zu betriebswirtschaftlichen Lösungen, Projektmanagement und zur Unternehmensführung. Er ist Organisationsprogrammierer mit den Schwerpunkten Erfolgs- und Unternehmensplanung und ein Excel-Guru der ersten Stunde. Zu seiner langjährigen Tätigkeit in Vertrieb und Handel kommt eine fundierte didaktische Erfahrung, die er als Dozent und Schulungsleiter gewonnen hat.

Genug der Vorrede. Viele für Sie hoffentlich nützliche Seiten liegen vor Ihnen. Machen Sie etwas daraus, und wenn Ihnen das Buch gefällt – bitte behalten Sie es nicht für sich. Schreiben Sie uns, was Ihnen gefällt und vor allem, was wir besser machen müssen.

Wir versprechen Ihnen, dass wir bei Fragen und Schwierigkeiten für Sie da sind. Schreiben Sie uns an diese Adresse: *info@mindbusiness.de.*

Mehr Informationen darüber, womit wir uns sonst noch beschäftigen, finden Sie in Internet unter *http://www.mindbusiness.de.*

Wie ist dieses Buch aufgebaut?

Grundsätzlich haben wir die Tests zu den beschriebenen Funktionen in den Versionen 2000 bis 2010 von Excel vorgenommen. Die allermeisten Beschreibungen, mit Ausnahme 2007/2010-spezifischer Merkmale, können jedoch auch von den Lesern genutzt werden, die mit Excel 97 arbeiten. Wo es notwendig (und uns bekannt) war, haben wir auf Besonderheiten hinsichtlich der Versionen hingewiesen.

Bestimmte Textstellen haben wir besonders gekennzeichnet, damit Ihre Aufmerksamkeit auf die wichtigen Aussagen gerichtet wird. Dabei gibt es diese Kennzeichnungen:

Kategorie	Bedeutung
Hinweis	Wissenswerte Zusatzhinweise zum Thema
Wichtig	Macht Sie auf Fakten aufmerksam, die Sie unbedingt wissen und beachten sollten
Tipp	Verrät Tipps und Tricks im gerade behandelten Kontext

Das Buch ist in drei Abschnitte unterteilt. Dem Abschnitt »Einstieg und Grundlagen – Nicht aller Anfang ist schwer« folgt der Abschnitt »Aufbauwissen – Excel setzt keine Grenzen«. Der dritte Abschnitt »Referenz – Alle Funktionen im Detail« mit den Funktionsbeschreibungen macht naturgemäß den Hauptteil des Buches aus. Die Anhänge beschließen das Buch.

Abschnitt »Einstieg und Grundlagen – Nicht aller Anfang ist schwer«

In diesem Abschnitt finden Sie die drei einführenden Kapitel zur Arbeit mit Excel, besonders der Version 2010, im Allgemeinen und mit Formeln und Funktionen im Besonderen. Wir haben hier für die Einsteiger, aber auch für die Profis unter Ihnen einen Abriss mit allen wichtigen Hinweisen, Anleitungen, Tipps und Tricks zur Arbeit mit Formeln und zum Einsatz der Tabellenfunktionen zusammengestellt.

Weil wir das Excel 2010-Add In »PowerPivot« so bemerkenswert finden, stellen wir es in diesem Abschnitt kurz vor. Mit den Arbeitsblattfunktionen hat dieses Add-In nur bedingt zu tun. Trotzdem wollten wir es unserer geneigten Leserschaft nahebringen.

Abschnitt »Aufbauwissen – Excel setzt keine Grenzen«

Die beiden anschließenden Kapitel zeigen Ihnen, dass Sie die meisten Funktionen nicht nur im Tabellenblatt einsetzen können und wie Sie Ihre eigenen Funktionen programmieren und einsetzen können.

Das Kapitel 4 »Funktionen im besonderen Einsatz« zeigt Beispiele für die Anwendung der Funktionen in Namen, in der Bedingten Formatierung und bei der Gültigkeits- bzw. Datenprüfung. Wir denken, dass Sie hier viele Anregungen und Hinweise für Ihre Excel-Lösungen bekommen.

Das Kapitel 5 »Benutzerdefinierte Funktionen« führt Sie in die Programmierwelt unter Excel ein. Alle Tabellenfunktionen, die Sie noch in Excel vermissen, können Sie selbst erstellen und dann wie die eingebauten Funktionen verwenden. Wie Sie dabei vorgehen, erfahren Sie in diesem Kapitel.

Abschnitt »Referenz – Alle Funktionen im Detail«

Dies ist der Hauptabschnitt und -inhalt dieses Buches. Die Kapitel 6 bis 16 enthalten die nach Kategorien unterteilten Funktionsbeschreibungen. Die Funktionen sind innerhalb der Kapitel alphabetisch aufgeführt. Hier die Inhalte der Kapitel:

Kap06	Datums- und Zeitfunktionen
Kap07	Text- und Datenfunktionen
Kap08	Logische Funktionen
Kap09	Nachschlage- und Verweisfunktionen
Kap10	Informationsfunktionen
Kap11	Statistische Funktionen
Kap12	Datenbankfunktionen
Kap13	Cube-Funktionen (Neu ab Excel 2007)
Kap14	Finanzmathematische Funktionen
Kap15	Mathematische und trigonometrische Funktionen
Kap16	Konstruktionsfunktionen

Anhänge

Wir haben diesem Buch vier Anhänge hinzugefügt. Im Anhang A finden Sie die alphabetisch sortierten Funktionslisten – »Deutsch-Englisch« und »Englisch-Deutsch«. Damit sollten Sie in der Lage sein, jede Funktion auch in der jeweils anderen Sprache schnell benennen zu können.

Der Anhang B enthält die deutsche Funktionsliste nach Kategorien sortiert, im Anhang C finden Sie eine Zusammenfassung der in Excel 2007 und Excel 2010 neu aufgenommenen Funktionen, und der abschließende Anhang D enthält eine Inhaltsübersicht der CD-ROM zu diesem Buch.

Und nun wünschen wir Ihnen Erfolg in der Arbeit mit Microsoft Excel!

Teil A

Einstieg und Grundlagen – Nicht aller Anfang ist schwer

Kapitel 1

Probleme mit Funktionen lösen

In diesem Kapitel finden Sie den Einstieg in die Arbeit mit Excel und seinen Funktionen. Nach Kategorien unterteilt greifen wir hier den Referenzkapiteln weiter hinten vor, zeigen praktische Anwendungsbeispiele und wollen Sie auch auf die ausführlichen Funktionsbeschreibungen und die weiteren Beispiele in den Referenzkapiteln neugierig machen. Eine Ausnahme bilden die sehr speziellen technischen bzw. Konstruktionsfunktionen, auf die wir in dieser Einführung verzichten.

Doch zu Beginn wollen wir Sie mit der aktuellen Excel-Version 2010 vertraut machen, denn wir meinen, dass es sich seit der Version 2007 lohnt, über ein Update nachzudenken. Auch wenn Sie dieses schon vollzogen haben – der folgende Rundflug durch die Excel-Praxis ist sicher für alle informativ.

Excel 2010 – Einstieg in 30 Minuten

Microsoft Excel 2010 bringt eine Reihe neuer Funktionalitäten mit sich, die wir Ihnen in einem 30-Minuten-Beispiel anhand einer Deckungsbeitragsrechnung kurz vorstellen möchten. Die Deckungsbeitragsrechnung ist in der Praxis ein wichtiges Instrument bei der Preiskalkulation und bei der Planung des Betriebsergebnisses. Durch die Deckungsbeitragsrechnung können Sie ein entscheidungsorientiertes Kostenrechnungssystem mit den folgenden Elementen aufbauen:

- Kurzfristige Erfolgsrechnung
- Ermittlung der kurzfristigen Preisuntergrenze in Höhe der variablen Kosten
- Eine optimale Sortimentspolitik durch die Orientierung am Deckungsbeitrag
- Kalkulatorischer Ausgleich durch Differenzierung der Verkaufspreise, sofern Sie für jedes Produkt oder jede Produktgruppe kalkulieren

Szenario & Ziele

Die Firma XY möchte wissen, inwieweit Deckungsbeiträge erwirtschaftet wurden, wie hoch der Deckungsbeitrag in Prozent ist und wie die Abweichungen aussehen. Nach dem Durcharbeiten dieser Übung werden Sie über folgende Excel-Kenntnisse verfügen:

- Monatsreihen automatisch ausfüllen – eigene Füllformate erstellen
- Formeln eingeben
- Absolute Bezüge: Einsatz und Erstellung
- Arbeiten mit Tabellen und Formatvorlagen
- Zellen formatieren
- Grafiken/Diagramme einfügen und formatieren
- PivotTable erstellen

CD-ROM Die folgenden Praxisbeispiele zum 30-Minuten-Einstieg in Excel 2010 finden Sie auf der Buch-CD im Ordner *\Buch\Kap01* in der Arbeitsmappe *Excel_Uebungsbeispiel.xlsx*.

Das neue Arbeiten mit Daten, Formeln und Funktionen

Erfahren Sie, wie Sie effektiv in Excel arbeiten. Die Version 2010 bietet dazu altbewährtes und neue Möglichkeiten.

Datenreihe »Monate« erzeugen

Sie benötigen eine Auflistung der Monate des Jahres. So erzeugen Sie schnell die Liste:

1. Öffnen Sie über *Datei/Neu* und per Klick auf *Erstellen* eine leere Excel-Arbeitsmappe.
2. Geben Sie in die Spalten *A2* bis *D2* folgende Werte ein (Abbildung 1.1):
   - Monat (*A2*)
   - Einkauf (*B2*)
   - Verkauf (*C2*)
   - Deckungsbeitrag 1 (*D2*)

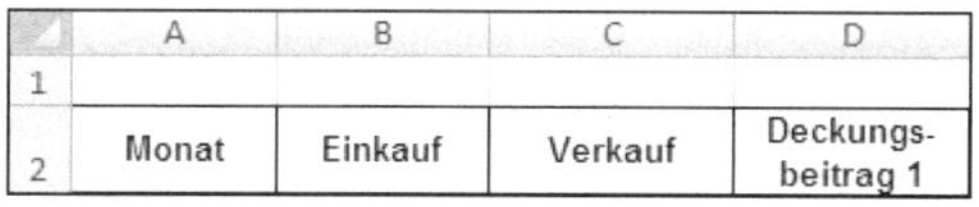

Abbildung 1.1: Geben Sie die Spaltennamen für die Tabelle an

3. Um die Monatsnamen so schnell wie möglich – und nicht einzeln nacheinander – einzugeben, schreiben Sie zunächst in Zelle *A3* den Monat *Januar*.
4. Markieren Sie die Zelle *A3* und setzen Sie den Mauszeiger auf das kleine Quadrat rechts unten an der markierten Zelle (Ausfüllkästchen, siehe Abbildung 1.2).

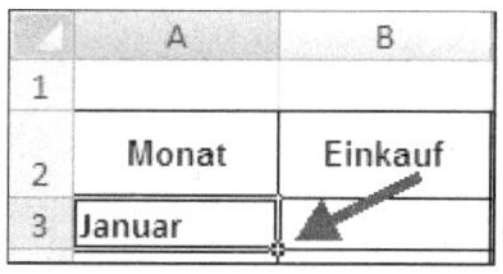

Abbildung 1.2: Das Ausfüllkästchen zur Erweiterung der Datenreihe

5. Der Mauszeiger verändert sich zu einem schwarzen Fadenkreuz. Halten Sie die linke Maustaste gedrückt und ziehen Sie das Kreuz bis zur Zelle *A14*. Bereits beim Herunterziehen des Fadenkreuzes werden die jeweiligen Monatsnamen in einer Vorschau angezeigt (Abbildung 1.3).

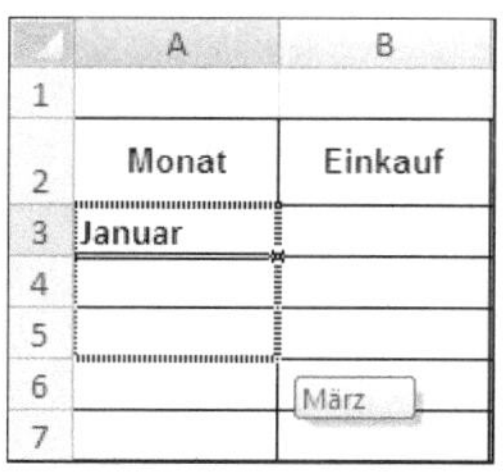

Abbildung 1.3: Die Monate werden über das Ausfüllkästchen ergänzt

6. Lassen Sie die Maus in Zelle *A14* los, erscheinen alle Monate von Januar bis Dezember.

Abbildung 1.4: Die Monate wurden automatisch richtig eingetragen

Individuelle Datenreihe erzeugen

Diese Funktion ist auch hilfreich, wenn Sie eigene, individuelle Datenreihen bzw. eine eigene AutoAusfüll-Reihe erzeugen möchten. Das ist sinnvoll für Reihen, die nicht berechnet werden können.

Um z.B. eine Liste der Verkäufer nicht immer von Neuem eingeben zu müssen, definieren Sie am besten eine eigene Liste zum AutoAusfüllen:

1. Öffnen Sie dazu ein neues Tabellenblatt durch einen Klick auf das letzte Blattregister mit dem Symbol für ein neues Blatt am unteren Rand des Arbeitsmappenfensters. Alternativ können Sie die Tasten ⇧+F11 benutzen.
2. Tragen Sie in eine freie Zelle dieses Arbeitsblatts den Text »Verkäufer« ein.
3. Schreiben Sie darunter die Namen der Verkäufer jeweils in eine separate Zelle.

Abbildung 1.5: Erstellen Sie benutzerdefinierte Datenreihen

4. Markieren Sie nun den Bereich, der die Namen enthält.
5. Öffnen Sie die Registerkarte *Datei* und klicken Sie auf *Optionen* (Abbildung 1.6).

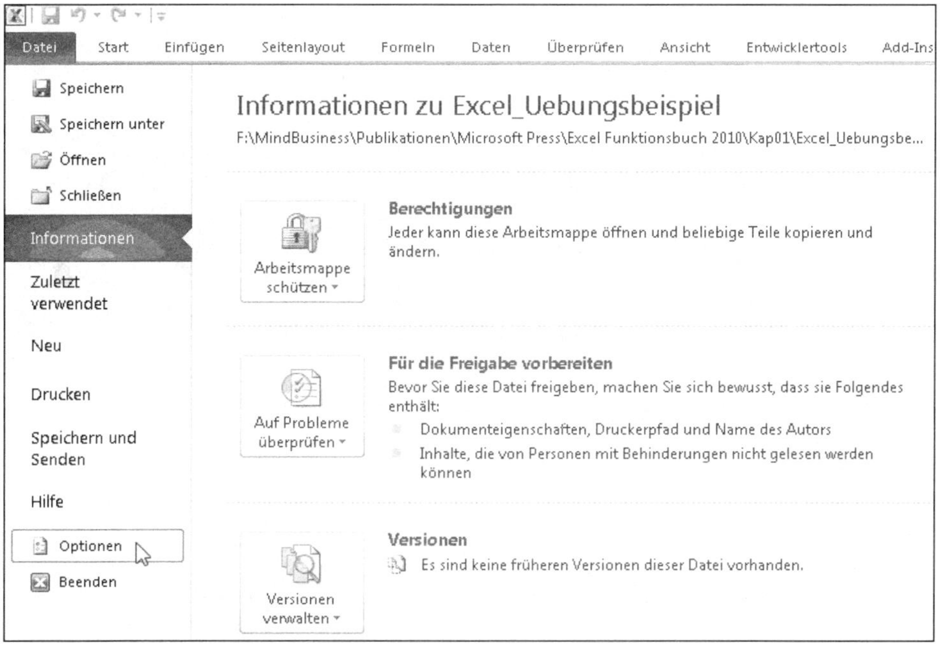

Abbildung 1.6: Öffnen Sie die Excel-Optionen

6. Wählen Sie im Dialogfeld *Excel-Optionen* die Kategorie *Erweitert* und klicken Sie im Abschnitt *Allgemein* auf die Schaltfläche *Benutzerdefinierte Listen bearbeiten*.

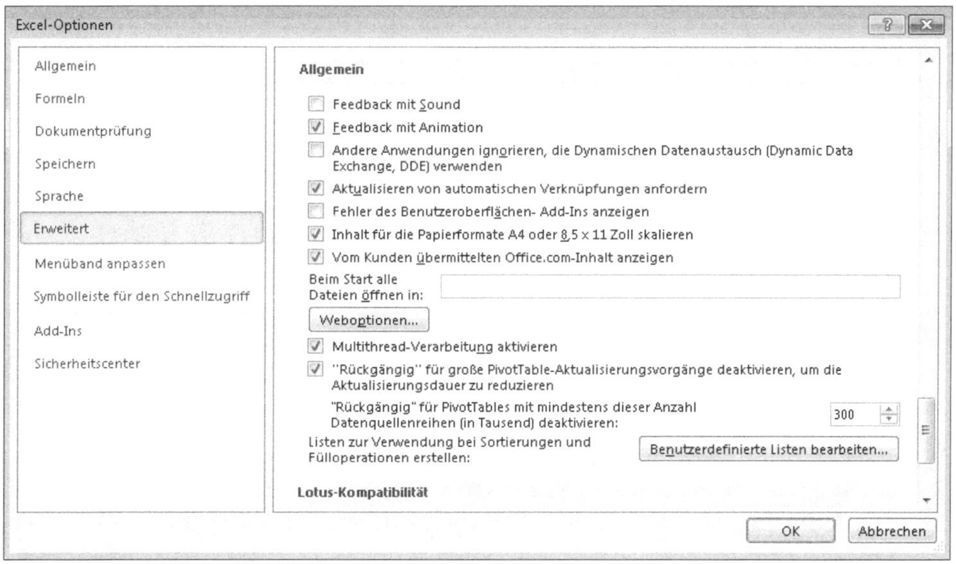

Abbildung 1.7: Öffnen Sie die häufig verwendeten Listen

Tipp Die Excel-Optionen wurden in der Version 2003 noch über das Menü *Anpassen* verwaltet. In der Version 2007 sind Sie unter der *Microsoft Office-Schaltfläche* und in der Version 2010 auf der Registerkarte *Datei* zu finden. Klicken Sie anschließend auf den Eintrag *Excel-Optionen* bzw. auf *Optionen*.

7. Überprüfen Sie, ob der Zellbezug der ausgewählten Liste mit Elementen im Feld *Liste aus Zellen importieren* angezeigt wird, und klicken Sie dann auf *Importieren* (Abbildung 1.8).

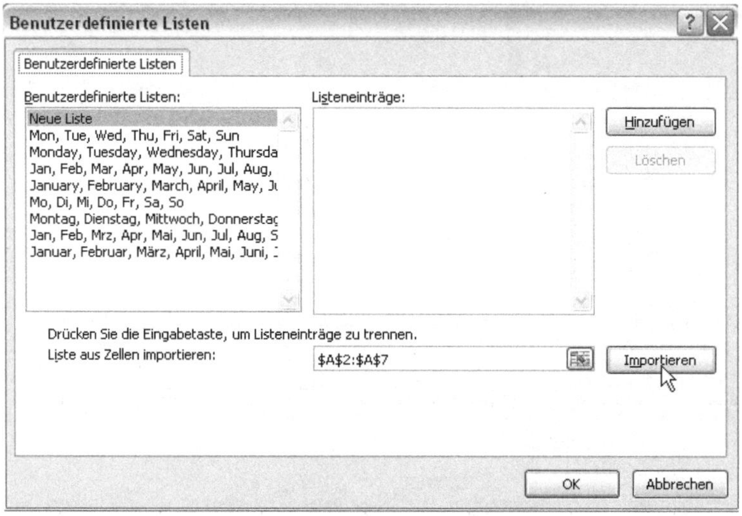

Abbildung 1.8: Geben Sie den Zellbereich an, der importiert werden soll

8. Die Elemente in der ausgewählten Liste werden dem Feld *Benutzerdefinierte Listen* hinzugefügt.

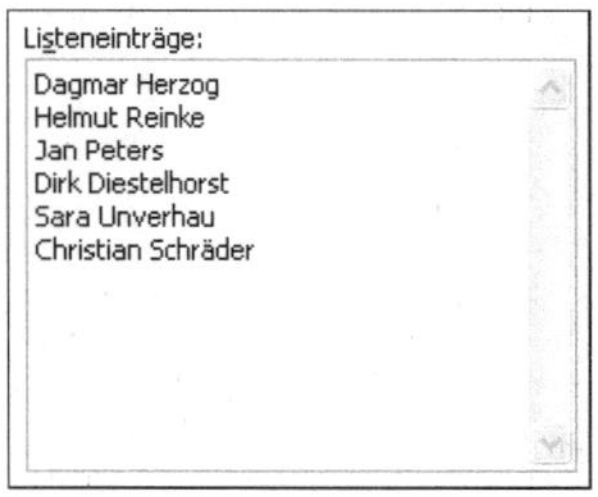

Abbildung 1.9: Die Listeneinträge werden ergänzt

9. Klicken Sie zweimal auf *OK*.

Wenn Sie jetzt eine Reihe mit den Namen Ihrer Verkäufer erzeugen möchten, müssen Sie in Zukunft lediglich den vollständigen Namen eines Verkäufers in eine Zelle eingeben und mit der Maus das Ausfüllkästchen in die gewünscht Richtung ziehen. Die Reihe wird automatisch erstellt.

Damit haben Sie eine fast unerschöpfliche Möglichkeit, Datenreihen zu hinterlegen.

Schnelle Datenerfassung

Sie wollen nun die Tabelle mit Werten für den Einkauf und Verkauf füllen. Sie benötigen nun eine Reihe von Beispielzahlen, um die Lösung zu erstellen und überprüfen zu können. Dies soll so rationell und einfach wie möglich vonstatten gehen. Daher bedienen Sie sich der Funktion ZUFALLSBEREICH().

1. Markieren Sie die Zelle *B3* in Ihrem Excel-Tabellenblatt mit der zuvor angelegten Tabelle.
2. Geben Sie folgende Funktion ein: `=zufallsbereich(1000;500000)`. Die Zahlen 1.000 und 500.000 geben die Grenzen an, zwischen denen sich die Zahl bewegen darf. Das Semikolon dazwischen drückt das »bis« aus.

	A	B
1		
2	Monat	Einkauf
3	Januar	=zufallsbereich(1000;
4	Februar	500000)
5	März	

Abbildung 1.10: Mit Formeln arbeiten

3. Drücken Sie anschließend die [↵]-Taste.
4. In der Zelle wird eine Zufallszahl zwischen 1.000 und 500.000 dargestellt.

	A	B
1		
2	Monat	Einkauf
3	Januar	475214

Abbildung 1.11: Durch die Funktion *Zufallsbereich* wurde ein Wert hinzugefügt

5. Markieren Sie die Zelle und führen Sie einen Doppelklick auf das Ausfüllkästchen aus. Die Spalte *Einkauf* wird automatisch bis *Dezember* gefüllt.

	A	B	C
1			
2	Monat	Einkauf	Verkauf
3	Januar	436112	
4	Februar	203832	
5	März	233258	
6	April	204250	
7	Mai	218408	
8	Juni	283157	
9	Juli	38773	
10	August	427123	
11	September	42387	
12	Oktober	193982	
13	November	131474	
14	Dezember	281529	

Abbildung 1.12: Werte in Sekundenschnelle ergänzen

6. Wiederholen Sie die Schritte 1 bis 5 für die Spalte *Verkauf*. Geben Sie einen Zufallsbereich zwischen 1000 und 500000 an.
7. Die Tabelle steht nun zur weiteren Bearbeitung zur Verfügung.

Formelergebnisse in feste Werte umwandeln

Damit sich die Zufallszahlen in den Spalten *Einkauf* und *Verkauf* nicht permanent verändern, absolvieren Sie folgende Schritte:

1. Markieren Sie die Zellen in der Spalte *Einkauf* von *Januar* bis *Dezember.*
2. Gehen Sie mit der Maus auf den rechten Rand der markierten Spalte. Der Mauszeiger wird als »Pfeilkreuz« dargestellt.
3. Drücken Sie die rechte Maustaste und ziehen Sie die Markierung um eine Spalte nach rechts und wieder zurück. Die Verschiebung wird durch eine gestrichelte Linie dargestellt (Abbildung 1.13).

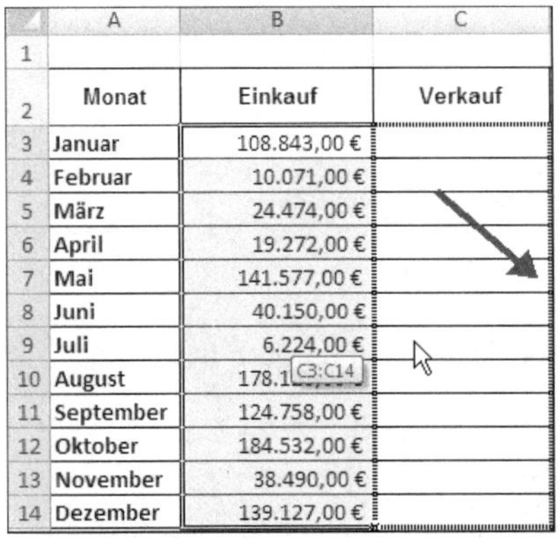

Abbildung 1.13: Verschieben Sie die markierten Werte nach rechts und wieder zurück

4. Wenn sich die Markierung nach der Verschiebung wieder auf der Ausgangsposition befindet, lassen Sie die Maustaste los und wählen in dem sich öffnenden Kontextmenü den Eintrag *Hierhin nur als Werte kopieren* (Abbildung 1.14).

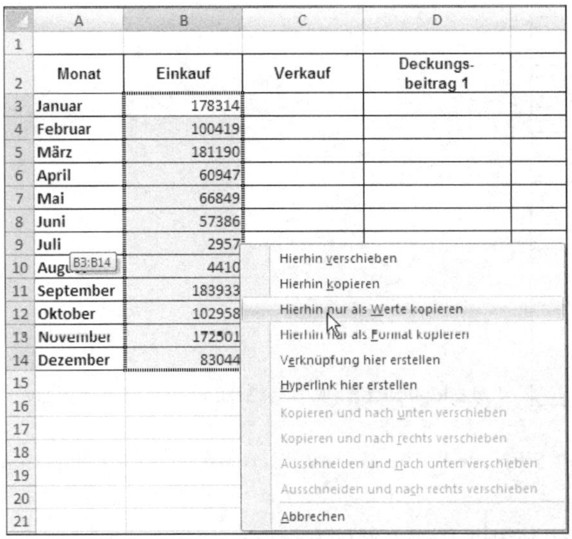

Abbildung 1.14: Zahlen in feste Werte verwandeln

5. Die Zufallszahlen in der Spalte sind nun unveränderbare feste Werte.
6. Wiederholen Sie diesen Vorgang für die Werte in der Spalte *Verkauf*, nachdem Sie auch dort zufällige Werte per Funktion organisiert haben.

Zahlenwerte formatieren

Um die Zahlenwerte unter *Einkauf* und *Verkauf* als €-Werte zu formatieren, gehen Sie wie folgt vor:

1. Markieren Sie die Zellen *B3* bis *C14*.
2. Klicken Sie auf der Registerkarte *Start* in der Gruppe *Zahl* auf die Schaltfläche *Buchhaltungszahlenformat* (Abbildung 1.15).

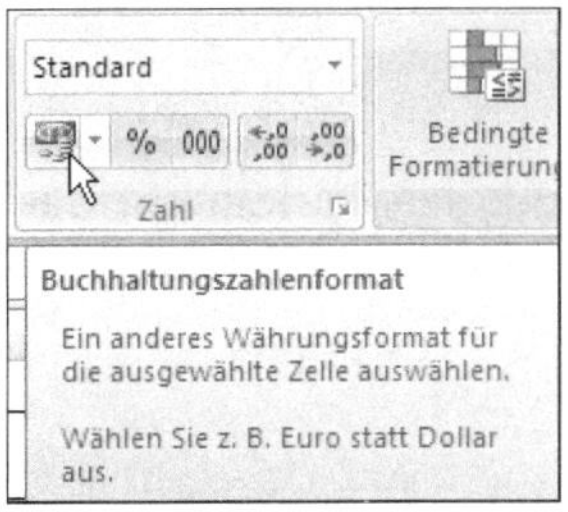

Abbildung 1.15: Zahlen in €-Werten darstellen

Tipp Die Zuweisung von Zahlenformaten ist seit Excel 2007 wesentlich einfacher. Über die Multifunktionsleiste (bzw. das Menüband) erreichen Sie die gewünscht Formatierung in Sekundenschnelle.

3. Die markierten Werte werden automatisch als Dezimalzahl mit zwei Nachkommastellen im Euro-Format angezeigt.

	A	B	C
1			
2	Monat	Einkauf	Verkauf
3	Januar	178.314,00 €	219.572,00 €
4	Februar	100.419,00 €	205.043,00 €
5	März	181.190,00 €	385.835,00 €
6	April	60.947,00 €	201.285,00 €
7	Mai	66.849,00 €	213.776,00 €
8	Juni	57.386,00 €	397.653,00 €
9	Juli	2.957,00 €	283.100,00 €
10	August	4.410,00 €	334.551,00 €
11	September	183.933,00 €	247.343,00 €
12	Oktober	102.958,00 €	362.121,00 €
13	November	172.501,00 €	340.069,00 €
14	Dezember	83.044,00 €	379.739,00 €

Abbildung 1.16: Die Darstellung der Zahlen als €-Beträge

Berechnung des Deckungsbeitrags

Um nun den Deckungsbeitrag zu errechnen, gehen Sie wie folgt vor:

1. Klicken Sie in die Zelle *D3* und ziehen Sie die Kosten für den *Einkauf* von den Einnahmen durch den *Verkauf* ab. Geben Sie dazu in die Zelle *D3* ein Gleichheitszeichen (=) ein, klicken Sie dann auf die Zelle *C3*, geben ein Minuszeichen (–) ein und klicken Sie dann auf die Zelle *B3*.

	A	B	C	D
1				
2	Monat	Einkauf	Verkauf	Deckungs-beitrag 1
3	Januar	178.314,00 €	219.572,00 €	=C3-B3

Abbildung 1.17: Durch Subtraktion Werte voneinander abziehen

2. Drücken Sie die [↵]-Taste.
3. Führen Sie einen Doppelklick auf das Ausfüllkästchen aus, um den Deckungsbeitrag bis *Dezember* zu berechnen.

	A	B	C	D
1				
2	Monat	Einkauf	Verkauf	Deckungs-beitrag 1
3	Januar	178.314,00 €	219.572,00 €	41.258,00 €
4	Februar	100.419,00 €	205.043,00 €	104.624,00 €
5	März	181.190,00 €	385.835,00 €	204.645,00 €
6	April	60.947,00 €	201.285,00 €	140.338,00 €
7	Mai	66.849,00 €	213.776,00 €	146.927,00 €
8	Juni	57.386,00 €	397.653,00 €	340.267,00 €
9	Juli	2.957,00 €	283.100,00 €	280.143,00 €
10	August	4.410,00 €	334.551,00 €	330.141,00 €
11	September	183.933,00 €	247.343,00 €	63.410,00 €
12	Oktober	102.958,00 €	362.121,00 €	259.163,00 €
13	November	172.501,00 €	340.069,00 €	167.568,00 €
14	Dezember	83.044,00 €	379.739,00 €	296.695,00 €

Abbildung 1.18: Der Deckungsbeitrag wurde für alle Monate berechnet

Die Angaben als Tabelle formatieren

Das Formatieren von Tabellen ist seit Excel 2007 um einiges einfacher als in früheren Versionen. Das Gestalten einer Tabelle ist nicht nur schnell umzusetzen, sondern vereinfacht darüber hinaus auch noch das Arbeiten mit Formeln. Um Ihre Angaben in Excel in wenigen Schritten als Tabelle zu formatieren, gehen Sie wie folgt vor:

1. Markieren Sie die Zellen, die Daten enthalten.
2. Klicken Sie auf der Registerkarte *Start* in der Gruppe *Formatvorlagen* auf das Dropdownmenü der Schaltfläche *Als Tabelle formatieren* und wählen Sie eines der in Abbildung 1.19 gezeigten Tabellenlayouts aus.

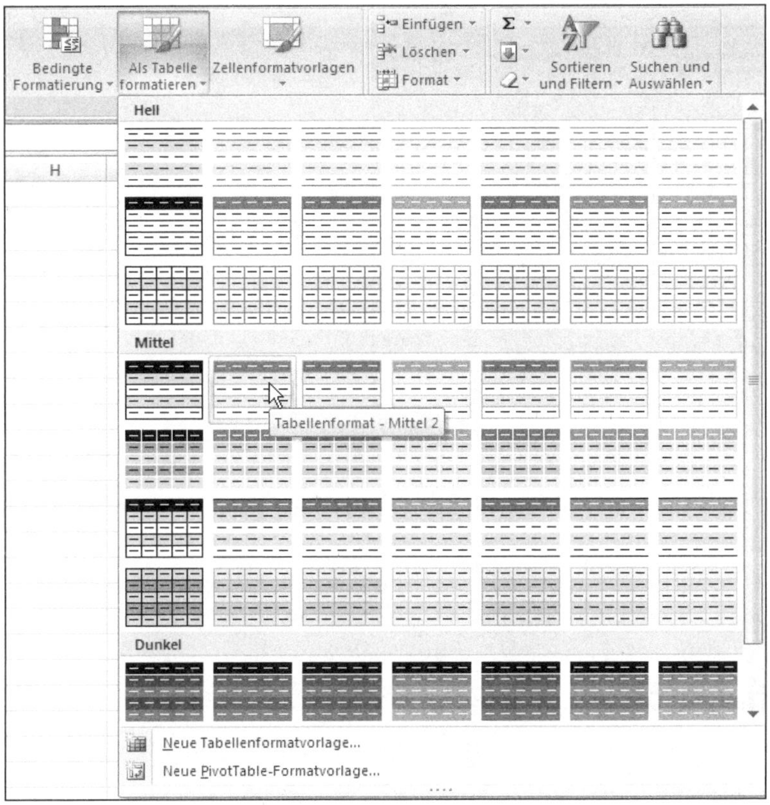

Abbildung 1.19: Die Tabellenformate seit Excel 2007

3. Im Dialogfeld *Als Tabelle formatieren* wird der zu formatierende Bereich angezeigt. Klicken Sie auf *OK*.

Abbildung 1.20: Bestätigen Sie den zu formatierenden Tabellenbereich

4. Die Tabelle erscheint in dem von Ihnen gewählten Layout (Abbildung 1.21).

Monat	Einkauf	Verkauf	Deckungsbeitrag 1
Januar	178.314,00 €	219.572,00 €	41.258,00 €
Februar	100.419,00 €	205.043,00 €	104.624,00 €
März	181.190,00 €	385.835,00 €	204.645,00 €
April	60.947,00 €	201.285,00 €	140.338,00 €
Mai	66.849,00 €	213.776,00 €	146.927,00 €
Juni	57.386,00 €	397.653,00 €	340.267,00 €
Juli	2.957,00 €	283.100,00 €	280.143,00 €
August	4.410,00 €	334.551,00 €	330.141,00 €
September	183.933,00 €	247.343,00 €	63.410,00 €
Oktober	102.958,00 €	362.121,00 €	259.163,00 €
November	172.501,00 €	340.069,00 €	167.568,00 €
Dezember	83.044,00 €	379.739,00 €	296.695,00 €

Abbildung 1.21: Tabellen mit wenigen Schritten gestalten

Durch die Formatierung der Daten als Tabelle stehen jetzt auch Filteroptionen im Tabellenkopf zur Verfügung.

Tipp Durch die einfache Formatierung von Daten als Tabelle erhalten Sie auf Tastendruck übersichtlich dargestellte Werte und können viele weitere Tabellenfunktionsvorteile nutzen.

Deckungsbeitrag in %

In diesem Abschnitt soll der Deckungsbeitrag in % vom Gesamtjahr berechnet werden. Gehen Sie dazu wie folgt vor:

1. Markieren Sie die Zelle *D15* unterhalb des Deckungsbeitrags für *Dezember*.
2. Klicken Sie auf der Registerkarte *Start* in der Gruppe *Bearbeiten* auf die Schaltfläche *Summe* (Abbildung 1.22).

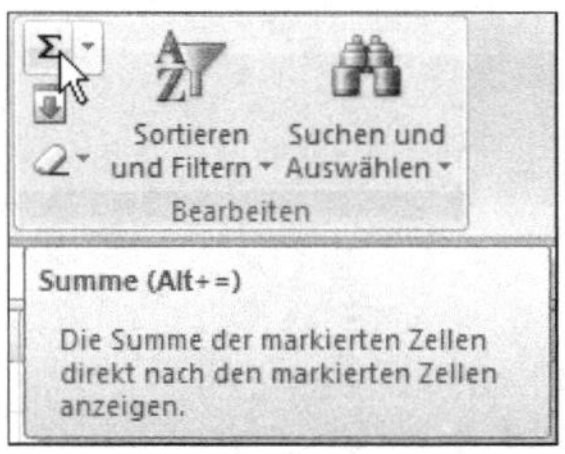

Abbildung 1.22: Die Summe errechnen per Knopfdruck

3. Durch die Formatierung der Werte als Tabelle wird automatisch die Summe der Spalte *Deckungsbeitrag 1* berechnet und angezeigt.

	A	B	C	D
1				
2	Monat	Einkauf	Verkauf	Deckungs-beitrag 1
3	Januar	178.314,00 €	219.572,00 €	41.258,00 €
4	Februar	100.419,00 €	205.043,00 €	104.624,00 €
5	März	181.190,00 €	385.835,00 €	204.645,00 €
6	April	60.947,00 €	201.285,00 €	140.338,00 €
7	Mai	66.849,00 €	213.776,00 €	146.927,00 €
8	Juni	57.386,00 €	397.653,00 €	340.267,00 €
9	Juli	2.957,00 €	283.100,00 €	280.143,00 €
10	August	4.410,00 €	334.551,00 €	330.141,00 €
11	September	183.933,00 €	247.343,00 €	63.410,00 €
12	Oktober	102.958,00 €	362.121,00 €	259.163,00 €
13	November	172.501,00 €	340.069,00 €	167.568,00 €
14	Dezember	83.044,00 €	379.739,00 €	296.695,00 €
15				2.375.179,00 €
16				Σ

Abbildung 1.23: Vereinfachte Berechnungsmöglichkeiten durch die Tabellenformatierung

Tipp

Ist Ihnen das Dropdownmenü am Summenfeld aufgefallen? Klicken Sie auf den Pfeil, haben Sie im Listenfeld die Möglichkeit, aus verschiedenen Rechenoperatoren auszuwählen (Abbildung 1.24) und sich das entsprechende Ergebnis anzeigen zu lassen.

C	D
Verkauf	Deckungs-beitrag 1
219.572,00 €	41.258,00 €
205.043,00 €	104.624,00 €
385.835,00 €	204.645,00 €
201.285,00 €	140.338,00 €
213.776,00 €	146.927,00 €
397.653,00 €	340.267,00 €
283.100,00 €	280.143,00 €
334.551,00 €	330.141,00 €
247.343,00 €	63.410,00 €
362.121,00 €	259.163,00 €
340.069,00 €	167.568,00 €
379.739,00 €	296.695,00 €
	2.375.179,00 €

Ohne
Mittelwert
Anzahl
Anzahl Zahlen
Maximum
Minimum
Summe
Standardabweichung (Stich
Varianz (Stichprobe)
Weitere Funktionen...

Abbildung 1.24: Die Berechnungsmöglichkeiten in Tabellenbereichen

4. Legen Sie nun – neben dem *Deckungsbeitrag 1* – noch die Spalte *Deckungsbeitrag in %* an. Geben Sie dazu einfach den Text in die noch nicht formatierte Tabellenspalte ein.

Abbildung 1.25: Der Tabelle weitere Spalten hinzufügen

5. Drücken Sie die [↵]-Taste. Die Spalte wird automatisch der Tabelle zugeordnet und entsprechend des Designs angepasst.

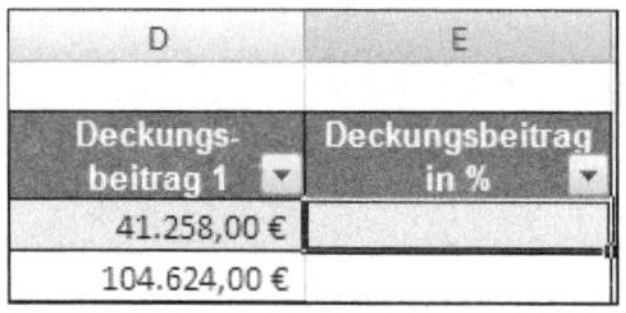

Abbildung 1.26: Neue Spalten werden automatisch dem gewählten Tabellendesign angepasst

6. Um nun den Deckungsbeitrag in % für *Januar* zu berechnen, klicken Sie in die Zelle *E3* (Spalte *Deckungsbeitrag in %*, Zeile *Januar*).
7. Die Formel muss lauten *=Deckungsbeitrag Januar geteilt durch die Summe Deckungsbeitrag*. Geben Sie das in die Zelle ein, indem Sie nach dem Gleichheitszeichen auf die Zelle *D3* klicken, den Schrägstrich tippen und dann auf die Summenzelle *D15* klicken.

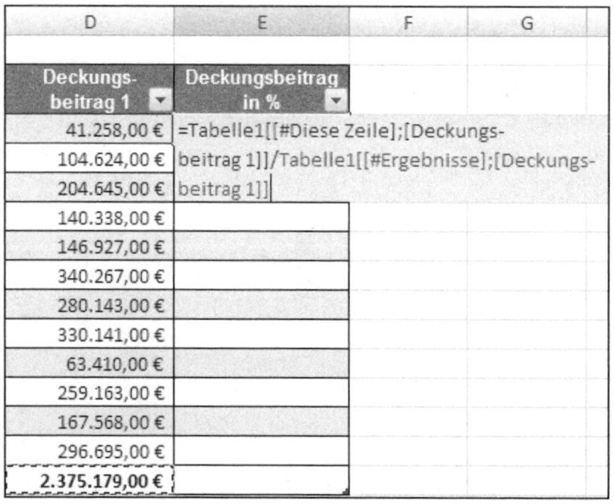

Abbildung 1.27: Bei der Arbeit mit Formeln wird seit Excel 2007 mit Tabellenwerten gearbeitet

8. Bestätigen Sie mit der [↵]-Taste.
9. Durch die Tabellenformatierung wird die eingegebene Formel automatisch auf **alle** Zellen in der Spalte *Deckungsbeitrag in %* angewandt.

D	E
Deckungs-beitrag 1	Deckungsbeitrag in %
41.258,00 €	0,01737048
104.624,00 €	0,044048891
204.645,00 €	0,086159822
140.338,00 €	0,059085231
146.927,00 €	0,061859338
340.267,00 €	0,143259519
280.143,00 €	0,117946058
330.141,00 €	0,138996261
63.410,00 €	0,026696935
259.163,00 €	0,109113039
167.568,00 €	0,07054963
296.695,00 €	0,124914796
2.375.179,00 €	

Abbildung 1.28: Die Formel wird auf alle Zeilen der Spalte angewendet

10. Markieren Sie die Zahlenwerte in der Spalte *Deckungsbeitrag in %* und klicken Sie auf der Registerkarte *Start* in der Gruppe *Zahl* auf die Schaltfläche *Prozentformat.*

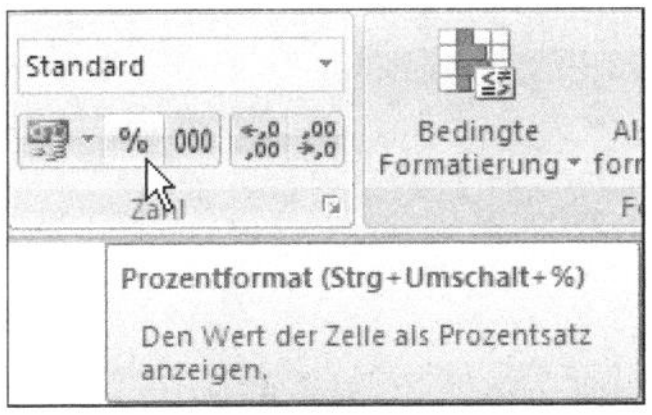

Abbildung 1.29: Zahlen als Prozentsätze wiedergeben

11. Die Werte werden nun als Prozentzahl dargestellt.

Deckungsbeitrag in %
2%
4%
9%
6%
6%
14%
12%
14%
3%
11%
7%
12%

Abbildung 1.30: Der Deckungsbeitrag in Prozent

Bedingte Formatierung

Um Daten einfacher zu interpretieren, bietet sich deren automatische Formatierung mithilfe der Funktion *Bedingte Formatierung* an.

Arbeiten Sie mit bedingter Formatierung, werden Werte dann markiert, wenn sie bestimmte Kriterien erfüllen. Das heißt, wenn die Bedingung erfüllt ist, wird der Zellbereich auf der Grundlage dieser Bedingung formatiert, wenn nicht, wird der Zellbereich nicht auf der Grundlage dieser Bedingung formatiert.

Bedingte Formatierungen stellen also optische Anhaltspunkte zur leichteren Erkennung der Verteilung und Variation von Daten dar.

In Bezug auf unser Beispiel könnte die Bedingung lauten »Formatiere mir alle Zellen der Spalte 'Deckungsbeitrag 1' Grün, deren Ergebnis bei 200.000 € oder höher liegt.«

Gehen Sie folgendermaßen vor, um eine solche Formatierung einzufügen:

1. Wählen Sie den Zellbereich in der Spalte *Deckungsbeitrag 1* aus.
2. Klicken Sie auf der Registerkarte *Start* in der Gruppe *Formatvorlagen* auf die Schaltfläche *Bedingte Formatierung* und anschließend auf *Neue Regel.*

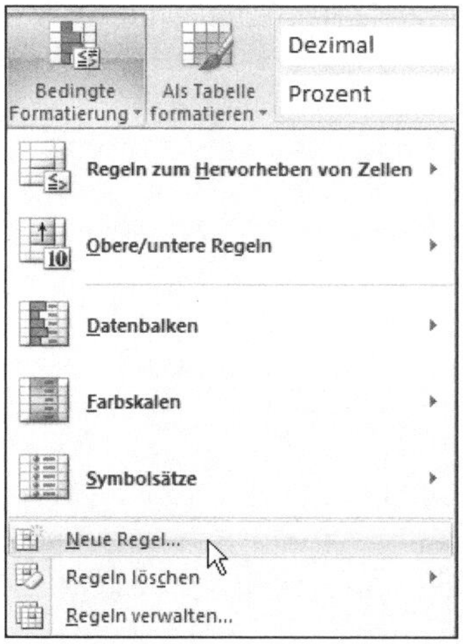

Abbildung 1.31: Erstellen Sie eine neue Regel

3. Markieren Sie im Dialogfeld *Neue Formatierungsregel* unter *Regeltyp auswählen* den Listeneintrag *Nur Zellen formatieren, die enthalten.*
4. Nehmen Sie nun die Einstellungen im Bereich *Regelbeschreibung bearbeiten* vor. Die Aussage soll sein: *Zellwert ist größer oder gleich 200.000.* Wählen Sie daher im Dropdownmenü des zweiten Feldes den Eintrag *größer oder gleich.*
5. Geben Sie im dritten Feld den Wert »200000« ein.

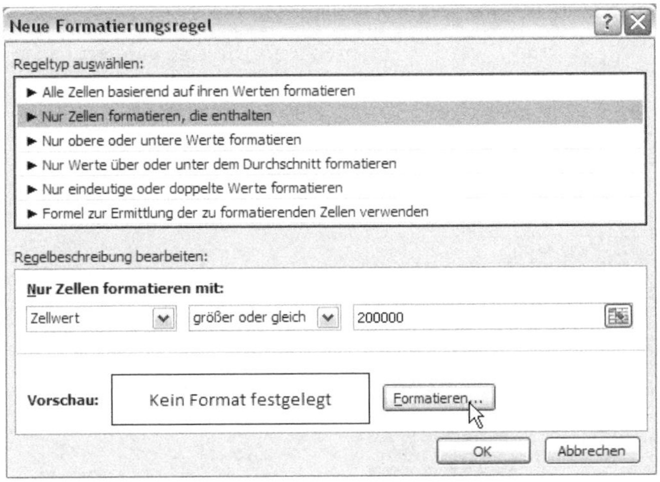

Abbildung 1.32: Definieren Sie die Formatierungsregel

6. Klicken Sie auf die Schaltfläche *Formatieren.*
7. Wechseln Sie im Dialogfeld *Zellen formatieren* zur Registerkarte *Ausfüllen* und wählen Sie im Bereich *Hintergrundfarbe* eine beliebige – auffällige – Farbe.

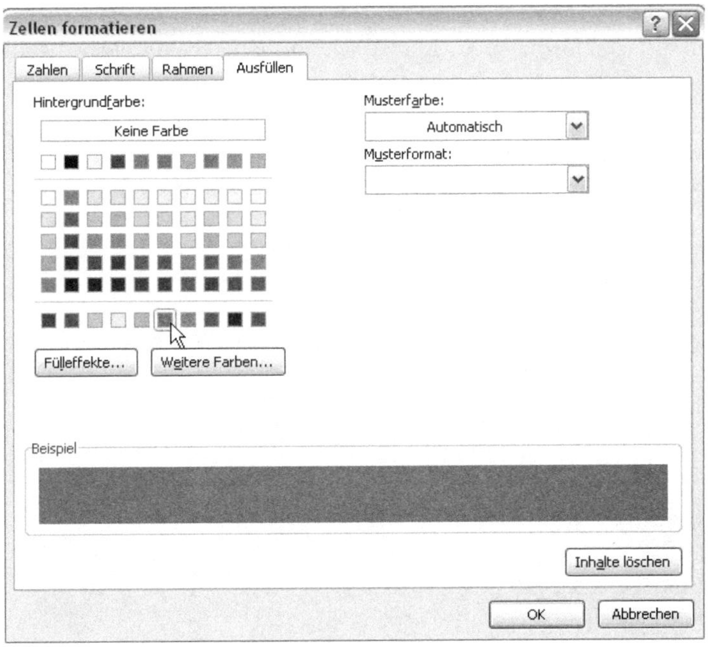

Abbildung 1.33: Auffällige Farben visualisieren die von Ihnen gestellte Bedingung

8. Bestätigen Sie Ihre Auswahl durch zweimaliges Klicken auf *OK*.
9. Die Werte der Spalte *Deckungsbeitrag 1* werden entsprechend Ihrer gewählten Farbe formatiert dargestellt.

Monat	Einkauf	Verkauf	Deckungsbeitrag 1
Januar	178.314,00 €	219.572,00 €	41.258,00 €
Februar	100.419,00 €	205.043,00 €	104.624,00 €
März	181.190,00 €	385.835,00 €	204.645,00 €
April	60.947,00 €	201.285,00 €	140.338,00 €
Mai	66.849,00 €	213.776,00 €	146.927,00 €
Juni	57.386,00 €	397.653,00 €	340.267,00 €
Juli	2.957,00 €	283.100,00 €	280.143,00 €
August	4.410,00 €	334.551,00 €	330.141,00 €
September	183.933,00 €	247.343,00 €	63.410,00 €
Oktober	102.958,00 €	362.121,00 €	259.163,00 €
November	172.501,00 €	340.069,00 €	167.568,00 €
Dezember	83.044,00 €	379.739,00 €	296.695,00 €

Abbildung 1.34: Werte, die die Bedingung erfüllen, werden farbig dargestellt

Auf diese Weise haben Sie die Möglichkeit, Werte Ihrer Tabellen beliebig zu formatieren und ihnen damit eine gewisse, sofort erfassbare Aussage zu verleihen.

So können Sie – neben dem hier genannten Beispiel – auch mithilfe der 2- oder 3-Farbenskala oder mithilfe eines Symbolsatzes formatieren, nur Zellen formatieren, die Text-, Zahlen-, Datums- oder Zeitwerte enthalten, nur oben oder unten eingestufte Werte oder Werte über oder unter dem Durchschnitt formatieren.

Interessant ist beispielsweise auch die Formatierung mithilfe von Datenbalken, die in Sekundenschnelle zu realisieren ist und den Werten in der Tabelle visuell Ausdruck verleihen.

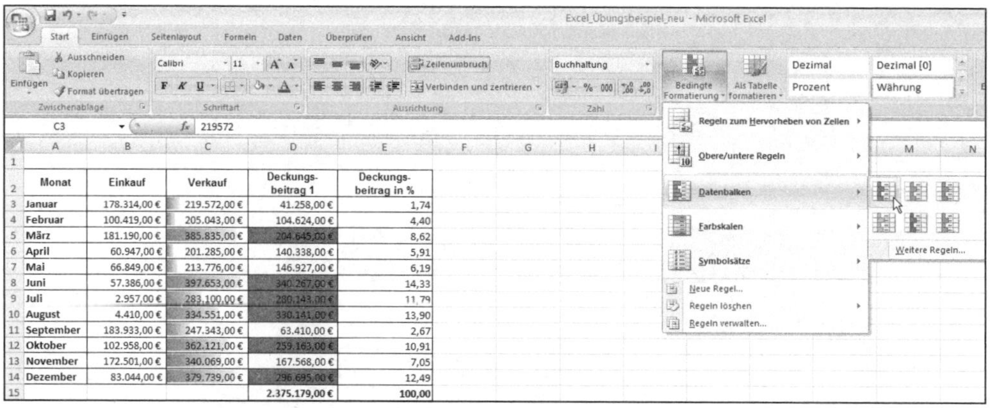

Abbildung 1.35: Zahlenwerten Ausdruck verleihen mit Formatierungen

Es stehen Ihnen also diverse Möglichkeiten zur Verfügung.

Tipp Das Hinzufügen bedingter Formatierungen wurde seit der Version 2007 um ein Vielfaches verbessert. So können Sie nicht nur Farben, sondern auch beispielsweise Pfeile, Ampeln oder andere Symbole hinzufügen. Man spricht in diesem Fall auch von KPI = Key Performance Indicators.

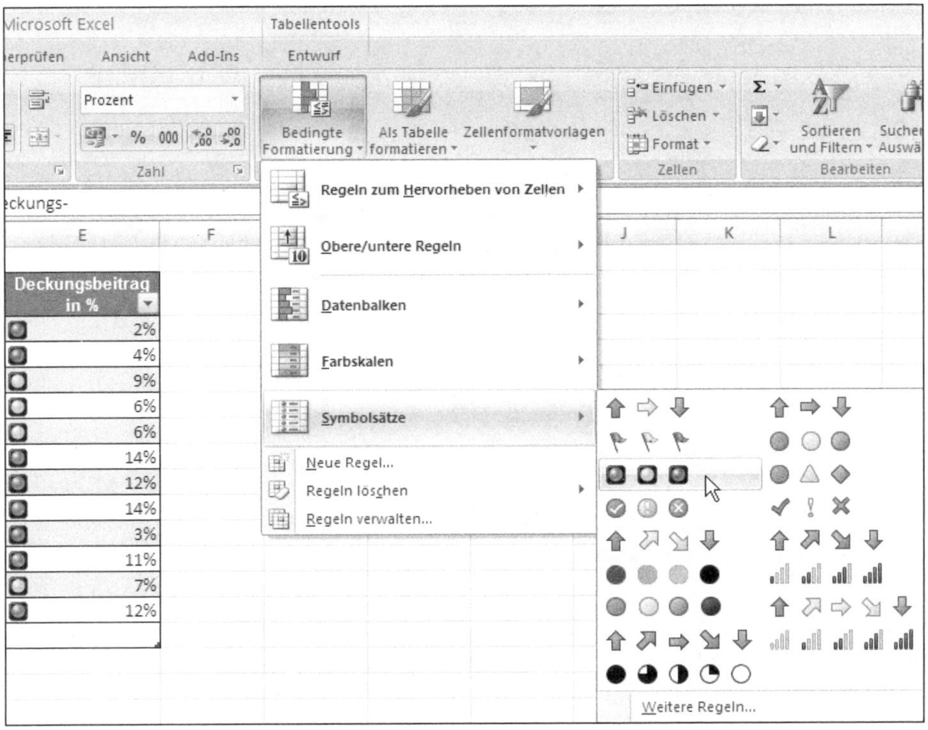

Abbildung 1.36: Da lacht das Herz des Controllers: Neue Elemente in der *Bedingten Formatierung* seit Excel 2007

Aussagekräftige Diagramme erstellen

In vielen Situationen ist es hilfreich, Daten statt in einer Tabelle in einem Diagramm darzustellen. Seit Excel 2007 stehen Ihnen dazu eine Vielzahl von Möglichkeiten zur Verfügung, mit denen sich Balken-, Torten- und andere Diagramme ansprechend und vor allem einfach gestalten lassen.

Ein einfaches Säulendiagramm erstellen

So gehen Sie vor, um aus unserer Beispieltabelle ein einfaches, aber dennoch aussagekräftiges Säulendiagramm zu erstellen:

1. Markieren Sie in der Tabelle die Zellen von *Monat* bis zum Wert Deckungsbeitrag *Dezember*.
2. Klicken Sie auf der Registerkarte *Einfügen* in der Gruppe *Diagramme* auf den Dropdownpfeil der Schaltfläche *Säule* und wählen Sie die erste Diagrammform unter *2D-Säule*.

Monat	Einkauf	Verkauf	Deckungs-beitrag 1
Januar	178.314,00 €	219.572,00 €	41.258,00 €
Februar	100.419,00 €	205.043,00 €	104.624,00 €
März	181.190,00 €	385.835,00 €	204.645,00 €
April	60.947,00 €	201.285,00 €	140.338,00 €
Mai	66.849,00 €	213.776,00 €	146.927,00 €
Juni	57.386,00 €	397.653,00 €	340.267,00 €
Juli	2.957,00 €	283.100,00 €	280.143,00 €
August	4.410,00 €	334.551,00 €	330.141,00 €
September	183.933,00 €	247.343,00 €	63.410,00 €
Oktober	102.958,00 €	362.121,00 €	259.163,00 €
November	172.501,00 €	340.069,00 €	167.568,00 €
Dezember	83.044,00 €	379.739,00 €	296.695,00 €

Abbildung 1.37: Markieren Sie gewünschten Werte, um daraus ein Diagramm zu erstellen

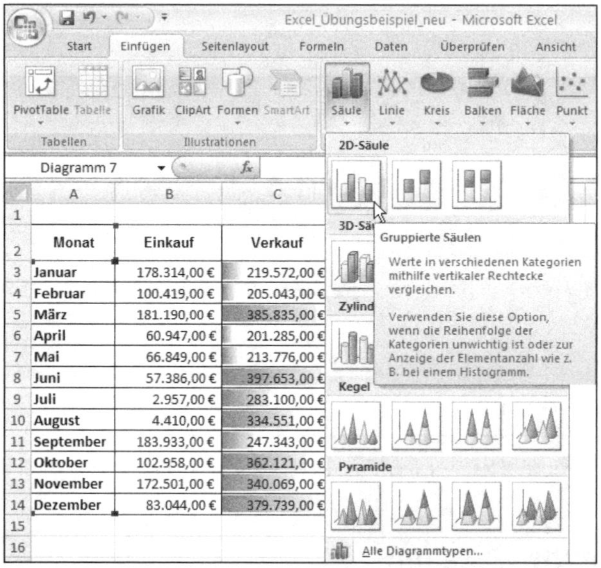

Abbildung 1.38: Wählen Sie die gewünschte Diagrammform aus

3. Das Diagramm wird sofort auf Ihrem Excel-Arbeitsblatt dargestellt.

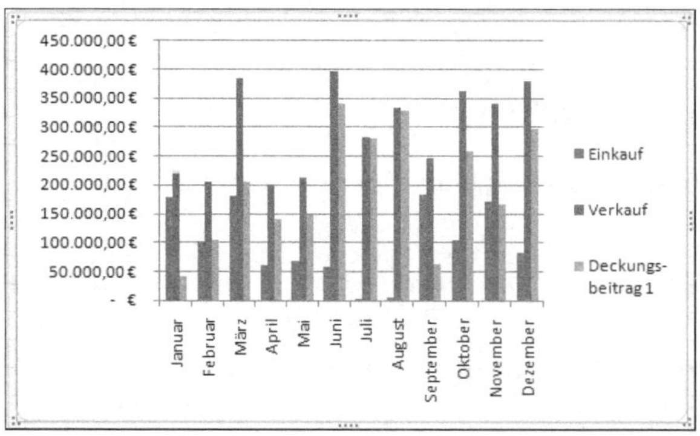

Abbildung 1.39: Die Daten, dargestellt als Diagramm

Auf gleiche Weise können Sie beispielsweise auch ein Liniendiagramm – als 2D- oder 3D-Diagramm – erzeugen. Wählen Sie hierzu die gewünschte Diagrammform im Dropdownmenü der Schaltfläche *Linie* aus.

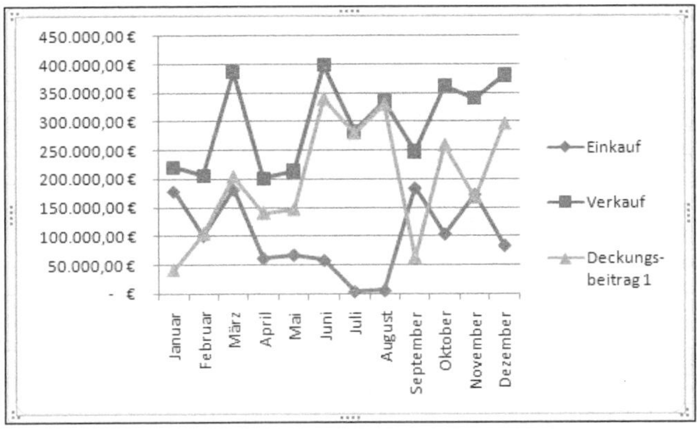

Abbildung 1.40: Eine andere Darstellungsvariante des Diagramms

Ein Kreisdiagramm erstellen

Sie möchten die Werte der Spalte *Deckungsbeitrag 1* entsprechend der dazugehörigen Monate anzeigen. Hierzu bietet sich das Kreis- oder Tortendiagramm an. So gehen Sie vor:

1. Markieren Sie die Wertezellen der Spalten *Monate* und *Deckungsbeitrag in %*. Um ausschließlich diese beiden Spalten zu markieren, markieren Sie zunächst die Spalte *Monate*, drücken die [Strg]-Taste und markieren anschließend die Spalte *Deckungsbeitrag in %*. Die beiden Spalten sind farblich leicht hinterlegt.

	A	B	C	D
1				
2	Monat	Einkauf	Verkauf	Deckungs-beitrag 1
3	Januar	178.314,00 €	219.572,00 €	41.258,00 €
4	Februar	100.419,00 €	205.043,00 €	104.624,00 €
5	März	181.190,00 €	385.835,00 €	204.645,00 €
6	April	60.947,00 €	201.285,00 €	140.338,00 €
7	Mai	66.849,00 €	213.776,00 €	146.927,00 €
8	Juni	57.386,00 €	397.653,00 €	340.267,00 €
9	Juli	2.957,00 €	283.100,00 €	280.143,00 €
10	August	4.410,00 €	334.551,00 €	330.141,00 €
11	September	183.933,00 €	247.343,00 €	63.410,00 €
12	Oktober	102.958,00 €	362.121,00 €	259.163,00 €
13	November	172.501,00 €	340.069,00 €	167.568,00 €
14	Dezember	83.044,00 €	379.739,00 €	296.695,00 €

Abbildung 1.41: Markieren Sie nur bestimmte Spalten der Liste

2. Wählen Sie im Dropdownmenü der Schaltfläche *Kreis* den ersten Eintrag im Bereich *3D-Kreis*.

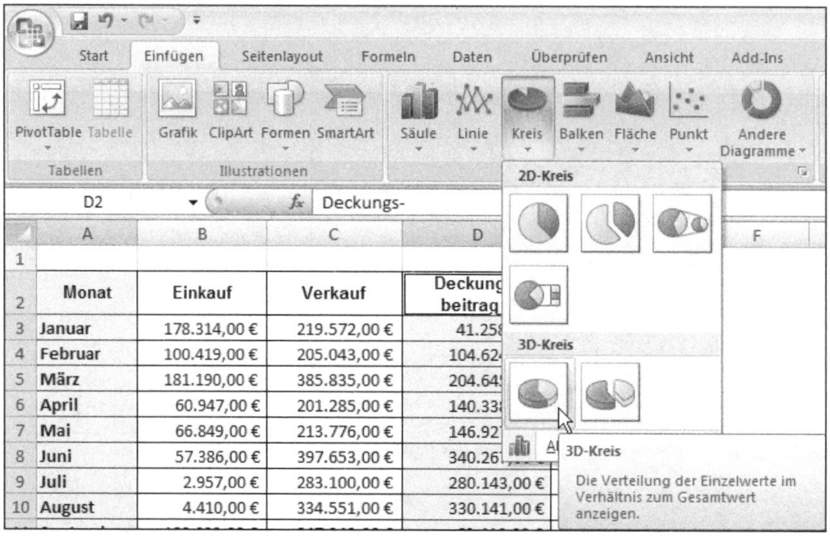

Abbildung 1.42: Wählen Sie die gewünschte Kreisdiagrammform

3. Das Kreisdiagramm wird sofort angezeigt

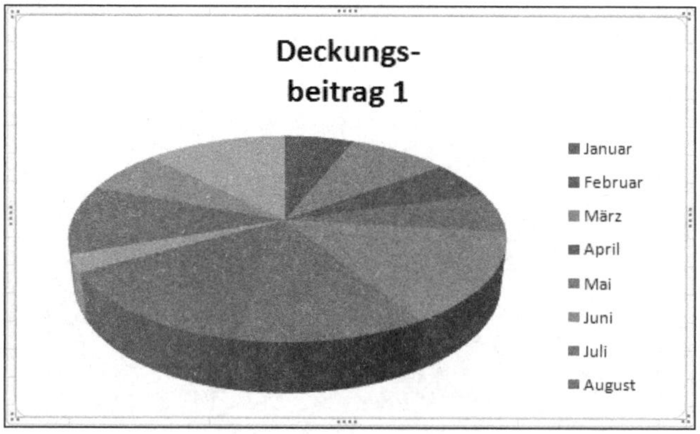

Abbildung 1.43: Das Kreisdiagramm zur Darstellung des Deckungsbeitrags in Prozent

Formatierungsmöglichkeiten für Diagramme

Excel 2010 bietet eine Vielzahl an Formatierungsoptionen, die Sie nun noch auf das Kreisdiagramm anwenden können. So haben Sie die Möglichkeit, die dargestellten Werte noch eindeutiger zu visualisieren.

So gehen Sie vor:

1. Klicken Sie auf den Rahmen des Diagramms (Abbildung 1.43).
2. Es öffnen sich die kontextbezogene Registerkarte *Diagrammtools* in Excel – das heißt, Ihnen stehen automatisch die für die Formatierung möglichen Funktionalitäten zur Verfügung.

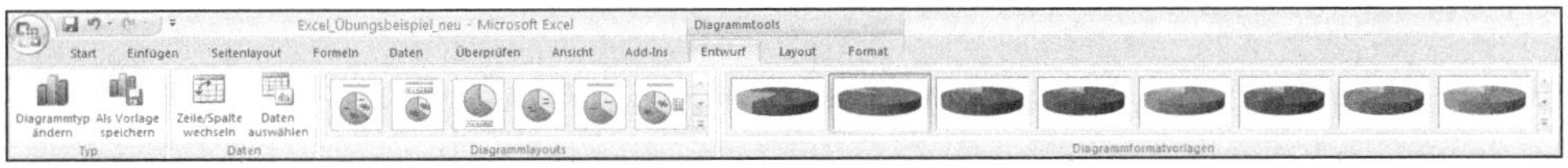

Abbildung 1.44: Die kontextbezogene Registerkarte *Diagrammtools* in Excel 2010 zur Bearbeitung von Diagrammen

3. In diesem Bereich können Sie einfach mal testen, welche Funktion welche Formatierung bedingt. Klicken Sie beispielsweise auf das Layout 6 in der Gruppe *Diagrammlayouts*.

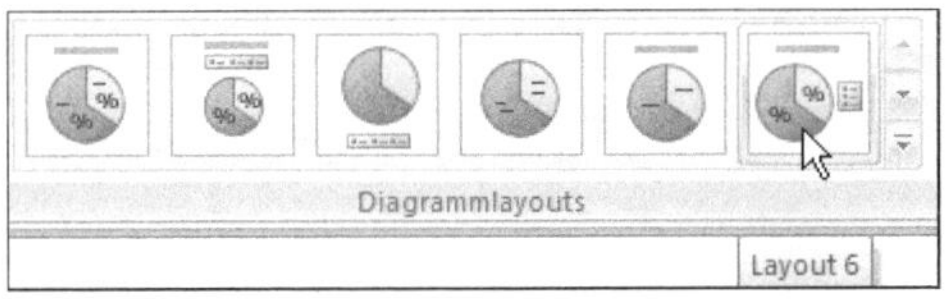

Abbildung 1.45: Testen Sie die Diagrammlayouts

4. Ihr Kreisdiagramm wird entsprechend der Layoutvorgaben, die Layout 6 mit sich bringt, angepasst. In diesem Fall werden die Prozentzahlen (bzw. Werte) angezeigt.

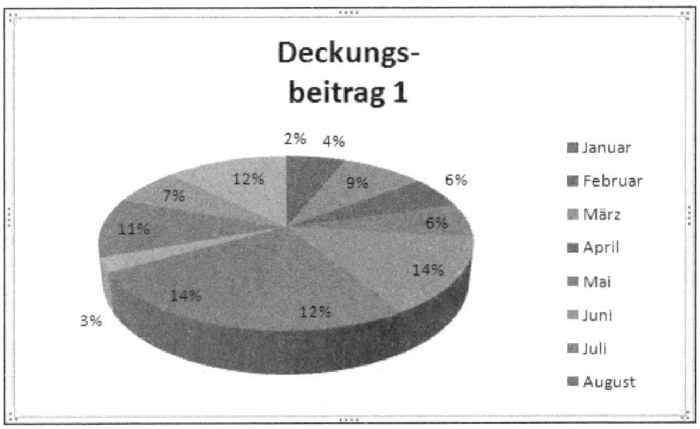

Abbildung 1.46: Die Auswirkungen des gewählten Diagrammlayouts werden übernommen

5. Auch die Farben des Diagramms können Sie schnell und einfach über die Diagrammformatvorlagen anpassen. Klicken Sie dazu auf eine der zur Verfügung stehenden Formatvorlagen.

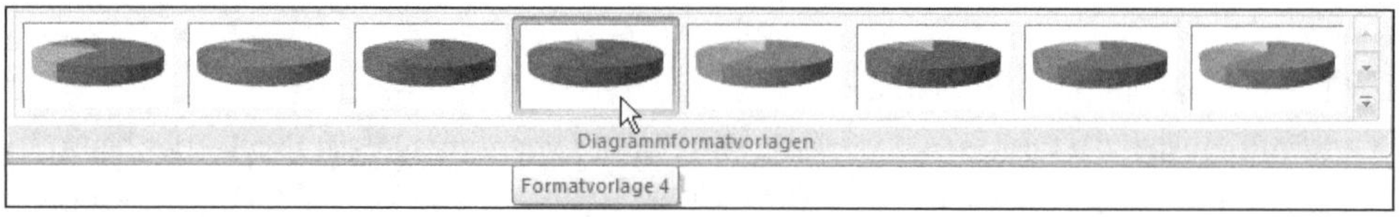

Abbildung 1.47: Diagrammformatvorlagen zur Anpassung der Farben

6. Das Diagramm ändert entsprechend Ihrer Auswahl seine Farbe.

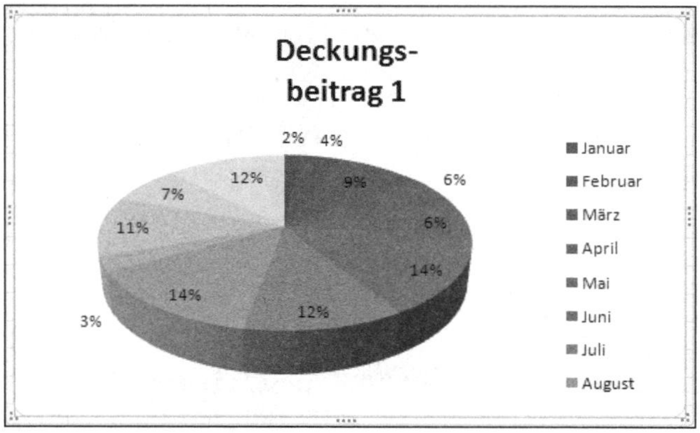

Abbildung 1.48: Die gewählten Diagrammfarben werden übernommen

Selbstverständlich stehen Ihnen auch in Excel 2010 – wie bereits in Excel 2007 und 2003 – weitere Diagrammformatierungsoptionen über das Kontextmenü eines markierten Diagramms zur Verfügung.

Wählen Sie dazu den Eintrag *Datenbeschriftungen formatieren* oder *Datenreihen formatieren* und verändern Sie entsprechend Ihrer Vorstellungen die Darstellung des Diagramms.

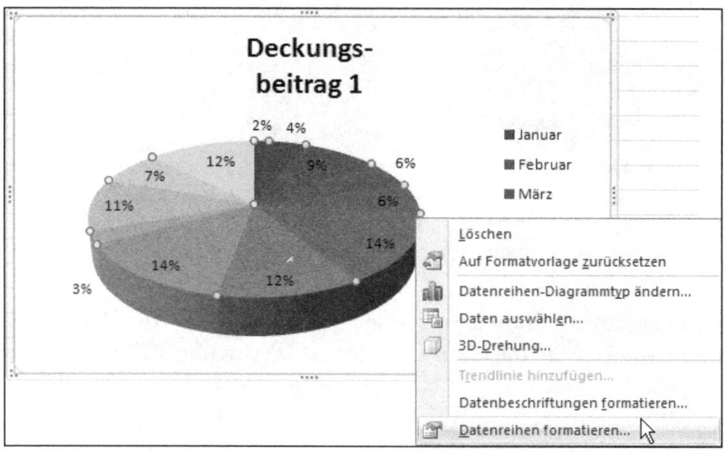

Abbildung 1.49: Weitere Formatierungsoptionen nutzen

Tipp

Das Arbeiten mit Diagrammen hat sich in der neuen Version unglaublich verbessert. Die Bearbeitungs- und Formatierungsmöglichkeiten scheinen schier unbegrenzt.

Ohne viele Klicks erhält man das gewünschte Diagramm, in der gewünschten Farbe und mit den gewünschten Zahlen.

Testen Sie auch die neu in Excel 2010 integrierten Sparklines. Die sogenannten Wortgrafiken werden eingesetzt, um Zahlen in einem Linien-, Säulen- oder Gewinn- & Verlustdiagramm auf Platz sparende Weise grafisch zu erklären. Das heißt, Sparklines stellen in einem stark miniaturisierten Diagramm die Entwicklung eines numerischen Wertes dar, wodurch sich dieser einfacher interpretieren lässt.

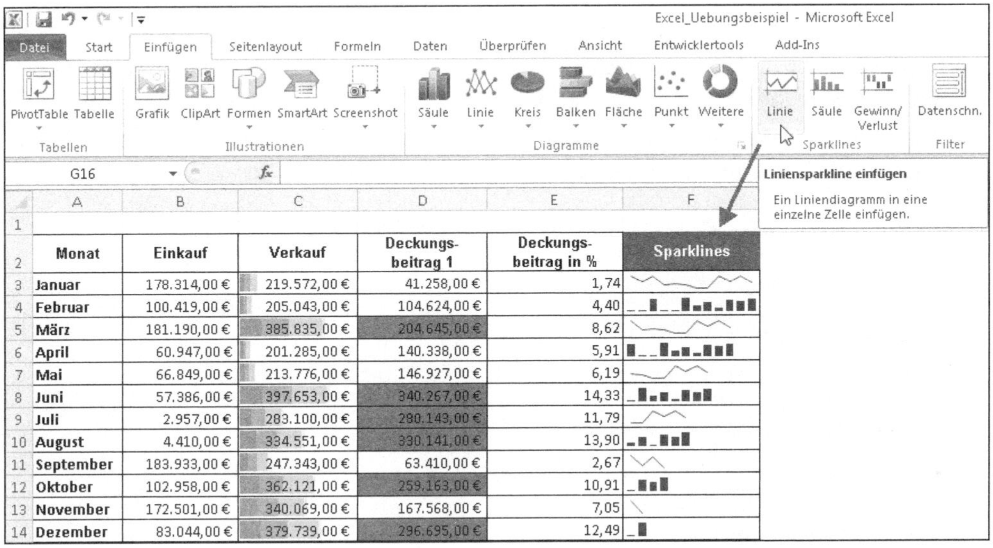

Monat	Einkauf	Verkauf	Deckungsbeitrag 1	Deckungsbeitrag in %	Sparklines
Januar	178.314,00 €	219.572,00 €	41.258,00 €	1,74	
Februar	100.419,00 €	205.043,00 €	104.624,00 €	4,40	
März	181.190,00 €	385.835,00 €	204.645,00 €	8,62	
April	60.947,00 €	201.285,00 €	140.338,00 €	5,91	
Mai	66.849,00 €	213.776,00 €	146.927,00 €	6,19	
Juni	57.386,00 €	397.653,00 €	340.267,00 €	14,33	
Juli	2.957,00 €	283.100,00 €	280.143,00 €	11,79	
August	4.410,00 €	334.551,00 €	330.141,00 €	13,90	
September	183.933,00 €	247.343,00 €	63.410,00 €	2,67	
Oktober	102.958,00 €	362.121,00 €	259.163,00 €	10,91	
November	172.501,00 €	340.069,00 €	167.568,00 €	7,05	
Dezember	83.044,00 €	379.739,00 €	296.695,00 €	12,49	

Abbildung 1.50: Nutzen Sie die neuen Sparklines, um Zahlen in einer Zelle grafisch darzustellen

Arbeiten mit PivotTables

Eine PivotTable mit dem Tabellenkalkulationsprogramm Excel 2010 hilft dabei, große und komplexe Datenbestände übersichtlich und variabel darzustellen.

Mit einer PivotTable können Sie durch einfaches Drehen und Umstellen von Spalten und Zeilen sehr schnell unterschiedliche Darstellungen und Analyseansichten von Listen und großen Datenmengen erstellen.

Auch ein Filtern nach bestimmten Kriterien ist möglich. Das Gute daran ist, dass die Ausgangsdaten dabei nicht verändert werden und eine PivotTable auch bei großen Datenbeständen sehr schnell generiert wird. Auch PivotCharts (Pivot-Diagramme) können seit Excel 2007 erstellt werden.

Das heißt, eine PivotTable ist ein sehr nützliches Werkzeug für alle, die aus langen Listen oder großen Datenmengen möglichst viele Informationen in kurzer Zeit herausholen müssen.

Eine PivotTable erstellen

So gehen Sie vor, um eine PivotTable zu erstellen.

CD-ROM Die folgenden Praxisbeispiele finden Sie auf der Buch-CD im Ordner *\Buch\Kap01* in der Arbeitsmappe *Excel_Pivot_Uebungsdaten.xlsx*.

1. Öffnen Sie die Excel-Übungsdatei von der CD-ROM zum Buch mit dem Namen *Excel_Pivot_Uebungsdaten.xlsx*.
2. Markieren Sie in der Tabelle den Zellbereich, aus dem Sie eine PivotTable erstellen wollen – in unserem Fall von der Zelle *A1* (Kundenname) bis zur Zelle *J100* (Wert der Spalte *Gesamtpreis*).

   Da es sich hier um die gesamte Tabelle handelt, können Sie diese ganz schnell über die Tastenkombination Strg+A markieren.
3. Klicken Sie in der Gruppe *Tabellen* der Registerkarte *Einfügen* auf den Dropdownpfeil der Schaltfläche *PivotTable* und wählen Sie darin den Eintrag *PivotTable*.

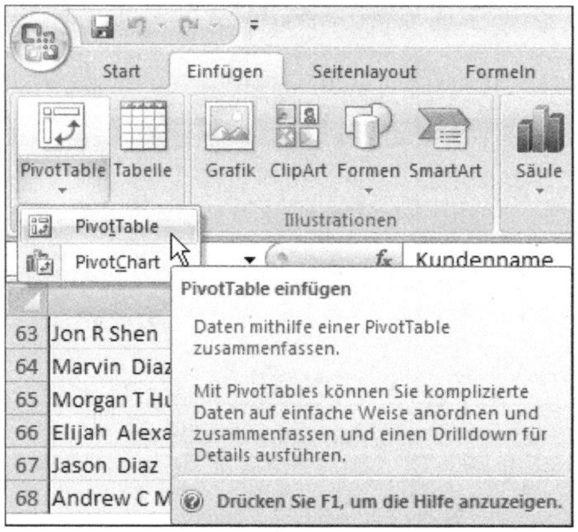

Abbildung 1.51: Eine PivotTable erstellen

Tipp Noch in der Excel-Version 2003 waren die Pivot-Funktionalitäten im Menü *Daten* versteckt. Ab der Version 2007 hat dieser Bereich eine eigene Schaltfläche auf der Registerkarte *Einfügen* erhalten.

Der Zugriff und die schnelle Erstellung von PivotTables und Charts sind jederzeit gewährleistet. Gleichzeitig erhalten Sie eine Übersicht über alle Pivot-Funktionen, da diese in einem separaten *Tool-Bereich* sofort mit Erstellung einer PivotTable oder eines PivotCharts geöffnet werden.

4. Da Sie den Bereich, der in der PivotTable ausgewertet werden soll, bereits markiert haben, wird er im Dialogfeld *PivotTable erstellen* unter *Tabelle oder Bereich auswählen* direkt angezeigt.
5. Wählen Sie nun unter *Legen Sie fest, wo der PivotTable-Bericht abgelegt werden soll* die gewünscht Option. Wir empfehlen die Option *Neues Arbeitsblatt* zu aktivieren.
6. Klicken Sie anschließend auf die Schaltfläche *OK*.

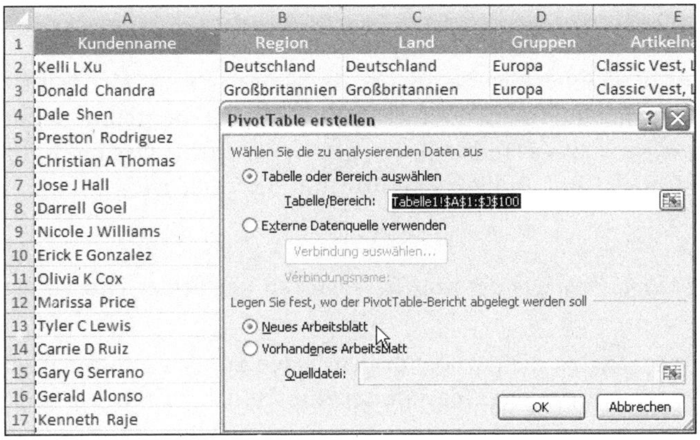

Abbildung 1.52: Der Datenbereich, aus dem die PivotTable erstellt werden soll, wird angezeigt

An der angegebenen Position wird ein leerer PivotTable-Bericht hinzugefügt, und die PivotTable-Feldliste wird angezeigt, in der Sie Felder hinzufügen, ein Layout erstellen und den PivotTable-Bericht anpassen können.

Hierfür stehen Ihnen auch die PivotTable-Tools über die gleichnamige kontextbezogene Registerkarte im Menüband zur Verfügung.

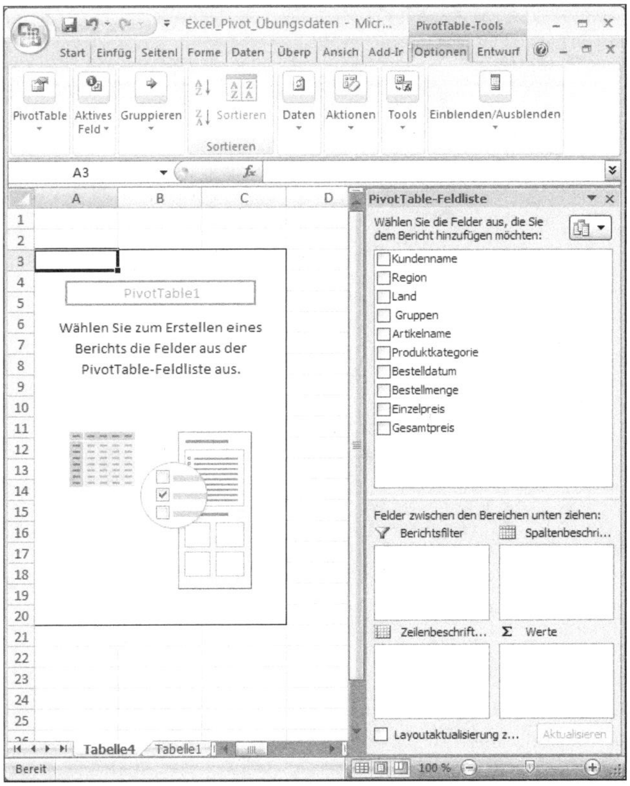

Abbildung 1.53: Die Darstellung der PivotTable

Beispiel-Szenario

Um die Funktionsweise einer PivotTable zu verdeutlichen, bedienen wir uns eines einfachen Beispiels. Stellen Sie sich vor, Sie möchten wissen, in welchem Land die meisten Bestellungen in der Produktkategorie »Gloves« – also Handschuhe – getätigt wurden. Das heißt, hierzu benötigen Sie die PivotTable-Felder *Land*, *Produktkategorie* und *Bestellmenge.*

So gehen Sie vor:

1. Aktivieren Sie in der *PivotTable-Feldliste* die Kontrollkästchen der Felder *Land*, *Produktkategorie* und *Bestellmenge.*
2. Nach Aktivierung der Felder werden die dazugehörigen Daten zunächst automatisch im Standardbereich des Layouts positioniert. Sie können die Felder jedoch beliebig verschieben.

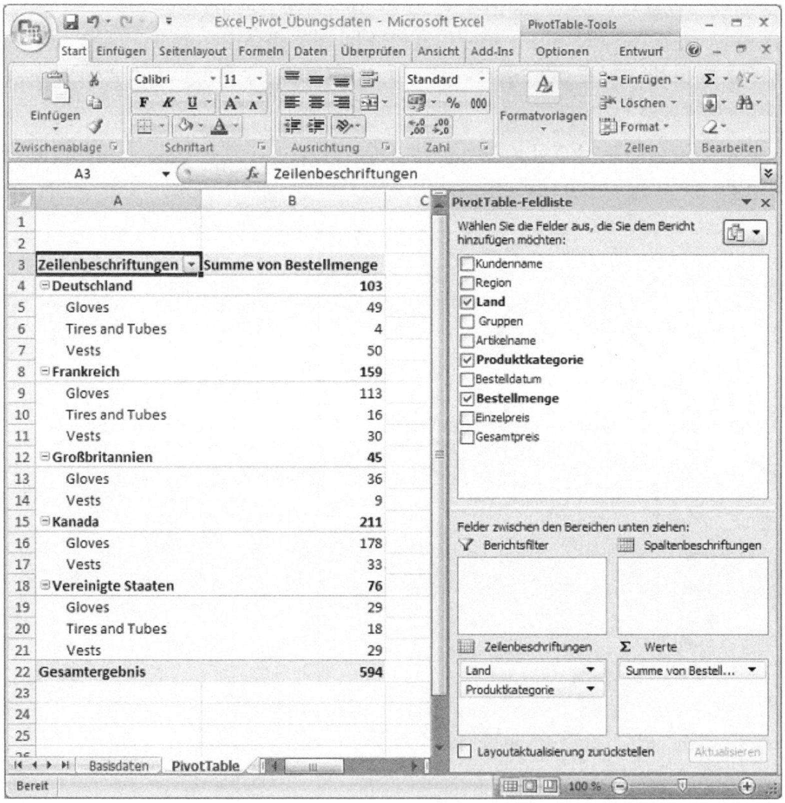

Abbildung 1.54: Die Darstellung der Felder im Standardbereich

Da es das Ziel sein soll, die Bestellmenge für Handschuhe pro Land anzuzeigen, ist es in diesem Fall sinnvoll, die Spalte *Produktkategorie* in den Bereich *Berichtsfilter* zu ziehen. Auf diese Weise können sie anschließend nach den einzelnen Ländern filtern.

3. Verschieben Sie innerhalb der *PivotTable-Feldliste* das Feld *Produktkategorie* per Drag & Drop in den Bereich *Berichtsfilter*.

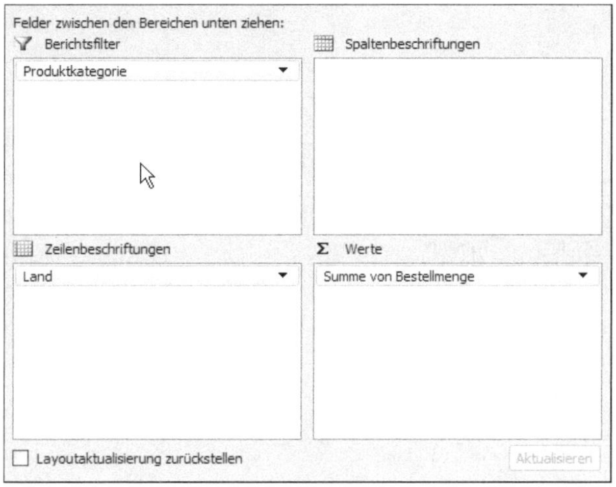

Abbildung 1.55: Felder per Drag & Drop verschieben

4. Sobald Sie die Maus nach dem Drag & Drop-Vorgang loslassen, werden die Daten der PivotTable neu angeordnet.

	A	B
1	Produktkategorie	(Alle)
2		
3	**Land**	**Summe von Bestellmenge**
4	Deutschland	103
5	Frankreich	159
6	Großbritannien	45
7	Kanada	211
8	Vereinigte Staaten	76
9	**Gesamtergebnis**	**594**

Abbildung 1.56: Die neue Anordnung der Felder

5. Wählen Sie nun im Dropdownlistenfeld unter *Alle* den Eintrag »Gloves« und klicken Sie auf *OK*.

Abbildung 1.57: Zeigen Sie nur das Ergebnis für *Gloves* an

6. Es werden Ihnen jetzt ausschließlich die Bestellmengen von Handschuhen in den einzelnen Ländern angezeigt. Kanada ist Spitzenreiter!

	A	B
1	Produktkategorie	Gloves
2		
3	**Land**	**Summe von Bestellmenge**
4	Deutschland	49
5	Frankreich	113
6	Großbritannien	36
7	Kanada	178
8	Vereinigte Staaten	29
9	**Gesamtergebnis**	**405**

Abbildung 1.58: Mit wenigen Klicks aussagekräftige Ergebnisse

Hinweis

Machen Sie sich keine Sorgen, falls Sie einen Bericht nicht korrekt aufstellen. Excel macht es Ihnen leicht, Dinge auszuprobieren, um herauszufinden, wie die Daten in verschiedenen Berichtsbereichen aussehen.

Wenn ein Bericht nicht so ausfällt, wie Sie es sich gewünscht haben, braucht es nicht viel Zeit, um die Daten anders anzuordnen, Teile davon nach Bedarf zu verschieben oder, wenn Sie wollen, sogar noch einmal ganz von vorn anzufangen.

Pivot grafisch – PivotCharts

PivotCharts lassen sich wie PivotTables mithilfe der neuen Benutzeroberfläche viel einfacher erstellen. Sämtliche Verbesserungen der Filteroption sind auch für PivotCharts verfügbar. Beim Erstellen eines PivotChart stehen spezielle PivotChart-Tools und Kontextmenüs zur Verfügung, damit Sie Ihre Daten im Diagramm analysieren können.

Sie können das Layout und das Format des Diagramms oder der zugehörigen Elemente wie bei einem normalen Diagramm ändern. In Office Excel 2007 bleibt die angewendete Diagrammformatierung erhalten, wenn Änderungen am PivotChart vorgenommen werden, was gegenüber den früheren Versionen von Excel eine Verbesserung darstellt.

Ein PivotChart erstellen

Ausgehend vom vorherigen Beispiel haben Sie nun die Möglichkeit, in Sekundenschnelle ein Chart zur PivotTable zu erstellen.

So gehen Sie vor:

1. Klicken Sie an eine beliebige Stelle in der PivotTable und klicken Sie auf die kontextbezogene Registerkarte *PivotTable-Tools* oberhalb der Standardregisterkarten.

Abbildung 1.59: Arbeiten mit den PivotTable-Tools

2. Klicken Sie nun in der Gruppe *Tools* auf die Schaltfläche *PivotChart*.

Abbildung 1.60: Erstellen Sie ein Diagramm aus Ihren Pivot-Daten

3. Das Dialogfeld *Diagramm einfügen* wird geöffnet. Das erste Layout unter der Überschrift *Säule* ist markiert. Belassen Sie diese Einstellung und klicken Sie auf *OK*.

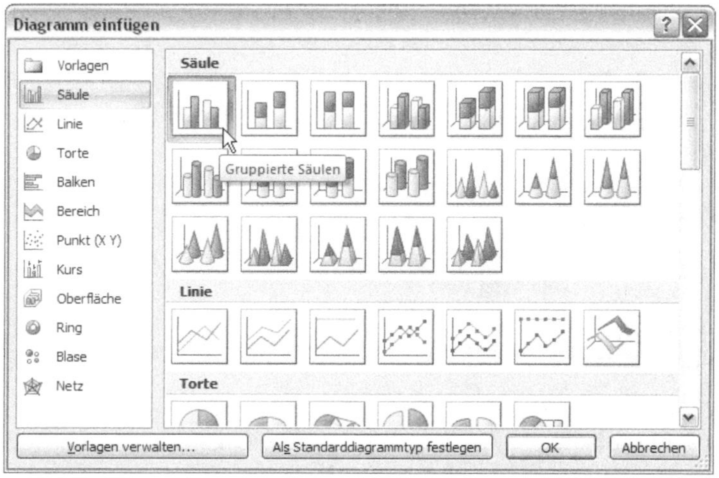

Abbildung 1.61: Wählen Sie die gewünschte Diagrammform aus

4. Das Diagramm inklusive eines PivotChart-Filterbereichs wird angezeigt.

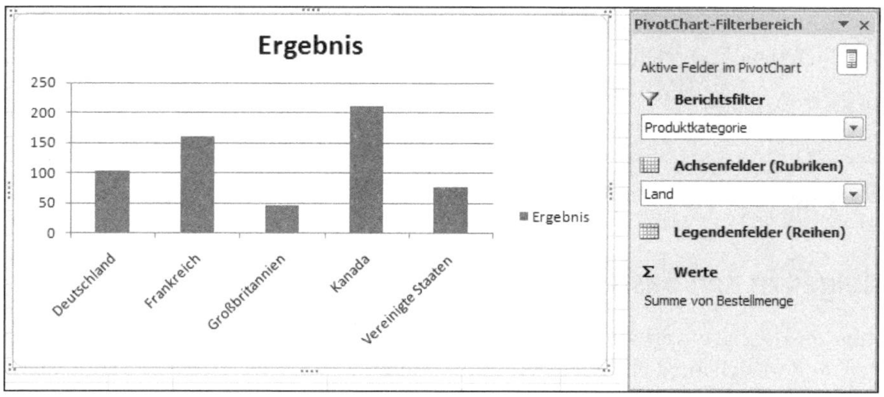

Abbildung 1.62: Das PivotChart wurde erstellt

5. Sobald Sie nun etwas am Filter ändern, ändert sich auch das Chart. Wählen Sie testweise unter *Land* lediglich den Eintrag *Deutschland* und klicken Sie auf *OK*.

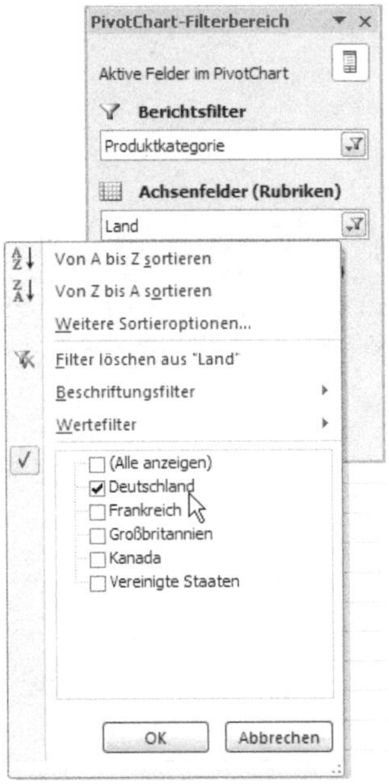

Abbildung 1.63: Auswahl eines Filters

6. Das Diagramm wird automatisch geändert und die entsprechenden Werte angezeigt.

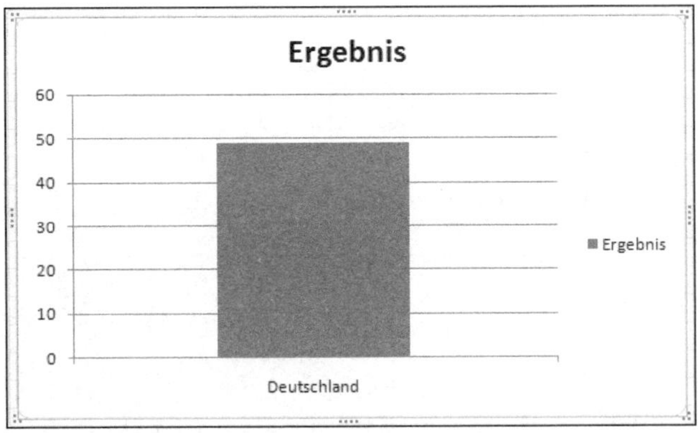

Abbildung 1.64: Je nach Auswahl der Pivot-Daten ändert sich auch das Diagramm

Änderungen in den Basisdaten

PivotTables und -Charts verhalten sich dynamisch. Das heißt: Ändert sich ein Wert in den Basisdaten, ändert sich auch entsprechend die PivotTable sowie das dazugehörige Chart.

Testen Sie das bitte einmal:

1. Wechseln Sie in die Basisdaten und erhöhen Sie die Bestellmenge einer Zeile für Handschuhe in Deutschland.

Abbildung 1.65: Verändern Sie die Urdaten

2. Wechseln Sie nun wieder zur PivotTable und öffnen Sie die kontextbezogene Registerkarte *PivotTable-Tools*.
3. Klicken Sie auf der Registerkarte *Optionen* in der Gruppe *Daten* auf die Schaltfläche *Aktualisieren*.

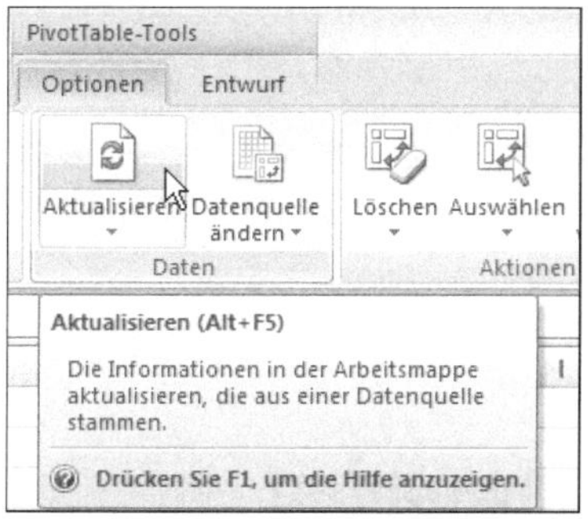

Abbildung 1.66: Übernehmen Sie Ihre Änderungen in den Ursprungsdaten durch einen Klick auf *Aktualisieren*

4. Sowohl die PivotTable als auch das PivotChart werde automatisch angepasst.

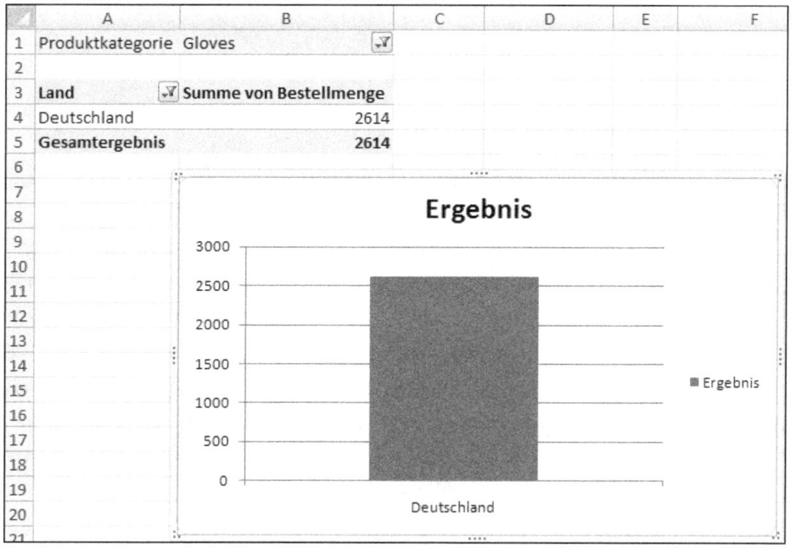

Abbildung 1.67: Die Werte wurden aktualisiert

Hinweis Wie bei anderen Diagrammen können Sie auch bei PivotCharts noch weitere Einstellungen vornehmen. Dazu markieren Sie die Diagrammfläche und öffnen per Klick mit der rechten Maustaste das dazugehörige Kontextmenü.

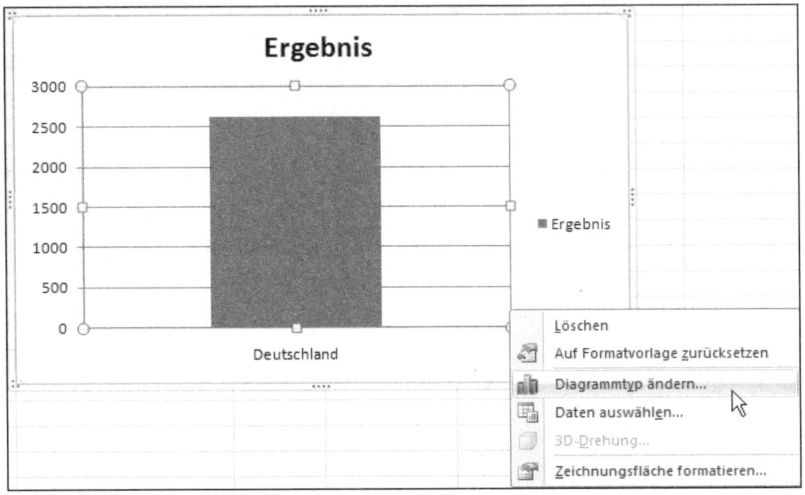

Abbildung 1.68: Das Kontextmenü bietet einen schnellen Zugriff auf die Einstellungen

Datums- und Zeitfunktionen anwenden

In diesem Abschnitt beschreiben wir Funktionen, die es Ihnen erlauben, mit Datums- und Zeitwerten zu rechnen. Des Weiteren können Sie durch Datums- und Zeitfunktionen mit der sogenannten Systemzeit Ihres Computers arbeiten. Dazu sollte die Systemzeit Ihres PC korrekt eingestellt sein.

Tipps & Tricks und ein wenig Theorie

Eingabe von Datumswerten Wenn Sie bei der Datumseingabe mit dem numerischen Block Ihrer Tastatur arbeiten, ist es meist hinderlich, nach der Tag- und Monatszahl einen Punkt einzugeben.

Diesen Punkt müssen Sie nicht unbedingt eingeben, da Excel auch den Schrägstrich (/) und das Minuszeichen (–) als Trennzeichen bei Datumseingaben erkennt und verarbeitet, zum Beispiel *13/8/08* für den 13.08.2008 oder *26-4-11* für den 26.04.2011. Diese beiden Zeichen finden Sie auch auf dem numerischen Block und Sie können damit komfortabel arbeiten.

Anzeige von Datumswerten Wenn Excel eine Eingabe als Datumswert erkennt, wird die entsprechende Zelle automatisch als Datum formatiert. Geben Sie beispielsweise *7-10* ein, wird dies als der 7. Oktober des aktuellen Jahres gedeutet und die Zelle entsprechend formatiert. Alle weiteren Eingaben in diese Zelle werden somit als Datumswerte dargestellt.

Um eine möglicherweise ungewollte Ausgabe wieder auf den Standard zurückzusetzen, verfahren Sie wie folgt:

1. Markieren Sie die entsprechende Zelle.
2. Rufen Sie in Excel 2003 den Menübefehl *Bearbeiten/Löschen* auf und wählen Sie im Untermenü den Befehl *Formate* aus. Ab Excel 2007 wählen Sie in der *Bearbeiten*-Gruppe der Registerkarte *Start* das Symbol *Löschen/Formate löschen*. Dadurch wird der Zelle wieder der Formatstatus *Standard* zugewiesen. Alternativ können Sie das *Standard*-Zahlenformat auch mit den Tasten Strg+⇧+6 zuweisen.

Das Datumssystem von Excel

Microsoft Excel speichert Datumsangaben als fortlaufende Zahlen, damit sie für Berechnungen verwendet werden können. Standardmäßig ermittelt Excel ein Datum nach der fortlaufenden Zahl, die mit der Zahl *1* am 01. Januar 1900 beginnt und am 31. Dezember 9999 mit der Zahl *2.958.465* endet. Das bedeutet, dass Excel nur mit Datumswerten, die zwischen diesen beiden Terminen liegen, rechnen kann.

Wichtig

Microsoft Excel für Apple Macintosh verwendet ein anderes Datumssystem als Standard. Hier beginnt die Zeitrechnung am 01.01.1904. Aus Kompatibilitätsgründen bieten die Windows-Versionen von Excel eine Option, mit dem 1904er Datumssystem zu arbeiten (siehe Abbildung 1.71 auf Seite 67). Sie sollten diese Option nur wählen, wenn Sie Arbeitsmappen zwischen den Excel-Versionen auf Windows- und Apple Macintosh-Rechnern austauschen müssen. Achtung: Diese Einstellung gilt für die aktive Mappe, alle bereits eingetragenen Datumsangaben werden angepasst!

Wenn Sie bei einem Datums- und Zeitwert die fortlaufende Zahl angezeigt haben möchten, müssen Sie nur diese Zelle in das Standardformat zurückformatieren. Sie können bis Version 2003 auch im Menü *Bearbeiten* den Befehl *Löschen* wählen und durch einen Klick auf *Formate* im Untermenü des Befehls den *Standard* wiederherstellen. Unter Excel 2007 bzw. 2010 reicht ein Klick auf die Zahlenformatauswahl auf der Registerkarte *Start* (Abbildung 1.69).

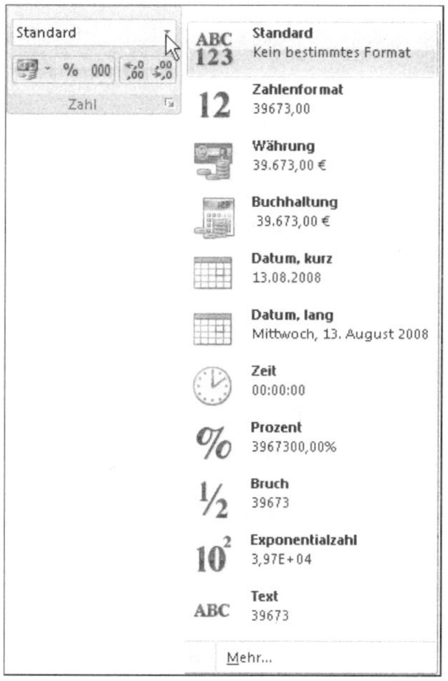

Abbildung 1.69: Zahlenformatauswahl über die Registerkarte *Start* ab Excel 2007

Für die fortlaufende Zahl gilt Folgendes: Durch die Zahl, die links vom Komma steht, wird das Datum dargestellt. So bedeutet die Zahl *39448*, dass diese Anzahl an Tagen seit dem 01.01.1900 vergangen ist. Das Datumsergebnis wäre hier der 1. Januar 2008.

Die Zahlen, die bei der fortlaufenden Zahl rechts vom Komma stehen, geben die Uhrzeit an. Dabei gilt, dass ein Tag den Wert *1* besitzt. Wenn Sie diesen Wert durch die Anzahl der Stunden, die ein Tag besitzt, dividieren, erhalten Sie den Dezimalbruch für eine Stunde; also 1/24 = 0,04166667. Die Angabe *0,5* bedeutet nichts anderes, als dass exakt die Hälfte eines Tages vergangen und es genau 12:00 Uhr ist. Bei der Angabe 0,25 ist es 6:00 Uhr früh, bei 0,75 ist es 18:00 Uhr am späten Nachmittag usw.

Zahlenformate für Datum und Zeit

Mithilfe der in Tabelle 1.1 gezeigten Formatanweisungen können Sie das Datum und die Uhrzeit nach Ihren Anforderungen anzeigen lassen. In den Beispielmappen zu Kapitel 6 finden Sie zahlreiche Formatierungsvarianten.

Tabelle 1.1 Mit Zahlenformaten erhalten Sie die gewünschte Darstellung eines Datums bzw. der Uhrzeit

Formatanweisung	Bedeutung/Ergebnis
T	Darstellung Tagzahl im Datum ohne die führende Null
TT	Darstellung Tagzahl im Datum mit führender Null bei einstelligen Tagzahlen
TTT	Darstellung des Tages als abgekürzter Wochentag (Mo, Di, Mi, Do, Fr, Sa, So)
TTTT	Darstellung des Tages als Wochentagname (Montag, Dienstag usw.)
M	Darstellung der Monatszahl im Datum ohne die führende Null
MM	Darstellung Monatszahl im Datum mit führender Null bei den einstelligen Monatszahlen
MMM	Darstellung des abgekürzten Monats als Wort (Jan, Feb, Mrz usw.)
MMMM	Darstellung des Monatsnamens (Januar, Februar, März usw.)
J oder JJ	Darstellung der zweistelligen Jahreszahl aus dem Datum
JJJ oder JJJJ	Darstellung der vierstelligen Jahreszahl aus dem Datum
h	Darstellung der Stunde ohne führende Null
hh	Darstellung der Stunde mit führender Null
m	Darstellung der Minute ohne führende Null
mm	Darstellung der Minute mit führender Null
[h] oder [hh]	Darstellung der Stunden auch mit mehr als 24 Stunden
[m] oder [mm]	Darstellung der Minuten auch mit mehr als 60 Minuten
[s] oder [ss]	Darstellung der Sekunden auch mit mehr als 60 Sekunden
hh:mm AM	Darstellung der Zeit in der 12-Stundendarstellung, AM: Ante Meridiem (lat. für »Vor dem Mittag«, d.h. die Stunden von Mitternacht bis mittags um 12)
hh:mm PM	Darstellung der Zeit in der 12-Stundendarstellung, PM: Post Meridiem (lat. für »Nach dem Mittag«, d.h. die Stunden von mittags um 12 bis Mitternacht)

Berücksichtigung der Schaltjahre

In der Datumsberechnung müssen auch die Schaltjahre korrekt berechnet werden. Im Gregorianischen Kalender – welcher hierzulande verwendet wird – ist alle vier Jahre ein Schaltjahr vorgesehen, in dem der Februar 29 Tage hat. Als Sonderfall gilt, dass dann kein Schaltjahr ist, wenn die Jahreszahl ohne Rest durch 100 teilbar ist, mit der Ausnahme: Ist die Jahreszahl ohne Rest durch 400 teilbar, handelt es sich trotzdem um ein Schaltjahr. Ist diese letzte Regel bei der Programmierung nicht berücksichtigt, wird es statt eines 29. Februar 2000 weitere Fehler geben.

Innerhalb der oben angegebenen Datumsgrenzen rechnet Excel alle Datumsdifferenzen korrekt aus, auch über Monats- und Jahresgrenzen, einschließlich der Berücksichtigung von Schaltjahren.

Einwurf zum Thema »Analysefunktionen«

Bei einer Standardinstallation von Excel bis zur Version 2003 ist der überwiegende Teil der Datums- und Zeitfunktionen verfügbar. Einige sind jedoch erst nutzbar, wenn Sie diese Funktionen über den Menübefehl *Extras/Add-Ins* im Dialogfeld *Add-Ins* aktivieren (Abbildung 1.70).

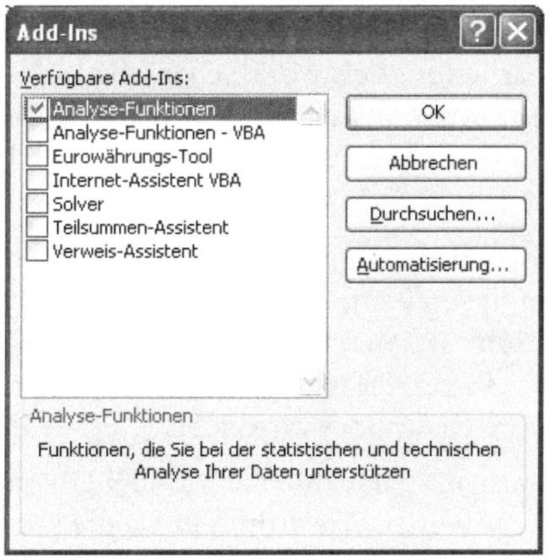

Abbildung 1.70: In den Excel-Versionen bis 2003 muss für bestimmte Funktionen im Dialogfeld *Add-Ins* der Eintrag *Analyse-Funktionen* aktiviert werden

Hinweis

Sie erkennen die Funktionen, die nur bei aktiviertem Add-In *Analyse-Funktionen* verfügbar sind, an dem Hinweis *2003: Add-In!* in der Marginalspalte der einzelnen Referenzkapitel.

Ab Excel 2007 verfügen Sie standardmäßig über den vollen Funktionssatz, ohne dass Sie dafür vorher ein Add-In aktivieren müssen.

Datums- und Zeitfunktionen in der Praxis

Die folgenden Praxisbeispiele zeigen typische Berechnungen mithilfe der Datums- und Zeitfunktionen von Excel:

CD-ROM

Die zugehörigen Beispieldateien finden Sie auf der Buch-CD im Ordner *\Buch\Kap01* in den Arbeitsmappen *Datum_Zeit.xls* (Excel 97-2003) bzw. *Datum_Zeit.xlsx* (Excel 2007/2010) auf dem Blatt *Praxis*.

Beginn und Ende der Sommerzeit ermitteln

Die Sommerzeit beginnt am letzten Sonntag im März und endet am letzten Sonntag im Oktober. Der Beginn der Sommerzeit für das aktuelle Jahr lässt sich mit der folgenden Formel berechnen:

```
=DATUM(JAHR(HEUTE());4;)-WOCHENTAG(DATUM(JAHR(HEUTE());4;))+1
```

`DATUM(JAHR(HEUTE());4;)` liefert den 31.3. des aktuellen Jahres. Der Teil `WOCHENTAG(DATUM(JAHR(HEUTE());4;))` liefert die Wochentagnummer für den 31.3. des aktuellen Jahres. Da diese Zahl die seit dem letzten Sonntag vergangenen Tage darstellt, können Sie diese Zahl vom letzten Tag des Monats abziehen. Einen Tag dazu addiert erhalten Sie den letzten Sonntag im März.

Das Ende der Sommerzeit im aktuellen Jahr, also den letzten Sonntag im Oktober, liefert die Formel

```
=DATUM(JAHR(HEUTE());11;)-WOCHENTAG(DATUM(JAHR(HEUTE());11;))+1
```

Der wievielte Tag des Jahres ist heute?

Die Antwort auf diese Frage ist mit verschachtelten Datumsfunktionen darstellbar:

```
=HEUTE()-DATUM(JAHR(HEUTE())-1;12;31)
```

Die Formel zieht vom heutigen Datum den 31.12. des Vorjahres ab. Das Ergebnis ist die Differenz zwischen beiden Datumsangaben in Tagen, in diesem Fall die Tagnummer des heutigen Tages im aktuellen Jahr.

Rechnen mit der Zeit

Geben Sie die aktuelle Uhrzeit mit der Tastenkombination Strg+: (Doppelpunkt) ein. Die Uhrzeit wird in der Form *14:25* angezeigt. In der Bearbeitungsleiste steht ebenfalls *14:25*. Das Zahlenformat ist *hh:mm*. Stellen Sie nun das Zahlenformat *Standard* ein, wird der Wert 0,60069444 angezeigt. Die Tatsache, dass die Uhrzeit immer einen Wert zwischen 0 und 1 darstellt, müssen Sie bei den Berechnungen von Uhrzeiten zugrunde legen.

Wenn Sie mit dem Datum oder der Uhrzeit rechnen müssen, brauchen Sie sich im Allgemeinen nicht um eine Umwandlung zu kümmern – Excel nimmt diese automatisch vor. Die Differenz zwischen zwei Datums- oder Zeitangaben ist mit einer Subtraktion, etwa in der Form `=Endedatum/-zeit - Startdatum/-zeit` möglich. Sie können so z.B. zur Erfassung von Arbeitszeiten eine Tabelle aufbauen, die für jeden Arbeitstag die abgeleisteten Stunden errechnet.

Arbeitsstunden berechnen

Nehmen wir an, Sie wollen ein Arbeitsblatt mit Schichtarbeitszeiten aufbauen. Dabei gibt es auch Mitarbeiter, die von 22:00 bis 6:00 am nächsten Tag arbeiten. Wie ermitteln Sie die korrekte Arbeitszeit?

Wenn die Mitarbeiter von 22:00 bis 6:00 am nächsten Tag arbeiten, erhalten Sie bei der Differenzbildung die Anzeige »######«. Auch das Ändern der Spaltenbreite hilft in diesem Fall nicht. Interessant ist, dass Excel die Zeit berechnen kann, wenn Sie das Zahlenformat auf *Standard* einstellen. Sie erkennen: Das Uhrzeitformat mag keine negativen Zahlen darstellen.

Um das Problem zu lösen, sind zwei Wege möglich: Entweder Sie ändern die allgemeine Einstellung auf die Option *1904-Datumswerte* oder Sie lösen das Problem mithilfe einer Formel.

Achtung

Über den Menübefehl *Extras/Optionen* (bis Version 2003) können Sie auf der Registerkarte *Berechnung* das Kontrollkästchen *1904-Datumswerte* aktivieren. Damit kann Excel dann auch mit negativen Zeiten rechnen. Dieses Vorgehen hat aber Konsequenzen: Zum einen gilt diese Einstellung nur für die aktive Arbeitsmappe. Beziehen sich andere Mappen auf diese Zeitwerte, muss auch in diesen Mappen die entsprechende Änderung vorgenommen werden. Ferner ändern sich sämtliche bereits eingetragenen Datumswerte um vier Jahre und alle bestehenden Daten müssen angepasst werden. Die Umstellung dieser Option ist daher kaum eine sichere Lösung.

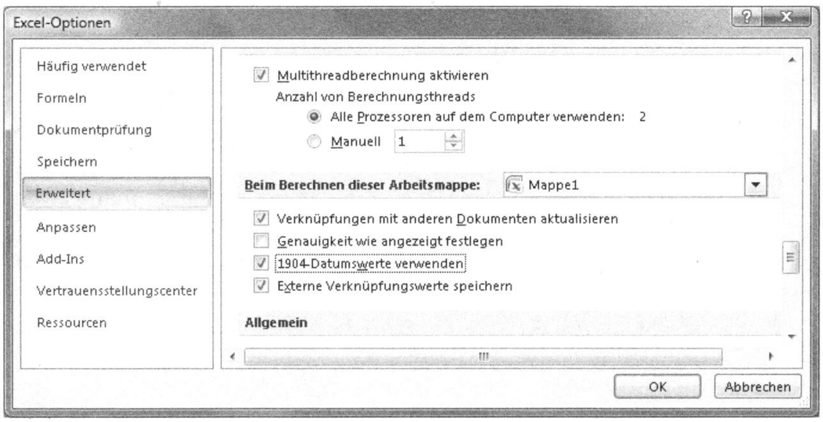

Abbildung 1.71: Die Umstellung auf die Verwendung von 1904-Datumswerten ab Excel 2007

Rechnen über die Tagesgrenze

Um das Problem zu lösen, müssen Sie in der Formel also weitere Informationen angeben. Da Excel auch mit einem Datum rechnen kann, können Sie bei der Erfassung der Zeiten das Datum mit angeben. Ist der Beginn der Arbeitszeit 4.8.2008 22:00 und das Ende 5.8.2008 06:20, so ist auch die Berechnung der Differenz kein Problem. Sie bilden die Differenz in der Form `=Ende-Beginn`. Für die Anzeige sollten Sie das Zahlenformat der Ergebniszelle allerdings mit dem Zahlenformat *hh:mm* formatieren.

H17 =G17-F17

	F	G	H
12	**Arbeitsstunden berechnen (Datum-/Uhrzeitangabe)**		
13			
14	*Beginn*	*Ende*	*Stunden*
15	04.08.2008 06:00	04.08.2008 14:30	08:30
16	04.08.2008 14:00	04.08.2008 22:15	08:15
17	04.08.2008 22:00	05.08.2008 06:20	08:20
18			
19	=Ende-Beginn		

Abbildung 1.72: Bei Angabe von Datum und Uhrzeit ist die Differenzberechnung kein Problem

Stehen für Beginn und Ende nur die Uhrzeiten zur Verfügung, besteht eine Möglichkeit darin, zu prüfen, welcher der Zeitwerte der Größere ist. Mit der Logikfunktion `WENN(Prüfung;Dann_Wert;Sonst_Wert)` können Sie das etwa über die Formel

```
=WENN(Beginn>Ende;1-(Beginn-Ende);Ende-Beginn)
```

erreichen. Die Formel ist für die Berechnung von Differenzen bis zu 24 Stunden geeignet. Die Abbildung 1.73 zeigt ein entsprechendes Beispiel.

D17 =WENN(B17>C17;1-(B17-C17);C17-B17)

	B	C	D	E	F
12	**Arbeitsstunden berechnen (nur Uhrzeitangabe)**				
13					
14	*Beginn*	*Ende*	*Stunden*		
15	06:00	14:30	08:30		
16	14:00	22:15	08:15		
17	22:00	06:20	08:20		
18					
19	=WENN(Beginn>Ende;1-(Beginn-Ende);Ende-Beginn)				

Abbildung 1.73: Bei ausschließlicher Angabe der Uhrzeiten muss eine mögliche Tagesüberschreitung beachtet werden

Eine Alternative ist die Berechnung der Arbeitsstunden mithilfe der Absolutwertfunktion ABS() in der Formel

```
=WENN((Ende-Beginn)>=0;Ende-Beginn;ABS(1+Ende-Beginn))
```

Zuletzt noch eine Profivariante: Setzen Sie doch direkt einen Vergleich in der Form `Beginn>Ende` ein. Das Ergebnis ist einer der Wahrheitswerte WAHR oder FALSCH. Trifft Excel in einer Berechnung auf Wahrheitswerte, so werden diese in die Zahlen *1* bzw. *0* umgewandelt. Wie Sie oben gesehen haben, entspricht ein ganzer Tag dem Wert *1*. Addieren Sie also zu einer Zeit den Wert *1* (`Beginn` ist tatsächlich größer als `Ende`), fällt das Ergebnis auf den nächsten Tag. Die Formel

```
=(Beginn>Ende)+Ende-Beginn
```

liefert also genau das gesuchte Ergebnis.

Zeiten aufaddieren

Bei der Addition von Zeiten müssen Sie auch einiges beachten. Scheinbar kann das Ergebnis einer Addition nicht mehr als 24 Stunden ergeben. Die Summe von 15:00 Stunden und 12:00 Stunden ergibt in Excel 3:00 Stunden. Hier können Sie das Problem über das Zahlenformat lösen:

1. Markieren Sie die Ergebniszelle und wählen Sie in Excel bis Version 2003 den Menübefehl *Format/Zellen* bzw. klicken Sie ab Excel 2007 auf der Registerkarte *Start* in der rechten unteren Ecke der Gruppe *Zahl* auf das Pfeilsymbol (Abbildung 1.74).
2. Aktivieren Sie im Dialogfeld *Zellen formatieren* die Registerkarte *Zahlen* und wählen Sie im Listenfeld *Kategorie* den Eintrag *Benutzerdefiniert* aus.
3. Legen Sie das Zahlenformat mit *[h]:mm* fest. Wichtig hierbei sind die eckigen Klammern.

Das Ergebnis wird nun in der Form *27:00* Stunden angezeigt.

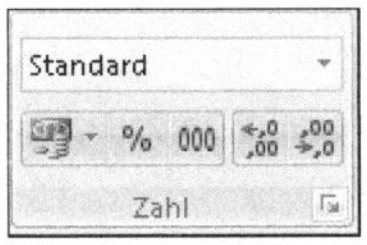

Abbildung 1.74: Ab Excel 2007 erreichen Sie das Dialogfeld *Zellen formatieren* durch einen Klick auf das Pfeilsymbol rechts unten in der Gruppe *Zahl* auf der Registerkarte *Start*

Entgeltberechnung für Arbeitsstunden

Da Excel die Stunden als Bruchteile eines Tages betrachtet, müssen Sie bei bestimmten Anwendungen aufpassen, z.B. bei der Entgeltberechnung nach der Zahl der geleisteten Arbeitsstunden. Hat ein Mitarbeiter beispielsweise *6:25 Stunden* gearbeitet und einen Stundenlohn von 21 €, ergibt die einfache Multiplikation der beiden Werte nur 5,61 €. Damit dürfte der Beschäftigte kaum zufrieden sein.

Um das korrekte Ergebnis zu erhalten, müssen Sie die Zahl der Stunden mit 24 multiplizieren. Der Rechenweg für die korrekte Ermittlung des Tageslohnes lautet also `=("6:25"*24)*21`. Sie liefert den Wert *134,75* ?, was den Mitarbeiter sicher besser motiviert als das erste Ergebnis (Abbildung 1.75).

D37 | =(D35*24)*D36

	B	C	D
33	**Entgeltberechnung für Arbeitsstunden**		
34			
35	Stunden	06:25	06:25
36	Stundensatz	21,00 €	21,00 €
37	Entgelt	5,61 €	134,75 €
38			

Abbildung 1.75: Die einfache Multiplikation der Stunden mit dem Stundensatz in *C37* ermittelt nicht das korrekte Entgelt

Zeitwerte aufrunden

Nicht immer kommt es auf die letzte Minute oder Sekunde an. In solchen Fällen gilt es, Zeitwerte entsprechend aufzurunden. Die schon erwähnte Grundlage dabei ist, dass Excel für einen Tag den Wert 1 verwendet. Eine Stunde ist ein Bruchteil eines Tages, genauer 1/24 und eine Minute 1/1440. Setzen Sie diese Werte für das Argument *Vielfaches* der Tabellenfunktion VRUNDEN()ein, kann damit eine Zeit entsprechend gerundet werden:

In Zelle *B42* steht die Uhrzeit *08:52:36*, formatiert mit dem Zahlenformat *hh:mm:ss*. Die Formel `=VRUNDEN(B42;1/24)` ergibt *09:00:00* und die Formel `=VRUNDEN(B42;1/1440)` ergibt *08:53:00*.

Ermittlung des Quartals

Sie benötigen für ein gegebenes Datum die Angabe der Quartalsnummer im Kalenderjahr, das heißt

- Januar bis März stehen für das 1. Quartal,
- April bis Juni für das 2. Quartal,
- Juli bis September für das 3. Quartal und
- Oktober bis Dezember für das 4. Quartal.

Die Lösung liegt in der Teilung der Monatsnummer im Datum durch den Wert 3 und in der Aufrundung des Ergebnisses auf den nächsten ganzzahligen Wert in der Formel`=AUFRUNDEN(MONAT(Datumswert)/3;0)`, wie in Abbildung 1.76 dargestellt.

C52 | =AUFRUNDEN(MONAT(B52)/3;0)

	B	C	D	E
49	**Ermittlung des Quartals im Kalenderjahr**			
50				
51	*Datum*	*Quartal*	*Alternative*	
52	13.01.2009	1	1	
53	15.05.2009	2	2	
54	30.06.2009	2	2	
55	01.09.2009	3	3	
56	11.11.2009	4	4	

Abbildung 1.76: Die Ermittlung des Quartals im Kalenderjahr

Umrechnung einer Zeitdauer in Industriestunden

Bei gegebenen Zeitendauern ist es in verschiedenen Projekten notwendig, diese in Industriestunden und -minuten darzustellen. Diese Angaben basieren auf der Hunderter-Einteilung und nicht auf der 60er, wie bei der Zeit üblich.

Liegen die Stunden und Minuten als Ganzzahlen vor, errechnen Sie die Dauer nach dem Industriestandard mit der Formel

```
Dauer = Stunden + Minuten/60
```

berechnen. Liegt die Dauer in der Form einer Uhrzeitangabe, also als Bruchzahl vor, müssen Sie diese nur mit 24 multiplizieren, um den Industriewert zu bekommen.

Beispiele:

- 06:30 entsprechen 6,5 Industriestunden
- 07:15 entsprechen 7,25 Industriestunden
- 08:30 entsprechen 8,5 Industriestunden
- 09:45 entsprechen 9,75 Industriestunden

CD-ROM Alle gezeigten Praxisbeispiele finden Sie auf der Buch-CD im Ordner *\Buch\Kap01* in den Arbeitsmappen *Datum_Zeit.xls* (Excel 97-2003) bzw. *Datum_Zeit.xlsx* (Excel 2007/2010) auf dem Blatt *Praxis*.

Text- und Datenfunktionen anwenden

Mit den Text- und den Datenfunktionen bietet Ihnen Excel alle Möglichkeiten, um Ihre Daten in jedweder Form darzustellen, sie umzuwandeln, zu zerlegen oder in Kombination mit den Funktionen der anderen Kategorien Berechnungsaufgaben zu lösen. Doch überzeugen Sie sich selbst. Im Folgenden stellen wir Problemlösungen aus unserer Praxis dar.

CD-ROM Die folgenden Praxisbeispiele finden Sie auf der Buch-CD im Ordner *\Buch\Kap01* in den Arbeitsmappen *Text_Daten01.xls* (Excel 97-2003) bzw. *Text_Daten01.xlsx* (Excel 2007/2010).

Trennen von PLZ und Ort

In einer Adressenliste liegt Ihnen die Ortsangabe einschließlich der vorangestellten Postleitzahl vor. Sie benötigen für die Weiterverarbeitung der Daten nur die Postleitzahl. Sofern die Liste nur deutsche Postleitzahlen enthält, müssen Sie also lediglich die ersten fünf Stellen der Ortsangabe auslesen. Angenommen, die Ortsangabe steht in der Zelle *A38* (siehe auch Abbildung 1.77), lautet die mögliche Berechnungsformel:

```
=LINKS(A38;5)
```

Die Textfunktion LINKS() gibt exakt die angegebene Anzahl Zeichen, in diesem Fall 5, von links zurück.

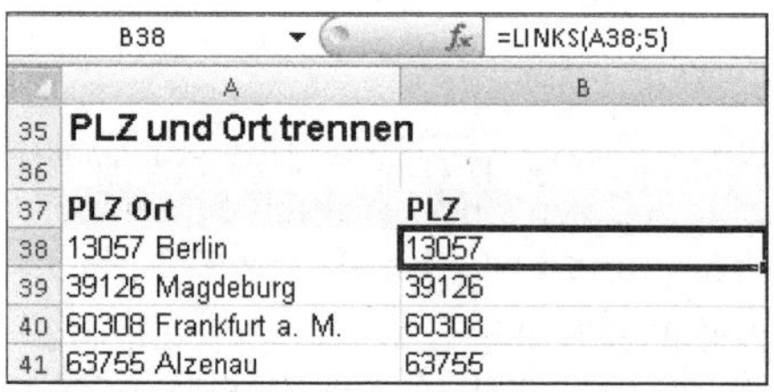

B38 | =LINKS(A38;5)

	A	B
35	PLZ und Ort trennen	
36		
37	PLZ Ort	PLZ
38	13057 Berlin	13057
39	39126 Magdeburg	39126
40	60308 Frankfurt a. M.	60308
41	63755 Alzenau	63755

Abbildung 1.77: Die fünfstellige Postleitzahl wird mit der Textfunktion *LINKS()* extrahiert

Trennen von Vor- und Nachname

Beim Trennen von Vor- und Nachnamen aus einer Spalte in zwei wird es etwas schwieriger, als beim Extrahieren der fünfstelligen Postleitzahl, weil beide Namensteile unterschiedlich lang sein können.

Nehmen wir an, in der Zelle *A21* stehen der Vor- und Nachname getrennt durch ein Leerzeichen. Geben Sie in *B21* folgende Formel zum Extrahieren des Vornamens ein (Abbildung 1.78):

```
=LINKS(A21;FINDEN(" ";A21)-1)
```

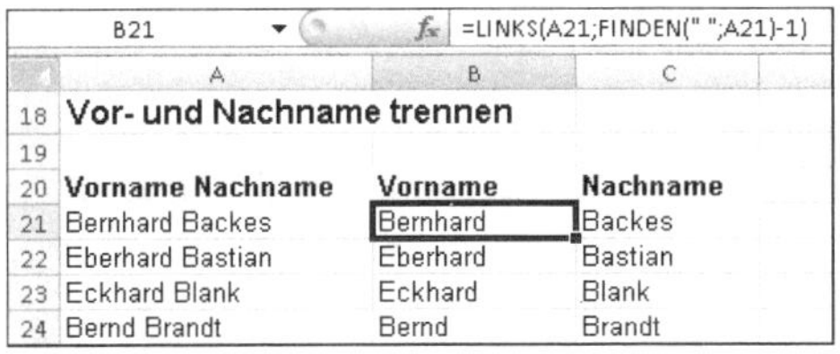

B21 =LINKS(A21;FINDEN(" ";A21)-1)

	A	B	C
18	**Vor- und Nachname trennen**		
19			
20	**Vorname Nachname**	**Vorname**	**Nachname**
21	Bernhard Backes	Bernhard	Backes
22	Eberhard Bastian	Eberhard	Bastian
23	Eckhard Blank	Eckhard	Blank
24	Bernd Brandt	Bernd	Brandt

Abbildung 1.78: Der Vorname kann mithilfe der Positionsbestimmung des Trennzeichens extrahiert werden

Da die Länge des Vornamens unterschiedlich sein kann, müssen Sie zunächst mit der Funktion FINDEN() das erste Leerzeichen suchen. Sie gibt die Fundstelle, d.h. die Positionsnummer im Text als Zahl zurück. Diese Zahl wird dann – um den Wert 1 verringert – in der Funktion LINKS() als Argument für die Anzahl der Zeichen verwendet, die zurückgegeben werden soll.

Um den Nachnamen zu extrahieren, geben Sie in der Zelle *C21* die folgende Formel ein:

```
=RECHTS(A21;LÄNGE(A21)-FINDEN(" ";A21))
```

Mit der Funktion RECHTS() kann der Nachname extrahiert werden. Für die Berechnung der Anzahl von Zeichen, welche von rechts gelesen werden sollen, kommt wiederum FINDEN() zum Einsatz, um die Position der Trennstelle »Leerzeichen« zu ermitteln. Dies reicht jedoch noch nicht aus. Es wäre Zufall, wenn die Position des Leerzeichens die Anzahl der von rechts zu lesenden Zeichen repräsentieren würde.

Also kommt die Funktion LÄNGE() zum Einsatz. Sie bestimmt die Gesamtzahl aller Zeichen im Text. Wenn Sie die Positionsnummer des Trennzeichens von der Gesamtzahl der Zeichen abziehen, `LÄNGE(A21)-FINDEN(" ";A21)`, erhalten Sie die Länge des Nachnamens.

Vor- und Nachname umstellen

Sie haben in einer Spalte Namen nach dem Muster »Nachname, Vorname« stehen. Für die Verwendung in Adressen ist das Muster »Vorname Nachname« gebräuchlich. Wie berechnen Sie die Umstellung?

Nehmen Sie an, dass in der Zelle *A4* der Name » Backes, Bernhard« steht. Solange für die Daten gilt, dass die im Muster genannte Reihenfolge, also zuerst der Nachname, dann der Vorname gilt und die Trennstelle immer aus einem Komma mit folgendem Leerschritt besteht, berechnen Sie das umgestellte Muster mit dieser Formel:

```
=RECHTS(A4;LÄNGE(A4)-FINDEN(",";A4)-1)&" "&LINKS(A4;FINDEN(",";A4)-1)
```

Das Ergebnis lautet »Bernhard Backes«. Zuerst liest die Funktion RECHTS() den Vornamen von hinten, d.h. von rechts. Wie viele Zeichen von rechts zu lesen sind, ermittelt der Formelteil `LÄNGE(A4)-FINDEN(",";A4)`. Die Funktion LÄNGE() bestimmt die Gesamtlänge des Namens in *A4*. Von dieser wird die Positionsnummer des Kommas abgezogen. Diese wird bestimmt durch die Funktion FINDEN(). Von der Differenz muss noch der Wert *1* für das dem Komma folgende Leerzeichen abgezogen werden, dann ergibt sich die Länge des Vornamens.

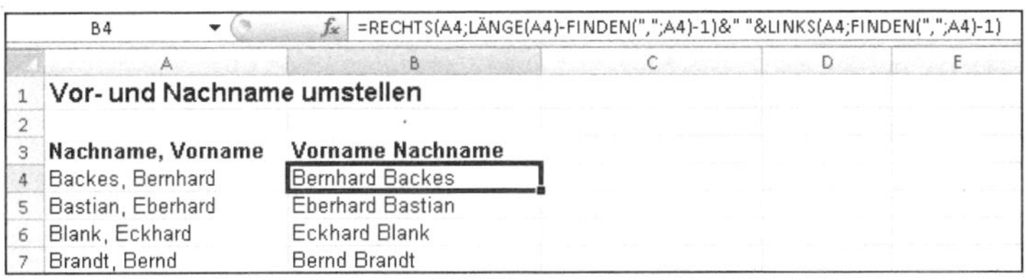

B4 =RECHTS(A4;LÄNGE(A4)-FINDEN(",";A4)-1)&" "&LINKS(A4;FINDEN(",";A4)-1)

	A	B	C	D	E
1	**Vor- und Nachname umstellen**				
2					
3	**Nachname, Vorname**	**Vorname Nachname**			
4	Backes, Bernhard	Bernhard Backes			
5	Bastian, Eberhard	Eberhard Bastian			
6	Blank, Eckhard	Eckhard Blank			
7	Brandt, Bernd	Bernd Brandt			

Abbildung 1.79: Etwas verschachtelt, aber wirkungsvoll – die Umstellung der Namen per Formel

Mit dem Verkettungsoperator »&« wird nun ein Leerschritt hinter den Vornamen gesetzt. Mit einem weiteren Verkettungsoperator kann dann der Nachname folgen. Dieser wird von vorn, d.h. von links mithilfe der gleichnamigen Funktion LINKS() gelesen. Die Zahl der von links zu lesenden Zeichen liefert erneut die Funktion FINDEN() mit der Positionsnummer des Kommas. Da Letzteres nicht im Ergebnis enthalten sein darf, wird wiederum der Wert *1* abgezogen.

IBAN zerlegen

Im internationalen Geldverkehr ist die Angabe der IBAN, der International Bank Account Number, notwendig. Da diese Nummer aus Bestandteilen mit fester Länge besteht, können Sie sie in ihre Bestandteile zerlegen. Eine IBAN kann maximal 34 Zeichen lang sein. Eine deutsche IBAN hat immer 22 Zeichen. Von links nach rechts gelesen, sind dies

- das Länderkennzeichen »DE« (zwei Zeichen),
- die Prüfziffer (zwei Zeichen),
- die Bankleitzahl (acht Zeichen) und
- die Kontonummer (zehn Zeichen), wobei kürzere Kontonummern mit führenden Nullen versehen werden.

Abbildung 1.80: Berechnung von Bestandteilen einer IBAN mit der Textfunktion *TEIL()*

Um die Einzelbestandteile einer in Zelle *B4* gegebenen IBAN zu ermitteln, verwenden Sie diese Formeln:

- Länderkennzeichen: `=LINKS(B4;2)`
- Prüfziffer: `=TEIL(B4;3;2)`
- Bankleitzahl: `=TEIL(B4;5;8)`
- Kontonummer: `=TEIL(B4;13;10)` oder `=RECHTS(B4;10)`

Die Wirkungsweise der Funktionen LINKS() bzw. RECHTS() kennen Sie schon aus den vorangegangenen Anwendungsfällen. Für das Extrahieren von Zeichenketten aus der Mitte des Textes kommt die Funktion `TEIL(Text;Erstes_Zeichen;Anzahl_Zeichen)` zum Einsatz. Hier können Sie angeben, ab welchem Zeichen (`Erstes_Zeichen`) wie viele Zeichen (`Anzahl_Zeichen`) zu lesen sind.

Häufigkeit eines Zeichens in einer Zeichenfolge ermitteln

Im publizistischen Bereich bzw. bei Textanalysen benötigt man hin und wieder die Information, wie oft ein Zeichen oder eine Zeichenfolge in einem Text vorkommen. Mit einem Trick können Sie dies in Excel berechnen: Sie ziehen von der Gesamtlänge des Texts die Länge des Texts ab, die sich nach dem Herauslöschen der zu zählenden Zeichen ergibt. Wenn die Zeichenfolge in *B3* und der zu analysierende Text in *A6* stehen, lautet die Formel:

```
=(LÄNGE(A6)-LÄNGE(WECHSELN(A6;$B$3;"")))/LÄNGE($B$3)
```

Die Funktion `LÄNGE(A6)` ermittelt die Anzahl aller Zeichen in Zelle *A6*. Im zweiten Teil der Formel wird mit der Funktion `WECHSELN()` das gesuchte Zeichen durch nichts ("") ersetzt und die Länge des neuen Texts ermittelt. Wenn diese Länge von der Gesamtlänge der Zeichenfolge abgezogen wird, erhalten Sie bei der Suche nach nur einem Zeichen die Anzahl der gesuchten Zeichen. Damit die Berechnung auch für Zeichenfolgen funktioniert, müssen Sie die Längendifferenz noch durch die Anzahl der Zeichen in der gesuchten Zeichenfolge teilen.

B6 | =(LÄNGE(A6)-LÄNGE(WECHSELN(A6;$B$3;"")))/LÄNGE($B$3)

	A	B
1	**Wie oft ist ein/e Zeichen/Zeichenfolge enthalten?**	
2		
3	**Zu zählende(s) Zeichen**	en
4		
5	**Text**	**Anzahl**
6	Bedecke Deinen Himmel Zeus.	1
7	Völlig fremd den hilflos vielen Schällen, fragt sie nur in wirklich großen Fällen.	5
8	Nicht vom Wetter spricht sie, nicht vom Schneider, höchstens von den Grundproblemen beider.	3
9	Wenn die Diplomaten im Frühling raufen, nimmt man einfach ein Blatt vom Herbst zur Hand, und ersieht daraus, wie alles abgelaufen.	4

Abbildung 1.81: Mit einem Trick können Sie Zeichen auszählen

Alle Leerzeichen entfernen

In manchen Fällen müssen Sie bestimmte Zeichen komplett aus einem Text entfernen. Hier hilft die Funktion WECHSELN(). Wollen Sie beispielsweise für den in der Zelle *A15* befindlichen Text alle Leerzeichen entfernen, können Sie dies mit folgender Formel tun:

```
=WECHSELN(A15;" ";"")
```

B15 | =WECHSELN($A15;" ";"")

	A	B
12	**Alle Leerzeichen entfernen**	
13		
14	**Text**	**Ergebnis**
15	Leer schritt	Leerschritt
16	Industrie und Handelskammer	IndustrieundHandelskammer
17	Baden Baden	BadenBaden

Abbildung 1.82: Die Funktion *WECHSELN()* tauscht beliebige Zeichenfolgen aus

Die Funktion mit der Syntax

```
WECHSELN(Text;Alter_Text;Neuer_Text;[Ntes_Auftreten])
```

tauscht einen alten Text durch einen neuen Text in einer Zeichenfolge aus. In unserem Beispiel wird das Leerzeichen (" ") durch eine leere Zeichenfolge (""), also nichts ersetzt. Aus »Baden

Baden« wird so »BadenBaden«. Die Funktion WECHSELN() können Sie immer dann einsetzen, wenn Sie innerhalb eines Texts eine bestimmte Zeichenfolge austauschen möchten.

Tipp Wollen Sie nur die überzähligen Leerzeichen vor und nach einem Text entfernen, setzen Sie die Funktion GLÄTTEN() ein.

Nachgestellte Vorzeichen korrigieren

Beim Importieren von Daten steht bei den negativen Zahlen das Minuszeichen manchmal **nach** dem Wert. Das Problem ist, dass Excel diesen Ausdruck nicht als Zahlenwert akzeptiert und deshalb mit diesem Ausdruck nicht rechnen kann.

Um einen Wert in der Zelle *A4* (der durch das nachgestellte Minuszeichen einen Textwert darstellt) in eine Zahl zu verwandeln, tragen Sie folgende Formel ein:

```
=WENN(RECHTS(A4;1)="-";LINKS(A4;LÄNGE(A4)-1)*(-1);A4)
```

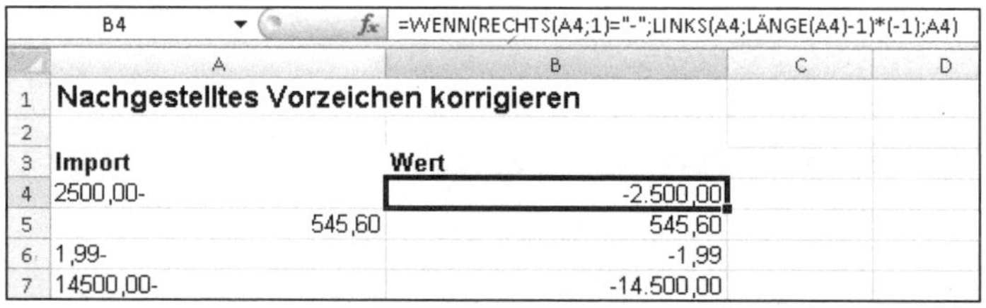

Abbildung 1.83: Umwandlung in eine Zahl durch Korrektur des nachgestellten negativen Vorzeichens

Mit der dargestellten WENN()-Funktion können Sie nicht nur den Inhalt einer ganzen Zelle prüfen, sondern unter Zuhilfenahme weiterer Funktionen auch Teile davon. Mit der RECHTS()-Funktion lässt sich das Vorhandensein des Minus-Zeichens abfragen. Die Funktion LINKS() trennt den Zahlenteil ab und wandelt ihn durch die Multiplikation mit *–1* in den negativen Wert der Zahl um.

Datei- und Blattname berechnen

Mit den folgenden Formeln können Sie den Namen einer Datei in einer Zelle ausgeben. Geben Sie in *A21* die Formel

```
=ZELLE("Dateiname")
```

ein. Mit dieser Funktion können Sie den Dateinamen der aktuellen Arbeitsmappe ermitteln. Wenn die aktuelle Arbeitsmappe noch nicht gespeichert wurde, gibt die Funktion eine leere Zeichenfolge zurück. Ansonsten erhalten Sie den kompletten Dateipfad und den Blattnamen in der Art

C:\ MSPress\ExcelFunktionen\Kap01\[Text_Daten01.xlsx]Vorzeichenkorrektur.

Sie sehen, dass der Dateiname in eckigen Klammern eingerahmt ist. Damit haben Sie die Anhaltspunkte, wo der Dateiname der Zeichenfolge entnommen werden kann. Mit der folgenden Formel können Sie nun den Dateinamen aus dem Ergebnis in *A21* extrahieren:

```
=TEIL(A21;FINDEN("[";A21;1)+1;FINDEN("]";A21;1)-FINDEN("[";A21;1)-1)
```

Die Funktion TEIL() ermittelt eine Anzahl Zeichen ab eine Startposition. Der Ausdruck `FINDEN("[";A21;1)+1` ermittelt die Startposition hinter der öffnenden eckigen Klammer. Der Ausdruck `FINDEN("]";A21;1)-FINDEN("[";A21;1)-1` berechnet die Anzahl Zeichen zwischen der öffnenden und der schließenden Klammer.

Die Funktion kann auch eingesetzt werden, um den Namen des Tabellenblatts auszugeben. Verwenden Sie hierzu die Formel:

```
=TEIL(A21;FINDEN("]";A21;1)+1;LÄNGE(A21))
```

Den Inhalt von Zellen in einer Zelle zusammenfassen

Die Abbildung 1.84 zeigt eine typische Adressliste. Wollen Sie nun die Daten der Liste in einem Satz verwenden, können Sie dies mit einer Formel wie der folgenden tun:

```
=A4&" "&C4&" "&B4&" wohnt in "&D4&" "&E4&"."
```

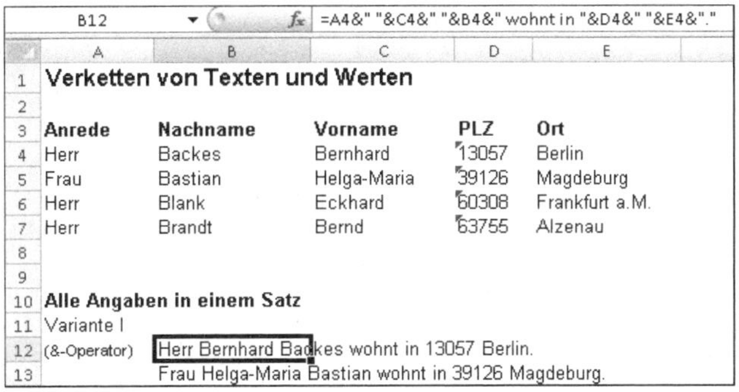
B12 =A4&" "&C4&" "&B4&" wohnt in "&D4&" "&E4&"."

	A	B	C	D	E
1	Verketten von Texten und Werten				
2					
3	Anrede	Nachname	Vorname	PLZ	Ort
4	Herr	Backes	Bernhard	13057	Berlin
5	Frau	Bastian	Helga-Maria	39126	Magdeburg
6	Herr	Blank	Eckhard	60308	Frankfurt a.M.
7	Herr	Brandt	Bernd	63755	Alzenau
8					
9					
10	Alle Angaben in einem Satz				
11	Variante I				
12	(&-Operator)	Herr Bernhard Backes wohnt in 13057 Berlin.			
13		Frau Helga-Maria Bastian wohnt in 39126 Magdeburg.			

Abbildung 1.84: Mit dem Verkettungsoperator & können Sie Texte und Werte zu komplexeren Ausdrücken zusammenfassen

Mit dem Verknüpfungsoperator & können Sie Texte und/oder Bezüge zusammenfassen. Eine Alternative stellt die Textfunktion VERKETTEN() dar. Mit dieser erreichen Sie dasselbe Ergebnis wie oben:

```
=VERKETTEN(A4;" ";C4;" ";B4;" wohnt in ";D4;" ";E4;".")
```

Zeilenumbruch in zusammengesetztem Text

In manchen Textverkettungen möchten Sie nicht am rechten Rand, sondern nach einer bestimmten Anzahl Zeichen oder nach einem bestimmten Wort einen Zeilenumbruch einfügen. Zunächst können Sie bei der Eingabe an der gewünschten Stelle mit der Tastenkombination [Alt]+[↵] einen Umbruch einfügen. Sie erkennen dies sofort in der Bearbeitungsleiste. Wenn Sie mit der [↵]-Taste die Eingabe abschließen, wird der Zeilenumbruch auch in der Zelle sichtbar.

Sie können zwei Textfolgen aber auch mit einem Zeilenvorschubzeichen verbinden. Dieses Zeichen hat den Zeichencode *10* und kann über die Funktion ZEICHEN() eingefügt werden:

```
=VERKETTEN(A4;" ";C4;" ";B4;ZEICHEN(10);"wohnt in ";D4;" ";E4;".")
```

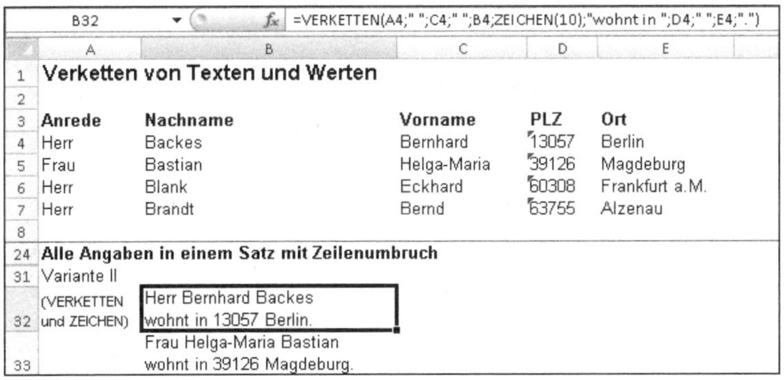
B32 =VERKETTEN(A4;" ";C4;" ";B4;ZEICHEN(10);"wohnt in ";D4;" ";E4;".")

	A	B	C	D	E
1	Verketten von Texten und Werten				
2					
3	Anrede	Nachname	Vorname	PLZ	Ort
4	Herr	Backes	Bernhard	13057	Berlin
5	Frau	Bastian	Helga-Maria	39126	Magdeburg
6	Herr	Blank	Eckhard	60308	Frankfurt a.M.
7	Herr	Brandt	Bernd	63755	Alzenau
8					
24	Alle Angaben in einem Satz mit Zeilenumbruch				
31	Variante II				
32	(VERKETTEN und ZEICHEN)	Herr Bernhard Backes wohnt in 13057 Berlin.			
33		Frau Helga-Maria Bastian wohnt in 39126 Magdeburg.			

Abbildung 1.85: Textverkettungen können auch Zeilenumbrüche o.a. Sonderzeichen enthalten

Hinweis Schalten Sie für die betreffenden Zellen den Zeilenumbruch ein. Nach einem Rechtsklick mit der Maus und der Auswahl des Befehls *Zellen formatieren* im Kontextmenü können Sie auf der Registerkarte *Ausrichtung* das Kontrollkästchen *Zeilenumbruch* aktivieren.

Support-Calls visualisieren Für die grafische Darstellung von Zahlen nutzen Sie sicher die Excel-Diagramme. Wenn es einmal nur eine kleine Darstellung in einer Zelle des Blattes sein soll, muss es jedoch nicht immer ein Diagramm sein. Mit der Textfunktion WIEDERHOLEN() können Sie, wie die Abbildung 1.86 zeigt, Ähnliches erreichen.

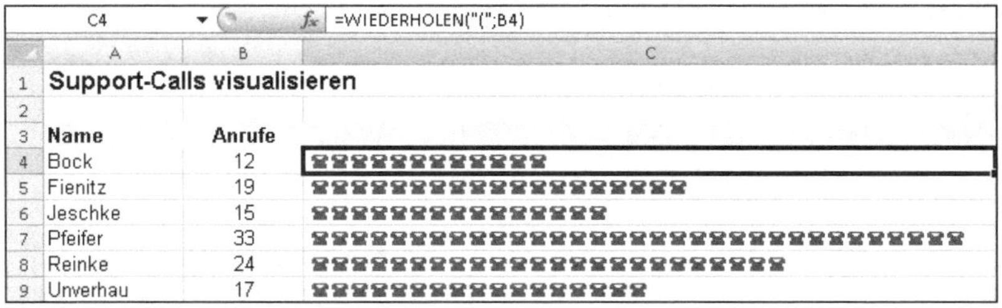

Abbildung 1.86: Mit der Funktion *WIEDERHOLEN()* können Sie auch Grafiken erzeugen

In einer Liste sind für die Supportmitarbeiter deren aktuell bearbeitete Anrufe vermerkt. Mit der Formel

```
=WIEDERHOLEN("(";B4)
```

kann die in *B4* stehende Zahl 12 in zwölf Telefonsymbole verwandelt werden. Für die Formelzelle müssen Sie dazu nur die Schriftart »Wingdings« einstellen, denn die öffnende runde Klammer wird in dieser Schrift als Telefonsymbol dargestellt.

CD-ROM Alle gezeigten Praxisbeispiele finden Sie auf der Buch-CD im Ordner *\Buch\Kap01* in den Arbeitsmappen *Text_Daten01.xls* (Excel 97-2003) bzw. *Text_Daten01.xlsx* (Excel 2007/2010).

Logische Funktionen anwenden

Obwohl Logik und die damit zusammenhängenden Funktionen von Excel der Mathematik zugeschrieben werden müssen und damit naturgemäß nicht zum alltäglichen Handwerkszeug gehören, haben sie doch bei vielen Excel-Anwendern einen festen Platz im handwerklichen Repertoire. Mit ihrer Hilfe lassen sich Berechnungsschritte in ihren Verzweigungen teilautomatisieren, Auswertungen textlich und farblich anpassen, Daten für Diagramme sachgerecht aufbereiten und vieles mehr. Bei den textlichen Anpassungen ist es vor allem das Reagieren auf Fehler, die sich nicht vermeiden, aber erkennen lassen[1], farbliche Anpassungen sind jene, die vor allem im Bereich der bedingten Formatierungen zum Zuge kommen.

Für beide Fälle soll das folgende Beispiel den Einstieg liefern. Zum kaufmännischen Rechnen gehört traditionsgemäß das Problem der Differenzkalkulation für Warenpreise. Die Abbildung 1.87 zeigt den Ablauf, wie er auf einem Arbeitsblatt gestaltet werden kann.

1 Der Durchschnittsverkaufspreis ist eben nicht bestimmbar, wenn nichts verkauft wird. Mathematisch bedeutet dies eine Division durch Null, was natürlich auch Excel nicht beherrscht.

	A	B	C	D
1				
2		**Differenzkalkulation**		
3			Gewinn	
4		Listeneinkaufspreis		4.500,00 €
5		-Lieferrabatt	20%	900,00 €
6		=Zieleinkaufspreis		3.600,00 €
7		-Lieferskonto	3%	108,00 €
8		=Bareinkaufspreis		3.492,00 €
9		+Bezugskosten (netto)		54,00 €
10		=Bezugspreis (Einstandspreis)		3.546,00 €
11		+Handlungskosten	26%	936,82 €
12		=Selbstkosten		4.482,82 €
13		+Gewinn	21%	956,85 €
14		=Barverkaufspreis		5.439,66 €
15		+Kundenskonto	2%	116,98 €
16		+Vertreterprovision	5%	292,46 €
17		=Zielverkaufspreis		5.849,10 €
18		+Kundenrabatt	10%	649,90 €
19		=Listenverkaufspreis (netto)		6.499,00 €
20				
21		Rentabilität	OK	

Abbildung 1.87: Die klassische Differenzkalkulation

Der Einzelhändler kann zu einem bestimmten Listeneinkaufspreis beim Großhändler einkaufen und bekommt wegen der Stückzahl einen Lieferrabatt. Weil er schnell bezahlen kann, wird ihm noch ein Skonto gewährt. Der entstehende Bareinkaufspreis wird durch Bezugskosten (etwa Porto) zusätzlich belastet. Da durch den Handel weitere Kosten (etwa für Miete und Personal entstehen) liegen im Beispiel die Selbstkosten bei 4.482,82 €.

Aus der Sicht des Verkaufs muss dem Kunden ein Ladenpreis angeboten werden, den dieser durch Rabatt und Skonti mindern kann, wobei ein zwischengeschalteter Vertreter auch zu seinem Recht kommen muss. Die Differenz zwischen Barverkaufspreis und Selbstkosten ist der Gewinn, der verbucht werden kann. An diesen werden prozentuale Forderungen gestellt. Ausgangspunkt dafür ist das Verhältnis zu den Selbstkosten.

Bis hierher konnte Excel bei den Berechnungen effektiv helfen, denn alle eingetragenen Beziehungen zwischen den hell hinterlegten Zellen wie *D4* für den Listeneinkaufspreis, *C11* für die prozentualen Handlungskosten oder *D19* für den Listenverkaufspreis lassen sich durch Formeln miteinander verbinden. Und so berechnet sich der Gewinn aus

```
=D14-D12
```

und die prozentuale Angabe aus

```
=D13/D12
```

Rentabilität bewerten

Woher aber weiß nun Excel, ob die geforderte Rendite o.k. ist? Nehmen wir an, der Einzelhändler ist mit 20 % zufrieden. Also schreibt er in die Zelle *C21* (die in der Abbildung mit ihrer Nachbarzelle verbunden wurde) die Formel

```
=WENN(C13>=20%;"OK";"zu gering")
```

Was macht die darin enthaltene WENN()-Funktion? Sie schaut nach, ob der Wert in Zelle *C13* größer oder gleich 20 % ist oder nicht. Ist der Wert tatsächlich größer oder gleich der Vorgabe, erscheint als Ergebnis die Mitteilung *OK*, andernfalls die Mitteilung *zu gering*.

Im Beispiel ist es nur eine einfache Bedingung, die geprüft werden soll. Kompliziertere Abläufe fordern jedoch kompliziertere Formeln. Erleichternd bei diesen sind weitere logische Funktionen, wie etwa die UND()-Funktion.

Stellen Sie sich vor, der Händler möchte sich seinen Gewinn nicht schmälern lassen, steht aber unter dem Druck der Mitbewerber und kann Verkaufspreisobergrenzen nicht ausweichen. Dieses Verhalten möchte er durch Einfärben der Zelle mit dem prozentualen Gewinn visualisieren. Unter Excel ab Version 2007 ruft er dazu das Dialogfeld aus Abbildung 1.88 auf. Die zugehörige Schaltfläche *Neue Regel* befindet sich auf der Registerkarte *Start* in der Gruppe *Formatvorlagen* unter dem Befehl *Bedingte Formatierung*[2].

Die Formel

```
=UND(($C$13>=20%);($D$19<6500))
```

prüft, ob zwei Bedingungen erfüllt sind, nämlich

- ist der Wert in Zelle *C13* größer oder gleich 20 % *und*
- liegt der eingetragene Verkaufspreis unter 6.500 €.

Sind beide Bedingen erfüllt (die UND()-Funktion sorgt für diese Gleichzeitigkeit), wird die Zelle grün eingefärbt, andernfalls geschieht nichts.

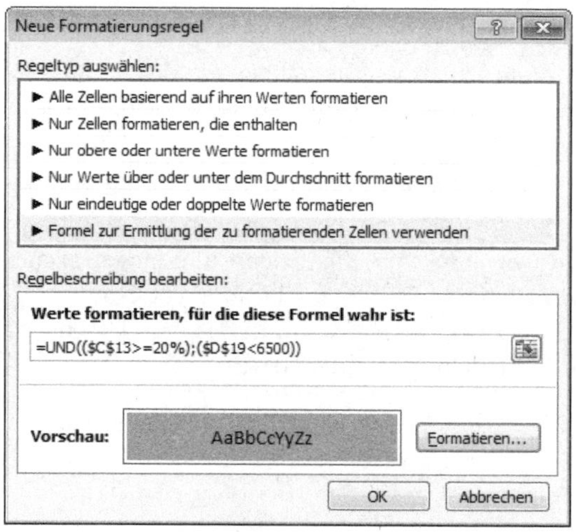

Abbildung 1.88: Bedingte Formatierung und logische Funktionen

CD-ROM Das gezeigte Praxisbeispiel finden Sie auf der Buch-CD im Ordner *\Buch\Kap01* in den Arbeitsmappen *Differenzkalkulation.xls* (Excel 97-2003) bzw. *Differenzkalkulation.xlsx* (Excel 2007/2010).

Tauchen Sie in Kapitel 8 in weitere Geheimnisse der logischen Funktionen ein.

2 Nutzer früherer Excel-Versionen rufen den Menübefehl *Format/Bedingte Formatierung* auf.

Such- und Bezugsfunktionen anwenden

Nachschlage- und Verweisfunktionen heißt diese Kategorie seit Version 2007, vorher wurden sie unter dem Namen *Matrix-Funktionen* zusammengefasst. Da dieser Name wenig aussagefähig scheint, wurde schon in den Vorgängern zu diesem Buch der Begriff *Such- und Bezugsfunktionen* bevorzugt.

Die vornehmlichste Aufgabe von Excel, nämlich zu rechnen, wird maßgeblich durch den strengen und systematischen Aufbau eines Arbeitsblatts unterstützt: Immer sind es Zellen, die in Zeilen und Spalten angeordnet sind. Was liegt also näher, als diese Ordnung zu nutzen, um dem Anwender das systematische Suchen nach Informationen auf dem aktuellen oder sogar auf einem anderen Arbeitsblatt zu erleichtern und Excel suchen zu lassen.

Angenommen, Sie haben die Preise eines Artikels (im Beispiel sollen das Hemden verschiedener Farbe und Kragenweite sein) tabellarisch wie in Abbildung 1.89 angeordnet (das ist ein typischer Fall einer Kreuztabelle – die Informationen befinden sich im Kreuzungspunkt zwischen Zeile und Spalte). Nach Auswahl von Farbe und Größe wollen Sie mit dem gefundenen Preis weiter rechnen, benötigen also dessen Wert in der für die Rechnung vorgesehenen Zelle.

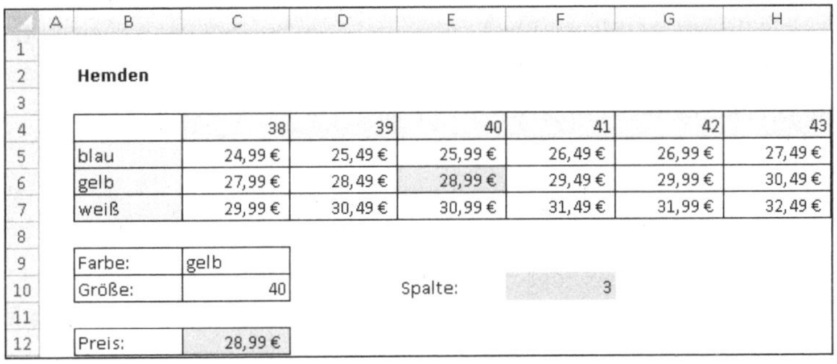

	A	B	C	D	E	F	G	H
1								
2		**Hemden**						
3								
4			38	39	40	41	42	43
5		blau	24,99 €	25,49 €	25,99 €	26,49 €	26,99 €	27,49 €
6		gelb	27,99 €	28,49 €	28,99 €	29,49 €	29,99 €	30,49 €
7		weiß	29,99 €	30,49 €	30,99 €	31,49 €	31,99 €	32,49 €
8								
9		Farbe:	gelb					
10		Größe:	40		Spalte:	3		
11								
12		Preis:	28,99 €					

Abbildung 1.89: Größen- und farbabhängige Preise

Die Funktionen, die sich für diese Art von Aufgabenstellungen anbieten, haben das Wort »Verweis« im Namen[3]. Aber auch die Funktion VERGLEICH() und die Funktion INDEX() müssen in diesem Zusammenhang genannt werden. Ihnen allen ist gemeinsam, dass sie in einem rechteckigen Bereich (daher der Kategoriename *Matrix-Funktion*) nach Informationen suchen und entweder die Information selbst oder deren Position im Bereich liefern. Dass es dabei nicht immer trivial zugeht, soll die Beschreibung der Funktion SVERWEIS() demonstrieren, die Sie im Kapitel zu den Nachschlage- und Verweisfunktionen finden.

Es gibt zwei Ausgangssituationen:

- **Die erste Situation** Sie suchen in der linken Spalte eines Bereichs nach einem bestimmten Begriff oder einer bestimmten Zahl und akzeptieren nur diese. Dann ist es nicht von Bedeutung, ob die Tabelle nach der ersten Spalte sortiert ist oder nicht. Wichtig ist nur, dass Sie in einer nicht sortierten Tabelle unbedingt den letzten Parameter der Funktion korrekt übergeben müssen. Tun Sie das nicht oder lassen den Parameter weg, wird Ihr Suchbegriff in aller

3 Es sind drei Stück: VERWEIS(), SVERWEIS(), WVERWEIS().

Regel nicht gefunden, selbst wenn er in der linken Spalte tatsächlich vorhanden ist. Die Ursache liegt darin, dass Excel die Suche von unten beginnt. Stößt es dabei auf einen Eintrag, der in lexikalischer oder numerischer Ordnung vor dem gesuchten steht, wird das so interpretiert, als ob »am gesuchten bereits vorbeigegangen worden sein muss«. Da er nicht gefunden wurde, ist er also auch nicht da. In diesen Situationen wird dann der Wert als Stellvertreter als gefunden genommen, der in der genannten Ordnung – in Abwärtsrichtung gesehen – als nächster folgt. Diese Interpretation durch Excel ist in der Regel nicht sachgemäß.

- **Die zweite Situation** Sie sind nicht an einer genauen Übereinstimmung des gefundenen Werts in der ersten Spalte interessiert. Das wird bei Texten sicher nur in seltenen Fällen Ihr Wunsch sein. Aber bei Zahlen, genauer gesagt Intervallgrenzen, wie sie bei Rabattstaffeln, Zinsstaffeln, Einkommensteuerbeträgen und anderen »Einordnungsproblemen« vorkommen, ist die Lage ganz anders. Wichtig ist nun, dass Ihre Liste (Tabelle) tatsächlich nach der ersten Spalte geordnet sein muss, die Intervallgrenzen also in aufsteigender (numerischer) Ordnung vorliegen. Excel wird Ihnen (und das ist dann sachgemäß und gewünscht) die Intervallgrenze liefern, die in absteigender Richtung dem gesuchten Wert am nächsten kommt.

Kreuztabelle durchsuchen

Im Falle von Abbildung 1.89 haben Sie es gleich mit dem komplizierten Fall der Kreuztabelle zu tun. Sie suchen nicht nur eine Information in einer Zeile, sondern auch noch in einer bestimmten Spalte. Wissen Sie von den genannten Funktionen, so ist die Lösung am Ende gar nicht so kompliziert. Gehen Sie einfach schrittweise vor. Bestimmen Sie als Erstes die Spalte (genauer deren Nummer), in der die gesuchte Information steht. Die Größe *40* finden Sie in der dritten Spalte. Soll Excel das selbst erkennen, lassen Sie die Zahl *3* in einer Hilfszelle notieren (*F10*). Die Formel lautet[4]

```
=VERGLEICH(C10;C4:H4;1)
```

was in sprachlicher Übersetzung soviel bedeutet wie: »Suche nach dem Wert aus Zelle *C10* – das ist die *40* – und zwar im Bereich der Überschriften in den Zellen *C4* bis *H4*. Sage, welche Spaltennummer das ist.«

Den zweiten Schritt lassen Sie die Funktion SVERWEIS() erledigen. In Zelle *C12* schreiben Sie

```
=SVERWEIS(C9;B5:H7;F10+1;FALSCH)
```

was wiederum in sprachlicher Form soviel heißt wie: »Suche nach dem Inhalt von *C9* – das ist gelb – in der ersten Spalte des Bereichs, der durch *B5* bis *H7* gegeben ist. Findest du etwas, dann schau in der vierten (das ist die gefundene 3 plus 1) Spalte nach, was dort steht und zeige es an.«

Voilà, Aufgabe gelöst.

Einige kleine Dinge lockern das Ganze auf: Auf die Hilfszelle kann man verzichten, wenn man alles in eine Formel schreibt (die Übersichtlichkeit lässt dann allerdings nach, die Eleganz nimmt zu). Der Einsatz bedingter Formatierungen für die Datentabelle selbst hat eine gute optische Wirkung, auf die man eventuell dann verzichten muss, wenn die Daten auf einem anderen Arbeitsblatt stehen.

4 Genaue Einzelheiten zu den Funktionen finden Sie in Kapitel 9.

CD-ROM

Damit Sie etwas experimentieren können, finden Sie auf der CD-ROM zum Buch im Ordner *\Buch\Kap01* die Arbeitsmappen *Nachschlagen.xlsx* bzw. *Nachschlagen.xls*.

Ein anderer »Renner« in dieser Funktionskategorie ist die Funktion BEREICH.VERSCHIEBEN(). Diese Funktion geht von der linken oberen Ecke eines rechteckigen Bereichs aus und hilft Ihnen, einen dazu in gewisser Verschiebung (links, rechts, oben, unten) liegenden Bereich anzusprechen und dabei auch noch dessen Abmessungen anzupassen[5].

Dynamisches Diagramm

Betrachten Sie folgendes Beispiel: Die Tagestemperaturen einer ganzen Woche wurden notiert und sollen in einem Diagramm gezeigt werden. Aber nicht alle Tage auf einmal, sondern jeweils nur einer (Abbildung 1.90).

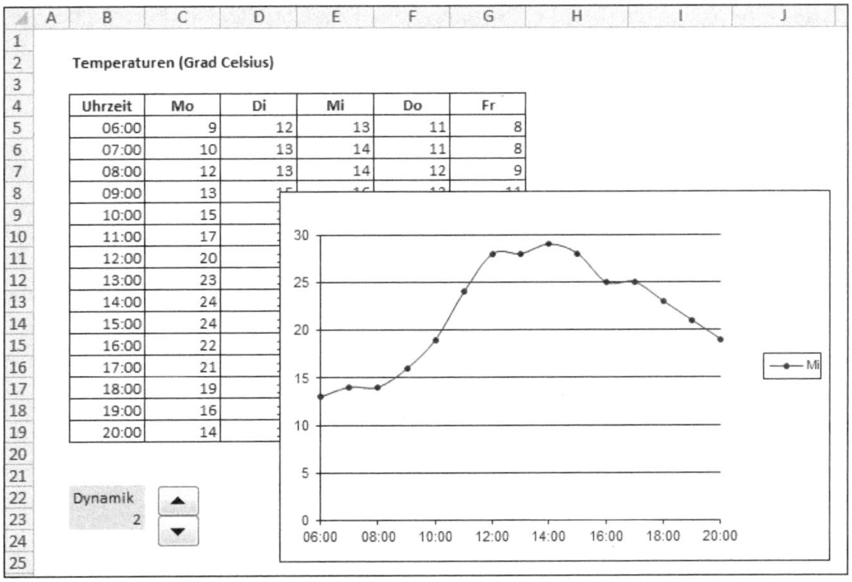

Abbildung 1.90: Dynamische Diagramme

Die Lösung liegt hier in der dynamischen Verwaltung der Datenquelle für das Diagramm. Beim Entwurf soll das zunächst die Spalte für den *Montag* sein. Aber diese Position soll sich je nach Wunsch nach rechts (auf *Dienstag* usw.) verschieben lassen bzw. auch wieder zurück.

Die Kenntnis kleiner Tricks steht vor dem Erfolg. Hier ist es die Möglichkeit, Namen nicht nur für Bereiche, sondern auch für Formeln zu vergeben. Dies geschieht ab Excel 2007 über *Formeln/Definierte Namen/Namen definieren*[6] und in den Vorgängerversionen über *Einfü-*

5 Der Name lässt vermuten, dass ein Bereich auf dem Blatt verschoben wird. Das ist natürlich nicht gemeint, sondern die Benutzung eines Bereichs wird erlaubt, indem dessen Position ausgehend von einem bestimmten Platz angegeben wird. Die englische Bezeichnung *Offset* beschreibt dies sehr gut.

6 Excel-Anwender, die die Version ab 2007 nutzen, haben neben diesen benutzerdefinierten Namen für Zellen und Bereiche noch die Möglichkeiten, den Namen von »als Tabelle formatierten« Listen einzusetzen. Das erübrigt zwar nicht die Funktion BEREICH.VERSCHIEBEN(), bringt aber weiteren Komfort beim Gestalten von Arbeitsblättern.

gen/Namen/Definieren. Die Reichweite des Namens muss über die gesamte Mappe gehen, also nicht auf ein Blatt beschränkt sein, für die Legende nehmen Sie den Namen *Legende* und definieren ihn über die Formel

```
=BEREICH.VERSCHIEBEN(Diagramme!$C$4;0;Diagramme!$B$23)
```

(damit wird die Zelle *C4* des Arbeitsblatts *Diagramme* angesprochen und der Bezug Null Zeilen nach unten und so viele Spalten nach rechts verschoben, wie in Zelle *B23* steht (Abbildung 1.90).

Analog verfahren Sie mit den Diagrammdaten. Sie vergeben den Namen *Daten* und verbinden ihn mit der Formel

```
=BEREICH.VERSCHIEBEN(Diagramme!$C$5:$C$19;0;Diagramme!$B$23)
```

Hier wird nicht nur eine Zelle angesprochen, sondern eine ganze Spalte. Das Verschieben des Bezugs geschieht analog. Nachdem das Diagramm aufgezogen wurde, klicken Sie auf die gezeichnete Linie und sehen im Eingabefeld von Excel etwas wie

```
=DATENREIHE(Diagramme!$C$4;Diagramme!$B$5:$B$19;Diagramme!$C$5:$C$19;1)
```

Das ändern Sie ab, indem Sie die Zellbezüge, die hier absolut stehen, durch die von Ihnen vorbereitete Dynamik ersetzen:

```
=DATENREIHE(Nachschlagen.xlsx!Legende;Diagramme!$B$5:$B$19;Nachschlagen.xlsx!Daten;1)
```

Wichtig ist hier, dass die Namen mit dem Namen der Arbeitsmappe versehen werden müssen, getrennt durch das Ausrufezeichen.

Nun sollten Sie nur noch ein Drehfeld aufziehen, welches den Inhalt von Zelle *B23* zwischen den Werten 0 und 4 steuert (damit Sie nicht ständig die Zahlen eingeben müssen), und die Lösung ist perfekt.

CD-ROM Damit Sie etwas experimentieren können, finden Sie auf der CD-ROM zum Buch im Ordner *\Buch\Kap01* die Mappen *Nachschlagen.xlsx* bzw. *Nachschlagen.xls*.

In diesem Sinne: Stöbern Sie in Kapitel 9 und lassen sich zu weiteren Anpassungen und Automatisierungen Ihrer Arbeitsmappen inspirieren.

Informationsfunktionen anwenden

Beim Gebrauch der Informationsfunktionen geht es – ähnlich wie bei den logischen Funktionen – zum Teil sehr theoretisch zu. Ein Praxisbezug stellt sich eher erst mittelbar ein: Informationsfunktionen sind Ergänzung und Unterstützung für andere Formeln und Funktionen. Eine Beschäftigung mit dem Thema ist am Ende zwar anstrengend, aber es lohnt sich: Automatismen helfen, ein oder mehrere Arbeitsblätter zu bearbeiten, auszufüllen und zu pflegen.

Im Zentrum der Informationsfunktionen stehen die sogenannten IST-Funktionen, kleine Helfer, die Auskunft über den Typ von Ausdrücken oder Zellinhalten geben und zwar in einer Weise, die sofort verwertbar für weitere Rechen- oder nur Anzeigeschritte ist[7]. Die Namen dieser Funktionen sprechen für sich selbst (Tabelle 1.2), ihr Rückgabewert ist in jedem Fall ein

7 Das Argument für die Funktionen wird im Allgemeinen ein Zellbezug sein, um den Inhalt der so angegebenen Zelle zu untersuchen. Manchmal kann auch, wie bei der Funktion ISTBEZUG(), ein konkreter Wert zum Testen angeboten werden.

Wahrheitswert. Dieser bestätigt, dass der Wert der im Argument angegebenen Zelle vom gedachten Typ ist oder nicht. Dabei bedeutet das Wort »Wert«, dass dieser entweder aus einer direkten Eingabe entsteht oder aber durch eine Berechnung mittels Formeln und Funktionen[8].

Tabelle 1.2 Die IST-Funktionen im Überblick

Funktion	Bedeutung für die Zelle im Argument
ISTLEER()	Die Zelle ist leer
ISTTEXT(), ISTKTEXT()	Der Wert der Zelle ist Text oder nicht
ISTZAHL()	Der Wert der Zelle ist eine Zahl
ISTLOG()	Der Wert der Zelle ist ein Wahrheitswert
ISTBEZUG()	Der Wert der Zelle ist ein Bezug
ISTFEHL(), ISTFEHLER()	Die Zelle enthält einen Fehler
ISTNV()	Die Zelle enthält den #NV!-Fehler
ISTGERADE(), ISTUNGERADE()	Der Wert der Zelle ist eine gerade oder ungerade Zahl

Wenn Sie mit benannten Bereichen arbeiten und diese als Bezüge einsetzen, führt ein in der Regel unbeabsichtigtes Löschen des Namens zu einem Fehler in Gestalt von *#BEZUG!*.

Stellen Sie sich hierzu folgendes Beispiel vor: Die Zellen von *B2* bis *D5* haben den Namen *Umsatz* bekommen und in Zelle *F7* steht.

```
=SUMME(Umsatz)
```

Bezugsfehler vermeiden

Das funktioniert so lange, wie der Name existiert. Dagegen bietet

```
=WENN(ISTBEZUG(Umsatz);SUMME(Umsatz);"Name Umsatz wurde entfernt.")
```

eine kleine Sicherheit. Wurde der Name *Umsatz* entfernt, liefert die Funktion ISTBEZUG(*Umsatz*) den Wert FALSCH. Und anstatt die Summe über einen nunmehr unbekannten Bereich zu berechnen und damit den Fehler zu erzeugen, wird eine Information ausgegeben, die den Grund des Fehlers nennt. Ist der Bereichsname vorhanden, kommt es zur beabsichtigten und korrekten Ermittlung der Gesamtsumme.

Ein weiteres und sicher oft anzutreffendes Beispiel ist die »Verschönerung« der Funktion SVERWEIS(). Dabei geht es im Allgemeinen darum, einen Wert aus einer Auflistung, die sich in der ersten Spalte einer Liste befindet, zu suchen und im Falle des Auffindens für diesen eine in der Liste rechts daneben stehende Information zurückzugeben. Stellen Sie sich hierzu eine Artikelliste mit Preisen wie in Abbildung 1.91 vor, die im wirklichen Leben viel länger und hinsichtlich der enthaltenen Informationen wesentlich umfangreicher und damit auf einen Blick nicht erfassbar erscheint.

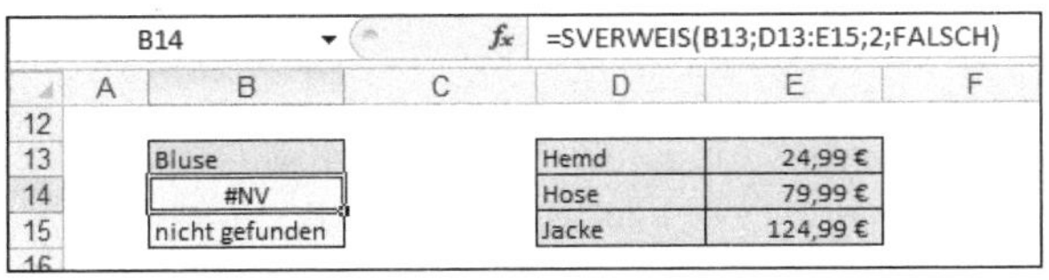

Abbildung 1.91: In Listen nach Informationen suchen

8 Hier wird sehr schön deutlich, dass es einen Unterschied gibt zwischen dem, was in eine Zelle eingetragen und dem, was durch Excel als Ergebnis angezeigt wird.

Fehleranzeige steuern

Aufgrund der Größe der Liste ist es dem Anwender passiert, nach dem Preis einer Bluse zu suchen, obwohl dieser Artikel in der Produktpalette nicht vorkommt. Dazu haben Sie in *B14* die Formel

```
=SVERWEIS(B13;D13:E15;2;FALSCH)
```

eingetragen. Leider kommt es in diesem Fall zu *#NV*, eine Fehlermeldung, die das Fehlen des Eintrags signalisiert (NV steht für »Nicht verfügbar«). Etwas anwenderfreundlicher können Sie die Formel

```
=WENN(ISTFEHLER(SVERWEIS(B13;D13:E15;2;FALSCH));"nicht gefunden";
SVERWEIS(B13;D13:E15;2;FALSCH))
```

(die zugegeben etwas länger ausfällt) einsetzen. Diese untersucht zunächst, ob der SVERWEIS erfolgreich wird. Wenn nicht, erfolgt die erklärende Meldung »nicht gefunden«, wenn ja, erscheint der gesuchte Preis.

Oftmals führen Berechnungen zu Situationen, in denen ohne unsere Schuld Fehler angezeigt werden. Als Stellvertreter seien die einfache Benutzung mathematischer Funktionen wie 1/x (x darf nicht Null sein) oder LOG(x) (x muss positiv sein) genannt. Die Einfachheit ist hier der Übersichtlichkeit geschuldet, im konkreten, lebensnahen Beispiel kommt der Pferdefuß oft unerkannt auf uns zu.

Fehlerwerte in Diagrammen behandeln

Beabsichtigen Sie, aus einer Zahlenreihe ein Diagramm zu erzeugen, stellt Excel vorhandene Fehlerwerte als 0 (Null) dar. Anstatt nun umfangreiche Tests in Zwischenschritten Ihrer Berechnungen (die sich ja in der Regel sehr dynamisch gestalten und verhalten sollten) einzubauen, genügt es, solche Werte, die Fehler darstellen, im Quellbereich des Diagramms »verschwinden zu lassen«.

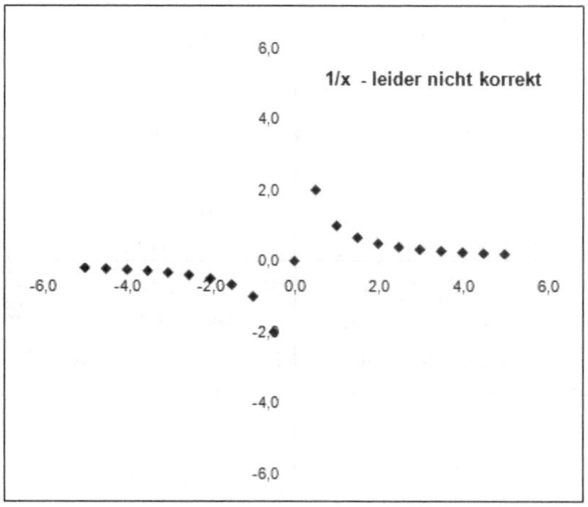

Abbildung 1.92: Diese Darstellung von 1/x ist nicht korrekt. Die Ursache: Fehlerwerte werden als Null dargestellt.

Sie vermeiden die fehlerhafte Darstellung aus Abbildung 1.92, indem Sie den Quellbereich der Daten nicht durch die »einfache« Formel `=1/B13` usw., sondern durch

```
=WENN(ISTFEHLER(1/B13);NV();1/B13)
```

usw. definieren. Hier fangen Sie so den Fehlerwert *#DIV/0!* ab und ersetzen ihn durch die Funktion NV(), die das Fehlen des Wertes bedeutet und in diesem Fallen nicht zu einem Fehler führt. In gleicher Weise gehen Sie bei anderen Fehlerwerten vor.

Hinweis

Alternativ haben Sie die Wahl, in der Zelle mit dem Fehler Ihre Formel zu löschen und die Diagramm-Option zu wählen, die leere Zellen nicht zeichnet.

In diesem Sinne ist dieses Beispiel aber eine einfache Abstraktion dessen, was Ihnen in der täglichen Arbeit begegnen kann. Vielleicht ist dort die Situation dadurch unübersichtlich, dass die von Ihnen auszuwertenden Daten aus einer Datenbank, die täglich Aktuelles liefert, stammen und sich ein ständiges Nachbessern der Quelldaten aus Zeit- und Kostengründen verbietet. Durch den »Trick« dieses Beispiels sind Sie in jeder Hinsicht gewappnet.

Weitere Beispiele zu den IST-Funktionen sowie zu den anderen Informationsfunktionen finden Sie in Kapitel 10. Seien Sie also gespannt und entdecken Sie eine u.U. neue, in jedem Fall aber hilfreiche kleine Welt.

Statistische Funktionen anwenden

Das Winston Churchill zugeschriebene Bonmot »Glaube keiner Statistik, die du nicht selbst gefälscht hast«, welches heute gerne bei jeder passenden und unpassenden Gelegenheit benutzt wird, treibt unseren Adrenalinspiegel immer wieder in die Höhe. Lassen Sie uns ein Wort dazu sagen: Fälschen ist immer kriminell und wird durch Gesetze mit Strafen belegt. Wir bezweifeln, dass viele Statistiken gefälscht sind. Es sollte vielmehr der Satz gelten:

»Glaube keiner Statistik, die du nicht verstehst.«

Statistik, als wissenschaftliche Disziplin, ist die Lehre von den Methoden zum Umgang mit quantitativen Informationen, den Daten.

Bedeutung der Statistik

Beim Wort »Statistik« denkt die Mehrzahl der Bevölkerung jedoch zunächst an umfangreiche Tabellen und an grafische Darstellungen, die diverse Sachverhalte, wie zum Beispiel Aussagen über Bevölkerungsgruppen, ökonomische Tätigkeiten, Krankheiten oder Umwelteinflüsse verdeutlichen – oder manchmal auch verschleiern sollen.

Damit erfasst man jedoch nur einen Teil der Statistik, die beschreibende Statistik oder deskriptive Statistik. Diese dient dazu, umfangreiche Datensätze einerseits möglichst übersichtlich und anschaulich darzustellen und zum anderen durch möglichst wenige, einfache Maßzahlen, wie beispielsweise den Mittelwert und die Streuung zu ersetzen. Mit dieser Art von Statistik befassen sich in erster Linie das Bundesamt für Statistik und die statistischen Ämter der Bundesländer und Städte.

Heutzutage sammelt die empirische Wissenschaft zu allen nur denkbaren Fragestellungen Daten. Diese Daten werden zum einen durch Beobachtungen von bestimmten Phänomenen und Prozessen, die ohne Einfluss durch Dritte ablaufen, generiert, und zum anderen durch eigens geplante Experimente.

Oft werden auch Daten als Stichprobe aus einer größeren (wirklichen oder hypothetischen) Population aufgegriffen und daraus eine verallgemeinernde Aussage auf die gesamte Population getroffen. Dabei werden zufällige Schwankungen der Stichprobenwerte um die entsprechenden Werte in der Gesamtpopulation berücksichtigt und quantitativ erfasst. Hierzu dient die analytische, induktive Statistik, die im weiteren Sinn auch beurteilende, schließende und auch mathematische Statistik genannt wird.

Die analytische Statistik baut auf den Zufallsmodellen und Zufallsgesetzen auf, die in der Wahrscheinlichkeitstheorie hergeleitet werden, und versucht unter anderem, möglichst einfache und begründete oder bewährte statistische Modelle an die Daten anzupassen (Schätzungen) und die Güte der Anpassung zu prüfen (Tests).

Statistik im Alltag

Statistik begegnet uns immer wieder. Stellen Sie sich z.B. vor, Sie leiten ein Unternehmen. Sie fragen sich, ob es von Vorteil wäre, wenn Sie mehr in Werbung investieren würden oder ob es besser wäre, die Kosten zu senken. Diesbezüglich wollen Sie wissen, wie hoch der Umsatz – entsprechend der gewählten Strategie – wäre. Außerdem interessiert es Sie, in welchem Monat der meiste und in welchem Monat der geringste Umsatz erwirtschaftet wurde. Doch damit nicht genug: Sie fragen sich, in welchem Zusammenhang eigentlich Kosten und Umsatz stehen …

All das sind Fragen, mit denen sich vermutlich die meisten von uns schon mal beschäftigt haben – vielleicht nicht zwingend als Unternehmensinhaber, aber möglicherweise als Abteilungs- oder Gruppenleiter, als engagierter Mitarbeiter oder auch als Privatperson bei der Auf- und Einteilung und Errechnung des Haushaltsbudgets.

Oder ein anderes Beispiel, von dem wir sicher sind, das jeder schon mal darüber nachgedacht hat: Wie hoch ist eigentlich die Wahrscheinlichkeit, dass man endlich dank sechs Richtiger den dicken Lotto-Jackpot knackt, sich zur Ruhe setzen und seinen Bauch in die karibische Sonne strecken kann?

All diese Fragen gehören in den Bereich der Statistik – und Excel kann Ihnen helfen, Antworten darauf zu finden.

Zur Übersicht

Zum besseren Verständnis und der Übersicht halber unterteilen wir die statistischen Funktionen in sechs Bereiche. Diese Bereiche, inklusive dazugehöriger Funktionen, stellen wir Ihnen nachfolgend kurz vor.

Der Weg zur goldenen Mitte

Excel bietet Ihnen eine Anzahl von Funktionen zur Berechnung verschiedener Mittelwerte. Mittelwerte ermöglichen Ihnen einen schnellen Überblick über das Datenmaterial. Die Funktionen geben Ihnen Aufschluss über die zentrale Tendenz der Daten. Die berechneten Werte sind häufig nur der erste Schritt für weitergehende Analysen. Hierbei geht es um die Möglichkeit, Vergleiche vorzunehmen.

Das arithmetische Mittel ist das am meisten verwendete. Die einfache Berechnung und sein hoher Bekanntheitsgrad machen es auch für Nicht-Statistiker sehr attraktiv. Daneben gibt es Mittelwerte, die ebenfalls anschaulich interpretiert werden können, jedoch weniger bekannt sind, aber bestimmte Nachteile des arithmetischen Mittels vermeiden.

Es ist wesentlich, festzuhalten, dass keiner der Werte der Zentraltendenz (Mittelwerte) als der beste bezeichnet werden kann. Folgende Funktionen finden Sie im Bereich »Mittelwert«:

GEOMITTEL()	MITTELWERTWENN()	QUANTILSRANG.EXKL()
GESTUTZMITTEL()	MITTELWERTWENNS()	QUANTILSRANG.INKL()
HARMITTEL()	MODUS.EINF()	QUARTILE.EXKL()
MEDIAN()	MODUS.VIELF()	QUARTILE.INKL()
MITTELWERT()	QUANTIL.EXKL()	
MITTELWERTA()	QUANTIL.INKL()	

Tabelle 1.3 Funktionen im Bereich *Mittelwert*

Korrelation und Regression

Wenn Sie in Ihren Daten nicht nur ein Merkmal untersuchen, sondern verschiedene Fragen zueinander in Beziehung setzen, sollen die Daten natürlich sinnvoll zusammengefasst werden.

Häufig steht man vor dem Problem, einen Zusammenhang zwischen zwei Merkmalen zu erkennen. Ob zum Beispiel die Durchführung weiterer Qualitätsprüfungen in einem produzierenden Betrieb einen weiteren Aufwand rechtfertigt. Oder ob sich, getreu dem Motto »Wer nicht wirbt, der stirbt«, durch weitere Werbeausgaben eine Umsatzsteigerung erreichen lässt.

Je nachdem, welcher statistischen Maßskala die Merkmalsausprägungen zugeordnet werden können, werden verschiedene mathematische Verfahren angewendet, z.B. die mittlere quadratische Kontingenz für normalskalierte Merkmale. Diese werden in den nachfolgenden Funktionen beschrieben:

ACHSENABSCHNITT()	PEARSON()	STEIGUNG()
BESTIMMTHEITSMASS()	RGP()	SUMQUADABW()
KORREL()	RKP()	TREND()
KOVARIANZ.S()	SCHÄTZER()	VARIATION()
KOVARIANZ.P()		

Tabelle 1.4 Funktionen im Bereich *Regression*

Symmetrie

Hierzu zählen wir zwei Funktionen:

- Die Schiefe, als Formmaß, beschreibt die Abweichung einer idealen Normalverteilung. Die Schiefe hängt stark von extremen Werten ab. Sind die Daten symmetrisch verteilt, sind Mittelwert, Modalwert und Median ungefähr gleich.
- Die Kurtosis einer Datengruppe ist ein Maß für die Wölbung einer Verteilung im Vergleich zu der Normalverteilung.

KURTOSIS()
SCHIEFE()

Tabelle 1.5 Funktionen im Bereich *Symmetrie*

Excel und die Streumaße

Je mehr die einzelnen Merkmalswerte von dem Mittelwert abweichen, desto weniger repräsentativ ist der Mittelwert für eine Häufigkeitsverteilung. Weiter muss man bedenken, dass im Mittelwert nicht ausgedrückt wird, in welchem Ausmaß die Variablen vom Mittelwert abweichen. Deshalb stellt ein Mittelwert alleine eine ungenügende Charakterisierung einer Häufigkeitsverteilung dar.

Wenn Sie eine Häufigkeitsverteilung beurteilen, ist es wichtig zu wissen, wie stark die Einzelwerte von ihrem Zentrum abweichen. Dafür wird die sogenannte »Streuung« ermittelt. Folgende Funktionen finden Sie im Bereich »Varianz«:

Tabelle 1.6 Funktionen im Bereich *Varianz*

MITTELABW()	STABW.N()	VARIANZA()
STABW.S()	STABWNA()	VAR.P()
STABWA()	VAR.S()	VARIANZENA()

Trends und Prognosen

Die Wahrscheinlichkeitsrechnung ist ein wesentlicher Bestandteil der Statistik. Da oftmals nicht mit kompletten Grundgesamtheiten, sondern nur mit Auszügen – also Stichproben – gearbeitet wird, ist die Frage nach der Wahrscheinlichkeit der erlangten Aussagen unbedingt zu stellen.

Die Wahrscheinlichkeitsrechnung dient also dazu, aufgrund bestimmter Annahmen und Erkenntnisse den Ausgang von Untersuchungen vorauszusagen.

In der Theorie der »Beurteilenden Statistik« werden die Ergebnisse der Wahrscheinlichkeitsrechnung angewendet, um entscheiden zu können, ob die Kennwerte empirisch erfasster Daten sich unterscheiden oder nicht. Hier geht es beispielsweise um die Frage der Wirksamkeit von Medikamenten.

Bei der Untersuchung von Zufallsexperimenten spielen die Häufigkeiten von Ereignissen eine wichtige Rolle. Hierbei sei erwähnt: Wahrscheinlichkeit und relative Häufigkeit sind grundsätzlich verschiedene Begriffe. Wahrscheinlichkeiten dienen der Prognose. Sie geben Auskunft über Chancen in bevorstehenden Zufallsversuchen. Dagegen machen relative Häufigkeiten immer Aussagen über bereits durchgeführte Zufallsversuche.

Folgende Funktionen finden Sie im Bereich »Wahrscheinlichkeit«:

Tabelle 1.7 Funktionen im Bereich *Wahrscheinlichkeit*

BETA.INV()	GAMMALN()	NORM.VERT()
BETA.VERT()	GAMMALN.GENAU()	POISSON.VERT()
BINOM.INV()	GAMMA.VERT()	STANDARDISIERUNG()
BINOM.VERT()	G.TEST	STFEHLERYX()
CHIQU.INV.RE()	HYPGEOM.VERT()	T.INV.2S()
CHIQU.INV()	KONFIDENZ()	T.INV()
CHIQU.TEST()	KONFIDENZ.NORM()	T.TEST()

EXPON.VERT()	KONFIDENZ.T()	T.VERT.2S()
F.INV.RE()	LOGNORM.INV()	T.VERT()
F.INV()	LOGNORM.VERT()	T.VERT.RE()
FISCHER()	NEGBINOM.VERT()	VARIATIONEN()
F.TEST()	NORM.INV()	WAHRSCHBEREICH()
T.VERT.RE()	NORM.S.INV()	WEIBULL.VERT()
GAMMA.INV()	NORM.S.VERT()	

Eins und Eins

Die Auswertung statistischer Daten beginnt mit dem einfachen Auszählen. Wenn Sie beispielsweise eine Fragebogenaktion auswerten, ist es von Interesse, wie viele der verteilten Bogen zurückgekommen sind. In einem weiteren Schritt wird gezählt, wie oft einzelne Ergebnisse vorkommen, also einzelne Merkmale, die gleiche Ausprägungen haben. Allgemein spricht man hierbei von univariater Datenanalyse. Werden zwei Kombinationen von Merkmalen ausgezählt, z.B. die Anzahl der Verkäufe für die Vertriebsgebiete, wird eine bivariate Häufigkeitsverteilung durchgeführt. Kommen weitere Variable hinzu, so handelt es sich um eine mehrdimensionale oder multivariate Häufigkeitsverteilung.

Wenn einzelne Merkmalsausprägungen gezählt werden, kann eine solche Aufstellung natürlich sehr groß und damit unübersichtlich werden. Um die Aufstellung zu straffen, werden mehrere Ausprägungen zu einer Gruppe oder Klasse zusammengefasst. Dabei wird die Anzahl der untersuchten Einheiten mit gleicher Ausprägung festgestellt. Für die verschiedenen Gruppen werden die so ermittelten Zahlen in einer neuen Tabelle dargestellt.

Folgende Funktionen finden Sie im Bereich »Zählen«:

Tabelle 1.8 Funktionen im Bereich *Zählen*

ANZAHL()	KKLEINSTE()	RANG.GLEICH()
ANZAHL()	MAX()	RANG.MITTELW()
ANZAHLLEEREZELLEN()	MAXA()	ZÄHLENWENN()
HÄUFIGKEIT()	MIN()	ZÄHLENWENNS()
KGRÖSSTE()	MINA()	

Des Weiteren stehen Ihnen die Analyse-Funktionen zur Ausführung statistischer und technischer Analysen zur Verfügung. Das heißt, wenn Sie komplexe statistische oder technische Analysen entwickeln müssen, können Sie hier mit den Analyse-Funktionen Aufwand und Zeit sparen.

Sie stellen die Daten und Parameter für die jeweilige Analyse bereit, und das Tool verwendet dann die entsprechenden statistischen oder technischen Makrofunktionen zum Berechnen und Anzeigen der Ergebnisse in einer Ausgabetabelle.

Bei einigen Tools werden zusätzlich zu Ausgabetabellen auch Diagramme generiert.

Hinweis Alle statistischen Funktionen finden Sie in Kapitel 11.

Neben der Aufstellung aller statistischen Funktionen finden Sie einleitend in Kapitel 11 auch Informationen zur Statistik im Allgemeinen sowie ein Abschnitt mit einigen statistischen Funktionen, direkt aus der Praxis!

Neu in 2010 Im Bereich der Statistik bietet Excel 2010 zahlreiche neue Funktionen, auf die mit Sicherheit einige unter uns gewartet haben.

In vielen Fällen, in denen sich Funktionen geändert haben, wurde jedoch nur der Name geändert – die Funktion an sich ist die gleiche geblieben. Darüber hinaus wurden einigen Funktionen ergänzende Funktionen hinzugefügt. Beispielsweise wurde die Funktion TINV() durch die Funktionen T.INV() und T.INV.RE() ersetzt, um so die Genauigkeit der Ergebnisse zu erhöhen, da, um beim Beispiel TINV() zu bleiben, die links- und rechtsseitige T-Verteilung ab jetzt separat betrachtet werden kann.

Um die Abwärtskompatibilität von T.INV() und T.INV.RE() zu sichern, ist die Funktion TINV() weiter unter ihrem alten Namen verfügbar.

Statistische Funktionen in der Praxis

Die folgenden Praxisbeispiele zeigen typische Berechnungen mithilfe der statistischen Funktionen von Excel.

CD-ROM Die folgenden Praxisbeispiele finden Sie auf der Buch-CD im Ordner *\Buch\Kap01* in den Arbeitsmappen *Praxis_Statistik.xls* (Excel 97-2003) bzw. *Praxis_Statistik.xlsx* (Excel 2007/2010) auf dem Blatt *Praxis*.

Szenario Ein Trainingscenter hat im gesamten Monat Juli 2010 täglich eine Umfrage unter den Teilnehmern der angebotenen Seminare durchgeführt. Gesammelt wurden Informationen entsprechend der Abbildung 1.93. Insgesamt wurden im Betrachtungszeitraum 184 Umfragebögen verteilt.

Anzahl von Antworten ermitteln Da Sie zwar 184 Umfragebögen verteilt haben, jedoch wissen, dass nicht jeder an der Umfrage teilnimmt, interessiert Sie die Anzahl der Antworten, die Sie erhalten haben.

Hierzu verwenden Sie die Funktion ANZAHL2(). Sie berechnet die Werte einer Liste von Argumenten und berücksichtigt neben Zahlen auch Text sowie Wahrheitswerte und Fehlerwerte.

	A	B	C	D
1	Datum	Training	Männlich/Weiblich	Note
2	01.07.2010	Excel	m	2
3	01.07.2010	Excel	w	1
4	01.07.2010	Excel		
5	01.07.2010	Excel	w	3
6	01.07.2010	Excel	m	2
7	01.07.2010	Excel	m	1
8	01.07.2010	Excel	w	1
9	01.07.2010	Excel		
10	02.07.2010	PowerPoint	m	2
11	02.07.2010	PowerPoint	m	2
12	02.07.2010	PowerPoint	m	1
13	02.07.2010	PowerPoint	m	1
14	02.07.2010	PowerPoint	w	1
15	02.07.2010	PowerPoint	w	4
16	02.07.2010	PowerPoint	w	3
17	02.07.2010	PowerPoint		
18	03.07.2010	Outlook	w	3
19	03.07.2010	Outlook	w	1
20	03.07.2010	Outlook		

Abbildung 1.93: Die Umfrageergebnisse wurden in einer Excel-Tabelle gesammelt

G2 =ANZAHL2(C2:C185)

	A	B	C	D	E	F	G
1	Datum	Training	Männlich/Weiblich	Note			
2	01.07.2010	Excel	m	2		Wieviele Teilnehmer haben geantwortet?	149
3	01.07.2010	Excel	w	1			

Abbildung 1.94: Berechnung der Anzahl der Umfrage-Teilnehmer

Die Formel *=ANZAHL2(C2:C185)* liefert einen Wert von 149 Teilnehmern.

Mittelwert der Benotung

Wie bewerten die Teilnehmer des Trainingscenters die besuchten Seminare? Gut, mittel, schlecht? Um hier schnell ein Ergebnis zu erhalten, wird der Mittelwert mit der Funktion MITTELWERT() berechnet.

Hierbei werden alle Noten addiert und durch die Anzahl der Noten dividiert.

G3 =MITTELWERT(D2:D185)

	A	B	C	D	E	F	G
1	Datum	Training	Männlich/Weiblich	Note			
2	01.07.2010	Excel	m	2		Wieviele Teilnehmer haben geantwortet?	149
3	01.07.2010	Excel	w	1		Wo liegt der Mittelwert der Benotung?	2,26

Abbildung 1.95: Berechnung der durchschnittlichen Bewertung aller Seminare

Die Formel `=MITTELWERT(D2:D185)` liefert eine Durchschnittsnote von 2,26.

Wer benotet besser? Männer oder Frauen?

Das Trainingscenter möchte wissen, ob im Durchschnitt Männer oder Frauen die Seminare besser bewerten. Das Ergebnis liefert die Funktion MITTELWERTWENN().

Hinweis Die Funktion MITTELWERTWENN() ist erst ab der Excel-Version 2007 verfügbar!

MITTELWERTWENN() berechnet den Durchschnittswert für alle Zellen in einem Bereich, die einem angegebenen Kriterium entsprechen – in diesem Fall Männer oder Frauen.

G4 =MITTELWERTWENN(C2:C185;"m";D2:D185)

	A	B	C	D	E	F	G
1	Datum	Training	Männlich/Weiblich	Note			
2	01.07.2010	Excel	m	2		Wieviele Teilnehmer haben geantwortet?	149
3	01.07.2010	Excel	w	1		Wo liegt der Mittelwert der Benotung?	2,26
4	01.07.2010	Excel				**Wie benoten Männer durchschnittlich?**	**2,50**
5	01.07.2010	Excel	w	3		**Wie benoten Frauen durchschnittlich?**	**2,06**

Abbildung 1.96: Berechnung der durchschnittlichen Bewertung von Männern bzw. Frauen

Die Formel `=MITTELWERTWENN(C2:C185;"m";D2:D185)` liefert eine Durchschnittsnote bei Männern von 2,50. Frauen bewerten die Seminare mit einer Durchschnittsnote von 2,06 wesentlich besser.

Wie bewerten Frauen das Excel-Seminar?

Man kann die Umfrageergebnisse auch noch feiner auswerten. Das Trainingscenter möchte wissen, wie Frauen durchschnittlich die Excel-Seminare bewerten. Das Ergebnis liefert die Funktion MITTELWERTWENNS().

Hinweis Die Funktion MITTELWERTWENNS() ist erst ab der Excel-Version 2007 verfügbar!

MITTELWERTWENNS() berechnet den Durchschnittswert für alle Zellen in einem Bereich, die mehreren angegebenen Kriterien entsprechen – in diesem Fall *Frauen* und *Excel.*

G6 =MITTELWERTWENNS(D2:D185;C2:C185;"w";B2:B185;"Excel")

	A	B	C	D	E	F	G
1	Datum	Training	Männlich/Weiblich	Note			
2	01.07.2010	Excel	m	2		Wieviele Teilnehmer haben geantwortet?	149
3	01.07.2010	Excel	w	1		Wo liegt der Mittelwert der Benotung?	2,26
4	01.07.2010	Excel				Wie benoten Männer durchschnittlich?	2,50
5	01.07.2010	Excel	w	3		Wie benoten Frauen durchschnittlich?	2,06
6	01.07.2010	Excel	m	2		**Wie benoten Frauen im Durchschnitt die Excel-Seminare?**	**1,38**

Abbildung 1.97: Berechnung der durchschnittlichen Bewertung der Excel-Seminare von Frauen

Die Formel `=MITTELWERTWENNS(D2:D185;C2:C185;"w";B2:B185;"Excel")` liefert eine Durchschnittsnote für die Excel-Seminare, gegeben von Frauen, von 1,38.

Datenbankfunktionen anwenden

Die Datenbankfunktionen finden immer dann Anwendung, wenn es darum geht, Auswertungen aus einer bereits bestehen Excel-Datenbank zu generieren. Eine Datenbank in Excel bezeichnet eine Tabelle mit Überschriften (die sogenannten »Feldnamen«) und einer Anzahl von Datenzeilen (die sogenannten »Datensätze«) darunter. Die Informationen innerhalb der einzelnen Spalten werden »Feldinhalte« genannt.

Den Datenbankspezialisten unter Ihnen ist sofort klar, was wir mit einer »Excel-Datenbank« meinen. Nach unseren Erfahrungen ist aber die weitaus größere Gruppe der Excel-Benutzer in Teilen noch nicht für dieses Thema sensibilisiert und macht sich das Leben mit den Datenbanklisten in Excel unnötig schwer, weil einige einfache Grundregeln für Listen verletzt werden. Beachten Sie bitte, dass für Datenbanklisten Folgendes gelten muss:

- Listen haben Spaltenüberschriften
- Listen enthalten keine komplett leeren Zeilen oder Spalten
- Listen enthalten keine verbundenen Zellen

Vorteil ab 2007

Die Verwendung von Excel als Datenbank stieß in den Versionen bis 2003 relativ schnell an ihre Grenzen – eine Tabelle konnte maximal 65.536 Zeilen umfassen. Diese Grenze hat sich seit der Version 2007 nach oben verändert: Sie können hier bis zu 1.048.576 Zeilen je Tabellenblatt für Ihre Datenlisten nutzen. Bei der Spaltenzahl ist es ähnlich: Während bis Excel 2003 256 Spalten im Tabellenblatt verfügbar waren, sind es ab Excel 2007 16.384 Spalten.

Dynamische Namen für Datenbanken

Das Vergeben eines dynamischen Namens für eine Datenbank ist eine sehr effektive Möglichkeit, sich die Arbeit mit den Daten innerhalb der Excel-Datenbank zu erleichtern. Ist dieser Name festgelegt, können Sie eine vordefinierte Datenmaske für die Anzeige und Erfassung von Daten anzeigen lassen und anschließend durch die Datensätze blättern, Daten suchen oder auch Daten eingeben.

Wichtig bei der Vergabe von dynamischen Namen ist, dass mindestens eine Leerzeile unterhalb und eine Leerspalte neben dem letzten Eintrag mit einbezogen werden. Hiermit umgehen Sie Probleme bei der Erweiterung Ihrer Tabelle, d.h. beim Einfügen neuer Spalten oder Zeilen.

CD-ROM

Die Excel-Datenbank für dieses Beispiel finden Sie auf der Buch-CD im Ordner *\Buch\Kap12* in den Arbeitsmappen *DBFUNKTION leer.xls* (Excel 97-2003) bzw. *DBFUNKTION leer.xlsx* (Excel 2007/2010) auf dem Blatt *Urdaten*.

Um uns die Arbeit für spätere Auswertungen zu erleichtern, geben wir dieser Datenbank einen dynamischen Namen, der, unabhängig davon, wie groß die Liste ist oder ob Einträge hinzugefügt werden, immer den gleichen Namen hat. Dieser Name kann dann in den DB-Funktionen verwendet werden.

Hinweis

Die hierzu eingesetzte Funktion BEREICH.VERSCHIEBEN() ist in Kapitel 9 näher beschrieben.

Dynamische Namen in Excel 2007/2010 vergeben

Um der Excel-Liste einen dynamischen Namen zu geben, gehen Sie in Excel 2007/2010 wie folgt vor:

1. Klicken Sie auf die Zelle *A1* bzw. auf die Startzelle Ihrer Datenbank und klicken Sie auf der Registerkarte *Formeln* in der Gruppe *Definierte Namen* auf die Schaltfläche *Namen definieren*.

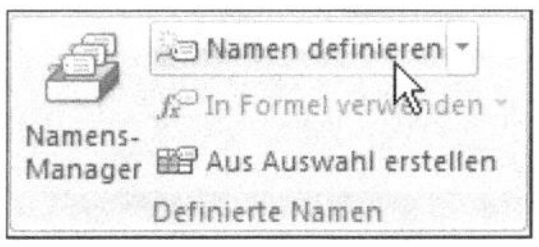

Abbildung 1.98: Der Weg zur Definition von Namen in 2007/2010

2. Geben Sie in dem sich öffnenden Dialogfeld *Namen definieren*, wie in Abbildung 1.99 dargestellt, neben *Name* das Wort *Start* ein und klicken Sie auf *OK*.

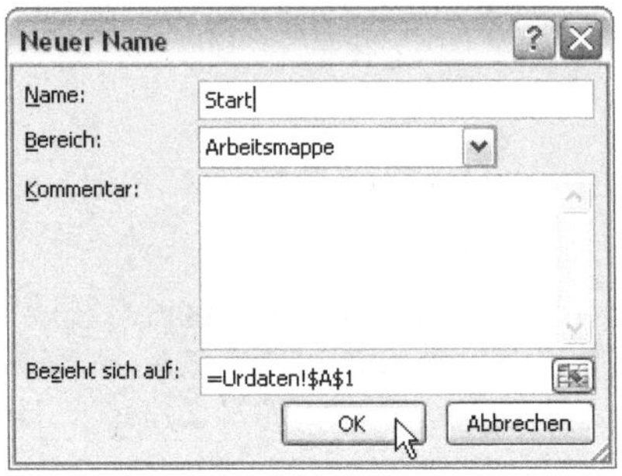

Abbildung 1.99: Definieren Sie den Startpunkt Ihrer Datenbank

Mit diesem Schritt haben Sie den Startpunkt für Ihre Datenbank festgelegt. Als Nächstes müssen Sie mit der Funktion BEREICH.VERSCHIEBEN() den dynamischen Namen für die Datenbank erzeugen. Hierzu gilt es zunächst zu ermitteln, wie viele Einträge die Spalte *A* und die Zeile *1* beinhalten.

3. Markieren Sie die gesamte Spalte *A* per Klick auf den Spaltenkopf, und weisen Sie der Spalte über das *Namensfeld*, wie in Abbildung 1.100 dargestellt, den Namen *Zeile* zu. Bestätigen Sie Ihre Eingabe mit der [↵]-Taste.

Abbildung 1.100: Der Spalte *A* wird ein Name zugewiesen

Hinweis Der Name *Zeile* für die Spalte *A* ist deshalb sinnvoll, weil die Anzahl der Einträge in Spalte *A*, in diesem Fall also die Zeilen, errechnet werden sollen.

4. Zum Test errechnen Sie nun über die Funktion ANZAHL2() die Anzahl der Zeilen in Spalte *A*. Klicken Sie dazu in eine beliebige, leere Zelle des Tabellenblattes und geben Sie die Formel wie folgt ein:

```
=ANZAHL2(Zeile)
```

Hinweis

Als Argument für die Funktion kann durch die Vergabe des Namens *Zeile* für Spalte *A* einfach auf den Spaltennamen *A* geklickt werden. Da die Anzahl der Zeilen mithilfe der Funktion ANZAHL2() errechnet wird, werden alle Zelleninhalte, also auch Text und Wahrheitswerte, beachtet.

5. Bestätigen Sie die Eingabe der Formel mit der [↵]-Taste.

   Arbeiten Sie mit der Excel-Tabelle in der Mappe *DBFUNKTION leer.xlsx* (Ordner *\Buch\Kap01*) auf der CD-ROM zum Buch, erhalten Sie als Ergebnis den Wert 7.008. Jetzt wird die Anzahl der Einträge in Zeile *1* errechnet. Die Vorgehensweise entspricht der Berechnung für die Anzahl der Einträge in Spalte *A*.

6. Markieren Sie daher die gesamte Zeile 1 per Klick auf den Zeilenkopf und geben Sie in das Namensfeld (Abbildung 1.101) den Namen *Spalte* ein.

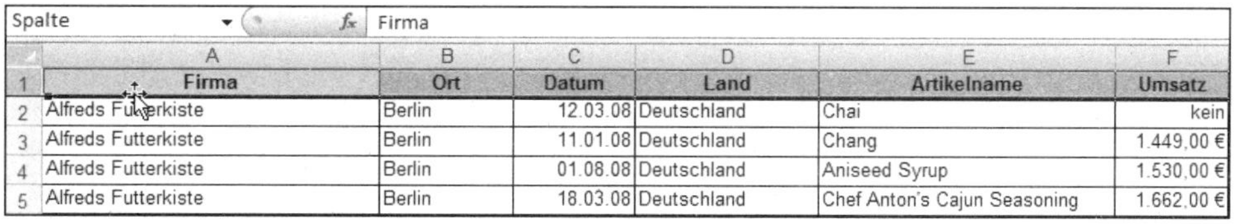

Spalte | fx Firma

	A	B	C	D	E	F
1	Firma	Ort	Datum	Land	Artikelname	Umsatz
2	Alfreds Futterkiste	Berlin	12.03.08	Deutschland	Chai	kein
3	Alfreds Futterkiste	Berlin	11.01.08	Deutschland	Chang	1.449,00 €
4	Alfreds Futterkiste	Berlin	01.08.08	Deutschland	Aniseed Syrup	1.530,00 €
5	Alfreds Futterkiste	Berlin	18.03.08	Deutschland	Chef Anton's Cajun Seasoning	1.662,00 €

Abbildung 1.101: Der Zeile 1 wird ein Name zugewiesen

7. Zum Test errechnen Sie über die Funktion ANZAHL2() die Einträge in Zeile *1*. Klicken Sie dazu wieder in eine leere Zelle Ihres Arbeitsblattes und geben Sie die Formel wie folgt ein:

```
=ANZAHL2(Spalte)
```

   Arbeiten Sie mit der Excel-Tabelle in der Mappe *DBFUNKTION leer.xlsx* (Ordner *\Buch\Kap01*) auf der CD-ROM zum Buch, erhalten Sie als Ergebnis den Wert *6*.

Achtung

Vergessen Sie später nicht, die Funktionen, die Sie soeben zur Errechnung der Einträge in der Zeile und Spalte genutzt haben, wieder zu löschen.

Durch die Vergabe des Spalten- und Zeilennamens und die Errechnung der Einträge innerhalb der Spalte und Zeile haben Sie bereits die Grundlage für die Vergabe des dynamischen Namens für die Matrix (Datenbank) geschaffen. Würden Sie jetzt Spalten oder Zeilen hinzufügen oder löschen, würde sich der Wert innerhalb der von Ihnen angelegten Formelzellen entsprechend erhöhen oder verringern.

Nun kommen Sie bereits zur eigentlichen Vergabe des dynamischen Namens für die Datenbank, der – in Worten ausgedrückt – den folgenden Bereich umfasst:

Der Bereich *Datenbank* beginnt in der Zelle *A1*, die wir mit dem Namen *Start* belegt haben. Diese Position wird um so viele Zeilen nach unten erweitert, wie Sie zuvor über die Funktion `=ANZAHL2(Zeile)` errechnet haben – also 7.008 Einträge. Gleichzeitig wird, ausgehend von der *Start*-Zelle, die Position um sechs Spalten nach rechts erweitert (Ergebnis der Berechnung `=ANZAHL2(Spalte)`).

Da man auf diese Weise eine Matrix mit insgesamt 7.009 Zeilen und 7 Spalten festlegen würde, also jeweils eine Position zu viel, muss innerhalb der Definition für den Datenbankbereich jeweils eine Position abgezogen werden. Die Funktion, die zur Vergabe des dynamischen Namens und somit zur Definition des Datenbankbereichs eingegeben werden muss, lautet dann wie folgt:

```
=Start:BEREICH.VERSCHIEBEN(Start;ANZAHL2(Zeile)-1;ANZAHL2(Spalte)-1)
```

Gehen Sie nun wie folgt vor:

1. Klicken Sie auf der Registerkarte *Formeln* in der Gruppe *Definierte Namen* auf die Schaltfläche *Namen definieren.*
2. Geben Sie im Dialogfeld *Neuer Name* den Namen *Datenbank* ein.
3. Schreiben Sie, wie in Abbildung 1.102 dargestellt, in das Textfeld unter *Bezieht sich auf* die oben genannte Formel. Arbeiten Sie nicht mit der Excel-Mappe von der Buch-CD-ROM, müssen Sie die Eingabe entsprechend anpassen.

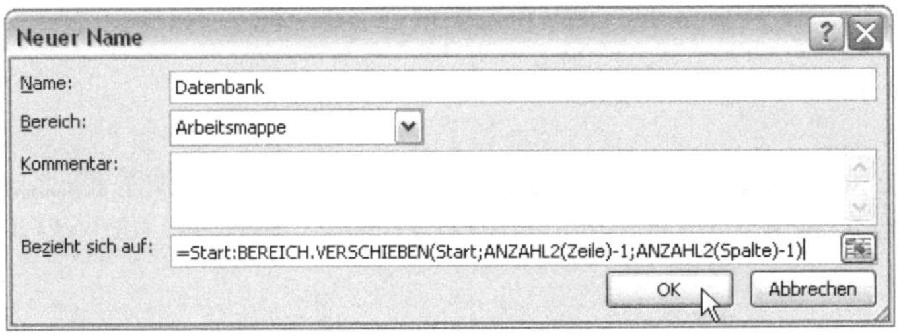

Abbildung 1.102: Legen Sie den Datenbankbereich fest

4. Klicken Sie abschließend auf die Schaltfläche *OK.*

Um den Erfolg Ihrer Eingabe zu testen, drücken Sie nun auf die Taste F5 und geben in das sich öffnende Dialogfeld *Gehe zu* unter *Verweis* den Namen *Datenbank* ein. Klicken Sie auf *OK.*

Abbildung 1.103: Lassen Sie sich den Datenbankbereich suchen und anzeigen

War die Vergabe des dynamischen Namens und die damit verbundene Definition des Datenbankbereichs richtig, sollte nun der gesamte Datenbankbereich von Zelle *A1* bis Zelle *F7008* markiert sein.

	A	B	C	D	E	F
1	Firma	Ort	Datum	Land	Artikelname	Umsatz
7001	Wolski Zajazd	Warszawa	14.07.08	Polen	Outback Lager	1.007,00 €
7002	Wolski Zajazd	Warszawa	10.12.07	Polen	Fløtemysost	1.650,00 €
7003	Wolski Zajazd	Warszawa	21.01.08	Polen	Mozzarella di Giovanni	1.439,00 €
7004	Wolski Zajazd	Warszawa	26.01.08	Polen	Röd Kaviar	1.344,00 €
7005	Wolski Zajazd	Warszawa	12.08.08	Polen	Longlife Tofu	1.636,00 €
7006	Wolski Zajazd	Warszawa	18.01.08	Polen	Rhönbräu Klosterbier	1.622,00 €
7007	Wolski Zajazd	Warszawa	11.02.08	Polen	Lakkalikööri	1.760,00 €
7008	Wolski Zajazd	Warszawa	03.07.08	Polen	Original Frankfurter grüne Soße	1.833,00 €

Abbildung 1.104: Die gesamte Datenbank wurde markiert

Dynamische Namen in Excel 2003 vergeben

Um einer Excel 2003-Liste einen dynamischen Namen zu geben, gehen Sie wie folgt vor:

1. Klicken Sie auf die Zelle *A1* bzw. auf die Startzelle Ihrer Datenbank und wählen Sie den Menübefehl *Einfügen/Namen/Definieren*.
2. Geben Sie in dem sich öffnenden Dialogfeld *Namen definieren*, wie in Abbildung 1.105 dargestellt, unter *Namen in der Arbeitsmappe* das Wort *Start* ein und klicken Sie auf *OK*.

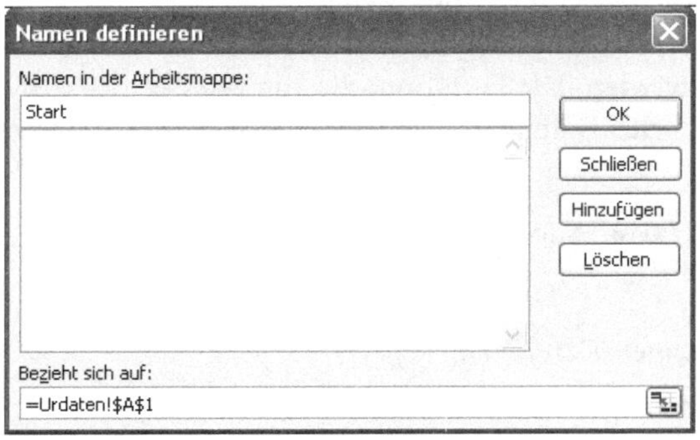

Abbildung 1.105: Definieren Sie den Startpunkt Ihrer Datenbank

3. Markieren Sie die gesamte Spalte *A* durch Klicken auf den Spaltennamen, und weisen Sie der Spalte über das *Namensfeld*, wie in Abbildung 1.106 dargestellt, den Namen *Zeile* zu. Bestätigen Sie Ihre Eingabe mit der [↵]-Taste.

Abbildung 1.106: Der Spalte *A* wird ein Name zugewiesen

4. Zum Test errechnen Sie nun über die Funktion ANZAHL2() die Anzahl der Zeilen in Spalte *A*. Klicken Sie dazu in eine beliebige, leere Zelle des Tabellenblatts und geben Sie die Formel wie folgt ein:

   ```
   =ANZAHL2(Zeile)
   ```

5. Bestätigen Sie die Eingabe der Formel mit der [↵]-Taste.
6. Markieren Sie daher die gesamte Zeile 1 per Klick auf den Zeilenkopf und geben Sie in das Namensfeld den Namen *Spalte* ein (Abbildung 1.106).
7. Wiederum als Test errechnen Sie über die Funktion ANZAHL2() die Einträge in Zeile *1*. Klicken Sie dazu wieder in eine leere Zelle Ihres Arbeitsblatts und geben Sie die Formel wie folgt ein:

   ```
   =ANZAHL2(Spalte)
   ```

Nun kommen Sie bereits zur eigentlichen Vergabe des dynamischen Namens für die Datenbank.

Der Bereich *Datenbank* beginnt in der Zelle *A1*, die wir mit dem Namen *Start* belegt haben. Diese Position wird um so viele Zeilen nach unten erweitert, wie Sie zuvor über die Funktion `=ANZAHL2(Zeile)` errechnet haben – also 7.008 Einträge. Gleichzeitig wird, ausgehend von der *Start*-Zelle, die Position um sechs Spalten nach rechts erweitert (Ergebnis der Berechnung `=ANZAHL2(Spalte)`).

Da man auf diese Weise eine Matrix mit insgesamt 7.009 Zeilen und 7 Spalten festlegen würde, also jeweils eine Position zu viel, muss innerhalb der Definition für den Datenbankbereich jeweils eine Position abgezogen werden. Die Funktion, die zur Vergabe des dynamischen Namens und somit zur Definition des Datenbankbereichs eingegeben werden muss, lautet dann wie folgt:

```
=Start:BEREICH.VERSCHIEBEN(Start;ANZAHL2(Zeile)-1;ANZAHL2(Spalte)-1)
```

Gehen Sie nun wie folgt vor:

1. Klicken Sie im Menü auf *Einfügen/Namen/Definieren.*
2. Geben Sie im Dialogfeld *Namen definieren* den Namen *Datenbank* ein.
3. Schreiben Sie, wie in Abbildung 1.107 dargestellt, in das Textfeld unter *Bezieht sich auf* die oben genannte Formel. Arbeiten Sie nicht mit der Excel-Mappe von der Buch-CD-ROM, müssen Sie die Eingabe entsprechend anpassen.

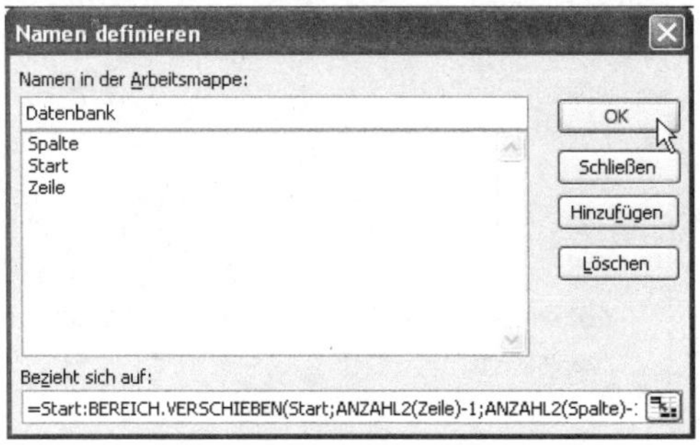

Abbildung 1.107: Legen Sie den Datenbankbereich fest

4. Klicken Sie abschließend auf die Schaltfläche *OK*.

Um den Erfolg Ihrer Eingabe zu testen, drücken Sie nun auf die Taste F5 und geben in das sich öffnende Dialogfeld *Gehe zu* unter *Verweis* den Namen *Datenbank* ein. Klicken Sie auf *OK*.

Abbildung 1.108: Lassen Sie sich den Datenbankbereich suchen und anzeigen

War die Vergabe des dynamischen Namens und die damit verbundene Definition des Datenbankbereichs richtig, sollte nun der gesamte Datenbankbereich von Zelle *A1* bis Zelle *F7008* markiert sein.

Hinweis

Ab der Version 2003 von Excel haben Sie eine Alternative zur Verwendung eigener dynamischer Namen: Sie definieren den auszuwertenden Listenbereich als »Liste« (Excel 2003) bzw. »Tabelle« (Excel 2007/2010). In Excel 2003 gehen Sie dazu so vor:

1. Setzen Sie die Einfügemarke in die Liste.
2. Rufen Sie den Menübefehl *Daten/Liste/Liste erstellen* auf.
3. Korrigieren Sie gegebenenfalls den vorgeschlagenen Listenbereichsbezug und entscheiden, ob die Liste eine *Kopfzeile* hat.
4. Bestätigen Sie die Festlegungen mit *OK*.

Ab Excel 2007 heißt die »Liste« jetzt »Tabelle«. So erstellen Sie den Tabellenbereich in Excel 2007 oder Excel 2010:

1. Setzen Sie die Einfügemarke in die Liste.
2. Aktivieren Sie die Registerkarte *Einfügen* und klicken dort in der Gruppe *Tabellen* auf die Schaltfläche *Tabelle*.
3. Korrigieren Sie gegebenenfalls den vorgeschlagenen Tabellenbereichsbezug und entscheiden Sie, ob die Tabelle *Überschriften* hat.
4. Bestätigen Sie die Festlegungen mit *OK*.

In beiden Fällen erhalten Sie einen qualifizierten Listenbereich für den Excel alle in Formeln verwendeten Bezüge dynamisch erweitert sobald sich der Listenbereich selbst erweitert.

Datenbankfunktionen in der Praxis

Die folgenden Praxisbeispiele zeigen typische Berechnungen mithilfe der Datenbankfunktionen von Excel:

CD-ROM Die folgenden Praxisbeispiele finden Sie auf der Buch-CD im Ordner *\Buch\Kap01* in den Arbeitsmappen *Praxis_DB.xls* (Excel 97-2003) bzw. *Praxis_DB.xlsx* (Excel 2007/2010) auf dem Blatt *Praxis*.

Seminarstatistik Ein Trainingscenter hat eine Datenbank angelegt, in der alle durchgeführten Seminare pro Trainer sowie weitere Informationen erfasst werden. Diese müssen nun ausgewertet werden. Die Datenbank hat den dynamischen Namen *Kursinfos* erhalten. Folgende Datenbankfelder sind darin enthalten:

- Datum
- Training
- Trainer
- Männlich/Weiblich
- Firma
- Note
- Erlöse

	A	B	C	D	E	F	G
1	Datum	Training	Trainer	Männlich/Weiblich	Firma	Note	Erlöse
2	01.07.2010	Excel	Eckehard Pfeifer	M	A	1	1.059,00 €
3	01.07.2010	Word	Egbert Jeschke	M	B	2	1.121,00 €
4	01.07.2010	PowerPoint	Bodo Fienitz	M	C	3	1.073,00 €
5	01.07.2010	Visio	Helmut Reinke	M	D	1	1.193,00 €
6	01.07.2010	Outlook	Jens Bock	M	E	2	1.124,00 €
7	01.07.2010	Publisher	Sara Unverhau	W	F	3	1.063,00 €
8	01.07.2010	OneNote	Dagmar Herzog	W	G	1	1.127,00 €
9	01.07.2010	Access	Roland Schwarz	M	H	2	980,00 €
10	02.07.2010	Excel	Eckehard Pfeifer	M	A	1	842,00 €
11	02.07.2010	Word	Egbert Jeschke	M	B	2	1.121,00 €
12	02.07.2010	PowerPoint	Bodo Fienitz	M	C	3	908,00 €
13	02.07.2010	Visio	Helmut Reinke	M	D	1	994,00 €
14	02.07.2010	Outlook	Jens Bock	M	E	2	1.181,00 €
15	02.07.2010	Publisher	Sara Unverhau	W	F	3	893,00 €
16	02.07.2010	OneNote	Dagmar Herzog	W	G	1	1.130,00 €
17	02.07.2010	Access	Roland Schwarz	M	H	2	1.014,00 €
18	03.07.2010	Excel	Eckehard Pfeifer	M	A	1	1.065,00 €

Abbildung 1.109: Die Ergebnisse in der Datenbank

Wie viele Excel-Seminare haben stattgefunden?

- Das Trainingscenter möchte wissen, wie viele Excel-Seminare ab Beginn der Erfassung der Daten in der Datenbank stattgefunden haben. Das Ergebnis liefert die Funktion DBANZAHL2().

Die Funktion DBANZAHL2() zählt die Anzahl von Zellen in einer Spalte einer Liste oder Datenbank, die nicht leer sind und den angegebenen Bedingungen entsprechen.

J2 | =DBANZAHL2(Kursinfos;B1;L1:L2)

	A	B	C	D	E	F	G	H	I	J
1	Datum	Training	Trainer	Männlich/ Weiblich	Firma	Note	Erlöse			
2	01.07.2010	Excel	Eckehard Pfeifer	M	A	1	1.059,00 €		Wie viele Excel-Seminare wurden durchgeführt?	23

Abbildung 1.110: Berechnung der Anzahl der Excel-Seminare in der Datenbank

Für den Filter richten Sie den »Kriterienbereich« ein. Dieser besteht aus der Spaltenüberschrift und dem Filterkriterium in der Zelle darunter. Kopieren Sie dazu einfach den Bereich *B1:B2* in den Bereich *L1:L2*. Die Formel `=DBANZAHL2(Kursinfos;B1;L1:L2)` liefert einen Wert von *23* für die durchgeführten Excel-Seminare.

Für alle anderen Trainings ermitteln Sie nun sehr schnell die Anzahl, indem Sie den Filter in *L2* ändern, z.B. in *Word*.

Berechnung von Erlösen

Als Nächstes möchte das Trainingscenter wissen, wie viel Erlöse mit den durchgeführten Excel-Seminaren erwirtschaftet wurden.

Hier kommt die Funktion DBSUMME() zum Einsatz. Sie addiert die Zahlen in einer Spalte aus einer Datenbank, die den angegebenen Bedingungen entsprechen.

J3 | =DBSUMME(Kursinfos;G1;L1:L2)

	B	C	D	E	F	G	H	I	J
1	Training	Trainer	Männlich/ Weiblich	Firma	Note	Erlöse			
2	Excel	Eckehard Pfeifer	M	A	1	1.059,00 €		Wie viele Excel-Seminare wurden durchgeführt?	23
3	Word	Egbert Jeschke	M	B	2	1.121,00 €		**Wie viel Umsatz wurde mit Excel-Seminaren erwirtschaftet?**	22.522,00 €

Abbildung 1.111: Berechnung der erwirtschafteten Erlöse durch Excel-Seminare

Die Formel `=DBSUMME(Kursinfos;G1;L1:L2)` liefert Erlöse in Höhe von 22.522 € durch Excel-Seminare.

Durchschnittliche Benotung der Seminare

Zum Schluss interessiert es das Trainingscenter noch, wie es mit der durchschnittlichen Bewertung für die Trainer bzw. die durchgeführten Seminare aussieht.

Hier kommt die Funktion DBMITTELWERT() zum Einsatz. Sie liefert das arithmetische Mittel aus den Werten einer Datenbankspalte, die den angegebenen Bedingungen entsprechen.

J4 | =DBMITTELWERT(Kursinfos;F1;F:F)

	B	C	D	E	F	G	H	I	J
1	Training	Trainer	Männlich/ Weiblich	Firma	Note	Erlöse			
2	Excel	Eckehard Pfeifer	M	A	1	1.059,00 €		Wie viele Excel-Seminare wurden durchgeführt?	23
3	Word	Egbert Jeschke	M	B	2	1.121,00 €		Wie viel Umsatz wurde mit Excel-Seminaren erwirtschaftet?	22.522,00 €
4	PowerPoint	Bodo Fienitz	M	C	3	1.073,00 €		**Durchschnittlich Bewertung für alle Seminare?**	1,88

Abbildung 1.112: Berechnung des Mittelwerts aus den Datenbankwerten in der Spalte *Note*

In diesem Fall benötigen Sie den Kriterienbereich *L1:L2* nicht, da kein Filter benötigt wird. Die Formel `=DBMITTELWERT(Kursinfos;F1;F:F)` liefert eine Durchschnittsnote von *1,88*. Also ein sehr gutes Ergebnis!

Cube-Funktionen anwenden

Cube-Funktionen wurden mit Excel 2007 eingeführt und erweitern die Zugriffsmöglichkeiten auf sogenannte Cubes, wie sie bereits seit einigen Excel-Versionen zum Füllen von PivotTables benutzt werden können.

Wie so oft haben die Götter an einer Stelle, die vieles leisten kann, die Mühen der Ebene gesetzt. Diese sind hier nicht nur technischer Art (es wird ein spezieller Server – der Microsoft »SQL Server« ab Version 2005 mit den Microsoft »Analysis Services« – und natürlich der Zugriff auf diesen Server benötigt), sondern es ist auch die Vielzahl von Begriffen, die der Anwender nahezu wie eine fremde Sprache erlernen muss.

Das beginnt mit OLAP, was für Online Analytical Processing steht, geht über MDX für Mehrdimensionale Ausdrücke und endet beim (mehrdimensionalen) Cube mit Dimensionen (die abstrahieren, welche Merkmale in welchen Hierarchien zahlenmäßig beobachtet wurden) und Measures (das sind die Kennzahlen, die in den Dimensionen »gemessen« wurden).

In diesem Buch wird versucht, an einem einfachen Beispiel den Blick für die Möglichkeiten in Bezug auf auch sehr komplizierte Beispiele zu schärfen. Ausgangspunkt sind zwei Filialgruppen, nennen wir sie *Nord* und *Süd*, die Süßwaren (etwa *Schokolade* und *Kekse*) in den Jahren 2008 bis 2010 umgesetzt haben. Zu jeder Filialgruppe gehören zwei Filialen. Die Umsätze werden in einer Datenbank gehalten und lassen sich mit den »üblichen« Mitteln[9] zusammenfassen und auswerten.

Der Vorteil von OLAP-Cubes oder kurz Cubes liegt nun darin, dass zusammenfassende (aggregierende) Informationen bereits auf dem Server vorgenommen werden und quasi fest verdrahtet im Cube auf Abruf bereit liegen. Das spart (bei der in der Praxis Unmenge an Daten) Rechenzeit in der Datenbank bzw. beim Anwender (von Excel) und hilft darüber hinaus, die benötigten Auswertungen an zentraler Stelle zu pflegen.

Die Liste der Umsätze kann wie in Abbildung 1.113 aussehen. Das für den Einsatz von PivotTables typische Aussehen der Liste besteht in der Wiederholung von Gruppen, Filialen, Jahren und Produkten in den einzelnen Zeilen und »ruft« nahezu nach einer Zusammenfassung.

Diese Zusammenfassung kann mit speziellen Mitteln der Programmierung (Stichwort: Visual Studio 2005 und Nachfolger) vorbereitet werden. Dazu ist es notwendig, die Struktur der Daten zu erforschen und aufzubereiten, was mit Abbildung 1.114 bereits geschehen ist.

9 »Übliche« Mittel können sein: Abfragen (auch Views genannt), die unter Access oder einer anderen Datenbank vorbereitet werden und zu Excel über Datenverbindungen kommen, oder der Einsatz von Microsoft Query, welches unter Excel hilft, die Abfrage erst (sozusagen live) zu formulieren.

GruppenName	FilialName	Jahr	Produkt	Umsatz
Nord	NordOst	2008	Schokolade	1000
Nord	NordOst	2008	Kekse	1500
Nord	NordWest	2008	Schokolade	800
Nord	NordWest	2008	Kekse	1700
Süd	SüdOst	2008	Schokolade	1200
Süd	SüdOst	2008	Kekse	1100
Süd	SüdWest	2008	Schokolade	1300
Süd	SüdWest	2008	Kekse	1100
Nord	NordOst	2009	Schokolade	1040
Nord	NordOst	2009	Kekse	1560
Nord	NordWest	2009	Schokolade	824
Nord	NordWest	2009	Kekse	1751
Süd	SüdOst	2009	Schokolade	1260
Süd	SüdOst	2009	Kekse	1155
Süd	SüdWest	2009	Schokolade	1352
Süd	SüdWest	2009	Kekse	1144
Nord	NordOst	2010	Schokolade	1081
Nord	NordOst	2010	Kekse	1622
Nord	NordWest	2010	Schokolade	848
Nord	NordWest	2010	Kekse	1803
Süd	SüdOst	2010	Schokolade	1323
Süd	SüdOst	2010	Kekse	1212
Süd	SüdWest	2010	Schokolade	1406
Süd	SüdWest	2010	Kekse	1189

Abbildung 1.113: Umsätze gedachter Filialen eines Unternehmens

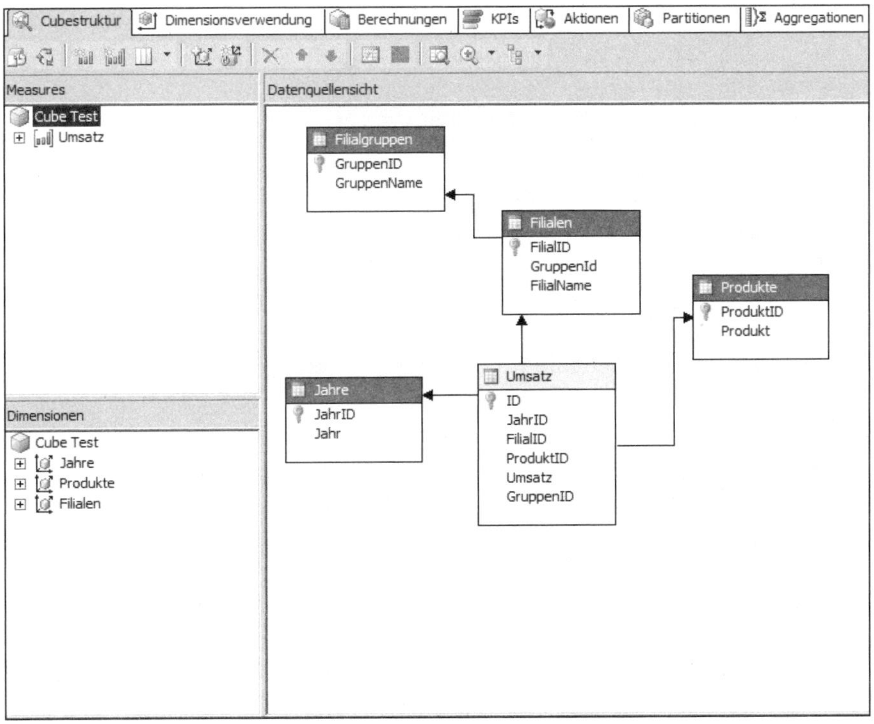

Abbildung 1.114: Cube-Vorbereitungen für die Analysis Services

Jahre, Produkte und Filialen wurden zu *Dimensionen* (Achsen im Cube), Umsätze in ihrer Höhe und Zahl zu *Measures* (Kennzahlen). Die Kennzahlen können um das erweitert werden, was als sinnvoll erscheint (etwa Bruttoumsätze, Mittelwerte und andere statistische Kenngrößen u. a. m.). Sogenannte *Key Performance Indicators* (KPI) erlauben es darüber hinaus, weitere Kennziffern, ausgestattet mit verschiedenen Eigenschaften, bereitzustellen.

Ist der Cube auf dem Server vorhanden (er wird sich bis zur Neuerstellung nicht ändern, anders also als Tabellen in einer Datenbank und daraus abgeleitete Abfragen) und hat der Anwender Zugriff auf den Server, so kann er zwei Wege zur PivotTable gehen:

- *Einfügen/PivotTable/Externe Datenquelle verwenden* und dann eine Arbeitsmappenverbindung wählen oder
- *Daten/Aus anderen Quellen* mit den Optionen
  - *Von Analysis Services*
  - *Von Microsoft Query*

Im zweiten Fall wird die Frage nach dem Einfügen der PivotTable erst am Schluss gestellt. Über Microsoft Query gelingt auch das Anbinden an sogenannte Offline-Cubes. Details dazu finden Sie in Kapitel 13.

Die Feldliste der PivotTable aus Abbildung 1.115 spiegelt die Dimensionen und Kennzahlen des Cubes 1:1 wieder.

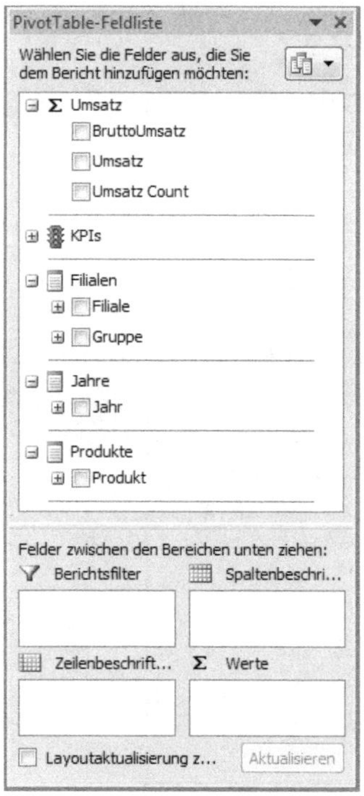

Abbildung 1.115: Vom Cube zur PivotTable

Nun ist es dem Geschick und den Interessen des Anwenders anheim gestellt, die ihn interessierenden Daten »zu Papier zu bringen«. Er wählt dazu Berichtsfilter, Spalten- und Zeilenbeschriftungen und die anzuzeigenden Werte aus. Das kann im Einzelfall aussehen wie in Abbildung 1.116.

	A	B	C	D
1	Jahr	All		
2				
3	**Umsatz**	**Spaltenbeschriftungen**		
4	**Zeilenbeschriftungen**	**Kekse**	**Schokolade**	**Gesamtergebnis**
5	**Nord**	**9936**	**5593**	**15529**
6	NordOst	4682	3121	7803
7	NordWest	5254	2472	7726
8	**Süd**	**6900**	**7841**	**14741**
9	SüdOst	3467	3783	7250
10	SüdWest	3433	4058	7491
11	**Gesamtergebnis**	**16836**	**13434**	**30270**

Abbildung 1.116: Der Überblick ist hergestellt

Nun können die Cube-Funktionen zum Einsatz kommen. Das geschieht auf zwei Wegen:

- Die OLAP-Tools halten die Schaltfläche *In Formeln konvertieren* aus Abbildung 1.117 bereit. Damit wird die gesamte PivotTable (eventuelle Ausnahme ist der Berichtsfilter) in einen fixierten Zustand versetzt, der nach Belieben formatiert, aber nicht mehr umgeordnet werden kann.
- Der Anwender schreibt Formeln, die ihm Informationen aus dem Cube liefern, per Hand ins Tabellenblatt.

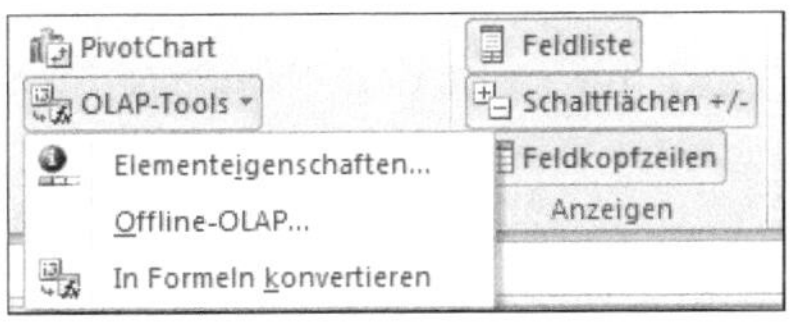

Abbildung 1.117: Cube-Funktionen automatisch nutzen

Der Einsatz der Cube-Funktionen ist nicht an das Vorhandensein der PivotTable gebunden – die Verbindung zu einem Cube als Verbindung in der Arbeitsmappe reicht dazu.

Um einen ersten Eindruck dessen zu vermitteln, was Sie in Kapitel 13 vorfinden:

```
=CUBEWERT("offLine";"[Measures].[BruttoUmsatz]";"[Filialen].[Filiale].[All].[NordOst]";"
[Jahre].[Jahr].[All].[2008]";"[Produkte].[Produkt].[All].[Kekse]")
```

liefert Ihnen den *Bruttoumsatz an Keksen der Filiale NordOst im Jahre 2008* und

```
=CUBERANGELEMENT("offLine";CUBEMENGE("offLine";"([Filialen].[Filiale].[All].[NordOst],
[Jahre].Children)";"alle Filialumsätze";2;"[Measures].[Umsatz]");1)
```

zeigt das *umsatzstärkste Jahr dieser Filiale.*

Finanzmathematische Funktionen anwenden

Ein Anwender, der die finanzmathematischen Funktionen von Excel nutzen möchte, muss sich nahezu zwangsläufig vorher mit den ihn interessierenden Gebieten der Finanzmathematik beschäftigen. Leider sind die Excel-Funktionen und die mit ihnen verbundene Offlinehilfe kein Ersatz für ein einschlägiges Lehrbuch. Allerdings hält sich fast hartnäckig und deshalb nicht etwa glaubwürdiger das Gerücht, die finanzmathematischen Funktionen von Excel wären zu sehr auf spezifisch US-amerikanische Aufgabenstellungen der Wirtschafts- und Finanzmathematik zugeschnitten und hätten ohnehin in Deutschland wenig Bedeutung.

Vielleicht ist das auch der Grund, weshalb die überwiegende Mehrzahl von Büchern zur Finanzmathematik einen Bogen um Excel macht. Und wenn doch Excel integriert wird, dann eher als »reines« Tabellenkalkulationsprogramm und unter eher sporadischer Nutzung der mitgelieferten Funktionen. In diesem Sinne ist nach Kenntnis der Autoren das vorliegende Buch das einzige, welches alle finanzmathematischen Funktionen von Excel ausführlich und mit Beispielen bespricht.

Finanzmathematik besteht in ihren Grundlagen aus mehreren Teilgebieten, die, und das kann Excel mit seinen Funktionen nicht mehr elementar, ausgebaut durch Methoden der Statistik sowie der Differential- und Integralrechnung solch komplexe Aufgaben wie die Bewertung von Optionsscheinen und anderen derivativen Finanzprodukten lösen helfen. Die Grundlagen selbst hat Excel »fest im Griff«.

Einfache Zinsrechnung

Eine einfache Zinsrechnung zeichnet sich dadurch aus, dass Zinsen zum Zeitpunkt ihrer Fälligkeit nicht dem Kapital hinzugeschlagen werden. Diese Art der Berechnung findet vor allem bei Zeiträumen Anwendung, die unterhalb eines Jahres, evtl. sogar im Tagesbereich, liegen.

Die einfache Zinsrechnung entspricht letztendlich einer einfachen Prozentrechnung. Aus verschiedenen Gründen, die in der Historie verwurzelt sind, aber auch gelegentlich modernen Marketingstartegien folgen, kennt die Finanzmathematik die verschiedensten Zinsbegriffe, die zum Teil eng miteinander verwoben sind, zum Teil aber auch nur den Namen gemeinsam haben.

In jedem Fall handelt es sich bei Zinsen um den Preis für geliehenes (Leihzinsen) oder verliehenes Kapital (Guthabenzinsen). Um die Höhe dieses Preises anzugeben, wird ein relativer Preis in Form eines Zinsfußes (Preis für 100 Geldeinheiten) bzw. Zinssatzes (Preis für eine Geldeinheit) formuliert. Dieser bezieht sich immer auf eine bestimmte Periodenlänge, im Allgemeinen ein ganzes Jahr. Kommt es hier zu Abweichungen der Bezugsgrößen, ist Irrtümern und Fehlinterpretationen Tür und Tor geöffnet.

In der Praxis gibt es nunächst zwei verschiedene Zinsberechnungen: nachschüssige und vorschüssige Verzinsung[10]. Der erste Fall ist der, der einem normalen Sparbuch, aber auch einem üblichen Hypothekenkredit zugrunde liegt – die Zinsen werden am Ende der Zinsperiode von dem Kapital, um welches es an deren Anfang ging, mithilfe des Zinssatzes ermittelt und bezahlt. Die zweite Form ist im Normalfall seltener anzutreffen, hat aber typische Vertreter: Einlösung von Wechseln, Bundesfinanzierungsschätze, einige Formen von Bausparverträgen.

10 Weitere Zinsbegriffe, auf die man gelegentlich trifft, sind solche wie: Nominalzins, Realzins, Marktzins. Und es gibt solche, die nicht sofort als Zins interpretiert werden und sich trotzdem irgendwie auf Geld beziehen: Skonto, Bonus, Rabatt, Aufschlag, Abschlag, Agio, Disagio.

Ihnen gemeinsam ist, dass die Zinsen vom Kapital, welches am Ende einer Periode fällig sind, mithilfe des Zinssatzes berechnet und am Anfang der Periode bezahlt werden.

Zahlt jemand Mitte eines Jahres Geld auf sein Sparbuch ein, stellt die Ermittlung der Zinsen am Jahresende kein großes Problem dar. Steht das Geld noch vier Monate auf dem Konto und ist der Jahreszinssatz 3 %, bedeutet dies, dass es nur noch ein Drittel der Zinsen gibt, die gezahlt würden, wenn das Geld ein ganzes Jahr angelegt würde. Diese einfache Prozentrechnung wird etwas dadurch erschwert, dass die taggenaue Berechnung einer eigentümlichen Regel folgt: Ein Jahr hat 12 Monate zu je 30 Tagen. Um die jeweilige korrekte Tageszahl zu ermitteln, hat der Excel-Anwender die Funktion TAGE360() zur Hand. Weiterer Funktionen bedarf es eigentlich nicht.

Reicht jemand einen Wechsel ein, der noch eine Laufzeit von 1 Monat hat und legt die Bank einen Jahreszinssatz von 6 % fest, zieht sie (ohne Gebühren) 0,5 % (also ein Zwölftes des Jahreszinssatzes) von der Wechselsumme ein und zahlt die Differenz aus. Auch hier hilft TAGE360() beim Tage zählen, jedoch hat Excel auch eine spezielle Funktion für diese Aufgabe: die Funktion KURSDISAGIO().

	A	B	C	D	E	F
1						
2		Tag der Einreichung	01.10.2010		Tage	30
3		Tag der Fälligkeit	01.11.2010		Zinssatz	0,50%
4		Wechselsumme	10.000,00 €		Abzug	50,00 €
5		Diskontsatz	6%		Auszahlung	9.950,00 €
6						
7		KURSDISAGIO	9.950,00 €			

Abbildung 1.118: Wechselrechnung ist Prozentrechnung

Im linken Teil der Abbildung 1.118 sehen Sie den Aufbau eines Arbeitsblatts, welcher die genannte Funktion benutzt, alle markierten Zellen werden der Funktion als Argumente übergeben. Im rechten Teil sehen Sie eine Schritt-für-Schritt-Rechnung: Bestimmen der Anzahl der Tage und des daraus resultieren anzuwendenden Prozentsatzes, anschließend Bestimmung des Teils, den die Bank einbehält und durch Differenzbildung Bestimmung der auszuzahlenden Summe.

Etwas wird an diesem Beispiel deutlich: Funktionen kürzen den Berechnunsgweg zum Teil deutlich ab, verlangen dafür aber ein Verständnis für die Wirkungsweise der Funktion.

Das Beipiel bringt einen weiteren Aspekt zu Tage: Zu welchem (Jahres-)Zinssatz müssten denn 9.950,00 € angelegt werden, damit nach einem Monat inklusive Zinsen 10.000,00 € zurückgezahlt werden? Die Antwort lautet 50/9950*12=6,03 %. Also auch hier einfache Prozentrechnung. Excel hält aber eine Funktion[11] bereit: RENDITEDIS(). Dieser sind wieder die Daten des linken Teils aus Abbildung 1.118 zu übergeben, um das Ergebnis zu erhalten.

Die genannten Funktionen haben u. U. ursprünglich mit Wechselrechnung nichts zu tun, sondern wurden auf die Bewertung kurzfristiger Papiere im Handel zwischen Banken konzipiert. Die Kenntnis des finanzmathematischen Hintergrunds, der im Wesentlichen gemeinsam ist, gestattet die Anwendung.

11 Es gibt sogar noch eine zweite zur Problemlösung: ZINSSATZ().

CD-ROM Sie finden die Beispiele dieses Abschnitts in der Datei *Finanzmathematik.xlsx* bzw. *Finanzmathematik.xls* im Ordner *Buch\Kap01* der CD-ROM zum Buch.

Probleme der Zinseszinsrechnung

In diesem Fall werden (bei nachschüssiger Verzinsung) die zu zahlenden Zinsen bei Fälligkeit dem ursprünglischen Kapital zugeschlagen und somit kapitalisiert. Das führt zum sogenannten Zinseszinseffekt.

Der Gebrauch von Formeln setzt in aller Regel voraus, dass der Zinssatz sich über den gesamten Betrachtungszeitraum nicht ändert. Das ist nicht immer nahe an der Wirklichkeit, aber bei einigen wenigen Anlagemodellen durchaus üblich.

Bringt jemand 10.000,00 € zur Bank und möchte diese für 10 Jahre fest anlegen, kann es sein, dass die Bank hierfür einen Zinssatz von 4,8 % anbietet. Eine detaillierte Verfolgung des Kontos bringt dann einen Zustand wie in Abbildung 1.119.

Jahr	Anfangsbestand	Zinsen	Endstand
1	10.000,00 €	480,00 €	10.480,00 €
2	10.480,00 €	503,04 €	10.983,04 €
3	10.983,04 €	527,19 €	11.510,23 €
4	11.510,23 €	552,49 €	12.062,72 €
5	12.062,72 €	579,01 €	12.641,73 €
6	12.641,73 €	606,80 €	13.248,53 €
7	13.248,53 €	635,93 €	13.884,46 €
8	13.884,46 €	666,45 €	14.550,91 €
9	14.550,91 €	698,44 €	15.249,35 €
10	15.249,35 €	731,97 €	15.981,32 €

Abbildung 1.119: Entwicklung eines Kontos mit 10.000 € Anfangsbestand

Auf das Ergebnis von 15.981,32 € kommt man ohne spezielle Funktionen, es ist das einfache Addieren der Zinsen zum Kapital am jeweiligen Jahresende.

Excel kennt nun einen Funktionenkreis, in deren Mittelpunkt die Funktion ZW() stehen kann. Ihr Name steht für den Begriff »Zukunftswert«, der in der Finanzmathematik auch Endwert genannt wird. Eine Anwendung dieser Funktion liefert mit

```
=ZW(4,8%;10;;-10000)
```

(zu 4,8 % werden 10 Jahre lang 10.000 € aus der Hand gegeben) den Wert 15.981,33 €. Wie das? Die Abweichung entsteht dadurch, dass bei der konkreten Kontoführung jeder Betrag, der als Ein- oder Auszahlung oder als Zinsgutschrift erscheint, korrekt auf zwei Stellen nach dem Komma gerundet sein muss, kleinere Geldeinheiten gibt es nicht. Das kann die eingesetzte Funktion, die »nur« einer mathematischen Formel folgt, nicht berücksichtigen[12].

Zinseszinsrechnung kommt in der reinen Form eher selten vor, sondern ist Basis für die folgenden vier Gebiete.

Probleme der Rentenrechnung

Unter einer Rente versteht man eine regelmäßig wiederkehrende Zahlung konstanter Höhe. Dabei ist es nicht wichtig, in welche Richtung der Betrag am Schalter seinen Besitzer wechselt. Alle in Excel verfügbaren Funktionen gehen davon aus, dass die Zahlungstermine der Rente mit

12 Beachten Sie, dass korrektes Runden nur durch Einsatz der Funktion RUNDEN() möglich ist. Eine Beschränkung der Anzeige der Excel-Zellen auf zwei Stellen tut es im Allgemeinen nicht und kann zu Fehlern führen.

den Zinsterminen übereinstimmen. Unterschieden wird nur zwischen vorschüssigen Renten am Anfang der Zinsperioden und nachschüssigen, deren Zahlung am Ende der Perioden erfolgt.

Das eben besprochene Beispiel lässt sich dahingehend erweitern, dass der Sparer seinem Konto jährlich (rechtzeitig zu Beginn des Jahres) jeweils weitere 2.000,00 € hinzufügt. Der Kontoverlauf sieht dann aus wie in Abbildung 1.120.

Jahr	Anfangsbestand	Zinsen	Endstand	Einzahlung
1	10.000,00 €	480,00 €	10.480,00 €	2.000,00 €
2	12.480,00 €	599,04 €	13.079,04 €	2.000,00 €
3	15.079,04 €	723,79 €	15.802,83 €	2.000,00 €
4	17.802,83 €	854,54 €	18.657,37 €	2.000,00 €
5	20.657,37 €	991,55 €	21.648,92 €	2.000,00 €
6	23.648,92 €	1.135,15 €	24.784,07 €	2.000,00 €
7	26.784,07 €	1.285,64 €	28.069,71 €	2.000,00 €
8	30.069,71 €	1.443,35 €	31.513,06 €	2.000,00 €
9	33.513,06 €	1.608,63 €	35.121,69 €	2.000,00 €
10	37.121,69 €	1.781,84 €	38.903,53 €	

Abbildung 1.120: Anlage plus Sparen

Auch hier kann die Funktion ZW() gute Dienste leisten:

```
=ZW(4,8%;10;-2000;-10000)-2000 = 38903,52
```

Es werden zu 4,8 % 10 Jahre lang jeweils 2.000 € aus der Hand gegeben, die die ursprünglich angelegten 10.000 € ergänzen. Da am letzten Tag nicht mehr gespart wird, müssen die durch ZW() über die 10 Jahre gedachten Zahlungen um die letzten 2.000 € gemindert werden. Auch hier kommt es zu einem kleinen Rundungsfehler.

Die Excel-Hilfe gibt für den Zusammenhang zwischen Zinssatz (ZINS), Startkapital (Barwert, BW), regelmäßigen Zahlung (RMZ), Laufzeit (ZZR) und Endwert (Zukunftswert, ZW) den Zusammenhang

$$BW \cdot (1 + ZINS)^{ZZR} + RMZ \cdot (1 + F \cdot ZINS) \cdot \frac{(1 + ZINS)^{ZZR} - 1}{ZINS} + ZW = 0$$

welcher eine der grundlegenden Formeln der Finanzmathematik ist, die hier mit

```
Leistungen des Gläubigers + Leistungen des Schuldners = 0
```

das sogenannte Äquivalenzprinzip umsetzt. Bei diesem weicht Excel vom sonst gängigen

```
Leistungen des Gläubigers = Leistungen des Schuldners
```

ab, damit bekommen Ein- und Auszahlungen ein unterschiedliches Vorzeichen, was gelegentlich dem Verständnis des Vorgangs entgegenkommt.

Probleme der Tilgungsrechnung

Die Finanzmathematik kennt wenigstens drei prinzipielle Formen der Tilgung von Krediten – Tilgung durch Einmalzahlung am Ende (oft gekoppelt mit einer Lebensversicherung), Tilgung durch Ratenzahlung mit konstanten Tilgungbeträgen (üblich beim Kauf von Sachgütern wie Maschinen usw.) und Tilgung durch Annuitätenzahlung, bei der die Summe aus Tilgungsbetrag plus Zinsen konstant bleibt (das ist die Kreditform, die zur Finanzierung von Wohneigentum wohl überwiegend gebräuchlich ist).

Die letzte Form ist im Prinzip eine Form der Rentenrechnung, nur dass die Rollen von Schuldner und Gläubiger vertauscht sind.

Die Funktionen, die Excel zur Tilgungsrechnung bereitstellt, beziehen sich ausschließlich auf die erste und die dritte Form. Was nicht heißen soll, dass sich etwas anderes auf Tabellenblättern unter Einsatz verschiedenster Mittel auch ohne Funktionen nicht nachbilden lässt.

Die etwas weiter oben aufgeschriebene Formel ist auch die für die Annuitätentilgung. In den meisten Fällen muss der Jahreszinssatz durch Zwölftelung auf den Monatszins heruntergebrochen werden. Und dieser Monatszins ist dann in der Formel zu verwenden.

So kann das Angebot einer Bank zur Wohneigentumsfinanzierung etwa wie folgt lauten: Kreditsumme 100.000 €, Nominalzins 5,6 % p.a. (5 Jahre fest), Tilgung 1 % p.a. Die Bank macht dazu noch folgende Angaben:

- monatliche Belastung: 550,00 €,
- anfänglicher effektiver Jahreszins: 5,75 %.

Die monatliche Belastung entsteht aus aus einem Zwöfltel von 5,6 % Zinsen plus 1 % Tilgung, also 6,6 %/12 der Kreditsumme. Das sind 550,00 €. Der Effektivzins kann im vorliegenden Fall mit der Formel

```
=EFFEKTIV(5,6%;12)
```

bestimmt werden. In Abbildung 1.121 sehen Sie den Tilgungsplan des ersten Jahres, der ohne spezielle Formeln erstellt werden kann.

Jahr		Restschuld Anfang	Zinsen	Tilgung	Restschuld Ende
1	Jan	100000,00	466,67	83,33	99916,67
1	Feb	99916,67	466,28	83,72	99832,95
1	Mrz	99832,95	465,89	84,11	99748,84
1	Apr	99748,84	465,49	84,51	99664,33
1	Mai	99664,33	465,10	84,90	99579,43
1	Jun	99579,43	464,70	85,30	99494,13
1	Jul	99494,13	464,31	85,69	99408,44
1	Aug	99408,44	463,91	86,09	99322,35
1	Sep	99322,35	463,50	86,50	99235,85
1	Okt	99235,85	463,10	86,90	99148,95
1	Nov	99148,95	462,70	87,30	99061,65
1	Dez	99061,65	462,29	87,71	98973,94

Abbildung 1.121: Ein Tilgungsplan für Annuitätendarlehen

Aus diesem Tilgungsplan wird deutlich, dass am Ende des Jahres mehr als das eine vereinbarte Prozent getilgt wurde – ein Effekt der unterjährlichen Zahlung durch Zwölftelung. Damit muss der Effektivzins höher als der Nominalzins sein, da das vereinbarte Geld schneller gezahlt werden musste. Die Funktionen von Excel erlauben es,

- einzelne Positionen wie Zinszahlung im Monat 5 oder Restschuld am Ende des 16. Monats in einem Schritt zu bestimmen bzw.

- die Berechnung des effektiven Jahreszinses, die in der Regel nicht durch Auflösen einer Gleichung per Hand/Kopf möglich ist, durch Zielwertsuche nachzubilden. Dabei geht die aktuelle Preisangabenverordnung nicht von gebrochenen Zinssätzen, sondern gebrochenen Laufzeiten zu Berücksichtigung von Teilen eines Jahres aus.

Einzelheiten finden Sie in der genannten Arbeitsmappe der CD-ROM zum Buch und hier: *http://www.gesetze-im-internet.de/pangv/anlage_14.html.*

Probleme der Kursrechnung

Kurs- und Renditerechnungen, vor allem für festverzinsliche Wertpapiere (Anleihen), sind ein besonders anspruchsvolles Thema der Finanzmathematik. Sehr viele der integrierten Funktionen beschäftigen sich mit diesem Schwerpunkt. Dabei definiert sich der Kurs immer als relativer Barwert zukünftiger Leistungen nach eventuellem Abzug sogenannter Stückzinsen. Die Rendite ist die Kennzahl (als Zinssatz), die einen am Markt vorhandenen Kurs realisiert.

Probleme der Investitionsrechnung

Investitionsrechnung tritt im wirtschaftlichen Leben oft in den Formen der statischen und der dynamischen Investitionsanalyse auf. Zur ersten Form gehören Methoden wie Kosten- und Gewinnvergleich sowie Amortisationsrechnung. Diese beruhen auf Daten der Kosten- und Leistungsrechnung. Dynamische Methoden berücksichtigen Zinseszinseffekte und bewerten Geld, welches aus Ein- und Auszahlungen stammt. Diese Methoden sind in der Wirtschaft nicht umfassend verbreitet, was sowohl an den Modellen als auch an der Art und Weise der etwas unsicheren (meint terminlich nicht feststehenden) Datenerfassung liegt. Excel verfügt über einige Funktionen zum Bearbeiten von Aufgaben der dynamischen Investitionsrechnung (Kapitalwertmethode und Methode des internen Zinssatzes). Letztere sind vor allem auch für Analysen im Geldanlagebereich geeignet.

Bundesfinanzierungsschätze werden mit ein- oder zweijähriger Laufzeit begeben. Die Abbildung 1.122 zeigt eine Anzeige der Deutschen Bundesbank, die im August 2010 galt.

Finanzierungsschätze ab 20. August 2010 12.00 Uhr *

Laufzeit	1 Jahr	2 Jahre
ISIN**	DE0001117042	DE0001117059
WKN***	111704	111705
Fälligkeit	22.08.2011	20.08.2012
Verkaufszinssatz	**0,45%**	**0,48%**
Rendite (Zinsertrag bezogen auf Kaufpreis)	**0,45%**	**0,48%**
Für eine Jahresanlage über [1]	500,00 €	500,00 €
Kaufpreis [2]	497,75 €	495,20 €
Zinsertrag [2]	2,25 € für 1 Jahr	4,80 € für 2 Jahre

Stückelung: 0,01 Euro
Mindestauftrag: 500 Euro
[1] Anlage entspricht dem Nominal- und Einlösungswert
[2] Bei einem Anlagezeitraum von genau 12 beziehungsweise 24 Monaten.

Abbildung 1.122: Veröffentlichung der Deutschen Bundesbank

Um die angegebene Rendite nachzurechnen, notieren Sie auf einem Arbeitsblatt die Werte wie in Abbildung 1.123.

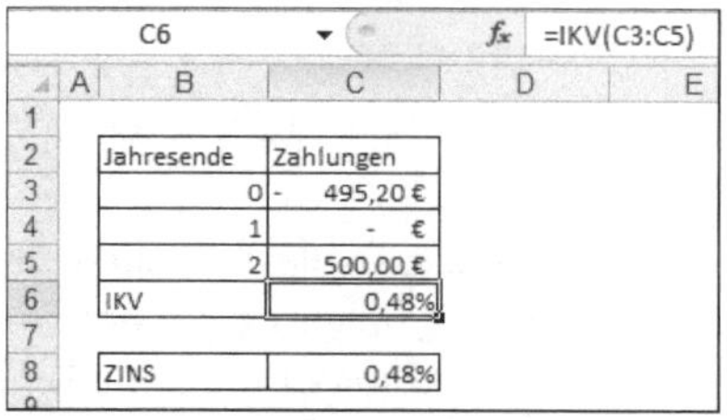

C6 =IKV(C3:C5)

	A	B	C	D	E
1					
2		Jahresende	Zahlungen		
3		0	- 495,20 €		
4		1	- €		
5		2	500,00 €		
6		IKV	0,48%		
7					
8		ZINS	0,48%		

Abbildung 1.123: Einfaches Beispiel interner Kapitalverzinsung

Der Einsatz der Funktion IKV() ist hier der Schlüssel zum kurzen Weg, wobei auch andere Techniken (Einsatz von ZINS() oder Zielwertsuche) denkbar sind.

Probleme der Abschreibungsrechnung

Etwas ist für das Verständnis finanzmathematischer Vorgänge wichtig: Zahlungen werden nie allein durch ihre Höhe, sondern immer auch durch den Zeitpunkt, an dem sie erfolgen, bewertet. Die Zahlungsvorgänge selbst kann man sich an einem Zeitstrahl eingetragen vorstellen und verdeutlichen. Es ist eben doch ein Unterschied, ob ein Schuldner seine Schuld heute oder erst in einem Jahr bezahlt. Je länger der Abstand, desto höher der Betrag, der fällig wird: Zur Schuld kommen noch die Zinsen, Geld wird zu Kapital.

Gelegentlich wird dieses Prinzip auch anders herum formuliert: Spätes Geld ist wenig wert. Das hat nichts mit dem Begriff der Inflation zu tun, sondern damit, dass es finanzmathematisch bei einem Jahreszinssatz von 10 % unerheblich ist, ob in einem Jahr 11.000 € oder bereits heute 10.000 € den Besitzer wechseln.

In diesem Sinne sind Probleme der Abschreibungsrechnung eigentlich keine Probleme finanzmathematischer Überlegungen. Traditionell werden Sie allerdings in Fachbüchern mit den anderen Problemen besprochen und auch Excel hält die entsprechenden Funktionen in einer gemeinsamen Gruppe parat. Die Bedeutung der Abschreibungsmethoden, die Excel zur Verfügung stellt, ist für die Praxis in Deutschland, die durch das Steuerrecht bestimmt wird, weitestgehend unerheblich.

Mathematische und trigonometrische Funktionen anwenden

Der Funktionsumfang der mathematischen und trigonometrischen Funktionen enthält u.a. die wahrscheinlich in Excel am häufigsten verwendete Funktion SUMME(). Um den Umfang der Möglichkeiten der Summierung zu erweitern, gibt es in Excel die Funktion SUMMEWENN(). Angenommen, Sie haben eine Liste mit Umsätzen von Kunden. Wenn Sie die Umsätze für einen Kunden herausfiltern und in Summe haben wollen, dann lässt sich die Funktion SUMMEWENN() wie folgt einsetzen:

Kundengesamtumsatz aus Liste

In der Umsatzliste werden von *A2:A20* die Kunden und in *B2:B20* die Umsätze aufgelistet (Abbildung 1.124). Die Zelle *D6* enthält den Kunden, dessen Umsätze herausgesucht werden sollen. Die Formel in *E6* für die Summe der Umsätze lautet:

```
=SUMMEWENN(A2:A20;D6;B2:B20)
```

E6 | =SUMMEWENN(A2:A20;D6;B2:B20)

	A	B	C	D	E	F
1	Kunden	Rechnungsbetrag				
2	Müller	26.711,00 €				
3	Young	27.519,00 €				
4	Henning	20.790,00 €				
5	Heinzel	14.770,00 €		Kunde	Gesamtumsatz	
6	Bussmann	15.281,00 €		Bond	33.957,00 €	
7	Jeske	21.915,00 €				
8	Müller	8.015,00 €				
9	Bock	21.865,00 €				
10	Birkel	33.453,00 €				
11	Bond	29.747,00 €				
12	Barcley	21.496,00 €				
13	Smith	3.524,00 €				
14	Adler	8.413,00 €				
15	Goronzi	25.304,00 €				
16	Bussmann	10.020,00 €				
17	Jeske	18.623,00 €				
18	Henning	18.784,00 €				
19	Adler	12.961,00 €				
20	Bond	4.210,00 €				

Abbildung 1.124: Filtern von Werten mit der *SUMMEWENN()*-Funktion

Indem Sie den Namen des Kunden in Feld *D6* eingeben, können Sie jeweils die Summe der Umsätze ermitteln.

Zufällige Testwerte

Eine weitere Funktion aus dem Spektrum der mathematischen und trigonometrischen Funktionen, mit der sich das Leben in Excel erleichtern lässt, ist ZUFALLSBEREICH(). Wenn Sie den 30-Minuten-Einstieg eingangs dieses Kapitels absolviert haben, ist Ihnen die Funktion bereits geläufig. Mit ihr können Sie Tabellen einfach mit Daten für Tests und Demonstrationen füllen.

Hinweis

Bis zur Version 2003 müssen Sie diese Add-In-Funktion ggf. erst aktivieren (Näheres dazu im Abschnitt »Einwurf zum Thema »Analysefunktionen«« auf Seite 65 in diesem Kapitel). Ab Excel 2007 steht sie Ihnen standardmäßig zur Verfügung.

Belegen Sie einfach eine Zelle mit der Funktion ZUFALLSBEREICH() und geben Sie einen unteren und oberen Wert ein, in dem sich Ihr Zahlenspektrum befinden soll. Beispielsweise sollen sich alle in einem Planungsbereich zwischen 500 und 1000 befinden, dann lautet die Formel `=ZUFALLSBEREICH(500;1000)`. Jetzt können Sie die Formel in alle weiteren Wertezellen kopieren und erhalten in diesen Zellen jeweils einen anderen Wert im Bereich zwischen 500 und 1000.

B2 | =ZUFALLSBEREICH(500;1000)

	A	B	C	D	E	F
1		Messwerte				
2	Prozess A	556				
3	Prozess B	530				
4	Prozess C	968				
5						

Abbildung 1.125: Zufallswerte berechnen

Wenn Sie jetzt die Datei entweder wieder öffnen oder die F9-Taste drücken, werden alle Werte wieder aufs Neue berechnet. Um die Zellen mit den Zufallswerten in einen festen Zahlenwert umzuwandeln, können Sie entweder

- in der Einzelzelle die Formel in der Bearbeitungsleiste markieren und dann die [F9]-Taste drücken. Die Formel berechnet den Zufallswert ein letztes Mal und wird durch ihr Ergebnis, also die Zufallszahl ersetzt.

oder

- Sie kopieren den Bereich mit den Zufallswerten und fügen ihn mit einem rechten Mausklick und dem Kontextmenü-Befehl *Inhalte einfügen* wieder ein. Im Dialogfeld *Inhalte einfügen* wählen Sie die Option *Werte* (Abbildung 1.126) und klicken dann auf *OK*.

Abbildung 1.126: Das Dialogfeld *Inhalte einfügen* bietet zahlreiche nützliche Einfügeoptionen

Nachtrag: Für ganz Schnelle ist der Befehl *Werte einfügen* auch direkt im Dropdownmenü unter der *Einfügen*-Schaltfläche verfügbar. Die Abbildung 1.127 zeigt links das Menü unter Excel 2007 und rechts unter Excel 2010.

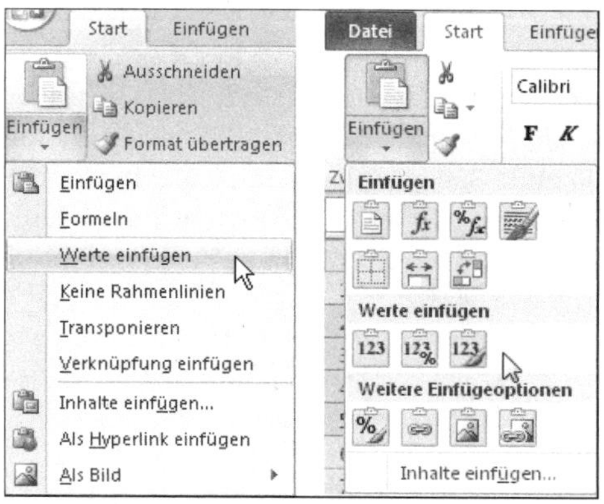

Abbildung 1.127: Einige der *Inhalte einfügen*-Optionen haben Sie auch direkt im Dropdownmenü *Einfügen* im Zugriff

CD-ROM Sie finden die Beispiele dieses Abschnitts in der Datei *Math.xlsx* bzw. *Math.xls* im Ordner *Buch\Kap01* der CD-ROM zum Buch.

Mit diesen zwei Beispielen haben wir Sie hoffentlich auf die mathematischen und trigonometrischen Funktionen im Kapitel 15 neugierig gemacht. Wir wünschen Ihnen viel Erfolg bei den weiteren Recherchen in den Referenz-Kapiteln!

PowerPivot

Für den Abschluss dieses Kapitels haben wir uns ein Sahnebonbon aufgehoben: Mit dem kostenlosen Add-In *PowerPivot für Excel 2010* stellt Microsoft ein mächtiges Analysewerkzeug zur Verfügung. Es bietet modernste Technologie wie die schnelle Bearbeitung umfangreicher Datengruppen (wenn Sie wollen, mit mehreren Millionen Zeilen), die optimierte Integration von Daten sowie die Fähigkeit, Analysen mühelos über SharePoint 2010 im Intranet zu veröffentlichen:

- PowerPivot kombiniert systemeigene Excel 2010-Funktionen mit einem In-Memory-Modul, damit die Benutzer auch große Datengruppen interaktiv prüfen und Berechnungen hiermit durchführen können. Dies wird durch eine neuartige Speicherverwaltung, die eine spaltenorientierte Kompression verwendet, ermöglicht. Alles spielt sich im Arbeitsspeicher Ihres PC ab. Damit werden alle Operationen auf die Daten sehr schnell.
- PowerPivot optimiert die Integration von Daten aus unterschiedlichen Quellen, wozu Unternehmensdatenbanken ebenso gehören wie Kalkulationstabellen, Berichte, CSV-Dateien oder Datenfeeds
- Mit PowerPivot überwinden Sie auch die Zeilenbegrenzungen von Excel 2007- und 2010-Arbeitsblättern
- Sie können auf PivotTables, Datenschnitte und andere vertraute Analysefeatures von Excel zugreifen, um Berichte zu erstellen
- Mit PowerPivot können Sie Ihre Analysen in SharePoint 2010 veröffentlichen, um sie für andere Personen in der Organisation zugänglich zu machen. Hiermit können andere Benutzer bei der Arbeit mit Ihren Excel Services-Berichten dieselben Funktionen wie Datenschnitte und schnelle Abfragen verwenden.
- Anwendungen und Berichte können in SharePoint 2010 – bei gleichzeitiger Versionsverwaltung und -verfolgung – automatisch aktualisiert werden

Hinweis

Viele Informationen, Lernvideos und auch den Download des PowerPivot-Add-Ins finden Sie im Internet unter dem Link *http://www.powerpivot.com*.

PowerPivot in Excel 2010

In Excel 2010 mit installiertem PowerPivot-Add-In klicken Sie zunächst auf der Registerkarte *PowerPivot* auf das Symbol *PowerPivot-Fenster*, um vom Excel- zum PowerPivot-Fenster zu wechseln. Zu Beginn ist das Fenster noch leer und das Menüband weist viele inaktive Symbole auf. Zunächst müssen Sie die zu analysierenden Daten einbinden. Klicken Sie dazu auf das Symbol *Aus Datenbank* (Abbildung 1.128) und dann auf den Befehl *Aus SQL Server*.

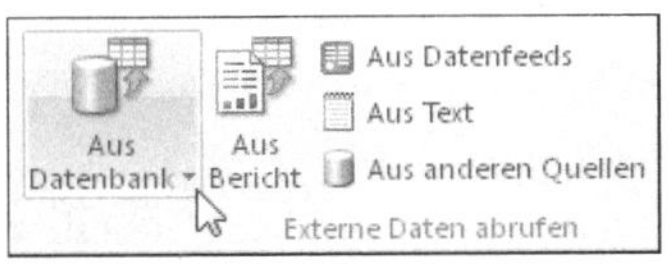

Abbildung 1.128: Der Abschnitt *Externe Daten abrufen* auf der Registerkarte *Home* des PowerPivot-Fensters

Hinweis Wir verwenden als Datenquelle die Microsoft-Beispieldatenbank »ContosoRetailDW«, welche Sie aus dem Internet herunterladen können.

http://www.microsoft.com/downloads/details.aspx?displaylang=de&FamilyID=868662dc-187a-4a85-b611-b7df7dc909fc

Im *Tabellenimport-Assistenten* geben Sie den *Servernamen* an, legen die Anmeldedaten fest und wählen dann den *Datenbanknamen* aus. Im nächsten Schritt belassen Sie es bei der voreingestellten Option, dass Sie aus der Liste der Tabellen und Sichten auswählen wollen (Abbildung 1.129).

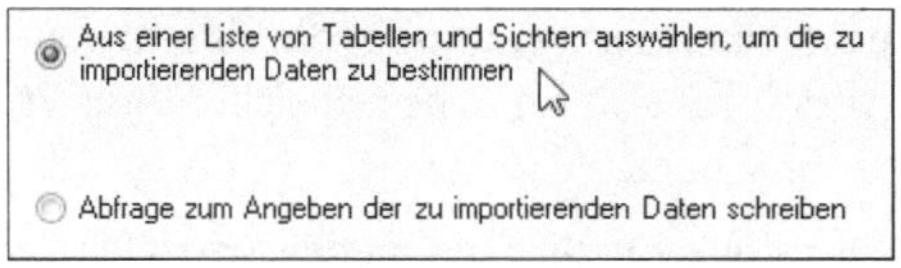

Abbildung 1.129: Der zweite Schritt im Tabellenimport-Assistent

Im nächsten Schritt wählen Sie die Tabelle »FactSales«. Diese Tabelle mit Bewegungsdaten enthält 3,4 Mio. Zeilen. Klicken Sie dann auf die Schaltfläche *Verknüpfte Tabellen auswählen* (Abbildung 1.130). Sechs verknüpfte Stammdatentabellen werden nun einbezogen. Klicken Sie anschließend auf *Fertig stellen*.

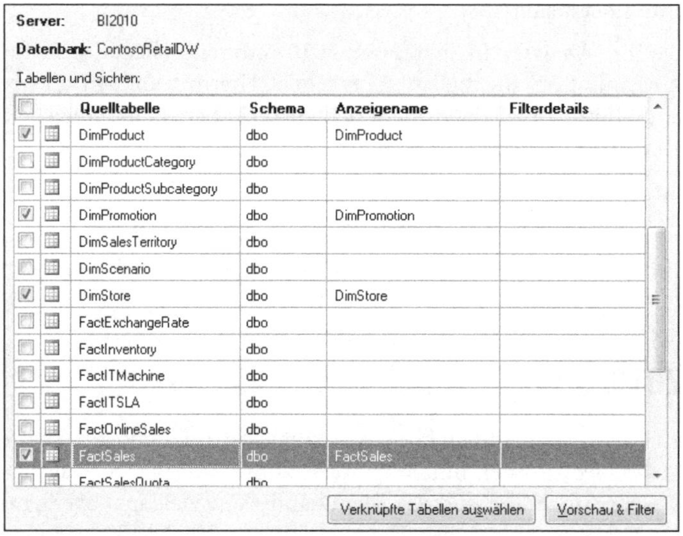

Abbildung 1.130: Die Auswahl der abzuholenden Tabellen und Sichten der SQL Server-Datenbank

Wenn Sie sehr große Tabellen gewählt haben, kann das Laden der Daten etwas Zeit in Anspruch nehmen. Sie werden vom Assistenten über den Fortschritt des Ladevorgangs informiert (Abbildung 1.131)

Nach dem erfolgreichen Laden präsentiert das PowerPivot-Fenster die geladenen Tabellen. Das Fenster (siehe Abbildung 1.132) sieht aus wie Excel, hat aber eine eigene Funktionalität. Speichern Sie die Arbeitsmappe, die im beschriebenen Fall 87 MB groß ist.

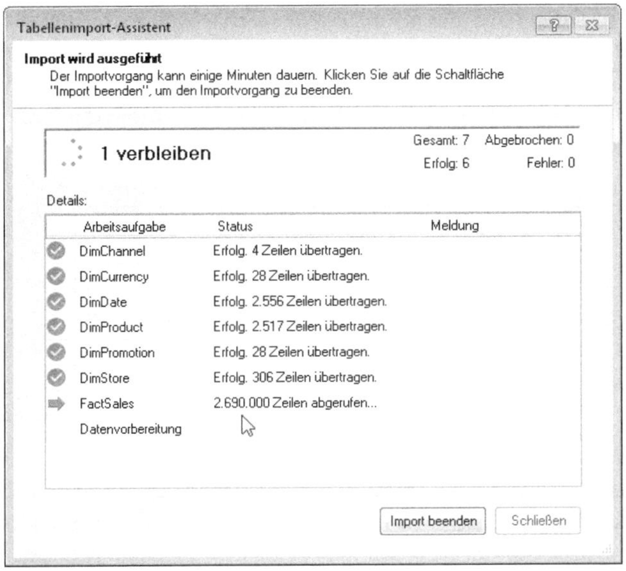

Abbildung 1.131: Die Daten werden geladen

Wichtig Die hier erreichten Dateigrößen machen es für die spätere Veröffentlichung in SharePoint notwendig, dass die maximale Größe für hochzuladende Dateien über standardmäßig 50 MB von Ihrem Administrator erhöht wurde.

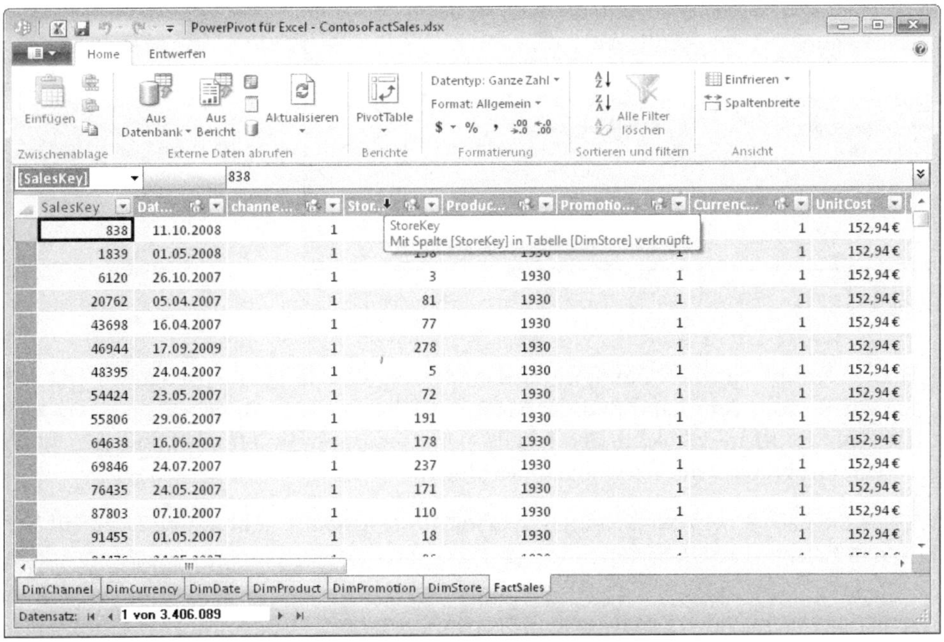

Abbildung 1.132: Das PowerPivot-Fenster mit den geladenen Tabellen

Sofern die Quelldatenbank über ein Datenbankdiagramm verfügt, d.h. eine Definition aller Relationen (Beziehungen) enthält, erkennt PowerPivot dies und kann damit arbeiten. So lässt sich mit einem Rechtsklick in eine Spalte der Faktentabelle (Wertetabelle) schnell die damit verbundene Tabelle ansteuern. In der Registerkarte *Entwerfen* können Sie die Beziehungen zwischen den Tabellen jederzeit nachprüfen bzw. hinzufügen (Abbildung 1.133).

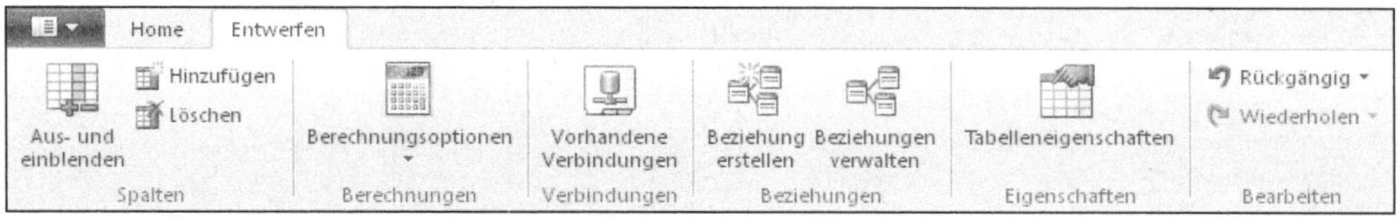

Abbildung 1.133: Die Registerkarte *Entwerfen* in PowerPivot

Klicken Sie auf das Symbol *Beziehungen verwalten* in der Registerkarte *Entwerfen*, erhalten Sie den Überblick über die definierten Relationen (Abbildung 1.134). Sie können sie an dieser Stelle bearbeiten und neue erstellen. Letzteres benötigen Sie, wenn Sie weitere Tabellen aus anderen Quellen einbinden.

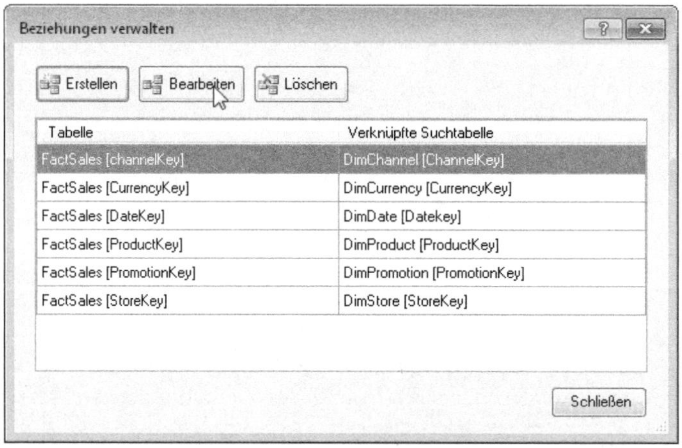

Abbildung 1.134: Der Überblick über alle Beziehungen zwischen den Tabellen

Beim Betrachten der Tabelle »DimStore« stellen Sie fest, dass Ihnen die Geografie fehlt, d.h. Angaben zur Region, dem Land und der Stadt der Filialen. Diese Angaben sind, verknüpft über das Feld »GeographyKey«, in der Tabelle »DimGeography« zu finden. So fügen Sie die Tabelle »DimGeography« aus derselben Quelle hinzu:

1. Wählen Sie nach einem Klick auf das Symbol *Aus Datenbank* (Abbildung 1.128 auf Seite 115) den Befehl *Aus SQL Server.*
2. Im *Tabellenimport-Assistenten* geben Sie den *Servernamen* und die Anmeldedaten an. Danach wählen Sie den *Datenbanknamen* »ContosoRetailDW« aus.

3. Im nächsten Schritt wählen Sie die Option, dass Sie aus der Liste der Tabellen und Sichten auswählen wollen (Abbildung 1.129 auf Seite 116).
4. Im letzten Schritt aktivieren Sie das Kontrollkästchen der Tabelle »DimGeography« und klicken dann auf *Fertig stellen.*
5. Markieren Sie die Tabelle »DimStore« und klicken Sie auf der Registerkarte *Entwerfen* auf das Symbol *Beziehung erstellen.*

6. Im Dialogfeld *Beziehung bearbeiten* wählen Sie für die *Tabelle* »DimStore« die *Spalte* »GeographyKey« aus. Als *Verknüpfte Suchtabelle* wählen Sie anschließend »DimGeography« und als *Verknüpfte Suchspalte* die Spalte »GeographyKey« aus. Schließen Sie mit *OK.*

Damit haben Sie eine Liste ergänzt, welche Sie für die Datenanalysen benötigen. Wir verzichten nun auf das Hinzufügen weiterer Tabellen und wollen eine Pivot-Auswertung erstellen. Das erledigen Sie mit diesen Schritten:

1. Im PowerPivot-Fenster klicken Sie in der Registerkarte *Home* auf den Dropdownpfeil des Symbols *PivotTable* (Abbildung 1.135). Sie sehen, dass es bereits Vorlagen für die Anordnung von PivotTables und PivotCharts gibt.

Abbildung 1.135: Für Pivot-Auswertungen stehen verschiedene Vorlagen zur Verfügung

2. Im Dropdownmenü wählen Sie den Befehl *Diagramm und Tabelle (vertikal).* Es erfolgt ein Wechsel in das Excel-Fenster, wo Sie nach Festlegung des Zielblatts die zwei leeren Pivot-Objekte sehen.
3. Markieren Sie die Fläche für das Diagramm und ziehen Sie in der rechts sichtbaren *PowerPivot-Feldliste* das Feld *ChannelName* aus der Tabelle *DimChannel* in den Bereich *Datenschnitte vertikal.*
4. Nach einem Rechtsklick auf das neue Datenschnittelement wählen Sie im Kontextmenü den Befehl *Feldeinstellungen* und notieren im Feld *Benutzerdefinierter Name* den Namen »Vertriebskanal«. Schließen Sie mit *OK.*
5. Ziehen Sie die Felder *ContinentName* und *RegionCountryName* aus der Tabelle *DimGeography* in dieser Reihenfolge in den Bereich *Datenschnitte horizontal.* Ändern Sie in den *Feldeinstellungen* für die Elemente die *Benutzerdefinierten Namen* in »Region« und »Land«.
6. Ziehen Sie das Feld *CalendarYear* aus der Tabelle *DimDate* in den Bereich *Achsenfelder.* Der *Benutzerdefinierter Name* in den *Feldeinstellungen* soll »Jahr« sein.

7. Ziehen Sie die Felder *TotalCost* und *SalesAmount* aus der Tabelle *FactSales* in den Bereich *Werte*.
8. Im Kontextmenü für diese beiden Elemente wählen Sie den Befehl *Measure bearbeiten*. Ändern Sie in den *Measureeinstellungen* für die Elemente die *Benutzerdefinierten Namen* in »Kosten« und »Umsatz«.

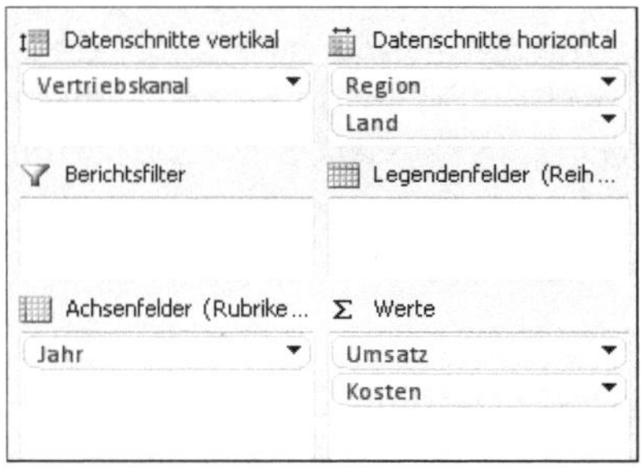

Abbildung 1.136: Der Aufbau für das PivotChart im PowerPivot-Bericht

Die bis hierhin vorgenommenen Einstellungen sehen Sie in Abbildung 1.136. Nehmen Sie ggfs. noch Formatierungen in den Diagramm vor, z.B. am Zahlenformat für die Achsen. Im zweiten Teil geht es um die PivotTable. Nehmen Sie diese Schritte vor, um die PivotTable fertigzustellen:

1. Markieren Sie die vorbereitete Fläche für die PivotTable unter dem Diagramm. Sie stellen fest, dass die Datenschnitte bereits wie für das Diagramm eingestellt sind. Das soll auch so bleiben.
2. Ziehen Sie das Feld *CalendarYear* aus der Tabelle *DimDate* in den Bereich *Spaltenbezeichnungen*. Der *Benutzerdefinierter Name* in den *Feldeinstellungen* soll »Jahr« sein.
3. Ziehen Sie das Feld *Manufacturer* aus der Tabelle *DimProduct* in den Bereich *Zeilenbezeichnungen*. Der *Benutzerdefinierter Name* in den *Feldeinstellungen* soll »Hersteller« sein.
4. Wie für das Diagramm ziehen Sie die Felder *TotalCost* und *SalesAmount* aus der Tabelle *FactSales* in den Bereich *Werte*. Nehmen Sie auch wieder die Umbenennung in Kosten« und »Umsatz« vor.

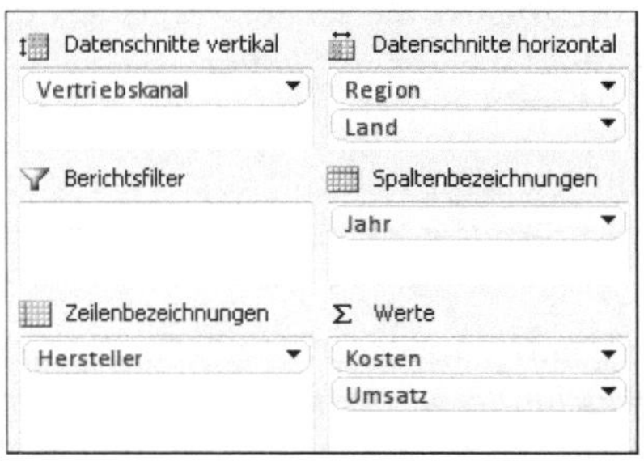

Abbildung 1.137: Der Aufbau für die PivotTable im PowerPivot-Bericht

Auch in der PivotTable (Abbildung 1.137) nehmen Sie ggfs. noch Gestaltungsarbeiten wie Zahlenformatierung, Spaltenbreiten u.Ä. vor. Das Ergebnis könnte etwa wie in Abbildung 1.138 aussehen. Benennen Sie das Blatt mit dem PowerPivot-Bericht und vergessen Sie nicht, Ihre Arbeit zu speichern.

Hinweis

Für das Diagramm wurde ein neues Arbeitsblatt mit der zugehören PivotTable angelegt. Bitte löschen Sie es nicht und beachten Sie, dass jede Änderung an der PivotTable auch im zugehörigen Diagramm vollzogen wird.

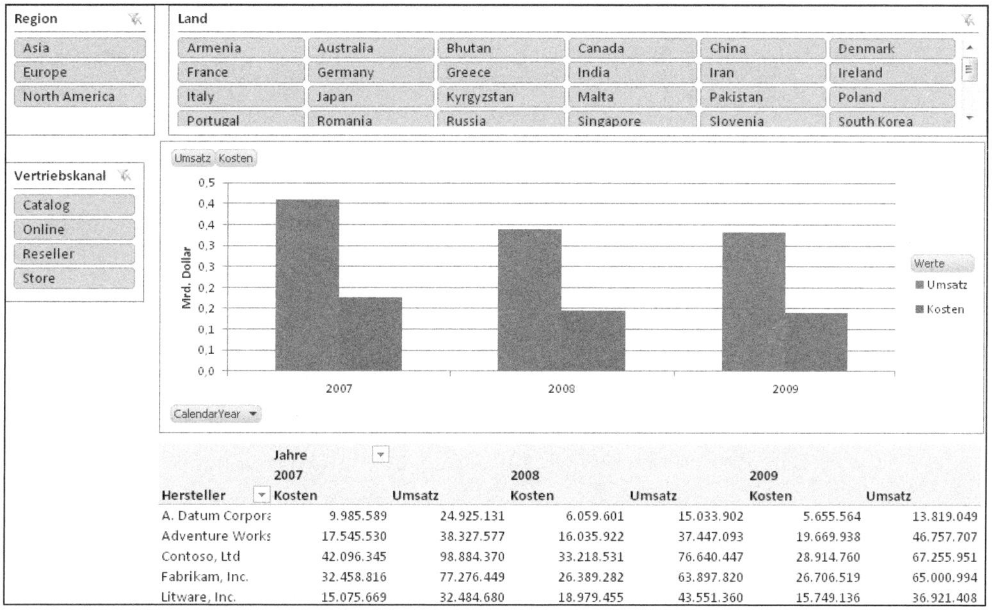

	Jahre					
	2007		2008		2009	
Hersteller	Kosten	Umsatz	Kosten	Umsatz	Kosten	Umsatz
A. Datum Corpor	9.985.589	24.925.131	6.059.601	15.033.902	5.655.564	13.819.049
Adventure Works	17.545.530	38.327.577	16.035.922	37.447.093	19.669.938	46.757.707
Contoso, Ltd	42.096.345	98.884.370	33.218.531	76.640.447	28.914.760	67.255.951
Fabrikam, Inc.	32.458.816	77.276.449	26.389.282	63.897.820	26.706.519	65.000.994
Litware, Inc.	15.075.669	32.484.680	18.979.455	43.551.360	15.749.136	36.921.408

Abbildung 1.138: Ein PowerPivot-Bericht, bestehend aus Diagramm und Tabelle, welche gemeinsame Datenschnitte verwenden

Wie Sie sehen, benötigen Sie für das PowerPivot-Berichtswesen Ihre normalen Kenntnisse über die Erstellung und Gestaltung von PivotTables und PivotCharts. Anders gesagt, Sie können mit Ihrem Excel-Know-how sofort Erfolge mit PowerPivot erzielen.

Kapitel 2

Von der Zahl zur Formel

Wenn Excel für Sie rechnen soll, müssen Sie Formeln eingeben, aus denen das Programm die angestrebten Ergebnisse bilden kann. Die Eingabe von Formeln läuft in einem anderen Modus ab als die übrige Dateneingabe. Sie als Anwender werden diesen Unterschied jedoch fast nicht bemerken.

Im Prinzip ist die Vorgehensweise in den Excel-Tabellenblättern mit der auf einem Rechenblatt aus Papier vergleichbar. Der Unterschied zwischen dem papierenen Rechenblatt und Excel ist der, dass Sie beim handschriftlichen Rechnen die Rechenregeln im Kopf haben und wissen müssen, wie man damit zu einem brauchbaren Ergebnis kommt. Die Ausgangswerte, die Sie zuerst in das Rechenblatt eintragen, werden in Excel als »Eingabewerte« bezeichnet. Die von Ihnen aufgestellten Rechenregeln, durch die diese Eingabewerte zu einem Ergebnis geführt werden, legen Sie in einer Formel fest.

Der wesentliche Vorteil des elektronischen Rechenblatts, also der Tabellenkalkulation, ist der, dass Sie das einmal erstellte Rechenmodell immer wieder verwenden können. Sie geben lediglich neue Eingabewerte ein und die Formeln mit der darin enthaltenen Rechenregel führen nach der stets gleichen Methode zum Ergebnis. Kurz: Wenn Sie einmal eine Tabelle korrekt erstellt haben, können Sie beliebig oft Werte nach diesen Regeln berechnen lassen.

Es ist auch wichtig zu wissen, dass Sie in Excel keine algebraischen Buchstabenformeln berechnen können. Sämtliche Berechnungen müssen auf natürlichen Zahlenwerten beruhen, welche real in eine Tabelle eingetragen wurden. Ebenso ist es bei Diagrammen nicht möglich, einen Graphen direkt durch eine Formel berechnen und zeichnen zu lassen: Alle Werte, die im Diagramm dargestellt werden sollen, müssen sich real in einer Tabelle befinden bzw. dort berechnet worden sein.

Eingeben von Formeln

In Excel gilt: Wenn das erste Zeichen einer Eingabe das Gleichheitszeichen (=) ist, wird die nachfolgende Eingabe als Berechnungsformel ausgewertet. Sie können eine Formeleingabe auch mit dem Plus- oder Minuszeichen einleiten. Excel setzt jedoch später noch das Gleichheitszeichen davor.

Eine Formel wird immer aus Operanden und Operatoren gebildet. Dabei sind die Operanden die Werte, mit denen gerechnet werden soll, und die Operatoren stellen die Rechenvorschriften dar, die zur Berechnung angewendet werden (Abbildung 2.1).

Abbildung 2.1: Operanden und Operatoren bilden die Grundbestandteile einer Formel

Operatoren

Bei den Operatoren, welche Sie in Formeln verwenden können, herrscht eine größere Vielfalt, als gemeinhin bekannt. Deshalb wollen wir hier einmal alle Operatoren systematisch betrachten. Beginnen wir mit den am häufigsten verwendeten Operatoren in Ihren Excel-Formeln.

Arithmetische Operatoren

Mit den arithmetischen Operatoren führen Sie elementare Rechenoperationen durch und erzeugen als Ergebnis numerische Werte. Die Tabelle 2.1 fasst die arithmetischen Operatoren zusammen, die in Excel-Formeln eingesetzt werden können.

Tabelle 2.1 Die arithmetischen Operatoren in Excel-Formeln

Operator	Operation	Beispielformel	Ergebnis
+	Addition	=15+13	28
–	Subtraktion[a]	=104–74	30
/	Division	=42/3	14
*	Multiplikation	=5*8	40
^	Potenzierung	=2^8	256
%	Division durch Hundert (Prozent)[b]	=140%	1,4

[a] Steht das Minuszeichen vor einem Zahlenwert (Negation), wird es als Vorzugsoperator ausgewertet.

[b] Hier handelt es sich wie bei Vorzeichen um einen »unären«, d.h. einseitigen Operator. Er benötigt nur einen Operanden.

CD-ROM

Diese Beispiele finden Sie im Arbeitsblatt *Arithmetische Operatoren* in den Arbeitsmappen *Kap02.xls* bzw. *Kap02.xlsx*. Sie finden diese auf der CD-ROM zum Buch im Ordner *\Buch\Kap02*.

Mit diesen Operatoren können Sie in Excel-Tabellen Formeln erstellen, indem Sie die Formeln unmittelbar in Zellen eingeben. Nach der Eingabe wird in den jeweiligen Zellen das Ergebnis der Formel angezeigt, wobei in der Bearbeitungsleiste die Formel als Zelleninhalt zu sehen ist.

Hinweis

Die unmittelbare Eingabe von numerischen Werten in Formeln wird als die Eingabe von Konstanten bezeichnet. Die Verwendung von Konstanten ist eigentlich die Ausnahme in Formeln. Sie sollten sie möglichst vermeiden und durch Bezüge auf Eingabezellen mit den an der Formel beteiligten Werten ersetzen. Ansonsten nehmen Sie sich den oben erwähnten Vorteil von elektronischen Rechenblättern.

Die in der Tabelle dargestellten Formeln dienen lediglich dem Verständnis der Wirkungsweise der Operatoren.

Rechenreihenfolge durch Klammern bestimmen

Wenn Sie die Wertigkeit bzw. Rangfolge der Operationen bei der Berechnung ändern möchten oder aus arithmetischen Gründen ändern müssen, sind die Ausdrücke, die zuerst ausgewertet werden sollen, in runde Klammern einzuschließen. Testen Sie die Wirkungsweise von runden Klammern, indem Sie die beiden in der Tabelle 2.2 dargestellten Formeln in unterschiedliche Zellen eingeben und das Ergebnis vergleichen.

Tabelle 2.2 Auswirkung von runden Klammern

Formel	Ergebnis
=3+8*4	35
=(3+8)*4	44

Wichtig In einer Formel muss die Anzahl der öffnenden runden Klammern immer gleich der Anzahl der schließenden runden Klammern sein. Excel meldet sonst einen Fehler und markiert die zu korrigierende Stelle in der Formel bzw. bietet die Korrektur der Formel an.

CD-ROM Die Tabelle 2.2 finden Sie in der Arbeitsmappe *Kap02.xls* bzw. *Kap02.xlsx* auf dem Blatt *Rangfolge*. Die Arbeitsmappe befindet sich auf der CD-ROM zum Buch im Ordner *\Buch\Kap02*.

Damit Sie nicht die Übersicht verlieren und leichter kontrollieren können, ob die Anzahl der öffnenden Klammern gleich der Zahl der schließenden Klammern ist, stellt Excel Ihnen folgende Eingabehilfen zur Verfügung:

- Bei Eingabe einer schließenden Klammer wird in der Bearbeitungsleiste – bei direkter Zellbearbeitung auch in der Zelle selbst – die geöffnete Klammer kurzzeitig **fett** hervorgehoben
- Wenn Sie eine bestehende Formel bearbeiten, wird – je nach Einstellung und Bearbeitungsart – ein Klammerpaar kurzzeitig dann **fett** hervorgehoben, wenn Sie die Einfügemarke über eine der beiden Klammern bewegen

Rangfolge der arithmetischen Operatoren

Wenn ein Ausdruck mehrere Operatoren enthält, bestimmt die Rangfolge der Operatoren die Reihenfolge, in der die Elemente des Ausdrucks ausgewertet werden. Die Standardrangfolge kann durch das Setzen von runden Klammern innerhalb einer Elementgruppe geändert werden. Die Tabelle 2.3 zeigt die Rangfolge, in der die Operatoren in einer Excel-Formel ausgewertet werden.

Tabelle 2.3 Operatoren und ihre Rangfolge

Rang	Operator	Beschreibung
1	–	Negation eines Werts (z.B. –34)
2	%	Division eines Werts durch Hundert (Prozent)
3	^	Potenzierung eines Werts
4	* und /	Multiplikation und Division
5	+ und –	Addition und Subtraktion

Sicher erinnern Sie sich noch an die alte arithmetische Weisheit »Punktrechnung geht vor Strichrechnung!«, welche Ihnen im Zweifelsfall weiterhilft.

Hinweis Enthält eine Formel Operatoren, die die gleiche Priorität besitzen, wertet Excel die Operatoren – und somit die Formel – von links nach rechts aus.

Vergleichsoperatoren für die Logik

Mit den Vergleichsoperatoren können Sie Werte, Texte oder Zellinhalte vergleichen. Am häufigsten setzen Sie solche Ausdrücke in den Logik-Funktionen, z.B. WENN(), ein. Das Ergebnis ist immer ein Wahrheitswert (boolescher Wert). Die Tabelle 2.4 zeigt alle booleschen Operatoren und Anwendungsbeispiele zum Verständnis von Vergleichsausdrücken.

Tabelle 2.4 Boolesche Vergleichs-operatoren

Operator	Operation (Vergleich)	Beispielformel	Ergebnis
=	ist gleich	=5=8	FALSCH
<	kleiner als	=5<8	WAHR
>	größer als	=5>8	FALSCH
<=	kleiner oder gleich	=5<=8	WAHR
>=	größer oder gleich	=5>=8	FALSCH
<>	ungleich (nicht)	=5<>8	WAHR

CD-ROM

Die Tabelle 2.4 finden Sie in der Arbeitsmappe *Kap02.xls* bzw. *Kap02.xlsx* auf dem Blatt *Vergleichsoperatoren*. Die Arbeitsmappe befindet sich auf der CD-ROM zum Buch im Ordner *\Buch\Kap02*.

Der Textoperator »&«

Manchmal ergibt sich die Notwendigkeit, die Ergebnisse einer oder mehrerer Formeln in einer Zelle zusammenzufassen. Hier kommt der Textoperator »&« (kaufmännisches Und-Zeichen) zum Einsatz. Wenn Sie zwei Werte – gleichgültig welchen Datentyps – mit dem Textoperator verbinden, entspricht das Ergebnis immer dem Datentyp »Text«.

Dies bedeutet, dass Zahlenwerte von Excel automatisch zu Text konvertiert werden. Sie können so mit dem Textoperator zwei Zahlenwerte als Text in einer Zelle unterbringen. Die sich daraus ergebende Textfolge kann zu weiteren Berechnungen nicht mehr unmittelbar herangezogen werden!

Hinweis

Sollte in der Formel statt eines Zellbezugs unmittelbar Text verwendet werden, muss dieser Text in Anführungszeichen gesetzt werden. Dagegen müssen Zahlen nicht in Anführungszeichen stehen. Wenn Sie Zellbezüge verwenden, entfallen die Anführungszeichen ebenfalls – gleichgültig, welcher Datentyp in den Zellen anzutreffen ist.

Angenommen, Sie möchten den Inhalt der Zellen *A1* und *A2* durch den Textoperator verbinden, so ergibt dies folgende Formel:

```
=A1&A2
```

Durch den Textoperator werden die Werte unmittelbar aneinander gefügt. Wenn Sie jedoch zwischen den Werten ein Leerzeichen wünschen, müssen Sie dies eigens eingeben, und zwar in Anführungszeichen. Angenommen, zwischen den Werten der Zellen *A1* und *A2* soll sich ein Leerzeichen befinden. In diesem Fall ist die obige Formel wie folgt abzuwandeln:

```
=A1&" "&A2
```

CD-ROM

Schauen Sie dazu die Beispiele im Arbeitsblatt *Textoperator* in der Arbeitsmappe *Kap02.xls* bzw. *Kap02.xlsx* an. Sie finden diese auf der CD-ROM zum Buch im Ordner *\Buch\Kap02*. Die Abbildung 2.2 zeigt den Inhalt dieses Arbeitsblatts.

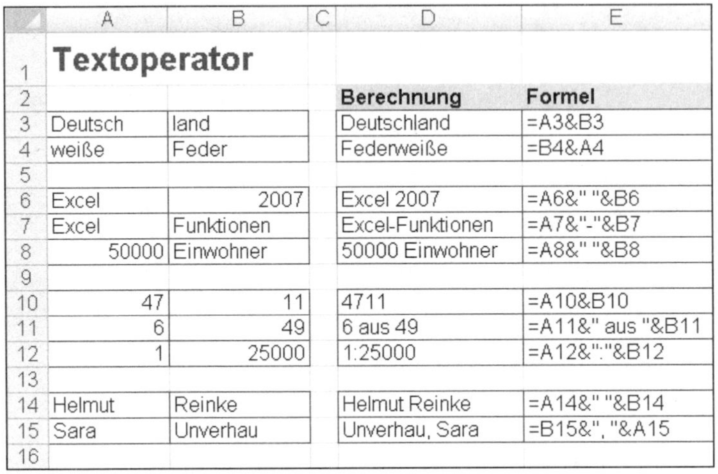

	A	B	C	D	E
1	**Textoperator**				
2				**Berechnung**	**Formel**
3	Deutsch	land		Deutschland	=A3&B3
4	weiße	Feder		Federweiße	=B4&A4
5					
6	Excel	2007		Excel 2007	=A6&" "&B6
7	Excel	Funktionen		Excel-Funktionen	=A7&"-"&B7
8	50000	Einwohner		50000 Einwohner	=A8&" "&B8
9					
10	47	11		4711	=A10&B10
11	6	49		6 aus 49	=A11&" aus "&B11
12	1	25000		1:25000	=A12&":"&B12
13					
14	Helmut	Reinke		Helmut Reinke	=A14&" "&B14
15	Sara	Unverhau		Unverhau, Sara	=B15&", "&A15
16					

Abbildung 2.2: Beispiele für den Einsatz des Textoperators

Bezugsoperatoren

Durch die Bezugsoperatoren können Sie in einer Formel oder Funktion bestimmte Zellen oder Zellbereiche zur Berechnung übergeben, d.h., sie verknüpfen Zellbereiche für die Durchführung von Berechnungen. Sie haben die folgenden Operatoren zur Verfügung:

- **Bereichsoperator :** (Doppelpunkt) Erstellt einen Bezug auf alle Zellen, die zwischen zwei Bezügen liegen, einschließlich der beiden Bezugszellen, z.B. `B3:B20`
- **Verbindungsoperator ;** (Semikolon) Ermöglicht die Verbindung mehrerer Zellen oder Bezüge in einem Ausdruck, z.B. `SUMME(B3:B20;D3:D20)`
- **Schnittmengenoperator ' '** (Leerschritt) Erstellt einen Bezug zu Zellen, die für beide Bezüge gleich sind, d.h. die Schnittmenge beider Bereiche darstellen, z.B. `B7:D7 C6:C8`

Der Bereichsoperator

Unter einem Bereich versteht man einen Teil der Arbeitsblattmatrix, also neben- und untereinander liegende Zellen. Wenn zwei Zellbezüge durch einen Doppelpunkt verbunden werden, bilden sie mit den dazwischen liegenden Zellen einen Bereich. Die Größe und Form der Bereiche kann unterschiedlich sein. In Funktionen gilt ein Bereich – gleichgültig, wie groß er ist – als ein Argument.

Mögliche Bereichsbezüge

Obwohl die Angabe von Bereichsbezügen einfach ist, wollen wir hier die möglichen Varianten veranschaulichen.

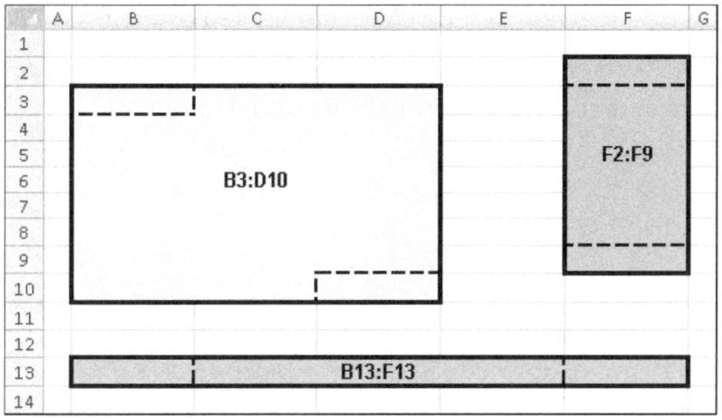

Abbildung 2.3: Mögliche Bereichsformen und ihre Schreibweisen

Die Abbildung 2.3 zeigt folgende Regeln für die Bereichsbezug-Schreibweisen:

- Bei einem Bereich, der mehrere Spalten und Zeilen umfasst, wird die Zelle der linken oberen Ecke mit der Zelle der rechten unteren Ecke zu einem Bereich verbunden; z.B. *B3:D10*
- Bei einem Bereich, der in einer Zeile liegt, wird die linke Zelle mit der rechten Zelle zu einem Bereich verbunden; z.B. *B13:F13*
- Bei einem Bereich, der in einer Spalte liegt, wird die oberste Zelle mit der untersten Zelle zu einem Bereich verbunden; z.B. *F2:F9*

Bezüge auf ganze Spalten oder Zeilen

Wenn Sie sich auf Spalten oder Zeilen – in beiden Fällen von der ersten bis zur letzten Zelle – beziehen wollen, können Sie dies mit den Bezügen aus Tabelle 2.5 tun. Bezüge für andere Spalten oder Zeilen sind analog zu den Angaben in der Tabelle herzustellen.

Tabelle 2.5 Schreibweisen für Bezüge auf ganze Zeilen oder Spalten

Bezug auf ...	Eingabe
komplette Spalte E	*E:E*
komplette Zeile 7	*7:7*
alle Zeilen von Zeile 2 bis Zeile 5	*2:5*
die gesamte Tabelle	*A:XFD* oder *1:1048576*

Hinweis

Letztgenannte Bezüge können erst ab Excel 2007 funktionieren, da hier die entsprechenden Spalten- und Zeilenzahlen zur Verfügung stehen. Mehr dazu finden Sie im Anhang C.

Die Angaben für die gesamte Tabelle kommen bei Bezügen auf andere Blätter in Frage. In einer Formel auf demselben Blatt würden Sie durch Einbeziehung der eigenen Formelzelle einen Zirkelbezug erzeugen. Mehr dazu erfahren Sie im Abschnitt »Was ist ein Zirkelbezug?« ab Seite 135.

Der Verbindungsoperator

Durch den Verbindungs- oder Vereinigungsoperator können Sie Zellen, die nicht nebeneinander liegen, einer Funktion zur Berechnung übergeben. Der Verbindungsoperator ist das Semikolon (;). Wenn mehrere Zellen einer Funktion mit dem Verbindungsoperator übergeben werden, zählt jeder Zellbezug, der durch Semikolon eingegrenzt ist, als eigenständiges Argument.

Wären die drei Bereiche in Abbildung 2.3 zu summieren, müsste jede Zellengruppe in der SUMME()-Funktion einzeln angegeben werden. Die Funktion hätte drei Argumente, jeweils getrennt durch ein Semikolon:

```
=SUMME(B3:D10;F2:F9;B13:F13)
```

Der Schnittmengenoperator

Der Schnittmengenoperator wird selten benutzt, darf jedoch in der vollständigen Aufzählung der Bezugsoperatoren nicht fehlen. Durch den Schnittmengenoperator – das Leerzeichen – lässt sich ein Bezug auf die Zellen herstellen, die mehreren unterschiedlichen Bezügen gemeinsam sind. Anders ausgedrückt: Unter der Schnittmenge sind in Excel die Werte zu verstehen, die in der Fläche liegen, in der sich mehrere Bereiche überschneiden.

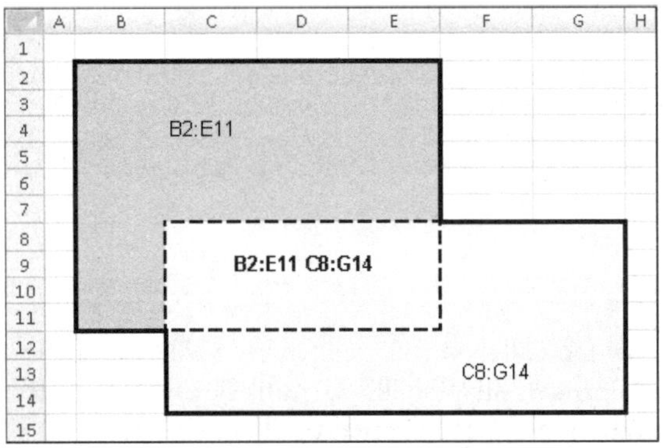

Abbildung 2.4: Einfaches Beispiel einer Schnittmenge

Die in Abbildung 2.4 dargestellte Schnittmenge wird aus den Bereichen `B2:E11` und `C8:G14` gebildet. In einer Formel oder Funktion würde diese Schnittmenge – mit dem Leerzeichen – wie folgt dargestellt werden: `B2:E11 C8:G14`

Das Ergebnis dieser Schnittmenge wird als explizite Schnittmenge bezeichnet. Wenn diese explizite Schnittmenge beispielsweise summiert werden soll, ergibt sich folgende Formel:

```
=SUMME(B2:E11 C8:G14)
```

Die Anwendung von Schnittmengen findet meist im Zusammenhang mit Bereichsnamen statt, wogegen die Anwendung mit reinen Zellbezügen seltener ist.

Bezüge in Formeln

Wie zu Beginn dieses Kapitels bereits erwähnt, entspricht die Eingabe von Konstanten (Zahlenwerten) in Formeln nicht dem Sinn und Zweck einer Tabellenkalkulation. Bei dieser Methode müssten Sie bei jeder Änderung eines Werts auch die Formel entsprechend ändern.

Den Inhalt einer Zelle adressiert man über deren Zellbezug. Durch die Bezüge erkennt Excel, aus welchen Zellen die in einer Formel verwendeten Werte zu entnehmen sind.

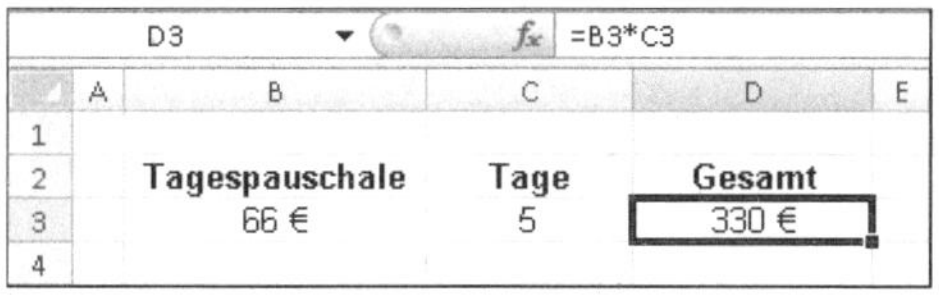

Abbildung 2.5: Für die Multiplikation von Pauschale und Tage werden die Zellbezüge verwendet

Grundsätzlich können Sie Bezüge über die Tastatur eingeben. Dabei dürfen keine Leerzeichen in die Formel gelangen. Auf die Groß- oder Kleinschreibung kommt es nicht an. Allerdings besteht beim Schreiben immer eine gewisse Fehlergefahr, da Sie sich bei den Bezügen irren oder vertippen könnten.

Hinweis

Alle Bezüge in Kleinbuchstaben werden nach Abschluss der Formeleingabe durch Excel in Großbuchstaben umgewandelt, wenn die Formel syntaktisch richtig eingegeben wurde. Ist dies nicht der Fall, überprüfen Sie bitte die Eingabe auf Syntax- und Schreibfehler.

Wenn Sie Zellbezüge einfacher und bequemer eingeben und dabei noch Fehler vermeiden wollen, bedienen Sie sich der sogenannten Zeigemethode. Durch die Zeigemethode können Sie Zellbezüge schnell und nahezu fehlerfrei eingeben. Verfahren Sie bei der Formeleingabe wie folgt:

1. Geben Sie in einer Formel zuerst das Gleichheitszeichen ein.
2. Geben Sie den folgenden Operator, den Funktionsnamen, die Klammer oder andere einleitende Formelbestandteile ein.
3. Markieren Sie die Zelle oder den Zellbereich, deren bzw. dessen Zellbezug in die Formel eingehen soll. Die Markierung wird durch eine gestrichelte Linie, den sogenannten Laufrahmen, gekennzeichnet und der Zellbezug erscheint korrekt in der Formel.
4. Geben Sie den folgenden Operator, den Funktionsnamen, die Klammer oder andere folgende Formelbestandteile ein.
5. Zeigen Sie durch Markieren auf weitere, beteiligte Zellen oder Bereiche.
6. Fahren Sie mit den Schritten 2 bis 5 bis zum Ende der Formeleingabe fort.

Durch den Einsatz von Zellbezügen wird es Ihnen erst möglich, alle Vorteile einer Tabellenkalkulation auszuschöpfen. Sie sind in der Lage, beliebige Rechenmodelle zu erstellen, in denen nur noch die Eingabewerte verändert werden müssen, um zu neuen Ergebnissen zu kommen.

Für Ihre praktische Arbeit bedeutet dies, dass Sie ein Rechenmodell nur ein einziges Mal erstellen müssen, um es anschließend für gleichartige Aufgaben ständig benutzen zu können. In der Tabelle aus Abbildung 2.6 können Sie die Eingabewerte der beiden Spalten *B* und *C* ändern, während in der Spalte *D* sofort das Produkt gebildet wird.

D3 =B3*C3

	A	B	C	D	E
1					
2		**Tagespauschale**	**Tage**	**Gesamt**	
3		66 €	5	330 €	
4		55 €	2	110 €	
5		45 €	3	135 €	
6		75 €	4	300 €	
7		60 €	5	300 €	
8		50 €	6	300 €	
9		70 €	7	490 €	
10					

Abbildung 2.6: Die Formel mit Zellbezügen kann nach unten kopiert werden

Ein weiterer Vorteil besteht darin, dass die gezeigte Formel durch Ziehen am Ausfüllkästchen nach unten kopiert werden kann. Damit erhalten Sie schnell alle benötigten Berechnungen, was bei Verwendung von Konstanten nicht der Fall wäre.

CD-ROM Die Tabelle aus Abbildung 2.6 finden Sie im Arbeitsblatt *Relativer Bezug* in der Arbeitsmappe *Kap02.xls* bzw. *Kap02.xlsx*. Sie finden diese auf der CD-ROM zum Buch im Ordner *\Buch\Kap02*.

Relative Bezüge

Wenn Sie durch Ziehen am Ausfüllkästchen die Formel in Abbildung 2.6 nach unten kopieren, erhalten Sie das für jede Zeile korrekte Berechnungsergebnis. Der Grund: Excel passt beim Kopieren die Bezüge in der Formel der jeweiligen Zeile an, indem es die aktuelle Zeilennummer einsetzt. Dies funktioniert jedoch nur, weil die Zeilennummer in der Formel »relativ« ist.

Einen relativen Bezug können Sie als ein räumliches Verhältnis zwischen zwei Zellen ansehen. Die Betrachtung des räumlichen Verhältnisses erfolgt dabei immer von der Formelzelle aus. Dieses räumliche Verhältnis – und nicht die buchstabengetreue Schreibweise eines Bezugs – wird beim Kopieren übertragen.

Die Formel in der Zelle *D3* der in Abbildung 2.6 gezeigten Tabelle liest sich vom Standort *D3* aus betrachtet so: »Nimm den Wert aus der Zelle zwei Spalten weiter links, gleiche Zeile (`=B3`), und multipliziere (`=B3*`) mit dem Wert aus der Zelle eine Spalte weiter links, gleiche Zeile (`=B3*C3`)«.

Wichtig Grundsätzlich kann zur Veränderung der relativen Zellbezüge beim Kopieren gesagt werden:

- Beim horizontalen Kopieren verändern sich die Spaltenbezüge im Verhältnis zum jeweiligen Standort
- Beim vertikalen Kopieren verändern sich die Zeilenbezüge im Verhältnis zum jeweiligen Standort

Absolute Bezüge

Hier haben wir das Gegenstück zum relativen Bezug. Unter einem absoluten Bezug wird ein Zellbezug verstanden, der sich beim Kopieren oder Ausfüllen nicht verändert. Sie benötigen derartige Bezüge, um stets auf eine ganz bestimmte Zelle zu verweisen und mit dem dort vorhandenen Wert zu rechnen.

Nehmen wir an, Sie möchten in einer Tabelle den Mehrwertsteuerbetrag zu einer Liste von Nettopreisen berechnen, wobei der anzuwendende Mehrwertsteuersatz zentral in einer Zelle gepflegt wird. Die einmal entwickelte Formel soll kopierbar sein.

	A	B	C	D
1		MWSt.-Satz	19%	
2				
3		Nettopreis	MWSt.-Betrag	Gesamt
4		229,00 €	=B4*C1	
5		45,65 €		
6		109,89 €		
7		299,00 €		
8		19,99 €		

Abbildung 2.7: Ausgangssituation mit Formel in Zelle *C4*

Die eingegebene Formel in der Zelle *C4* berechnet einwandfrei die für den in *B4* aufgeführten Nettopreis anzusetzende Mehrwertsteuer. Die Formel lautet:

```
=B4*C1
```

Wenn Sie diese Formel nun in der Spalte nach unten ausfüllen, also kopieren, erhalten Sie durch das Verändern der relativen Zellbezüge völlig unrealistische Ergebnisse. In der Zelle *C6* erscheint gar die Fehlermeldung *#WERT!*. In der Zelle *C3* ist der Text »MWSt.-Betrag« enthalten. Dies führt unweigerlich zur Fehlermeldung *#WERT!*.

Wenn Sie den Auftrag, der in der Formel der Zelle *C4* steckt, analysieren, kommen Sie zu dem Schluss, dass der Bezug auf die Mehrwertsteuer unveränderbar sein muss. Diese Unveränderbarkeit wird erreicht, wenn Sie vor den Spalten- (*C*) und den Zeilenbezug (*1*) ein Dollarzeichen (*$*) setzen. Ein derartiger Zellbezug wird beim Kopieren oder Ausfüllen nicht verändert und in Excel als absoluter Bezug bezeichnet.

In der Beispieltabelle der Abbildung 2.7 muss demnach die Formel in der Zelle *C4* wie folgt lauten:

```
=B4*$C$1
```

Wenn Sie mit dieser Formel, ausgehend von der Zelle *C4*, den Bereich ausfüllen und diese Formel nach unten kopieren, erhalten Sie in der gesamten Tabelle jeweils das korrekte Ergebnis (Abbildung 2.8).

	A	B	C	D
1		MWSt.-Satz	19%	
2				
3		Nettopreis	MWSt.-Betrag	Gesamt
4		229,00 €	43,51 €	272,51 €
5		45,65 €	8,67 €	54,32 €
6		109,89 €	=B6*$C$1	130,77 €
7		299,00 €	56,81 €	355,81 €
8		19,99 €	3,80 €	23,79 €

Abbildung 2.8: Korrekte Ergebnisse durch den absoluten Zellbezug auf die Zelle *$C$1*

Das fertige Beispiel aus Abbildung 2.8 finden Sie im Arbeitsblatt *Absoluter Bezug* in der Arbeitsmappe *Kap02.xls* bzw. *Kap02.xlsx*. Diese befindet sich auf der CD-ROM zum Buch im Ordner *\Buch\Kap02*. **CD-ROM**

Gemischte Bezüge

Streng genommen hätte es keines absoluten Bezugs bedurft, um im Beispiel in Abbildung 2.8 die Formel korrekt zu kopieren. Da nur nach unten, d.h. in derselben Spalte kopiert wurde, hätte der Spaltenbezug nicht absolut sein müssen. Diese Überlegung führt uns zu den gemischten Bezügen, die – wie der Name es sagt – eine Mischform zwischen relativem und absolutem Bezug darstellen.

Angenommen, Sie wollen eine Tabelle erstellen, aus der die Werte für das Einmaleins abgelesen werden können. Die Rechenmethode ist im Prinzip klar. In der Bearbeitungsleiste der Tabelle in Abbildung 2.9 sehen Sie die Formel für die Zelle *F6*: `=A6*F2`. In *B3* müsste sie entsprechend lauten: `=A3*B2`. Keine der Formeln ist jedoch sinnvoll kopierbar. Sicher ahnen Sie schon, dass es nicht nötig ist, die Formel für jede Zelle neu zu entwickeln.

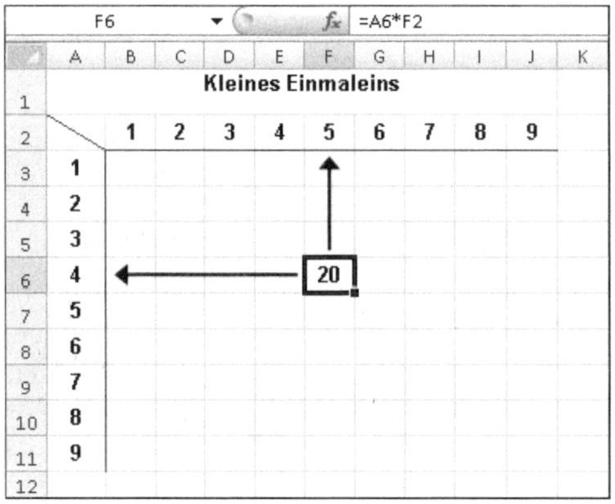

Abbildung 2.9: Tabelle zur Darstellung des kleinen Einmaleins

Wenn es Ihnen gelingen würde, wahlweise den Spalten- oder den Zeilenbezug zu sperren, könnten Sie in der Tabelle der Abbildung 2.9 eine einmal in *B3* entwickelte Formel sowohl nach unten als auch nach rechts kopieren. Die folgenden Überlegungen führen zur Lösung:

- Sie müssen den Spaltenbezug für die Werte aus Spalte *A* sperren, um die Formel horizontal kopieren zu können und trotzdem die Werte immer aus der Spalte *A* einzulesen. Der Zeilenbezug für die Werte aus Spalte *A* muss relativ bleiben, damit er beim vertikalen Kopieren angepasst wird. Es ergibt sich der Zellbezug »`$A3`«.
- Für den Bezug auf die Werte in Zeile *2* verhält es genau umgekehrt: Der Spaltenbezug muss relativ bleiben, während der Zeilenbezug durch das $-Zeichen gesperrt werden muss. Damit bleibt der Bezug auf die Zeile beim vertikalen Kopieren unverändert, während beim horizontalen Kopieren die Spaltenbezüge angepasst werden. Aus dieser Überlegung ergibt sich die Schreibweise »`B$2`«.

Somit ergibt sich bei der Beispieltabelle für die Zelle *B3* folgende Formel:

```
=$A3*B$2
```

Probieren Sie dies in Ihrer Beispieltabelle aus. Sie werden immer die korrekten Ergebnisse erzielen.

B3 | =$A3*B$2

	A	B	C	D	E	F	G	H	I	J	K
1				Kleines Einmaleins							
2		**1**	**2**	**3**	**4**	**5**	**6**	**7**	**8**	**9**	
3	**1**	1	2	3	4	5	6	7	8	9	
4	**2**	2	4	6	8	10	12	14	16	18	
5	**3**	3	6	9	12	15	18	21	24	27	
6	**4**	4	8	12	16	20	24	28	32	36	
7	**5**	5	10	15	20	25	30	35	40	45	
8	**6**	6	12	18	24	30	36	42	48	54	
9	**7**	7	14	21	28	35	42	49	56	63	
10	**8**	8	16	24	32	40	48	56	64	72	
11	**9**	9	18	27	36	45	54	63	72	81	
12											

Abbildung 2.10: Korrekt rechnende Tabelle mit gemischten Bezügen

CD-ROM

Das fertige Beispiel aus Abbildung 2.10 finden Sie im Arbeitsblatt *Gemischter Bezug* in der Arbeitsmappe *Kap02.xls* bzw. *Kap02.xlsx*. Diese befindet sich auf der CD-ROM zum Buch im Ordner *\Buch\Kap02*.

Als elementaren Grundsatz leiten Sie ab: Bei einem gemischten Bezug ist der Bezugsteil (Spalten- oder Zeilenbezug), vor dem das Dollarzeichen steht, gesperrt und beim Kopieren unveränderbar. Vereinfacht können Sie sich merken:

- Möchten Sie immer Werte aus einer bestimmten Spalte übernehmen, muss der Spaltenbezug durch das Dollarzeichen gesperrt werden
- Möchten Sie immer Werte aus einer bestimmten Zeile übernehmen, muss der Zeilenbezug durch das Dollarzeichen gesperrt werden

Tipp

Mit der Taste F4 können Sie die Bezugsart ändern. Markieren Sie den Zellbezug in einer Formel und drücken Sie mehrmals die F4-Taste. Mit jedem Tastendruck ändert sich die Schreibweise (Relativ – Absolut – Gemischt – Relativ usw.).

Hinweis

Zuletzt soll hier noch auf ein neues Feature in Excel 2007/2010 hingewiesen werden: In Kapitel 1 finden Sie im 30-Minuten-Einstieg eine neue Schreibweise für (relative) Bezüge in als »Tabelle« gekennzeichneten Blattbereichen. Beispiel:

```
=Tabelle1[[#Diese Zeile];[Kapital]]+Tabelle1[[#Diese Zeile];[Gewinnanteil]]
```

Im Beispiel werden je Zeile die Werte aus den Spalten mit den Überschriften »Kapital« und »Gewinnanteil« addiert. Bei Eingabe einer Formel schreibt Excel für die markierten Bezüge in der gezeigten Art und Weise mit und füllt selbstständig die angrenzenden leeren Zellen mit der neuen Formel aus – ein sehr effektives Arbeiten.

Was ist ein Zirkelbezug?

Zirkelbezüge entstehen meist durch Eingabefehler. Man versteht darunter einen Bezug auf die Zelle, in der sich die Formel selbst befindet – quasi einen Bezug auf sich selbst. Formeln mit einem Zirkelbezug kann Excel standardmäßig nicht lösen. Sie erhalten stattdessen die in Abbildung 2.11 gezeigte Meldung.

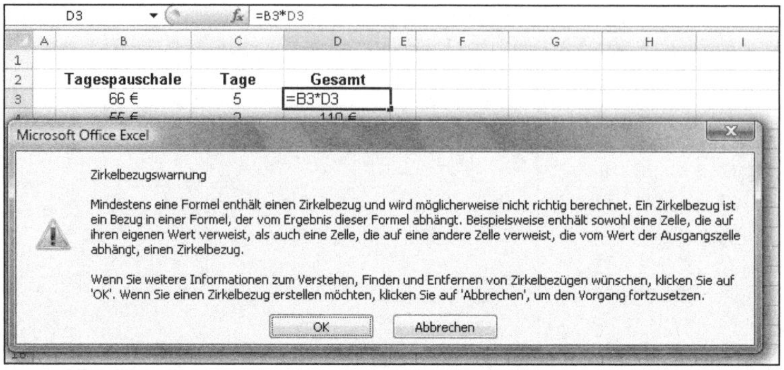

Abbildung 2.11: Fehlerhafte Eingabe in der Zelle *D3* mit der Fehlermeldung

Wenn Sie in der Fehlermeldung auf die Schaltfläche *OK* klicken, wird im Tabellenfenster von Excel 2003 die *Zirkelverweis*-Symbolleiste eingeblendet (Abbildung 2.12).

Abbildung 2.12: Die *Zirkelverweis*-Symbolleiste in Excel 2003

Sie können die *Zirkelverweis*-Symbolleiste verwenden, um die Zellen innerhalb des Zirkelbezugs zu durchlaufen. Nutzen Sie dabei die Schaltflächen *Spur zum Nachfolger* und *Spur zum Vorgänger*, um die Gründe des aufgetretenen Problems durch Pfeile anzeigen zu lassen.

In Excel 2007 erscheint nach dem *OK* in der Zirkelbezugswarnung (Abbildung 2.11) ein Hilfefenster mit Anleitungen, wie mit Zirkelbezügen zu verfahren ist (Abbildung 2.13).

Abbildung 2.13: Excel 2007 stellt umfangreiche Hilfe bei Zirkelbezügen zur Verfügung

Das Suchen und Entfernen von Zirkelbezügen ist in Excel 2007/2010 im Menüband auf der Registerkarte *Formeln* zu finden. In der Gruppe *Formelüberwachung* klicken Sie auf die Schaltfläche *Fehlerüberprüfung*, dann auf *Zirkelverweise* und dann auf die angezeigten Bezüge (Abbildung 2.14). Allerdings wird hier (sowie links unten in der Statuszeile) immer nur der letzte eingegebene Zirkelbezug angezeigt.

Wichtig

Wenn man die Warnung sowie das Hilfefenster schließt, ohne sofort den Zirkelbezug zu korrigieren, wird bei einer erneuten Eingabe einer Formel mit Zirkelbezug in dieselbe oder eine andere Zelle keine erneute Warnung sowie Hilfefenster angezeigt. Lediglich in der Statusleiste erfolgt rechts neben dem Status *Bereit* ein leicht übersehbarer Hinweis auf den Zirkelbezug in der Form *Zirkelbezüge: D3*. Korrigieren Sie Zirkelbezüge also unbedingt sofort nach dem Warnhinweis, da Sie die Hinweise darauf später leicht vergessen und übersehen können.

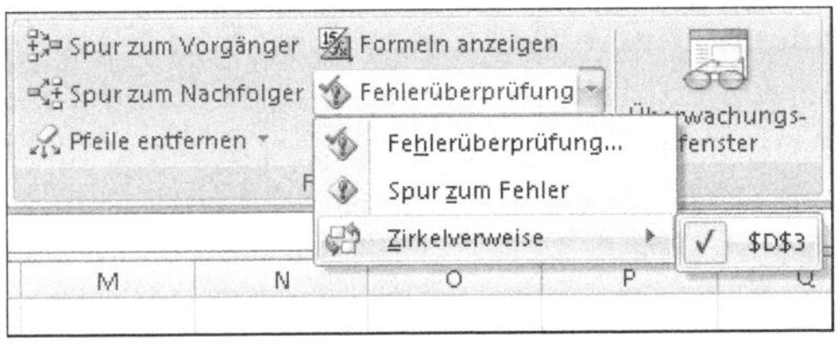

Abbildung 2.14: Zirkelbezüge auffinden in Excel 2007/2010

Hinweis

Excel kann nicht automatisch alle geöffneten Arbeitsmappen berechnen, wenn eine von ihnen einen Zirkelbezug enthält. Sie können einen Zirkelbezug entfernen oder jede Zelle, die in den Zirkelbezug einbezogen ist, einmal berechnen, indem Sie die Ergebnisse der vorherigen Iteration verwenden. Sofern Sie die Standardeinstellungen für Iterationen nicht ändern, beendet Excel die Berechnung nach 100 Iterationsschritten, oder wenn sich alle Werte in dem Zirkelbezug zwischen zwei Iterationen um einen Betrag von weniger als 0,001 ändern, je nachdem, welcher Fall zuerst eintritt.

Matrixformeln

Um eine Matrixformel verstehen zu können, betrachten Sie zunächst die Arbeitsweise einer normalen Einzelwertformel. Eine Einzelwertformel erzeugt ein Ergebnis aus mehreren Operanden. Beispielsweise erzeugt die Formel `=B4*C4` das Produkt der beiden angegebenen Zellen. Vergleichen Sie hierzu die Die Matrixformel `{=F4:F8*G4:G8}` erzeugt eine Menge von insgesamt fünf Ergebnissen, in diesem Fall jedes Mal das Produkt der beiden nebeneinander stehenden Zellen in den links und rechts vom Multiplikationszeichen stehenden Bereichen.

	A	B	C	D	E	F	G
2	Einzelwertformeln				Matrixformeln		
3	Tagespauschale	Tage	Gesamt		Tagespauschale	Tage	Gesamt
4	55 €	5	=A4*B4		55 €	5	{=E4:E8*F4:F8}
5	50 €	5	=A5*B5		50 €	5	{=E4:E8*F4:F8}
6	45 €	4	=A6*B6		45 €	4	{=E4:E8*F4:F8}
7	60 €	3	=A7*B7		60 €	3	{=E4:E8*F4:F8}
8	63 €	7	=A8*B8		63 €	7	{=E4:E8*F4:F8}

Abbildung 2.15: Gegenüberstellung einer Einzelwert- und Matrixformel

CD-ROM

Das fertige Beispiel aus Abbildung 2.15 finden Sie im Arbeitsblatt *Matrixformeln* in der Arbeitsmappe *Kap02.xls* bzw. *Kap02.xlsx*. Diese befindet sich auf der CD-ROM zum Buch im Ordner *\Buch\Kap02*.

Bei der Einzelwertformel werden die Formeln durch relative Bezüge gebildet, die sich durch Ausfüllen in der Spalte von Zeile zu Zeile verändern. Dagegen ist die Matrixformel im gesamten Bereich (Matrix) unverändert. Dennoch werden von Zeile zu Zeile unterschiedliche Ergebnisse gebildet.

Da eine Matrixformel mehrere Ergebnisse liefern kann, können Sie – bei wiederholter Eingabe gleicher Formeln – Zeit sparen. Generell ist jedoch festzuhalten, dass eine Matrixformel mehr Speicher als die entsprechenden Einzelwertformeln belegt.

Wichtig Eine Matrixformel erkennen Sie an den geschweiften Klammern {...}, die die Formel einschließen. Diese geschweiften Klammern setzt Excel automatisch um Matrixformeln, Sie können (bzw. dürfen) nicht manuell eingefügt werden. Um eine Formel als Matrixformel einzugeben, müssen Sie die Eingabe mit der Tastenkombination `Strg`+`⇧`+`↵` beenden.

Zwischen der Bearbeitung einer Einzelwertformel und dem Bearbeiten von Matrixformeln gibt es gewichtige Unterschiede. Beim Bearbeiten einer Matrixformel ist immer die **gesamte** Matrixformel betroffen und damit auch der gesamte Bereich. Dies bedeutet, dass Sie nicht einen Teil oder gar nur eine Zelle ändern können. Folgende Operationen sind nicht möglich:

- Abändern des Inhalts einer einzigen Zelle
- Löschen oder Verschieben von Zellen, die Teil einer Matrix sind
- Einfügen von Zellen, Zeilen oder Spalten in eine bestehende Matrix

Sollten Sie dennoch versuchen, eine dieser Operationen durchzuführen, erhalten Sie eine Fehlermeldung angezeigt.

Tipp Wenn Sie nicht genau wissen, wo der Bereich einer Matrixformel beginnt bzw. endet, gehen Sie wie folgt vor:

1. Markieren Sie eine Zelle, die der Matrix angehört.
2. Rufen Sie das Dialogfeld *Gehe zu* mit der Taste `F5` auf.
3. Klicken Sie im Dialogfeld *Gehe zu* auf die Schaltfläche *Inhalte*.
4. Im daraufhin geöffneten Dialogfeld wählen Sie die Option *Aktuelles Array* aus und bestätigen mit *OK*. Hierdurch wird die Matrix markiert, in der sich die markierte Zelle befindet.

Tipps & Tricks

In diesem Abschnitt wollen wir Ihnen in kurzer Form unsere wichtigsten Tipps und Tricks bei der Arbeit mit Formeln vermitteln. Je nachdem, wie intensiv Sie mit Excel arbeiten, werden Sie die im Folgenden beschriebenen Verfahren mehr oder weniger häufig benötigen.

Formelansicht ein/aus

Wenn Sie sich in einer Tabelle, die Sie nicht selbst erstellt haben, eine Übersicht verschaffen wollen, z.B. weil die Tabelle sehr viele Formeln und Verknüpfungen enthält, erleichtern Sie sich die Arbeit, indem Sie anstelle der Formelergebnisse die Formeln und die Verknüpfungen selbst anzeigen:

1. Aktivieren bzw. öffnen Sie das betreffende Arbeitsblatt.
2. Drücken Sie die Tastenkombination Strg+#.

Sie sehen, dass Excel nun nicht die Formelergebnisse, sondern die dahinter stehenden Formeln anzeigt. Da die Formeln mehr Platz beanspruchen, passt Excel automatisch die Spaltenbreite an.

Hinweis

In Excel 2010 funktioniert die Tastenkombination Strg+# leider nicht mehr. Sie müssen die Anzeige der Formeln auf der Registerkarte *Formeln* in der Gruppe *Formelüberwachung* auf die Schaltfläche *Formeln anzeigen* umschalten.

Die Tastenkombination Strg+# ändert keineswegs die Daten in Ihrer Tabelle. Der Befehl wirkt sich nur auf die Ansicht aus und kann durch erneutes Drücken der Tastenkombination Strg+# jederzeit wieder zurückgenommen werden.

Die Einstellung entspricht in Excel 2003 dem Ändern der Ansichtseinstellungen unter *Extras/Optionen* auf der Registerkarte *Ansicht*. Dort können Sie im Abschnitt *Fensteroptionen* das Kontrollkästchen *Formeln* aktivieren oder deaktivieren.

In Excel 2007 klicken Sie auf die *Office*-Schaltfläche oben links, und anschließend auf die Schaltfläche *Excel-Optionen*; in Excel 2010 klicken Sie im Menüband auf die Registerkarte *Datei* und dann auf die Schaltfläche *Optionen*. Im Dialogfeld *Excel-Optionen* finden Sie in der Kategorie *Erweitert* das entsprechende Kontrollkästchen zum Ein- bzw. Ausschalten der Formelanzeige im Blatt (Abbildung 2.16).

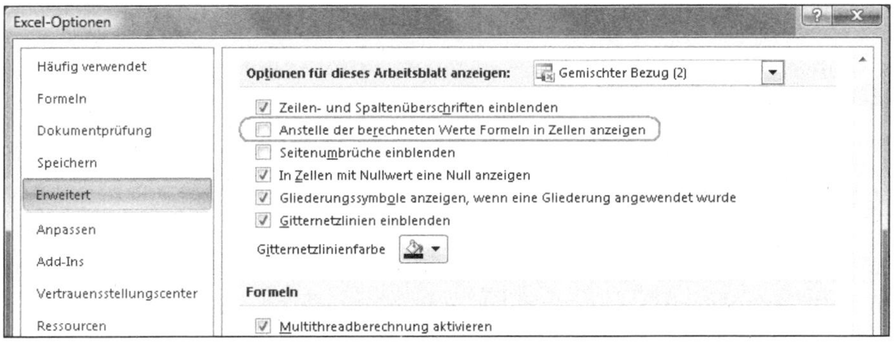

Abbildung 2.16: Die Arbeitsblatt-Optionen in Excel 2007/2010

In allen Versionen gilt: Diese Einstellung gilt nur für das aktive Tabellenblatt.

Formeln in mehrere Zellen eingeben

Wenn Sie bei der Formeleingabe bereits wissen, dass die Formel in mehrere Zellen einzugeben ist, können Sie die Formeleingabe in alle betreffenden Zellen in einem Arbeitsgang durchführen:

1. Klicken Sie auf die Zelle, in welche die Formel eingetragen werden soll, und erweitern Sie von hier aus die Markierung auf den Bereich, der die kopierte Formel enthalten soll. Es ist auch eine Mehrfachauswahl möglich.
2. Geben Sie die Formel in die aktive Zelle ein.
3. Schließen Sie die Formeleingabe mit der Tastenkombination Strg+↵ ab.

Der zuvor markierte Bereich wird komplett mit der eingegebenen Formel ausgefüllt.

Formeln in mehrere Blätter eingeben

In Mappen mit gleichartig aufgebauten Tabellenblättern können Sie Formeln (aber auch alle anderen Inhalte) gleichzeitig in mehrere Blätter eingeben. Sie müssen die betreffenden Blätter vorher nur markieren (gruppieren).

1. Markieren Sie alle betreffenden Blätter, indem Sie bei festgehaltener Strg-Taste die einzelnen Blattregister mit der Maus anklicken. Den Gruppierungsmodus erkennen Sie an der Anzeige *[Gruppe]* in der Titelleiste des Fensters.

Tipp Handelt es sich um einen Block von aufeinander folgenden Blättern, können Sie nach dem Anklicken des ersten Blattes die ⇧-Taste festhalten und mit der Maus das letzte Blatt dieses Blocks anklicken.

2. Geben Sie die Formel(n) in das aktive Blatt ein.
3. Heben Sie die Blattgruppierung auf, indem Sie ein einzelnes Register markieren oder im Kontextmenü (erreichbar über einen Klick mit der rechten Maustaste auf ein markiertes Register) für die Blattregister den Befehl *Gruppierung aufheben* wählen.

Die Formel(n) wurden quasi wie mit einem Durchschlag in alle markierten Blätter geschrieben. Wenn nötig, kombinieren Sie einfach die oben gezeigte Formeleingabe in mehrere Zellen mit der in mehrere Blätter.

Formelzellen schnell markieren

Excel markiert alle Zellen, welche Formeln enthalten, wenn Sie diese Schritte befolgen:

1. Wählen Sie die Taste F5 (oder Strg+G).
2. Klicken Sie auf die Schaltfläche *Inhalte*.
3. Wählen Sie im Dialogfeld *Inhalte auswählen* die Option *Formeln*. Sie können dabei noch anhand der Formelergebnisse unterscheiden, welche Formeln zu markieren sind.
4. Klicken Sie auf die Schaltfläche *OK*.

Wenn Sie jetzt alle markierten Formelzellen einzeln durcharbeiten müssen, benutzen Sie die ⇆-Taste, um von einer markierten Zelle zur nächsten zu wechseln. In der Bearbeitungsleiste oben können Sie die jeweilige Formel bearbeiten. Mit ⇧+⇆ bewegen Sie sich in die entgegengesetzte Richtung.

Wollen Sie die Markierung aufheben, aber trotzdem alle Formeln durcharbeiten, weisen Sie den markierten Zellen eine Signalfarbe zu, die Sie später wieder entfernen können.

Auf welche Zellen bezieht sich die Formel?

Wollen Sie schnell einmal sehen, auf welche Zellen sich eine markierte Formel bezieht, drücken Sie die F2-Taste. Sie öffnet die Zelle zum Bearbeiten[1] und markiert die beteiligten Formelinhalte, also auch die Zellbezüge verschiedenfarbig (Abbildung 2.17).

1 Je nach Einstellung unter *Extras/Optionen*, Registerkarte *Bearbeiten*, Kontrollkästchen *Direkte Zellbearbeitung aktivieren* wird entweder die Zelle selbst oder die Bearbeitungsleiste zum Ändern des Zellinhalts geöffnet.

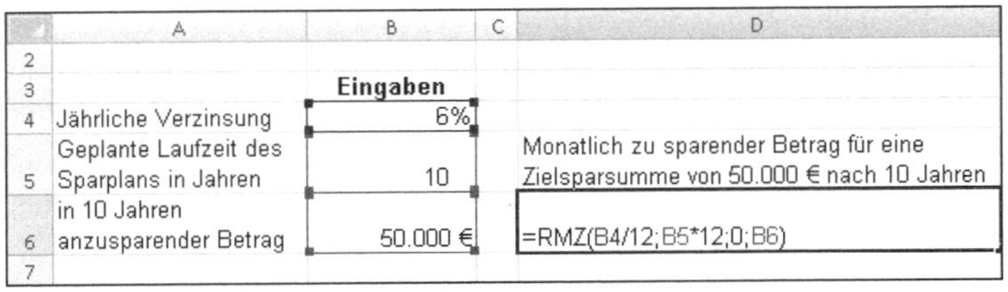

Abbildung 2.17: Das Öffnen der Zelle mit der [F2]-Taste markiert alle Bezüge verschiedenfarbig in Formel und Blatt

Formeln kopieren/verschieben

Das Eingeben jeder einzelnen Formel führt bei größeren Tabellen zu einem sehr hohen Arbeitsaufwand. Besser ist es, wenn Sie sich Arbeitstechniken erschließen, bei denen Sie den Aufwand durch Kopieren der Formeln deutlich verringern können. Ebenso verhält es sich bei notwendigen Korrekturen, wo Sie durch Verschieben von Formeln und Werten Ihre Tabellen schnell neu gestalten können.

Grundsätzlich müssen zu kopierende oder zu verschiebende Bereiche vorher markiert werden. Im Folgenden erhalten Sie weitergehende Hinweise zum Markieren.

Wie in allen Windows-Programmen können Sie das Markieren mit zwei grundsätzlich unterschiedlichen Techniken durchführen:

- Markieren mit der Tastatur oder einem Befehl
- Markieren mit der Maus

Markieren mit Tasten

Die einfachste und bequemste Art des Markierens wird Ihnen durch die Maus angeboten. Dennoch kann es bisweilen sinnvoll sein, Markierungen mit den Tasten bzw. mit Tastenkombinationen durchzuführen. In der Tabelle 2.6 finden Sie nützliche Tastenkombinationen zum Markieren.

Tabelle 2.6 Markieren mit der Tastatur

Markierung	Tastenkombination
Aktuelle Zeile	[⇧]+[Leertaste]
Aktuelle Spalte	[Strg]+[Leertaste]
Aktueller Block eingegebener Daten	[Strg]+[⇧]+[+] (d.h. [Strg]+[*])
Von aktiver Zelle in gewünschte Richtung	[⇧]+[Pfeiltasten]
Von aktiver Zelle zum Ende des Datenblocks	[⇧]+[Strg]+[Ende]
Von aktiver Zelle zum Anfang des Datenblocks	[⇧]+[Strg]+[Pos1]
Gesamtes Tabellenblatt	[Strg]+[⇧]+[Leertaste] oder [Strg]+[A]

Wenn Sie – von der aktiven Zelle ausgehend – die Markierung erweitern wollen, können Sie dies auch folgendermaßen erreichen: Drücken Sie die Taste [F8]. Dadurch gelangen Sie in den sogenannten »Erweiterungsmodus«, was in der Statusleiste durch das Hervorheben der Buchstaben *ERW* angezeigt wird. Jetzt können Sie mit den Pfeiltasten die Markierung bequem in alle Richtungen erweitern. Um den Erweiterungsmodus abzuschalten, drücken Sie erneut die Taste [F8] oder die [Esc]-Taste.

Markieren mit der Maus

Mit der Maus können Sie Zellbereiche durch Ziehen markieren. Unter dem Ziehen ist das Bewegen der Maus bei gedrückter linker Maustaste zu verstehen. Achten Sie darauf, dass Sie nebenstehendes Maussymbol zum Markieren haben. Die Tabelle 2.7 beschreibt nützliche Markiertechniken mithilfe der Maus.

Tabelle 2.7 Markieren mit der Maus

Markierung	Aktion
Eine einzelne Zelle	Klicken Sie auf diese Zelle
Eine Spalte	Klicken Sie auf den entsprechenden Spaltenkopf
Mehrere Spalten	Ziehen Sie den Mauszeiger mit gedrückter linker Maustaste über die betreffenden Spaltenköpfe
Eine Zeile	Klicken Sie auf den entsprechenden Zeilenkopf
Mehrere Zeilen	Ziehen Sie den Mauszeiger mit gedrückter linker Maustaste über die betreffenden Zeilenköpfe
Einen zusammenhängenden Zellbereich	Ziehen Sie den Mauszeiger mit gedrückter linker Maustaste von der ersten Zelle diagonal zur letzten Zelle
Nicht zusammenhängende Einzelzellen oder Zellbereiche (Mehrfachauswahl)	Halten Sie die [Strg]-Taste gedrückt, während Sie auf weitere zu markierende Zellen klicken oder weitere Zellbereiche/Spalten/Zeilen markieren
Alle Zellen in einem Arbeitsblatt[a]	Klicken Sie auf die Fläche, die sich im Schnittpunkt der Spalten- und Zeilenköpfe befindet (linke obere Ecke des Arbeitsblattfensters)

[a] Das Markieren der gesamten Tabelle benötigen Sie, um ein Format generell in der Tabelle zu ändern (z.B. die Schriftart).

Hinweis Innerhalb eines markierten Zellbereichs können Sie sich nach unten oder nach rechts durch Drücken der [Tab]-Taste bewegen. Wenn Sie sich in umgekehrter Richtung bewegen wollen, nach oben oder nach links, drücken Sie die Tastenkombination [⇧]+[Tab].

Formelzellen verschieben

Unter dem Verschieben ist das Ausschneiden, d.h. Löschen der Formel in der Ursprungszelle und das anschließende Einfügen in eine andere Zelle zu verstehen. Dazu stehen Ihnen zwei Techniken zur Verfügung:

- Bis Excel 2003 die Befehle *Ausschneiden* und *Einfügen* aus dem Menü *Bearbeiten* bzw. die entsprechenden Schaltflächen in der *Standard*-Symbolleiste und in Excel 2007/2010 die Schaltflächen in der Gruppe *Zwischenablage* auf der Registerkarte *Start*
- Das direkte Verschieben mithilfe der Maus

Verschieben mithilfe der Zwischenablage

So können Sie Zellen, die Formeln beinhalten, innerhalb einer Tabelle an einen anderen Platz verschieben:

1. Markieren Sie die Zelle oder die Zellen, die verschoben werden sollen.
2. Klicken Sie auf der Registerkarte *Start* in der Gruppe *Zwischenablage* auf die Schaltfläche *Ausschneiden* oder drücken Sie die Tastenkombination `Strg`+`X`.
3. Klicken Sie auf die Zelle, in welche die ausgeschnittene Zelle verschoben werden soll. Wenn Sie einen Zellbereich verschieben möchten, stellt diese Zelle die linke obere Zelle des neuen Bereichs dar.
4. Klicken Sie auf der Registerkarte *Start* in der Gruppe *Zwischenablage* auf die Schaltfläche *Einfügen* oder drücken Sie die Tastenkombination `Strg`+`V`.

Wenn Sie die Zelle verschoben haben, untersuchen Sie, ob sich an der Formel oder dem Ergebnis etwas verändert hat. Das Ergebnis der Formel wird in der Tabelle angezeigt und ist mit dem zuvor erzielten Ergebnis identisch. Zur Kontrolle der Formel klicken Sie auf die verschobene Zelle und lesen den Zellinhalt in der Bearbeitungsleiste ab. Auch hier ist alles gleich geblieben und entspricht dem Original.

Wichtig

Daraus können Sie folgenden Grundsatz ableiten: Beim Verschieben behält der Zellinhalt und somit auch die Formel den Originalzustand bei.

Verschieben mit der Maus

Sie möchten Formelzellen ausschließlich mit der Maus verschieben. Die Zwischenablage soll nicht beansprucht werden. Mit der Maus können Sie schnell Zellen an einen beliebigen Ort innerhalb der Tabelle verschieben. Gehen Sie so vor:

1. Markieren Sie die Zelle(n), die verschoben werden soll(en).
2. Bewegen Sie den Mauszeiger auf der Grenze der Markierung. Das Symbol wird zu einem weißen Pfeil mit schwarzem Pfeilkreuz an der Spitze (Abbildung 2.18).
3. Ziehen Sie die Zelle(n) mit gedrückter linker Maustaste an den gewünschten neuen Standort und lassen dort die Maustaste los.

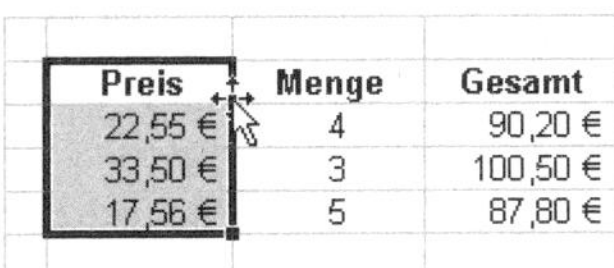

Abbildung 2.18: Zum Verschieben muss der Mauszeiger als Pfeilkreuz dargestellt werden

Während des Ziehens wird der zu verschiebende Bereich als grauer Schattenrahmen dargestellt. In der Nähe dieses Rahmens wird durch ein QuickInfo-Feld der Zellbezug bzw. der Zellbereich angezeigt, in den der zu verschiebende Bereich abgelegt wird, wenn die Maustaste losgelassen wird.

Verschieben Sie die Zellen auf einen bereits mit Daten oder Formeln gefüllten Bereich, fragt Excel, ob die Inhalte des Zielbereiches überschrieben werden dürfen. Bei aufmerksamer Arbeit können also keine Daten durch ein versehentliches Verschieben verloren gehen.

Formelzellen kopieren

Beim Kopieren verbleiben die Daten an ihrem Ursprungsort und eine Kopie dieser Daten wird an einem anderen Ort eingetragen. Im Falle von kopierten Formeln gibt es jedoch einiges zu beachten, denn hier wird wichtig, ob die Formelbezüge relativ, absolut oder gemischt sind (siehe den Abschnitt »Bezüge in Formeln« ab Seite 131).

Auch beim Kopieren gibt es mehrere Methoden. Folgende Möglichkeiten bieten sich an:

- Die Befehle *Kopieren* und anschließend *Einfügen* auf der Registerkarte *Start* in der Gruppe *Zwischenablage*
- Durch das direkte Kopieren mithilfe der Maus
- Durch das Ziehen am Ausfüllkästchen der Formelzelle. Das Ergebnis ist mit dem der ersten beiden Methoden identisch.

Kopieren über die Zwischenablage

Zum Kopieren mit den Schaltflächen auf der Registerkarte *Start* verfahren Sie wie folgt:

1. Markieren Sie die Zelle(n), die kopiert werden soll(en).
2. Klicken Sie auf der Registerkarte *Start* in der Gruppe *Zwischenablage* auf die Schaltfläche *Kopieren* oder drücken Sie die Tastenkombination [Strg]+[C].
3. Klicken Sie auf die Zelle(n), in die die Daten eingefügt werden sollen. Wenn Sie einen Zellbereich kopieren, ist diese Zelle die obere linke Ecke des Bereichs.
4. Klicken Sie auf der Registerkarte *Start* in der Gruppe *Zwischenablage* auf die Schaltfläche *Einfügen* oder drücken Sie die Tastenkombination [Strg]+[V].

Hinweis Um wiederholt die kopierten Zellen einzufügen, müssen Sie den Arbeitsschritt 4 wiederholen. Dies gilt auch bei Benutzung des Befehls *Ausschneiden* in der Gruppe *Zwischenablage* auf der Registerkarte *Start* zum Verschieben.

Sie können das Einfügen aus der Zwischenablage beim Verschieben oder Kopieren auch mit der [↵]-Taste abschließen. In diesem Fall jedoch leert Excel die Zwischenablage, d.h., das Kopieren oder Verschieben ist damit abgeschlossen.

Kopieren mit der Maus

Nehmen wir an, Sie möchten Zellen ausschließlich unter Verwendung der Maus kopieren. Im Prinzip ähnelt das Vorgehen dem Verschieben mit der Maus – bis auf den Einsatz der [Strg]-Taste. Und so geht es:

1. Markieren Sie die Zelle(n), welche kopiert werden sollen.
2. Bewegen Sie den Mauszeiger auf der Grenze der Markierung. Das Symbol wird zu einem weißen Pfeil mit schwarzem Pfeilkreuz an der Spitze. Drücken Sie zusätzlich die [Strg]-Taste, erscheint ein Pluszeichen statt des Pfeilkreuzes (Abbildung 2.19).
3. Halten Sie die [Strg]-Taste und ziehen Sie die Zelle(n) mit der linken Maustaste an den gewünschten neuen Standort. Lassen Sie dort zuerst die linke Maustaste und danach die [Strg]-Taste los.

Wichtig

Achten Sie darauf, dass Sie tatsächlich zuerst die Maustaste und erst danach die `Strg`-Taste loslassen. Wenn Sie die umgekehrte Reihenfolge verwenden, heben Sie den Kopierbefehl auf und verschieben dann die Zellinhalte.

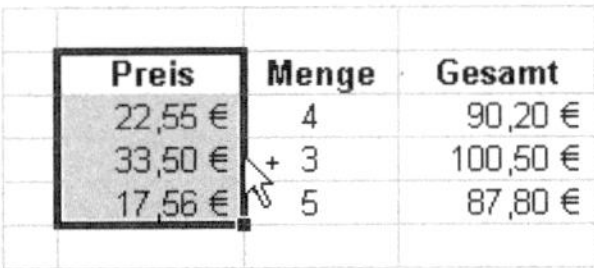

Abbildung 2.19: Zum Kopieren muss der Mauszeiger ein Pfeil mit einem Pluszeichen sein

Untersuchen Sie, was sich an den Zellinhalten geändert hat, indem Sie die kopierten Zellen anklicken und in der Bearbeitungsleiste deren Inhalt überprüfen. Lassen Sie uns kurz das Thema des Abschnitts »Relative Bezüge« (siehe Seite 132) wiederholen:

Vielleicht erzielen Sie den besten Aha-Effekt, wenn Sie zuerst einmal versuchen, sich selbst die Veränderungen zu erklären. Fragen Sie sich, welcher Rechenauftrag sich in räumlicher Beziehung in der Ursprungszelle (in Abbildung 2.20 die Zelle *D4*) befindet. Welche Zellen sollen – von der Zelle *D4* aus gesehen – multipliziert werden? Wie lautet der Rechenauftrag, der sich nach dem Kopieren in den Zellen befindet?

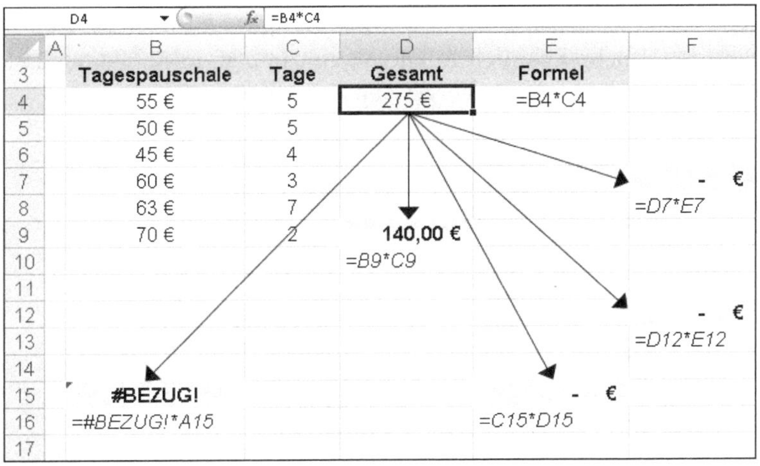

Abbildung 2.20: Formelveränderungen nach dem Kopieren

Wenn Sie den Rechenauftrag in der Zelle *D4* verbal ausdrücken, könnte er lauten: »Multipliziere die zwei linken Nachbarzellen«. Genau dieser Rechenauftrag wurde auch in alle anderen Zellen kopiert.

- In den Zellen *E15*, *F7* und *F12* ergibt die Berechnung den Wert *0*, da die beiden linken Nachbarzellen leer sind
- In der Zelle *B15* kommt es für den ersten Zellbezug zu der Fehlermeldung *#BEZUG!*, den die Formel als Endwert zurückgibt
- Nur in der Zelle *D9* ergibt sich ein sinnvolles Ergebnis, denn hier müssen tatsächlich die beiden Nachbarzellwerte multipliziert werden

Zusammenfassend können Sie sagen: Die Zellbezüge haben sich beim Kopieren immer im Verhältnis zu ihrem jeweiligen Standort so verändert, dass der ursprüngliche Auftrag – der in der Formel verankert ist – an allen Standorten in der gleichen Art ausgeführt wird.

Wie Sie bereits wissen, wird ein Zellbezug, der diese Eigenschaften besitzt, als relativer Bezug bezeichnet (lat.: relatio = Verhältnis). Wollen Sie ein anderes Verhalten beim Kopieren erreichen, müssen Sie absolute oder gemischte Zellbezüge einsetzen.

Kopieren mit der Ausfüllen-Funktion

Eine weitere Möglichkeit, mit der Sie schnell und exakt Ihre Formeln kopieren können, eröffnet Ihnen das sogenannte Ausfüllen, das in Excel in einigen Variationen vorhanden ist.

Der Menübefehl *Ausfüllen* (Excel 2003)

Gute Ergebnisse erzielen Sie mit dem Menübefehl *Bearbeiten/Ausfüllen*. Gehen Sie folgendermaßen vor:

1. Klicken Sie auf die Zelle, in der die zu kopierende Formel steht, und erweitern Sie von hier aus die Markierung in die jeweils gewünschte Richtung (nach unten, oben, rechts oder links).
2. Aktivieren Sie in Excel 2003 den Befehl *Bearbeiten/Ausfüllen* und wählen Sie im Untermenü die gewünschte Ausfüllrichtung durch Anklicken aus. In dem in Abbildung 2.21 dargestellten Fall müsste die Richtung *Unten* ausgewählt werden.

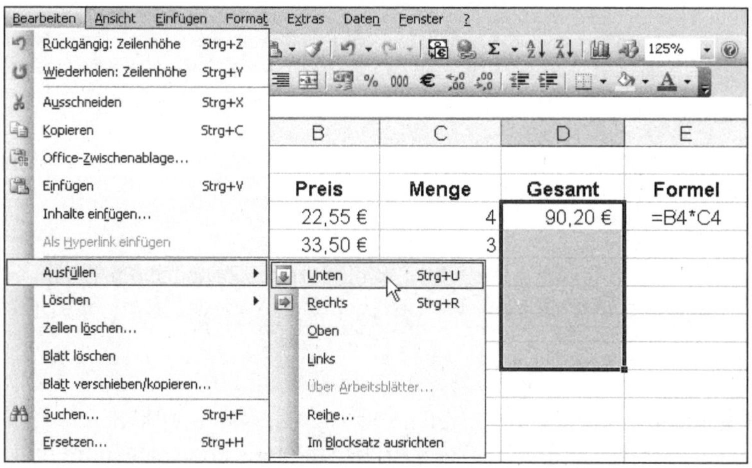

Abbildung 2.21: Markierung bei der Ausfüllrichtung *Unten*

In Excel 2007/2010 benötigen Sie weniger Klicks, um an das Ausfüllen nach unten zu gelangen: Sie klappen einfach die Dropdownliste *Füllbereich* in der *Bearbeiten*-Gruppe der Registerkarte *Start* auf (Abbildung 2.22) und wählen direkt den gewünschten Befehl.

Tipp Für die beiden häufigsten Ausfüllrichtungen können Sie auch Tastenkombinationen benutzen: Sie füllen mit der Tastenkombination Strg+U nach unten und mit der Tastenkombination Strg+R nach rechts aus.

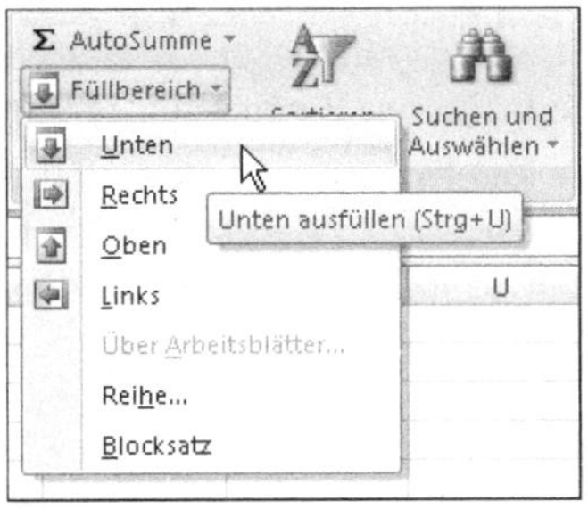

Abbildung 2.22: Die Dropdownliste *Füllbereich* in der *Bearbeiten*-Gruppe der Registerkarte *Start* von Excel 2007/2010

Mit der Maus ausfüllen

Das Ausfüllen mit der Maus ist die einfachste und sehr wahrscheinlich auch die am weitesten verbreitete Form des Ausfüllens. In der rechten unteren Ecke der aktiven Zelle oder eines markierten Bereichs finden Sie ein kleines Kästchen, das sogenannte Ausfüllkästchen. Wenn Sie den Mauszeiger exakt auf dieses Ausfüllkästchen bewegen, wird dieser kurz vor dem Ausfüllkästchen zu einem fettschwarzen Pluszeichen und signalisiert dadurch die Bereitschaft zum Ausfüllen. Ziehen Sie mit gedrückter linker Maustaste über den Bereich, in den die Formel kopiert werden soll.

Hinweis

Sollten Sie beim Ausfüllen über die Zelle oder Zellen fahren, die die Formel enthält, wird diese grau dargestellt. Wenn Sie in diesem Augenblick die linke Maustaste loslassen, wird der Inhalt der Zelle oder Zellen, die grau abgeblendet sind, gelöscht.

Sollte Ihnen dieses Missgeschick widerfahren, klicken Sie in der *Standard*-Symbolleiste bzw. unter Excel 2007 in der Symbolleiste für den Schnellzugriff auf die Schaltfläche *Rückgängig* oder drücken Sie die Tastenkombination `Strg`+`Z`.

Ausfüllen mit einem Doppelklick

Die pfiffigste Art des Ausfüllens ist jene mit einem Doppelklick. Dabei müssen Sie folgende Beschränkung beachten:

- Es kann nur vertikal von oben nach unten ausgefüllt werden
- Sollten sich in der gleichen Spalte unmittelbar unterhalb der Zelle (deren Inhalt durch Ausfüllen kopiert werden soll) Zellen mit Formeln befinden, werden diese kommentarlos überschrieben

Der Ausfüllbereich endet nach folgenden Maßgaben, wenn Excel in den unmittelbar angrenzenden Zellen keine Eingaben findet:

- Es wird so lange ausgefüllt, wie Excel in der gleichen Spalte, unmittelbar unterhalb der Zelle, weitere Zellen mit Formeln findet. Diese Eingaben werden überschrieben.
- Wenn sich in der unmittelbar links angrenzenden Spalte Daten befinden, richtet sich der Ausfüllbereich nach den in der linken Spalte befindlichen Daten. Interessant: Eine ausgeblendete linke Nachbarspalte wird nicht beachtet, sondern die nächste, sichtbare Spalte. Die unmittelbar angrenzende rechte Spalte bleibt außer Betracht.
- Befinden sich ausschließlich in der angrenzenden rechten Spalte Daten, richtet sich der Ausfüllbereich nach den Daten in der rechten Spalte

Um angrenzende Zellen durch einen Doppelklick auszufüllen, verfahren Sie bitte wie folgt:

1. Setzen Sie die Markierung auf die Zelle, deren Formel in den unteren Bereich ausgefüllt werden soll.
2. Zeigen Sie auf das Ausfüllkästchen, bis der Mauszeiger als Pluszeichen dargestellt wird. Wenn Sie jetzt einen Doppelklick ausführen, wird nach den weiter oben geschilderten Methoden der Bereich mit der Formel ausgefüllt.

Formelergebnisse in Festwerte umwandeln

In bestimmten Situationen ist es notwendig, Formeln durch ihr Ergebnis zu ersetzen, z.B. wenn Sie einen Snapshot der Werte für eine Archivierung benötigen und verhindern müssen, dass eine Neuberechnung mit geänderten Ausgangswerten erfolgt.

Hier setzen Sie eine Spezialform des Kopierens mit der Maus ein, indem Sie die rechte Maustaste benutzen:

1. Markieren Sie die Zellen, die Formeln oder Verknüpfungen enthalten.
2. Klicken Sie mit der rechten Maustaste auf den Rand der markierten Zellen und ziehen Sie die Auswahl bei gedrückter Maustaste eine Spalte nach rechts und sofort wieder zurück.
3. Aus dem sich öffnenden Kontextmenü wählen Sie den Befehl *Hierhin nur als Werte kopieren.*

Das Verfahren können Sie auch (allerdings etwas aufwändiger) über die Zwischenablage absolvieren, indem Sie eine Spezialform des Kopierens über die Zwischenablage einsetzen:

1. Markieren Sie die Zellen, die Formeln oder Verknüpfungen enthalten.
2. Wählen Sie den Befehl *Bearbeiten/Kopieren* oder die Tastenkombination `Strg`+`C`.
3. Wählen Sie dann den Befehl *Bearbeiten/Inhalte einfügen* (Excel 2003) bzw. *Einfügen/Inhalte einfügen* in der Gruppe *Zwischenablage* auf der Registerkarte *Start* (Excel 2007/2010).
4. Im Dialogfeld *Inhalte einfügen* markieren Sie die Option *Werte* und schließen mit *OK* ab.

Alternativ können Sie direkt den Befehl *Werte* (2003) bzw. *Werte einfügen* (2007/2010) in der Dropdownliste des *Einfügen*-Symbols auf der Symbolleiste wählen. Excel 2010 bietet im Abschnitt *Werte einfügen* sogar Varianten an (Abbildung 2.23).

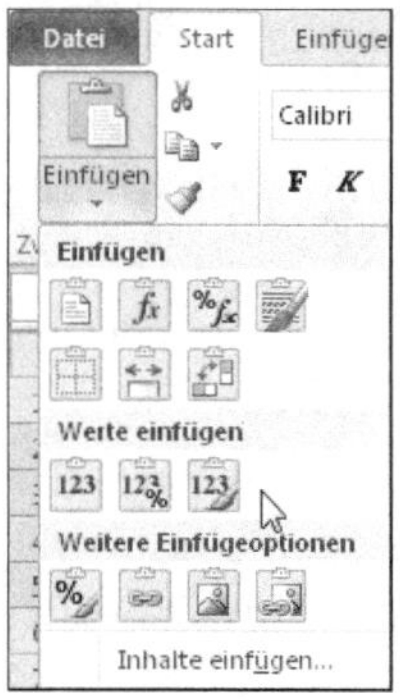

Abbildung 2.23: Der Abschnitt *Werte einfügen* in Excel 2010

Tipp Schauen Sie sich das Dialogfeld *Inhalte einfügen* genauer an und probieren Sie auch die anderen Optionen aus. Eine dieser Optionen beschreibt der folgende Abschnitt. Sie haben hier eine Fülle von Arbeitserleichterungen – nutzen Sie sie!

Schnelle Umrechnung vorhandener Werte

Nehmen wir an, Sie haben noch alte Tabellen mit vielen DM-Beträgen in den Tabellen. Sie möchten alle DM-Werte in den Zellen schnell in Euro umrechnen. Dabei möchten Sie den kleinen Nachteil der Euro-Umrechnungsfunktion von Excel umgehen, die nicht auf demselben Bereich umrechnet, sondern das Ergebnis immer in einen anderen Bereich schreibt.

1. In eine beliebige freie Zelle schreiben Sie den Umrechnungskurs *1,95583* und bestätigen mit der [↵]-Taste.
2. Markieren Sie jetzt die soeben definierte Zelle mit dem Umrechnungskurs.
3. Drücken Sie die Tastenkombination [Strg]+[C].
4. Markieren Sie den Bereich mit Ihren DM-Werten.
5. Wählen Sie aus dem Menü *Bearbeiten* den Befehl *Inhalte einfügen* (2003) bzw. den Befehl *Inhalte einfügen* in der Dropdownliste des *Einfügen*-Symbols (2007/2010).
6. Aktivieren Sie die Option *Dividieren* und bestätigen Sie mit *OK*.

Formeln schützen

Wenn Sie vermeiden wollen, dass Ihre Formeln durch andere Bearbeiter verändert werden, haben Sie in Excel die Möglichkeit, bestimmte Zellbereiche, z.B. Ihre Formelzellen zu schützen. Befolgen Sie dazu diese Arbeitsschritte:

1. Markieren Sie den Zellbereich mit den Formeln, die Sie schützen möchten.
2. Klicken Sie mit der rechten Maustaste auf diesen markierten Bereich und wählen Sie aus dem Kontextmenü den Befehl *Zellen formatieren*.
3. Auf der Registerkarte *Schutz* kontrollieren Sie das Kontrollkästchen *Gesperrt*, und aktivieren es, sofern es nicht aktiviert ist[2], und bestätigen mit *OK*.
4. Wählen Sie dann aus dem Menü *Extras* den Befehl *Schutz/Blatt schützen* (2003) bzw. klicken Sie auf das Symbol *Blatt schützen* der Registerkarte *Überprüfen* im Excel 2007/2010-Menüband.
5. Vergeben Sie ggf. ein Kennwort, welches Ihnen erlaubt, später Änderungen am Tabellenblatt durchzuführen.
6. Klicken Sie auf *OK*, um den Blattschutz zu aktivieren.

Bei jedem Versuch, schreibend auf eine Formelzelle zuzugreifen, meldet Excel, dass Veränderungen in diesem Bereich nicht möglich sind.

---

2 Standardmäßig sind alle Zellen eines Tabellenblatts als *gesperrt* gekennzeichnet. Deaktivieren Sie für Zellen, in denen Eingaben möglich sein sollen, das Kontrollkästchen *Gesperrt*, bevor Sie den *Blattschutz* aktivieren.

Formeln verstecken

Sie können noch einen Schritt weiter gehen und verhindern, dass die in Ihren Formelzellen enthaltenen Formeln in der Bearbeitungsleiste angezeigt werden. Befolgen Sie dazu diese Arbeitsschritte:

1. Markieren Sie den Zellbereich mit den Formeln, den Sie schützen möchten.
2. Klicken Sie mit der rechten Maustaste auf diesen markierten Bereich und wählen Sie aus dem Kontextmenü den Befehl *Zellen formatieren*.
3. Auf der Registerkarte *Schutz* aktivieren Sie das Kontrollkästchen *Ausblenden* und bestätigen mit *OK*.
4. Wählen Sie dann aus dem Menü *Extras* den Befehl *Schutz/Blatt schützen* (2003) bzw. klicken Sie auf das Symbol *Blatt schützen* der Registerkarte *Überprüfen* im Excel 2007/2010-Menüband.
5. Vergeben Sie ggf. ein Kennwort, welches Ihnen erlaubt, später Änderungen am Tabellenblatt durchzuführen.
6. Klicken Sie auf *OK*, um den Blattschutz zu aktivieren.

Unabhängig davon, ob die Zelle gesperrt wurde, erfolgt jetzt keine Anzeige der Formel in der Bearbeitungsleiste oben. Dieses Feature macht sicherlich nur in Kombination mit der Sperrung der Zelle(n) Sinn.

Art der Formelberechnung bestimmen

Sie können festlegen, ob Excel sofort nach einer Eingabe neu rechnen soll oder nicht. Die entsprechenden Optionen dafür finden Sie bis Excel 2003 unter *Extras/Optionen* auf der Registerkarte *Berechnung*. Die Auswahl anderer Berechnungsoptionen wirkt sich auf alle geöffneten Arbeitsblätter in der aktuellen Sitzung aus. Die Standardeinstellung für die Berechnung lautet *Automatisch*. Die Optionen haben folgende Bedeutungen:

- **Automatisch** Berechnet alle abhängigen Formeln bei jeder Änderung an einem Wert, einer Formel oder einem Namen. Dies ist die Standardeinstellung für die Berechnung.
- **Automatisch außer bei Mehrfachoperationen** Berechnet alle abhängigen Formeln außer Datentabellen. Für die Berechnung von Datentabellen klicken Sie auf der Registerkarte *Berechnung* auf die Schaltfläche *Neu berechnen* [F9].
- **Manuell** Berechnet geöffnete Arbeitsmappen nur, wenn Sie im Tabellenblatt die Taste [F9] drücken oder auf der Registerkarte *Berechnung* auf die Schaltfläche *Neu berechnen (F9)* klicken. Durch Klicken auf *Manuell* aktiviert Excel automatisch das Kontrollkästchen *Vor dem Speichern neu berechnen.*
- **Vor dem Speichern neu berechnen** Berechnet Daten vor dem Speichern der Arbeitsmappe neu. Dauert das Speichern einer Arbeitsmappe zu lange, kann die Wartezeit evtl. durch das Deaktivieren der Option verkürzt werden.
- **Neu berechnen (F9)** Berechnet alle geöffneten Arbeitsmappen, einschließlich Datentabellen, und aktualisiert alle geöffneten Diagrammblätter; gleichbedeutend mit dem Drücken der Taste [F9] im Arbeitsblatt

- **Blatt berechnen** Berechnet das aktive Arbeitsblatt sowie alle Diagramme und Diagrammblätter, die mit diesem Arbeitsblatt verknüpft sind, gleichbedeutend mit dem Drücken der Taste [⇧]+[F9] im Arbeitsblatt

Betrachten Sie die Abbildung 2.24, stellen Sie fest, dass Microsoft die Berechnungsoptionen in Excel 2007/2010 auf das Wesentliche, d.h. die wirklichen Optionen reduziert hat.

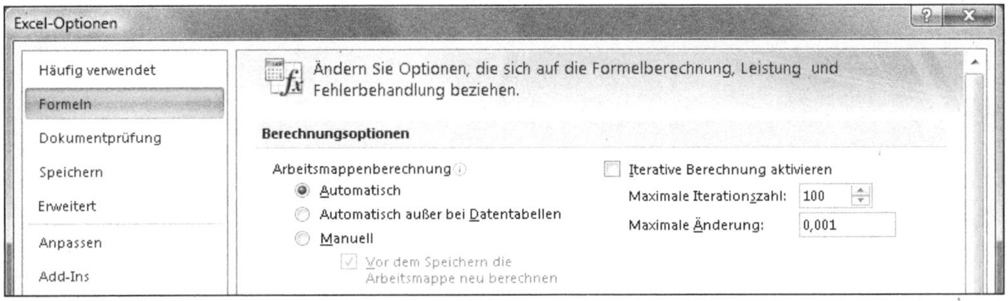

Abbildung 2.24: Die Berechnungsoptionen in Excel 2007/2010

Die Aktionen *Neu berechnen* sowie *Blatt berechnen* sind direkt in der Gruppe *Berechnen* auf der Registerkarte *Formeln* von Excel 2007/2010 aufzurufen (Abbildung 2.25). Auch die Berechnungsoptionen *Automatisch* (beide Varianten) und *Manuell* können Sie nach einem Klick auf das Symbol *Berechnungsoptionen* umschalten.

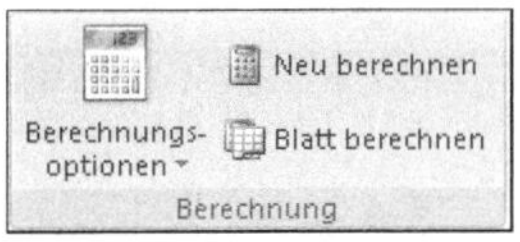

Abbildung 2.25: Die drei Symbole in der Gruppe *Berechnen* auf der Registerkarte *Formeln* von Excel 2007/2010

Formeln analysieren

Beim Bearbeiten von Formeln werden im sogenannten Bearbeitungsmodus zu Ihrer Erleichterung alle Zellen und Bereiche, auf die sich die Formel bezieht, farbig angezeigt und von einem gleichfarbigen Rahmen umgeben. Dadurch können Sie den jeweiligen Bezug sehr einfach den dazugehörigen Zellen zuordnen.

In den Bearbeitungsmodus gelangen Sie entweder, indem Sie auf die Zelle, die eine Formel enthält, einen Doppelklick ausführen, oder indem Sie die Zelle, welche die Formel enthält, markieren und dann die [F2]-Taste drücken.

Die Formelüberwachung

Das Hervorheben der Beziehungen zwischen den Zellen wird durch die Formelüberwachung[3] besonders gut dargestellt. Wenn Sie überprüfen müssen, aus welchen Zellen die Formel in der Abbildung 2.26 den neuen Seitenumfang berechnet, aktivieren Sie die Formelüberwachung.

3 Bis zur Excel-Version 2000 hieß der Befehl im *Extras*-Menü *Detektiv*. Neben den abweichenden Begrifflichkeiten fehlten in den Versionen bis 2000 auch Funktionen wie das Zellenüberwachungsfenster. Alle hier erfolgenden Beschreibungen erfolgen anhand der Versionen 2002/2003 sowie 2007/2010.

Mit ihrer Hilfe schrumpft diese Arbeit auf wenige Mausklicks zusammen und wird grafisch einwandfrei gelöst – wie in Abbildung 2.26 zu sehen ist. Markieren Sie die betreffende Formelzelle und wählen Sie die Menübefehlsfolge *Extras/Formelüberwachung/Spur zum Vorgänger.*

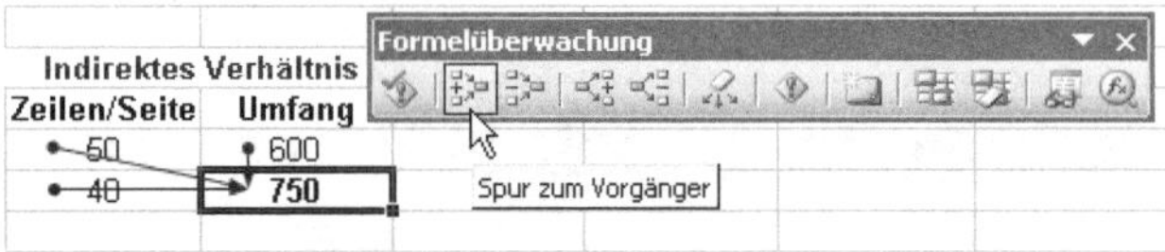

Abbildung 2.26: Die Spur zum Vorgänger zeigt die Bezüge der Formelzelle an

Durch Spurpfeile wird der Fluss von Werten und Formelergebnissen in einem Tabellenblatt angezeigt. So können Sie sogenannte *Vorgänger* (Zellen, auf die sich der Bezug einer Formel bezieht) oder *Nachfolger* (Zellen, die einen Bezug zu anderen Zellen besitzen) aufspüren und anzeigen lassen.

Die in Abbildung 2.26 gezeigte Symbolleiste *Formelüberwachung* aus Excel 2003 wurde in der Version 2007/2010 durch die gleichnamige Gruppe auf der Registerkarte *Formeln* ersetzt (Abbildung 2.27).

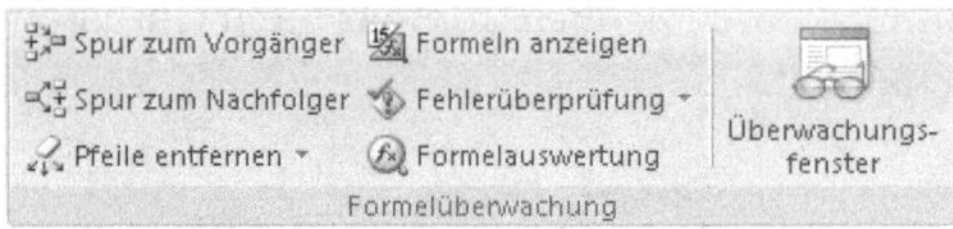

Abbildung 2.27: Auch die Funktionen der Formelüberwachung sind in Excel 2007 schneller erreichbar

Hinweis Um die Spurpfeile der Formelüberwachung anzuzeigen, müssen in den *Excel-Optionen* auf der Registerkarte *Ansicht* (2003) folgende Einstellungen beachtet werden: In der Gruppe *Objekte* muss entweder das Optionsfeld *Alle anzeigen* oder *Platzhalter anzeigen* ausgewählt sein. Ist das Optionsfeld *Alle ausblenden* aktiviert, werden die Spurpfeile der Formelüberwachung nicht angezeigt.

Gleiches gilt, wenn Sie in den *Excel-Optionen* der Version 2007/2010 in der Kategorie *Erweitert* im Abschnitt mit den Arbeitsblattoptionen unter *Objekte anzeigen als* die Option *Nichts (Objekte ausblenden)* anstatt der Option *Alle* einstellen.

Den Daten- und Formelfluss verfolgen

Angenommen, Sie wollen herausfinden, aus welchen Zellen bzw. Zellergebnissen sich die Formel einer bestimmten Zelle zusammensetzt. Mit der Formelüberwachung können Sie den Fluss von Formeln und Daten verfolgen. Gehen Sie wie folgt vor:

1. Markieren Sie die Zelle, von deren Position aus die Überprüfung erfolgen soll. In dieser Zelle kann eine Formel enthalten sein bzw. eine Formel kann auf diese Zelle Bezug nehmen oder eine Fehlermeldung beinhalten.
2. In Excel 2003 wählen Sie im Menü *Extras* den Befehl *Formelüberwachung* aus. Im Untermenü des Befehls bestimmen Sie dann Näheres. In Excel 2007/2010 wählen Sie die Registerkarte *Formeln*, um auf die Gruppe *Formelüberwachung* (Abbildung 2.27) zuzugreifen.

- **Spur zum Vorgänger** Wenn Sie den Befehl zum ersten Mal aufrufen, werden Spuren zu allen Zellen gelegt, die unmittelbar in den Bezügen der Formel verwendet werden. Wählen Sie den Befehl erneut, wenn zusätzlich die nächste Vorgängerebene angezeigt werden soll.
- **Spur zum Nachfolger** Wenn Sie Spuren zu den Zellen legen möchten, die entweder von dem Wert oder vom Ergebnis dieser Zelle abhängig sind, wählen Sie diesen Befehl aus. Wenn Sie die nächste Nachfolgerebene sehen möchten, müssen Sie den Befehl erneut auswählen.
- **Spur zum Fehler** Wenn die markierte Zelle eine Fehlermeldung enthält, können Sie ggf. eine Spur zu jener Zelle legen, die die Ursache für den Fehler enthält. Spuren zu Fehlerzellen werden standardmäßig in Rot gelegt. Sollte die markierte Zelle für diesen Befehl nicht geeignet sein, erhalten Sie einen entsprechenden Hinweis durch das Programm.
- **Alle Spuren entfernen** bzw. **Pfeile entfernen** (Excel 2007/2010) Durch diesen Befehl entfernen Sie alle zuvor gelegten Spuren

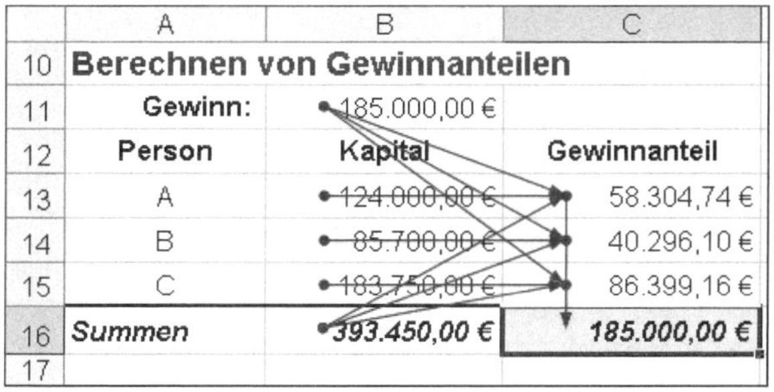

Abbildung 2.28: Spuren zu den Vorgängerzellen auf zwei Ebenen

Zeigt der Spurpfeil auf eine Formel, geschieht dies mit einer durchgehend blauen Linie (Abbildung 2.28). Zellbereiche, die in Formeln verwendet werden, sind dann blau eingerahmt.

Bei einer Fehlerspur wird die Linie durchgehend rot dargestellt. Sollten sich mehrere Fehler in einer Spur befinden, hält die Formelüberwachung an und lässt Sie die weitere Vorgehensweise festlegen.

Hinweis

Die Excel-Versionen ab 2002 kennzeichnen jede Fehlerstelle im Tabellenblatt durch ein grünes Dreieck in der linken oberen Zellecke, sofern Sie dies in den Optionen nicht abgeschaltet haben. Markieren Sie eine solche Zelle, erscheint das Achtung-Symbol davor. Dessen QuickInfo enthält die Fehlermeldung.

Wenn eine Spur zu einem externen Bezug (z.B. eine andere Tabelle in gleicher Arbeitsmappe) angezeigt wird, ist deren Linie schwarz und zeigt auf ein Symbol.

Die Symbolleiste *Formelüberwachung* in Excel 2003

Falls Sie lieber mit einer Symbolleiste anstatt unmittelbar mit Befehlen arbeiten, wählen Sie aus dem Menü *Extras* den Befehl *Formelüberwachung* und in dessen Untermenü den Befehl *Detektivsymbolleiste anzeigen*.

Abbildung 2.29: Die *Formelüberwachung*-Symbolleiste

Die Schaltflächen der *Formelüberwachung*-Symbolleiste werden in Tabelle 2.8 von links nach rechts aufgrund ihrer jeweiligen QuickInfo besprochen.

Tabelle 2.8 Die Schaltflächen der *Formelüberwachung*-Symbolleiste

QuickInfo	Auswirkung
Fehlerüberprüfung	Excel startet die Fehlerüberprüfung, die alle Fehler anzeigt und die Ursachen beschreibt (Abbildung 2.30)
Spur zum Vorgänger	Die Spuren von der markierten Zelle zu den unmittelbaren Vorgängerzellen werden gekennzeichnet. Um weitere Ebenen von Vorgängern anzuzeigen, müssen Sie erneut auf die Schaltfläche klicken.
Spur zum Vorgänger entfernen	Die Spurpfeile zu einer Vorgängerebene werden gelöscht. Waren mehrere Vorgängerebenen angezeigt, müssen Sie für jede Ebene erneut klicken.
Spur zum Nachfolger	Zu Formeln, die unmittelbar auf die markierte Zelle Bezug nehmen, werden Spurpfeile gezeichnet. Durch einen erneuten Klick werden Spurpfeile – falls vorhanden – zur nächsten Ebene gezeichnet.
Spur zum Nachfolger entfernen	Die Spurpfeile zur Nachfolgerebene werden gelöscht. Waren mehrere Nachfolgerebenen angezeigt, müssen Sie für jede Ebene erneut klicken.
Alle Spuren entfernen	Im aktiven Blatt werden alle zuvor gezeichneten Spurpfeile gelöscht
Spur zum Fehler	Durch einen Klick auf diese Schaltfläche können Spurpfeile zu einer Fehlerquelle angezeigt werden
Neuer Kommentar	Entspricht dem Menübefehl *Einfügen/Kommentar*
Ungültige Daten einkreisen	Zellen bzw. deren Daten, die nicht Ihren aufgestellten Gültigkeitskriterien entsprechen, werden mit einer roten Ellipse markiert
Gültigkeitskreise löschen	Durch einen Klick auf diese Schaltfläche werden Gültigkeitszirkel gelöscht. Lesen Sie in der Offlinehilfe mehr über die Gültigkeitsprüfung.
Zellenüberwachungsfenster anzeigen	Bei der Fehlersuche oder in anderen Situationen können Sie ständig die Inhalte ausgewählter Zellen beobachten (Abbildung 2.31)
Formelauswertung	Mithilfe dieser Funktion lösen Sie schrittweise eine Formel auf. In diesem Analyseprozess sind auch Fehler schnell erkannt.

Hinweis

Änderungen in Excel 2007/2010:

- Die *Datenüberprüfung* mit den Symbolen *Ungültige Daten einkreisen* und *Gültigkeitskreise löschen* ist auf der Registerkarte *Daten* zu finden
- Das Symbol *Neuer Kommentar* finden Sie auf der Registerkarte *Überprüfen*

Fehlersuche I

Ein Beispiel: In einem Tabellenblatt erscheinen nicht die erwarteten Berechnungsergebnisse. Sie wollen feststellen, ob bei den Daten oder Formeln Fehler vorliegen. Starten Sie die Fehlerüberprüfung, indem Sie den Befehl *Fehlerüberprüfung* aufrufen. Es erscheint das Dialogfeld für den ersten gefundenen Fehler (Abbildung 2.30). Sie entscheiden über die nächsten Schritte.

Alternativ können Sie auch auf Zellen mit dem grünen Dreieck in der linken oberen Ecke und dann auf das daneben erscheinende Achtungssymbol klicken. Im dann aufgehenden Menü wählen Sie die weiteren Schritte.

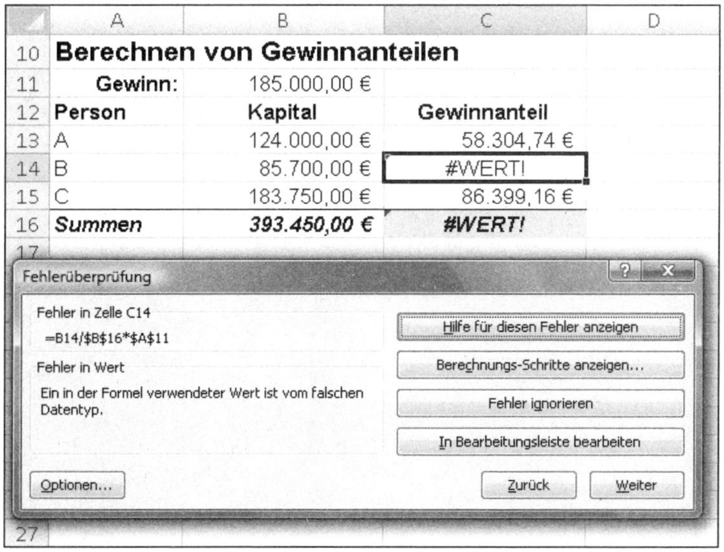

Abbildung 2.30: Im Fehlerüberprüfungsmodus werden alle fehlerhaften Formeln und Daten untersucht

Fehlersuche II

Ein weiteres Beispiel: Am Ende einer Reihe von aufeinander aufbauenden Berechnungsschritten erscheint ein nicht erwartetes Ergebnis. Sie wollen während der Manipulation der Ausgangsdaten alle Zwischenberechnungen beobachten. Gehen Sie wie folgt vor:

1. Wählen Sie den Befehl *Formelüberwachung/Überwachungsfenster anzeigen*. Es erscheint das Dialogfeld *Überwachungsfenster* (Abbildung 2.31).
2. Klicken Sie auf die Schaltfläche *Überwachung hinzufügen* und wählen Sie die erste Zelle mit einer Zwischenberechnung aus. Klicken Sie dann auf *Hinzufügen*.

3. Verfahren Sie so mit allen weiteren Zwischenberechnungszellen.
4. Manipulieren Sie nun die Ausgangswerte. Im Überwachungsfenster (Abbildung 2.31) sehen Sie, wie sich die Zwischenberechnungen verhalten.

Wird das Fenster nicht benötigt, schließen Sie es. Die zu überwachenden Zellen bleiben Ihnen erhalten. Sie sehen dies, wenn Sie später das Fenster wieder einschalten.

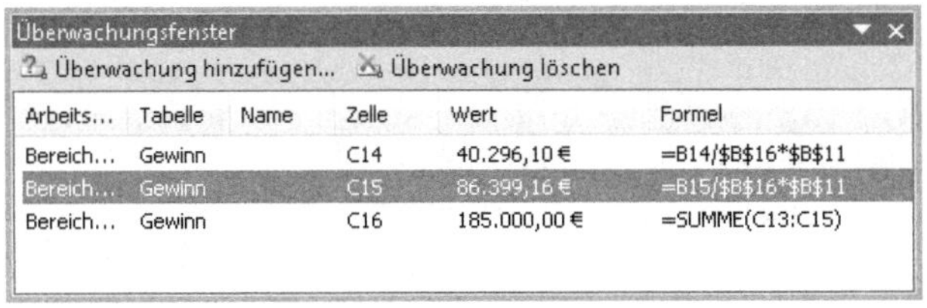

Abbildung 2.31: Im Überwachungsfenster beobachten Sie den Inhalt ausgewählter Zellen

Gerade bei der Fehlersuche ist die Formelauswertung besonders interessant. Excel lässt Sie schrittweise an der Auflösung der Formel teilhaben.

Markieren Sie eine Formelzelle und wählen dann die Befehlsfolge *Formelüberwachung/Formelauswertung*. Im nun geöffneten Dialogfeld (Abbildung 2.32) lösen Sie mithilfe der Schaltflächen *Einzelschritt* bzw. *Prozedurschritt* die Formel auf. Auf diese Art und Weise finden Sie auch schnell heraus, ob in Teilen der Formel Denkfehler stecken, die von Excel nicht als Fehler gefunden werden können, aber trotzdem zu falschen Ergebnissen führen.

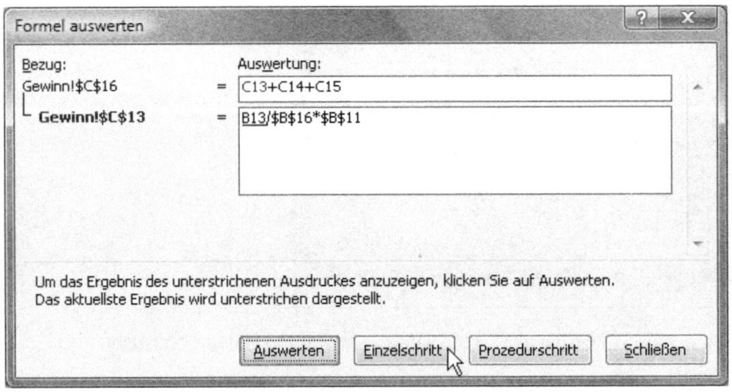

Abbildung 2.32: In der Formelauswertung sehen Sie, wie Excel eine Formel auflöst

Wichtig Das gesamte Verhalten von Excel bezüglich der Fehler- und Formelüberwachung steuern Sie in Excel 2003 mit den Einstellungen auf der Registerkarte *Fehlerüberprüfung* unter dem Menübefehl *Extras/Optionen* und ab Excel 2007 unter der Kategorie *Formeln* im Dialogfeld *Excel-Optionen*, welches Sie über die *Office*-Schaltfläche (2007) bzw. über die Registerkarte *Datei* (2010) erreichen.

Kapitel 3

Formeln und Funktionen

In Kapitel 2 haben Sie Grundlegendes über die Eingabe von Formeln erfahren. Sie werden beim Aufbau Ihrer Kalkulationen sehr schnell einen Punkt erreichen, wo die Formeln umständlich und je nach Rechenweg auch kompliziert werden. Nehmen Sie die Summenbildung in Abbildung 3.1. Haben Sie Lust, eine so lange Formel einzugeben?

	A	B	C	D	E
1					
2		**Filiale 1**	**Filiale 2**	**Filiale 3**	
3	Januar	20.066,00 €	10.792,00 €	17.934,00 €	
4	Februar	20.421,00 €	10.445,00 €	16.989,00 €	
5	März	18.849,00 €	11.130,00 €	16.767,00 €	
6	April	18.682,00 €	10.865,00 €	15.318,00 €	
7	Mai	19.427,00 €	10.181,00 €	15.777,00 €	
8	Juni	20.155,00 €	10.032,00 €	17.754,00 €	
9	Juli	18.939,00 €	10.290,00 €	15.871,00 €	
10	August	19.080,00 €	10.162,00 €	17.445,00 €	
11	September	18.490,00 €	11.111,00 €	15.593,00 €	
12	Oktober	18.218,00 €	11.130,00 €	15.193,00 €	
13	November	19.955,00 €	10.912,00 €	15.658,00 €	
14	Dezember	20.416,00 €	11.663,00 €	15.404,00 €	
15	**Gesamt**	**=B3+B4+B5+B6+B7+B8+B9+B10+B11+B12+B13+B14**			

Abbildung 3.1: Wer will schon solche Formeln zur Summenbildung eintippen?

Was, wenn nicht 12, sondern 100 oder noch mehr Werte zu addieren sind? Spätestens hier sollten Sie sich mit dem Thema »Tabellenfunktionen« beschäftigen. Im konkreten Fall verkürzt und erleichtert die Funktion SUMME() die Formeleingabe. Die genaue Beschreibung dieser Funktion finden Sie in Kapitel 15.

	A	B	C	D
1				
2		**Filiale 1**	**Filiale 2**	**Filiale 3**
3	Januar	20.066,00 €	10.792,00 €	17.934,00 €
4	Februar	20.421,00 €	10.445,00 €	16.989,00 €
5	März	18.849,00 €	11.130,00 €	16.767,00 €
6	April	18.682,00 €	10.865,00 €	15.318,00 €
7	Mai	19.427,00 €	10.181,00 €	15.777,00 €
8	Juni	20.155,00 €	10.032,00 €	17.754,00 €
9	Juli	18.939,00 €	10.290,00 €	15.871,00 €
10	August	19.080,00 €	10.162,00 €	17.445,00 €
11	September	18.490,00 €	11.111,00 €	15.593,00 €
12	Oktober	18.218,00 €	11.130,00 €	15.193,00 €
13	November	19.955,00 €	10.912,00 €	15.658,00 €
14	Dezember	20.416,00 €	11.663,00 €	15.404,00 €
15	**Gesamt**	=SUMME(B3:B14)		
16		SUMME(**Zahl1**; [Zahl2]; ...)		

Abbildung 3.2: Die Summenbildung mithilfe einer Excel-Funktion

Was kennzeichnet Tabellenfunktionen?

Stellen Sie sich eine Funktion als ein kleines Rechenprogramm vor, das in der Lage ist, bestimmte Rechenoperationen durchzuführen. Wie jeder Mensch haben auch die Funktionen einen Namen, der sie identifiziert. Im Namen wird meist auch die Rechenaufgabe, welche die Funktion löst, in Kurzform beschrieben. Die Tabellenfunktionen dienen zur Ausführung komplexerer mathematischer, statistischer, technischer oder logischer Berechnungen, der Suche nach bestimmten Informationen sowie der Manipulation von Texten.

Am häufigsten werden Funktionen in Formeln eingesetzt, obwohl ihre Verwendung in Namen und Makros (mehr zu Namen in Kapitel 4, zu Makros in Kapitel 5) ebenso möglich ist. Innerhalb von Formeln können Sie Funktionen mehrfach oder auch verschachtelt einsetzen.

Eine Formel kann in Excel 2003 in bis zu sieben Ebenen verschachtelte Funktionen enthalten. Ab Excel 2007 sind bis zu 64 Ebenen möglich. Dabei ist es Sache des Anwenders – und nicht der Funktion –, darauf zu achten, dass die arithmetische Korrektheit der Formel gewahrt bleibt.

Durch Funktionen wird das Erstellen von einwandfrei funktionierenden Formeln nicht nur bequemer, sondern vor allem auch deutlich schneller. Sie sollten stets versuchen, eher eine Funktion einzusetzen, als Ihre eigenen Formeln zu schreiben. Funktionen sind

- schnell in der Berechnung,
- benötigen wenig Platz in der Formel und
- verringern das Risiko eines Schreibfehlers.

Um rechnen zu können, benötigen Funktionen Informationen (Daten), die in Excel als Argumente oder Parameter bezeichnet werden. Welcher Art diese Argumente sein müssen, wie viele Argumente benötigt werden und ob man auf bestimmte Argumente ggf. verzichten kann, können Sie in der Excel-Hilfe zur entsprechenden Funktion nachlesen.

Syntax einer Funktion

Unter der Syntax der Funktion ist in diesem Zusammenhang die Eingaberegel – oder Eingabefolge – einer Funktion zu verstehen. Wenn Sie die Syntax nicht einhalten, erhalten Sie von Excel eine Fehlermeldung angezeigt.

Wichtig

Die Syntax für eine Funktion ist immer folgendermaßen aufgebaut (Abbildung 3.3):

- Die Eingabe einer Funktion beginnt mit dem Funktionsnamen. Steht sie am Beginn einer Formel, beginnt die Eingabe immer mit dem Gleichheitszeichen.
- Nach dem Namen folgt eine öffnende runde Klammer. Durch diese Klammer wird Excel mitgeteilt, wo die Argumente beginnen. Vor und hinter einer Klammer sind keine Leerzeichen zulässig.
- Nach der öffnenden Klammer werden die Argumente eingetragen. Die Argumente müssen der von der Funktion geforderten Datenart entsprechen. Einige Funktionen besitzen sogenannte optionale Argumente, die zur Ausführung der Funktion nicht unbedingt erforderlich sind. Nähere Auskunft erhalten Sie in der Excel-Hilfe.
- Argumente können Konstanten oder Formeln sein, die der geforderten Datenart entsprechen oder diese durch Berechnung liefern

- Die Argumente werden jeweils durch ein Semikolon[1] (;) voneinander getrennt
- Ist für ein Argument die Datenart *Text* erforderlich, muss dieser Text in Anführungszeichen ("") gesetzt werden. Sollte ein Argument eine Berechnung sein, kann diese Berechnung wiederum selbst Funktionen enthalten.
- Wird für ein Argument einer Funktion selbst eine Funktion eingegeben, wird diese Funktion als »verschachtelt« bezeichnet. Sie können in Excel bis zu sieben Funktionsebenen in einer Formel verschachteln.
- Nachdem alle Argumente eingegeben sind, ist eine schließende runde Klammer einzugeben. Achten Sie darauf, dass Klammern grundsätzlich als Paar zu verwenden sind. Das bedeutet, dass jeder öffnenden Klammer eine schließende Klammer gegenüber stehen muss.

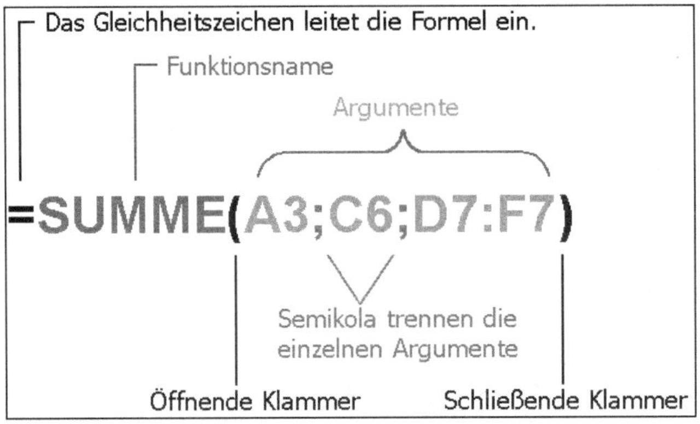

Abbildung 3.3: Allgemeine Syntax am Beispiel der *SUMME()*-Funktion

Argumente als Rechendaten einer Funktion

Die an eine Funktion zur Verarbeitung übergebenen Daten heißen Argumente. In der Beschreibung der Funktion, die Sie in diesem Buch, in der Excel-Hilfe oder in anderen Nachschlagewerken erhalten, finden Sie die Anzahl der geforderten Argumente sowie deren Datentyp:

- Als Argument können Sie jeden beliebigen Ausdruck (Konstante, Formel usw.) verwenden, solange dieser Ausdruck (oder dessen Ergebnis) dem verlangten Datentyp entspricht
- Im später noch zu besprechenden Funktions-Assistenten werden Argumente, die erforderlich sind, **fett** angezeigt. Hingegen werden Argumente, deren Angabe optional ist, in Normalschrift dargestellt.
- Mehrere Argumente werden durch Semikola (;) getrennt
- Leerzeichen innerhalb von Funktionen sollten Sie vermeiden, denn sie führen meist zu Fehlermeldungen. Dies gilt generell beim Schreiben von Formeln.

Bei der Übergabe von Argumenten ist der geforderte Datentyp zu beachten. Die Tabelle 3.1 zeigt Ihnen, welche Datentypen in Excel benutzt werden:

1 In der deutschen Lokalisierung trennt das Semikolon die Argumente, in der englischen das Komma.

Tabelle 3.1 Diese Datentypen kennt Excel

Datentyp	Beispielfunktion	Eingabeart
Zahl	=SUMME(Zahl1;Zahl2;...)	Eine Zahl (Konstante); ein Zellenbezug; eine Formel, deren Ergebnis eine Zahl ergibt
Text	=VERKETTEN(Text1;Text2;...)	Text in Anführungszeichen; Zellenbezug
Zellenbezug	=ZEILE(Bezug)	Zellenbezug
Datums-/ Zeitwert	=MONAT(Zahl)	Fortlaufende Zahl; Datum in Anführungszeichen; Zellenbezug
Logisch	=UND(Wahrheitswert1;Wahrheitswert2;...)	Vergleichsausdruck; Wahr; Falsch; Zellenbezug

Neben dem korrekten Datentyp sollten Sie auch auf eine möglichst rationelle Übergabe der Daten achten. Je kürzer die Datenübergabe ist, desto schneller wird auch die betreffende Funktion arbeiten. Dazu beachten Sie bitte das folgende Beispiel.

Variante der Argumentübergabe

Welche Möglichkeiten gibt es, die vier Zahlenwerte aus der Abbildung 3.4 als Argumente der Funktion SUMME() zur Bildung einer Summe zu übergeben?

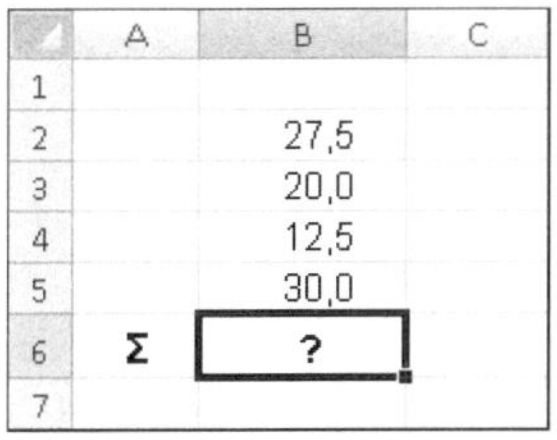

	A	B	C
1			
2		27,5	
3		20,0	
4		12,5	
5		30,0	
6	Σ	?	
7			

Abbildung 3.4: Diese Werte sind der Funktion *SUMME()* zu übergeben

Variante 1: Werte als Konstanten

Sie übergeben die vier Werte als Konstanten. Beispiel:

```
=SUMME(27,5;20,0;12,5;30,0)
```

Die Funktion ermittelt zwar das richtige Ergebnis, jedoch geht sie eindeutig am Sinn einer Tabellenkalkulation vorbei. Bei jeder Änderung eines der Werte in der Tabelle muss auch die Funktion entsprechend geändert werden.

Variante 2: Werte als Zellbezüge

Sie übergeben jeden einzelnen Wert als Zellbezug. Beispiel:

```
=SUMME(B2;B3;B4;B5)
```

Auch die so geschriebene Funktion wird das richtige Ergebnis ausgeben. Die Übergabe ist im technischen Sinn korrekt. In diesem Fall ist die Übergabe jedoch umständlich, da eine kürzere Schreibweise für die vier Zellen möglich ist.

Variante 3: Werte in einer Addition

Sie übergeben die drei Eingabewerte als eigene Additionsformel. Beispiel:

```
=SUMME(B2+B3+B4+B5)
```

Die Funktion wird, da das Ergebnis der Addition der vier Zellen ein Wert vom Typ *Zahl* ist (so wie von der Funktion gefordert), erneut das richtige Ergebnis berechnen. Insgesamt handelt es sich jedoch um eine völlig unsinnige Übergabe. Wenn Sie die Addition bereits in den Klammern durchführen, wozu benötigen Sie dann noch die Funktion SUMME()? Solche unsinnigen Argumente belasten bei häufiger Wiederholung die Rechengeschwindigkeit.

Trotzdem zeigt dieses Beispiel, dass Sie natürlich einen Rechenausdruck als Argument übergeben können.

Variante 4: Werte als Bereichsbezug

Sie übergeben die aneinander grenzenden Eingabewerte als Bereichsbezug. Beispiel:

```
=SUMME(B2:B5)
```

Die Funktion wird das richtige Ergebnis ausgeben. Die Übergabe der Werte ist in der kürzesten Form erfolgt, sodass die Funktion mit nur einem Argument (dem Bereich) arbeiten kann. Dies kann als die optimale Übergabeform bezeichnet werden und sollte Ihre Wahl sein.

Ein weiteres Beispiel

Wenn mehrere Zahlenwerte, die sich erst aus verschiedenen Berechnungen ergeben, in eine Funktion übernommen werden müssen, ist es nicht unbedingt notwendig, Zwischenberechnungen einzurichten. Die Berechnung dieser Teilergebnisse kann selbstverständlich in der Funktion stattfinden.

Das Problem können Sie sich recht einfach am Beispiel der Abbildung 3.5 verdeutlichen. In dieser Tabelle sind die mathematischen Aufgabenstellungen auf ein Mindestmaß reduziert, um das Wesentliche – die Übergabe der Argumente – deutlicher werden zu lassen. Sie könnten in den Zellen *E2* bis *E5* die Formeln für das jeweilige Zwischenergebnis bilden, müssen dies aber nicht.

	A	B	C	D	E
1					
2		40	+	9	?
3		100	-	51	?
4		7	*	7	?
5		245	/	5	?
6				Summe	?
7					

Abbildung 3.5: Die Ergebnisse der vier Berechnungen sollen addiert werden

Angenommen, Sie wollen mit der Funktion SUMME() die Ergebnisse der vier Berechnungen aus der Tabelle in Abbildung 3.5 bilden. Wie übergeben Sie die Argumente?

Aus jeder der vier Berechnungen bilden Sie eine Formel, die Sie der Funktion SUMME() als Argument übergeben. Bei der Auflösung der Formel wird das Programm zuerst die Werte für die Argumente berechnen. Aus diesen Teilergebnissen wird anschließend die geforderte Summe gebildet. Die Formel sieht in diesem Fall folgendermaßen aus:

```
=SUMME(B2+D2;B3-D3;B4*D4;B5/D5)
```

Die Reihenfolge, in der diese vier zu berechnenden Argumente eingegeben werden, ist im Falle der Summe()-Funktion völlig gleichgültig. Bei der Bildung der Summe gilt auch hier die Regel, dass die Summanden, sprich: die Argumente der Funktion, beliebig angeordnet werden können.

Wichtig

Bitte beachten Sie: Eine Funktion wird immer von innen nach außen aufgelöst.

Natürlich wäre die Summenbildung mit der Formel `=SUMME(E2:E5)` viel kürzer und damit auch übersichtlicher, wenn die Zwischenergebnisse in der Spalte *E* zur Verfügung stünden. Wägen Sie also die Vor- und Nachteile immer im konkreten Anwendungsfall ab.

Eingabe einer Funktion

Sie können jede Funktion per Hand eingeben. Dazu müssen Sie den Namen der Funktion sowie die Syntax der Argumente einigermaßen kennen.

Im Gegensatz zu früheren Versionen sind seit Excel 2002 an Ihre Syntax-Kenntnisse nicht mehr so hohe Anforderungen gestellt. Den VBA-Programmierern ist sie bereits geläufig: die kontextbezogene Syntax-Hilfe, die als Funktions-QuickInfo eingeblendet wird, sobald Sie den Funktionsnamen und die öffnende Klammer geschrieben haben (siehe Abbildung 3.6). Das jeweils zu notierende Argument ist fett hervorgehoben. Schreiben Sie das erste Semikolon, wird unten das zweite Argument hervorgehoben usw.

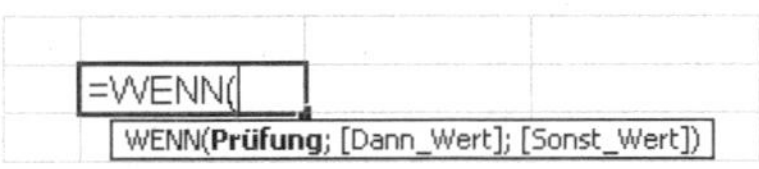

Abbildung 3.6: Die QuickInfo der Funktion *WENN()* erscheint seit Excel 2002 bei der manuellen Eingabe

Wenn Ihnen eine Funktion wirklich vertraut ist, sind Sie mit der manuellen Eingabe meist schneller als bei der Verwendung von Eingabehilfen. Wie Sie die Syntax-Informationen in den Versionen vor 2002 erhalten können, lesen Sie im Abschnitt »Argumente anzeigen« ab Seite 172.

Neu ab 2007

Seit Excel 2007 wurde die Unterstützung bei der Formeleingabe weiter verbessert. Beginnen Sie mit dem Schreiben einer Formel, erscheint eine Vorschlagsliste (Abbildung 3.7).

Abbildung 3.7: Excel 2007 bzw. 2010 schlägt eine Liste der mit »W« beginnenden Funktionen vor und beschreibt sie auch

Hinweis Voraussetzung für die Anzeige der QuickInfo ist, dass Sie in den *Excel-Optionen* auf der Registerkarte *Allgemein* (2003) bzw. Kategorie *Erweitert*, Abschnitt *Anzeige* (2007/2010) das Kontrollkästchen *Quick-Infos für Funktionen anzeigen* aktivieren. Die in Abbildung 3.7 gezeigte Funktionsliste erscheint, wenn in den Optionen von Excel 2007/2010 das Kontrollkästchen *AutoVervollständigen-Formel*, zu finden in der Kategorie *Formeln*, Abschnitt *Arbeiten mit Formeln*, aktiviert ist. Standardmäßig ist dies der Fall.

Die Groß- und Kleinschreibung spielt bei der Eingabe einer Funktion keine Rolle. Excel wandelt nach Eingabe der Formel alle Buchstaben in den Funktionsnamen in Großbuchstaben um.

Den Funktions-Assistenten nutzen

Durch den Funktions-Assistenten erhalten Sie bei der Auswahl und Eingabe einer Funktion Unterstützung. Das Symbol für den Funktions-Assistenten ist seit Excel 2002 aus der *Standard*-Symbolleiste verschwunden. Stattdessen hat das Symbol *AutoSumme* eine Schaltfläche, in deren Dropdownmenü Sie alles weitere finden.

Sie rufen den Funktions-Assistenten entweder über

- den Menübefehl *Einfügen/Funktion* (2003) bzw. Klick auf das Symbol *Funktion einfügen* der Registerkarte *Formeln* (2007/2010),
- die Schaltfläche *Funktion einfügen* in der Bearbeitungsleiste (Abbildung 3.8) oder
- den Befehl *Weitere Funktionen* in der Dropdownliste des *AutoSumme*-Symbols auf der *Standard*-Symbolleiste (2003) bzw. auf der Registerkarte *Start* (2007/2010) auf.

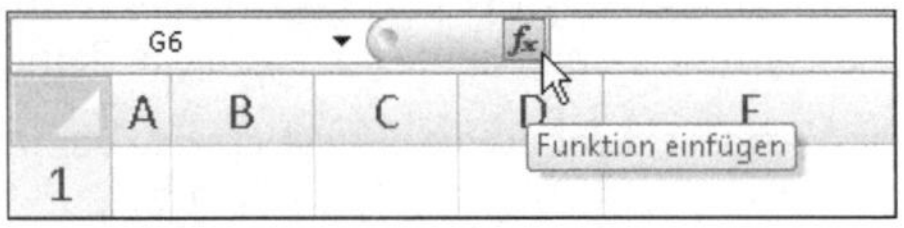

Abbildung 3.8: Funktions-Assistent in der Bearbeitungsleiste aufrufen

Der Funktions-Assistent führt Sie durch die gesamte Eingabe, wobei die Funktion und deren Argumente erläutert werden. Während der gesamten Eingabeprozedur kann die Funktionserstellung abgebrochen werden, indem Sie auf die Schaltfläche *Abbrechen* des Funktions-Assistenten klicken oder die [Esc]-Taste drücken.

Eine praktische Übung

Für einen Kredit von 100.000 € soll bei zehn Jahren Laufzeit und 7 % Zinssatz die monatliche Rate errechnet werden. Hierfür setzen Sie natürlich eine Funktion ein.

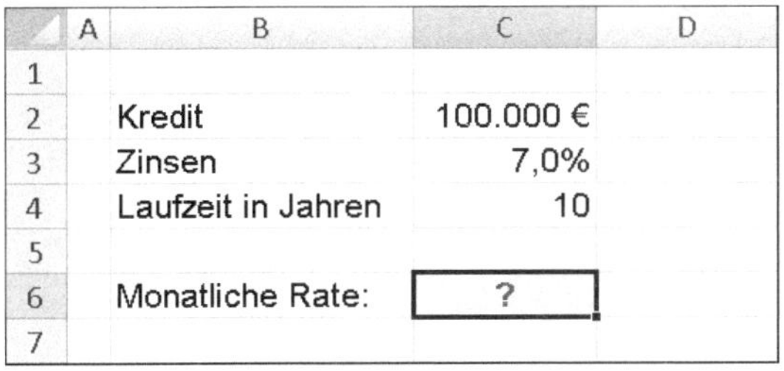

Abbildung 3.9: Die Aufgabenstellung zur Ratenberechnung

1. Markieren Sie die Tabellenzelle *C6*, in die Sie die Funktion einfügen wollen.
2. Rufen Sie den Menübefehl *Einfügen/Funktion* auf oder klicken Sie die Schaltfläche *Funktion einfügen* in der Bearbeitungsleiste an. Dadurch gelangen Sie in das Dialogfeld des Funktions-Assistenten.

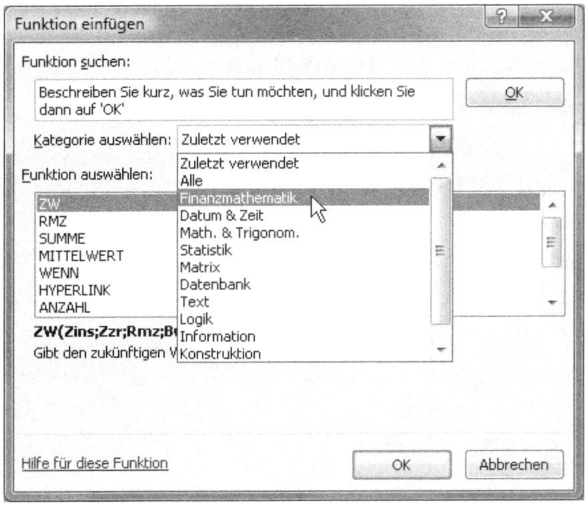

Abbildung 3.10: Das Dialogfeld des Funktions-Assistenten

3. Wählen Sie im Listenfeld *Kategorie auswählen* den von Ihnen benötigten Funktionstyp durch Anklicken aus, in diesem Fall *Finanzmathematik* (Abbildung 3.10). Durch die Auswahl der Kategorie wird die große Anzahl der verfügbaren Funktionen zu überschaubareren Auswahlmengen zusammengefasst.
4. Markieren Sie im Listenfeld *Funktion auswählen* die von Ihnen benötigte Funktion, in diesem Fall *RMZ*. Im unteren Teil des Dialogfelds werden dann die allgemeine Syntax der Funktion sowie eine Kurzbeschreibung angezeigt. Klicken Sie auf die Schaltfläche *OK*.

5. Im folgenden Dialogfeld steht Ihnen für jedes Funktionsargument ein Eingabefeld zur Verfügung. Dabei werden die obligatorischen Argumente **fett**, die optionalen Argumente in normalem Text angezeigt (Abbildung 3.11).

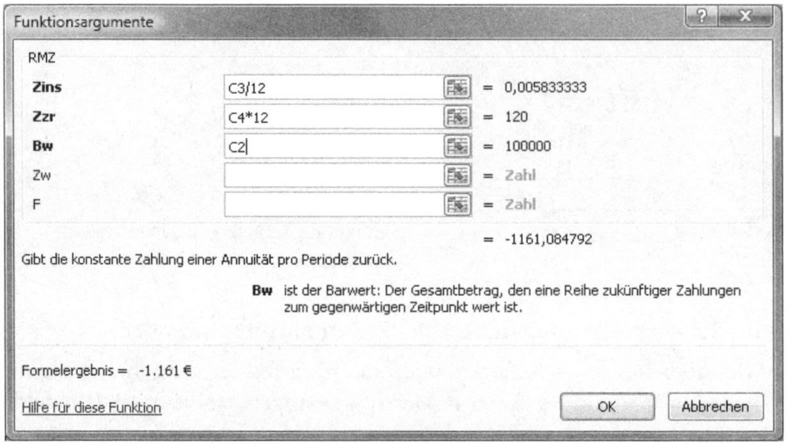

Abbildung 3.11: Dialogfeld zur Eingabe der Argumente

6. Füllen Sie die Eingabefelder entsprechend der Abbildung 3.11 aus.
7. Um die Funktion in die Tabelle einzufügen, klicken Sie auf die Schaltfläche *OK*.

Die Formel lautet `=RMZ(C3/12;C4*12;C2)`. Sie ergibt eine monatliche Rate von 1.161,08 €. Das Ergebnis wird als negative Zahl angezeigt. Wollen Sie die Rate als positive Zahl darstellen, multiplizieren Sie das Ganze noch mit *–1*.

Der *Zins* ist natürlich der Jahreszins und muss für die Berechnung des monatlichen Zinses durch *12* geteilt werden. Im Argument *Zzr* müssen Sie die Laufzeit von 10 Jahren mit 12 multiplizieren, um auf die Anzahl der Monatsraten insgesamt zu kommen (120).

Tipp Geben Sie in die verschiedenen Eingabefelder die gewünschten Argumente in dem jeweils verlangten Datentyp ein. Anstelle der Eingabe von Konstanten empfiehlt es sich, den jeweiligen Zellenbezug zu der entsprechenden Zelle in der Tabelle einzugeben. Sie können eine Zelle durch Anklicken und einen Zellbereich durch Markieren eingeben.

Wenn Sie in ein Eingabefeld klicken, wird im unteren Teil des Dialogfelds eine Erläuterung zu dem jeweiligen Argument angezeigt.

Falls Sie bereits vorhandene Namen für Zellen oder Bereiche eingeben wollen, können Sie die Namen eintragen oder Sie drücken die [F3]-Taste, um die Namen aus dem Dialogfeld *Namen einfügen* zu übernehmen.

Die Suche nach Funktionen

Die Entwickler bei Microsoft haben sich etwas für jene Anwender ausgedacht, die noch keinen Überblick über die vorhandenen Funktionen in Excel haben. Sehr häufig taucht in Excel-Trainings nach der Vorstellung bestimmter Funktionen die Frage »Ja, aber wie komme ich darauf, dass Excel für meine Problemstellung eine Funktion bereit stellt?« auf. Genau dies ist einer der Gründe, warum wir dieses Buch geschrieben haben. Allerdings kann seit Excel 2002 die Antwort auch lauten: »Geben Sie Ihre Problemstellung im Funktions-Assistenten ein und lassen Sie alle Funktionen zu diesem Thema suchen.«

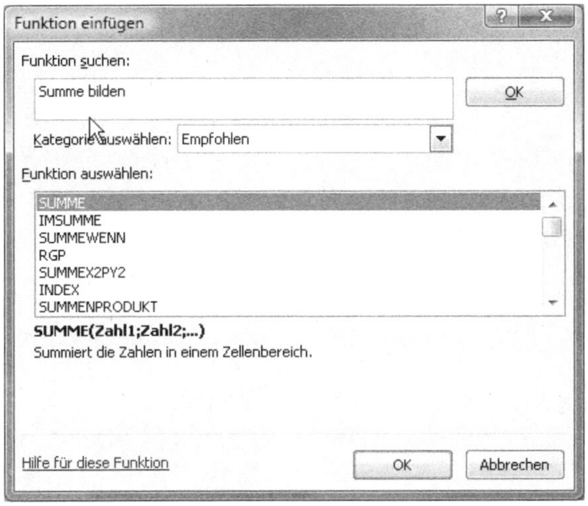

Abbildung 3.12: Seit Excel 2002 verfügt der Assistent über eine Suchfunktion

Rufen Sie einmal den Assistenten auf und tippen Ihre Frage oder Problemstellung ein, wie z.B. die in Abbildung 3.12. Wie in der Excel-Hilfe kommt es natürlich auch hier darauf an, die richtigen Stichwörter im Text anzugeben. Sicherlich sind manche Suchergebnisse nicht brauchbar. Oft erhalten Sie aber eine Auswahl von Funktionen quer durch die Kategorien, in der die benötigte Funktion enthalten ist (Abbildung 3.13).

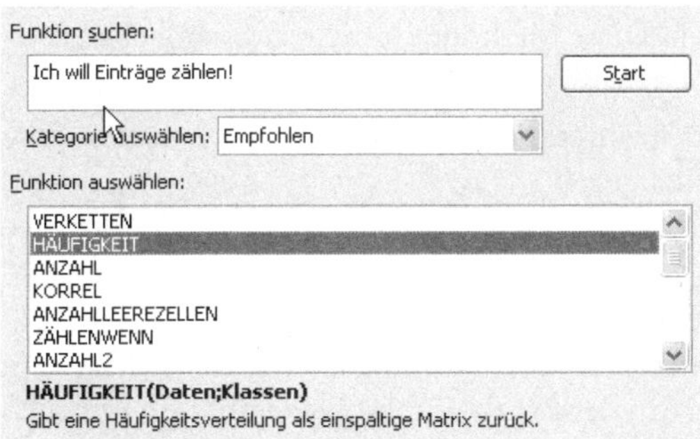

Abbildung 3.13: Die Ergebnisliste in Excel 2003 enthält Funktionen zum Zählen

Seltsamerweise hat Excel 2007 diese Fähigkeit verloren. Die in Abbildung 3.14 gezeigte Ergebnisliste für dasselbe Ansinnen hat nur bei gutem Willen etwas mit der Aufgabenstellung zu tun. In Excel 2010 sieht das Ergebnis wieder besser aus.

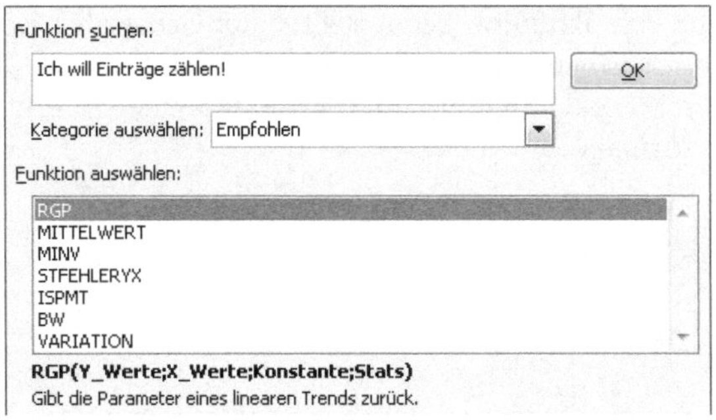

Abbildung 3.14: Die Ergebnisliste in Excel 2007 zeigt das Ergebnis eines verzweifelten Kampfs mit der Aufgabenstellung

Vereinfachte Eingabe der Zellbezüge

Auf der rechten Seite jedes Eingabefelds für Argumente finden Sie eine kleine Schaltfläche mit einem nach links oben gerichteten roten Pfeil.

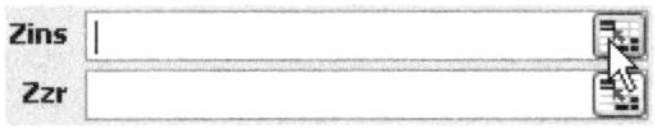

Abbildung 3.15: Felder zur Eingabe von Argumenten mit Schaltfläche zum Markieren der Bezüge

Wenn Sie auf diese Schaltfläche klicken, wird das restliche Dialogfeld ausgeblendet, sodass Ihnen nur noch das Eingabefeld zur Verfügung steht und Sie eine freie Sicht auf die gesamte Tabelle haben. Darüber hinaus wird das Eingabefeld horizontal etwas vergrößert, um Ihnen mehr Raum für Ihre Eingaben zur Verfügung zu stellen.

Wenn Sie diesen Zustand hergestellt haben, können Sie Zellbezüge – auch Bezüge zu ganzen Bereichen – durch Markieren in der Tabelle eingeben. Hierbei gelten alle Ihnen bekannten Regeln zum Markieren. Wenn Sie einen Bereich markieren, wird automatisch der Bereichsoperator (:) und bei einzelnen Zellen (Sie markieren einzelne Zellen bei gedrückter `Strg`-Taste) der Vereinigungsoperator (;) eingetragen. Diese Methode ist nicht nur einfacher, sondern sie hilft auch, Fehler zu vermeiden.

Wenn Sie wieder zur vorherigen Ansicht zurückkehren möchten, klicken Sie erneut auf die Schaltfläche in der rechten Ecke des Eingabefelds.

Excel-Hilfe zu Funktionen

Über den Funktions-Assistenten haben Sie auch den schnellen Zugriff auf das Hilfesystem von Excel, speziell natürlich zu den Funktionen. In der Excel-Hilfe ist jede Funktion mit allen Argumenten und Beispielen ausführlich beschrieben.[2]

Innerhalb des Funktions-Assistenten erhalten Sie zu der ausgewählten Funktion Hinweise, wenn Sie im linken unteren Teil des Dialogfelds auf den Hyperlink *Hilfe für diese Funktion* klicken. Sie werden dann unmittelbar zum Hilfethema der ausgewählten Funktion geführt (siehe Abbildung 3.16).

2 Hier hat sich seit Excel 2002 im Aufruf und der Bedienung der Offline-Hilfe einiges geändert. Wir beschreiben hier die Hilfe in der Version 2007. Grundsätzlich finden Sie die Funktionsbeschreibungen auch in den älteren Versionen schnell aus dem Assistenten heraus.

Tipp Sollten Sie dieses Buches lediglich ausgeliehen und nicht ständig verfügbar haben, empfiehlt es sich, die Hilfethemen der Funktionen, die Sie häufiger benutzen, auszudrucken. Auf diese Weise können Sie sich im Laufe der Zeit ein kleines – speziell auf Ihre Bedürfnisse zugeschnittenes – Funktionenbuch erstellen. Um ein Thema auszudrucken, klicken Sie auf die Schaltfläche *Drucken*.

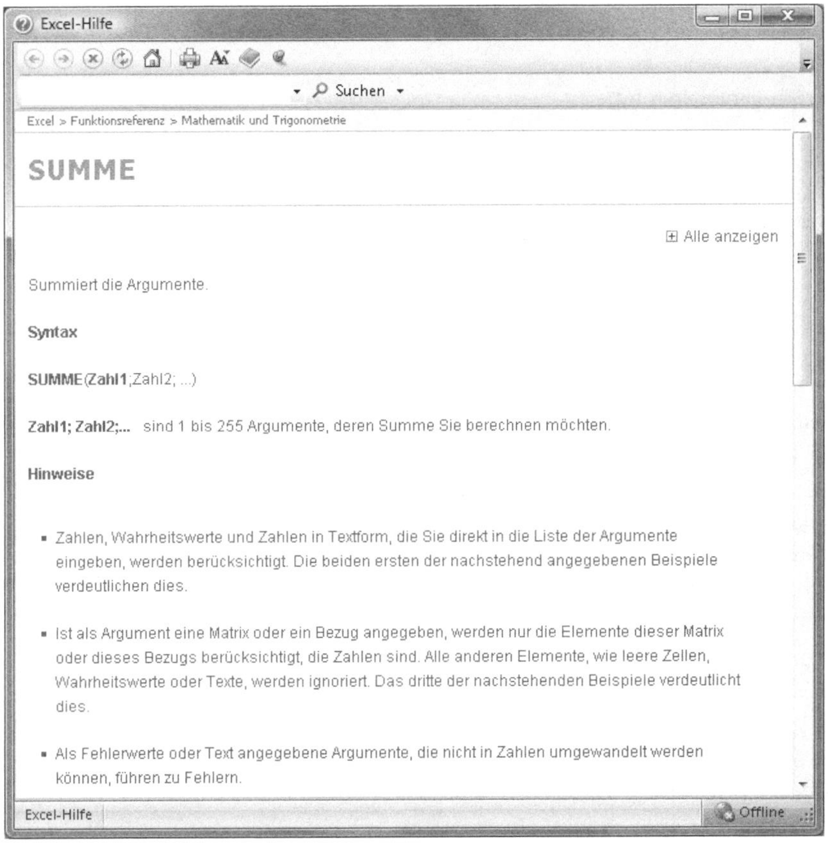

Abbildung 3.16: Der Hilfetext zur Funktion *SUMME()* in Excel 2007 und (in ähnlicher Darstellung) in Excel 2010

Verschachtelte Funktionen eingeben

Wenn Sie eine Funktion innerhalb einer anderen Funktion als Argument eingeben, spricht man von einer verschachtelten Funktion. Eine unmittelbare Schaltfläche zur Eingabe verschachtelter Funktionen gibt es nicht.

Beispiel: Sie möchten den Sinuswert für einen Winkel berechnen. Der Winkel steht in der Maßeinheit Grad in Ihrer Tabelle (Abbildung 3.17). Da die Sinus-Funktion von Excel den Winkel in der Maßeinheit Bogenmaß erwartet, müssen Sie die Funktion BOGENMASS() einsetzen. Durch den Einsatz beider Funktionen gelangen Sie zu einer verschachtelten Eingabe.

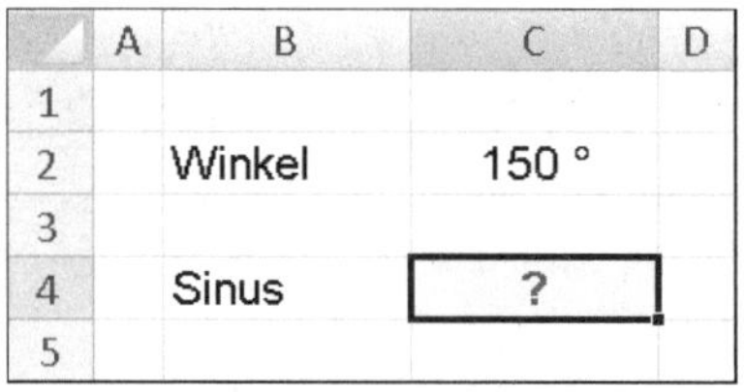

Abbildung 3.17: Die Gradangabe muss für die Sinus-Funktion erst in das Bogenmaß umgerechnet werden

Verfahren Sie zur Eingabe wie folgt:

1. Markieren Sie die Zelle, in welche die Formel eingegeben werden soll, hier ist es *C4*. Wählen Sie den Befehl *Funktion einfügen*.
2. Im Dropdownfeld *Kategorie auswählen* markieren Sie den Eintrag *Math. & Trigonom.* Anschließend markieren Sie in der Liste *Funktion auswählen* den Eintrag *SIN* und klicken auf *OK*.
3. Wenn Sie in ein Eingabefeld anstatt eines Arguments eine Funktion eingeben möchten, öffnen Sie das Kombinationsfeld der *Funktionspalette*. Die Funktionspalette befindet sich während der Funktionseingabe am linken Ende der Bearbeitungsleiste (an der Stelle, an der sich sonst das *Namenfeld* befindet). Hier wählen Sie die Funktion *BOGENMASS* (Abbildung 3.18), wodurch diese in die *SIN*-Funktionsklammern eingefügt wird.

Hinweis Sollte die Funktion nicht in der Liste stehen, erhalten Sie diese über *Weitere Funktionen* angezeigt. Die Liste zeigt immer nur die zuletzt verwendeten Funktionen, sodass Sie eventuell die Funktion BOGENMASS nicht direkt auswählen können.

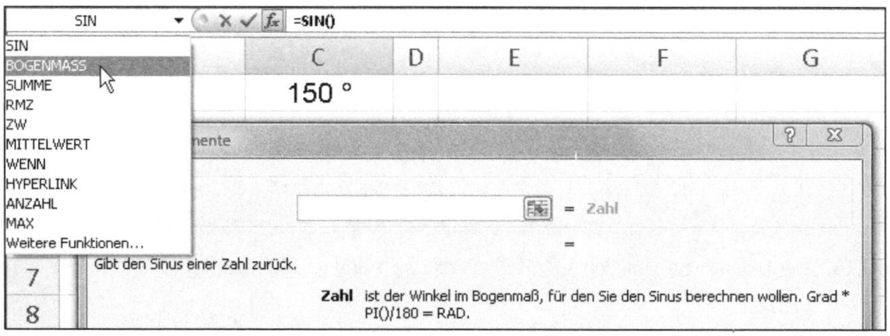

Abbildung 3.18: Das Argument ist wiederum eine Funktion

4. Das Dialogfeld für den Assistenten zeigt nun die Funktion BOGENMASS an. Den Stand der Formel sehen Sie in der Bearbeitungsleiste (siehe dazu die Abbildung 3.19).

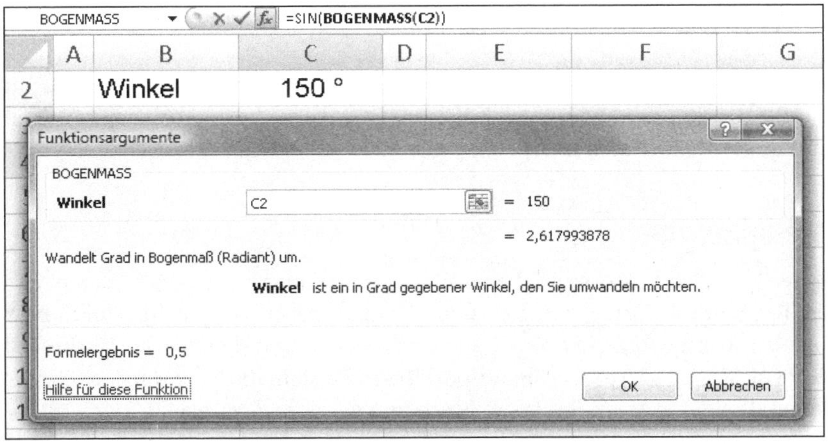

Abbildung 3.19: In der Bearbeitungsleiste ist die Verschachtelung zu sehen

5. Geben Sie nun für die Funktion BOGENMASS als Argument den Zellbezug *C2* ein. Schließen Sie mit *OK*.

Die fertige Formel lautet

`=SIN(BOGENMASS(C2))`

Für einen Winkel von 150° ermittelt sie den Sinuswert 0,5.

Wichtig

Ein *OK* in der zweiten verschachtelten Funktion beendet die Formeleingabe! Wenn Sie bei verschachtelten Funktionen im Assistenten zur ersten Funktion zurückzukehren müssen, weil hier noch nicht alle Argumente ausgefüllt sind, klicken Sie in der Bearbeitungsleiste auf den entsprechenden Funktionsnamen. Im Dialogfeld bekommen Sie dann die Argumente für diese Funktion angezeigt und haben Gelegenheit, die fehlenden Argumente einzugeben.

Bearbeitung von Formeln

Sie können natürliche jede in eine Formel eingegebene Funktion manuell bearbeiten. Änderungen schließen Sie mit der [↵]-Taste ab. Zur unmittelbaren Bearbeitung in der Zelle führen Sie einen Doppelklick auf die entsprechende Zelle aus oder drücken die [F2]-Taste. Ebenso können Sie in die Bearbeitungsleiste klicken und dort die Formel bearbeiten.

Zur Bearbeitung von Formeln mit Funktionen können Sie auch den Funktions-Assistenten verwenden. Dazu klicken Sie in der Bearbeitungsleiste auf die Schaltfläche *Funktion einfügen* oder rufen den Menübefehl *Einfügen/Funktion* auf. Nehmen Sie alle erforderlichen Änderungen in den Argumenten vor. Danach beenden Sie das Dialogfeld mit einem Klick auf die Schaltfläche *OK*.

Beachten Sie auch die weitergehenden Hinweise zum Eingeben, Testen und Modifizieren von Formeln in Kapitel 2.

Tipps & Tricks

Zum Abschluss dieses Kapitels wollen wir Ihnen noch drei Tipps bzw. Tricks im Zusammenhang mit der Eingabe von Funktionen vermitteln. Wir nutzen die beschriebenen Verfahren seit Jahren und möchten sie Ihnen nicht vorenthalten.

Argumente anzeigen

Wenn Sie bei der Eingabe von Formeln die zugehörigen Argumente vergessen haben, können Sie diese in der Bearbeitungsleiste anzeigen lassen. Wenn Sie beispielsweise die Funktion SVERWEIS() verwenden wollen, tragen Sie das Gleichheitszeichen und den Text *SVERWEIS* sowie eine öffnende Klammer ein. Drücken Sie nun die Tastenkombination [Strg]+[⇧]+[A], werden die Argumente zu dieser Funktion in die Bearbeitungsleiste eingetragen.

Wollen Sie statt der Argumente den Funktions-Assistenten verwenden, drücken Sie die Tastenkombination [Strg]+[A]. Daraufhin wird der Funktions-Assistent für die bereits eingetragene Funktion gestartet.

Hinweis Seit Excel 2002 werden die Argumente zur eingetragenen Funktion auch selbständig in einer QuickInfo angezeigt (siehe die Abbildung 3.6 auf Seite 163). Voraussetzung dafür ist, dass in den *Excel-Optionen* das Kontrollkästchen *QuickInfos für Funktionen anzeigen* aktiv ist.

Eine komplexe Formel in allen Mappen verfügbar machen

Vielleicht haben Sie das schon erlebt: Sie benötigen in jeder neuen Mappe einen Satz von aufwendigen Formeln. Um sich Schreibarbeit zu sparen, halten Sie in solchen Fällen eine Beispielmappe offen, um aus dieser die benötigten Formeln zu kopieren.

Sie können aber auch die Formeln unter Verwendung der AutoKorrektur speichern. Das eigentliche Einsatzgebiet des *AutoKorrektur*-Features ist das Korrigieren häufiger Schreibfehler und dürfte Ihnen vermutlich eher aus Microsoft Word geläufig sein. Nutzen Sie die AutoKorrektur, um eine Zeichenfolge durch eine Formel ersetzen zu lassen. Das ist besonders dann sinnvoll, wenn es sich um eine Funktion handelt, die komplexer ist und die vom Aufbau her allgemein verwendet werden kann.

Für das Eingeben der häufig verwendeten Tabellenfunktion SUMME() stellt Excel ein eigenes Symbol (*AutoSumme*) bereit. Über die Tastenkombination [Alt]+[⇧]+[=] ist die Funktion auch für Tastaturfreunde schnell verfügbar. Excel trägt dabei auch gleich einen Zellbezug ein und geht dabei so vor: Befinden sich oberhalb der aktiven Zelle Zahlen, wird der Bezug in diese Richtung zeigen. Findet Excel nach oben keine Zahlen, werden die links von der aktiven Zelle liegenden Zellen durchsucht und der Bezug eingetragen. Wenn Sie häufig den gleichen Tabellenaufbau haben, suchen Sie vielleicht nach einer Möglichkeit, wie Sie die Summe für die unterhalb liegenden 500 Zellen schnell erstellen können, ohne lange über den Bezug nachdenken zu müssen.

Die folgende Formel berechnet die Summe der 500 unterhalb der aktiven Zelle liegenden Zellen:

```
=SUMME(INDIREKT(ADRESSE(ZEILE()+1;SPALTE();4;WAHR);WAHR):INDIREKT(ADRESSE(ZEILE()+501;
SPALTE();4;WAHR);WAHR))
```

Um diese Formel global zur Verfügung zu stellen und auch schnell eintragen zu können, gehen Sie so vor:

1. Rufen Sie in Excel 2003 den Menübefehl *Extras/AutoKorrektur-Optionen* auf. In Excel 2007/2010 wählen Sie in den *Excel-Optionen* die Kategorie *Dokumentprüfung* und klicken auf die Schaltfläche *AutorKorrektur-Optionen*. Tragen Sie auf der Registerkarte *AutoKorrektur* im Eingabefeld *Ersetzen* eine Zeichenfolge ein.

   Wichtig

   Beachten Sie, dass es sich um eine eindeutige Zeichenfolge handeln sollte, da die AutoKorrektur-Liste von allen Office-Programmen verwendet wird. Wählen Sie z.B. eine Zeichenfolge mit einem Sonderzeichen, das selten verwendet wird. Eine solche Zeichenfolge könnte z.B. *_sum500* sein.

2. Im Eingabefeld *Durch* tragen Sie die oben gezeigte Formel ein. Achten Sie darauf, dass im Eingabefeld *Durch* ein Gleichheitszeichen vor die Zeichenfolge geschrieben werden muss!
3. Klicken Sie auf die Schaltfläche *Hinzufügen* und schließen Sie mit *OK* ab.

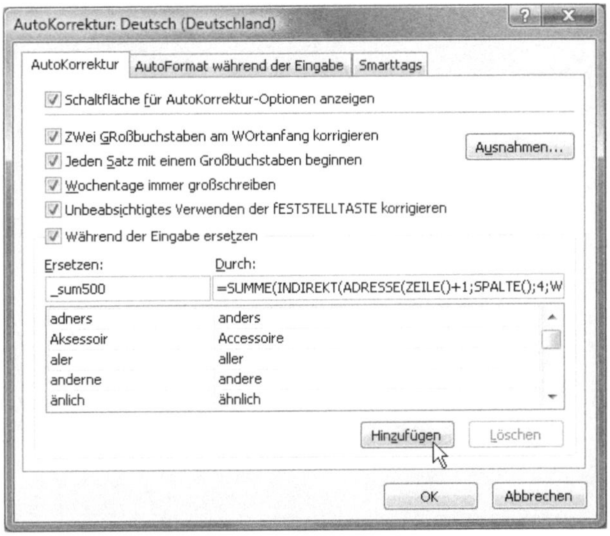

Abbildung 3.20: Eine Formel über die AutoKorrektur schnell verfügbar machen

Wurde der AutoKorrektur-Eintrag richtig festgelegt, müssen Sie nicht einmal mehr ein Gleichheitszeichen eingeben, die Eingabe der Zeichenfolge *_sum500* genügt.

Teilberechnungen in Formeln

Bei der Analyse komplexerer Formeln und bei der Fehlersuche können Sie einzelne Bestandteile der Formel, z.B. Funktionsargumente in Form von Bezügen oder geschachtelten Funktionsaufrufen, ausrechnen lassen. Anstelle des Bezuges oder des Funktionsaufrufs steht dann der Wert. Und das geht so:

1. Öffnen Sie die Formelzelle mit [F2] oder per Doppelklick zum Bearbeiten.
2. Markieren Sie den Teilbereich der Formel, dessen Ergebnis berechnet werden soll.
3. Drücken Sie nun die [F9]-Taste. Excel ersetzt den markierten Teil der Formel durch das Ergebnis.

Auf diese Art und Weise können Sie beispielsweise eine Formel schrittweise auflösen und anhand der Teilschritte die Formel analysieren.

Hinweis Natürlich berechnet Excel das Ergebnis nur dann, wenn der Inhalt der Markierung berechenbar ist. Ansonsten werden anstelle der Markierung die entsprechenden Fehlermeldungen notiert. Wenn Sie nichts markieren und nur die Einfügemarke in der geöffneten Formel blinkt, ersetzt Excel die gesamte Formel durch das Ergebnis.

Achtung Im Regelfall brechen Sie diese Änderungen in der Formel mit [Esc] ab, da Sie die Formel nicht verändern wollen. Sollen die Werte anstelle der Rechenausdrücke in der Formel stehen, müssen Sie mit der [↵]-Taste abschließen.

Teil B

Aufbauwissen – Excel setzt keine Grenzen

Kapitel 4

Funktionen im besonderen Einsatz

In diesem Kapitel wollen wir auf die Nutzung der Arbeitsblattfunktionen im Zusammenhang mit anderen Excel-Features eingehen. Im ihrem Zusammenwirken sind die Excel-Programmfunktionen stark. Durch das Unterlegen mit Arbeitsblattfunktionen werden die Möglichkeiten so erweitert, dass kaum Wünsche offen bleiben.

Schauen Sie sich an, welche Rolle die Funktionen im Zusammenhang mit

- Namen,
- bedingten Formatierungen und
- Gültigkeitsprüfungen

spielen können.

Hinweis In diesem Kapitel versuchen wir, die Beschreibungen sowohl für die Excel-Versionen bis 2003 als auch für 2007/2010 zu liefern. Da sich seit Excel 2007 die Oberfläche dramatisch gewandelt hat, fällt das nicht immer leicht. In den ersten Beispielen nennen wir immer beide Befehle/Wege, dann verzichten wir darauf, jedes Mal die exakten Beschriftungen für alle Versionen zu nennen. Wir gehen davon aus, dass Sie trotzdem den richtigen Weg finden, unabhängig davon, in welcher Excel-Version Sie gerade arbeiten.

Funktionen in Namen

Excel bietet nicht nur zahlreiche Funktionen für die Berechnung unterschiedlichster Sachverhalte, sondern stellt für die Angabe der Argumente in diesen Funktionen auch verschiedene Möglichkeiten zur Verfügung. In Kapitel 2 haben Sie die verschiedenen Schreibweisen von Bezügen kennen gelernt. Neben der Verwendung von Zahlen und relativen, gemischten und absoluten Bezügen ist hier die Verwendung von Namen für Zellen oder Zellbereiche die herausragende Möglichkeit.

Ein Name kann aber mehr sein als nur ein Zellbezug. Er kann für

- einen Bezug,
- eine Konstante oder
- eine Formel

verwendet werden.

Hinweis Wie Sie Namen festlegen und welche Vorteile die Verwendung von Namen bietet, können Sie ausführlich in »Microsoft Office Excel 2007 – Das Handbuch«, Microsoft Press, ISBN-13: 978-3-86645-103-2, nachlesen.

Aktuelle Informationen abrufen

Für gespeicherte Arbeitsmappen können Sie mit einer Informationsfunktion (siehe Kapitel 10) Pfad, Datei- und Blattname abrufen. Die Formel lautet:

```
=ZELLE("Dateiname")
```

Das Ergebnis enthält allerdings alle Bestandteile in einer einzigen Zeichenfolge, etwa so:

C:\MSPress\Excel-Funktionen\Kap04\[Kap04.xls]Funktion_Namen

Das Instrumentarium zum Ab- oder Ausschneiden der einzelnen Bestandteile liefern uns die Textfunktionen aus Kapitel 7. Dies könnte z.B. in Formularen nützlich sein, in denen Sie diese Information im Arbeitsblatt selbst und nicht in der Kopf- oder Fußzeile unterbringen wollen, wo Excel eigene Textbausteine dafür hat: &*[Pfad]*, &*[Datei]* und &*[Register]*.

Hinweis

Die gezeigten Berechnungen funktionieren nur in bereits gespeicherten Arbeitsmappen, weil die Berechnung `=Zelle("Dateiname")` bei ungespeicherten Mappen einen nicht weiter auswertbaren Leerstring ("") ergibt.

Pfad der aktuellen Mappe abrufen

Den Beginn der Zeichenfolge macht der Pfad der Arbeitsmappe. Er endet vor der öffnenden eckigen Klammer »[«. Also schneiden Sie den Pfad an dieser Stelle ab:

```
=LINKS(ZELLE("Dateiname");FINDEN("[";ZELLE("Dateiname"))-1)
```

Die Funktion FINDEN() ermittelt die Positionsnummer der öffnenden Klammer und LINKS() ermittelt die Zeichenfolge bis zur Position vor dieser Klammer.

1. Rufen Sie in Excel 2003 den Menübefehl *Einfügen/Namen/Definieren* auf oder klicken Sie auf das Symbol *Namen definieren* auf der Registerkarte *Formeln* in Excel 2007/2010 (Abbildung 4.2).
2. Tippen Sie im Textfeld *Namen in der Arbeitsmappe* (2003) bzw. *Name* (2007/2010) des Dialogfelds den Text »Pfad« ein.
3. Im Feld *Bezieht sich auf* geben Sie die oben abgebildete Formel ein und klicken auf *Hinzufügen* (2003) bzw. *OK* (2007/2010).

Die Abbildung 4.1 zeigt das Dialogfeld *Neuer Name* aus Excel 2007/2010, welches sich vom alten Dialogfeld *Namen definieren* in Details unterscheidet.

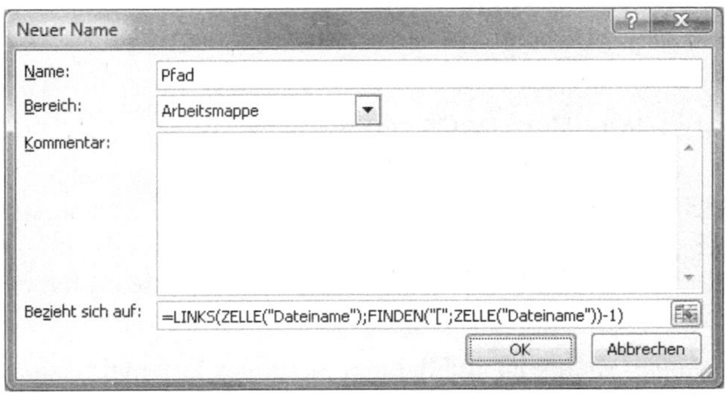

Abbildung 4.1: Für den Namen *Pfad* wird eine Berechnung hinterlegt

Ab sofort können Sie in dieser Arbeitsmappe den aktuellen Pfad der Datei mit der Formel `=Pfad` abrufen.

Dateiname der aktuellen Mappe abrufen

Den Dateinamen zu extrahieren erfordert etwas mehr Aufwand. Gefragt ist die Zeichenfolge zwischen den eckigen Klammern:

```
=TEIL(ZELLE("Dateiname");FINDEN("[";ZELLE("Dateiname"))+1;
FINDEN("]";ZELLE("Dateiname"))-(FINDEN("[";ZELLE("Dateiname"))+1))
```

Mit der Funktion TEIL() schneiden Sie den Dateinamen heraus, wobei die Argumente *Erstes_Zeichen* und *Anzahl_Zeichen* durch Ermitteln der beiden Klammernpositionen wieder mit der Funktion FINDEN() erfolgt.

Rufen Sie erneut den Befehl *Namen definieren* auf. Tippen Sie in das Listenfeld *Name* den Text »Dateiname« ein. Ins Feld *Bezieht sich auf* tragen Sie bitte die oben abgebildete Formel ein und klicken auf *OK* bzw. *Hinzufügen* in der Version 2003.

Ab sofort können Sie in dieser Arbeitsmappe den Dateinamen mit der Formel `=Dateiname` abrufen.

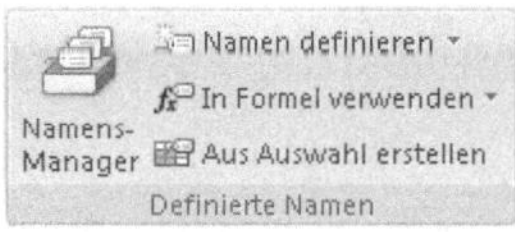

Abbildung 4.2: Die Gruppe *Definierte Namen* auf der Registerkarte *Formeln* unter Excel 2007/2010

Den aktuellen Blattnamen abrufen

Den aktuellen Blattnamen schneiden Sie entweder mit der Funktion RECHTS() oder ebenfalls mit der Funktion TEIL() hinten ab. Bei der Informationsfunktion ZELLE() müssen Sie allerdings eine kleine Erweiterung vornehmen, damit der Name *Blattname* auch wirklich auf jedem Arbeitsblatt die Registerbeschriftung ausgibt. Im zweiten, optionalen Argument muss ein Bezug auf eine beliebige Zelle des Blattes enthalten sein.

Damit Excel Bezüge wie »A1« nicht automatisch um den Blattnamen erweitert, etwa »Tabelle1!A1«, verwenden Sie die Funktion INDIREKT() für diesen Blattzellenbezug. Wir entscheiden uns hier für den Einsatz der TEIL()-Funktion, weil diese kürzer ausfällt als die Variante mit der RECHTS()-Funktion:

```
=TEIL(ZELLE("Dateiname";INDIREKT("A1"));FINDEN("]";ZELLE("Dateiname";
INDIREKT("A1")))+1;255)
```

Mit der Funktion TEIL() schneiden Sie den Blattnamen heraus, wobei das Argument *Erstes_Zeichen* durch Ermitteln der Position der schließenden Klammer mit FINDEN() erfolgt. Für das Argument *Anzahl_Zeichen* setzen Sie einfach die Zahl *255* ein. Damit haben Sie eine maximale Länge abgedeckt.

Rufen Sie noch einmal den Befehl *Namen definieren* auf. Tippen Sie in das Listenfeld *Name* den Text »Blattname« ein. In das Feld *Bezieht sich auf* tragen Sie bitte die oben abgebildete Formel ein und klicken auf *OK* bzw. *Hinzufügen* (2003).

Ab sofort können Sie in dieser Arbeitsmappe den Blattnamen mit der Formel `=Blattname` abrufen.

Für die Erstellung, Bearbeitung und Verwaltung gibt es seit Excel 2007 ein neues Instrument – den Namens-Manager (Abbildung 4.3). Die Excel-Gemeinde ist sich einig: Es wurde Zeit, dass die über viele Versionen gleiche Namensverwaltung eine Renovierung bekam. Das Ergebnis kann sich sehen lassen.

Neu ab 2007

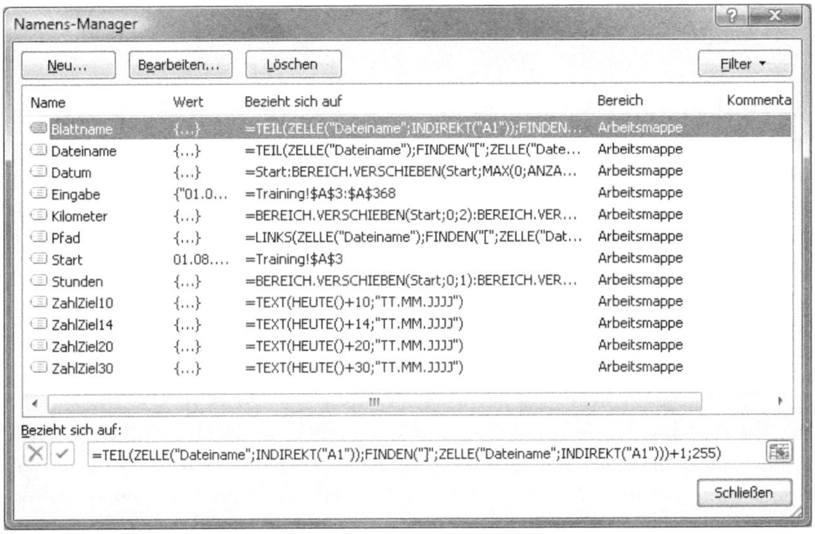

Abbildung 4.3: Der Namens-Manager in Excel 2007/2010 stellt wesentlich bessere Arbeitsmöglichkeiten mit Namen zur Verfügung

Zahlungsziele als »Textbausteine«

In Ihrer Firma gibt es für die Rechnungslegung verschiedene Zahlungsziele. Dies reicht von sofortiger Fälligkeit über Fristen von 10, 14, 20 bis 30 Tagen. Bei der Angabe des jeweiligen Zahlungsziels wollen Sie einfach einen Begriff eingeben, der dann ähnlich einem Textbaustein funktioniert.

Rufen Sie den Befehl *Namen definieren* auf. Tippen Sie in das Listenfeld *Name* als ersten Text »ZahlZiel10« ein. In das Feld *Bezieht sich auf* tragen Sie die Formel

```
=TEXT(HEUTE()+10;"TT.MM.JJJJ")
```

ein und klicken auf *OK*. Wiederholen Sie die Prozedur und erzeugen den zweiten Namen »ZahlZiel14«. Unten im Feld *Bezieht sich auf* notieren Sie die Formel

```
=TEXT(HEUTE()+14;"TT.MM.JJJJ")
```

und klicken wieder auf *OK*. Erzeugen Sie dann die Namen »ZahlZiel20« und »ZahlZiel30« mit den Formeln

```
=TEXT(HEUTE()+20;"TT.MM.JJJJ")
```

und

```
=TEXT(HEUTE()+30;"TT.MM.JJJJ")
```

Sie können nun z.B. in einem Rechnungsformular mit der Formel

```
="Bitte überweisen Sie den Rechnungsbetrag bis zum "&ZahlZiel20&"."
```

das jeweils gewünschte Zahlungsziel durch Angabe des Namens in der Formel festlegen.

CD-ROM Alle gezeigten Beispiele haben wir in den Beispieldateien *Kap04_Namen.xlsx* bzw. *Kap04_Namen.xls* für Sie zum Nachprüfen und Ausprobieren realisiert. Sie finden die Dateien auf der CD-ROM zum Buch im Ordner *\Buch\Kap04*.

Dynamische Bereichsnamen

Wie leistungsfähig Namen sein können, zeigt das folgende Beispiel: Angenommen, Sie haben eine Liste, in die z.B. jede Woche oder jeden Tag weitere Werte eingetragen werden. Bei den Auswertungen der Liste soll natürlich immer die Liste in voller Länge in die Berechnungen eingehen, der Bezug soll also gleichsam mitwachsen. Wie lässt sich das erreichen?

Hinweis Ein weiteres Anwendungsbeispiel für dynamische Bereichsnamen finden Sie im Kapitel 1 im Abschnitt »Datenbankfunktionen anwenden«. Lesen Sie dort auch, dass es mit dem Definieren als »Liste« in Excel 2003 bzw. »Tabelle« in Excel 2007/2010 interessante Alternativen gibt.

Nehmen wir an, Sie führen eine Trainingstabelle, in der Sie jeden Tag Trainingsdaten eintragen. In Spalte *A* steht das Datum, in Spalte *B* die Zeitdauer und in Spalte *C* die gelaufene Strecke. Jedes Kalenderjahr erhält ein eigenes Arbeitsblatt. Für ein Jahr liegt der maximale Bereich inklusive Überschrift und Berücksichtigung von Schaltjahren also bei 367 Zeilen. Legen Sie einen Namen fest, der immer nur auf den verwendeten Bereich zeigt.

Auch hier liegt die Lösung in der Vergabe von *Namen*:

1. Vergeben Sie für den Datenbereich *A3:A368* den Namen »Eingabe«.
2. Legen Sie dann für die Zelle *A3* den Namen »Start« fest.
3. Legen Sie den Namen »Datum« fest. Unter *Bezieht sich auf* tragen Sie die folgende Formel ein:

   ```
   =Start:BEREICH.VERSCHIEBEN(Start;MAX(0;ANZAHL(Eingabe)-1);0)
   ```

4. Verwenden Sie für den Namen »Stunden« den Bezug

   ```
   =BEREICH.VERSCHIEBEN(Start;0;1):BEREICH.VERSCHIEBEN(Start;MAX(0;ANZAHL(Eingabe)-1);1)
   ```

5. Verwenden Sie für den Namen »Kilometer« den Bezug

   ```
   =BEREICH.VERSCHIEBEN(Start;0;2):BEREICH.VERSCHIEBEN(Start;MAX(0;ANZAHL(Eingabe)-1);2)
   ```

Um einen dynamischen Bereich zu ermitteln, können Sie in *Excel* die Funktion BEREICH.VERSCHIEBEN() verwenden. Diese Funktion liefert einen Bezug, der gegenüber dem angegebenen Bezug versetzt ist. Die Funktion BEREICH.VERSCHIEBEN(*Bezug;Zeilen;Spalten;Höhe;Breite*) ermittelt zunächst die Anzahl der (numerischen) Einträge im Eingabebereich und verwendet diese Zahl für die Rückgabe des neuen Bereichs.

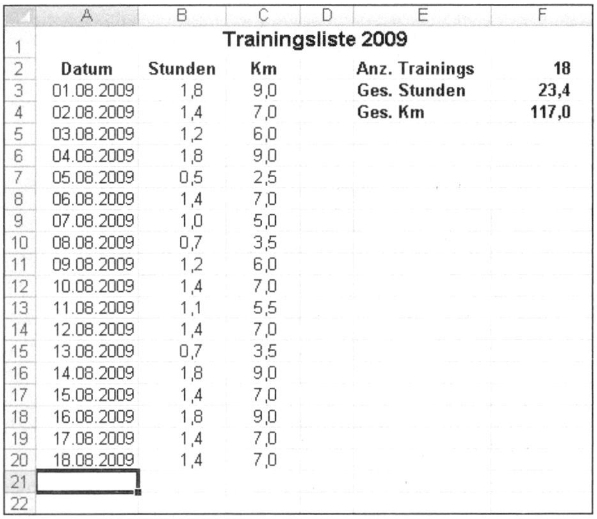

	A	B	C	D	E	F
1			Trainingsliste 2009			
2	Datum	Stunden	Km		Anz. Trainings	18
3	01.08.2009	1,8	9,0		Ges. Stunden	23,4
4	02.08.2009	1,4	7,0		Ges. Km	117,0
5	03.08.2009	1,2	6,0			
6	04.08.2009	1,8	9,0			
7	05.08.2009	0,5	2,5			
8	06.08.2009	1,4	7,0			
9	07.08.2009	1,0	5,0			
10	08.08.2009	0,7	3,5			
11	09.08.2009	1,2	6,0			
12	10.08.2009	1,4	7,0			
13	11.08.2009	1,1	5,5			
14	12.08.2009	1,4	7,0			
15	13.08.2009	0,7	3,5			
16	14.08.2009	1,8	9,0			
17	15.08.2009	1,4	7,0			
18	16.08.2009	1,8	9,0			
19	17.08.2009	1,4	7,0			
20	18.08.2009	1,4	7,0			
21						
22						

Abbildung 4.4: Die Namen zeigen auf den erweiterten Bereich, wenn weitere Werte eingetragen werden

Wichtig ist es, festzuhalten, dass die Namen *Stunden* und *Kilometer* auf Basis der Einträge in der Spalte *Datum* ermittelt werden. In diesem Beispiel müssen die Einträge also immer mit einem Datum versehen sein.

Hinweis

Namen für konstante Werte oder Formeln werden im Namenfeld und im Dialogfeld *Gehe zu* nicht angezeigt. Gleichwohl können Sie Namen, die einen Bezug zurückgeben, hier eintragen und damit den Bezug überprüfen. Um die Namen zu testen, tragen Sie diese im Namenfeld ein oder rufen Sie mit [F5] das *Gehe zu*-Dialogfeld auf und tragen den Bezug »Datum« oder »Kilometer« ein.

Fügen Sie zum Test neue Einträge hinzu. Rufen Sie mit der [F5]-Taste den Befehl *Gehe zu* auf und markieren den Bezug erneut, werden Sie feststellen, dass der Name nun auf den erweiterten Bereich zeigt. Sie sehen außerdem in den Berechnungen im Kopf der Liste immer die aktuellen Werte.

CD-ROM

Alle gezeigten Beispiele haben wir in den Beispieldateien *Kap04_Namen.xlsx* bzw. *Kap04_Namen.xls* auf dem Blatt *Training* für Sie zum Nachprüfen und Ausprobieren realisiert. Sie finden die Datei auf der CD-ROM zum Buch im Ordner *\Buch\Kap04*.

Tipp

Mit einem dynamischen Namen haben Sie auch eine ideale Grundlage für ein dynamisches Diagramm.

Funktionen in der bedingten Formatierung

Sicher wissen Sie schon, dass man bei der Festlegung von bedingten Formatierungen auch Formeln verwenden kann. Um eine Formel als Formatierungskriterium zu verwenden, klicken Sie bis Excel 2003 im linken Feld des Dialogfeldes *Bedingte Formatierung* auf *Formel ist* und geben dann im Feld rechts daneben die Formel ein. Das Ergebnis der Formel muss den Wahrheitswert *WAHR* oder *FALSCH* zurückgeben. Wird *WAHR* zurückgegeben, erfolgt die bedingte Formatierung gemäß Ihren Festlegungen.

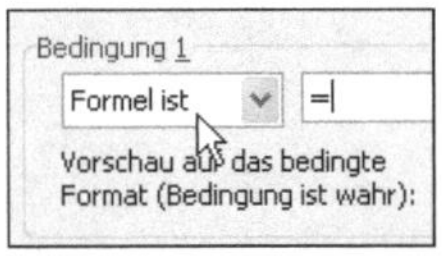

Abbildung 4.5: Anstelle von *Zellwert ist* wählen Sie in Excel 2003 den Eintrag *Formel ist*

Mit der Möglichkeit, anstelle von konstanten Vergleichswerten oder Zellbezügen eine Formel zu verwenden, steht Ihnen auch bei der bedingten Formatierung nahezu die gesamte Welt der Excel-Funktionen zur Verfügung. Die erfreuliche Konsequenz: Die bedingte Formatierung wird zu einem schier unendlichen Testgebiet, wenn es darum geht, Zellen unter den unterschiedlichsten Bedingungen automatisch bestimmte, zuvor festgelegte Formate zuzuweisen. Die nachfolgenden Beispiele sollen Sie auf Ideen bringen und Ihnen ggf. sogar fertige Lösungen an die Hand geben.

Neu ab 2007

Die bedingte Formatierung hat mit Excel 2007 einige Neuerungen erfahren. Endlich wurde die Grenze von maximal drei Bedingungen aufgehoben. Sie können jetzt beliebig viele bedingte Formatierungen für einen Bereich festlegen. Die Grenze wird nur durch Ihren Arbeitsspeicher gesetzt.

Mit Datenbalken oder Farbskalen konnen Sie innerhalb einer Zelle bestimmte Zustände signalisieren. Mit den neuen Symbolen haben Sie ebenfalls neue, vielfältige Möglichkeiten, z.B. für Ampelfunktionen. Außerdem gibt es einen Manager zum Verwalten der bedingten Formatierungen.

Abbildung 4.6: Der Regel-Manager für die bedingte Formatierung in Excel 2007/2010

Hinweis In der Beispielmappe *Kap04_BF.xlsx* im Dateiformat von Excel 2007/2010 haben wir beim weiter unten folgenden Temperaturbeispiel und auf dem Extrablatt *Neu in 2007* die neuen Möglichkeiten illustriert.

Eine umfassende Beschreibung der neuen bedingten Formatierung in Excel 2007 bietet Ihnen der Titel »Microsoft Office Excel 2007 – Das Handbuch«, Microsoft Press, ISBN-13: 978-3-86645-103-2. Noch wesentlich mehr Möglichkeiten der bedingten Formatierung für die Excel-Versionen 2000 bis 2007 finden Sie in dem Buch »Microsoft Excel: Bedingte Formatierung: Daten professionell prüfen, überwachen und analysieren«, Microsoft Press, ISBN-13: 978-3-86645-806-2.

Die Wochenenden farbig hervorheben

Hinweis

In einer Spalte mit fortlaufenden Datumsangaben sollen die auf Samstag und Sonntag fallenden Tage als Wochenendtage gekennzeichnet werden. Sie können sich hier die Excel-Funktion WOCHENTAG() zunutze machen, die zu einem Datumswert jeweils den Wochentag berechnet und in Kapitel 6 genauer erklärt wird. Erforderlich ist nur ein Argument, nämlich das Datum. Die Funktion WOCHENTAG() liefert als Ergebnis eine Zahl zwischen *1* und *7*. Dabei entspricht *Sonntag* der Zahl *1* und *Samstag* der Zahl *7* (Montag würde also der Ziffer 2 entsprechen, Mittwoch der Nummer 4 usw.).

Mit diesem Wissen ausgerüstet können Sie dafür sorgen, dass in der markierten Datumsreihe die Wochenenden einen hellgrünen Hintergrund bekommen. Nehmen wir an, Sie haben im Bereich von *B3:B33* die Datumsangaben für einen Monat stehen. Markieren Sie diesen Datumsbereich und gehen dann so vor:

1. Rufen Sie für die markierte Datumsliste den Befehl *Bedingte Formatierung* auf und ändern Sie bei Excel 2003 unter *Bedingung 1* den Eintrag von *Zellwert ist* auf *Formel ist* bzw. bei Excel 2007/2010 unter *Neue Regel* den Eintrag *Formel zur Ermittlung der zu formatierenden Zellen verwenden.*
2. Tragen Sie nun Eingabefeld folgende Formel ein: `=Wochentag(B3)=1`. Diese Formel prüft, ob der Wochentag der jeweils aktuellen Zelle – daher auch der relative Bezug – auf den Sonntag (also die *1*) fällt. Trifft dies zu, wird auch die noch festzulegende Formatierung angewandt.
3. Klicken Sie auf die Schaltfläche *Format* (2003) bzw. *Formatieren* (2007) und wählen Sie auf der Registerkarte *Muster* (2003) bzw. *Ausfüllen* (2007/2010) beispielsweise die Farbe *Hellgrün* aus. Bestätigen Sie die Eingabe des Formats und die Definition der Bedingung jeweils mit *OK.*
4. Wiederholen Sie die beiden letzten Schritte in Excel 2003 für die *Bedingung 2*, die Sie durch einen Klick auf die Schaltfläche *Hinzufügen* einblenden. In Excel 2007/2010 wählen Sie *Neue Regel.* Die Formel muss dieses Mal prüfen, ob das Datum der jeweils aktuellen Zelle auf einen Samstag fällt, der für Excel der Tag mit der Nummer *7* in der Woche ist. Daher muss die Formel so lauten: `=Wochentag(B3)=7`.

Sie sehen, aus einer Kombination von bedingter Formatierung und verschiedenen Excel-Funktionen lassen sich schnell und einfach gesuchte Informationen optisch hervorheben. Die Abbildung 4.7 zeigt das vollständig ausgefüllte Dialogfeld und das Resultat für die Datumsliste.

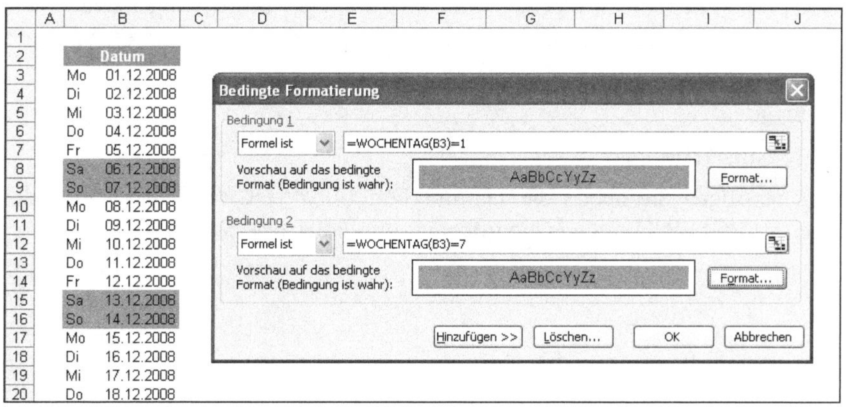

Abbildung 4.7: Verwendung der Funktion *WOCHENTAG()* in der bedingten Formatierung in Excel 2003

Wenn Sie für beide Tage nur eine Farbe angeben wollen, ist es eigentlich nicht nötig, zwei (der drei möglichen) Bedingungen zu verwenden. Mit der bekannten Logik-Funktion ODER() (siehe Kapitel 8) benötigen Sie nur eine Bedingung:

```
=ODER(WOCHENTAG(B37)=1;WOCHENTAG(B37)=7)
```

Wenn wir einmal dabei sind, über alternative Möglichkeiten nachzudenken, hier gleich noch eine andere Variante, die sich die Möglichkeiten der Text-Funktion TEXT() (siehe Kapitel 7) zunutze macht:

```
=ODER(TEXT(B72;"TTT")="So";TEXT(B72;"TTT")="Sa")
```

Die Tatsache, dass die Formatanweisung »TTT« bei der Umwandlung des numerischen Datumsausdrucks in Text die zweibuchstabigen Wochentage ergibt, können Sie natürlich für den bei dieser Aufgabe notwendigen Vergleich nutzen. Vielleicht ist diese Variante sogar besser lesbar für Sie, da Sie bei der WOCHENTAG()-Funktion schon wissen müssen, wofür die Wochentagsnummern stehen.

CD-ROM Die gezeigten Beispiele haben wir in den Beispieldateien *Kap04_BF.xls* bzw. *Kap04_BF.xlsx* auf dem Blatt *Wochenende* für Sie zum Nachprüfen und Ausprobieren realisiert. Sie finden die Datei auf der CD-ROM zum Buch im Ordner *\Buch\Kap04*.

Wochenenden und Feiertage hervorheben

Farbig hervorgehobene Wochenenden in Kalenderübersichten sind gut, aber viele Anwender werden sofort fragen: »Und was ist mit den Tagen, an denen ebenfalls nicht gearbeitet wird – den Feiertagen, den sogenannten Brückentagen im Umfeld von Feiertagen und Wochenenden oder bestimmten firmenintern festgelegten arbeitsfreien Tagen?« Möglicherweise besteht sogar darüber hinaus ein Bedarf, andere wichtige Tage automatisch hervorheben zu lassen, wenn diese auf ein bestimmtes Datum oder einen bestimmten Wochentag fallen – etwa Termine für bestimmte Überweisungen, Liefertermine, Wartungstermine, monatliche oder quartalsweise Berichtstermine usw.

In jedem Fall werden solche Termine in Listen erfasst und können damit von Excel berücksichtigt werden.

In unserem Beispiel sollen neben den Wochenenden zwei weitere Anforderungen abgearbeitet werden: Feiertage und andere arbeitsfreie Tage. Damit müssen insgesamt vier Zustände abgeprüft werden:

- Samstage/Sonntage
- Feiertage und sonstige freie Tage

Für diese Lösung benötigen Sie neben der Datums-Funktion WOCHENTAG() noch die Matrix-Funktionen VERGLEICH() sowie die Informations-Funktion ISTZAHL().

Mit Namen arbeiten

Bevor Sie die bedingte Formatierung festlegen, steht ein kleiner Zwischenschritt an: Die »Freie Tage-Liste« muss eingegeben und benannt werden. Die Abbildung 4.8 zeigt den Inhalt und die Position der Liste. Übernehmen Sie diese in Ihr Arbeitsblatt. Natürlich muss die Liste den Zeitraum abdecken, den Sie bedingt formatieren wollen.

Abbildung 4.8: Die Freie Tage-Liste hat den Namen *FreieTage*

Um nun diesen Bereich in Formeln leichter ansprechen zu können, empfiehlt es sich, ihn mit einem Namen zu versehen. Gehen Sie dazu wie folgt vor:

1. Markieren Sie den Bereich von *G27:G31* und klicken Sie links oben in das *Namenfeld*, in dem momentan die Koordinate *G27* für die erste markierte Zelle steht.
2. Tippen Sie für den markierten Zellbereich den Namen *FreieTage* ein.
3. Schließen Sie mit der [↵]-Taste ab.

Das Ergebnis sehen Sie in Abbildung 4.8. Der markierte Bereich heißt von nun an »FreieTage«.

Die Funktion VERGLEICH() einsetzen

Um nun die Datumsangaben daraufhin zu untersuchen, ob sie auf Tage fallen, die im Bereiche *FreieTage* enthalten sind, ist die Funktion VERGLEICH() erforderlich. Sie hat die folgende Syntax:

```
=VERGLEICH(Suchkriterium;Suchmatrix;Vergleichstyp)
```

Das *Suchkriterium* steht in jeder Zelle der Datumsliste. Die *Suchmatrix* ist der Bereich *Freie-Tage*. Der *Vergleichstyp* gibt an, wie Excel die Werte in der Matrix mit dem Suchkriterium vergleichen soll und ob der größte, erste oder kleinste Wert geliefert werden soll. In diesem Beispiel ist der Typ *0* angebracht. Hier können die Daten im *Suchmatrix*-Bereich beliebig eingetragen werden und müssen nicht unbedingt sortiert sein.

Suchen und Finden

Die Funktion VERGLEICH() liefert als Ergebnis eine Zahl, nämlich die Position, die der jeweils gefundene Wert innerhalb der *Suchmatrix* einnimmt. Fällt der Vergleich negativ aus – ist also das Datum nicht in der *Freie Tage*-Liste vorhanden –, dann ist das Resultat keine Zahl, sondern der Fehlerwert *#NV*.

Für die Aufgabenstellung ist damit klar: Wird ein Datum aus der Datumsliste auch in dem Bereich *FreieTage* gefunden, liefert Excel eine Zahl. Bleibt also sicherzustellen, dass die bedingte Formatierung nur angewendet wird, wenn das Ergebnis der Funktion VERGLEICH() eine Zahl ist. Hierfür verwenden Sie die Informationsfunktion ISTZAHL(). Sie überprüft, ob der Wert einer Zelle oder eines Ergebnisses eine Zahl ist. Damit ergibt sich die verschachtelte Formel aus ISTZAHL() und VERGLEICH():

```
=ISTZAHL(VERGLEICH(B3;FreieTage;0))
```

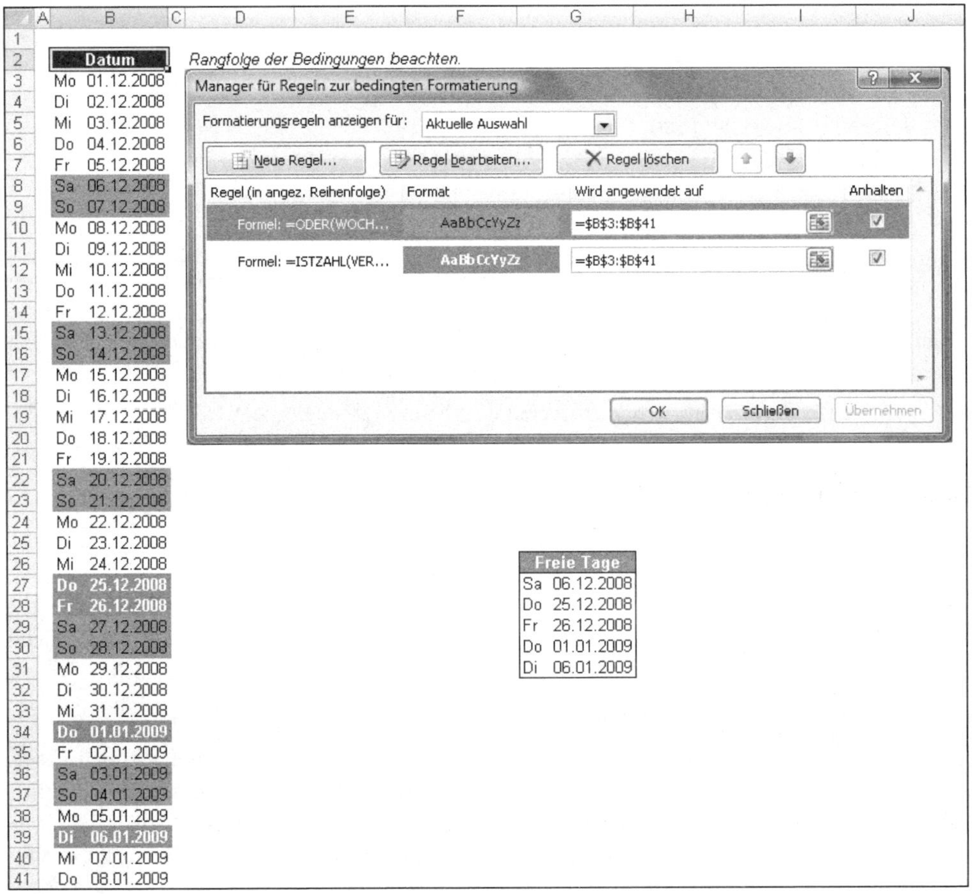

Abbildung 4.9: Zusätzlich zu den Wochenenden sind die freien Tage hervorgehoben

Weisen Sie den freien Tagen eine rote Hintergrundfarbe und als Kontrast eine fette, weiße Schriftfarbe zu. Die Abbildung 4.9 zeigt das fertige Ergebnis. Folgende Schritte sind dazu notwendig:

1. Markieren Sie den Datumsbereich und rufen Sie die Bedingte Formatierung auf.
2. Lassen Sie die Einstellungen für *Bedingung 1* (Wochenenden) unverändert und rufen Sie über die Schaltfläche *Hinzufügen* bzw. *Neue Regel* die *Bedingung 2* auf.

3. Für *Bedingung 2* wählen Sie ebenfalls *Formel* aus und geben die Formel `=ISTZAHL(VERGLEICH(B3;FreieTage;0))` ein.
4. Wechseln Sie anschließend über die Schaltfläche *Formatieren* auf die Registerkarten *Muster* bzw. *Ausfüllen* und *Schrift* und legen Sie dort die Farben fest. Bestätigen Sie die Eingabe des Formats und die Definition der Bedingung jeweils mit *OK*.

Im Ergebnis der Formatierung müssten nun die Datumsangaben 25./26.12.2008 und 01. bzw. 06.01.2009 in Rot/Weiß erscheinen.

Hinweis

Die Anweisungen über die Funktion *Bedingte Formatierung* wirken in diesem Beispiel so, dass Feiertage im Kalender nur dann in der Kombination *Rot/Weiß* hervorgehoben werden, wenn sie nicht auf ein Wochenende fallen.

Wollen Sie, dass alle Feiertage – auch, wenn sie auf ein Wochenende fallen – in Rot/Weiß erscheinen, müssen Sie bei den Festlegungen für die bedingte Formatierung auch mit der Formel für diese Tage beginnen. Die *Bedingung 1* ist dann für die Feiertage zuständig, die *Bedingung 2* für die Wochenenden.

CD-ROM

Das Beispiel einschließlich des Vergleichs zwischen verschiedenen Reihenfolgen der Bedingungen finden Sie in den Arbeitsmappen *Kap04_BF.xls* bzw. *Kap04_BF.xlsx* auf dem Blatt *FreieTage*. Die Dateien sind auf der CD-ROM zum Buch im Ordner *\Buch\Kap04* gespeichert.

Am Beispiel der Kalenderübersichten wurde deutlich, dass die Möglichkeiten der Funktion *Bedingte Formatierung* sehr vielseitig sind, wenn Sie die verschiedenen Tabellenfunktionen von Excel nutzen. In dem Bestreben, wichtige Informationen in Tabellen optisch hervorzuheben, steht Ihrer Kreativität nichts im Wege.

Identische Werte hervorheben

Hin und wieder wäre es nützlich, wenn identische Inhalte signalisiert würden. Die Inhalte von Zellen können Sie mit verschiedenen Funktionen vergleichen. Um die Ergebnisse des Vergleichs von Zellen deutlich hervorzuheben, eignet sich die bedingte Formatierung hervorragend.

Wenn alle gleich sind

Sollen beispielsweise die Zellen im Bereich *B3:B7* hellblau formatiert werden, wenn die Inhalte **aller** Zellen gleich sind (Abbildung 4.10), führen Sie die folgenden Schritte aus:

1. Markieren Sie den Bereich *B3:B7*. Wählen Sie die *Bedingte Formatierung* und *Formel* aus.
2. Tragen Sie für die *Bedingung* die Formel `=UND(IDENTISCH(B3;$B$3:$B$7))` ein.
3. Legen Sie per Schaltfläche *Format* das gewünschte Format fest und bestätigen Sie die Eingaben mit *OK*.

Die Zellen werden nur formatiert, wenn **alle** Inhalte gleich sind.

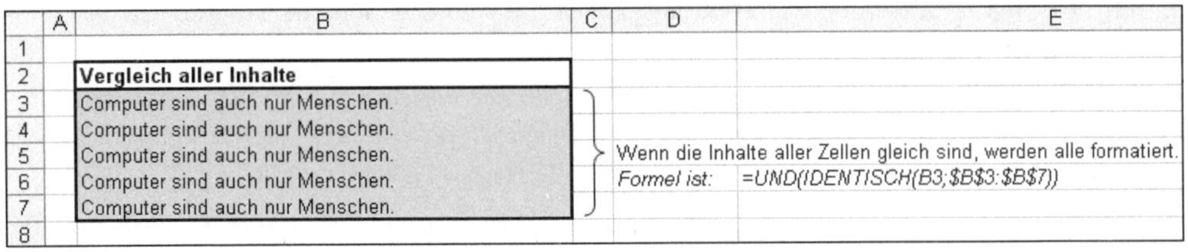

Abbildung 4.10: Alle Inhalte müssen gleich sein, um formatiert zu werden

Die absoluten und relativen Bezüge sind hier und bei den folgenden Beispielen von großer Bedeutung. Wenn Sie festgestellt haben, dass eine Formel für die bedingte Formatierung nicht korrekt arbeitet, rufen Sie das Dialogfeld *Bedingte Formatierung* erneut auf und ändern die Formel. Wenn Sie versuchen, mit den Pfeiltasten die Einfügemarke an eine bestimmte Stelle zu bewegen, werden statt der erwarteten Bewegung innerhalb des Eingabefeldes andere Zellbezüge eingetragen. Sie können das verhindern, wenn Sie das Eingabefeld für die Formel aktivieren und die Taste F2 drücken. Sie haben vom »Zeigen-Modus« in den »Bearbeiten-Modus« umgeschaltet. Jetzt funktionieren die Pfeiltasten wie erwartet.

Hinweis In der Dateiversion Excel 2007 gab es Probleme mit der Bedingten Formatierung und der oben verwendeten Formel: Die Bedingte Formatierung markiert nur die identischen Zellen, nicht wie in der Aufgabe beschrieben »alle oder keine«. Hier und bei den zwei folgenden Beispielen verhält sich die Version 2007 anders als ihre Vorgänger. Sie wertet die Formeln, welche als Matrixformeln zu berechnen sind, anders aus.

Aus diesem Grund finden Sie in der Beispieldatei für die Versionen 2007/2010 eine alternative Berechnung, welche die Aufgabe auch erfüllt:

```
=ZÄHLENWENN($B$3:$B$7;$B$3)=ANZAHL2($B$3:$B$7)
```

Wenn nur einer gleich ist

Schauen wir uns einen anderen Fall an: Hier sollen alle Zellen im Bereich *B10:B14* formatiert werden, wenn es im Bereich *B11:B14* eine Zelle gibt, die mit Zelle *B10* übereinstimmt. Führen Sie dazu die folgenden Schritte aus:

1. Markieren Sie den Bereich *B11:B15* und wählen den Befehl *Bedingte Formatierung*. Wählen Sie *Formel* aus.
2. Als *Bedingung* tragen Sie die Formel `=ODER(IDENTISCH($B$10;$B$11:$B$14))` ein.
3. Legen Sie über die Schaltfläche *Formatieren* das gewünschte Format fest.
4. Bestätigen Sie die Eingabe des Formats und die Definition der Bedingung jeweils mit *OK*.

Als Ergebnis werden **alle** Zellen formatiert, wenn es im Bereich *B11:B14* **eine** Zelle mit dem gleichen Inhalt wie in Zelle *B10* gibt (Abbildung 4.11).

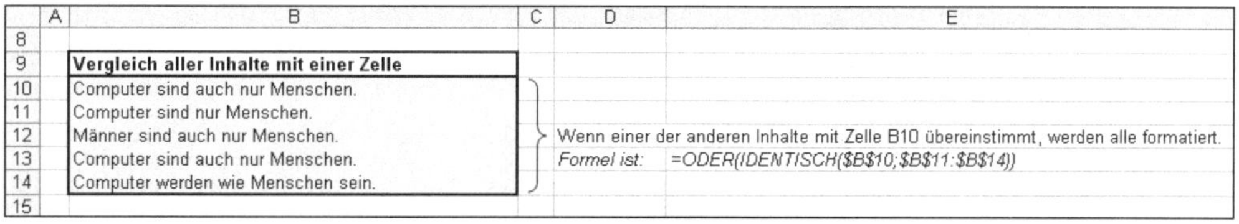

Abbildung 4.11: Nur eine andere Zelle muss mit *B10* übereinstimmen

Hinweis

In der Version Excel 2007 gab es Probleme mit der bedingten Formatierung und der oben verwendeten Formel: Nach dem Öffnen war die Formatierung nicht zu sehen. Erst, wenn unter *Regel bearbeiten* diese ohne Änderung noch einmal mit *OK* bestätigt wurde, war die Formatierung zu sehen. Nach dem Speichern und erneutem Öffnen der Mappe ging das Spiel von vorn los …

Die Version 2007 verhält sich anders als ihre Vorgänger. Sie wertet die Formeln, welche als Matrixformeln zu berechnen sind, anders aus. Deshalb haben wir in der Beispielarbeitsmappe für die Versionen 2007/2010 einfach eine alternative Formel verwendet, über welche die bedingte Formatierung dauerhaft wirkt:

```
=ZÄHLENWENN($B$10:$B$14;$B$10)>1
```

Wenn zwei (oder mehr) gleich sind

Auch die folgende Lösung vergleicht die Zellen eines Bereichs. Hier werden diejenigen Zellen formatiert, für die es Duplikate im markierten Bereich gibt. Dabei ist der Inhalt selbst nicht von Bedeutung.

Im Bereich *B17:B21* sollen alle Zellen formatiert werden, wenn die Inhalte der Zellen gleich, also Duplikate vorhanden sind. Führen Sie die folgenden Schritte aus:

1. Markieren Sie den Bereich *B17:B21* und wählen den Befehl *Bedingte Formatierung*. Wählen Sie *Formel* aus.
2. Tragen Sie für *Bedingung* die Formel `=SUMME(WENN(B17=$B$17:$B$21;1;0))>1` ein.
3. Legen Sie per die Schaltfläche *Format* das gewünschte Format fest.
4. Bestätigen Sie die Formatierung und die Definition der Bedingung jeweils mit *OK*.

Die Zellen werden jetzt nur formatiert, wenn es Zellen mit gleichen Inhalten gibt. Für die Prüfung wird die Anzahl der Übereinstimmungen im markierten Bereich mit der aktiven Zelle gezählt. Da die aktive Zelle selbst mitgezählt wird, muss das Ergebnis größer als *1* sein, um zur Formatierung zu führen.

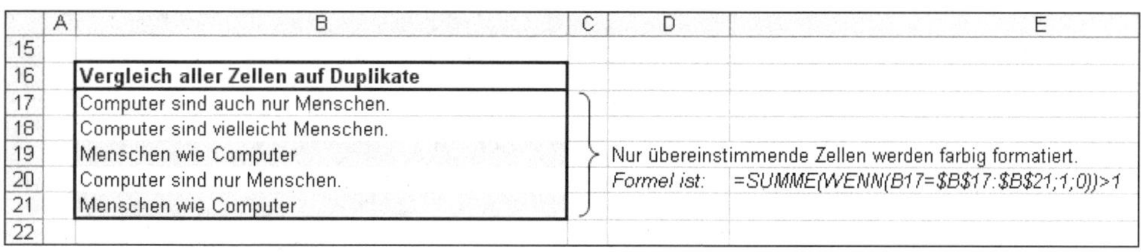

Abbildung 4.12: Die Duplikate werden hervorgehoben

Hinweis Die Version 2007 verhält sich anders als ihre Vorgänger. Sie wertet die Formeln, welche als Matrixformeln zu berechnen sind, anders aus. Deshalb haben wir in der Version 2007 einfach eine alternative Formel verwendet, über welche die bedingte Formatierung dauerhaft wirkt:

```
=ZÄHLENWENN($B$17:$B$21;B17)>1
```

CD-ROM Alle drei Beispiele finden Sie in den Arbeitsmappen *Kap04_BF.xls* bzw. *Kap04_BF.xlsx* auf dem Arbeitsblatt *Vergleich*. Die Dateien sind auf der CD-ROM zum Buch im Ordner *\Buch\Kap04* gespeichert.

Wo sind die Unterschiede?

Manchmal kommt es vor, dass man zwei Versionen einer Tabelle vorliegen hat. Dann taucht das Problem auf, die Tabellen vergleichen zu müssen, um die Unterschiede herauszufinden. Auch hier kann die bedingte Formatierung helfen.

Gegeben sind zwei Versionen eines Arbeitsblatts mit Unfallstatistiken – *Unfall1* und *Unfall2*. Im Blatt *Unfall2* sollen diejenigen Zellen markiert werden, die einen anderen Inhalt haben als die entsprechende(n) Zelle(n) in *Unfall1*.

Eigentlich eine leichte Aufgabe, brauchen doch nur die Zellinhalte miteinander verglichen zu werden. Aber es gibt eine kleine Schwierigkeit, die Sie sich zunächst ansehen sollten:

1. Markieren Sie den Datenbereich im Blatt *Unfall1*.
2. Wählen Sie den Befehl *Bedingte Formatierung* und stellen den Eintrag *Formel* ein.
3. Tragen Sie die Formel `=A1<>Unfall2!A1` ein.
4. Legen Sie das gewünschte Format fest (Schaltfläche *Formatieren*) und bestätigen jeweils mit *OK*.
5. Sie erhalten jetzt eine Fehlermeldung.

Unverständlich, aber es ist so: Beim Festlegen der bedingten Formatierung mit Bezügen auf andere Tabellenblätter oder Arbeitsmappen taucht ein Problem auf, denn mit den externen Bezügen kann Excel an dieser Stelle leider nichts anfangen.

Die Lösung liegt hier darin, eine Tabellenfunktion zu verwenden, welche den Bezug jeweils errechnet. Mit diesem »Trick« können Sie auch mit anderen Blättern vergleichen.

Hinweis Wählen Sie den Bereich für den Vergleich mittels der bedingten Formatierung ausreichend groß. Damit werden auch eventuell vorhandene neue bzw. gelöschte Datensätze als Unterschied markiert.

Um einen externen Blattbezug für die bedingte Formatierung zu verwenden, gehen Sie wie folgt vor.

1. Aktivieren Sie *Unfall2* und markieren Sie den Datenbereich.
2. Wählen Sie den Befehl *Bedingte Formatierung* und anschließend den Eintrag *Formel*.
3. Tragen Sie dann als *Bedingung* die folgende Formel ein:

   ```
   =B4<>INDIREKT(ADRESSE(ZEILE(B4);SPALTE(B4);WAHR;WAHR;"Unfall1"))
   ```

4. Legen Sie über die Schaltfläche *Formatieren* das gewünschte Format fest.
5. Bestätigen Sie die Eingaben jeweils mit *OK*.

Jetzt werden die Unterschiede zur Tabelle *Unfall1* sichtbar (Abbildung 4.13). Die Funktionsweise der beteiligten Funktionen INDIREKT(), ZEILE() und SPALTE() können Sie im Kapitel 10 nachlesen.

Wichtig

Der Bezug auf das Arbeitsblatt wird als Zeichenfolge eingetragen. Das hat zur Folge, dass bei einer Namensänderung des Arbeitsblatts die Formel **nicht** angepasst wird. Sie dürfen in diesem Fall nicht vergessen, die Formel für die bedingte Formatierung anzupassen.

	A	B	C	D	E	F	G
1	**Entwicklung der gemeldeten Unfallzahlen im Straßenverkehr**						
2							
3	Land	2003	2004	2005	2006	2007	2008
4	NRW	847.919	802.800	485.202	188.577	152.628	232.426
5	BAY	710.654	664.802	587.084	780.685	618.273	188.409
6	HES	396.347	535.543	159.472	354.137	632.883	379.262
7	BRB	558.784	695.357	633.524	559.837	548.559	631.978
8	BWB	352.400	652.646	216.647	749.896	358.148	834.914
9	SHS	192.579	201.340	560.000	260.539	683.464	375.280
10	RPF	851.526	382.802	431.882	380.567	640.104	580.925
11	NSN	387.490	239.883	226.285	524.396	424.771	109.108
12	THÜ	135.889	189.133	318.886	146.005	747.328	471.613
13	HBG	329.809	386.825	865.007	340.281	453.471	428.973
14	BLN	117.222	160.589	198.056	879.868	710.976	265.116
15	SAN	123.608	843.000	214.100	259.151	213.288	325.060
16	MVP	552.060	274.995	425.132	841.377	676.841	309.595
17	SAX	610.516	279.053	829.739	743.316	567.779	763.007
18							
19	*Diese Tabelle zeigt die Unterschiede zu Unfall1 mittels der* Bedingten Formatierung.						

Abbildung 4.13: Die Unterschiede der Tabellen markiert die bedingte Formatierung

Die vorgeschlagene Lösung funktioniert generell auch mit Tabellen, die sich in verschiedenen Arbeitsmappen befinden – allerdings mit einer Einschränkung, dass beide Mappen geöffnet sein müssen. Dann können Sie für die bedingte Formatierung die folgende Formel einsetzen. Sie enthält in eckigen Klammern zusätzlich den Namen der externen Mappe:

```
=A1<>INDIREKT(ADRESSE(ZEILE(A1);SPALTE(A1);WAHR;WAHR;"[Unfall.xls]Unfall1"))
```

Die Formel steht für die Variante unter Excel 2003. Unter Excel 2007/2010 kann der Name der externen Mappe `[Unfall.xlsx]` lauten.

CD-ROM

Das Beispiel finden Sie in den Arbeitsmappen *Kap04_BF.xls* bzw. *Kap04_BF.xlsx* auf dem Blatt *Unfall2*. Dazu gehört das Blatt *Unfall1*. Die Dateien sind auf der CD-ROM zum Buch im Ordner *\Buch\Kap04* gespeichert.

Listendrucklayout

Für den Druck einer Liste macht sich zur Betonung der Zeilen die Unterlegung jeder zweiten Zeile mit einem Farbwert eventuell besser als Rahmenlinien. Bei großen Listen wäre es allerdings sehr mühsam, jede zweite Zeile manuell zu formatieren. Zudem würde ein einziger Sortiervorgang die ganze Arbeit zunichte machen. Auch hier hilft die bedingte Formatierung:

1. Markieren Sie den Listenbereich ohne die Überschriften.
2. Rufen Sie den Befehl *Format/Bedingte Formatierung* auf und stellen den Eintrag *Formel ist* ein.
3. Tragen Sie dann für *Bedingung 1* die Formel `=REST(ZEILE();2)=1` für das Hervorheben der ungeraden Zeilen ein.
4. Legen Sie über die Schaltfläche *Format* das gewünschte Format fest.
5. Bestätigen Sie die Eingaben mit jeweils mit *OK*.

	A	B	C	D
1	**Funktion**	**Beschreibung**	**Kategorie**	**Add-In**
2	AMORDEGRK	Liefert den für eine Abrechnungsperiode anzusetzenden Abschreibungsbe	Finanzmathematik	Analyse-Funktionen
3	AMORLINEARK	Liefert den für eine Abrechnungsperiode anzusetzenden Abschreibungsbe	Finanzmathematik	Analyse-Funktionen
4	AUFGELZINS	Liefert die aufgelaufenen Zinsen (Stückzinsen) eines Wertpapiers mit peri	Finanzmathematik	Analyse-Funktionen
5	AUFGELZINSF	Liefert die aufgelaufenen Zinsen (Stückzinsen) eines Wertpapiers, die bei	Finanzmathematik	Analyse-Funktionen
6	AUSZAHLUNG	Liefert den Auszahlungsbetrag eines voll investierten Wertpapiers am Fäll	Finanzmathematik	Analyse-Funktionen
7	BW	Liefert den Barwert einer Investition	Finanzmathematik	Standard
8	DIA	Liefert die arithmetisch-degressive Abschreibung eines Wirtschaftsguts fü	Finanzmathematik	Standard
9	DISAGIO	Liefert den in Prozent ausgedrückten Abschlag (Disagio) eines Wertpapie	Finanzmathematik	Analyse-Funktionen
10	DURATION	Liefert die jährliche Duration eines Wertpapiers mit periodischen Zinszahl	Finanzmathematik	Analyse-Funktionen
11	EFFEKTIV	Liefert die jährliche Effektivverzinsung	Finanzmathematik	Analyse-Funktionen
12	GDA	Liefert die degressive Doppelraten-Abschreibung eines Wirtschaftsguts fü	Finanzmathematik	Standard
13	GDA2	Liefert die geometrisch-degressive Abschreibung eines Wirtschaftsguts fü	Finanzmathematik	Standard
14	IKV	Liefert den internen Zinsfuß einer Investition ohne Finanzierungskosten oc	Finanzmathematik	Standard
15	ISPMT	Gibt den Zinssatz für gleichgroße Rückzahlungsraten zurück	Finanzmathematik	Standard
16	KAPZ	Liefert die Kapitalrückzahlung einer Investition für die angegebene Periode	Finanzmathematik	Standard
17	KUMKAPITAL	Berechnet die aufgelaufene Tilgung eines Darlehens, die zwischen zwei F	Finanzmathematik	Analyse-Funktionen

Abbildung 4.14: Die ungeraden Zeilen sind hellgrau hinterlegt

Diese Formatierung wird durch keine Sortierung gestört und ergibt ein gutes Drucklayout. Die Wirkungsweise der Funktion REST() finden Sie in Kapitel 15 beschrieben.

Hinweis Wenn Sie eine dynamisch wachsende Tabelle haben und die bedingte Formatierung »auf Vorrat« für die maximale Länge der Liste einrichten, würden die Zeilenmarkierungen unterhalb des Listenendes stören.

Dazu wird die Formel um eine weitere Prüfung erweitert. Beide Prüfungen werden mit der UND()-Funktion verknüpft. Mit der Formel

```
=UND(REST(ZEILE();2)=1;$A2<>"")
```

für die bedingte Formatierung wird zusätzlich die erste Spalte der Liste geprüft. Enthält diese einen Wert und erfüllt die Zeilennummer die gewünschte Bedingung, wird die Leselinie angezeigt. Wenn Sie diese Formel einsetzen wollen, können Sie vor der Eingabe der Bedingung einen größeren Bereich markieren. Die Formatierung wird erst durchgeführt, wenn der Bereich dann auch mit Daten gefüllt wurde.

CD-ROM Das Beispiel haben wir in den Arbeitsmappen *Kap04_BF.xls* bzw. *Kap04_BF.xlsx* auf dem Blatt *Drucklayout* eingerichtet. Die Dateien sind auf der CD-ROM zum Buch im Ordner *\Buch\Kap04* gespeichert.

Top 3 hervorheben

Die Kennzeichnung von Top-Elementen sollte mit der bedingten Formatierung kein Problem sein. Auch hier schöpfen Sie aus dem Funktionen-Fundus von Excel. Nehmen wir an, Sie haben für verschiedene Orte über den Monat gemessene Temperaturreihen. Es sollen die drei wärmsten und die drei kühlsten Temperaturen signalisiert werden.

	A	B	C	D	E
1	**Temperaturmessungen im September**				
2					
3		**Berlin**	**Köln**	**Hamburg**	**München**
4	01.09.2008	**9°C**	27°C	22°C	30°C
5	02.09.2008	24°C	19°C	12°C	25°C
6	03.09.2008	27°C	22°C	19°C	19°C
7	04.09.2008	28°C	**10°C**	22°C	**11°C**
8	05.09.2008	15°C	19°C	19°C	12°C
9	06.09.2008	27°C	24°C	**11°C**	23°C
10	07.09.2008	24°C	14°C	26°C	22°C
11	08.09.2008	**12°C**	27°C	12°C	14°C
12	09.09.2008	18°C	14°C	23°C	25°C
13	10.09.2008	23°C	26°C	13°C	26°C
14	11.09.2008	20°C	13°C	**11°C**	16°C
15	12.09.2008	26°C	30°C	23°C	12°C
16	13.09.2008	26°C	16°C	22°C	16°C
17	14.09.2008	27°C	12°C	17°C	12°C
18	15.09.2008	24°C	**11°C**	**8°C**	**11°C**

Abbildung 4.15: Rot für die heißesten, blau für die kältesten Tage des Monats

Um diese Aufgabe zu lösen, gehen Sie so vor:

1. Markieren Sie die Spalten mit den Temperaturwerten einschließlich der Überschriften (im Beispiel ist das der Bereich *B3:E33*). Mit der Tastenkombination [Strg]+[⇧]+[F3] rufen Sie ohne Umwege das Dialogfeld *Namen erstellen* auf. In Excel 2007/2010 heißt es *Namen aus Auswahl erstellen*.
2. Bestätigen Sie den Vorschlag, die Überschriften aus der obersten Zeile (der Markierung) als Namen für die Spalten zu verwenden, mit *OK*.

   Sie haben nun die Datenspalten mit Bereichsnamen, nämlich den Orten aus der Überschrift, versehen. Diese werden in den Formeln für die bedingte Formatierung benötigt.
3. Markieren Sie den Bereich mit den Temperaturwerten (im Beispiel ist das der Bereich *B4:E33*) und rufen Sie den Befehl *Format/Bedingte Formatierung* auf.
4. In der *Bedingten Formatierung* wählen Sie als erste Bedingung den Eintrag *Formel* und tragen die folgende Formel ein:

   ```
   =ODER(B4=MAX(INDIREKT(B$3));B4=KGRÖSSTE(INDIREKT(B$3);2);
   B4=KGRÖSSTE(INDIREKT(B$3);3))
   ```
5. Klicken Sie auf die Schaltfläche *Formatieren* und wählen Sie auf der Registerkarte *Schrift* eine Formatierung aus (z.B. fett und rot). Bestätigen Sie mit *OK*.

6. In Excel 2003 klicken Sie auf die Schaltfläche *Hinzufügen*, in Excel 2007/2010 auf *Neue Regel*. Für die zweite Bedingung bzw. Regel tragen Sie die folgende Formel ein:

```
=ODER(B4=MIN(INDIREKT(B$3));B4=KKLEINSTE(INDIREKT(B$3);2);
B4=KKLEINSTE(INDIREKT(B$3);3))
```

7. Klicken Sie auf die Schaltfläche *Formatieren* und wählen auf der Registerkarte *Schrift* eine Formatierung aus (z.B. fett und dunkelblau). Bestätigen Sie mit *OK*.

Die Funktion INDIREKT() erzeugt den Bereichsnamen aus den Überschriften. So können Sie die bedingten Formate in einem Schritt für alle Spalten erzeugen. Mehr über die statistischen Funktionen MIN(), MAX(), KKLEINSTE() und KGRÖSSTE() erfahren Sie in Kapitel 11. Sie sehen, dass die interdisziplinäre Zusammenarbeit der Funktionen aus verschiedenen Kategorien eine gewisse Mächtigkeit entwickelt.

Tipp In den Versionen 2007/2010 können Sie jetzt im AutoFilter auch nach Formatierungen filtern, z.B. nach Schrift- oder Hintergrundfarbe!

CD-ROM Das Beispiel haben wir in den Arbeitsmappen *Kap04_BF.xls* bzw. *Kap04_BF.xlsx* auf dem Blatt *Top3* eingerichtet. Die Dateien sind auf der CD-ROM zum Buch im Ordner *\Buch\Kap04* gespeichert.

Zellen mit Leerzeichen hervorheben

Wenn Sie Daten aus einer Textdatei importiert haben, kennen Sie vielleicht auch das folgende Problem: In einigen Zellen sind Leerzeichen enthalten, die Ihnen bei der weiteren Bearbeitung Probleme bereiten. Über den Menübefehl *Bearbeiten/Suchen* können Sie zwar nach dem Leerzeichen suchen, aber da vielleicht nicht alle Leerzeichen ersetzt werden können, ist diese Methode doch sehr umständlich. Die Funktion GLÄTTEN() könnte helfen, aber Sie legen Wert auf eine Einzelfallprüfung. Sie suchen also nach einer Möglichkeit, die Zellen, die ein Leerzeichen enthalten, hervorzuheben. Lassen Sie sich dabei von der bedingten Formatierung helfen.

Häufig stören nach dem Datenimport Leerzeichen, insbesondere am Ende des Textes, weil sie hier nur schwer zu finden sind. Auf den ersten Blick können Sie nicht feststellen, ob der Zellinhalt mit einem Leerzeichen endet. Erst, wenn Sie mit der Taste [F2] zum letzten Zeichen der Bearbeitungsleiste wechseln, wird dies deutlich. Sie können Zellen mit bestimmten Inhalten mit der bedingten Formatierung finden – das gilt auch für Leerzeichen. Sie benötigen in der bedingten Formatierung diese Formeln:

```
=LINKS(C5;1)=ZEICHEN(32)
```

ermittelt ein führendes Leerzeichen. *C5* ist dabei die linke obere Ecke der Markierung.

```
=RECHTS(D5;1)=ZEICHEN(32)
```

ermittelt ein Leerzeichen am Ende. *D5* ist dabei die linke obere Ecke der Markierung.

```
=UND(LINKS(E5;1)=ZEICHEN(32);RECHTS(E5;1)=ZEICHEN(32))
```

ermittelt, ob ein Leerzeichen zu Beginn **und** am Ende steht. *E5* ist dabei die linke obere Ecke der Markierung.

```
=FINDEN(ZEICHEN(32);F5)>0
```

ermittelt ein beliebig vorkommendes Leerzeichen. *F5* ist dabei die linke obere Ecke der Markierung.

CD-ROM Die genannten Beispiele finden Sie in der Arbeitsmappe *Kap04_BF.xls* auf dem Blatt *Leer.* Die Datei ist auf der CD-ROM zum Buch im Ordner *\Buch\Kap04* gespeichert.

Hilfslinien für die Navigation in Tabellen

Ein häufiges Problem ist das Ablesen von Werten aus Tabellen. Es wird ein Wert benötigt, der im Schnittpunkt einer bestimmten Zeile und einer bestimmten Spalte steht. Wie in Abbildung 4.16 gezeigt, soll in diesem Beispiel für einen Betrag und die Anzahl der Teilzahlungen der jeweilige Ratenbetrag schnell in der Tabelle zu finden sein. Auf einem Blatt Papier kann man ein Lineal oder einen Stift anlegen, aber auf dem Bildschirm ... nun, das wäre weniger sinnvoll. Mit der bedingten Formatierung geht es auch anders.

In der Zelle *C9* ermittelt die Tabellenfunktion RMZ() den Teilzahlungsbetrag über die Formel

```
=RMZ($C$5/12;C$8;-$B9)
```

Die Mischung aus absoluten (Zins) und relativen Bezügen (Zahlungszeiträume und Barwert) erlaubt das Kopieren dieser Formel über den Bereich *C9:J28*. Mehr zu finanzmathematischen Funktionen, speziell zu RMZ(), finden Sie in Kapitel 14.

	A	B	C	D	E	F	G	H	I	J
1										
2		**Kreditberater**								
3		**Betrag**	15.000 €							
4		**Laufzeit**	36		**Monatliche Rate**		**451,25 €**			
5		**Zinssatz**	5,25%		**Effektiver Kaufpreis**		**16.244,97 €**			
6										
7						**Laufzeit**				
8		**Betrag**	4	8	12	18	24	36	48	60
9		1.000 €	252,74 €	127,47 €	85,72 €	57,89 €	43,98 €	30,08 €	23,14 €	18,99 €
10		2.000 €	505,48 €	254,95 €	171,44 €	115,79 €	87,97 €	60,17 €	46,29 €	37,97 €
11		3.000 €	758,22 €	382,42 €	257,17 €	173,68 €	131,95 €	90,25 €	69,43 €	56,96 €
12		4.000 €	1.010,96 €	509,89 €	342,89 €	231,57 €	175,93 €	120,33 €	92,57 €	75,94 €
13		5.000 €	1.263,70 €	637,37 €	428,61 €	289,47 €	219,92 €	150,42 €	115,71 €	94,93 €
14		6.000 €	1.516,44 €	764,84 €	514,33 €	347,36 €	263,90 €	180,50 €	138,86 €	113,92 €
15		7.000 €	1.769,18 €	892,31 €	600,05 €	405,25 €	307,88 €	210,58 €	162,00 €	132,90 €
16		8.000 €	2.021,92 €	1.019,79 €	685,78 €	463,15 €	351,87 €	240,67 €	185,14 €	151,89 €
17		9.000 €	2.274,66 €	1.147,26 €	771,50 €	521,04 €	395,85 €	270,75 €	208,28 €	170,87 €
18		10.000 €	2.527,40 €	1.274,73 €	857,22 €	578,93 €	439,83 €	300,83 €	231,43 €	189,86 €
19		11.000 €	2.780,14 €	1.402,21 €	942,94 €	636,82 €	483,82 €	330,92 €	254,57 €	208,85 €
20		12.000 €	3.032,88 €	1.529,68 €	1.028,67 €	694,72 €	527,80 €	361,00 €	277,71 €	227,83 €
21		13.000 €	3.285,62 €	1.657,16 €	1.114,39 €	752,61 €	571,78 €	391,08 €	300,86 €	246,82 €
22		14.000 €	3.538,36 €	1.784,63 €	1.200,11 €	810,50 €	615,77 €	421,17 €	324,00 €	265,80 €
23		15.000 €	3.791,11 €	1.912,10 €	1.285,83 €	868,40 €	659,75 €	**451,25 €**	347,14 €	284,79 €
24		16.000 €	4.043,85 €	2.039,58 €	1.371,55 €	926,29 €	703,73 €	481,33 €	370,28 €	303,78 €
25		17.000 €	4.296,59 €	2.167,05 €	1.457,28 €	984,18 €	747,72 €	511,42 €	393,43 €	322,76 €
26		18.000 €	4.549,33 €	2.294,52 €	1.543,00 €	1.042,08 €	791,70 €	541,50 €	416,57 €	341,75 €
27		19.000 €	4.802,07 €	2.422,00 €	1.628,72 €	1.099,97 €	835,69 €	571,58 €	439,71 €	360,73 €
28		20.000 €	5.054,81 €	2.549,47 €	1.714,44 €	1.157,86 €	879,67 €	601,67 €	462,85 €	379,72 €

Abbildung 4.16: Die farbliche Führung hebt die Auswahl in der Raten-Matrix hervor

Durch die Verwendung der Gültigkeitsprüfung können Sie in den Zellen *C3* den Betrag und in *C4* die Laufzeit komfortabel aus einer Liste von Werten auswählen. Für den Betrag werden die Werte aus dem Bereich *Betrag* (dieser Name steht für den Zellbereich *B9:B28*) verwendet, für die Laufzeit die Werte aus dem Bereich *Monate* (dieser Name steht für den Zellbereich *C8:J8*). Weitere Beispiele zu Gültigkeits- bzw. Datenprüfungen finden Sie im Abschnitt »Funktionen bei der Gültigkeitsprüfung« ab Seite 204.

Markierung des gewählten Betrags bzw. der Laufzeit

Zunächst muss der gesuchte Betrag in der Vorspalte der Liste markiert werden. Dazu gehen Sie wie folgt vor:

1. Markieren Sie den Bereich *B9:B28*. Wählen Sie die *Bedingte Formatierung*.
2. Im jetzt geöffneten Dialogfeld wählen Sie wieder den Eintrag *Formel* aus.
3. Tragen Sie dann die Formel `=B9=$C$3` ein.
4. Legen Sie das gewünschte Format fest und schließen Sie die beiden Dialogfelder jeweils mit *OK*.

Nun gilt es, die in Zelle *C4* eingestellte Laufzeit in der Überschrift der Tabelle zu markieren. Für diese Aufgabe sind die folgenden Schritte nötig:

1. Markieren Sie den Bereich *C8:J8*.
2. Wählen Sie die *Bedingte Formatierung*. Im jetzt geöffneten Dialogfeld wählen Sie den Eintrag *Formel*.
3. Tragen Sie die Formel `=C8=$C$4` ein.
4. Legen Sie das gewünschte Format fest und schließen Sie die beiden Dialogfelder wieder mit *OK*.

Damit ist die Grundlage der Markierung ermittelt.

Markierung der Ergebniszelle und der Führung dorthin

Etwas schwieriger gestaltet sich allerdings das Anzeigen als Hilfslinie, weil dabei mehrere Bedingungen zu prüfen sind. Es sollen ja alle Zellen eine Formatierung erhalten, die sich in der gefundenen Zeile befinden und außerdem auch alle Zellen, die sich in der gefundenen Spalte befinden. Diese Bedingungen werden durch die ODER()-Funktion eingestellt. Beide Bedingungen haben die Einschränkung, dass jeweils nur bis zu einer bestimmten Spalte bzw. Zeile die Formatierung ausgeführt werden soll. Es gelten also zwei Bedingungen für jeden Fall; diese werden über die UND()-Funktion verknüpft.

Gehen Sie wie folgt vor, um die Ergebniszelle hervorzuheben und den Datenbereich mit den Hilfslinien zu versehen:

1. Markieren Sie den Datenbereich *C9:J28* und rufen Sie die *Bedingte Formatierung* auf.
2. Wählen Sie *Formel* und notieren folgende Formel: `=C9=$G$4`
3. Legen Sie das gewünschte Format für die Ergebniszelle fest und klicken dann auf die Schaltfläche *Hinzufügen* bzw. in 2007/2010 *Neue Regel*.
4. Wählen Sie wieder *Formel* und tragen folgende Formel ein:

   ```
   =ODER(UND($B9=$C$3;C$8<=$C$4);UND(C$8=$C$4;$B9<=$C$3))
   ```

5. Legen Sie das gewünschte Format für die Markierung fest und bestätigen Sie abschließend jeweils mit *OK*.

Die Abbildung 4.17 zeigt die Formeln für die Bedingungen im Dialogfeld *Bedingte Formatierung* in Excel 2003. Wichtig ist die Reihenfolge der Bedingungen. Wenn die Zelle auch dem Berechnungsergebnis oben im Kopfteil entspricht, soll sie als Ergebniszelle besonders hervorgehoben werden. Da sie auch die *Bedingung 2* erfüllt, würde diese Formatierung an zweiter Stelle nie gezeigt werden.

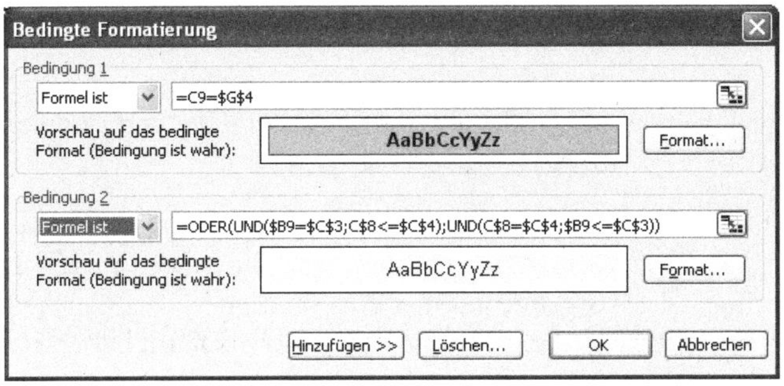

Abbildung 4.17: Zunächst die erste Bedingung für die Ergebniszelle, dann die Bedingung für die Führungslinien

Beachten Sie auch die gemischten Bezüge bei den Vergleichen. Nur so erreichen Sie das gewünschte Ziel. Das Ergebnis ist überzeugend. Man kann die Zusammenhänge in der Raten-Tabelle schneller erkennen und das Ganze hat damit eine bessere Systematik.

CD-ROM Das gezeigte Beispiel finden Sie auf der CD-ROM zum Buch im Ordner *\Buch\Kap04* in den Arbeitsmappen *Kap04_BF.xls* bzw. in der Excel-Version 2007 *Kap04_BF.xlsx* auf dem Blatt *Kredit.*

Datengruppen absetzen

Ein weiteres Beispiel: In einer umfangreichen Liste, die nach Firmen sortiert ist, soll nach Datensätzen mit der gleichen Firma eine Trennlinie eingefügt werden. So können Sie zusammengehörige Gruppen schnell erkennen (Abbildung 4.18). Manuell ist das kein Problem, aber geht es auch dynamisch?

	A	B	C	D	E	F
1	Firma	Ort	Datum	Land	Artikelname	Umsatz
2	Alfreds Futterkiste	Berlin	01.05.05	Deutschland	Fløtemysost	1.961,00 €
3	Alfreds Futterkiste	Berlin	02.09.04	Deutschland	Mozzarella di	1.729,00 €
4	Alfreds Futterkiste	Berlin	31.08.04	Deutschland	Röd Kaviar	1.226,00 €
5	Alfreds Futterkiste	Berlin	03.10.04	Deutschland	Longlife Tofu	1.012,00 €
6	Alfreds Futterkiste	Berlin	10.02.05	Deutschland	Rhönbräu	1.950,00 €
7	Alfreds Futterkiste	Berlin	02.09.04	Deutschland	Lakkalikööri	1.733,00 €
8	Alfreds Futterkiste	Berlin	02.11.04	Deutschland	Original	1.871,00 €
9	Ana Trujillo Emparedados y	México D.F.	11.04.05	Mexiko	Chai	kein
10	Ana Trujillo Emparedados y	México D.F.	05.05.05	Mexiko	Chang	1.615,00 €
11	Ana Trujillo Emparedados y	México D.F.	18.03.05	Mexiko	Aniseed Syrup	1.771,00 €
12	Ana Trujillo Emparedados y	México D.F.	03.02.05	Mexiko	Chef Anton's	1.218,00 €
13	Antonio Moreno Taquería	México D.F.	03.07.05	Mexiko	Röd Kaviar	1.580,00 €
14	Antonio Moreno Taquería	México D.F.	15.11.04	Mexiko	Longlife Tofu	1.371,00 €
15	Antonio Moreno Taquería	México D.F.	08.11.04	Mexiko	Rhönbräu	1.637,00 €
16	Antonio Moreno Taquería	México D.F.	11.12.04	Mexiko	Lakkalikööri	1.604,00 €
17	Antonio Moreno Taquería	México D.F.	17.11.04	Mexiko	Original	1.369,00 €
18	Around the Horn	London	09.04.05	Großbritannie	Chai	kein

Abbildung 4.18: Bei jedem Firmenwechsel wird ein Trennstrich eingezogen

Mithilfe der bedingten Formatierung ist diese Aufgabe auch dynamisch realisierbar, und zwar so:

1. Markieren Sie den Datenbereich (im Beispiel sind das die Zellen *A2:F86*).
2. Sortieren Sie die Daten über den Befehl *Daten/Sortieren* nach der Firma.
3. Wählen Sie den Befehl *Bedingte Formatierung* (*Neue Regel*).
4. Im geöffneten Dialogfeld wählen Sie den Eintrag *Formel* aus und tragen in das Formelfeld die Formel `=$A2<>$A3` ein.
5. Über die Schaltfläche *Formatieren* wählen Sie auf der Registerkarte *Rahmen* den unteren Rahmen aus.
6. Schließen Sie die Dialogfelder jeweils mit *OK*.

Die genannte Formel prüft, ob der Wert der nachfolgenden Zeile ungleich dem der aktuellen Zeile ist. Keine bedingte Formatierung wird vorgenommen, wenn die Zellen den gleichen Inhalt haben. Wenn die Bedingung *WAHR* ist, wird das Format zugewiesen. Damit haben Sie eine Trennlinie zwischen die Gruppen gezeichnet.

Hinweis Auch wenn Sie die Daten absteigend sortieren, wird die Trennlinie korrekt nach dem Gruppenwechsel gezeichnet.

CD-ROM Das gezeigte Beispiel finden Sie auf der CD-ROM zum Buch im Ordner *\Buch\Kap04* in den Arbeitsmappen *Kap04_BF.xls* bzw. *Kap04_BF.xlsx* auf dem Blatt *Gruppen*.

Teilergebnisse formatieren

Wenn Sie eine Liste über den Menübefehl *Daten/Teilergebnisse* unter Verwendung der Funktion SUMME() gruppiert haben, wollen Sie vielleicht die Teilergebnisse optisch hervorheben. Natürlich möchten Sie das nicht jedes Mal »von Hand« erledigen. Auch bei diesem Problem kann Ihnen die bedingte Formatierung helfen.

Führen Sie die folgenden Schritte aus, um eine solche Formatierung zu erreichen:

1. Sortieren Sie die Daten über *Daten/Sortieren* nach dem Vertreter.

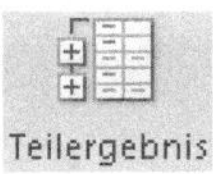

2. Wählen Sie *Daten/Teilergebnisse* und gruppieren Sie die Daten nach der Spalte *Vertreter*. Bilden Sie die Summe vom *Umsatz* und schließen Sie mit *OK* ab.
3. Markieren Sie die Daten im Bereich *A2:C30* und wählen Sie die *Bedingte Formatierung*.
4. Als Formel tragen Sie ein: `=ISTZAHL(FINDEN("rgebnis";$A2))`. Beachten Sie den gemischten Bezug für die Zelle *$A2*!
5. Legen Sie nun noch das gewünschte Format fest und bestätigen Sie abschließend die Eingaben jeweils mit Klick auf *OK*.

CD-ROM Das gezeigte Beispiel finden Sie auf der CD-ROM zum Buch im Ordner *\Buch\Kap04* in den Arbeitsmappen *Kap04_BF.xls* bzw. *Kap04_BF.xlsx* auf dem Blatt *Teilergebnisse*.

	A	B	C
1	**Vertreter**	**Datum**	**Umsätze**
2	Bärwald	27.09.2005	22.611 €
3	Bärwald	04.10.2005	20.710 €
4	Bärwald	16.10.2005	20.063 €
5	Bärwald	30.10.2005	25.567 €
6	**Bärwald Ergebnis**		**88.951 €**
7	Friedrichs	19.09.2005	23.853 €
8	Friedrichs	12.10.2005	17.592 €
9	Friedrichs	30.10.2005	18.827 €
10	**Friedrichs Ergebnis**		**60.272 €**
11	Jansen	05.09.2005	20.839 €
12	Jansen	21.10.2005	10.382 €
13	Jansen	09.11.2005	18.027 €
14	**Jansen Ergebnis**		**49.248 €**
15	Maier	09.09.2005	24.352 €
16	Maier	04.10.2005	14.817 €
17	Maier	17.10.2005	18.265 €
18	**Maier Ergebnis**		**57.434 €**
19	Müller	11.10.2005	17.930 €
20	Müller	21.12.2005	13.415 €
21	**Müller Ergebnis**		**31.345 €**
22	Schmidt	30.10.2005	27.933 €
23	Schmidt	03.11.2005	21.284 €
24	Schmidt	15.12.2005	13.287 €
25	**Schmidt Ergebnis**		**62.504 €**
26	Schulze	17.09.2005	24.059 €
27	Schulze	02.10.2005	21.214 €
28	Schulze	10.11.2005	12.519 €
29	**Schulze Ergebnis**		**57.792 €**
30	**Gesamtergebnis**		**407.546 €**

Abbildung 4.19: Die Teilergebnisse sind mit Fettschrift, grauem Hintergrund und mit Rahmen abgesetzt

Tipps zur bedingten Formatierung (bis 2003)

In Excel 2007 und 2010 ist mit dem Manager für die Regeln eine intuitive Bedienung und komfortable Verwaltung der bedingten Formate möglich. In den Vorversionen konnte man dies mit ein wenig Know-how ebenfalls erreichen. Deshalb hier zum Abschluss dieses Abschnitts noch einige Hinweise und Tipps zur Handhabung der bedingten Formatierung in der Excel-Version 2003 und früher.

Bedingte Formatierungen ändern und löschen

Zum Ändern einer bedingten Formatierung markieren Sie zunächst die Zellen, für die diese Änderung gelten soll. Rufen Sie dann das Dialogfeld *Bedingte Formatierung* auf und wählen Sie die gewünschten neuen Einstellungen aus. Bestätigen Sie per Klick auf *OK*.

Wollen Sie eine oder mehrere Bedingungen löschen, markieren Sie die in Frage kommenden Zellen und rufen das Dialogfeld *Bedingte Formatierung* auf. Mit einem Klick auf die Schaltfläche *Löschen* rufen Sie das in Abbildung 4.20 dargestellte Dialogfeld auf, in welchem Sie über drei Kontrollkästchen steuern können, welche der Bedingungen entfernt werden soll. Ein Klick auf die Schaltfläche *OK* führt das Löschen entsprechend Ihrer Festlegung aus.

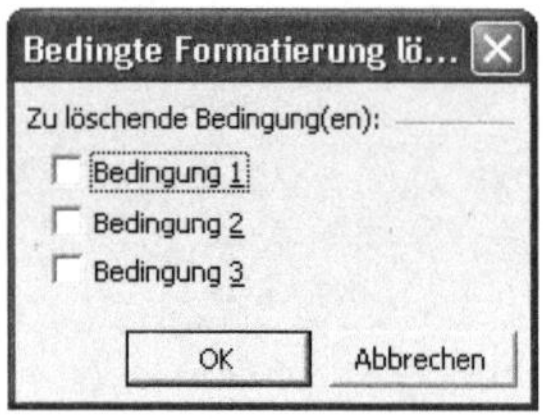

Abbildung 4.20: Das Dialogfeld zum Löschen von Bedingungen

Zellen mit bedingter Formatierung finden

Mitunter weiß man nicht mehr genau, für welche Zellbereiche eines Blatts oder einer Mappe bedingte Formatierungen festgelegt wurden. In diesem Fall hilft Ihnen Excel mit einer wenig bekannten Möglichkeit:

1. Rufen Sie mit der Taste F5 das Dialogfeld *Gehe zu* auf (alternativ wählen Sie den Menübefehl *Bearbeiten/Gehe zu* oder die Tastenkombination Strg+G).
2. Klicken Sie dort auf die Schaltfläche *Inhalte.*

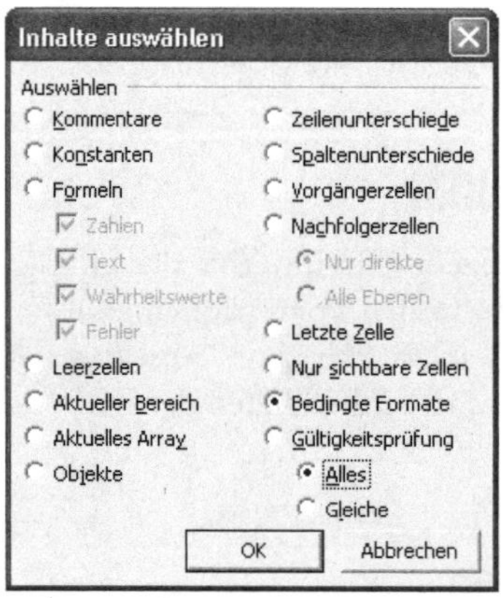

Abbildung 4.21: Suche nach Zellen, die bedingte Formate enthalten

3. Markieren Sie den Eintrag *Bedingte Formate* und unter *Gültigkeitsprüfung* die Option *Alles* (Abbildung 4.21). Starten Sie den Vorgang mit Klick auf die Schaltfläche *OK.*

Auf diese Weise können Sie beispielsweise für alle gefundenen Zellen mit bedingter Formatierung die zuvor festgelegten Formate schnell wieder löschen oder ändern.

Wollen Sie nicht alle Zellen mit bedingter Formatierung, sondern nur diejenigen finden, die identische bedingte Formate haben, dann klicken Sie unter *Gültigkeitsprüfung* auf *Gleiche.*

Bedingte Formatierung per Symbol

Anwender, die bereits begeistert und häufig mit der Funktion *Bedingte Formatierung* arbeiten, ärgern sich bestimmt darüber, dass dieser wichtige Befehl bei einem Klick der rechten Maustaste auf markierte Zellen nicht im Kontextmenü zur Verfügung steht.

Tipp Im Kapitel 31 des Buches »Microsoft Office Excel 2003 – Das Handbuch, 2. Aufl.«, Microsoft Press, ISBN-13: 978-3-86063-193-5, finden Sie eine kleine Lösung, wie mittels VBA diesem Mangel in der Ausstattung von Excel abgeholfen wird.

Für alle, die sich an VBA (noch) nicht herantrauen, hier eine Lösung, wie Sie mittels eines neuen Symbols das Dialogfeld für die Bedingte Formatierung aufrufen:

1. Der Weg führt zunächst über den Menübefehl *Extras/Anpassen*, via Registerkarte *Befehle*, zur dortigen Kategorie *Format*.
2. Rechts in der Liste finden Sie den Befehl *Bedingte Formatierung*, der aber ohne Symbol ist. Ziehen Sie zunächst den Eintrag *Bedingte Formatierung* in eine der bestehenden Symbolleisten.
3. Weisen Sie der neuen Schaltfläche ggf. eine neue Beschriftung zu. Dazu rufen Sie per rechten Mausklick auf die neue Schaltfläche deren Kontextmenü auf. Tragen Sie dort hinter *Name* die neue Beschriftung ein und schließen mit der [↵]-Taste ab.
4. Versehen Sie außerdem den Befehl *Standard* per Klick mit einem Häkchen (Abbildung 4.22).
5. Klicken Sie im Kontextmenü auf den Befehl *Schaltflächensymbol ändern* und wählen Sie ein passendes Bild aus.
6. Zum Abschluss klicken Sie im Dialogfeld *Anpassen* auf die Schaltfläche *Schließen*.

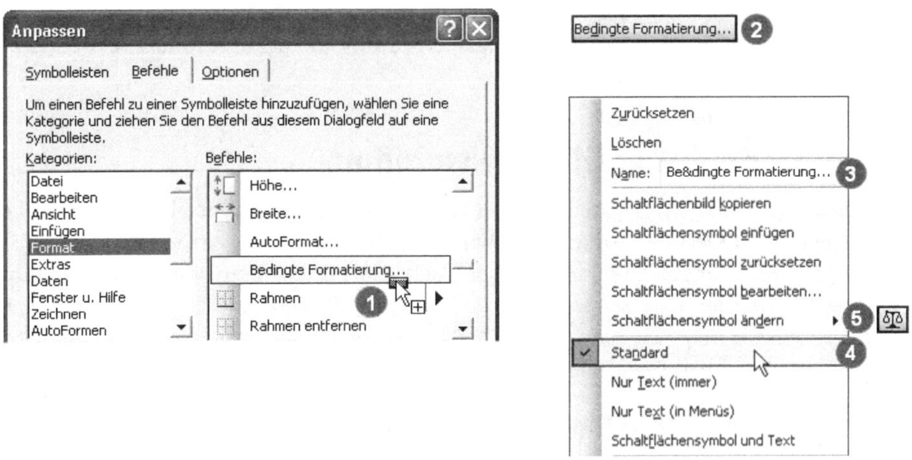

Abbildung 4.22: Die neue Symbolschaltfläche mit einem Text versehen

Sie können ab jetzt bequem per Mausklick auf das neue Symbol in das Dialogfeld für die bedingte Formatierung gelangen.

Tipps und Troubleshooting rund um die Funktion *Bedingte Formatierung*

Für den Fall, dass eine bedingte Formatierung nicht korrekt angezeigt wird, können mehrere Ursachen vorliegen:

- Es kann sein, dass mehrere Bedingungen festgelegt wurden. Wenn mehrere Bedingungen auf eine Zelle oder einen Zellbereich zutreffen, wendet Excel nur die Formatierung für die erste zutreffende Bedingung an.
- Wenn Bedingungen festgelegt wurden, die sich überschneiden, weist Excel ebenfalls nur das Format der ersten zutreffenden Bedingung zu.
- Haben Sie beim Festlegen einer bedingten Formatierung keine Konstanten, sondern Formeln mit Zellbezügen verwendet, kann es sein, dass sich inzwischen die Zellbezüge geändert haben.
- Schließlich kann es vorkommen, dass Sie Zellen mit bedingter Formatierung markieren und feststellen, dass die Felder für die Einstellungen im Dialogfeld *Bedingte Formatierung* leer sind. In diesem Fall wurden sicherlich Zellen in die Markierung einbezogen, die keine oder unterschiedliche Anweisungen für die bedingte Formatierung enthalten. Im Dialogfeld kann aber jeweils nur eine Einstellungsvariante gezeigt werden. Markieren Sie daher nur Teile des ursprünglich markierten Bereichs oder eine einzelne Zelle, und prüfen Sie im Dialogfeld *Bedingte Formatierung* die jeweilige Einstellung.

Funktionen bei der Gültigkeitsprüfung

Die *Gültigkeitsprüfung* aus dem Menü *Daten* stellt für Eingabekontrollen einiges bereit. So können Sie u.a. die Eingabe auf bestimmte Datentypen und Inhalte einschränken. Richtig spannend wird es, wenn Sie für die Gültigkeitsprüfung auch Funktionen verwenden, also berechnete Gültigkeitswerte haben.

Zellschutz mithilfe der Gültigkeitsprüfung

Die Gültigkeitsprüfung bzw. Datenprüfung kann auch für einen einfachen Zellschutz ohne Passwort verwendet werden. Sollen etwa Formatierungsoptionen verfügbar bleiben, ist der Standard-Zellschutz ungeeignet, weil dieser auch das Formatieren von Zellen verhindert. Über *Extras/Schutz/Benutzer dürfen Bereiche bearbeiten* (2003) bzw. Registerkarte *Überprüfen/Benutzer dürfen Bereiche bearbeiten* (2007/2010) geht das zwar, aber eine interessante, weil einfache Möglichkeit bietet die Gültigkeitsprüfung dennoch.

Nachdem Sie ein Arbeitsblatt mit Texten, Werten und Formeln gefüllt haben, gehen Sie so vor:

1. Markieren Sie das gesamte Blatt oder den verwendeten Bereich.
2. Wählen Sie dann den Menübefehl *Daten/Gültigkeit*.
3. Stellen Sie das Listenfeld *Zulassen* auf *Benutzerdefiniert* und tragen Sie diese Formel ein:

```
=LÄNGE(A1)<1
```

Damit wäre eine Eingabe nur dann gültig, wenn sie weniger als ein Zeichen lang ist. Die Zelle ist damit vor dem direkten Überschreiben, wie es versehentlich vorkommen kann, geschützt. Das ist selbstverständlich kein Schutz, der unberechtigte Benutzer abhalten kann, Daten zu zerstören. Zumal dies mit der `Entf`-Taste immer noch funktioniert. Aber eine schnelle Hilfe für das Unterbinden eigener Unzulänglichkeiten ist es durchaus.

Variable Listenbereiche

Vielleicht wollen Sie für die Gültigkeitsprüfung auch verschiedene Listen festlegen, die in Abhängigkeit einer anderen Zelle verwendet werden. Dann sollten Sie das folgende Beispiel genauer ansehen.

Für die Auswahl einzelner Entgeltgruppen soll eine Gültigkeitsprüfung festgelegt werden. Die Auswahl der Entgeltgruppe soll dabei so eingeschränkt werden, dass die für die jeweilige Entgeltmethode gültige Liste verwendet wird. Die Tabelle 4.1 beschreibt die Regeln.

Entgeltmethode	Entgeltgruppe aus der Liste
A (Akkord)	Lohn
P (Prämie)	Lohn
Z (Zeitlohn)	Lohn
G (Gehalt)	Gehalt
GP (Gehalt mit Prämie)	Gehalt

Tabelle 4.1: Für Akkord-, Prämien- u. Zeitlöhner wird die Auswahl auf die Lohn-Entgeltgruppen und für Gehaltsempfänger wird die Auswahl auf die Gehalts-Entgeltgruppen eingeschränkt

Die Lösung verwendet Namen, d.h. auf dem Blatt *Entgelttabelle* trägt der Listenbereich mit den Lohngruppen den Namen *Lohn*, und der Bereich mit den Gehaltsgruppen trägt den Namen *Gehalt*.

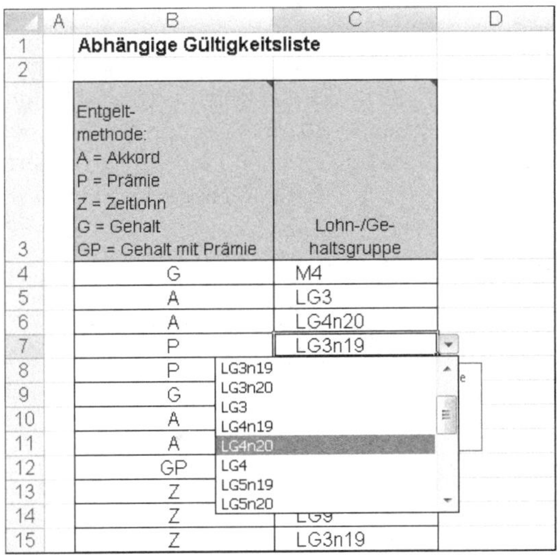

Abbildung 4.23: Die Auswahlliste ist von der gewählten Entgeltmethode anhängig

Die Gültigkeitsprüfung für die Entgeltmethode im Bereich *B4:B15* ist überschaubar. Hier reicht ein fester Eintrag. Unter *Daten/Gültigkeit* bzw. *Datenüberprüfung* (2007/2010) wurde unter *Zulassen* der Eintrag *Liste* eingestellt und unter *Quelle* wurde diese Liste eingetragen:

```
A;P;Z;G;GP
```

Die Gültigkeitsprüfung für die Entgeltgruppe soll nun den Wert der Spalte *B* berücksichtigen. Dazu stellen Sie das Listenfeld *Zulassen* auf *Liste* und tragen als *Quelle* die folgende Formel ein:

```
=WENN(ODER($B4="G";$B4="GP");Gehalt;Lohn)
```

Diese Formel setzt die in Tabelle 4.1 gezeigten Regeln um und zeigt abhängig von der Auswahl der Entgeltmethode die zutreffende Liste.

CD-ROM Das gezeigte Beispiel finden Sie auf der CD-ROM zum Buch im Ordner *\Buch\Kap04* in den Arbeitsmappen *Kap04_GP.xls* bzw. *Kap04_DP.xlsx* auf dem Blatt *Abhängige Liste*. Dazu gehört das Blatt *Entgelttabelle*.

Die Eingabe mit Formeln einschränken

Wenn die bisher vorgestellten Möglichkeiten für die Definition von Gültigkeitsregeln noch nicht ausreichen, können Sie auch Formeln für die Prüfung verwenden. Wenn Sie im Dialogfeld *Gültigkeitsprüfung* bzw. *Datenüberprüfung* (2007) im Listenfeld *Zulassen* den Eintrag *Benutzerdefiniert* wählen, können Sie im Eingabefeld *Formel* eine Formel eintragen.

Hier lassen sich Formeln verwenden, die als Rückgabewert einen der Wahrheitswerte *WAHR* oder *FALSCH* zurückgeben. Gibt die Formel *WAHR* zurück, sind die Daten gültig, ist das Ergebnis der Formel der Wahrheitswert *FALSCH*, sind die Daten ungültig und die Fehlermeldung wird angezeigt.

Einschränkungen in Versionen vor 2007

Bei der Verwendung von Formeln gilt es allerdings, für die Versionen vor Excel 2007 ein paar Einschränkungen zu beachten:

- Sie können keine Bezüge auf externe Arbeitsmappen, z.B. *='C:\Funktionen\[Mappe.xlsx] Tab1'!$C$3=D7*, verwenden (ab 2007 geht das, die andere Mappe muss allerdings geladen sein)
- Sie können keine Funktionen aus Add-Ins verwenden. So ist z.B. die Funktion NETTOARBEITSTAGE() in einer Tabelle nur verfügbar, wenn Sie das Add-In *Analyse-Funktionen* installiert haben. In der Gültigkeitsprüfung kann diese Funktion nicht direkt eingesetzt werden.
- Sie können keine Matrixkonstanten verwenden
- Sie können keine Formeln mit mehr als 255 Zeichen verwenden

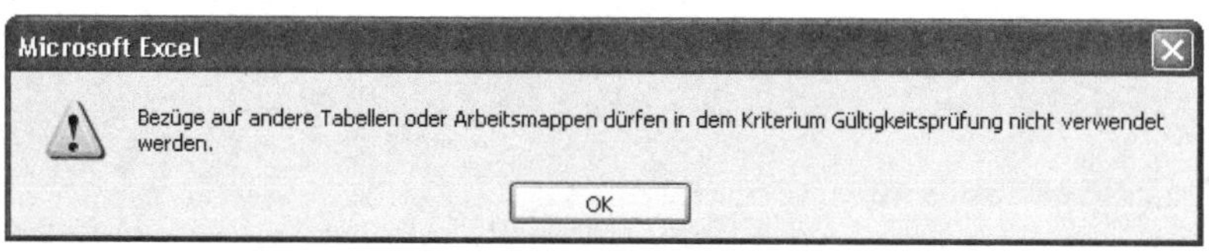

Abbildung 4.24: Fehlermeldung in Excel 2003 bei Verwendung externer Funktionen oder Bezüge

Sie können solche Hindernisse umgehen, indem Sie die Formel für die Gültigkeitsprüfung in eine Tabelle eintragen und für die Gültigkeitsprüfung einen Bezug auf die Zelle mit der Formel verwenden.

Doppelte Einträge verhindern

Ein häufiges Problem bei der Pflege von Listen ist die Vermeidung doppelter Einträge. In einer Kundenliste sollen z.B. doppelte Kundennummern verhindert werden oder in einer Liste mit Aktienkursen soll jedes Datum nur einmal eingetragen werden. Für diese Problemstellung können Sie eine Formel in der Gültigkeitsprüfung verwenden.

Sie wollen im Bereich *B2:B20* sicherstellen, dass jeder Eintrag nur einmal vorkommen kann. Wenn versucht wird, einen Wert mehrfach einzutragen, soll eine Fehlermeldung darauf hinweisen.

Um die Gültigkeit so festzulegen, dass jeder Eintrag nur ein einziges Mal verwendet werden kann, gehen Sie wie folgt vor:

1. Markieren Sie zunächst den Prüfbereich *B2:B20.*
2. Wählen Sie den Befehl *Daten/Gültigkeit* bzw. *Datenüberprüfung.* Auf der Registerkarte *Einstellungen* wählen Sie im Listenfeld *Zulassen* den Eintrag *Benutzerdefiniert.*
3. Im Listenfeld *Formel* fügen Sie den Ausdruck ein, der die Daten, die zugelassen sind, beschreibt. Um doppelte Einträge zu verhindern, verwenden Sie die Formel

```
=ZÄHLENWENN($B$2:$B$20;B2)<=1
```

4. Wechseln Sie zur Registerkarte *Fehlermeldung* und tragen Sie die Fehlermeldung ein.
5. Beenden Sie die Eingabe mit *OK.*

Wichtig

Achten Sie hier unbedingt darauf, dass der zu durchsuchende Bereich *$B$2:$B$20* als absoluter Bezug eingegeben werden muss, also mit den Dollarzeichen. Dadurch ist dieser Bereich für alle Zellen mit dieser Gültigkeitsprüfung gleich. Das zweite Argument der Funktion ZÄHLENWENN(*Bereich;Suchkriterien*) wird mit einem relativen Bezug angegeben. Dieser Bezug soll angepasst werden und auf eine einzelne Eingabezelle zeigen.

Abbildung 4.25: Mit dieser Formel wird geprüft, wie oft ein Eintrag im Eingabebereich vorhanden ist

Prüfen Sie doch einmal nach, wie Excel die Formel für die Gültigkeit im Bereich *B2:B20* eingetragen hat. In Zelle *B2* ist die Formel

```
=ZÄHLENWENN($B$2:$B$20;B2)<=1
```

eingetragen. In Zelle *B3* dagegen lautet die Formel

```
=ZÄHLENWENN($B$2:$B$20;B3)<=1
```

und in Zelle *B4*

```
=ZÄHLENWENN($B$2:$B$20;B4)<=1
```

Der durchsuchte Bereich ist also immer der Bereich *B2:B20*, wohingegen das Suchkriterium auf die jeweilige Zelle zeigt. Ob es sich bei dem Eintrag um Text oder Zahlen handelt, spielt bei dieser Gültigkeitsprüfung keine Rolle. Jeder Eintrag wird unabhängig von seinem Datentyp geprüft.

CD-ROM Das gezeigte Beispiel finden Sie auf der CD-ROM zum Buch im Ordner *\Buch\Kap04* in den Arbeitsmappen *Kap04_GP.xls* bzw. *Kap04_DP.xlsx* auf dem Blatt *Doppel*.

Hinweis auf vollständige Eingabe zeigen

Die Verwendung von Formeln bietet zahlreiche Möglichkeiten. So können Sie damit auch einen Bereich überwachen und eine Meldung anzeigen, wenn alle Daten eingetragen sind.

Sie wollen eine Meldung anzeigen, wenn alle Felder des Bereichs *B2:B15* gefüllt sind. Um den Hinweis auf vollständige Erfassung der Daten anzuzeigen, gehen Sie wie folgt vor:

1. Markieren Sie den Bereich *B2:B15* und wählen den Befehl *Daten/Gültigkeit* bzw. *Datenüberprüfung* unter Version 2007/2010.
2. Wählen Sie auf der Registerkarte *Einstellungen* im Listenfeld *Zulassen* den Eintrag *Benutzerdefiniert* und tragen im Feld *Formel* diese Formel ein:

   ```
   =ANZAHLLEEREZELLEN($B$2:$B$15)>0
   ```

3. Beachten Sie dabei bitte die absoluten Bezüge. Wechseln Sie dann zur Registerkarte *Fehlermeldung* und stellen den Stil *Informationen* ein.
4. Tragen Sie einen Titel, z.B. »Vollständigkeit« ein und geben Sie im Feld *Fehlermeldung* den gewünschten Text ein.
5. Beenden Sie die Eingabe mit *OK*.

Ist das letzte Feld gefüllt, wird ein Hinweis ausgegeben, der anzeigt, dass die Daten vollständig sind. Sie können dann weitere Aktionen veranlassen oder mit der Auswertung der Daten beginnen.

CD-ROM Das gezeigte Beispiel finden Sie auf der CD-ROM zum Buch im Ordner *\Buch\Kap04* in den Arbeitsmappen *Kap04_GP.xls* bzw. *Kap04_DP.xlsx* auf dem Blatt *Vollständig*.

Kapitel 5

Benutzerdefinierte Funktionen

Zahlreiche eingebaute mathematische Funktionen erlauben es Ihnen, mit Excel selbst kompliziertere Berechnungen durchzuführen. Was aber, wenn genau die gesuchte Funktion nicht enthalten ist oder wenn Sie statt eines komplizierten Formelkonstruktes lieber eine einfachere Schreibweise vorziehen? Hier setzt dieses Kapitel an und soll Ihnen eine Lösung zeigen.

Wenn man die Nutzung von Excel mit dem Fahren in einem Kraftfahrzeug vergleicht, haben Sie bisher komfortabel am Steuer gesessen und die von den Konstrukteuren eingebauten Regler und Anzeigen verwendet. Viele Bedienungselemente lagen offen im Armaturenbrett, einige mehr verborgen, andere wiederum konnte man erst nach Öffnen einer Abdeckung betätigen. Aber alles, was Sie nutzten, war vom Werk aus vorgesehen.

Wollen Sie etwas benutzen, was mit dem Fahrzeug nicht mitgeliefert wurde, müssen Sie es selbst einbauen. Dazu steigen Sie aus, gehen um das Fahrzeug herum und öffnen den Motorraum. Dort bauen Sie mit dem passenden Werkzeug an geeigneter Stelle das Zusatzaggregat ein. Wenn Sie alles richtig gemacht haben, ist Ihr Fahrzeug um ein Detail reicher.

Was ist ein Makro?

Makro ist das Kurzwort für »Makrobefehl«, weshalb es im Grunde »der Makro« heißen muss. Es hat sich aber eingebürgert, »das Makro« zu sagen.

Ein Makrobefehl ist eine Befehlsfolge, die schriftlich definiert oder aufgezeichnet wird und dann unter einem Namen oder Kürzel gespeichert werden kann, um häufig wiederkehrende Abläufe mit festen Befehlssequenzen zu vereinfachen. Wenn diese Befehlsfolge erneut ablaufen soll, braucht man lediglich das Makro über dessen Namen oder einer zugewiesenen Tastenkombination aufzurufen, und die Befehle werden in der vorgegebenen festen Reihenfolge ausgeführt.

Anfänglich wurden diese Befehle stur abgearbeitet. Mit der Weiterentwicklung der EDV kamen jedoch Verfeinerungen hinzu, sodass das Makro auch auf Bedingungen, Systemzustände und Benutzereingaben flexibel reagieren konnte. Auf diese Weise sind komplette Makrosprachen entwickelt worden. Allerdings hatte jede Anwendung – auch aus den früheren Office-Paketen – ihre eigene Makrosprache. Daraus ist dann Mitte der 1990er Jahre die Programmiersprache VBA hervorgegangen, die diese Makrosprachen im gesamten Office-Paket vereinheitlichen soll. Die anwendungsspezifischen Unterschiede bleiben natürlich weiterhin bestehen. Was soll beispielsweise Word mit der bedingten Formatierung von Excel anfangen?

Bleiben wir bei diesem Bild: Das Cockpit Ihres Excel-Programms ist die Tabellen- bzw. Diagrammansicht und als Armaturenbrett erkennen Sie sicher die Menü- und Symbolleisten; das Firmenemblem befindet sich in der Ecke ganz links oben. – Aber wo ist der Motorraum? Der Motorraum ist (und hier hinkt der Vergleich) werksseitig verschlossen worden, Sie dürfen nur in einen Vorraum hinein. Aber hier können Sie auf (fast) alle eingebauten Details zugreifen und sie für eigene Zwecke nutzen. Dieser Vorraum ist die VBA[1]-Entwicklungsumgebung, auch Visual Basic-Editor genannt: ein Modul, das aus den Makrosprachen früherer Office-Anwendungen und der Programmiersprache Basic zu einem mächtigen Werkzeug entwickelt wurde, mit dem Sie alle nur erdenklichen Erweiterungen für die verschiedenen

1 VBA: »Visual Basic for Applications« heißt die Programmiersprache der in das Office-Paket integrierten Entwicklungsumgebung (in Excel seit der Version 97).

Office-Produkte, also auch für Excel, programmieren können. Wie viel Sie über VBA wissen müssen, hängt von dem Schwierigkeitsgrad Ihres Projekts ab. Gerade die Lösung mathematischer Probleme verlangt da nicht allzu viel von Ihnen.

Eine benutzerdefinierte Tabellenfunktion erstellen

Mit VBA können Sie nicht nur Tabellen- oder Diagrammarbeiten von Excel automatisch erledigen lassen, sondern auch benutzerdefinierte Funktionen schreiben. Realisiert werden diese Funktionen über eine spezielle Form von VBA-Prozeduren, eben eine »Funktion« (engl.: *function*).

Die wesentlichen Merkmale einer Funktion kennen Sie aus den Formeln in den Tabellenblättern. Eine Funktion besitzt immer einen eindeutigen Namen, immer ein rundes Klammernpaar und meistens ein oder mehrere Argumente, die jeweils durch ein Semikolon getrennt werden; gewöhnlich gibt eine Funktion genau einen Wert als Ergebnis zurück. Allgemein ausgedrückt bedeutet das: *Funktionsname(Arg1; Arg2;...)*. Die Anzahl der Argumente hängt von der Aufgabe und dem Einsatz der jeweiligen Funktion ab.

Zum Erstellen einer Funktion benötigen Sie:

- einen Funktionsnamen
- die Anzahl der Argumente und ihre Benennung
- den Rechenweg (Algorithmus), der zum Ergebnis führt

Die ersten beiden Punkte sind für einen Anwender in der Tabelle sichtbar, während ihm der letzte Punkt verborgen bleibt. Was auch niemanden stört, solange die Funktion korrekt arbeitet.

Der prinzipielle Aufbau einer Prozedur in VBA zur Erstellung einer Funktion gestaltet sich so: Eine Funktion wird durch die Anweisung *Function* gefolgt von dem Namen der Funktion, den eventuellen Argumenten und den Typanweisungen festgelegt; das ist die sogenannte Funktionsdeklaration. Das Ergebnis von Berechnungen oder Prüfungen wird dem Namen der Funktion über den Operator »=« zugewiesen. Das Ende einer Funktion wird über die Anweisung *End Function* angezeigt. Die Einheit vom einleitenden Schlüsselwort *Function* bis zum abschließenden *End Function* wird Funktionsblock genannt. Mit diesem groben Abriss können Sie sicher noch nichts anfangen. Lassen Sie uns lieber ein paar Beispiele durchgehen.

Das Beispiel *Kreisfläche()* soll Ihnen zeigen,

- wie man die integrierte Entwicklungsumgebung zur Erstellung benutzerdefinierter Funktionen nutzt,
- wie Parameter als Argumente an die Funktion übergeben werden,
- wie Berechnungen mit dem Argument und Konstanten durchgeführt werden und
- wie das Ergebnis der Berechnung in das Arbeitsblatt gelangt.

Mithilfe des Beispiels *Viereckfläche()* erlernen Sie

- den Umgang mit mehreren Argumenten und
- den Umgang mit optionalen Argumenten und
- das Auswerten von Bedingungen mit *If*-Abfragen.

Die Funktion *FlächeKrSeg()* ist ein Beispiel für

- das Bereithalten von Standardwerten für fehlende optionale Argumente und
- das Auswerten von Bedingungen mit *If*-Abfragen.

Beim Beispiel *Quersumme()* lernen Sie

- den Einsatz von Schleifen
- und VBA-Funktionen
- und den Umgang mit Variablen

kennen.

Das Beispiel *Kreisfläche1()* führt Ihnen

- den Einsatz der eingebauten Tabellenfunktionen in benutzerdefinierten Funktionen

vor. Schließlich werden Ihnen die Möglichkeiten gezeigt, mithilfe des Funktions-Assistenten und von Add-Ins Excel in Ihren Arbeitsmappen Ihre eigenen Funktionen zur Verfügung zu stellen.

Hinweis Für die folgenden Erläuterungen sollten Sie in den Excel-Versionen 2010 und 2007 die Registerkarte *Entwicklertools* einblenden.

Bei Excel 2010 klicken Sie dazu auf der Registerkarte *Datei* auf *Optionen*, dann auf *Menüband anpassen*. Rechts unter dem Text *Menüband anpassen* wählen Sie die Listeneinträge *Alle Registerkarten* oder *Hauptregisterkarten* aus. In der Liste darunter versehen Sie das Kontrollkästchen *Entwicklertools* mit einem Häkchen.

Bei Excel 2007 klicken Sie auf die *Office*-Schaltfläche, dann auf die Schaltfläche *Excel-Optionen* und achten Sie darauf, dass die Kategorie *Häufig verwendet* ausgewählt ist. Dann aktivieren Sie das Kontrollkästchen *Entwicklerregisterkarte in der Multifunktionsleiste anzeigen*. Nach Bestätigung mit *OK* wird die Registerkarte *Entwicklertools* rechts in der Multifunktionsleiste angezeigt.

Die Funktion *Kreisfläche()*

In den folgenden sieben Punkten finden Sie eine ausführliche Anleitung zum Erstellen der benutzerdefinierten Funktion *Kreisfläche(**Radius**)*[2], über deren Aufruf Sie in einer Excel-Tabelle die Fläche eines Kreises berechnen lassen können, wenn Sie als Argument den Radius in Form einer Zahl, eines berechneten Ausdrucks oder eines Zellbezugs übergeben.

Hier sehen Sie nun alle Schritte im Detail:

1. Mit der Tastenkombination `Alt`+`F11` rufen Sie in allen Excel-Versionen den Visual Basic-Editor auf.

   Bis zur Version 2003 erreichen Sie den Visual Basic-Editor auch mit der Befehlsfolge *Extras/Makro/Visual Basic-Editor* oder bei den Excel-Versionen 2010/2007 auf der Registerkarte *Entwicklertools* ganz links mit der Schaltfläche *Visual Basic*.

2 Die Schreibweise der Argumente, normal oder fett, entspricht der späteren Darstellung im Funktions-Assistenten.

Sie können, wie bei Windows-Fenstern üblich, oben die Titelleiste, die Menüleiste und die Symbolleisten sehen. Am linken Rand befinden sich der Projekt-Explorer und das Eigenschaftenfenster untereinander. Die große graue Fläche ist der Arbeitsbereich. Er ist im Augenblick noch leer (Abbildung 5.1).

Im Projekt-Explorer sehen Sie (angelehnt an den Stil der Ordner-Ansicht des Windows-Explorers) Ihre Excel-VBA-Projekte: Zu jeder geöffneten Excel-Arbeitsmappe gibt es einen Ordner mit dem Namen *VBAProject* gefolgt von dem in Klammern gesetzten Namen der jeweiligen Arbeitsmappe, z.B. *Geometrie.xlsx* oder, wenn die Arbeitsmappe noch nicht gespeichert ist, *Mappe1*. Zusätzlich gibt es standardmäßig den Unterordner *Microsoft Excel Objekte* mit den Objekten *DieseArbeitsmappe*, *Tabelle1*, *Tabelle2* und *Tabelle3*.[3] Die Anzahl und Namen dieser Unterordner können je nach Ihrer Arbeit im Visual Basic-Editor variieren. Im folgenden Schritt fügen Sie einen neuen Unterordner mit dem Namen *Module* mit dem Objekt *Modul1* hinzu.

Das Eigenschaftenfenster zeigt Ihnen für das jeweils ausgewählte Excel-Objekt dessen Eigenschaften und ihre aktuellen Werte an. Zum Nacharbeiten des Folgenden ist das Verständnis des Projekt-Explorers und des Eigenschaftenfensters nicht erforderlich.

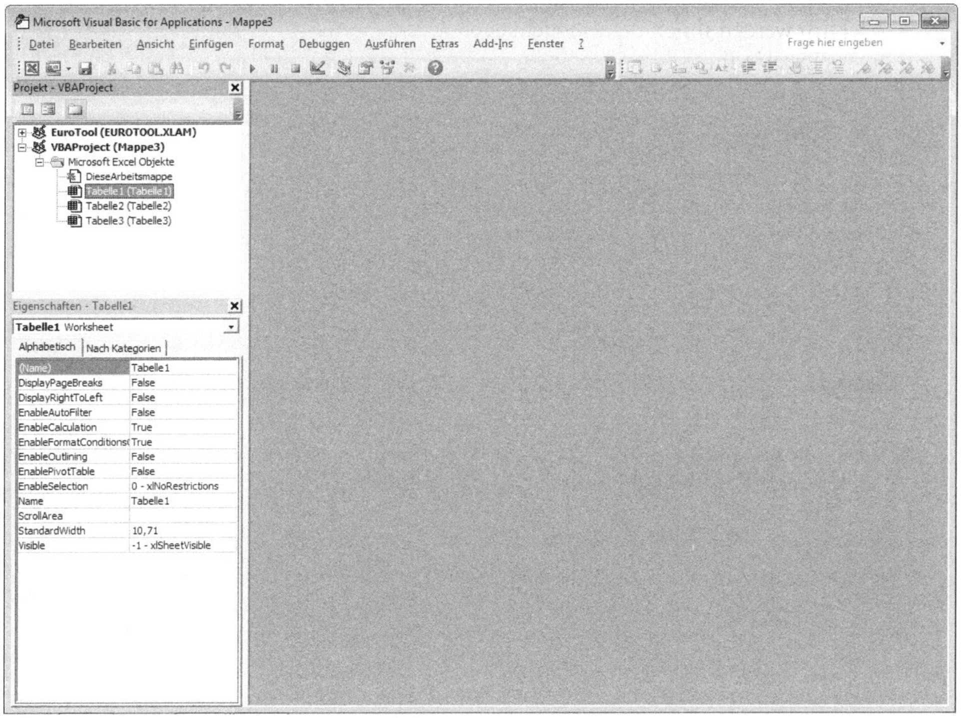

Abbildung 5.1: Der Visual Basic-Editor nach seinem ersten Aufruf (Excel 2010)

3 Bei den Versionen vor Excel 2003 weicht die Ansicht des Projekt-Explorers geringfügig von dieser Beschreibung ab.

2. Über *Einfügen/Modul* bereiten Sie die Arbeitsfläche zur Aufnahme des Befehlscodes vor (Abbildung 5.2)

   Mit VBA vertraute Anwender wissen, dass es noch andere Möglichkeiten zur Aufnahme von VBA-Prozeduren gibt. Diese sind zur Erstellung von Tabellenfunktion jedoch nicht geeignet.

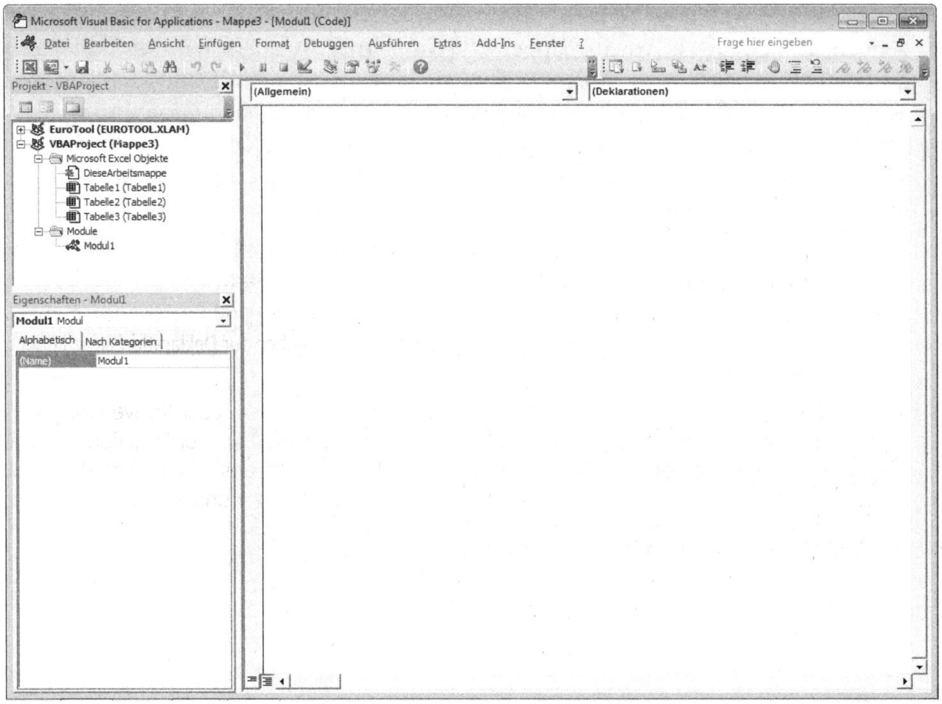

Abbildung 5.2: Der Visual Basic-Editor mit einem neuen, aber noch leeren Modul

3. Mit *Einfügen/Prozedur* öffnen Sie dann das Dialogfeld aus Abbildung 5.3, in dem Sie die Vorbereitungen für die neue Funktion treffen können.

Abbildung 5.3: Das Dialogfeld *Prozedur hinzufügen* mit Standardvorgaben

4. Tippen Sie im Dialogfeld *Prozedur hinzufügen* in das Feld *Name* den Text »Kreisfläche« ein und wählen Sie die Option *Function* aus. Weitere Angaben sind für unseren Fall nicht erforderlich, und mit manchen der angebotenen Optionen würden wir uns sogar Probleme einhandeln (Abbildung 5.4).

Abbildung 5.4: Das Dialogfeld *Prozedur hinzufügen* mit den notwendigen Angaben zur Deklaration einer Funktion

Hinweis

Wenn Sie Namen für Ihre eigenen Funktionen vergeben, müssen Sie ein paar Konventionen beachten, denn nicht alle Zeichen, die auf der Tastatur verfügbar sind, eignen sich für Funktionsnamen, weil viele (Sonder-)Zeichen sowohl in Excel-Tabellen als auch innerhalb des Visual Basic-Editors feste Bedeutungen haben wie beispielsweise die Rechenzeichen »+«, »–«, »*« und »/«.

In der deutschen Version von Microsoft Excel können Sie

- die Buchstaben a...z und A...Z,
- die Ziffern 0...9,
- die deutschen Umlaute,
- das »ß« und
- den Unterstrich »_«

verwenden, wobei der Funktionsname mit einem Buchstaben beginnen muss. Groß- und Kleinschreibung können Sie nach Belieben einsetzen. Die Schreibweise wird aus der Funktionsdeklaration automatisch in den Code übernommen, auch wenn Sie dort beim Eingeben eine andere Schreibweise verwenden. Die VBA-Entwicklungsumgebung lässt keine Namen für verschiedene Funktionen zu, die sich nur in der Groß- und Kleinschreibung unterscheiden (das gilt auch entsprechend bei Bereichs- und Variablennamen).

Auch wenn Sie keine Argumente für die Funktion benötigen, ist es innerhalb des Codes unbedingt erforderlich, das Klammernpaar mit anzugeben. An diesen Klammern kann Excel den Funktionsnamen von einem anderen Namen unterscheiden.

5. Wenn Sie die Schaltfläche *OK* betätigen, sehen Sie jetzt im Arbeitsbereich zwei Zeilen entsprechend dem Listing 5.1, zwischen denen sich die Schreibmarke in einer leeren Zeile befindet. Das Schlüsselwort *Public* bewirkt, dass unsere neue Funktion auch von anderen VBA-Modulen verwendet werden darf. Zur ausschließlichen Verwendung der Funktion als Tabellenfunktion ist das Schlüsselwort *Public* nicht erforderlich. Der Einfachheit halber ändern wir nichts an der Vorgabe des Prozedur-Assistenten.

```
Public Function Kreisfläche()
|
End Function
```

Listing 5.1: Leerer Prozedurblock nach Angabe des Funktionsnamens

6. Nun müssen Sie das Argument Ihrer Funktion deklarieren und in den Prozedurkopf so einarbeiten wie in Listing 5.2. Als Erstes ist der Name des Arguments anzugeben. Dieser Name wird später vom Funktions-Assistenten angezeigt, wenn Sie mit seiner Hilfe diese Funktion in einer Zelle Ihrer Tabelle eingeben wollen. Diesen Namen können Sie frei wählen; er sollte aber deutlich auf den Zweck des Arguments hinweisen. Mit dem Schlüsselwort *As* gefolgt von *Double* legen Sie den Datentyp unseres Arguments auf »Double« fest, was dem Standardzahlenformat der Excel-Tabellen entspricht. Der Datentyp »Double« heißt auch »Gleitkommazahl mit doppelter Genauigkeit« und wird mit 8 Byte im Bereich von $-1{,}79769313486231 \text{x} 10^{308}$ bis $-4{,}94065645841247 \text{x} 10^{-324}$ für negative Werte und im Bereich von $2{,}2250738585072 \text{x} 10^{-308}$ bis $1{,}79769313486232 \text{x} 10^{308}$ für positive Werte gespeichert. Etwas weiter hinten in diesem Kapitel wird Ihnen noch der Datentyp »Variant« begegnen, der für einen besonderen Zweck benötigt wird. Es existieren noch weitere Datentypen, die in diesem Zusammenhang allerdings nicht weiter erwähnt werden sollen, weil sie für unsere Zwecke nicht erforderlich sind.

```
Public Function Kreisfläche(Radius As Double)
|
End Function
```

Listing 5.2: Prozedurkopf mit der Deklaration des Arguments *Radius*

Tipp Wenn Sie beim Eingeben des Programmcodes bestimmte Bezeichner oder Schlüsselwörter benutzen, kommt es häufig vor, dass der Visual Basic-Editor Ihnen mit einem Listenfeld zu Hilfe kommt. Sie können, wenn Sie damit unsicher sind, einfach weiter schreiben. Das Listenfeld verschwindet dann wieder. Sie können aber auch den passenden Begriff aus der Liste in gewohnter Weise auswählen und mit der [↵]-Taste die Übernahme in den Code abschließen. Sie gelangen daraufhin mit der Einfügemarke in die nächste Zeile. Wollen Sie allerdings in derselben Zeile bleiben und dort weiter schreiben, müssen Sie die Übernahme des Begriffs mit [Strg]+[↵] beenden.

7. Guter Programmierstil ist es auch, einen Datentyp für den Rückgabewert, also für das Ergebnis, zu vergeben, weil der Visual Basic-Editor ansonsten den Typ *Variant* einsetzt. Der Datentyp »Variant« kann jeden anderen Datentyp ersetzen, sodass man flexibler im Umgang mit den Datentypen sein kann; nachteilig wirken sich allerdings dessen höherer Speicherplatzbedarf und langsamere Ausführungsgeschwindigkeit aus. Da wir an dieser Stelle nicht mit anderen Datentypen als dem Excel-Standardformat rechnen müssen, verwenden wir am besten den Datentyp *Double*. Schreiben Sie daher *As Double* zusätzlich hinter die geschlossene Klammer (Listing 5.3).

```
Public Function Kreisfläche(Radius As Double) As Double
|
End Function
```

Listing 5.3: Prozedurkopf mit der Deklaration des Arguments *Radius* und des Rückgabetyps

8. Nun geben Sie zwischen diesen beiden Zeilen die eigentliche Prozedur, also den ausführbaren Code ein (Listing 5.4). Eine Einrückung mit der [⭾]-Taste am Anfang der Zeile hält den Code übersichtlich.

```
Public Function Kreisfläche(Radius As Double) As Double
    Kreisfläche = 3.14159265358979 * Radius ^ 2
End Function
```

Listing 5.4: Komplette Prozedur für die Funktion *Kreisfläche()*

Damit haben Sie die benutzerdefinierte Funktion *Kreisfläche()* mit dem Argument *Radius* vollständig deklariert. Schauen wir uns das Bisherige noch einmal an:

- Am Ende von Schritt 4 hatten Sie das Gerüst des Funktionsblocks erstellt
- Mit den Schritten 5 und 6 haben Sie die Funktionsdeklaration vervollständigt
- Den eigentlichen Programmcode haben Sie in Schritt 7 der Funktion hinzugefügt. Über das Argument *Radius* gelangt der Zahlenwert aus der Tabelle in unseren ausführbaren Code, wo er als gleichnamige Variable verwendet wird. Er wird mit zwei Konstanten in einer Rechenoperation zum Flächenwert verarbeitet, und mithilfe des Gleichheitszeichens wird dieses Ergebnis dem Namen der Funktion zugewiesen. Durch die Verwendung dieses Namens in der Tabelle wird dieser Ergebniswert aus dem Programmcode in die Excel-Zelle geholt und steht dort für weitere Schritte zur Verfügung.
- Die Kreiszahl Pi haben Sie als feste Zahl eingetragen. Mit einer anderen Möglichkeit werden wir uns etwas später in diesem Kapitel beschäftigen.

Hierbei ist noch anzumerken, dass es kein Versehen war, die Konstante für Pi mit einem Punkt als Dezimalzeichen statt wie in Deutschland üblich mit einem Komma zu schreiben. Der Visual Basic-Editor erfordert in den grundlegenden Techniken angloamerikanische Konventionen und englische Sprache, während auf dem Arbeitsblatt weiterhin deutsche Schreibweisen notwendig sind. Deswegen müssen die Argumente der Arbeitsblattfunktionen mit einem Semikolon, die Argumente der Funktionen im Visual Basic-Editor mit einem Komma getrennt werden. Die übrigen Regeln für die Schreibweise entsprechen denen für die Eingabe von Formeln in Zellen des Arbeitsblatts (Abbildung 5.5).

Tipp

An jeder Stelle einer Zeile können Sie im Programmtext durch ein Apostroph (Hochkomma) einen Text einleiten, der vom Visual Basic-Editor zwar angeführt, aber ansonsten ignoriert wird. Er dient zur Kommentierung des Programms. Hier können Sie Hinweise und Erläuterungen zum Programm unterbringen, die zum Verständnis an dieser Stelle beitragen sollen.

Beachten Sie bitte, dass von der Stelle des Apostrophs bis zum Ende der Anweisung (auch in der nächsten Zeile!) keine ausführbaren Ausdrücke mehr stehen können!

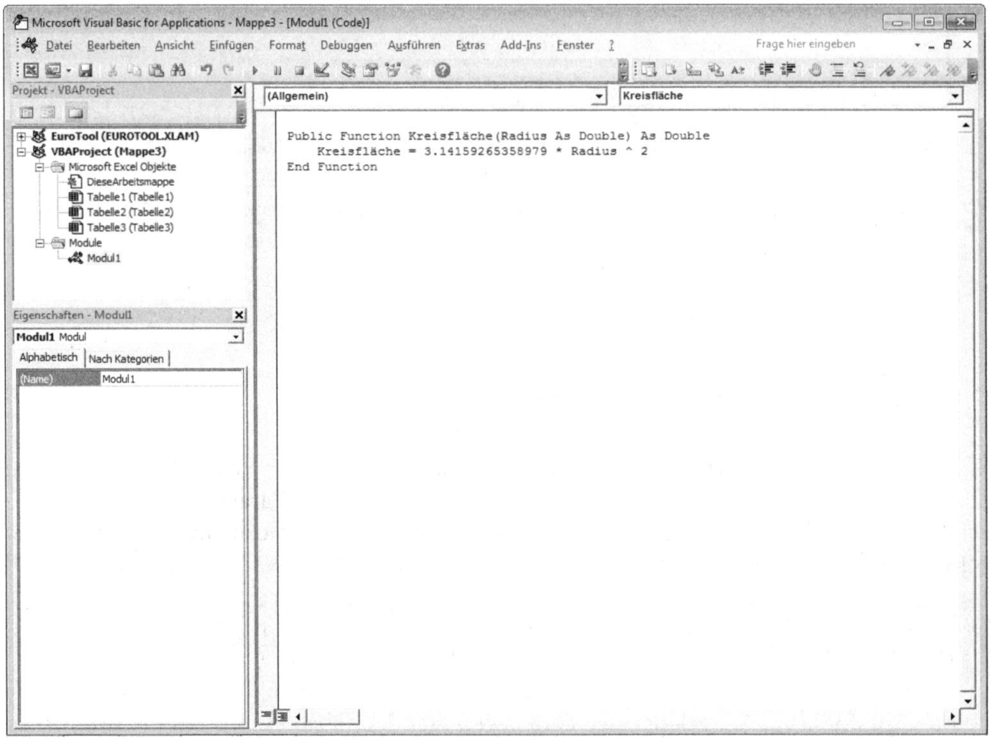

Abbildung 5.5: Der Visual Basic-Editor mit der fertigen Prozedur *Kreisfläche()*

Sicherlich sind Sie neugierig, ob diese Funktion auch arbeitsfähig ist. Um das zu prüfen, schalten Sie zur Tabellenansicht von Excel zurück – entweder über die Taskleiste oder mit der Tastenkombination Alt+F11. Sie dürfen den Visual Basic-Editor auch schließen – sogar ohne zu speichern; das VBA-Modul ist Teil Ihrer Arbeitsmappe und wird zusammen mit dieser gespeichert.

Dort tragen Sie bitte in einer Zelle einen Zahlenwert als Radius ein (z.B. die Zahl 2 in der Zelle *A1*) und in einer anderen Zelle die Formel

```
=Kreisfläche(A1)
```

Sollten Sie für den Radius eine andere Zelle als *A1* gewählt haben, müssen Sie den Zellbezug in der Kreisflächenfunktion entsprechend einsetzen.

Nach Abschluss der Formeleingabe erhalten Sie sofort das Ergebnis, den Wert für die Fläche des Kreises mit dem Radius, der in Zelle *A1* angegeben ist (oder welche Sie gewählt haben): hier also 12,5663706.

Jedes Mal, wenn Sie den Wert in der Zelle, auf die sich die Funktion *Kreisfläche* bezieht, ändern, berechnet Excel das Arbeitsblatt und damit diese selbst definierte Funktion neu. Also verhält sich die benutzerdefinierte Funktion exakt wie eine fest installierte Tabellenfunktion.

Tipp

Die benutzerdefinierten Funktionen werden Ihnen auch

- Versionen 2010/2007: Registerkarte *Formeln*, Schaltfläche *Funktion einfügen* – Symbol: f_x
- Versionen 2002/2003: bei *AutoSumme/Weitere Funktionen*
- Versionen bis 2000: im Funktions-Assistenten – Symbol: f_x

in der Kategorie *Benutzerdefiniert* in alphabetischer Reihenfolge unter Angabe der Argumente angezeigt.

CD-ROM

Dieses Beispiel finden Sie auf der CD-ROM zum Buch im Ordner *\Buch\Kap05* in der Arbeitsmappe *Geometrie.xls* (Excel 97-2003) bzw. *Geometrie.xlsm* (Excel 2007/2010) auf dem Arbeitsblatt *Kreis*. In *Modul1* dieser Arbeitsmappe können Sie mithilfe des Visual Basic-Editors den Code dazu einsehen.

Die Funktion *Viereckfläche()*

Mit der Funktion *Viereckfläche(Kante1;Kante2;Höhe)* soll die Fläche eines beliebigen Vierecks mit mindestens zwei parallelen Kanten (Quadrat, Rechteck, Parallelogramm oder Trapez) berechnet werden. Hierbei geht es weniger darum, Ihnen die Formeln der ebenen Geometrie bei ihrer Anwendung zu erleichtern, als vielmehr um die Vorstellung neuer Techniken.

Anhand dieser Funktion soll Ihnen gezeigt werden, wie Sie innerhalb benutzerdefinierter Funktionen

- mehrere Argumente,
- optionale Argumente und
- logische Bedingungen

handhaben können.

Funktionen mit mehreren Argumenten

Wenn auch zahlreiche Funktionen wie z.B. die trigonometrischen Funktionen und unser vorhergehendes Beispiel *Kreisfläche()* mit einem Argument auskommen, gibt es viele Funktionen, die zur Berechnung ihres Rückgabewertes zwei oder mehr Argumente benötigen. Für die Berechnung der Fläche eines Trapezes sind drei Werte notwendig, die als Argumente unserer Funktion *Viereckfläche()* übergeben werden müssen.

Für die Deklaration mehrerer Argumente ist auch die erste Zeile des Funktionsblocks vorgesehen, wo Sie die Argumente als mit Kommas getrennte Aufzählung zwischen den Klammern eingeben können. Anders als beim Aufruf einer Funktion mit mehreren Argumenten innerhalb eines Arbeitsblatts müssen im Visual Basic-Editor die Argumente jeweils mit einem Komma getrennt werden, da hier die angloamerikanischen Konventionen gelten. Abgesehen von einer gleich zu erwähnenden Ausnahme ist Ihnen die Reihenfolge der Argumente freigestellt. Wenn nun die neue Funktion *Viereckfläche()* heißen und mit den drei Argumenten *Kante1*, *Kante2* und *Höhe* ausgestattet werden soll, kann die Deklaration der Funktion so aussehen:

```
Public Function Viereckfläche(Kante1, Kante2, Höhe)
```

Hinweis Wenn Sie mit den Formeln für die Flächenberechnungen etwas unsicher sind, sehen Sie doch einfach auf der CD-ROM zum Buch im Ordner *\Buch\Kap05* in der Arbeitsmappe *Geometrie.xls* (Excel 97-2003) bzw. *Geometrie.xlsm* (Excel 2007/2010) auf dem Arbeitsblatt *Grundlagen* nach. Dort sind Flächenberechnungen erläutert.

Allerdings brauchen wir für unsere Funktion nicht in jedem Fall alle drei Argumente.

- Ein Quadrat hat nur Seiten von gleicher Länge, d.h. nur eine Seitenlänge: Ein Argument genügt hier
- Für das Rechteck und das Parallelogramm müssen wir zwei Seiten bzw. die Länge eines Paares der Parallelen und ihren Abstand, also jeweils zwei Argumente übergeben
- Nur beim Trapez müssen alle drei Argumente angegeben werden

Damit kommen wir zum nächsten Punkt.

Funktionen mit optionalen Argumenten

Diese Überschrift nennt den Fachbegriff für die Argumente, die nicht bei jedem Funktionsaufruf benötigt werden. Weil beim Berechnen der Funktion im Arbeitsblatt nicht auf den Programmcode Einfluss genommen werden kann, muss man schon beim Erstellen der Funktion im Visual Basic-Editor die Funktion darauf vorbereiten, dass es vorkommen kann, dass bestimmten Argumenten zur Laufzeit keine Werte übergeben werden. Diese Argumente werden durch das Schlüsselwort *Optional*, das in der Funktionsdeklaration jedem Namen eines optionalen Arguments vorangestellt wird, gekennzeichnet. Generell muss zuerst die Deklaration der erforderlichen Argumente abgeschlossen sein, ehe optionale Argumente deklariert werden dürfen. Diese Reihenfolge ist zwingend.

Die Deklaration einer hypothetischen Funktion *Eigenbau* mit den zwei erforderlichen Argumenten *Immer1* und *Immer2* und den zwei optionalen Argumenten *Manchmal1* und *Manchmal2* sähe dann so aus:

```
Public Function Eigenbau(Immer1, Immer2, Optional Manchmal1, Optional Manchmal2)
```

Wie Sie hier sehen können, ist für jedes optionale Argument das Schlüsselwort *Optional* anzugeben. Übertragen auf unsere Funktion *Viereckfläche* erhalten wir unter Einbeziehung der Typdeklaration *Variant* (s. u.) für die Argumente und für die Funktion

```
Public Function Viereckfläche(Kante1 As Double, Optional Kante2 As Variant, _
Optional Höhe As Variant) As Double
```

Nach dieser Funktionsdeklaration »weiß« Excel, dass von nun an eine benutzerdefinierte Funktionen namens *Viereckfläche* mit den drei Argumenten *Kante1*, *Kante2* und *Höhe*, von denen die beiden letzten auch fehlen dürfen, existieren soll, und dass sowohl die Funktion als auch das erste Argument das Excel-Standardzahlenformat verwenden sollen.

Hinweis Eine Besonderheit in diesem Beispiel für eine Deklaration ist noch zu erwähnen. Die Grundregel ist es, eine Anweisung in eine Zeile zu schreiben. Dieses Gebot kann nicht immer eingehalten werden und oft ist es auch übersichtlicher, eine Anweisung in die folgende Zeile umzubrechen. Dazu schreibt man die Zeichenfolge [Leertaste]+[_] an das Ende der ersten Zeile dieser Anweisung. Der Visual Basic-Editor interpretiert dann die beiden mit dieser Zeichenfolge getrennten Zeilen als eine Anweisung. Auf diese Weise können auch mehr als zwei aufeinander folgende Zeilen verbunden werden. Die oben aufgeführte Funktionsdeklaration ist daher **eine** Anweisung, obwohl sie aus **zwei** Textzeilen besteht.

Was Excel jedoch noch nicht »weiß«, ist, wie es mit fehlenden Übergabewerten bei optionalen Argumenten umgehen soll. Wir müssen unsere Rechenvorschrift so abfassen, dass alle möglichen Kombinationen von genutzten und ungenutzten Argumenten im Programmcode berücksichtigt werden. Dazu brauchen wir die Möglichkeit, feststellen zu können, welches Argument mit einem Übergabewert versehen wurde und welches nicht.

Zu diesem Zweck gibt es die VBA-Funktion[4] *IsMissing()*, die ein spezielles Attribut eines optionalen Arguments abfragen kann, um bei fehlendem Argument den Wahrheitswert *True* zurückzugeben, ansonsten *False*. Um was für ein spezielles Attribut handelt es sich dabei? Dem Wert, der mithilfe eines Arguments einer Funktion bekannt gemacht wird, ist es nicht anzusehen, ob es ein korrekt übermittelter oder ein »weggelassener« Wert ist. Jeder Wert eines Arguments kann beabsichtigt sein; man kann keinen besonderen Wert reservieren, der als Hinweis auf ein nicht angegebenes Argument dienen könnte. Diese Information muss zusätzlich zum Inhalt des Arguments übermittelt werden. Mit »reinen« Datentypen geht das jedoch nicht; sondern nur mit Daten vom Typ »Variant«. Unter anderem haben sie deswegen einen höheren Platzbedarf. Damit wären wir bei dem Pferdefuß der optionalen Argumente: Sie erfordern immer den Datentyp »Variant«. Die Deklaration von optionalen Argumenten als *Double* ist also nicht möglich. Weil *Variant* der Standarddatentyp ist, kann man auf eine explizite Deklaration verzichten, was im Folgenden auch zur besseren Übersicht gemacht wird.

Allerdings sind wir damit noch nicht viel weiter gekommen: Wie kommen wir zum passenden Rechenweg für eine Quadrat-, Rechteck-, Parallelogramm- oder Trapezfläche?

Die Antwort steckt in der speziell für dieses Problem entwickelten VBA-Funktion *IsMissing()*. Je nach Sachlage nimmt ihr Ergebnis *False* oder *True* an. Wenn diese Funktion nun den Wert *False* zurückgibt, bedeutet dies, dass das optionale Argument korrekt mit einem Wert versehen ist und in der folgenden Rechnung verwendet werden darf. Erhalten wir dagegen das Ergebnis *True*, darf das Argument bzw. die daraus abgeleitete Variable in der folgenden Rechnung nicht verwertet werden, weil kein gültiger Wert dafür vorhanden ist. Derartige Fallunterscheidungen werden in der Programmiertechnik in Verzweigungen mit logischen Bedingungen durchgeführt, von denen es mehrere Varianten gibt, die zum großen Teil auch in VBA eingesetzt werden können.

Verzweigungen mit logischen Bedingungen

Zur Lösung unseres Problems genügt die einfachste Form der logischen Bedingungen. Sie lehnt sich sehr nahe an unsere sprachliche Ausdrucksweise an – allerdings in Englisch. Zur sprachlichen Formulierung von Bedingungen dient das Wort »wenn« (oder das Synonym »falls«), für die Einleitung der Alternative stehen uns »sonst« und »andernfalls« zur Verfügung. Demnach könnten wir die Aufgabe dem Programm so mitteilen: »Wenn das Argument Höhe fehlt, berechne die Fläche für Quadrat oder Rechteck, sonst berechne die Trapez- oder Parallelogrammfläche.« Ins Englische übersetzt und unter Berücksichtigung der VBA-Funktion *IsMissing()* lautet unsere logische Bedingung dann so: `If IsMissing(Höhe) Then`, wonach die Anweisungen für die erste Berechnung folgen müssten. Daraufhin folgt das Schlüsselwort

4 Eine Funktion, die nur im VBA-Modul und nicht innerhalb des Arbeitsblatts verwendet werden kann.

Else, das die zweite Berechnungsalternative einleitet. Mit End If wird dieser sogenannte *If*-Block abgeschlossen. Allgemein ausgedrückt sähe dann ein kompletter *If*-Block entsprechend dem Listing 5.5 aus.

Listing 5.5: Ein *If*-Block in allgemeiner Darstellung

```
If Bedingung Then
   Anweisungsfolge1
Else
   Anweisungsfolge2
End If
```

Die »Bedingung« ist ein logischer Ausdruck, der den logischen Wert (den Wahrheitswert) *True* oder *False* liefert. Das kann ein logischer Vergleich mit einem Vergleichsoperator wie »X > 2« oder »Alter <= 50« sein oder eine Funktion, die einen Wahrheitswert zurückgibt, wie *IsMissing()*. »Anweisungsfolge1« und »Anweisungsfolge2« sind die beiden Rechenwege, die alternativ zum Zuge kommen, je nachdem welchen Wahrheitswert die Auswertung der logischen Bedingung ergibt.

Die Einrückungen sind nicht Pflicht, erhöhen aber die Lesbarkeit und damit die Verständlichkeit des Programms. Eine Zusammenfassung der verschiedenen Möglichkeiten, Verzweigungen in benutzerdefinierte Funktionen einzubauen, gibt der folgende Überblick über die *If*-Anweisungen in VBA.

Überblick über die *If*-Anweisungen in VBA

Die *If*-Anweisung lässt sich in mehreren Varianten verwenden:

- Die einfachste Variante:

  ```
  If Alter >= 50 Then Merkmal = 1
  ```

  »Alter« und »Merkmal« sind zwei Variablen, die Zahlenwerte beinhalten. Wenn die Variable »Alter« eine Zahl enthält, die größer oder gleich 50 ist, wird der Variablen »Merkmal« der Wert 1 zugewiesen. Hat die Variable »Alter« einen kleineren Wert als 50, wird die Anweisung hinter *Then* übergangen und es geht einfach hinter der *If*-Anweisung mit der nächsten Zeile weiter. Hinter dem Schlüsselwort *Then* darf nur eine Anweisung stehen, weil wir nur eine Zeile zur Verfügung haben. Deshalb ist auch keine *End If*-Anweisung nötig (und möglich).

- Die ausführliche Variante:

  ```
  If Alter >= 50 Then
     Merkmal = 1
  End If
  ```

  Programmtechnisch ist dies dasselbe wie im vorherigen Punkt. Nur die Darstellung ist übersichtlicher, allerdings auch nicht so Platz sparend. Die einzeilige Anweisung ist in mehrere Zeilen aufgeteilt worden, sodass mehrere Anweisungen hinter dem Schlüsselwort *Then* möglich sind. Daher muss das Ende der von der Bedingung abhängenden Anweisungen mit einer *End If*-Anweisung gekennzeichnet werden. ▶

- Der vollständige *If*-Block:

```
If Alter >= 50 Then
   Merkmal = 1
Else
   Merkmal = 2
End If
```

Hier werden beide Möglichkeiten der Bedingung verwertet. Ist die Bedingung »Alter >= 50« wahr, erhält »Merkmal« den Wert 1. Wenn die Bedingung nicht wahr ist, wird ihr der Wert 2 zugewiesen. Sowohl zwischen *Then* und *Else* als auch zwischen *Else* und *End If* können mehrere Anweisungen stehen:

```
If Alter >= 50 Then
   Merkmal = 1
   Kennung = "K17"
Else
   Merkmal = 1
   Kennung = ""
End If
```

Kennung ist eine Textvariable, der im ersten Fall der String (eine Zeichenfolge) *K17*, im zweiten Fall dagegen ein »Leerstring«, sozusagen nichts zugewiesen wird.

- Die »hässliche« Variante:

```
If Alter >= 50 Then Merkmal = 1 : Kennung = "K17" Else Merkmal = 1 : Kennung = ""
```

Dies stellt keine Empfehlung dar, sondern soll nur der Vollständigkeit halber erwähnt sein. Sie ist in ihrer Wirkung äquivalent zum vorherigen Punkt. Sicherlich die kürzeste Variante, aber das Programm wird dadurch schwer lesbar. Der Doppelpunkt erlaubt mehrere Anweisungen in eine Zeile zu schreiben, die ansonsten in getrennte Zeilen gehörten. Er übernimmt innerhalb einer Zeile die Funktion der Zeilenendeschaltung: das Kennzeichnen eines Anweisungsendes.

Damit sind wir in der Lage, den von der *IsMissing()*-Funktion zurückgegebenen Wahrheitswert auszuwerten und die Entscheidung, was beim Fehlen eines Arguments geschehen soll, in den Programmteil unserer Funktion einzuarbeiten.

Allerdings ist die Sache noch etwas komplizierter. Wenn wir auf diese Weise herausbekommen, dass das Argument *Kante2* fehlt, haben wir immer noch keine eindeutige Situation. Denn sowohl das Quadrat als auch das Parallelogramm kommen zur Flächenberechnung ohne das Argument *Kante2* aus. Daher entscheidet das Vorhandensein des Arguments *Höhe*, ob wir die Fläche eines Quadrats berechnen wollen und deswegen nur ein Argument brauchen, oder ob wir für das Parallelogramm noch den Wert *Höhe* übergeben müssen.

Auch wenn das Argument *Kante2* angegeben wird, haben wir immer noch zwei Alternativen: Rechteck und Trapez. Erst das Argument *Höhe* entscheidet, welches der beiden Vierecke in diesem Fall zur Flächenberechnung herangezogen wird.

Es müssen also zwei *If*-Blöcke in einen übergeordneten *If*-Block geschachtelt werden. Die Tabelle 5.1 soll die Möglichkeiten einander gegenüberstellen.

Argument »Kante2«	Argument »Höhe«	Viereck
Nicht vorhanden	Nicht vorhanden	Quadrat
Nicht vorhanden	Vorhanden	Parallelogramm
Vorhanden	Nicht vorhanden	Rechteck
Vorhanden	Vorhanden	Trapez

Tabelle 5.1: Mit optionalen Argumenten kann die Art des zu berechnenden Vierecks festgelegt werden

Der erste *If*-Block (Listing 5.6) wertet aus, ob das dritte Argument *Höhe* vorhanden ist oder nicht und verzweigt in die passenden Anweisungsblöcke.

```
If IsMissing(Kante2) Then
   ...          'hier stehen die Anweisungen für Quadrat oder Parallelogramm
Else
   ...          ' hier stehen die Anweisungen für Rechteck oder Trapez!
End If
```

Listing 5.6: Test auf Anwesenheit des Arguments *Kante2*

Die inneren *If*-Blöcke (Listing 5.7) entscheiden je nach Anwesenheit des Arguments *Höhe* über die Berechnung von Quadrat oder Parallelogramm bzw. über die Berechnung von Rechteck oder Trapez.

```
If IsMissing(Höhe) Then
    Viereckfläche = Kante1 ^ 2                   'Quadrat
Else
    Viereckfläche = Kante1 * Höhe                'Parallelogramm
End If
```

Listing 5.7: Prüfen, ob das Argument *Höhe* angegeben wurde, wenn *Kante2* fehlt

Dieser *If*-Block soll die Position der drei Punkte im ersten *If*-Block einnehmen.

Dann noch

```
If IsMissing(Höhe) Then
   Viereckfläche = Kante1 * Kante2               'Rechteck
Else
   Viereckfläche = (Kante1 + Kante2) / 2 * Höhe  'Trapez
End If
```

Listing 5.8: Prüfen, ob das Argument *Höhe* angegeben wurde, wenn *Kante2* vorhanden ist

Dieser *If*-Block nimmt die Position der drei Punkte im zweiten *If*-Block ein.

Damit sind alle notwendigen Teile zum Aufbau einer eigenen Funktion *Viereckfläche()* besprochen. Der Reihe nach besprochen gestaltet sich die Funktion so:

- In der Funktionsdeklaration haben wir den Namen *Viereckfläche* festgelegt und bestimmt, dass diese Funktion drei Argumente (*Kante1*, *Kante2* und *Höhe*) besitzen soll, von denen die letzten beiden optional sein sollen. Die Funktion soll einen Wert im Excel-Standardzahlenformat zurückgeben.
- Mit der ersten *If*-Abfrage behandeln wir das optionale Argument *Kante2*
- Das zweite optionale Argument *Höhe* wird im ersten inneren *If*-Block zum ersten Mal ausgewertet. Diese Verzweigung führt zu den passenden Berechnungen von Quadrat und Parallelogramm.
  - Die darauf folgende Anweisung berechnet die Fläche des Quadrats für den Fall, dass *Höhe* fehlt
  - Das Schlüsselwort *Else* leitet die Alternative ein
  - Die darauf folgende Anweisung berechnet die Fläche des Parallelogramms, wenn *Höhe* angegeben wurde
  - Der erste innere *If*-Block wird in der nächsten Zeile mit der *End If*-Anweisung beendet
- Das zweite Schlüsselwort *Else* leitet die Alternative ein, wenn *Kante2* angegeben wurde
- Das zweite optionale Argument *Höhe* wird im zweiten inneren *If*-Block zum zweiten Mal überprüft. Diese Verzweigung führt zu den passenden Berechnungen von Rechteck und Trapez.
  - Die darauf folgende Anweisung berechnet die Fläche des Rechtecks für den Fall, dass *Höhe* fehlt
  - Das Schlüsselwort *Else* leitet die Alternative ein
  - Die darauf folgende Anweisung berechnet die Fläche des Parallelogramms, wenn *Höhe* angegeben wurde
  - Der zweite innere *If*-Block wird in der nächsten Zeile mit der *End If*-Anweisung beendet
- Nun kann mit der nächsten *End If*-Anweisung auch der erste *If*-Block abgeschlossen werden
- Nun ist alles für die eigene Funktion angegeben worden und dies wird dem Visual Basic-Editor mit der Anweisung *End Function* mitgeteilt

Den kompletten Programmcode finden Sie unten in Listing 5.9.

```
Public Function Viereckfläche(Kante1 As Double, Optional Kante2, Optional Höhe) As Double
If IsMissing(Kante2) Then
    If IsMissing(Höhe) Then
        Viereckfläche = Kante1 ^ 2                      'Quadrat
    Else
        Viereckfläche = Kante1 * Höhe                   'Parallelogramm
    End If
Else
    If IsMissing(Höhe) Then
        Viereckfläche = Kante1 * Kante2                 'Rechteck
    Else
        Viereckfläche = (Kante1 + Kante2) / 2 * Höhe    'Trapez
```

```
    End If
End If
End Function
```

Listing 5.9: Die benutzerdefinierte Funktion *Viereckfläche()* mit den beiden optionalen Argumenten *Kante2* und *Höhe*

Falls das Argument *Kante1* fehlt, gibt diese selbst definierte Funktion den Fehler *+WERT!* zurück. Damit ist sichergestellt, dass keine fehlerhaften Werte in das Arbeitsblatt übernommen werden, wenn das notwendige Argument *Kante1* nicht angegeben wurde.

CD-ROM Dieses Beispiel finden Sie auf der CD-ROM zum Buch im Ordner *\Buch\Kap05* in der Arbeitsmappe *Geometrie.xls* (Excel 97-2003) bzw. *Geometrie.xlsm* (Excel 2007/2010) auf dem Arbeitsblatt *Viereck*. In *Modul1* dieser Arbeitsmappe können Sie mithilfe des Visual Basic-Editors den Code dazu einsehen.

Die Funktion *FlächeKrSeg()*

Bei zahlreichen Tabellenfunktionen gibt es Argumente, die optional sind. Aber häufig betrifft dies Argumente, auf die nicht grundsätzlich verzichtet werden soll, sondern die fast immer einen bestimmten Wert besitzen und nur in speziellen Fällen einen davon abweichenden Wert annehmen sollen. Deswegen soll in dem Beispiel *FlächeKrSeg()*

- das Bereithalten von Standardwerten für fehlende optionale Argumente und
- das Auswerten von Bedingungen mit *If*-Abfragen

demonstriert werden.

So besitzt die finanzmathematische Funktion zur Berechnung von Annuitäten *RMZ()* fünf Argumente, von denen die letzten beiden optional sind: der Zeitwert *Zw* und die Fälligkeit *F*. Für die Berechnung einer Annuität kann auf diese Argumente allerdings nicht verzichtet werden. Der Anwender ist jedoch von der Pflicht zur Angabe dieser Argumente entbunden. Weil üblicherweise Kredite vollständig zurückgezahlt werden (Zeitwert *Zw* = 0) und die Zinszahlung am Ende der jeweiligen Zahlungsperiode (Fälligkeit *F* = 0), also nachschüssig gezahlt wird, sind diese Standardwerte in der Tabellenfunktion *RMZ()* vorgegeben. Unterlässt der Anwender die Angabe eines dieser Argumente, so wird sein Standardwert in der Berechnung verwendet.

Dieses Verfahren kann man auch bei selbst definierten Funktionen einsetzen.

Optionale Argumente mit Standardwerten

Die Syntax zum Festlegen von Standardwerten bei optionalen Argumenten folgt diesem Schema:

```
Public Function Eigenbau(Immer1, Immer2, Optional Manchmal, Optional So_oder_so = Wert)
```

Dieses Beispiel zeigt zwei obligatorische und zwei optionale Argumente, von denen das letzte den Standardwert »Wert« zugewiesen bekommt. Dafür werden zu der Deklaration der optionalen Variablen *So_oder_so* lediglich ein Gleichheitszeichen und »Wert« als Standardwert hinzugefügt. Zur Ausführungszeit ist die Variable *So_oder_so* innerhalb des Programmcodes in jedem Fall gültig definiert: Entweder wurde das Argument *So_oder_so* in der Formel des Arbeitsblattes mit einem Wert versehen oder es wurde mit dem Standardwert aus der Funktionsdeklaration belegt.

Dies soll das Beispiel *FlächeKrSeg(**Radius;Phi;WMaß**)* illustrieren. Der Zweck dieser Funktion soll die Berechnung der Fläche eines Kreissegments aus dem Radius des Kreises und des Winkels des Segments sein. In der Schule ist es üblich, Winkelangaben in Grad zu machen, während in Wissenschaft und Technik das Bogenmaß (*Radiant* oder *rad*) bevorzugt wird. Die Funktion *FlächeKrSeg()* soll nun mit beiden Alternativen umgehen können. Welches von den beiden Winkelmaßen eingesetzt wird, soll über das optionale Argument *WMaß* gesteuert werden. Wird beim Funktionsaufruf das Argument *WMaß* weggelassen, kommt die Standardvorgabe in der Funktionsdeklaration zum Zuge und das als Variable im ausführbaren Code eingesetzte Argument *WMaß* hat den Wert eins. In diesem Fall verzweigt die *If*-Abfrage in die Flächenberechnung, wo das Gradmaß verwendet wird.

Bei jedem anderen Wert von *WMaß* führt die *If*-Abfrage zur Berechnung der Fläche mit dem Winkel *Phi* im Bogenmaß (Listing 5.10). Dies wird durch Einsetzen eines von eins verschiedenen Übergabewerts für das Argument *WMaß* in der Tabellenformel erreicht.

```
Public Function FlächeKrSeg(Radius As Double, Phi As Double, Optional WMaß = 1)
If WMaß = 1 Then
    FlächeKrSeg = 3.14159265358979 * Radius ^ 2 * Phi / 360
Else
    FlächeKrSeg = Radius ^ 2 * Phi / 2
End If
End Function
```

Listing 5.10: Die Funktion *FlächeKrSeg()* verwendet das optionale Argument *WMaß* mit einem Standardwert

CD-ROM Auf der CD-ROM zum Buch finden Sie im Ordner *\Buch\Kap05* in der Arbeitsmappe *Geometrie.xls* (Excel 97-2003) bzw. *Geometrie.xlsm* (Excel 2007/2010) auf dem Arbeitsblatt *Kreissegment* dieses Beispiel und auf dem Arbeitsblatt *Grundlagen* einige Erläuterungen dazu. In *Modul1* dieser Arbeitsmappe können Sie mithilfe des Visual Basic-Editors den Code einsehen.

Die Funktion *Quersumme()*

Mit dem Beispiel *Quersumme(**Zahl**)* verlassen wir kurz die Geometrie und wenden uns der Arithmetik zu, – obwohl Sie bemerken werden, dass wir innerhalb des VBA-Codes die Arithmetik auch nicht allein anwenden werden. Doch dazu später mehr ...

In diesem Beispiel geht es um

- den Einsatz von Schleifen
- und VBA-Funktionen
- und um den Umgang mit Variablen.

Zur Berechnung der Quersumme einer Zahl nimmt man nacheinander die einzelnen Ziffern dieser Zahl und addiert sie auf. Vielleicht stoßen Sie sich an dem Begriff »nacheinander«. Denn diese Formulierung – wenn sie auch nicht ganz glücklich ist – soll zum eigentlichen Thema überleiten.

Noch einmal ganz langsam: Um eine Quersumme zu berechnen,

1. wird die erste Ziffer aus der Zahl genommen und zu einer Zwischensumme, die augenblicklich noch null ist, hinzuaddiert. Dann wird …
2. die zweite Ziffer aus der Zahl genommen und zu der Zwischensumme hinzuaddiert. Dann wird …
3. die dritte Ziffer aus der Zahl genommen und zu der Zwischensumme hinzuaddiert. Dann wird …
4. die vierte Ziffer aus der Zahl genommen und zu der Zwischensumme hinzuaddiert. Dann wird …
5. usw.

Das sind wiederkehrende gleichartige Arbeiten. Für derartige Tätigkeiten ist der Rechner geschaffen: Er kann im Gegensatz zum Menschen ermüdungs- und damit fehlerfrei gleichförmige Schritte auch in sehr großer Zahl ausführen. Deswegen gibt es in jeder Programmiersprache Elemente, die es erlauben, dieselben Programmschritte wiederholt auszuführen. Der allgemeine Begriff dafür ist »Schleife« (engl.: loop).

Programmierung von Schleifen

VBA kennt mehrere Arten von Schleifen, die sich darin unterscheiden, wie die Anzahl der Durchläufe, der Wiederholungen, geregelt ist:

- *For...Next*
- *Do While...Loop / Do...Loop While*
- *Do Until...Loop / Do...Loop Until*[5]

Jede dieser Schleifen besteht aus drei Teilen:

1. Die erste Anweisung, die den Eintritt in die Schleife regelt: der »Schleifenkopf« (in der o.a. Aufzählung vor den drei Punkten verkürzt gezeigt)
2. Die Folge von Anweisungen, die während der Schleifendurchläufe abgearbeitet wird: der »Schleifenrumpf«[6] (durch die drei Punkte dargestellt)
3. Die letzte Anweisung, die das Ende der Schleife bestimmt: der »Schleifenfuß« (nach den drei Punkten verkürzt angeführt)

Bei der *For...Next*-Schleife wird die Anzahl der Durchläufe von einem Zähler bestimmt. Dagegen wird die *While*-Schleife so lange ausgeführt, wie eine Bedingung (hinter *While* angegeben) *WAHR* ist. Die *Until*-Schleife wiederum wird beendet, wenn die hinter *Until* angegebene Bedingung *WAHR* wird.

Für die Berechnung der Quersumme kann man die *For...Next*-Schleife gut einsetzen, weil die Zahl der Durchläufe durch die Anzahl der Ziffern vorgegeben ist. Die Bedingung zum Verlassen der Schleife wird nicht erst während der Laufzeit der Schleife ermittelt, sondern steht schon von vornherein fest.

5 Bei den beiden Varianten der *While-* bzw. *Until*-Schleifen geht es darum, ob die Schleife mindestens einmal (Do…Loop While) durchlaufen wird oder nicht (Do While…Loop).

6 Auch »Schleifenkörper«.

Wie die Grundform der *For...Next*-Schleife aussieht, ist in Listing 5.11 gezeigt.

```
Zwischensumme = 0
For I = 1 To 10
   Zwischensumme = Zwischensumme + i
Next I
```

Listing 5.11: Eine einfache *For...Next*-Schleife

Mit der ersten Anweisung wird die Variable namens *Zwischensumme* auf Null gesetzt. Eine Variable repräsentiert eine Zahl, deren Wert während der Laufzeit des Programms geändert werden kann. Derartige Variablen werden innerhalb des Funktionsblocks zur Aufnahme von Zwischensummen und Hilfswerten eingesetzt. Sie treten nach außen hin nicht in Erscheinung. Für die Formeln des Arbeitsblatts sind Variablen unsichtbar. Es ist nicht nur guter Programmierstil, eine Variable am Anfang des Funktionsblocks zu deklarieren, der Programmierer kann so auch den Datentyp kontrollieren. Die dazu passende Anweisung

```
Dim Zwischensumme As Long
```

würde den Datentyp der Variablen als »Long«, also als Ganzzahl im Bereich von –2.147.483.648 bis 2.147.483.647 bestimmen. Sie ist der Übersichtlichkeit halber in Listing 5.11 weggelassen worden.

Der Schleifenkopf besteht aus der Anweisung

```
For I = 1 To 10
```

Dabei ist *I* der Zähler, der die Zahl der Durchläufe mitzählt. Diese Schleife soll zehnmal durchlaufen werden, wobei der Zähler *I* nacheinander die Werte 1 bis 10 annimmt.

Im Schleifenrumpf kommt dem Zähler hier noch eine weitere Aufgabe zu: Er wird jeweils mit seinem aktuellen Wert zur Zwischensumme hinzuaddiert.

```
Zwischensumme = Zwischensumme + i
```

Der Schleifenfuß mit dem Schlüsselwort *Next* und der erneuten Angabe des Zählers erhöht den Zähler um eins. Wenn dadurch der im Schleifenkopf angegebene Endwert noch nicht überschritten ist, setzt ein neuer Durchlauf ein. Anderenfalls wird mit der nächsten Anweisung hinter der Schleife fortgefahren.

Damit sind alle wichtigen Elemente, die für die Funktion *Quersumme()* benötigt werden, erwähnt worden – mit einer Ausnahme, die aber besser an der fertigen Funktion in Listing 5.12 erklärt werden soll.

```
Public Function Quersumme(Zahl As Double) As Long

Dim I As Integer
Dim S As String

    Quersumme = 0
    S = Str(Zahl)
    For I = 1 To Len(S)
        Quersumme = Quersumme + Val(Mid(S, I, 1))
    Next I
End Function
```

Listing 5.12: Berechnung der Quersumme einer Zahl

Nach der Deklaration der Funktion *Quersumme()* als Funktion vom Datentyp *Long* mit dem Argument *Zahl* im Excel-Standardzahlenformat enthalten die nächsten beiden Anweisungen Variablendeklarationen. *I* ist die Zählvariable für die *For...Next*-Schleife, deren größter Wert der Stellenanzahl von *Zahl* entspricht.

Neues bietet dagegen die zweite Variable: *S* wird als *String*, als Textvariable bekannt gemacht. Ihr Sinn wird erst beim Betrachten des Schleifenrumpfs klar. Es existiert nämlich keine Funktion in Excel, weder als Tabellenfunktion noch als VBA-Funktion, mit der man die Anzahl der Stellen einer Zahl feststellen kann oder mit der sich einzelne Ziffern aus einer Zahl extrahieren lassen. (Ersteres könnte man noch mit einer Logarithmus-Funktion hinbekommen, Letzteres gelänge dagegen nur sehr umständlich.)

Deshalb wird hier *Zahl* mittels der VBA-Funktion *Str()* in die String-Variable *S* umgewandelt. Bei dieser kann man dann mit der VBA-Funktion *Len()* (von engl.: »length«) die Textlänge ermitteln, was der Ziffernanzahl von *Zahl* und damit der Anzahl der Schleifendurchläufe entspricht.

Innerhalb der Schleife gibt die VBA-Funktion *Mid()* nacheinander die einzelnen Ziffern von *Zahl* als Zeichen heraus, indem sie aus der String-Variablen *S* ab der Stelle *I* jeweils ein Zeichen herauskopiert. (Die Anzahl der zu kopierenden Zeichen werden durch das dritte Argument, hier die Eins, bestimmt.) Zeichen können nicht zu Zahlen hinzuaddiert werden. Deshalb wandelt die VBA-Funktion *Val()* (von engl.: »value«) die als Zeichen dargestellten einzelnen Ziffern von *Zahl* wieder in Zahlen zurück, die zu *Quersumme* hinzugezählt werden können.

Wenn alle Stellen von *Zahl* abgearbeitet worden sind, wird die Schleife verlassen und der Wert der Variablen *Quersumme* wird von der Tabellenfunktion *Quersumme()* der Formel im Arbeitsblatt übermittelt.

In diesem Beispiel findet der Anfänger sicherlich den Umweg über die String-Variable und den Einsatz der dazu gehörenden String-Funktionen *Str()*, *Len()*, *Mid()* und *Val()* sehr verwirrend. Es ist aber dennoch die am wenigsten anspruchsvolle Lösung. Der Einsatz von Schleifen, Variablen und VBA-Funktionen ließ sich anhand weniger Zeilen zeigen.

CD-ROM Auf der CD-ROM zum Buch finden Sie im Ordner *\Buch\Kap05* in der Arbeitsmappe *Quersumme.xls* (Excel 97-2003) bzw. *Geometrie.xlsm* (Excel 2007/2010) auf dem Arbeitsblatt *Quersumme* dieses Beispiel. In *Modul1* dieser Arbeitsmappe können Sie mithilfe des Visual Basic-Editors den Code einsehen. Auf dem Arbeitsblatt *Spezial* befinden sich zwei weitere Lösungen für die Berechnung der Quersumme einer Zahl. Eine Lösung kommt dabei ohne VBA-Funktionen aus.

Die Funktion *Kreisfläche1()*

Diese Funktion soll dasselbe leisten wie die am Anfang dieses Kapitels beschriebene Funktion *Kreisfläche()*. Sie soll hier aber eine Verbesserung erfahren und Ihnen den Einsatz der integrierten Tabellenfunktionen vorführen.

Die Funktion *Kreisfläche()* benutzte zur Berechnung der Kreisfläche die Kreiszahl Pi als Konstante mit dem Wert 3,14159265358979 (unter Ausnutzung der in Excel maximal möglichen Stellenzahl). Doch nicht immer hat man die Kreiszahl Pi mit allen Nachkommastellen in der notwendigen Genauigkeit zur Hand, sodass man auf zusätzliche Tabellenwerke angewiesen scheint.

Der geübte Excel-Anwender könnte (und sollte) nun dagegenhalten, dass Excel über eine Tabellen-Funktion *Pi()* verfügt, die mit hinreichender Genauigkeit (und Geschwindigkeit) den Wert von Pi angibt. Mit den schon beschriebenen benutzerdefinierten Funktionen wurde gezeigt, dass diese beiden Welten – das Excel-Arbeitsblatt und die VBA-Entwicklungsumgebung – nicht unvereinbar sind. Zahlen können aus Zellen in einem Arbeitsblatt einer VBA-Funktion übergeben werden und die Rechenergebnisse dieser Funktion gelangen wieder in die Zelle zurück. So ist es nicht verwunderlich, dass man in VBA die Möglichkeit hat, eingebaute Tabellenfunktionen zu verwenden.

Tabellenfunktionen in benutzerdefinierten Funktionen verwenden

In Excel sind über 300 Tabellenfunktionen integriert. Da liegt es nahe, diese auch in eigenen Prozeduren (Funktionen) zu verwenden und damit Programmierarbeit und -zeit einzusparen. Die Vorgehensweise, um innerhalb eines eigenen VBA-Projekts Tabellenfunktionen zu nutzen, erscheint dem Neuling jedoch umständlich und undurchsichtig, obwohl sich für den Anwender im Grunde nichts Kompliziertes dahinter verbirgt. Die umständliche Schreibweise ist lediglich eine Folge der objektorientierten Programmierung, die man zum Einsetzen der eingebauten Tabellenfunktionen aber nicht beherrschen muss.

Objektorientierte Programmierung

Zu dem Thema »Objektorientierte Programmierung« soll nur so viel gesagt werden:

Um der Fülle an Details in großen Anwendungen während der Programmierung Herr zu werden, führte man eine Hierarchie dieser Details, die man Objekte nennt, ein. Will man auf ein untergeordnetes Objekt Bezug nehmen, muss der gesamte Weg durch die Hierarchie angegeben werden.

Wenn Sie mit Betriebssystemen vertraut sind, kennen Sie das schon: Die korrekte Bezeichnung einer Datei erfordert die Angabe von Laufwerk, Ordner, eventuelle Unterordner und Dateiname – oder wie wäre es vielleicht mit »Laufwerksobjekt«, »Ordnerobjekt« und »Dateiobjekt«?

Nur wird in der Programmierung nicht der Rückwärtsschrägstrich (engl.: back slash) zur Trennung der Objekte eingesetzt, sondern ein Punkt.

Die Schreibweise zur Nutzung der Tabellenfunktion *Pi()* in unserer VBA-Funktion lautet[7]:

```
Application.WorksheetFunction.Pi
```

Listing 5.13: Nutzung der Tabellenfunktion *Pi()* in VBA

Damit weisen wir den Visual Basic-Editor an, innerhalb der Anwendung (»application«; also Excel) aus den eingebauten Tabellenfunktionen (»WorksheetFunction«) die Funktion *Pi* zu verwenden. Im Gegensatz zu den Formeln in dem Arbeitsblatt können wir hier auf die Angabe der Klammern verzichten, da sich schon aus dem Begriff »WorksheetFunction« ergibt, dass es sich um einen Funktionsnamen handeln muss.

7 Sie werden sich erinnern: Der Visual Basic-Editor »versteht« nur Englisch.

Ein Vergleich mit einem alltäglichen Beispiel mag dies verdeutlichen:

```
Auto.Motor.PS
```

So könnte es aussehen, wenn Sie auf die gleiche Denk- und Schreibweise die Leistung eines Kraftfahrzeugs mitgeteilt bekommen wollen.

Jetzt können wir unsere verbesserte Kreisflächenfunktion fertig stellen. Statt der konstanten Zahl für die Kreiszahl Pi setzen wir den Ausdruck aus Listing 5.13 ein:

```
Public Function Kreisfläche1(Radius As Double) As Double
    Kreisfläche1 = Application.WorksheetFunction.Pi * Radius ^ 2
End Function
```

Listing 5.14: Tabellenfunktion *Pi()* in einer benutzerdefinierten Funktion

Es muss eingeräumt werden, dass das Beispiel mit der Tabellenfunktion *Pi()* recht einfach ist. Im Regelfall muss man dagegen drei Besonderheiten beachten:

1. Auch wenn eine deutschsprachige Excel-Version vorliegt, werden innerhalb des Visual Basic-Editors die englischen Namen für die Tabellenfunktionen benutzt.
2. Nicht alle Tabellenfunktionen können in VBA eingesetzt werden, weil ihre Aufgaben schon über reine VBA-Funktionen verwirklicht wurden.
3. Einige Tabellenfunktionen haben gleichnamige Entsprechungen in VBA, die allerdings andere Ergebnisse liefern (z.B. *log*), weil sie dort anders definiert sind.

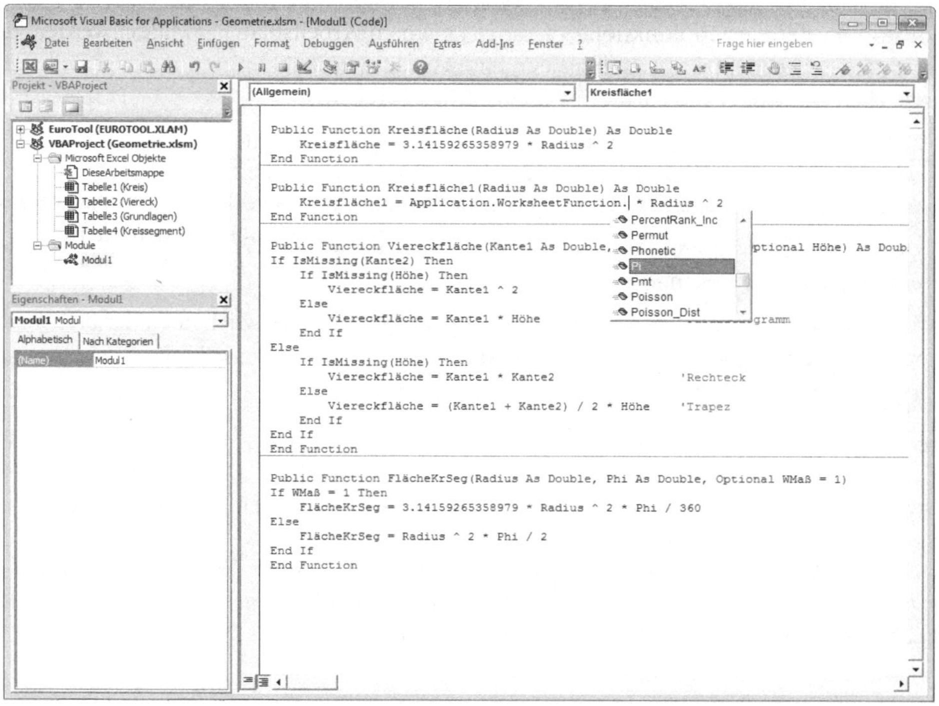

Abbildung 5.6: Listenfeld im Visual Basic-Editor zur leichteren Eingabe von Objekten und Bezeichnern

Zumindest für die beiden ersten Punkte bietet der Visual Basic-Editor mit seinen Listenfeldern Hilfe an: Wenn Sie den Programmcode eingeben, können Sie den geeigneten Begriff aus Dropdownlisten auswählen, auch wenn Ihnen die exakte Schreibweise unbekannt ist (Abbildung 5.6).

Tipp

Suchen Sie mit dem Windows-Explorer nach der Datei *Vbaliste.xls*. Sie befindet sich gewöhnlich in einem Ordner der Microsoft Office-Installation. Diese Datei enthält zu den deutschen Funktionen die englischen Übersetzungen der Funktionen auf dem Arbeitsblatt *Tabellenfunktionen*. Die ab der Excel-Version 2007 hinzugekommenen Funktionen fehlen allerdings noch.

CD-ROM

Dieses Beispiel finden Sie auf der CD-ROM zum Buch im Ordner *\Buch\Kap05* in der Arbeitsmappe *Geometrie.xls* (Excel 97-2003) bzw. *Geometrie.xlsm* (Excel 2007/2010) auf dem Arbeitsblatt *Kreis*. In *Modul1* dieser Arbeitsmappe können Sie mithilfe des Visual Basic-Editors den Code dazu einsehen.

Die Funktionen im Funktionsassistenten

In Excel 5.0 und Excel 95 konnten Sie benutzerdefinierte Funktionen über den Objektkatalog einer Kategorie des Funktions-Assistenten zuordnen. Seit Excel 97 ist dieser Weg nicht mehr möglich, da der Objektkatalog geändert wurde. Mit VBA erstellte Funktionen werden aber nach wie vor im Funktions-Assistenten platziert.

Eigene Funktionen verwenden

Alle korrekt definierten Funktionen können in einem Arbeitsblatt verwendet werden. Steht in der Zelle *A1* eine positive Zahl für den Radius eines Kreises, können Sie in der Zelle *B1* die Kreisfläche dazu über die Formel `=Kreisfläche(A1)` berechnen. Voraussetzung hierfür ist, dass sich das Modul und das Arbeitsblatt in derselben Arbeitsmappe befinden. Sonst erhalten sie den Fehlerwert *#NAME?*.

Aber auch in einer anderen Arbeitsmappe kann die Funktion verwendet werden. Bei geöffneter Arbeitsmappe erweitern Sie den Namen der Funktion um den Hinweis auf den externen Bezug:

```
=Geometrie.XLS!Kreisfläche(A1)
```

Ist die Arbeitsmappe mit der Funktion nicht geöffnet, muss zusätzlich noch der Pfad angegeben werden, z.B.

```
=C:\Daten\Geometrie.XLS!Kreisfläche(A1)
```

Tipp

Wenn die Arbeitsmappe mit der benutzerdefinierten Funktion geladen ist, lassen sich die Tabellenfunktionen auch über den Funktionsassistenten eintragen. Wählen Sie in der Kategorie *Benutzerdefiniert* des Dialogfelds *Funktion einfügen* (Menübefehl *Einfügen/Funktion*) die gewünschte Funktion aus. Daraufhin bietet Ihnen der Funktions-Assistent das Dialogfeld zur Eingabe des Arguments bzw. der Argumente an.

Wichtig

Beachten Sie bei der Weitergabe von Dateien, die benutzerdefinierte Funktionen verwenden, dass diese Funktionen in der Mappe gespeichert sein müssen. Alternativ können Sie die Datei mit den Funktionen ebenfalls zur Verfügung stellen. Wenn Sie dies nicht tun, kann die Berechnung nicht durchgeführt werden und die Zellen, die benutzerdefinierte Funktionen verwenden, zeigen den Fehlerwert *#NAME?* an.

Funktionen in einem Add-In speichern

Wenn Sie benutzerdefinierte Funktionen erstellt haben und diese weitergeben wollen, stellt sich die Frage, ob der Benutzer die Funktionen auch einsehen soll oder ob diese besser in einer ausgeblendeten Datei abgelegt werden. Excel bietet hierfür eine spezielle Speicherform an, ein sogenanntes Add-In.

Um eigene Add-Ins zu erstellen, gehen Sie wie folgt vor:

1. Erstellen Sie die Module, die das Add-In enthalten soll.
2. Kompilieren Sie zunächst das Projekt über den Menübefehl *Debuggen/Kompilieren von VBAProject*. Sie stellen damit sicher, dass keine Syntaxfehler enthalten sind.
3. Wechseln Sie in das Excel-Fenster.
4. Wählen Sie *Datei/Speichern unter* (Excel 2007: nach einem Klick auf die *Office*-Schaltfläche den Befehl *Speichern unter/Andere Formate*).
5. Wählen Sie das Dateiformat *Microsoft Excel-Add-In (*.xlam)* (vor Excel 2007: **.xla*) und vergeben Sie einen Namen.
6. Wechseln Sie wieder in den VBA-Editor.
7. Markieren Sie im Projekt-Explorer den Eintrag *Diese Arbeitsmappe*.
8. Wechseln Sie in das Fenster *Eigenschaften* und stellen Sie die Eigenschaft *IsAddin* auf *True*. Damit sind die enthaltenen Tabellenblätter im Excel-Fenster ausgeblendet.
9. Speichern Sie die Änderungen über den VBA-Editor.

Wichtig Wenn Sie Excel jetzt beenden, können Sie noch eine Sicherungskopie anlegen. Excel bietet nochmals das Standardformat an. Sie sollten dies auf jeden Fall tun.

Das Add-In können Sie nun über den Add-Ins-Manager einbinden. Wenn die Datei geladen ist, wird diese im Projekt-Explorer des VBA-Editors angezeigt. Sie können die Datei hier markieren und bearbeiten.

Die Arbeitsblätter dieser Datei sind zwar ausgeblendet, die enthaltenen Funktionen werden aber im Funktions-Assistenten in der Kategorie *Benutzerdefiniert* angezeigt.

Teil C

Referenz – Alle Funktionen im Detail

Kapitel 6

Datums- und Zeitfunktionen

In diesem Kapitel beschreiben wir Funktionen, die es Ihnen erlauben, mit Datums- und Zeitwerten zu rechnen. Des Weiteren können Sie durch Datums- und Zeitfunktionen mit der sogenannten Systemzeit Ihres Computers arbeiten. Dazu sollte die Systemzeit Ihres PC korrekt eingestellt sein.

Tabelle 6.1 Die Datums- und Zeitfunktionen in der Übersicht

Funktion	Beschreibung
ARBEITSTAG()	Berechnet das Datum vor oder nach einer Anzahl von Arbeitstagen
ARBEITSTAG.INTL()	Berechnet das Datum vor oder nach einer Anzahl von Arbeitstagen unter Beachtung der Festlegung für das Wochenende (Version 2010)
BRTEILJAHRE()	Berechnet die Differenz zwischen einem Start- und Enddatum in Jahren
DATEDIF()	Liefert die Differenz zwischen einem Start- und Enddatum in Jahren, Monaten oder Tagen
DATUM()	Berechnet einen Datumswert aus den angegebenen Jahres-, Monats- und Tagzahlen
DATWERT()	Wandelt ein als Text vorliegendes Datum in einen Datumswert
EDATUM()	Errechnet den Datumswert, der n Monate vor bzw. nach einem Ausgangsdatum liegt
HEUTE()	Liefert das aktuelle Datum (Systemdatum des PC)
JAHR()	Extrahiert die Jahreszahl aus einem Datumswert
JETZT()	Liefert das aktuelle Datum und Uhrzeit (Systemdatum des PC)
KALENDERWOCHE()	Berechnet die Kalenderwochennummer zu einem Datumswert
MINUTE()	Extrahiert die Minutenzahl aus einem Zeitwert
MONAT()	Extrahiert die Monatszahl aus einem Datumswert
MONATSENDE()	Liefert das letzte Datum des Monats, der n Monate vor oder nach einem Ausgangsdatum liegt
NETTOARBEITSTAGE()	Berechnet die Anzahl der Arbeitstage zwischen zwei Datumsangaben
NETTOARBEITSTAGE.INTL()	Berechnet die Anzahl der Arbeitstage zwischen zwei Datumsangaben unter Beachtung der Festlegung für das Wochenende (Version 2010)
SEKUNDE()	Extrahiert die Sekundenzahl aus einem Zeitwert
STUNDE()	Extrahiert die Stundenzahl aus einem Zeitwert
TAG()	Extrahiert die Tagzahl aus einem Datumswert
TAGE360()	Berechnet die Anzahl der Tage zwischen zwei Datumsangaben, basierend auf einem Jahr mit 360 Tagen
WOCHENTAG()	Wandelt einen Datumswert in die Wochentagsnummer von 1 bis 7 um
ZEIT()	Berechnet den Uhrzeitwert aus den angegebenen Stunden-, Minuten- und Sekundenzahlen
ZEITWERT()	Wandelt eine als Text vorliegende Uhrzeit in einen Zeitwert

ARBEITSTAG() WORKDAY()

2003: Add-In!

Syntax

ARBEITSTAG(***Ausgangsdatum***;***Tage***;*Freie_Tage*)

Definition

Die Funktion gibt das Datum vor oder nach einer bestimmten Anzahl von Arbeitstagen (*Tage*), gemessen von *Ausgangsdatum* zurück.

Argumente

Ausgangsdatum (erforderlich) ist ein Datum, das den Start der Berechnung festlegt.

Tage (erforderlich) ist die vor oder hinter *Ausgangsdatum* liegende Anzahl Tage, die nicht auf ein Wochenende fallen oder zu den freien Tagen gehören – also Arbeitstage. Ein positiver Wert für *Tage* errechnet ein zukünftiges, ein negativer Wert ein zurückliegendes Datum.

Freie_Tage (optional) ist eine Liste mit einer oder mehreren Datumsangaben, die alle Arten von arbeitsfreien Tagen repräsentieren kann, die aus dem Arbeitskalender ausgeschlossen werden sollen, beispielsweise staatliche oder regionale Feiertage.

Hintergrund

Wenn Sie Zahlungsziele, zu erwartende Lieferzeiten oder die Anzahl bereits verstrichener Arbeitstage berechnen wollen, können Sie es einfach mit der Formel *Datum plus Tage* bzw. *Enddatum minus Startdatum* berechnen. Soll das Zahlungsziel jedoch nicht auf das Wochenende oder einen Feiertag fallen, ist die Funktion ARBEITSTAG() für Sie von Interesse.

Die Funktion zählt bei der Berechnung Wochenenden sowie die Tage, die in *Freie_Tage* angegeben sind, nicht zu den Arbeitstagen. Bei der Liste *Freie_Tage* kann es sich um einen Zellbereich, der die Datumsangaben enthält, oder um eine Matrixkonstante der fortlaufenden Zahlen handeln, welche die Datumsangaben darstellen.

Beachten Sie, dass die Funktion den Tag, den *Ausgangsdatum* darstellt, bei der Zählung nicht berücksichtigt. Wenn Sie also das Ergebnis mithilfe der Funktion NETTOARBEITSTAGE() gegenrechnen, wird Ihnen NETTOARBEITSTAGE() immer einen Tag mehr an Differenz ausrechnen.

Beachten Sie auch diese Hinweise bei der Arbeit mit der Funktion:

- Ist eines der Argumente kein zulässiges Datum, gibt ARBEITSTAG() den Fehlerwert *#WERT!* zurück
- Ergibt die Addition *Ausgangsdatum* + *Tage* ein ungültiges Datum, gibt ARBEITSTAG() den Fehlerwert *#ZAHL!* zurück
- Ist *Tage* keine ganze Zahl, werden deren Nachkommastellen abgeschnitten

Praxiseinsatz

In einem Rechnungsformular soll das Zahlungsziel mit 14 Tagen ab dem aktuellen Datum berechnet werden, darf aber nicht auf ein Wochenende fallen. Die Formel

```
=ARBEITSTAG(HEUTE();14)
```

ergab am 14.07.2008 das Datum *01.08.2008*, der 14. Arbeitstag nach dem 14.07.2008.

Bei einem Zahlungsziel von 10 Tagen ergibt die Berechnung

```
=ARBEITSTAG("12.12.2008";10)
```

für das Ausgangsdatum *12.12.2008* das Zieldatum *26.12.2008*. Unter Berücksichtigung der Weihnachtsfeiertage ergibt die Berechnung

```
=ARBEITSTAG("12.12.2008";10;{"25.12.2008";"26.12.2008"})
```

das Zieldatum *30.12.2008*.

Beachten Sie bitte in der obigen Formel, dass die Liste der freien Tage von geschweiften Klammern {} und nicht von runden Klammern umgeben sein muss!

Siehe auch ARBEITSTAG.INTL(), EDATUM(), HEUTE(), JETZT(), MONATSENDE(), NETTOARBEITSTAGE(), NETTOARBEITSTAGE.INTL()

CD-ROM Die gezeigten Beispiele finden Sie auf der CD-ROM zum Buch im Ordner *\Buch\Kap06* in den Arbeitsmappen *Datum_Zeit.xls* (Excel 97-2003) bzw. *Datum_Zeit.xlsx* (Excel 2007/2010) auf dem Arbeitsblatt *ARBEITSTAG*.

Neu in 2010!

ARBEITSTAG.INTL() WORKDAY.INTL()

Syntax ARBEITSTAG.INTL(***Ausgangsdatum***;***Tage***;*Wochenende*;*Freie_Tage*)

Definition Die Funktion gibt das Datum vor oder nach einer bestimmten Anzahl von Arbeitstagen (*Tage*), gemessen von *Ausgangsdatum* zurück.

Argumente ***Ausgangsdatum*** (erforderlich) ist ein Datum, das den Start der Berechnung festlegt.

Tage (erforderlich) ist die vor oder hinter *Ausgangsdatum* liegende Anzahl Tage, die nicht auf ein Wochenende fallen oder zu den freien Tagen gehören – also Arbeitstage. Ein positiver Wert für *Tage* errechnet ein zukünftiges, ein negativer Wert ein zurückliegendes Datum.

Wochenende (optional) ist eine Zahl oder Zeichenfolge, die angibt, welche Tage als Wochenende und nicht als Arbeitstage bewertet werden.

Freie_Tage (optional) ist eine Liste mit einer oder mehreren Datumsangaben, die alle Arten von arbeitsfreien Tagen repräsentieren kann, die aus dem Arbeitskalender ausgeschlossen werden sollen, beispielsweise staatliche oder regionale Feiertage.

Hintergrund Siehe *Hintergrund* zur Funktion ARBEITSTAG(). Zusätzlich haben Sie die Möglichkeit, festzulegen, welche Wochentage als Wochenende bewertet und damit nicht mitgezählt werden. Wenn Sie die Wochenendtage mit einer Zahl oder einer Zeichenfolge angeben, tun Sie dies mit diesen Werten:

Zahl	Wochentage	Entspricht der Zeichenfolge
1 (oder keine Angabe)	Samstag, Sonntag	0000011
2	Sonntag, Montag	1000001
3	Montag, Dienstag	1100000
4	Dienstag, Mittwoch	0110000
5	Mittwoch, Donnerstag	0011000
6	Donnerstag, Freitag	0001100
7	Freitag, Samstag	0000110
11	Nur Sonntag	0000001
12	Nur Montag	1000000
13	Nur Dienstag	0100000
14	Nur Mittwoch	0010000

▶

Zahl	Wochentage	Entspricht der Zeichenfolge
15	Nur Donnerstag	0001000
16	Nur Freitag	0000100
17	Nur Samstag	0000010

Außer der Zeichenfolge 1111111 sind alle weiteren Kombinationen möglich. Die 0 steht für einen Arbeits-, die 1 für einen Feiertag.

Praxiseinsatz

In einem Rechnungsformular soll das Zahlungsziel mit 14 Tagen ab dem aktuellen Datum berechnet werden, darf aber nicht auf ein Wochenende fallen. Die Formel

```
=ARBEITSTAG.INTL(HEUTE();14)
```

ergab am 29.09.2010 das Datum *19.10.2010*, der 14. Arbeitstag nach dem 29.09.2010.

Bei einem Zahlungsziel von 10 Tagen ergibt die Berechnung

```
=ARBEITSTAG.INTL("12.12.2011";10)
```

für das Ausgangsdatum *12.12.2011* das Zieldatum *26.12.2011*. Unter Berücksichtigung der Weihnachtsfeiertage ergibt die Berechnung

```
=ARBEITSTAG.INTL("12.12.2011";10;1;{"25.12.2011";"26.12.2011"})
```

das Zieldatum *27.12.2011*.

Beachten Sie bitte in der obigen Formel, dass die Liste der freien Tage von geschweiften Klammern {} und nicht von runden Klammern umgeben sein muss!

Siehe auch

ARBEITSTAG(), EDATUM(), HEUTE(), JETZT(), MONATSENDE(), NETTOARBEITSTAGE(), NETTOARBEITSTAGE.INTL()

CD-ROM

Die gezeigten Beispiele finden Sie auf der CD-ROM zum Buch im Ordner *\Buch\Kap06* in der Arbeitsmappe *Datum_Zeit.xlsx* (Excel 2010) auf dem Arbeitsblatt *ARBEITSTAG.INTL*.

BRTEILJAHRE() YEARFRAC()

2003: Add-In!

Syntax

BRTEILJAHRE(***Ausgangsdatum***;***Enddatum***;*Basis*)

Definition

Die Funktion wandelt die ganzzahlige Differenz (in Tagen) zwischen *Ausgangsdatum* und *Enddatum* in Bruchteile von Jahren um, d.h. Sie erhalten das Ergebnis als Dezimalzahl (in Jahren).

Argumente

Ausgangsdatum (erforderlich) ist ein Datum, das dem Anfangsdatum der Berechnung entspricht.

Enddatum (erforderlich) ist ein Datum, das das Enddatum der Berechnung angibt.

Basis (optional) gibt an, auf welcher Basis die Zinstage gezählt werden. Ihnen stehen folgende Optionen zur Verfügung:

- 0 oder nicht angegeben USA (NASD) 30/360
- 1 Taggenau/Taggenau
- 2 Taggenau/360
- 3 Taggenau/365
- 4 Europa 30/360

Hintergrund Durch die Verwendung der Funktion BRTEILJAHRE() können z.B. Laufzeiten von Forderungen oder Verbindlichkeiten besser miteinander verglichen werden. Diese Funktion hat also einen engen Bezug zu den finanzmathematischen Funktionen (siehe Kapitel 14).

Hinweis Zur Speicherung von Datumsangaben in Excel beachten Sie bitte die Hinweise in Kapitel 1 im Abschnitt »Tipps & Tricks und ein wenig Theorie« unter »Das Datumssystem von Excel«.

Beachten Sie auch diese Hinweise beim Einsatz der Funktion:

- Alle Argumente werden durch Abschneiden der Nachkommastellen zu ganzen Zahlen gekürzt
- Ist *Ausgangsdatum* oder *Enddatum* kein zulässiges Datum, gibt BRTEILJAHRE() den Fehlerwert *#WERT!* zurück
- Ist *Basis* kleiner oder gleich 0 bzw. größer oder gleich 4, gibt BRTEILJAHRE() den Fehlerwert *#ZAHL!* zurück

Praxiseinsatz Für die Laufzeitangabe einer Finanzierung vom 1.1.2008 bis zum 10.10.2009 ermittelt die Formel

```
=BRTEILJAHRE("01.01.2008";"10.10.2009")
```

eine Laufzeit von 1,775 Jahren, basierend auf der US-Norm mit einem 30-Tage-Monat und einem 360-Tage-Jahr. Hier weitere Beispiele (siehe auch Abbildung 6.1):

- `=BRTEILJAHRE("01.01.2008";"10.10.2009";1)` ergibt den Wert 1,77291
- `=BRTEILJAHRE("01.01.2008";"10.10.2009";2)` ergibt den Wert 1,80000
- `=BRTEILJAHRE("01.01.2008";"10.10.2009";3)` ergibt den Wert 1,77534
- `=BRTEILJAHRE("01.01.2008";"10.10.2009";4)` ergibt den Wert 1,77500

E4 =BRTEILJAHRE(B4;C4)

	A	B	C	D	E
1	**BRTEILJAHRE**				
2					
3		*Ausgangsdatum*	*Enddatum*	*Basis*	Berechnung
4		01.01.2008	10.10.2009		1,77500
5		01.01.2008	10.10.2009	1	1,77291
6		01.01.2008	10.10.2009	2	1,80000
7		01.01.2008	10.10.2009	3	1,77534
8		01.01.2008	10.10.2009	4	1,77500

Abbildung 6.1: Die Laufzeit einer Finanzierung mit BRTEILJAHRE() berechnet

Siehe auch ARBEITSTAG(), ARBEITSTAG.INTL(), EDATUM(), HEUTE(), JETZT(), MONATSENDE(), NETTOARBEITSTAGE(), NETTOARBEITSTAGE.INTL()

CD-ROM Die gezeigten Beispiele finden Sie auf der CD-ROM zum Buch im Ordner *\Buch\Kap06* in den Arbeitsmappen *Datum_Zeit.xls* (Excel 97-2003) bzw. *Datum_Zeit.xlsx* (Excel 2007/2010) auf dem Arbeitsblatt *BRTEILJAHRE*.

DATEDIF() DATEDIF()

Syntax

DATEDIF(***Ausgangsdatum***;***Enddatum***;***Einheit***)

Definition

Diese Funktion ermittelt die Differenz zwischen *Anfangs-* und *Enddatum* (Zeitraum) in Jahren, Monaten oder Tagen.

Argumente

Ausgangsdatum (erforderlich) ist das Startdatum des zu berechnenden Zeitraums.

Enddatum (erforderlich) ist ein Datum, das das letzte Datum oder Enddatum des Zeitraums angibt.

Einheit (erforderlich) ist der Informationstyp, der zurückgegeben werden soll. Die folgenden Einheiten stehen Ihnen dabei zur Verfügung:

- »Y« liefert die Anzahl der vollständigen Jahre im Zeitraum
- »M« liefert die Anzahl der vollständigen Monate im Zeitraum
- »D« liefert die Anzahl der Tage im Zeitraum
- »MD« liefert die Differenz zwischen den Tagen im *Anfangsdatum* und *Enddatum*. Die Monate und Jahre der Datumsangaben werden ignoriert.
- »YM« liefert die Differenz zwischen den Monaten in *Anfangsdatum* und *Enddatum*. Die Tage und Jahre der Datumsangaben werden ignoriert.
- »YD« liefert die Differenz zwischen den Tagen im *Anfangsdatum* und *Enddatum*. Die Jahre der Datumsangaben werden ignoriert.

Hintergrund

Diese Funktion zum Errechnen von Datumsdifferenzen in verschiedenen Einheiten und mit verschiedenen Rechenmethoden hält Microsoft seit Jahren in Excel versteckt. Sie ist seit langem in Excel vorhanden, jedoch nicht dokumentiert, d.h., im Funktions-Assistenten und in der Excel-Hilfe suchen Sie die Funktion vergebens.

Alle Datumsangaben können als Textzeichenfolgen (in Anführungszeichen), als fortlaufende Zahlen oder als Ergebnis anderer Formeln oder Funktionen eingegeben werden. Die Beispiele zeigen die Wirkungsweise der Funktion.

Praxiseinsatz

Für die Berechnung der Beschäftigungszeiten von Mitarbeitern zu einem Stichdatum verwenden Sie die Funktion DATEDIF(). So ergibt die Berechnung

```
=DATEDIF("01.01.2004";"13.11.2009";"Y")
```

für einen Mitarbeiter, welcher am 1.1.2004 eingestellt wurde, dass er zum Stichtag 13.11.2009 *5* Jahre beschäftigt ist. Für die Rückstellung von Weihnachtsgeld, das abhängig von den Beschäftigungsmonaten berechnet wird, ermitteln Sie mit der Formel

```
=DATEDIF("01.01.2004";"30.11.2009";"M")
```

zum Stichtag 30.11.2009 den Wert *70* Monate für einen Mitarbeiter, der seit dem 1.1.2004 in der Firma ist.

E6 =DATEDIF(B6;C6;D6)

	A	B	C	D	E
1	**DATEDIF**				
2					
3		*Ausgangsdatum*	*Enddatum*	*Basis*	Berechnung
4		01.01.2004	11.11.2009	D	2141
5		01.01.2004	30.11.2009	M	70
6		01.01.2004	13.11.2009	Y	5
7		01.01.2004	14.11.2009	MD	13
8		01.01.2004	15.11.2009	YM	10
9		01.01.2004	16.11.2009	YD	320

Abbildung 6.2: Beschäftigungszeiten ermitteln

Siehe auch EDATUM(), MONATSENDE(), NETTOARBEITSTAGE(), NETTOARBEITSTAGE.INTL(), TAGE360()

CD-ROM Die Beispiele finden Sie auf der CD-ROM zum Buch im Ordner *\Buch\Kap06* in den Arbeitsmappen *Datum_Zeit.xls* (Excel 97-2003) bzw. *Datum_Zeit.xlsx* (Excel 2007/2010) auf dem Arbeitsblatt *DATEDIF*.

DATUM() DATE()

Syntax DATUM(*Jahr*;*Monat*;*Tag*)

Definition Die Funktion gibt die fortlaufende Zahl zurück, die ein durch die Argumente *Jahr*, *Monat* und *Tag* bestimmtes Datum darstellt.

Argumente *Jahr* (erforderlich) ist eine Zahl, welche ein bis vier Stellen umfassen kann.

Monat (erforderlich) ist eine Zahl, die den Monat des Jahres darstellt.

Tag (erforderlich) ist eine Zahl, die den Tag des Monats darstellt.

Hintergrund Bei Datumsberechnungen gibt es häufig den Anlass, ein Datum zu zerlegen, um z.B. ganze Monate zu addieren. Das Berechnungsergebnis muss aber wieder in ein reguläres Datum einfließen. Hier setzt die Funktion DATUM() an: Aus den angegebenen Einzelbestandteilen eines Datums wird wieder ein (numerischer) Datumsausdruck zusammengesetzt, welchen Sie in weiteren Datumsberechnungen einsetzen können. Die DATUM()-Funktion eignet sich am besten für Formeln, in denen *Jahr*, *Monat* und *Tag* Formeln und keine Konstanten sind.

Excel interpretiert das Argument *Jahr* entsprechend des Datumssystems, das Sie verwenden. Standardmäßig verwendet Excel für Windows das 1900-Datumssystem; Excel für den Macintosh verwendet das 1904-Datumssystem.

Für das 1900-Datumssystem gilt Folgendes:

- Wenn *Jahr* zwischen *0* (Null) und *1899* (einschließlich) liegt, addiert Excel den Wert zu *1900*, um das Jahr zu berechnen
- Wenn *Jahr* zwischen *1900* und *9999* (einschließlich) liegt, verwendet Excel diesen Wert als Jahresangabe
- Wenn *Jahr* kleiner 0 bzw. größer oder gleich 10000 ist, gibt Excel den Fehlerwert *#ZAHL!* zurück

Für das 1904-Datumssystem gilt Folgendes:

- Wenn *Jahr* zwischen *4* und *1899* (einschließlich) liegt, addiert Excel den Wert zu *1900*, um das Jahr zu berechnen
- Wenn *Jahr* zwischen *1904* und *9999* (einschließlich) liegt, verwendet Excel diesen Wert als Jahresangabe
- Wenn *Jahr* kleiner 4 bzw. größer oder gleich10000 ist, oder wenn *Jahr* zwischen *1900* und *1903* (einschließlich) liegt, gibt Excel den Fehlerwert *#ZAHL!* zurück
- Wenn *Monat* größer 12 ist, wird die Anzahl der Monate zum ersten Monat des angegebenen Jahres addiert
- Wenn *Tag* größer als die Anzahl der Tage des angegebenen Monats ist, wird diese Anzahl zum ersten Tag des Monats addiert

Hinweis

Zur Speicherung von Datumsangaben in Excel beachten Sie bitte die Hinweise in Kapitel 1 im Abschnitt »Tipps & Tricks und ein wenig Theorie« unter »Das Datumssystem von Excel«.

Praxiseinsatz

In einer Buchhaltungsanwendung muss zu einem gegebenen Datum der Monatsletzte und -erste berechnet werden. Die Formel

```
=DATUM(JAHR("23.07.2008");MONAT("23.07.2008");1)
```

ergibt den Monatsersten *01.07.2008*. Sie setzt die Jahreszahl und die Monatszahl aus einem gegebenen Datum zusammen mit der Tagzahl 1 zum Monatsersten für dieses Datum zusammen. Die Formel

```
=DATUM(JAHR("23.07.2008");MONAT("23.07.2008")+1;1)-1
```

ergibt den Monatsletzten *31.07.2008*. Sie setzt die Jahreszahl und die um eins erhöhte Monatszahl (also Folgemonat) aus einem gegebenen Datum zusammen mit der Tagzahl 1 zum Monatsersten des Folgemonats zusammen. Zieht man davon einen Tag ab, erhält man den Monatsletzten.

Weitere Beispiele:

- `=DATUM(108;1;2)` ergibt den *02.01.2008* (1900+108)
- `=DATUM(2008;1;2)` ergibt den *02.01.2008*
- `=DATUM(2008;14;2)` ergibt den *02.02.2009*
- `=DATUM(2008;1;35)` ergibt den *04.02.2008*

Siehe auch

ZEIT(), DATWERT(), HEUTE(), JAHR(), MONAT(), TAG(), ZEITWERT()

CD-ROM

Diese Beispiele finden Sie auf der CD-ROM zum Buch im Ordner *\Buch\Kap06* in den Arbeitsmappen *Datum_Zeit.xls* (Excel 97-2003) bzw. *Datum_Zeit.xlsx* (Excel 2007/2010) auf dem Arbeitsblatt *DATUM*.

DATWERT() DATEVALUE()

Syntax DATWERT(*Datumstext*)

Definition Die Funktion wandelt ein als Text vorliegendes Datum in eine fortlaufende Zahl entsprechend des Excel-Datumssystems um.

Argumente *Datumstext* (erforderlich) ist Text, der ein Tagesdatum in einem der Microsoft Excel-Datumsformate darstellt.

Hintergrund In allen Fällen, wo Ihnen eine Datumsangabe im Textformat vorliegt (bspw. aus Importen), verwenden Sie DATWERT(), um das vorliegende Datum in eine fortlaufende Zahl, sprich Datum, umzuwandeln. Mit dem Ergebnis können Sie dann weitere Berechnungen anstellen.

Die meisten Funktionen wandeln zwar Datumstextwerte automatisch in fortlaufende Zahlen um, aber in bestimmten Fällen kann diese Regel einmal nicht gelten, z.B. bei importierten Daten oder bei Arbeitsblattfunktionen aus Drittanbieter-Add Ins. Wenn Sie solche Fälle ausschließen und sichergehen wollen, wandeln Sie mit DATWERT() um.

Angaben wie *"12.12.2005"* oder *"11/9/2001"* sind Textzeichenfolgen in Anführungszeichen, die gültige Datumsangaben darstellen. Wird mit dem standardmäßigen Datumssystem von Excel für Windows gearbeitet, muss *Datumstext* ein Datum darstellen, das zwischen dem 1. Januar 1900 und dem 31. Dezember 9999 liegt, beim standardmäßigen Datumssystem von Excel für den Macintosh muss *Datumstext* ein Datum darstellen, das zwischen dem 1. Januar 1904 und dem 31. Dezember 9999 liegt. Entspricht Datumstext einem Datum, das außerhalb dieses Bereichs liegt, gibt DATWERT() den Fehlerwert *#WERT!* zurück.

Ist in *Datumstext* kein Jahr angegeben, verwendet DATWERT() die Jahresangabe, die von der Systemuhr Ihres PC zur Verfügung gestellt wird. In *Datumstext* angegebene Uhrzeiten werden ignoriert.

Hinweis Zur Speicherung von Datumsangaben in Excel beachten Sie bitte die Hinweise in Kapitel 1 im Abschnitt »Tipps & Tricks und ein wenig Theorie« unter »Das Datumssystem von Excel«.

Praxiseinsatz Nach einem Import erscheinen die Werte einer Datumsspalte als Text. Diese sollen für weitere Berechnungen in echte Datumswerte, also numerische Werte umgewandelt werden. Die Formel

```
=DATWERT("12.12.2008")
```

ergibt den Datumswert *12.12.2008*, welcher eine fortlaufende Datumszahl im Excel-Datumssystem darstellt. Weitere Beispiele:

- `=DATWERT("11.11")` ergibt im Jahr 2008 den Datumswert *11.11.2008*
- `=DATWERT("11/9/2001")` ergibt den Datumswert *11.09.2001*
- `=DATWERT("9-11-2006")` ergibt den Datumswert *09.11.2006*
- `=DATWERT("August 2007")` ergibt den Datumswert *01.08.2007*
- `=DATWERT("12.2008")` ergibt den Datumswert *01.12.2008*
- `=DATWERT("7/1999")` ergibt den Datumswert *01.07.1999*
- `=DATWERT("2008-11-22")` ergibt den Datumswert *22.11.2008*

Siehe auch

HEUTE(), JETZT(), ZEITWERT()

CD-ROM

Die Beispiele finden Sie auf der CD-ROM zum Buch im Ordner *\Buch\Kap06* in den Arbeitsmappen *Datum_Zeit.xls* (Excel 97-2003) bzw. *Datum_Zeit.xlsx* (Excel 2007/2010) auf dem Arbeitsblatt *DATWERT*.

EDATUM() EDATE()

2003: Add-In!

Syntax

EDATUM(***Ausgangsdatum***;***Monate***)

Definition

Die Funktion gibt die fortlaufende Zahl des Datums zurück, das eine bestimmte Anzahl von Monaten vor bzw. nach dem in *Ausgangsdatum* angegebenen Datum liegt.

Argumente

Ausgangsdatum (erforderlich) ist ein Datum, das dem Anfangsdatum entspricht.

Monate (erforderlich) gibt an, wie viele Monate vor oder nach dem *Ausgangsdatum* liegen sollen. Ein positiver Wert für *Monate* ergibt ein in der Zukunft, ein negativer Wert ein in der Vergangenheit liegendes Datum.

Hintergrund

Mit der Funktion EDATUM() können Sie Rückzahlungs- oder Fälligkeitstermine berechnen, die auf denselben Tag eines Monats fallen wie der jeweilige Emissionstermin. Eine Alternative zu dieser Funktion bestände darin, mit den Funktionen JAHR(), MONAT() und TAG() das *Ausgangsdatum* in seine Bestandteile zu zerlegen, die ermittelte Monatszahl um den Wert *Monate* zu erhöhen und alle drei Bestandteile anschließend wieder mithilfe der Funktion DATUM() zu einem regulären Datum (fortlaufende Zahl) zusammenzusetzen:

```
=DATUM(JAHR(Ausgangsdatum);MONAT(Ausgangsdatum)+Monate;TAG(Ausgangsdatum))
```

Es könnten Probleme auftreten, wenn Sie Datumsangaben als Text eingeben. Ist *Ausgangsdatum* kein zulässiges Datum, gibt EDATUM() den Fehlerwert *#WERT!* zurück. Ist *Monate* keine ganze Zahl, werden die Nachkommastellen abgeschnitten.

Hinweis

Zur Speicherung von Datumsangaben in Excel beachten Sie bitte die Hinweise in Kapitel 1 im Abschnitt »Tipps & Tricks und ein wenig Theorie« unter »Das Datumssystem von Excel«.

Praxiseinsatz

Für einen 18-monatigen Baustelleneinsatz soll das Ende berechnet werden. Die Formel `=EDATUM("02.01.2008";18)` ergibt das Datum *02.07.2009* (Abbildung 6.3). Weitere Beispiele:

- `=EDATUM("02.01.2008";24)` ergibt das Datum *02.01.2010*
- `=EDATUM("03.01.2008";0)` ergibt das Datum *03.01.2008*
- `=EDATUM("04.01.2008";-5)` ergibt das Datum *04.08.2007*

D4 =EDATUM(B4;C4)

	A	B	C	D
1	**EDATUM**			
2				
3		*Ausgangsdatum*	*Monate*	Berechnung
4		02.01.2008	18	02.07.2009
5		02.01.2008	24	02.01.2010
6		03.01.2008		03.01.2008
7		04.01.2008	-5	04.08.2007
8		05.01.2008	-9	05.04.2007
9		31.12.2008	2	28.02.2009

Abbildung 6.3: Endedatum für Projekteinsätze berechnen

Siehe auch ARBEITSTAG(), ARBEITSTAG.INTL(), DATEDIF(), DATUM(), MONATSENDE(), NETTOARBEITSTAGE(), NETTOARBEITSTAGE.INTL(), TAGE360()

CD-ROM Die Beispiele finden Sie auf der CD-ROM zum Buch im Ordner *\Buch\Kap06* in den Arbeitsmappen *Datum_Zeit.xls* (Excel 97-2003) bzw. *Datum_Zeit.xlsx* (Excel 2007/2010) auf dem Arbeitsblatt *EDATUM*.

HEUTE() TODAY()

Syntax HEUTE()

Definition Die Funktion HEUTE() gibt die fortlaufende Zahl des aktuellen Datums zurück.

Argumente Keine

Hintergrund Bei der Eingabe der HEUTE()-Funktion erhalten Sie als Ergebnis das aktuelle Datum ohne die Uhrzeit. Wenn für das Zellenformat vor der Eingabe der Funktion die Option *Standard* eingestellt war, wird das Ergebnis als Datum formatiert.

Die verwandte Funktion JETZT() liefert ebenfalls das aktuelle Datum, aber einschließlich der aktuellen Uhrzeit. Der Unterschied zwischen HEUTE() und JETZT() besteht also darin, dass HEUTE() nur das aktuelle Datum und die Funktion JETZT() zum Datum auch die aktuelle Systemzeit abruft.

Bevorzugen Sie bei der Bildung von Datumsdifferenzen, bei denen die Differenz in Tagen wesentlich ist, die Funktion HEUTE(). Für Berechnungen wie die Tage, die seit Rechnungslegung vergangen sind, setzen Sie die Funktion HEUTE() ein. Anhand der festgestellten Differenz können Sie dann entscheiden, ob Fristen eingehalten oder überschritten wurden.

Die Ergebnisse beider Funktionen werden nicht ständig aktualisiert. Es finden nur dann Aktualisierungen statt, wenn die Tabelle geöffnet oder die zugehörige Tabelle berechnet wird. Die Neuberechnung einer Tabelle können Sie durch Drücken der Taste [F9] erzwingen.

Natürlich ist die Richtigkeit bzw. Genauigkeit beider Funktionen davon abhängig, dass Ihre PC-interne Systemuhr die korrekte Systemzeit führt.

Hinweis Zur Speicherung von Datumsangaben in Excel beachten Sie bitte die Hinweise in Kapitel 1 im Abschnitt »Tipps & Tricks und ein wenig Theorie« unter »Das Datumssystem von Excel«.

Praxiseinsatz In einem Rechnungsformular soll automatisch immer das aktuelle Tagesdatum stehen. Die Formel `=HEUTE()` setzt das aktuelle Datum in das Formular. Weitere Einsatzmöglichkeiten:

- `=HEUTE()+14` ergibt das Datum heute in 14 Tagen
- `=HEUTE()+200` ergibt das Datum heute in 200 Tagen
- `=HEUTE()-100` ergibt das Datum heute vor 100 Tagen
- `=HEUTE()-"14.11.1959"` ergibt für den Geburtstag 14.11.1959 das aktuelle Alter in Tagen

Siehe auch DATUM(), JETZT(), TAG()

CD-ROM Diese Beispiele finden Sie auf der CD-ROM zum Buch im Ordner *\Buch\Kap06* in den Arbeitsmappen *Datum_Zeit.xls* (Excel 97-2003) bzw. *Datum_Zeit.xlsx* (Excel 2007/2010) auf dem Arbeitsblatt *HEUTE*.

JAHR() YEAR()

Syntax

JAHR(*Zahl*)

Definition

Die Funktion extrahiert aus einem Datum die darin enthaltene vierstellige Jahreszahl. Das Ergebnis von JAHR() ist eine ganze Zahl, die einen Wert von 1900 bis 9999 annehmen kann.

Argumente

Zahl (erforderlich) ist das Datum des Jahres, das Sie ermitteln möchten.

Hintergrund

Mithilfe dieser Funktion sowie der Funktionen MONAT() und TAG() können Sie ein (gültiges) Datum in seine Bestandteile zerlegen, um damit z.B. weitere Berechnungen anzustellen. Diese Funktion können Sie immer dann einsetzen, wenn in Tabellen Werte nach Jahren zusammengefasst werden sollen und es nicht mehr auf das Tagesdatum ankommt.

Es können Probleme auftreten, wenn Datumsangaben als Text eingegeben werden. Die von den Funktionen JAHR(), MONAT() und TAG() zurückgegebenen Werte sind gregorianische Werte (entsprechend des Gregorianischen Kalenders).

Hinweis

Zur Speicherung von Datumsangaben in Excel beachten Sie bitte die Hinweise in Kapitel 1 im Abschnitt »Tipps & Tricks und ein wenig Theorie« unter »Das Datumssystem von Excel«.

Praxiseinsatz

Um die Filterung von Jahren mit dem Excel-*AutoFilter* bzw. die Sortierung nach Jahren zur Verfügung zu stellen, sollen in einer Hilfspalte die Jahreswerte aus einer Datumsspalte ermittelt werden. Verwenden Sie dazu die Berechnung `=JAHR(Datumswert)`. Hier einige Anwendungen und Hinweise:

- `=JAHR(HEUTE())` ergibt im Jahr 2008 den Wert *2008*
- `=JAHR("14.11.1959")` ergibt den Wert *1959*
- `=JAHR("01.01.1900")` ergibt den Wert *1900*
- `=JAHR("31.12.1899")` ergibt den Fehlerwert *#WERT!*
- `=JAHR("31.12.9999")` ergibt den Wert *9999*
- `=JAHR("01.01.10000")` ergibt den Fehlerwert *#WERT!*

Siehe auch

HEUTE(), JETZT(), MONAT(), TAG(), WOCHENTAG(), SEKUNDE(), MINUTE(), STUNDE()

CD-ROM

Die Beispiele finden Sie auf der CD-ROM zum Buch im Ordner *\Buch\Kap06* in den Arbeitsmappen *Datum_Zeit.xls* (Excel 97-2003) bzw. *Datum_Zeit.xlsx* (Excel 2007/2010) auf dem Arbeitsblatt *JAHR*.

JETZT() NOW()

Syntax

JETZT()

Definition

Die Funktion liefert die fortlaufende Zahl des aktuellen Datums und der aktuellen Uhrzeit.

Argumente

Keine

Hintergrund

Bei Eingabe der JETZT()-Funktion erhalten Sie das aktuelle Datum sowie die aktuelle Uhrzeit als Ergebnis. Insbesondere, wenn Sie die aktuelle Uhrzeit für Berechnungen oder zur Anzeige benötigen, ist die Verwendung der Funktion angezeigt. Wenn für das Zellenformat vor der Eingabe der Funktion die Option *Standard* eingestellt war, wird das Ergebnis als Datum formatiert.

Die verwandte Funktion HEUTE() liefert ebenfalls das aktuelle Datum, nicht aber die aktuelle Uhrzeit. Sollten Sie die Funktion JETZT() zu Berechnungen heranziehen – beispielsweise zur Berechnung von Zinstagen – beachten Sie bitte, dass sich die gleichzeitige Ausgabe der Uhrzeit unter Umständen störend auswirken kann. Bevorzugen Sie bei der Bildung von Datumsdifferenzen, bei denen die Differenz in Tagen wesentlich ist, deshalb die Funktion HEUTE().

Die Ergebnisse beider Funktionen werden nicht ständig aktualisiert. Es finden nur dann Aktualisierungen statt, wenn die Tabelle geöffnet oder die zugehörige Tabelle berechnet wird. Die Neuberechnung einer Tabelle können Sie durch Drücken der Taste F9 erzwingen.

Natürlich ist die Richtigkeit bzw. Genauigkeit beider Funktionen davon abhängig, dass Ihre PC-interne Systemuhr die korrekte Systemzeit führt.

Hinweis Zur Speicherung von Datumsangaben in Excel beachten Sie bitte die Hinweise in Kapitel 1 im Abschnitt »Tipps & Tricks und ein wenig Theorie« unter »Das Datumssystem von Excel«.

Praxiseinsatz In einem Formular sollen aktuelles Datum und Uhrzeit bei jedem Ausdruck erscheinen. Verwenden Sie dazu die Funktion JETZT() in einer Zelle des Formulars: `=JETZT()` ergibt das aktuelle Datum und die aktuelle Uhrzeit entsprechend der Systemzeit des PC. Hier weitere Anwendungsbeispiele:

- `=JETZT()+1/24` ergibt Datum/Uhrzeit in einer Stunde
- `=JETZT()+12/24` ergibt Datum/Uhrzeit in 12 Stunden
- `=JETZT()-1/24` ergibt die aktuelle Zeit in Lissabon (nach Sommerzeit)
- `=JETZT()-6/24` ergibt die aktuelle Zeit in New York (nach Sommerzeit)
- `=JETZT()-9/24` ergibt die aktuelle Zeit in Los Angeles (nach Sommerzeit)
- `=JETZT()+8/24` ergibt die aktuelle Zeit in Sydney (nach Sommerzeit)
- `=JETZT()+7/24` ergibt die aktuelle Zeit in Tokio (nach Sommerzeit)
- `=JETZT()+2/24` ergibt die aktuelle Zeit in Moskau (nach Sommerzeit)

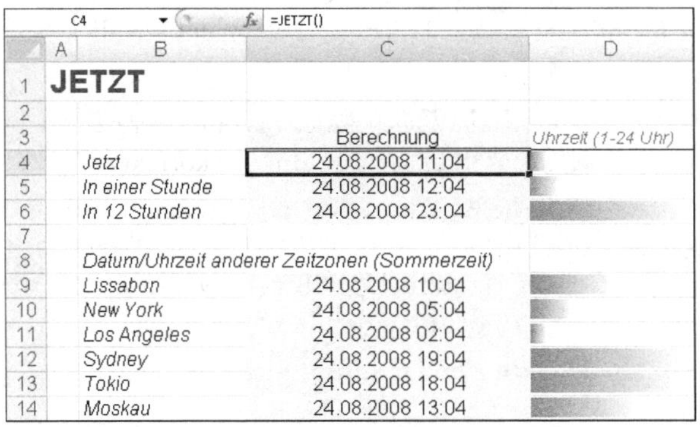

Abbildung 6.4: In Excel 2007/2010 können Sie Uhrzeiten durch bedingte Formate auch grafisch darstellen

Siehe auch DATUM(), JAHR(), MONAT(), TAG(), STUNDE(), MINUTE(), SEKUNDE(), WOCHENTAG()

CD-ROM Die gezeigten Beispiele finden Sie auf der CD-ROM zum Buch im Ordner *\Buch\Kap06* in den Arbeitsmappen *Datum_Zeit.xls* (Excel 97-2003) bzw. *Datum_Zeit.xlsx* (Excel 2007/2010) auf dem Arbeitsblatt *JETZT*.

KALENDERWOCHE() WEEKNUM()

2003: Add-In!

Syntax

KALENDERWOCHE(***Datum***;*Rückgabe*)

Definition

Die Funktion gibt eine ganze Zahl zurück, welche die Wochennummer des angegebenen Datums im Jahr darstellt.

Argumente

Datum (erforderlich) ist das Datum, deren KW ermittelt werden soll.

Rückgabe (optional) ist eine Zahl, durch die festgelegt wird, mit welchem Tag eine Woche beginnt.

- 1 (Standardeinstellung): Eine Woche beginnt am Sonntag. Die Wochentage sind, bei Sonntag beginnend, von 1 bis 7 nummeriert.
- 2: Eine Woche beginnt am Montag. Die Wochentage sind, bei Montag beginnend, von 1 bis 7 nummeriert.

Hintergrund

Das Jahr wird in Kalenderwochen (KW) eingeteilt, die durchnummeriert sind. Ein Jahr hat 52 oder 53 Kalenderwochen. Seit der Festlegung der DIN-Norm 1355 im Jahre 1974 ist die erste Kalenderwoche die Woche eines Jahres, in der mindestens vier der ersten sieben Januartage fallen (also die Woche, in der der 4. Januar liegt). Inhaltlich gleich regelt dies die Internationale Norm ISO 8601 von 1988, die von der Europäischen Union als EN 28601 im Jahre 1992 übernommen und in Deutschland als DIN EN 28601 (1993) umgesetzt wurde.

Demzufolge haben die meisten Jahre 52 Wochen. Der jährliche überzählige Tag sowie die Schaltjahre führen aber dazu, dass es alle fünf bis sechs Jahre ein Jahr mit 53 Wochen gibt, so die Jahre 1992, 1998, 2004, 2009 oder 2015. Da es keine »halben« Wochen gibt, gehören manche Tage ihrer KW nach zu einem anderen Jahr als es der üblichen Datumsangabe entspricht (z.B. gehörte der 2.01.2000 noch zur 53. KW 1999).

Die Berechnung der KW in Excel erfolgt nach amerikanischen Regeln und damit leider nicht nach der DIN-Norm. Es gibt daher immer wieder Jahre, in denen die Berechnung mit der Funktion KALENDERWOCHE() nicht zum gewünschten Ergebnis führt.

Sollten Sie also die KW nach den in Deutschland geltenden Normen benötigen, wählen Sie andere Berechnungswege. Im Internet finden Sie verschiedene Lösungen. An dieser Stelle möchten wir zwei Lösungen nennen:

1. Im Wikipedia-Lexikon (*http://de.wikipedia.org/wiki/Woche*) finden Sie unter der Beschreibung der Kalenderwoche eine Arbeitsblattformel, die nach unseren Prüfungen korrekt arbeitet.
2. Eine in VBA programmierte benutzerdefinierte Funktion finden Sie in den Kapiteln 31 in »Microsoft Office Excel 2003 – Das Handbuch« 2. Aufl., ISBN-13: 978-3-86063-193-5 sowie in »Microsoft Office Excel 2007 – Das Handbuch«, ISBN-13: 978-3-86645-103-2, beide erschienen bei Microsoft Press. Mehr zu benutzerdefinierten Funktionen erfahren Sie in Kapitel 5.

Hinweis

Zur Speicherung von Datumsangaben in Excel beachten Sie bitte die Hinweise in Kapitel 1 im Abschnitt »Tipps & Tricks und ein wenig Theorie« unter »Das Datumssystem von Excel«.

Praxiseinsatz

In einem Excel-basierten Einsatzplan soll zu jedem Datum die Kalenderwoche nach US-Norm gezeigt werden. Verwenden Sie hierzu die Formel `=KALENDERWOCHE(Datumswert)`.

Hier noch Hinweise auf problematische Fälle hinsichtlich der in Deutschland geltenden Berechnung für die Kalenderwoche:

- `=KALENDERWOCHE("01.01.2005")` ergibt mit beiden Rückgabewerten die KW *1*; richtig wäre *53*
- `=KALENDERWOCHE("03.01.2005")` ergibt mit beiden Rückgabewerten die KW *2*; richtig wäre *1*
- `=KALENDERWOCHE("20.10.2005")` ergibt mit beiden Rückgabewerten die KW *43*; richtig wäre *42*
- `=KALENDERWOCHE("31.12.2008")` ergibt mit beiden Rückgabewerten die KW *53*; richtig wäre *1*
- `=KALENDERWOCHE("02.01.2009")` ergibt mit beiden Rückgabewerten die richtige KW *1*

Siehe auch TAGE360(), WOCHENTAG(), JAHR(), MONAT(), TAG()

CD-ROM Die gezeigten Beispiele finden Sie auf der CD-ROM zum Buch im Ordner *\Buch\Kap06* in den Arbeitsmappen *Datum_Zeit.xls* (Excel 97-2003) bzw. *Datum_Zeit.xlsx* (Excel 2007/2010) auf dem Arbeitsblatt *KALENDERWOCHE*.

MINUTE() — MINUTE()

Syntax MINUTE(***Zahl***)

Definition Die Funktion extrahiert aus einer fortlaufenden Zahl (Uhrzeit mit oder ohne Datum) die Minutenzahl. Die Minute wird als ganze Zahl ausgegeben, die einen Wert von 0 bis 59 annehmen kann.

Argumente ***Zahl*** (erforderlich) ist eine gültige Uhrzeit (und ggf. Datumsangabe).

Hintergrund Mithilfe dieser Funktion sowie der Funktionen STUNDE() und SEKUNDE() können Sie eine (gültige) Zeitangabe in ihre Bestandteile zerlegen, um damit z.B. weitere Berechnungen anzustellen.

Zeitangaben können als Textzeichenfolgen in Anführungszeichen (z.B. "06:43"), als Dezimalzahlen (z.B. 0,27986111 – dieser Wert stellt 06:43 Uhr dar) oder als Ergebnis anderer Formeln oder Funktionen eingegeben werden.

Praxiseinsatz In einer Anwendung sind die über den vollen Stunden liegenden Minutenwerte zu ermitteln. Die Formel `=MINUTE("06:43")` ergibt den Wert *43* Minuten.

`=MINUTE("24.12.2010 18:12")` ergibt den Wert *12*.

`=MINUTE(JETZT())` ergibt die aktuelle Minute.

Siehe auch STUNDE(), SEKUNDE(), JAHR(), MONAT(), TAG(), WOCHENTAG()

CD-ROM Die gezeigten Beispiele finden Sie auf der CD-ROM zum Buch im Ordner *\Buch\Kap06* in den Arbeitsmappen *Datum_Zeit.xls* (Excel 97-2003) bzw. *Datum_Zeit.xlsx* (Excel 2007/2010) auf dem Arbeitsblatt *MINUTE*.

MONAT() MONTH()

MONAT(*Zahl*)

Syntax

Definition

Die Funktion extrahiert aus einem Datum die darin enthaltene Monatszahl. Die errechneten Monatszahlen liegen im Bereich von 1 (Januar) bis 12 (Dezember).

Argumente

Zahl (erforderlich) ist das Datum, dessen Monatszahl Sie ermitteln wollen.

Hintergrund

Mithilfe dieser Funktion sowie der Funktionen JAHR() und TAG() können Sie ein (gültiges) Datum in seine Bestandteile zerlegen, um damit z.B. weitere Berechnungen anzustellen. Diese Funktion können Sie immer dann einsetzen, wenn in Tabellen Werte nach Monaten zusammengefasst werden sollen und es nicht mehr auf das Tagesdatum ankommt.

Es können Probleme auftreten, wenn Datumsangaben als Text eingegeben werden. Die von den Funktionen JAHR(), MONAT() und TAG() zurückgegebenen Werte sind gregorianische Werte (entsprechend des Gregorianischen Kalenders).

Hinweis

Zur Speicherung von Datumsangaben in Excel beachten Sie bitte die Hinweise in Kapitel 1 im Abschnitt »Tipps & Tricks und ein wenig Theorie« unter »Das Datumssystem von Excel«.

Praxiseinsatz

Um die Filterung von Monaten mit dem Excel-*AutoFilter* bzw. die Sortierung nach Monaten zur Verfügung zu stellen, sollen in einer Hilfspalte die Monatswerte aus einer Datumsspalte ermittelt werden. Verwenden Sie dazu die Berechnung `=MONAT(Datumswert)`. Hier weitere Anwendungen und Hinweise:

- `=MONAT(HEUTE())` ergibt im September den Wert *9*
- `=MONAT("14.11.1959")` ergibt den Wert *11*
- `=MONAT("01.01.1900")` ergibt den Wert *1*
- `=MONAT("31.12.1899")` ergibt den Fehlerwert *#WERT!*
- `=MONAT("31.12.9999")` ergibt den Wert *12*
- `=MONAT("01.01.10000")` ergibt den Fehlerwert *#WERT!*

Siehe auch

JAHR(), TAG(), WOCHENTAG(), KALENDERWOCHE(), STUNDE(), MINUTE(), SEKUNDE()

CD-ROM

Die Beispiele finden Sie auf der CD-ROM zum Buch im Ordner *\Buch\Kap06* in den Arbeitsmappen *Datum_Zeit.xls* (Excel 97-2003) bzw. *Datum_Zeit.xlsx* (Excel 2007/2010) auf dem Arbeitsblatt *MONAT*.

MONATSENDE() EOMONTH()

2003: Add-In!

Syntax

MONATSENDE(***Ausgangsdatum***;***Monate***)

Definition

Diese Funktion gibt die Zahl des letzten Tags in dem Monat zurück, der die im Argument *Monate* angegebene Anzahl von Monaten vor bzw. nach dem *Ausgangsdatum* liegt.

Argumente

Ausgangsdatum (erforderlich) ist ein Datum, das den Starttag der Berechnungen markiert.

Monate (erforderlich) gibt an, wie viele Monate vor oder nach dem *Ausgangsdatum* liegen sollen. Ein positiver Wert für *Monate* ergibt ein in der Zukunft, ein negativer Wert ein in der Vergangenheit liegendes Datum.

Hintergrund Die Funktion hat ihr Haupteinsatzgebiet im Bereich kaufmännischer Berechnungen und im Bankwesen. Mit MONATSENDE() können Sie Rückzahlungs- oder Fälligkeitstermine berechnen, die auf den letzten Tag eines Monats fallen.

Eine Alternative zu dieser Funktion bestände darin, mit den Funktionen JAHR() und MONAT() das *Ausgangsdatum* in seine Bestandteile zu zerlegen, die ermittelte Monatszahl um den Wert *Monate+1* zu erhöhen, für den Tag eine *1* zu setzen, alle drei Bestandteile anschließend wieder mithilfe der Funktion DATUM() zu einem regulären Datum (fortlaufende Zahl) zusammenzusetzen und von diesem Datum einen Tag abzuziehen:

```
=DATUM(JAHR(Ausgangsdatum);MONAT(Ausgangsdatum)+Monate+1;1)-1
```

Probleme können auftreten, wenn Sie Datumsangaben als Text eingeben. Ist *Monate* keine ganze Zahl, werden die Nachkommastellen abgeschnitten. Ist *Ausgangsdatum* kein zulässiges Datum, gibt MONATSENDE() den Fehlerwert *#ZAHL!* zurück. Ergibt die Berechnung *Ausgangsdatum plus Monate* ein ungültiges Datum, gibt die Funktion den Fehlerwert *#ZAHL!* zurück.

Hinweis Zur Speicherung von Datumsangaben in Excel beachten Sie bitte die Hinweise in Kapitel 1 im Abschnitt »Tipps & Tricks und ein wenig Theorie« unter »Das Datumssystem von Excel«.

Praxiseinsatz Für eine am 1.1.2008 beginnende Finanzierung mit 18 Monaten Laufzeit soll als Fälligkeitstermin der Monatsletzte nach 18 Monaten ausgewiesen werden. Die Formel

```
=MONATSENDE("01.01.2007";18)
```

ergibt als Fälligkeitsdatum den *31.07.2008* (siehe Abbildung 6.5).

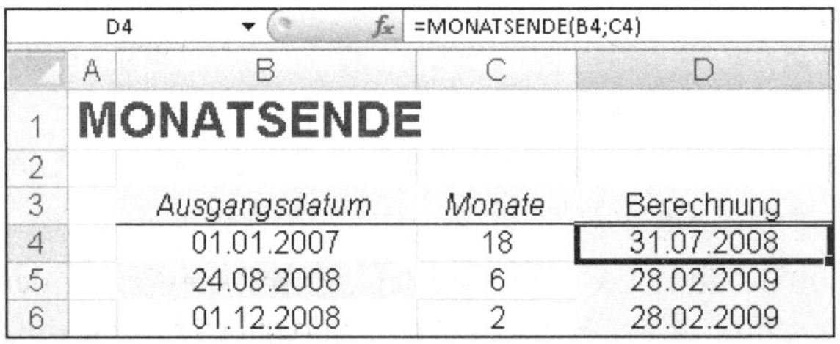

Abbildung 6.5: Das Fälligkeitsdatum einer Finanzierung berechnen

Siehe auch ARBEITSTAG(), ARBEITSTAG.INTL(), DATEDIF(), DATUM(), EDATUM(), NETTOARBEITSTAGE(), NETTOARBEITSTAGE.INTL(), TAGE360()

CD-ROM Die dargestellten Beispiele finden Sie auf der CD-ROM zum Buch im Ordner *\Buch\Kap06* in den Arbeitsmappen *Datum_Zeit.xls* (Excel 97-2003) bzw. *Datum_Zeit.xlsx* (Excel 2007/2010) auf dem Arbeitsblatt *MONATSENDE*.

NETTOARBEITSTAGE() NETWORKDAYS()

2003: Add-In!

Syntax

NETTOARBEITSTAGE(***Ausgangsdatum***;***Enddatum***;*Freie_Tage*)

Definition

Die Funktion gibt die Anzahl der Arbeitstage für das angegebene Zeitintervall zurück.

Argumente

Ausgangsdatum (erforderlich) ist ein Datum, das den Beginn des Zeitintervalls angibt.

Enddatum (erforderlich) ist ein Datum, das das Ende des Zeitintervalls angibt.

Freie_Tage (optional) ist ein Bereich mit einer oder mehreren Datumsangaben, die alle Arten von arbeitsfreien Tagen repräsentieren kann, die aus dem Arbeitskalender ausgeschlossen werden sollen, z.B. staatliche oder regionale Feiertage. Bei der Liste kann es sich entweder um einen Zellbereich, der die Datumsangaben enthält, oder eine Matrixkonstante der fortlaufenden Zahlen handeln, die die Datumsangaben darstellen.

Hintergrund

Unter Zuhilfenahme der Funktion NETTOARBEITSTAGE() können Sie die für Arbeitnehmer zu zahlenden Leistungen berechnen, die auf der zu einem bestimmten Zeitraum gehörenden Anzahl an Arbeitstagen basieren.

Standardmäßig lässt die Funktion bei der Berechnung der Zeitdifferenz in Tagen die im Intervall enthaltenen Wochenenden, also die Samstage und Sonntage, weg. Zusätzlich können Sie Ihre Feiertagsliste in einen Zellbereich schreiben und diesen dann als *Freie_Tage*-Liste angeben, um diese Datumsangaben ebenfalls aus der Berechnung herauszunehmen.

Es können Probleme auftreten, wenn Datumsangaben als Text eingegeben werden. Ist eines der Argumente kein zulässiges Datum, gibt NETTOARBEITSTAGE() den Fehlerwert *#WERT!* zurück.

Beachten Sie, dass die Funktion den Tag, den *Ausgangsdatum* darstellt, bei der Zählung mit berücksichtigt. Wenn Sie also das Ergebnis mithilfe der Funktion ARBEITSTAG() gegenrechnen, müssen Sie ARBEITSTAG() immer einen Tag weniger im Argument *Tage* übergeben.

Hinweis

Zur Speicherung von Datumsangaben in Excel beachten Sie bitte die Hinweise in Kapitel 1 im Abschnitt »Tipps & Tricks und ein wenig Theorie« unter »Das Datumssystem von Excel«.

Praxiseinsatz

Ein Projekteinsatz wurde vom 12.12.2008 bis zum 2.6.2009 festgelegt. Es soll die Anzahl der abrechenbaren Arbeitstage in diesem Zeitraum unter Berücksichtigung der Feiertage ermittelt werden. Die Formel

```
=NETTOARBEITSTAGE("12.12.2008";"02.06.2009";{"26.12.2008";"01.01.2009";"13.04.2009";
"01.05.2009";"21.05.2009";"01.06.2009"})
```

ermittelt *117* abrechenbare Arbeitstage für den festgelegten Projektzeitraum.

Beachten Sie bitte in der obigen Formel, dass die Liste der freien Tage von geschweiften Klammern {} und nicht von runden Klammern umgeben sein muss!

Die Abbildung 6.6 zeigt die Berechnung unter Verwendung von Zellbezügen auf Start, Ende und Feiertagsliste.

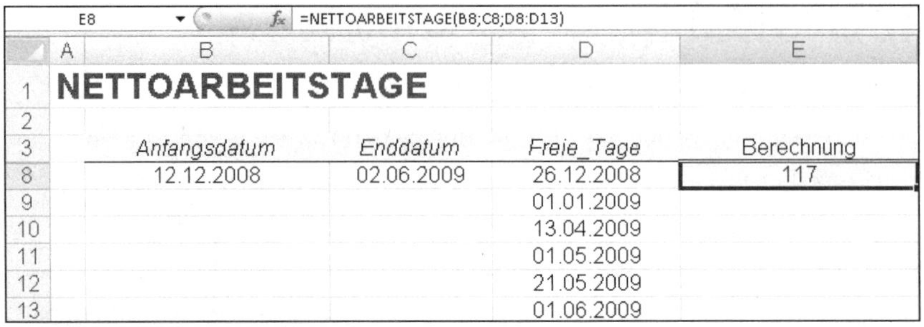

Abbildung 6.6: Die abrechenbaren Arbeitstage unter Berücksichtigung der Wochenenden und Feiertage ermitteln

Siehe auch ARBEITSTAG(), ARBEITSTAG.INTL(), EDATUM(), MONATSENDE(), NETTOARBEITS-TAGE.INTL(), DATEDIF(), TAGE360()

CD-ROM Das gezeigte und weitere Beispiele finden Sie auf der CD-ROM zum Buch im Ordner *\Buch\Kap06* in den Arbeitsmappen *Datum_Zeit.xls* (Excel 97-2003) bzw. *Datum_Zeit.xlsx* (Excel 2007/2010) auf dem Arbeitsblatt *NETTOARBEITSTAGE*.

Neu in 2010!

NETTOARBEITSTAGE.INTL() — NETWORKDAYS.INTL()

Syntax NETTOARBEITSTAGE.INTL(***Ausgangsdatum***;***Enddatum***;*Wochenende;Freie_Tage*)

Definition Die Funktion gibt die Anzahl der Arbeitstage für das angegebene Zeitintervall unter Beachtung der Wochenenddefinition zurück.

Argumente ***Ausgangsdatum*** (erforderlich) ist ein Datum, das den Beginn des Zeitintervalls angibt.

Enddatum (erforderlich) ist ein Datum, das das Ende des Zeitintervalls angibt.

Wochenende (optional) ist eine Zahl oder Zeichenfolge, die angibt, welche Tage als Wochenende und nicht als Arbeitstage bewertet werden.

Freie_Tage (optional) ist ein Bereich mit einer oder mehreren Datumsangaben, die alle Arten von arbeitsfreien Tagen repräsentieren kann, die aus dem Arbeitskalender ausgeschlossen werden sollen, z.B. staatliche oder regionale Feiertage. Bei der Liste kann es sich entweder um einen Zellbereich, der die Datumsangaben enthält, oder eine Matrixkonstante der fortlaufenden Zahlen handeln, die die Datumsangaben darstellen.

Hintergrund Siehe die Funktion NETTOARBEITSTAGE(). Zusätzlich haben Sie die Möglichkeit, festzulegen, welche Wochentage als Wochenende bewertet und damit nicht mitgezählt werden. Wenn Sie die Wochenendtage mit einer Zahl oder einer Zeichenfolge angeben, tun Sie dies mit diesen Werten:

Zahl	Wochentage	Entspricht der Zeichenfolge
1 (oder keine Angabe)	Samstag, Sonntag	0000011
2	Sonntag, Montag	1000001
3	Montag, Dienstag	1100000
4	Dienstag, Mittwoch	0110000

▶

Zahl	Wochentage	Entspricht der Zeichenfolge
5	Mittwoch, Donnerstag	0011000
6	Donnerstag, Freitag	0001100
7	Freitag, Samstag	0000110
11	Nur Sonntag	0000001
12	Nur Montag	1000000
13	Nur Dienstag	0100000
14	Nur Mittwoch	0010000
15	Nur Donnerstag	0001000
16	Nur Freitag	0000100
17	Nur Samstag	0000010

Außer der Zeichenfolge 1111111 sind alle weiteren Kombinationen möglich. Die 0 steht für einen Arbeits-, die 1 für einen Feiertag.

Praxiseinsatz

Ein Projekteinsatz wurde vom 12.12.2008 bis zum 2.6.2009 festgelegt. Es soll die Anzahl der abrechenbaren Arbeitstage in diesem Zeitraum unter Berücksichtigung der Feiertage ermittelt werden. Die Formel

```
=NETTOARBEITSTAGE.INTL("12.12.2008";"02.06.2009";1;{"26.12.2008";"01.01.2009";
"13.04.2009";"01.05.2009";"21.05.2009";"01.06.2009"})
```

ermittelt *117* abrechenbare Arbeitstage für den festgelegten Projektzeitraum.

Beachten Sie bitte in der obigen Formel, dass die Liste der freien Tage von geschweiften Klammern {} und nicht von runden Klammern umgeben sein muss!

Siehe auch

ARBEITSTAG(), ARBEITSTAG.INTL(), EDATUM(), MONATSENDE(), NETTOARBEITSTAGE(), DATEDIF(), TAGE360()

CD-ROM

Das gezeigte und weitere Beispiele finden Sie auf der CD-ROM zum Buch im Ordner *\Buch\Kap06* in der Arbeitsmappe *Datum_Zeit.xlsx* (Excel 2010) auf dem Arbeitsblatt *NETTOARBEITSTAGE.INTL*.

SEKUNDE() SECOND()

Syntax

SEKUNDE(***Zahl***)

Definition

Die Funktion extrahiert aus einer fortlaufenden Zahl (Uhrzeit mit oder ohne Datum) die Sekundenzahl. Die Sekunde wird als ganze Zahl ausgegeben, die einen Wert von 0 bis 59 annehmen kann.

Argumente

Zahl (erforderlich) ist eine gültige Uhrzeit (und ggf. Datum).

Hintergrund

Mithilfe dieser Funktion sowie der Funktionen STUNDE() und MINUTE() können Sie eine (gültige) Zeitangabe in ihre Bestandteile zerlegen, um damit z.B. weitere Berechnungen anzustellen.

Zeitangaben können als Textzeichenfolgen in Anführungszeichen (z.B. "06:43"), als Dezimalzahlen (z.B. 0,27986111 – dieser Wert stellt 06:43 Uhr dar) oder als Ergebnis anderer Formeln oder Funktionen eingegeben werden.

Praxiseinsatz `=SEKUNDE("13.07.2008 20:48:31")` ergibt den Wert *31*.

`=SEKUNDE("06:43:12")` ergibt den Wert *12*.

`=SEKUNDE(JETZT())` ergibt die aktuelle Sekunde.

Siehe auch STUNDE(), MINUTE(), JAHR(), MONAT(), TAG(), JETZT(), ZEIT()

CD-ROM Die Beispiele finden Sie auf der CD-ROM zum Buch im Ordner *\Buch\Kap06* in den Arbeitsmappen *Datum_Zeit.xls* (Excel 97-2003) bzw. *Datum_Zeit.xlsx* (Excel 2007/2010) auf dem Arbeitsblatt *SEKUNDE*.

STUNDE() HOUR()

Syntax STUNDE(***Zahl***)

Definition Die Funktion extrahiert aus einer fortlaufenden Zahl (Uhrzeit mit oder ohne Datum) die Stundenzahl. Die Stunde wird als ganze Zahl ausgegeben, die einen Wert von 0 bis 23 annehmen kann.

Argumente ***Zahl*** (erforderlich) ist eine gültige Uhrzeit (und ggf. Datum).

Hintergrund Mithilfe dieser Funktion sowie der Funktionen MINUTE() und SEKUNDE() können Sie eine (gültige) Zeitangabe in ihre Bestandteile zerlegen, um damit z.B. weitere Berechnungen anzustellen.

Zeitangaben können als Textzeichenfolgen in Anführungszeichen (z.B. "06:43"), als Dezimalzahlen (z.B. 0,27986111 – dieser Wert stellt 06:43 Uhr dar) oder als Ergebnis anderer Formeln oder Funktionen eingegeben werden.

Praxiseinsatz In einer Zeiterfassung sollen nur die vollen Stunden aus gegebenen Uhrzeiten weiterberechnet werden. Die Formel `=STUNDE("06:43")` ergibt den Wert von *6* Stunden. Weitere Beispiele:

- `=STUNDE("13.07.2008 20:48")` ergibt den Wert *20*
- `=STUNDE(JETZT())` ergibt die aktuelle Stunde

Siehe auch MINUTE(), SEKUNDE(), JAHR(), MONAT(), TAG(), JETZT(), ZEIT()

CD-ROM Die gezeigten Beispiele finden Sie auf der CD-ROM zum Buch im Ordner *\Buch\Kap06* in den Arbeitsmappen *Datum_Zeit.xls* (Excel 97-2003) bzw. *Datum_Zeit.xlsx* (Excel 2007/2010) auf dem Arbeitsblatt *STUNDE*.

TAG() DAY()

Syntax TAG(***Zahl***)

Definition Die Funktion extrahiert aus einem Datum die darin enthaltene Tagzahl. Das Ergebnis von TAG() ist eine ganze Zahl, die einen Wert von 1 bis 31 annehmen kann.

Argumente ***Zahl*** (erforderlich) ist das Datum, dessen Tagzahl Sie ermitteln wollen.

Hintergrund

Mithilfe dieser Funktion sowie der Funktionen JAHR() und MONAT() können Sie ein (gültiges) Datum in seine Bestandteile zerlegen, um damit z.B. weitere Berechnungen anzustellen. Diese Funktion können Sie immer dann einsetzen, wenn in Tabellen Werte nach Tagen zusammengefasst werden sollen und es nicht mehr auf das Gesamtdatum ankommt.

Es können Probleme auftreten, wenn Datumsangaben als Text eingegeben werden. Die von den Funktionen JAHR(), MONAT() und TAG() zurückgegebenen Werte sind gregorianische Werte (entsprechend des Gregorianischen Kalenders).

Hinweis

Zur Speicherung von Datumsangaben in Excel beachten Sie bitte die Hinweise in Kapitel 1 im Abschnitt »Tipps & Tricks und ein wenig Theorie« unter »Das Datumssystem von Excel«.

Praxiseinsatz

Um in einer Geburtstagsliste die Filterung von Tagen mit dem Excel-*AutoFilter* bzw. die Sortierung nach Tagen zur Verfügung zu stellen, sollen in einer Hilfsspalte die Tagzahlen aus einer Datumsspalte ermittelt werden. Verwenden Sie dazu die Berechnung `=TAG(Datumswert)`. Hier weitere Anwendungen und Hinweise:

- `=TAG("13.07.2008")` ergibt den Wert *13*
- `=TAG("14.11.1959")` ergibt den Wert *14*
- `=TAG("01.01.1900")` ergibt den Wert *1*
- `=TAG("31.12.1899")` ergibt den Fehlerwert *#WERT!*
- `=TAG("31.12.9999")` ergibt den Wert *31*
- `=TAG("01.01.10000")` ergibt den Fehlerwert *#WERT!*

Siehe auch

JAHR(), MONAT(), STUNDE(), MINUTE(), SEKUNDE(), WOCHENTAG(), DATUM(), ZEIT()

CD-ROM

Die Beispiele finden Sie auf der CD-ROM zum Buch im Ordner *\Buch\Kap06* in den Arbeitsmappen *Datum_Zeit.xls* (Excel 97-2003) bzw. *Datum_Zeit.xlsx* (Excel 2007/2010) auf dem Arbeitsblatt *TAG*.

TAGE360() DAYS360()

Syntax

TAGE360(***Ausgangsdatum***;***Enddatum***;*Methode*)

Definition

Diese Funktion berechnet, ausgehend von einem Jahr, das 360 Tage umfasst, die Anzahl der zwischen *Ausgangs-* und *Enddatum* liegenden Tage.

Argumente

Ausgangsdatum (erforderlich) und ***Enddatum*** (erforderlich) sind die beiden Tagesdaten, für die Sie die dazwischenliegenden Tage berechnen möchten.

Methode (optional) ist ein Wahrheitswert, der angibt, ob in der Berechnung die amerikanische oder die europäische Methode verwendet werden soll. Hier die Bedeutung der Wahrheitswerte:

- *FALSCH* (oder nicht angegeben): US-Methode (NASD)

  Ist das *Ausgangsdatum* der 31. eines Monats, wird dieses Datum zum 30. desselben Monats. Ist das *Enddatum* der 31. eines Monats und das *Ausgangsdatum* ein Datum vor dem 30. eines Monats, wird das *Enddatum* zum 1. des darauffolgenden Monats. In allen anderen Fällen wird das *Enddatum* zum 30. desselben Monats.

- *WAHR*: Europäische Methode

  Jedes Ausgangs- und Enddatum, das auf den 31. eines Monats fällt, wird zum 30. desselben Monats.

Hintergrund Sie können diese Funktion als Hilfe für die Berechnung von taggenauen Zinsen verwenden, wenn die Zinsen nach den in Deutschland üblichen Gepflogenheiten ermittelt werden sollen. Dabei hat das Jahr 360 Tage und jeder Monat wird mit 30 Tagen berechnet.

Steht das *Ausgangsdatum* nach dem *Enddatum*, liefert TAGE360() eine negative Zahl, was in Zinsberechnungen unweigerlich zu einem Fehlergebnis führt. Achten Sie bei Zinsberechnungen auch darauf, dass der Zinsfuß in der Excel-Prozentformatierung angegeben ist. Bei der Berechnung gehen Sie wie folgt vor:

Zuerst berechnen Sie durch einfache Multiplikation des Kapitals mit dem Zinsfuß, wie viel Zinsen in einem Jahr anfallen würden. Diesen Wert dividieren Sie anschließend durch 360, um festzustellen, wie viel Zinsen an einem Tag anfallen. Diese multiplizieren Sie schließlich mit der Anzahl der Tage, die Sie mit der Funktion TAGE360() ermitteln. Wenn Sie diese Aussage in eine Formel auf einen Bruchstrich schreiben, ergibt sich folgende Formel:

$$\text{Zinsen} = \frac{\text{Kapital x Zinssatz x TAGE360(Anfangsdatum;Enddatum;WAHR)}}{360}$$

Falls notwendig, können Sie das Ergebnis dieser Berechnung noch mit der Funktion RUNDEN(), siehe auch Kapitel 15, auf der zweiten Dezimalstelle runden.

Hinweis Zur Speicherung von Datumsangaben in Excel beachten Sie bitte die Hinweise in Kapitel 1 im Abschnitt »Tipps & Tricks und ein wenig Theorie« unter »Das Datumssystem von Excel«.

Praxiseinsatz Angenommen, Sie möchten für ein Kapital von 250.000 € (in Zelle *C11* erfasst) bei einem Zinssatz von 5,25% (in *E11*) die taggenauen Zinsen vom 22.11.2007 (in *C12*) bis zum 31.05.2008 (in *E12*) berechnen. Bei der Eingabe des Zinssatzes haben Sie darauf geachtet, dass der Prozentsatz in der Excel-Formatierung eingegeben wurde. Zur Berechnung der Zinstage setzen Sie die Funktion TAGE360() ein:

```
=C11*E11*TAGE360(C12;E12;WAHR)/360
```

Das Ergebnis beträgt 6.854,17 €. Die Teilberechnung `TAGE360(C12;E12;WAHR)` ermittelt 188 Zinstage (siehe Abbildung 6.7).

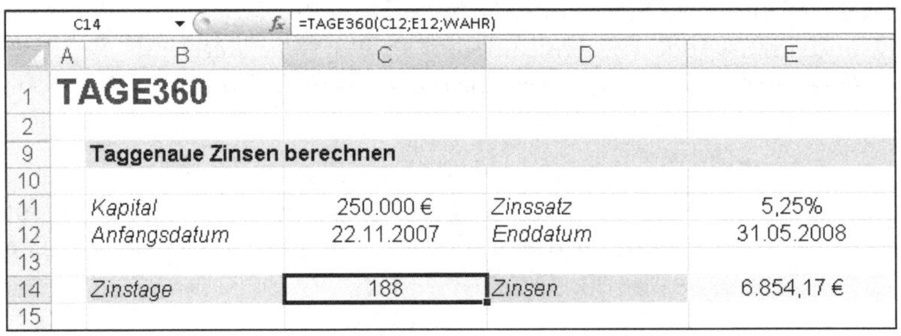

C14 =TAGE360(C12;E12;WAHR)

	A	B	C	D	E
1	TAGE360				
2					
9		Taggenaue Zinsen berechnen			
10					
11		Kapital	250.000 €	Zinssatz	5,25%
12		Anfangsdatum	22.11.2007	Enddatum	31.05.2008
13					
14		Zinstage	188	Zinsen	6.854,17 €
15					

Abbildung 6.7: Mithilfe der TAGE360()-Funktion können Sie taggenaue Zinsen errechnen

Siehe auch

NETTOARBEITSTAGE(), NETTOARBEITSTAGE.INTL(), DATEDIF(), MONATSENDE(), EDATUM()

CD-ROM

Dieses Beispiel finden Sie auf der CD-ROM zum Buch im Ordner *\Buch\Kap06* in den Arbeitsmappen *Datum_Zeit.xls* (Excel 97-2003) bzw. *Datum_Zeit.xlsx* (Excel 2007/2010) auf dem Arbeitsblatt *TAGE360*.

WOCHENTAG() WEEKDAY()

Syntax

WOCHENTAG(***Zahl***;Typ)

Definition

Die Funktion wandelt ein Datum (fortlaufende Zahl) in eine Wochentagsnummer um. Der Wochentag wird als ganze Zahl ausgegeben, die einen Wert von 1 (Sonntag) bis 7 (Samstag) annehmen kann.

Argumente

Zahl (erforderlich) ist ein Datum, dessen Wochentagsnummer Sie ermitteln wollen.

Typ (optional) ist eine Zahl (1, 2, oder 3), die den Typ des Rückgabewerts bestimmt. Die Typangaben haben folgende Bedeutung für die Ergebniszahl:

- 1 (oder nicht angegeben): Zahl 1 steht für Sonntag, 2 für Montag,…, 7 für Samstag
- 2: Zahl 1 steht für Montag, 2 für Dienstag,…, 7 für Sonntag
- 3: Zahl 0 steht für Montag, 1 für Dienstag,…, 6 für Sonntag

Hintergrund

Diese Funktion kann Ihnen immer dann nützlich sein, wenn es darum geht, aus einer Datumsreihe bestimmte Wochentage herauszufiltern. Sie leistet z.B. gute Dienste, wenn Sie Wochenendtage hervorheben wollen.

Denken Sie daran, dass Sie bei der Berechnung eines Wochentags als Wort nicht unbedingt den Umweg über die Funktion WOCHENTAG() gehen müssen. Der Einsatz der Funktion TEXT(), siehe auch Kapitel 7, hilft hier auch weiter:

```
=TEXT(HEUTE();"TTTT")
```

Hinweis

Zur Speicherung von Datumsangaben in Excel beachten Sie bitte die Hinweise in Kapitel 1 im Abschnitt »Tipps & Tricks und ein wenig Theorie« unter »Das Datumssystem von Excel«.

Praxiseinsatz

In einer Datumsspalte sollen die Sonntage durch fett rote Schrift hervorgehoben werden. Setzen Sie hierzu die *Bedingte Formatierung* ein. Markieren Sie zuerst die Datumsreihe. Bis zur Version 2003 rufen Sie anschließend den Menübefehl *Format/Bedingte Formatierung* auf und wählen dann im Listenfeld ganz links den Eintrag *Formel ist*. In Excel 2007/2010 klicken Sie im Menüband auf der Registerkarte *Start* in der Gruppe *Formatvorlagen* auf das Symbol *Bedingte Formatierung* und im Dropdownmenü auf den Befehl *Neue Regel*. Als Regeltyp wählen Sie den Eintrag *Formel zur Ermittlung der zu formatierenden Zellen verwenden* (siehe Abbildung 6.8).

Abbildung 6.8: Die Hervorhebung aller Sonntage durch die bedingte Formatierung in Excel 2007/2010

Als Formel geben Sie `=WOCHENTAG($B11;1)=1` ein und richten über einen Klick auf die Schaltfläche *Format* (bis Version 2003) bzw. *Formatieren* (2007) die Schrifthervorhebung ein. Ein mögliches Ergebnis zeigt die Abbildung 6.9.

Abbildung 6.9: Die Sonntage in der Datumsspalte sind durch eine bedingte Formatierung automatisch fett und rot markiert

Hier noch die unterschiedlichen Wirkungen des Parameters *Typ*:

- `=WOCHENTAG("03.08.2008";1)` ergibt den Wert *1* (Sonntag)
- `=WOCHENTAG("03.08.2008";2)` ergibt den Wert *7*
- `=WOCHENTAG("03.08.2008";3)` ergibt den Wert *6*

Siehe auch JAHR(), MONAT(), TAG(), STUNDE(), MINUTE(), SEKUNDE(), HEUTE(), KALENDERWOCHE()

CD-ROM Die Beispiele finden Sie auf der CD-ROM zum Buch im Ordner *\Buch\Kap06* in den Arbeitsmappen *Datum_Zeit.xls* (Excel 97-2003) bzw. *Datum_Zeit.xlsx* (Excel 2007/2010) auf dem Arbeitsblatt *WOCHENTAG*.

ZEIT() TIME()

Syntax

ZEIT(***Stunde***;***Minute***;***Sekunde***)

Definition

Die Funktion gibt die fortlaufende Dezimalzahl zurück, die eine durch die Argumente *Stunde*, *Minute* und *Sekunde* bestimmte Uhrzeit darstellt.

Argumente

Stunde (erforderlich) ist eine Zahl von 0 (Null) bis 32.767, die die Stunde angibt. Jeder Wert, der größer als 23 ist, wird durch 24 geteilt und der Rest als Wert für die Stunde angenommen. Beispiel: `ZEIT(28;0;0)` entspricht `ZEIT(4;0;0)` – 04:00 Uhr oder 4/24 oder 0,16667.

Minute (erforderlich) ist eine Zahl von 0 bis 32.767, die die Minute angibt. Jeder Wert, der größer als 59 ist, wird durch 24*60 geteilt und in Stunden und Minuten umgerechnet. Beispiel: `ZEIT(0;150;0)` entspricht `ZEIT(2;30;0)` – 02:30 Uhr oder 0,1041667.

Sekunde (erforderlich) ist eine Zahl von 0 bis 32.767, die die Sekunde angibt. Jeder Wert, der größer als 59 ist, wird durch 24*60*60 geteilt und in Stunden, Minuten und Sekunden umgerechnet. Beispiel: `ZEIT(0;0;12011)` entspricht `ZEIT(3;20;11)` – 03:20:11 Uhr oder 0,139016204.

Hintergrund

Bei Uhrzeitberechnungen gibt es häufig den Anlass, eine Uhrzeit zu zerlegen, um z.B. Minuten zu addieren. Das Berechnungsergebnis muss aber wieder in einen regulären Zeitwert einfließen. Hier setzt die Funktion ZEIT() an: Aus den angegebenen Einzelbestandteilen einer Uhrzeit wird wieder ein (numerischer) Zeitwert gebildet, welchen Sie in weiteren Zeitberechnungen einsetzen können. Die ZEIT()-Funktion eignet sich am besten für Formeln, in denen *Stunde*, *Minute* und *Sekunde* Formeln und keine Konstanten sind.

Eine von der Funktion zurückgegebene Dezimalzahl ist ein Wert im Bereich von 0 bis 0,99999999 und entspricht einer Uhrzeit von 00:00:00 (24:00:00) bis 23:59:59 Uhr. Wenn für das Zellenformat vor der Eingabe der Funktion die Option *Standard* eingestellt war, wird das Ergebnis als Uhrzeit formatiert.

Praxiseinsatz

In einer Anwendung liegen Normzeiten für technische Abläufe in Stunden, Minuten und Sekunden zerlegt vor. Die drei Normen sollen zu einer Zeitangabe zusammengefügt werden, welche als Gesamtdauer mit nicht mehr als 24 Stunden ausgegeben wird. Verwenden Sie hierzu die Formel `=ZEIT(Normstunden;Normminuten;Normsekunden)`. Die folgenden Beispiele zeigen mögliche Ergebnisse und Besonderheiten bei Überschreitung der 24-Stunden-, der 60-Minuten- bzw. der 60-Sekundengrenze:

- `=ZEIT(5;6;11)` ergibt den Zeitwert *05:06:11*
- `=ZEIT(13;10;0)` ergibt den Zeitwert *13:10:00*
- `=ZEIT(23;45;30)` ergibt den Zeitwert *23:45:30*
- `=ZEIT(24;15;30)` ergibt den Zeitwert *00:15:30*
- `=ZEIT(26;30;30)` ergibt den Zeitwert *02:30:30*
- `=ZEIT(12;80;10)` ergibt den Zeitwert *13:20:10*
- `=ZEIT(12;59;120)` ergibt den Zeitwert *13:01:00*

Siehe auch

DATUM(), STUNDE(), MINUTE(), SEKUNDE(), JAHR(), MONAT(), TAG(), ZEITWERT()

CD-ROM

Die gezeigten Beispiele finden Sie auf der CD-ROM zum Buch im Ordner *\Buch\Kap06* in den Arbeitsmappen *Datum_Zeit.xls* (Excel 97-2003) bzw. *Datum_Zeit.xlsx* (Excel 2007/2010) auf dem Arbeitsblatt *ZEIT*.

ZEITWERT() TIMEVALUE()

Syntax ZEITWERT(*Zeit*)

Definition Die Funktion konvertiert eine als Text vorliegende Zeitangabe in einen Zeitwert (fortlaufende Zahl). Diese fortlaufende Zahl ist ein Wert im Bereich von 0 (Null) bis 0,99999999 und entspricht einer Uhrzeit von 00:00:00 (24:00:00) bis 23:59:59 Uhr.

Argumente *Zeit* (erforderlich) ist die Zeichenfolge einer Zeitangabe in einem beliebigen Microsoft Excel-Zeitformat. Datumsangaben im Argument *Zeit* werden bei der Berechnung ignoriert.

Hintergrund In allen Fällen, wo Ihnen eine Uhrzeitangabe im Textformat vorliegt (bspw. aus Importen), verwenden Sie ZEITWERT(), um die vorliegende Uhrzeit in eine fortlaufende Zahl, sprich Zeitwert, umzuwandeln. Mit dem Ergebnis können Sie dann weitere Berechnungen anstellen.

Die meisten Funktionen wandeln zwar Uhrzeittextwerte automatisch in fortlaufende Zahlen um, aber in bestimmten Fällen kann diese Regel einmal nicht gelten, z.B. bei importierten Daten oder bei Arbeitsblattfunktionen aus Drittanbieter-Add Ins. Wenn Sie solche Fälle ausschließen und sichergehen wollen, wandeln Sie die Werte mit ZEITWERT() um.

Praxiseinsatz Nach einem Import erscheinen die Werte einer Uhrzeitenspalte als Text. Diese sollen für weitere Berechnungen in echte Zeit-, also numerische Werte umgewandelt werden. Die Formel

```
=ZEITWERT("06:00:00")
```

ergibt den Zeitwert *0,25* oder mit dem Zahlenformat *hh:mm* formatiert *06:00*, welcher einen Zeitwert im Excel-Uhrzeitsystem darstellt. Hier weitere Beispiele:

- `=ZEITWERT("06:00 PM")` ergibt den Wert *0,75*
- `=ZEITWERT("06:45:16")` ergibt den Wert *0,281435185*
- `=ZEITWERT("12:00:00")` ergibt den Wert *0,5*

Siehe auch DATWERT(), ZEIT(), STUNDE(), MINUTE(), SEKUNDE(), JETZT()

CD-ROM Die Beispiele zu dieser Funktion finden Sie auf der CD-ROM zum Buch im Ordner *\Buch\Kap06* in den Arbeitsmappen *Datum_Zeit.xls* (Excel 97-2003) bzw. *Datum_Zeit.xlsx* (Excel 2007/2010) auf dem Arbeitsblatt *ZEITWERT*.

Kapitel 7

Text- und Datenfunktionen

In diesem Kapitel sind alle Text- und Datenfunktionen beschrieben. Sie finden sämtliche Werkzeuge, um Texte oder Zahlen umzuwandeln, Zeichenketten zu manipulieren und auszuwerten. So benötigen Sie in importierten Listen oft die Möglichkeit, Texte aufzuteilen, miteinander zu kombinieren oder anderweitig zu untersuchen.

Tabelle 7.1 Die Text- und Datenfunktionen in der Übersicht

Funktion	Beschreibung
ASC()	Konvertiert Double-Byte-Text in Single-Byte-Text
BAHTTEXT()	Konvertiert eine Zahl in Thai-Text mit dem Suffix »Baht«
CODE()	Gibt die Codezahl des ersten Zeichens eines Tetxs zurück
DM()	Konvertiert eine Zahl in Währungstext
ERSETZEN(), ERSETZENB()	Ersetzt eine bestimmte Anzahl Zeichen im Text ab einer bestimmten Position
FEST()	Konvertiert eine Zahl in Text mit einer festen Anzahl Dezimalstellen
FINDEN(), FINDENB()	Sucht eine Zeichenfolge innerhalb eines Texts
GLÄTTEN()	Löscht führende und nachfolgende Leerzeichen in einem Text
GROSS()	Wandelt einen Text in Großbuchstaben um
GROSS2()	Wandelt die ersten Buchstaben aller Wörter in Großbuchstaben um
IDENTISCH()	Prüft, ob zwei Texte identisch sind
KLEIN()	Wandelt einen Text in Kleinbuchstaben um
LÄNGE(), LÄNGEB()	Gibt die Anzahl der Zeichen eines Texts zurück
LINKS(), LINKSB()	Gibt eine bestimmte Anzahl Zeichen vom Beginn eines Texts zurück
PHONETIC()	Extrahiert die phonetischen (Furigana-) Zeichen aus einer Textzeichenfolge
RECHTS(), RECHTSB()	Gibt eine bestimmte Anzahl Zeichen vom Ende eines Texts zurück
SÄUBERN()	Löscht alle nicht druckbaren Zeichen in einem Text
SUCHEN(), SUCHENB()	Sucht eine Zeichenfolge innerhalb eines Texts ohne Berücksichtigung von Groß- und Kleinschreibung
T()	Wandelt Werte nach bestimmten Regeln in Text um
TEIL(), TEILB()	Gibt eine bestimmte Anzahl Zeichen ab einem Startzeichen aus einem Text zurück
TEXT()	Konvertiert numerische Werte in Text
VERKETTEN()	Verknüpft mehrere Texte zu einem Text
WECHSELN()	Ersetzt eine bestimmte Anzahl Zeichen im Text
WERT()	Konvertiert einen (Zahl-)Text in einen numerischen Wert
WIEDERHOLEN()	Wiederholt eine Zeichenfolge entsprechend der Vorgabe
ZEICHEN()	Gibt das Zeichen für eine Codezahl zurück

ASC() ASC()

Syntax

ASC(***Text***)

Definition

Die Funktion wandelt bei Sprachen mit einem Double-Byte-Zeichensatz (DBCS) Zeichen voller Breite (Double-Byte-Zeichen) in Zeichen halber Breite (Single-Byte-Zeichen, SBCS) um.

Hinweis

In der deutschen Version von Excel 2002 hat sich ein Fehler in der Offline-Hilfe eingeschlichen: Hier steht, dass Single-Byte-Zeichen in Double-Byte-Zeichen umgewandelt werden. Der Funktions-Assistent zeigt aber auch in Excel 2002 den richtigen Kurztext für eine eingegebene ASC()-Formel an, nämlich dass DB-Zeichen in SB-Zeichen umgewandelt werden.

Argumente

Text (erforderlich) ist der Text oder der Bezug auf eine Zelle, die den Text enthält, den Sie ändern möchten. Enthält dieser Text keinen Buchstaben voller Breite, wird er nicht geändert.

Hintergrund

Mit dieser Funktion können Sie Zeichen mit voller Breite (Double-Byte) in Zeichen mit halber Breite (Single-Byte) umwandeln. Da Excel im Unicode-Modus arbeitet und auch unter Windows inzwischen die Codepages durch Unicode abgelöst worden sind, hat diese Umwandlungsfunktion eine geringe praktische Relevanz.

Zum Speichern, Lesen und Übertragen von Textdaten verwenden Computer Codepages (CP), in denen jedem Textzeichen ein Code (ein numerischer Wert) zugeordnet ist. Single-Byte-CP enthalten nur 256 verschiedene Zeichen. Da hier nicht die Zeichen aller Sprachen Platz finden, hat jede Sprache ihre eigene CP.

Da sich Single-Byte-CP nicht für asiatische Sprachen eignen, wurden Double-Byte-CP für diese Sprachen entwickelt, in denen jedes Zeichen durch Doppelbyte-Werte dargestellt wird. In den ersten 128 Byte der Double-Byte-CP finden Sie immer die Zeichen der lateinischen Schrift. Ein Nachteil von verschiedenen CP, egal ob single oder double, ist, dass Sie für die korrekte Wiedergabe wissen müssen, aus welcher CP ein darzustellendes Zeichen kommt. Das macht den Datenaustausch zwischen Computern nicht eben leichter.

Deshalb wurde »Unicode« als Standard für die Zeichencodierung entwickelt. Hier liegt nun ein universeller Zeichensatz für alle bekannten Schriften der Welt vor. Jedes einzelne Zeichen dieser Schriften hat hier einen eindeutigen Code. Da Windows und Office heute Unicode benutzen und nur noch selten unter bestimmten CP laufen, ist das Umwandlungsthema nach außen verlagert worden, d.h., im Datenaustausch mit Fremdsystemen kann es um die Umwandlung von Unicode in eine CP oder umgekehrt gehen. Ist das Zeichen dann in einer Excel-Arbeitsmappe gelandet, hat die Konvertierung in Unicode bereits stattgefunden.

Weiter gilt:

- Diese Funktion wird nicht im Funktions-Assistenten von Excel angeboten, nach manueller Eingabe aber unterstützt
- Wird in *Text* ein leerer Wert übergeben, gibt ASC() auch einen leeren Wert zurück
- Numerische Werte werden von ASC() als Text zurückgegeben
- Wird eine Matrix in *Text* übergeben, gibt ASC() den ersten Text aus der Matrix zurück

Praxiseinsatz Aus oben genannten Gründen finden Sie ein Beispiel zu dieser Funktion ausschließlich auf der CD-ROM zum Buch.

Siehe auch CODE(), ZEICHEN()

CD-ROM Die Funktion finden Sie auf der CD-ROM zum Buch im Ordner *\Buch\Kap07* in den Arbeitsmappen *Text_Daten.xls* (Excel 97-2003) bzw. *Text_Daten.xlsx* (Excel 2007/2010) auf dem Arbeitsblatt *ASC*.

BAHTTEXT() BAHTTEXT()

Syntax BAHTTEXT(***Zahl***)

Definition Diese Funktion wandelt numerische Werte, also Zahlen, in das Zahlwort um, und zwar in Thai-Text. Diesem wird das Suffix »Baht« angefügt.

Argumente ***Zahl*** (erforderlich) ist eine Zahl, die in Text konvertiert werden soll, oder ein Bezug auf eine Zelle, die eine Zahl enthält, oder eine Formel, die zu einer Zahl ausgewertet wird.

Hintergrund Das Umwandeln von numerischen Werten in die entsprechenden Zahlwörter wird auf Scheckvordrucken, in Verträgen und an anderen Stellen benötigt, um Zahlenausdrücke abzusichern, Fälschungen zu erschweren oder Missverständnisse zu vermeiden.

In der deutschen Lokalisierung können Sie zwar Zahlenwerte in Thai-Text ausgeben, die Umwandlung in deutsche Zahlwörter suchen Sie in Excel jedoch vergebens. Benötigen Sie auch eher Thai-Text als deutschen Text? Was das Office-Schwesterprogramm Word in Feldausdrücken mit dem Schalter * *DOLLARTEXT* anbietet, dürfen Sie vom Zahlenspezialist Excel nicht verlangen. Benötigen Sie diese Funktion, müssen Sie sie programmieren bzw. eine programmierte Lösung im Internet suchen. Mehr zu selbst programmierten Funktionen lesen Sie in Kapitel 5.

Praxiseinsatz Als Thailand-Besucher möchten Sie überprüfen, ob die textliche Wertangabe auf Ihrer Hotelgutschrift auch dem angegebenen Zahlenwert entspricht. Wenn Sie den Wert 12 in das Zahlwort in Thai-Text umwandeln möchten, nutzen Sie die Formel

```
=BAHTTEXT(12)
```

Sie ergibt die Textausgabe: ?????????????

Siehe auch TEXT(), RÖMISCH() (Mathematik & Trigonometrie)

CD-ROM Dieses Beispiel finden Sie auf der CD-ROM zum Buch im Ordner *\Buch\Kap07* in den Arbeitsmappen *Text_Daten.xls* (Excel 97-2003) bzw. *Text_Daten.xlsx* (Excel 2007/2010) auf dem Arbeitsblatt *BAHTTEXT*.

CODE() CODE()

Syntax

CODE(*Text*)

Definition

Die Funktion gibt die Codezahl des ersten Zeichens aus *Text* zurück. Die ausgegebene Codezahl entspricht dem Zeichensatz, mit dem Ihr PC arbeitet.

Argumente

Text (erforderlich) ist der Text, für den Sie die Codezahl des ersten Zeichens bestimmen möchten.

Hintergrund

Für verschiedene Problemstellungen ist es nützlich, den Codewert eines Zeichens ermitteln zu können, z.B. für Sonderzeichen. CODE() ist das Gegenstück zur ZEICHEN()-Funktion, welche für den angegebenen Code das Textzeichen zurückgibt.

Da die Funktion immer nur den Codewert für das erste Zeichen in *Text* zurückgibt, machen eigentlich nur einbuchstabige Argumente Sinn. `CODE("Excel")` gibt ebenso wie `CODE("Ergonomie")` oder `CODE("E")` den Wert 69 für das große »E« zurück.

Um den Code für den zweiten oder dritten Buchstaben auszugeben, verwenden Sie die, ebenfalls in diesem Kapitel beschriebene, Funktion TEIL():

`=CODE(TEIL("Excel";2;1))` ergibt den Code für das kleine »x«: 120.

Praxiseinsatz

In einer Liste sollen in einer extra Spalte den Nachnamen Kategorienummern zugeordnet werden. Alle mit »A« beginnenden Nachnamen erhalten die Kategorienummer *1*, alle mit »B« die *2* usw. Dabei soll keine Unterscheidung zwischen Groß- und Kleinbuchstaben stattfinden, d.h., »a« wird wie »A« behandelt. Die Formel verwendet eine andere Text-Funktion: GROSS().

```
=CODE(GROSS("torsten"))-64
```

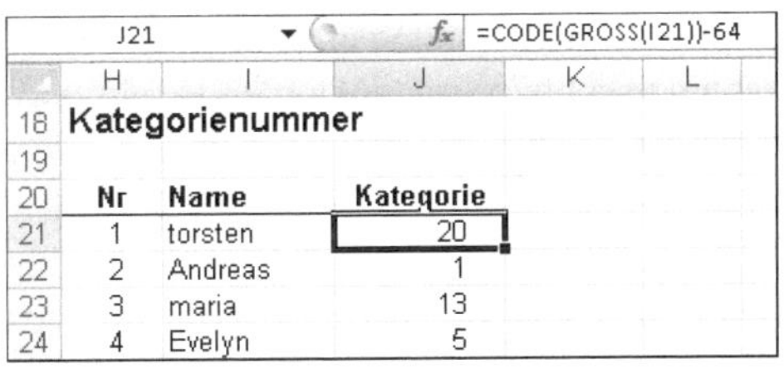
J21 =CODE(GROSS(I21))-64

	H	I	J	K	L
18	Kategorienummer				
19					
20	Nr	Name	Kategorie		
21	1	torsten	20		
22	2	Andreas	1		
23	3	maria	13		
24	4	Evelyn	5		

Abbildung 7.1: Die Berechnung der Kategorienummer für den Anfangsbuchstaben

Die gezeigte Formel ermittelt den Wert 20. Das ist die Position des »T« im Alphabet. Die Funktion GROSS() hat aus dem Argument `torsten` das Argument `Torsten` gemacht. Da es mit dem Code *65* für das große »A« losgeht, muss der Wert 64 abgezogen werden, um die Positionsnummer im Alphabet zu erhalten. Da Umlaute sehr viel höhere Codewerte haben, erhalten sie hier höhere Werte, die nicht an die Kategorienummer 26 (Z) anschließen.

Siehe auch

ASC(), ZEICHEN()

CD-ROM

Die oben gezeigten Beispiele finden Sie auf der CD-ROM zum Buch im Ordner *\Buch\Kap07* in den Arbeitsmappen *Text_Daten.xls* (Excel 97-2003) bzw. *Text_Daten.xlsx* (Excel 2007/2010) auf dem Arbeitsblatt *CODE*. Eine Codetabelle finden Sie außerdem auf dem Arbeitsblatt *ZEICHEN*.

DM() DOLLAR()

Syntax DM(*Zahl*;*Dezimalstellen*)

Definition Diese Funktion mit dem inzwischen historischen Namen konvertiert *Zahl* in Text und ordnet ein Währungssymbol zu. Der Name der Funktion und das zugeordnete Währungssymbol hängen von den Ländereinstellungen ab. Bei der Umwandlung werden die Dezimalstellen entsprechend der angegebenen *Dezimalstellen* gerundet. Als Standardformat wird #.##0,00 €;–#.##0,00 € (bei Einstellung des €-Symbols in Ihren Ländereinstellungen) verwendet.

Argumente *Zahl* (erforderlich) ist eine numerischer Wert, ein Bezug auf eine Zelle, die eine Zahl enthält, oder eine Formel, deren Ergebnis eine Zahl ist.

Dezimalstellen (optional) ist die Anzahl der Ziffern nach dem Dezimalkomma.

- Ist *Dezimalstellen* negativ, wird *Zahl* links vom Dezimalkomma gerundet
- Fehlt das Argument *Dezimalstellen*, wird es als 2 angenommen

Hintergrund Der Unterschied zwischen dem Formatieren einer Zelle mit dem Befehl *Format/Zellen*, Registerkarte *Zahlen* und dem direkten Formatieren einer Zahl mit der DM()-Funktion besteht darin, dass DM() den numerischen Wert in Text umwandelt. Eine über *Format/Zellen* formatierte Zahl dagegen ist nach wie vor ein numerischer Wert.

Ungeachtet dieses Unterschieds können Sie die mit der Funktion DM() konvertierten Zahlen in weiteren Formeln verwenden, da Excel Zahlen, die als Textwerte erscheinen, bei einer Berechnung implizit in numerische Werte umwandelt.

Der Unterschied, ob Sie einen Währungsbetrag in Text- oder numerischer Form vorliegen haben, wird z.B. dann wichtig, wenn Sie ein Formular gestalten und der Betrag in einer engen Spalte darzustellen ist, deren Nachbarzelle frei bleibt. Wenn die Zahl sehr groß ist, erscheint bei einer mit *Format/Zellen* formatierten Zahl eine #-Reihe anstelle des Betrages als Zeichen. Dies weist darauf hin, dass die Spaltenbreite für die Darstellung der Zahl nicht ausreicht. Mit DM() konvertierte Beträge würden jedoch in die freie Nachbarzelle hineinragen. Es könnte sein, dass Sie damit im Formulargitter etwas flexibler hinsichtlich der darzustellenden Zahlgrößen sind.

Praxiseinsatz In einer Liste, welche einem Word-Seriendruck als Datenquelle dient, soll sichergestellt werden, dass die Preisspalte unverändert in Word ankommt. Deshalb werden die Werte der Preisspalte in einer berechneten Spalte mithilfe der Funktion DM() in den entsprechenden Währungstext umgewandelt. Im Word-Seriendruck wird dann die berechnete Spalte verwendet.

Hier noch einige Beispiele, welche Varianten des Einsatzes der Funktion zeigen:

`=DM(12,56)` ergibt 12,56 €.`=DM(38612,60;-1)` ergibt 38.610 €.

`=DM(12,56;0)` ergibt 13 €.`=DM(38612,60;-2)` ergibt 38.600 €.

`=DM(12,46)` ergibt 12 €.`=DM(38612,60;-3)` ergibt 39.000 €.

`=DM(PI();3)` ergibt 3,142 €.`=DM(38612,60;-4)` ergibt 40.000 €.

Siehe auch FEST(), T(), TEXT(), WERT()

CD-ROM Die gezeigten und weitere Beispiele finden Sie auf der CD-ROM zum Buch im Ordner *\Buch\Kap07* in den Arbeitsmappen *Text_Daten.xls* (Excel 97-2003) bzw. *Text_Daten.xlsx* (Excel 2007/2010) auf dem Arbeitsblatt *DM*.

ERSETZEN(), ERSETZENB() REPLACE(), REPLACEB()

Syntax

ERSETZEN(*Alter_Text;Erstes_Zeichen;Anzahl_Zeichen;Neuer_Text*)
ERSETZENB(*Alter_Text;Erstes_Zeichen;Anzahl_Bytes;Neuer_Text*)

Definition

Die Funktion ersetzt einen Teil der Textzeichenfolge *Alter_Text*, beginnend an der Position *Erstes_Zeichen*, mit der Länge *Anzahl_Zeichen*, durch die neue, in *Neuer_Text* angegebene, Textzeichenfolge.

ERSETZENB() funktioniert analog für Double-Byte-Zeichen.

Argumente

Alter_Text (erforderlich) ist die Zeichenfolge, in der Sie einige Zeichen ersetzen möchten.

Erstes_Zeichen (erforderlich) ist die Position, an der mit dem Ersetzen durch *Neuer_Text* begonnen werden soll.

Anzahl_Zeichen/Anzahl_Bytes (erforderlich) gibt an, wie viele der zu *Alter_Text* gehörenden Zeichen/Bytes ERSETZEN()/ERSETZENB() durch *Neuer_Text* ersetzen soll.

Neuer_Text (erforderlich) ist die Zeichenfolge, die die durch *Erstes_Zeichen* und *Anzahl_Zeichen* bezeichnete Zeichenfolge ersetzen soll.

Hintergrund

Diese Tabellenfunktion benötigen Sie zur Manipulation von Texten, und zwar immer dann, wenn Sie in einer Zeichenfolge

- eine bestimmte,
- an einer bekannten Stelle beginnende Zeichenfolge mit
- fester Länge

ersetzen müssen. Ein Anwendungsfall sind z.B. Listen mit Platzhaltern, die Sie durch feste oder errechnete Ausdrücke ersetzen müssen.

Im Gegensatz zur Funktion WECHSELN(), welche ebenfalls innerhalb eines Textes eine bestimmte Zeichenfolge austauscht, verwenden Sie ERSETZEN() immer dann, wenn Sie innerhalb eines Textes eine **an einer bestimmten Position** beginnende Zeichenfolge ersetzen möchten.

Praxiseinsatz

1. In einer Liste soll das Wort »Paragraph« durch das Zeichen »§« ersetzt werden. In *B25* steht der Text »Paragraph 3, Abs. 4«. Die Formel

   ```
   =ERSETZEN(B25;SUCHEN("Paragraph";B25);LÄNGE("Paragraph");"§")
   ```

   ergibt den Text »§ 3, Abs. 4« (siehe Abbildung 7.2).

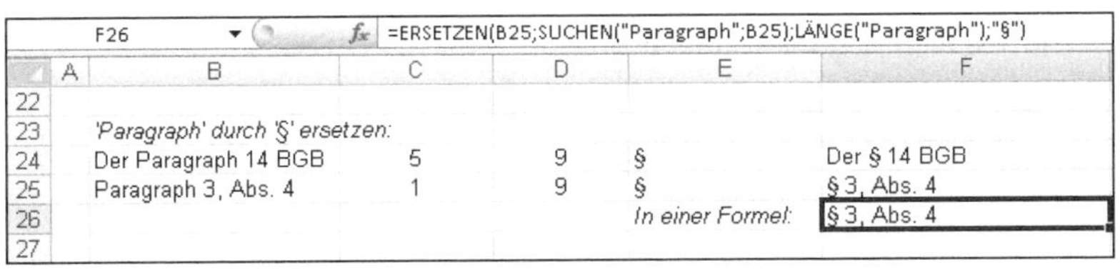

F26 =ERSETZEN(B25;SUCHEN("Paragraph";B25);LÄNGE("Paragraph");"§")

	A	B	C	D	E	F
22						
23		'Paragraph' durch '§' ersetzen:				
24		Der Paragraph 14 BGB	5	9	§	Der § 14 BGB
25		Paragraph 3, Abs. 4	1	9	§	§ 3, Abs. 4
26					In einer Formel:	§ 3, Abs. 4
27						

Abbildung 7.2: Die Ersetzung des Wortes *Paragraph* durch das entsprechende Zeichen

2. In einer Liste soll das Wort »Datum« durch das aktuelle Datum ersetzt werden. In *A2* steht der Text »Berlin, Datum«. Die Formel

```
=ERSETZEN(A2;SUCHEN("Datum";A2);LÄNGE("Datum");TEXT(HEUTE();"TT.MM.JJJJ"))
```

ergibt am 24.12.2008 den Text »Berlin, 24.12.2008«.

Siehe auch GLÄTTEN(), SUCHEN(), TEIL(), WECHSELN()

CD-ROM Die Beispiele und weitere Berechnungen finden Sie auf der CD-ROM zum Buch im Ordner *\Buch\Kap07* in den Arbeitsmappen *Text_Daten.xls* (Excel 97-2003) bzw. *Text_Daten.xlsx* (Excel 2007/2010) auf dem Arbeitsblatt *ERSETZEN*.

FEST() FIXED()

Syntax FEST(*Zahl*;*Dezimalstellen*;*Keine_Punkte*)

Definition Die Funktion konvertiert den in *Zahl* angegebenen numerischen Wert als Text mit einer festen Anzahl von Nachkommastellen.

Argumente *Zahl* (erforderlich) ist der numerische Wert, den Sie in Text umwandeln möchten.

Dezimalstellen (optional) ist die anzuzeigende Anzahl der Ziffern rechts vom Dezimalkomma.

Keine_Punkte (optional) ist ein Wahrheitswert. Ist *Keine_Punkte* WAHR, fügt FEST() in einen als Ergebnis gelieferten Text keine Tausendertrennzeichen (Punkte) ein.

Hintergrund Wie die Funktion DM() rundet FEST() den angegebenen Wert *Zahl* und wandelt diesen in Text um. Durch die Angabe der *Dezimalstellen* bestimmen Sie, ob gerundet werden soll bzw. wie viele Nachkommastellen der textformatierte Wert haben soll.

In Excel können Zahlen maximal 15 gültige Ziffernstellen haben. Der größte zulässige Wert für *Dezimalstellen* ist *127*. Geben Sie im Argument *Dezimalstellen* einen negativen Wert an, werden die Stellen von *Zahl* links vom Dezimalkomma gerundet.

Fehlt das Argument *Dezimalstellen*, wird es als *2* (Nachkommastellen) angenommen. Geben Sie im Argument *Keine_Punkte* den Wahrheitswert *FALSCH* oder nichts an, enthält der zurückgegebene Text die üblicherweise als Tausendertrennzeichen verwendeten Punkte.

Wie bei DM() liegt der Unterschied zwischen dem Formatieren einer Zahl über den Befehl *Format/Zellen*, Registerkarte *Zahlen* und dem direkten Formatieren einer Zahl mit der Funktion FEST() darin, dass bei FEST() das Ergebnis als Text vorliegt. Eine über *Format/Zellen* formatierte Zahl dagegen ist nach wie vor ein numerischer Wert.

Ungeachtet dieses Unterschieds können Sie die mit der Funktion FEST() konvertierten Zahlen in weiteren Formeln verwenden, da Excel Zahlen, die als Textwerte erscheinen, bei einer Berechnung implizit in numerische Werte umwandelt.

Praxiseinsatz In einer Liste, welche einem Word-Seriendruck als Datenquelle dient, soll sichergestellt werden, dass eine Spalte mit Zahlwerten unverändert in Word ankommt. Deshalb werden die Werte dieser Spalte in einer berechneten Spalte mithilfe der Funktion FEST() in den entsprechenden Zahltext umgewandelt. Im Word-Seriendruck wird dann die berechnete Spalte verwendet.

Hier noch einige Beispiele, welche Varianten des Einsatzes der Funktion zeigen:

`=FEST(12,56)` ergibt 12,56.`=FEST(1234,56;-1;1)` ergibt 1230.

`=FEST(12,56;0)` ergibt 13.`=FEST(1234,56;-2;WAHR)` ergibt 1200.

`=FEST(12,46)` ergibt 12.`=FEST(1234,56;-3;0)` ergibt 1.000.

`=FEST(PI();3)` ergibt 3,142.`=FEST(1234,56;-4;FALSCH)` ergibt 0.

Siehe auch

DM(), RUNDEN(), TEXT(), WERT()

CD-ROM

Die Beispiele finden Sie auf der CD-ROM zum Buch im Ordner *\Buch\Kap07* in den Arbeitsmappen *Text_Daten.xls* (Excel 97-2003) bzw. *Text_Daten.xlsx* (Excel 2007/2010) auf dem Arbeitsblatt *FEST*.

FINDEN(), FINDENB() — FIND(), FINDB()

Syntax

FINDEN(***Suchtext***;***Text***;*Erstes_Zeichen*)
FINDENB(***Suchtext***;***Text***;*Erstes_Byte*)

Definition

Die Funktion FINDEN() sucht die in *Suchtext* angegebene Zeichenfolge innerhalb der in *Text* angegebenen Zeichenfolge und gibt die Anfangsposition von *Suchtext* ab dem ersten Zeichen von *Text* zurück, es sei denn, Sie bestimmen mit dem dritten Argument, dass die Suche nicht beim ersten Zeichen beginnen soll.

FINDENB() funktioniert analog für Double-Byte-Zeichen.

Argumente

Suchtext (erforderlich) ist der Text, den Sie finden möchten.

Text (erforderlich) ist der Text, in dem gesucht werden soll.

Erstes_Zeichen/*Erstes_Byte* (optional) gibt an, bei welchem Zeichen die Suche begonnen werden soll. Das erste zu *Text* gehörende Zeichen/Byte hat die Nummer *1*. Fehlt das Argument, wird *1* angenommen.

Hintergrund

Bei der Manipulation von Texten ist es häufig notwendig, die Position eines bestimmten Zeichens oder einer Zeichenfolge innerhalb des Texts zu bestimmen, um diesen beispielsweise herauszulösen, zu ersetzen usw. Zu diesem Zweck können Sie die Funktionen FINDEN() oder SUCHEN() einsetzen.

Wichtig

Im Gegensatz zu SUCHEN()/SUCHENB() berücksichtigt die FINDEN()-/FINDENB()-Funktion die Schreibweise (Groß-/Kleinbuchstaben) der beteiligten Zeichenfolgen und lässt keine Platzhalterzeichen zu.

Verwenden Sie *Erstes_Zeichen*, damit ein Suchvorgang nicht vom ersten Zeichen an beginnt, sondern eine bestimmte Anzahl von Zeichen überspringt. Wenn Sie z.B. in der Zeichenfolge »XLS2003_FormatZellenSchutz« die Position des ersten »e« im hinteren Teil der Zeichenfolge bestimmen wollen, müssen Sie *Erstes_Zeichen* mit *9* belegen, sodass der erste Teil der Zeichenfolge nicht durchsucht wird. FINDEN() beginnt mit dem neunten Zeichen und stellt fest, dass das 16. Zeichen mit dem Suchtext übereinstimmt.

Beachten Sie auch die folgenden Regeln bei der Verwendung der Funktion:

- Ist *Suchtext* eine leere Zeichenfolge (""), ermittelt FINDEN()den Wert *1* bzw. den in *Erstes_Zeichen* angegebenen Wert
- *Suchtext* darf **keine Platzhalter** enthalten. Wird *Suchtext* nicht in *Text* gefunden, gibt FINDEN() den Fehlerwert *#WERT!* zurück.
- Ist *Erstes_Zeichen* kleiner oder gleich 0, gibt FINDEN() den Fehlerwert *#WERT!* zurück
- Ist *Erstes_Zeichen* größer als die Zeichenlänge von *Text*, gibt FINDEN() den Fehlerwert *#WERT!* zurück

Praxiseinsatz Für eine Analyse soll in einer Zeichenfolge, die durch einen Unterstrich zweigeteilt ist, der zweite Teil nach einem (großen) »S« durchsucht und die Position seines erstmaligen Vorkommens in der Gesamtzeichenfolge bestimmt werden. Da die Länge des ersten Teils schwanken kann, muss auch die Position des Trennzeichens bestimmt werden, um nicht den ersten Teil zu durchsuchen. Angenommen, die Zeichenfolge »XLS2003_FormatZellenSchutz« steht in der Zelle *C19*, dann ermittelt die Formel

```
=FINDEN("S";C19;FINDEN("_";C19)+1)
```

den Wert *21*, denn das »S« im zweiten Teil der Zeichenfolge steht an 21. Position des Gesamttexts. Die Formel ohne das dritte Argument

```
=FINDEN("S";C19)
```

würde die Positionsnummer 3 ermitteln, denn das »S« kommt bereits im ersten Teil der Zeichenfolge vor.

F19 =FINDEN(C19;D19;E19)

	C	D	E	F
3	*Suchtext*	*Text*	*Erstes_Zeichen*	Berechnung
19	S	XLS2003_FormatZellenSchutz	9	21

Abbildung 7.3: Die Zelle D19 enthält die Formel *=FINDEN("_";D19)+1*, ihr Ergebnis wird ins zweite Argument übernommen

Siehe auch ERSETZEN(), IDENTISCH(), LÄNGE(), SUCHEN(), TEIL(), WECHSELN

CD-ROM Diese und weitere Beispiele finden Sie auf der CD-ROM zum Buch im Ordner *\Buch\Kap07* in den Arbeitsmappen *Text_Daten.xls* (Excel 97-2003) bzw. *Text_Daten.xlsx* (Excel 2007/2010) auf dem Arbeitsblatt *FINDEN*.

GLÄTTEN() TRIM()

Syntax GLÄTTEN(*Text*)

Definition Diese Funktion löscht alle Leerzeichen in *Text*, die nicht als jeweils einzelne, zwischen Wörtern stehende Trennzeichen dienen.

Argumente *Text* (erforderlich) ist der Text, aus dem Sie die führenden und nachfolgenden Leerzeichen entfernen wollen.

Hintergrund Die Funktion GLÄTTEN() können Sie für Texte verwenden, die Sie aus anderen Anwendungsprogrammen übernommen haben und die eventuell unerwünschte Leerzeichen enthalten. Dies ist der typische Anwendungsfall in der Praxis, denn überflüssige Leerzeichen am Beginn oder Ende Ihrer Textdaten stören oft die Weiterverarbeitung, z.B. bei der Verwendung im Seriendruck oder bei der Suche nach dieser Zeichenfolge in einer Liste.

Enthält die Zeichenfolge *Text* weder führende noch nachgestellte Leerzeichen, erhalten Sie keine Fehlermeldung, sondern die identische Zeichenfolge als Ergebnis.

Praxiseinsatz Nach einem Datenimport stellen Sie fest, dass die Daten aus dem Vorsystem eine Anzahl nachfolgender Leerzeichen enthalten. Für die Weiterverarbeitung müssen diese entfernt werden. Der Einsatz der *Ersetzen*-Funktion mit `Strg`+`H` ist nicht möglich, da Sie die Leerschritte zwischen den Wörtern nicht entfernen dürfen. Also setzen Sie die Funktion GLÄTTEN() ein, um die überflüssigen Leerzeichen zu entfernen. Für die Weiterverarbeitung benutzen Sie das Ergebnis der Berechnung.

Hier noch einige Beispiele zur Wirkung der Funktion:

Formel	Ergibt ...
`=GLÄTTEN("August")`	... den unveränderten Text *August*
`=GLÄTTEN("August ")`	... den um das nachfolgende Leerzeichen gekürzten Text *August*
`=GLÄTTEN("  August")`	... den um die zwei vorangestellten Leerzeichen gekürzten Text *August*
`=GLÄTTEN("  August   ")`	... den um die zwei vorangestellten und die drei nachfolgenden Leerzeichen gekürzten Text *August*
`=GLÄTTEN(" August der Starke ")`	... den um das vorangestellte und das nachfolgende Leerzeichen gekürzten Text *August der Starke*

Siehe auch ERSETZEN(), SÄUBERN(), TEIL(), WECHSELN()

CD-ROM Die Beispiele finden Sie auf der CD-ROM zum Buch im Ordner *\Buch\Kap07* in den Arbeitsmappen *Text_Daten.xls* (Excel 97-2003) bzw. *Text_Daten.xlsx* (Excel 2007/2010) auf dem Arbeitsblatt *GLÄTTEN*.

GROSS() UPPER()

Syntax GROSS(***Text***)

Definition Die Funktion GROSS() wandelt *Text* komplett in Großbuchstaben um.

Argumente ***Text*** (erforderlich) steht für den Text, der in Großbuchstaben umgewandelt werden soll. *Text* kann sowohl ein Bezug als auch eine Zeichenfolge sein.

Hintergrund Diese Funktion bietet Ihnen eine schnelle und bequeme Möglichkeit, ganze Spalteninhalte in Listen bei Bedarf in kompletter Großbuchstabendarstellung zu erhalten.

Eine andere Anwendung besteht darin, den Suchtext bzw. den zu durchsuchenden Text bei Zeichenvergleichen vor dem Vergleich in Großbuchstaben umzuwandeln, damit der Vergleich unabhängig von einer evtl. variierenden Groß- und Kleinschreibung ist.

Übergeben Sie im Argument *Text* einen numerischen Wert, wird dieser in unformatierten Text (Zahlenformat *Standard*) umgewandelt. Beziehen Sie sich auf diesen Text in numerischen Berechnungen, wandelt Excel diesen implizit in den Zahlenwert um, d.h., Sie können trotz der Textumwandlung mit dem Ergebnis weitere Berechnungen anstellen.

Praxiseinsatz Für einen Textvergleich, bei dem es auf die Groß- und Kleinschreibung nicht ankommt, bietet es sich an, den zu überprüfenden Text in Großbuchstaben umzuwandeln. Der Vergleichstext liegt ebenfalls in Großschreibweise vor. Nun ist es egal, in welcher Schreibweise der zu überprüfende Text vorliegt. Sowohl der Vergleich

`=GROSS("Buchstaben")="BUCHSTABEN"` als auch

`=GROSS("buchstaben")="BUCHSTABEN"`

geben das Resultat WAHR zurück. Die Abbildung 7.4 zeigt die Anwendung.

D22 =GROSS(B22)=C22

	B	C	D
21	*Text*	*Prüftext*	*Identisch*
22	Buchstaben	BUCHSTABEN	WAHR
23	buchstaben	BUCHSTABEN	WAHR
24	kleinE buchStaben	KLEINE BUCHSTABEN	WAHR
25	Kleinere Buchstaben	KLEINE BUCHSTABEN	FALSCH

Abbildung 7.4: Der Vergleich ist unabhängig von der Groß-/Kleinschreibung

Hier weitere Beispiele:

`=GROSS("Excel")` ergibt den Text *EXCEL.*

`=GROSS("eXCEL")` ergibt den Text *EXCEL.*

`=GROSS("1.232,56")` ergibt den Text *1232,56.*

`=GROSS(HEUTE())` ergibt am 29.09.2010 den Text *40450.*

Siehe auch GROSS2(), KLEIN()

CD-ROM Die Beispiele finden Sie auf der CD-ROM zum Buch im Ordner *\Buch\Kap07* in den Arbeitsmappen *Text_Daten.xls* (Excel 97-2003) bzw. *Text_Daten.xlsx* (Excel 2007/2010) auf dem Arbeitsblatt *GROSS*.

GROSS2() PROPER()

Syntax GROSS2(*Text*)

Definition GROSS2() wandelt den **ersten** Buchstaben aller Wörter einer Zeichenfolge *Text* in Großbuchstaben um. Alle anderen Buchstaben werden in Kleinbuchstaben umgewandelt.

Argumente *Text* (erforderlich) ist in Anführungszeichen eingeschlossener Text, eine Formel, die Text zurückgibt, oder ein Bezug auf eine Zelle, die den Text enthält, den Sie teilweise groß schreiben möchten.

Hintergrund Auch heute noch erhalten Sie von Großrechnersystemen beim Datenimport komplett großgeschriebene Listen. In diesen Fällen bietet die Tabellenfunktion GROSS2() die Möglichkeit der Umwandlung in normal geschriebene Textdaten.

Mit dieser Funktion können Sie auch Namen, die einen Bindestrich enthalten, behandeln. Bei der Übergabe von numerischen Werten verhält sich die Funktion GROSS2() genauso wie GROSS().

Praxiseinsatz

In einer importierten Liste sollen die komplett groß geschriebenen Wörter in die übliche Schreibweise, d.h. mit einem Großbuchstaben beginnend und ansonsten in Kleinbuchstaben umgewandelt werden. Die folgenden Beispiele zeigen die Wirkung der Funktion.

`=GROSS2("willy wichtig")` ergibt den Text *Willy Wichtig.*

`=GROSS2("Excel")` ergibt den unveränderten Text *Excel.*

`=GROSS2("eXCEL")` ergibt den Text *Excel.*

`=GROSS2("KNUT-RENÉ BIEDERMANN")` ergibt den Text *Knut-René Biedermann.*

Siehe auch

GROSS(), KLEIN()

CD-ROM

Diese Beispiele finden Sie auf der CD-ROM zum Buch im Ordner *\Buch\Kap07* in den Arbeitsmappen *Text_Daten.xls* (Excel 97-2003) bzw. *Text_Daten.xlsx* (Excel 2007/2010) auf dem Arbeitsblatt *GROSS2.*

IDENTISCH() EXACT()

Syntax

IDENTISCH(***Text1***;***Text2***)

Definition

Mit dieser Funktion können Sie prüfen, ob zwei Zeichenfolgen identisch sind. Als Ergebnis wird einer der Wahrheitswerte *WAHR* oder *FALSCH* ausgegeben.

Argumente

Text1 (erforderlich) ist die erste zu vergleichende Zeichenfolge.

Text2 (erforderlich) ist die zweite zu vergleichende Zeichenfolge.

Hintergrund

Als Matrixfunktion eingesetzt, können Sie mit der Funktion IDENTISCH() unter anderem feststellen, ob sich bestimmte Inhalte in einer Liste befinden. Auch können Sie IDENTISCH() verwenden, um Text zu prüfen, der in ein Formular eingegeben wird.

Die Funktion beachtet die Groß- und Kleinschreibung, ignoriert aber Formatierungsunterschiede.

Praxiseinsatz

Nach Eingabe einer Zeichenfolge soll ermittelt werden, ob diese in einer Liste vorhanden ist oder nicht. Die Liste erstreckt sich im Bereich *B23:B48*, die Vergleichszeichenfolge steht in der Zelle *D22.* Geben Sie in eine Zelle diese Formel ein:

```
=ODER(IDENTISCH(D22;B23:B48))
```

und schließen Sie die Eingabe mit der Tastenkombination Strg+⇧+↵ ab. Die Formel sieht dann so aus (Abbildung 7.5):

```
{=ODER(IDENTISCH(D22;B23:B48))}
```

Als Matrixformel eingesetzt, bedarf es noch der Funktion ODER(), damit ein Treffer des Einzelwertes in der Liste ermittelt werden kann.

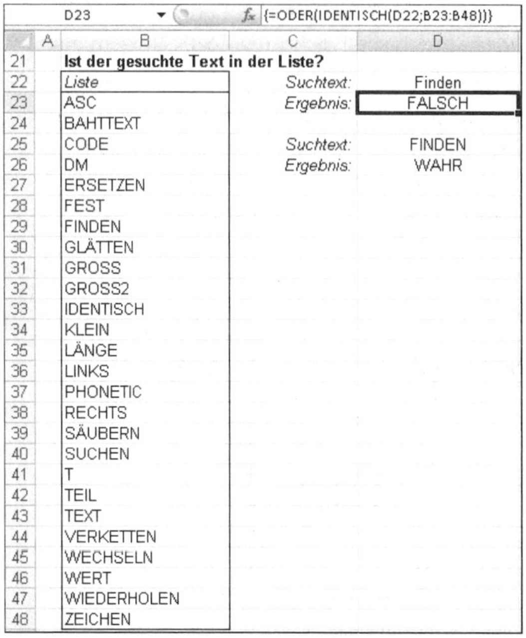

Abbildung 7.5: Im Zusammenspiel mit einer Logikfunktion können Sie bestimmen, ob der Suchtext in der Spalte vorkommt

Weitere Beispiele für den Einsatz der Funktion:

`=IDENTISCH("Microsoft Excel";"Microsoft excel")` ergibt FALSCH.

`=IDENTISCH("Donaudampfschifffahrt";"Donaudampfschiffahrt")` ergibt FALSCH.

`=IDENTISCH("Gazelle";"Gazelle")` ergibt WAHR.

`=IDENTISCH("Willy Wichtig";"Willy Wichtich")` ergibt FALSCH.

Siehe auch DELTA(), LÄNGE(), SUCHEN()

CD-ROM Die gezeigten Beispiel finden Sie auf der CD-ROM zum Buch im Ordner *\Buch\Kap07* in den Arbeitsmappen *Text_Daten.xls* (Excel 97-2003) bzw. *Text_Daten.xlsx* (Excel 2007/2010) auf dem Arbeitsblatt *IDENTISCH*.

KLEIN() LOWER()

Syntax KLEIN(*Text*)

Definition Die Funktion wandelt die in *Text* übergebene Zeichenfolge komplett in Kleinbuchstaben um.

Argumente *Text* (erforderlich) ist der Text, den Sie in Kleinbuchstaben umwandeln möchten.

Hintergrund Die Funktion KLEIN() ist das Gegenstück zur Funktion GROSS(), welche eine vollständige Großbuchstabenweise erzeugt. Alle Großbuchstaben werden in Kleinbuchstaben umgewandelt, wobei an Zeichen, die keine Buchstaben sind, keine Änderungen vorgenommen werden.

Eine mögliche Anwendung besteht darin, den Suchtext bzw. den zu durchsuchenden Text bei Zeichenvergleichen vor dem Vergleich in Kleinbuchstaben umzuwandeln, damit der Vergleich unabhängig von einer evtl. variierenden Groß- und Kleinschreibung ist.

Übergeben Sie im Argument *Text* einen numerischen Wert, wird dieser in unformatierten Text (Zahlenformat *Standard*) umgewandelt. Beziehen Sie sich auf diesen Text in numerischen Berechnungen, wandelt Excel diesen implizit in den Zahlenwert um, d.h., Sie können trotz der Textumwandlung mit dem Ergebnis weitere Berechnungen anstellen.

Praxiseinsatz

Für einen Textvergleich, bei dem es auf die Groß- und Kleinschreibung nicht ankommt, bietet es sich an, den zu überprüfenden Text in Kleinbuchstaben umzuwandeln. Der Vergleichstext liegt ebenfalls in Kleinschreibweise vor. Nun ist es egal, in welcher Schreibweise der zu überprüfende Text vorliegt. Sowohl der Vergleich

`=KLEIN("Buchstaben")="buchstaben"` als auch

`=KLEIN("BUCHSTABEN")="buchstaben"`

geben das Resultat WAHR zurück (siehe Abbildung 7.6).

D22 =KLEIN(B22)=C22

	B	C	D
21	*Text*	*Prüftext*	*Identisch*
22	Buchstaben	buchstaben	WAHR
23	BUCHSTABEN	buchstaben	WAHR
24	großE BuchStaben	große buchstaben	WAHR
25	größere Buchstaben	große buchstaben	FALSCH

Abbildung 7.6: Der Vergleich ist von Groß-/Kleinschreibweise unabhängig

Hier weitere Beispiele:

`=KLEIN("Willy Wichtig")` ergibt den Text *willy wichtig.*

`=KLEIN("Excel")` ergibt den Text *excel.*

`=KLEIN("eXCEL")` ergibt den Text *excel.*

`=KLEIN(HEUTE())` ergibt am 29.09.2010 den Text *40450.*

Siehe auch

GROSS(), GROSS2()

CD-ROM

Diese und weitere Beispiele finden Sie auf der CD-ROM zum Buch im Ordner *\Buch\Kap07* in den Arbeitsmappen *Text_Daten.xls* (Excel 97-2003) bzw. *Text_Daten.xlsx* (Excel 2007/2010) auf dem Arbeitsblatt *KLEIN*.

LÄNGE(), LÄNGEB() LEN(), LENB()

Syntax

LÄNGE(***Text***)
LÄNGEB(***Text***)

Definition

LÄNGE() gibt die Anzahl der Zeichen der Zeichenfolge *Text* zurück. LÄNGEB() gibt die Anzahl der Bytes zurück, die die Zeichen in *Text* darstellen und wird für Double-Byte-Zeichen verwendet.

Argumente

Text (erforderlich) ist der Text, dessen Länge Sie ermitteln möchten.

Hintergrund

Die Anwendungsfälle dieser Funktion sind vielfältig. Sie benötigen sie im Zusammenhang mit Funktionen wie z.B. TEIL(), LINKS() oder RECHTS(), wenn die Teilzeichenfolge berechnet werden muss. Entsprechende Beispiele finden Sie unter den genannten Funktionen.

Verwenden Sie die Funktion auch zur Prüfung, ob eine Eingabe eine bestimmte Länge über- oder unterschritten hat. Weiter können Sie vor einem Datentransport schnell ermitteln, ob und welche Inhalte von Textspalten eine bestimmte Länge überschreiten.

Leerzeichen zählen bei der Längenermittlung als Zeichen. Übergeben Sie numerische Werte im Argument *Text*, wird die Zeichenzahl des unformatierten Zahltextes ermittelt.

Praxiseinsatz Bevor eine Excel-Liste zur Weiterverarbeitung exportiert werden soll, kommen Zweifel auf, ob die Spalte mit den Beschreibungen auch die in der Schnittstellenbeschreibung vorgesehene Begrenzung auf maximal 10 Zeichen einhält. Zur Überprüfung wird die Funktion LÄNGE() herangezogen. In der Ergebnisspalte können Überschreitungen mithilfe des AutoFilters sehr schnell herausgefiltert und korrigiert werden. Hier einige Beispiele:

`=LÄNGE("CD")` ergibt den Wert *2*.

`=LÄNGE("Excel 2007")` ergibt den Wert *10*.

`=LÄNGE("Microsoft")` ergibt den Wert *9*.

`=LÄNGE("Keine Panik!")` ergibt den Wert *12*.

`=LÄNGE("")` ergibt den Wert *0*.

`=LÄNGE(" ")` ergibt den Wert *1*.

`=LÄNGE("1,345 $")` ergibt den Wert *7*.

`=LÄNGE(HEUTE())` ergibt den Wert *5*.

Siehe auch IDENTISCH(), FINDEN(), SUCHEN()

CD-ROM Die Beispiele finden Sie auf der CD-ROM zum Buch im Ordner *\Buch\Kap07* in den Arbeitsmappen *Text_Daten.xls* (Excel 97-2003) bzw. *Text_Daten.xlsx* (Excel 2007/2010) auf dem Arbeitsblatt *LÄNGE*.

LINKS(), LINKSB() — LEFT(), LEFTB()

Syntax LINKS(***Text***;*Anzahl_Zeichen*)
LINKSB(***Text***;*Anzahl_Bytes*)

Definition LINKS() gibt die durch *Anzahl_Zeichen* bestimmten ersten Zeichen in einer Textzeichenfolge zurück. LINKSB() funktioniert analog, wird für Double-Byte-Zeichen verwendet und gibt die ersten Bytes zurück.

Argumente ***Text*** (erforderlich) ist die Zeichenfolge mit den Zeichen, die Sie von links abschneiden möchten.

Anzahl_Zeichen (optional) gibt die Anzahl der Zeichen an, die LINKS() extrahieren soll.

Hintergrund Um den ersten Teil mit bestimmter Länge aus einer Zeichenfolge zu ermittelten, steht Ihnen die Funktion LINKS() zur Verfügung. Im Argument *Text* können Sie Texte oder Zahlen angeben. Insbesondere, wenn Zeichenfolgen nach einem bestimmten Schema aufgebaut sind (PLZ Ort, ISBN usw.), kommen die Funktionen LINKS(), RECHTS() und TEIL() zum Extrahieren bestimmter Zeichenfolgen in Frage.

Das Argument *Anzahl_Zeichen* muss größer oder gleich 0 (Null) sein. Ist *Anzahl_Zeichen* größer als die Gesamtlänge von *Text*, gibt LINKS() den gesamten Text aus. Fehlt das Argument, wird es als *1* angenommen.

Praxiseinsatz

In einer Tabellenspalte sind Namen nach dem Schema »Vorname Nachname« enthalten. Aus dieser sollen nun die Vornamen extrahiert werden. Der erste Name steht in der Zelle *H4*. Sie können mit dieser Formel den Vornamen extrahieren:

```
=LINKS(H4;SUCHEN(" ";H4)-1)
```

Unter Zuhilfenahme der Funktion SUCHEN() stellen Sie die Position des trennenden Leerzeichen fest. Ziehen Sie davon eine Stelle ab, erhalten Sie die Position des letzten Zeichens des Vornamens und damit die Anzahl der Zeichen, welche von links ermittelt werden sollen.

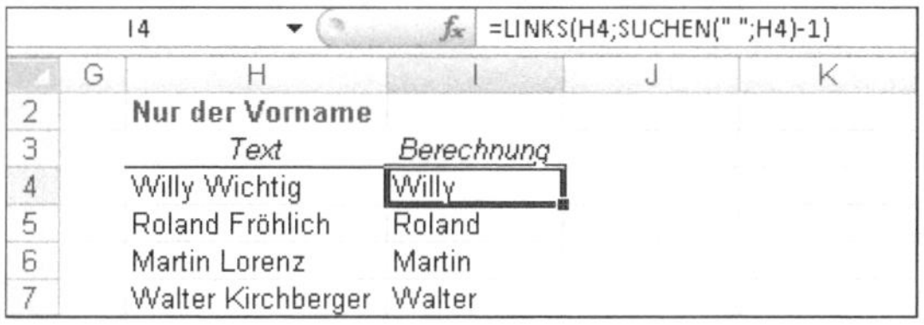

Abbildung 7.7: Durch die Kombination mit SUCHEN() wird die Lösung flexibel

Hier weitere Beispiele zur Veranschaulichung:

`=LINKS("Donaudampfschifffahrt";5)` ergibt den Text *Donau*.

`=LINKS("Gazelle";4)` ergibt den Text *Gaze*.

`=LINKS("Willy Wichtig";5)` ergibt den Text *Willy*.

`=LINKS("Excel";1)` ergibt den Text *E*.

`=LINKS("Excel";2)` ergibt den Text *Ex*.

Siehe auch

RECHTS(), TEIL()

CD-ROM

Diese und weitere Beispiele finden Sie auf der CD-ROM zum Buch im Ordner *\Buch\Kap07* in den Arbeitsmappen *Text_Daten.xls* (Excel 97-2003) bzw. *Text_Daten.xlsx* (Excel 2007/2010) auf dem Arbeitsblatt *LINKS*.

PHONETIC() PHONETIC()

Syntax

PHONETIC(***Bezug***)

Definition

Die Funktion extrahiert die phonetischen (Furigana-) Zeichen aus einer Textzeichenfolge.

Argumente

Bezug (erforderlich) ist eine Textzeichenfolge oder ein Verweis auf eine einzelne Zelle bzw. einen Zellbereich, die bzw. der eine Furigana-Textzeichenfolge enthält. Ist *Bezug* ein Zellbereich, wird die Furigana-Textzeichenfolge in der linken oberen Zelle des Bereichs zurückgegeben. Ist *Bezug* ein Bereich nicht angrenzender Zellen, wird der Fehler *#NV* zurückgegeben.

Hintergrund

Das moderne japanische Schriftsystem besteht aus

- den »Kanji«-Zeichen (stammen aus der chinesischen Schrift und bilden als Logogramme meist den Wortstamm),
- den Silbenschriften »Hiragana« (oft für grammatikalische Formen) und »Katakana« (hauptsächlich für Fremdwörter) und
- unserem lateinischen Alphabet, das in Japan als »R?maji« bezeichnet wird.

Diese Schriftarten haben unterschiedliche spezifische Funktionen und werden in Alltagstexten parallel verwendet.

Bei der Lautschrift »Furigana« handelt es sich um kleine »Hiragana«-Zeichen, die neben einem »Kanji« geschrieben werden, um dessen Aussprache anzugeben. Sie stehen vor allem neben selteneren Kanji, die der Leser vielleicht nicht kennt oder vergessen haben könnte.

Besagte Funktion extrahiert also diese Furigana-Zeichen aus einem japanischen Text. Voraussetzung für die Anwendung dieser Funktion ist die Installation der ostasiatischen Sprachen auf Ihrem PC. Die Funktion hat für den normalen Excel-Anwendender in Deutschland keine praktische Bedeutung.

Praxiseinsatz Aus oben genannten Gründen wird auf ein Beispiel für diese Funktion verzichtet.

Siehe auch Keine

RECHTS(), RECHTSB() — RIGHT(), RIGHTB()

Syntax RECHTS(*Text*;*Anzahl_Zeichen*)
RECHTSB(*Text*;*Anzahl_Bytes*)

Definition RECHTS() gibt die letzten, durch *Anzahl_Zeichen* bestimmten Zeichen eines Textes zurück. RECHTSB() funktioniert unter Angabe von *Anzahl_Bytes* für Texte, welche aus Double-Byte-Zeichen bestehen.

Argumente *Text* (erforderlich) ist die Zeichenfolge mit den Zeichen, die Sie extrahieren möchten.

Anzahl_Zeichen (optional) gibt die Anzahl der Zeichen an, die RECHTS() extrahieren soll.

Hintergrund Um den letzten Teil mit bestimmter Länge aus einer Zeichenfolge zu ermittelten, steht Ihnen die Funktion RECHTS() zur Verfügung. Im Argument *Text* können Sie Texte oder Zahlen angeben. Insbesondere, wenn Zeichenfolgen nach einem bestimmten Schema aufgebaut sind (PLZ Ort, ISBN usw.), kommen die Funktionen RECHTS(), LINKS() und TEIL() zum Extrahieren bestimmter Zeichenfolgen in Frage.

Anzahl_Zeichen muss größer oder gleich 0 (Null) sein. Gibt das Argument mehr Zeichen an, als der Text lang ist, gibt RECHTS() den gesamten Text zurück. Fehlt das Argument, wird es als *1* angenommen.

Praxiseinsatz In einer Tabellenspalte sind Namen nach dem Schema »Vorname Nachname« enthalten. Aus dieser sollen nun die Nachnamen extrahiert werden. Der erste Name steht in der Zelle *H4*. Sie können mit dieser Formel den Nachnamen extrahieren:

```
=RECHTS(H4;LÄNGE(H4)-SUCHEN(" ";H4))
```

Unter Zuhilfenahme der Funktionen LÄNGE() und SUCHEN() stellen Sie die Anzahl der von rechts zu lesenden Zeichen fest (Abbildung 7.8). Von der mit LÄNGE() ermittelten Gesamtlänge des Textes ziehen Sie die mit SUCHEN() bestimmte Position des trennenden Leerzeichens ab.

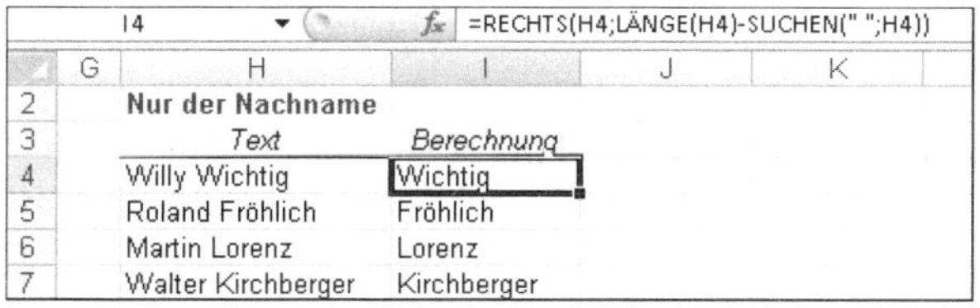

Abbildung 7.8: Die Zerlegung von Texten ist kein Hexenwerk, sondern einfache Anwendung von Textfunktionen

Siehe auch

LINKS(), LINKSB(), TEIL()

CD-ROM

Die oben gezeigten Beispiele finden Sie auf der CD-ROM zum Buch im Ordner *\Buch\Kap07* in den Arbeitsmappen *Text_Daten.xls* (Excel 97-2003) bzw. *Text_Daten.xlsx* (Excel 2007/2010) auf dem Arbeitsblatt *RECHTS*.

SÄUBERN() CLEAN()

Syntax

SÄUBERN(***Text***)

Definition

Die Funktion löscht alle nicht druckbaren Zeichen aus dem übergebenen Text.

Argumente

Text (erforderlich) ist eine beliebige Arbeitsblattinformation, aus der Sie die nicht druckbaren Zeichen entfernen möchten.

Hintergrund

Verwenden Sie SÄUBERN() für Texte, die aus anderen Anwendungen importiert wurden und eventuell Zeichen enthalten, die das von Ihnen verwendete Betriebssystem nicht drucken kann. Beispielsweise können Sie SÄUBERN() verwenden, um maschinennahen Code zu entfernen, der sich häufig am Anfang und Ende einer Datendatei befindet und nicht gedruckt werden kann.

Außerdem können Sie mit dieser Funktion störende Zeichen wie z.B. Zeilenumbrüche entfernen und ersparen sich ggf. mehrere Gänge mit der Ersetzen-Funktion.

In der Hauptsache sind es die Zeichen mit einem Code von 1 bis 31, siehe Funktionen CODE() und ZEICHEN(), die gesäubert werden.

Praxiseinsatz

Hin und wieder kommt es vor, dass Sie Zeilenumbrüche aus Datenlisten entfernen müssen. Dies ist z.B. zwingend, wenn Sie eine Liste in ein Textformat exportieren müssen. Hier würden die Umbrüche die Liste zerstören, denn sie bedeuten in den Textformaten einen Wechsel zum nächsten Datensatz.

Nehmen Sie an, in der Zelle *A2* steht der zweizeilige Text

»August ¶
der Starke«

`=SÄUBERN(A2)` ergibt den einzeiligen Text *August der Starke,* welcher ohne Probleme exportiert werden kann.

Ein weiteres Beispiel: Während die Formel

```
=SÄUBERN("Donau"&ZEICHEN(13)&"dampfschiff"&ZEICHEN(32)&"fahrt")
```

den Zeilenumbruch, d.h. das *ZEICHEN(13)*, entfernt, bleibt der Leerschritt, d.h. das *ZEICHEN(32)*, im Ergebnistext erhalten: *Donaudampfschiff fahrt*.

Siehe auch GLÄTTEN(), CODE(), ZEICHEN()

CD-ROM Die Beispiele finden Sie auf der CD-ROM zum Buch im Ordner *\Buch\Kap07* in den Arbeitsmappen *Text_Daten.xls* (Excel 97-2003) bzw. *Text_Daten.xlsx* (Excel 2007/2010) auf dem Arbeitsblatt *SÄUBERN*.

SUCHEN(), SUCHENB() — SEARCH(), SEARCHB()

Syntax SUCHEN(***Suchtext***;***Text***;*Erstes_Zeichen*)
SUCHENB(***Suchtext***;***Text***;*Erstes_Zeichen*)

Definition Die Funktion SUCHEN() gibt die Positionsnummer des Zeichens zurück, an der der *Suchtext* erstmals gefunden wurde. Die Suche beginnt an der mit *Erstes_Zeichen* festgelegten Position.

Bei SUCHENB() basiert das Ergebnis auf der Anzahl der Bytes, die die einzelnen Zeichen in *Text* verwenden. Diese Funktion wird für Double-Byte-Zeichenfolgen verwendet.

Argumente ***Suchtext*** (erforderlich) ist die Zeichenfolge, nach der Sie suchen möchten.

Text (erforderlich) ist der Text, in dem Sie nach *Suchtext* suchen möchten.

Erstes_Zeichen (optional) ist die Nummer des Zeichens/Bytes in *Text*, ab dem Sie mit der Suche beginnen möchten.

Hintergrund Bei der Manipulation von Texten ist es häufig notwendig, die Position eines bestimmten Zeichens oder einer Zeichenfolge innerhalb des Textes zu bestimmen, um diesen beispielsweise herauszulösen, zu ersetzen usw. Zu diesem Zweck können Sie die Funktionen SUCHEN() oder FINDEN() einsetzen.

Wichtig Im Gegensatz zu FINDEN()-/FINDENB() berücksichtigt die SUCHEN()/SUCHENB()-Funktion die Schreibweise (Groß-/Kleinbuchstaben) der beteiligten Zeichenfolgen **nicht**, lässt aber die Platzhalterzeichen »*« und »?« zu.

SUCHEN() gibt immer die Anzahl der Zeichen ab dem Anfang von *Text* zurück. Dabei werden auch die übersprungenen Zeichen gezählt, wenn *Erstes_Zeichen* größer *1* ist.

Eine als *Suchtext* angegebene Zeichenfolge kann die Platzhalterzeichen »?« und »*« enthalten. Ein Fragezeichen ersetzt ein Zeichen, ein Sternchen ersetzt eine beliebige Zeichenfolge. Suchen Sie nach einem Fragezeichen oder Sternchen, müssen Sie vor dem zu suchenden Zeichen eine Tilde (~) eingeben.

Verwenden Sie *Erstes_Zeichen*, damit ein Suchvorgang nicht vom ersten Zeichen an beginnt, sondern eine bestimmte Anzahl von Zeichen überspringt. Wenn Sie z.B. in der Zeichenfolge »XLS2003_FormatZellenSchutz« die Position des ersten »e« im hinteren Teil der Zeichenfolge bestimmen wollen, müssen Sie *Erstes_Zeichen* mit *9* belegen, sodass der erste Teil der Zeichenfolge nicht durchsucht wird. SUCHEN() beginnt mit dem neunten Zeichen und stellt fest, dass das 16. Zeichen mit dem Suchtext übereinstimmt.

Beachten Sie auch die folgenden Regeln bei der Verwendung der Funktion:

- Ist *Suchtext* eine leere Zeichenfolge (""), ermittelt SUCHEN() den Wert *1* bzw. den in *Erstes_Zeichen* angegebenen Wert
- Wird *Suchtext* nicht in *Text* gefunden, gibt SUCHEN() den Fehlerwert *#WERT!* zurück
- Fehlt das Argument *Erstes_Zeichen*, wird es als 1 angenommen
- Ist *Erstes_Zeichen* kleiner oder gleich 0, gibt SUCHEN() den Fehlerwert *#WERT!* zurück
- Ist *Erstes_Zeichen* größer als die Zeichenlänge von *Text*, gibt SUCHEN() den Fehlerwert *#WERT!* zurück

Praxiseinsatz

Für die Textspalte einer Liste soll untersucht werden, ob der jeweilige Text in eckige Klammern eingerahmte Wörter oder Zahlen enthält. Hier hilft eine berechnete Spalte mit einer Mustersuche, wie in Abbildung 7.9 gezeigt wird. Die in gezeigte Formel

```
=SUCHEN(C25;D25)
```

ergibt *5*, denn an Position fünf beginnt das gesuchte Muster *[*]* im Text aus *D25*.

F25 =SUCHEN(C25;D25)

	C	D	E	F
3	*Suchtext*	*Text*	*Erstes_Zeichen*	Berechnung
25	[*]	Der [kleine] Hafen lag in der Abendsonne.		5
26	[*]	Die PLZ-Schreibweise ist [D-]12345.		26
27	[*]	Hier kommt nur eine öffnende [Klammer vor.		#WERT!
28	[*]	Hier kommt nur gar keine Klammer vor.		#WERT!

Abbildung 7.9: Die Mustersuche findet das Muster oder liefert einen Fehler

Weitere Beispiele:

`=SUCHEN("u";"Donaudampfschifffahrt";1)` ergibt den Wert *5*.

`=SUCHEN("U";"Donaudampfschifffahrt";1)` ergibt den Wert *5*.

`=SUCHEN("f";"Donaudampfschifffahrt";1)` ergibt den Wert *10*.

`=SUCHEN("D";"Donaudampfschifffahrt";1)` ergibt den Wert *1*.

`=SUCHEN("d";"Donaudampfschifffahrt";1)` ergibt den Wert *1*.

`=SUCHEN("d";"Donaudampfschifffahrt";2)` ergibt den Wert *6*.

Siehe auch

ERSETZEN(), ERSETZENB(), FINDEN(), FINDENB(), TEIL(), TEILB(), WECHSELN()

CD-ROM

Diese und weitere Beispiel finden Sie auf der CD-ROM zum Buch im Ordner *\Buch\Kap07* in den Arbeitsmappen *Text_Daten.xls* (Excel 97-2003) bzw. *Text_Daten.xlsx* (Excel 2007/2010) auf dem Arbeitsblatt *SUCHEN*.

T() T()

Syntax =T(*Wert*)

Definition Diese Funktion T() wandelt das Argument *Wert* nach bestimmten Regeln in Text um.

Argumente *Wert* (erforderlich) ist ein beliebiger Ausdruck (Zahl, Text, Formel ohne Gleichheitszeichen, Wahrheitswert, Fehlerwert, Bezug oder Name), den Sie in Text umwandeln möchten.

Hintergrund Die Funktion T() befindet sich aus Kompatibilitätsgründen mit anderen Tabellenkalkulationsprogrammen in der Liste der Excel-Funktionen. In der Regel ist es nicht notwendig, Argumente in Text umzuwandeln, da dies automatisch geschieht.

Wollen Sie die Funktion benutzen, beachten Sie, dass aus Zahlen nicht etwa der Text der Ziffern entsteht, sondern eine leere Zeichenfolge. Dasselbe geschieht mit Wahrheitswerten. Fehlerwerte werden in Fehlerwerte überführt, nicht in deren Text-Form.

Praxiseinsatz Aus den gegebenen Informationen heraus soll auf ein Beispiel verzichtet werden.

Siehe auch FEST(), DM(), TEXT(), N(), WERT(), ZELLE()

CD-ROM Einige Berechnungsbeispiele finden Sie auf der CD-ROM zum Buch im Ordner *\Buch\Kap07* in den Arbeitsmappen *Text_Daten.xls* (Excel 97-2003) bzw. *Text_Daten.xlsx* (Excel 2007/2010) auf dem Arbeitsblatt *T*.

TEIL(), TEILB() MID(), MIDB()

Syntax TEIL(***Text;Erstes_Zeichen;Anzahl_Zeichen***)
TEILB(***Text;Erstes_Zeichen;Anzahl_Byte***)

Definition Die Funktion TEIL() gibt eine Teilzeichenfolge von *Text* zurück. Diese wird durch die in *Anzahl_Zeichen* angegebene Anzahl von Zeichen und die in *Erstes_Zeichen* angegebene Startposition bestimmt. TEILB() funktioniert analog für Double-Byte-Zeichenfolgen.

Argumente ***Text*** (erforderlich) ist die Zeichenfolge mit den Zeichen, die Sie extrahieren möchten.

Erstes_Zeichen (erforderlich) ist die Position des ersten Zeichens, ab dem Sie Text extrahieren möchten. Für das erste Zeichen von *Text* gilt, dass *Erstes_Zeichen* den Wert *1* hat usw.

Anzahl_Zeichen*/*Anzahl_Byte (erforderlich) gibt die Anzahl der Zeichen/Bytes an, die TEIL()/TEILB() aus *Text* zurückgeben soll.

Hintergrund Um einen Teil mit bestimmter Länge aus einer Zeichenfolge zu ermittelten, steht Ihnen die Funktion TEIL() zur Verfügung. Im Argument *Text* können Sie Texte oder Zahlen angeben. Insbesondere, wenn Zeichenfolgen nach einem bestimmten Schema aufgebaut sind (PLZ, Ort, ISBN usw.), kommen die Funktionen TEIL(), LINKS() und RECHTS() zum Extrahieren bestimmter Zeichenfolgen in Frage.

Beachten Sie diese Hinweise für die Anwendung der Funktion:

- Ist *Erstes_Zeichen* größer als die Gesamtlänge von *Text*, gibt TEIL() die Zeichenfolge "" (leere Zeichenfolge) zurück
- Ist *Erstes_Zeichen* kleiner als die Gesamtlänge von *Text*, doch überschreiten *Erstes_Zeichen* plus *Anzahl_Zeichen* die Gesamtlänge von *Text*, gibt TEIL() alle bis zum Ende von *Text* gehörenden Zeichen zurück
- Ist *Erstes_Zeichen* kleiner 1, gibt TEIL() den Fehlerwert *#WERT!* zurück
- Ist *Anzahl_Zeichen* negativ, gibt TEIL() den Fehlerwert *#WERT!* zurück

Praxiseinsatz

Aus einer Spalte mit Artikelnummern, welche sich aus drei Segmenten wie folgt zusammensetzt, wird das mittlere Segment benötigt, also die Produktgruppe benötigt.

- 23 – Produkthauptgruppe, zweistellig
- 015 – Produktgruppe, dreistellig
- 11290 – Produktnummer, fünfstellig

Zusammengesetzt lautet die Artikelnummer: *2301511290*. Da bekannt ist, dass die gesuchte Nummer vom dritten bis fünften Zeichen reicht, werden diese Angaben in die TEIL()-Funktion eingesetzt, um die Produktgruppennummer zu ermitteln (Abbildung 7.10). Die Formel `=TEIL("2301511290";3;3)` ergibt die Produktgruppennummer *015*.

E4 | fx =TEIL(B4;C4;D4)

	A	B	C	D	E
3		*Text*	*Erstes_Zeichen*	*Anzahl_Zeichen*	Berechnung
4		2301511290	3	3	015
5		0811700678	3	3	117
6		1200301940	3	3	003

Abbildung 7.10: Die Ermittlung eines Teils der Artikelnummer

Zur Veranschaulichung hier noch einige Beispiele:

`=TEIL("Donaudampfschifffahrt";6;5)` ergibt den Text *dampf*.

`=TEIL("Gazelle";1;4)` ergibt den Text *Gaze*.

`=TEIL("Gazelle";4;4)` ergibt den Text *elle*.

`=TEIL("Louis";2;3)` ergibt den Text *oui*.

`=TEIL("Excel";1;2)` ergibt den Text *Ex*.

`=TEIL("Excel";2;3)` ergibt den Text *xce*.

Siehe auch

CODE(), FINDEN(), LINKS(), RECHTS(), SUCHEN()

CD-ROM

Die Beispiele zur Funktion TEIL() finden Sie auf der CD-ROM zum Buch im Ordner *\Buch\Kap07* in den Arbeitsmappen *Text_Daten.xls* (Excel 97-2003) bzw. *Text_Daten.xlsx* (Excel 2007/2010) auf dem Arbeitsblatt *TEIL*.

TEXT() TEXT()

Syntax TEXT(*Wert;Textformat*)

Definition Die Funktion TEXT() formatiert die im Argument *Wert* übergebene Zahl entsprechend der im Argument *Textformat* übergebenen Formatierungsanweisung und wandelt sie in Text um.

Argumente *Wert* (erforderlich) ist ein numerischer Wert, eine Formel, die einen numerischen Wert liefert, oder ein Bezug auf eine Zelle, die einen numerischen Wert enthält.

Textformat (erforderlich) ist ein als Zeichenfolge angegebenes Zahlenformat im Dialogfeld *Zellen formatieren* auf der Registerkarte *Zahlen* im Feld *Kategorie.*

Hintergrund Im Zusammenhang mit dem Verketten von Text, wo statische Texte mit Berechnung verknüpft werden, um dynamische Formulierungen zu erhalten, und in anderen Fällen benötigen Sie die Möglichkeit, numerische Werte in Text zu konvertieren. Die Funktion TEXT() bietet Ihnen diese Möglichkeit einschließlich der Formatierung mit den aus dem Dialogfeld *Zellen formatieren* (*Format/Zellen*) bekannten Zahlenformatanweisungen.

Bei den Formatanweisungen im Argument *Textformat* können Sie auch benutzdefinierte Formate übergeben. Es gibt allerdings einige Einschränkungen:

- Die Formatanweisung darf kein Sternchen (*) enthalten
- Das Zahlenformat *Standard* darf nicht angegeben werden
- Die Farbanweisungen, z.B. »[Rot]« für negative Zahlen, haben keine Wirkung

Wie bei den Funktionen DM() und FEST() liegt der Unterschied zwischen dem Formatieren einer Zahl über den Befehl *Format/Zellen*/Registerkarte *Zahlen* und dem direkten Formatieren einer Zahl mit der Funktion TEXT() darin, dass bei TEXT() das Ergebnis als Text vorliegt. Eine über den Menübefehl *Format/Zellen* formatierte Zahl dagegen ist nach wie vor ein numerischer Wert.

Ungeachtet dieses Unterschieds können Sie die mit der Funktion TEXT() konvertierten Zahlen in weiteren Formeln verwenden, da Excel Zahlen, die als Textwerte erscheinen, bei einer Berechnung implizit in numerische Werte umwandelt.

Praxiseinsatz In einem Rechnungsformular soll der Satz mit dem Zahlungsziel dynamisch sein, d.h., auf das aktuelle Datum sind 14 Tage zu addieren und als Zahlungsziel auszuweisen. Die Formel

```
=VERKETTEN("Zahlen Sie den Betrag bitte bis zum ";TEXT(HEUTE()+14;"TT.MM.JJJJ");".")
```

ergibt am 1.12.2010 den Text *Zahlen Sie den Betrag bitte bis zum 15.12.2010.* Ohne die TEXT()-Funktion würde die Textverkettung

```
=VERKETTEN("Zahlen Sie den Betrag bitte bis zum ";HEUTE()+14;".")
```

auch funktionieren, allerdings könnte Ihr Kunde mit dem Zahlungsziel *Zahlen Sie den Betrag bitte bis zum 40527.* vermutlich nichts anfangen.

In einem anderen Fall soll das aktuelle Datum als formulierter Satz erscheinen. Die Formel

```
="Heute ist "&TEXT(HEUTE();"TTTT")&", der "&TEXT(HEUTE();"T. MMMM JJJJ")&"."
```

ergibt am 1.12.2010 den Text *Heute ist Montag, der 1. Dezember 2010.*

Siehe auch

ASC(), DM(), FEST(), T(), WERT()

CD-ROM

Die gezeigten Beispiele und weitere Berechnungen finden Sie auf der CD-ROM zum Buch im Ordner *\Buch\Kap07* in den Arbeitsmappen *Text_Daten.xls* (Excel 97-2003) bzw. *Text_Daten.xlsx* (Excel 2007/2010) auf dem Arbeitsblatt *TEXT*.

VERKETTEN() — CONCATENATE()

Syntax

VERKETTEN(*Text1*;*Text2*; ...)

Definition

Die Funktion VERKETTEN() verknüpft mehrere Textzeichenfolgen zu einer Gesamtzeichenfolge.

Argumente

Text1;*Text2*; ... sind 1 bis 30 Argumente, die Zeichenfolgen (Texte) angeben, welche zu einer Gesamtzeichenfolge verbunden werden sollen. Als Argumente dürfen Zeichenfolgen (Texte), Zahlen und Bezüge auf einzelne Zellen verwendet werden.

Hintergrund

In den Beispielen zur Funktion TEXT() finden Sie bereits einen Anwendungsfall für diese Funktion. Mit ihrer Hilfe können Sie dynamische Formulierungen, die sich aus statischen und berechneten Textteilen zusammensetzt, bilden.

Beachten Sie bitte, dass die Argumente ohne Trennzeichen (wie in Sätzen üblicherweise Leerzeichen oder Komma) zusammengefügt werden. Schließen Sie diese Trennzeichen in die Argumente ein oder setzen Sie sie als eigenständiges Argument ein. Im Falle des Leerzeichens notieren Sie entweder einen Leerschritt zwischen den Anführungsstrichen (" ") oder Sie nutzen die Funktion ZEICHEN(32). Mit dem Codewert *32* gibt die ZEICHEN()-Funktion ein Leerzeichen zurück.

Anstelle der Funktion VERKETTEN() können Sie auch den Operator »&« verwenden, um als Zeichenfolgen vorliegende Elemente miteinander zu verbinden.

Praxiseinsatz

Wenn in *B22* der Name »Maier«, in *C22* der Vorname »Ruprecht« und in *D22* das Geburtsdatum »6.12.1964« steht, bildet die Formel

```
=VERKETTEN(C22;" ";B22;" wurde am ";TEXT(D22;"TT.MM.JJJJ");" geboren. Das war ein
";TEXT(D22;"TTTT");".")
```

den Satz

Ruprecht Maier wurde am 06.12.1964 geboren. Das war ein Sonntag.

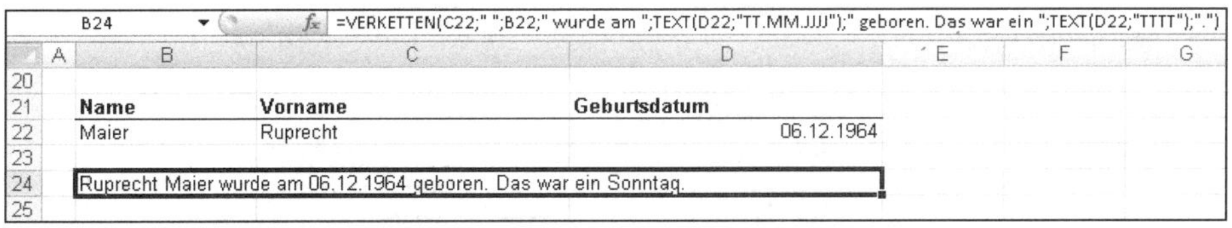

Abbildung 7.11: Die Verkettung von Texten und Berechnungen ergibt einen Satz

Siehe auch

ERSETZEN(), WECHSELN(), WIEDERHOLEN()

CD-ROM

Dieses Beispiel und weitere finden Sie auf der CD-ROM zum Buch im Ordner *\Buch\Kap07* in den Arbeitsmappen *Text_Daten.xls* (Excel 97-2003) bzw. *Text_Daten.xlsx* (Excel 2007/2010) auf dem Arbeitsblatt *VERKETTEN*.

WECHSELN() SUBSTITUTE()

Syntax WECHSELN(***Text***;***Alter_Text***;***Neuer_Text***;*Ntes_Auftreten*)

Definition Die Funktion WECHSELN() ersetzt bestimmte Zeichen oder Zeichenfolgen in einem Text durch neue Zeichen oder Zeichenfolgen.

Argumente ***Text*** (erforderlich) ist der in Anführungszeichen gesetzte Text oder Bezug auf eine Zelle, die den Text enthält, in dem Zeichen ausgetauscht werden sollen.

Alter_Text (erforderlich) ist die Zeichenfolge, die Sie ersetzen möchten.

Neuer_Text (erforderlich) ist die Zeichenfolge, mit dem Sie *Alter_Text* ersetzen möchten.

Ntes_Auftreten (optional) gibt an, an welchen Stellen *Alter Text* durch *Neuer_Text* ersetzt werden soll. Wenn Sie *Ntes_Auftreten* angeben, wird nur dieses Vorkommen von *Alter_Text* ersetzt; andernfalls wird *Alter_Text* an jeder Stelle, an der er in *Text* vorkommt, durch *Neuer_Text* ersetzt.

Hintergrund Diese Tabellenfunktion benötigen Sie zur Manipulation von Texten, und zwar immer dann, wenn Sie in einem Text

- eine bestimmte Zeichenfolge mit
- fester Länge

einmalig oder mehrfach ersetzen müssen. Ein Anwendungsfall sind z.B. Listen mit Platzhaltern, die Sie durch feste oder errechnete Ausdrücke ersetzen müssen.

WECHSELN() können Sie immer dann verwenden, wenn Sie innerhalb eines Texts eine bestimmte Zeichenfolge austauschen möchten. ERSETZEN() sollten Sie immer dann verwenden, wenn Sie innerhalb eines Texts eine, **an einer bestimmten Position beginnende** Zeichenfolge ersetzen möchten.

Wichtig WECHSELN() berücksichtigt bei der Suche nach *Alter_Text* die Groß- und Kleinschreibung.

Praxiseinsatz In einer Liste wollen Sie die deutschen Umlaute ersetzen, d.h. anstatt »ä« die Zeichen »ae«, anstatt »ö« die Zeichen »oe« und anstatt »ü« die Zeichen »ue«. Dies können Sie erreichen, indem Sie die Funktion WECHSELN() dreimal verschachteln:

`=WECHSELN(WECHSELN(WECHSELN("Dönerverkäuferprüfung";"ä";"ae");"ö";"oe");"ü";"ue")`

ergibt die *Doenerverkaeuferpruefung*. Hier weitere Beispiele:

`=WECHSELN("Donaudampfschifffahrt";"Donau";"Elbe")` ergibt *Elbedampfschifffahrt*.

`=WECHSELN("Zelle";"l";"t";2)` ergibt den Text *Zelte*.

`=WECHSELN("Retter";"tt";"ntn";1)` ergibt den Text *Rentner*.

`=WECHSELN(WECHSELN("Reckenhose";"R";"H");"h";"r")` ergibt *Heckenrose*.

`=WECHSELN(WECHSELN("Wiesenrand";"W";"R");"r";"w")` ergibt *Riesenwand*.

Siehe auch ERSETZEN(), ERSETZENB(), FINDEN(), GLÄTTEN(), SUCHEN()

CD-ROM Diese und weitere Beispiele für den Einsatz und die Wirkung der Funktion finden Sie auf der CD-ROM zum Buch im Ordner *\Buch\Kap07* in den Arbeitsmappen *Text_Daten.xls* (Excel 97-2003) bzw. *Text_Daten.xlsx* (Excel 2007/2010) auf dem Arbeitsblatt *WECHSELN*.

WERT() VALUE()

Syntax

WERT(*Text*)

Definition

Die Funktion WERT() wandelt den in *Text* angegebenen Inhalt in eine Zahl um.

Argumente

Text (erforderlich) gibt den in Anführungszeichen eingeschlossenen Text oder einen Bezug auf eine Zelle an, die den Text enthält, den Sie umwandeln möchten.

Hintergrund

Solange Sie ausschließlich in und mit Excel unterwegs sind, können Sie Zahlen, die aus irgendwelchen Gründen als Text vorliegen, in weiteren Formeln verwenden, da Excel Zahlen, die als Textwerte erscheinen, bei einer Berechnung implizit in numerische Werte umwandelt. Sobald Sie aber aus Drittanwendungen importierte Daten vorliegen haben oder mit Excel-Add-Ins von Drittanbietern arbeiten, die eigene Arbeitsblattformeln stellen, kann es Ihnen passieren, dass Zahlen im Textformat nicht wie sonst in Excel verarbeitet werden und Fehler auslösen.

In der Regel ist es also nicht erforderlich, die Funktion WERT() innerhalb einer Formel zu verwenden; die genannten Ausnahmen bestätigen diese Regel. Für die Ausnahmen ist es gut, dass die Funktion aus Gründen der Kompatibilität zu anderen Tabellenkalkulationsprogrammen zur Verfügung steht.

Tipp

Sie können eine als Text importierte Liste von Werten schnell so umwandeln, dass Excel sie als Werte erkennt und anzeigt (im Standardfall rechtsbündig):

1. Tippen Sie in eine freie Zelle den Wert 1 ein.
2. Kopieren Sie die Zelle mit den Tasten `Strg`+`C` in die Zwischenablage.
3. Markieren Sie den Bereich mit den »Text«-Zahlen, öffnen Sie im Menüband von Excel 2007/2010 auf der Registerkarte *Start* das Dropdownmenü der Schaltfläche *Einfügen* und wählen Sie darin den Befehl *Inhalte einfügen* aus. Unter Excel 2003 und früher wählen Sie den Befehl *Bearbeiten/Inhalte einfügen*.
4. Im Dialogfeld *Inhalte einfügen* markieren Sie im Abschnitt *Einfügen* die Option *Werte* und im Abschnitt *Vorgang* die Option *Multiplizieren* und klicken dann auf *OK*.

Nun sollten alle Werte im markierten Bereich als Zahlen und nicht mehr als (linksbündiger) Text angezeigt werden. Die Zelle mit der Eins wird nicht mehr benötigt. Diese können Sie anschließend löschen.

Der Inhalt des Arguments *Text* kann in jedem der Formate vorliegen, die Excel bezüglich konstanter Zahlen sowie Tages- und Uhrzeitangaben unterstützt. Liegt *Text* in keinem dieser Formate vor, gibt die Funktion WERT() den Fehlerwert *#WERT!* zurück.

Praxiseinsatz

Für die Weiterverarbeitung von importierten Zahlen aus Textdateien muss sichergestellt werden, dass die importierte Zahl tatsächlich als numerischer Wert übergeben wird. Hierzu setzen Sie die WERT()-Funktion ein:

`=WERT("1.234")` ergibt den Wert *1234*.

`=WERT(1234)` ergibt den Wert *1234*.

`=WERT("09.09.2008")` ergibt den Wert *39700*.

`=WERT(WAHR)` hingegen ergibt den Fehlerwert *#WERT!*.

Siehe auch DM(), FEST(), TEXT(), N() Informationsfunktionen

CD-ROM Die gezeigten und weitere Beispiele finden Sie auf der CD-ROM zum Buch im Ordner *\Buch\Kap07* in den Arbeitsmappen *Text_Daten.xls* (Excel 97-2003) bzw. *Text_Daten.xlsx* (Excel 2007/2010) auf dem Arbeitsblatt *WERT*.

WIEDERHOLEN() REPT()

Syntax WIEDERHOLEN(***Text;Multiplikator***)

Definition Die Funktion wiederholt den *Text* so oft wie in *Multiplikator* angegeben.

Argumente ***Text*** (erforderlich) ist das Zeichen bzw. die Zeichenfolge, das bzw. die Sie wiederholen möchten.

Multiplikator (erforderlich) ist eine positive Zahl, die angibt, wie oft *Text* wiederholt werden soll.

Hintergrund Verwenden Sie WIEDERHOLEN(), um eine Zeichenfolge in einer bestimmten Häufigkeit in einer Zelle anzugeben. Zusammen mit Funktionen wie VERKETTEN() können Sie beliebige Ausdrücke errechnen. Sie können die Funktion auch für diagrammartige Darstellungen im Arbeitsblatt »missbrauchen«.

Beachten Sie auch folgende Hinweise im Umgang mit der Funktion:

- Ist *Multiplikator* mit *0* (Null) belegt, gibt WIEDERHOLEN() eine leere Zeichenfolge ("") zurück
- Ist *Multiplikator* keine ganze Zahl, werden deren Nachkommastellen abgeschnitten
- Ist *Multiplikator* eine negative Zahl, gibt WIEDERHOLEN() den Fehler *#WERT!* zurück
- Das Ergebnis der Funktion darf nicht mehr als 32.767 Zeichen enthalten. Andernfalls gibt WIEDERHOLEN() den Fehler *#WERT!* zurück.

Praxiseinsatz In einer Liste stehen im Bereich *F6:F16* ein Name und daneben, in *G6:G16*, steht eine Punktezahl. In der Spalte *H6:H16* sollen in einer Zelle der Name linksbündig und die Punkte rechtsbündig stehen. Die Breite soll sich an der größten notwendigen Gesamtbreite orientieren.

Zunächst schaffen Sie eine Hilfsspalte (I), um dort die größte Gesamtlänge für Name und Punkte zu ermitteln. Markieren Sie den Bereich *I6:I16* und geben Sie diese Formel ein:

```
=MAX(LÄNGE(F6:F16)+LÄNGE(G6:G16))+1
```

Schließen Sie die Eingabe mit der Tastenkombination [Strg]+[⇧]+[↵] ab. Die eingegebene Matrixformel (Ihre Formel wird in geschweifte Klammern {...} eingeschlossen) bestimmt in jeder Zeile die maximal benötigte Länge für einen Text aus Namen und Punktezahl. Geben Sie nun die Formel

```
=F6&WIEDERHOLEN(" ";I6-LÄNGE(F6)-LÄNGE(G6))&G6
```

in die Zelle *H6* ein (Abbildung 7.12) und kopieren diese nach unten. Mithilfe der maximalen Gesamtlänge und der aktuellen Gesamtlänge in der Zeile können Sie den nötigen Zwischenraum an Leerschritten berechnen und mit WIEDERHOLEN() realisieren. Achtung: Das Beispiel ist nur bei Verwendung von nicht proportionalen Schriften (z.B. *Courier*), wo jedes Zeichen dieselbe Breite hat, sinnvoll.

H6 fx =F6&WIEDERHOLEN(" ";I6-LÄNGE(F6)-LÄNGE(G6))&G6

	F	G	H	I	J	K
4	*Die Breite soll sich an der größten notwendigen Gesamtbreite orientieren.*					
5	**Name**	**Punkte**	**Liste**	(Hilf)		
6	Hansen	37	Hansen 37	14		
7	Franke	123	Franke 123	14		
8	Heukrodt	3	Heukrodt 3	14		
9	Land	32	Land 32	14		
10	van Gogh	2345	van Gogh 2345	14		
11	Schulz	99	Schulz 99	14		
12	Leutheuser	134	Leutheuser 134	14		
13	Jarosch	54	Jarosch 54	14		
14	Kuhn	4	Kuhn 4	14		
15	Bal	1204	Bal 1204	14		
16	Kern	22	Kern 22	14		

Abbildung 7.12: Die flexible Ausfüllung des Zwischenraums mit Leerzeichen

Siehe auch

VERKETTEN(), ERSETZEN(), WECHSELN()

CD-ROM

Dieses Beispiel finden Sie auf der CD-ROM zum Buch im Ordner *\Buch\Kap07* in den Arbeitsmappen *Text_Daten.xls* (Excel 97-2003) bzw. *Text_Daten.xlsx* (Excel 2007/2010) auf dem Arbeitsblatt *WIEDERHOLEN*.

ZEICHEN() CHAR()

Syntax

ZEICHEN(*Zahl*)

Definition

Die Funktion ZEICHEN() gibt das der in *Zahl* angegebenen Codezahl entsprechende Zeichen zurück.

Argumente

Zahl (erforderlich) ist eine Zahl zwischen *1* und *255*, die das von Ihnen gewünschte Zeichen angibt.

Hintergrund

Verwenden Sie ZEICHEN(), um ggf. vorhandene Codierungen, die Sie aus Dateien erhalten, die auf Computern anderen Typs erstellt wurden, in Zeichen umzuwandeln. Ebenso können Sie die Funktion verwenden, um nicht druckbare Zeichen wie z.B. den Zeilenumbruch in berechnete Texte einzusetzen.

Die Funktion ist quasi das Gegenstück zur Funktion CODE(), welche den Codewert für ein Zeichen ermittelt.

Das jeweils für einen bestimmten Code erzeugte Zeichen richtet sich nach dem Zeichensatz, der auf Ihrem Computer verwendet wird.

Praxiseinsatz

Bei der Verwendung bestimmter Zeichen wie den Gänsefüßchen (") in Formeln kann es etwas schwierig bzw. umständlich werden. Wollen Sie z.B. ein Hochkomma (') durch ein Gänsefüßchen per Formel ersetzen, sieht die Formel so aus:

```
=WECHSELN(E2;"'";"""")
```

In der Zelle *E2* steht der Text *Das 'Hochkomma'*. Die Formel ergibt *Das "Hochkomma"*, d.h., die einfachen Striche wurden korrekt durch die Doppelstriche ersetzt. Während es beim Hochkomma noch ausreichte, es im zweiten Argument einfach in Gänsefüßchen zu setzen, müssen im dritten Argument vier Gänsefüßchen notiert werden und nicht, wie vielleicht vermutet, drei.

Hier wirkt nachteilig, dass das Gänsefüßchen ja eine Funktion als Textkennzeichner hat, nun aber selber den Text stellt. Die Alternative kann so aussehen:

```
=WECHSELN(E2;ZEICHEN(39);ZEICHEN(34))
```

Entscheiden Sie selbst, welche der beiden Formeln für Sie besser einzusetzen ist.

Siehe auch CODE()

CD-ROM Die obigen Beispiele finden Sie auf der CD-ROM zum Buch im Ordner *\Buch\Kap07* in den Arbeitsmappen *Text_Daten.xls* (Excel 97-2003) bzw. *Text_Daten.xlsx* (Excel 2007/2010) auf dem Arbeitsblatt *ZEICHEN*.

Kapitel 8

Logische Funktionen

In diesem Kapitel lernen Sie die Funktionen der Logik kennen. Im engeren Sinne gehören hierzu NICHT(), UND() und ODER(). Aus verschiedenen Gründen existieren aber auch die kaum verwendeten WAHR() und FALSCH(). Allen gemeinsam ist die Erzeugung und/oder Kombination von Wahrheitswerten. Die WENN()-Funktion ist in der Lage, solche Wahrheitswerte auszuwerten und entsprechende »Verzweigungen« umzusetzen. Dort, wo es zur Auswertung von Argumenten kommt, spielen vor allem Vergleichsoperatoren (=, <, >, <=, >=, <>) eine wichtige Rolle. Unter Excel 2007 ist die Funktion WENNFEHLER() hinzugekommen.

Tabelle 8.1 Die Logikfunktion in der Übersicht

Funktion	Beschreibung
FALSCH()	Die Funktion gibt den logischen Wert FALSCH zurück
NICHT()	Gibt das Gegenteil des in der Funktionsklammer angegebenen logischen Wertes zurück
ODER()	Die Funktion gibt den logischen Wert WAHR zurück, wenn **nur eines** der Funktionsargumente WAHR ist
UND()	Die Funktion gibt den logischen Wert WAHR zurück, wenn **alle** Funktionsargumente WAHR sind
WAHR()	Die Funktion gibt den logischen Wert WAHR zurück
WENN()	Berechnet Alternativen (Dann/Sonst) entsprechend des logischen Ergebnisses einer Bedingungsprüfung
WENNFEHLER()	Berechnet eine definierte Ausgabe im Fall, dass ein Ausdruck fehlerhaft ist und gibt ansonsten das Ergebnis des Ausdrucks aus

FALSCH() FALSE()

Syntax FALSCH()

Definition Gibt den Wahrheitswert, auch »boolescher Wert« genannt, *FALSCH* zurück.

Argumente Diese Funktion verwendet keine Argumente.

Hintergrund Der Einsatz dieser Funktion wird eher selten erfolgen, da die Verwendung des Wortes »FALSCH« die gleiche Wirkung hat (siehe den folgenden Hinweis): Excel interpretiert das Ergebnis der Funktion als einen Wahrheitswert – hier *FALSCH*. Dabei können Sie noch etwas tiefer eindringen: Die durch numerische Operationen erzwungene Interpretation ist der Zahlenwert 0 (Null), wie Sie am Ergebnis der Formel `=3+FALSCH` in einer beliebigen Zelle erkennen können.

Jedoch sollten Sie sich diesen Umstand nicht in jedem Falle zunutze machen wollen, da etwa der direkte Vergleich zweier Zellen, von denen eine den Wert *FALSCH* und die andere den Wert 0 (Null) enthält, das Ergebnis *FALSCH* liefert.

Hinweis

Sie können auch das Wort »FALSCH« (die Großschreibung ist zunächst unwichtig; »Falsch« oder »falsch« führen zum gleichen Ergebnis) als Text direkt in ein Arbeitsblatt oder eine Formel eingeben. Excel interpretiert dieses Wort dann als den Wahrheitswert *FALSCH* und auch die Formatierung der Zelle wird im ersten Fall diesem Umstand gerecht. Möchten Sie dies vermeiden,

- formatieren Sie die Zelle vor der Eingabe als Text (ab Version 2007: Registerkarte *Start/Format/Zellen formatieren*, Versionen bis 2003: Menübefehl *Format/Zellen*)
- oder schreiben ein Leerzeichen vor das Wort »falsch«
- oder beginnen den Text mit einem Apostroph (').

Beginnen Sie die Eingabe mit einem Gleichheitszeichen, interpretiert Excel die Eingabe von »FALSCH« als Wahrheitswert, auch wenn Sie die runden Klammern weglassen. Das ist anders als etwa bei der Funktion HEUTE(), wo das Weglassen der Klammern zu einem Fehler führt.

Praxiseinsatz Logische Verknüpfungen

Mithilfe der Wahrheitswerte lässt sich sehr schön die Wirkung der beiden logischen Verknüpfungen »Und« bzw. »Oder« erkennen:

- Die »Oder«-Verknüpfung zweier Wahrheitswerte ist immer *WAHR*, es sei denn, beide Wahrheitswerte sind *FALSCH*
- Die »Und«-Verknüpfung zweier Wahrheitswerte ist immer *FALSCH*, es sei denn, beide Wahrheitswerte sind *WAHR*

Bedingte Formatierungen

Bei bedingten Formatierungen einer oder mehrerer Zellen können die Bedingungen relativ komplex sein. Zur besseren Übersichtlichkeit empfiehlt sich u.U. der explizite Einsatz von Wahrheitswerten.

Sie haben mithilfe der Funktion HEUTE() in die Zelle *B13* Ihres Arbeitsblatts das jeweils aktuelle Datum beim Betrachten der Tabelle eingetragen. Sie möchten nun, dass der Hintergrund der Zelle in der letzten Dekade der durch drei teilbaren Monate (Quartalsende) rot und zu allen anderen Zeitpunkten grün erscheint.

Dazu vergleichen Sie das Ergebnis der Berechnung

```
UND(REST(MONAT(B13);3)=0;TAG(B13)>20
```

mit dem Wahrheitswert *WAHR*. In dieser Formel liefert

```
REST(MONAT(B13);3)=0
```

den Wert *WAHR*, wenn es sich um einen Monat am Quartalsende handelt (die Teilung durch den Wert *3* geht auf) und

```
TAG(B13)>20
```

ist *WAHR*, wenn die Tageszahl größer als *20* ausfällt.

Zur optischen Abgrenzung können Sie nun alle anderen Tage des Jahres mithilfe des Gegenteils, also durch

```
=(UND(REST(MONAT(B13);3)=0;TAG(B13)>20)=FALSCH)
```

herausfiltern.

Die gefundenen Formeln tragen Sie unter Excel ab Version 2007 durch die Schaltfläche *Neue Regel* unter *Start/Formatvorlagen/Bedingte Formatierung* in der Kategorie *Formel zur Ermittlung der zu formatierenden Zellen verwenden* ein. Das dort erscheinende Dialogfeld gleicht dem aus Abbildung 8.1, welches das Ändern bestehender Regeln erlaubt.

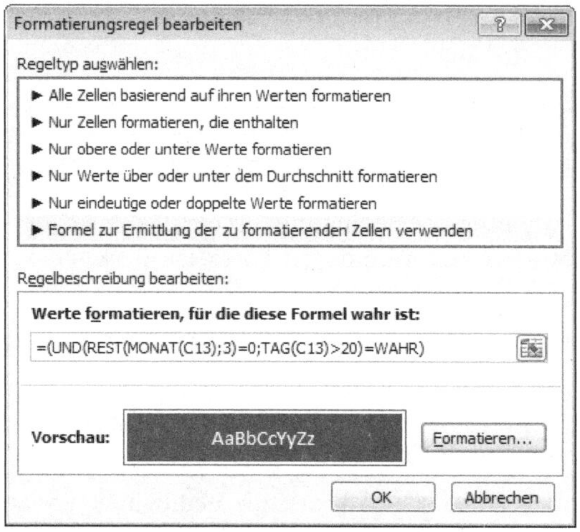

Abbildung 8.1: Das Dialogfeld zur Bearbeitung bedingter Formatierungen (ab Excel 2007)

Zum analogen Dialogfeld unter den früheren Excel-Versionen wie in Abbildung 8.2 gelangen Sie über den Menübefehl *Format/Bedingte Formatierung*.

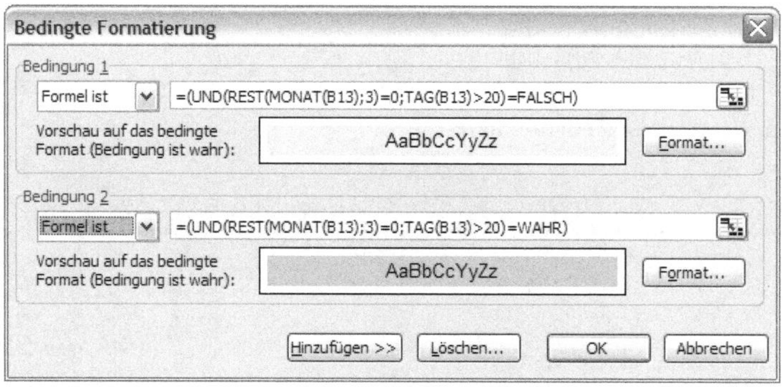

Abbildung 8.2: Bedingte Formatierungen – ein gutes Einsatzgebiet für die logischen Funktionen (bis Version 2003)

Siehe auch WAHR(), NICHT(), UND(), ODER()

CD-ROM Die Beispiele finden Sie auf der CD-ROM zum Buch im Ordner *\Buch\Kap08* in der Arbeitsmappe *Wahrheitswerte.xlsx* (Excel 2007/2010) bzw. *Wahrheitswerte.xls* (Excel 97-2003) auf dem Arbeitsblatt *Beispiele*. Das Arbeitsblatt *Interpretation und Verhalten* spiegelt die Hintergrund-Erläuterungen wider.

NICHT() NOT()

NICHT(*Wahrheitswert*) **Syntax**

Definition Diese Funktion kehrt den Wahrheitswert Ihres Arguments um. NICHT() verwenden Sie immer dann, wenn Sie möchten, dass das logische Gegenteil eines Ausdrucks in die weiteren Berechnungen einfließen soll.

Argumente ***Wahrheitswert*** (erforderlich) ist ein Wert oder Ausdruck, der einen der Werte *WAHR* oder *FALSCH* annehmen kann.

Hintergrund Wenn das Argument *Wahrheitswert* den Wert *FALSCH* hat, gibt die Funktion NICHT() den Wert *WAHR* zurück. Hat *Wahrheitswert* den Wert *WAHR*, gibt NICHT() den Wert *FALSCH* zurück.

Praxiseinsatz Im zweiten Beispiel zur Funktion FALSCH() wurde die Bedingung, ob ein Tag in die letzte Dekade eines Monats am Quartalsende fällt oder nicht, mithilfe der Formeln

```
=(UND(REST(MONAT(B13);3)=0;TAG(B13)>20)=WAHR)
```

bzw.

```
=(UND(REST(MONAT(B13);3)=0;TAG(B13)>20)=FALSCH)
```

geprüft. Beide Bedingungen lassen sich etwas kürzer formulieren:

```
=(UND(REST(MONAT(B16);3)=0;TAG(B16)>20))
```

bzw.

```
=NICHT(UND(REST(MONAT(B16);3)=0;TAG(B16)>20)).
```

Beachten Sie die Verwendung von NICHT() zum Abfragen des logischen Gegenstücks. Die Kurzformulierungen machen sich zunutze, dass *=(Ausdruck=WAHR)* dasselbe logische Ergebnis wie *=(Ausdruck)* liefert. Die letzte der oben verwendeten Kurzformulierungen ließe sich etwas länger auch als

```
=(NICHT(UND(REST(MONAT(B16);3)=0;TAG(B16)>20))=WAHR)
```

schreiben.

Siehe auch ODER(), UND()

CD-ROM Die Beispiele finden Sie auf der CD-ROM zum Buch im Ordner *\Buch\Kap08* in der Arbeitsmappe *Wahrheitswerte.xlsx* (Excel 2007/2010) bzw. *Wahrheitswerte.xls* (Excel 97-2003) auf dem Arbeitsblatt *Beispiele*.

ODER() OR()

Syntax ODER(***Wahrheitswert1***;*Wahrheitswert2*;...)

Definition Diese Funktion gibt den Wahrheitswert *WAHR* zurück, wenn mindestens eines der Argumente den Wahrheitswert *WAHR* hat. Sie gibt nur dann den Wahrheitswert *FALSCH* zurück, wenn alle Argumente gleichzeitig den Wahrheitswert *FALSCH* haben.

Argumente Die Argumente *Wahrheitswert1;Wahrheitswert2;...* (es können bis zu 30 sein, ab Excel 2007 bis zu 255) enthalten Wahrheitswerte oder Bedingungen, die überprüft und zu Wahrheitswerten ausgewertet werden sollen, sind also jeweils entweder *WAHR* oder *FALSCH*.

Hintergrund Verwenden Sie Argumente, die nicht aus Bezügen stammen und Text sind, gibt ODER() den Fehlerwert *#WERT!* zurück. Alle Zahlen außer 0 (Null) werden als *WAHR* interpretiert. Ein weggelassenes Argument (etwa in `=ODER(WAHR;)`) wird als *FALSCH* interpretiert.

Verwenden Sie Argumente, die aus Bezügen oder Matrizen stammen, sollten diese in der Regel, wie eben erwähnt, als Wahrheitswerte, also *WAHR* oder *FALSCH*, auswertbar sein.

Es gibt Ausnahmen: Ist mindestens ein Argument (Ausdruck oder Bezug) auswertbar (enthält also selbst einen Wahrheitswert oder liefert diesen nach Auswertung eines Zellbezugs), werden alle anderen Argumente,

- die Text enthalten oder diesen aus Bezügen liefern,
- die Bezüge auf leere Zellen enthalten

ignoriert. Enthalten Argumente Fehlerwerte, weist auch das Ergebnis einen Fehler auf.

Praxiseinsatz Die folgenden Beispiele zeigen die Anwendung der Funktion und was dabei zu beachten ist.

Wissenswerte Details Dieses Beispiel soll die Hintergrund-Ausführungen unterlegen. Schreiben Sie in die Zellen *B22* und *B23* das Wort »Text«. Dann liefert `ODER(B22;B23)` den Fehlerwert *#WERT!*, jedoch `ODER(B22;B23;FALSCH)` bzw. `ODER(B22;B23;0)` den Wert *FALSCH*. Der Wert *WAHR* wird geliefert, wenn Sie *FALSCH* durch *WAHR* und 0 (Null) durch irgendeine andere Zahl ersetzen.

Zu den gleichen Ergebnissen gelangen Sie, wenn Sie in die Zellen *B25* und *B27* das Wort »Text« eintragen, in *B26* jedoch einen Wahrheitswert oder eine Zahl. Bei der Auswertung von `ODER(B25:B27)` werden die Textzellen (sie könnten auch leer sein) ignoriert.

Noch ein wenig Logik-Grundwissen Im Beispiel zur Funktion NICHT() wurde die Bedingung, ob ein Tag in die letzte Dekade eines Monats am Quartalsende fällt oder nicht, mithilfe der Formeln

```
=(UND(REST(MONAT(B16);3)=0;TAG(B16)>20))
```

bzw.

```
=NICHT(UND(REST(MONAT(B16);3)=0;TAG(B16)>20)).
```

getestet. Unter Beachtung der »Rechenregeln«

- die logische Umkehrung einer »Oder«-Verknüpfung von Aussagen ist das Gleiche, wie die »Und«-Verknüpfung der logischen Umkehrungen der Einzelaussagen und
- die logische Umkehrung einer »Und«-Verknüpfung von Aussagen ist das Gleiche, wie die Oder-Verknüpfung der logischen Gegenteile der Einzelaussagen

lässt sich die letzte der beiden obigen Formeln auch als

```
=ODER(NICHT(REST(MONAT(B16);3)=0);NICHT(TAG(B16)>20))
```

bzw. kurz

```
=ODER(REST(MONAT(B19);3)>0;TAG(B19)<=20)
```

schreiben. Die *ODER*-Funktion hat also hier erfolgreich die *UND*-Funktion ersetzt.

Ergänzung zur Hilfe

Der in der Excel-Hilfe gegebene Hinweis

> »Sie können unter Verwendung einer ODER-Matrixformel prüfen, ob ein bestimmter Wert innerhalb einer Matrix vorhanden ist. Drücken Sie zum Eingeben einer Matrixformel [Strg]+[⇧]+[↵].«

ist wie folgt zu interpretieren:

Schreiben Sie in die Zelle *B34* den Wert 2 und in die Zellen *C34* bis *C36* die Werte *1*, *2* und *3*. Gehen Sie nun zu Zelle *D34* und schreiben dort

```
=ODER(B34=C34:C36)
```

Schließen diese Eingabe allerdings nicht mit der [↵]-Taste ab, sondern mit der Tastenkombination [Strg]+[⇧]+[↵], erscheint im Ergebnis *WAHR*. Ändern Sie den Wert von *B34* zu *4*, ändert sich das Ergebnis zu *FALSCH*.

Die Matrixformel wird von Excel als

```
=ODER(B34=C34;B34=C35;B34=C36)
```

interpretiert, damit ist das Ergebnis *WAHR*, wenn eines der Argumente *WAHR* liefert, also der Inhalt von *B34* mit einer der Zahlen in der Spalte *C34:C36* übereinstimmt.

Tipp

Die Nutzung der Matrixformel anstelle der ausführlichen Formel, die eben als Erläuterung diente, hebt die Beschränkung der Argumente auf 30 (bis Excel 2003) bzw. 255 (ab Excel 2007) in gewissem Sinne auf. Sie können den Vergleich von *B34* mit (nahezu) beliebig vielen Zahlen erzwingen, da nur `ODER(B34=Bezugszellen)` stehen bleibt, also ein einziges Argument.

Siehe auch

UND(), NICHT()

CD-ROM

Die Beispiele finden Sie auf der CD-ROM zum Buch im Ordner *\Buch\Kap08* in der Arbeitsmappe *Wahrheitswerte.xlsx* (Excel 2007/2010) bzw. *Wahrheitswerte.xls* (Excel 97-2003) auf dem Arbeitsblatt *Beispiele*.

UND() AND()

Syntax

UND(***Wahrheitswert1***;*Wahrheitswert2*; ...)

Definition

Die Funktion gibt den Wahrheitswert *WAHR* nur dann zurück, wenn alle Argumente vom Wahrheitswert *WAHR* sind. Ist der Wert wenigstens eines Arguments *FALSCH*, gibt diese Funktion den Wert *FALSCH* zurück.

Argumente

Die Argumente *Wahrheitswert1*; *Wahrheitswert2*; ... entstehen aus bis zu 30 Werten (ab Excel 2007 bis zu 255), die direkt eingegeben werden oder aus Bedingungen resultieren, die überprüft werden sollen, und jeweils *WAHR* oder *FALSCH* sein können.

Hintergrund

Die Argumente sollten Wahrheitswerte (*WAHR* bzw. *FALSCH*), Zahlen oder aus Matrizen bzw. Bezügen resultierende Werte, die Wahrheitswerte enthalten bzw. aus denen sich Wahrheitswerte ermitteln lassen, sein.

Enthält ein als Matrix oder Bezug angegebenes Argument Text oder leere Zellen, werden diese Werte ignoriert, sofern wenigstens eines der Argumente eine Auswertung zulässt.

Gibt es unter den Argumenten nicht mindestens eins,

- welches selbst Wahrheitswert ist bzw.
- als solcher aus einem Bezug resultiert oder
- durch Auswertung von logischen Ausdrücken entsteht,

gibt UND() den Fehlerwert *#WERT!* zurück.

Enthalten Argumente Fehlerwerte, weist auch das Ergebnis einen Fehlerwert auf.

Praxiseinsatz Wissenswerte Details

Dieses Beispiel soll die Hintergrund-Ausführungen illustrieren. Schreiben Sie in die Zellen *H22* und *H23* das Wort »Text«. Dann liefert `UND(H22;H23)` den Fehlerwert *#WERT!*, jedoch `UND(H22;H23;FALSCH)` bzw. `UND(H22;H23;0)` den Wert *FALSCH*. Der Wert *WAHR* wird geliefert, wenn Sie *FALSCH* durch *WAHR* und 0 (Null) durch irgendeine andere Zahl ersetzen.

Zu den gleichen Ergebnissen gelangen Sie, wenn Sie in die Zellen *H25* und *H27* das Wort »Text« eintragen, in *H26* jedoch einen Wahrheitswert oder eine Zahl. Bei der Auswertung von `UND(H25:H27)` werden die Textzellen (sie könnten auch leer sein) so lange ignoriert, wie wenigstens eine der Zellen einen Wahrheitswert oder eine Zahl liefert.

Ein weiteres Beispiel

Das zweite Beispiel zur Funktion ODER() zeigt einen Zusammenhang zwischen UND(), ODER() und NICHT().

Siehe auch

ODER(), NICHT()

CD-ROM

Die Beispiele finden Sie auf der CD-ROM zum Buch im Ordner *\Buch\Kap08* in der Arbeitsmappe *Wahrheitswerte.xlsx* (Excel 2007/2010) bzw. *Wahrheitswerte.xls* (Excel 97-2003) auf dem Arbeitsblatt *Beispiele*.

WAHR() — TRUE()

Syntax

WAHR()

Definition

Diese Funktion gibt den Wahrheitswert *WAHR* zurück.

Argumente

Diese Funktion verwendet keine Argumente.

Hintergrund

Die Verwendung dieser Funktion wird eher selten erfolgen, da die Verwendung des Worts »WAHR« die gleiche Wirkung hat (siehe den folgenden Hinweis): Excel interpretiert das Ergebnis der Funktion als einen Wahrheitswert – hier *WAHR*. Dabei können Sie noch etwas tiefer eindringen: Die durch numerische Operationen erzwungene Interpretation ist der Zahlenwert *1*, wie Sie am Ergebnis der Formel `=3+WAHR` in einer beliebigen Zelle erkennen können.

Jedoch sollten Sie sich diesen Umstand nicht in jedem Falle zunutze machen wollen, da etwa der direkte Vergleich zweier Zellen, von denen eine den Wert *WAHR* und die andere den Wert *1* enthält, das Ergebnis *FALSCH* liefert.

Hinweis

Sie können auch das Wort »WAHR« (die Großschreibung ist zunächst unwichtig, »Wahr« oder »wahr« führen zum gleichen Ergebnis) als Text direkt in ein Arbeitsblatt oder in eine Formel eingeben. Excel interpretiert dieses Wort dann als den Wahrheitswert *WAHR* und auch die Formatierung der Zelle wird im ersten Fall diesem Umstand gerecht. Möchten Sie dies vermeiden,

- formatieren Sie die Zelle vor der Eingabe als Text (ab Version 2007: Registerkarte *Start/Format/Zellen formatieren*, Versionen bis 2003: Menübefehl *Format/Zellen*) oder

- schreiben ein Leerzeichen vor das Wort »wahr« oder
- beginnen den Text mit einem Apostroph.

Beginnen Sie die Eingabe mit einem Gleichheitszeichen (=), interpretiert Excel die Eingabe von »WAHR« als Wahrheitswert, auch wenn Sie die runden Klammern weglassen. Das ist anders als etwa bei der Funktion HEUTE(), wo das Weglassen der Klammern zu einem Fehler führt.

Praxiseinsatz Etwas Logik-Grundwissen

Mithilfe der Wahrheitswerte lässt sich sehr schön die Wirkung der beiden logischen Verknüpfungen »Und« bzw. »Oder« erkennen:

- Die »Oder«-Verknüpfung zweier Wahrheitswerte ist immer *WAHR*, es sei denn, beide Wahrheitswerte sind *FALSCH*
- Die »Und«-Verknüpfung zweier Wahrheitswerte ist immer *FALSCH*, es sei denn, beide Wahrheitswerte sind *WAHR*

Ein weiteres Beispiel

Das Beispiel 2 zur Funktion FALSCH() gibt einen Einblick in die Verwendung von Wahrheitswerten, wobei Sie statt der Funktionen auch deren Wahrheitswert verwenden können.

Siehe auch

FALSCH(), NICHT(), UND(), ODER()

CD-ROM

Die Beispiele finden Sie auf der CD-ROM zum Buch im Ordner *\Buch\Kap08* in der Arbeitsmappe *Wahrheitswerte.xlsx* (Excel 2007/2010) bzw. *Wahrheitswerte.xls* (Excel 97-2003) auf dem Arbeitsblatt *Beispiele*. Das Arbeitsblatt *Interpretation und Verhalten* spiegelt die Hintergrund-Erläuterungen wider.

WENN() IF()

Syntax

WENN(***Prüfung***;***Dann_Wert***;*Sonst_Wert*)

Definition

Gibt durch das zweite beziehungsweise dritte Argument an, wie im Anschluss an eine Wahrheitsprüfung, die auf dem ersten Argument beruht, weiter verfahren (gerechnet, berechnet, angezeigt) werden soll.

Argumente

Prüfung (erforderlich) ist ein beliebiger Wert oder Ausdruck, der einen Wahrheitswert (*WAHR* oder *FALSCH*) liefert.

Dieses Argument kann einen beliebigen Vergleichsberechnungsoperator verwenden:

- Gleichheitszeichen: Sie können den direkten Vergleich eines Zellinhalts mit einer Zahl (*A1=7*) oder zweier Zellinhalte (*A1=B1*) durchführen
- Größer als, kleiner als: Auch hier ist der direkte Vergleich eines Zellinhalts mit einer Zahl (*A1>7* oder *B1<8*) bzw. zweier Zellinhalte (*A1>B1* oder *C1<D1*) möglich
- Nicht kleiner als, nicht größer als: Hier schwächen sie die Ungleichungen in den vorigen Beispielen ab (>= statt > und <= statt <)
- Ungleich: Das Ungleichheitszeichen <> wird wie die anderen Vergleichsoperatoren verwendet

Wie Sie sehen, liefert die Auswertung mittels Vergleichsoperator einen Wahrheitswert. Deshalb können für das Argument *Prüfung* auch Werte Verwendung finden, die durch die logischen Funktionen UND(), ODER() und NICHT() geliefert werden.

Dann_Wert (erforderlich) ist der Wert, der durch die Funktion zurückgegeben wird, wenn das Argument *Prüfung* den Wahrheitswert *WAHR* liefert. Wenn *Prüfung WAHR* und *Dann_Wert* leer ist, gibt die Funktion 0 (Null) zurück. Um den Wahrheitswert *WAHR* zu bekommen, verwenden Sie für dieses Argument den Wahrheitswert *WAHR* oder irgendeinen Ausdruck, der *WAHR* liefert. Der *Dann_Wert* kann natürlich ein aus anderen Funktionen zusammengesetzter Ausdruck sein.

Sonst_Wert (optional) ist derjenige Wert, der zurückgegeben wird, wenn das Argument *Prüfung* die Auswertung *FALSCH* ergibt. Wenn *Prüfung FALSCH* liefert und *Sonst_Wert* nicht angegeben wird, wird der Wahrheitswert *FALSCH* zurückgegeben. Bleibt der *Sonst_Wert* leer, erfolgt in diesem Falle die Rückgabe des Wertes 0 (Null). Natürlich kann der *Sonst_Wert* auch ein aus anderen Funktionen zusammengesetzter Ausdruck sein.

Hintergrund Verwenden Sie die WENN()-Funktion, um Tests, die auf Bedingungen beruhen, an Werten und Formeln auszuführen und entsprechend des Testergebnisses weiter zu verfahren.

Die WENN()-Funktion kann mit einleitendem Gleichheitszeichen allein in einer Zellformel stehen oder aber als Argument einer anderen Funktion verwendet werden.

Kompliziertere Bedingungen sind auf jeweils bis zu sieben WENN()-Funktionen geschachtelte *Dann_Wert-* bzw. *Sonst_Wert-*Argumente beschränkt (ab Excel 2007 bis zu 64).

Sobald die beiden Argumente *Dann_Wert* und *Sonst_Wert* ausgewertet sind, gibt WENN() den Wert zurück, der durch diese Anweisungen berechnet wurde und der durch das Argument *Prüfung* bestimmt wird. Es werden stets beide Argumente ausgewertet, unabhängig davon, ob das durch den Wahrheitswert von *Prüfung* erforderlich ist oder nicht.

Praxiseinsatz Die folgenden Beispiele zeigen die Anwendung der Funktion und was dabei zu beachten ist.

Ergänzung zur Hilfe Der in der Hilfe angegebene Hinweis[1]

> »Ist eines der an eine WENN-Funktion übergebenen Argumente ein Array (eine Matrix), wird bei der Ausführung dieser WENN-Anweisung jedes Element des Arrays (der Matrix) ausgewertet.«

erspart Schreibarbeit und lässt sich in wenigstens drei Richtungen interpretieren:

- Das Argument *Prüfung* besteht aus einem Vergleich mit einer Matrix

  Tragen Sie in die Zellen *B2* bis *B4* Zahlen Ihrer Wahl ein. Nun markieren Sie die benachbarten Zellen *C2* bis *C4*, schreiben

  ```
  =WENN(B2:B4>=0;"positiv";"negativ")
  ```

  und schließen diese Eingabe mit der Tastenkombination [Strg]+[⇧]+[↵] ab. Im Ergebnis erhalten Sie die Informationen über das Vorzeichen der links stehenden Zahlen.

1 Bis Version Excel 2003 wird statt *Array* der Begriff *Matrix* verwendet.

- Die *Dann*- und *Sonst*-Argumente enthalten Bezüge zu Matrixbereichen

  Tragen Sie hierzu in die Zellen *C6* bis *C8* die Worte »rot, grün, blau« und in die benachbarten *D6* bis *D8* die Wörter »schwarz, rot, gold« ein. In die Zelle *B10* schreiben Sie eine Zahl Ihrer Wahl. Nun soll in *C10* bis *C12* etwas stehen, was durch das Vorzeichen der Zahl in *B10* bestimmt ist. Markieren Sie dazu die drei Zellen und schreiben

  ```
  =WENN(B10>0;C6:C8;D6:D8)
  ```

  Beenden Sie die Eingabe mit der Tastenkombination [Strg]+[⇧]+[↵]. Durch Änderung von *B10* ändern sich nun gleichzeitig *C10* bis *C12*.

- Sowohl das Argument *Prüfung* als auch eines der *Dann*- bzw. *Sonst*-Argumente enthält einen Bezug zu einem oder mehreren Matrixbereichen

  Tragen Sie in die Zellen *G2* bis *G5* Zahlen Ihrer Wahl ein und schließen Sie in Zelle *G6* die Eingabe

  ```
  =SUMME(WENN(G2:G5>0;G2:G5;0))
  ```

  mit der Tastenkombination [Strg]+[⇧]+[↵] ab. Es werden nur die Zahlen summiert, die größer sind als 0 (Null).

Hinweis

Hier besteht eine enge Beziehung zur Funktion SUMMEWENN(), deren vollständige Argumente im vorliegenden Fall `G2:G5;">0";G2:G5` lauten.

Eine ebensolche Verwandtschaft besteht zwischen ZÄHLENWENN() auf der einen und ANZAHL() und WENN() auf der anderen Seite.

In beiden Fällen liefert die Lösung mit der WENN()-Funktion mehr Spielraum hinsichtlich der zu prüfenden Bedingungen, da diese durch Einsatz von UND() und ODER() beliebig ausgebaut werden können.

Auf bestimmte Werte reagieren

Dieses Beispiel soll zeigen, wie Sie die WENN()-Funktion zur optischen Auswertung von Berechnungen verwenden können. Nehmen Sie dazu die fiktiven Zahlen, die bei einer Investitionsrechnung wie in Abbildung 8.3 zugrunde gelegt werden sollen. Zwei Anschaffungsobjekte in den Varianten 1 und 2 fordern Anschaffungskosten in Höhe von *80 TEURO* bzw. *90 TEURO* und bringen in den Folgejahren einen Überschuss entsprechend der Tabelle. Für beide Varianten berechnet die Funktion IKV() die interne Kapitalverzinsung.

	A	B	C	D
13				
14	**Investitionsrechnung**			
15				
16			**Variante 1**	**Variante 2**
17		Jahr 0	- 80.000,00 €	- 90.000,00 €
18		Jahr 1	5.500,00 €	16.500,00 €
19		Jahr 2	22.000,00 €	22.000,00 €
20		Jahr 3	27.500,00 €	27.500,00 €
21		Jahr 4	27.500,00 €	27.500,00 €
22		Jahr 5	5.500,00 €	5.500,00 €
23		**IKV**	3,18%	3,45%
24		Bewertung		besser

Abbildung 8.3: Investitionsrechnung – ein Beispiel

Schreiben Sie nun in Zelle *C24* die Formel

```
=WENN(C23>D23;"besser";"")
```

und in Zelle *C25* die Formel

```
=WENN(D23>C23;"besser";"")
```

Dann können Sie mit den Zahlen »spielen« und bekommen optische Unterstützung in der Bewertungszeile.

Tipp Sie können die IKV-Zeile ausblenden, falls beim Betrachter kein Bedarf an den Grundlagen der Bewertung besteht.

Sie können die bedingte Formatierung der IKV-Zeile als Alternative zur Bewertungszeile nutzen.

Rabatt-Rechnung Ein Großwarenhändler bietet für ein bestimmtes Produkt zum Grundpreis von 1,50 € pro Stück Rabatte nach folgender Staffel: 5% für Stückzahlen ab 10, 10% für Stückzahlen ab 100 und 20% für Stückzahlen ab 1.000. Dabei soll der jeweilige Rabatt den gesamten Posten und nicht nur die über den Grenzen liegenden Stückzahlen betreffen (wie das etwa bei der Staffelverzinsung von gewissen Festgeldanlagen oder Sparguthaben ist).

Eine mögliche Excel-Lösung zur Berechnung eines Gesamtpreises für eine beliebige Stückzahl nutzt die WENN()-Funktion in einer Formel (die Zelle *C29* enthält die Stückzahl):

```
=(1-WENN(C29>=1000;20%;WENN(C29>=100;10%;WENN(C29>=10;5%;0))))*C29*1,5
```

Eine solche Formel ist aber wenig flexibel. Sie sollten bei der Umsetzung unbedingt eine kleine Tabelle mit den Grenzstückzahlen und den Rabatten anlegen und eine Zelle für den Preis pro Stück reservieren.

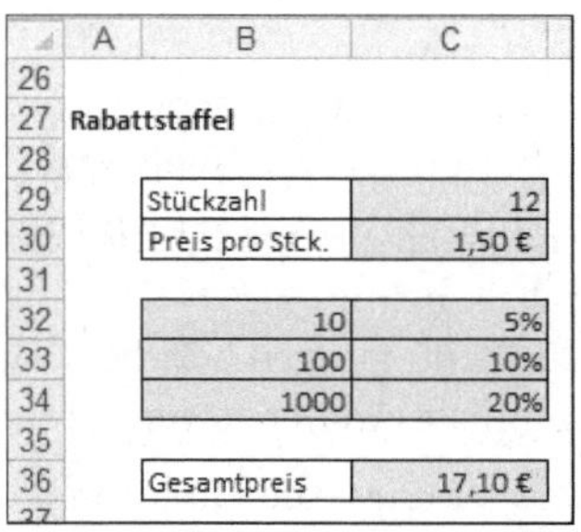

	A	B	C
26			
27	**Rabattstaffel**		
28			
29		Stückzahl	12
30		Preis pro Stck.	1,50 €
31			
32		10	5%
33		100	10%
34		1000	20%
35			
36		Gesamtpreis	17,10 €

Abbildung 8.4: Flexibilität durch klare Trennung von Ein- und Ausgabegrößen

Die dann mögliche Formel (siehe Beispieldatei)

```
=(1-WENN(C29>=B34;C34;WENN(C29>=B33;C33;WENN(C29>=B32;C32;0))))*C29*C30
```

ist zwar nicht mehr so schnell einleuchtend, der Blattaufbau erlaubt aber ein flexibles Rechnen für verschiedene Stückzahlen, Preise und Rabattstaffeln.

Tipp

Sie erkennen unschwer, dass die Schachtelung vieler WENN()-Bedingungen schnell unübersichtlich und deshalb fehleranfällig wird. Im vorliegenden Fall bietet sich auch eine Lösung mittels SVERWEIS() an:

=(1-SVERWEIS(C29;B32:C34;2;WAHR))*C29*C30

Dabei wird davon ausgegangen, dass in *B32* bis *B34* die Grenzstückzahlen und in *C32* bis *C34* die Rabatt-Prozente stehen. Damit ist *B32:C34* die in SVERWEIS() verlangte Matrix und *2* die Nummer der Spalte, die die Rückgabewerte enthält. Gesucht wird nach dem Inhalt von *C29* in der ersten Spalte der Matrix. Mit dem Wahrheitswert *WAHR* wird angegeben, dass es nicht auf eine genaue Übereinstimmung bei der Suche ankommt. Somit wird der Wert als gefunden angesehen, der dem gesuchten von allen, die kleiner als der gesuchte sind, am nächsten kommt. Das ist genau der in der Aufgabe verlangte Wert.

Siehe auch

FALSCH(), NICHT(), ODER(), SVERWEIS(), SUMMEWENN(), UND(), VERWEIS(), WAHR(), WVERWEIS(), ZÄHLENWENN()

CD-ROM

Die Beispiele finden Sie auf der CD-ROM zum Buch im Ordner *\Buch\Kap08* in der Arbeitsmappe *Wahrheitswerte.xlsx* (Excel 2007/2010) bzw. *Wahrheitswerte.xls* (Excel 97-2003) auf dem Arbeitsblatt *WENN*. Das Arbeitsblatt *Interpretation und Verhalten* spiegelt einige der Argument-Erläuterungen wider.

WENNFEHLER() — IFERROR()

Neu in 2007!

Syntax

WENNFEHLER(***Wert***;***Wert_falls_Fehler***)

Definition

Gibt durch das zweite Argument an, was im Anschluss an eine Fehlerprüfung, die auf dem ersten Argument beruht, angezeigt werden soll. Diese Funktion wurde in Excel 2007 eingeführt.

Argumente

Wert (erforderlich) ist ein beliebiger Wert oder Ausdruck.

Wert_falls_Fehler (erforderlich) ist der Wert, der durch die Funktion zurückgegeben wird, wenn das Argument *Wert* einen Fehler liefert. Fehler sind hierbei durch ihre Typen *#NV*, *#WERT!*, *#BEZUG!*, *#DIV/0!*, *#ZAHL!*, *#NAME?* oder *#NULL!* bestimmt. Gibt es keinen Fehler, ist der Wert der Funktion gleich dem des ersten Arguments.

Hintergrund

Verwenden Sie die WENNFEHLER()-Funktion, um Tests, die auf Bedingungen beruhen, an Werten und Formeln auszuführen und entsprechend des Testergebnisses weiter zu verfahren.

Wenn sich *Wert* oder *Wert_falls_Fehler* auf eine leere Zelle bezieht, reagiert die Funktion so, als ob diese die leere Zeichenkette enthält ("").

Wenn *Wert* eine Matrixformel darstellt, gibt WENNFEHLER() für jede Zelle im Bereich von Wert eine Matrix von Ergebnissen zurück.

Praxiseinsatz

Diese Funktion kann als eine Kombination der WENN-Funktion mit bestimmten Fehlerfunktionen interpretiert werden und dadurch zu kürzeren und übersichtlichen Formeln führen.

Sie haben eine Liste mit den Geburtstagen von Personen (oder Artikel- oder Bestellnummern, Adressdetails, Telefonnummern usw.) angefertigt und möchten mithilfe von SVERWEIS() darauf zugreifen. Die Abbildung 8.5 zeigt ein »Mini-Beispiel«.

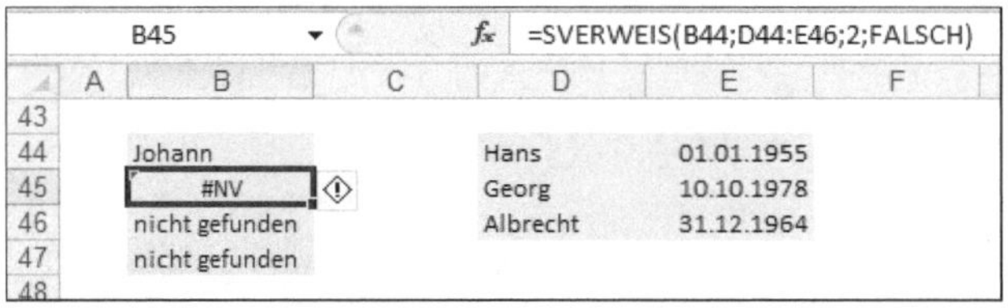

Abbildung 8.5: Fehler bei der Suche in Listen erklären

Schreiben Sie in die Zelle *B45*

```
=SVERWEIS(B44;D44:E46;2;FALSCH)
```

(achten Sie auf den letzten Parameter *FALSCH*, der nach einer genauen Übereinstimmung des gesuchten Begriffs forscht), erhalten Sie den Fehlerwert *#NV*, der vor allem beim Ausdrucken der Tabelle störend wirkt[2].

Im vorliegenden Fall können Sie sich mit der WENN()-Funktion in *B46* statt des einfacheren Eintrags in *B45* behelfen:

```
=WENN(ISTFEHLER(SVERWEIS(B44;D44:E46;2;FALSCH));"nicht gefunden";
SVERWEIS(B44;D44:E46;2;FALSCH))
```

Diese Formel ist etwas umständlich, vor allem auch wegen der eigentlichen Redundanz von `SVERWEIS(B44;D44:E46;2;FALSCH)`. Kürzer geht es da mit

```
=WENNFEHLER(SVERWEIS(B44;D44:E46;2;FALSCH);"nicht gefunden")
```

Siehe auch FEHLER.TYP(), ISTFEHLER(), ISTFEHL(), ISTNV(), ISTZAHL(), ISTTEXT()

CD-ROM Das Beispiel finden Sie auf der CD-ROM zum Buch im Ordner *\Buch\Kap08* in der Arbeitsmappe *Wahrheitswerte.xlsx* (Excel 2007/2010) bzw. *Wahrheitswerte.xls* (Excel 97-2003) auf dem Arbeitsblatt *Beispiele*.

2 In anderen Situationen wollen Sie vielleicht mit den gefundenen Zwischenwerten weiterrechnen und dabei Fehler ignorieren.

Kapitel 9

Nachschlage- und Verweisfunktionen

Nachschlage- und Verweisfunktionen bzw. Matrixfunktionen sind in gewissem Sinne eines von vielen Sahnehäubchen von Excel. Vor allem der Einsatz der Verweis-Funktionen (SVERWEIS(), VERWEIS() und WVERWEIS(), aber auch INDEX() und VERGLEICH()), die es erlauben, gezielt Informationen aus Teilen eines Arbeitsblatts herauszufinden, bringt Erstaunliches zuwege. Oft ist es auch die Kombination der Funktionen, die zum gewünschten Ziel führt.

Einige Funktionen halten »globale« Informationen zu den betroffenen Zellen bereit (SPALTE(), ZEILE(), ADRESSE()), andere tun das im »Lokalen« (BEREICH.VERSCHIEBEN(), SPALTEN(), ZEILEN()).

Mag am Anfang die Vielfalt der Namen und die Zahl der Einsatzmöglichkeiten verwirren – auch hier macht Übung den Meister.

Hinweis Der Excel-Funktionsassistent in den Versionen bis 2003 bietet die hier beschriebenen Funktionen unter der Kategorie »Matrix« an. In dieser Kategorie finden Sie auch die Funktion PIVOTDATENZUORDNEN(), deren Besprechung in Kapitel 12 »Datenbankfunktionen« nachzulesen ist.

Tabelle 9.1 Die Matrix- bzw. Nachschlage- und Verweisfunktionen im Überblick

Funktion	Beschreibung
ADRESSE()	Die Funktion wandelt eine Zeichenkette in einen Zellbezug um
BEREICH.VERSCHIEBEN()	Die Funktion berechnet einen Zellbezug
BEREICHE()	Liefert die Anzahl der in den Funktionsklammern übergebenen Bereiche
HYPERLINK()	Die Funktion erstellt eine anklickbare Verknüpfung zur Navigation auf bzw. in Dateien oder Webadressen
INDEX()	Ermittelt den Inhalt einer Zelle, welche durch einen Index adressiert wurde
INDIREKT()	Ermittelt zu einem als Zeichenkette vorliegenden Zellbezug den Inhalt der Zellen des Bezugs
MTRANS()	Die Funktion transponiert die angegebene Matrix
PIVOTDATENZUORDNEN()	Die Funktion kann einzelne konsolidierte Werte aus einem Pivotbereich ermitteln
RTD()	Die Funktion ruft Daten aus einem Fremdprogramm ab, welches die COM-Automatisierung unterstützt
SPALTE()	Die Funktion gibt die Spaltennummer eines Bezugs zurück
SPALTEN()	Die Funktion gibt die Spaltenanzahl eines Bezugs zurück
SVERWEIS()	Ermittelt einen Wert aus der Trefferzeile, wenn der Suchwert in der ersten Spalte einer Liste gefunden wurde
VERGLEICH()	Gibt den Index eines Suchwerts in einer Liste aus
VERWEIS()	Ermittelt einen Wert aus der letzten Spalte oder -zeile, wenn der Suchwert in der ersten Spalte oder Zeile einer Liste gefunden wurde
WAHL()	Gibt den durch den Index qualifizierten Wert aus einer Werteliste zurück
WVERWEIS()	Ermittelt einen Wert aus der Trefferspalte, wenn der Suchwert in der ersten Zeile einer Liste gefunden wurde
ZEILE()	Die Funktion gibt die Zeilennummer zum Bezug zurück
ZEILEN()	Die Funktion gibt die Zeilenanzahl eines Bezugs zurück

ADRESSE() ADDRESS()

Syntax ADRESSE(*Zeile*;*Spalte*;*Abs*;*A1*;*Tabellenname*)

Definition Diese Funktion wandelt die Argumente in eine Zeichenkette in Form eines Zellbezugs um.

Argumente ***Zeile*** und ***Spalte*** (erforderlich) legen die »Koordinaten« der erzeugten Adresse fest. Diese Argumente können beliebige Ausdrücke sein, die eine numerische Auswertung derart gestatten, dass eine Zeichenkette mit gültigen Bezugsangaben entsteht (also Werte zwischen 1 und 65.536 für *Zeile* und 1 bis 256 für *Spalte* in den Versionen bis 2003 und maximal 1.048.476 für *Zeile* und 16.384 für *Spalte* ab Excel 2007[1]).

Abs (optional) entscheidet über absolute bzw. relative Bezugsangaben. Die notwendige »Übersetzung« finden Sie in Tabelle 9.2.

Tabelle 9.2 »Übersetzung« der Bezugsart in Zahlen

Bezugsart	**Argument *Abs***
Zeile und Spalte absolut	1
Zeile absolut, Spalte relativ	2
Zeile relativ, Spalte absolut	3
Zeile und Spalte relativ	4

A1 (optional) entscheidet über die verwendete Bezugsart (A1 – also Buchstaben für die Spalten, Zahlen für die Zeilen – oder Z1S1 – Zahlen für beide). Gefordert wird ein Wahrheitswert: *WAHR* entspricht A1, *FALSCH* entspricht Z1S1. Lassen Sie das Argument weg, wird *A1* als Bezugsart verwendet.

Tabellenname (optional) setzt der Bezugszeichenkette einen Tabellenblattnamen gefolgt von einem Ausrufezeichen voran. Es wird ein Ausdruck verlangt, der in Text umgewandelt werden kann. Verzichten Sie auf dieses Argument, wird nur eine »einfache« Bezugsangabe erzeugt.

Hintergrund Entstehen nach der Auswertung für die Argumente *Zeile* oder *Spalte* gebrochene positive Zahlen größer 1, wird in der weiteren Verwendung dieser Wert auf den größten ganzzahligen Anteil reduziert, die Nachkommastellen also abgeschnitten.

Es besteht kein Zusammenhang zwischen der Anzeige der Adress-Zeichenkette in A1- oder Z1S1-Schreibweise und der in den Optionen vorgenommenen Anzeigeart von Bezügen in der Arbeitsmappe. Der Wert von Adresse richtet sich nach dem dritten Argument.

Es wird nicht geprüft, ob der angegebene *Tabellenname* tatsächlich existiert.

Wichtig Die sofortige Verwendung des Ergebnisses der Funktion ADRESSE() als Bezug ist nicht möglich, da im Ergebnis eine Zeichenkette und kein Bezug entsteht. Sie können das u.a. mithilfe der Funktion ISTBEZUG() prüfen oder aber versuchen, die Zeichenkette als Bezug in der Formel einer anderen Zelle einzusetzen. Einen Ansatz zur Lösung dieses Problems finden Sie im zweiten Beispiel.

Praxiseinsatz Die folgenden Beispiele zeigen die Anwendung der Funktion und was dabei zu beachten ist.

1 Versuchen Sie, eine Arbeitsmappe, die die Dimensionen von Excel ab Version 2007 als Adresse benutzt, im Format früherer Versionen abzuspeichern, erhalten Sie einen Warnhinweis. Die entsprechende Zelle enthält dann einen Fehler.

Automatische Beschriftungen

Sie möchten für einen Tabellenausschnitt eine automatische Beschriftung mit den Buchstaben A, B usw. erzeugen. Dazu schreiben Sie in die linke obere Zelle des Ausschnitts (etwa *C14*) die Formel

```
=LINKS(ADRESSE(1;SPALTE()-SPALTE($C$14)+1;4);1)
```

und kopieren diese soweit Sie es wünschen nach rechts.

Die Funktion SPALTE() ermittelt die Spaltennummer der Zelle mit der Formel (Achtung: Bei Angabe des Arguments *$C$14* in der Zelle *C14* entsteht kein Zirkelbezug). Die Subtraktion der Spaltenwerte und die Addition von 1 sorgt dafür, dass immer bei A angefangen wird. Addieren Sie 2, so beginnt es bei B usw. Die Funktion LINKS() mit dem zweiten Argument 1 reduziert die Ausgabe auf ein Zeichen.

Indirekte Adressierung

Die Verwendung der Formel *=ADRESSE(6;2)* liefert die Zeichenkette *$B$6*. Wollen Sie den Inhalt der Zelle *B6* in weiteren Berechnungen verwenden, verwenden Sie die Funktion INDIREKT(), die die Zeichenkette als Argument nimmt und automatisch in einen gültigen Bezug umwandelt. Im Ergebnis von

```
=INDIREKT(ADRESSE(6;2))
```

entsteht nämlich der Inhalt der Zelle *B6*.

Letzte Zelle im Bereich finden

In verschiedenen Aufgabenstellungen ist es wichtig, den Inhalt der letzten Zelle rechts unten in einer Liste (oder eines allgemeinen Bereichs) zu benutzen, ohne im Vorhinein zu wissen, wie lang diese Liste ist.

Angenommen, Sie haben eine Liste mit der Notierung von Ein- und Auszahlungen wie in Abbildung 9.1.

	A	B	C	D
1	Datum	Vorgang	Betrag	Summe
2	01.08.2010	A	12,00 €	12,00 €
3	02.08.2010	B	13,00 €	25,00 €
4	03.08.2010	C	- 17,00 €	8,00 €
5	04.08.2010	D	29,75 €	37,75 €
6				

Abbildung 9.1: Eine kleine »Buchführung«

Um nun an anderer Stelle im Arbeitsblatt (etwa rechts von der Liste) oder auf einem anderen Arbeitsblatt den aktuellen Kontostand (hier 37,75 €) weiter verwenden zu können, nutzen Sie eine Formel nach dem Muster

```
=INDIREKT(ADRESSE(ANZAHL(A:A)+1;4))
```

bzw.

```
=INDIREKT(ADRESSE(ANZAHL(Zahlungen!A:A)+1;4;;;"Zahlungen"))
```

Dabei ermittelt ANZAHL() die Anzahl numerischer Werte in der Spalte *A* (Sie sollten nur Datumswerte der Liste in dieser Spalte halten). Durch die Addition von 1 berücksichtigen Sie die Überschriftenzeile und die Funktion INDIREKT() erledigt den Rest wie im vorigen Beispiel beschrieben.

Die zweite Formel geht davon aus, dass sich Ihre Liste im Tabellenblatt *Zahlungen* befindet, diesen Parameter geben Sie der Funktion ADRESSE() mit.

Tipp

Ab Excel 2007 haben Sie die Möglichkeit, der Tabelle der Zahlungen einen Namen zu geben (etwa *Buchführung*) und diesen in die Formel zur Ermittlung der letzten Zelle einfließen zu lassen:

```
=INDIREKT(ADRESSE(ANZAHL(Buchführung[Datum])+1;4))
```

Das in eckige Klammern geschriebene Argument zeigt auf die Datumsspalte.

Diese Aufgabe lässt sich auch elegant mit der Vergabe dynamischer Namen durch die Funktion BEREICH.VERSCHIEBEN() lösen (siehe die dortigen Beispiele).

Siehe auch

SPALTE(), ZEILE(), BEREICH.VERSCHIEBEN()

CD-ROM

Die Beispiele sowie einige Tests zu den Hintergrund-Informationen finden Sie auf der CD-ROM zum Buch im Ordner *\Buch\Kap09* in der Arbeitsmappe *Adresse.xlsx* (Excel 2007/2010) bzw. *Adresse.xls* (Excel 97-2003).

BEREICH.VERSCHIEBEN() OFFSET()

Syntax

BEREICH.VERSCHIEBEN(***Bezug***;***Zeilen***;***Spalten***;*Höhe*;*Breite*)

Definition

Diese Funktion gibt einen Zellbezug zurück, der gegenüber einem angegebenen Bezug versetzt und/oder erweitert bzw. reduziert ist.

Argumente

Bezug (erforderlich) ist ein Bezug zu einer einzelnen oder auch mehreren (insgesamt rechteckförmig aneinandergrenzenden) Zellen, die den Startpunkt des »Verschiebevorgangs« bilden. Ein Argument, welches keinen Bezug in diesem Sinne darstellt, führt zum Fehlerwert *#WERT!*.

Wichtig

Verwenden Sie einen benutzerdefinierten Namen für das Argument, müssen Sie die Eingabe der Formel auch bei Verwendung in nur einer Zelle mit [Strg]+[⇧]+[↵] (Matrixformel) abschließen. Andernfalls wird ein Fehler erzeugt.

Zeilen (erforderlich) beschreibt als ganze Zahl die Anzahl der Zeilen, um die Sie die obere linke Eckzelle des Bereiches nach oben oder nach unten verschieben möchten.

Spalten (erforderlich) lässt auch Ausdrücke zu, die sich als ganze Zahlen auswerten lassen. Angegeben wird mit diesem Argument, um wieviele Spalten Sie den Bereich nach links oder nach rechts verschieben möchten.

Höhe (optional) gibt die Höhe des neuen Bezugs in Zeilen an. Wenn Sie dieses Argument angeben, muss es als positive ganze Zahl auswertbar sein.

Breite (optional) arbeitet analog zu *Höhe*, nur dass hiermit eine Anzahl von Spalten beschrieben wird.

Hintergrund

Beachten Sie, dass durch die Funktion nicht etwa Zellen physisch auf einem Arbeitsblatt verschoben werden. Verschoben wird nur der Bezug hinsichtlich eines ursprünglichen definierten Bereichs. Wird dabei für die Argumente *Zeile* oder *Spalte* ein Wert angegeben, der über den aktuellen »Blattrand« hinaus verweist, gibt BEREICH.VERSCHIEBEN() den Fehlerwert *#BEZUG!* zurück.

Die Funktion erwartet in den vier letzten Argumenten ganze Zahlen, von denen die beiden letzten positiv sein müssen. Können von Ihnen verwendete Ausdrücke in diesen Argumenten zu gebrochenen Zahlen ausgewertet werden, werden die Nachkommastellen abgeschnitten. Ein Fehler tritt nicht auf.

Verzichten Sie auf das Argument *Höhe* oder *Breite*, geht Excel davon aus, dass der neue Bezug dieselbe Höhe oder Breite wie der ursprüngliche Bezug hat.

Ist das Argument *Höhe* kleiner als die Höhe des Zielbereichs (also des Bereichs, in welchem Sie die Funktion verwenden), erscheint (außer im Falle von *Höhe* gleich 1) in den überzähligen Zellen der Fehlerwert *#NV.* Ein gleiches Verhalten zeigt das Argument *Breite.* Im Falle des Wertes von 1 werden die entsprechenden Zeilen oder Spalten in den überzähligen Zellen wiederholt. Die Abbildung 9.2 zeigt ein Beispiel.

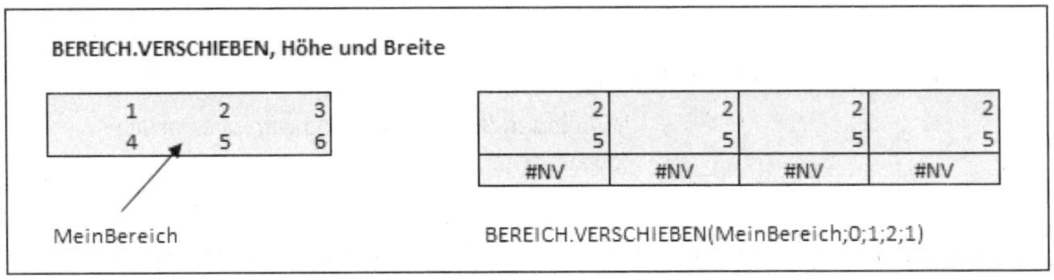

Abbildung 9.2: Die Wirkung von Höhe und Breite

Der Bezug, der den Namen *MeinBereich* trägt, hat die »Abmessungen« drei mal zwei. Der verschobene Bezug wird mit der Formel

```
=BEREICH.VERSCHIEBEN(MeinBereich;0;1;2;1)
```

umgesetzt, dabei wird nur auf den Teil ab Spalte 2 abgezielt (*Spalten* ist gleich 1, *Zeilen* gleich 0 – das bedeutet, es beginnt ab zweiter Spalte). Der Zielbereich hat die »Maße« vier mal drei. Der angegebene Wert für *Höhe* ist mit 2 für den ursprünglichen Bezug gerade richtig, für den Zielbereich aber zu klein. Der angegebene Wert für *Breite* ist 1 und damit passt die eine Spalte (Spalte 2) viermal in den Zielbereich.

Praxiseinsatz

Die folgenden Beispiele zeigen die Anwendung der Funktion und was dabei zu beachten ist.

Ansprechen einzelner Zellen

Mithilfe der Funktion lassen sich einzelne Zellen eines ursprünglichen benannten Bereichs ansprechen. In diesem Fall geht es also nicht um die gedachte Verschiebung des ganzen Bereichs, sondern nur um die linke obere Ecke des Bereichs. Mit der Angabe von *Höhe* und *Breite* gleich 1 erhalten Sie eine einzelne Zelle. Bei anderen Angaben beachten Sie bitte die Bemerkungen zu Abbildung 9.2.

Angenommen, der von Ihnen betrachtete Bereich hat den Namen *MeinBereich* und befindet sich in den Zellen *B5* bis *D6*. Die Zelle *D6* ist die »letzte« im Bereich und kann durch die Matrixformel

```
{=BEREICH.VERSCHIEBEN(MeinBereich;1;2)}
```

angesprochen werden. Um die notwendigen Schritte nach rechts bzw. unten zu gehen, orientieren Sie sich an der linken oberen Ecke des Bereichs: zwei nach rechts und einen nach unten.

Besonders eindrucksvoll gestaltet sich diese Art der Zellermittlung bei dynamischen Bereichen, deren Ausdehnung Ihnen zur Zeit des Tabellenblattentwurfs noch nicht vorliegt und die sich im Laufe der Zeit auch ändern kann (dynamische Listen, per Hand eingegeben oder aus einer Datenbank aktualisiert). Hier können Ihnen Funktionen wie ANZAHL() oder ZÄHLENWENN() bei der Angabe der Positionen behilflich sein. Details bringen die folgenden Beispiele.

Listen variabler Länge

Angenommen, Sie haben eine Liste wie in Abbildung 9.3 (unterer Teil) vor sich. Sie möchten durch den Einsatz von Datenbank-Funktionen Informationen der Liste herausfiltern. Die Liste ändert sich laufend, da manche Datensätze hinzukommen, andere als erledigt entfernt wurden.

	A	B	C	D	E
1			**Vorgänge**	**Kategorie**	**Betrag**
2			2	Deutsch	48,97 €
3			**Vorgänge**	**Kategorie**	**Betrag**
4			3	Zeichnen	54,37 €
5					
6		**Nr.**	**Vorgang**	**Kategorie**	**Betrag**
7		1	Hefte	Deutsch	12,99 €
8		2	Bücher	Deutsch	35,98 €
9		3	Stifte	Zeichnen	9,99 €
10		4	Farben	Zeichnen	26,49 €
11		5	Pinsel	Zeichnen	17,89 €

Abbildung 9.3: Auswertung von Listen mittels dynamischer Namen

Bereiten Sie zuerst die Liste sowie die darüber liegenden Kriterienbereiche in einem Tabellenblatt namens *Rechnungen* vor. Die Überschriften der Kriterienbereiche müssen nicht unbedingt den Überschriften der Liste gleich lautend sein, so weist »Vorgänge« statt »Vorgang« auf die Ermittlung der Anzahl hin.

Markieren Sie zunächst die Überschriften der Liste. Rufen Sie anschließend den Menübefehl *Einfügen/Namen/Definieren* auf (bis Excel 2003) bzw. öffnen Sie unter Excel ab Version 2007 im Menüband die Registerkarte *Formeln* und klicken Sie in der Gruppe *Definierte Namen* auf *Namen definieren*. Vergeben Sie den Namen *Liste* für den durch die Formel

```
=BEREICH.VERSCHIEBEN(Rechnungen!$B$6:$E$6;0;0;ANZAHL(Rechnungen!$B:$B)+1)
```

definierten Bereich. Hier wird entsprechend der Anzahl numerischer Einträge in der *B*-Spalte (diese ist damit in gewissem Sinne »reserviert«) die linke obere Ecke des Bereichs der Überschriften (*$B$6:$E$6*) dynamisch durch das sich anpassende Argument *Höhe* erweitert. +1 ist notwendig, um die Überschriften mit in die Liste einzubeziehen.

Um beispielsweise die Einträge in der Kategorie »Deutsch« zu summieren, verwenden Sie eine Formel nach dem Muster

```
=DBSUMME(Liste;E6;D1:D2)
```

DBSUMME() verlangt als erstes Argument den Listenbereich, als zweites einen Hinweis auf die zu summierende Spalte durch Angabe des Namens bzw. eines Bezugs mit dem Namen und als drittes die zu berücksichtigenden Kriterienfelder. Analog lauten die anderen Einträge zur Auswertung, also etwa

```
=DBANZAHL(Liste;B6;D1:D2)
```

zur Ermittlung der Anzahl, wobei hier das zweite Argument auch leer bleiben kann.

Als Nutzer von Excel ab Version 2007 haben Sie die Möglichkeit, auf die Vergabe des Bereichsnamens zu verzichten, indem Sie die Liste als Tabelle[2] formatieren. Hat diese den (als Standard zunächst vergebenen) Namen *Tabelle1*, so lautet die letzte Formel

```
=DBANZAHL(Tabelle1[#Alle];B6;D1:D2)
```

2 Bis zur Version 2003 hießen solche Konstrukte *Listen*. Das englische Wort *table* hat hier offensichtlich gewonnen, wobei ein Arbeitsblatt (englisch *sheet*) leider auch zunächst Tabelle heißt.

Dynamische Diagramme Eine ähnliche Vorgehensweise wie im vorigen Beispiel können Sie nutzen, wenn Diagramme dynamische Quellen haben sollen, deren »Länge« der Datenreihen variieren kann. Definieren Sie einfach einen dynamischen Bereichsnamen (oder unter Excel ab 2007 eine Tabelle) und nutzen Sie den benannten Bereich zur Erstellung des Diagramms. Beachten Sie, dass in den Einstellungen zur Datenquelle von Diagrammen bzw. in der Funktion DATENREIHE() in der Eingabezeile zur Definition der Quelle die Benutzung der Funktion BEREICH.VERSCHIEBEN() nicht erlaubt wird.

Noch einmal Adressen Im dritten Beispiel zur Funktion ADRESSE() wurde die Information zum Inhalt einer bestimmten Zelle durch die Funktionen ADRESSE() und INDIREKT() ermittelt. Ebenso elegant kann die Ermittlung durch Kombination der beiden ersten Beispiele dieses Abschnitts geschehen.

Um also im Beispiel aus Abbildung 9.1 auf Seite 312 die aktuelle Summe in einer anderen Zelle verwenden zu können, vergeben Sie den Namen *Zahlungen* für den dynamischen Bereich

```
=BEREICH.VERSCHIEBEN(Zahlungen!$A$1:$D$1;0;0;ANZAHL(Zahlungen!$A:$A)+1)
```

auf dem Tabellenblatt *Zahlungen*. In Abhängigkeit von Spalte *A* und ihren Einträgen passt sich der Bereich (inklusive Überschriften) an.

Den Bezug auf die rechte unterste Ecke des Bereichs, die den aktuellen Gesamtstand enthält, bekommen Sie nun über die Matrixformel

```
{=BEREICH.VERSCHIEBEN(Zahlungen;ZEILEN(Zahlungen)-1;3)}
```

in welcher Sie beachten, dass die Angabe der Zeilen- und Spaltennummern bei Null beginnt.

Anwender von Excel ab Version 2007 können auch hier wieder die Formatierung als Tabelle statt des dynamischen Namens nutzen.

```
{=BEREICH.VERSCHIEBEN(Tabelle2[#Alle];ZEILEN(Tabelle2[#Alle])-1;3)}
```

Siehe auch ADRESSE(), INDIREKT(), WAHL()

CD-ROM Die Beispiele sowie einige Tests zu den Hintergrund-Informationen finden Sie auf der CD-ROM zum Buch im Ordner *\Buch\Kap09* in der Arbeitsmappe *Bereich.verschieben.xlsx* (Excel 2007/2010) bzw. *Bereich.verschieben.xls* (Excel 97-2003).

BEREICHE() AREAS()

Syntax BEREICHE(***Bezug***)

Definition Diese Funktion gibt die Anzahl der innerhalb des Arguments *Bezug* aufgeführten Bereiche zurück.

Argumente ***Bezug*** (erforderlich) muss sich als Bezug auf einen oder mehrere Zellbereiche auswerten lassen. Andernfalls resultiert daraus ein Fehler (Sie können die Formel nicht eingeben) oder ein Fehlerwert.

Hintergrund Besteht Ihr Argument aus mehreren Bezügen, die durch Semikola getrennt sind, muss die Formeleingabe mit einem zusätzlichen Klammerpaar erfolgen, beispielsweise

```
=BEREICHE((A1;A2))
```

oder

```
=BEREICHE((A1:A2;B3))
```

(andernfalls erfolgt eine Interpretation des Semikolon als Listentrennzeichen und die Eingabe endet mit einer Fehlermeldung).

Versuchen Sie die Anzahl der Bereiche einer leeren Menge zu ermitteln, erhalten Sie den Fehlerwert *#NULL!*, etwa bei

```
=BEREICHE(A1 A2)
```

Praxiseinsatz

Die Anzahl von Bereichen zu zählen, die vorher irgendwie angegeben werden müssen, gehört sicher nicht zu den täglichen Problemen des Excel-Anwenders.

Denkbar ist allerdings folgende Situation. Sie haben einer Liste, die sich dynamisch in der Länge verändert, mithilfe der Funktion BEREICH.VERSCHIEBEN() einen Namen zugewiesen (siehe die Beispiele zu dieser Funktion) oder nutzen als Excel-Anwender der Versionen ab 2007 die Formatierung der Liste als »Tabelle«. Sie haben die Absicht, diese Liste stets »von oben«, also durch Hinzufügen von Zeilen gleich nach der Überschrift zu füllen. Sie möchten, dass die Liste nicht länger als 100 Einträge wird. Wird Zeile 100 erreicht, wollen Sie durch eine sich einfärbende Überschriftenzeile darauf aufmerksam gemacht werden.

Der Gedanke ist nun, die Bereiche in der Schnittmenge zwischen Ihrer Liste (die den Namen *Liste* erhalten hat) und der Zelle *A101* durch

```
=BEREICHE(Liste Sonstige!$A$101)
```

zu zählen (angenommen, Ihre Liste beginnt bei *A1*). Wird der Wert 1 ermittelt, soll über eine bedingte Formatierung die Überschriftenzeile eingefärbt werden. Leider schlägt die Umsetzung dieses Gedankens fehl, da das Dialogfeld zur bedingten Formatierung keine Schnittmengen-Operationen (Angabe von Zellbezügen mit Leerzeichen dazwischen) erlaubt.

Sie greifen deshalb zu einem Trick und geben der obigen Formel einen Namen (ab Excel 2007 auf der Registerkarte *Formeln* in der Gruppe *Definierte Namen* den Befehl *Namen definieren* bzw. unter den Vorgängerversionen den Menübefehl *Einfügen/Namen/Definieren* aufrufen und dann den Namen – etwa *Formel* – eintragen und als Bezug die obige Formel eingeben). Nunmehr schreiben Sie in das *Formel*-Feld des Dialogfelds zur bedingten Formatierung der Überschriftenzeile die Formel

```
=(Formel=1)
```

und werden somit bei entsprechender Vergabe einer Farbe für das Muster der Zellen über das Erreichen von 100 Zeilen informiert.

Siehe auch

ADRESSE(), INDEX(), SPALTE(), SPALTEN(), ZEILE(), ZEILEN(), ZELLE()

CD-ROM

Das Beispiel (in leicht abgewandelter Form) sowie einige Tests zu den Hintergrund-Informationen finden Sie auf der CD-ROM zum Buch im Ordner *\Buch\Kap09* in der Arbeitsmappe *Bezugsfunktionen.xlsx* (Excel 2007/2010) bzw. *Bezugsfunktionen.xls* (Excel 97-2003) auf dem Arbeitsblatt *Sonstige*.

HYPERLINK() — HYPERLINK()

Syntax

HYPERLINK(***Hyperlink_Adresse***;*Freundlicher_Name*)

Definition

Diese Funktion erstellt einen Hyperlink zu einem Dokument auf dem lokalen Rechner, einem Netzwerkserver oder einem Server im Intranet oder Internet.

Argumente *Hyperlink_Adresse* (erforderlich) erwartet die Angabe eines Ausdrucks, der sich als Zeichenkette auswerten lässt und den Namen bzw. vollständigen Pfad zum aufgerufenen Dokument angibt.

Freundlicher_Name (optional) gibt den in der Zelle angezeigten Wert an. Es kommt damit ein Ausdruck in Frage, der sich als Text, Zahl, Wahrheits- oder Fehlerwert auswerten lässt. Fehlt dieses Argument, wird die Auswertung von *Hyperlink_Adresse* angezeigt.

Hintergrund Anstatt mit [Strg]+[K] statische Hyperlinkeinträge zu setzen, können Sie mit dieser Funktion die Hyperlinks auch berechnen, also dynamisch machen. Beachten Sie:

- Ist das erste Argument als gültige Adresse mit eventueller Textmarke auswertbar[3] und
- ist das zum Typ der aufgerufenen Datei passende Programm (etwa Microsoft Word oder der Microsoft Internet Explorer) ordnungsgemäß installiert,

so startet dieses Programm und öffnet die gewünschte Datei, sobald auf die Zelle mit der eingetragenen Funktion geklickt wird.

Wollen Sie die Zelle bearbeiten, halten Sie die gedrückte Maustaste so lange über der Zelle, bis sich der Mauszeiger in ein Kreuz verwandelt.

Wird keine gültige Adresse im ersten Argument angegeben, erzeugt der Klick auf die Zelle eine Fehlermeldung.

Tipp Beim Wechsel in ein Programm, welches über eine *Web*-Symbolleiste verfügt, kann die *Zurück*-Schaltfläche genutzt werden, um wieder in die Arbeitsmappe zu wechseln.

Praxiseinsatz Die folgenden Beispiele zeigen die Anwendung der Funktion und was dabei zu beachten ist.

Link zu Office Online Der folgende Eintrag öffnet den Internet Explorer mit der deutschen Office-Website von Microsoft:

```
=HYPERLINK("http://office.microsoft.com/de-de/default.aspx ";"Internet-Test")
```

Angezeigt wird in der Zelle der Link »Internet-Test«.

Gezielter Zugriff auf Word-Dokumente Mit

```
=HYPERLINK("dokument#textmarke";"Word-Test")
```

öffnen Sie das genannte Word-Dokument, welches sich im gleichen Ordner wie die Arbeitsmappe befinden muss, und der Text der Textmarke »textmarke« wird markiert. In der Zelle angezeigt wird der Link »Word-Test«.

Die nahezu gleiche Wirkung wie eben erzielen Sie, wenn Sie Text in Word markieren und über die Zwischenablage gehend diese unter *Einfügen/Als Hyperlink einfügen* (bis Excel 2003) bzw. *Einfügen/Hyperlinks/Hyperlink* (ab Excel 2007) an Excel übergeben. Angezeigt wird dann der Zellinhalt, die Funktionalität des Hyperlinks »hängt« an der Zelle selbst und kann mithilfe eines rechten Mausklicks modifiziert werden.

Siehe auch Keine

CD-ROM Die Beispiele finden Sie auf der CD-ROM zum Buch im Ordner *\Buch\Kap09* in der Arbeitsmappe *Bezugsfunktionen.xlsx* (Excel 2007/2010) bzw. *Bezugsfunktionen.xls* (Excel 97-2003) auf dem Arbeitsblatt *Sonstige*. Im gleichen Verzeichnis befinden sich Word-Dateien zum Testen.

3 Dateiname im selben Verzeichnis wie die Arbeitsmappe, vollständiger Pfad inkl. Name zu einer Datei auf dem lokalen Rechner, vollständiger Pfad und Name zu einer Datei im dateibasierten Netzwerk, Angabe einer Adresse zu einer Domäne oder einer Datei im Internet oder Intranet unter Verwendung des Protokolls wie *http://www.microsoft.com*.

INDEX() INDEX()

Syntax

Syntax 1 (Matrixversion):

INDEX(***Matrix***;*Zeile*;*Spalte*)

Syntax 2 (Bezugsversion):

INDEX(***Bezug***;*Zeile*;*Spalte*;*Bereich*)

Definition

Diese Funktion verwendet einen Zeilen- und/oder einen Spalten-Index, um aus einer Matrix (mehrzelliger Verbund von Zellen in rechteckiger Form oder eine in geschweifte Klammern gesetzte, durch Semikolon getrennte Folge von Ausdrücken) oder einem Bezug, der auch aus mehreren rechteckigen Bezügen bestehen kann, einen oder mehrere Werte entsprechend der Indexangaben auszuwählen.

Argumente

Syntax 1 (Matrixversion):

Matrix (erforderlich) wird als ein Zellbereich oder eine Matrixkonstante erwartet.

Zeile (optional) kann weggelassen werden, wenn das Argument *Matrix* nur einem einzeiligen Gebilde entspricht, muss als nicht negative ganze Zahl ausgewertet werden können und gibt die Zeilennummer der auszuwählendenWerte an.

Spalte (optional) ist ein Ausdruck, der sich in eine nicht negative ganze Zahl umwandeln lassen muss. Dieses Argument gibt die Spaltennummer der auszuwählenden Werte an. Es kann weggelassen werden, wenn der Bezug *Matrix* nur aus einer Spalte besteht.

Syntax 2 (Bezugsversion):

Bezug (erforderlich) muss als ein Bezug auf einen oder mehrere rechteckige Zellbereiche auswertbar sein.

Zeile und *Spalte* (optional) haben die gleiche Bedeutung wie in der Matrixversion. Sie bestimmen die Zeilen- bzw. Spaltennummern der auszuwählenden Werte und müssen deshalb als nicht negative ganze Zahlen auswertbar sein.

Besteht das Argument *Bezug* aus mehreren Teilen, werden diese in der Reihenfolge ihrer Notierung nummeriert.

Bereich (optional) erwartet eine positive ganze Zahl. Hierdurch können Sie auf den Teilbereich mit der entsprechenden Nummer zugreifen.

Hinweis

Besteht das Argument *Bezug* nur aus einem einzigen Teilbereich, können Sie das Argument *Bereich* weglassen. Die Bezugsversion stimmt dann mit der Matrixversion überein.

Hintergrund

Die Angabe der Argumente *Zeile* und *Spalte* in der Matrixversion erfolgt in der Regel zwischen 1 und der Anzahl der Zeilen bzw. Spalten im rechteckigen Bezug oder in einer speziellen Liste von Werten. Besteht das Rechteck nur aus einer einzigen Zeile (Spalte), können Sie das Argument *Zeile* (*Spalte*) weglassen. Lassen Sie *Zeile* weg, ist das durch zwei aufeinander folgende Semikola zu markieren. Lassen Sie *Zeile* im Falle mehrerer Zeilen weg, können Sie die durch *Spalte* angegebene Spalte mithilfe einer Matrixformel in untereinander liegenden Zellen referenzieren. Analoges erreichen Sie zeilenweise, indem Sie das Argument *Spalte* bei einer mehrspaltigen Matrix weglassen.

Verlassen Sie mit Ihren Argumenten *Zeile* bzw. *Spalte* die »Abmessungen« des gedachten Rechtecks, erhalten Sie den Fehlerwert *#BEZUG!* angezeigt.

So erhalten Sie mit

```
=INDEX(B4:C6;3;2)
```

das Element, welches sich in *C6* befindet (dritte Zeile, zweite Spalte des Bereichs *B4:C6*).

Analog ist die Situation im Fall von

```
=INDEX({2;4;6;8};2;1)
```

(das ist keine Matrixformel, die durch [Strg]+[⇧]+[↵] entsteht, die geschweiften Klammern tippen Sie selbst ein). Die Folge `{2;4;6;8}` wird als Spalte interpretiert und die Formel liefert den Wert 4 (zweite Zeile in der ersten und einzigen Spalte).

Eine Besonderheit ist die Angabe von mehrspaltigen (sogenannten) Matrixkonstanten. Hier erfolgt die Trennung von Zeilen und Spalten durch einen Punkt. Mit `{11.12.13;21.22.23}` wird als zweizeiliges Gebilde (die Zeilen lauten 11, 12, 13 und 21, 22, 23) mit drei Spalten erkannt (die Spalten lauten entsprechend 11, 21 und 12, 22 sowie 13, 23). Es liefert also

```
=INDEX({11.12.13;21.22.23};2;3)
```

den Wert 23 (zweite Zeile, dritte Spalte).

Die oben angedeutete Besonderheit beim Einsatz von Matrixformeln liegt in Folgendem: Sie lassen eines der Argumente *Zeile* oder *Spalte* weg oder setzen es gleich 0 (Null). Ihre Eingabe in mehrere Zellen einer Spalte bzw. mehrere Zellen einer Zeile schließen Sie wie immer mit [Strg]+[⇧]+[↵] ab. Schreiben Sie beispielsweise

```
{=INDEX({11.12.13;21.22.23};0;3)}
```

oder

```
{=INDEX({11.12.13;21.22.23};;3)}
```

in zwei untereinander liegende Zellen als Matrixformel, erhalten Sie das Wertepaar 13, 23. Schreiben Sie

```
{=INDEX({11.12.13;21.22.23};2;0)}
```

oder

```
{=INDEX({11.12.13;21.22.23};2)}
```

in drei nebeneinander liegende Zellen als Matrixformel, entsteht der Dreier 21, 22, 23.

Analog gehen Sie vor, wenn das Argument *Matrix* einen Zellbereich betrifft.

Ist Ihr »Zielbereich« mit der Matrixformel von der Ausdehnung her größer als die zur Verfügung stehende »Quelle«, entsteht in den überzähligen Zellen der Fehlerwert *#NV*.

In der Bezugsversion ist das erste Argument zwingend ein Bezug. Wollen Sie auf mehrere Bereiche abstellen, müssen diese nicht zusammenhängen, aber natürlich jeder für sich einen rechteckigen Zellverbund betreffen. Der dann einfachste Fall ist der einzellige Verbund. Das Argument *Bezug* ist im Fall von mehreren Bezügen, die durch Semikola voneinander getrennt werden, selbst in runde Klammern zu schreiben, damit Excel bei der Zuordnung der Argumente der Funktion nicht durcheinander kommt.

Die Reihenfolge der Bezüge im Argument bestimmt eine ganzzahlige Nummer beginnend ab 1, die es gestattet, den gemeinten Zellbereich im Argument *Bereich* zu identifizieren. Die Argumente *Zeile* und *Spalte* arbeiten dann so wie in der Matrixversion.

Verlassen Sie mit einem der Argumente *Zeile*, *Spalte* oder *Bereich* die durch *Bezug* gesetzten Grenzen, liefert die Funktion den Fehlerwert *#BEZUG!*.

Durch eine Funktionsangabe wie

```
=INDEX((B18:C20;E18:G19);3;2;1)
```

erhalten Sie das Element (oder genauer einen Bezug auf dieses) der dritten Zeile in der zweiten Spalte des ersten Bereichs, also einen Bezug auf *C20*.

INDEX() arbeitet im Argument *Bezug* natürlich auch mit benannten Bereichen. Geben Sie etwa den Zellen *B18:C20* den Namen *erster* (Registerkarte *Formeln*, Gruppe *Definierte Namen/ Namen definieren* ab Excel 2007 bzw. Menübefehl *Einfügen/Namen/Definieren* in früheren Versionen) und dem Bereich von *E18* bis *G19* den Namen *zweiter*. In diesem Fall erhalten Sie mit

```
=INDEX((erster;zweiter);2;1;2)
```

einen Bezug auf die Zelle in der zweiten Zeile der ersten Spalte des Bereichs mit Namen *zweiter*, also *E19*. Sie können auch allen Zellen *B18:C20;E18:G19* (genau in dieser Reihenfolge) den Namen *beide* geben. Dann liefert Ihnen

```
=INDEX(beide;2;3;2)
```

die Informationen aus der dritten Spalte der zweiten Zeile des zweiten Teilbereichs, also *G19*.

Sie können eines der Argumente *Zeile/Spalte* oder auch beide weglassen (das heißt, Sie lassen den Platz zwischen den Semikola leer) und damit Spalten oder Zeilen, im zweiten Fall einen ganzen Bereich referenzieren. In jedem dieser Fälle ist die Formel als Matrixformel einzusetzen (Abschluss mit [Strg]+[⇧]+[↵]), andernfalls erhalten Sie den Fehlerwert *#WERT!* angezeigt. Eine Ausnahme gibt es: Der angesprochene Bereich besteht nur aus einer Zeile/Spalte.

Hinweis

Für die Argumente *Zeile*, *Spalte* und *Bereich* werden ganze Zahlen erwartet. Übergeben Sie gebrochene Zahlen, werden diese bei der Auswertung nicht gerundet, sondern die Nachkommastellen abgeschnitten.

Praxiseinsatz

Die folgenden Beispiele zeigen die Anwendung der Funktion und was dabei zu beachten ist.

In Listen suchen und finden

Dieses Beispiel betrifft die Syntax-Version 1. Angenommen, Sie haben eine Liste mit Produkten, in der unter anderem in Spalte 1 der Name des Produkts und in Spalte 2 dessen Preis steht. Diese Liste pflegen Sie auf einem besonderen Tabellenblatt (oder lassen sich die Informationen als Abfrage aus einer Datenbank in dieses Arbeitsblatt importieren). Auf einem anderen Arbeitsblatt möchten Sie durch ein Kombinationsfeld (Formularsteuerelement) Zugriff auf den Namen der Produkte haben, eines auswählen können und dazugehörige Informationen (hier den Preis) in eine Zelle schreiben lassen.

Vergeben Sie für den Datenteil Ihrer Liste den Namen *Preisliste* und für die erste Spalte mit den Produktnamen den Namen *Produkte*.

Ziehen Sie als Nächstes ein Kombinationsfeld auf und vereinbaren als Eingabebereich den Wert *Produkte* und als Zellverknüpfung *$B$28*.

Tipp Sie können Ihr Kombinationsfeld über der obigen Zelle platzieren und machen so den kleinen Helfer unsichtbar.

In eine Zelle Ihrer Wahl schreiben Sie nun

```
=INDEX(Preisliste;B28;1)
```

um den gewählten Produktnamen (die Zeile wird durch die Wahl im Kombinationsfeld manipuliert, die Spaltennummer ist 1) und in eine andere Zelle

```
=INDEX(Preisliste;B28;2)
```

um den zugehörigen Preis anzeigen zu lassen. Die Abbildung 9.4 zeigt ein entsprechendes Beispiel.

37			
38		3	Produkt A
39			
40	**Name**		Produkt A
41	**Preis**		56,00 €
42			

Abbildung 9.4: Das Kombinationsfeld sollte später die verknüpfte Hilfszelle überdecken

Hinweis Sie können diese Aufgabe auch mit einem Kombinationsfeld der Steuerelement-Toolbox (ActiveX-Steuerelement unter Excel 2007) und unter Einsatz von SVERWEIS() lösen. Im Gegenteil zum Formularsteuerelement, welches den Index des gewählten Eintrags an die verknüpfte Zelle liefert, gibt das Kombinationsfeld der Toolbox den Text des gewählten Eintrags an die verknüpfte Zelle (*LinkedCell*) zurück.

Details finden Dieses Beispiel betrifft die Syntax-Version 2. Sie haben in der Vorbereitung einer Fortbildungsveranstaltung drei Teile dieser Veranstaltung voneinander abgegrenzt und bieten Einzel- und Komplettbuchung an. Außerdem gibt es einen Rabatt für Frühbucher, die vor einem Stichtag buchen. Die Details sehen wie in Abbildung 9.5 aus.

	A	B	C	D	E
45					
46		**Veranstaltung**	**Nr.**	**Frühbucher**	**Normal**
47		**PreCon**	1	249,00 €	274,00 €
48		**MainCon**	2	899,00 €	989,00 €
49		**PostCon**	3	159,00 €	175,00 €
50		**Komplett**	4	1.175,00 €	1.295,00 €
51					
52		*Stichtag*	01.12.2010		
53		*Konferenz*	PreCon		
54		*Buchungsdatum*	01.11.2010		
55		*Preis*	249,00 €		
56					

Abbildung 9.5: Ermittlung von Details mittels *SVERWEIS()*, *INDEX()* und *WENN()*

Sie möchten aus der gebuchten Variante und dem Buchungsdatum den Preis ermitteln. Dazu können Sie folgende Formel einsetzen:

```
=INDEX((D47:D50;E47:E50);SVERWEIS(C53;B47:C50;2;FALSCH);;WENN(C54<C52;1;2))
```

Sie teilen den Bereich der Preise in zwei Teile – vergessen Sie nicht die runden Klammern bei der Angabe des Bezugs –, ermitteln mit SVERWEIS() die Veranstaltungsnummer und nutzen diese als Zeilenindex. Einen Spaltenindex benötigen Sie nicht, da Sie in den Teilbereichen nur eine Spalte haben. In welchem Teilbereich nachzuschauen ist, entscheidet die WENN()-Funktion durch Vergleich des Buchungsdatums mit dem Stichtag.

Hinweis

Bei der vorliegenden Anordnung der Daten können Sie auch ohne die INDEX()-Funktion zum Ziel kommen, da der SVERWEIS() mit

```
=SVERWEIS(C53;B47:E50;WENN(C54<C52;3;4);FALSCH)
```

das gleiche Ergebnis liefert. Der SVERWEIS() ist aber auf die vorliegende Anordnung der Daten fixiert und versagt für den Fall, dass sich etwa Normalpreise und Rabatte (oder andere »gesplittete« Informationen) verteilt über das Arbeitsblatt oder gar in zwei verschiedenen Arbeitsblättern befinden. Das kann eventuell bei langen und umfangreicheren Datenlisten, die vielleicht noch aus Datenquellen per Abfrage gezogen werden, durchaus der Fall sein.

Zellen aus benannten Bereichen

Mithilfe von INDEX() lassen sich spezielle Zellen in benannten Bereichen ansprechen. Dies ist vor allem dann wirkungsvoll, wenn die Bereiche von der Größe her dynamisch aufgebaut werden. Beispiele hierzu finden Sie im Abschnitt zur Funktion BEREICH.VERSCHIEBEN().

Nehmen Sie an, Sie möchten die jeweils letzten Zellen rechts unten von zwei Bereichen addieren. Diese Bereiche sollen den Namen *NummerEins* und *NummerZwei* tragen und von ihrer Ausdehnung her beim Eintragen der Formel noch nicht bekannt sein. Dann kommen Sie sowohl mit der Bezugsversion

```
=INDEX((NummerEins;NummerZwei);ZEILEN(NummerEins);SPALTEN(NummerEins);1)
+INDEX((NummerEins;NummerZwei);ZEILEN(NummerZwei);SPALTEN(NummerZwei);2)
```

als auch mit der Matrixversion

```
=INDEX(NummerEins;ZEILEN(NummerEins);SPALTEN(NummerEins))+INDEX(NummerZwei;
ZEILEN(NummerZwei);SPALTEN(NummerZwei))
```

zum Zug.

Tipp

Holen Sie Daten aus externen Quellen, stehen diese automatisch in einem benannten Bereich. Die Einsatzmöglichkeiten von INDEX(), ZEILE(), SPALTE() und SVERWEIS() sind dann sehr vielfältig und folgen den eben beschriebe Mustern, unabhängig davon, wie groß der Datenbereich nach jedem Aktualisieren der Abfrage ausfällt.

Siehe auch

SVERWEIS(), VERGLEICH(), VERWEIS(), WAHL(), WVERWEIS()

CD-ROM

Die Beispiele sowie einige Tests zu den Hintergrund-Informationen finden Sie auf der CD-ROM zum Buch im Ordner *\Buch\Kap09* in der Arbeitsmappe *Bezugsfunktionen.xlsx* (Excel 2007/2010) bzw. *Bezugsfunktionen.xls* (Excel 97-2003) auf dem Arbeitsblatt *Index*.

INDIREKT() INDIRECT()

Syntax

INDIREKT(*Bezug*;*A1*)

Definition

Diese Funktion wandelt eine Zeichenkette in einen Bezug um.

Argumente

Bezug (erforderlich) verlangt einen Ausdruck, der als Zeichenkette interpretiert werden kann. Die Funktion versucht, diese Zeichenkette in einen gültigen Bezug (Zellbezug oder Name eines benannten Bereichs) umzuwandeln.

A1 (optional) muss als Wahrheitswert auswertbar sein. Hier kann angegeben werden, ob das erste Argument in A1-Schreibweise identifiziert werden soll (*WAHR* oder weggelassen) oder in Z1S1-Schreibweise (*FALSCH*).

Hintergrund Kann das Argument *Bezug* nicht zu einem gültigen Bezug oder Namen ausgewertet werden, wird der Fehlerwert *#BEZUG!* zurückgegeben.

Die Verwendung externer Bezüge zu anderen Arbeitsmappen setzt voraus, dass diese geöffnet sind.

Praxiseinsatz Die folgenden Beispiele zeigen die Anwendung der Funktion und was dabei zu beachten ist.

Zelladressen einsetzen Im zweiten Beispiel zur Funktion ADRESSE() haben Sie erfahren, wie die Zeichenkette, die durch eine Adress-Angabe in Form von ADRESSE*(Zeile;Spalte)* entsteht, durch INDIREKT() in einen Bezug umgewandelt und genutzt werden kann.

Hinweis In den Ausführungen zur Funktion INDEX() wurde deutlich, dass beispielsweise durch

```
INDEX(A:Z;26;1)
```

das Gleiche wie durch

```
INDIREKT(ADRESSE(26;1))
```

erreicht werden kann.

Investitionen beurteilen In der Investitions-Analyse kann durch Diversifikation (Streuung) verschiedener Investitionen zu bestimmten Risikostufen eine als optimal einzustufende Gesamtstrategie verfolgt werden. Dabei gilt: Je höher das geschätzte Risiko der Einzel-Investition, desto höher muss deren erwarteter Erfolg sein. In Abbildung 9.6 sehen Sie einen stark vereinfachten ersten Ansatz zum Vorgehen.

	A	B	C
26			
27		Risko	Prozent
28		hoch	30%
29		mittel	20%
30		klein	10%
31			
32		*Einsatz*	20.000,00 €
33		*Risiko*	mittel
34		*Rückkehr*	24.000,00 €
35			

Abbildung 9.6: Ansatz zur Investitions-Analyse

Der Anwender soll beim Benutzen der Tabelle nur die Wörter »hoch«, »mittel«, »klein« verwenden, um aus dem eingesetzten Kapital den erwarteten Rückfluss abzulesen. Das bereiten Sie durch die Vergabe der Namen *hoch* für Zelle *C28* (das ist die erste der Zellen mit den zugeordneten prozentualen Rendite-Kennziffern), *mittel* für *C29* und *klein* für *C30* vor. Bei gegebenem Einsatz in *C32* erhalten Sie durch

```
=C32*(1+INDIREKT(C33))
```

in *C34* den erwarteten Rückfluss. Das funktioniert, weil INDIREKT() die durch den Anwender eingegebene Zeichenkette in *C33* in einen Namen umwandelt, der in diesem Falle ein gültiger Bezug ist.

Tipp Mit einer Gültigkeitsregel (unter Excel 2007 auf der Registerkarte *Daten*, Gruppe *Datentools/Datenüberprüfung*, sonst über den Menübefehl *Daten/Gültigkeit*) lässt sich die Auswahl in *C34* durch eine Auswahlliste (Dropdownfeld) noch komfortabler einrichten.

Siehe auch

INDEX(), BEREICH.VERSCHIEBEN()

CD-ROM

Die Beispiele finden Sie auf der CD-ROM zum Buch im Ordner *\Buch\Kap09* in der Arbeitsmappe *Bezugsfunktionen.xlsx* (Excel 2007/2010) bzw. *Bezugsfunktionen.xls* (Excel 97-2003) auf dem Arbeitsblatt *Sonstige*.

MTRANS() TRANSPOSE()

Syntax

MTRANS(*Matrix*)

Definition

Diese Funktion überführt eine gegebene Matrix (rechteckiger Bereich oder Matrixkonstante) in ihre transponierte Matrix.

Argumente

Matrix (erforderlich) ist der Bezug auf einen rechteckigen Zellbereich oder eine Matrixkonstante.

Hintergrund

MTRANS() sollte als Matrixformel (außer im Falle nur einer Zelle) in einen Bereich, der über genauso viele Zeilen bzw. Spalten verfügt, wie die Ausgangsmatrix Spalten bzw. Zeilen hat, eingesetzt werden (Abschluss mit Strg+⇧+↵). Es erfolgt ja der Austausch von Zeilen und Spalten: Die Zeilen der »alten« werden zu den Spalten der »neuen« Matrix. Dabei wird die erste Zeile zur ersten Spalte, die zweite Zeile wird zur zweiten Spalte usw.

Wichtig

Der Bereich, der die Ursprungsmatrix enthält, darf keine leeren Zellen enthalten. Andernfalls entsteht im Ergebnis der Fehlerwert *#WERT!*.

Verwenden Sie im Zielbereich weniger Zeilen oder Spalten als notwendig, werden fehlende Inhalte einfach abgeschnitten. Verwenden Sie jedoch mehr, werden die überzähligen Zellen mit dem Fehlerwert *#NV* gefüllt.

Bei der Verwendung von Matrixkonstanten (das sind in geschweifte Klammern eingeschlossene Folgen von Zahlen oder Text), sollllten Sie beachten, dass in einem Ausdruck wie

```
=MTRANS({11.12.13;21.22.23})
```

das Argument als zweizeilige Matrix mit drei Spalten (der Punkt ist deren Trennzeichen) interpretiert wird und das Ergebnis in eine Matrix mit drei Zeilen und zwei Spalten passt. Im Ausdruck

```
=MTRANS({1;2;3;4})
```

stellt das Argument jedoch eine einzelne Spalte dar, die in eine Zeile umgewandelt wird.

Hinweis

Im Dialogfeld, welches nach dem Füllen der Zwischenablage mit Zellinhalten (Kopieren) und dem Aufruf von *Start/Einfügen/Inhalte einfügen* (ab Excel 2007) bzw. *Bearbeiten/Inhalte einfügen* (frühere Versionen) erscheint, haben Sie ebenfalls die Möglichkeit, eine Matrix zu transponieren. Das Ergebnis wird allerdings vom Original getrennt, die Verwendung von MTRANS() hält die Verbindung zwischen Quelle und Ziel »am Leben«. Das Gleiche geschieht mit der entsprechenden Einfügeoption von Excel 2010.

Praxiseinsatz

Für verschiedene Aufgabenstellungen der linearen Algebra, der linearen Optimierung und der Entscheidungstheorie wird das Rechnen mit Matrizen und Vektoren benötigt und verwendet. Dabei sind Vektoren immer als Spaltenvektoren zu interpretieren. Das Skalarprodukt zweier Vektoren ist in diesem Fall die Matrixmultiplikation des transponierten ersten Vektors mit dem zweiten. Excel stellt hierfür neben MTRANS() auch MMULT() für die Matrixmultiplikation zur Verfügung.

Die Norm einer n-dimensionalen quadratischen Matrix A kann aus folgender Aufgabe definiert und ermittelt werden: Bestimme die Zahl, die sich aus dem Maximum aller Skalarprodukte zwischen Ax und x ergibt, wenn x alle Vektoren durchläuft, deren Norm (das ist die Wurzel aus dem Skalarprodukt von x und sich selbst) gleich 1 ist.

Eine solche Aufgabe ist eine Aufgabe für den Solver (liegt als Add-In zu Excel vor und muss als solches aktiviert werden). Angenommen, die in Frage stehende dreidimensionale Matrix steht in den Zellen von *B16* bis *D18*. Einen Platzhalter für alle Vektoren x halten Sie in *E16* bis *E18* (veränderbare Zellen) bereit. In *G16* notieren Sie das Skalarprodukt von x mit sich selbst (eine Nebenbedingung):

```
=MMULT(MTRANS(E16:E18);E16:E18)
```

In *G18* schreiben Sie die Formel, die das Skalarprodukt von Ax mit x bestimmt (Zielzelle):

```
=MMULT(MTRANS(MMULT(B16:D18;E16:E18));E16:E18)
```

Rufen Sie nun bei markierter Zelle *G18* den Solver auf (*Daten/Analyse/Solver* unter Excel ab 2007, *Extras/Solver* in den anderen Versionen) auf.

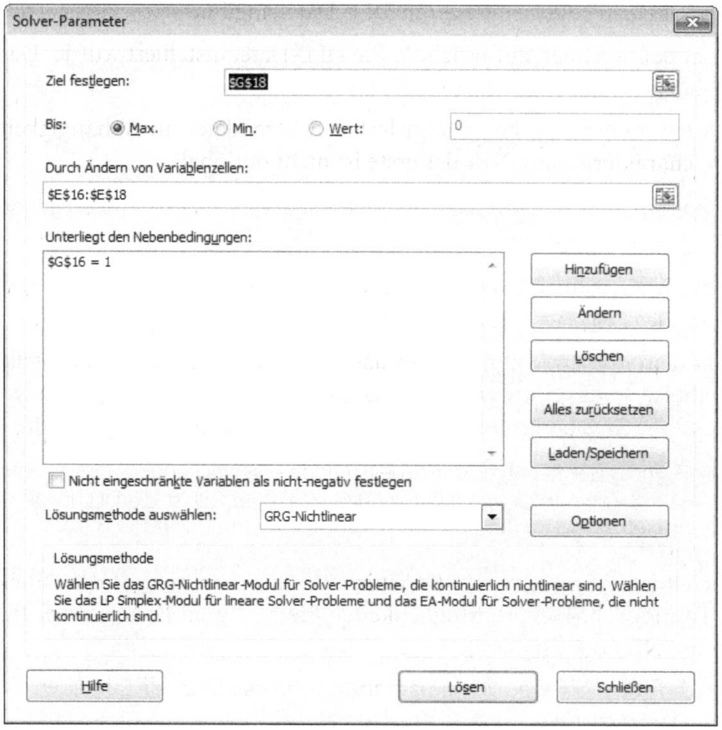

Abbildung 9.7: Normbestimmung von Matrizen mit dem Solver (der Solver von Excel 2010 präsentiert sich hier mit neuer Oberfläche)

Im Dialogfeld wie in Abbildung 9.7 haben Sie durch Hinzufügen einer Nebenbedingung alle Vorbereitungen zum Lösen getroffen. Wird eine Lösung durch den Solver gefunden, ist die Wurzel aus dieser gleich der gesuchten Norm.

MDET(), MINV(), MMULT() **Siehe auch**

CD-ROM Die Beispiele sowie einige Tests zu den Hintergrund-Informationen finden Sie auf der CD-ROM zum Buch im Ordner *\Buch\Kap09* in der Arbeitsmappe *Bezugsfunktionen.xlsx* (Excel 2007/2010) bzw. *Bezugsfunktionen.xls* (Excel 97-2003) auf dem Arbeitsblatt *MTRANS*.

PIVOTDATENZUORDNEN()

Diese Funktion wird in Kapitel 12 besprochen.

RTD() RTD()

Syntax RTD(***ProgID***;*Server*;***Thema1***;*[Thema2]*;...)

Definition Diese Funktion ruft Echtzeitdaten von einem Programm ab, das derartige Daten liefert.

Argumente ***ProgID*** (erforderlich) ist eine Zeichenkette, die den Klassennamen (ProgID) der für die Echtzeitdaten verantwortlichen Klasse in einer registrierten DLL-Datei angibt.

Server (optional) bezeichnet den Rechner, auf welchem die DLL-Datei installiert wurde. Das kann der lokale Rechner, aber auch ein Rechner im Netz sein.

Thema1, *Thema2*, ... sind Parameter, die die angeforderten Echtzeitdaten in Abhängigkeit vom konkreten Programm charakterisieren. Nur der erste ist nicht optional.

Hinweis Zeichenketten werden in doppelten Anführungszeichen erwartet, sofern es sich nicht um Zellbezüge handelt, in denen Text steht.

Hintergrund Versuchen Sie diese Funktion zu verwenden, ohne dass ein gültiger Echtzeitdaten-Server gefunden werden kann, wird der Fehlerwert *#NV* zurückgegeben.

Befindet sich der Server auf dem lokalen Rechner, kann das Argument weggelassen (die Stelle zwischen den Semikola bleibt leer) oder eine leere Zeichenkette angegeben werden. Verwenden Sie diese Funktion in VBA, ist die Angabe der leeren Zeichenkette (auch *vbNullString*) Pflicht.

Hinweis Ist der Server im Netz installiert, muss der Benutzer der Arbeitsmappe entsprechende Zugriffsrechte auf COM+-Komponenten des sendenden Rechners haben. Auch in diesem Fall ist die DLL lokal zu registrieren.

Die Entwicklung von Echtzeitdaten-Servern mit VBA ist im Wesentlichen nur mit der Office Developer Edition (bis XP) möglich. Weitere Möglichkeiten bieten Visual Basic 6 oder ein Programm aus Visual Studio .NET oder später.

Praxiseinsatz Auf der CD-ROM zum Buch finden Sie eine Datei namens *exampleRTD.dll*, die Sie über die Windows-Taskleiste unter *Start/Ausführen* mithilfe der Befehlszeile *regsvr32.exe "Laufwerk:\Vollständiger Pfad\Dateiname"* registrieren können[4] (der zusätzliche Parameter */u* hebt die Registrierung wieder auf). Diese Datei liefert die Echtzeitdaten der jeweiligen Stunde, Minute und Sekunde.

4 Ab Windows Vista benötigen Sie hierzu Administratorenrechte. Dazu nutzen Sie die Eingabeaufforderung des Zubehörs und schreiben dort die genannte Befehlszeile hinein.

Einsetzen können Sie den Server nun durch die Formeln

```
=RTD("RealTime.clsRTDS";;"Stunde")
=RTD("RealTime.clsRTDS";;"Minute")
```

bzw.

```
=RTD("RealTime.clsRTDS";;"Sekunde")
```

Wichtig Nach der Installation DLL werden mögliche Echtzeitdaten alle zwei Sekunden abgerufen. Wollen Sie das ändern, ist das wohl nur mit VBA möglich. Führen Sie dazu irgendwann die Prozedur

```
Sub ChangeThrottleInterval()
    Application.RTD.ThrottleInterval = 1000
End Sub
```

aus. Im konkreten Fall wird dadurch die Taktzeit auf eine Sekunde verringert – ab jetzt und in der Zukunft.

Erfahrene Nutzer können auch nach dem Eintrag *RTDThrottleInterval* in der Windows-Registry suchen und dort den Wert anpassen.

Tipp Mithilfe der Funktion ZEIT() haben Sie eine ständig laufende Uhr auf Ihrem Arbeitsblatt:

```
=ZEIT(RTD("RealTime.clsRTDS";;"Stunde");RTD("RealTime.clsRTDS";;"Minute");RTD("RealTime.clsRT
DS";;"Sekunde"))
```

Anders als laufende Makros behindert der Echtzeit-Server nicht das weitere Bearbeiten des aktuellen Arbeitsblatts.

Siehe auch Keine

CD-ROM Das Beispiel finden Sie auf der CD-ROM zum Buch im Ordner *\Buch\Kap09* in der Arbeitsmappe *exampleRTD.xlsm* (Excel 2007/2010) bzw. *exampleRTD.xls* (Excel 97-2003). In diesem Ordner befindet sich auch die Laufzeitbibliothek *exampleRTD.dll*.

SPALTE() COLUMN()

Syntax SPALTE(*Bezug*)

Definition Diese Funktion liefert die (globale) Spaltennummer eines Bezugs.

Argumente *Bezug* (optional) muss als Bezug auf eine einzelne Zelle oder einen rechteckigen Zellbereich auswertbar sein.

Hintergrund Lassen Sie das Argument *Bezug* weg, wird die Spaltennummer geliefert, die der Zelle entspricht, in der die Funktion steht.

Ist *Bezug* ein Zellbereich (der auch durch einen Namen angegeben werden kann), kann die Funktion in Matrixformeln Verwendung finden (Abschluss mit [Strg]+[⇧]+[↵]). Ist die spaltenweise Ausdehnung des Zielbereichs dabei kleiner als die spaltenweise Ausdehnung des Arguments, werden die Informationen der fehlenden Zellen am Ende abgeschnitten. Ist der Zielbereich in dieser Ausdehnung größer, entsteht in den überzähligen Zellen der Fehlerwert *#NV*.

Praxiseinsatz Sie möchten in einer Zeile die Zahlen addieren, deren Spaltennummern gerade (ungerade) sind.

Hinweis

Leider schlägt der Versuch, hier die Funktion ISTGERADE() (bzw. ISTUNGERADE()) in gleicher wie der folgenden, aber kürzerer Form einzusetzen, fehl, da diese Funktionen keine mehrzelligen Bezüge akzeptieren (Fehlerwert *#WERT!*).

Eine Zahl ist gerade, wenn die Formel

```
(2*GANZZAHL(A1/2)-A1)=0
```

den Wahrheitswert *WAHR* liefert. Im Fall von

```
((2*GANZZAHL(A1/2)-A1)<>0)=WAHR
```

ist die Zahl nicht gerade.

Das machen Sie sich zunutze. Angenommen, Ihre Zahlenreihe steht in der Zeile *B21* bis *E21*. Dann liefert die Matrixformel

```
{=SUMME((GANZZAHL(SPALTE(B21:E21)/2)*2-SPALTE(B21:E21)=0)*B21:E21)}
```

die Summe über alle Spalten mit geraden Spaltennummern und

```
{=SUMME((GANZZAHL(SPALTE(B21:E21)/2)*2-SPALTE(B21:E21)<>0)*B21:E21)}
```

die über alle mit ungeraden Spaltennummern. Das funktioniert, weil der Wahrheitswert *WAHR* als 1 und *FALSCH* als 0 interpretiert wird.

Siehe auch

SPALTEN(), ZEILE()

CD-ROM

Die Beispiele sowie einige Tests zu den Hintergrund-Informationen finden Sie auf der CD-ROM zum Buch im Ordner *\Buch\Kap09* in der Arbeitsmappe *Bezugsfunktionen.xlsx* (Excel 2007/2010) bzw. *Bezugsfunktionen.xls* (Excel 97-2003) auf dem Arbeitsblatt *Spalte-Zeile*.

SPALTEN() COLUMNS()

Syntax

SPALTEN(***Matrix***)

Definition

Diese Funktion gibt die Anzahl der Spalten einer Matrixkonstanten oder eines rechteckigen Bezugs zurück.

Argumente

Matrix (erforderlich) erwartet eine Matrixkonstante oder einen Bezug auf einen rechteckigen Zellbereich.

Hintergrund

Versuchen Sie, einen nicht rechteckigen (mehrteiligen) Bereich als Argument zu verwenden, so erhalten Sie die Fehlermeldung »zu viele Argumente«. Schließen Sie diese Argumente in zusätzliche runde Klammern ein, entsteht der Fehlerwert *#BEZUG!*. Wird der Bereich durch Schnittmengen – diese werden durch ein Leerzeichen zwischen Zellbezügen wie in *=SPALTEN(B2:D4 E2:E4)* gebildet – definiert und ist diese Schnittmenge leer, so ergibt sich der Fehlerwert *#NULL!*.

Matrixkonstanten sind Folgen von Zahlen oder Text, die Sie selbst in geschweifte Klammern einschließen müssen. Dabei wird ein Punkt als Trennzeichen zwischen Zeilen und Spalten verwendet. Der einfache Ausdruck *{1;2;3;4}* wird als eine einzelne Spalte interpretiert, wie das Ergebnis von

```
=SPALTEN({1;2;3;4})
```

zeigt.

Dem gegenüber ist *{11.12.13;21.22.23}* dreispaltig, was durch das Ergebnis von

```
=SPALTEN({11.12.13;21.22.23})
```

dokumentiert werden kann.

Praxisbezug Mithilfe dieser Funktion sowie der verwandten Funktion ZEILEN() können Sie einfach auf ausgesuchte Zellen eines benannten Bereichs zugreifen. Besonders wirkungsvoll ist das dann, wenn der Bereich dynamischen Veränderungen unterliegt. Beispiele hierzu finden Sie im Abschnitt zur Funktion BEREICH.VERSCHIEBEN().

Angenommen, der in Frage stehende Bereich trägt den Namen *MeinBereich*. Dann liefert

```
=INDEX(MeinBereich;ZEILEN(MeinBereich);SPALTEN(MeinBereich))
```

eine Bezug zur letzten unteren rechten Zelle des Bereichs.

Siehe auch SPALTE(), ZEILEN()

CD-ROM Das Beispiel sowie einige Tests zu den Hintergrund-Informationen finden Sie auf der CD-ROM zum Buch im Ordner *\Buch\Kap09* in der Arbeitsmappe *Bezugsfunktionen.xlsx* (Excel 2007/2010) bzw. *Bezugsfunktionen.xls* (Excel 97-2003) auf dem Arbeitsblatt *Spalten-Zeilen*.

SVERWEIS() VLOOKUP()

Syntax SVERWEIS(***Suchkriterium***;***Matrix***;***Spaltenindex***;*Bereich_Verweis*)

Definition Diese Funktion sucht in der am weitesten links gelegenen Spalte eines rechteckigen Bezugs oder einer Matrixkonstanten nach einem Wert. Entsprechend der übergebenen Argumente wird beim Finden dieses oder eines ihn vertretenden Werts in der durch den Bezug definierten Tabelle (Liste) eine entsprechende Anzahl von Schritten nach rechts gegangen und der dortige Eintrag zurückgegeben.

Argumente ***Suchkriterium*** (erforderlich) muss als Text, Zahl oder Wahrheitswert auswertbar sein. Es ist der Wert, nach welchem in der ersten Spalte von links der *Matrix* gesucht wird.

Hinweis Bei der Suche nach Text wird nicht zwischen Groß- und Kleinschreibung unterschieden.

Matrix (erforderlich) ist ein Bezug auf einen rechteckigen Zellbereich (dieser kann auch durch einen Namen benannt sein) bzw. eine Matrixkonstante (das ist eine in geschweifte Klammern geschriebene Folge von Zahlen oder Text).

Spaltenindex (erforderlich) muss als positive ganze Zahl auswertbar sein, die nicht größer als die Anzahl der Spalten im Argument *Matrix* ist. Es gibt die Spaltennummer der Spalte an, aus der die durch die Funktion gelieferten Informationen stammen.

Bereich_Verweis (optional) verlangt einen Wahrheitswert. Dieser bestimmt, ob in der ersten Spalte nach einer genauen Übereinstimmung mit dem *Suchkriterium* gesucht werden soll (Argument ist gleich *FALSCH*) oder nicht (Argument ist gleich *WAHR* oder weggelassen).

Hintergrund Prinzipiell kann von zwei Situationen ausgegangen werden:

Die erste Situation: Sie suchen in der linken Spalte nach einem bestimmten Begriff oder einer bestimmten Zahl und akzeptieren nur diese. Dann ist es nicht von Bedeutung, ob die Tabelle nach der ersten Spalte sortiert ist oder nicht. Wichtig ist nur, dass Sie in einer nicht sortierten

Tabelle unbedingt den Parameter *Bereich_Verweis* als *FALSCH* deklarieren müssen. Tun Sie das nicht oder lassen den Parameter weg, wird Ihr Suchbegriff in aller Regel nicht gefunden, selbst wenn er in der linken Spalte tatsächlich vorhanden ist (Ausnahmen sind zufällige »günstige« Situationen). Die Ursache liegt darin, dass Excel die Suche von unten beginnt. Stößt es dabei auf einen Eintrag, der in lexikalischer oder numerischer Ordnung vor dem gesuchten steht, wird das so interpretiert, als ob »am gesuchten bereits vorbei gegangen worden sein muss«. Da er nicht gefunden wurde, ist er also auch nicht da. In diesen Situationen wird dann der Wert als Stellvertreter als gefunden genommen, der in der genannten Ordnung – in Abwärtsrichtung gesehen – als nächster folgt. Diese Interpretation durch Excel ist in der Regel nicht sachgemäß und kann durch die Angabe von *FALSCH* als viertem Parameter vermieden werden – steht der Wert nicht in der ersten Spalte, erscheint der Fehlerwert *#NV* als Ergebnis.

Die zweite Situation: Sie sind nicht an einer genauen Übereinstimmung des gefundenen Werts in der ersten Spalte interessiert. Das wird bei Texten sicher nur in seltenen Fällen Ihr Wunsch sein. Aber bei Zahlen, genauer gesagt Intervall-Grenzen, wie sie bei Rabattstaffeln, Zinsstaffeln, Einkommensteuerbeträgen und anderen »Einordnungsproblemen« vorkommen, ist die Lage ganz anders. Wichtig ist nun, dass Ihre Liste (Tabelle) tatsächlich nach der ersten Spalte geordnet sein muss, die Intervall-Grenzen also in aufsteigender (numerischer) Ordnung vorliegen. Wollen Sie in der Tat eine solche Grenze finden, so verwenden Sie als vierten Parameter den Wahrheitswert *FALSCH*. Setzen Sie diesen Parameter als *WAHR* an oder lassen ihn weg, wird Ihnen Excel (und das ist dann sachgemäß und gewünscht) die Intervall-Grenze liefern, die in absteigender Richtung dem gesuchten Wert am nächsten kommt.

Hinweis

Sie können das Argument *Matrix* auch als sogenannte Matrixkonstante übergeben. Dabei handelt es sich um in geschweifte Klammern eingeschlossene Zeichen- oder Zahlenfolgen. Zeilen werden durch ein Semikolon getrennt, Spalten durch einen Punkt. So ist {1;2;3;4} ein einspaltiges Gebilde, bestehend aus vier Zeilen. Bei {11.12.13;21.22.23} handelt es sich um eine dreispaltige Matrix, bestehend aus zwei Zeilen. Auf Letztere kann durch SVERWEIS() etwa mittels

```
=SVERWEIS(B27;{11.12.13;21.22.23};3)
```

zugegriffen werden (steht in *B27* der Wert 21, wird 23 zurückgegeben).

Diese Art der Verwendung von SVERWEIS() dürfte jedoch kaum Anwendung finden, da das Eingeben der Matrizen aufwändig, fehleranfällig und sehr unflexibel ist.

Praxiseinsatz

Die folgenden Beispiele zeigen die Anwendung der Funktion und was dabei zu beachten ist.

Kombination mit anderen Funktionen

Im zweiten Beispiel zur INDEX()-Funktion wurde die Funktion SVERWEIS() eingesetzt, um eine genaue Übereinstimmung des gesuchten Werts zu finden. Weitere Beispiele finden Sie im Abschnitt zu den Funktionen ISTFEHLER() und ISTNV().

Ein Beispiel zur Verwendung von Intervallen bei Rabatt-Staffeln finden Sie im Tipp zum dritten Beispiel der WENN()-Funktion.

SVERWEIS() findet leider nur Werte rechts von der Suchspalte. Wollen Sie Werte links davon ermitteln, so können Sie dies im Falle einer geforderten genauen Übereinstimmung von *Suchkriterium* und gefundenem Wert durch eine Kombination der Funktionen INDEX() und VERGLEICH() erledigen.

Angenommen, Sie haben eine Liste mit einer Zuordnung von Ziffern zu Text wie in Abbildung 9.8.

	A	B	C	D	E	F
30						
31		Ziffer	Text			
32		-1	klein		gesuchter Text	groß
33		0	mittel		ermittelte Ziffer	1
34		1	groß			
35						

Abbildung 9.8: Mithilfe von *INDEX()* und *VERGLEICH()* den *SVERWEIS()* simulieren

Der Bereich von *B32* bis *B34* hat den Namen *Bereich* erhalten. Sie möchten die zum Suchtext »klein« gehörende Ziffer ermitteln. Umgekehrt ist es mit SVERWEIS() kein Problem:

```
=SVERWEIS(-1;Bereich;2;FALSCH)
```

Die Originalaufgabe ist ein wenig komplizierter. Eine mögliche Lösung zeigt die folgende Formel:

```
=INDEX(Bereich;VERGLEICH(F32;BEREICH.VERSCHIEBEN(Bereich;0;1;;1);0);1)
```

Durch BEREICH.VERSCHIEBEN() definieren Sie die zweite Spalte von *Bereich* als die Spalte, in der gesucht wird. Der VERGLEICH() liefert dann die (lokale) Zeile in *Bereich*, in der der Wert aus *F32* gefunden wurde. INDEX() nimmt diese Zeilennummer und Sie geben noch die Spaltennummer 1 hinzu.

Siehe auch INDEX(), VERGLEICH(), VERWEIS(), WVERWEIS()

CD-ROM Einige Tests zu den Hintergrund-Informationen und das Beispiel finden Sie auf der CD-ROM zum Buch im Ordner *\Buch\Kap09* in der Arbeitsmappe *Verweise.xlsx* (Excel 2007/2010) bzw. *Verweise.xls* (Excel 97-2003) im Arbeitsblatt *SVERWEIS*.

VERGLEICH() MATCH()

Syntax VERGLEICH(***Suchkriterium***;***Suchmatrix***;*Vergleichstyp*)

Definition Diese Funktion sucht Text, Zahlen oder Wahrheitswerte innerhalb eines Bezugs oder einer Matrix und gibt deren Position zurück.

Argumente ***Suchkriterium*** (erforderlich) ist der gesuchte Wert und kann eine Zahl, eine Zeichenfolge oder ein Wahrheitswert bzw. ein Bezug auf eine Zelle sein, die einen solchen Wert enthält.

Suchmatrix (erforderlich) ist der Bezug auf einen einzeiligen oder einspaltigen Zellbereich bzw. eine Matrixkonstante (in geschweifte Klammern geschriebene Folge von Werten) und bestimmt den Ort, wo nach dem im ersten Argument angegebenen Wert gesucht werden soll.

Vergleichstyp (optional) muss sich zu einer Zahl, die die Werte –1, 0 oder 1 hat, auswerten lassen. Das Argument gibt an, unter welchen Voraussetzungen und wie nach *Suchkriterium* in der *Suchmatrix* gesucht wird. Wird es weggelassen, arbeitet Excel so, als ob es gleich 1 gesetzt wurde.

Hintergrund

Das Argument *Vergleichstyp* muss passend zur Ausgangssituation gewählt werden und dabei gleichzeitig den Erwartungen an die Funktion entsprechen:

- Ist *Vergleichstyp* gleich –1, gibt VERGLEICH() die Position des kleinsten Werts zurück, der größer oder gleich *Suchkriterium* ist. Die Elemente der *Suchmatrix* sollten dazu sinnvoller Weise in absteigender Reihenfolge angeordnet sein: Zuerst kommen die Wahrheitswerte *WAHR* und *FALSCH*, dann die Buchstaben in umgekehrter alphabetischer Reihenfolge und schließlich die Zahlen in absteigender Anordnung.
- Ist *Vergleichstyp* gleich 0, gibt VERGLEICH() die Position des ersten Werts zurück, der gleich *Suchkriterium* ist. Die Elemente der *Suchmatrix* dürfen dann in beliebiger Reihenfolge angeordnet sein.
- Ist *Vergleichstyp* gleich 1, gibt VERGLEICH() die Position des größten Werts aus der Suchmatrix zurück, der kleiner oder gleich *Suchkriterium* ist. Dazu sollten die Elemente der *Suchmatrix* sinnvoller Weise in aufsteigender Reihenfolge angeordnet sein. Zahlen kommen vor den Buchstaben (in alphabetischer Reihenfolge), danach die Wahrheitswerte *FALSCH* und *WAHR*.

VERGLEICH() unterscheidet sich also von den Funktionen mit dem Wort »Verweis« im Namen (wie SVERWEIS()) dadurch, dass Positionen bestimmt werden und nicht die Werte selbst. Die Ausgangssituation wie im Falle *Vergleichstyp = –1* ist in SVERWEIS() leider gar nicht vorgesehen.

Wird kein übereinstimmender Wert gefunden, gibt die Funktion den Fehlerwert *#NV* zurück. Dieser Fehlerwert wird auch geliefert, wenn das Argument *Suchkriterium* nicht der Forderung nach einer Zeile bzw. einer Spalte entspricht. In den Situationen, in denen die Wahl des Parameters *Vergleichstyp* nicht der Ordnung der *Suchmatrix* entsprechend erfolgt, kann es ebenfalls zu diesem Fehlerwert kommen, obgleich der gesuchte Wert in der Liste vorhanden ist.

In Listen mit Zeichenketten wird es sicher die Regel sein, dass *Vergleichstyp = 0* gewählt wird. Andernfalls kann es zu kuriosen Rückgabewerten kommen, falls ein Wert nicht gefunden wird. In Listen mit Zahlen, die Intervall-Grenzen angeben (Rabattstaffeln, Zinsstaffeln, Punkteinteilungen und andere Einteilungsaufgaben) ist eine steigende bzw. fallende Anordnung von *Suchmatrix* aus der Aufgabenstellung heraus garantiert.

Eine Besonderheit ist im Falle von *Vergleichstyp = 0* besonders wirkungsvoll: Wird für *Suchkriterium* eine Zeichenfolge angegeben, darf diese die Platzhalter * (Sternchen) für eine beliebige Zeichenfolge und *?* (Fragezeichen) für ein einzelnes Zeichen enthalten.

VERGLEICH() unterscheidet beim Abgleichen von Zeichenfolgen (Texten) nicht zwischen Groß- und Kleinbuchstaben.

Praxiseinsatz

Die folgenden Beispiele zeigen die Anwendung der Funktion und was dabei zu beachten ist.

Suchen in mehreren Spalten

Mit wenigen Handgriffen lässt sich mithilfe dieser Funktion eine mehrspaltige Suche realisieren. Angenommen, Sie haben eine (hier stark verkürzte) Preisliste für Oberbekleidung wie in Abbildung 9.9.

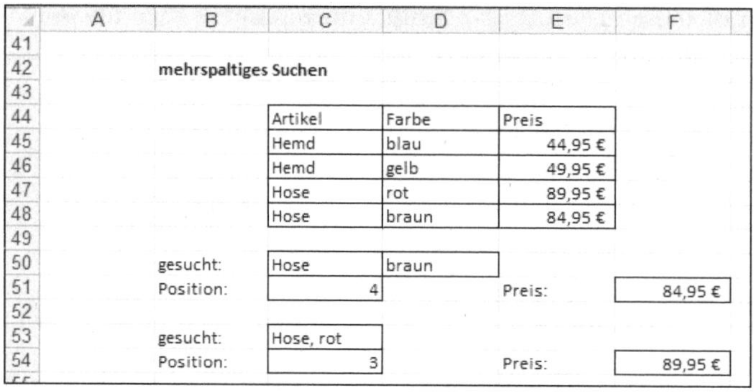

	A	B	C	D	E	F
41						
42		**mehrspaltiges Suchen**				
43						
44			Artikel	Farbe	Preis	
45			Hemd	blau	44,95 €	
46			Hemd	gelb	49,95 €	
47			Hose	rot	89,95 €	
48			Hose	braun	84,95 €	
49						
50		gesucht:	Hose	braun		
51		Position:	4		Preis:	84,95 €
52						
53		gesucht:	Hose, rot			
54		Position:	3		Preis:	89,95 €

Abbildung 9.9: Mehrspaltiges Suchen in einer »symbolischen« Preisliste

Zuerst ermitteln Sie die Position des gesuchten »gelben Hemds« durch

```
{=VERGLEICH(C50 & D50;C45:C48 & D45:D48;0)}
```

(das ist eine Matrixformel und deshalb mit der Tastenkombination [Strg]+[⇧]+[↵] abzuschließen). Mit dem &-Zeichen gelingt es Ihnen, sowohl das *Suchkriterium* zu verknüpfen als auch aus den zwei Suchspalten eine einzige zu machen. Die INDEX()-Funktion ermittelt Ihnen aus der gefundenen Position den gesuchten Wert:

```
=INDEX(E45:E48;C51)
```

Natürlich könnten Sie beide Formeln zu einer einzigen für den gesuchten Preis vereinen:

```
{=INDEX(E45:E48;VERGLEICH(C50 & D50;C45:C48 & D45:D48))}
```

Wollen Sie das Suchkriterium in einer einzigen Zelle halten (*C53* in Abbildung 9.9), kann die Formel zur Positionsbestimmung so aussehen:

```
{=VERGLEICH(C53;C45:C48 & ", " & D45:D48;0)}
```

(auch das ist eine Matrixformel). Sie haben hier die Suchspalten entsprechend des verwendeten Musters in *C53* miteinander kombiniert.

Durch die Verwendung von Platzhaltern im gesuchten Wert, gelingt es durch entsprechende Formeln auch Artikel zu finden, von denen man nur einen Teil des Namens bzw. der Farbe weiß. Schreiben Sie in *C58* »Ho« und in *D58* »ro«, so wird durch die Matrixformel

```
{=VERGLEICH("*" & C58 & "*" & D58 & "*";C45:C48 & D45:D48;0)}
```

auch die Zeile gefunden, in der die »rote Hose« steht.

Hinweis Da die Formeln durchaus kompliziert werden können, sollten Sie bei solchen Aufgabenstellungen auch die Alternative des Filterns mit dem Spezialfilter ins Kalkül ziehen. Beim Kopieren der gefundenen Listenausschnitte (an Stelle des Filterns am gleichen Ort) beachten Sie jedoch, dass eine solche Kopie vom Original losgelöst existiert und sich nicht mit diesem aktualisiert.

Kreuztabellen in der Praxis Kreuztabellen (das ist die einfachste Form einer Pivot-Tabelle) begegnen uns im Leben sehr oft: Fahrpläne an Bus- oder Straßenbahnhaltestellen, Entfernungsangaben zwischen Städten in Almanachen und Taschenkalendern, Logarithmen-Tabellen u. v. a. m.

Angenommen, Sie haben einen »Telefon-Navigator« in Tabellenform, der Sie über den günstigsten Anbieter zu verschiedenen Tageszeiten informiert. Die Abbildung 9.10 zeigt einen fiktiven Ausschnitt.

	A	B	C	D	E
71					
72		**Kreuztabellen**			
73					
74			**BARCOR**	**CARCOR**	**DARCOR**
75		**00:00**	0,08 €	0,27 €	0,18 €
76		**06:00**	0,18 €	0,07 €	0,14 €
77		**09:00**	0,27 €	0,09 €	0,18 €
78		**18:00**	0,18 €	0,10 €	0,14 €
79		**21:00**	0,11 €	0,27 €	0,18 €
80					
81		gesucht:	07:00		
82		gefunden:	2		
83		Minimum:	0,07 €		
84		Anbieter:	CARCOR		

Abbildung 9.10: Navigieren im Tarif-Dschungel

Das Finden einer Uhrzeit in der linken Spalte sieht aus wie eine Aufgabe für SVERWEIS(). Nur, in welcher Spalte steht das Ergebnis? Mithilfe von VERGLEICH() ermitteln Sie die gesuchte Zeile (für 7 Uhr ist das hier die Zeile 2), das Minimum findet die Funktion MIN() im Zusammenspiel mit BEREICH.VERSCHIEBEN():

```
=VERGLEICH(C81;B75:B79;1)
```

und

```
=MIN(BEREICH.VERSCHIEBEN(C75:E79;C82-1;0;1;3))
```

Wiederum könnten Sie beide Formeln zu einer zusammenfassen.

Den zu einem minimalen Tarif gehörenden Anbieter ermitteln Sie nun aus

```
=INDEX(C74:E74;1;VERGLEICH(C83;BEREICH.VERSCHIEBEN(C75:E79;C82-1;0;1;3);0))
```

BEREICH.VERSCHIEBEN() bringt Sie dabei in die richtige Zeile (beachten Sie, dass deren Nummerierung bei 0 beginnt), *C83* enthält das ermittelte Minimum, nach welchem Sie nun durch VERGLEICH() suchen, und INDEX() nimmt die Informationen, um in der Kopfzeile nachzuschauen.

Tipp

Die Markierung der Zelle mit dem günstigsten Tarif erledigen Sie durch bedingte Formatierung. Nehmen Sie diese in *C75* durch die Formel

```
=UND(C74=MIN(BEREICH.VERSCHIEBEN($C$74:$E$78;VERGLEICH($C$80;$B$74:$B$78;1)-
1;0;1;3));(ZEILE(C74)- ZEILE($C$74)+1)=$C$81)
```

vor (es wird geprüft, ob in der Zelle das Minimum steht und ob die Zeile die richtige ist), wählen eine entsprechende Füllfarbe und kopieren anschließend die Formatierung mithilfe des Symbols *Format übertragen*.

Siehe auch

INDEX(), SVERWEIS(), WVERWEIS()

CD-ROM

Die Beispiele sowie einige Tests zu den Hintergrund-Informationen finden Sie auf der CD-ROM zum Buch im Ordner *\Buch\Kap09* in der Arbeitsmappe *Verweise.xlsx* (Excel 2007/2010) bzw. *Verweise.xls* (Excel 97-2003) auf dem Arbeitsblatt *VERGLEICH*.

VERWEIS() LOOKUP()

Syntax

Syntax 1 (Vektorversion):

VERWEIS(***Suchkriterium***;***Suchvektor***;***Ergebnisvektor***)

Syntax 2 (Matrixversion):

VERWEIS(***Suchkriterium***;***Matrix***)

Definition

Diese Funktion durchsucht die Werte einer Matrix (Bezug auf einen rechteckigen Bereich bzw. eine Matrixkonstante). Besteht die Matrix aus nur einer Spalte bzw. nur einer Zeile, kommt die Vektorversion zum Ansatz.

Die Vektorversion sucht in einem Vektor nach einem bestimmten Wert und gibt einen Wert aus derselben Position in einem zweiten Vektor zurück.

Die Matrixversion sucht in der ersten Zeile oder Spalte einer Matrix nach dem angegebenen Wert und gibt einen Wert aus derselben Position in der letzten Zeile oder Spalte derselben Matrix zurück.

Argumente

Syntax 1 (Vektorversion):

Suchkriterium (erforderlich) muss sich als eine Zahl, eine Zeichenkette oder ein Wahrheitswert auswerten lassen. Es kann also auch ein Bezug auf eine Zelle mit einem solchen Wert sein.

Suchvektor (erforderlich) ist der Bezug auf einen Zellbereich, der nur eine Zeile oder Spalte enthält. Zulässige Elemente von Suchvektor sind Zeichenfolgen (Texte), Zahlen oder Wahrheitswerte.

Ergebnisvektor (erforderlich) ist analog zu *Suchvektor* der Bezug auf einen Zellbereich, der nur eine Zeile oder Spalte enthält. Dieses Argument muss genauso viele Elemente umfassen wie das Argument *Suchvektor*. Lassen Sie dieses Argument weg, arbeiten Sie automatisch mit der Matrixversion.

Syntax 2 (Matrixversion):

Suchkriterium (erforderlich) muss sich auch in dieser Syntaxversion als ein Wert (Zahl, Text oder Wahrheitswert) auswerten lassen.

Matrix (erforderlich) ist der Bezug auf einen rechteckigen Zellbereich, der entweder Text, Zahlen oder Wahrheitswerte enthält.

Hinweis

Statt der Angabe von Zellbezügen können Sie auch Matrixkonstanten verwenden. Das sind in geschweifte Klammern eingeschlossene Folgen von Werten. Das Semikolon trennt hierbei Zeilen voneinander, ein Punkt trennt die Spalten. So ist *{1;2;3;4}* ein einspaltiger Vektor, bestehend aus vier Zeilen. Bei *{11.12.13;21.22.23}* handelt es sich um eine dreispaltige Matrix, bestehend aus zwei Zeilen.

Hintergrund

In beiden Syntaxversionen ist es wichtig, dass die Werte in den Bereichen, in denen gesucht wird, in aufsteigender Reihenfolge angeordnet sind: zuerst die Zahlen, dann die Buchstaben in alphabetischer Reihenfolge, dann die Wahrheitswerte *FALSCH* und *WAHR*. Ist das nicht der Fall, gibt VERWEIS() möglicherweise einen unerwarteten und sogar falschen Wert zurück. Anders als bei den Funktionen SVERWEIS(), WVERWEIS() und VERGLEICH() haben Sie keine Möglichkeit, die Art der Suche weiter zu spezifizieren.

Bei Zeichenfolgen (Texten) wird nicht zwischen Groß- und Kleinbuchstaben unterschieden.

Kann die VERWEIS()-Funktion in der Vektorversion keinen Wert finden, der mit dem jeweiligen Suchkriterium übereinstimmt, verwendet sie den größten Wert in *Suchvektor*, der kleiner oder gleich *Suchkriterium* ist. Ist *Suchkriterium* kleiner als der kleinste Wert in *Suchvektor*, gibt VERWEIS() den Fehlerwert *#NV* zurück.

In der Matrixversion bestimmt die Ausdehnung der Matrix, wo gesucht wird. Hat die Matrix mehr Spalten als Zeilen, wird *Suchkriterium* in der ersten Zeile gesucht. Andernfalls wird *Suchkriterium* in der ersten Spalte gesucht. Kann kein übereinstimmender Wert gefunden werden, wird der größte aller Werte genommen, der kleiner oder gleich *Suchkriterium* ist. Ist *Suchkriterium* kleiner als alle Vergleichswerte, meldet die Funktion den Fehlerwert *#NV*.

Praxiseinsatz

Die folgenden Beispiele zeigen die Anwendung der Funktion und was dabei zu beachten ist.

Die Matrixversion von VERWEIS() ist den Funktionen WVERWEIS() und SVERWEIS() sehr ähnlich. Der Unterschied besteht darin, dass WVERWEIS() die erste Zeile, SVERWEIS() die erste Spalte und VERWEIS() diejenige Spalte oder Zeile von *Matrix* mit dem *Suchkriterium* abgleicht, die sich entsprechend den Dimensionen von *Matrix* ergibt. Mit WVERWEIS() und SVERWEIS() können Sie durch die Angabe eines Index in eine bestimmte Zeile oder Spalte springen und sind dadurch flexibler als bei der Verwendung von VERWEIS(), welche immer den Wert, der in der letzten Zeile bzw. Spalte steht, wählt.

Damit lassen sich denkbare Beispiele für die Matrixversion ausnahmslos durch die anderen Funktionen umsetzen.

Für den Fall variabler Listen (etwa die Länge ändert sich bei der Aktualisierung im Falle einer externen Datenabfrage) wird in aller Regel die Spaltenzahl kleiner als die Zeilenzahl sein. Somit gelingt das Suchen in den Überschriften nicht, um beispielsweise Informationen der letzten Zeile zu erhalten. Auch hier stehen dann mit WVERWEIS() in Kombination mit ZEILEN() oder mit VERGLEICH() in Kombination mit INDEX() zielgerichtete Alternativen bereit.

Excel sollte nicht als Ersatz für ein Datenbank-Managementsystem (wie Access oder gar der Microsoft SQL Server) verwendet werden. Bewahren Sie in »Ausnahmefällen« dennoch Datenlisten in Arbeitsblättern auf, kann die Vektorversion anders als SVERWEIS() eine Suche über mehrere nicht zusammenhängende Bereiche, die sich vielleicht sogar auf verschiedenen Arbeitsblättern befinden, umsetzen. Einschränkende Voraussetzung dazu ist, dass die Suchvektoren geordnet sein müssen und die Ergebnisvektoren von den Positionen her passend zu den Suchvektoren aufgebaut werden.

Siehe auch

INDEX(), SVERWEIS(), VERGLEICH(), WVERWEIS()

CD-ROM

Ein Beispiel zu den alternativen Verwendungsmöglichkeiten finden Sie auf der CD-ROM zum Buch im Ordner *\Buch\Kap09* in der Arbeitsmappe *Verweise.xlsx* (Excel 2007/2010) bzw. *Verweise.xls* (Excel 97-2003) auf dem Arbeitsblatt *VERWEIS*.

WAHL() CHOOSE()

Syntax WAHL(*Index*;*Wert1*;*Wert2*;...)

Definition Diese Funktion verwendet einen Index, um einen Wert aus der Liste der Wertargumente zurückzugeben.

Argumente *Index* (erforderlich) gibt an, welcher Wert aus den folgenden Wertargumenten ausgewählt werden soll.

Wert1;*Wert2*;... (das erste Wertargument ist erforderlich) sind durch Semikola getrennte Wertargumente. Dies können Zahlen, Zellbezüge, definierte Namen, Formeln, Funktionen oder Text sein. Die Anzahl ist beschränkt in Excel ab Version 2007 auf 254 Argumente, in den anderen Versionen auf 29.

Hintergrund *Index* muss sich als eine ganze Zahl zwischen 1 und 29 bzw. 1 und 254 auswerten lassen. Damit kommen also auch Formel oder ein Bezug auf eine Zelle infrage, die eine solche Zahl liefern.

Ist *Index* kleiner als 1 oder größer als die Anzahl der Wertargumente in der Liste ist, gibt WAHL() den Fehlerwert *#WERT!* zurück.

Ist *Index* eine gebrochene Zahl, so werden die Nachkommastellen abgeschnitten, bevor die Auswahl aus der Liste vorgenommen wird.

Sie können WAHL() in einer Matrixformel einsetzen (Abschluss mit Strg+⇧+↵), wenn Sie *Index* als Matrix angeben. Jedoch ist hier Vorsicht geboten, um nicht unerwartete Fehler zu erhalten. So liefert der Eintrag von

```
{=WAHL({1;2};SUMME(E41:G41);SUMME(E42:G42))}
```

in zwei untereinander stehenden Zellen in der ersten die Summe von *E41* bis *G41* und in der zweiten die Summe von *E42* bis *G42*. Schreiben Sie jedoch

```
{=SUMME(WAHL({1;2};E41:G41;E42:G42))}
```

wird in beide Zellen die Gesamtsumme von *E41* bis *G42* eingetragen. Verwenden Sie aber

```
=SUMME(WAHL(1;E41:G41;E42:G42))
```

und

```
=SUMME(WAHL(2;E41:G41;E42:G42))
```

getrennt (keine Matrixformeln), erhalten Sie die korrekten Ergebnisse.

Praxiseinsatz Sie haben in den Zellen von *B46* bis *B52* die Namen der Wochentage, beginnend ab Sonntag eingetragen. Dann liefert Ihnen

```
="Heute ist " & WAHL(WOCHENTAG(HEUTE());B46;B47;B48;B49;B50;B51;B52) & "."
```

in einer beliebigen Zelle den Text »Heute ist [*Wochentagsname*].«.

Siehe auch INDEX()

CD-ROM Das Beispiel sowie einige Tests zu den Hintergrund-Informationen finden Sie auf der CD-ROM zum Buch im Ordner *\Buch\Kap09* in der Arbeitsmappe *Bezugsfunktionen.xlsx* (Excel 2007/2010) bzw. *Bezugsfunktionen.xls* (Excel 97-2003) auf dem Arbeitsblatt *Sonstige*.

WVERWEIS() HLOOKUP()

Syntax

WVERWEIS(***Suchkriterium***;***Matrix***;***Zeilenindex***;*Bereich_Verweis*)

Definition

Diese Funktion sucht in der oberen Zeile eines rechteckigen Bezugs oder einer Matrixkonstanten nach einem Wert. Entsprechend der übergebenen Argumente wird beim Suchen dieses oder eines ihn vertretenden Werts in der durch den Bezug definierten Tabelle eine entsprechende Anzahl von Schritten nach unten gegangen und der dortige Eintrag zurückgegeben.

Argumente

Suchkriterium (erforderlich) muss als Text, Zahl oder Wahrheitswert auswertbar sein. Dieses Argument ist der Wert, nach welchem in der obersten Zeile der *Matrix* gesucht wird.

Hinweis

Bei der Suche nach Text wird nicht zwischen Groß- und Kleinschreibung unterschieden.

Matrix (erforderlich) ist ein Bezug auf einen rechteckigen Zellbereich (dieser kann auch durch einen Namen benannt sein) bzw. eine Matrixkonstante (das ist eine in geschweifte Klammern geschriebene Folge von Zahlen oder Text).

Zeilenindex (erforderlich) muss als positive ganze Zahl auswertbar sein, die nicht größer als die Anzahl der Zeilen im Argument *Matrix* ist. Das Argument gibt die Zeilennummer der Zeile an, aus der die durch die Funktion gelieferten Informationen stammen.

Bereich_Verweis (optional) verlangt einen Wahrheitswert. Dieser bestimmt, ob in der ersten Zeile nach einer genauen Übereinstimmung mit dem *Suchkriterium* gesucht werden soll (Argument ist gleich *FALSCH*) oder nicht (Argument ist gleich *WAHR* oder weggelassen).

Hintergrund

Prinzipiell kann von zwei Situationen ausgegangen werden:

Die erste Situation: Sie suchen in der obersten Zeile nach einem bestimmten Begriff oder einer bestimmten Zahl und akzeptieren nur diese. Dann ist es nicht von Bedeutung, ob die Tabelle nach der ersten Zeile sortiert ist oder nicht. Wichtig ist nur, dass Sie in einer nicht sortierten Tabelle unbedingt den Parameter *Bereich_Verweis* als *FALSCH* deklarieren müssen. Tun Sie das nicht oder lassen den Parameter weg, wird Ihr Suchbegriff in aller Regel nicht gefunden, selbst wenn er in der obersten Zeile tatsächlich vorhanden ist (Ausnahmen sind zufällige »günstige« Situationen). Die Ursache liegt darin, dass Excel die Suche von hinten (ganz rechts) beginnt. Stößt es dabei auf einen Eintrag, der in lexikalischer oder numerischer Ordnung vor dem gesuchten Eintrag steht, wird das so interpretiert, als ob »am gesuchten bereits vorbei gegangen worden sein muss«. Da er nicht gefunden wurde, ist er also auch nicht da. In diesen Situationen wird dann der Wert als Stellvertreter als gefunden genommen, der in der genannten Ordnung – in Abwärtsrichtung gesehen – als nächster folgt. Diese Interpretation durch Excel ist in der Regel nicht sachgemäß und kann durch die Angabe von *FALSCH* als viertem Parameter vermieden werden. Steht der Wert nicht in der ersten Spalte, erscheint der Fehlerwert *#NV* als Ergebnis.

Die zweite Situation: Sie sind nicht an einer genauen Übereinstimmung des gefundenen Werts in der ersten Zeile interessiert. Das wird bei Texten sicher nur in seltenen Fällen Ihr Wunsch sein. Aber bei Zahlen, genauer gesagt Intervall-Grenzen, wie sie bei Rabattstaffeln, Zinsstaffeln, Einkommensteuerbeträgen und anderen »Einordnungsproblemen« vorkommen, ist die Lage ganz anders. Wichtig ist nun, dass Ihre Liste (Tabelle) tatsächlich nach der ersten Zeile geordnet sein muss, die Intervall-Grenzen also in aufsteigender (numerischer) Ordnung vorliegen. Wollen Sie tatsächlich eine solche Grenze finden, verwenden Sie als vierten Parameter den

Wahrheitswert *FALSCH*. Setzen Sie diesen Parameter als *WAHR* an oder lassen ihn weg, wird Ihnen Excel (und das ist dann sachgemäß und gewünscht) die Intervall-Grenze liefern, die in absteigender Richtung dem gesuchten Wert am nächsten kommt.

Hinweis Sie können das Argument *Matrix* auch als sogenannte Matrixkonstante übergeben. Dabei handelt es sich um in geschweifte Klammern eingeschlossene Zeichen- oder Zahlenfolgen. Zeilen werden durch ein Semikolon getrennt, Spalten durch einen Punkt. So ist *{1;2;3;4}* ein einspaltiges Gebilde, bestehend aus vier Zeilen. Bei *{11.12.13;21.22.23}* handelt es sich um eine dreispaltige Matrix, bestehend aus zwei Zeilen. Auf Letztere kann durch WVERWEIS() etwa mittels

```
=WVERWEIS(B27;{11.12.13;21.22.23};2)
```

zugegriffen werden (steht in *B27* der Wert 13, wird 23 zurückgegeben).

Diese Art der Verwendung von WVERWEIS() dürfte jedoch kaum Anwendung finden, da die Eingabe der Matrizen aufwendig, fehleranfällig und sehr unflexibel ist.

Praxiseinsatz Eine typische Situation beim Finden von Werten in Kreuztabellen ist die Suche eines Kriteriums in der linken Spalte bei gleichzeitiger Berücksichtigung von zu beachtenden Werten in der Kopfzeile. Die Abbildung 9.11 zeigt das Beispiel eines fiktiven Fahrplans. Ermittelt werden sollen die möglichen Minuten bei gegebener Haltestelle und Uhrzeit.

	A	B	C	D	E	F	G
29							
30		**Fahrplan**					
31							
32			**00:00**	**06:00**	**10:00**	**16:00**	**21:00**
33		**Schlossallee**	3, 33	3, 18, 33, 48	3, 23, 43	3, 18, 33, 48	3, 33
34		**Parkstraße**	8, 38	8, 23, 38, 53	8, 28, 48	8, 23, 38, 53	8, 38
35		**Hauptbahnhof**	12, 42	12, 27, 42, 57	12, 32, 52	12, 27, 42, 57	12, 42
36		**Rathausplatz**	13, 43	13, 28, 43, 58	13, 33, 53	13, 28, 43, 58	13, 43
37		**Neue Straße**	15, 45	0, 15, 30, 45	15, 35, 55	0, 15, 30, 45	15, 45
38		**Los**	18, 48	3, 18, 33, 48	18, 38, 58	3, 18, 33, 48	18, 48
39							
40		Haltestelle	Parkstraße				
41		Uhrzeit	07:15				
42		Minuten	8, 23, 38, 53				

Abbildung 9.11: Abfahrtszeiten in einem Fahrplan ermitteln

WVERWEIS() schafft diese Aufgabe nicht allein, da zusätzlich die Zeile angegeben werden muss, in welcher sich die Haltestelle befindet. Mithilfe der kombinierten Formel

```
=WVERWEIS(C41;C32:G38;VERGLEICH(C40;B33:B38;0)+1)
```

ist die Aufgabe jedoch gelöst. VERGLEICH() sucht in der ersten Spalte nach der Haltestelle aus *C40*, die Addition von 1 geschieht wegen der Einbeziehung der Kopfzeile in die Suchmatrix.

Tipp Die Auswahlliste der Haltestellen (Dropdownfeld) erhalten Sie durch Vergabe einer Gültigkeitsregel für *C40*, die nur Werte aus einer Liste zulässt.

Siehe auch INDEX(), SVERWEIS(), VERGLEICH(), VERWEIS()

CD-ROM Das Beispiel sowie einige Tests zu den Hintergrund-Informationen finden Sie auf der CD-ROM zum Buch im Ordner *\Buch\Kap09* in der Arbeitsmappe *Verweise.xlsx* (Excel 2007/2010) bzw. *Verweise.xls* (Excel 97-2003) auf dem Arbeitsblatt *WVERWEIS*.

ZEILE() ROW()

Syntax
ZEILE(*Bezug*)

Definition
Diese Funktion liefert die (globale) Zeilennummer eines Bezugs.

Argumente
Bezug (optional) muss als Bezug auf eine einzelne Zelle oder einen rechteckigen Zellbereich auswertbar sein.

Hintergrund
Lassen Sie das Argument *Bezug* weg, wird die Zeilennummer geliefert, die der Zelle entspricht, in der die Funktion steht.

Ist *Bezug* ein Zellbereich (der auch durch einen Namen angegeben werden kann), kann die Funktion in Matrixformeln Verwendung finden (Abschluss mit Strg+⇧+↵). Ist die zeilenweise Ausdehnung des Zielbereichs dabei kleiner als die zeilenweise Ausdehnung des Arguments, werden die Informationen der fehlenden Zellen am Ende abgeschnitten. Ist der Zielbereich in dieser Ausdehnung größer, entsteht in den überzähligen Zellen der Fehlerwert *#NV*.

Praxiseinsatz
Die folgenden Beispiele zeigen die Anwendung der Funktion und was dabei zu beachten ist.

Fortlaufende Nummerierung
Möchten Sie, beginnend ab Zelle *A15*, eine in den Zellen nach unten fortlaufende Nummerierung erzeugen, schreiben Sie in *A15* die Formel

```
=ZEILE()-ZEILE($A$15)+1 & "."
```

und kopieren diese (mit dem Ausfüllkästchen) so weit, wie die Nummerierung gehen soll.

Fortlaufende Nummerierung im Bereich
Möchten Sie die erste Spalte eines benannten Bereichs (Name *Bereich*) mit einer fortlaufenden Nummerierung versehen, können Sie dies durch die Matrixformel

```
{=ZEILE(Bereich)-ZEILE(BEREICH.VERSCHIEBEN(Bereich;0;0;1))+1 & "."}
```

erledigen. Beachten Sie, dass diese Formel vollkommen ohne eine Position des Bereichs auskommt und auch keinen Zirkelbezug erzeugt.

Siehe auch
SPALTE(), ZEILEN()

CD-ROM
Die Beispiele sowie einige Tests zu den Hintergrund-Informationen finden Sie auf der CD-ROM zum Buch im Ordner *\Buch\Kap09* in der Arbeitsmappe *Bezugsfunktionen.xlsx* (Excel 2007/2010) bzw. *Bezugsfunktionen.xls* (Excel 97-2003) auf dem Arbeitsblatt *Spalte-Zeile*.

ZEILEN() ROWS()

Syntax
ZEILEN(***Matrix***)

Definition
Diese Funktion gibt die Anzahl der Zeilen einer Matrixkonstanten oder eines rechteckigen Bezugs zurück.

Argumente
Matrix (erforderlich) ist eine Matrixkonstante oder ein Bezug auf einen rechteckigen Zellbereich.

Hintergrund
Versuchen Sie, einen nicht rechteckigen (mehrteiligen) Bereich als Argument zu verwenden, erhalten Sie die Fehlermeldung »zu viele Argumente«. Schließen Sie diese Argumente in zusätzliche runde Klammern ein, entsteht der Fehlerwert *#BEZUG!*. Wird der Bereich durch Schnittmengen – diese werden durch ein Leerzeichen zwischen Zellbezügen wie in *=ZEILEN(B2:D4 E2:E4)* gebildet – definiert und ist diese Schnittmenge leer, ergibt sich der Fehlerwert *#NULL!*.

Matrixkonstanten sind Folgen von Zahlen oder Text, die Sie selbst in geschweifte Klammern einschließen müssen. Dabei wird ein Punkt als Trennzeichen zwischen Zeilen und Spalten verwendet. Der einfache Ausdruck *{1;2;3;4}* wird als Matrix mit vier Zeilen interpretiert, wie das Ergebnis von

```
=ZEILEN({1;2;3;4})
```

zeigt. Dem gegenüber ist *{11.12.13;21.22.23}* zweizeilig, was durch das Ergebnis von

```
=ZEILEN({11.12.13;21.22.23})
```

dokumentiert werden kann.

Praxiseinsatz Um auf die letzte Zelle rechts unten eines benannten Bereichs zuzugreifen, können Sie die Formel

```
=INDEX(MeinBereich;ZEILEN(MeinBereich);SPALTEN(MeinBereich))
```

einsetzen. Dabei ist *MeinBereich* der Name des in Frage stehenden Bereichs.

Siehe auch SPALTEN(), ZEILE()

CD-ROM Das Beispiel sowie einige Tests zu den Hintergrund-Informationen finden Sie auf der CD-ROM zum Buch im Ordner *\Buch\Kap09* in der Arbeitsmappe *Bezugsfunktionen.xlsx* (Excel 2007/2010) bzw. *Bezugsfunktionen.xls* (Excel 97-2003) auf dem Arbeitsblatt *Spalten-Zeilen*.

Kapitel 10

Informationsfunktionen

Dieses Kapitel macht Sie mit den sogenannten Informationsfunktionen bekannt. Dabei handelt es sich vor allem um solche Funktionen, die über Inhalt (Text, Werte, Fehler) und Zustand (Formatierungen) von Zellen informieren. Sie werden begeistert von den IST-Funktionen sein, die es Ihnen erlauben, in Abhängigkeit von Zellinhalten durch den Einsatz der WENN()-Funktion Ihre Rechenwege bzw. Datenvisualisierungen zu verzweigen und anzupassen. Doch nicht nur die WENN()-Funktion erlaubt ein angepasstes Verhalten, auch bedingte Formatierungen und Gültigkeitsregeln können von den gezogenen Informationen profitieren. Insofern sind diese Funktionen in die Gruppe der nützlichen Helfer einzuordnen, die bei Praxislösungen eher im Hintergrund bleiben.

Tabelle 10.1 Die Informationsfunktionen in der Übersicht

Funktion	**Beschreibung**
ANZAHLLEEREZELLEN()	Gibt die Anzahl der leeren Zellen in einem Bereich an
FEHLER.TYP()	Gibt bei Formelfehler die Fehlernummer zurück, von der sich auf die Art des Fehlers schließen lässt
INFO()	Gibt Informationen zur Betriebssystemumgebung sowie Excel selbst zurück
ISTBEZUG()	Gibt WAHR zurück, wenn der übergebene Wert einen gültigen Zellbezug darstellt
ISTFEHL()	Gibt WAHR zurück, wenn der übergebene Wert ein Fehler ist; allerdings nicht im Fall #NV
ISTFEHLER()	Gibt WAHR zurück, wenn der übergebene Wert ein Fehler ist
ISTGERADE()	Gibt WAHR zurück, wenn eine gerade Zahl vorliegt
ISTKTEXT()	Gibt WAHR zurück, wenn es sich **nicht** um einen Text handelt
ISTLEER()	Gibt WAHR zurück, wenn der übergebene Wert leer ist
ISTLOG()	Gibt WAHR zurück, wenn ein logischer Wert vorliegt
ISTNV()	Gibt WAHR zurück, wenn der Fehlerwert #NV vorliegt
ISTTEXT()	Gibt WAHR zurück, wenn es sich um einen Text handelt
ISTUNGERADE()	Gibt WAHR zurück, wenn eine ungerade Zahl vorliegt
ISTZAHL()	Gibt WAHR zurück, wenn ein numerischer Wert vorliegt
N()	Gibt den in eine Zahl umgewandelten Wert zurück
NV()	Gibt den Fehlerwert #NV zurück
T()	Wandelt den Wert nach bestimmten Regeln in Text um
TYP()	Gibt eine Nummer zurück, von der sich auf den Datentyp schließen lässt
ZELLE()	Liefert Informationen zu Formatierung, Position oder Inhalt der Zelle

Hinweis Die Funktion ANZAHLLEEREZELLEN() wird vom Funktions-Assistenten von Excel in der Versionen bis 2003 in der Rubrik »Statistikfunktionen« angeboten, jedoch wird sie in der Hilfe in die Rubrik des vorliegenden Kapitels eingeordnet. Ab Excel 2007 wurde die Hilfe dem Funktions-Assistenten angepasst.

Die ebenfalls in die vorliegende Kategorie eingeordnete Funktion N() hat weniger mit Informationen zu tun, dennoch soll auch ihr Gegenpart T() hier mit aufgenommen werden.

ANZAHLLEEREZELLEN() COUNTBLANC()

ANZAHLLEEREZELLEN(***Bereich***) **Syntax**

Diese Funktion zählt die leeren Zellen in einem Zellbereich. **Definition**

Bereich (erforderlich) ist der Bezug auf die Zellen, von denen Sie wissen möchten, wie viele leer sind. **Argumente**

Durch die Funktion werden nicht nur die Zellen gezählt, die in der Tat leer sind, sondern auch solche, in denen leere Zeichenfolgen nach einem Gleichheitszeichen stehen (Formel). Dagegen werden Zellen, die Nullwerte enthalten, nicht mitgezählt. Die Funktion steht in gewissem Zusammenhang mit der Funktion ZÄHLENWENN(). Letztere unterscheidet jedoch anhand der Auswahlbedingung in der Auswertung zwischen Zahlen und Text. **Hintergrund**

Sie finden die Funktion ANZAHLLEEREZELLEN() aus den in der Einleitung genannten Gründen im Kapitel 11 »Statistische Funktionen« noch einmal beschrieben. **Hinweis**

Mit ein paar Tests können Sie Ihre Sicherheit im Umgang mit der Funktion erhöhen. Angenommen, in den Zellen B2 bis B8 stehen der Reihe nach a, b, ="", nichts, 0, 1 und 2. Dann liefert `ANZAHLLEEREZELLEN(B2:B8)` den Wert *2*, da B4 und B5 leer im Sinne dieser Funktion sind. `ZÄHLENWENN(B2:B8;">0")` liefert ebenfalls den Wert *2*, da es zwei Zellen gibt, in denen sich Zahlen größer als 0 (Null) befinden. `ZÄHLENWENN(B2:B8;">""")` ermittelt ebenfalls den Wert *2*, denn in den Zellen B2 und B3 stehen nichtleere Zeichenfolgen. `ZÄHLENWENN(B2:B8;"=0")` liefert den Wert 1, denn nur in B6 steht die Zahl 0 (Null). Überraschender Weise ergibt nun aber `ZÄHLENWENN(B2:B8;"=""")` den Wert 0 (Null), während das eher befremdende `ZÄHLENWENN(B2:B8;"=")` den erwarteten Wert 1 wegen der leeren Zelle B5 angibt. **Praxiseinsatz**

Der etwas ungewöhnliche Eintrag ="" wird so sicher selten vorkommen, jedoch kann eine leere Zeichenkette oft im Ergebnis der WENN()-Funktion entstehen. **Hinweis**

ZÄHLENWENN(), ANZAHL(), ANZAHL2() **Siehe auch**

Das Beispiel finden Sie auf der CD-ROM zum Buch im Ordner *\Buch\Kap10* in der Arbeitsmappe *Informationen.xlsm* (Excel 2007/2010) bzw. *Informationen.xls* (Excel 97-2003) auf dem Arbeitsblatt *Sonstige*. **CD-ROM**

FEHLER.TYP() ERROR.TYPE()

FEHLER.TYP(***Fehlerwert***) **Syntax**

Diese Funktion gibt eine Zahl zurück, die einem der Fehlerwerte in Excel entspricht. Ist kein Fehler in der Zelle oder der Berechnung vorhanden, liefert die Funktion selbst den Fehlerwert *#NV*. **Definition**

Fehlerwert (erforderlich) ist der Wert eines Fehlers (angezeigter Fehlerwert in einer Zelle bzw. Ergebnis einer fehlerhaften Berechnung), dessen Kennnummer Sie finden möchten. **Argumente**

Die Funktion kann u.U. in einer WENN()-Funktion verwendet werden, um einen möglichen erzeugten Fehlerwert durch eine Zeichenfolge, die dem Anwender einen erläuternden Text liefert, zu ersetzen. Dabei ist die Kenntnis des Zusammenhangs zwischen Fehlerwert und Rückgabewert wie in Tabelle 10.2 notwendig. **Hintergrund**

Tabelle 10.2 Zusammenhang zwischen Fehlerwerten und Ergebnissen der Funktion *FEHLER.TYP()*

Fehlerwert	Rückgabewert
#NULL!	1
#DIV/0!	2
#WERT!	3
#BEZUG!	4
#NAME?	5
#ZAHL!	6
#NV	7
Kein Fehler	#NV

Tipp Für den Fall, dass Sie häufig den Fehlerwert in einer anderen Darstellung anzeigen lassen möchten, empfiehlt sich der Einsatz einer benutzerdefinierten Funktion, die per VBA programmiert wird.

Praxiseinsatz Bedingte Formatierung

Sie beabsichtigen, eine bedingte Formatierung von Zellen so vorzunehmen, dass Fehlerwerte durch einen farbigen Zellhintergrund hervorgehoben werden. Dazu können Sie wie in Abbildung 10.1[1] vorgehen, wo allgemeine Fehler durch die Funktion ISTFEHLER() erkannt und die Zellen gelb markiert werden. Der schwerwiegende Fehler der Division durch Null (die Funktion FEHLER.TYP() liefert dann den Wert 2) hingegen wird rot dargestellt.

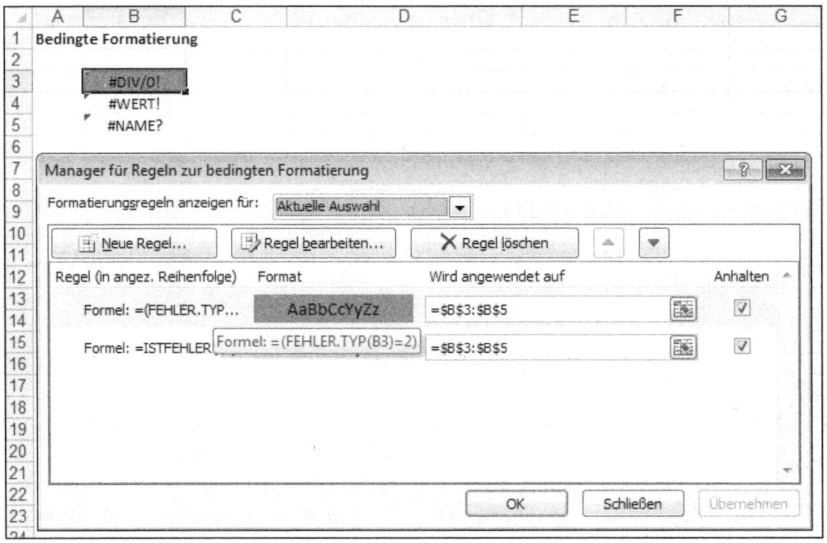

Abbildung 10.1: Bedingte Formatierung unter Nutzung von Fehlerinformationen

Achten Sie auf die Reihenfolge der Bedingungen: Würden Sie zuerst auf den Wahrheitswert von ISTFEHLER() abstellen, käme die zweite Bedingung mit dem Fehler-Typ nicht mehr zum Zuge.

1 Die Abbildung zeigt das Dialogfeld für Excel ab Version 2007. Die vorhergehenden Versionen bieten aber die gleiche Funktionalität.

Eine benutzerdefinierte Funktion

Das wiederholte Herstellen des Zusammenhangs zwischen Fehler-Typ (also den Zahlen von 1 bis 7) und dem zugrunde liegenden Fehlerwert *(#DIV/0!* usw.) kann durch eine benutzerdefinierte Funktion, die eventuell in der persönlichen Makroarbeitsmappe aufbewahrt wird, verkürzt und vereinfacht werden. Das Listing 10.1 zeigt einen möglichen Vorschlag, der in Abbildung 10.2 zum Einsatz kommt.

```
Function FehlerInWorten(Bereich As Range)
    If WorksheetFunction.IsError(Bereich.Value) Then
        Select Case CStr(Bereich.Value)
            Case "Fehler 2000"
                FehlerInWorten = "Bereiche schneiden sich nicht"
            Case "Fehler 2007"
                FehlerInWorten = "Division durch Null"
            Case "Fehler 2015"
                FehlerInWorten = "Ausdruck nicht berechenbar"
            Case "Fehler 2023"
                FehlerInWorten = "Zellbezug verloren"
            Case "Fehler 2029"
                FehlerInWorten = "Name nicht definiert"
            Case "Fehler 2036"
                FehlerInWorten = "Zahlenwert nicht darstellbar"
            Case "Fehler 2042"
                FehlerInWorten = "Wert nicht vorhanden"
        End Select
    Else
        FehlerInWorten = "kein Fehler"
    End If
End Function
```

Listing 10.1: Zuordnung von Text zu Fehlerwerten per VBA – eine Alternative zu *FEHLER.TYP*

	A	B	C	D
7				
8	**Fehlerübersicht**			
9		#NULL!	1	Bereiche schneiden sich nicht
10		#DIV/0!	2	Division durch Null
11		#WERT!	3	Ausdruck nicht berechenbar
12		#BEZUG!	4	Zellbezug verloren
13		#NAME?	5	Name nicht definiert
14		#ZAHL!	6	Zahlenwert nicht darstellbar
15		#NV	7	Wert nicht vorhanden
16		2	#NV	kein Fehler

Abbildung 10.2: Links die Anzeige des Fehlers, rechts die Auswertung mittels benutzerdefinierter Funktion

Hinweis

Ein Hinweis für VBA-Profis: Zellwerte in Zellen sind vom Typ *Variant*. Fehlerwerte haben den »Untertyp« *Error*, weshalb die Umwandlung mithilfe von *CStr* notwendig wird.

Siehe auch

ISTFEHL(), ISTFEHLER()

CD-ROM

Das Beispiel finden Sie auf der CD-ROM zum Buch im Ordner *\Buch\Kap10* in der Arbeitsmappe *Informationen.xlsm* (Excel 2007/2010) bzw. *Informationen.xls* (Excel 97-2003) auf dem Arbeitsblatt *Fehler*. Der Quellcode für die benutzerdefinierte Funktion befindet sich im Modul *modFunction* dieser Arbeitsmappe.

INFO() INFO()

Syntax INFO(*Typ*)

Definition Gibt einige Informationen zur aktuellen Betriebssystemumgebung sowie Excel selbst zurück.

Argumente *Typ* (erforderlich) ist eine Zeichenkette (Text in Anführungszeichen), mit deren Hilfe Sie bestimmen, welche Art von Informationen Sie erhalten möchten.

Hintergrund Die Tabelle 10.3 zeigt den Zusammenhang zwischen dem als Argument *Typ* anzugebenden Text und der gelieferten Information.

Tabelle 10.3 Die Zeichenketten-Argumente und deren Bedeutung[2]

Argument	Rückgabewert
BenutztSpeich	Größe des Arbeitsspeichers in Bytes, der momentan durch Excel belegt ist
VerfSpeich	Für Excel noch zur Verfügung stehender Arbeitsspeicher in Bytes
GesamtSpeich	Der gesamte Arbeitsspeicher in Bytes, einschließlich der bereits belegten Teile des Arbeitsspeichers
Rechenmodus	Der im Dialogfeld *Optionen* unter *Berechnung* für die aktuelle Mappe eingestellte Modus: *Automatisch* oder *Manuell* (Text)
Dateienzahl	Anzahl von Arbeitsblättern in allen geöffneten Arbeitsmappen (auch ausgeblendeten) und geladenen Add-Ins
System	Der Name des Betriebssystems, für Windows wird *pcdos*, für Macintosh *mac* ausgegeben (Text)
Sysversion	Version des aktuellen Betriebssystems, der Zellinhalt ist als Text formatiert
Ursprung	Gibt den absoluten Bezug der ersten oberen, linken Zelle im aktuellen Fensterbereich zurück, die momentan sichtbar ist. Vorangestellt wird ein Präfix in der Form $A: (Text)
Version	Die Version von Excel als Text
Verzeichnis	Der Pfad des aktuellen Verzeichnisses oder Ordners

Wichtig Die Ergebnisse der eingetragenen Funktion aktualisieren sich zum Teil nicht von selbst. Das ist klar, wenn Sie zur Anzeige des »Rechenmodus« diesen zwischenzeitlich in »Manuell« gewandelt haben. Dann hilft nur die Taste F9 zur Neuberechnung.

Nicht ganz so offensichtlich ist das Verhalten im Falle von *Verzeichnis*. Rufen Sie beispielsweise das Dialogfeld zum Öffnen einer Datei auf, ändert sich das aktuelle Verzeichnis. Öffnen Sie aber keine Datei mithilfe des Dialogfeldes (Sie entscheiden sich für *Abbrechen*), wird diese Änderung erst nach einer Neuberechnung in der Zelle sichtbar.

Tipp Nicht alle Begriffe sind schlüssig gewählt bzw. wurden bei der Modernisierung im Laufe der Entwicklung aktualisiert. So stammt *Dateianzahl* sicher aus den Zeiten, in denen es noch keine Arbeitsmappen gab und ist eher irreführend.

Die Speicherangaben beziehen sich auf die Anwendung Excel und haben nichts mit den Angaben im Windows Task-Manager zu tun.

Hinweis Die Excel-Hilfe bis Version 2007 gibt folgenden Sicherheitshinweis:

»Verwenden Sie diese Funktion mit Vorsicht. Kritische oder vertrauliche Informationen können für andere Benutzer offengelegt werden.«

2 Hinweis: Die ersten vier Argumente der Liste werden ab Excel 2007 nicht mehr unterstützt.

Praxiseinsatz 1

Die folgenden Beispiele zeigen die Anwendung der Funktion und was dabei zu beachten ist.

XML-Funktionalität

Die Funktionalität, die Excel ab Version 2003 hinsichtlich der Verwendung von XML-Listen zur Verfügung stellt, ist in vorhergehenden Versionen nicht verfügbar. Sie können den Anwender in einer Zelle (etwa auf einem Deckblatt) auf diesen Umstand hinweisen. Dazu nutzen Sie INFO("Version") innerhalb einer WENN()-Funktion.

Beachten Sie, dass die Funktion INFO() die Information als Text liefert, ein Zahlenvergleich also fehlschlagen kann: *11.0* ist im Sinne von Zeichenketten – also alphabetisch gesehen – zwar »größer« als *10.0*, aber »kleiner« als *9.0*!

Aus diesem Grunde wird die zu verwendende Formel etwas komplizierter ausfallen müssen, etwa

```
=WENN(WERT(ERSETZEN(INFO("Version");FINDEN(".";INFO("Version");1);1;","))<11;
"Excel ist nicht XML-fähig.";"Sie können die XML-Fähigkeit nutzen.")
```

Mithilfe der Funktion FINDEN() ermitteln Sie die Position des Punktes in der Versions-Rückgabe und ersetzen das Zeichen an dieser Stelle mittels der Funktion ERSETZEN() durch ein Komma (das nimmt Rücksicht auf deutsche Ländereinstellungen). Die Funktion WERT() wandelt den so erhaltenen Text in eine Zahl um, die Sie gegen die Zahl 11 vergleichen.[3]

Praxiseinsatz 2

Mithilfe der Funktion INFO() lässt sich automatisch ein Hyperlink zum aktuellen Verzeichnis erstellen. Die Funktion HYPERLINK() leistet dazu die weiteren notwendigen Dienste:

```
=HYPERLINK(INFO("Verzeichnis"))
```

Beachten Sie das oben beschriebene Aktualisierungsproblem. Das funktioniert so bis Windows XP. Ab Vista müssen Sie noch den letzten Backslash entfernen, wenn in *B11* die gewünschte Information steht:

```
=HYPERLINK(LINKS(B11;LÄNGE(B11)-1))
```

Eine direkte Angabe von

```
=HYPERLINK(LINKS(INFO("Verzeichnis");LÄNGE(INFO("Verzeichnis"))-1))
```

führt wohl nicht zum Erfolg.

Siehe auch

ZELLE()

CD-ROM

Die Beispiele finden Sie auf der CD-ROM zum Buch im Ordner *\Buch\Kap10* in der Arbeitsmappe *Informationen.xlsm* (Excel 2007/2010) bzw. *Informationen.xls* (Excel 97-2003) auf dem Arbeitsblatt *Info*.

ISTBEZUG() ISREF()

Syntax

ISTBEZUG(*Wert*)

Definition

Gibt den Wahrheitswert *WAHR* zurück, wenn das Argument *Wert* einen gültigen Zellbezug (Adresse oder Name) darstellt. Andernfalls wird der Wahrheitswert *FALSCH* zurückgegeben.

Argumente

Wert (erforderlich) ist ein beliebiger Ausdruck (Zahl, Text, Formel ohne Gleichheitszeichen, Wahrheitswert, Fehlerwert, Bezug oder Name), den Sie prüfen möchten.

3 Gewisse Auslieferungen von Excel 2003 in Paketen sind ebenfalls nicht XML-fähig. Das wird in dieser Prüfung nicht berücksichtigt.

Hintergrund Diese Funktion ist eine der neun sogenannten IST-Funktionen, die in Abhängigkeit des Arguments einen Wahrheitswert über dieses Argument zurück geben. Das Argument der IST-Funktionen wird vor der Auswertung nicht umgewandelt. Das heißt u.a., eine Zeichenkette, die wie eine Zahl aussieht, bleibt eine Zeichenkette (Text) und wird nicht als Zahl interpretiert. IST-Funktionen finden häufig ihre Anwendung in Zusammenspiel mit der WENN()-Funktion, um in Abhängigkeit der aufgetretenen Situation in Anzeige und Berechnung zu verzweigen. Auch bedingte Formatierungen und Gültigkeitsregeln können auf den Ergebnissen der IST-Funktionen aufbauen.

ISTBEZUG() prüft nur, ob das Argument als Zellbezug verstanden werden kann oder nicht. Damit liefern Argumente wie *B1* oder *Tabelle1!$A$1* den Wahrheitswert *WAHR*. Im zweiten Fall auch dann, wenn es die *Tabelle1* in der Mappe gar nicht gibt (allerdings versucht Excel nach Eingabe der Formel diese Tabelle zunächst zu finden). Argumente wie *–B1*, *12* oder *A1* ergeben den Wahrheitswert *FALSCH*.

Hinweis Haben Sie die Option *Z1S1-Bezugsart* eingestellt, werden die entsprechenden Adressen als Bezüge erkannt (also etwa *Z2S3* oder *Z(–1)S(–2)*).

Praxiseinsatz Modifizierte Fehleranzeigen Sie haben in einer Arbeitsmappe für einen Bereich den Namen »ABC« vergeben und nutzen diesen für Berechnungen in einer Zelle außerhalb dieses Bereichs. Sie möchten dem (unbeabsichtigten) Löschen dieses Namens etwas entgegensetzen, was auf die nun nicht mehr mögliche Berechnung hinweist. Die einfache Formel

```
=MITTELWERT(ABC)
```

könnte dann zu

```
=WENN(ISTBEZUG(ABC);MITTELWERT(ABC);"Name ABC wurde gelöscht")
```

erweitert werden. Damit wird Ihr Text anstelle des sonst entstehenden Fehlerwerts *#NAME?* angezeigt.

Vorsicht ist angebracht Der Gebrauch von ISTBEZUG() liefert manchmal auch Überraschungen. So ist

```
=ISTBEZUG(A1)
```

vom Wahrheitswert *WAHR*, jedoch

```
=ISTBEZUG(ADRESSE(1;1))
```

vom Wahrheitswert *FALSCH*. Die Ursache liegt darin, dass ADRESSE() einen Text und keinen Bezug liefert, der Text lässt sich aber offensichtlich nicht auswerten.

Siehe auch ISTLEER(), ISTFEHL(), ISTFEHLER(), ISTLOG(), ISTNV(), ISTKTEXT(), ISTZAHL(), ISTTEXT()

CD-ROM Die Beispiele sowie einige Test zu den Hintergrund-Informationen finden Sie auf der CD-ROM zum Buch im Ordner *\Buch\Kap10* in der Arbeitsmappe *Informationen.xlsm* (Excel 2007/2010) bzw. *Informationen.xls* (Excel 97-2003) auf dem Arbeitsblatt *IST-Funktionen*.

ISTFEHL() ISERR()

ISTFEHL(*Wert*) **Syntax**

Definition Die Funktion gibt den Wahrheitswert *WAHR* zurück, wenn *Wert* einen Fehlerwert darstellt oder durch Berechnung ergibt. Andernfalls wird der Wahrheitswert *FALSCH* zurückgegeben.

Eine Ausnahme bildet der Fehlerwert *#NV* – hier gibt die Funktion den Wahrheitswert *FALSCH* zurück (das ist der Unterschied zur Funktion ISTFEHLER()).

Argumente *Wert* (erforderlich) ist ein beliebiger Ausdruck (Zahl, Text, Formel ohne Gleichheitszeichen, Wahrheitswert, Fehlerwert, Bezug oder Name), den Sie prüfen möchten.

Hintergrund Diese Funktion ist eine der neun sogenannten IST-Funktionen, die in Abhängigkeit des Arguments einen Wahrheitswert über dieses Argument zurückgeben. Das Argument der IST-Funktionen wird vor der Auswertung nicht umgewandelt. Das heißt u.a., eine Zeichenkette, die wie eine Zahl aussieht, bleibt eine Zeichenkette (Text) und wird nicht als Zahl interpretiert. IST-Funktionen finden häufig ihre Anwendung in Zusammenspiel mit der WENN()-Funktion, um in Abhängigkeit der aufgetretenen Situation in Anzeige und Berechnung zu verzweigen. Auch bedingte Formatierungen und Gültigkeitsregeln können auf den Ergebnissen der IST-Funktionen aufbauen.

Vergleichen Sie hier auch die Hinweise und Beispiele zur Funktion FEHLER.TYP(), die eine detaillierte Untersuchung eines möglichen Fehlerwerts erlaubt.

Praxiseinsatz Sie möchten den Mittelwert über die Zahlen eines Bereichs (hier *B26* bis *B28*) berechnen und dabei den Fehler in der Anzeige vermeiden, der eintritt, wenn nicht wenigstens in einer der Zellen des Bereichs eine Zahl steht, die Mittelwertbildung also mit einem Fehler endet:

```
=WENN(ISTFEHL(MITTELWERT(B26:B28));"Prüfen Sie die Eingabewerte.";MITTELWERT(B26:B28))
```

Siehe auch FEHLER.TYP(), ISTLEER(), ISTFEHLER(), ISTLOG(), ISTNV(), ISTKTEXT(), ISTZAHL(), ISTBEZUG(), ISTTEXT()

CD-ROM Das Beispiel sowie einige Tests zur Definition finden Sie auf der CD-ROM zum Buch im Ordner *\Buch\Kap10* in der Arbeitsmappe *Informationen.xlsm* (Excel 2007/2010) bzw. *Informationen.xls* (Excel 97-2003) auf dem Arbeitsblatt *IST-Funktionen*.

ISTFEHLER() ISERROR()

ISTFEHLER(*Wert*) **Syntax**

Definition Die Funktion gibt den Wahrheitswert *WAHR* zurück, wenn *Wert* einen Fehlerwert darstellt oder durch Berechnung ergibt. Andernfalls wird der Wahrheitswert *FALSCH* zurückgegeben.

Der Unterschied zur Funktion ISTFEHL() besteht im Verhalten für den Argumentwert *#NV*.

Argumente ***Wert*** (erforderlich) ist ein beliebiger Ausdruck (Zahl, Text, Formel ohne Gleichheitszeichen, Wahrheitswert, Fehlerwert, Bezug oder Name), den Sie prüfen möchten.

Hintergrund Diese Funktion ist eine der neun sogenannten IST-Funktionen, die in Abhängigkeit des Arguments einen Wahrheitswert über dieses Argument zurückgeben. Das Argument der IST-Funktionen wird vor der Auswertung nicht umgewandelt. Das heißt u.a., eine Zeichenkette, die wie eine Zahl aussieht, bleibt eine Zeichenkette (Text) und wird nicht als Zahl interpretiert. IST-Funktionen finden häufig ihre Anwendung in Zusammenspiel mit der WENN()-Funktion, um in Abhängigkeit der aufgetretenen Situation in Anzeige und Berechnung zu verzweigen. Auch bedingte Formatierungen und Gültigkeitsregeln können auf den Ergebnissen der IST-Funktionen aufbauen.

Vergleichen Sie hier auch die Hinweise und Beispiele zur Funktion FEHLER.TYP(), die eine detaillierte Untersuchung eines möglichen Fehlerwerts erlaubt.

Praxiseinsatz Sie habe eine Liste mit den Geburtstagen von Personen (Artikel- oder Bestellnummern, Adressdetails, Telefonnummern usw.) angefertigt und möchten mithilfe von SVERWEIS() darauf zugreifen. Die Abbildung 10.3 zeigt ein »Mini-Beispiel«.

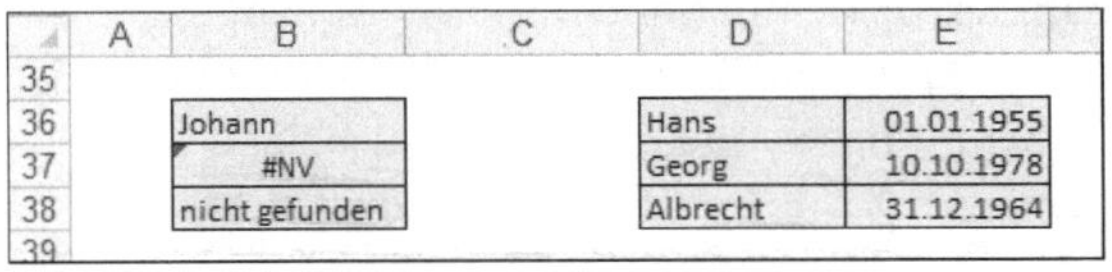

Abbildung 10.3: Fehler bei der Suche in Listen erklären

Schreiben Sie in die Zelle *B37*

```
=SVERWEIS(B36;D36:E38;2;FALSCH)
```

(achten Sie auf den letzten Parameter *FALSCH*, der nach einer genauen Übereinstimmung des gesuchten Begriffs forscht), erhalten Sie den Fehlerwert *#NV*, der vor allem beim Ausdrucken der Tabelle störend wirkt. In anderen Situationen wollen Sie vielleicht mit den gefundenen Zwischenwerten weiterrechnen und dabei Fehler ignorieren.

Im vorliegenden Fall helfen Sie sich mit der WENN()-Funktion in *B38* statt des einfacheren Eintrags in *B37*:

```
=WENN(ISTFEHLER(SVERWEIS(B36;D36:E38;2;FALSCH));"nicht gefunden";
SVERWEIS(B36;D36:E38;2;FALSCH))
```

Siehe auch FEHLER.TYP(), ISTLEER(), ISTFEHL(), ISTLOG(), ISTNV(), ISTKTEXT(), ISTZAHL(), ISTBEZUG(), ISTTEXT()

CD-ROM Das Beispiel sowie einige Tests zur Definition finden Sie auf der CD-ROM zum Buch im Ordner *\Buch\Kap10* in der Arbeitsmappe *Informationen.xlsm* (Excel 2007/2010) bzw. *Informationen.xls* (Excel 97-2003) auf dem Arbeitsblatt *IST-Funktionen*.

2003: Add-In!

ISTGERADE() ISEVEN()

Syntax ISTGERADE(***Zahl***)

Definition Die Funktion gibt den Wahrheitswert *WAHR* zurück, wenn das Argument *Zahl* eine gerade Zahl ist. Ist das Argument eine ungerade Zahl, wird der Wahrheitswert *FALSCH* zurückgegeben.

Argumente ***Zahl*** (erforderlich) ist der zu prüfende Ausdruck.

Hintergrund Sie können der Funktion beliebige Ausdrücke als Argumente übergeben. Handelt es sich um Zahlen, so werden ganze Zahlen wie erwartet behandelt. Bei gebrochenen Zahlen werden die Nachkommastellen abgeschnitten und der so entstehende Wert ausgewertet. Dadurch ist das Ergebnis von =ISTGERADE(2,4) gleich *WAHR* und `=ISTGERADE(-1,6)` liefert den Wahrheitswert *FALSCH*.

Ist das Argument numerisch nicht auswertbar, wird für Zeichenketten und Wahrheitswerte der Fehlerwert *#WERT!* ermittelt, für Fehlerwerte ist das Ergebnis gleich dem Argument.

Die Funktion ISTGERADE() ist der Gegenpart zur Funktion ISTUNGERADE():

```
ISTGERADE(Zahl)=NICHT(ISTUNGERADE(Zahl))
```

Praxiseinsatz

Dieses Beispiel ist eher ein »Gegenbeispiel«. Angenommen, Sie wollen jeder zweiten Zeile eines Arbeitsblatts zur optischen Unterscheidung eine andere Hintergrundfarbe zuweisen. Es liegt nahe, die *Bedingte Formatierung* zu verwenden und den Rückgabewert der Funktion ZEILE() darauf zu prüfen, ob er gerade ist. Diese Prüfung könnte mithilfe der Formel

```
=ISTGERADE(ZEILE(Zelle))
```

erfolgen.

Haben Sie nicht Excel ab Version 2007 im Einsatz, erhalten Sie leider nach dem Eintrag dieser Formel in das Dialogfeld zur bedingten Formatierung eine Fehlermeldung, die besagt, dass für bedingte Formatierungen keine Funktionen aus anderen Arbeitsmappen erlaubt sind. Die Funktion ISTGERADE() ist keine Arbeitsblatt-Funktion wie etwa ISTFEHLER() oder SUMME(), sondern wird durch das Add-In *Analyse-Funktionen* bereitgestellt.

Sie müssen dennoch nicht auf Ihr Vorhaben verzichten, denn die Formel

```
=(GANZZAHL(ZEILE(Zelle)/2)=ZEILE(Zelle)/2)
```

liefert den gleichen Wahrheitswert. Sie teilen durch zwei und schneiden ab. Ist das Ergebnis dasselbe wie nach der Teilung allein, so ist die geteilte Zahl eine gerade Zahl.

Nachdem Sie den Eintrag der Formel für die Zelle *A1* vorgenommen haben, können Sie das Format durch das Symbol *Format übertragen* auf alle anderen gewünschten Zellen übertragen.[4]

Siehe auch

ISTUNGERADE(), GERADE(), UNGERADE()

CD-ROM

Das Beispiel sowie einige Tests zu den Hintergrund-Informationen finden Sie auf der CD-ROM zum Buch im Ordner *\Buch\Kap10* in der Arbeitsmappe *Informationen.xlsm* (Excel 2007/2010) bzw. *Informationen.xls* (Excel 97-2003) auf dem Arbeitsblatt *IstGerade*.

ISTKTEXT() ISNONTEXT()

Syntax

ISTKTEXT(***Wert***)

Definition

Die Funktion gibt den Wahrheitswert *WAHR* zurück, wenn das Argument ***Wert*** *keine* Zeichenkette (Text) ist. Besteht jedoch das Argument aus Text, wird *FALSCH* zurückgegeben.

Argumente

Wert (erforderlich) ist ein beliebiger Ausdruck (Zahl, Text, Formel ohne Gleichheitszeichen, Wahrheitswert, Fehlerwert, Bezug oder Name), den Sie prüfen möchten.

Hintergrund

Diese Funktion ist eine der neun sogenannten IST-Funktionen, die in Abhängigkeit des Arguments einen Wahrheitswert über dieses Argument zurückgeben. Das Argument der IST-Funktionen wird vor der Auswertung nicht umgewandelt. Das heißt u.a., eine Zeichenkette, die wie eine Zahl aussieht, bleibt eine Zeichenkette (Text) und wird nicht als Zahl

4 Durch die Möglichkeit, ab Excel 2007 Zellbereiche »als Tabelle formatieren« zu lassen, ist das Beispiel für diese Version nicht mehr ganz so interessant.

interpretiert. IST-Funktionen finden häufig ihre Anwendung in Zusammenspiel mit der WENN()-Funktion, um in Abhängigkeit der aufgetretenen Situation in Anzeige und Berechnung zu verzweigen. Auch bedingte Formatierungen und Gültigkeitsregeln können auf den Ergebnissen der IST-Funktionen aufbauen.

Der Rückgabewert der Funktion ist stets *WAHR*, es sei denn, das Argument ist nicht leerer Text. Es wird also auch *WAHR* ermittelt, wenn das Argument ein Bezug auf eine leere Zelle ist. Das ist konsequent, denn ist der Bezug auf eine Zelle gerichtet, die wiederum einen Bezug auf eine leere Zelle enthält, so ist es von den eingestellten Optionen abhängig, ob in diesem Fall in der Zelle mit dem Bezug eine 0 (Null) angezeigt werden soll oder nicht.

Der Gegenpart dieser Funktion ist die Funktion ISTTEXT():

```
ISTKTEXT(Wert)=NICHT(ISTTEXT(Wert))
```

Praxiseinsatz Zeichenketten, die für die eingestellte Zellbreite zu lang sind, werden nur dann über den Rand hinaus angezeigt, wenn die rechte Nachbarzelle leer ist. Das kann dann zu Fehlanzeigen führen, wenn die Zeichenketten dynamisch als Auswertung von Berechnungen entstehen.

Sie können nun der Zelle rechts neben einer zu erwartenden »langen« Zeichenkette eine Gültigkeitsregel zuweisen, die das Einfügen von Informationen in diese Zelle verbietet, ohne zu einem starken Mittel wie dem Blattschutz zu greifen.

Markieren Sie die Zelle, die Sie sperren möchten (etwa *H42*). Rufen Sie den Befehl *Daten/Datentools/Datenüberprüfung/Datenüberprüfung* (Excel ab 2007) bzw. *Daten/Gültigkeit* (frühere Versionen) auf und wählen Sie auf der Registerkarte *Einstellungen* im Listenfeld *Zulassen* den Eintrag *Benutzerdefiniert* aus. In das *Formel*-Feld schreiben Sie

```
=ISTKTEXT(G42)
```

wobei *G42* der Bezug zur Zelle mit dem zu erwartenden Text ist.

Siehe auch ISTLEER(), ISTFEHL(), ISTFEHLER(), ISTLOG(), ISTNV(), ISTZAHL(), ISTBEZUG(), ISTTEXT()

CD-ROM Das Beispiel finden Sie auf der CD-ROM zum Buch im Ordner *\Buch\Kap10* in der Arbeitsmappe *Informationen.xlsm* (Excel 2007/2010) bzw. *Informationen.xls* (Excel 97-2003) auf dem Arbeitsblatt *IST-Funktionen*.

ISTLEER() ISBLANK()

Syntax ISTLEER(*Wert*)

Definition Die Funktion gibt den Wahrheitswert *WAHR* zurück, wenn das Argument *Wert* sich auf eine leere Zelle bezieht. In allen anderen Fällen wird der Wahrheitswert *FALSCH* ermittelt.

Argumente *Wert* (erforderlich) ist ein beliebiger Ausdruck (Zahl, Text, Formel ohne Gleichheitszeichen, Wahrheitswert, Fehlerwert, Bezug oder Name), den Sie prüfen möchten.

Hintergrund Diese Funktion ist eine der neun sogenannten IST-Funktionen, die in Abhängigkeit des Arguments einen Wahrheitswert über dieses Argument zurückgeben. Das Argument der IST-Funktionen wird vor der Auswertung nicht umgewandelt. Das heißt u.a., eine Zeichenkette, die wie eine Zahl aussieht, bleibt eine Zeichenkette (Text) und wird nicht als Zahl interpretiert. IST-Funktionen finden häufig ihre Anwendung in Zusammenspiel mit der

WENN()-Funktion, um in Abhängigkeit der aufgetretenen Situation in Anzeige und Berechnung zu verzweigen. Auch bedingte Formatierungen und Gültigkeitsregeln können auf den Ergebnissen der IST-Funktionen aufbauen.

Der durch die Funktion zurück gegebene Wahrheitswert ist nicht nur bei Bezügen auf nicht leere Zellen *FALSCH*, sondern auch bei Argumenten, die keine Bezüge oder keine gültigen Bezüge (nicht existierende Namen) sind, also auch bei der Angabe von Text, Zahlen, Wahrheitswerten und Fehlern.

Praxiseinsatz

Durch die Übernahme von Zellwerten durch Zellbezüge kann es gelegentlich zu unerwarteten Ergebnissen kommen. Dies soll ein stark vereinfachtes Beispiel demonstrieren.

In Abbildung 10.4 wird in der *H*-Spalte ein Bezug auf die Zellen der *G*-Spalte hergestellt. Dies wird in den Zeilen *50* bis *52* durch einfache Übernahme *(=G50* usw.) erreicht. Durch dieses Vorgehen ergibt sich ein Mittelwert in *I50* aus drei Zahlen (0, 1, 2) zu 1. Das ist aber nicht korrekt, denn die Zahl 0 (Null) gibt es in der *G*-Spalte nicht.

	F	G	H	I
49				
50		1	1	1
51			0	
52		2	2	
53				
54		1	1	1,5
55				
56		2	2	
57				

Abbildung 10.4: Probleme bei der Mittelwertbildung in Zellen mit Bezügen

Die korrekte Lösung geschieht in den Zeilen *54* bis *56*. Dort wird die Übernahme in die *H*-Spalte durch

```
=WENN(ISTLEER(G54);"";G54)
```

(ähnlich für die Zeilen *55* und *56*) vorgenommen, im Ergebnis entsteht in *I54* der Mittelwert aus zwei Zahlen (1 und 2).

Tipp

Vor allem bei komplizierten Werteübernahmen und weiteren Berechnungen ist es empfehlenswert, sich die Wirkungen an möglichst vereinfachten Beispielen zu verdeutlichen.

Siehe auch

ISTFEHL(), ISTFEHLER(), ISTLOG(), ISTNV(), ISTKTEXT(), ISTZAHL(), ISTBEZUG(), ISTTEXT()

CD-ROM

Das Beispiel sowie einige Tests zu den Hintergrund-Informationen finden Sie auf der CD-ROM zum Buch im Ordner *\Buch\Kap10* in der Arbeitsmappe *Informationen.xlsm* (Excel 2007/2010) bzw. *Informationen.xls* (Excel 97-2003) auf dem Arbeitsblatt *IST-Funktionen*.

ISTLOG() ISLOGICAL()

Syntax

ISTLOG(*Wert*)

Definition

Diese Funktion gibt den Wahrheitswert *WAHR* zurück, wenn das Argument *Wert* als Wahrheitswert ausgewertet wird. Andernfalls ist der Rückgabewert der Wahrheitswert *FALSCH*.

Argumente

Wert (erforderlich) ist ein beliebiger Ausdruck (Zahl, Text, Formel ohne Gleichheitszeichen, Wahrheitswert, Fehlerwert, Bezug oder Name), den Sie prüfen möchten.

Hintergrund Diese Funktion ist eine der neun sogenannten IST-Funktionen, die in Abhängigkeit des Arguments einen Wahrheitswert über dieses Argument zurückgeben. Das Argument der IST-Funktionen wird vor der Auswertung nicht umgewandelt. Das heißt u.a., eine Zeichenkette, die wie eine Zahl aussieht, bleibt eine Zeichenkette (Text) und wird nicht als Zahl interpretiert. IST-Funktionen finden häufig ihre Anwendung in Zusammenspiel mit der WENN()-Funktion, um in Abhängigkeit der aufgetretenen Situation in Anzeige und Berechnung zu verzweigen. Auch bedingte Formatierungen und Gültigkeitsregeln können auf den Ergebnissen der IST-Funktionen aufbauen.

Praxiseinsatz Die folgenden Beispiele zeigen die Anwendung der Funktion und was dabei zu beachten ist.

Umgangssprachliche Wahrheitswerte Mithilfe der WENN()-Funktion lassen sich die Wahrheitswerte in Umgangssprache umwandeln, etwa

```
=WENN(ISTLOG(H60);WENN(H60=WAHR;"korrekt";"leider daneben");H60)
```

Die Zelle *H60* (Spalte oder Zeile) kann dann u.U. auch ausgeblendet werden. ISTLOG() wird hier eingesetzt, um zu testen, ob eine sprachliche Anpassung überhaupt sinnvoll ist. Die zweite WENN()-Funktion prüft im Bedarfsfall den Wahrheitswert und übersetzt ihn.

Wahrheitswerte visualisieren Sie können die *Bedingte Formatierung* nutzen, um Zellen mit Wahrheitswerten entsprechend dem jeweiligen Wahrheitswert etwa grün (*WAHR*) und rot (*FALSCH*) einzufärben und dabei die Schriftfarbe dem Hintergrund anzupassen.

Falls Sie im Vorhinein noch nicht wissen, in welchen Zellen eine solche Gestaltung notwendig wird, können Sie diese mit zwei Handgriffen vorbereiten. Markieren Sie eine der in Frage kommenden Zellen und geben dort die bedingte Formatierung an. Übertragen Sie dann mit dem Symbol *Format übertragen* diese Formatierung auf alle restlichen Zellen (des Bereichs, Mehrfachbereichs, Blattes). Die notwendigen Formeln lauten:

```
=UND(ISTLOG(G63);G63)
```

für den »grünen« und

```
=UND(ISTLOG(G63);NICHT(G63))
```

für den »roten« Teil, falls *G63* Ihre Startzelle ist. Im ersten Fall ist die Gesamtbedingung *WAHR*, wenn sowohl der Zellinhalt ein Wahrheitswert und dieser gleich *WAHR* ist. Im zweiten Fall wird ebenfalls auf das Vorhandensein eines Wahrheitswertes, der allerdings *FALSCH* sein muss, getestet. In allen anderen Situationen bleibt die Einfärbung aus.

Siehe auch ISTLEER(), ISTFEHL(), ISTFEHLER(), ISTNV(), ISTKTEXT(), ISTZAHL(), ISTBEZUG(), ISTTEXT()

CD-ROM Die Beispiele sowie einige Tests zu den Hintergrund-Informationen finden Sie auf der CD-ROM zum Buch im Ordner *\Buch\Kap10* in der Arbeitsmappe *Informationen.xlsm* (Excel 2007/2010) bzw. *Informationen.xls* (Excel 97-2003) auf dem Arbeitsblatt *IST-Funktionen*.

ISTNV() ISNA()

Syntax ISTNV(***Wert***)

Definition Diese Funktion gibt den Wahrheitswert *WAHR* zurück, wenn die Auswertung des Arguments *Wert* den Fehlerwert *#NV* liefert. In allen anderen Situationen wird der Wahrheitswert *FALSCH* zurückgegeben.

Argumente *Wert* (erforderlich) ist ein beliebiger Ausdruck (Zahl, Text, Formel ohne Gleichheitszeichen, Wahrheitswert, Fehlerwert, Bezug oder Name), den Sie prüfen möchten.

Hintergrund Diese Funktion ist eine der neun sogenannten IST-Funktionen, die in Abhängigkeit des Arguments einen Wahrheitswert über dieses Argument zurückgeben. Das Argument der IST-Funktionen wird vor der Auswertung nicht umgewandelt. Das heißt u.a., eine Zeichenkette, die wie eine Zahl aussieht, bleibt eine Zeichenkette (Text) und wird nicht als Zahl interpretiert. IST-Funktionen finden häufig ihre Anwendung in Zusammenspiel mit der WENN()-Funktion, um in Abhängigkeit der aufgetretenen Situation in Anzeige und Berechnung zu verzweigen. Auch bedingte Formatierungen und Gültigkeitsregeln können auf den Ergebnissen der IST-Funktionen aufbauen.

Praxiseinsatz Beim Einsatz der Funktion SVERWEIS() (oder WVERWEIS()) kann es oft zu der Situation kommen, dass ein bestimmter Suchbegriff in der ersten Spalte (Zeile) der Matrix nicht gefunden wird. Damit sind aber alle weiteren Berechnungen durch den Fehlerwert *#NV* bestimmt. Wenn Sie dies unterbinden wollen, können Sie wie im Beispiel zur Funktion ISTFEHLER() vorgehen, die Formel jedoch durch

```
=WENN(ISTNV(SVERWEIS(B36;D36:E38;2;FALSCH));"nicht gefunden";
SVERWEIS(B36;D36:E38;2;FALSCH))
```

ersetzen. Der Vorteil ist nun, dass nur der »Nicht vorhanden«-Fehler durch einen Kommentar ausgewertet wird, andere mögliche Fehler jedoch als solche sichtbar bleiben.

Siehe auch ISTLEER(), ISTFEHL(), ISTFEHLER(), ISTLOG(), ISTKTEXT(), ISTZAHL(), ISTBEZUG(), ISTTEXT()

CD-ROM Das Beispiel finden Sie auf der CD-ROM zum Buch im Ordner *\Buch\Kap10* in der Arbeitsmappe *Informationen.xlsm* (Excel 2007/2010) bzw. *Informationen.xls* (Excel 97-2003) auf dem Arbeitsblatt *IST-Funktionen*.

ISTTEXT() ISTEXT()

Syntax ISTTEXT(*Wert*)

Definition Die Funktion gibt den Wahrheitswert *WAHR* zurück, wenn das Argument *Wert* eine nicht leere Zeichenkette (Text) ist. Andernfalls wird der Wahrheitswert *FALSCH* zurückgegeben.

Argumente *Wert* (erforderlich) ist ein beliebiger Ausdruck (Zahl, Text, Formel ohne Gleichheitszeichen, Wahrheitswert, Fehlerwert, Bezug oder Name), den Sie prüfen möchten.

Hintergrund Diese Funktion ist eine der neun sogenannten IST-Funktionen, die in Abhängigkeit des Arguments einen Wahrheitswert über dieses Argument zurückgeben. Das Argument der IST-Funktionen wird vor der Auswertung nicht umgewandelt. Das heißt u.a., eine Zeichenkette, die wie eine Zahl aussieht, bleibt eine Zeichenkette (Text) und wird nicht als Zahl interpretiert. IST-Funktionen finden häufig ihre Anwendung in Zusammenspiel mit der WENN()-Funktion, um in Abhängigkeit der aufgetretenen Situation in Anzeige und Berechnung zu verzweigen. Auch bedingte Formatierungen und Gültigkeitsregeln können auf den Ergebnissen der IST-Funktionen aufbauen.

Der Rückgabewert der Funktion ist stets *FALSCH*, es sei denn, das Argument ist nicht leerer Text. Es wird also auch *FALSCH* ermittelt, wenn das Argument ein Bezug auf eine leere Zelle ist. Das ist konsequent, denn ist der Bezug auf eine Zelle gerichtet, die wiederum einen Bezug auf eine leere Zelle enthält, ist es von den eingestellten Optionen abhängig, ob in diesem Fall in der Zelle mit dem Bezug eine 0 (Null) angezeigt werden soll oder nicht.

Der Gegenpart zu dieser Funktion ist die Funktion ISTKTEXT():

```
ISTTEXT(Wert)=NICHT(ISTKTEXT(Wert))
```

Praxiseinsatz Bei der Berechnung von Brutto- aus Nettobeträgen, können die Ergebnisse dadurch unterschiedlich ausfallen, dass 19 %, 7 % oder keine Mehrwertsteuer erhoben werden.

Sie können diese drei Fälle durch eine Auswahlliste erfassen und im Falle von »keine« die Zahl 0 % eintragen. Sie können aber auch »keine« stehen lassen und in der zu verwendenden Formel auf Text testen.

Angenommen, Sie haben Ihre Berechnungen wie in Abbildung 10.5 vorbereitet.

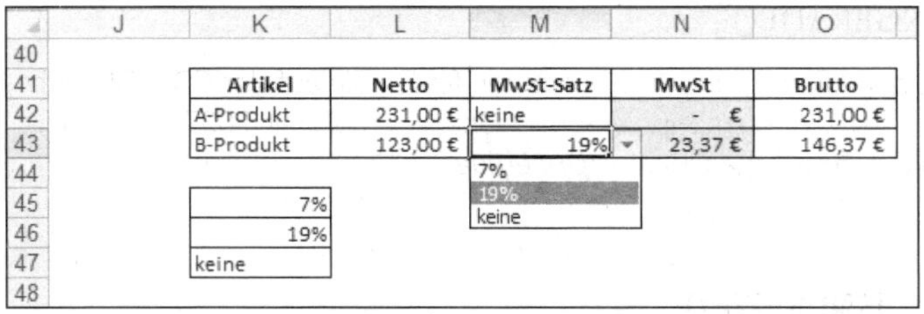

Abbildung 10.5: Einfache Mehrwertsteuerberechnung

Die Prozentsätze der *K*-Spalte wurden hier Platzgründen nahe der Tabelle untergebracht, können sich aber außerhalb des Sichtfensters bzw. auf einem anderen Arbeitsblatt befinden. Wichtig ist, dass die Liste im Auswahldialog zu Gültigkeitsregeln für die *M*-Spalte verwendet wird.

Die Berechnungen der *N*-Spalte erfolgen nun alle nach der gleichen Formel (die Sie, wie auch die Gültigkeitsregel, einfach bei der Listenerweiterung kopieren können):

```
=WENN(ISTTEXT(M42);;L42*M42)
```

Siehe auch ISTLEER(), ISTFEHL(), ISTFEHLER(), ISTLOG(), ISTNV(), ISTKTEXT(), ISTZAHL(), ISTBEZUG()

CD-ROM Das Beispiel sowie einige Tests zu den Hintergrund-Informationen finden Sie auf der CD-ROM zum Buch im Ordner *\Buch\Kap10* in der Arbeitsmappe *Informationen.xlsm* (Excel 2007/2010) bzw. *Informationen.xls* (Excel 97-2003) auf dem Arbeitsblatt *IST-Funktionen*.

2003: Add-In!

ISTUNGERADE() ISODD()

Syntax ISTUNGERADE(***Zahl***)

Definition Die Funktion gibt den Wahrheitswert *WAHR* zurück, wenn das Argument *Zahl* eine ungerade Zahl ist. Ist das Argument eine gerade Zahl, wird der Wahrheitswert *FALSCH* zurückgegeben.

Argumente ***Zahl*** (erforderlich) ist der zu prüfende Ausdruck.

Hintergrund

Sie können der Funktion beliebige Ausdrücke als Argumente übergeben. Handelt es sich um Zahlen, werden ganze Zahlen wie erwartet behandelt. Bei gebrochenen Zahlen werden die Nachkommastellen abgeschnitten und der so entstehende Wert ausgewertet. Dadurch ist das Ergebnis von `=ISTUNGERADE(2,4)` gleich *FALSCH* und `=ISTUNGERADE(-1,6)` liefert den Wahrheitswert *WAHR*.

Ist das Argument numerisch nicht auswertbar, wird für Zeichenketten und Wahrheitswerte der Fehlerwert *#WERT!* ermittelt, für Fehlerwerte ist das Ergebnis gleich dem Argument.

Der Gegenpart zu dieser Funktion ist die Funktion ISTGERADE():

```
ISTUNGERADE(Zahl)=NICHT(ISTGERADE(Zahl))
```

Praxiseinsatz

Als Beispiel kann jenes zur Funktion ISTGERADE() dienen, wobei Sie nunmehr alle Zeilen mit ungeraden Zeilennummern einfärben möchten. Sie müssen dazu lediglich die Formel für die Gültigkeitsprüfung in den Vorgängerversionen zu Excel 2007 durch

```
=NICHT(GANZZAHL(ZEILE(Zelle)/2)=ZEILE(Zelle)/2)
```

ersetzen.

Siehe auch

ISTGERADE(), GERADE(), UNGERADE()

CD-ROM

Das Beispiel sowie einige Tests zu den Hintergrund-Informationen finden Sie auf der CD-ROM zum Buch im Ordner *\Buch\Kap10* in der Arbeitsmappe *Informationen.xlsm* (Excel 2007/2010) bzw. *Informationen.xls* (Excel 97-2003) auf dem Arbeitsblatt *IstUngerade*.

ISTZAHL() ISNUMBER()

Syntax

ISTZAHL(***Wert***)

Definition

Diese Funktion gibt den Wahrheitswert *WAHR* zurück, wenn sich das Argument *Wert* ohne Umwandlung zu einer Zahl (numerischer Wert) auswerten lässt. In allen anderen Fällen ist der Rückgabewert der Wahrheitswert *FALSCH*.

Argumente

Wert (erforderlich) ist ein beliebiger Ausdruck (Zahl, Text, Formel ohne Gleichheitszeichen, Wahrheitswert, Fehlerwert, Bezug oder Name), den Sie prüfen möchten.

Hintergrund

Diese Funktion ist eine der neun sogenannten IST-Funktionen, die in Abhängigkeit des Arguments einen Wahrheitswert über dieses Argument zurückgeben. Das Argument der IST-Funktionen wird vor der Auswertung nicht umgewandelt. Das heißt u.a., eine Zeichenkette, die wie eine Zahl aussieht, bleibt eine Zeichenkette (Text) und wird nicht als Zahl interpretiert. IST-Funktionen finden häufig ihre Anwendung in Zusammenspiel mit der WENN()-Funktion, um in Abhängigkeit der aufgetretenen Situation in Anzeige und Berechnung zu verzweigen. Auch bedingte Formatierungen und Gültigkeitsregeln können auf den Ergebnissen der IST-Funktionen aufbauen.

Beachten Sie, dass diese Funktion *FALSCH* zurückgibt, wenn das Argument *Wert* einen Bezug auf eine leere Zelle darstellt. Das ist konsequent im Sinne der »Informatik«, aber nicht innerhalb von Excel. Haben Sie einen Bezug zu einer leeren Zelle hergestellt, erscheint nämlich in der Zelle mit dem Bezug der Wert 0 (Null), was Sie durch die entsprechende Option (*Excel-Optionen/Erweitert/In Zellen mit Nullwert eine Null anzeigen* ab Version 2007 bzw. Menübefehl *Extras/Optionen*, Registerkarte *Ansicht*, Kontrollkästchen *Nullwerte* deaktiviert unter den Vorgängerversionen) unterbinden können. Gerechnet wird dann aber trotzdem mit 0 (Null).

Praxiseinsatz Im Beispiel zur Funktion ISTTEXT() wurde die Formel zur Berechnung der Mehrwertsteuer in der *N*-Spalte von Abbildung 10.5 durch

```
=WENN(ISTTEXT(M42);;L42*M42)
```

angegeben. Das hat zur Folge, dass im Falle »keine« Mehrwertsteuer dort die Zahl 0 (Null) bzw. nach Formatierung »– €« erscheint. Wollen Sie das nicht, sondern soll eine leere Zelle angezeigt werden, lautet die angepasste Formel

```
=WENN(ISTTEXT(M42);"";L42*M42)
```

Damit wird aber durch

```
=L42+N42
```

zur Berechnung des Bruttobetrags ein Fehler erzeugt. Diesen können Sie durch Einsatz der Funktion ISTZAHL() im Zusammenspiel mit der WENN()-Funktion vermeiden:

```
=WENN(ISTZAHL(N42);L42+N42;L42)
```

Siehe auch ISTLEER(), ISTFEHL(), ISTFEHLER(), ISTLOG(), ISTNV(), ISTKTEXT(), ISTBEZUG(), ISTTEXT()

CD-ROM Das Beispiel sowie einige Tests zu den Hintergrund-Informationen finden Sie auf der CD-ROM zum Buch im Ordner *\Buch\Kap10* in der Arbeitsmappe *Informationen.xlsm* (Excel 2007/2010) bzw. *Informationen.xls* (Excel 97-2003) auf dem Arbeitsblatt *IST-Funktionen*.

N() N()

Syntax N(*Wert*)

Definition Diese Funktion gibt den in eine Zahl umgewandelten Wert des Arguments *Wert* zurück.

Argumente *Wert* (erforderlich) ist ein beliebiger Ausdruck (Zahl, Text, Formel ohne Gleichheitszeichen, Wahrheitswert, Fehlerwert, Bezug oder Name), den Sie in eine Zahl umwandeln möchten.

Hintergrund Im Allgemeinen ist es nicht erforderlich, die Funktion N() anzuwenden, da Excel in den Fällen, wo eine Zahl erwartet werden kann und eine Umwandlung möglich ist, Werte bei Bedarf automatisch umwandelt. Eine Ausnahme bilden die IST-Funktionen in diesem Kapitel. Aus Kompatibilitätsgründen zu anderen Tabellenkalkulations-Programmen steht diese Funktion dennoch zur Verfügung.

Die Funktion N() wandelt Ausdrücke gemäß der folgenden Tabelle 10.4 um.

Tabelle 10.4 Ergebnisse der Umwandlung durch die Funktion *N()*

Argument (Ausdruck)	Rückgabewert
Zahl	Die Zahl selbst
Datum im eingebauten Format	Fortlaufende Zahl des Datums
Zeitangabe	Gebrochene Zahl der Uhrzeit
WAHR	1
FALSCH	0
Fehlerwert	Den Fehlerwert selbst
Text, leere Zelle	0

Hinweis

Datumsangaben in Excel werden als fortlaufende Zahlen gespeichert. In der Standardeinstellung bekommt der 1. Januar 1900 den Wert 1. Genauer: Der 31. Dezember 1899, 24 Uhr, bekommt den Wert 1, genauso 1. Januar 1900, 0 Uhr. Bruchteile eines Tages werden in Bruchteilen von 1 erfasst, 12 Uhr hat den Wert 0,5, 18 Uhr den Wert 0,75 und 3:46 Uhr den Wert 0,15694444. Der 1. Januar 1900, 12 Uhr hat damit den Wert 1,5, der 2. Januar 1900, 18 Uhr den Wert 2,75 usw. Bruchteile ohne ganzen Anteil können als Datum formatiert werden, erhalten dann aber den nicht existenten Null-ten Januar 1900 statt des 31. Dezember 1899 zugeordnet.

Auf dieser Basis ist das Rechnen mit Datums- und Zeitangaben möglich (Addition, Subtraktion).

Die Standardeinstellung des ersten Tags kann über *Excel-Optionen/Erweitert/1904-Datumswerte verwenden* (Excel 2007) bzw. den Menübefehl *Extras/Optionen*, Registerkarte *Berechnung* in *1904-Datumswerte* (Vorgängerversionen) geändert werden. Dann bekommt der 1. Januar 1904, 0 Uhr den Wert 0, der 2. Januar 1904, 0 Uhr (= 1. Januar 1904, 24 Uhr) den Wert 1. Bei dieser Umstellung werden alle Datumswerte umbewertet, es ist also Vorsicht geboten.

Praxiseinsatz

Auf ein Beispiel kann aus den oben gemachten Überlegungen verzichtet werden.

Siehe auch

T()

CD-ROM

Einige Tests zu den Umwandlungen und Datumsüberlegungen aus den Hintergrund-Informationen finden Sie auf der CD-ROM zum Buch im Ordner *\Buch\Kap10* in der Arbeitsmappe *Informationen.xlsm* (Excel 2007/2010) bzw. *Informationen.xls* (Excel 97-2003) auf dem Arbeitsblatt *Sonstige*.

NV() NA()

Syntax

NV()

Definition

Diese Funktion gibt den Fehlerwert *#NV*, der das Nichtvorhandensein eines Werts signalisiert, zurück.

Argumente

Die Funktion verlangt keine Argumente.

Hintergrund

Obwohl die Funktion keine Argumente verlangt, ist dennoch die Angabe des Klammer-Paares notwendig. Andernfalls interpretiert Excel Ihre Eingabe als Text.

Ähnlich wie bei den Funktionen WAHR() und FALSCH(), deren Ergebnisse auch durch die Angabe der entsprechenden Wahrheitswerte erzeugt werden können, gelangen Sie zum Ergebnis der Funktion NV() auch durch die einfache Eingabe des Fehlerwerts *#NV* selbst. Die NV()-Funktion steht aus Gründen der Kompatibilität mit anderen Tabellenkalkulationsprogrammen zur Verfügung.

Sie können diese Funktion bzw. ihr Ergebnis nutzen, um explizit leere Zellen als solche zu kennzeichnen. Damit verhindern Sie, dass diese Zellen (in der Regel unbeabsichtigt) in weitere Berechnungen eingehen. Allerdings liefern Formeln, die sich auf solche Zellen beziehen, auch den gleichen Fehlerwert. Damit ist die Funktion eher als Vorsichtsmaßnahme denn als Mittel zur Automatisierung bzw. Verschönerung, wie etwa die IST-Funktionen dieses Kapitels, zu sehen.

Praxiseinsatz

Die letzte Bemerkung wird am Beispiel der Funktion ISTLEER() deutlich. Dort hatten Sie die Absicht, die Übertragung leerer Zellen zu vermeiden, durch den Einsatz eines Tests auf leere Zellen umgesetzt. Würden Sie stattdessen die Funktion NV() verwenden (oder deren Fehlerwert), kämen Sie Ihrer ursprünglichen Absicht nicht näher, wie Abbildung 10.6 zeigt.

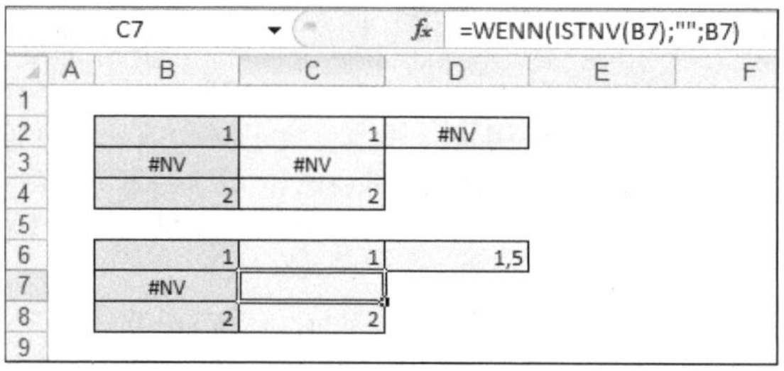

Abbildung 10.6: Eine Alternative zu Abbildung 10.4

In der *C*-Spalte stehen zur Illustration des Geschehens die »einfachen« Bezüge zur *B*-Spalte, aus den Werten soll in *D2* der Mittelwert bestimmt werden. Würde in *C3* eine 0 (Null) stehen, bildet das nicht die Situation der *B*-Spalte ab, deshalb haben Sie die leere Zelle der *B*-Spalte bewusst als leer (=NV() oder *#NV*) gekennzeichnet. Leider wird dieses *#NV* nun durch alle Berechnungen durchgetragen.

Der Ausweg besteht in der Verwendung der Funktion ISTNV() in den Zeilen 6 bis 8. Das korrekte Ergebnis ist dann aber mit dem gleichen Aufwand wie unter Einsatz von ISTLEER() erreicht.

Hinweis Ein weiteres interessantes Beispiel, welches sich mit der korrekten Darstellung von Zahlen in Diagrammen beschäftig, finden Sie in Kapitel 1.

Siehe auch ISTLEER(), ISTFEHL(), ISTFEHLER(), ISTLOG(), ISTNV(), ISTKTEXT(), ISTZAHL(), ISTBEZUG(), ISTTEXT()

CD-ROM Die Beispiele finden Sie auf der CD-ROM zum Buch im Ordner *\Buch\Kap10* in der Arbeitsmappe *Informationen.xlsm* (Excel 2007/2010) bzw. *Informationen.xls* (Excel 97-2003) auf dem Arbeitsblatt *NV*.

T() T()

Syntax T(*Wert*)

Definition Diese Funktion wandelt das Argument nach bestimmten Regeln in Text um.

Argumente *Wert* (erforderlich) ist ein beliebiger Ausdruck (Zahl, Text, Formel ohne Gleichheitszeichen, Wahrheitswert, Fehlerwert, Bezug oder Name), den Sie in Text umwandeln möchten.

Hintergrund Die Funktion T() befindet sich aus Kompatibilitätsgründen mit anderen Tabellenkalkulationsprogrammen in der Liste der Excel-Funktionen. In der Regel ist es nicht notwendig, Argumente in Text umzuwandeln, da dies automatisch geschieht.

Wollen Sie die Funktion benutzen, beachten Sie, dass aus Zahlen nicht etwa der Text der Ziffern entsteht, sondern eine leere Zeichenfolge. Dasselbe geschieht mit Wahrheitswerten. Fehlerwerte werden in Fehlerwerte überführt, nicht in deren Text-Form.

Praxiseinsatz Aus den gegebenen Informationen heraus soll auf ein Beispiel verzichtet werden.

Siehe auch N(), WERT(), ZELLE(), Textfunktionen

CD-ROM Einige Tests zu den Hintergrund-Informationen finden Sie auf der CD-ROM zum Buch im Ordner *\Buch\Kap10* in der Arbeitsmappe *Informationen.xlsm* (Excel 2007/2010) bzw. *Informationen.xls* (Excel 97-2003) auf dem Arbeitsblatt *Sonstige*.

TYP() TYPE()

TYP(*Wert*)

Syntax

Definition

Diese Funktion gibt eine Zahl zurück, die den Datentyp des angegebenen Arguments charakterisiert.

Argumente

Wert (erforderlich) ist ein beliebiger Ausdruck (Zahl, Text, Formel ohne Gleichheitszeichen, Wahrheitswert, Fehlerwert, Bezug oder Name), dessen Typ Sie prüfen möchten.

Hintergrund

Diese Funktion steht in engem Zusammenhang zu den sogenannten IST-Funktionen, die in Abhängigkeit des Arguments einen Wahrheitswert über dieses Argument zurückgeben. Sie findet häufig ihre Anwendung in Zusammenspiel mit der WENN()-Funktion, um in Abhängigkeit der aufgetretenen Situation in Anzeige und Berechnung zu verzweigen. Auch bedingte Formatierungen und Gültigkeitsregeln können auf dem Rückgabewert aufbauen.

Um die Funktion einzusetzen, ist die Kenntnis der Zuordnung aus Tabelle 10.5 notwendig.

Argument	Rückgabewert
Zahl	1
Text	2
Wahrheitswert	4
Fehlerwert	16
Matrix	64

Tabelle 10.5 Die Übersetzung der Zahlen in die ihnen entsprechenden Typen

Mit Ausnahme des letzten Typs können Sie die anderen Ergebnisse durch Einsatz der Funktionen ISTZAHL(), ISTTEXT(), ISTKTEXT(), ISTLOG(), ISTFEHLER() nachbilden. So haben

```
ISTZAHL(B12)
```

und

```
TYP(B12) = 1
```

den gleichen Wahrheitswert.

Es gibt aber einige IST-Funktionen, die mit TYP() nicht erfasst werden (ISTLEER(), ISTNV(), ISTBEZUG()). Da ISTFEHL() im Falle von *#NV* keinen Fehler erkennt, gehört auch diese Funktion in die genannte Gruppe.

Tipp

Stehen Sie vor der Wahl, für eine Verzweigung (WENN()-Funktion, bedingte Formatierung) TYP() zu nehmen oder aber eine der IST-Funktionen, kann der Rat nicht allgemein gültig sein. Im Falle der IST-Funktionen müssen Sie in der WENN()-Funktion nach den IST-Funktionen »schachteln«, im Falle der TYP()-Funktion »schachteln« Sie nach den Ziffern für den Typ. So entsteht in der gewünschten Zelle nach

```
=WENN(ISTFEHLER(F26);"Fehler";WENN(ISTZAHL(F26);"Zahl";WENN(ISTTEXT(F26);"Text")))
```

die gleiche Information wie nach

```
=WENN(TYP(F26)=16;"Fehler";WENN(TYP(F26)=1;"Zahl";WENN(TYP(F26)=2;"Text")))
```

Sicher ist die Lesbarkeit im ersten Fall besser.

Leider können Sie TYP() nicht verwenden, um festzustellen, ob eine Zelle eine Formel enthält. Steht in der Zelle, auf die Sie Bezug nehmen, eine Formel, gibt TYP() den Typ des Ergebnisses der Formel zurück.

Den Wert *64* erhalten Sie nicht, wenn in der Zelle, auf die Sie Bezug nehmen, eine Matrixformel steht, sondern wenn Sie einen Bereich als Argument von TYP() angeben und Ihre Eingabe mit der Tastenkombination Strg+Alt+↵ abschließen (Matrixformel mit TYP() als Bestandteil).

Praxiseinsatz IST-Funktionen nachbilden

Sie können die Beispiele zu den IST-Funktionen in diesem Kapitel auch mithilfe der TYP()-Funktion formulieren. So lautet die zweite Bedingung `=ISTFEHLER(B3)` im Beispiel aus Abbildung 10.1 (siehe Seite 346) nunmehr

```
=(TYP(B3)=16)
```

Auch das Beispiel aus Abbildung 10.5 (siehe Seite 358) lässt sich mit

```
=WENN(TYP(M42)=2;;L42*M42)
```

anstelle von `=WENN(ISTTEXT(M42);;L42*M42)` lösen.

Und auch die farbige Kennzeichnung von Zellen mit Wahrheitswerten im Beispiel 2 der ISTLOG()-Funktion kann für die »roten« Zellen durch

```
=UND(TYP(G63)=4;G63)
```

und für die »grünen« durch

```
=UND(TYP(G63)=4;NICHT(G63))
```

erfolgen.

Eine benutzerdefinierte Funktion einrichten

Wollen Sie häufig Informationen, die sich aus dem Typ eines Werts ergeben, für textliche Darstellungen nutzen, ist der Griff zu einer benutzerdefinierten Funktion zu empfehlen.

```
Function TypInWorten(Bereich As Range) As String
    Dim var As Variant
    var = Bereich.Value
    If Not IsEmpty(var) Then
        If IsError(var) Then
            TypInWorten = "Fehler"
        Else
            If var = True Or var = False And Not IsEmpty(var) Then
                TypInWorten = "Wahrheitswert"
            Else
                If IsNumeric(var) Then
                    TypInWorten = "Zahl"
                Else
                    TypInWorten = "Text"
                End If
            End If
        End If
    Else
        TypInWorten = ""
    End If
End Function
```

Listing 10.2: Diese Funktion erspart Ihnen den wiederholten Einsatz der *WENN()*-Funktion

Das Listing 10.2 prüft zunächst, ob die Zelle einen Fehler enthält. Ist das nicht der Fall, wird festgestellt, ob der Zellwert *WAHR* oder *FALSCH* ist. Ist auch das nicht der Fall, muss nur noch auf numerische Verwertbarkeit geprüft werden.

Tipp

Für VBA-Profis: Leider gibt es nicht für alle Arbeitsblattfunktionen ein entsprechendes *Worksheet-Function*-Pendant im Objektmodell. So muss gelegentlich (wie im Beispiel) selbst Hand angelegt werden.

Siehe auch

ISTLEER(), ISTFEHL(), ISTFEHLER(), ISTLOG(), ISTNV(), ISTKTEXT(), ISTZAHL(), ISTBEZUG(), ISTTEXT()

CD-ROM

Die Beispiele sowie einige Tests zu den Hintergrund-Informationen finden Sie auf der CD-ROM zum Buch im Ordner *\Buch\Kap10* in der Arbeitsmappe *Informationen.xlsm* (Excel 2007/2010) bzw. *Informationen.xls* (Excel 97-2003) auf dem Arbeitsblatt *Sonstige*. Der Code für das zweite Beispiel befindet sich im Modul *modFunction* der gleichen Mappe.

ZELLE() CELL()

Syntax

ZELLE(***Infotyp***;*Bezug*)

Definition

Diese Funktion liefert (textliche) Informationen zu Formatierung, Position oder Inhalt der Zelle, die sich ganz links oben in dem Bereich befindet, der durch das Argument *Bezug* angegeben wurde.

Argumente

Mithilfe des zweiten Arguments *Bezug* (optional) bestimmen Sie die Zelle, über die Sie die Auskunft, die Sie mit dem ersten Argument ***Infotyp*** (erforderlich) festgelegt haben, erhalten wollen. Lassen Sie das zweite Argument weg, erhalten Sie die gewünschten Informationen über die jeweils zuletzt geänderte Zelle Ihrer Mappe.

Hintergrund

Um die Funktion erfolgreich einzusetzen, ist es notwendig, die möglichen Informationstypen und deren Übergabeform (als Zeichenkette) zu kennen. Die Tabelle 10.6 hält die notwendigen Informationen bereit.

Tabelle 10.6 Diese Argumente werden als Zeichenketten an *ZELLE()* übergeben

Argument (Text)	Rückgabe
Adresse	Der absolute Bezug zur linken oberen Ecke als Text, ggf. mit Tabellen- und Mappennamen (die Mappe muss geöffnet sein, ansonsten erscheint der Fehlerwert #NV)
Breite	Auf eine ganze Zahl gerundete Spaltenbreite der betreffenden Zelle. Die Einheit ist dabei die Breite eines Zeichens der in der Standard-Formatvorlage festgelegten Schriftart, sofern dies eine Schrift ist, in der alle Zeichen gleich breit sind.
Dateiname	Vollständiger Pfad zur Arbeitsmappe inkl. Angabe der Tabelle, in der sich die betreffende Zelle befindet (leere Zeichenkette, falls diese Mappe noch nie gespeichert wurde)
Farbe	Sind negative Zahlen in der betreffende Zelle farbig formatiert, so wird 1, im gegenteiligen Fall 0 (Null) geliefert
Format	Es wird eine textliche Information über das Zahlenformat der betreffenden Zelle ausgegeben, wobei Sie die »Übersetzung« in Tabelle 10.7 finden. Ein »–« am Ende des Texts bedeutet, dass die Zelle für negative Werte farbig formatiert ist. Ein Paar runder Klammern am Ende des Texts weist darauf hin, dass die Zelle zumindest für positive (!) Werte mit Klammern formatiert ist.
Inhalt	Liefert den Wert (nicht die Formel) der betreffenden Zelle ▶

Argument (Text)	Rückgabe
Klammern	Ergibt den Wert 1, wenn wenigstens das Format positiver Zahlen als Zahlen mit Klammern definiert wurde, ansonsten 0 (Null)
Präfix	Informiert über die Ausrichtung von Text in der betreffenden Zelle (' = linksbündig, " = rechtsbündig, ^ = zentriert, \ = wiederholend ausgefüllt); steht kein Text in der Zelle, so wird eine leere Zeichenkette zurückgegeben
Schutz	Liefert 1, wenn die betreffende Zelle im Falle des Blattschutzes gesperrt ist, sonst 0 (Null)
Spalte	Diese Information betrifft die Spaltennummer der betreffenden Zelle
Typ	Gibt Auskunft über den Datentyp in der betreffenden Zelle: l = Text, b = leer, w = sonst
Zeile	Diese Information betrifft die Zeilennummer der betreffenden Zelle

Hinweis Befinden sich Mappennamen, Tabellenbezeichnungen und/oder Zelladressen in den zurückgegebenen Zeichenketten, ist der Aufbau immer gleich:

`Ordnerpfad\[Mappenname]Arbeitsblatt!absolute Adresse`

also etwa

`F:\Kapitel 10\Buch\Kap10\[Informationen.xls]Zelle`

(Pfad bis zum Arbeitsblatt) oder auch

`[Mappe2.xls]Tabelle1!$A$1`

(Bezug zur Zelle).

Die Funktion liefert einige »kryptische« Informationen, die es zu übersetzen gilt. Die Tabelle 10.7 hilft bei diesem Vorhaben.

Tabelle 10.7 Zahlenformate – codiert und im Klartext

Das liefert ZELLE()	Und das bedeutet es
S	Standard
F0	0
0,0	#,##0
F2	0,00
,2	#,##0,00
W0	Währungsangaben ohne Nachkommastellen
W0–	Währungsangaben ohne Nachkommastellen, negative Werte rot
W2	Währungsangaben mit zwei Nachkommastellen
W2–	Währungsangaben mit zwei Nachkommastellen, negative Werte rot
P0	0%
P2	0,00%
E2	0,00E+00
S	# ?/? oder # ??/??
D1	Alle Datumsangaben nach dem Muster TT.MM.JJ, wobei die Anzahl von T, M und J variieren kann ▶

Das liefert ZELLE()	Und das bedeutet es
D2	Alle Datumsangaben nach dem Muster TT.MM., wobei die Anzahl von T und M variieren kann
D3	Alle Datumsangaben nach dem Muster MM.JJ, wobei die Anzahl von M und J variieren kann
D4	Alle Datumsangaben, in denen die Reihenfolge von Tag und Monat »vertauscht« wurde, etwa MM/TT/JJ
D5	Alle Datumsangaben ohne Jahreszahl, in denen die Reihenfolge von Tag und Monat »vertauscht« wurde, etwa MM/TT
U1	h:mm:ss AM/PM
U2	h:mm AM/PM
U3	h:mm:ss
U4	h:mm

Hinweis

Die Excel-Hilfe weicht von der Tabelle 10.7 fehlerhaft in wesentlichen Punkten ab, da u.a. auf keinerlei Sprachspezifika eingegangen wurde[5]. Außerdem erzeugen gewisse »eingebaute« Formate (etwa für Datum und Uhrzeit) die Anzeige von *S*, und erst ein benutzerdefiniertes Format nach den Mustern der Tabelle bringt die erwartete Information.

Die ZELLE()-Funktion wird zwar aus Kompatibilitätsgründen mit anderen Tabellenkalkulationsprogrammen bereitgestellt. Dennoch bieten sich einige interessante Einsatzmöglichkeiten.

Wichtig

Die Anzeige der Rückgabewerte muss nicht immer aktuell sein. Speichern Sie etwa eine Arbeitsmappe, wird der Dateiname nicht automatisch aktualisiert. Ändern Sie das Format negativer Zahlen hinsichtlich der Farbe, wird dies nicht sofort durch die Anzeige der Zahl 1 oder 0 quittiert. Die Aktualisierung erfolgt erst nach einer Neuberechnung, die Sie natürlich auch mit der [F9]-Taste manuell erzwingen können.

Praxiseinsatz

Die Beispiele zeigen die Anwendung der Funktion und was dabei zu beachten ist.

Änderungen visualisieren

Sie können versuchen, Zelländerungen, die der Nutzer vornimmt, durch visuelle Effekte zu verdeutlichen und somit zu warnen. So zeigt etwa

```
=WENN(ZELLE("Adresse")="$C$63";"Achtung";"OK")
```

in *C64* eine Änderung der Nachbarzelle *C63* an. Wollen Sie keine weitere Zelle opfern, ließe sich über eine bedingte Formatierung der Zelle *C63* durch die Bedingung

```
=(ZELLE("Adresse")="$C$63")
```

eine farbliche Hervorhebung erzeugen. Verantwortlich für das Funktionieren ist der fehlende Bezug in der Funktion ZELLE(), da somit immer die aktuell verarbeitete Zelle protokolliert wird.

Einen Zellschutz stellt das Verfahren natürlich nicht dar. So setzt die Bearbeitung einer anderen Zelle alles wieder zurück, ohne dass *C63* selbst in den Urzustand gebracht wurde. Auch bringt ein sofortiges Reagieren des Nutzers auf den visuellen Hinweis mit *Bearbeiten/Rückgängig* die Zelle in den Urzustand, jedoch verschwindet der Warnhinweis erst nach der Bearbeitung einer anderen Zelle.

5 Etwa *G* für *General* statt *S* für *Standard*, *C* für *Currency* statt *W* für *Währung*.

Eingabe der Funktion vereinfachen

Die Funktion ZELLE() verlangt als erstes Argument eine Zeichenkette. Wollen Sie die Funktion mehrfach nutzen, lassen sich die notwendigen Begriffe in einer kleinen Liste auf einem Arbeitsblatt bereithalten und statt der Formel `=ZELLE("Typ",B52)` können Sie nun `=ZELLE($B$51;B52)` verwenden, falls in *B51* das Wort »Typ« steht.

Gesperrte Zellen visualisieren

Die Absicht, gesperrte Zellen in einem geschützten Arbeitsblatt zu ändern, endet mit einer (manchmal doch störenden) Fehlermeldung. Wollen Sie dem Anwender gesperrte Zellen visuell näher bringen, können Sie diese einfärben. Andersherum kann es gelegentlich ebenso sinnvoll sein, bearbeitbare Zellen einzufärben. Der Aufwand für Sie kann dadurch reduziert werden, dass Sie im gesamten Arbeitsblatt oder seinen definierten Teilen eine bedingte Formatierung angeben (Sie geben diese nur für eine Zelle an, den Rest erledigt *Format übertragen* vor dem endgültigen Sperren/Entsperren), die auf die Sperrung anspricht. Die Abbildung 10.7 zeigt eine mögliche Variante (hier im Dialogfeld für Excel ab 2007).

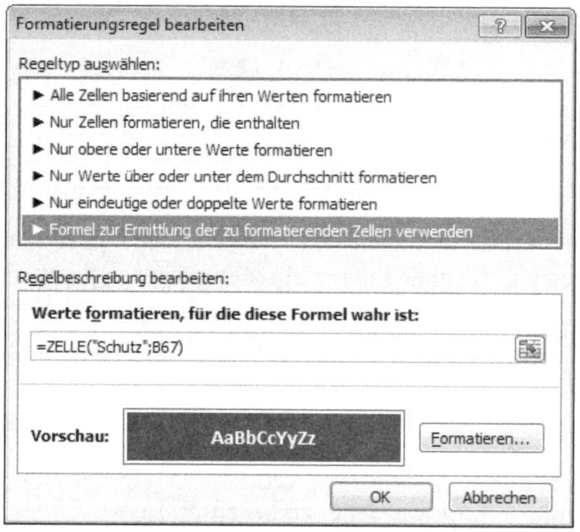

Abbildung 10.7: Bedingte Formatierung zur Visualisierung gesperrter Zellen

Dass die Eingabe `=ZELLE("Schutz";B67)` anstelle der ausführlichen Anweisung `=(ZELLE("Schutz";B67)=1)` funktioniert, liegt daran, dass im Falle der Sperrung die Zahl 1 geliefert wird, die Excel als *WAHR* interpretiert (0 würde als *FALSCH* durchgehen).

Fortlaufende Nummerierungen

Mithilfe von

```
=ZELLE("Zeile";C72)-71 & "."
```

lässt sich auf einfache Weise beginnend ab Zelle *C72* abwärts eine ab 1 beginnende fortlaufende Nummerierung (mit Punkt) erzeugen. Der Eintrag in die Zelle selbst führt nicht zu einem Zirkelbezug!

Siehe auch

Alle Informationsfunktionen

CD-ROM

Die Beispiele sowie einige Tests zu den Hintergrund-Informationen finden Sie auf der CD-ROM zum Buch im Ordner *\Buch\Kap10* in der Arbeitsmappe *Informationen.xlsm* (Excel 2007/2010) bzw. *Informationen.xls* (Excel 97-2003) auf dem Arbeitsblatt *Zelle*.

Kapitel 11

Statistische Funktionen

In diesem Kapitel versuchen wir, Ihnen so plastisch und einfach wie möglich die statistischen Funktionen in Microsoft Excel darzustellen und näher zu bringen. Dies bedeutet jedoch nicht, dass ein Ungeübter die Statistik auch sofort versteht und umsetzen kann. Grundlagen der Mathematik sind auf jeden Fall notwendig, um die Aussagen der Statistik und der statistischen Funktionen deuten zu können.

Fragestellungen

Die Statistik befasst sich vor allem mit folgenden Fragen:

- Wie soll man Daten beschreiben?
- Welche Schlüsse/Ergebnisse kann man aus Daten ziehen?

Durch statistische Auswertungen sind wir in der Lage, umfangreiche und komplizierte Datensätze möglichst anschaulich darzustellen. Außerdem leistet die Statistik, wie nachfolgend aufgelistet, Folgendes:

- Sie zeigt, wie man große Datenmengen durch einige wenige Zahlen und eventuelle Zusatzangaben mit minimalem Informationsverlust zusammenfassen kann
- Sie beschreibt einfache und wichtige Modelle zur Erfassung der Natur (z.B. linearer oder quadratischer Zusammenhang zweier Größen oder ihrer Logarithmen; additives oder multiplikatives Zusammenwirken mehrerer Faktoren)
- Sie bietet häufig benutzbare Modelle für die zufälligen Schwankungen und zufälligen Fehler, die in Daten beobachtet werden können (z.B. Binomial- und Poisson-Verteilung für die Anzahl der Fälle, in denen ein bestimmtes Ereignis zufällig eintritt; Normalverteilung – Gaußsche Glockenkurve – für die Größe von Messfehlern)
- Sie untersucht und vergleicht verschiedene Versuchspläne gleichen Umfangs zur Messung mehrerer Effekte oder zur Prüfung einer Hypothese oder zur schrittweisen Suche eines Optimums oder zum Ziehen einer Stichprobe aus einer strukturierten Grundgesamtheit. Dadurch kann, bei gleicher Genauigkeit, der Versuchsaufwand oft stark reduziert werden.
- Sie prüft, inwieweit beobachtete Abweichungen von einem Modell dem Zufall zugeschrieben werden können, also ob Daten und Modelle oder Hypothesen im Rahmen der zufälligen Fehler miteinander vereinbar sind oder nicht (Tests)
- Sie liefert eine möglichst gute Anpassung der unbekannten Konstanten (Parameter) eines Modells an die Daten, unter Berücksichtigung des Vorhandenseins von zufälligen (eventuell auch groben) Fehlern (Schätzungen – genaue Punktschätzungen). Gleichzeitig gibt sie die ungefähre Genauigkeit dieser Anpassung an (Standardfehler, Vertrauensbereiche).

Tabelle 11.1 Die statistischen Funktionen im Überblick

Funktion 2010 / 2007-2003	Beschreibung
ACHSENABSCHNITT()	Gibt den Schnittpunkt der linearen Regressionsgeraden zurück
ANZAHL()	Zählt die Anzahl der Zahlen in der Liste mit Argumenten
ANZAHL2()	Zählt die Anzahl der Werte in der Liste mit Argumenten
ANZAHLLEEREZELLEN()	Gibt die Anzahl der leeren Zellen in einem Bereich an
BESTIMMTHEITSMASS()	Gibt das Quadrat des Pearsonschen Korrelationskoeffizienten zurück
BETA.INV() (2010) / BETAINV()	Gibt das Quantil einer angegebenen Betaverteilung zurück
BETA.VERT() (2010) / BETAVERT()	Gibt die Werte der kumulierten Betaverteilungsfunktion zurück ▶

Funktion 2010 / 2007-2003	Beschreibung
BINOM.VERT() (2010) / BINOMVERT()	Gibt Wahrscheinlichkeiten einer binomialverteilten Zufallsvariablen zurück
QUIQU.INV.RE() (2010) / CHIINV()	Gibt Quantile der (rechtsseitigen) Verteilungsfunktion (1-Alpha) der Chi-Quadrat-Verteilung zurück
QUIQU.INV() (2010)	Gibt Quantile der linksseitigen Verteilungsfunktion der Chi-Quadrat-Verteilung zurück
CHI.TEST() (2010) / CHITEST()	Gibt die Teststatistik eines Unabhängigkeitstests zurück
CHI.VERT.RE() (2010) / CHIVERT()	Gibt Werte der (rechtsseitigen) Verteilungsfunktion (1-Alpha) einer Chi-Quadrat-verteilten Zufallsgröße zurück
CHI.VERT() (2010)	Gibt Werte der linksseitigen Verteilungsfunktion (1-Alpha) einer Chi-Quadrat-verteilten Zufallsgröße zurück
EXPON.VERT() (2010) / EXPONVERT()	Gibt Wahrscheinlichkeiten einer exponentialverteilten Zufalls-variablen zurück
F.INV.RE() (2010) / FINV()	Gibt Quantile der rechtsseitigen F-Verteilung zurück
F.INV() (2010)	Gibt Quantile der linksseitigen F-Verteilung zurück
FISHER()	Gibt die Fisher-Transformation zurück
FISHERINV()	Gibt die Umkehrung der Fisher-Transformation zurück
F.TEST() (2010) / FTEST()	Gibt die Teststatistik eines F-Tests zurück
F.VERT.RE() (2010) / FVERT()	Gibt Werte der Verteilungsfunktion (1-Alpha) einer F-verteilten Zufallsvariablen zurück
F.VERT() (2010)	Gibt Werte der Verteilungsfunktion (1-Alpha) einer (linksseitigen) F-verteilten Zufallsvariablen zurück
GAMMA.INV() (2010)/ GAMMAINV()	Gibt Quantile der Gammaverteilung zurück
GAMMALN()	Gibt den natürlichen Logarithmus der Gammafunktion zurück
GAMMALN.GENAU() (2010)	Gibt den natürlichen Logarithmus der Gammafunktion auf 15 Stellen zurück
GAMMA:VERT() (2010) / GAMMVERT()	Gibt die Wahrscheinlichkeiten einer gammaverteilten Zufalls-variablen zurück
GEOMITTEL()	Gibt das geometrische Mittel zurück
GESTUTZTMITTEL()	Gibt den Mittelwert einer Datengruppe zurück, ohne die Rand-werte zu berücksichtigen
GTEST()	Gibt den einseitigen Wahrscheinlichkeitswert für einen Gaußtest (Normalverteilung) zurück
HARMITTEL()	Gibt das harmonische Mittel zurück
HÄUFIGKEIT()	Gibt eine Häufigkeitsverteilung als einspaltige Matrix zurück
HYPGEOM.VERT() (2010) / HYPGEOMVERT()	Gibt Wahrscheinlichkeiten einer hypergeometrisch-verteilten Zufallsvariablen zurück
KGRÖSSTE()	Gibt den k-größten Wert einer Datengruppe zurück
KKLEINSTE()	Gibt den k-kleinsten Wert einer Datengruppe zurück ▶

Funktion 2010 / 2007-2003	Beschreibung
KONFIDENZ.NORM() (2010) / KONFIDENZ()	Gibt das 1-Alpha Konfidenzintervall für den Erwartungswert einer Zufallsvariablen zurück
KONFIDENZ.T() (2010)	Gibt das Konfidenzintervall für den Erwartungswert einer (Student) t-verteilten Zufallsvariablen zurück
KORREL()	Gibt den Korrelationskoeffizienten zweier Reihen von Merkmalsausprägungen zurück
KOVARIANZ.P() / KOVAR()	Gibt die Kovarianz einer Grundgesamtheit, den Mittelwert der für alle Datenpunktpaare gebildeten Produkte der Abweichungen zurück
KOVARIANZ.T() (2010)	Gibt die Kovarianz einer Stichprobe, den Mittelwert für alle Datenpunktpaare gebildeten Produkte der Abweichungen zurück
BINOM.INV() (2010) / KRITBINOM()	Gibt den kleinsten Wert zurück, für den die kumulierten Wahrscheinlichkeiten der Binomialverteilung kleiner oder gleich einer Grenzwahrscheinlichkeit sind
KURT()	Gibt die Kurtosis (Exzess) einer Datengruppe zurück
LOG.INV() (2010) / LOGINV()	Gibt Quantile der Lognormalverteilung zurück
LOGNORM.VERT() (2010) / LOGNORMVERT()	Gibt Werte der Verteilungsfunktion einer lognormalverteilten Zufallsvariablen zurück
MAX()	Gibt den größten Wert in einer Liste mit Argumenten zurück
MAXA()	Gibt den größten Wert in einer Liste mit Argumenten zurück. Dazu zählen Zahlen, Text und Wahrheitswerte.
MEDIAN()	Gibt den Median der angegebenen Zahlen zurück
MIN()	Gibt den kleinsten Wert in einer Liste mit Argumenten zurück
MINA()	Gibt den kleinsten Wert in einer Liste mit Argumenten zurück. Dazu zählen Zahlen, Text und Wahrheitswerte.
MITTELABW()	Gibt die durchschnittliche absolute Abweichung von Datenpunkten von ihrem Mittelwert zurück
MITTELWERT()	Gibt den Mittelwert der zugehörigen Argumente zurück
MITTELWERTA()	Gibt den Mittelwert der zugehörigen Argumente zurück. Dazu gehören Zahlen, Text und Wahrheitswerte.
MITTELWERTWENN()	Der Durchschnittswert (arithmetisches Mittel) für alle Zellen in einem Bereich, die einem angegebenen Kriterium entsprechen, wird zurückgegeben
MITTELWERTWENNS()	Gibt den Durchschnittswert (arithmetisches Mittel) aller Zellen zurück, die mehreren Kriterien entsprechen
MODUS.EINF() (2010) / MODALWERT()	Gibt den am häufigsten vorkommenden Wert in einer Datengruppe zurück
MODUS.VIELF() (2010)	Gibt ein vertikales Array der am häufigsten vorkommenden oder wiederholten Werte in einem Array oder Datenbereich zurück
NEGBINOMVERT()	Gibt Wahrscheinlichkeiten einer negativbinomialverteilten Zufallsvariablen zurück
NORMINV() (20101) / NORMINV()	Gibt Quantile der Normalverteilung zurück ▶

Funktion 2010 / 2007-2003	Beschreibung
NORM.S.INV() (2010) / STANDNORMINV()	Gibt Quantile der Standardnormalverteilung zurück
NORM.S.VERT() (2010) / STANDNORMVERT()	Gibt Wahrscheinlichkeiten einer standardnormalverteilten Zufallsvariablen zurück
NORM.VERT() (2010)/ NORMVERT()	Gibt Wahrscheinlichkeiten einer normalverteilten Zufallsvariablen zurück
PEARSON()	Gibt den Pearsonschen Korrelationskoeffizienten zurück
POISSON.VERT() (2010) / POISSON()	Gibt Wahrscheinlichkeiten einer poissonverteilten Zufallsvariablen zurück
QUANTIL()	Gibt das Alpha-Quantil einer Gruppe von Daten zurück
QUANTILSRANG()	Gibt den prozentualen Rang (Alpha) eines Werts in einer Gruppe von Daten zurück
QUANTILSRANG.EXKL() (2010)	Gibt den prozentualen Rang (Alpha) eines Werts in einem Dataset als Prozentsatz des Datasets (0..1 ausschließlich) zurück
QUANTILSRANG.INKL() (2010)	Gibt den prozentualen Rang (Alpha) eines Werts in einem Dataset als Prozentsatz des Datasets (0..1 einschließlich) zurück
QUARTILE()	Gibt die Quartile einer Datengruppe zurück
QUARTILE.EXKL() (2010)	Gibt die Quartile eines Datasets zurück, basierend auf Perzentilwerten von 0..1 ausschließlich
QUARTILE.INKL() (2010)	Gibt die Quartile eines Datasets zurück, basierend auf Perzentilwerten von 0..1 einschließlich
RANG()	Gibt den Rang zurück, den eine Zahl innerhalb einer Liste von Zahlen einnimmt
RANG.GLEICH() (2010)	Gibt den Rang, den eine Zahl innerhalb einer Liste von Zahlen einnimmt, zurück: die Größe relativ zu anderen Werten in der Liste; wenn mehrere Werte die gleiche Rangzahl aufweisen, wird der oberste Rang dieser Gruppe von Werten zurückgegeben
RANG.MITTELW() (2010)	Gibt den Rang, den eine Zahl innerhalb einer Liste von Zahlen einnimmt zurück: die Größe relativ zu anderen Werten in der Liste; wenn mehrere Werte die gleiche Rangzahl aufweisen, wird die durchschnittliche Rangzahl zurückgegeben
RGP()	Gibt die Parameter eines linearen Trends zurück
RKP()	Gibt die Parameter eines exponentiellen Trends zurück
SCHÄTZER()	Gibt den Schätzwert für einen linearen Trend zurück
SCHIEFE()	Gibt die Schiefe einer Verteilung zurück
STABW.S() (2010) / STABW()	Schätzt die Standardabweichung ausgehend von einer Stichprobe
STABWA()	Schätzt die Standardabweichung ausgehend von einer Stichprobe, die Zahlen, Text und Wahrheitswerte enthält
STABW.N() (2010) / STABWN()	Berechnet die Standardabweichung auf der Grundlage der Grundgesamtheit
STABWNA()	Berechnet die Standardabweichung auf der Grundlage der Grundgesamtheit, die Zahlen, Text und Wahrheitswerte enthält ▶

Funktion 2010 / 2007-2003	Beschreibung
STANDARDISIERUNG()	Gibt einen standardisierten Wert zurück
NORM.S.INV() (2010) / STANDNORMINV()	Gibt Quantile der Standardnormalverteilung zurück
NORM.S.VERT() (2010) / STANDNORMVERT()	Gibt Wahrscheinlichkeiten einer standardnormalverteilten Zufallsvariablen zurück
STEIGUNG()	Gibt die Steigung der linearen Regressionsgeraden zurück
STFEHLERYX()	Gibt den Standardfehler der geschätzten y-Werte für alle x-Werte der Regression zurück
SUMQUADABW()	Gibt die Summe von quadrierten Abweichungen zurück
T.INV.2S() (2010) / TINV()	Gibt (zweiseitige) Quantile der (Student) t-Verteilung zurück
T.INV() (2010)	Gibt linksseitige Quantile der (Student) t-Verteilung zurück
TREND()	Gibt Werte zurück, die sich aus einem linearen Trend ergeben
T.TEST() (2010) / TTEST()	Gibt die Teststatistik eines studentschen t-Tests zurück
T.VERT.2S() (2010) / TVERT()	Liefert die (Student) t-Verteilung für zwei Endflächen zurück
T.VERT() (2010)	Liefert die (Student) t-Verteilung der linken Endfläche zurück
T.VERT.RE() (2010)	Liefert die (Student) t-Verteilung der rechten Endfläche zurück
VAR.S() (2010) / VARIANZ()	Schätzt die Varianz auf der Grundlage einer Stichprobe
VAR.P() (2010) / VARIANZEN()	Berechnet die Varianz auf der Grundlage der Grundgesamtheit
VARIANZA()	Schätzt die Varianz ausgehend von einer Stichprobe, die Zahlen, Text und Wahrheitswerte enthält
VARIANZENA()	Berechnet die Varianz auf der Grundlage einer Grundgesamtheit, die Zahlen, Text und Wahrheitswerte enthält
VARIATION()	Gibt Werte zurück, die sich aus einem exponentiellen Trend ergeben
VARIATIONEN()	Gibt die Anzahl der Permutationen für eine bestimmte Anzahl von Objekten zurück
WAHRSCHBEREICH()	Gibt die Wahrscheinlichkeit für ein von zwei Werten eingeschlossenes Intervall zurück
WEIBULL.VERT() (2010) / WEIBULL()	Gibt Wahrscheinlichkeiten einer weibullverteilten Zufallsvariablen zurück
ZÄHLENWENN()	Die Zellen eines Bereichs, deren Inhalte mit den Suchkriterien übereinstimmen, werden gezählt
ZÄHLENWENNS()	Die Zellen eines Bereichs, deren Inhalte mit mehreren Kriterien übereinstimmen, werden gezählt

Neu in Excel 2007

Folgende der in Tabelle 11.1 aufgelisteten Funktionen stehen Ihnen erst ab Excel 2007 zur Verfügung:

- MITTELWERTWENN()
- MITTELWERTWENNS()
- ZÄHLENWENNS()

Achtung Zahlreiche statistische Funktionen sind für Excel 2010 überarbeitet worden: Einerseits wurden ihre Genauigkeit und Leistungsfähigkeit erhöht, andererseits wurden Benutzerwünsche eingearbeitet, was sich in der Anzahl und Art der Parameter und auch in der Anwendung der Funktion niederschlug. Darüber hinaus wurden einige Funktionsnamen an Namenskonventionen angepasst, ohne dass an der Funktion selbst etwas geändert wurde.

Um vorhandene Excel-Tabellen mit den ursprünglichen Funktionen nicht hinfällig werden zu lassen, wurden die vertrauten Funktionsvarianten beibehalten (und in die neue Kategorie *Kompatibilitätsfunktionen* eingeordnet) und die überarbeiteten Varianten mit einem leicht geänderten Namen (zu erkennen an einem Punkt im Namen) zusätzlich aufgenommen. Leider erkennt man am Namen aber nicht, zu welcher Gruppe der geänderten Funktionen die jeweilige gehört: Wurde nur der Name geändert oder der Algorithmus oder ist die Funktion neu? Dabei sollen Ihnen die folgenden Listen helfen.

In diesem Buch soll, um den Umfang zu begrenzen, der Schwerpunkt auf die Funktionen gelegt werden, die für Excel 2010 charakteristisch sind. Daher werden die althergebrachten Varianten nicht ausführlich vorgestellt, sondern nur mit einem Hinweis auf die Neuerungen versehen.

Neu in Excel 2010 Folgende der aufgelisteten Funktionen stehen Ihnen erst ab Excel 2010 zur Verfügung (nur neue Funktionen, ohne Funktionen, bei denen sich der Algorithmus oder lediglich der Name geändert hat):

- CHIQU.INV()
- CHIQU.VERT()
- F.INV()
- F.VERT
- GAMMALN.GENAU()
- KONFIDENZ.T()
- KOVARIANZ.P()
- KOVARIANZ.S()
- MODUS.VIELF()
- QUANTIL.EXKL()
- QUANTIL.INKL()
- QUANTILSRANG.EXKL()
- QUANTILSRANG.INKL()
- QUARTILE.EXKL()
- QUARTILE.INKL()
- RANG.GLEICH()
- RANG.MITTELW()
- T.INV()
- T.VERT()
- T.VERT.RE()

In der folgenden Auflistung finden Sie die Funktionen, bei denen die Genauigkeit und die Ausführungsgeschwindigkeit verbessert wurden.

- BETA.INV()
- BETA.VERT()
- BINOM.INV()
- BINOM.VERT()
- CHIQU.INV.RE()
- CHIQU.TEST()
- F.INV.RE()
- F.VERT.RE()
- GAMMA.INV()
- GAMMA.VERT()
- GAMMALN()
- GEOMITTEL()
- HYPGEOM.VERT()
- LOGNORM.INV()
- LOGNORM.VERT()
- NEGBINOM.VERT()
- NORM.INV()
- NORM.S.INV()
- NORM.S.VERT()
- NORM.VERT()
- POISSON.VERT()
- RGP()
- STABW.S()
- T.INV.2S()
- T.VERT.2S()
- T.VERT.RE()
- VAR.S()

Hinweis

Die Funktionen, bei denen sich lediglich der Name geändert hat, entnehmen Sie bitte der Tabelle 11.1 auf Seite 371.

Darstellung der Funktionen in diesem Kapitel

Die Mehrzahl der in diesem Kapitel genannten und dargestellten Funktionen haben wir anhand eines einheitlichen Beispiels verdeutlicht und versuchen Ihnen auf diese Weise aufzeigen, welche Fragestellung mit welcher Funktion beantwortet werden kann.

Das Szenario Ein kleines Unternehmen, das sich auf die Herstellung von Software spezialisiert hat, vermarktet seine Produkte sowohl über das Internet bzw. über seine Webseiten als auch über Außendienstmitarbeiter.

Regelmäßig werden Auswertungen erstellt, die beispielsweise die Umsätze der über das Web verkauften Produkte wiedergeben oder aber auch die Anzahl der Webzugriffe und Klicks darstellt.

Da Webseiten immer mehrere Zwecke gleichzeitig erfüllen, kann das Unternehmen neben seiner eigenen Präsentation und der Kommunikation nach außen vor allem auch wertvolle Informationen über die Besucher an sich, aber auch über deren Interessegebiete generieren.

Es liegen folgende Daten vor:

- Zugriffe auf die Webseite pro Tag
- Zugriff pro Unterseite (Produkte, Wissen, Events usw.)
- Gesamtumsatz pro Tag und zu jedem Produkt
- Anzahl der Klicks beim Versand von Newslettern
- Kosten und Zeit der Webseitenpflege
- Besuche der Außendienstmitarbeiter pro Tag
- Umsätze der Außendienstmitarbeiter pro Monat

Hinweis Aus didaktischen Gründen haben wir für einige Funktionen andere Beispiele gewählt, um die ohnehin schon für »Nichtstatistiker« schwer verdauliche Kost etwas verständlicher zu machen.

Dies betrifft vor allem den Bereich »Wahrscheinlichkeit«.

CD-ROM Die oben genannten und dem Unternehmen bereits vorliegenden Daten der Webauswertung finden Sie auf der CD-ROM zum Buch im Ordner *\Buch\Kap11* in den Arbeitsmappen *Webzugriff.xls* (Excel 97-2003) bzw. *Webzugriff.xlsx* (Excel 2007/2010) auf dem Arbeitsblatt *Webzugriff*.

ACHSENABSCHNITT() INTERCEPT()

Syntax ACHSENABSCHNITT(***Y_Werte***;***X_Werte***)

Definition Die Funktion ACHSENABSCHNITT() gibt den Schnittpunkt der Regressionsgeraden zurück. Vergleichen Sie die Abbildung 11.125 (siehe Seite 538) unter der Funktion STEIGUNG().

Das heißt, die Funktion berechnet den Punkt, an dem eine Gerade die Y-Achse unter Verwendung vorhandener x-Werte und y-Werte schneidet. Der Schnittpunkt basiert auf einer optimal angepassten Regressionsgeraden, die durch die x-Werte und y-Werte gezeichnet wird.

Argumente ***Y_Werte*** (erforderlich) ist die Gruppe der abhängigen Messwerte oder Daten.

X_Werte (erforderlich) ist die Gruppe der unabhängigen Messwerte oder Daten.

Hinweis

Als Argumente sollten Zahlen, Namen, Matrizen oder Bezüge angegeben werden, die Zahlen enthalten. Enthält ein als Matrix oder Bezug angegebenes Argument Text, Wahrheitswerte oder leere Zellen, werden diese Werte ignoriert. Zellen, die den Wert 0 enthalten, werden dagegen berücksichtigt.

Umfassen *Y_Werte* und *X_Werte* unterschiedlich viele oder keine Datenpunkte, gibt ACHSENABSCHNITT() den Fehlerwert *#NV* zurück.

Hintergrund

Die Regressionsanalyse ist das am häufigsten angewandte multivariate Analyseverfahren. Bei der Einfachregression wird die Beziehung zwischen einer abhängigen Variablen und einer unabhängigen Variablen untersucht. Das heißt, es geht letztendlich darum, den gefundenen Zusammenhang durch eine lineare Funktion zu erfassen. Hierbei wird die Gerade gesucht, bei der die Summe der quadrierten Abweichungen minimiert ist.

Die Regressionsgerade bzw. -ebene ist demnach nur eine Schätzgröße und gibt Auskunft über die statistische Beziehung zwischen den Variablen und dem Proportionalitätsfaktor. Anders ausgedrückt: Die Regressionsgerade gibt die Richtung der Beziehung zwischen der abhängigen und der/den unabhängigen Variablen an sowie die Höhe der proportionalen Veränderung in der abhängigen Variablen, wenn die unabhängige um eine Einheit erhöht oder vermindert wird.

Die Funktion ACHSENABSCHNITT() berechnet den y-Achsenabschnitt der Regressionsgeraden beim x-Wert 0, also den Wert *b* der Geradengleichung:

$$y = mx + b$$

Für den Punkt b, an dem die Regressionsgerade die Y-Achse schneidet, ergibt sich daraus folgende Gleichung:

$$b = y - mx$$

Hierbei wird die Steigung *m* wie folgt berechnet:

$$m = \frac{\sum\left(x-\bar{x}\right)\left(y-\bar{y}\right)}{\sum\left(x-\bar{x}\right)^2}$$

Für diese Gleichung sind x und y die Stichprobenmittelwerte MITTELWERT(***X_Werte***) und MITTELWERT(***Y_Werte***).

Hinweis

Detaillierte Informationen zur Regressionsanalyse finden Sie unter RGP() auf Seite 513.

Praxiseinsatz

Die Funktion ACHSENABSCHNITT() ist sehr einfach zu handhaben.

Ein Softwarehersteller möchte seine Webseite näher analysieren. Dazu hat die Marketingabteilung die Zugriffe auf die Webseite von Januar 2007 bis Juni 2008 aus dem firmeneigenen System generiert und in einer Excel-Tabelle zusammengefasst. Zusätzlich wurden alle in dieser Zeit eingegangenen Online-Bestellungen zahlenmäßig erfasst und den Webseitenzugriffen gegenübergestellt.

Ziel soll es sein, eine Grafik zu erstellen, die zeigt, wie sich die Bestellungen in Abhängigkeit von den Webseitenzugriffen entwickelt haben. Hierbei wird auch der Achsenabschnitt errechnet – also der Schnittpunkt der Regressionsgeraden mit der *Bestellungen*-Achse (siehe Abbildung 11.1).

Monat	Webseitenzugriff	Bestellungen
Januar 2007	236	6
Februar 2007	11593	17
März 2007	18491	456
April 2007	11743	544
Mai 2007	11452	349
Juni 2007	26651	854
Juli 2007	16287	427
August 2007	17750	337
September 2007	19985	899
Oktober 2007	17285	1011
November 2007	30369	720
Dezember 2007	19674	1069
Januar 2008	28464	1070
Februar 2008	25000	498
März 2008	24574	1401
April 2008	23141	1076
Mai 2008	17700	1563
Juni 2008	3702	1790
Achsenabschnitt		**524,0479792**

Abbildung 11.1: Die Berechnung des Achsenabschnitts für die Darstellung der Regressionsgeraden

Die Bestellungen (abhängige Y-Werte), die Webseitenzugriffe (unabhängige X-Werte) sowie der Achsenabschnitt *b* stellen sich wie in Abbildung 11.2 dar:

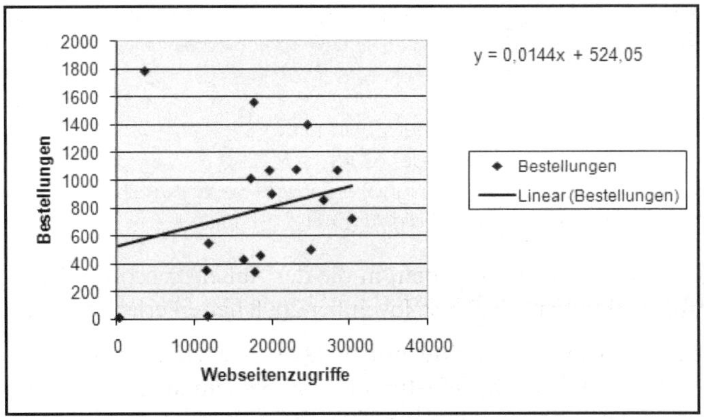

Abbildung 11.2: Die Darstellung der Regressionsgeraden mit dem errechneten Achsenabschnitt von 524,05

Lässt man sich für das Diagramm zunächst die Bestellungen in Abhängigkeit von den Webseitenzugriffen als Punktdiagramm anzeigen und fügt anschließend für die Datenpunkte der Bestellungen eine lineare Trendlinie ein, erhält man automatisch den Achsenabschnitt mit dem zuvor über die Funktion ACHSENABSCHNITT() errechneten Wert 524,05.

Tipp Die Gleichung für die Trendlinie kann man sich durch Aktivieren des Kontrollkästchens *Gleichung im Diagramm darstellen* anzeigen lassen. Klicken Sie hierzu im Kontextmenü der Trendlinie auf *Trendlinie formatieren* und aktivieren Sie auf der Registerkarte *Optionen* des Dialogfelds *Trendlinie formatieren* den entsprechenden Eintrag.

Siehe auch BESTIMMTHEITSMASS(), PEARSON(), RGP(), RKP(), SCHÄTZER(), STEIGUNG(), STFEHLERYX(), TREND(), VARIATION()

CD-ROM Dieses Beispiel finden Sie auf der CD-ROM zum Buch im Ordner *\Buch\Kap11* in den Arbeitsmappen *Regression.xls* (Excel 97-2003) bzw. *Regression.xlsx* (Excel 2007/2010) auf dem Arbeitsblatt *Achsenabschnitt.*

ANZAHL() COUNT()

Syntax ANZAHL(*Wert1*;*Wert2*;...)

Definition Mit der Funktion ANZAHL() wird berechnet, wie viele Zahlen eine bestimmte Liste von Argumenten enthält. Die Funktion ANZAHL() wird verwendet, um zu ermitteln, aus wie vielen Einträgen ein Zahlenfeld besteht, das in einem bestimmten Bereich oder in einer Matrix gespeichert ist.

Argumente *Wert1* (erforderlich); *Wert2* (optional); ... sind 1 bis 255 Argumente (30 bis Excel 2003). Diese Argumente können zwar Daten unterschiedlichen Typs enthalten oder sich auf Daten unterschiedlichen Typs beziehen, für die Zählung jedoch werden nur Zahlenwerte berücksichtigt.

Hintergrund Die Funktion ANZAHL() übernimmt eine einfache, jedoch oftmals sehr arbeitszeitsparende Aufgabe. Vor allem bei großen, mit vielen Zahlenwerten versehenen Tabellen wäre ein Abzählen von Hand extrem zeitaufwändig. In solch einem Fall kann einem diese Funktion zum Errechnen der Anzahl eingegebener Werte in einer Tabelle viel Arbeit abnehmen.

Hinweis Bei einer Zählung werden alle Argumente berücksichtigt, die entweder Zahlen, Null, Wahrheitswerte, Datumsangaben oder Zahlen in Textform sind. Argumente, die mit einem Fehlerwert oder mit einem Text belegt sind, der nicht in eine Zahl umgewandelt werden kann, werden hierbei ignoriert.

Ist ein Argument eine Matrix oder ein Bezug, werden bei einer Zählung nur die in dieser Matrix oder in diesem Bezug abgelegten Zahlen berücksichtigt. Alle zu der Matrix oder dem Bezug gehörenden leeren Zellen, Wahrheitswerte, Text oder Fehlerwerte werden ignoriert. Wenn Sie Wahrheitswerte, Text oder Fehlerwerte mit einbeziehen möchten, verwenden Sie die ANZAHL2()-Funktion.

Praxiseinsatz Als Beispiel ist in Abbildung 11.3 eine Tabelle vorgegeben, in die der Außendienstmitarbeiter des Softwareherstellers die Umsätze von Januar 2007 bis November 2008 hätten erfassen sollen.

Der Vorgesetzte des Außendienstmitarbeiters möchte nun wissen, wie viele Zahlenargumente sich in einem bestimmten Bereich der Tabelle befinden, und bedient sich deshalb der Funktion ANZAHL(). Durch die Eingabe des zu untersuchenden Bereichs *C3:C25* ergibt sich der Wert 19 als Ergebnis aus der Formel *ANZAHL(C3;C25).*

Tipp Wenn die Daten markiert sind, können Sie die Anzahl der Zahlenargumente auch in der Statusleiste ablesen. Dazu klicken Sie mit der rechten Maustaste die Statusleiste an und wählen Sie im Kontextmenü den Eintrag *Numerische Zahl* wie in Abbildung 11.4 dargestellt.

	A	B	C
1		Fragestellung: In wieviel Monaten wurde ein Umsatz erfasst?	
2		Monat	Umsatz
3		Januar 07	17.500,00 €
4		Februar 07	17.867,00 €
5		März 07	10.966,00 €
6		April 07	
7		Mai 07	12.838,00 €
8		Juni 07	14.888,00 €
9		Juli 07	14.245,00 €
10		August 07	16.292,00 €
11		September 07	11.689,00 €
12		Oktober 07	
13		November 07	18.560,00 €
14		Dezember 07	15.697,00 €
15		Januar 08	16.022,00 €
16		Februar 08	geschlossen
17		März 08	12.556,00 €
18		April 08	18.681,00 €
19		Mai 08	14.643,00 €
20		Juni 08	
21		Juli 08	18.172,00 €
22		August 08	19.710,00 €
23		September 08	17.182,00 €
24		Oktober 08	11.045,00 €
25		November 08	18.494,00 €
27		=ANZAHL(C3:C25)	
28		Ergebnis:	19

Abbildung 11.3: In dieser Tabelle wurden innerhalb des Zellbereichs *C3:C25* Umsätze innerhalb eines bestimmten Zeitraums erfasst

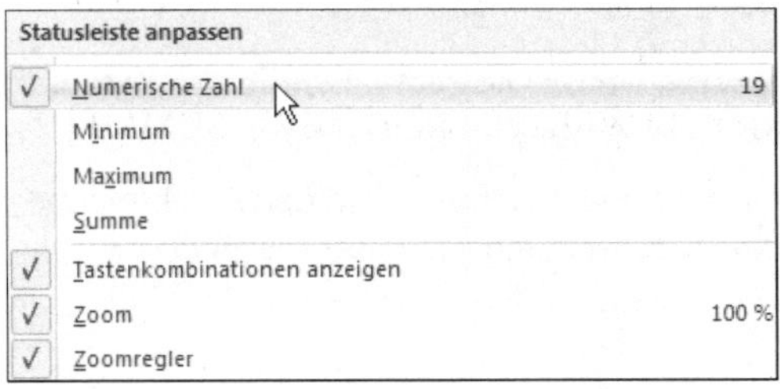

Abbildung 11.4: Ausschnitt aus dem Kontextmenü in der Statusleiste von Excel

Die Information über die aktuelle Markierung wird dann in der Statusleiste angezeigt (siehe Abbildung 11.5).

Abbildung 11.5: Die Anzahl der errechneten Zahlenargumente

ANZAHL2(), DBANZAHL(), DBANZAHL2(), MITTELWERT(), SUMME() **Siehe auch**

Dieses Beispiel finden Sie auf der CD-ROM zum Buch im Ordner *\Buch\Kap11* in den Arbeitsmappen *Zählen.xls* (Excel 97-2003) bzw. *Zählen.xlsx* (Excel 2007/2010) auf dem Arbeitsblatt *Anzahl*. **CD-ROM**

ANZAHL2() COUNTA()

ANZAHL2(***Wert1***;*Wert2*;...) **Syntax**

Mit der ANZAHL2() wird berechnet, wie viele Werte eine Liste von Argumenten enthält. Verwenden Sie ANZAHL2(), wenn Sie wissen möchten, wie viele zu einem Bereich oder einer Matrix gehörende Zellen Daten enthalten. **Definition**

Wert1 (erforderlich); *Wert2* (optional); ... sind 1 bis 255 Argumente (30 bis Excel 2003), die die Werte angeben, die Sie in die Zählung einbeziehen möchten. Ein Wert ist in diesem Fall jede beliebige Art von Information, auch leerer Text (""), nicht jedoch leere Zellen. Ist ein Argument eine Matrix oder ein Bezug, werden alle zu der Matrix oder dem Bezug gehörenden leeren Zellen ignoriert. Wenn Sie Wahrheitswerte, Text oder Fehlerwerte von der Zählung ausnehmen möchten, verwenden Sie die ANZAHL()-Funktion. **Argumente**

Entsprechend der Funktion ANZAHL() können Sie auch mit dieser Funktion sehr viel Zeit für die Berechnung von Werten in einer Liste mit Argumenten sparen. Der einzige Unterschied besteht lediglich darin, dass ANZAHL2() neben Zahlen auch Text sowie Wahrheitswerte und Fehlerwerte berücksichtigt und Sie somit beliebige Einträge in einem Zellbereich zählen können. **Hintergrund**

Entsprechend Abbildung 11.3 auf Seite 382 und der gleichen Zellenbereichsangabe erhalten Sie bei Einsatz der Funktion ANZAHL2() hier das Ergebnis »20«, da das Wort »geschlossen« als Eintrag im Zellbereich mitgerechnet wird. **Praxiseinsatz**

Auch hier können Sie sich, wie bei der Funktion ANZAHL(), die errechnete Anzahl der Einträge im Zellbereich anzeigen lassen. Markieren Sie dazu die entsprechenden Daten und wählen Sie durch Klicken mit der rechten Maustaste in der Statusleiste den Eintrag *Zählen* in Excel 2003 bzw. den Eintrag *Anzahl* in Excel 2007/2010 (Vergleichen Sie Abbildung 11.4). **Tipp**

ANZAHL(), DBANZAHL(), DBANZAHL2(), MITTELWERT(), PRODUKT(), SUMME() **Siehe auch**

Dieses Beispiel finden Sie auf der CD-ROM zum Buch im Ordner *\Buch\Kap11* in den Arbeitsmappen *Zählen.xls* (Excel 97-2003) bzw. *Zählen.xlsx* (Excel 2007/2010) auf dem Arbeitsblatt *Anzahl2*. **CD-ROM**

ANZAHLLEEREZELLEN() COUNTBLANK()

ANZAHLLEEREZELLEN(***Bereich***) **Syntax**

Die Funktion zählt die leeren Zellen in einem Zellbereich. **Definition**

Bereich (erforderlich) ist der Bereich, von dem Sie wissen möchten, wie viele Zellen darin leer sind. **Argumente**

Wie bei ANZAHL() und ANZAHL2() macht auch diese Formel vor allem bei großen Tabellen Sinn und bringt auch erst dann die gewünschte Zeitersparnis. **Hintergrund**

Hinweis Es werden auch Zellen gezählt, in denen Formeln stehen, die leere Zeichenfolgen ("") zurückgeben. Zellen, die Nullwerte enthalten, werden nicht gezählt.

Praxiseinsatz Wenden Sie die Formel ANZAHLLEEREZELLEN() auf das Beispiel aus ANZAHL() an, ergibt sich als Ergebnis für den Zellbereich *C3:C25* die Zahl »3«. Wie Sie in Abbildung 11.3 auf Seite 382 vergleichen können, enthält die Tabelle drei Zellen, die nicht mit Zahlen oder Text gefüllt sind.

Siehe auch ZÄHLENWENN()

CD-ROM Dieses Beispiel finden Sie auf der CD-ROM zum Buch im Ordner *\Buch\Kap11* in den Arbeitsmappen *Zählen.xls* (Excel 97-2003) bzw. *Zählen.xlsx* (Excel 2007/2010) auf dem Arbeitsblatt *Anzahlleerezellen*.

BESTIMMTHEITSMASS() RSQ()

Syntax BESTIMMTHEITSMASS(*Y_Werte;X_Werte*)

Definition Die Funktion BESTIMMTHEITSMASS() gibt das Quadrat des Pearsonschen Korrelationskoeffizienten zurück, entsprechend den in *Y_Werte* und *X_Werte* abgelegten Datenpunkten. Ein r^2-Wert kann als der Anteil der Varianz von Y, der durch die Varianz von X erklärt wird, interpretiert werden.

Hinweis Detaillierte Informationen zum Pearsonschen Korrelationskoeffizienten und zur Funktion PEARSON() können Sie auf Seite 495 dieses Buchs nachlesen.

Argumente *Y_Werte* (erforderlich) ist eine Matrix oder ein Bereich von Datenpunkten.

X_Werte (erforderlich) ist eine Matrix oder ein Bereich von Datenpunkten.

Hinweis Als Argumente sollten entweder Zahlen oder Namen, Matrizen oder Bezüge angegeben werden, die Zahlen enthalten. Enthält ein als Matrix oder Bezug angegebenes Argument Text, Wahrheitswerte oder leere Zellen, werden diese Werte ignoriert. Zellen, die den Wert 0 enthalten, werden dagegen berücksichtigt.

Enthalten *Y_Werte* und *X_Werte* keine oder unterschiedlich viele Datenpunkte, gibt BESTIMMTHEITSMASS() den Fehlerwert *#NV* zurück.

Hintergrund Soll der Einfluss der unabhängigen Variablen auf die abhängige Variable bestimmt werden, setzt man die erklärte Streuung zur Gesamtstreuung ins Verhältnis. Dies wird als Bestimmtheitsmaß bezeichnet und ergibt sich rein rechnerisch durch die Quadrierung des einfachen Korrelationskoeffizienten.

Als Ergebnis der Berechnung des Bestimmtheitsmaßes erhält man also die Einfluss-Stärke in Prozent.

Hinweis Der Korrelationskoeffizient ist eine Maßzahl für den linearen Zusammenhang zwischen zwei quantitativen Merkmalen. Er liegt zwischen –1 und +1 und ist positiv, wenn den hohen (bzw. niedrigen) Werten eines Merkmals jeweils hohe (bzw. niedrige) Werte des anderen Merkmals entsprechen. Er ist negativ im umgekehrten Falle. Der Wert liegt umso näher bei ±1, je stärker die Beziehung ist. Ein Wert bei 0 lässt auf das Fehlen einer linearen Beziehung schließen.

Das Bestimmtheitsmaß liegt zwischen 0 und +1. Liegt das Bestimmtheitsmaß bei 1, bedeutet dies, dass die abhängige Variable sich alleine durch die unabhängige Variable erklären lässt. Ist das Bestimmtheitsmaß beispielsweise $r^2 = 0{,}0354$, wird hiermit ausgesagt, das sich nur 3,54 %

der abhängigen Variablen von der unabhängigen Variablen erklären lassen. Der Rest entfällt auf andere Einflussgrößen. Die Differenz zwischen den beobachteten und geschätzten Werten der Funktion nennt man Störgrößen oder auch Residuen.

Bei völliger Linearität ist das Bestimmtheitsmaß = 1. In diesem Fall liegen alle Punkte auf der Regressionsgrade. Die nicht erklärte Varianz beträgt dann 0. Je niedriger das Bestimmtheitsmaß, desto geringer ist die Aussagekraft der Regressionsgraden.

Die Gleichung für den Pearsonschen Korrelationskoeffizienten *r* lautet:

$$r = \frac{\sum(x-\bar{x})(y-\bar{y})}{\sqrt{\sum(x-\bar{x})^2 \sum(y-\bar{y})^2}}$$

Dabei sind *x* und *y* die Stichprobenmittelwerte MITTELWERT(*X_Werte*) und MITTELWERT(*Y_Werte*).

BESTIMMTHEITSMASS() gibt r^2 zurück, also das Quadrat des Korrelationskoeffizienten.

Praxiseinsatz

Der Softwarehersteller ist immer noch mit der Auswertung seiner Webseite beschäftigt. Die Marketingabteilung stellt sich nun die Frage, inwieweit die Online-Bestellungen vom Zugriff auf die Webseite abhängen.

Um also die Einflussstärke in Prozent herauszubekommen, wollen die Mitarbeiter das Bestimmtheitsmaß dieser beiden voneinander abhängigen Variablen berechnen.

Monat	Webseitenzugriff	Bestellungen
Januar 2007	236	6
Februar 2007	11593	17
März 2007	18491	456
April 2007	11743	544
Mai 2007	11452	349
Juni 2007	26651	854
Juli 2007	16287	427
August 2007	17750	337
September 2007	19985	899
Oktober 2007	17285	1011
November 2007	30369	720
Dezember 2007	19674	1069
Januar 2008	28464	1070
Februar 2008	25000	498
März 2008	24574	1401
April 2008	23141	1076
Mai 2008	17700	1563
Juni 2008	3702	1790
Bestimmtheitsmaß	**0,053481332**	

Abbildung 11.6: Die Berechnung des Bestimmtheitsmaßes, das die Abhängigkeit der Online-Bestellungen vom Webseitenzugriff in Prozent ausdrückt

Wie Sie der Abbildung 11.6 entnehmen können, wurden die Online-Bestellungen (abhängige Variable) den Webseitenzugriffen (unabhängige Variable) gegenübergestellt.

Anschließend wurde mit der Funktion BESTIMMTHEITSMASS() eine prozentuale Abhängigkeit der Online-Bestellungen zu den Webseitenzugriffen von 5,35 % errechnet.

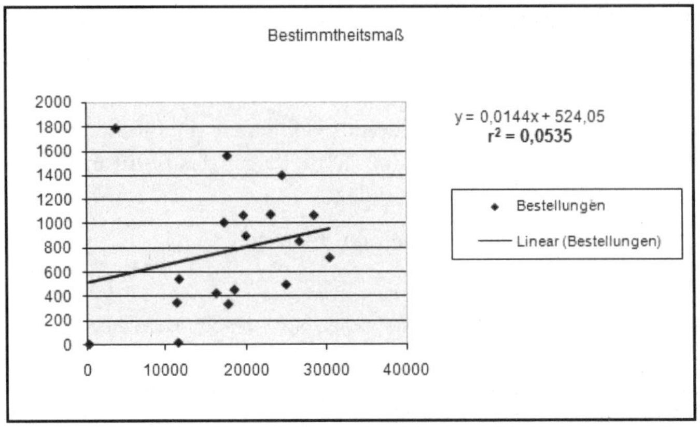

Abbildung 11.7: Die grafische Darstellung der Abhängigkeit zwischen Online-Bestellungen und Webseitenzugriffen

Auch die Darstellung der Online-Bestellungen in Abhängigkeit von den Webseitenzugriffen in Diagrammform liefert das gleiche Ergebnis für r^2.

Tipp Das Bestimmtheitsmaß r^2 kann man sich durch Aktivieren des Kontrollkästchens *Bestimmtheitsmaß im Diagramm darstellen* anzeigen lassen. Klicken Sie hierzu im Kontextmenü der Trendlinie auf *Trendlinie formatieren* und aktivieren Sie auf der Registerkarte *Optionen* des Dialogfelds *Trendlinie formatieren* den entsprechenden Eintrag.

Die Berechnung des Bestimmtheitsmaßes und das Ergebnis von $r^2 = 0{,}0535$ sagt aus, dass lediglich 5,35 % der eingegangenen Online-Bestellungen auf die Webseitenzugriffe zurückzuführen sind.

Siehe auch ACHSENABSCHNITT(), KORREL(), KOVAR(), PEARSON(), RGP(), RKP(), STEIGUNG(), STFEHLERYX(), TREND()

CD-ROM Dieses Beispiel finden Sie auf der CD-ROM zum Buch im Ordner *\Buch\Kap11* in den Arbeitsmappen *Regression.xls* (Excel 97-2003) bzw. *Regression.xlsx* (Excel 2007/2010) auf dem Arbeitsblatt *Bestimmtheitsmaß*.

BETA.INV() / BETAINV()

BETA.INV(), BETAINV()

Syntax BETA.INV(***Wahrscheinlichkeit*;*Alpha*;*Beta***;*A*;*B*)

Definition Die Funktion BETA.INV() gibt das Quantil der angegebenen Betaverteilung zurück. Dies bedeutet, wenn *Wahrscheinlichkeit = BETA.VERT(x;...)* ist, dann ist *BETA.INV(Wahrscheinlichkeit;...) = x*. BETA.INV() die Umkehrfunktion von BETA.VERT().

Die Betaverteilung kann für eine Projektplanung verwendet werden, um ausgehend von einem erwarteten Endtermin und der Streuung den wahrscheinlichen Endtermin zu modellieren.

Argumente ***Wahrscheinlichkeit*** (erforderlich) ist die zur Betaverteilung gehörende Wahrscheinlichkeit.

Alpha (erforderlich) ist ein Parameter der Verteilung.

Beta (erforderlich) ist ein Parameter der Verteilung.

A (optional) ist die untere Grenze des Intervalls für *X*.

B (optional) ist die obere Grenze des Intervalls für *X*.

Hinweis

Ist eines der Argumente nicht numerisch, gibt die Funktion BETA.INV() den Fehlerwert *#WERT!* zurück.

Ist *Alpha* kleiner oder gleich 0 bzw. *Beta* kleiner oder gleich 0, gibt BETA.INV() den Fehlerwert *#ZAHL!* zurück.

Ist *Wahrscheinlichkeit* kleiner oder gleich 0 bzw. *Wahrscheinlichkeit* größer 1, gibt BETA.INV() den Fehlerwert *#ZAHL!* zurück.

Wird für *A* und *B* kein Wert angegeben, verwendet die Funktion BETA.INV() die Standardverteilung, d. h. *A = 0* und *B = 1*.

Bei einem Wert für *Wahrscheinlichkeit* sucht BETA.INV() den Wert *X* so, dass *BETA.VERT(x;Alpha;Beta; A;B) = Wahrscheinlichkeit* gilt. Daher hängt die Genauigkeit von BETA.INV() von der Genauigkeit von BETA.VERT() ab. Die Funktion BETA.INV() geht bei der Suche iterativ vor. Hat die Suche nach 100 Iterationsschritten noch nicht konvergiert, gibt die Funktion den Fehlerwert *#NV* zurück.

Hintergrund

Die Betaverteilung ist eine kontinuierliche Wahrscheinlichkeitsverteilung, also eine Verteilung, die aussagt, mit welcher Wahrscheinlichkeit eine Zufallsvariable x einen bestimmten Wert annimmt, über dem Intervall *[0,1]*.

Sie ist definiert durch die Wahrscheinlichkeitsdichte

$$f(x) = \frac{1}{B(p;q)} x^{p-1} (1-x)^{q-1}$$

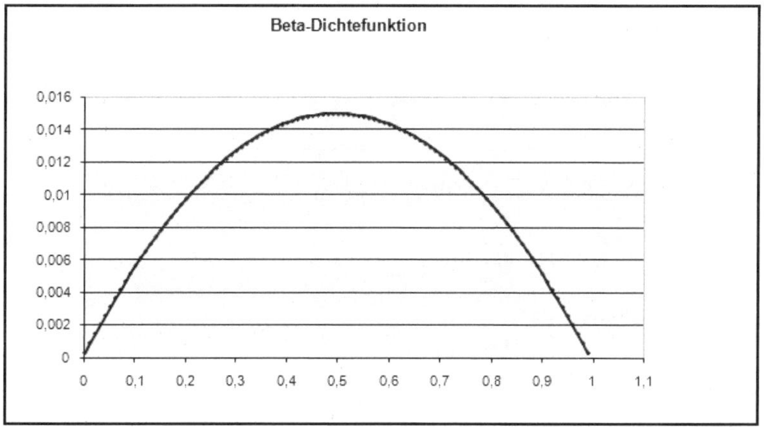

Abbildung 11.8: Die grafische Darstellung der Beta-Dichtefunktion im Intervall *[0,1]* mit *p* und *q = 1*

Außerhalb des Intervalls *[0,1]* wird sie durch *f(x)=0* fortgesetzt. Sie besitzt die Parameter *p* und *q*. Um die Normierbarkeit zu garantieren, wird *p,q* größer *0* gefordert.

Der Vorfaktor *1/B(p;q)* dient der korrekten Normierung, also der Normalisierung auf einen Wertebereich zwischen 0 und 1.

Der Ausdruck

$$B(p;q) = \frac{\Gamma(p)\Gamma(q)}{\Gamma(p+q)} = \int_0^1 u^{p-1}(1-u)^{q-1}\,du$$

steht für die Betafunktion, nach der die Verteilung auch benannt ist. $\Gamma(p)$ steht für die Gammafunktion.

Die Betafunktion (auch Eulersche Beta-Funktion) ist eine mathematische Funktion zweier positiver reeller oder zweier komplexer Zahlen *x* und *y* mit positivem Realteil, die durch folgende Formel definiert ist:

$$\beta(x,y) = \int_0^1 t^{x-1}(1-t)^{y-1}\,dt$$

Sie wird häufig auch mit einem großen Beta bezeichnet: $B(x,y)$.

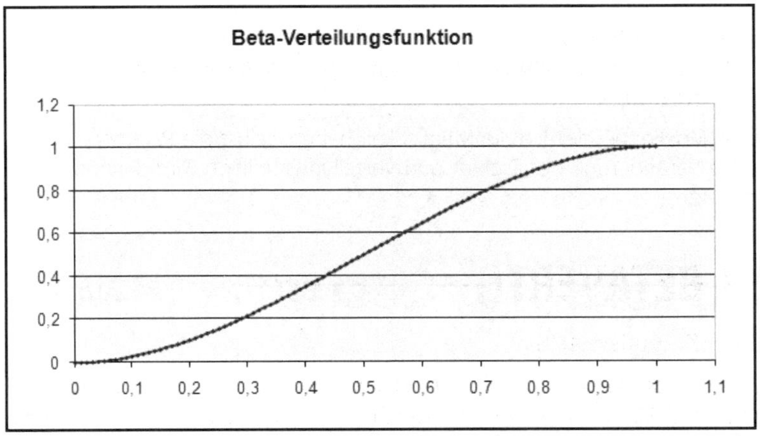

Abbildung 11.9: Die grafische Darstellung der Beta-Verteilungsfunktion im Intervall *[0,1]* mit *p* und *q = 1*

Erwartungswert und Varianz der Betaverteilung sind

$$E(X) = \frac{p}{p+q} \text{ und} V(X) = \frac{pq}{(p+q+1)(p+q)^2}$$

Die Funktion BETA.INV() liefert Quantile für die soeben beschriebene Betaverteilung.

Praxiseinsatz Gehen Sie folgendermaßen zur Berechnung von BETA.INV() vor:

Gegeben sind die Werte:

- 0,685470581 = die zur Betaverteilung gehörende Wahrscheinlichkeit
- 8 = Parameter der Verteilung
- 10 = Parameter der Verteilung
- 1 = untere Grenze
- 3 = obere Grenze

Die Berechnung von BETA.INV() sehen Sie in Abbildung 11.10.

	B	C	D	E	F
7	**Berechnung von BETA.INV()**				
8	**Bedeutung**			**Parameter**	
9	Die zur Betaverteilung gehörende Wahrscheinlichkeit			0,685470581	
10	Parameter der Verteilung			8	
11	Parameter der Verteilung			10	
12	Untere Grenze			1	
13	Obere Grenze			3	
14	**BETA.INV()**			**2**	
15				=BETA.INV(E9;E10;E11;E12;E13)	

Abbildung 11.10: Berechnung von *BETA.INV()*

Unter Angabe der in Abbildung 11.10 dargestellten Parameter gibt die Funktion BETA.INV() das Quantil 2 der angegebenen Betaverteilung zurück.

Siehe auch

BETA.VERT(), BETAVERT()

CD-ROM

Dieses Beispiel finden Sie auf der CD-ROM zum Buch im Ordner *\Buch\Kap11* in den Arbeitsmappen *Wahrscheinlichkeit.xls* (Excel 97-2003) auf dem Arbeitsblatt *Betainv* bzw. *Wahrscheinlichkeit.xlsx* (Excel 2007/2010) auf dem Arbeitsblatt *Beta.inv*.

Ebenso finden Sie hier eine Tabelle, bei der Sie die Möglichkeit haben, selbst die Parameter *Alpha* und *Beta* zu bestimmen. Die Veränderung der Dichte- und Verteilungsfunktion wird durch die Eingabe der Parameter aufgezeigt.

BETA.VERT() / BETAVERT()   BETA.DIST(), BETADIST()

Syntax

BETA.VERT(*X*;***Alpha***;***Beta***;Kumuliert;*A*;*B*)

Definition

Die Funktion BETA.VERT() gibt die Werte der kumulierten Betaverteilungsfunktion zurück. Die Betaverteilung wird in der Regel verwendet, um die Streuung bei mehreren Stichproben zu bestimmten Vorgängen zu untersuchen. Beispielsweise kann prozentual ermittelt werden, wie viel Zeit am Tag Personen in Ihrer Freizeit vor dem Computer verbringen.

Argumente

X (erforderlich) ist der Wert, an dem die Funktion im Intervall zwischen A und B ausgewertet werden soll.

Alpha (erforderlich) ist ein Parameter der Verteilung.

Beta (erforderlich) ist ein Parameter der Verteilung.

Kumuliert (erforderlich) ist der Wahrheitswert, der den Typ der Funktion bestimmt.

A (optional) ist die untere Grenze des Intervalls für *X*.

B (optional) ist die obere Grenze des Intervalls für *X*.

Hinweis

Ist eines der Argumente nicht numerisch, gibt die Funktion BETA.VERT() den Fehlerwert *#WERT!* zurück.

Ist *Alpha* kleiner oder gleich 0 bzw. *Beta* kleiner oder gleich 0, gibt BETA.VERT() den Fehlerwert *#ZAHL!* zurück.

Ist *X* kleiner *A*, *X* größer *B* oder *A* gleich *B*, gibt BETA.VERT() den Fehlerwert *#ZAHL!* zurück.

Wird für *A* und *B* kein Wert angegeben, verwendet die Funktion BETA.VERT() die Standardverteilung, das heißt *A = 0* und *B = 1*.

Hintergrund Durch die Berechnung von BETA.VERT() erhalten Sie den *Y*-Wert auf der Beta-Verteilungskurve. Das heißt, berechnen Sie BETA.VERT() auf Basis eines bestimmten *X*-Werts der Verteilung sowie den zwei Parametern der Verteilung ***Alpha*** und ***Beta***, so ermitteln Sie den *Y*-Wert auf der Kurve (siehe Abbildung 11.11).

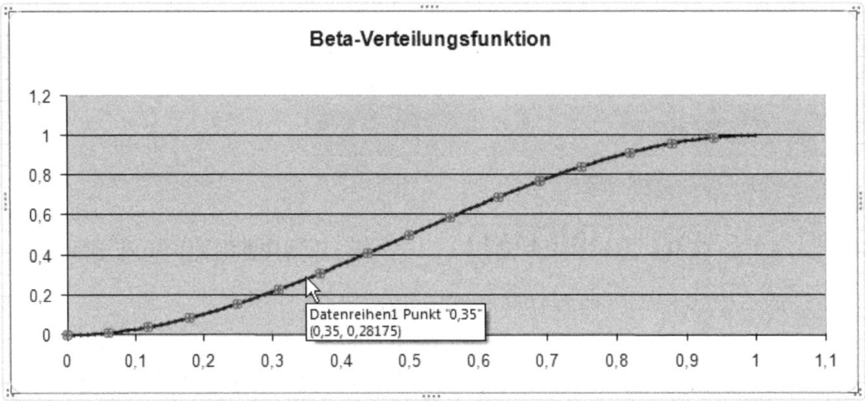

Abbildung 11.11: Mithilfe der Funktion *BETA.VERT()* ermitteln Sie den *Y*-Wert der Verteilungsfunktion

Hinweis Mehr Informationen zur Beta-Verteilung finden Sie unter BETA.INV() / BETAINV() auf Seite 386.

Praxiseinsatz Gehen Sie folgendermaßen zur Berechnung von BETA.VERT() vor.

Gegeben sind die Werte:

- 2 = Wert, für den die Funktion ausgewertet werden soll
- 8 = Parameter der Verteilung
- 10 = Parameter der Verteilung
- Wahr = kumuliert, spricht der Wahrheitswert der Funktion
- 1 = untere Grenze
- 3 = obere Grenze

Die Berechnung von BETA.VERT() sehen Sie in Abbildung 11.12.

E15 | =BETA.VERT(E9;E10;E11;WAHR;E13;E14)

	B	E
7	**Berechnung von BETA.VERT()**	
8	**Bedeutung**	**Parameter**
9	Wert, für den die Funktion ausgewertet werden soll	2
10	Parameter der Verteilung	8
11	Parameter der Verteilung	10
12	Wahrheitswert (kumuliert)	WAHR
13	Untere Grenze	1
14	Obere Grenze	3
15	**BETA.VERT()**	**0,685470581**

Abbildung 11.12: Berechnung von *BETA.VERT()*

Unter Angabe der in Abbildung 11.12 dargestellten Parameter gibt die Funktion BETA.VERT() die Verteilungsfunktion (integrierte Dichtefunktion) einer Betaverteilung zurück.

Siehe auch

BETA.INV(), BETAINV()

CD-ROM

Dieses Beispiel finden Sie auf der CD-ROM zum Buch im Ordner *\Buch\Kap11* in den Arbeitsmappen *Wahrscheinlichkeit.xls* (Excel 97-2003) auf dem Arbeitsblatt *Betavert* bzw. *Wahrscheinlichkeit.xlsx* (Excel 2007/2010) auf dem Arbeitsblatt *Beta.vert*.

Ebenso finden Sie hier eine Tabelle, bei der Sie die Möglichkeit haben, selbst die Parameter *Alpha* und *Beta* zu bestimmen. Die Veränderung der Dichte- und Verteilungsfunktion wird durch die Eingabe der Parameter aufgezeigt.

BINOM.INV() / KRITBINOM() — BINOM.INV() / CRITBINOM()

Syntax

BINOM.INV(***Versuche*;*ErfolgsWahrscheinlichkeit*;*Alpha***)

Definition

Die Funktion BINOM.INV() (vor 2010 unter dem Namen KRITBINOM() bekannt) gibt den kleinsten Wert zurück, für den die kumulierten Wahrscheinlichkeiten der Binomialverteilung größer oder gleich einer Grenzwahrscheinlichkeit sind. Mit dieser Funktion können Sie Aufgaben erledigen, die im Bereich Qualitätssicherung anfallen. Mithilfe der BINOM.INV()-Funktion lässt sich beispielsweise ermitteln, wie viele defekte Teile höchstens an einem Fließband Ausschuss sein dürfen, ohne dass das gesamte Fertigungslos zurückgewiesen werden muss.

Argumente

Versuche (erforderlich) ist die Anzahl der Bernoulli-Experimente.

ErfolgsWahrscheinlichkeit (erforderlich) ist die Wahrscheinlichkeit eines Erfolgs für jeden Versuch.

Alpha (erforderlich) ist die Grenzwahrscheinlichkeit.

Hinweis

Ist eines der Argumente nicht numerisch, gibt die Funktion BINOM.INV() den Fehlerwert *#WERT!* zurück.

Ist *Versuche* keine ganze Zahl, werden die Nachkommastellen abgeschnitten.

Ist *Versuche* kleiner 0, gibt BINOM.INV() den Fehlerwert *#ZAHL!* zurück.

Ist *ErfolgsWahrscheinlichkeit* kleiner 0 oder *ErfolgsWahrscheinlichkeit* größer 1, gibt BINOM.INV() den Fehlerwert *#ZAHL!* zurück.

Ist *Alpha* kleiner 0 oder *Alpha* größer 1, gibt die Funktion BINOM.INV() den Fehlerwert *#ZAHL!* zurück.

Hintergrund

Die Funktion BINOM.INV() liefert den kleinsten Wert für eine binomialverteilte Zufallsvariable, bei dem die angegebene Irrtumswahrscheinlichkeit oder Grenzwahrscheinlichkeit *Alpha* nicht überschritten wird. Die Grenzwahrscheinlichkeit entspricht mathematisch gesehen dem Alpha-Risiko.

Das Alpha-Risiko ist als Risiko definiert, mit dem der statistische Hypothesentest auf einen Sachverhalt hindeutet, der in Wahrheit gar nicht vorhanden ist, und spielt zum Beispiel in der Produktionstechnik eine Rolle, wenn man sich für eine neue Maschine entscheidet, die in Wahrheit nicht besser ist.

Im Grunde genommen ist das Alpha-Risiko, was meistens den Wert 10 %, 5 % oder kleiner annimmt, die Wahrscheinlichkeit dafür, dass das Datenmaterial eine entsprechend »extreme« oder »noch extremere« Ausprägung aus reinem Zufall annimmt.

Mit BINOM.INV() wird daher berechnet, wie oft ein bestimmtes Ereignis mit der Wahrscheinlichkeit *p* beim Durchführen einer Stichprobe mit *n* Wiederholungen höchstens eintreten darf, bevor seine kumulierten Wahrscheinlichkeiten einen Wert größer oder gleich der Irrtumswahrscheinlichkeit *Alpha* annehmen.

Diese Funktion ist nur bei Binomialverteilungen anwendbar. Es muss sich also um unabhängige Ziehungen handeln, bei denen nur zwei Ergebnisse möglich sind – entweder ein Ereignis tritt ein oder nicht.

Die Funktion BINOM.INV() ist die Umkehrfunktion von BINOM.VERT().

Hinweis Mehr Informationen zur Binomialverteilung und der Funktion BINOM.VERT() / BINOMVERT() finden Sie auf Seite 393.

Praxiseinsatz Um Ihnen die Funktion BINOM.INV() zu verdeutlichen, nehmen wir das Beispiel von der Funktion BINOM.VERT() zur Hand. Hier war die Situation gegeben, dass Sie in einer fremden Stadt 100 Personen (*n* Versuche) nach dem Weg zu einem bestimmten Ort gefragt haben. Auf diese Frage gibt es nur zwei Antwortmöglichkeiten: »Ja« oder »Nein«. Das heißt, die Wahrscheinlichkeit, dass Sie ein »Ja« zu hören bekommen, beträgt 50 %. Daraus ergibt sich ein *p* von 0,5.

Mithilfe der Funktion BINOM.VERT() wollten Sie nun wissen, wie hoch die Wahrscheinlichkeit ist, dass von 100 befragten Personen 66 Leute – also ca. 2/3 der Befragten – mit »Ja« antworten und Sie somit einen Treffer landen.

Jetzt wollen Sie mit BINOM.INV() berechnen, wie oft die Antwort »Ja« mit der Wahrscheinlichkeit $p = 0{,}5$ beim Durchführen einer Stichprobe mit $n = 100$ Wiederholungen höchstens eintreten darf, bevor die kumulierte Wahrscheinlichkeit einen Wert größer oder gleich der Irrtumswahrscheinlichkeit *Alpha* annimmt.

Das Ergebnis zeigt die nachfolgende Abbildung 11.13.

	B	C	D	E	F	G	H	I
10	Stichprobengrösse n		100	100	100	100	100	100
11	Erfolgswahrscheinlichkeit p		50%	50%	50%	50%	50%	50%
12	Grenzwahrscheinlichkeit (~Alpha Risiko)		0,1%	0,2%	0,4%	0,6%	0,8%	1,0%
13	BINOM.INV		35	36	37	37	38	38
14			=BINOM.INV(D10;D11;D12)					

Abbildung 11.13: Die Berechnung durch die Funktion *BINOM.INV()*

Aussagen Bezogen auf eine Grenzwahrscheinlichkeit von 0,1 % dürfen höchstens 35 »Ja«-Antworten gegeben werden, bevor die kumulierte Wahrscheinlichkeit einen Wert größer oder gleich der Irrtumswahrscheinlichkeit *Alpha* annimmt.

Mit der Funktion BINOM.INV() können Sie auf diese Weise die zu einer gegebenen Grenzwahrscheinlichkeit *Alpha*, die maximale Anzahl Merkmalsträger innerhalb der Stichprobe ermitteln.

Siehe auch BINOM.VERT(), FAKULTÄT(), HYPGEOM.VERT(), KOMBINATIONEN(), NEGBINOM.VERT(), VARIATIONEN(), WAHRSCHBEREICH()

CD-ROM Dieses Beispiel finden Sie auf der CD-ROM zum Buch im Ordner *Buch\Kap11* in den Arbeitsmappen *Wahrscheinlichkeit.xls* (Excel 97-2003) auf dem Arbeitsblatt *Binominv* bzw. *Wahrscheinlichkeit.xlsx* (Excel 2007/2010) auf dem Arbeitsblatt *Binom.inv.*

BINOM.VERT() / BINOMVERT()

BINOM.DIST(), BINOMDIST()

Syntax BINOM.VERT*(**AnzahlErfolge**;**Versuche**;**ErfolgsWahrscheinlichkeit**;**kumuliert**)*

Definition Die Funktion BINOM.VERT() gibt Wahrscheinlichkeiten einer binomialverteilten Zufallsvariablen zurück. Sie können die Funktion BINOM.VERT() bei Problemen mit einer festgelegten Anzahl von Tests oder Versuchen verwenden, wenn das Ergebnis jedes einzelnen Versuchs entweder *Erfolg* oder *Misserfolg* ist, die einzelnen Versuche voneinander unabhängig sind und die Wahrscheinlichkeit des Erfolgs für alle Versuche konstant ist. Mit der Funktion BINOM.VERT() lässt sich beispielsweise die Wahrscheinlichkeit ermitteln, mit der 50 von 100 Restaurantgästen für ein Rauchverbot sind.

Argumente ***AnzahlErfolge*** (erforderlich) ist die Anzahl der Erfolge in einer Versuchsreihe.

Versuche (erforderlich) ist die Anzahl der voneinander unabhängigen Versuche.

ErfolgsWahrscheinlichkeit (erforderlich) ist die Wahrscheinlichkeit eines Erfolgs für jeden Versuch.

kumuliert (erforderlich) ist ein Wahrheitswert, der den Typ der Funktion bestimmt. Ist *kumuliert WAHR*, gibt die Funktion BINOM.VERT() die Verteilungsfunktion zurück, also die Wahrscheinlichkeit dafür, dass es höchstens *AnzahlErfolge* an Erfolgen gibt. Ist *kumuliert FALSCH*, gibt BINOM.VERT() die Wahrscheinlichkeitsfunktion zurück, also die Wahrscheinlichkeit, dass es genau *AnzahlErfolge* an Erfolgen gibt.

Hinweis *AnzahlErfolge* und *Versuche* werden auf ganze Zahlen abgerundet.

Ist *AnzahlErfolge*, *Versuche* oder *ErfolgsWahrscheinlichkeit* nicht numerisch, gibt die Funktion BINOM.VERT() den Fehlerwert *#WERT!* zurück.

Ist *AnzahlErfolge* kleiner 0 oder *AnzahlErfolge* größer *Versuche*, gibt die Funktion BINOM.VERT() den Fehlerwert *#ZAHL!* zurück.

Ist *ErfolgsWahrscheinlichkeit* kleiner 0 oder *ErfolgsWahrscheinlichkeit* größer 1, gibt die Funktion BINOM.VERT() den Fehlerwert *#ZAHL!* zurück.

Hintergrund Der Begriff »Wahrscheinlichkeit« kann ganz allgemein als Maß für das Eintreffen eines bestimmten Ergebnisses bei einem Zufallsexperiment aus einer Menge von Elementen definiert werden, wobei keines der möglichen Ereignisse bevorzugt sein soll.

Wie hoch ist z.B. die Wahrscheinlichkeit, dass es bei der Produktion von 2.000 Tabletten zu 30 fehlerhaften Verpackungen kommt, wenn Sie bei der durchschnittlichen Produktion von 2 % fehlerhaften Verpackungen ausgehen?

Ebenso könnte man in die Betrachtung solche Sachverhalte einbeziehen, bei denen jedes Element nur zwei mögliche Zustände haben kann, wie z.B. die Eigenschaft *Kopf* oder *Zahl*, die nur den Zustand *WAHR* oder *FALSCH* annehmen kann. In Zahlen ausgedrückt kann jedes dieser Elemente entweder 1 oder 0 sein.

Zufallsexperimente, bei denen eine Zufallsvariable in zwei Kategorien eingeteilt werden kann, sind im Allgemeinen unter der Bezeichnung »Bernoulli-Experiment« bekannt, nach dem aus der Schweiz stammenden Mathematiker Jakob Bernoulli (1654 bis 1705).

Die Zufallsvariable (Bernoulli-Variable) X nimmt bei einer Wahrscheinlichkeit p den Wert $X=1$ (Erfolg) und für die Wahrscheinlichkeit $q=1-p$ den Wert $X=0$ (Misserfolg) an. Die Wahrscheinlichkeit p wird auch Erfolgsparameter genannt.

In der Praxis werden Sie häufig das Problem haben, dass viele Elemente in zwei Kategorien eingeteilt werden. Es liegt also eine Folge von n Bernoulli-Experimenten vor. Die Wahrscheinlichkeit, dass die Zufallsvariable $X=1$ in genau k Fällen vorkommt, wird nach der folgenden Formel von Bernoulli berechnet:

$$P(X=k)=\binom{n}{k}p^k q^{n-k}$$

Die Verteilung

$$F_B : kaP(X \leq k) = F_B\left(k;n,p\right) = \sum_{i=0}^{k} f_b\left(i;n,p\right)$$

der Zufallsvariablen heißt *Binomialverteilung* mit den Binomialkoeffizienten $\binom{n}{k}$ – sprich n über k.

Die Binomialverteilung ist eine der wichtigsten Wahrscheinlichkeitsverteilungen. Sie ist ein Spezialfall der Multinomialverteilung und beschreibt Ergebnisse von Bernoulli-Prozessen, die wiederum als Abfolge mehrerer, unter gleich bleibenden Bedingungen durchgeführter Bernoulli-Versuche definiert sind – wie z.B. der Münzwurf.

Sind *Erfolg* und *Misserfolg* beim Experiment Münzwurf gleich wahrscheinlich, gibt es bei einer Anzahl von zwölf Würfen insgesamt 2^{12} mögliche Ergebnisse. Zum Beispiel bedeutet sieben Mal das Ergebnis *Zahl*, dass sich unter den zwölf Ergebnissen genau sieben Mal das Einzelergebnis *Zahl* befindet. Dies ist auf so viele Arten möglich, wie man sieben Objekte aus zwölf Objekten auswählen kann, also $\binom{12}{7}$ Mal. Damit ist die Wahrscheinlichkeit für sieben Mal *Zahl* gleich

$$\frac{\binom{12}{7}}{2^{12}}.$$

Für die Berechnung der Wahrscheinlichkeit einer binomialverteilten Zufallsvariable steht Ihnen in Excel die Funktion BINOM.VERT() zur Verfügung. Die Binomialverteilung kann sich wie in Abbildung 11.14 darstellen.

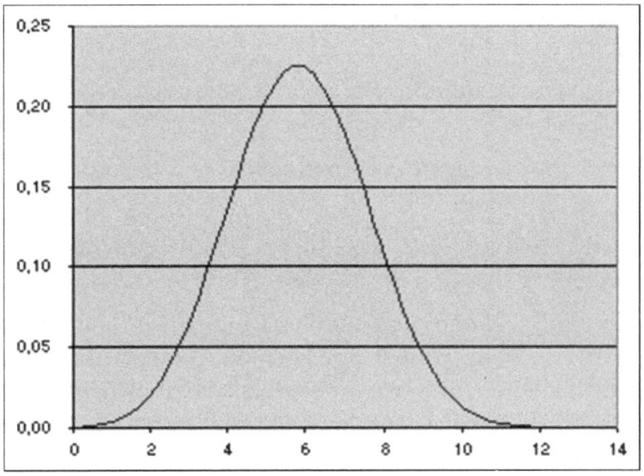

Abbildung 11.14: Binomialverteilung für *p=0,5* und *n=12*

Die Dichtefunktion der Binomialverteilung lautet:

$$b(x;n,p)=\binom{n}{x}p^{x}(1-p)^{n-x}$$

wobei:

$$\binom{n}{x}$$

KOMBINATIONEN(n;x) ist.

Die Verteilungsfunktion der Binomialverteilung lautet:

$$B(x,n,p)=\sum_{y=0}^{x}b(y;n,p)$$

Praxiseinsatz 1

Wer kennt das nicht: Man befindet sich in einer fremden Stadt, sucht nach dem Weg zu einem bestimmten Ort und fragt einen zufällig ausgewählten Passanten danach. Die Frage »Wissen Sie, wie ich dort hinkomme?« kann nur zwei Antworten zur Folge haben: ja oder nein. Das heißt, die Wahrscheinlichkeit, dass Sie ein »Ja« zu hören bekommen, beträgt 50 %. Daraus ergibt sich ein *p* von 0,5.

Sie möchten nun wissen wie hoch die Wahrscheinlichkeit ist, dass von 100 befragten Personen 66 Leute – also ca. $^{2}/_{3}$ der Befragten – mit »Ja« antworten und Sie somit einen Treffer landen.

Argumente für die Funktion	Beispiel	Formel	
AnzahlErfolge	66		
Versuche	100		
Erfolgswahrscheinlichkeit	0,5		
Kumuliert Ja	WAHR	0,9996	=BINOM.VERT(C11;C12;C13;C14)
Kumuliert Nein	FALSCH	0,0005	=BINOM.VERT(C11;C12;C13;C15)

Abbildung 11.15: Die Berechnung der Wahrscheinlichkeit für eine binomialverteilte Zufallsvariable

Die Berechnung der Wahrscheinlichkeit für die binomialverteilte Zufallsvariable 66 stellt sich wie in Abbildung 11.15 aufgezeigt dar.

Aussagen

- Die Wahrscheinlichkeit, dass Sie bei 100 befragten Personen bis zu bzw. höchstens 66 »Ja-Antworten« erhalten, beträgt nahezu 100 %
- Die Wahrscheinlichkeit, dass Sie bei 100 befragten Personen genau 66 »Ja-Antworten« erhalten, beträgt 0,05 %

Auf diese Weise können Sie nun eine Vielzahl unterschiedlicher Wahrscheinlichkeiten berechnen.

Praxiseinsatz 2 Nehmen wir das Beispiel aus dem Abschnitt *Hintergrund* zur Funktion BINOM.VERT() / BINOMVERT() auf Seite 393. Hier wurde die Frage gestellt, wie hoch die Wahrscheinlichkeit ist, dass es bei der Produktion von 2.000 Tabletten, die einzeln verpackt werden, zu 30 fehlerhaften Verpackungen kommt, wenn Sie bei der durchschnittlichen Produktion von 2 % fehlerhaften Verpackungen ausgehen?

Das Ergebnis sehen Sie in Abbildung 11.16.

Argumente für die Funktion	Beispiel	Formel	
AnzahlErfolge	30		
Versuche	2000		
Erfolgswahrscheinlichkeit	0,02		
Kumuliert Ja	WAHR	0,0598	=BINOM.VERT(C25;C26;C27;C28)
Kumuliert Nein	FALSCH	0,0181	=BINOM.VERT(C25;C26;C27;C29)

Abbildung 11.16: *BINOM.VERT()* liefert die Wahrscheinlichkeit für eine binomial verteilte Zufallsvariable

Aussagen

- Die Wahrscheinlichkeit, dass Sie bei 2.000 verpackten Tabletten bis zu bzw. höchstens 30 fehlerhafte Verpackungen erhalten, beträgt 6 %
- Die Wahrscheinlichkeit, dass Sie bei 2.000 verpackten Tabletten genau 30 fehlerhafte Verpackungen erhalten, beträgt 1,8 %

Siehe auch BINOM.INV(), FAKULTÄT(), HYPGEOM.VERT(), KOMBINATIONEN(), KRITBINOM(), NEGBINOMVERT(), VARIATIONEN(), WAHRSCHBEREICH()

CD-ROM Diese Beispiele finden Sie auf der CD-ROM zum Buch im Ordner *\Buch\Kap11* in den Arbeitsmappen *Wahrscheinlichkeit.xls* (Excel 97-2003) auf dem Arbeitsblatt *Binomvert* bzw. *Wahrscheinlichkeit.xlsx* (Excel 2007/2010) auf dem Arbeitsblatt *Binom.vert.*

CHIQU.INV.RE() / CHIINV() CHISQ.INV.RT(), CHIINV()

Hinweis Die Funktion CHIINV() wird in Microsoft Excel 2010 durch die Funktion CHIQU.INV.RE() ersetzt und zusätzlich durch die Funktion CHIQU.INV() ergänzt. Damit wird das Ergebnis bzw. die Genauigkeit der Funktionen erhöht. Um die Abwärtskompatibilität von CHIQU.INV.RE() zu sichern, ist die Funktionen CHIINV() weiter unter ihrem alten Namen verfügbar.

Syntax CHIQU.INV.RE(***Wahrscheinlichkeit;FreiheitsGrade***)

Definition

Die Funktion CHIQU.INV.RE() gibt Perzentile der rechtsseitigen γ^2-Verteilung zurück. Ist Wahrscheinlichkeit = *CHIQU.VERT.RE(x;...)* gegeben, gilt *CHIQU.INV.RE()* (Wahrscheinlichkeit;...) = *x*. Mithilfe dieser Funktion lassen sich zum Zweck der Validierung von Hypothesen beobachtete und erwartete Ergebnisse miteinander vergleichen.

Argumente

Wahrscheinlichkeit (erforderlich) ist die zur γ^2 -Verteilung gehörende Wahrscheinlichkeit.

FreiheitsGrade (erforderlich) gibt die Anzahl der Freiheitsgrade an.

Hinweis

Ist eines der Argumente nicht numerisch, gibt CHIQU.INV.RE() den Fehlerwert *#WERT!* zurück.

Ist *Wahrscheinlichkeit* kleiner 0 oder Wahrscheinlichkeit größer 1, gibt CHIQU.INV.RE() den Fehlerwert *#ZAHL!* zurück.

Ist *FreiheitsGrade* keine ganze Zahl, werden die Nachkommastellen abgeschnitten.

Ist *FreiheitsGrade* kleiner 1 bzw. *FreiheitsGrade* größer oder gleich 10^{10}, gibt CHIINV() den Fehlerwert *#ZAHL!* zurück.

Bei gegebenem Wert für *Wahrscheinlichkeit* sucht CHIQU.INV.RE() den Wert *x* so, dass *CHIQU.VERT.RE (x; FreiheitsGrade) = Wahrscheinlichkeit* gilt. Daher hängt die Genauigkeit von CHIQU.INV.RE() von der Genauigkeit von CHIQU.VERT.RE() ab. CHIQU.INV.RE() geht bei der Suche iterativ vor. Hat die Suche nach 100 Iterationsschritten noch nicht konvergiert, gibt die Funktion den Fehlerwert *#NV* zurück.

Hintergrund

Das Ergebnis der Funktion CHIQU.INV.RE() ist die Prüfgröße *c* eines Vertrauensbereichs einer Chi-Quadrat verteilten Zufallsgröße. Diese Prüfgröße *c* wird auch kritischer Wert genannt.

Hinweis

Mehr zum Thema Chi-Quadrat-Verteilung können Sie unter der Funktion CHIQU.TEST() / CHITEST() auf Seite 399 nachlesen.

Der Vorteil, Messresultate mithilfe von Vertrauensbereichen anzugeben, liegt darin, dass die Verlässlichkeit der Resultate quantifiziert werden kann, da aus Stichproben ermittelte Kennzahlen grundsätzlich mit Fehlern behaftet sind und man davon ausgehen kann, dass sie sich von den wahren Kennzahlen der Grundgesamtheit unterscheiden.

Um ganz genau zu sein, sollte also immer die Kenngröße mit ihrem entsprechenden Vertrauensintervall zu einer definierten Wahrscheinlichkeit (z.B. 60 %) angegeben werden. Diese Wahrscheinlichkeit wird auch statistische Sicherheit genannt.

Das Argument *Wahrscheinlichkeit* beschreibt das Signifikanzniveau, das mit der Funktion CHIQU.TEST() errechnet werden kann.

Das Argument *FreiheitsGrade* berechnet sich im c^2-Anpassungstest nach der Anzahl der Summanden, vermindert um 1. Bei statistischen Tests ist die Findung der Anzahl von Freiheitsgraden, also die Anzahl voneinander unabhängiger Daten, von grundlegender Bedeutung. Erst ab Vorliegen von mindestens einem Freiheitsgrad ist ein statistisches Testen überhaupt möglich.

Die Umkehrfunktion zu CHIQU.INV.RE() ist die Funktion CHIQU.VERT.RE().

Praxiseinsatz

Sie sind Hersteller von Vitaminpräparaten und wollen beweisen, dass durch die regelmäßige Einnahme von Vitamin-C-Tabletten Erkältungen vorgebeugt werden kann. Um diese Aussage zu prüfen, haben Sie zwei Stichproben aus der gleichen Grundgesamtheit gezogen, wobei 22 der insgesamt 936 Versuchspersonen eine Erkältung hatten.

Die erwarteten Werte sind die aus der ersten, die beobachteten Werte sind die aus der zweiten Stichprobe. Ihr Ziel ist es nun, zunächst aufgrund einer statistischen Berechnung zu beweisen, dass Ihre Annahme, dass Vitamin C vor Erkältungen schützt (Nullhypothese), stimmt.

Hierzu wollen Sie den kritischen Wert für die Zufallsgrößen mit einer vorgegebenen Wahrscheinlichkeit von 2,5 % berechnen, wie in Abbildung 11.17 dargestellt.

	A	B	C	D	E
21		Ermittlung der Prüfgröße c / Kritischer Wert			
22		Wahrscheinlichkeit = Signifikanzniveau a		0,025	= vorgegeben
23		FreiheitsGrade		1	=ANZAHL(C11:C12)-1
24		Kritischer Wert		5,0239	=CHIQU.INV.RE(D22;D23)

Abbildung 11.17: Die Berechnung des kritischen Werts über die Funktion *CHIQU.INV.RE()*

Der mit der Funktion CHIQU.INV.RE() berechnete kritische Wert liegt mit einem Signifikanzniveau von 2,5 % und einem Freiheitsgrad von 1 bei 5,0239.

Liegt *v*, als Maß für die Gesamtabweichung, nun unterhalb dieser Prüfgröße, kann die Nullhypothese angenommen werden und Ihre Vermutung, dass Vitamin C vor Erkältungen schützt, wird bestätigt.

Um *v* zu errechnen, werden die Differenzen der beobachteten Häufigkeiten und der erwarteten Häufigkeiten quadriert und wieder durch die erwartete Häufigkeit dividiert (Abbildung 11.18).

	A	B	C	D
27		Ermittlung der Prüfgröße v / Maß für Gesamtabweichung		
28		=(C11-C15)^2/C15		1,4705882
29		=(C12-C16)^2/C16		5
30		v=SUMME(D28:D29)		6,4705882

Abbildung 11.18: Die Prüfsumme v wird errechnet, um den Wert mit dem kritischen Wert zu vergleichen

Da *v* in diesem Fall über dem kritischen Wert *c* liegt, kann die Nullhypothese nicht angenommen werden. Das heißt, Ihre Vermutung, dass die regelmäßige Einnahme von Vitamin C vor Erkältungen schützt, kann nicht bestätigt werden.

Siehe auch CHIQU.INV(), CHIQU.INV.RE(), CHIQU.TEST()

CD-ROM Dieses Beispiel finden Sie auf der CD-ROM zum Buch im Ordner *\Buch\Kap11* in den Arbeitsmappen *Wahrscheinlichkeit.xls* (Excel 97-2003) auf dem Arbeitsblatt *Chiinv* bzw. *Wahrscheinlichkeit.xlsx* (Excel 2007/2010) auf dem Arbeitsblatt *ChiQu.Inv.Re*.

CHIQU.INV() CHISQ.INV()

Syntax CHIQU.INV(***Wahrscheinlichkeit;FreiheitsGrade***)

Definition Die Funktion CHIQU.INV() gibt Perzentile der linksseitigen γ^2-Verteilung zurück. Ist ***Wahrscheinlichkeit*** *= CHIQU.VERT(x;...)* gegeben, gilt *CHIQU.INV(**Wahrscheinlichkeit**;...) = x*. Mithilfe dieser Funktion lassen sich zum Zweck der Validierung von Hypothesen beobachtete und erwartete Ergebnisse miteinander vergleichen.

Argumente

Wahrscheinlichkeit (erforderlich) ist die zur γ^2-Verteilung gehörende Wahrscheinlichkeit.

FreiheitsGrade (erforderlich) gibt die Anzahl der Freiheitsgrade an.

Hinweis

Ist eines der Argumente nicht numerisch, gibt CHIQU.INV() den Fehlerwert *#WERT!* zurück.

Ist *Wahrscheinlichkeit* kleiner 0 oder Wahrscheinlichkeit größer 1, gibt CHIQU.INV() den Fehlerwert *#ZAHL!* zurück.

Ist *FreiheitsGrade* keine ganze Zahl, werden die Nachkommastellen abgeschnitten.

Ist *FreiheitsGrade* kleiner 1 bzw. *FreiheitsGrade* größer oder gleich 10^{10}, gibt CHIQU.INV() den Fehlerwert *#ZAHL!* zurück.

Bei gegebenem Wert für *Wahrscheinlichkeit* sucht CHIQU.INV() den Wert *x* so, dass *CHIQU.VERT(x; FreiheitsGrade) = Wahrscheinlichkeit* gilt. Daher hängt die Genauigkeit von CHIQU.INV() von der Genauigkeit von CHIQU.VERT() ab. CHIQU.INV() geht bei der Suche iterativ vor. Hat die Suche nach 100 Iterationsschritten noch nicht konvergiert, gibt die Funktion den Fehlerwert *#NV* zurück.

Hintergrund

Betrachtet die zuvor beschriebene Funktion CHIQU.INV.RE() die Perzentile der rechtsseitigen γ^2-Verteilung, beschreibt die Funktion CHIQU.INV() die linksseitige γ^2-Verteilung.

Hinweis

Mehr zum Thema Chi-Quadrat-Verteilung können Sie unter der Funktion CHIQU.TEST() / CHITEST() auf Seite 399 nachlesen.

Die Umkehrfunktion zu CHIQU.INV() ist die Funktion CHIQU.VERT().

Praxiseinsatz

Vergleichen Sie hierzu das Beispiel der Funktion CHIQU.INV.RE() auf Seite 396.

Siehe auch

CHIQU.INV(), CHIQU.INV.RE(), CHIQU.TEST()

CD-ROM

Dieses Beispiel finden Sie auf der CD-ROM zum Buch im Ordner *\Buch\Kap11* in den Arbeitsmappen *Wahrscheinlichkeit.xls* (Excel 97-2003) auf dem Arbeitsblatt *Chiinv* bzw. *Wahrscheinlichkeit.xlsx* (Excel 2007/2010) auf dem Arbeitsblatt *ChiQu.Inv*.

CHIQU.TEST() / CHITEST()

CHISQ.TEST(), CHITEST()

Syntax

CHIQU.TEST(***BeobachteteWerte***;***ErwarteteWerte***)

Definition

Die Funktion CHIQU.TEST() gibt die Teststatistik eines γ^2-Unabhängigkeitstests zurück. Das heißt, CHIQU.TEST() liefert den Wert der chi-quadrierten (c^2) Verteilung für die Teststatistik (Prüfgröße) mit den entsprechenden Freiheitsgraden. Mithilfe von c^2-Tests können Sie feststellen, ob in Experimenten die Ergebnisse bestätigt werden, die aufgrund von Hypothesen erwartet wurden.

Argumente

BeobachteteWerte (erforderlich) ist der Bereich beobachteter Daten, mit dem Sie die erwarteten Werte testen möchten.

ErwarteteWerte (erforderlich) ist der Bereich erwarteter Beobachtungen, die sich aus der Division der miteinander multiplizierten Rangsummen und der Gesamtsumme berechnen.

Hinweis Enthalten *BeobachteteWerte* und *ErwarteteWerte* nicht dieselbe Anzahl von Datenpunkten, gibt CHIQU.TEST() den Fehlerwert *#NV* zurück.

Der c^2-Test berechnet zunächst eine c^2-Statistik, wozu er folgende Formel verwendet:

$$x^2 = \sum_{j=1}^{i} \sum_{j=1}^{c} \frac{\left(A_{ij} - E_{ij}\right)^2}{E_{ij}}$$

wobei:

A_{ij} = tatsächliche Häufigkeit in der *i*-ten Zeile, *j*-ten Spalte

E_{ij} = erwartete Häufigkeit in der *i*-ten Zeile, *j*-ten Spalte

Z = Zeilenanzahl

S = Spaltenanzahl

Ein niedriger Wert von c^2 ist ein Kennzeichen für Unabhängigkeit. Wie anhand der Formel zu sehen ist, ist c^2 immer positiv oder gleich 0, aber 0 nur dann, wenn $A_{ij} = E_{ij}$ für jedes *i,j*.

CHIQU.TEST() gibt die Wahrscheinlichkeit zurück, dass ein Wert der c^2-Verteilung mit mindestens dem Wert, der das Ergebnis der obigen Formal war, zufällig passiert sein könnte, wenn *Unabhängigkeit* angenommen wird.

Für das Berechnen dieser Wahrscheinlichkeit verwendet die Funktion CHIQU.TEST() die c^2-Verteilung mit einer geeigneten Anzahl von *Freiheitsgraden* (*df*).

- Bei *r* größer 1 und *c* größer 1 ist *df = (r – 1)(c – 1)*
- Bei *r* gleich 1 und *c* größer 1 ist *df = c – 1*
- Bei *r* größer 1 und *c* gleich 1 ist *df = r – 1*

r = c = 1 ist nicht zulässig, sodass in diesem Fall der Fehlerwert *#NV* zurückgegeben wird.

Damit CHIQU.TEST() brauchbar verwendet werden kann, sollte die Zahl der E_{ij} nicht zu klein sein. Einige Statistiker schlagen vor, dass jedes E_{ij} größer oder gleich 5 sein sollte.

Hintergrund Für die Analyse statistischer Zusammenhänge werden sogenannte Tests durchgeführt. Für den untersuchten Sachverhalt wird eine Nullhypothese formuliert. Diese Nullhypothese gibt an, welche Ergebnisse erwartet werden, wenn der statistische Zusammenhang exakt einen bestimmten Wert erreicht. Die Gegenhypothese, auch Alternativhypothese, ist häufig weniger scharf abgegrenzt und zeigt die Spannweite für die untersuchten Methoden.

So nimmt beispielsweise bei der Ziehung der Lottozahlen die Nullhypothese an, dass kein Unterschied in der Wahrscheinlichkeit der Ziehung einer Kugel besteht, d.h. keine Zahl öfter gezogen wird als eine andere.

Die Gegenhypothese vermutet dies aber. Dabei wird ein sogenanntes Signifikanzniveau (*a*) zugrunde gelegt, das ein Maß für den erlaubten prozentualen Anteil an Fehlern darstellt, um eine Stichprobe noch als zufällig zu bezeichnen, d.h. die Nullhypothese zu bestätigen.

Beträgt das Signifikanzniveau beispielsweise *a = 0,03*, kann in drei von hundert Ziehungen eine Zahl öfter vorkommen als eine andere, um zu behaupten, dass trotzdem eine gleiche Chance für alle Kugeln besteht, d.h. die Nullhypothese angenommen wird. Beträgt der Fehler bis zu 3 %, ist das Ergebnis »signifikant«.

Einer der Tests, um statistische Zusammenhänge zu analysieren, ist der sogenannte Chi-Quadrat-Test. Beim Chi-Quadrat-Test wird die Abweichung zwischen beobachteten und erwarteten Häufigkeiten quadriert und die Summe der daraus resultierenden Dichtefunktion zur Annahme oder Ablehnung der Nullhypothese genutzt

Der c^2-Test ist ein Verfahren der schließenden Statistik. Es gibt zum einen den c^2-Anpasssungstest, bei dem untersucht wird, ob die Grundgesamtheit einer erwarteten Verteilung entspricht. So kann z.B. getestet werden, ob bei der Ziehung der Lottozahlen jede Kugel die gleiche Chance hat, gezogen zu werden.

Der c^2-Unabhängigkeitstest stellt ein Verfahren für nichtmessbare (qualitative) Merkmale dar. Hierbei wird beispielsweise überprüft, ob die in einer Stichprobe gemachten Beobachtungen bezüglich des Zusammenhangs zwischen Vitamin C und der Vorbeugung vor Erkältungen von anderen Stichproben bestätigt wurden.

Zur Berechnung verschiedener Komponenten bzw. Ergebnisse für einen c^2-Test stehen Ihnen in Excel verschiedene Funktionen zur Verfügung. Dazu gehören:

- CHIQU.TEST() – Berechnet das Signifikanzniveau beim c^2-Test
- CHIQU.VERT.RE() – Berechnet die Überschreitungswahrscheinlichkeit für die c^2-Verteilung mit Freiheitsgraden
- CHIQU.INV.RE() – Berechnet den kritischen Wert

Diese Funktionen liefern verschiedene Prüfgrößen, bei deren Vergleich man Rückschlüsse auf die aufgestellten Hypothesen ziehen kann. Die folgende Tabelle zeigt, wann welche Hypothese anzunehmen ist.

Tabelle 11.2 Wann wird die Nullhypothese abgelehnt bzw. angenommen?

Vergleich der Ergebnisse von	Annahme von
$v > c$	Gegenhypothese
$v < c$	Nullhypothese
Chiqutest > a	Gegenhypothese
Chiqutest < a	Nullhypothese
Chiquvertre für $v > a$	Gegenhypothese
Chiquvertre für $v < a$	Nullhypothese

Wie bereits erwähnt, berechnet die Funktion CHIQU.TEST() das *Signifikanzniveau* dafür, dass die Werte einer Wertereihe mit den erwarteten Werten übereinstimmen. Hier wird also jeder Einzelwert der einen Datenreihe mit dem korrespondierenden Wert der zweiten Reihe verglichen.

Das errechnete Signifikanzniveau, das durch einen Zahlenwert zwischen 0 und 100 % dargestellt wird, drückt die Testsicherheit bei statistischen Hypothesentests aus. Erhalten Sie beispielsweise als Ergebnis für das Signifikanzniveau 90 %, bedeutet dies, dass das vorliegende Zahlenmaterial, sofern es zufällig zustande gekommen ist, in nur 100 minus 90 = 10 % aller Fälle eine vergleichbare Ausprägung annehmen würde.

90 % Signifikanz bedeutet demnach also nicht, …:

- … dass das vorliegende Datenmaterial mit nur 10%iger Wahrscheinlichkeit zufällig ist.
- … dass man mit 90%iger Wahrscheinlichkeit auf einen bestimmten Sachverhalt schließen kann.

Das Signifikanzniveau ist also ein Maß für den erlaubten prozentualen Anteil an Fehlern, um eine Stichprobe als zufällig zu bezeichnen.

Praxiseinsatz Sie sind Hersteller von Vitaminpräparaten und wollen, um Ihr Marketing mithilfe statistischer geprüfter Aussagen zu unterstützen, testen, ob durch die regelmäßige Einnahme von Vitamin-C-Tabletten Erkältungen vorgebeugt werden kann.

Um diese Aussage zu prüfen, haben Sie zwei Stichproben aus der gleichen Grundgesamtheit gezogen, wobei 22 der insgesamt 936 Versuchspersonen eine Erkältung hatten.

Die erwarteten Werte sind die aus der ersten, die beobachteten Werte sind die aus der zweiten Stichprobe.

Zunächst wollen Sie beweisen oder feststellen, wie hoch das Signifikanzniveau der Werte ist, um eine Aussage darüber treffen zu können, ob die Stichproben als zufällig zu bezeichnen sind und die Werte übereinstimmen.

Hierfür verwenden Sie die Funktion CHIQUTEST(), wie in Abbildung 11.19 dargestellt.

	B	C	D	E	F
9	Werte	Erkältung	Keine Erkältung	Summe	
10	Beobachtete Werte				
11	Vitamin C	12	704	716	=SUMME(C11:D11)
12	Kein Vitamin C	10	210	220	=SUMME(C11:D11)
13	**Summe**	22	914	**936**	=SUMME(E11:E11)
14	Erwartete Werte				
15	Vitamin C	17	699	716	=SUMME(C15:D15)
16	Kein Vitamin C	5	215	220	=SUMME(C16:D16)
17	**Summe**	22	914	**936**	=SUMME(E15:E16)
18	CHIQU.TEST		0,0109674		
19		=CHIQU.TEST(C11:C12;C15:C16)			

Abbildung 11.19: Die Berechnung von *CHIQU.TEST()* mit den beobachteten und erwarteten Werten

Das errechnete Signifikanzniveau von 1 % sagt aus, dass das vorliegende Zahlenmaterial (Stichproben) in 100 minus 1, also in 99 % aller Fälle eine vergleichbare Ausprägung annimmt – somit können die Stichproben als zufällig bezeichnet werden.

Der durch CHIQU.TEST() errechnete Wert kann zusätzlich zur bisher dargestellten Aussagekraft auch die Wahrscheinlichkeit zu einem berechneten v darstellen. Die Variable v ist eine Prüfgröße, die ein Maß für die Gesamtabweichung darstellt und mit folgender Formel berechnet wird:

$$CHI - Formel\, r = 1 - \frac{6\sum_{1=i}^{n} D_i^2}{n_{(n^2-1)}}$$

Wenn die Prüfgröße v einen sehr großen Wert annimmt, wird die Nullhypothese abgelehnt, was bedeutet, dass keine gleiche Wahrscheinlichkeit für alle Tests angenommen wird.

Ist die Wahrscheinlichkeit für *v* kleiner als das diesem Wert zugeordnete Signifikanzniveau, kann der Unterschied als signifikant bezeichnet werden – dies bedeutet, dass die Gegenhypothese angenommen wird. Ist die Wahrscheinlichkeit für *v* größer, ist der Unterschied somit nicht signifikant und die Nullhypothese wird vermutet.

Siehe auch CHIQU.INV.RE(), CHIQU.INV(), CHIQU.VERT(), CHIQU.VERT.RE()

CD-ROM Dieses Beispiel finden Sie auf der CD-ROM zum Buch im Ordner *\Buch\Kap11* in den Arbeitsmappen *Wahrscheinlichkeit.xls* (Excel 97-2003) auf dem Arbeitsblatt *ChiTest* bzw. *Wahrscheinlichkeit.xlsx* (Excel 2007/2010) auf dem Arbeitsblatt *ChiQu.Test*.

CHIQU.VERT.RE() / CHIVERT() CHISQ.VERT.RT(), CHIDIST()

Hinweis Die Funktion CHVERT() wird in Microsoft Excel 2010 durch die Funktion CHIQU.VERT.RE() ersetzt und zusätzlich durch die Funktion CHIQU.VERT() ergänzt. Damit wird das Ergebnis bzw. die Genauigkeit der Funktionen erhöht. Um die Abwärtskompatibilität von CHIQU.VERT.RE() zu sichern, ist die Funktion CHIVERT() weiter unter ihrem alten Namen verfügbar.

Syntax CHIQU.VERT.RE(***x***;***FreiheitsGrade***)

Definition Die Funktion CHIQU.VERT() gibt Werte der rechtsseitigen Verteilungsfunktion (1-Alpha oder Signifikanzrisiko) einer Chi-Quadrat-verteilten Zufallsgröße zurück. Die c^2-Verteilung wird bei einem c^2-Test benötigt. Mit diesem Test lassen sich beobachtete und erwartete Werte miteinander vergleichen. Mit diesem Test lassen sich beobachtete und erwartete Werte miteinander vergleichen. Beispielsweise wird in einem Test die Hypothese aufgestellt, dass durch die regelmäßige Einnahme von Vitaminpräparaten Erkältungen vorgebeugt werden kann. Durch Vergleichen der beobachteten mit den erwarteten Ergebnissen lässt sich die Hypothese validieren.

Argumente ***x*** (erforderlich) ist der Wert (Quantil), dessen Wahrscheinlichkeit (1-Alpha) Sie berechnen möchten.

FreiheitsGrade (erforderlich) gibt den Grad der Freiheit an.

Hinweis Ist eines der Argumente nicht numerisch, gibt CHIQU.VERT.RE() den Fehlerwert *#WERT!* zurück.

Ist *x* negativ, gibt CHIQU.VERT.RE() den Fehlerwert *#ZAHL!* zurück.

Ist *FreiheitsGrade* keine ganze Zahl, werden deren Nachkommastellen abgeschnitten.

Ist *FreiheitsGrade* kleiner 1 bzw. *FreiheitsGrade* größer oder gleich 10^{10}, gibt CHIQU.VERT.RE() den Fehlerwert *#ZAHL!* zurück.

CHIQU.VERT.RE() wird berechnet als *CHIQU.VERT.RE = P(X > x)*, wobei *X* eine Zufallsvariable mit der Verteilung c^2 ist.

Hintergrund Wie bereits oben im Abschnitt *Definition* erwähnt, berechnet die Funktion CHIQU.VERT.RE() Werte der Verteilungsfunktion einer Chi-Quadrat verteilten Zufallsgröße durch die Berechnung von 1-Alpha bzw. 1-Signifikanzniveau. Diese Werte werden auch »Alpha-Risiko« genannt und drücken in Form einer Zahl ein Risiko aus, mit dem darauf hingewiesen wird, dass eine statistische Hypothese möglicherweise gar nicht vorhanden ist oder nicht bestätigt werden kann.

In anderen Worten ausgedrückt kann man deshalb auch sagen, dass das Ergebnis von CHIQU.VERT.RE() eine Aussage über eine Irrtumswahrscheinlichkeit liefert.

Hinweis Mehr Informationen zum Thema Chi-Test und dem Signifikanzniveau erfahren Sie unter der Funktion CHIQU.TEST() auf Seite 399.

Die Umkehrfunktion von CHIQU.VERT.RE() ist die Funktion CHIQU.INV.RE().

Praxiseinsatz Sie sind Hersteller von Vitaminpräparaten und wollen beweisen, dass durch die regelmäßige Einnahme von Vitamin-C-Tabletten Erkältungen vorgebeugt werden kann.

Um diese Aussage zu prüfen, haben Sie zwei Stichproben aus der gleichen Grundgesamtheit gezogen, wobei 22 der insgesamt 936 Versuchspersonen eine Erkältung hatten. Die erwarteten Werte sind die aus der ersten, die beobachteten Werte sind die aus der zweiten Stichprobe.

Ihr Ziel ist es nun, zunächst aufgrund einer statistischen Berechnung zu beweisen, dass Ihre Annahme, dass Vitamin C vor Erkältungen schützt (Nullhypothese) stimmt.

Den kritischen Wert *c* mit einer vorgegebenen Wahrscheinlichkeit (Signifikanzniveau *a*) von 2,5 % sowie die Freiheitsgrade und *v* als Maß für die Gesamtabweichung haben Sie bereits berechnet.

Hinweis Wie Sie die soeben genannten Komponenten berechnen, können Sie unter CHIQU.TEST() auf Seite 399 und unter CHIQU.INV.RE() auf Seite 396 nachlesen.

Bis jetzt mussten Sie, aufgrund der Ergebnisse Ihrer bisherigen statistischen Berechnungen, die Nullhypothese – also die Annahme, dass Vitamin C vor Erkältungen schützt – immer wieder verwerfen.

Deshalb möchten Sie nun einen letzten Versuch starten, diese Nullhypothese doch zu bestätigen. Sie wollen mit der Funktion CHIQU.VERT.RE() die Wahrscheinlichkeit für *v* (Maß für Gesamtabweichung) berechnen, um anschließend das Signifikanzniveau *a* und den errechneten Wahrscheinlichkeitswert zu vergleichen.

Aussagen

- Ist Chiquvertre für *v* größer *a*, wird die Nullhypothese verworfen
- Ist Chiquvertre für *v* kleiner *a*, wird die Nullhypothese angenommen

Die Berechnung der Wahrscheinlichkeit für *v* erfolgt wie in Abbildung 11.20 dargestellt.

	B	C	D	E
20	Ermittlung der Prüfgröße c / Kritischer Wert			
21	Wahrscheinlichkeit = Signifikanzniveau a		0,025	= vorgegeben
22	FreiheitsGrade		1	=ANZAHL(C11:C12)-1
23	Kritischer Wert		5,0239	=CHIQU.INV.RE(D21;D22)
24				
25				
26	Ermittlung der "Irrtumswahrscheinlichkeit" für v			
27	=(C11-C15)^2/C15		1,4705882	
28	=(C12-C16)^2/C16		5	
29	v =SUMME(D27:D28)		6,4705882	
30	CHIQU.VERT.RE		0,0109674	=CHIQU.VERT.RE(D29;D22)

Abbildung 11.20: *CHIQU.VERT.RE()* liefert die Irrtumswahrscheinlichkeit für den Wert *v*

Vergleicht man nun den Chiquvertre für *v*, sieht man, dass *v* kleiner dem Signifikanzniveau *a* ist. Daraus folgt, dass die Nullhypothese angenommen werden kann.

Siehe auch CHIQU.TEST(), CHIQU.INV(), CHIQU.INV.RE()

CD-ROM Dieses Beispiel finden Sie auf der CD-ROM zum Buch im Ordner *\Buch\Kap11* in den Arbeitsmappen *Wahrscheinlichkeit.xls* (Excel 97-2003) auf dem Arbeitsblatt *ChiVert* bzw. *Wahrscheinlichkeit.xlsx* (Excel 2007/2010) auf dem Arbeitsblatt *Chiqu.Vert.Re*.

CHIQU.VERT() CHISQ.DIST(), CHIDIST()

Syntax CHIQU.VERT(*x*;***FreiheitsGrade***;***kumuliert***)

Definition Die Funktion CHIQU.VERT() gibt die linksseitigen Werte der Verteilungsfunktion einer c^2-verteilten Zufallsvariablen zurück. Die Betaverteilung wird i. d. R. verwendet, um die Streuung bei mehreren Stichproben zu bestimmten Vorgängen zu untersuchen. Beispielsweise kann prozentual ermittelt werden, wie viel Zeit am Tag Personen vor dem Fernsehgerät verbringen.

Argumente ***x*** (erforderlich) ist der Wert (Quantil), dessen Wahrscheinlichkeit (1-Alpha) Sie berechnen möchten.

FreiheitsGrade (erforderlich) gibt den Grad der Freiheit an.

kumuliert (erforderlich) definiert den Wahrheitswert, der den Typ der Funktion bestimmt. Ist *kumuliert* mit WAHR belegt, gibt CHIQU.VERT() den Wert der Verteilungsfunktion zurück. Ist *kumuliert* mit FALSCH belegt, gibt CHIQU.VERT() den Wert der Dichtefunktion zurück.

Hinweis Ist eines der Argumente nicht numerisch, gibt CHIQU.VERT den Fehlerwert *#WERT!* zurück.

Ist *x* negativ, gibt CHIQU.VERT() den Fehlerwert *#ZAHL!* zurück.

Ist *FreiheitsGrade* keine ganze Zahl, werden deren Nachkommastellen abgeschnitten.

Ist *FreiheitsGrade* kleiner 1 bzw. *FreiheitsGrade* größer oder gleich 10^{10}, gibt CHIQU.VERT() den Fehlerwert *#ZAHL!* zurück.

Hintergrund Betrachtet die zuvor beschriebene Funktion CHIQU.VERT.RE() die Werte der rechtsseitigen Verteilungsfunktion (1-Alpha oder Signifikanzrisiko) einer Chi-Quadrat-verteilten Zufallsgröße, beschreibt die Funktion CHIQU.VERT() die linksseitige Verteilungsfunktion einer Chi-Quadrat-verteilten Zufallsgröße.

Hinweis Mehr Informationen zum Thema Chi-Test und dem Signifikanzniveau erfahren Sie unter der Funktion CHIQU.TEST() auf Seite 399.

Die Umkehrfunktion von CHIQU.VERT() ist die Funktion CHIQU.INV().

Praxiseinsatz Vergleichen Sie hierzu das Beispiel der Funktion CHIQU.VERT.RE() auf Seite 403.

Siehe auch CHIQU.TEST(), CHIQU.VERT(), CHIQU.VERT.RE()

CD-ROM Dieses Beispiel finden Sie auf der CD-ROM zum Buch im Ordner *\Buch\Kap11* in den Arbeitsmappen *Wahrscheinlichkeit.xls* (Excel 97-2003) auf dem Arbeitsblatt *ChiVert* bzw. *Wahrscheinlichkeit.xlsx* (Excel 2007/2010) auf dem Arbeitsblatt *ChiQu.Vert*.

EXPON.VERT() / EXPONVERT() EXPON.DIST() / EXPONDIST()

Syntax EXPON.VERT(*x*;***Lambda***;***kumuliert***)

Definition Die Funktion EXPON.VERT() gibt Wahrscheinlichkeiten einer exponential verteilten Zufallsvariablen zurück. Mithilfe der EXPON.VERT()-Funktion lassen sich Zeiträume zwischen Ereignissen modellieren. Eine Frage könnte z.B. sein, wie hoch die Wahrscheinlichkeit ist, dass in einem Call-Center bereits nach zwei Minuten ein Anruf eingeht, obwohl der Durchschnitt pro Stunde bei drei Minuten liegt.

Argumente *x* (erforderlich) ist der Wert für die Funktion.

Lambda (erforderlich) ist der übergebene Wert.

kumuliert (erforderlich) ist ein Wahrheitswert, der den Typ der Funktion bestimmt. Ist *kumuliert* mit *WAHR* belegt, gibt EXPON.VERT() den Wert der Verteilungsfunktion zurück. Ist *kumuliert* mit *FALSCH* belegt, gibt EXPON.VERT() den Wert der Dichtefunktion zurück.

Hinweis Ist *x* oder *Lambda* nicht numerisch, gibt EXPON.VERT() den Fehlerwert *#WERT!* zurück.

Ist *x* kleiner 0, gibt EXPON.VERT() den Fehlerwert *#ZAHL!* zurück.

Ist *Lambda* kleiner oder gleich 0, gibt EXPON.VERT() den Fehlerwert *#ZAHL!* zurück.

Hintergrund Eine Exponentialfunktion liegt vor, wenn der Exponent einer Potenz als Variable betrachtet wird. Derartige Funktionen besitzen eine besondere Eigenschaft: In gleich großen Intervallen ändert sich ihr Funktionswert um den gleichen Faktor. Sie eignen sich daher hervorragend dazu, Wachstums- oder Zerfallsprozesse zu beschreiben, für die sich die betrachtete Größe in gleich langen Zeitintervallen um den gleichen Faktor ändert. Ihre Umkehrfunktionen heißen Logarithmen – ihr Zweck besteht darin, aus der Kenntnis einer Potenz und ihrer Basis den Exponenten zu gewinnen.

Als **die** Exponentialfunktion im engeren Sinne wird die Exponentialfunktion $x = e$x mit der Eulerschen Zahl e als Basis bezeichnet.

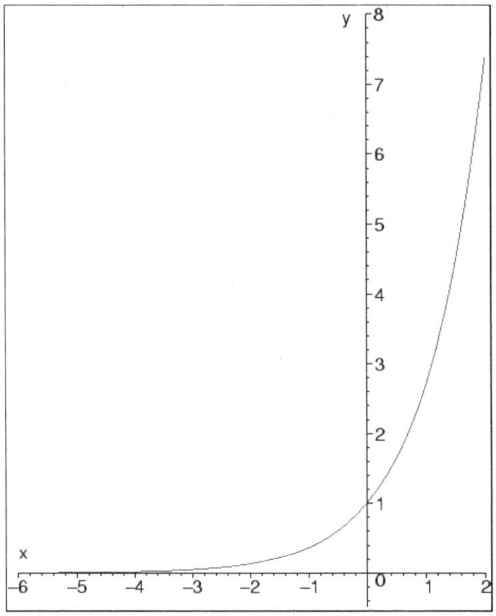

Abbildung 11.21: Die grafische Darstellung der Exponentialfunktion $y=e^x$

Wie bereits oben im Abschnitt *Definition* erwähnt, liefert die Funktion EXPON.VERT() die Wahrscheinlichkeiten für unabhängige Ereignisse, wie bei dem Beispiel »Ausgabezeit an einem Geldautomat« oder anderen Wartezeiten.

Ein anderes Beispiel wäre:

Wenn bekannt ist, dass in einem Support-Callcenter alle drei Minuten ein Anruf eingeht, können Sie mit dieser Funktion die Wahrscheinlichkeit berechnen, dass das Telefon schon nach spätestens einer Minute klingelt.

Da die Ereignisse »Telefonklingeln« und »Zeit« unabhängig voneinander sind, handelt es sich hierbei um exponentialverteilte Zufallsvariablen. Die Funktion EXPON.VERT() liefert die Wahrscheinlichkeiten dazu.

Die Gleichung für die Wahrscheinlichkeitsdichte lautet:

$$f(x;\lambda) = \lambda e^{-\lambda x}$$

Die Gleichung für die Verteilungsfunktion lautet:

$$F(x;\lambda) = 1 - e^{-\lambda x}$$

Praxiseinsatz

Bleiben wir bei dem oben genannten Beispiel mit dem Callcenter. Sie betreiben ein Callcenter für einen Druckerhersteller. Das Callcenter ist 24 Stunden am Tag besetzt. Sie möchten das Anrufverhalten der Kunden näher analysieren und haben deshalb einen Tag lang die eingehenden Anrufe pro Stunde gezählt. Das heißt, das Zeitintervall beträgt 60 Minuten.

Ihre Aufzeichnungen eingegangener Anrufe hat folgende Statistik ergeben:

Zeitintervall = 1 Stunde	Call Center Anrufe
Stunde 1	8
Stunde 2	9
Stunde 3	10
Stunde 4	20
Stunde 5	18
Stunde 6	22
Stunde 7	34
Stunde 8	32
Stunde 9	42
Stunde 10	37
Stunde 11	25
Stunde 12	20
Stunde 13	23
Stunde 14	26
Stunde 15	31
Stunde 16	21
Stunde 17	28
Stunde 18	20
Stunde 19	21
Stunde 20	38
Stunde 21	13
Stunde 22	2
Stunde 23	4
Stunde 24	1
Anzahl eingegangener Anrufe	**505**
Mittelwert	**21,04**

Abbildung 11.22: Die eingegangenen Anrufe eines Tags

Aussagen Durch die Berechnung des Mittelwerts aller eingegangenen Anrufe können Sie nun folgende Aussagen treffen:

- Jede Stunde, also alle 60 Minuten, gehen im Schnitt 21 Anrufe ein
- Daraus folgt, dass knapp alle drei Minuten ein Kunde anruft

Nun möchten Sie wissen, wie hoch die Wahrscheinlichkeit ist, dass bereits nach zwei Minuten eine Person mit einer Frage zu einem Drucker anruft. Hierzu nutzen Sie die Funktion EXPON.VERT().

Welche Angaben machen Sie für die einzelnen Argumente der Funktion?

- *x = 2*, da die Wahrscheinlichkeit für einen Anruf nach zwei Minuten berechnet werden soll
- *Lambda = 3*, da dies die mittlere Anzahl an Ereignissen pro Zeitintervall darstellt und somit der übergebene Wert ist
- *kumuliert = WAHR*, da in unserem Beispiel die Verteilungsfunktion geliefert werden soll

Die Berechnung der Wahrscheinlichkeiten über die Funktion EXPON.VERT() liefert die in Abbildung 11.23 dargestellten Ergebnisse.

	E	F	G	H	I
21	**Berechnung**				
22	**x (Minuten)**	2	1	0,5	0,2
23	**Lambda**	3	3	3	3
24	**Kumuliert**	WAHR	WAHR	WAHR	WAHR
25	**EXPON.VERT()**	**0,9975**	**0,9502**	**0,7769**	**0,4512**
26		=EXPON.VERT(F22;F23;F24)			

Abbildung 11.23: *EXPON.VERT()* liefert die Wahrscheinlichkeit für einen gesuchten Wert

Aussagen Die Wahrscheinlichkeit, dass bereits nach zwei Minuten ein Anruf im Callcenter eingeht, beträgt laut der Berechnung über die Funktion EXPON.VERT() 99 %.

Wie Sie des Weiteren der Abbildung 11.23 entnehmen können, nimmt die Wahrscheinlichkeit immer weiter ab, je kleiner die Einträge für das Argument *x* werden. Das heißt, die Wahrscheinlichkeit, dass nach 0,2 Minuten, also nach 12 Sekunden, bereits jemand anruft beträgt lediglich 45 %.

Siehe auch GAMMA.VERT(), POISSON()

CD-ROM Dieses Beispiel finden Sie auf der CD-ROM zum Buch im Ordner *\Buch\Kap11* in den Arbeitsmappen *Wahrscheinlichkeit.xls* (Excel 97-2003) bzw. *Wahrscheinlichkeit.xlsx* (Excel 2007/2010) auf dem Arbeitsblatt *Expon.vert*.

F.INV.RE() / FINV() — F.DIST.RT() / FINV()

Hinweis Die Funktion FINV() wird in Microsoft Excel 2010 durch die Funktion F.INV.RE() ersetzt und zusätzlich durch die Funktion F.INV() ergänzt. Damit wird das Ergebnis bzw. die Genauigkeit der Funktionen erhöht.

Um die Abwärtskompatibilität von F.INV.RE() zu sichern, ist die Funktionen FINV() weiter unter ihrem alten Namen verfügbar.

Syntax F.INV.RE(***Wahrsch***;***Freiheitsgrade1***;***Freiheitsgrade2***)

Definition

Die Funktion F.INV.RE() gibt Quantile der rechtsseitigen F-Verteilung zurück. Ist p = *F.VERT.RE(x,...)*, dann ist *F.INV.RE(p,...)* = x.

Die F-Verteilung kann in F-Tests verwendet werden, bei denen die Streuungen zweier Datenmengen ins Verhältnis gesetzt werden. Zum Beispiel können Sie die Verteilung der in Deutschland und Österreich erzielten Einkommen daraufhin analysieren, ob in den beiden Ländern ähnliche Einkommensverteilungen vorliegen.

Argumente

Wahrsch (erforderlich) ist die zur F-Verteilung gehörige Wahrscheinlichkeit.

Freiheitsgrade1 (erforderlich) ist die Anzahl der Freiheitsgrade im Zähler.

Freiheitsgrade2 (erforderlich) ist die Anzahl der Freiheitsgrade im Nenner.

Hinweis

Ist eines der Argumente nicht numerisch, gibt F.INV.RE() den Fehlerwert *#WERT!* zurück.

Ist *Wahrsch* kleiner 0 bzw. *Wahrsch* größer 1, gibt F.INV.RE() den Fehlerwert *#ZAHL!* zurück.

Ist *Freiheitsgrade1* oder *Freiheitsgrade2* keine ganze Zahl, wird der Dezimalanteil abgeschnitten.

Ist *Freiheitsgrade1* kleiner 1 bzw. *Freiheitsgrade2* größer oder gleich 10^{10}, gibt F.INV.RE() den Fehlerwert *#ZAHL!* zurück.

Ist *Freiheitsgrade2* kleiner 1 bzw. *Freiheitsgrade2* größer oder gleich 10^{10}, gibt F.INV.RE() den Fehlerwert *#ZAHL!* zurück.

Die Funktion F.INV.RE() kann dazu verwendet werden, kritische Werte der F-Verteilung zu berechnen. Zum Beispiel umfasst die Ausgabe einer ANOVA-Berechnung (Analysis of Variance) häufig Daten für die F-Verteilung (F-Statistik), F-Wahrscheinlichkeit sowie den kritischen F-Wert beim Signifikanzniveau 0,05. Wenn Sie den kritischen Wert von F ermitteln möchten, müssen Sie der Funktion F.INV.RE() das Signifikanzniveau als Argument *Wahrsch* übergeben.

Bei gegebenem Wert für *Wahrsch* sucht F.INV.RE() den Wert x so, dass *F.VERT.RE(x;Freiheitsgrade1;Freiheitsgrade2) = Wahrsch* gilt. Daher hängt die Genauigkeit von F.INV.RE() von der Genauigkeit von F.VERT.RE() ab. F.INV.RE() geht bei der Suche iterativ vor. Hat die Suche nach 100 Iterationsschritten noch nicht konvergiert, gibt die Funktion den Fehlerwert *#NV* zurück.

Hintergrund

Wie oben im Abschnitt *Argumente* angegeben, umfasst die Ausgabe einer ANOVA-Berechnung (Analysis of Variance) häufig Daten für die F-Verteilung (F-Statistik), die F-Wahrscheinlichkeit sowie den kritischen F-Wert beim Signifikanzniveau 0,05.

Mit dieser Funktion wird die einfache Varianzanalyse durchgeführt, um die Hypothese zu überprüfen, ob die Mittelwerte zweier oder mehrerer (aus Grundgesamtheiten mit demselben Mittelwert gezogenen) Stichproben identisch sind.

Die einfaktorielle Varianzanalyse wird dann angewendet, wenn es sich bei der Untersuchung um drei oder mehr Gruppen handelt, von denen mindestens eine Gruppe unabhängig von den anderen ist.

Sie testet gleichzeitig die Signifikanz der Differenz unter den arithmetischen Mitteln dieser Gruppen. Ihr Hauptzweck ist, herauszufinden, ob die Varianz zwischen Gruppenmittelwerten zufallsbedingt ist oder nicht.

Die Funktion F.INV.RE() berechnet den kritischen Wert einer Verteilung. Um diesen zu ermitteln, müssen Sie der Funktion F.INV.RE() das Signifikanzniveau als Argument ***Wahrsch*** übergeben.

Durch Berechnung von F.INV.RE() kann eine Aussage über die Nullhypothese getroffen werden. Die Argumente der Funktion F.INV.RE() sind die Wahrscheinlichkeit, d.h. das Signifikanzniveau *a*, und die Anzahl der Freiheitsgrade 1 und 2.

Praxiseinsatz Sie sind Betriebspsychologe und möchten untersuchen, wie sich die Mitarbeiter mit dem Unternehmen identifizieren. Dazu haben Sie 15 Mitarbeiter zufällig ausgewählt. Jeder Mitarbeiter hat zehn Fragen aus anderen Fachgebieten beantwortet. Es waren dabei drei Antworten zur Auswahl vorgegeben, die angekreuzt werden konnten.

Die Antworten haben Sie bereits zusammengefasst und eine Zusammenfassung allgemeiner Ergebnisse ist erstellt (siehe Abbildung 11.24).

	B	C	D	E	F
8	Gruppe I	Gruppe II	Gruppe III		
9	4	2	2		
10	2	1	1		
11	1	4	6		
12	5	7	4		
13	2	5	7		
14					
15	ZUSAMMENFASSUNG				
16	Gruppen	Anzahl	Summe	Mittelwert	Varianz
17	Gruppe I	5	14	2,8	2,7
18	Gruppe II	5	19	3,8	5,7
19	Gruppe III	5	20	4,0	6,5

Abbildung 11.24: Die Ergebnisse der Befragung

Die Nullhypothese besagt, dass es keinen Unterschied zwischen den drei Gruppen gibt. Die Alternativhypothese vermutet einen Unterschied.

Das Signifikanzniveau sei 0,05.

Das Ergebnis der einfaktoriellen Varianzanalyse sehen Sie in Abbildung 11.25.

	B	C	D	E	F	G	H
22	Streuungsursache	Quadratsummen (SS)	Freiheits-grade (df)	Mittlere Quadratsumme (MS)	Prüfgröße (F)	P-Wert	kritischer F-Wert
23	Unterschiede						
24	- zwischen den Gruppen	4,13	2	2,07	0,416107	0,67	**3,89**
25	- innerhalb der Gruppen	59,60	12	4,97			=F.INV.RE(0,05;D24;D25)
26	Gesamt	63,73	14				

Abbildung 11.25: Die Berechnung der einfaktoriellen Varianzanalyse und dem kritischen F-Wert

Das Ergebnis unterscheidet zwischen »Unterschiede zwischen den Gruppen« und »Unterschiede innerhalb der Gruppen«, denn die drei Gruppen unterscheiden sich zum einen untereinander, zum anderen unterscheiden sich aber auch die Ergebnisse der einzelnen Mitarbeiter »innerhalb der Gruppen«.

Die »Unterschiede zwischen den Gruppen« entsprechen dem zu untersuchenden Unterschied, die Unterschiede »innerhalb der Gruppen« entsprechen einem Zufallseinfluss.

Die Anzahl der Freiheitsgrade 1, das sind die Freiheitsgrade innerhalb der Gruppen, berechnet sich nach dem Umfang der drei Gruppen, jeweils um 1 vermindert, also $5-1+5-1+5-1=12$. Die Anzahl der Freiheitsgrade 2, also die Freiheitsgrade zwischen den Gruppen, ergibt sich aus der Anzahl der Gruppen minus 1, also $3-1=2$.

Für die Prüfgröße *F* erhält man einen Wert von 0,42 (Zelle *F24*). Vergleicht man diesen mit dem kritischen Wert *Fkrit*, ermittelt durch die Funktion F.INV.RE(), kann man eine Aussage zur Nullhypothese aufstellen.

Ist der Wert der berechneten Prüfgröße *F* größer oder gleich *Fkrit*, wird die Nullhypothese abgelehnt. In unserem Beispiel ist dies nicht der Fall, das heißt, die Nullhypothese wird angenommen und man geht davon aus, dass kein signifikanter Unterschied zwischen den drei Gruppen besteht.

Siehe auch

F.TEST(), F.INV()

CD-ROM

Dieses Beispiel finden Sie auf der CD-ROM zum Buch im Ordner *\Buch\Kap11* in den Arbeitsmappen *Wahrscheinlichkeit.xls* (Excel 97-2003) auf dem Arbeitsblatt *Finv* bzw. *Wahrscheinlichkeit.xlsx* (Excel 2007/2010) auf dem Arbeitsblatt *F.inv.re*.

F.INV() F.INV()

Syntax

F.INV(***Wahrsch***;***Freiheitsgrade1***;***Freiheitsgrade2***)

Definition

Die Funktion F.INV() gibt Quantile der linksseitigen F-Verteilung zurück.

Argumente

Wahrsch (erforderlich) ist die zur F-Verteilung gehörige Wahrscheinlichkeit.

Freiheitsgrade1 (erforderlich) ist die Anzahl der Freiheitsgrade im Zähler.

Freiheitsgrade2 (erforderlich) ist die Anzahl der Freiheitsgrade im Nenner.

Hinweis

Ist eines der Argumente kein numerischer Ausdruck, gibt F.INV() den Fehlerwert *#WERT!* zurück.

Ist *Wahrsch* < 0 oder *Wahrsch* > 1, gibt F.INV() den Fehlerwert *#ZAHL!* zurück.

Ist *Freiheitsgrade1* oder *Freiheitsgrade2* keine ganze Zahl, wird der Dezimalanteil abgeschnitten.

Ist *Freiheitsgrade1* < 1 oder *Freiheitsgrade2* < 1, gibt F.INV() den Fehlerwert *#ZAHL!* zurück.

Hintergrund

Betrachtet die zuvor beschriebene Funktion F.INV.RE() die Quantile der rechtsseitigen F-Verteilung, beschreibt die Funktion F.INV() die linksseitigen Quantile. Mehr Informationen zur ANOVA-Analyse und der F-Verteilung lesen Sie unter F.INV.RE() / FINV().

Praxiseinsatz

Vergleichen Sie hierzu das Beispiel der Funktion F.INV.RE() auf Seite 408.

Siehe auch

F.TEST(), F.INV.RE()

CD-ROM

Dieses Beispiel finden Sie auf der CD-ROM zum Buch im Ordner *\Buch\Kap11* in den Arbeitsmappen *Wahrscheinlichkeit.xls* (Excel 97-2003) auf dem Arbeitsblatt *Finv* bzw. *Wahrscheinlichkeit.xlsx* (Excel 2007/2010) auf dem Arbeitsblatt *F.inv*.

FISHER() FISHER()

Syntax

FISHER(***x***)

Definition

Die Funktion FISHER() gibt die Fisher-Transformation für *x* zurück. Diese Transformation erzeugt eine Funktion, die normalverteilt ist und somit eine Schiefe von ungefähr Null besitzt. Mit dieser Funktion können Sie eine Hypothese bezüglich des Korrelationskoeffizienten prüfen.

Argumente x (erforderlich) ist ein numerischer Wert, für den Sie die Transformation durchführen möchten.

Hinweis Ist x nicht numerisch, gibt die Funktion FISHER() den Fehlerwert *#WERT!* zurück.

Ist x kleiner oder gleich –1 bzw. x größer oder gleich 1, gibt FISHER() den Fehlerwert *#ZAHL!* zurück.

Hintergrund Während die Regression die Art und die Kovarianz die Stärke eines Zusammenhangs zwischen zwei Merkmalen beschreibt, ist die Korrelation ein Ausdruck für deren Enge.

Eine kurze Zusammenfassung der Produkt-Moment-Korrelation: (Pearson)

- Sie beschreibt die Enge des linearen Zusammenhangs zweier Variablen.
- Sie ist die standardisierte Kovarianz oder die Kovarianz.
- Sie ändert sich nicht bei linearer Transformation der Werte.
- Der Korrelationskoeffizient r nimmt Werte zwischen –1 und +1 an. Er ist also zweiseitig begrenzt.
- Er wird berechnet für intervallskalierte Variablen.
- Seine Höhe wird beeinflusst durch die Varianz der beiden Merkmale.
- Aus einer Korrelation lässt sich kein kausaler Zusammenhang ableiten.

Die Fisher-Transformation, auch Fisher-Z-Transformation genannt, wurde von Sir Ronald Aylmer Fisher (1890 bis 1962), einem der bedeutendsten Genetiker, Evolutionstheoretiker und Statistiker des 20. Jahrhunderts, entwickelt.

Diese Art der Transformation entstand aus dem Gedanken heraus, Korrelationen zu mitteln.

Da der Korrelationskoeffizient jedoch nicht intervallskaliert ist, d.h. der Abstand zwischen $r = .20$ und $r = .40$ nicht der gleiche wie zwischen $r = .40$ und $r = .60$ ist, darf aus verschiedenen Korrelationen kein Mittelwert berechnet werden.

Die Lösung für dieses Problem liefert die Fisher-Transformation, die Korrelationen in intervallskalierte Variablen umwandelt.

Zur Berechnung des Mittelwerts aus mehreren Korrelationen geht man folgendermaßen vor:

1. Umwandlung aller zu mittelnden Korrelationskoeffizienten in Fisher-Werte.
2. Mittelung dieser z-Werte.
3. Rücktransformation des gemittelten z-Werts in einen Korrelationskoeffizienten.

Den transformierten Wert kann man entweder mit der Funktion FISHER() berechnen, ihn in einer Tabelle ablesen oder durch folgende Formel generieren:

$$z = \frac{1}{2}\ln\left(\frac{1+x}{1-x}\right)$$

Die z-Transformation bringt den Korrelationskoeffizienten in seinem gesamten Wertebereich (von –1 bis +1) »annähernd« auf Normalverteilungsform, das heißt, der Korrelationskoeffizient wird durch die Fisher-Transformation asymptotisch normalverteilt, sodass normalverteilungsbasierte Testmethoden angewandt werden können. Hierzu gehören auch Signifikanzberechnungen.

Die Formeln für den Erwartungswert und die Varianz des z-transformierten Korrelationskoeffizienten lauten:

$$E(x) = \frac{1}{2}\ln\left(\frac{1+p}{1-p}\right) und Varianz = \frac{1}{(n-3)}$$

Hinweis

Mehr Hintergrundinformationen finden Sie auf folgenden Seiten: Korrelation auf Seite 450, Kovarianz auf Seite 456 und 457, Bestimmtheitsmaß auf Seite 384, Regressionsanalyse auf Seite 513.

Praxiseinsatz

Ein in der Softwarebranche tätiges Unternehmen verkauft auf der firmeneigenen Website alle vom Unternehmen angebotenen Produkte. Regelmäßig verschickt das Unternehmen Newsletter, um über Neuheiten zu informieren und bereits vorhandene, aber auch potenzielle Neukunden auf die Website und damit auf das Unternehmen aufmerksam zu machen.

Das Unternehmen besteht seit guten vier Jahren; Gründungsjahr war das Jahr 2005.

Die Marketingabteilung hat es sich nun zur Aufgabe gemacht, die Webseitenzugriffe sowie die Online-Bestellungen der vergangenen vier Jahre zu analysieren, um herauszufinden, inwieweit die Online-Bestellungen von den Webseitenzugriffen abhängen. Diese Aufgabe haben Sie bereits erledigt. Es wurde für jedes Jahr der Korrelationskoeffizient errechnet, um auf den Zusammenhang zwischen den beiden Variablen zu schließen.

Sehen Sie sich dazu die Abbildung 11.26 an.

	B	C	D
9		Unabhängig = x-Wert	Abhängig = y-Wert
10		Webzugriffe	Bestellungen
11	Januar 2005	89	-
12	Februar 2005	65	4
13	März 2005	198	65
14	April 2005	358	38
15	Mai 2005	287	48
16	Juni 2005	896	25
17	Juli 2005	965	89
18	August 2005	735	198
19	September 2005	1.398	376
20	Oktober 2005	653	234
21	November 2005	498	76
22	Dezember 2005	1.673	456
23	Korrelationskoeffizient		0,856291674

F	G	H
	Unabhängig = x-Wert	Abhängig = y-Wert
Monat	Webzugriffe	Bestellungen
Januar 2006	236	6
Februar 2006	1.221	17
März 2006	1.563	456
April 2006	2.682	544
Mai 2006	4.569	349
Juni 2006	6.848	854
Juli 2006	8.463	427
August 2006	10.157	337
September 2006	11.837	899
Oktober 2006	12.987	1.011
November 2006	13.739	720
Dezember 2006	14.376	1.069
Korrelationskoeffizient		0,786671098

	B	C	D
26			
27		Unabhängig = x-Wert	Abhängig = y-Wert
28		Webzugriffe	Bestellungen
29	Januar 2007	15.739	1.070
30	Februar 2007	16.123	967
31	März 2007	16.548	1.401
32	April 2007	17.352	1.076
33	Mai 2007	17.986	1.563
34	Juni 2007	18.234	1.485
35	Juli 2007	18.769	1.367
36	August 2007	19.736	1.138
37	September 2007	20.333	1.352
38	Oktober 2007	20.987	1.343
39	November 2007	21.323	1.430
40	Dezember 2007	21.999	1.375
41	Korrelationskoeffizient		0,44987926

F	G	H
	Unabhängig = x-Wert	Abhängig = y-Wert
	Webzugriffe	Bestellungen
Januar 2008	22.786	1.421
Februar 2008	23.784	1.508
März 2008	24.574	1.876
April 2008	25.111	1.948
Mai 2008	25.789	2.094
Juni 2008	26.948	2.134
Juli 2008	15.635	1.673
August 2008	10.157	337
September 2008	11.837	899
Oktober 2008	12.987	1.011
November 2008	13.739	720
Dezember 2008	14.376	1.069
Korrelationskoeffizient		0,90305595

Abbildung 11.26: Mit dem Korrelationskoeffizienten werden die Zusammenhänge aufgezeigt

Nun wollen die Mitarbeiter die durchschnittliche Korrelation der vergangenen vier Jahre berechnen. Da der Korrelationskoeffizient jedoch nicht intervallskaliert ist, darf aus verschiedenen Korrelationen kein Mittelwert berechnet werden – jedenfalls nicht so.

Hierzu ist die Funktion FISHER() notwendig, die den Korrelationskoeffizienten in einen intervallskalierten Wert umwandelt und auf diese Weise die Werte auf Normalverteilung bringt.

Die Marketingabteilung wandelt daher alle Korrelationskoeffizienten in Fisher-Werte um. Für das Argument ***x*** der Funktion FISHER() wird der Korrelationskoeffizient eingesetzt.

Das Ergebnis der Berechnung über die Funktion FISHER() sehen Sie in Abbildung 11.27.

	B	C	D	E	F	G	H
9		Unabhängig = x-Wert	Abhängig = y-Wert			Unabhängig = x-Wert	Abhängig = y-Wert
10		Webzugriffe	Bestellungen		Monat	Webzugriffe	Bestellungen
11	Januar 2005	89	-		Januar 2006	236	6
12	Februar 2005	65	4		Februar 2006	1.221	17
13	März 2005	198	65		März 2006	1.563	456
14	April 2005	358	38		April 2006	2.682	544
15	Mai 2005	287	48		Mai 2006	4.569	349
16	Juni 2005	896	25		Juni 2006	6.848	854
17	Juli 2005	965	89		Juli 2006	8.463	427
18	August 2005	735	198		August 2006	10.157	337
19	September 2005	1.398	376		September 2006	11.837	899
20	Oktober 2005	653	234		Oktober 2006	12.987	1.011
21	November 2005	498	76		November 2006	13.739	720
22	Dezember 2005	1.673	456		Dezember 2006	14.376	1.069
23	Korrelationskoeffizient		0,856291674		Korrelationskoeffizient		0,786671098
24	z-transformierter Wert		1,2793		z-transformierter Wert		1,0626
25	=FISHER(C23)				=FISHER(G23)		
26							
27		Unabhängig = x-Wert	Abhängig = y-Wert			Unabhängig = x-Wert	Abhängig = y-Wert
28		Webzugriffe	Bestellungen			Webzugriffe	Bestellungen
29	Januar 2007	15.739	1.070		Januar 2008	22.786	1.421
30	Februar 2007	16.123	967		Februar 2008	23.784	1.508
31	März 2007	16.548	1.401		März 2008	24.574	1.876
32	April 2007	17.352	1.076		April 2008	25.111	1.948
33	Mai 2007	17.986	1.563		Mai 2008	25.789	2.094
34	Juni 2007	18.234	1.485		Juni 2008	26.948	2.134
35	Juli 2007	18.769	1.367		Juli 2008	15.635	1.673
36	August 2007	19.736	1.138		August 2008	10.157	337
37	September 2007	20.333	1.352		September 2008	11.837	899
38	Oktober 2007	20.987	1.343		Oktober 2008	12.987	1.011
39	November 2007	21.323	1.430		November 2008	13.739	720
40	Dezember 2007	21.999	1.375		Dezember 2008	14.376	1.069
41	Korrelationskoeffizient		0,44987926		Korrelationskoeffizient		0,90305595
42	z-transformierter Wert		0,4845		z-transformierter Wert		1,4885
43	=FISHER(C41)				=FISHER(G41)		

Abbildung 11.27: Die Berechnung der transformierten Korrelationskoeffizienten mithilfe der Funktion *FISHER()*

Aus den über die Funktion FISHER() errechneten *z*-Werten kann nun der Mittelwert gebildet werden.

Mittelwert aus den einzelnen Z-Werten	
Z-Wert 1 aus 2005	1,2793
Z-Wert 1 aus 2006	1,0626
Z-Wert 1 aus 2007	0,4845
Z-Wert 1 aus 2008	1,4885
Mittelwert	1,0788

Abbildung 11.28: Die Berechnung des Mittelwerts aus den *Z*-Werten

Um den in Abbildung 11.28 dargestellten errechneten Mittelwert aus den z-Werten nun wieder in Form eines Korrelationskoeffizienten auszudrücken, verwenden Sie die Umkehrfunktion der Funktion FISHER() – die Funktion FISHERINV().

Denn erst wenn Sie den soeben errechneten Mittelwert wieder in einen Korrelationskoeffizienten umwandeln, können Sie ein Aussage über den mittleren Zusammenhang zwischen den Webseitenzugriffen und den Online-Bestellungen in den vergangenen vier Jahren treffen.

Mittelwert aus den einzelnen Z-Werten	
Z-Wert 1 aus 2005	1,2793
Z-Wert 1 aus 2006	1,0626
Z-Wert 1 aus 2007	0,4845
Z-Wert 1 aus 2008	1,4885
Mittelwert	**1,0788**
Korrelationskoeffizient	**0,7927**
=FISHERINV(C51)	

Abbildung 11.29: Die Umwandlung des Mittelwerts (aus den *Z*-Werten) in einen Korrelationskoeffizienten

Wie Sie der Abbildung 11.29 entnehmen können, ergibt sich aus dem errechneten Mittelwert ein Korrelationskoeffizient von 0,7927.

Aussagen

Der mittlere Korrelationskoeffizient in Höhe von 0,7927 steht für eine positive Korrelation. Denn je näher der Korrelationskoeffizient gegen 1 strebt, desto perfekter der Zusammenhang. Das heißt, dass die Datenreihen *Webseitenzugriffe* und *Bestellungen* linear voneinander abhängig sind.

Anders ausgedrückt bedeutet der Korrelationskoeffizient von 0,7927: Wenn sich die Anzahl der Webseitenzugriffe beispielsweise durch verschiedene Marketingaktionen erhöht, auch die Anzahl der Bestellungen über das Web steigt.

Insgesamt betrachtet kann die Aussage getroffen werden, dass in den vergangenen vier Jahren die Online-Bestellungen immer von den Webseitenzugriffen abhängig waren – Grund genug, um auch weiterhin die Kunden auf die Unternehmens-Webseite zu locken.

Siehe auch

FISHERINV(), KORREL(), KOVAR()

CD-ROM

Dieses Beispiel finden Sie auf der CD-ROM zum Buch im Ordner *\Buch\Kap11* in den Arbeitsmappen *Wahrscheinlichkeit.xls* (Excel 97-2003) bzw. *Wahrscheinlichkeit.xlsx* (Excel 2007/2010) auf dem Arbeitsblatt *Fisher*.

FISHERINV() — FISHERINV()

Syntax

FISHERINV(y)

Definition

Die Funktion FISHERINV() gibt die Umkehrung der Fisher-Transformation zurück. Mithilfe dieser Transformation können Sie die Korrelation zwischen Datenbereichen oder Matrizen untersuchen.
Ist $y = FISHER(x)$, dann ist $FISHERINV(y) = x$.

Argumente

y (erforderlich) ist der Wert, dessen Transformation Sie umkehren möchten.

Hinweis

Ist y nicht numerisch, gibt die Funktion FISHERINV() den Fehlerwert *#WERT!* zurück.

Hintergrund Die Funktion FISHERINV() ist die Umkehrfunktion zu FISHER(). Das heißt, sie liefert die umgekehrte Fisher-Transformation für eine übergebene Zahl.

Mit FISHERINV() berechnen Sie den ursprünglichen Wert x des Fisher-transformierten Werts z.

Mithilfe der Transformationsmöglichkeit über die Funktion FISHER() können Sie die Korrelation zwischen Datenbereichen oder -arrays untersuchen.

Die Gleichung für die Umkehrung der Fisher-Transformation lautet:

$$x = \frac{e^{2y} - 1}{e^{2y} + 1}$$

Hinweis Mehr Informationen zur Fisher-Transformation finden Sie auf Seite 411 unter der Funktion FISHER().

Praxiseinsatz Die Funktionsweise der Funktion FISHERINV() entnehmen Sie bitte dem Beispiel unter FISHER() auf Seite 411.

Siehe auch FISHER(), KORREL(), KOVAR()

CD-ROM Das gleiche Beispiel wie unter der Funktion FISHER() finden Sie auf der CD-ROM zum Buch im Ordner *\Buch\Kap11* in den Arbeitsmappen *Wahrscheinlichkeit.xls* (Excel 97-2003) bzw. *Wahrscheinlichkeit.xlsx* (Excel 2007/2010) auf dem Arbeitsblatt *Fisherinv*.

F.TEST() / FTEST()

F.TEST()

Syntax F.TEST(***Matrix1***;***Matrix2***)

Definition Die Funktion F.TEST() gibt die Teststatistik eines F-Tests zurück. Ein F-Test berechnet die einseitige Wahrscheinlichkeit, dass sich die Varianzen von ***Matrix1*** und ***Matrix2*** nicht signifikant unterscheiden.

Argumente ***Matrix1*** (erforderlich) ist die erste Matrix oder der erste Wertebereich.

Matrix2 (erforderlich) ist die zweite Matrix oder der zweite Wertebereich.

Hinweis Als Argumente müssen entweder Zahlen oder Namen, Matrizen oder Bezüge angegeben werden, die Zahlen enthalten.

Enthält ein als Matrix oder Bezug angegebenes Argument Text, Wahrheitswerte oder leere Zellen, werden diese Werte ignoriert. Zellen, die den Wert 0 enthalten, werden dagegen berücksichtigt.

Enthält eines der Argumente *Matrix1* oder *Matrix2* weniger als zwei Datenpunkte oder ist die Varianz von *Matrix1* oder *Matrix2* gleich 0, gibt F.TEST() den Fehlerwert *#DIV/0!* zurück.

Hintergrund Mit dieser Funktion können Sie feststellen, ob zwei Stichproben unterschiedliche Varianzen haben. Sind beispielsweise die Prüfungsergebnisse öffentlicher und privater Schulen bekannt, können Sie ermitteln, ob bei diesen Schultypen ein unterschiedlich breites Notenspektrum üblich ist. Untersucht wird der Unterschied in der Streuung (oder Vielfalt) der Prüfungsergebnisse.

F.TEST() berechnet also das Signifikanzniveau dafür, dass die Varianzen zweier Stichproben gleich sind – sich nicht signifikant unterscheiden. Die Fragestellung, die mit F.TEST() beantwortet werden soll, lautet demnach: Sind die beiden Varianzen der vorliegenden Stichproben als gleich zu betrachten oder nicht?

Zur Berechnung des Signifikanzniveaus wird der komplette Wertebereich der Stichproben verwendet. Die Werte der ersten Stichprobe ergeben ***Matrix1*** und die Werte der zweiten Stichprobe ***Matrix2***. Anhand von ***Matrix1*** und ***Matrix2*** berechnet F.TEST() das Signifikanzniveau, ohne vorher die Stichprobenvarianzen berechnen zu müssen.

Das errechnete Signifikanzniveau stellt einen Zahlenwert, ausgedrückt in Prozent, zwischen 0 und 100 dar. Dieser Wert drückt die »Testsicherheit« bei statistischen Hypothesentests aus. Oftmals liegt die Testsicherheit bei 90 oder 95 %.

Was sagt das Ergebnis von F.TEST() aus?

90 % Signifikanz bei einem Testergebnis würde bedeuten, dass das vorliegende, zufällig zustande gekommene, Zahlenmaterial, in nur 100 minus 90 = 10 % aller Fälle eine vergleichbare Ausprägung annehmen würde. Das heißt, man nimmt mit nur 10%iger Wahrscheinlichkeit an, dass das zufällige Datenmaterial eine 90%ige signifikante Ausprägung hat.

Folglich bedeuten 90 % Signifikanz nicht, dass das vorliegende Datenmaterial mit nur 10%iger Wahrscheinlichkeit zufällig ist und dass man mit 90%iger Wahrscheinlichkeit auf einen bestimmten Sachverhalt schließen kann.

Praxiseinsatz

Im Rahmen einer medizinischen Studie wurde die Verträglichkeit eines Medikaments untersucht. Dazu liegen Ihnen die Testergebnisse sowie einige Erläuterungen vor.

Eine Gruppe nahm die normale Tagesdosis, die andere Gruppe nahm einmalig zu Beginn eine erhöhte Dosis ein. Das übergeordnete Ziel sollte es sein, zu ermitteln, ob die erhöhte Dosis den Heilungsprozess beschleunigen kann. Dazu wurde die Behandlungsdauer in Tagen ermittelt.

Die Nullhypothese besagt nun, dass es *keinen* Unterschied in beiden Gruppen bezüglich des Behandlungserfolgs gibt. Die Gegenhypothese besagt, dass die Gruppe 2 schneller wieder gesund ist, da die Behandlungsmethode erfolgreicher als die herkömmliche ist.

Ihnen wurde nun die Aufgabe zugetragen, die Testergebnisse zu analysieren und aufgrund Ihrer Auswertungen eine Aussage darüber zu treffen, ob die Nullhypothese angenommen werden kann oder verworfen werden muss.

Da Sie während der Testphase nicht anwesend waren und Ihnen noch einige Hintergrundinformationen fehlen, wollen Sie zunächst mit der Funktion F.TEST() herausfinden, mit wievielprozentiger Wahrscheinlichkeit die Varianzen der beiden Stichproben gleich sind.

Das heißt, Sie möchten den Unterschied in der Streuung der Testergebnisse untersuchen.

	B	C
9	Gruppe 1 x_1	Gruppe 2 x_2
10	7	8
11	8	4
12	8	8
13	9	5
14	6	6
15	8	9
16	4	5
17	7	6
18	6	3
19	3	8
20		
21	Ergebnis für F.TEST	
22	0,890719801	=F.TEST(B10:B19;C10:C19)

Abbildung 11.30: *F.TEST()* liefert die Signifikanz für die Stichprobenvarianz

Was sagt das in Abbildung 11.30 dargestellte Ergebnis für F. TEST() von 0,89 aus?

Das Ergebnis von 89 % Signifikanz bedeutet, dass das vorliegende, zufällig zustande gekommene Zahlenmaterial in nur 100 minus 90 = 10 % aller Fälle eine vergleichbare Ausprägung annehmen würde. Das heißt, man nimmt mit nur 10%iger Wahrscheinlichkeit an, dass das zufällige Datenmaterial eine 90%ige signifikante Ausprägung hat.

In anderen Worten heißt das, die Berechnung der Signifikanz mithilfe von F.TEST() lässt darauf schließen, dass sich die Varianzen der beiden Stichproben mit 89%iger Sicherheit nicht unterscheiden.

Berechnet man die jeweilige Varianz der beiden Stichproben, wird dieses Ergebnis untermauert.

	E	F	G	H
9	Berechnete/gegebene Werte	Wert		
10	Beob. Varianz X_1' =	3,60	=VARIANZ(B10:B19)	
11	Beob. Varianz X_2' =	3,96	=VARIANZ(C10:C19)	

Abbildung 11.31: Die berechnete Varianz für *Matrix1* und *Matrix2*

Wie Sie der Abbildung 11.31 entnehmen können, unterscheiden sich die Varianzen der beiden Stichproben nur geringfügig. Damit ist das von F.TEST() errechnete Ergebnis mit einer Signifikanz von 89 % bestätigt.

Siehe auch F.VERT.RE(), F.INV.RE()

CD-ROM Dieses Beispiel finden Sie auf der CD-ROM zum Buch im Ordner *\Buch\Kap11* in den Arbeitsmappen *Wahrscheinlichkeit.xls* (Excel 97-2003) auf dem Arbeitsblatt *Ftest* bzw. *Wahrscheinlichkeit.xlsx* (Excel 2007/2010) auf dem Arbeitsblatt *F.test.*

F.VERT.RE() / FVERT() F.DIST.RT() / FDIST()

Hinweis Die Funktion FVERT() wird in Microsoft Excel 2010 durch die Funktion F.VERT.RE() ersetzt und zusätzlich durch die Funktion F.VERT() ergänzt. Damit wird das Ergebnis bzw. die Genauigkeit der Funktionen erhöht. Um die Abwärtskompatibilität von F.VERT.RE() zu sichern, ist die Funktion FVERT() weiter unter ihrem alten Namen verfügbar.

Syntax F.VERT.RE(***x***;***Freiheitsgrade1***;***Freiheitsgrade2***)

Definition Die Funktion F.VERT.RE() gibt Werte der Verteilungsfunktion (1-Alpha) einer rechtsseitig F-verteilten Zufallsvariablen zurück. Mit dieser Funktion können Sie feststellen, ob zwei Datenmengen unterschiedlichen Streuungen unterliegen. Beispielsweise können Sie die Umfrageergebnisse dreier gleichgroßer Mitarbeitergruppen untersuchen und ermitteln, ob sich die Streuung bzw. die Ergebnisse zwischen den einzelnen Gruppen unterscheiden.

Argumente ***x*** (erforderlich) ist der Wert, für den die Funktion ausgewertet werden soll.

Freiheitsgrade1 (erforderlich) ist die Anzahl der Freiheitsgrade im Zähler.

Freiheitsgrade2 (erforderlich) ist die Anzahl der Freiheitsgrade im Nenner.

Hinweis Ist eines der Argumente nicht numerisch, gibt F.VERT.RE() den Fehlerwert *#WERT!* zurück.

Ist *x* negativ, gibt F.VERT.RE() den Fehlerwert *#ZAHL!* zurück.

Ist *Freiheitsgrade1* oder *Freiheitsgrade2* keine ganze Zahl, wird der Dezimalanteil abgeschnitten.

Ist *Freiheitsgrade1* kleiner 1 bzw. *Freiheitsgrade2* größer oder gleich 10^{10}, gibt F.VERT.RE() den Fehlerwert *#ZAHL!* zurück.

Ist *Freiheitsgrade2* kleiner 1 bzw. *Freiheitsgrade2* größer oder gleich 10^{10}, gibt F.VERT.RE() den Fehlerwert *#ZAHL!* zurück.

F.VERT.RE() wird durch *F.VERT.RE=P(F>x)* berechnet, wobei *F* eine F-verteilte Zufallsvariable ist und die Verteilung die Freiheitsgrade *Freiheitsgrade1* und *Freiheitsgrade2* hat.

Hintergrund

Die Funktion F.VERT.RE() liefert das einem Wert zugrunde liegende Signifikanzniveau. Bei der Funktion F.INV.RE() haben wir gesagt, dass man auf Basis einer Wahrscheinlichkeit und der Freiheitsgrade für verschiedene Datenmengen den kritischen Wert *F* berechnen kann. Das Argument *Wahrsch* wurde hier als gegeben angenommen.

Hinweis

Mehr Hintergrundinformationen zur Funktion F.INV.RE() finden Sie auf Seite 408.

Mit der Funktion F.VERT.RE() können Sie die Wahrscheinlichkeit, also das Signifikanzniveau für den durch F.INV.RE() errechneten kritischen Wert generieren.

Praxiseinsatz

Bleiben wir bei dem unter F.INV.RE() angewandten Beispiel.

Hier wurde eine Umfrage unter 15 zufällig ausgewählten Mitarbeitern durchgeführt, die jeweils zehn Fragen mit drei Antwortmöglichkeiten beantworten mussten.

Gruppe I	Gruppe II	Gruppe III
4	2	2
2	1	1
1	4	6
5	7	4
2	5	7

ZUSAMMENFASSUNG

Gruppen	Anzahl	Summe	Mittelwert	Varianz
Gruppe I	5	14	2,8	2,7
Gruppe II	5	19	3,8	5,7
Gruppe III	5	20	4,0	6,5

Abbildung 11.32: Die Zusammenfassung der Umfrageergebnisse

Die Nullhypothese besagt, dass es keinen Unterschied zwischen den drei Gruppen gibt. Die Alternativhypothese vermutet einen Unterschied. Die einfache Varianzanalyse lieferte folgende Ergebnisse:

ANOVA

Streuungsursache	Quadratsummen (SS)	Freiheitsgrade (df)	Mittlere Quadratsumme (MS)	Prüfgröße (F)	P-Wert	kritischer F-Wert
Unterschiede						
- zwischen den Gruppen	4,13	2	2,07	0,416107	0,67	**3,89**
- innerhalb der Gruppen	59,60	12	4,97			=F.INV.RE(0,05;D24;D25)
Gesamt	63,73	14				

Abbildung 11.33: Die Ergebnisse der einfaktoriellen Varianzanalyse

Mithilfe der Funktion F.INV.RE() und einem zugrunde gelegten Signifikanzniveau (Wahrscheinlichkeit) von 0,05 wurde ein kritischer Wert F_{krit} von 3,89 berechnet (siehe Abbildung 11.33).

Die Funktion F.VERT.RE() liefert Ihnen nun das Signifikanzniveau, das dem kritischen Wert zugrunde liegt – also die unter der Funktion F.INV.RE() angegebene Wahrscheinlichkeit von 0,05.

Folgende Größen sind in unserem Beispiel zur Berechnung von F.VERT.RE() gegeben:

GESUCHT = Signifikanzniveau	?
Freiheitsgrade 1 (zwischen den Gruppen)	2
Freiheitsgrade 2 (innerhalb der Gruppen)	12
F_{krit}	3,89

Abbildung 11.34: Die gegebenen Größen zur Berechnung des Signifikanzniveaus

Die Berechnung des Signifikanzniveaus für F_{krit} ergibt das in Abbildung 11.35 dargestellte Ergebnis.

	F/G	H	I/J
8	GESUCHT = Signifikanzniveau	?	
9	Freiheitsgrade 1 (zwischen den Gruppen)	2	
10	Freiheitsgrade 2 (innerhalb der Gruppen)	12	
11	F_{krit}	3,89	
12	Prüfgröße F	0,41	
13	FVERT für F*krit* (Signifikanzniveau)	**0,05**	=F.VERT.RE(H11;H9;H10)
14	FVERT für Prüfgröße F	**0,67**	=F.VERT.RE(H12;H9;H10)

Abbildung 11.35: Die Berechnung des Signifikanzniveaus mithilfe von *F.VERT.RE()*

Entsprechend liefert die Funktion F.VERT.RE() für die Prüfgröße $F = 0{,}4161$ (Abbildung 11.36) eine Wahrscheinlichkeit von 0,67, also 67 %.

	F/G	H
8	GESUCHT = Signifikanzniveau	?
9	Freiheitsgrade 1 (zwischen den Gruppen)	2
10	Freiheitsgrade 2 (innerhalb der Gruppen)	12
11	F_{krit}	3,89
12	Prüfgröße F	0,41
13	FVERT für F*krit* (Signifikanzniveau)	**0,05**
14	FVERT für Prüfgröße F	**0,67**

Abbildung 11.36: *F.VERT.RE()* liefert das Signifikanzniveau für die Prüfgröße *F*

Da der Signifikanzwert a größer ist als die Prüfgröße F, kann die Nullhypothese bestätigt werden. Das heißt, man kann davon ausgehen, dass es keinen signifikanten Unterschied zwischen den Gruppen gibt.

Siehe auch F.TEST(), F.INV.RE()

CD-ROM Dieses Beispiel finden Sie auf der CD-ROM zum Buch im Ordner *\Buch\Kap11* in den Arbeitsmappen *Wahrscheinlichkeit.xls* (Excel 97-2003) auf dem Arbeitsblatt *Fvert* bzw. *Wahrscheinlichkeit.xlsx* (Excel 2007/2010) auf dem Arbeitsblatt *F.vert.re*.

F.VERT() — F.DIST()

F.VERT(*x*;***Freiheitsgrade1***;***Freiheitsgrade2***;***kumuliert***) **Syntax**

Definition F.VERT() gibt Werte der Verteilungsfunktion (1-Alpha) einer (linksseitigen) F-verteilten Zufallsvariablen zurück. Mit dieser Funktion können Sie feststellen, ob zwei Datenmengen unterschiedlichen Streuungen unterliegen.

Beispielsweise können Sie die Punktzahlen untersuchen, die Männer und Frauen bei einem Einstellungstest erzielt haben, und ermitteln, ob sich die für die Frauen gefundene Streuung von derjenigen der Männer unterscheidet.

Argumente ***x*** (erforderlich) ist der Wert, für den die Funktion ausgewertet werden soll.

Freiheitsgrade1 (erforderlich) ist die Anzahl der Freiheitsgrade im Zähler.

Freiheitsgrade2 (erforderlich) ist die Anzahl der Freiheitsgrade im Nenner.

kumuliert (erforderlich) gibt den Wahrheitswert zurück, der den Typ der Funktion bestimmt. Ist *kumuliert* mit WAHR belegt, gibt F.VERT() den Wert der Verteilungsfunktion zurück. Ist *kumuliert* mit FALSCH belegt, gibt F.VERT() den Wert der Dichtefunktion zurück.

Hinweis Ist eines der Argumente kein numerischer Ausdruck, gibt F.VERT() den Fehlerwert *#WERT!* zurück.

Ist *x* negativ, gibt F.VERT() den Fehlerwert *#ZAHL!* zurück.

Ist *Freiheitsgrade1* oder *Freiheitsgrade2* keine ganze Zahl, wird der Dezimalanteil abgeschnitten.

Ist *Freiheitsgrade1* < 1, gibt F.VERT() den Fehlerwert *#ZAHL!* zurück.

Ist *Freiheitsgrade2* < 1, gibt F.VERT() den Fehlerwert *#ZAHL!* zurück.

Hintergrund Betrachtet die zuvor beschriebene Funktion F.VERT.RE() die Quantile der rechtsseitigen F-Verteilung, beschreibt die Funktion F.VERT() die linksseitigen Quantile.

Praxiseinsatz Vergleichen Sie hierzu das Beispiel der Funktion F.VERT.RE() auf Seite 418.

Siehe auch F.TEST(), F.VERT.RE()

CD-ROM Dieses Beispiel finden Sie auf der CD-ROM zum Buch im Ordner *\Buch\Kap11* in den Arbeitsmappen *Wahrscheinlichkeit.xls* (Excel 97-2003) auf dem Arbeitsblatt *Fvert* bzw. *Wahrscheinlichkeit.xlsx* (Excel 2007/2010) auf dem Arbeitsblatt *F.vert*.

GAMMA.INV() / GAMMAINV() — GAMMA.INV() / GAMMAINV()

Syntax GAMMA.INV(***Wahrsch***;***Alpha***;***Beta***)

Definition Die Funktion GAMMA.INV() gibt Quantile der Gammaverteilung zurück. Gilt *p* = *GAMMA.VERT(x;...)*, dann gilt *GAMMA.INV(p;...) = x*.

Mit dieser Funktion können Sie eine Variable untersuchen, deren Verteilung eventuell schief ist.

Argumente ***Wahrsch*** (erforderlich) ist die zur Gammaverteilung gehörige Wahrscheinlichkeit.

Alpha (erforderlich) ist ein Parameter der Verteilung.

Beta (erforderlich) ist ein Parameter der Verteilung. Wenn *Beta = 1*, gibt GAMMA.INV() die Standard-Gammaverteilung zurück.

Hinweis Ist eines der Argumente kein numerischer Ausdruck, gibt die Funktion GAMMA.INV() den Fehlerwert *#WERT!* zurück.

Ist *Wahrsch* kleiner 0 bzw. *Wahrsch* größer 1, gibt GAMMA.INV() den Fehlerwert *#ZAHL!* zurück.

Ist *Alpha* kleiner oder gleich 0 oder *Beta* kleiner oder gleich 0, gibt GAMMA.INV() den Fehlerwert *#ZAHL!* zurück.

Bei einem Wert für *Wahrsch* sucht GAMMA.INV() den Wert *x* so, dass *GAMMA.VERT(x;Alpha; Beta;WAHR) = Wahrsch* gilt.

Daher hängt die Genauigkeit von GAMMA.INV() von der Genauigkeit von der Funktion GAMMA.VERT() ab. GAMMA.INV() geht bei der Suche iterativ vor. Hat die Suche nach 100 Iterationsschritten noch nicht konvergiert, gibt die Funktion den Fehlerwert *#NV* zurück.

Hintergrund Die Funktion GAMMA.INV() ist die Umkehrfunktion von GAMMA.VERT() und kann zur Kontrolle einer Gammaverteilung verwendet werden. Die Argumente ***Alpha*** und ***Beta*** entsprechen den Werten aus der Funktion GAMMA.VERT().

Die Wahrscheinlichkeit ist ein beliebiger Wert zwischen 0 und 100 %.

GAMMA.INV() berechnet die Stelle *x* auf der horizontalen Achse, die dem kumulierten Flächenanteil der Gammaverteilung entspricht.

Hinweis Mehr Informationen zur Gammaverteilung und der Funktion GAMMA.VERT() finden Sie auf Seite 425 unter GAMMA.VERT().

Praxiseinsatz Gehen Sie folgendermaßen zur Berechnung von GAMMA.INV() vor:

Gegeben sind die Werte:

- 0,068094 = die zur Gammaverteilung gehörende Wahrscheinlichkeit
- 9 = Parameter *Alpha* für die Verteilung
- 2 = Parameter *Beta* für die Verteilung

Die Berechnung von GAMMA.INV() sehen Sie in Abbildung 11.37:

	B	C	D	E	F
8	Bedeutung			Parameter	
9	Die zur Gammaverteilung gehörende Wahrscheinlichkeit			0,068094	
10	Parameter Alpha für die Verteilung			9	
11	Parameter Beta für die Verteilung			2	
12	GAMMAINV()			10	
13				=GAMMA.INV(E9;E10;E11)	

Abbildung 11.37: Berechnung von *GAMMA.INV()*

Unter Angabe der in Abbildung 11.37 dargestellten Parameter gibt die Funktion GAMMA.INV() das Quantil 10 der angegebenen Gammaverteilung zurück.

Siehe auch GAMMA.VERT()

CD-ROM Dieses Beispiel finden Sie auf der CD-ROM zum Buch im Ordner *\Buch\Kap11* in der Arbeitsmappe *Wahrscheinlichkeit.xls* (Excel 97-2003) auf dem Arbeitsblatt *Gammainv* bzw. *Wahrscheinlichkeit.xlsx* (Excel 2007/2010) auf dem Arbeitsblatt *Gamma.inv*.

Ebenso finden Sie hier eine Tabelle, bei der Sie die Möglichkeit haben, die Parameter *Alpha* und *Beta* selbst zu bestimmen. Die Veränderung der Dichte- und Verteilungsfunktion wird durch die Eingabe der Parameter aufgezeigt.

GAMMALN() GAMMALN()

GAMMALN(***x***) **Syntax**

Definition Die Funktion GAMMALN() gibt den natürlichen Logarithmus der Gammafunktion $\Gamma(x)$ zurück.

Argumente ***x*** (erforderlich) ist der Wert, für den GAMMALN() berechnet werden soll.

Hinweis Ist *x* kein numerischer Ausdruck, gibt die Funktion GAMMALN() den Fehlerwert *#WERT!* zurück.

Ist *x* kleiner oder gleich 0, gibt GAMMALN() den Fehlerwert *#ZAHL!* zurück.

Ein Potenzieren der Zahl *e* mit GAMMALN(*i*), wobei *i* eine ganze Zahl ist, führt zu demselben Ergebnis wie *(i – 1)!*.

Hintergrund Wie bereits in der Definition erwähnt, gibt die Funktion GAMMALN() den natürlichen Logarithmus der Gammafunktion zurück.

Hinweis Mehr Informationen zur Gammaverteilung finden Sie auf Seite 424 unter GAMMA.VERT().

Beim Begriff Logarithmus handelt es sich um eine Zahl *x*, wie oft eine Zahl *b* (die Basis) potenziert werden muss, um eine Zahl *a* zu erhalten. Man unterscheidet folgende Logarithmen:

- Natürlicher Logarithmus auf der Basis *e* (Eulersche Zahl = 2,72)
- Zehner-Logarithmus mit Basis 10
- Zweier-Logarithmus mit Basis 2

Der Logarithmus (zur Basis *b*) einer Zahl *y* ist also diejenige Zahl *x*, mit der man die Basis *b* potenzieren muss, um die Zahl *y* zu erhalten. Der Logarithmus ist also ein Exponent. Deshalb ist die Logarithmusfunktion auch als Umkehrfunktion der Exponentialfunktion definiert.

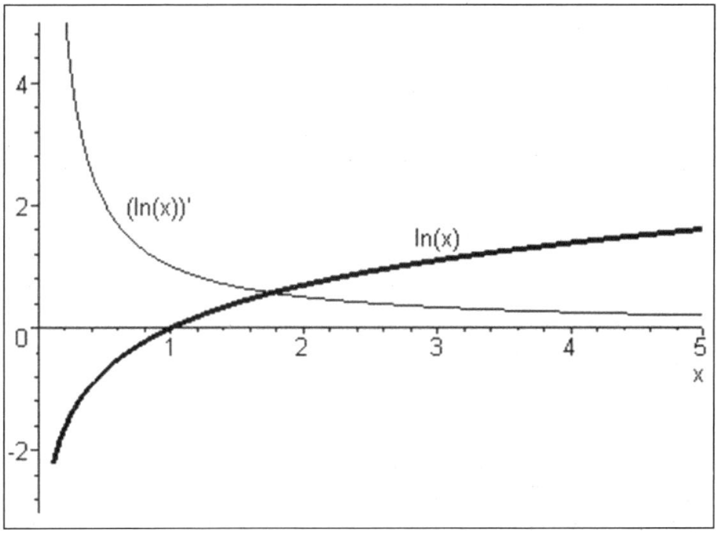

Abbildung 11.38: Der Graph der Logarithmusfunktion

GAMMALN() wird wie folgt berechnet:

$$GAMMALN = LN\left(\Gamma(x)\right)$$

wobei

$$\Gamma(x) = \int_0^\infty e^{-u} u^{x-1} du$$

Praxiseinsatz Gehen Sie folgendermaßen zur Berechnung von GAMMALN() vor:

Gegeben ist der Wert 4, für den GAMMALN() berechnet werden soll.

Die Berechnung von GAMMALN() sehen Sie in Abbildung 11.39:

	B	C	D	E	F
8	Berechnung von GAMMALN()				
9	Bedeutung			Parameter	
10	Wert, für den GAMMALN berechnet werden soll			4	
11	GAMMALN()			1,7918	
12				=GAMMALN(E10)	

Abbildung 11.39: Berechnung von *GAMMALN()*

Unter Angabe des in Abbildung 11.39 dargestellten Parameters gibt die Funktion GAMMALN() den natürlichen Logarithmus – 1,7918 – der Gammafunktion zurück.

Siehe auch FAKULTÄT()

CD-ROM Dieses Beispiel finden Sie auf der CD-ROM zum Buch im Ordner *Buch\Kap11* in den Arbeitsmappen *Wahrscheinlichkeit.xls* (Excel 97-2003) bzw. *Wahrscheinlichkeit.xlsx* (Excel 2007/2010) auf dem Arbeitsblatt *Gammaln*.

GAMMALN.GENAU() GAMMALN.PRECISE()

Syntax GAMMALN.GENAU(***x***)

Definition Die Funktion GAMMALN.GENAU() gibt den natürlichen Logarithmus der Gammafunktion $\Gamma(x)$ zurück – berechnet auf 15 Stellen.

Argumente ***x*** (erforderlich) ist der Wert, für den GAMMALN.GENAU() berechnet werden soll.

Hinweis Ist *x* kein numerischer Ausdruck, gibt GAMMALN.GENAU() den Fehlerwert *#WERT!* zurück.

Ist $x \leq 0$, gibt GAMMALN.GENAU() den Fehlerwert *#ZAHL!* zurück.

Ein Potenzieren der Zahl *e* mit GAMMALN.GENAU(i), wobei *i* eine ganze Zahl ist, führt zu demselben Ergebnis wie *(i - 1)!*.

Hintergrund Lesen Sie hierzu die Hintergrundinformationen der Funktion GAMMALN() auf Seite 423.

Hinweis Mehr Informationen zur Gammaverteilung finden Sie auf Seite 424 unter GAMMA.VERT().

Praxiseinsatz Mehr Informationen zum Praxiseinsatz der Funktion GAMMA.GENAU() finden Sie analog zum Beispiel der Funktion GAMMALN() auf Seite 423.

Siehe auch

FAKULTÄT(); GAMMA.VERT(); GAMMALN()

CD-ROM

Dieses Beispiel finden Sie auf der CD-ROM zum Buch im Ordner *Buch\Kap11* in den Arbeitsmappen *Wahrscheinlichkeit.xls* (Excel 97-2003) bzw. *Wahrscheinlichkeit.xlsx* (Excel 2007/2010) auf dem Arbeitsblatt *Gammaln.genau*.

GAMMA.VERT() /GAMMVERT()

GAMMA.DIST() / GAMMADIST()

Syntax

GAMMA.VERT(*x*;***Alpha***;***Beta***;***kumuliert***)

Definition

Die Funktion GAMMA.VERT() gibt Wahrscheinlichkeiten einer gammaverteilten Zufallsvariablen zurück. Mit dieser Funktion können Sie Variablen untersuchen, die eine schiefe Verteilung besitzen. Die Gammaverteilung wird häufig bei Warteschlangenanalysen verwendet.

Argumente

x (erforderlich) ist der Wert (Quantil), dessen Wahrscheinlichkeit (1-Alpha) Sie berechnen wollen.

Alpha (erforderlich) ist ein Parameter der Verteilung.

Beta (erforderlich) ist ein Parameter der Verteilung. Wenn *Beta = 1*, gibt GAMMAVERT() die Standard-Gammaverteilung zurück.

kumuliert (erforderlich) ist der Wahrheitswert, der den Typ der Funktion bestimmt. Ist *kumuliert* mit *WAHR* belegt, berechnet GAMMA.VERT() den Wert der Verteilungsfunktion, also die Wahrscheinlichkeit, dass die Anzahl zufällig auftretender Ereignisse zwischen 0 und einschließlich *x* liegt. Ist *kumuliert* mit *FALSCH* belegt, liefert GAMMA.VERT() den Wert der Dichtefunktion.

Hinweis

Ist *x*, *Alpha* oder *Beta* kein numerischer Ausdruck, gibt die Funktion GAMMA.VERT() den Fehlerwert *#WERT!* zurück.

Ist *x* kleiner 0, gibt GAMMA.VERT() den Fehlerwert *#ZAHL!* zurück.

Ist *Alpha* kleiner oder gleich 0 bzw. *Beta* kleiner oder gleich 0, gibt GAMMA.VERT() den Fehlerwert *#ZAHL!* zurück.

Die Dichtefunktion der standardisierten Gammaverteilung lautet:

$$f(x,\alpha)=\frac{x^{\alpha-1}e^{-x}}{\Gamma(\alpha)}$$

Ist *Alpha = 1*, gibt GAMMA.VERT() die Exponentialverteilung mit Folgendem zurück:

Ist *n* eine positive ganze Zahl, gibt GAMMA.VERT() unter der Voraussetzung, dass *Alpha = n/2*, *Beta = 2* und *kumuliert = WAHR* ist, dasselbe Ergebnis wie *(1 – CHIVERT(x))* mit *n* Freiheitsgraden zurück.

Ist *Alpha* eine positive ganze Zahl, wird GAMMA.VERT() auch als »Erlang-Verteilung« bezeichnet.

Hintergrund

Die Gammaverteilung ist eine kontinuierliche Wahrscheinlichkeitsverteilung über der Menge der positiven reellen Zahlen. Sie ist definiert durch die Wahrscheinlichkeitsdichte bei *x* größer *0*.

$$f(x)=\frac{b^p}{\Gamma(p)}x^{p-1}e^{-bx}$$

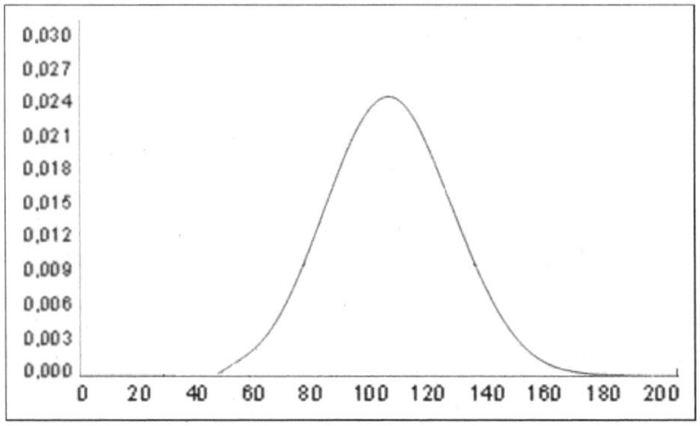

Abbildung 11.40: Die Darstellung der Gamma-Dichtefunktion (25,4)

Für andere Werte von x wird sie durch $f(x)=0$ fortgesetzt. Sie besitzt die Parameter p und q (= *Alpha* und *Beta*). Um ihre Normierbarkeit zu garantieren, wird $p,q > 0$ gefordert.

Der Vorfaktor $bp/\Gamma(p)$ dient der korrekten Normierung. Der Ausdruck $\Gamma(p)$ steht für die Gammafunktion, nach der die Verteilung auch benannt ist.

Erwartungswert und Varianz der Gammaverteilung sind

$$E(x) = \frac{p}{b} und V(x) = \frac{p}{b^2}$$

Die Gammaverteilung ist reproduktiv.

Tipp Die Reproduktivität einer Wahrscheinlichkeitsverteilung besagt, dass die Summe von unabhängigen Zufallsvariablen eines bestimmten Verteilungstyps wieder nach diesem Typ verteilt ist.

Als reproduktiv gelten zum Beispiel die Normalverteilung, die Poisson-Verteilung, die Gammaverteilung und die Cauchy-Verteilung.

Die Summe aus den stochastisch unabhängigen gammaverteilten Zufallsvariablen X und Y, die beide gammaverteilt sind mit den Parametern b und p_x bzw. p_y, ist wiederum gammaverteilt mit den Parametern b und $px + py$.

Die Gammaverteilung bildet eine sogenannte Familie für einige theoretische Verteilungsfunktionen:

- Die Chi-Quadrat-Verteilung mit k Freiheitsgraden ist eine Gammaverteilung mit den Parametern $p = k/2$ und $b = 1/2$
- Die Exponentialverteilung mit dem Parameter λ ist eine Gammaverteilung mit den Parametern $p = 1$ und $b = \lambda$. Dementsprechend entspricht die Erlang-Verteilung mit dem Parameter λ und n Freiheitsgraden einer Gammaverteilung mit den Parametern $p = n$ und $b = \lambda$.
- Der Quotient $X/(X + Y)$ aus den stochastisch unabhängigen Zufallsvariablen X und Y, die beide gammaverteilt sind mit den Parametern b und p_x bzw. p_y, ist betaverteilt mit den Parametern p_x und p_y.

Alternativ zur obigen, im deutschsprachigen Raum üblichen Parametrisierung mit p und b findet man auch häufig die folgende:

$$\alpha = a, \beta = \frac{1}{b}$$

Dichte und Momente ändern sich dabei dementsprechend (der Erwartungswert wäre hier beispielsweise $\alpha\beta$). Da diese Parametrisierung vor allem im angelsächsischen Raum vorherrscht, wird sie besonders häufig in der Fachliteratur verwendet. Um Missverständnissen vorzubeugen, wird empfohlen, die Momente explizit anzugeben, also beispielsweise von einer Gammaverteilung mit Erwartungswert ab und Varianz ab^2 zu sprechen. Hieraus sind dann Parametrisierung und die entsprechenden Parameterwerte eindeutig rekonstruierbar.

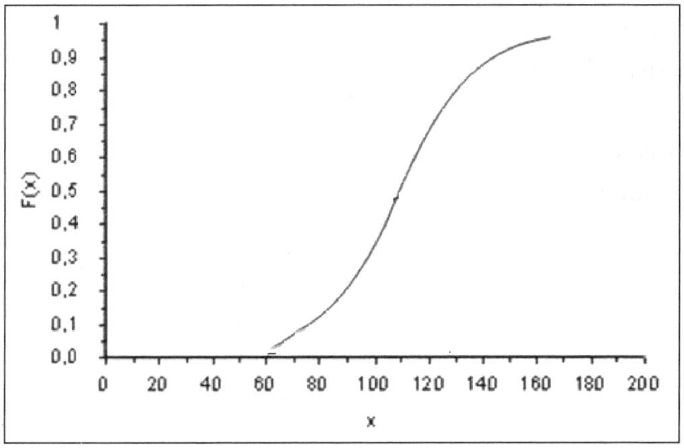

Abbildung 11.41: Die grafische Darstellung der Gamma-Verteilungsfunktion (25,4)

Die Funktion GAMMA.VERT() ist eine mathematische Verteilungsfunktion mit zwei Parametern (Formparameter *Alpha* und Skalenparameter *Beta*), die auf der Gamma-Funktion aufbaut.

GAMMA.VERT() ist die Umkehrfunktion von GAMMA.INV.

Gehen Sie folgendermaßen zur Berechnung von GAMMA.VERT() vor: **Praxiseinsatz**

Gegeben sind die Werte:

- 10 = Wert (Quantil), dessen Wahrscheinlichkeit berechnet werden soll
- 2,70 = *Alpha*-Parameter der Verteilung
- 2 = *Beta*-Parameter der Verteilung

Die Berechnung von GAMMAVERT() sehen Sie in Abbildung 11.42.

	B–D	E–F
7	**Berechnung von GAMMA.VERT()**	
8	**Bedeutung**	**Parameter**
9	x= Wert (Quantil), dessen Wahrscheinlichkeit berechnen werden soll	10
10	Parameter Alpha für die Verteilung	2,70
11	Parameter Beta für die Verteilung	2
12	Kumuliert = Wahr	WAHR
13	Kumuliert = Falsch	FALSCH
14	**GAMMA.VERT() (für kumuliert = WAHR)**	**0,90679**
15		=GAMMA.VERT(E9;E10;E11;E12)
16	**GAMMA.VERT() (für kumuliert = FALSCH)**	**0,03364**
17		=GAMMA.VERT(E9;E10;E11;E13)

Abbildung 11.42: Berechnung von *GAMMA.VERT()*

Unter Angabe der in Abbildung 11.42 dargestellten Parameter liefert die Funktion GAMMA.VERT() folgende Ergebnisse:

- 0,90679 = Wahrscheinlichkeit der Gammaverteilung bei den oben genannten Daten und dem Parameter *kumuliert* = *WAHR*
- 0,03364 = Wahrscheinlichkeit der Gammaverteilung bei den oben genannten Daten und dem Parameter *kumuliert* = *FALSCH*

Siehe auch CHIQU.VERT.RE(), EXPON.VERT(), GAMMA.INV()

CD-ROM Dieses Beispiel finden Sie auf der CD-ROM zum Buch im Ordner *Buch\Kap11* in den Arbeitsmappen *Wahrscheinlichkeit.xls* (Excel 97-2003) auf dem Arbeitsblatt *Gammavert* bzw. *Wahrscheinlichkeit.xlsx* (Excel 2007/2010) auf dem Arbeitsblatt *Gamma.vert*.

Ebenso finden Sie hier eine Tabelle, bei der Sie die Möglichkeit haben, selber die Parameter *Alpha* und *Beta* zu bestimmen. Die Veränderung der Dichte- und Verteilungsfunktion wird durch die Eingabe der Parameter aufgezeigt.

GEOMITTEL() GEOMEAN()

Syntax GEOMITTEL(*Zahl1*;*Zahl2*;...)

Definition Die Funktion GEOMITTEL() gibt das geometrische Mittel einer Menge positiver Zahlen zurück. Zum Beispiel können Sie mit GEOMITTEL() eine mittlere Wachstumsrate berechnen, wenn für einen Zinseszins variable Zinssätze gegeben sind.

Das geometrische Mittel wird errechnet als n-te Wurzel aus dem Produkt aller Werte, wobei *n* die Anzahl der Werte ist.

Argumente *Zahl1* (erforderlich); *Zahl2* (optional); ... sind 1 bis 255 Argumente (30 bis Excel 2003), deren geometrisches Mittel berechnet werden soll. Anstelle der durch Semikola voneinander getrennten Argumente können Sie auch eine einzelne Matrix oder einen Bezug auf eine Matrix angeben.

Hinweis Als Argumente müssen entweder Zahlen oder Namen, Matrizen oder Bezüge angegeben werden, die Zahlen enthalten.

Enthält ein als Matrix oder Bezug angegebenes Argument Text, Wahrheitswerte oder leere Zellen, werden diese Werte ignoriert. Zellen, die den Wert 0 enthalten, werden dagegen berücksichtigt.

Ist eine der Zahlen kleiner oder gleich 0, gibt GEOMITTEL den Fehlerwert *#ZAHL!* zurück.

Die Gleichung für das geometrische Mittel lautet:

$$GM_{\bar{y}} = \sqrt[n]{y_1 y_2 y_3 \ldots y_n}$$

Hintergrund

Das geometrische Mittel ist für positive Zahlen anwendbar und findet in erster Linie dort Anwendung, wo Wachstums- oder Minderungsprozesse betrachtet werden, bei denen der Zuwachs (oder die Minderung) nicht um einen festen Betrag stattfindet, sondern um einen Prozentsatz, der natürlich schwanken kann.

So können Sie beispielsweise aus der Umsatztabelle die Umsatzentwicklung über einen Zeitraum betrachten, werden aber mit der Verwendung des arithmetischen Mittels nur ungenügende Ergebnisse erzielen. Hier ist das geometrische Mittel die bessere Wahl.

Praxiseinsatz

Da der Leiter der Controllingabteilung des Softwareunternehmens betriebswirtschaftlich immer auf dem Laufenden ist, will er sehen, ob die Umsätze überhaupt steigen. Und wenn ja, will er wissen, um wie viel Prozent im Durchschnitt.

Hierzu verwendet er die Formel GEOMITTEL(). Würde er die Formel für das arithmetische Mittel einsetzten, erhielte er garantiert ein falsches Ergebnis.

Umsatz im Jahr 2008		Veränderung zum jeweiligen Vormonat		
Monat	Betrag			
Januar 08	13.332.315 €	X		
Februar 08	11.038.333 €	0,827938209		
März 08	7.031.695 €	0,637025083		
April 08	12.335.681 €	1,754296937		
Mai 08	4.476.739 €	0,362909757		
Juni 08	9.609.594 €	2,146561146		
Juli 08	7.136.415 €	0,742634392		
August 08	12.626.557 €	1,769313724		
September 08	15.515.165 €	1,228772420		
Oktober 08	8.466.178 €	0,545671155		
November 08	15.991.765 €	1,888900163	=GEOMITTEL(D13:D23)	**0,967157**
Dezember 08	9.233.586 €	0,577396304	=MITTELWERT(D13;D23)	**1,134674**

Abbildung 11.43: Die Errechnung des geometrischen Mittels aus den Umsatzdaten

Der Controllingleiter dividiert zunächst die jeweiligen Monatsergebnisse durch die Vormonatsergebnisse und erhält damit einen Wachstumsfaktor, der definiert, wie groß der Monatsumsatz im Verhältnis zum Vormonat ist.

Anschließend berechnet er aus diesen Ergebnissen das geometrische Mittel und erhält damit einen rechnerischen Mittelwert, der aussagt, wie viel Prozent des Vormonatsumsatzes über den gesamten Zeitraum betrachtet erreicht wurden. Er bekommt also die mittlere Wachstumsrate bzw. die mittlere Veränderung des Umsatzes als Ergebnis.

Rechnen Sie hier das arithmetische Mittel und das geometrische Mittel aus, wie in Abbildung 11.43 dargestellt, kommen Sie zu zwei Werten, die auf den ersten Blick gar nicht so verschieden sind. Der Unterschied wird erst dann deutlich, wenn Sie versuchen, aus diesen Werten eine allgemeine Aussage abzuleiten.

Laut geometrischem Mittel wurden seit Januar 2008 durchschnittlich 97 % des Vormonatsumsatzes erreicht, laut arithmetischem Mittel um 113 %.

Das bedeutet, dass im Mittel kein Wachstum erreicht wurde, sondern ein Rückgang um 1 minus 0,967157 stattgefunden hat.

Siehe auch GESTUZTMITTEL(), HARMITTEL(), MEDIAN(), MITTELWERT(), MODALWERT()

CD-ROM Dieses Beispiel finden Sie auf der CD-ROM zum Buch im Ordner *Buch\Kap11* in den Arbeitsmappen *Mittelwert.xls* (Excel 97-2003) bzw. *Mittelwert.xlsx* (Excel 2007/2010) auf dem Arbeitsblatt *Geomittel*.

GESTUTZTMITTEL() TRIMMEAN()

Syntax GESTUTZTMITTEL(***Matrix;Prozent***)

Definition Die Funktion GESTUTZTMITTEL() gibt den Mittelwert einer Datengruppe zurück, **ohne** die Randwerte zu berücksichtigen. GESTUTZTMITTEL() berechnet den Mittelwert einer Teilmenge der Datenpunkte, die darauf basiert, dass entsprechend des jeweils angegebenen Prozentsatzes die kleinsten und größten Werte der ursprünglichen Datenpunkte ausgeschlossen werden. Diese Funktion können Sie immer dann verwenden, wenn bei der Auswertung keine Daten berücksichtigt werden sollen, die als Ausreißer anzusehen sind.

Argumente ***Matrix*** (erforderlich) ist eine Matrix oder Gruppe von Werten, die ohne ihre Ausreißer gemittelt wird.

Prozent (erforderlich) ist der Prozentsatz der Datenpunkte, die nicht in die Bewertung eingehen sollen. Ist beispielsweise *Prozent = 0,2*, wird eine Datenmenge von 20 Punkten um 4 Punkte (20 x 0,2) verringert, und zwar um die zwei größten sowie die zwei kleinsten Werte der Datenmenge.

Hinweis Ist *Prozent* kleiner 0 bzw. ist *Prozent* größer 1, gibt GESTUTZTMITTEL() den Fehlerwert *#ZAHL!* zurück.

Die Funktion GESTUTZTMITTEL() rundet die Anzahl der nicht berücksichtigten Datenpunkte auf das kleinste Vielfache von 2 ab. Ist Prozent = 0,1 (10 Prozent), so ergeben sich bei 30 Datenpunkten drei auszuschließende Punkte. Aus Symmetriegründen lässt GESTUTZTMITTEL() in diesem Fall den kleinsten und den größten Wert der Datenmenge (also nur zwei Werte) unberücksichtigt.

Hintergrund Üblicherweise werden für die Berechnung eines Mittelwerts alle Werte einer Datenreihe herangezogen. Es ist allerdings auch denkbar, dass Sie die Randbereiche ausblenden wollen. Etwa um ein Mittel ohne Ausreißer berechnen zu können. Sie erhalten damit ein gestutztes Mittel.

Kann man also davon ausgehen, dass die zu untersuchenden Daten Ausreißer, d.h. einige wenige zu hohe oder zu niedrige Werte enthalten, sortiert man die Beobachtungswerte nach aufsteigender Größe, schneidet eine gleiche Anzahl von Werten am Anfang und am Ende der Folge ab und berechnet von den übrig gebliebenen Werten den Mittelwert.

Ein 10%iges gestutztes Mittel erhält man, wenn man 5% der Gesamtzahl aller Werte am unteren und 5 % am oberen Ende auslässt.

Praxiseinsatz

Der Leiter der Controllingabteilung des Softwareunternehmens hat die Umsätze der letzten 17 Monate, von Januar 2007 bis Mai 2008, zusammengestellt. Er möchte den durchschnittlichen Umsatz berechnen, jedoch Ausreißer nach oben oder unten nicht in die Berechnung mit einbeziehen. Deshalb sortiert er zunächst die Umsatzwerte der Größe nach.

Würde er in diesem Fall die Funktion MITTELWERT() benutzen, erhielte er ein nicht aussagefähiges Ergebnis, da die Ausreißer mit in die Berechnung einfließen und das Ergebnis negativ beeinflussen würden. Die Funktion MEDIAN() wäre hier zwar schon besser, aber ein 100%iges Ergebnis würde er auch hiermit nicht bekommen.

Deshalb bedient er sich der Funktion GESTUTZTMITTEL().

	B		C	D	E		F
9	Umsatz nach Monaten sortiert				Umsatz nach Größe sortiert		
10	Januar	2007	171.487 €		Februar	2008	102.345 €
11	Februar	2007	190.806 €		Juni	2007	107.712 €
12	März	2007	126.931 €		April	2007	111.853 €
13	April	2007	111.853 €		März	2007	126.931 €
14	Mai	2007	133.793 €		Mai	2007	133.793 €
15	Juni	2007	107.712 €		Januar	2008	143.497 €
16	Juli	2007	165.805 €		April	2008	147.718 €
17	August	2007	187.659 €		März	2008	152.849 €
18	September	2007	177.890 €		Mai	2008	155.177 €
19	Oktober	2007	178.205 €		Juli	2007	165.805 €
20	November	2007	167.984 €		November	2007	167.984 €
21	Dezember	2007	192.030 €		Januar	2007	171.487 €
22	Januar	2008	143.497 €		September	2007	177.890 €
23	Februar	2008	102.345 €		Oktober	2007	178.205 €
24	März	2008	152.849 €		August	2007	187.659 €
25	April	2008	147.718 €		Februar	2007	190.806 €
26	Mai	2008	155.177 €		Dezember	2007	192.030 €
27							
28	=GESTUTZTMITTEL(F10:F26;0,10)			154.624,40 €			
29	=MITTELWERT(F12:F24)			155.449,85 €			

Abbildung 11.44: Die Berechnung des gestutzten Mittels aus den Umsätzen der vergangenen 17 Monate

Für das Argument *Prozent* gibt er, wie in Abbildung 11.44 dargestellt, 0,1 an. Das heißt, er möchte sowohl von oben als auch von unten 5 % der Werte aus den Urdaten weglassen bzw. nicht mit in die Berechnung mit einbeziehen. Für das gestutzte Mittel ergibt sich auf diese Weise ein durchschnittlicher Umsatz von 154.624,40 €.

Wie Sie in Abbildung 11.44 sehen können, ergibt die Berechnung des durchschnittlichen Umsatzes einen höheren Wert. Diese Tatsache ist bedingt durch die Ausreißer.

Siehe auch

GEOMITTEL(), HARMITTEL(), MEDIAN(), MITTELWERT(), MODALWERT()

CD-ROM

Dieses Beispiel finden Sie auf der CD-ROM zum Buch im Ordner *Buch\Kap11* in den Arbeitsmappen *Mittelwert.xls* (Excel 97-2003) bzw. *Mittelwert.xlsx* (Excel 2007/2010) auf dem Arbeitsblatt *Gestutztmittel*.

G.TEST() / GTEST()

Z.TEST() / ZTEST()

Syntax G.TEST(*Array*;µ*0*;*Sigma*)

Definition Die Funktion G.TEST() gibt den einseitigen Wahrscheinlichkeitswert für einen Gaußtest (Normalverteilung) zurück. Für einen Erwartungswert einer Zufallsvariablen, µ*0*, gibt G.TEST() die Wahrscheinlichkeit zurück, mit der der Stichprobenmittelwert größer als der Durchschnitt der für diese Datenmenge (Array) durchgeführten Beobachtungen – also dem beobachteten Stichprobenmittel – ist.

Argumente *Array* (erforderlich) ist das Array oder der Datenbereich, gegen das/den Sie µ*0* testen möchten.

µ0 (erforderlich) ist der zu testende Wert.

Sigma (optional) ist die bekannte Standardabweichung der Grundgesamtheit. Fehlt dieses Argument, wird mit der Standardabweichung der jeweiligen Stichprobe gearbeitet.

Hinweis Ist Matrix leer, gibt die Funktion G.TEST() den Fehlerwert *#NV* zurück.

Mit Angabe von *Sigma* wird G.TEST() wie folgt berechnet:

$$G.TEST\left(Matrix, x\right) = 1 - NORM.VERT\left(\frac{\mu - x}{\sigma \div \sqrt{n}}\right)$$

Oder ohne Angabe von *Sigma*:

$$G.TEST\left(Array, \mu_0\right) = 1 - NORM.S.VERT\left(\left(\overline{x} - \mu_0\right) \div \left(s / \sqrt{n}\right)\right)$$

Wobei Folgendes gilt:

- *x* ist der Stichprobenmittelwert MITTELWERT(*Array*)
- *s* ist die Standardabweichung der Stichprobe STABW.S(*Array*)
- *n* ist die Anzahl der Beobachtungen für die Stichprobe ANZAHL(*Array*)

Die Funktion G.TEST() gibt die Wahrscheinlichkeit an, mit der der Stichprobenmittelwert größer als der beobachtete Wert MITTELWERT(*Array*) ist, bei zugrunde liegendem Erwartungswert einer Zufallsvariablen von µ*0*.

Aufgrund der Symmetrie der Normalverteilung gilt, falls MITTELWERT(*Array*) kleiner µ*0*, gibt G.TEST() einen Wert größer als 0,5 zurück.

Die folgende Excel-Formel kann zur Berechnung der *zweiseitigen* Wahrscheinlichkeit verwendet werden, mit der der Stichprobenmittelwert weiter von µ*0* entfernt liegt (in beide Richtungen) als MITTELWERT(*Array*), wobei µ*0* der zugrunde liegende Erwartungswert einer Zufallsvariablen ist:

*=2 * MIN(GTEST(Array,µ0,Sigma), 1 – G.TEST(Array,µ0,Sigma))*

Hintergrund Der Gaußtest, benannt nach dem Braunschweiger Mathematiker Carl Friedrich Gauß (1777 bis 1855), ist ein statistischer Test, der auf die Standardnormalverteilung zurückgreift und zur Untersuchung der Signifikanz eines Werts aus einer normalverteilten Grundgesamtheit genutzt wird, bei der Erwartungswert und Standardabweichung bekannt sein müssen.

Hinweis Nähere Informationen zur Normalverteilung und der Funktion NORM.VERT() finden Sie auf Seite 491 dieses Buchs.

Führen Sie einen Gaußtest durch, beantworten Sie die Frage »Mit welcher Wahrscheinlichkeit stammt eine Stichprobe aus einer bestimmten Grundgesamtheit?«

Die Funktion G.TEST() berechnet daher die relative Lage eines Werts *x* im Vergleich zu einer als normalverteilt angenommenen Wertereihe.

Erhalten Sie als Ergebnis für die Funktion G.TEST() einen Wert von 1,5, bedeutet dies, dass *x* das 1,5-fache einer Standardabweichung vom Mittelwert der Wertereihe entfernt liegt.

Unter Verwendung dieser Funktion können Sie das Maß der Wahrscheinlichkeit ermitteln, mit dem eine bestimmte Beobachtung aus einer bestimmten Grundgesamtheit stammt.

Das Argument *Sigma* der Funktion ist die Standardabweichung der Grundgesamtheit und kann optional verwendet werden. Geben Sie *Sigma* nicht an, wird es aus dem Array, also aus dem Datenbereich, der mindestens aus 30 Werten bestehen sollte, berechnet.

Praxiseinsatz

Gehen Sie folgendermaßen zur Berechnung von G.TEST() vor:

Gegeben sind die Werte:

- Daten = Datenbereich, gegen den Sie µ*0* testen möchten
- 4 = Zufallsvariable µ*0* ist der zu testende Wert
- 6 = Zufallsvariable µ*0* ist der zu testende Wert

Die Berechnung von G.TEST() sehen Sie in Abbildung 11.45.

	B	C	D	E
8	Daten	Zufallsvariable	Ergebnisse für GTEST()	Angabe in Prozent
9	3	4	**0,090574197**	9,06%
10	6		=G.TEST(B9:B18;C9)	
11	7	6	**0,863043389**	86,30%
12	8		=G.TEST(B9:B18;C11)	
13	6			
14	5			
15	4			
16	2			
17	1			
18	9			

Abbildung 11.45: Die Berechnung von *G.TEST()*

Unter Angabe der in Abbildung 11.45 dargestellten Parameter gibt die Funktion G.TEST() den einseitigen Wahrscheinlichkeitswert für einen Gaußtest zurück. Folgende Ergebnisse wurden errechnet:

- Für einen angenommenen Erwartungswert einer Zufallsvariablen von 4 ergibt sich ein einseitiger Wahrscheinlichkeitswert von 0,09057 = 9,06 %
- Für einen angenommenen Erwartungswert einer Zufallsvariablen von 6 ergibt sich ein einseitiger Wahrscheinlichkeitswert von 0,86304 = 86,30 %

Siehe auch

KONFIDENZ(), NORM.INV(), NORM.VERT(), STANDARDISIERUNG(), NORM.S.INV(), NORM.S.VERT()

CD-ROM

Dieses Beispiel finden Sie auf der CD-ROM zum Buch im Ordner *Buch\Kap11* in den Arbeitsmappen *Wahrscheinlichkeit.xls* (Excel 97-2003) auf dem Arbeitsblatt *Gtest* bzw. *Wahrscheinlichkeit.xlsx* (Excel 2007/2010) auf dem Arbeitsblatt *G.test*.

HARMITTEL() HARMEAN()

Syntax HARMITTEL(***Zahl1***;*Zahl2*;...)

Definition Die Funktion HARMITTEL() gibt das harmonische Mittel einer Datenmenge zurück. Ein harmonisches Mittel ist der Kehrwert eines aus Kehrwerten berechneten arithmetischen Mittels.

Argumente ***Zahl1*** (erforderlich); *Zahl2* (optional); ... sind 1 bis 255 Argumente (30 bis Excel 2003), deren harmonisches Mittel berechnet werden soll. Anstelle der durch Semikola voneinander getrennten Argumente können Sie auch eine einzelne Matrix oder einen Bezug auf eine Matrix angeben.

Hinweis Als Argumente müssen entweder Zahlen oder Namen, Matrizen oder Bezüge angegeben werden, die Zahlen enthalten.

Enthält ein als Matrix oder Bezug angegebenes Argument Text, Wahrheitswerte oder leere Zellen, werden diese Werte ignoriert. Zellen, die den Wert 0 enthalten, werden dagegen berücksichtigt.

Ist eine der Zahlen kleiner oder gleich 0, gibt HARMITTEL() den Fehlerwert *#ZAHL!* zurück.

Hintergrund In der Statistik existieren verschiedene Mittelwerte, zu denen, neben dem geometrischen, dem arithmetischen und dem quadratischen Mittel auch das harmonische Mittel gehört. An dieser Stelle betrachten wir das harmonische Mittel näher.

Das harmonische Mittel findet vor allem dann Anwendung, wenn Mittelwerte von Quotienten gebildet werden müssen, und es dient als Lagemaß, wenn die Beobachtungswerte zum einen Verhältniszahlen und zum anderen durch einen Bezug auf eine Einheit definiert sind.

Ein typisches Beispiel ist die Mittelung von Geschwindigkeiten, das heißt die Errechnung des Quotienten von Weg/Zeit unter der Voraussetzung, dass die Wegstrecken bekannt sind.

Die Gleichung für das harmonische Mittel lautet:

$$\frac{1}{H_y} = \frac{1}{n} \sum \frac{1}{y_i}$$

Wichtig Das harmonische Mittel einer Zahlenmenge ist immer kleiner als deren geometrisches Mittel, das wiederum immer kleiner ist als das zugehörige arithmetische Mittel.

Praxiseinsatz Um Ihnen die Errechnung und Bedeutung des harmonischen Mittels aufzuzeigen, halten wir uns in diesem Beispiel an die oben bereits erwähnte, typische Darstellung des harmonischen Mittels unter Verwendung der Komponenten Geschwindigkeit und Zeit.

Ein Radfahrer macht eine Tour durch die Alpen und fährt eine 300 Kilometer lange Strecke. Die Strecke gliedert er in fünf Teilstrecken, in denen er jeweils die Geschwindigkeiten des Fahrrads misst.

Nun möchte der Radfahrer aus den fünf Teildurchschnittsgeschwindigkeiten die Gesamtdurchschnittsgeschwindigkeit errechnen. Mit dem Ergebnis möchte er sich die Frage beantworten, mit welcher konstanten Geschwindigkeit er die Strecke in der gleichen Zeit geschafft hätte.

Teilstrecke Nr.	1	2	3	4	5
Länge in km	60	60	60	60	60
Geschwindigkeit in km/h	20	15	25	23	30
Arithmetisches Mittel in km/h			22,60		
Geometrisches Mittel in km/h			22,02		
Harmonisches Mittel in km/h			21,42		

Abbildung 11.46: Die Berechnung der Gesamtdurchschnittsgeschwindigkeit über die Funktion *HARMITTEL()*

Für den besseren Überblick hat er gleichzeitig auch die ihm bereits bekannten Mittelwerte *Arithmetisches Mittel* und *Geometrisches Mittel* errechnet.

Um herauszubekommen, welche der Mittelwertberechnungen das für ihn sinnvollste Ergebnis liefert, wandelt er die Ergebnisse des arithmetischen, geometrischen und harmonischen Mittels auf Meter/Sekunde um und errechnet anschließend, wie lange er mit dieser Durchschnittsgeschwindigkeit für seine bereits zurückgelegten 300 km gebraucht hätte.

Arithmetisches Mittel in m/s		Geometrisches Mittel in m/s		Harmonisches Mittel in m/s	
22,6 km	1 h	22,02 km	1h	21,42 km	1 h
22600 m	3600 s	22020 m	3600 s	21420 m	3600 s
6,27 m	1 s	6,12 m	1 s	5,95 m	1 s
Arithmetisches Mittel in m/s umgerechnet auf die gefahrenen 300km (in Sekunden)		Geometrisches Mittel in m/s umgerechnet auf die gefahrenen 300km (in Sekunden)		Harmonisches Mittel in m/s umgerechnet auf die gefahrenen 300km (in Sekunden)	
6,27 m	1 s	6,12 m	1 s	5,95 m	1 s
0,00627 km	1 s	0,00612 km	1 s	0,00595 km	1 s
300 km	47846 s	300 km	49019 s	300 km	50420 s

Abbildung 11.47: Die Zeit in Sekunden für 300 km für das arithmetische, geometrische und harmonische Mittel

Mit dieser Berechnung ist auch die Aussage bestätigt, dass das geometrische Mittel kleiner ist als das harmonische Mittel und das arithmetische Mittel kleiner als das geometrische.

Um zu zeigen, dass hier tatsächlich das harmonische Mittel das sinnvollste Ergebnis liefert, treten wir den Beweis an.

Hierfür muss man zunächst die Geschwindigkeit v in m/s für die **tatsächlich möglichen** Kilometer bei geleisteter Geschwindigkeit v für die einzelnen gefahrenen Streckenabschnitte **in einer Stunde** berechnen. Für den ersten Streckenabschnitt würde dies bedeuten (wie Sie der Abbildung 11.48 entnehmen können), dass bei gleichbleibender Geschwindigkeit 20 Kilometer pro Stunde hätten gefahren werden können. Teilt man diese 20 Kilometer nun durch 3.600 Sekunden, erhält man die Geschwindigkeit v.

Die Formel hierfür lautet:

$$v = \frac{s}{t}$$

	Tatsächlich mögliche Strecke in Meter bei gleichbleibender Geschwindigkeit für Teilstrecke 1	Tatsächlich mögliche Strecke in Meter bei gleichbleibender Geschwindigkeit für Teilstrecke 2	Tatsächlich mögliche Strecke in Meter bei gleichbleibender Geschwindigkeit für Teilstrecke 3	Tatsächlich mögliche Strecke in Meter bei gleichbleibender Geschwindigkeit für Teilstrecke 4	Tatsächlich mögliche Strecke in Meter bei gleichbleibender Geschwindigkeit für Teilstrecke 5
	20000	15000	25000	23000	30000
Zeit (1 Stunde) in Sekunden (s)	3600	3600	3600	3600	3600
Geschwindigkeit v in m/s	5,56	4,17	6,94	6,39	8,33

Abbildung 11.48: Berechnung der Geschwindigkeit *v* in m/s ausgehend von der ursprünglich möglichen Strecke

Anschließend nimmt man das Ergebnis für die Geschwindigkeit in *m/s* und errechnet mit gleicher Formel, aufgelöst nach *t* (Zeit), den entsprechenden Zeitaufwand für die einzelnen geplanten Streckenabschnitte in Sekunden. Die oben genannte Formel, aufgelöst nach *t*, lautet dann:

$$t = \frac{s}{v}$$

Das Ergebnis dieser Berechnung können Sie der Abbildung 11.49 entnehmen.

	Länge in m von Teilstrecke 1	Länge in m von Teilstrecke 2	Länge in m von Teilstrecke 3	Länge in m von Teilstrecke 4	Länge in m von Teilstrecke 5
	60000	60000	60000	60000	60000
Geschwindigkeit v in m/s aus oben aufgestellter Berechnung	5,56	4,17	6,94	6,39	8,33
Zeit t in Sekunden	10791,37	14388,49	8645,53	9389,67	7202,88
Summe aus Zeit t			50417,94		

Abbildung 11.49: Zeitaufwand für die Streckenabschnitte in Sekunden und als Summe

Die Summe der Zeiten in Sekunden für die einzelnen Streckenabschnitte zeigt, dass der Wert annähernd dem des harmonischen Mittels entspricht. Die Differenz von drei Sekunden ergibt sich aus den gerundeten Werten.

Vergleicht man das tatsächliche Ergebnis von 50.417,94 Sekunden mit den oben errechneten Ergebnissen der verschiedenen Mittelwerte, so erkennt man, dass in diesem Beispiel das harmonische Mittel am besten zu gebrauchen ist.

Siehe auch GEOMITTEL(), GESTUTZMITTEL(), MEDIAN(), MITTELWERT(), MODALWERT()

CD-ROM Dieses Beispiel finden Sie auf der CD-ROM zum Buch im Ordner *Buch\Kap11* in den Arbeitsmappen *Mittelwert.xls* (Excel 97-2003) bzw. *Mittelwert.xlsx* (Excel 2007/2010) auf dem Arbeitsblatt *Harmittel*.

HÄUFIGKEIT() FREQUENCY()

Syntax

HÄUFIGKEIT(*Daten*;*Klassen*)

Definition

Die Formel HÄUFIGKEIT() gibt eine Häufigkeitsverteilung als einspaltige Matrix zurück. Verwenden Sie diese Funktion beispielsweise, um die Umsätze innerhalb eines bestimmten Euro-Bereichs zu zählen. Da HÄUFIGKEIT() eine Matrix zurückgibt, muss die Formel als Matrixformel eingegeben werden.

Argumente

Daten (erforderlich) entspricht einer Matrix von einer Wertemenge oder einem Bezug darauf, deren Häufigkeiten Sie zählen möchten. Enthält *Daten* keine Werte (Zahlen), gibt HÄUFIGKEIT() eine mit Nullen belegte Matrix zurück.

Klassen (erforderlich) sind die als Matrix oder Bezug auf einen Zellbereich eingegebenen Intervallgrenzen, nach denen Sie die in *Daten* enthaltenen Werte einordnen möchten. Falls *Klassen* keine Werte enthält, gibt HÄUFIGKEIT() die Anzahl der zu *Daten* gehörenden Elemente zurück.

Hintergrund

Um eine Reduktion von quantitiven Daten zu erreichen, werden vorhandene Daten in Klassen zusammengefasst, für die dann die Häufigkeit ermittelt wird. Jeder einzelne Fall wird immer in genau einer Klasse gezählt. Hierbei sollten Sie Folgendes bedenken:

- Zu viele Klassen bringen einen Informationsgewinn, aber wenig Übersicht, bei zu wenigen ist es genau umgekehrt
- Die Klassenbreite, also der Abstand zwischen den einzelnen Klassengrenzen, muss zwar nicht zwingend gleich groß sein, kann jedoch zum schnelleren Verständis bezüglich des Sachverhalts beitragen

Die Funktion HÄUFIGKEIT() führt eine Auszählung numerischer Daten für angegebene Intervalle durch. Das Besondere an der Funktion HÄUFIGKEIT() ist, dass sie im Gegensatz zu ZÄHLENWENN() nicht in jede der Ergebniszellen einzeln einzutragen ist, sondern in alle auf einmal. HÄUFIGKEIT() ist eine sogenannte Matrixformel und ihr Ergebnis von daher eine Matrix. Diese wird in unserem Fall aus vier Zahlen bestehen.

Hinweis

Sobald Sie einen Bereich zusammenhängender Zellen markiert haben, in dem die als Ergebnis zurückgegebenen Häufigkeiten angezeigt werden sollen, ist HÄUFIGKEIT() als Matrixformel einzugeben.

HÄUFIGKEIT() ignoriert sowohl leere Zellen als auch Text.

Praxiseinsatz

Nehmen wir wieder ein Umsatzbeispiel des Softwareherstellers zur Hand. Ein Außendienstmitarbeiter hat über einen Zeitraum von zwei Jahren jeden Monat seine Umsätze in einer Excel-Tabelle notiert. Sein Vorgesetzter möchte nun wissen, wie viele der Umsätze über 15.000 €, wie viele über 17.000 € und 19.000 € liegen und welche über 19.000 € hinausgehen. Es gibt also vier Klassen.

Wie in Abbildung 11.50 dargestellt, beinhalten die Zellen *C3:C26* die zu klassifizierenden Daten. In der Spalte »Klassen« wurden die vier Gruppen angegeben, die die Basis für die Errechnung der Häufigkeit der Daten innerhalb dieser Klassen darstellen.

Wichtig

Beachten Sie, dass der Bereich für das Ergebnis der Häufigkeitsverteilung eine Zelle mehr umfassen muss als die Anzahl der Klassen. Die Werte für die Klassen stellen die oberen Grenzwerte für die Auszählung dar, eine Klasse enthält also alle Werte bis einschließlich zur Klassenobergrenze. In der letzten Zeile werden die Werte oberhalb der höchsten Klassengrenze dargestellt. In unserem Beispiel beinhaltet die vierte Zeile also die Klasse über 19.000 €, die in der Datenmenge drei Mal vertreten ist.

Fragestellung:
Wie häufig ging der Umsatz bis 15000 €, wie oft bis 17000€ , bis 19.000€ und wie oft war er größer als 19.000€?

	Monat	Umsatz (Daten)
3	Januar 07	17.500 €
4	Februar 07	17.867 €
5	März 07	10.966 €
6	April 07	25.948 €
7	Mai 07	12.838 €
8	Juni 07	14.888 €
9	Juli 07	14.245 €
10	August 07	16.292 €
11	September 07	11.689 €
12	Oktober 07	12.587 €
13	November 07	18.560 €
14	Dezember 07	15.697 €
15	Januar 08	16.022 €
16	Februar 08	16.589 €
17	März 08	12.556 €
18	April 08	18.681 €
19	Mai 08	14.643 €
20	Juni 08	15.698 €
21	Juli 08	18.172 €
22	August 08	19.710 €
23	September 08	17.182 €
24	Oktober 08	11.075 €
25	November 08	18.494 €
26	Dezember 08	21.534 €

Klassen	Ergebnis
15000	9
17000	5
19000	7
	3

=HÄUFIGKEIT($C$3:$C$26;E3:E5)

Achtung:
Die Funktion HÄUFIGKEIT() ist eine Arrayfunktion und muss deshalb mit der Tastenkombination Strg+Umschalt+Eingabe abgeschlossen werden.

Abbildung 11.50: Die Datenmenge (Umsätze) wird in Klassen eingeteilt, für die wiederum die Häufigkeit ermittelt werden soll

Da es sich bei der HÄUFIGKEIT() wie bereits erwähnt um eine Matrixfunktion handelt, werden in der Spalte »Ergebnis« alle vier Ergebniszellen (von *F3:F6*) auf einmal markiert, um das Ergebnis auch in einer Matrix angezeigt zu bekommen.

Da die HÄUFIGKEITE() auch zu den Arrayfunktionen gehört, muss die Eingabe der Daten mit [Strg]+[⇧]+[↵] beendet werden.

Tipp Excel bietet Ihnen eine Vielzahl von Analyse-Funktionen, die Sie über den Menübefehl *Extras/Analyse-Funktionen* erreichen. Auch eine Häufigkeitsverteilung können Sie mitHilfe der Analyse-Funktion sehr schnell und bequem erstellen.

Analyse-Funktionen in 2003

Damit diese Funktion zur Verfügung steht, muss das Add-In *Analyse-Funktion* eingebunden sein. Hierzu wählen Sie den Befehl *Extras/Add-Ins* und aktivieren anschließend das Kontrollkästchen *Analyse-Funktion.*

Im Menü *Extras/Analyse-Funktionen* können Sie nun zur Berechnung von Häufigkeiten den Listenfeldeintrag *Histogramm* wählen und auf diese Weise das gleiche Ergebnis wie oben beschrieben erzielen. Zusätzlich haben Sie noch die Möglichkeit, die Diagrammdarstellung zu aktivieren, sodass Sie eine grafische Auswertung Ihrer Daten erhalten.

Analyse-Funktionen in 2007/2010

In Excel 2007 und 2010 erreichen Sie die Analyse-Funktionen über die Registerkarte *Daten* in der Gruppe *Analyse.* Sollten die Funktionen nicht zur Verfügung stehen, müssen Sie zunächst aktiviert werden. Klicken Sie dazu auf *Datei* (Excel 2010) bzw. auf die *Office*-Schaltfläche (Excel 2007) und wählen Sie den Eintrag *Optionen* (Excel 2010) bzw. *Excel-Optionen* (Excel 2007).

Abbildung 11.51: Der neue Weg zu den Add-Ins

Klicken Sie danach im Dialogfeld *Excel-Optionen* in der Kategorienliste auf *Add-Ins*, wählen Sie im Dropdown-Listenfeld von *Verwalten* den Eintrag *Excel-Add-Ins* und klicken Sie anschließend auf die Schaltfläche *Gehe zu*.

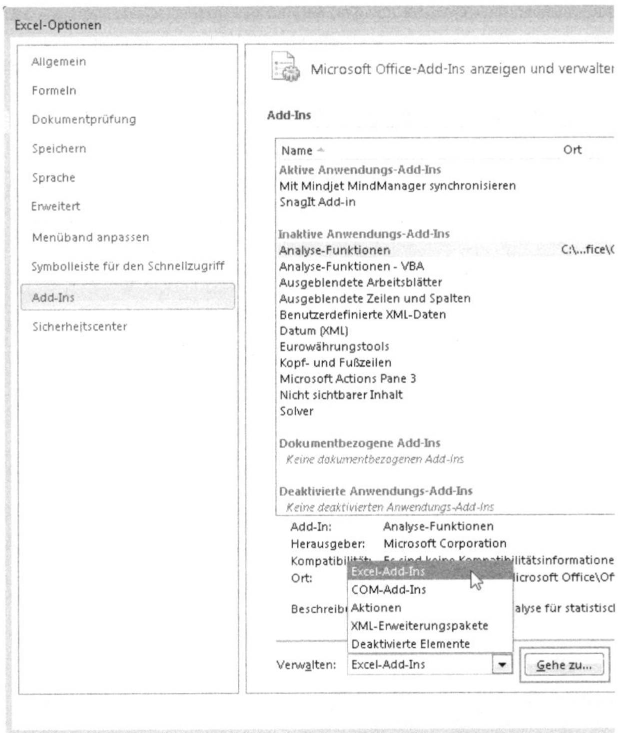

Abbildung 11.52: Der Weg zu den Excel-Add-Ins in 2010

Aktivieren Sie abschließend im Dialogfeld *Add-Ins* das Kontrollkästchen *Analyse-Funktionen* und klicken Sie auf *OK*.

Abbildung 11.53: Aktivieren Sie die Analyse-Funktionen

Die Analyse-Funktionen werden nun installiert und stehen anschließend auf der Registerkarte *Daten* bereit.

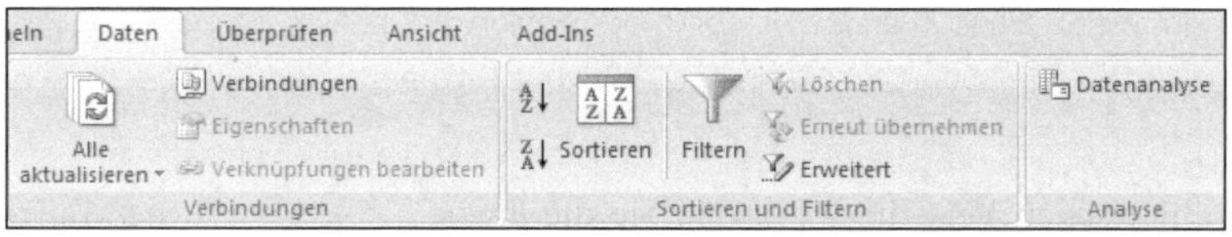

Abbildung 11.54: Die Bereitstellung der Analyse-Funktionen auf der Registerkarte Daten

Siehe auch ANZAHL(), DBANZAHL()

CD-ROM Dieses Beispiel finden Sie auf der CD-ROM zum Buch im Ordner *Buch\Kap11* in den Arbeitsmappen *Zählen.xls* (Excel 97-2003) bzw. *Zählen.xlsx* (Excel 2007/2010) auf dem Arbeitsblatt *Häufigkeit*.

HYPGEOM.VERT() / HYPGEOMVERT()

HYPGEOM.DIST() / HYPGEOMDIST()

Syntax HYPGEOM.VERT(***Erfolge_S***;***Umfang_S***;***Erfolge_G***;***Umfang_G***;***Kumuliert***)

Definition Die Funktion HYPGEOM.VERT() gibt Wahrscheinlichkeiten einer hypergeometrisch verteilten Zufallsvariablen zurück. HYPGEOM.VERT() berechnet die Wahrscheinlichkeit, in einer Stichprobe eine bestimmte Anzahl von Beobachtungen zu erhalten.

Dafür sind die folgenden Angaben erforderlich:

- Anzahl der in der Stichprobe erzielten Erfolge
- Umfang der Stichprobe
- Anzahl der in der Grundgesamtheit möglichen Erfolge

- Umfang der Grundgesamtheit
- Wahrheitswert zur Bestimmung der Funktion

Argumente

Erfolge_S (erforderlich) ist die Anzahl der in der Stichprobe erzielten Erfolge.

Umfang_S (erforderlich) ist der Umfang (Größe) der Stichprobe.

Erfolge_G (erforderlich) ist die Anzahl der in der Grundgesamtheit möglichen Erfolge.

Umfang_G (erforderlich) ist der Umfang (Größe) der Grundgesamtheit.

Kumuliert (erforderlich) ist ein Wahrheitswert, der den Typ der Funktion bestimmt.

Hinweis

Alle Argumente werden durch Abschneiden der Nachkommastellen zu ganzen Zahlen gekürzt.

Ist eines der Argumente kein numerischer Ausdruck, gibt die Funktion HYPGEOM.VERT() den Fehlerwert *#WERT!* zurück.

Ist *Erfolge_S* kleiner 0 oder *Erfolge_S* größer als der kleinere der Werte von *Umfang_S* bzw. *Erfolge_G*, gibt HYPGEOM.VERT() den Fehlerwert *#ZAHL!* zurück.

Ist *Erfolge_S* kleiner als der größere Wert von 0 beziehungsweise (*Umfang_S* minus *Umfang_G* plus *Erfolge_G*), gibt HYPGEOM.VERT() den Fehlerwert *#ZAHL!* zurück.

Ist *Umfang_S* kleiner 0 bzw. *Umfang_S* größer *Umfang_G*, gibt die Funktion HYPGEOM.VERT() den Fehlerwert *#ZAHL!* zurück.

Ist *Erfolge_G* kleiner 0 bzw. *Erfolge_G* größer *Umfang_G*, gibt die Funktion HYPGEOM.VERT() den Fehlerwert *#ZAHL!* zurück.

Ist *Umfang_G* kleiner 0, gibt die Funktion HYPGEOM.VERT() den Fehlerwert *#ZAHL!* zurück.

Die Funktion HYPGEOM.VERT() wird verwendet, wenn einer endlichen Grundgesamtheit Probestücke entnommen werden, ohne dass diese Probestücke ersetzt werden.

Hintergrund

Mithilfe der hypergeometrischen Verteilung können Sie die Frage »Wie groß ist die Wahrscheinlichkeit, in einer Stichprobe genau *x* Merkmalsträger vorzufinden?« beantworten.

Da aus dem gesamten Umfang, der Grundgesamtheit, eine zufällig gezogene Stichprobe, die nicht mehr zurückgelegt wird, genommen wird, kann hier **nicht** die Binomialverteilung angewendet werden.

Die Gleichung für eine hypergeometrische Verteilung lautet:

$$P(X=x)=h(x,n,M,N)=\frac{\binom{M}{x}\binom{N-M}{n-x}}{\binom{N}{n}}$$

Hierbei gilt:

x = ***Erfolge_S*** n = ***Umfang_S*** M = ***Erfolge_G*** N = ***Umfang_G***

Die Funktion HYPGEOM.VERT() können Sie für Problemstellungen einsetzen, bei denen eine begrenzte Grundgesamtheit vorliegt und jede Beobachtung entweder ein Erfolg oder ein Misserfolg sein kann und bei denen jede Teilmenge eines bestimmten Umfangs mit gleicher Wahrscheinlichkeit gewählt wird.

Praxiseinsatz Ein einfaches Beispiel, um Ihnen die Funktionsweise von HPYGEOM.VERT() darzustellen, ist das Spiel mit dem Glück. Denn mithilfe von HYPGEOM.VERT() können Sie die Gewinnchancen beim Lotto »6 aus 49« auf einfache Art und Weise berechnen.

Welche Argumente sind für das Lottobeispiel mit welchen Werten belegt?

- ***Erfolge_S*** ist die Anzahl der in der Stichprobe erzielten Erfolge, das heißt, ein Spiel kann 1, 2, 3, 4, 5 oder 6 Gewinnzahlen aufweisen. Somit ist ***Erfolge_S*** = 6.
- ***Umfang_S*** ist der Umfang der Stichprobe, also die Anzahl der Kugeln in einer Ziehung. Somit ist ***Umfang_S*** = 6.
- ***Erfolge_G*** ist die Anzahl der in der Grundgesamtheit möglichen Erfolge, das heißt die Anzahl der Gewinnkugeln. Somit ist ***Erfolge_G*** = 6.
- ***Umfang_G*** ist der Umfang der Grundgesamtheit und entspricht demnach 49 Kugeln. Somit ist ***Umfang_G*** = 49.
- ***Kumuliert*** ist falsch und bestimmt damit den Wahrheitswert der Funktion

Die Frage ist nun, wie hoch ist die Wahrscheinlichkeit, **genau** 6 Richtige zu haben? Die Antwort sehen Sie in Abbildung 11.55.

	B	C
9	Erfolge_S	6
10	Umfang_S	6
11	Erfolge_G	6
12	Umfang_G	49
13	Gewinnchance	0,000007%
14		=HYPGEOM.VERT(C9;C10;C11;C12;falsch)

Abbildung 11.55: *HYPGEOM.VERT()* liefert die Wahrscheinlichkeit dafür, genau sechs richtige Zahlen zu tippen

Sie sehen, wie schwindend gering die Wahrscheinlichkeit auf den großen Gewinn ist. Wer sich mit weniger richtigen Treffen und somit mit weniger Gewinnausschüttung begnügt, kann selbstverständlich mit der Funktion HYPGEOM.VERT() auch die Wahrscheinlichkeit dafür berechnen, aus den 6 aus 49 gezogenen Zahlen genau fünf, vier, drei, zwei, eine oder gar keine Zahl richtig zu haben.

Das Ergebnis ist in Abbildung 11.56 dargestellt.

	B	C	D	E	F	G	H	I
9	Erfolge_S	6	5	4	3	2	1	0
10	Umfang_S	6	6	6	6	6	6	6
11	Erfolge_G	6	6	6	6	6	6	6
12	Umfang_G	49	49	49	49	49	49	49
13	Gewinnchance	0,000007%	0,0018%	0,10%	1,77%	13,24%	41,30%	43,60%
14		=HYPGEOM.VERT(C9;C10;C11;C12;falsch)						

Abbildung 11.56: Berechnen Sie die Wahrscheinlichkeit für das Zutreffen von Merkmalen

Siehe auch BINOM.VERT(), FAKULTÄT(), KOMBINATIONEN(), NEGBINOMVERT(), VARIATIONEN()

CD-ROM Dieses Beispiel finden Sie auf der CD-ROM zum Buch im Ordner *Buch\Kap11* in den Arbeitsmappen *Wahrscheinlichkeit.xls* (Excel 97-2003) auf dem Arbeitsblatt *Hypgeomvert* bzw. *Wahrscheinlichkeit.xlsx* (Excel 2007/2010) auf dem Arbeitsblatt *Hypgeom.vert.*

KGRÖSSTE() LARGE()

KGRÖSSTE(*Matrix*;*k*)

Syntax

KGRÖSSTE() gibt den k-größten Wert einer Datengruppe zurück. Mit dieser Funktion können Sie eine Zahl auf Basis ihrer relativen Größe ermitteln. Beispielsweise können Sie mit KGRÖSSTE() den erst-, zweit- und dritthöchsten Umsatz einer entsprechenden Tabelle ermitteln.

Definition

Matrix (erforderlich) ist die Matrix oder der Datenbereich, deren k-größten Wert Sie bestimmen möchten.

Argumente

k (erforderlich) ist der Rang des Elements einer Matrix oder eines Zellbereichs, dessen Wert zurückgegeben werden soll.

Aus dem Excel-Basiswissen sind die Formeln MIN() und MAX() bekannt, die aus einem Zellbereich die kleinste bzw. die größte Zahl heraussuchen. Für Situationen, in denen man allerdings den zweigrößten oder drittkleinsten Wert benötigt, bedient man sich der Funktionen KGRÖSSTE() bzw. KKLEINSTE().

Hintergrund

Auf diese Weise können Sie mit KGRÖSSTE() die Spitzenwerte und mit KKLEINSTE() die niedrigsten Werte eines Tabellenbereichs ermitteln.

Folgendes ist noch zu beachten:

- Ist *Matrix* leer, gibt KGRÖSSTE() den Fehlerwert *#ZAHL!* zurück
- Ist *k* kleiner oder gleich 0, oder ist *k* größer als die Anzahl der Zahlen, gibt KGRÖSSTE() den Fehlerwert *#ZAHL!* zurück
- Ist *n* die Anzahl der in einem Bereich abgelegten Zahlen (Datenpunkte), gibt *KGRÖSSTE(Matrix;1)* den größten und *KGRÖSSTE(Matrix;n)* den kleinsten Wert zurück

In einem theoretischen Beispiel zeigen wir Ihnen im Folgenden die Eingabemöglichkeiten in die Formel *KGRÖSSTE(Matrix;k)*.

Praxiseinsatz 1

Wenn sich Ihre Werte z.B. im Bereich *B1:B100* befinden, liefert `KGRÖSSTE(B1:B100;1)` durch *k=1* den höchsten Wert der Matrix.

Die Summe aus dem höchsten, dem zweithöchsten und dem dritthöchsten Wert erhalten Sie mit der Formel

Hinweis

`=KGRÖSSTE(B1:B100;1)+KGRÖSSTE(B1:B100;2)+KGRÖSSTE(B1:B100;3).`

Verwenden Sie eine Arrayformel, können Sie den Ausdruck folgendermaßen verkürzen:

`=SUMME(KGRÖSSTE(B1:B100;{1;2;3}))`

Wie bei den Arrayformeln üblich, müssen Sie die Eingabe mit der Tastenkombination [Strg]+[⇧]+[↵] beenden. Die Formel wird dann automatisch mit einer geschweiften Klammer umgeben.

Obwohl diese Schreibweise kompakter ist als die zuvor genannte mit dem »+«-Operator, wird die Eingabe immer mühseliger, je mehr Spitzenwerte summiert werden sollen, da Sie die Parameter in der geschweiften Klammer selbst eingeben müssen.

Der Softwarehersteller unseres Beispiels möchte aus einer Tabelle, die die Umsätze der vergangenen zwei Jahre beinhaltet, die drei höchsten Umsätze herausfiltern, ohne die Daten vorher zu sortieren.

Praxiseinsatz 2

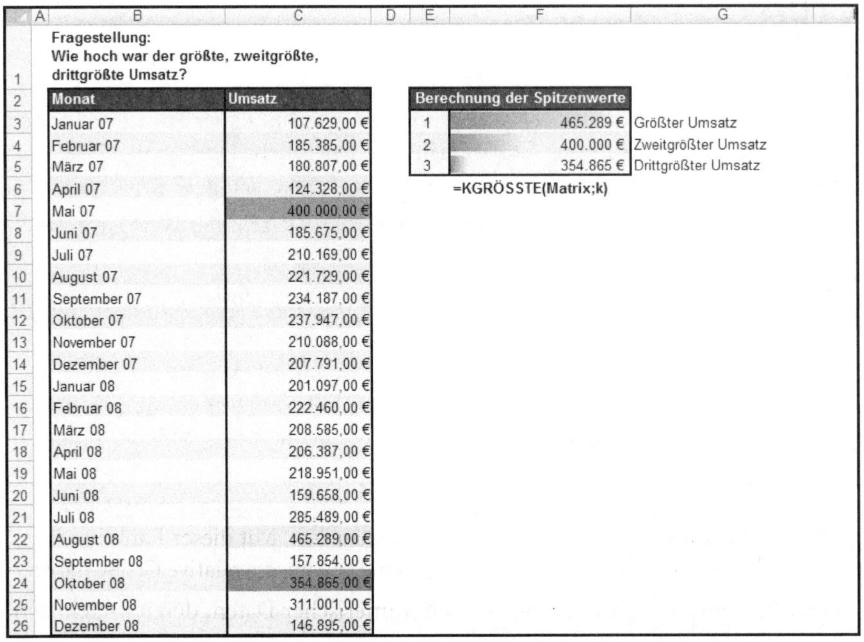

Fragestellung:
Wie hoch war der größte, zweitgrößte, drittgrößte Umsatz?

Monat	Umsatz
Januar 07	107.629,00 €
Februar 07	185.385,00 €
März 07	180.807,00 €
April 07	124.328,00 €
Mai 07	400.000,00 €
Juni 07	185.675,00 €
Juli 07	210.169,00 €
August 07	221.729,00 €
September 07	234.187,00 €
Oktober 07	237.947,00 €
November 07	210.088,00 €
Dezember 07	207.791,00 €
Januar 08	201.097,00 €
Februar 08	222.460,00 €
März 08	208.585,00 €
April 08	206.387,00 €
Mai 08	218.951,00 €
Juni 08	159.658,00 €
Juli 08	285.489,00 €
August 08	465.289,00 €
September 08	157.854,00 €
Oktober 08	354.865,00 €
November 08	311.001,00 €
Dezember 08	146.895,00 €

Berechnung der Spitzenwerte		
1	465.289 €	Größter Umsatz
2	400.000 €	Zweitgrößter Umsatz
3	354.865 €	Drittgrößter Umsatz

=KGRÖSSTE(Matrix;k)

Abbildung 11.57: In der Datenreihe der Umsätze werden die drei höchsten Werte gesucht

Mit der Formel KGRÖSSTE() werden die drei höchsten Werte der Tabelle herausgesucht und wiedergegeben.

Tipp Nutzen Sie zusätzlich zu KGRÖSSTE() auch die bedingte Formatierung, können Sie, wie in Abbildung 11.57 dargestellt, die entsprechenden Werte noch farblich hervorheben.

Vor allem in Excel 2007 stehen Ihnen hierbei tolle neue Formatierungsmöglichkeiten zur Verfügung.

Öffnen Sie die Registerkarte *Start* und wählen Sie im Dropdownmenü der Schaltfläche *Bedingte Formatierung* die gewünschte Formatierungsoption.

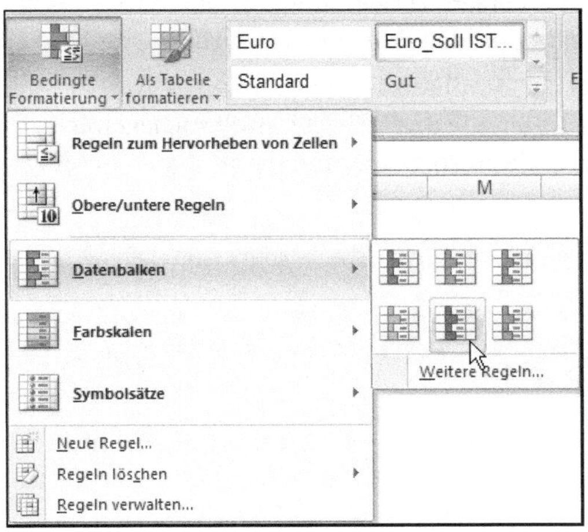

Abbildung 11.58: Wählen Sie zwischen einer Vielzahl an Formatierungsmöglichkeiten

Das Ergebnis zeigt eine eindeutige Formatierung im Bezug auf die Höhe der Werte.

Berechnung der Spitzenwerte		
1	465.289 €	Größter Umsatz
2	400.000 €	Zweitgrößter Umsatz
3	354.865 €	Drittgrößter Umsatz
=KGRÖSSTE(Matrix;k)		

Abbildung 11.59: Schnell und einfach formatieren in Excel 2007

Siehe auch

KKLEINSTE(), QUANTIL(), QUANTILSRANG(), QUARTILE()

CD-ROM

Dieses Beispiel und das Beispiel aus dem Tipp finden Sie auf der CD-ROM zum Buch im Ordner *Buch\Kap11* in den Arbeitsmappen *Zählen.xls* (Excel 97-2003) bzw. *Zählen.xlsx* (Excel 2007/2010) auf dem Arbeitsblatt *KGrösste*.

KKLEINSTE() SMALL()

Syntax

KKLEINSTE(*Matrix*;*K*)

Definition

KKLEINSTE() gibt den k-kleinsten Wert einer Datengruppe zurück. Mit dieser Funktion können Sie Werte ermitteln, die innerhalb einer Datenmenge eine bestimmte relative Größe haben.

Argumente

Matrix (erforderlich) ist eine Matrix oder ein Bereich numerischer Daten, deren k-kleinsten Wert Sie bestimmen möchten.

K (erforderlich) ist der Rang des Elements einer Matrix oder eines Zellbereichs, dessen Wert zurückgegeben werden soll.

Hintergrund

Die Formel KKLEINSTE() ist das Gegenstück zu KGRÖSSTE und liefert als Ergebnis den oder die kleinsten Werte eines Tabellenbereichs.

Bei KKLEINSTE() ist Folgendes zu beachten:

- Ist ***Matrix*** leer, gibt KKLEINSTE() den Fehlerwert *#ZAHL!* zurück
- Ist *K* kleiner oder gleich 0 oder ist *K* größer als die Anzahl der Zahlen (Datenpunkte), gibt KKLEINSTE() den Fehlerwert *#ZAHL!* zurück
- Ist *n* die Anzahl der in *Matrix* abgelegten Zahlen (Datenpunkte), gibt KKLEINSTE (*Matrix;1*) den kleinsten und KKLEINSTE(*Matrix;n*) den größten Wert zurück.

Praxiseinsatz

Der Deutsche Fußball Bund hat die Besucher der Bundesligaspieltage in einer Excel-Datei erfasst und will nun ermitteln, an welchen Spieltagen die drei niedrigsten Besucherzahlen zu verbuchen sind, ohne die Daten vorher nach Größe zu sortieren und damit die Reihenfolge der Spieltage zu ändern.

Die Abbildung 11.60 zeigt das Ergebnis der Formel KKLEINSTE().

Tipp

Wenn Sie nun noch wissen möchten, zu welchen der Spieltage die Ergebnisse von KKLEINSTE() gehören, können Sie entweder wie im Beispiel KGRÖSSTE auf die bedingte Formatierung zurückgreifen, oder mithilfe der Funktion VERGLEICH() die Nummer des Eintrags in der Liste ermitteln. Mit dieser Nummer und der Formel INDEX() generieren Sie anschließend den Spieltag.

Fragestellung:
Was war die kleinste, zweitkleinste, drittkleinste Besucherzahl an den Spieltagen 1-17?

Spieltag	Besucherzahl
Bundesligaspieltag 1	107.629
Bundesligaspieltag 2	185.385
Bundesligaspieltag 3	180.807
Bundesligaspieltag 4	124.328
Bundesligaspieltag 5	146.215
Bundesligaspieltag 6	185.675
Bundesligaspieltag 7	210.169
Bundesligaspieltag 8	221.729
Bundesligaspieltag 9	234.187
Bundesligaspieltag 10	237.947
Bundesligaspieltag 11	210.088
Bundesligaspieltag 12	207.791
Bundesligaspieltag 13	201.097
Bundesligaspieltag 14	222.460
Bundesligaspieltag 15	208.585
Bundesligaspieltag 16	206.387
Bundesligaspieltag 17	218.951

Berechnung der kleinsten Besucherzahl	
1	107.629
2	124.328
3	146.215

=KKLEINSTE(Matrix;k)

Abbildung 11.60: Aus den Besucherzahlen der einzelnen Spieltage werden die kleinsten Werte gefiltert

Siehe auch KGRÖSSTE(), QUANTIL.INKL(), QUANTIL.EXKL(), QUARTILE.INKL(), QUARTILE.EXKL(), QUANTILSRANG.INKL(), QUANTILSRANG.EXKL(); MAX(), MIN(), MEDIAN()

CD-ROM Dieses Beispiel und das Beispiel aus dem Tipp finden Sie auf der CD-ROM zum Buch im Ordner *Buch\Kap11* in den Arbeitsmappen *Zählen.xls* (Excel 97-2003) bzw. *Zählen.xlsx* (Excel 2007/2010) auf dem Arbeitsblatt *KKleinste*.

KONFIDENZ.NORM() / KONFIDENZ() CONFIDENCE.NORM()

Hinweis Die Funktion KONFIDENZ() wird in Microsoft Excel 2010 durch die Funktionen KONFIDENZ.NORM() ersetzt und durch die Funktion und KONFIDENZ.T() ergänzt. Damit wird das Ergebnis bzw. die Genauigkeit der Funktionen erhöht. Um die Abwärtskompatibilität von KONFIDENZ.NORM() und KONFIDENZ.T() zu sichern, ist die Funktion KONFIDENZ() weiter unter ihrem alten Namen verfügbar.

Syntax KONFIDENZ(*Alpha*;*StandardAbweichung*;*Umfang*)

Definition Die Funktion KONFIDENZ.NORM() gibt einen Wert zurück, den Sie zum Erstellen eines Konfidenzintervalls für den Erwartungswert einer Zufallsvariablen verwenden können. Das Konfidenzintervall bezeichnet einen Bereich mit Werten. Der Stichprobenmittelwert *x* liegt in der Mitte dieses Bereichs, und der Bereich ist *x* ± KONFIDENZ.NORM().

Wenn beispielsweise *x* das Stichprobenmittel für Lieferzeiten von per E-Mail bestellten Produkten ist, bezeichnet *x* ± KONFIDENZ.NORM() einen Bereich aus Erwartungswerten einer Zufallsvariablen. Bei jedem Erwartungswert einer Zufallsvariablen $\mu 0$ in diesem Bereich ist die Wahrscheinlichkeit, ein Stichprobenmittel zu erhalten, das weiter von $\mu 0$ entfernt ist als *x*, größer als *Alpha*. Bei jedem Erwartungswert einer Zufallsvariablen $\mu 0$ außerhalb dieses Bereichs ist die Wahrscheinlichkeit, ein Stichprobenmittel zu erhalten, das weiter von $\mu 0$ entfernt ist als *x*, niedriger als *Alpha*.

Angenommen *x*, *StandardAbweichung* und *Umfang* werden zum Erstellen eines zweiseitigen Tests mit Signifikanzniveau *Alpha* für die Hypothese verwendet, dass der Erwartungswert einer Zufallsvariablen $\mu 0$ lautet, dann kann in diesem Fall die Hypothese aufrecht erhalten werden, wenn $\mu 0$ im Konfidenzintervall liegt, und muss verworfen werden, wenn $\mu 0$ nicht im Konfidenzintervall liegt.

Das Konfidenzintervall erlaubt jedoch nicht die Schlussfolgerung, dass das nächste Paket mit einer Wahrscheinlichkeit von 1 minus *Alpha* innerhalb des dem Konfidenzintervall entsprechenden Zeitraums geliefert wird.

Argumente

Alpha (erforderlich) ist die Irrtumswahrscheinlichkeit bei der Berechnung des Konfidenzintervalls. Das Konfidenzintervall ist gleich *100*(1 – Alpha)%*, was bedeutet, dass ein Wert für *Alpha* von 0,05 einem Konfidenzniveau von 95 % entspricht.

StandardAbweichung (erforderlich) ist die als bekannt angenommene Standardabweichung der Grundgesamtheit.

Umfang (erforderlich) ist der Umfang der Stichprobe.

Hinweis

Ist eines der Argumente nicht numerisch, gibt KONFIDENZ.NORM() den Fehlerwert *#WERT!* zurück.

Ist *Alpha* kleiner oder gleich 0 bzw. *Alpha* größer oder gleich 1, gibt KONFIDENZ.NORM() den Fehlerwert *#ZAHL!* zurück.

Ist *StandardAbweichung* kleiner oder gleich 0, gibt KONFIDENZ.NORM() den Fehlerwert *#ZAHL!* zurück.

Ist *Umfang* keine ganze Zahl, wird der Dezimalanteil abgeschnitten.

Ist *Umfang* kleiner 1, gibt KONFIDENZ.NORM() den Fehlerwert *#ZAHL!* zurück.

Ist *Alpha* gleich 0,05, muss die Fläche unter der Kurve der standardisierten Normalverteilung berechnet werden, die dem Wert *(1 – Alpha)* bzw. 95 % entspricht. Dieser Wert ist ±1,96. Für das Konfidenzintervall gilt daher:

$$\overline{x} \pm 1,96\left(\frac{\sigma}{\sqrt{n}}\right)$$

Hintergrund

Konfidenzintervalle sind in der Statistik ein gebräuchliches Mittel, um Genauigkeiten von geschätzten Werten anzugeben. So gibt etwa das 95 %-Konfidenzintervall eines Mittelwerts den Bereich an, in dem der wahre Wert, d.h. der erwartete Wert der Grundgesamtheit, mit 95%iger Wahrscheinlichkeit liegt.

Je breiter ein Konfidenzintervall ist, umso ungenauer ist die Information, die es liefert. Ist das Konfidenzintervall dagegen sehr eng, »kennt« man den wahren Wert recht gut.

Aus diesem Grund ist es üblich, neben dem errechneten Durchschnitt (Mittelwert) entweder die Standardabweichung als Maß für die Streuung anzugeben oder das Konfidenzintervall.

Die Funktion KONFIDENZ.NORM() ermöglicht die Bestimmung des 1-Alpha-Konfidenzintervalls für den Erwartungswert (= Mittelwert) einer Wahrscheinlichkeitsverteilung.

Alpha ist die Irrtumswahrscheinlichkeit oder das sogenannte Alpha-Risiko. Zulässig sind nur Werte aus dem Intervall *[0..1]*, also von 0 bis 100 %.

Ist *Alpha* beispielsweise 0,05 (also 5 %), so ist die Wahrscheinlichkeit, dass der tatsächliche Mittelwert außerhalb des mithilfe der Funktion KONFIDENZ.NORM() ermittelten Intervalls liegt, 5 %. Anders ausgedrückt, der Mittelwert der Grundgesamtheit liegt zu 95 % in dem errechneten Intervall.

Man spricht hier vom 95 %-Konfidenzintervall.

Zur Berechnung des Konfidenzintervalls liegt eine Stichprobe aus einer normalverteilten Grundgesamtheit mit bekannter Standardabweichung und bekanntem Mittelwert vor. Als Ergebnis liefert die Funktion KONFIDENZ.NORM() die halbe Breite des Vertrauensbereichs des arithmetischen Mittelwerts der Stichprobe.

Das heißt, das 1-Alpha-Konfidenzintervall ist ein symmetrischer Bereich um den Mittelwert einer Stichprobe, das den Mittelwert der Grundgesamtheit mit einer Wahrscheinlichkeit von 1-Alpha enthält.

Praxiseinsatz Wir möchten Ihnen die Funktion KONFIDENZ.NORM() anhand unseres Softwareunternehmens verdeutlichen. Das Unternehmen verkauft auf der firmeneigenen Website alle vom Unternehmen angebotenen Produkte.

Das Unternehmen besteht seit zehn Jahren. Obwohl die Webseite und auch die Möglichkeit der Online-Bestellungen bereits von Anfang an zur Verfügung stehen, werden erst seit acht Jahren die Webseitenzugriffe und auch die Anzahl der Online-Bestellungen zahlenmäßig festgehalten.

Der Marketingleiter des Unternehmens hat die Zahlen der letzten vier Jahre vorliegen und möchte nun beide Komponenten näher analysieren. Dafür hat er die Anzahl der Webseitenzugriffe pro Monat und die Online-Bestellungen pro Monat in Excel erfasst.

	B	C	D
8		Unabhängig = x-Wert	Abhängig = y-Wert
9		Webzugriffe	Bestellungen
10	Januar 2005	89	keine
11	Februar 2005	65	4
12	März 2005	198	65
13	April 2005	358	38
14	Mai 2005	287	48
15	Juni 2005	896	25
16	Juli 2005	965	89
17	August 2005	735	198
18	September 2005	1.398	376
19	Oktober 2005	653	234
20	November 2005	498	76
21	Dezember 2005	1.673	456
22	Januar 2006	236	6
23	Februar 2006	1.221	17
24	März 2006	1.563	456
25	April 2006	2.682	544
26	Mai 2006	4.569	349
27	Juni 2006	6.848	854
28	Juli 2006	8.463	427
29	August 2006	10.157	337
30	September 2006	11.837	899
31	Oktober 2006	12.987	1.011
32	November 2006	13.739	720
33	Dezember 2006	14.376	1.069
34	Januar 2007	15.739	1.070
35	Februar 2007	16.123	967
36	März 2007	16.548	1.401
37	April 2007	17.352	1.076
38	Mai 2007	17.986	1.563
39	Juni 2007	18.234	1.485
40	Juli 2007	18.769	1.367
41	August 2007	19.736	1.138
42	September 2007	20.333	1.352
43	Oktober 2007	20.987	1.343
44	November 2007	21.323	1.430
45	Dezember 2007	21.999	1.375
46	Januar 2008	22.786	1.421
47	Februar 2008	23.784	1.508
48	März 2008	24.574	1.876
49	April 2008	25.111	1.948
50	Mai 2008	25.789	2.094
51	Juni 2008	26.948	2.134
52	Juli 2008	15.635	1.673

Abbildung 11.61: Die erfassten Zahlen für Webseitenzugriffe und Online-Bestellungen

Auch den Stichprobenmittelwert und die Standardabweichung der Grundgesamtheit hat er bereits für beide Bereiche ermittelt. Da er nur mit einer Stichprobe arbeitet, möchte er nun ein Konfidenzintervall errechnen, in welchem zu 95%iger Sicherheit der Mittelwert der Grundgesamtheit liegt.

	F	G	H
9	Berechnungen/Angaben	Webzugriffe	Bestellungen
10	Mittelwert (SP)	11.308	870
11	Standardabweichung (GG)	9379,89	658,52
12	Irrtumswahrscheinlichkeit Alpha	0,05	0,05
13	Stichprobenumfang	43	42

Abbildung 11.62: Die Berechnung von Mittelwert, Standardabweichung und Stichprobenumfang

Da der Marketingleiter eine 95%ige Sicherheit möchte, ist *Alpha* = 0,05, also 5 %.

Die Berechnung des Konfidenzintervalls für den Mittelwert der Webseitenzugriffe und den Mittelwert der Online-Bestellungen können Sie der Abbildung 11.63 entnehmen.

	F	G	H
19		Webseitenzugriffe	Bestellungen
20	KONFIDENZ()	2803,57	199,16
21		=KONFIDENZ.NORM(G12;G11;G13)	=KONFIDENZ.NORM(H12;H11;H13)
22			
23		Untere Grenze	Obere Grenze
24		Mittelwert-KONFIDENZ	Mittelwert+KONFIDENZ
25	Intervall für Webseitenzugriff	8504,54	14111,69
26		=G10-G20	=G10+G20
27			
28			
29		Untere Grenze	Obere Grenze
30		Mittelwert-KONFIDENZ	Mittelwert+KONFIDENZ
31	Intervall für Bestellungen	670,34	1068,66
32		=H10-H20	=H10+H20

Abbildung 11.63: Mit *KONFIDENZ.NORM()* errechnen Sie das 1-Alpha-Konfidenzintervall

Betrachtung Webseitenzugriffe

Das Ergebnis mithilfe der Funktion KONFIDENZ.NORM() lautet 2.803,57. Dieser Wert stellt die halbe Breite des Vertrauensbereichs des arithmetischen Mittelwerts der Stichprobe dar.

Um nun die untere und obere Grenze des Intervalls zu erhalten, wurde einmal der Stichprobenmittelwert plus KONFIDENZ.NORM() und einmal der Stichprobenmittelwert minus KONFIDENZ.NORM() errechnet.

Daraus ergibt sich für die untere Grenze ein Wert von 8504,54 und für die obere Grenze ein Wert von 14.111,69.

Aussagen

Da der Marketingleiter mit einem Alpha von 0,05 gerechnet hat, kann aufgrund dieses Ergebnisses **folgende Aussage** getroffen werden:

»Zu 95 % liegt der Mittelwert der Grundgesamtheit der Webseitenzugriffe im Konfidenzintervall von 8504,54 bis 14111,69.«

Da der Stichprobenumfang nur 43 ist, ergibt sich ein recht ungenaues Konfidenzintervall. Je größer die Stichprobe ist, desto genauer bzw. enger wird auch das Konfidenzintervall – das heißt, auch der wahre Mittelwert der Grundgesamtheit wird immer genauer.

Siehe auch G.TEST(), KONFIDENZ.T()

CD-ROM Dieses Beispiel finden Sie auf der CD-ROM zum Buch im Ordner *Buch\Kap11* in den Arbeitsmappen *Wahrscheinlichkeit.xls* (Excel 97-2003) auf dem Arbeitsblatt *Konfidenz* bzw. *Wahrscheinlichkeit.xlsx* (Excel 2007/2010) auf dem Arbeitsblatt *Konfidenz.norm*.

KONFIDENZ.T() CONFIDENCE.T()

Syntax KONFIDENZ.T(***Alpha;StandardAbweichung;Umfang***)

Definition Die Funktion KONFIDENZ.T() gibt das Konfidenzintervall für den Erwartungswert einer Zufallsvariablen zurück, wobei der Studentsche T-Test verwendet wird.

Argumente ***Alpha*** (erforderlich) ist die Irrtumswahrscheinlichkeit bei der Berechnung des Konfidenzintervalls. Das Konfidenzintervall ist gleich *100*(1 – Alpha)%*, was bedeutet, dass ein Wert für *Alpha* von 0,05 einem Konfidenzniveau von 95 % entspricht.

StandardAbweichung (erforderlich) ist die als bekannt angenommene Standardabweichung der Grundgesamtheit.

Umfang (erforderlich) ist der Umfang der Stichprobe.

Hinweis Ist eines der Argumente nicht numerisch, gibt KONFIDENZ.T() den Fehlerwert *#WERT!* zurück.

Ist *Alpha* kleiner oder gleich 0 bzw. *Alpha* größer oder gleich 1, gibt KONFIDENZ.T() den Fehlerwert *#ZAHL!* zurück.

Ist *StandardAbweichung* gleich 0, gibt KONFIDENZ.T() den Fehlerwert *#ZAHL!* zurück.

Ist *Umfang* keine ganze Zahl, wird der Dezimalanteil abgeschnitten.

Ist *Umfang* gleich 1, gibt KONFIDENZ.T() den Fehlerwert *#DIV/0!* zurück.

Hintergrund Hintergrundinformationen zu Konfidenzintervallen lesen Sie bei der Funktion KONFIDENZ.NORM() auf Seite 446.

Praxiseinsatz Vergleichen Sie hierzu das Beispiel der Funktion KONFIDENZ.NORM() auf Seite 446.

Siehe auch G.TEST(), T.TEST(), KONFIDENZ(), KONFIDENZ.NORM()

CD-ROM Dieses Beispiel finden Sie auf der CD-ROM zum Buch im Ordner *Buch\Kap11* in den Arbeitsmappen *Wahrscheinlichkeit.xls* (Excel 97-2003) bzw. *Wahrscheinlichkeit.xlsx* (Excel 2007/2010) auf dem Arbeitsblatt *Konfidenz.t*.

KORREL() CORREL()

Syntax KORREL(***Matrix1;Matrix2***)

Definition Die Funktion KORREL() gibt den Korrelationskoeffizient einer zweidimensionalen Zufallsgröße zurück, deren Werte in den Zellbereichen *Matrix1* und *Matrix2* stehen. Mithilfe des Korrelationskoeffizienten lässt sich feststellen, ob es eine Beziehung zwischen zwei Eigenschaften gibt. Sie können beispielsweise die Beziehung zwischen den Zugriffen auf Ihre Webseite und den Online-Bestellungen untersuchen.

Argumente

Matrix1 (erforderlich) ist ein Zellbereich mit Werten.

Matrix2 (erforderlich) ist ein Zellbereich mit Werten.

Hinweis

Enthält ein als Matrix oder Bezug angegebenes Argument Text, Wahrheitswerte oder leere Zellen, werden diese Werte ignoriert. Zellen, die den Wert 0 enthalten, werden dagegen berücksichtigt.

Enthalten *Matrix1* und *Matrix2* nicht dieselbe Anzahl von Datenpunkten, gibt KORREL() den Fehlerwert *#NV* zurück.

Ist eine der Matrizen *Matrix1* oder *Matrix2* leer oder ist eine der zu deren Werten gehörenden Standardabweichungen *s* gleich 0, gibt KORREL() den Fehlerwert *#DIV/0!* zurück.

Hintergrund

Gibt es einen Zusammenhang zwischen zwei Variablen? Eine solche Frage taucht häufig auf, wenn Daten, ob nun aus dem Web oder aus anderen Bereichen, analysiert und interpretiert werden. Hierzu können Sie die Korrelationsanalyse verwenden.

Mithilfe des Korrelationskoeffizienten lässt sich feststellen, ob es eine Beziehung zwischen zwei Merkmalen gibt. Das Ergebnis ist eine Zahl im Bereich von 1 (perfekter Zusammenhang) bis -1 (absolute Gegenläufigkeit). Das Vorzeichen gibt also die Richtung der Beziehung an.

Die Korrelationsanalyse ist eine der wichtigsten Methoden zur Bestimmung des linearen Zusammenhangs zwischen zwei Variablen, in unserem Beispiel die Websitezugriffe und die Bestellungen.

Die Gleichung wird nach folgender Formel berechnet:

$$p_{xy} = \frac{Cov(x,y)}{\sigma_x * \sigma_y}$$

mit

$$-1 \leq p_{xy} \leq 1$$

und mit

$$Cov(x,y) = \frac{1}{n} \sum_{j-1}^{n} (x_j - \mu_x)(y_j - \mu_y)$$

Ergebnis

Der Wert des Korrelationskoeffizienten wird mit folgenden Aussagen belegt:

- Wenn der Wert kleiner als 0,3 ist, besteht ein geringer Zusammenhang zwischen den Websitebesuchen und den Bestellungen
- Wenn der Wert zwischen 0,3 und 0,5 liegt, besteht ein mäßiger Zusammenhang
- Wenn der Wert zwischen 0,5 und 0,7 liegt, besteht ein deutlicher Zusammenhang
- Wenn der Wert zwischen 0,7 und 0,9 liegt, besteht ein enger Zusammenhang
- Wenn der Wert größer als 0,9 ist, besteht ein sehr enger Zusammenhang

Praxiseinsatz

Ein in der Softwarebranche tätiges Unternehmen verkauft auf der firmeneigenen Website alle vom Unternehmen angebotenen Produkte. Regelmäßig verschickt das Unternehmen Newsletter, um über Neuheiten zu informieren und bereits vorhandene, aber auch potenzielle Neukunden auf die Website und damit auf das Unternehmen aufmerksam zu machen.

Die Produktbestellungen auf der Website sind im vergangenen Jahr merklich gestiegen. Die Geschäftsführung möchte die Gründe hierfür erforschen. Hängt der Anstieg der Bestellungen mit dem aktiven Marketing und den straffen Werbemaßnahmen der letzten Zeit zusammen? Sind durch die vermehrten Websitezugriffe auch die Bestellungen gestiegen?

Es soll also aufgezeigt werden, ob ein Zusammenhang zwischen den Websitezugriffen und den Bestellungen besteht.

Hinweis Erhalten Sie als Ergebnis einen Korrelationskoeffizienten nahe bei +1, zeigt dies einen positiven Zusammenhang zwischen den beiden Zahlenreihen auf. Das heißt, je größer der Wert der Variablen *X* (Bestellungen) wird, desto größer sind auch die Werte der Variablen *Y* (Webseitenzugriffe).

Bei einem Korrelationskoeffizient von 0 sind die beiden Variablen voneinander unabhängig.

Ist der Korrelationskoeffizient hingegen –1, besteht ein vollständig negativer Zusammenhang zwischen *X* (Bestellungen) und *Y* (Webseitenzugriffe).

Monat	Webseitenzugriff	Bestellungen
Januar 2007	236	98
Februar 2007	11593	8000
März 2007	18491	6000
April 2007	11743	8587
Mai 2007	11452	7985
Juni 2007	26651	18968
Juli 2007	16287	9753
August 2007	17750	7857
September 2007	19985	13986
Oktober 2007	17285	6875
November 2007	30369	22765
Dezember 2007	19674	9465
Januar 2008	28464	19875
Februar 2008	25000	15987
März 2008	24574	9653
April 2008	23141	12986
Mai 2008	17700	8543
Juni 2008	3702	1654
Korrelationskoeffizient		**0,89201155**

Abbildung 11.64: Die Berechnung des Korrelationskoeffizienten mit der Funktion *KORREL()*

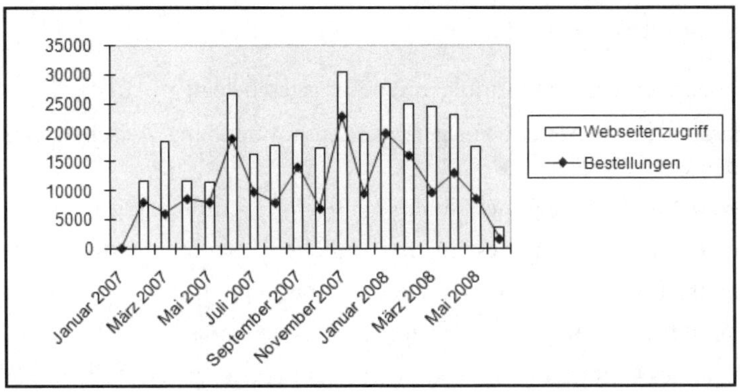

Abbildung 11.65: Die grafische Darstellung der Korrelation zwischen Webseitenzugriff und Bestellungen

Wie Sie der Abbildung 11.65 entnehmen können, lässt sich auch ohne Korrelationskoeffizienten bereits eine Abhängigkeit zwischen den Komponenten Webseitenzugriff und Bestellungen feststellen.

Die Berechnung über die Funktion KORREL() liefert den Beweis, wie in Abbildung 11.64 dargestellt.

Der Korrelationskoeffizient in Höhe von 0,89 zeigt einen positiven, *sehr engen* Zusammenhang zwischen den beiden Zahlenreihen auf. Anders ausgedrückt bedeutet das, erhöht sich die Anzahl der Webseitenzugriffe, beispielsweise durch verschiedene Marketingaktionen, steigt auch die Anzahl der Bestellungen über das Web.

Siehe auch FISHER(), FISHERINV(), KOVAR(), KOVARIANZ.P(), KOVARIANZ.S()

CD-ROM Dieses Beispiel finden Sie auf der CD-ROM zum Buch im Ordner *Buch\Kap11* in den Arbeitsmappen *Regression.xls* (Excel 97-2003) bzw. *Regression.xlsx* (Excel 2007/2010) auf dem Arbeitsblatt *Korrel*.

KOVAR() COVAR()

Hinweis Die Funktion KOVAR() wird in Microsoft Excel 2010 durch die Funktionen KOVARIANZ.P() und KOVARIANZ.S() ersetzt. Damit wird das Ergebnis bzw. die Genauigkeit der Funktionen erhöht. Um die Abwärtskompatibilität von KOVARIANZ.P() und KOVARIANZ.S() zu sichern, ist die Funktion KOVAR() weiter unter ihrem alten Namen verfügbar.

Syntax KOVAR(***Matrix1***;***Matrix2***)

Definition Die Funktion KOVAR() gibt die Kovarianz zweier Wertepaare zurück. Sie gibt Auskunft über den Zusammenhang zwischen zwei Datengruppen. So können Sie z.B. ermitteln, ob der vermehrte Eingang von Online-Bestellungen auf Ihrer Website mit der Anzahl der Webseitenzugriffe zusammenhängt. Zur Berechnung der Kovarianz wird die jeweilige Abweichung aller Wertpaare zwischen tatsächlichem Wert und dem Mittelwert miteinander multipliziert und anschließend daraus der Mittelwert daraus gebildet.

Argumente ***Matrix1*** (erforderlich) ist der erste Zellbereich, dessen Zellen mit ganzen Zahlen belegt sind.

Matrix2 (erforderlich) ist der zweite Zellbereich, dessen Zellen mit ganzen Zahlen belegt sind.

Hinweis Als Argumente sollten entweder Zahlen oder Namen, Matrizen bzw. Bezüge angegeben werden, die Zahlen enthalten.

Enthält ein als Matrix oder Bezug angegebenes Argument Text, Wahrheitswerte oder leere Zellen, werden diese Werte ignoriert. Zellen, die den Wert 0 enthalten, werden dagegen berücksichtigt.

Verfügen *Matrix1* und *Matrix2* nicht über dieselbe Anzahl von Datenpunkten, gibt die Funktion KOVAR() den Fehlerwert *#NV* zurück.

Ist eine der beiden Matrizen *Matrix1* oder *Matrix2* leer, gibt KOVAR() den Fehlerwert *#DIV/0!* zurück.

Hintergrund Die Kovarianz beschreibt den Zusammenhang zwischen zwei statistischen Merkmalen x und y durch die Bezeichnungen *positiv* und *negativ*. Das heißt, es wird die Richtung der Abhängigkeit zwischen den beiden Merkmalen aufgezeigt. Die Kovarianz kann jeden reellen Wert annehmen.

Welche Aussagen können nach Berechnung der Kovarianz getroffen werden?

- Ist die **Kovarianz positiv**, besitzen x und y tendenziell einen gleichsinnigen linearen Zusammenhang. Das bedeutet, liegen hohe Werte von x vor, liegen auch hohe Werte von y vor. Das Gleiche gilt bei niedrigen Werten. In einem Schaubild liefe die Punktwolke von links unten nach rechts oben.
- Ist die **Kovarianz negativ**, weisen x und y einen gegensinnigen linearen Zusammenhang auf. Das bedeutet, dass hohe Werte der einen Zufallsvariablen mit niedrigen Werten der anderen Zufallsvariablen einhergehen. In einem Schaubild liefe die Punktwolke von links oben nach rechts unten.
- Ist das Ergebnis 0, besteht kein Zusammenhang oder eine U-förmige Beziehung zwischen den beiden Variablen x und y

Die Kovarianz gibt zwar die Richtung einer Beziehung zwischen zwei Variablen an, über die Stärke des Zusammenhangs jedoch wird keine Aussage getroffen. Ausschlaggebend dafür ist die Abhängigkeit der berechneten Kovarianz von den Maßeinheiten der beteiligten Variablen x und y. Ist die Kovarianz zweier Variablen mit der Maßeinheit »Meter 5,2«, so ist die Kovarianz der gleichen Werte in der Maßeinheit Zentimeter »520«. Die Kovarianz ist also maßstabsabhängig.

Hinweis Die Kovarianz ist als Maßzahl für den stochastischen Zusammenhang nur wenig anschaulich und auch schwer vergleichbar. Um einen Zusammenhang vergleichbar zu machen, kann man die Kovarianz standardisieren. Man erhält dann die Korrelation – sprich eine Beziehung zwischen zwei oder mehr quantitativen statistischen Variablen, deren Maßzahl sich zwischen +1 (perfekter linearer Zusammenhang), 0 (gar kein linearer Zusammenhang) und –1 (perfekter gegensätzlicher linearer Zusammenhang) bewegt.

Zwischen der Kovarianz und den beiden Standardabweichungen kann man folgende wichtige generelle Beziehung herleiten.

- Sind n Wertepaare $(x_1, y_1), (x_2, y_2), \ldots, (x_n, y_n)$ mit den Standardabweichungen s_x und s_y und der Kovarianz s_{xy} gegeben, dann gilt, dass die Kovarianz dem Betrage nach höchstens so groß wie das Produkt der Standardabweichungen ist
- Die obere Grenze wird genau dann erreicht, wenn zwischen x_i und y_i eine perfekte lineare Abhängigkeit besteht, mit irgendwelchen festen Zahlen a und b

Die Kovarianz wird wie folgt berechnet:

$$KOVAR(X,Y) = \frac{1}{n}\sum_{i-1}^{n}\left(x_i - \mu_y\right)\left(y_i - \mu_y\right)$$

Dabei sind x und y die Stichprobenmittelwerte MITTELWERT(*Array1*) und MITTELWERT(*Array2*) und n ist der Stichprobenumfang.

Praxiseinsatz Bleiben wir bei dem Beispiel des Softwareunternehmens, das auf der firmeneigenen Website alle vom Unternehmen angebotenen Produkte verkauft und, um den Verkauf anzukurbeln, deshalb regelmäßig Newsletter verschickt.

Die Produktbestellungen auf der Website sind im vergangenen Jahr merklich gestiegen. Um die Gründe hierfür zu erforschen, hat die Geschäftsführung mithilfe der Errechnung des Korrelationskoeffizienten bereits erste Zusammenhänge aufgezeigt.

Nun wollen Sie noch eine Aussage über die Richtung des Zusammenhangs zwischen Webseitenzugriff und Online-Bestellungen treffen und deshalb die Kovarianz berechnen.

Die Abbildung 11.66 zeigt das Ergebnis.

	B	C	D
10	**Monat**	**Webseitenzugriff**	**Bestellungen**
11	Januar 2007	236	98
12	Februar 2007	11593	8000
13	März 2007	18491	6000
14	April 2007	11743	8587
15	Mai 2007	11452	7985
16	Juni 2007	26651	18968
17	Juli 2007	16287	9753
18	August 2007	17750	7857
19	September 2007	19985	13986
20	Oktober 2007	17285	6875
21	November 2007	30369	22765
22	Dezember 2007	19674	9465
23	Januar 2008	28464	19875
24	Februar 2008	25000	15987
25	März 2008	24574	9653
26	April 2008	23141	12986
27	Mai 2008	17700	8543
28	Juni 2008	3702	1654
29	**Korrelationskoeffizient**		**0,89201155**
30	**Mittelwert**	**18005,39**	**10502,06**
31	**Standardabweichung**	**8079,11**	**5978,92**
32	**Kovarianz**		**40694286,37**
33			=KOVAR(D11:D28;C11:C28)

Abbildung 11.66: Mit der Funktion *KOVAR()* wird die Richtung der Abhängigkeit zwischen zwei Wertereihen berechnet

Durch das positive Ergebnis der Berechnung der Kovarianz kann nun die Aussage getroffen werden, dass die x und y-Werte, also die Werte der Webseitenzugriffe und die der Bestellungen, tendenziell einen gleichsinnigen linearen Zusammenhang besitzen. Liegen hohe Werte von x vor, liegen auch hohe Werte von y vor, liegen niedrige x-Werte vor, liegen auch niedrige y-Werte vor.

Die positive Kovarianz wird durch den Korrelationskoeffizienten von 0,89 unterstrichen (siehe Abbildung 11.66), da dieser, je näher er an +1 liegt, einen immer größeren linearen Zusammenhang aufzeigt.

Wie man ohne die Funktion KOVAR(), also über die unter dem Abschnitt *Hintergrund* angegebene Formel, zum gleichen Ergebnis gekommen wäre, stellt Abbildung 11.67 dar.

	B	C	D
37	Webseitenzugriffe	Bestellungen	Produkt x*y
38	-17769,38889	-10404,05556	184873709,2
39	-6412,388889	-2502,055556	16044153,24
40	485,6111111	-4502,055556	-2186248,201
41	-6262,388889	-1915,055556	11992822,63
42	-6553,388889	-2517,055556	16495243,91
43	8645,611111	8465,944444	73193263,35
44	-1718,388889	-749,0555556	1287168,744
45	-255,3888889	-2645,055556	675517,7994
46	1979,611111	3483,944444	6896855,133
47	-720,3888889	-3627,055556	2612890,522
48	12363,61111	12262,94444	151614276,2
49	1668,611111	-1037,055556	-1730442,423
50	10458,61111	9372,944444	98027980,91
51	6994,611111	5484,944444	38365053,35
52	6568,611111	-849,0555556	-5577115,756
53	5135,611111	2483,944444	12756572,69
54	-305,3888889	-1959,055556	598273,7994
55	-14303,39	-8848,06	126557179,5
56	=C28-$C$30	=D28-$D$30	=B55*C55
57	=Anzahl der Webseitenzugriffe im Juni (C28) abzüglich dem Mittelwert aus der Summe aller Webseitenzugriffe (C30)	=Anzahl der Bestellungen im Juni (D28) abzüglich dem Mittelwert aus der Summe aller Bestellungen (D30)	= Produkt aus den Ergebnissen der rot markierten Zellen unter Webseitenzugriffe und Bestellungen (F28*G28)
58			40694286,37
59			=MITTELWERT(D38:D55)

Abbildung 11.67: Die Berechnung der Kovarianz über die mathematische Formel

Siehe auch FISHER(), FISHERINV(), KORREL(), KOVARIANZ.P(), KOVARIANZ.S()

CD-ROM Dieses Beispiel finden Sie auf der CD-ROM zum Buch im Ordner *Buch\Kap11* in den Arbeitsmappen *Regression.xls* (Excel 97-2003) bzw. *Regression.xlsx* (Excel 2007) auf dem Arbeitsblatt *Kovar*.

KOVARIANZ.P() COVARIANCE.P()

Syntax KOVARIANZ.P(***Matrix1***;***Matrix2***)

Definition Die Funktion KOVARIANZ.P() gibt die Kovarianz einer Grundgesamtheit, den Mittelwert der für alle Datenpunktpaare gebildeten Produkte der Abweichungen zurück.

Die Kovarianz gibt Auskunft darüber, welcher Zusammenhang zwischen zwei Datengruppen besteht. Beispielsweise können Sie ermitteln, ob ein größeres Einkommen Folge des jeweiligen Ausbindungsgrads ist.

Argumente ***Matrix1*** (erforderlich) ist der erste Zellbereich, dessen Zellen mit ganzen Zahlen belegt sind.

Matrix2 (erforderlich) ist der zweite Zellbereich, dessen Zellen mit ganzen Zahlen belegt sind.

Hinweis Als Argumente sollten entweder Zahlen oder Namen, Matrizen bzw. Bezüge angegeben werden, die Zahlen enthalten.

Enthält ein als Matrix oder Bezug angegebenes Argument Text, Wahrheitswerte oder leere Zellen, werden diese Werte ignoriert. Zellen, die den Wert 0 enthalten, werden dagegen berücksichtigt.

Verfügen *Matrix1* und *Matrix2* nicht über dieselbe Anzahl von Datenpunkten, gibt die Funktion KOVARIANZ.P() den Fehlerwert *#NV* zurück.

Ist eine der beiden Matrizen *Matrix1* oder *Matrix2* leer, gibt KOVARIANZ.P() den Fehlerwert *#DIV/0!* zurück.

Mehr Informationen zum Thema Kovarianz lesen Sie im Abschnitt KOVAR() auf Seite 453.

Siehe auch FISHER(), FISHERINV(), KORREL(), KOVAR(), KOVARIANZ.S()

CD-ROM Dieses Beispiel finden Sie auf der CD-ROM zum Buch im Ordner *Buch\Kap11* in der Arbeitsmappe *Regression.xlsx* (Excel 2007/2010) auf dem Arbeitsblatt *Kovarianz.p*.

KOVARIANZ.S() COVARIANCE.S()

Syntax KOVARIANZ.S(***Matrix1***;***Matrix2***)

Definition Die Funktion KOVARIANZ.S() gibt die Kovarianz einer Stichprobe zurück, d.h. den Mittelwert der für alle Datenpunktpaare gebildeten Produkte der Abweichungen.

Argumente ***Matrix1*** (erforderlich) ist der erste Zellbereich, dessen Zellen mit ganzen Zahlen belegt sind.

Matrix2 (erforderlich) ist der zweite Zellbereich, dessen Zellen mit ganzen Zahlen belegt sind.

Hinweis Als Argumente sollten entweder Zahlen oder Namen, Matrizen bzw. Bezüge angegeben werden, die Zahlen enthalten.

Enthält ein als Matrix oder Bezug angegebenes Argument Text, Wahrheitswerte oder leere Zellen, werden diese Werte ignoriert. Zellen, die den Wert 0 enthalten, werden dagegen berücksichtigt.

Verfügen *Matrix1* und *Matrix2* nicht über dieselbe Anzahl von Datenpunkten, gibt die Funktion KOVARIANZ.S() den Fehlerwert *#NV* zurück.

Ist eine der beiden Matrizen *Matrix1* oder *Matrix2* leer, gibt KOVARIANZ.S() den Fehlerwert *#DIV/0!* zurück.

Hinweis Mehr Informationen zum Thema Kovarianz lesen Sie im Abschnitt KOVAR().

Siehe auch FISHER(), FISHERINV(), KORREL(), KOVAR(), KOVARIANZ.P()

CD-ROM Dieses Beispiel finden Sie auf der CD-ROM zum Buch im Ordner *Buch\Kap11* in der Arbeitsmappe *Regression.xlsx* (Excel 2007/2010) auf dem Arbeitsblatt *Kovarianz.s*.

KURT() KURT()

Syntax KURT(***Zahl1***;*Zahl2*;...)

Definition Die Funktion KURT() gibt die Kurtosis (Exzess) einer Datengruppe zurück. Die Kurtosis ist ein Maß für die Wölbung, das heißt, wie spitz oder flach eine Verteilung im Vergleich zu der Normalverteilung verläuft. Eine positive Kurtosis weist auf eine relativ schmale, spitze Verteilung und eine negative Kurtosis weist auf eine relativ flache Verteilung hin.

Argumente ***Zahl1*** (erforderlich); *Zahl2* (optional); ...sind 1 bis 255 Argumente (30 bis Excel 2003), für die Sie die Kurtosis berechnen möchten. An Stelle der durch Semika voneinander getrennten Argumente können Sie auch eine Matrix oder einen Bezug auf eine Matrix verwenden.

Hinweis Als Argumente sollten entweder Zahlen oder Namen, Matrizen oder Bezüge angegeben werden, die Zahlen enthalten.

Enthält ein als Matrix oder Bezug angegebenes Argument Text, Wahrheitswerte oder leere Zellen, werden diese Werte ignoriert. Zellen, die den Wert 0 enthalten, werden dagegen berücksichtigt.

Sind weniger als vier Zahlen angegeben oder ist die Standardabweichung der Stichprobe gleich 0, gibt KURT() den Fehlerwert *#DIV/0!* zurück.

Hintergrund Die Kurtosis ist ein Maß dafür, wie spitz oder flach die Verteilung (Kurve) der beobachteten Werte (Daten) im Vergleich zu einer Normalverteilung ist.

Eine Normalverteilung hat eine Kurtosis von 0.

Hinweis Nähere Informationen zur Normalverteilung und der Funktion NORM.VERT() / NORMVERT() finden Sie auf Seite 491 dieses Buchs.

Die Kurtosis, also die Steilheit der Verteilung gibt an, ob die empirische Verteilung »steiler« ist als die Normalverteilung. Dies ist dann der Fall, wenn die Kurtosis positiv ist.

Eine Kurtosis ist wie folgt definiert:

$$\left\{\frac{n(n+1)}{(n-1)(n-2)(n-3)}\sum\left(\frac{x_i-\bar{x}}{s}\right)^4\right\}-\frac{3(n-1)^2}{(n-2)(n-3)}$$

Hierbei ist s die Standardabweichung der Stichprobe.

Die Kurtosis, ebenso wie die Schiefe einer Verteilung, charakterisieren die Form und den Grad der Symmetrie einer Verteilung. Beide Berechnungsmöglichkeiten haben eine wichtige Funktion beim Finden der »richtigen« Verteilung, mit deren Hilfe in angemessener Weise die Daten weiter ausgewertet werden können.

Hinweis Mehr zum Thema *Schiefe* finden Sie auf Seite 525 dieses Buchs.

Die Kurtosis, auch Wölbung oder Exzess genannt, einer statistischen Verteilung ist definiert als:

$$\frac{m_4(\mu)}{\sigma^4}-3$$

Hierbei ist $m_4(\mu)$ das vierte zentrale Moment und σ die Standardabweichung.

Wie bereits erwähnt, beschreibt die Wölbung die Abweichung des Verlaufs der gegebenen Wahrscheinlichkeitsverteilung zum Verlauf der Normalverteilung. Eine im Vergleich zur Normalverteilung flachere Wahrscheinlichkeitsverteilung wird »subgauß-förmig« genannt, eine im Vergleich spitzere Verteilung heißt »supergauß'sch«.

Praxiseinsatz Um Ihnen die Funktionsweise der KURT() zu verdeutlichen, greifen wir auf das Webseitenbeispiel unseres Softwareherstellers zurück. Die Marketingabteilung möchte eine Auswertung des Download- und gesamten Webseitenbereichs machen, um hierbei die Kurtosis, also die Wölbung »Verteilung der Webseitenklicks« zu berechnen.

Als Ergebnis dieser Berechnung erhalten die Mitarbeiter einen Wert, mit dessen Hilfe sie die Abweichung des Verlaufs der gegebenen Wahrscheinlichkeitsverteilung zum Verlauf der Normalverteilung beurteilen können.

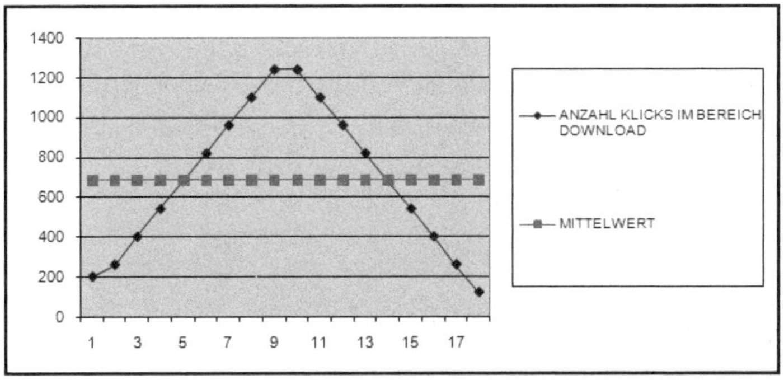

Abbildung 11.68: Die Berechnung der Kurtosis für den Downloadbereich als auch für den gesamten Bereich der Webseite

Um eine Vorstellung der Wahrscheinlichkeitsverteilung im Vergleich zur Normalverteilung sowohl im Downloadbereich als auch für den gesamten Webseitenbereich zu erhalten, werden mit wenigen Mausklicks noch die dazugehörigen Diagramme erstellt. Diese stellen sich, wie in Abbildung 11.69 und in Abbildung 11.70 aufgezeigt, dar.

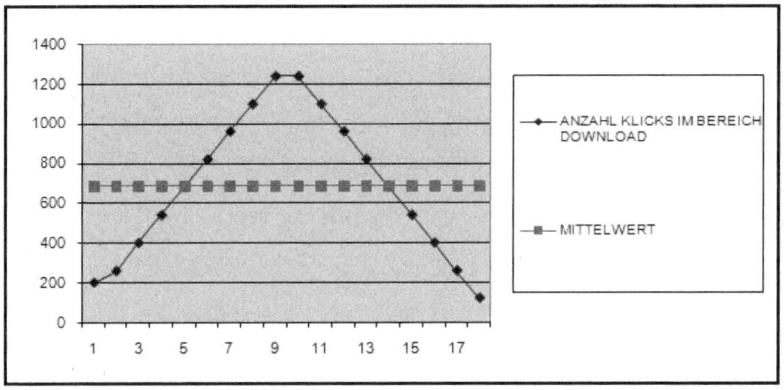

Abbildung 11.69: Die Darstellung der Kurtosis für den Downloadbereich

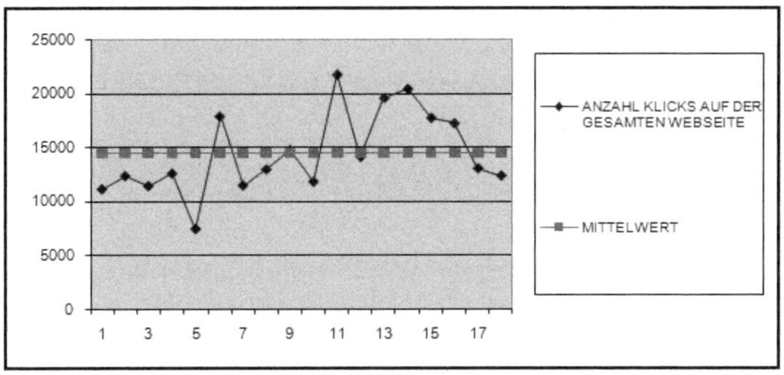

Abbildung 11.70: Die Darstellung der Kurtosis für den gesamten Webseitenbereich

Aussagen

1. Die negative Kurtosis für den Downloadbereich mit dem Wert –1,27 bedeutet, dass es sich hierbei um relativ flache Verteilung im Vergleich zur Normalverteilung handelt. Die Werte der empirischen Verteilung streuen weiter um den Mittelwert als bei der Normalverteilung.
2. Die positive Kurtosis für den gesamten Webseitenbereich mit dem Wert 0,42 bedeutet, dass es sich hierbei um eine relativ schmale, spitze Verteilung im Vergleich zur Normalverteilung handelt. Die Werte der empirischen Verteilung streuen enger um den Mittelwert als bei der Normalverteilung.

Siehe auch SCHIEFE(), STABW(), STDABWN(), VARIANZ(), VARIANZEN()

CD-ROM Dieses Beispiel finden Sie auf der CD-ROM zum Buch im Ordner *\Buch\Kap11* in den Arbeitsmappen *Symmetrie.xls* (Excel 97-2003) bzw. *Symmetrie.xlsx* (Excel 2007) auf dem Arbeitsblatt *Kurtosis*.

LOGNORM.INV() / LOGINV()

LOGNORM.INV() / LOGINV()

Syntax LOGNORM.INV(***Wahrsch***;***Mittelwert***;***Standabwn***)

Definition Die Funktion LOGNORM.INV() gibt Quantile der Lognormalverteilung von *x* zurück, wobei *ln(x)* mit den Parametern *Mittelwert* und *Standabwn* normal verteilt ist. Ist *p = LOGNORM.VERT(x,...)*, gilt *LOGNORM.INV(p,...) = x*. Bei gegebener Wahrscheinlichkeit *p* können Sie das entsprechende Quantil der Lognormalverteilung bestimmen.

Mit der Lognormalverteilung können Sie logarithmisch transformierte Daten analysieren.

Argumente ***Wahrsch*** (erforderlich) ist die zur Lognormalverteilung gehörige Wahrscheinlichkeit.

Mittelwert (erforderlich) ist der Mittelwert der Lognormalverteilung.

Standabwn (erforderlich) ist die Standardabweichung der Lognormalverteilung.

Hinweis Ist eines der Argumente kein numerischer Ausdruck, gibt die Funktion LOGNORM.INV() den Fehlerwert *#WERT!* zurück.

Ist *Wahrsch* kleiner 0 oder *Wahrsch* größer 1, gibt LOGNORM.INV() den Fehlerwert *#ZAHL!* zurück.

Ist *Standabwn* kleiner oder gleich 0, gibt LOGNORM.INV() den Fehlerwert *#ZAHL!* zurück.

Hintergrund Die Umkehrfunktion der Lognormalverteilung lautet:

$$LOGNORM.INV\left(p,\mu,\sigma\right)=e^{\left[\mu+\sigma x\left(NORM.INV\left(p\right)\right)\right]}$$

Hinweis Mehr Informationen zur Lognormalverteilung und der Funktion LOGNORM.VERT() finden Sie auf Seite 461.

Praxiseinsatz Gehen Sie folgendermaßen zur Berechnung von LOGNORM.INV() vor:

Gegeben sind die Werte:

- 0,039084 = Die zur Lognormalverteilung gehörende Wahrscheinlichkeit (***Wahrsch***)
- 3,5 = Das Mittel von *ln(x)* (*Mittelwert*)
- 1,2 = Die Standardabweichung von *ln(x)* (*Standabwn*)

Die Berechnung von LOGNORM.INV() sehen Sie in Abbildung 11.71.

	B	C	D	E	F
8	**Berechnung von LOGNORM.INV()**				
9	**Bedeutung**			**Parameter**	
10	Die zur Lognormalverteilung gehörende Wahrscheinlichkeit			0,039084	
11	Mittel von ln(x)			3,5	
12	Standardabweichung von ln(x)			1,2	
13	**LOGNORM.INV()**			**4,000025**	
14				=LOGNORM.INV(E10;E11;E12)	

Abbildung 11.71: Die Berechnung von *LOGNORM.INV()*

Unter Angabe der in Abbildung 11.71 dargestellten Parameter gibt die Funktion LOGNORM.INV() die Quantile der Lognormalverteilung in Höhe von 4,000025 zurück.

Siehe auch

EXP(), LN(), LOG(), LOG10(), LOGNORM.VERT()

CD-ROM

Dieses Beispiel finden Sie auf der CD-ROM zum Buch im Ordner *\Buch\Kap11* in den Arbeitsmappen *Wahrscheinlichkeit.xls* auf dem Arbeitsblatt *Loginv* (Excel 97-2003) bzw. *Wahrscheinlichkeit.xlsx* (Excel 2007/2010) auf dem Arbeitsblatt *Lognorm.inv*.

LOGNORM.VERT() / LOGNORMVERT()

LOGNORM.DIST() / LOGNORMDIST()

Syntax

LOGNORM.VERT(***x***;***Mittelwert***;***Standabwn***;***Kumuliert***)

Definition

Die Funktion LOGNORM.VERT() gibt Werte der Verteilungsfunktion einer lognormalverteilten Zufallsvariablen zurück, wobei *ln(x)* normalverteilt ist mit den Parametern *Mittelwert* und *Standabwn*. Mit dieser Funktion können Sie Daten untersuchen, die logarithmisch transformiert wurden.

Argumente

x (erforderlich) ist der Wert, für den die Funktion ausgewertet werden soll.

Mittelwert (erforderlich) ist der Mittelwert der Lognormalverteilung.

Standabwn (erforderlich) ist die Standardabweichung der Lognormalverteilung.

Kumuliert (erforderlich) ist der Wahrheitswert, der den Typ der Funktion bestimmt.

Hinweis

Ist eines der Argumente kein numerischer Ausdruck, gibt die Funktion LOGNORM.VERT() den Fehlerwert *#WERT!* zurück.

Ist *x* kleiner oder gleich 0 oder *Standabwn* kleiner oder gleich 0, gibt LOGNORM.VERT() den Fehlerwert *#ZAHL!* zurück.

Hintergrund

Die Funktion LOGNORM.VERT() liefert die Wahrscheinlichkeiten einer logarithmisch normalverteilten Zufallsvariablen. Sie können mit dieser Funktion Wahrscheinlichkeitsverteilungen betrachten, bei denen nicht die Zufallsvariable selbst, sondern ihr natürlicher Logarithmus normalverteilt ist.

Die Lognormalverteilung ist formelmäßig der Normalverteilung ähnlich, hat jedoch einen Logarithmus im Exponenten. Sie ist rechtsschief, das heißt, sie steigt stark an und fällt dann langsamer wieder ab (siehe Abbildung 11.72).

Gilt also eine Zufallsvariable als lognormalverteilt, dann ist folglich ihr Logarithmus normalverteilt. Kennzeichnend für eine lognormalverteilte Variable ist, dass unendlich viele Einflüsse multiplikativ auf sie einwirken.

Häufig sind Einkommen lognormalverteilt. Einer der Gründe hierfür liegt in der normalerweise prozentualen Einkommenserhöhung. Große Einkommen werden auf diese Weise stark erhöht, kleinere Einkommen nur wenig. Im Laufe der Zeit verbleiben die vielen kleineren Einkommen unten, während die wenigen großen nach oben wegdriften. Deshalb entsteht die rechtsschiefe Verteilung. Das Logarithmieren überführt die multiplikative Struktur in eine additive. Die logarithmierten Werte sind dann normalverteilt.

Ein weiterer Grund für die lognormalverteilte Einkommensstruktur ist, dass es viel weniger hochdotierte Positionen gibt. Die Masse der Arbeitsplätze sind mit mehr oder weniger geringem Einkommen belegt, wobei besonders niedrige Einkommen wieder seltener werden.

Diese Tatsache entspricht genau dem Verlauf der meisten Lognormalverteilungen.

Die Lognormalverteilung mit den Parametern μ und σ*2* ist auf den positiven reellen Zahlen durch die folgende Wahrscheinlichkeitsdichte erklärt.

$$f(x) = \frac{1}{\sigma\sqrt{2\pi}}\frac{1}{x}e^{-\frac{(\ln(x)-\mu)^2}{2\sigma^2}}$$

Die grafische Darstellung der Wahrscheinlichkeitsdichte der Lognormalverteilung sehen Sie in Abbildung 11.72.

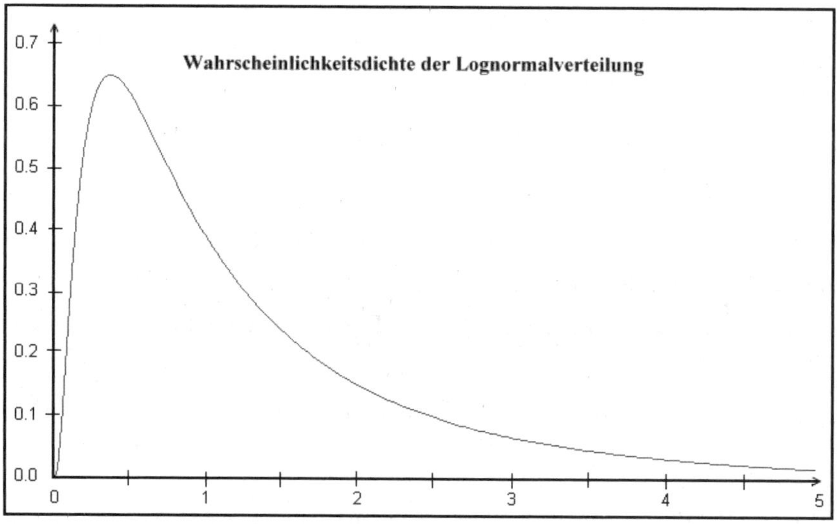

Abbildung 11.72: Wahrscheinlichkeitsdichte der Lognormalverteilung mit μ = *0* und σ = *1*

Die Gleichung für die Verteilungsfunktion einer logarithmischen Normalverteilung lautet:

$$LOGNORM.VERT(x,\mu,\sigma) = NORM.VERT\left(\frac{\ln(x)-\mu}{\sigma}\right)$$

Praxiseinsatz

Gehen Sie folgendermaßen zur Berechnung von LOGNORM.VERT() vor:

Gegeben sind die Werte:

- 4 = Wert, für den die Funktion ausgewertet werden soll (*x*)
- 3,5 = Das Mittel von *ln(x)* (*Mittelwert*)
- 1,2 = Die Standardabweichung von *ln(x)* (*Standabwn*)
- Wahr = Der Wahrheitswert, der den Typ der Funktion bestimmt

Die Berechnung von LOGNORM.VERT() sehen Sie in Abbildung 11.73.

	B	E
8	**Berechnung von LOGNORM.VERT()**	
9	**Bedeutung**	**Parameter**
10	Wert, für den die Funktion ausgewertet werden soll	4
11	Mittel von ln(x)	3,5
12	Standardabweichung von ln(x)	1,2
13	Kumuliert	WAHR
14	**LOGNORM.VERT()**	**0,039083556**
15		=LOGNORM.VERT(E10;E11;E12;wahr)

Abbildung 11.73: Die Berechnung von *LOGNORM.VERT()*

Unter Angabe der in Abbildung 11.73 dargestellten Parameter gibt die Funktion LOGNORM.VERT() die kumulierte Lognormalverteilung in Höhe von 0,039084 zurück.

Siehe auch

EXP(), LN(), LOG(), LOG10(), LOGNORM.INV()

CD-ROM

Dieses Beispiel finden Sie auf der CD-ROM zum Buch im Ordner *\Buch\Kap11* in den Arbeitsmappen *Wahrscheinlichkeit.xls* (Excel 97-2003) auf dem Arbeitsblatt *Lognormvert* bzw. *Wahrscheinlichkeit.xlsx* (Excel 2007/2010) auf dem Arbeitsblatt *Lognorm.vert.*

MAX() MAX()

Syntax

MAX(***Zahl1***;*Zahl2*;...)

Definition

MAX() gibt den größten Wert innerhalb einer Argumentliste zurück.

Argumente

Zahl1 (erforderlich); *Zahl2* (optional); ... sind 1 bis 255 Zahlen (30 bis Excel 2003), für die Sie den Maximalwert finden möchten.

Hintergrund

Für die Ermittlung der kleinsten und größten Werte einer Datenmenge verwenden Sie die Funktionen MIN() und MAX().

Als Argumente können Sie Zahlen, aber auch leere Zellen, Wahrheitswerte und in Textform vorliegende Zahlen angeben. Als Fehlerwerte oder Text angegebene Argumente, die nicht in Zahlen umgewandelt werden können, führen zu Fehlern.

Ist als Argument eine Matrix oder ein Bezug angegeben, werden von deren oder dessen Elementen nur diejenigen berücksichtigt, die Zahlen sind. Zu der Matrix oder dem Bezug gehörende leere Zellen, Wahrheitswerte oder Text werden ignoriert. Sollen Wahrheitswerte und Text berücksichtigt werden, verwenden Sie stattdessen MAXA() bzw. MINA().

Enthalten die Argumente keine Zahlen, geben MAX() und MIN() den Wert 0 zurück.

Praxiseinsatz Der Chef der Abteilung Rechnungswesen des Softwareherstellers will aus einer Tabelle, die die Umsätze der vergangenen zwei Jahre beinhaltet, den höchsten Wert angezeigt bekommen.

Fragestellung:
Wie hoch war der höchste Umsatz?

Monat	Umsatz
Januar 07	107.629 €
Februar 07	185.385 €
März 07	180.807 €
April 07	124.328 €
Mai 07	146.215 €
Juni 07	185.675 €
Juli 07	210.169 €
August 07	221.729 €
September 07	234.187 €
Oktober 07	237.947 €
November 07	210.088 €
Dezember 07	207.791 €
Januar 08	201.097 €
Februar 08	222.460 €
März 08	208.585 €
April 08	206.387 €
Mai 08	218.951 €
Juni 08	325.698 €
Juli 08	123.984 €
August 08	325.146 €
September 08	251.462 €
Oktober 08	124.652 €
November 08	123.568 €
Dezember 08	301.245 €

Der größte Umsatz
325.698 €

=MAX(C3:C26)

Abbildung 11.74: Mit der Formel *MAX()* wird der höchste Wert innerhalb der Tabelle ermittelt

Ohne die Daten vorher zu sortieren, erhält man mit MAX(), wie in Abbildung 11.74 dargestellt, den größten Wert einer Datenmenge.

Tipp Um sich den dazugehörigen Monat anzeigen zu lassen, können Sie auf die bedingte Formatierung oder auf die unter KKLEINSTE() erläuterten Funktionen VERGLEICH() und INDEX() zurückgreifen.

Siehe auch DBMAX(), MAXA(), MIN(), MINA

CD-ROM Dieses Beispiel finden Sie auf der CD-ROM zum Buch im Ordner *\Buch\Kap11* in den Arbeitsmappen *Zählen.xls* (Excel 97-2003) bzw. *Zählen.xlsx* (Excel 2007/2010) auf dem Arbeitsblatt *Max&Min.*

MAXA() MAXA()

Syntax MAXA(*Wert1*;*Wert2*;...)

Definition MAXA() gibt den größten Wert einer Liste von Argumenten zurück. Anders als bei MAX() werden auch Text und Wahrheitswerte wie *WAHR* und *FALSCH* wie Zahlen verglichen.

Argumente *Wert1* (erforderlich); *Wert2* (optional); ... sind 1 bis 255 Werte (30 bis Excel 2003), deren größter Wert ermittelt werden soll.

Hintergrund

Haben Sie eine Tabelle, deren Inhalt bzw. Datenmenge nicht nur aus Zahlenwerten, sondern auch aus Text und Wahrheitswerten besteht, können Sie den größten oder kleinsten Wert dieser Tabelle mit der Funktion MAXA() bzw. MINA() ermitteln.

Bei MAXA() und MINA() zählen zu den zulässigen Argumenten Zahlen, leere Zellen, Wahrheitswerte oder Zahlen in Textdarstellung. Befinden sich unter den Argumenten falsche Werte, verursachen diese Fehler. Ist ein Argument als Matrix oder Bezug gegeben, werden in diesem Bereich nur Werte verwendet. Leere Zellen und Werte, die als Text gegeben sind, werden nicht berücksichtigt.

Wahrheitswerte werden folgendermaßen bewertet:

- Wahrheitswert *WAHR* = 1
- Wahrheitswert *FALSCH* = 0 (das gilt auch für Argumente, die Text enthalten)

Enthalten die Argumente keine Werte, geben sowohl MAXA() als auch MINA() den Wert 0 zurück.

Hinweis

Sollen in der Berechnung Text und Wahrheitswerte nicht berücksichtigt werden, verwenden Sie stattdessen die Arbeitsblattfunktion MAX() bzw. MIN().

Praxiseinsatz

Um Ihnen darzustellen, dass bei MAXA() beispielsweise auch Wahrheitswerte wie *WAHR* oder *FALSCH* berücksichtigt werden und deren Wert wie zuvor beschrieben bei 0 bzw. 1 liegt, haben wir für die anderen Werte der Beispieltabelle (siehe Abbildung 11.75) Zahlen zwischen 0 und 1 gewählt.

	B	C	D	E
2	**Fragestellung: Wie hoch ist der höchste Wert der Tabelle?**			
3				
4	**Monate**	**Daten**		**MAXA()**
5	Januar	WAHR		1
6	Februar	0,7		=MAXA(C5:C16)
7	März	0,6		
8	April	0,4		
9	Mai	0,5		
10	Juni	0,2		
11	Juli	0,3		
12	August	0,2		
13	September	0,5		
14	Oktober	FALSCH		
15	November	0,7		
16	Dezember	0,3		

Abbildung 11.75: Zur Berechnung des höchsten Werts einer Datenmenge, die Text oder Wahrheitswerte beinhaltet, verwendet man *MAXA()*

Als Ergebnis von MAXA() erhalten Sie »1«, da der höchste Wert in diesem Fall durch den Wahrheitswert *WAHR* dargestellt wird.

Siehe auch

DBMAX(), MINA()

CD-ROM

Dieses Beispiel finden Sie auf der CD-ROM zum Buch im Ordner *\Buch\Kap11* in den Arbeitsmappen *Zählen.xls* (Excel 97-2003) bzw. *Zählen.xlsx* (Excel 2007/2010) auf dem Arbeitsblatt *Maxa&Mina*.

MEDIAN() MEDIAN()

Syntax MEDIAN(*Zahl1;Zahl2;...*)

Definition Der Median ist genau die Zahl, die in der Mitte einer Zahlenreihe liegt. Das heißt, dass die eine Hälfte der Zahlen Werte beinhaltet, die kleiner sind als der errechnete Median, und die andere Hälfte größere. Somit ist die Ordnungsnummer des Medians innerhalb der sortierten Datenreihe gleich der halben Anzahl der Elemente.

Argumente *Zahl1* (erforderlich); *Zahl2* (optional); ... sind 1 bis 255 Zahlen, deren Median Sie berechnen möchten.

Hinweis Die Argumente müssen entweder Zahlen, Namen, Matrizen oder Bezüge sein, die Zahlen enthalten. Es werden alle Zahlen, die zu einem als Bezug oder Matrix angegebenen Argument gehören, geprüft.

Enthält ein als Matrix oder Bezug angegebenes Argument Text, Wahrheitswerte oder leere Zellen, werden diese Werte ignoriert. Zellen, die den Wert 0 enthalten, werden dagegen berücksichtigt.

Besteht eine Zahlenreihe aus einer geraden Anzahl von Zahlen, berechnet MEDIAN() den Mittelwert der beiden mittleren Zahlen.

Hintergrund Der Median, auch Zentralwert genannt, gibt den mittleren Wert aus einer Datenmenge an. Bei ungeraden Zahlen von Beobachtungswerten ist er einer der tatsächlichen beobachteten Werte. Gibt es keine eindeutige Mitte, was bei gerader Anzahl an Elementen der Fall ist, wird der Median über das arithmetische Mittel der beiden mittleren Werte berechnet.

Handelt es sich um klassifizierte Werte, liegt der Median in der Klasse, in der die Summenfunktion den Wert 0,5 übersteigt. In diesen Fällen muss er geschätzt bzw. durch lineare Interpolation genauer berechnet werden. Voraussetzung für die Berechnung des Medians ist Ordinalskalenniveau und dass die Beobachtungswerte nach ihrer Größe geordnet sind.

Auch wenn der Median im Prinzip leicht verständlich ist, ist er weniger bekannt als das arithmetische Mittel oder der Modalwert. Die Formel für den Median lautet:

$$\bar{x} = x_{j-1} + \frac{b_j}{n_j}\left(\frac{n}{2} - N_{j-1}\right)$$

Im Unterschied zum Mittelwert ist der Median nicht ausreißerabhängig. So bietet sich die Berechnung des Medians z.B. an, wenn man die mittlere Studiendauer errechnen möchte, ohne Langzeitstudenten und andere »Ausreißer« zu berücksichtigen.

Der Median ist also vor allem dann hilfreich, wenn die Werte an den Rändern von geringer Bedeutung sind oder wegen ihrer Ausreißereigenschaften zu Fehlinterpretationen führen könnten, wenn das arithmetische Mittel angewandt würde. Der Median liefert auch dann ein besseres Ergebnis als der Mittelwert, wenn die Zahl der untersuchten Fälle gering ist.

Eine weitere Eigenschaft des Median ist seine geringe Sensibilität. Bestimmte Werte einer vorgegebenen Zahlenmenge können durch andere Werte ersetzt werden, ohne dass dies eine Auswirkung auf den Median hat.

Der gemeinsame Median zweier statistischer Mengen kann nicht durch Zusammenfassen der entsprechenden Mediane beider Beobachtungsreihen ermittelt werden. Die Beobachtungsreihen müssen für eine solche Berechnung zusammengeführt, neu geordnet und anschließend erneut ermittelt werden.

Eine Verallgemeinerung des Medians stellen Quantile dar. Während der Median die Verteilung genau halbiert, teilen Quantile sie in mehrere gleiche Teile auf. Am gebräuchlichsten sind Quartile (vier Teile). Wie beim Median ist auch hier Ordinalskalenniveau erforderlich sowie eine Sortierung der Beobachtungswerte entsprechend ihrer Rangordnung.

Praxiseinsatz

Die Marketingabteilung des Softwareherstellers hat eine Auswertung der Webseite für das vergangene Jahr vorgenommen. In der Auswertung wurden alle Klicks in den einzelnen Webseitenbereichen registriert. Nun möchte der Marketingleiter den Median, also den Zentralwert, errechnen, um den mittleren Wert aus dieser Datenmenge zu generieren und somit eine Aussage über den Webseitenzugriff in den letzten zwölf Monaten tätigen zu können.

Fragestellung: Wie war der Zugriff auf die Webseite

Umsätze	Events	Publikationen	Team	Training	Wissen	Gesamtergebnis	Mittelwert
Januar	22	2	19	19	43	105	21
Februar	1.170	356	505	1.319	3.000	6.350	1.270
März	1.545	756	1.307	2.233	6.116	11.957	2.391
April	1.168	518	884	1.903	2.860	7.333	1.467
Mai	1.139	684	835	1.589	3.126	7.373	1.475
Juni	5.083	1.678	820	2.428	6.682	16.691	3.338
Juli	3.609	844	276	1.559	3.311	9.599	1.920
August	4.810	622	365	1.502	3.317	10.616	2.123
September	5.581	893	309	1.628	3.542	11.953	2.391
Oktober	5.506	724	259	1.440	2.971	10.900	2.180
November	11.786	1.046	447	2.255	4.735	20.269	4.054
Dezember	6.227	339	234	1.583	2.652	11.035	2.207
Median	**4.210**	**704**	**406**	**1.586**	**3.219**	**10.758**	**2.152**
Mittelwert	**3.971**	**705**	**522**	**1.622**	**3.530**	**1.622**	**2.070**
Gesamt Median		**1380**	**1609**				

Abbildung 11.76: Für die Webseitenzugriffe werden sowohl der Median als auch der Mittelwert berechnet

In diesem Beispiel wurde der Median aus den Werten der beiden mittleren Werte jeder Beobachtungsreihe ermittelt, da es sich um eine gerade Anzahl an Elementen handelt.

Würde man die Beobachtungsreihe »Events« sortieren, wäre zu erkennen, dass es sich bei diesen beiden mittleren Werten um die Monate Juli (3.609) und August (4.810) handelt. Diese beiden Werte wurden mithilfe der Funktion MEDIAN() addiert und anschließend durch 2 geteilt. Als Ergebnis folgt ein Median von 4.210.

Wäre in diesem Beispiel ein 13. Monat angegeben, so würde als Median der Wert errechnet, der in einer nach dem Rang sortierten Datenreihe die siebte Stelle einnimmt.

Hinweis

Der Vergleich mit dem Mittelwert zeigt, dass beim Median die Ausreißer im Januar und November weniger ins Gewicht fallen.

Siehe auch

ANZAHL(), ANZAHL2(), DBMITTELWERT(), MITTELWERT(), MITTELWERTWENN(), MITTELWERTWENNS(),MODUS.EINF(), SUMME()

CD-ROM

Dieses Beispiel finden Sie auf der CD-ROM zum Buch im Ordner *\Buch\Kap11* in den Arbeitsmappen *Mittelwert.xls* (Excel 97-2003) bzw. *Mittelwert.xlsx* (Excel 2007/2010) auf dem Arbeitsblatt *Median*.

MIN() MIN()

Syntax MIN(*Zahl1*;*Zahl2*;...)

Definition MIN() gibt den kleinsten Wert innerhalb einer Argumentliste zurück.

Argumente ***Zahl1*** (erforderlich); *Zahl2* (optional); ... sind 1 bis 255 Zahlen (30 bis Excel 2003), aus denen Sie die kleinste Zahl heraussuchen möchten.

Hintergrund Das Thema MIN() und MAX() sowie Hinweise zur Verwendung der Argumente haben wir bereits detailliert unter MAX() (siehe Seite 463) erläutert.

Tipp Häufig soll bei der Ermittlung des kleinsten Werts auch der Wert *0* (Null) ausgeschlossen werden. Um den kleinsten Wert mit einer Bedingung zu ermitteln, verwenden Sie die Formel

```
=MIN(Wenn(Bereich<>0;Bereich;""))
```

die Sie als Matrixformel mit der Tastenkombination Strg + ⇧ + ↵ eingeben.

Praxiseinsatz Aus einer Umsatztabelle des Softwareherstellers soll der kleinste Umsatz innerhalb des angegebenen Zeitraums gesucht werden.

Fragestellung:
Wie hoch war der niedrigste Umsatz?

Monat	Umsatz
Januar 07	107.629 €
Februar 07	185.385 €
März 07	180.807 €
April 07	124.328 €
Mai 07	146.215 €
Juni 07	185.675 €
Juli 07	210.169 €
August 07	221.729 €
September 07	234.187 €
Oktober 07	237.947 €
November 07	210.088 €
Dezember 07	207.791 €
Januar 08	201.097 €
Februar 08	222.460 €
März 08	208.585 €
April 08	206.387 €
Mai 08	218.951 €
Juni 08	325.698 €
Juli 08	123.984 €
August 08	325.146 €
September 08	251.462 €
Oktober 08	124.652 €
November 08	123.568 €
Dezember 08	301.245 €

Der kleinste Umsatz
107.629 €

=MIN(C3:C26)

Abbildung 11.77: Mit der Formel *MIN()* wird der niedrigste Wert innerhalb der Tabelle ermittelt

Ohne eine vorangegangene Datensortierung wird durch MIN() im Januar mit 107.629 € der kleinste Umsatz festgestellt.

Siehe auch DBMIN(), MAX(), MAXA(), MINA()

CD-ROM Dieses Beispiel finden Sie auf der CD-ROM zum Buch im Ordner *\Buch\Kap11* in den Arbeitsmappen *Zählen.xls* (Excel 97-2003) bzw. *Zählen.xlsx* (Excel 2007) auf dem Arbeitsblatt *Max&Min*.

MINA() MINA()

Syntax

MINA(***Wert1***;*Wert2*;...)

Definition

MINA() gibt den kleinsten Wert einer Liste von Argumenten zurück. Text und Wahrheitswerte wie *WAHR* und *FALSCH* werden ebenso wie Zahlen verglichen.

Argumente

Wert1 (erforderlich); *Wert2* (optional); ... sind 1 bis 255 Werte (30 bis Excel 2003), deren kleinster Wert ermittelt werden soll.

Hintergrund

Das Thema MAXA() und MINA() sowie Hinweise zur Verwendung der Argumente und deren Bedeutung haben wir bereits detailliert unter MAXA() (siehe Seite 464) erläutert.

Praxiseinsatz

Entsprechend unseres Beispiels unter MAXA() erhalten Sie für MINA(), wie in Abbildung 11.78 zu sehen, das Ergebnis 0, da der niedrigste Wert in diesem Fall durch den Wahrheitswert *FALSCH* dargestellt wird.

Fragestellung:
Wie hoch ist der niedrigste Wert der Tabelle?

	B	C
4	Monate	Daten
5	Januar	WAHR
6	Februar	0,7
7	März	0,6
8	April	0,4
9	Mai	0,5
10	Juni	0,2
11	Juli	0,3
12	August	0,2
13	September	0,5
14	Oktober	FALSCH
15	November	0,7
16	Dezember	0,3

Abbildung 11.78: Zur Berechnung des niedrigsten Werts einer Datenmenge, die Text oder Wahrheitswerte beinhaltet, verwendet man *MINA()*

Siehe auch

DBMIN(), MAXA()

CD-ROM

Dieses Beispiel finden Sie auf der CD-ROM zum Buch im Ordner *\Buch\Kap11* in den Arbeitsmappen *Zählen.xls* (Excel 97-2003) bzw. *Zählen.xlsx* (Excel 2007) auf dem Arbeitsblatt *Maxa&Mina*.

MITTELABW() AVEDEV()

Syntax

MITTELABW(***Zahl1***;*Zahl2*;...)

Definition

MITTELABW() gibt die durchschnittliche absolute Abweichung einer Reihe von Merkmalsausprägungen und ihrem Mittelwert zurück. Anders ausgedrückt: Die Funktion berechnet das artihmetische Mittel der Abweichungen einer Reihe von ihrem Mittelwert ohne Berücksichtigung des Vorzeichens. MITTELABW() ist ein Maß für die Streuung innerhalb einer Datengruppe.

Argumente

Zahl1 (erforderlich); *Zahl2* (optional); ... sind 1 bis 255 Argumente (30 bis Excel 2003), deren durchschnittliche absolute Abweichung berechnet werden soll. Anstelle der durch ein Semikolon voneinander getrennten Argumente können Sie eine Matrix oder einen Bezug angeben, der auf eine Matrix verweist.

Hinweis Als Argumente sollten entweder Zahlen oder Namen, Matrizen oder Bezüge angegeben werden, die Zahlen enthalten. Enthält ein als Matrix oder Bezug angegebenes Argument Text, Wahrheitswerte oder leere Zellen, werden diese Werte ignoriert. Zellen, die den Wert 0 enthalten, werden dagegen berücksichtigt.

Das Ergebnis der Berechnung von MITTELABW() wird von der Maßeinheit der eingegebenen Daten beeinflusst.

Hintergrund Um die Abweichung von beispielsweise Umsätzen oder, wie in unserem Fall, von monatlichen Zugriffen auf die Webseite in Bezug auf deren Mittelwert zu errechnen, steht Ihnen die Funktion MITTELABW() zur Verfügung. Mit dieser Funktion kann ein Maß für die Streuung innerhalb einer Datengruppe berechnet werden.

Streuungsmaße sind gewissermaßen Gütemaße für die Lageparameter. Sie geben an, wie gut bzw. wie schlecht eine Verteilung durch einen Lageparameter gekennzeichnet werden kann. Streuungsparameter beziehen sich auf Differenzen

- zwischen einzelnen Positionswerten (Spannweite, Quartils- bzw. Semiquartilsabstand),
- zwischen Einzelwerten und einem Mittelwert (durchschnittliche lineare Abweichung, Varianz, Standardabweichung).

Obwohl das Maß der mittleren Abweichung recht einfach zu berechnen ist, haben sich stattdessen die Standardabweichung und die Varianz durchgesetzt. Grund dafür waren theoretische Überlegungen, die letztlich in der überragenden Bedeutung der Normalverteilung für die schließende Statistik zu sehen sind.

Die Gleichung für die durchschnittliche Abweichung lautet:

$$\frac{1}{n}\sum\left|x-\overline{x}\right|$$

Praxiseinsatz Die Marketingabteilung des Softwareherstellers soll die Zugriffe der Kunden auf die Webseite analysieren. Es wurde bereits eine Excel-Tabelle erstellt, in der die Zugriffe auf die verschiedenen Webseitenbereiche für die vergangenen 18 Monate aufgelistet wurden.

	B	C	D	E	F	G	H	I
11	DATUM	ADVENT	DOWNLOAD	EVENT	TRAINING	WISSEN	PRODUKTE	GESAMT
12	Jan 07		6		19	43	22	90
13	Feb 07		498	38	1319	3000	1170	6025
14	Mrz 07		1401	119	2233	6116	1545	11414
15	Apr 07		1076	16	1903	2860	1168	7023
16	Mai 07		1563	15	1589	3126	1139	7432
17	Jun 07		1790	1853	2428	6682	5083	17836
18	Jul 07		1367	1622	1559	3311	3609	11468
19	Aug 07		1138	2170	1502	3317	4810	12937
20	Sep 07		1352	2611	1628	3542	5581	14714
21	Okt 07	1	1343	538	1440	2971	5506	11799
22	Nov 07	272	1430	1254	2255	4735	11786	21732
23	Dez 07	1874	1140	631	1583	2652	6227	14107
24	Jan 08	42	1421	1515	2224	4837	9500	19539
25	Feb 08	32	1508	1433	1418	4006	12000	20397
26	Mrz 08	10	2137	3114	1298	3128	8000	17687
27	Apr 08	10	1948	2347	1085	3575	8208	17173
28	Mai 08	9	1521	848	765	2139	7739	13021
29	Jun 08		426	440	123	768	778	2535
30	Mittelwert	281,25	1281,39	1209,65	1465,06	3378,22	5215,06	12607,17
31	Mittlere Abweichung	398,2	378,3	827,3	472,6	1093,9	3067,9	4785,7

Abbildung 11.79: Mittelwert und dessen mittlere Abweichung für die Webseitenzugriffe

Da sich die mittlere Abweichung auf den Mittelwert der einzelnen Datenreihen bezieht, errechnet die Marketingabteilung zunächst, wie in Abbildung 11.79 dargestellt, den Mittelwert für jeden Webseitenbereich mit der Funktion MITTELWERT(). Anschließend wird für jede der Datenreihen auch die mittlere Abweichung berechnet. Die Ergebnisse, also das arithmetische Mittel der Abweichungen der entsprechenden Reihe von ihrem Mittelwert, liefert die Funktion MITTELABW().

Übersichtlich dargestellt können nun die Mittelwerte und die mittlere Abweichung miteinander verglichen und analysiert werden.

Aussagen

Wie bereits erwähnt, kann mit der Funktion MITTELABW() ein Maß für die Streuung innerhalb einer Datengruppe berechnet werden, wobei sich die Streuungsparameter unter anderem auf Differenzen zwischen Einzelwerten und Mittelwert beziehen. Betrachten wir den Bereich *DOWNLOAD* in Abbildung 11.79, bedeutet das:

Die mittlere Abweichung beträgt im Bezug auf den Mittelwert für jeden einzelnen Monat des Downloadbereichs 378,3. Das heißt, es wurde im Vergleich zum errechneten Mittelwert im Schnitt pro Monat 378,3 mal mehr oder auch weninger auf den Bereich »DOWNLOAD« zugegriffen.

Siehe auch

MITTELWERT(), MITTELWERTA(),STABW.S(), STDABWN(), SUMQUADABW(), VAR.S(), VAR.P()

CD-ROM

Dieses Beispiel finden Sie auf der CD-ROM zum Buch im Ordner *\Buch\Kap11* in den Arbeitsmappen *Varianz.xls* (Excel 97-2003) bzw. *Varianz.xlsx* (Excel 2007/2010) auf dem Arbeitsblatt *Mittelabw*.

MITTELWERT() AVERAGE()

Syntax

MITTELWERT(***Zahl1***;*Zahl2*;...)

Definition

Der MITTELWERT() wird weitläufig auch als Durchschnitt oder arithmetisches Mittel bezeichnet. Er wird berechnet, indem man alle intervallskalierten Daten summiert und durch deren Anzahl dividiert.

Argumente

Zahl1 (erforderlich); *Zahl2* (optional); ... sind 1 bis 255 numerische Argumente (30 bis Excel 2003), deren Mittelwert Sie berechnen möchten.

Hinweis

Als Argumente sollten entweder Zahlen oder Namen, Matrizen oder Bezüge angegeben werden, die Zahlen enthalten.

Enthält ein als Matrix oder Bezug angegebenes Argument Text, Wahrheitswerte oder leere Zellen, werden diese Werte ignoriert. Zellen, die den Wert 0 enthalten, werden dagegen berücksichtigt.

Hintergrund

Das arithmetische Mittel ist der bekannteste Mittelwert und hat damit auch die größte Akzeptanz unter den Nicht-Statistikern. Da der Mittelwert recht einfach zu berechnen ist und auch auf allen Werten beruht, spielt er in der schließenden Statistik eine wichtige Rolle.

Um den Mittelwert zu errechnen, werden die Einzelwerte eines Wertbereichs addiert und durch die Anzahl der Zahlenwerte dividiert. Die Berechnung des arithmetischen Mittels setzt Intervallskalenniveau voraus. Es ist immer eindeutig zu bestimmen.

Die Formel zur Berechnung des arithmetischen Mittels lautet:

$$\bar{x} = \frac{X_1 + X_2 + \ldots X_n}{n} = \frac{1}{n} \sum Xj$$

Aus dem arithmetischen Mittel zweier Beobachtungsreihen lässt sich ein gemeinsames gewogenes arithmetisches Mittel berechnen.

Der größte Nachteil des arithmetischen Mittels ist, dass durch die Einbeziehung aller Einzelwerte extremen Werte einer Verteilung großes Gewicht bekommen. Außerdem kann dieses Lagemaß auf einem Punkt liegen, für den nur wenige oder gar keine Beobachtungswerte vorliegen.

Bei gruppierten Werten ist das arithmetische Mittel in jedem Fall nur ein Schätzwert, bei offenen Klassengrenzen, also stetigen Variablen, kann es gar nicht berechnet werden, wenn keine Zusatzinformationen für die Schätzung des Klassenmittelpunkts vorliegen.

Obwohl die Berechnung des arithmetischen Mittels metrisches Skalenniveau voraussetzt, ist es üblich, auch von ordinalskalierten Daten Mittelwerte zu berechnen. Dazu gehören beispielsweise Fragen zur Zufriedenheit mit bestimmten Leistungen. Dies ist insofern zulässig, als dass bei genügend großen Stichproben eine Normalverteilung der Daten angenommen werden darf (zentraler Grenzwertsatz) und damit ein Vertrauensintervall angegeben werden kann, indem der wahre Mittelwert einer Verteilung liegt. Es müssen Mittelwert und Streuung einer genügend großen Stichprobe ($n > 30$) vorliegen.

Bei Daten, die eine Berechnung des arithmetischen Mittels zulassen, können auch Modus und Median bestimmt werden. Welches der drei Lagemaße herangezogen wird, hängt von der Fragestellung ab. Mittelwert, Modus und Median stellen unterschiedliche Informationen in den Vordergrund und nehmen normalerweise auch unterschiedliche Zahlenwerte an. Obwohl das arithmetische Mittel das gebräuchlichste Lagemaß ist, kann es beispielsweise aufgrund des niedrigen Skalenniveaus oder der Anfälligkeit gegenüber Ausreißern sinnvoll sein, mit Modus oder Median zu arbeiten.

Praxiseinsatz Der Softwarehersteller unseres Beispiels gibt der Marketingabteilung den Auftrag, den durchschnittlichen Zugriff pro Webseiten-Bereich im Jahr 2007 zu ermitteln, um auf Basis der Auswertung feststellen zu können, an welchen Bereichen das meiste Interesse besteht. Ferner hat das Unternehmen so die Möglichkeit, weniger gut besuchte Bereiche anzupassen bzw. zu überarbeiten und damit gleichzeitig interessanter zu gestalten.

Der Marketingleiter hat bereits vorgearbeitet und die Webzugriffe aus seinem System exportiert. Die exportierte Datei wiederum hat er in Excel importiert. Hier kann er nun mithilfe einer PivotTable die Zugriffe in den einzelnen Bereichen einfach und unkompliziert auswerten und analysieren.

CD-ROM Die Excel-Datei mit den Webzugriffen innerhalb einer PivotTable finden Sie auf der CD-ROM zum Buch im Ordner *\Buch\Kap11* in den Arbeitsmappen *Webzugriff.xls* (Excel 97-2003) bzw. *Webzugriff.xlsx* (Excel 2007/2010).

	B	C	D	E	F	G	H
8	Fragestellung: Wie war der durchschnittliche Zugriff auf die Hompage?						
9	ZUGRIFFE 2007	PRODUKTE	PUBLIKATIONEN	TEAM	TRAINING	WISSEN	GESAMTERGEBNIS
10	Januar	22	2	19	19	43	105
11	Februar	1.170	356	505	1.319	3.000	6.350
12	März	1.545	756	1.307	2.233	6.116	11.957
13	April	1.168	518	884	1.903	2.860	7.333
14	Mai	1.139	684	835	1.589	3.126	7.373
15	Juni	5.083	1.678	820	2.428	6.682	16.691
16	Juli	3.609	844	276	1.559	3.311	9.599
17	August	4.810	622	365	1.502	3.317	10.616
18	September	5.581	893	309	1.628	3.542	11.953
19	Oktober	5.506	724	259	1.440	2.971	10.900
20	November	11.786	1.046	447	2.255	4.735	20.269
21	Dezember	6.227	339	234	1.583	2.652	11.035
22	Mittelwert	3.971	705	522	1.622	3.530	10.348

Abbildung 11.80: Berechnung des durchschnittlichen Zugriffs pro Webseiten-Bereich mit *MITTELWERT()*

Den Marketingleiter interessieren die Bereiche »Produkte«, »Publikationen«, »Team«, »Training« und »Wissen« sowie das Gesamtergebnis. Er errechnet zunächst für jeden Bereich mithilfe der Funktion MITTELWERT() den durchschnittlichen Zugriff und kann damit schon Aussagen über die Beliebtheit der einzelnen Bereiche treffen. Denn wie Sie der Abbildung 11.80 entnehmen können, wurde auf den Bereich »Publikationen« im Durchschnitt entschieden seltener zugegriffen als auf den Bereich »Produkte«.

Hinweis

Würde man hier anstatt der Funktion MITTELWERT() die Funktion GESTUTZTMITTEL() verwenden, wäre das Ergebnis für den durchschnittlichen Zugriff im Produktbereich höher, da bei der Errechnung des gestutzten Mittels je nach Vorgabe ein bestimmter Prozentsatz an Werten nicht in die Berechnung des Mittels einer Datenreihe mit eingehen. Dieser Prozentsatz an Werten wird der sortierten Datenreihe von oben und unten abgezogen.

Zum Schluss kann der Marketingleiter noch den durchschnittlichen Webseitenzugriff für alle Bereiche innerhalb eines Jahrs berechnen und erhält damit fundierten Überblick über die Geschehnisse auf der Webseite. Liegen ihm nun beispielsweise noch Vergleichswerte aus dem Vorjahr vor, können weitere Analysen vorgenommen werden.

Hinweis

Sollten Sie aus nicht zusammenhängenden Bereichen den Mittelwert bilden wollen, trennen Sie die Bereiche mit einem Semikolon. Zum Beispiel MITTELWERT (*Bereich 1; Bereich 2;...Bereich n*).

Beachten Sie aber, dass eine Tabellenfunktion maximal 255 Argumente (30 bis Excel 2003) aufnehmen kann. Um mehrere nicht zusammenhängende Bereiche zu markieren, können Sie auch die `Strg`-Taste gedrückt halten, während Sie die Zellen anklicken.

Siehe auch

GEOMITTEL(), GESTUTZTMITTEL(), HAARMITTEL(), MEDIAN(), MITTELABW(), MITTELWERTA(), MITTELWERTWENN(), MITTELWERTWENNS(), MODUS.EINF()

CD-ROM

Dieses Beispiel finden Sie auf der CD-ROM zum Buch im Ordner *\Buch\Kap11* in den Arbeitsmappen *Mittelwert.xls* (Excel 97-2003) bzw. *Mittelwert.xlsx* (Excel 2007/2010) auf dem Arbeitsblatt *Mittelwert*.

MITTELWERTA() AVERAGEA()

Syntax MITTELWERTA(*Wert1;Wert2;...*)

Definition Die Funktion MITTELWERTA() berechnet den Mittelwert der Werte in einer Liste mit Argumenten. Bei dieser Berechnung werden neben Zahlen auch Text und Wahrheitswerte wie *WAHR* und *FALSCH* berücksichtigt.

Argumente *Wert1* (erforderlich); *Wert2* (optional); ... sind 1 bis 255 (30 bis Excel 2003) Zellen, Zellbereiche oder Werte, für die der Mittelwert berechnet werden soll.

Hinweis Zulässige Argumente sind Zahlen, Namen, Matrizen oder Zellbezüge.

Tipp Wenn Sie aus den Inhalten mehrerer Zellen einen Mittelwert bilden wollen, vergessen Sie nicht, dass leere Zellen anders behandelt werden als Zellen, die mit 0 belegt sind.

Dies gilt insbesondere dann, wenn Sie in Excel 2003 nach Aufruf des Menübefehls *Extras/Optionen* im Dialogfeld *Optionen* auf der Registerkarte *Ansicht* das Kontrollkästchen *Nullwerte* deaktiviert haben bzw. wenn Sie in Excel 2007 auf die *Office*-Schaltfläche und anschließend auf *Excel-Optionen* (bzw. in Excel 2010 auf der Registerkarte *Datei* den Befehl *Optionen*) klicken und dann im Dialogfeld *Excel-Optionen* in der Kategorie *Erweitert* das Kontrollkästchen *In Zellen mit Nullwert eine Null anzeigen* aktivieren.

Im Gegensatz zu leeren Zellen werden mit 0 belegte Zellen berücksichtigt.

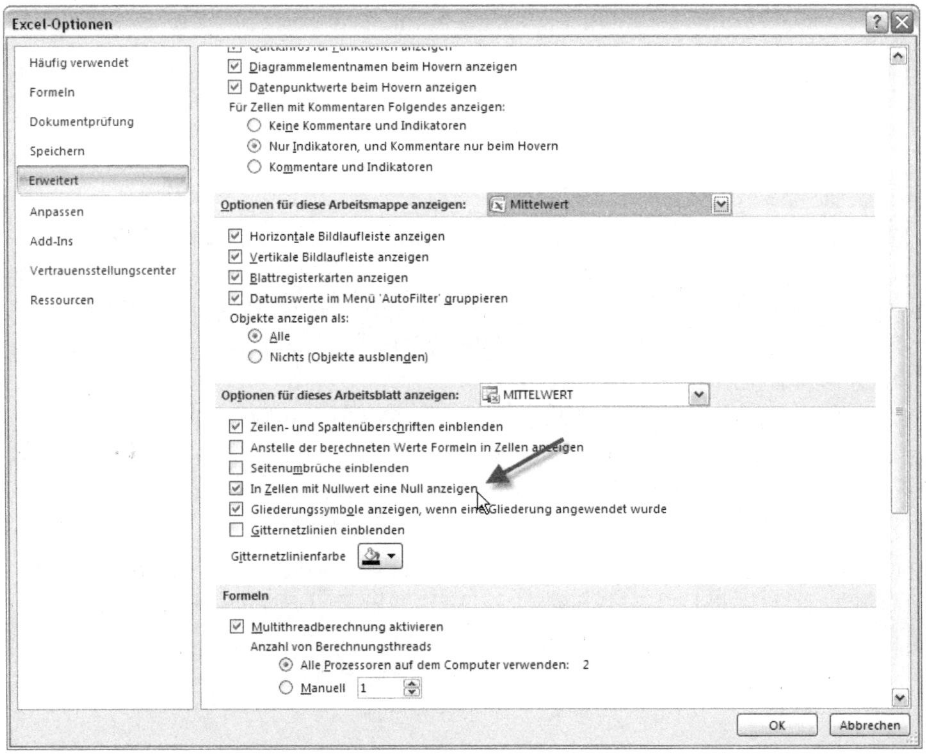

Abbildung 11.81: Zellen mit einer Null belegen

Hintergrund

Detaillierte Hintergrundinformationen zum Mittelwert finden Sie unter MITTELWERT() auf Seite 471.

Für die Funktion MITTELWERTA() gilt zusätzlich: Sind in der Liste mit Argumenten auch Argumente, die Text enthalten, als Matrix oder Bezug angegeben, werden diese mit dem Wert 0 berechnet. Argumente, die *WAHR* enthalten, evaluieren zu 1, Argumente, die *FALSCH* enthalten, zu 0.

Sollen bei der Berechnung des Mittelwerts Textwerte nicht berücksichtigt werden, verwenden Sie die Funktion MITTELWERT().

Praxiseinsatz

Ein Mitarbeiter aus der Controllingabteilung des Softwareherstellers hat eine Excel-Tabelle mit den Umsätzen der vergangen zwölf Monate erfasst. Da in der Liste auch Text- und Wahrheitswerte erfasst sind, will er nun mithilfe der Funktion MITTELWERTA() den durchschnittlichen Umsatz errechnen.

	B	C	D
7	UMSÄTZE	MIT TEXT	OHNE TEXT
8	Januar	1.000 €	1.000 €
9	Februar	Geschlossen	WAHR
10	März	1.000 €	1.000 €
11	April	1.000 €	1.000 €
12	Mai	1.000 €	1.000 €
13	Juni	1.000 €	1.000 €
14	Juli	1.000 €	1.000 €
15	August	1.000 €	1.000 €
16	September	1.000 €	1.000 €
17	Oktober	1.000 €	1.000 €
18	November	1.000 €	1.000 €
19	Dezember	1.000 €	1.000 €
20	MITTELWERT	1.000,00 €	1.000,00 €
21	MITTELWERTA	916,67 €	916,75 €

Abbildung 11.82: Bei der Berechnung von *MITTELWERTA()* werden auch Text- und Wahrheitswerte erfasst

Wie Sie in Abbildung 11.82 sehen können, hat der Controllingmitarbeiter im ersten Fall für den Februar den Text »Geschlossen« erfasst. Da die Funktion MITTELWERTA() Text automatisch in den Wert 0 umwandelt, werden alle zwölf Werte addiert und durch den Wert 12 geteilt. Das Ergebnis beträgt hier 916,67 €.

In der zweiten Spalte erfasst der Mitarbeiter anstatt des Texts »Geschlossen« den Wert *WAHR*. Dieser Wahrheitswert wird bei der Berechnung von MITTELWERTA() zu 1 evaluiert. Somit werden auch hier alle zwölf Werte addiert und durch den Wert 12 geteilt. Das Ergebnis lautet dann 916,75 €.

Würde man die Funktion MITTELWERT(), die Textwerte nicht berücksichtigt, anwenden, würden nur die verbleibenden elf Einträge summiert und durch den Wert 11 geteilt. Wie Sie in Abbildung 11.82 sehen können, beträgt das Ergebnis dann 1.000 €.

Siehe auch

MITTELWERTABW(), MITTELWERT()

CD-ROM

Dieses Beispiel finden Sie auf der CD-ROM zum Buch im Ordner *\Buch\Kap11* in den Arbeitsmappen *Mittelwert.xls* (Excel 97-2003) bzw. *Mittelwert.xlsx* (Excel 2007/2010) auf dem Arbeitsblatt *MittelwertA*.

Neu in 2007!

MITTELWERTWENN() AVERAGEIF()

Syntax MITTELWERTWENN(***Bereich; Kriterien;*** *Mittelwert_Bereich*)

Hinweis MITTELWERTWENN() ist eine neue Funktion in Excel 2007!

Definition Die Funktion MITTELWERTWENN() berechnet den Durchschnittswert für alle Zellen in einem Bereich, die einem angegebenen Kriterium entsprechen.

Argumente ***Bereich*** (erforderlich) entspricht mindestens einer Zelle, für die der Durchschnitt einschließlich der Zahlen oder Namen, Arrays oder Verweise mit Zahlen ermittelt werden soll.

Kriterien (erforderlich) entspricht den Kriterien in Form einer Zahl, eines Ausdrucks, Zellbezugs oder Texts, mit dem definiert wird, für welche Zellen der Durchschnitt ermittelt wird.

Mittelwert_Bereich (optional) entspricht den Zellen, für die tatsächlich der Durchschnitt ermittelt werden soll. Bei Auslassung wird der Bereich verwendet.

Hinweis Zellen im *Bereich*, die WAHR oder FALSCH enthalten, werden ignoriert.

Wenn eine Zelle in *Mittelwert_Bereich* eine leere Zelle ist, wird sie von MITTELWERTWENN() ignoriert.

Wenn *Bereich* leer ist oder Textwerte enthält, wird von MITTELWERTWENN() der Fehlerwert *#DIV0!* zurückgegeben.

Wenn eine Zelle in *Kriterien* leer ist, wird sie von MITTELWERTWENN() wie ein Nullwert behandelt.

Wenn keine Zellen im Bereich den *Kriterien* entsprechen, gibt MITTELWERTWENN() den Fehlerwert *#DIV/0!* zurück.

Die *Kriterien* dürfen die Platzhalter »Fragezeichen (?)« und »Sternchen (*)« enthalten. Ein Fragezeichen ersetzt bei Übereinstimmung ein einzelnes Zeichen und ein Sternchen eine beliebige Zeichenfolge. Wenn Sie nach einem tatsächlichen Fragezeichen oder Sternchen suchen möchten, geben Sie eine »Tilde (~)« vor dem zu suchenden Zeichen ein.

Mittelwert_Bereich muss nicht mit der Größe und der Form des Arguments *Bereich* übereinstimmen. Die tatsächlich zu mittelnden Zellen werden bestimmt, indem die obere linke Zelle in *Mittelwert_Bereich* als Anfangszelle verwendet wird und dann die Zellen aufgenommen werden, deren Größe und Form dem Argument *Bereich* entsprechen.

Hintergrund Detaillierte Hintergrundinformationen zum Mittelwert finden Sie unter MITTELWERT() auf Seite 471.

Mit der Funktion MITTELWERTWENN() wird die zentrale Tendenz gemessen. Dabei handelt es sich um die Stelle im Zentrum einer Zahlengruppe bei einer statistischen Verteilung.

Für die Funktion MITTELWERTWENN() gilt zusätzlich die Angabe eines bestimmten Kriteriums, das ausschlaggebend für die Berechnung des gesuchten Mittelwerts ist.

Folgende Maße der zentralen Tendenz sind am gebräuchlichsten:

- Mittelwert: arithmetisches Mittel der Verteilung (siehe Seite 471)
- Median: Wert in der Mitte einer Zahlengruppe (siehe Seite 466)
- Modalwert (MODUS.EINF() in 2010): die am häufigsten vorkommende Zahl in einer Zahlengruppe (siehe Seite 481)

Bei einer symmetrischen Verteilung einer Zahlengruppe sind diese drei Maße der zentralen Tendenz identisch. Bei einer schiefen Verteilung einer Zahlengruppe können die Maße abweichen.

Praxiseinsatz

Als Softwarehersteller müssen Sie Ihre Software auch vermarkten – hierfür gehen Sie verschiedene Wege. Unter anderem verschicken Sie regelmäßig Informationen über Ihre Produkte per E-Mail.

In der Regel bewerben Sie eine Software pro Newsletter, um zum einen nicht zu viel Inhalt zu haben und zum anderen besser auswerten zu können, wie sich die Klickrate auf Ihrer Webseite verändert, nachdem ein bestimmtes Mailing rausgegangen ist.

Es wurden die Daten der letzten 30 Monate gesammelt – das heißt, Ihnen liegt eine Liste mit den Klicks pro Webseite in einem bestimmten Monat sowie die Art des Mailings, das in diesem Monat gemacht wurde, vor.

	B	C	D
7	Monat	Mailing-Aktion	Webzugriffe
8	Januar 2006	Software A	236
9	Februar 2006	Software B	1.221
10	März 2006	Software C	6.195
11	April 2006	Allgemein	2.682
12	Mai 2006	Software A	4.569
13	Juni 2006	Software B	12.229
14	Juli 2006	Software C	12.564
15	August 2006	Allgemein	10.157
16	September 2006	Software A	15.160
17	Oktober 2006	Software B	10.716

Abbildung 11.83: Auszug aus der auszuwertenden Klickliste nach Monat und Mailingaktion

Sie möchten nun wissen, wie hoch die durchschnittliche Klickrate auf Ihre Webseite nach den einzelnen bzw. unterschiedlichen Mailingaktionen war. Die Frage muss also lauten: Wie hoch ist der Mittelwert der Webseiten-Klickrate ausschließlich für die Mailingaktion »Software B«? Hierfür verwenden Sie die Funktion MITTELWERTWENN().

Die Formel hierfür entspricht der Abbildung 11.84.

Wie Sie der Formel in Abbildung 11.84 entnehmen können, werden folgende Angaben für die Argumente der Formel verwendet:

- *Kriterien:* Zellen der Spalte C von *C8:C37*, da diese Spalte die Kriterien angibt, die generell als Basis für die Auswertung gelten sollen
- *Bereich:* Als Bereich wird der Ausdruck »Software B« angegeben, da Sie ausschließlich den Mittelwert für die Webseiten-Klickrate nach Versand eines Mailings zur *Software B* wissen möchten
- *Mittelwert_Bereich*: Hier geben Sie die Spalte D, also in unserem Beispiel die Zellen *D8:D37* an, da aus diesen Zellen, entsprechend des angegebenen Kriteriums, der Mittelwert berechnet wird

D38 =MITTELWERTWENN(C8:C37;"Software B";D8:D37)

	B	C	D	E
7	Monat	Mailing-Aktion	Webzugriffe	
8	Januar 2006	Software A	236	
9	Februar 2006	Software B	1.221	
10	März 2006	Software C	6.195	
11	April 2006	Allgemein	2.682	
12	Mai 2006	Software A	4.569	
13	Juni 2006	Software B	12.229	
14	Juli 2006	Software C	12.564	
15	August 2006	Allgemein	10.157	
16	September 2006	Software A	15.160	
17	Oktober 2006	Software B	10.716	
18	November 2006	Software C	9.844	
19	Dezember 2006	Allgemein	11.975	
20	Januar 2007	Software A	24.695	
21	Februar 2007	Software B	11.593	
22	März 2007	Software C	18.491	
23	April 2007	Allgemein	11.743	
24	Mai 2007	Software A	11.452	
25	Juni 2007	Software B	26.651	
26	Juli 2007	Software C	16.287	
27	August 2007	Allgemein	17.750	
28	September 2007	Software A	19.985	
29	Oktober 2007	Software B	17.285	
30	November 2007	Software C	30.369	
31	Dezember 2007	Allgemein	19.674	
32	Januar 2008	Software A	28.464	
33	Februar 2008	Software B	25.000	
34	März 2008	Software C	24.574	
35	April 2008	Allgemein	23.141	
36	Mai 2008	Software A	17.700	
37	Juni 2008	Software B	22.456	
38			15.894	

Abbildung 11.84: Berechnung der durchschnittlichen Klickraten nach Versand des Mailings zu Software B

Aussage Folgende Aussage kann nun getroffen werden:

Die durchschnittliche Klickrate nach Versand eines Mailings zu Software B lag in den letzten 30 Monaten bei 15.894 Klicks.

Berechnen Sie nun noch die durchschnittlichen Klickraten nach Versand der Mailings zu Software A, Software C und den allgemeinen Mailings und zusätzlich noch den normalen Mittelwert, sehen Sie, dass die durchschnittliche Klickrate nach der Mailingaktion zu Software A am höchsten ist. Somit ist diese Software möglicherweise am interessantesten für Ihre Kunden.

	C	D
38	Software B	15.894
39	Software A	17.432
40	Software C	16.903
41	Allgemein	13.875
42	Mittelwert gesamt	15.495

Abbildung 11.85: Berechnung aller Mittelwerte

MITTELWERT(), MITTELWERTWENNS(), MEDIAN(),MODUS.EINF(), ZÄHLENWENN() **Siehe auch**

Dieses Beispiel finden Sie auf der CD-ROM zum Buch im Ordner *\Buch\Kap11* in der Arbeitsmappe *Mittelwert.xlsx* (Excel 2007/2010) auf dem Arbeitsblatt *Mittelwertwenn*. **CD-ROM**

MITTELWERTWENNS() AVERAGEIFS()

Neu in 2007!

Syntax

MITTELWERTWENNS(***Mittelwert_Bereich;Kriterien_Bereich1;Kriterien1;****Kriterien_Bereich2;Kriterien2…*)

Hinweis

MITTELWERTWENNS() ist eine neue Funktion ab Excel 2007!

Definition

Die Funktion MITTELWERTWENNS() gibt den Durchschnittswert aller Zellen zurück, die mehreren Kriterien entsprechen.

Argumente

Mittelwert_Bereich (erforderlich) entspricht mindestens einer Zelle, deren Durchschnitt einschließlich Zahlen oder Namen, Arrays oder Verweise mit Zahlen zu bestimmen ist.

Kriterien_Bereich1 (erforderlich) ist der Bereich, in dem die zugeordneten Kriterien zu bestimmen sind.

Kriterien1 (erforderlich) ist das Kriterium in Form einer Zahl, eines Ausdrucks, eines Zellenverweises oder Texts, das die Zellen definiert, deren Durchschnitt bestimmt werden soll.

Kriterien_Bereich2 (optional) sind die Bereiche 1 bis 127, in denen die zugeordneten Kriterien zu bestimmen sind.

Kriterien2 (optional) sind 1 bis 127 Kriterien in Form einer Zahl, eines Ausdrucks, eines Zellenverweises oder Texts, mit denen definiert wird, von welchen Zellen der Durchschnitt bestimmt werden soll.

Hinweis

Wenn *Mittelwert_Bereich* leer oder ein Textwert ist, wird von MITTELWERTWENNS() der Fehlerwert *#DIV0!* zurückgegeben.

Wenn eine Zelle in einem *Kriterienbereich* leer ist, wird sie von MITTELWERTWENNS() wie ein Nullwert behandelt.

Zellen in einem Bereich, die den Wert WAHR enthalten, ergeben 1. Zellen im Bereich, die den Wert FALSCH enthalten, ergeben Null.

Die einzelnen Zellen in *Mittelwert_Bereich* werden nur in der Durchschnittsberechnung verwendet, wenn alle entsprechenden angegebenen Kriterien für diese Zelle zutreffen.

Im Gegensatz zu den Argumenten *Bereich* und Kriterien der Funktion MITTELWERTWENN() müssen bei MITTELWERTWENNS() alle Kriterien_Bereich über dieselbe Größe und Form wie Summe_Bereich verfügen.

Wenn Zellen in *Mittelwert_Bereich* nicht in Zahlen übersetzt werden können, wird von MITTELWERTWENNS() der Fehlerwert *#DIV0!* zurückgegeben.

Wenn keine Zellen vorhanden sind, die allen Kriterien entsprechen, gibt MITTELWERTWENNS() den Fehlerwert *#DIV/0!* zurück.

Die Kriterien dürfen die Platzhalterzeichen »Fragezeichen (?)« und »Sternchen (*)« enthalten. Ein Fragezeichen ersetzt bei Übereinstimmung ein einzelnes Zeichen und ein Sternchen eine beliebige Zeichenfolge. Wenn Sie nach einem tatsächlichen Fragezeichen oder Sternchen suchen möchten, geben Sie eine Tilde (~) vor dem zu suchenden Zeichen ein.

Hintergrund Detaillierte Hintergrundinformationen zum Mittelwert finden Sie unter MITTELWERT() auf Seite 471. Wie bei der Funktion MITTELWERTWENN() wird auch mit der Funktion MITTELWERTWENNS() die zentrale Tendenz gemessen.

Für die Funktion MITTELWERTWENNS() gilt zusätzlich die Angabe mehrerer bestimmter Kriterien, die ausschlaggebend für die Berechnung des gesuchten Mittelwerts sind. Weitere Informationen hierzu lesen Sie unter MITTELWERTWENN() auf Seite 476.

Praxiseinsatz Wir bleiben bei dem Beispiel mit dem Mailingversand des Software-Herstellers. Wollte er bei der Funktion MITTELWERTWENN() noch wissen, wie hoch der durchschnittliche Zugriff auf die Webseite nach einer bestimmten Mailingaktion ist, möchte er nun ein weiteres Kriterium angeben, das besagt, dass ausschließlich die Klickraten in die Berechnung des Mittelwerts eingehen sollen, die größer 10.000 sind.

So kann er sicher sein, dass Ausreißer nach unten – möglicherweise bedingt durch Urlaubsmonate – sein Ergebnis nicht verfälschen.

D39 =MITTELWERTWENNS(D9:D38;C9:C38;"Software A";D9:D38;">10000")

	B	C	D
8	Monat	Mailing-Aktion	Webzugriffe
9	Januar 2006	Software A	236
10	Februar 2006	Software B	1.221
11	März 2006	Software C	6.195
12	April 2006	Allgemein	2.682
13	Mai 2006	Software A	4.569
14	Juni 2006	Software B	12.229
15	Juli 2006	Software C	12.564
16	August 2006	Allgemein	10.157
17	September 2006	Software A	15.160
18	Oktober 2006	Software B	10.716
19	November 2006	Software C	9.844
20	Dezember 2006	Allgemein	11.975
21	Januar 2007	Software A	24.695
22	Februar 2007	Software B	11.593
23	März 2007	Software C	18.491
24	April 2007	Allgemein	11.743
25	Mai 2007	Software A	11.452
26	Juni 2007	Software B	26.651
27	Juli 2007	Software C	16.287
28	August 2007	Allgemein	17.750
29	September 2007	Software A	19.985
30	Oktober 2007	Software B	17.285
31	November 2007	Software C	30.369
32	Dezember 2007	Allgemein	19.674
33	Januar 2008	Software A	28.464
34	Februar 2008	Software B	25.000
35	März 2008	Software C	24.574
36	April 2008	Allgemein	23.141
37	Mai 2008	Software A	17.700
38	Juni 2008	Software B	22.456
39			19.576

Abbildung 11.86: Berechnung des Mittelwerts durch MITTELWERTWENNS()

Wie Sie der Formel in Abbildung 11.86 entnehmen können, werden folgende Angaben für die Argumente der Formel verwendet:

- *Mittelwert_Bereich:* Zellen der Spalte D von *D9:D38*, da diese Spalte die Werte beinhaltet, aus denen der Mittelwert berechnet werden soll
- *Kriterien_Bereich1:* Definiert den ersten Kriterienbereich. Hier wird die Spalte C, also in unserem Beispiel die Zellen *C9:C38*, angegeben, da diese Zellen Kriterien beinhalten, nach denen gefiltert werden kann.
- *Kriterien1:* Definiert das erste Kriterium aus dem Kriterienbereich 1. Für Kriterien1 wird der Ausdruck "Software A" angegeben, da Sie ausschließlich den Mittelwert für die Webseiten-Klickrate nach Versand eines Mailings zur *Software A* wissen möchten.
- *Kriterien_Bereich2*: Definiert den zweiten Kriterienbereich. Hier wird die Spalte D, also in unserem Beispiel die Zellen *D9:D38*, angegeben, da diese Zellen Kriterien beinhalten, nach denen gefiltert werden kann.
- *Kriterien2*: Definiert das zweite Kriterium aus dem Kriterienbereich 2. Für *Kriterien2* wird die Bedingung ">10000" angegeben, da Sie zusätzlich ausschließlich den Mittelwert für Webseiten-Klickraten, die größer als 10.000 sind, wissen möchten.

Folgende Aussage kann nun getroffen werden: **Aussage**

Die durchschnittliche Klickrate nach Versand eines Mailings zu Software A, nur unter Anbetracht der Klickraten größer als 10.000, lag in den letzten 30 Monaten bei 19.576 Klicks.

Berechnen Sie nun noch mit die durchschnittlichen Klickraten nach Versand der Mailings zu Software B und Software C, sehen Sie, dass die durchschnittliche Klickrate nach der Mailingaktion zu Software C am höchsten ist.

	B	C	D
39	Software A, Zugriff > 10.000		19.576
40	Software B, Zugriff > 10.000		17.990
41	Software C, Zugriff > 10.000		20.457

Abbildung 11.87: Berechnung weiterer Mittelwerte unter Angabe verschiedener Kriterien

Siehe auch MITTELWERT(), MITTELWERTWENN(), MEDIAN(), MODUS.EINF(), ZÄHLENWENN()

CD-ROM Dieses Beispiel finden Sie auf der CD-ROM zum Buch im Ordner *\Buch\Kap11* in der Arbeitsmappe *Mittelwert.xlsx* (Excel 2007/2010) auf dem Arbeitsblatt *Mittelwertwenns*.

MODUS.EINF() / MODALWERT() — MODE.SINGLE() / MODE()

Syntax MODUS.EINF(***Zahl1***;*Zahl2*;...)

Definition Die Funktion MODUS.EINF() gibt den häufigsten Wert einer Datengruppe zurück. Das Ergebnis der Funktion ist somit die Merkmalsausprägung, die in einer Datenmenge am häufigsten vertreten ist. Genauso wie MEDIAN() ist MODUS.EINF() ein Maß für die Lage der Werte.

Argumente ***Zahl1*** (erforderlich); *Zahl2* (optional); ... sind 1 bis 255 Argumente (30 bis Excel 2003), für die Sie den Modalwert (Modus) berechnen möchten. An Stelle der durch Semikola getrennten Argumente können Sie auch eine Matrix oder einen Bezug auf eine Matrix verwenden.

Hinweis Als Argumente sollten Zahlen, Namen, Matrizen oder Bezüge angegeben werden, die Zahlen enthalten.

Enthält ein als Matrix oder Bezug angegebenes Argument Text, Wahrheitswerte oder leere Zellen, werden diese Werte ignoriert. Zellen, die den Wert 0 enthalten, werden dagegen berücksichtigt.

Enthält die jeweilige Datengruppe keine mehrfach vorkommenden Datenpunkte, gibt MODUS.EINF() den Fehlerwert *#NV* zurück.

In einer Wertemenge ist der Modalwert der am häufigsten vorkommende Wert, der Median ist der in der Mitte liegende Wert und der Mittelwert ist der Durchschnitt. Kein einzelnes Maß der Zentraltendenz bietet ein vollständiges Bild der jeweiligen Daten.

Hintergrund Neben der Gesamtzahl aller Fälle interessiert auch, wie oft ein ganz bestimmter Wert in einem Bereich auftritt. Die Tabellenfunktion MODUS.EINF() liefert diese Merkmalsausprägung.

Angenommen, bestimmte Daten fallen hauptsächlich in zwei Bereiche, wobei sich die eine Hälfte der Daten um einen niedrigen Wert und die andere Hälfte um einen großen Wert gruppiert. Die Funktionen MITTELWERT() und MEDIAN() liefern einen Wert, der in der ziemlich leeren Mitte liegt, während MODUS.EINF() den häufigsten der Werte liefert.

Praxiseinsatz Der Leiter der Außendienstmitarbeiter des Softwareherstellers möchte die Anzahl der Besuche seiner Mitarbeiter in den Bundesländern Bayern, Hessen, Berlin, Bremen und der Pfalz auswerten und hat sich dazu bereits eine entsprechende Tabelle erstellt (siehe Abbildung 11.88).

	B	C	D	E	F	G
9	**Anzahl der Außendienstbesuche**					
10	**Besuche**	**Bayern**	**Hessen**	**Berlin**	**Bremen**	**Pfalz**
11	**Montag**	4	3	6	4	4
12	**Dienstag**	7	3	4	4	3
13	**Mittwoch**	2	2	4	6	7
14	**Donnerstag**	4	4	4	4	5
15	**Freitag**	1	1	4	7	8
16	**Samstag**	2	3	4	6	6
17						
18		**4**		**=MODUS.EINF(C11:G16)**		
19		**12**		**=ZÄHLENWENN(C11:G16;C18)**		

Abbildung 11.88: Die Berechnung des Modalwerts aus einer Datenliste

Er möchte nach der Auswertung eine Aussage darüber treffen können, wie viele Außendienstbesuche in der Regel erforderlich waren, bis der Vertragsabschluss unter Dach und Fach war.

Deshalb bedient er sich der Funktion MODUS.EINF().

Wie Sie in Abbildung 11.88 erkennen können, waren meistens vier Besuche notwendig, um einen Vertragsabschluss mit dem Kunden zu erreichen. Mit einer verschachtelten Funktion aus den Funktionen ZÄHLENWENN() und MODUS.EINF() können Sie zusätzlich noch zählen, wie oft der Modalwert im entsprechenden Wertebereich vorkommt.

Ebenso können Sie über die bedingte Formatierung die Zellen, die den Modalwert beinhalten, farblich hervorheben. Dazu markieren Sie den Datenbereich von *C11:G16* und wählen in Excel 2003 den Menübefehl *Format/Bedingte Formatierung* bzw. wählen Sie in Excel 2007/2010 die Registerkarte *Start* und klicken Sie in der Gruppe *Formatvorlagen* auf die Schaltfläche *Bedingte Formatierung*.

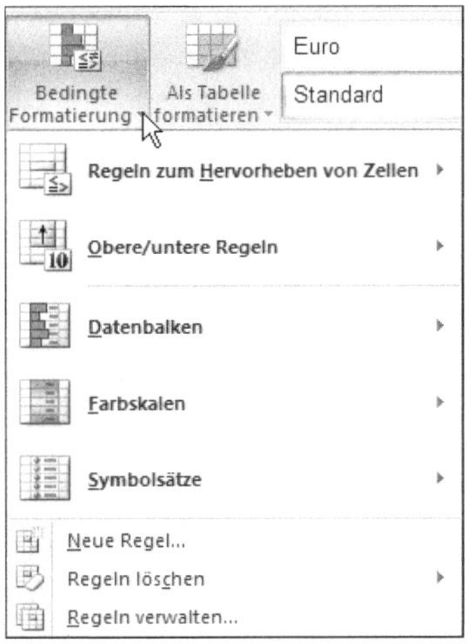

Abbildung 11.89: Bedingte Formatierung in Excel 2007 und 2010

Stellen Sie die Bedingung 1 auf den Eintrag *Formel ist* und geben Sie im Eingabefeld die Formel =MODUS.EINF*($C$11:$G$16)=C11* ein. Beachten Sie dabei die gemischten absoluten und relativen Bezüge. Wählen Sie die Schaltfläche *Format* und legen Sie auf der Registerkarte *Muster* eine Farbe fest. Schließen Sie die Eingabe jeweils mit *OK* ab. Die Werte des Datenbereichs, die dem Modalwert entsprechen, werden daraufhin im gewählten Muster dargestellt.

Siehe auch GEOMITTEL(), GESTUTZTMITTEL(), HARMITTEL(), MEDIAN(), MITTELWERT(), MITTELWERTWENN(), MITTELWERTWENNS()

CD-ROM Dieses Beispiel finden Sie auf der CD-ROM zum Buch im Ordner *\Buch\Kap11* in den Arbeitsmappen *Mittelwert.xls* (Excel 97-2003) auf dem Arbeitsblatt *MODALWERT* bzw. *Mittelwert.xlsx* (Excel 2007/2010) auf dem Arbeitsblatt *MODUS.EINF*.

MODUS.VIELF() MODE.MULT()

Syntax MODUS.VIELF(***Zahl1***;*Zahl2*;...)

Definition Die ab der Version 2010 vorhandene, neue Funktion MODUS.VIELF() gibt ein vertikales Array der am häufigsten vorkommenden oder wiederholten Werte in einem Array oder Datenbereich zurück. Verwenden Sie für ein horizontales Array `MTRANS (MODUS.VIELF(Zahl1,Zahl2,...))`.

Gibt es mehrere Modalwerte, werden mehrere Ergebnisse zurückgegeben. Da diese Funktion ein Array von Werten zurückgibt, muss die Formel als Arrayformel eingegeben werden.

Argumente ***Zahl1*** (erforderlich) ist das erste numerische Argument, für das der Modalwert (Modus) berechnet werden soll.

Zahl2 (optional); ... sind 2 bis 254 numerische Argumente, für die Sie den Modalwert (Modus) berechnen möchten. An Stelle der durch Semikolons getrennten Argumente können Sie auch ein Array oder einen Arraybezug verwenden.

Hinweis Als Argumente können entweder Zahlen oder Namen, Arrays oder Bezüge angegeben werden, die Zahlen enthalten. Enthält ein als Array oder Bezug angegebenes Argument Text, Wahrheitswerte oder leere Zellen, werden diese Werte ignoriert. Zellen, die den Wert 0 enthalten, werden dagegen berücksichtigt.

Als Fehlerwerte oder Text angegebene Argumente, die nicht in Zahlen umgewandelt werden können, führen zu Fehlern.

Enthält das jeweilige Dataset keine mehrfach vorkommenden Datenpunkte, gibt MODUS.VIELF() den Fehlerwert *#NV* zurück.

Hintergrund Mehr Informationen zum Modalwert (Modus) erfahren Sie im Abschnitt MODUS.EINF() / MODALWERT() auf Seite 481.

Praxiseinsatz Vergleichen Sie das Beispiel zur Funktion MODUS.EINF() auf Seite 481.

Siehe auch GEOMITTEL(), GESTUTZTMITTEL(), HARMITTEL(), MEDIAN(), MITTELWERT(), MITTELWERTWENN(), MITTELWERTWENNS()

CD-ROM Dieses Beispiel finden Sie auf der CD-ROM zum Buch im Ordner *\Buch\Kap11* in der Arbeitsmappe *Mittelwert.xlsx* (Excel 2007/2010) auf dem Arbeitsblatt *MODUS.VIELF*.

NEGBINOM.VERT() / NEGBINOMVERT()

NEGBINOM.DIST() / NEGBINOMDIST()

Syntax NEGBINOM.VERT(***Zahl_Misserfolge*;*Zahl_Erfolge*;*Erfolgswahrsch***)

Definition Die Funktion NEGBINOM.VERT() gibt Wahrscheinlichkeiten einer negativbinomialverteilten Zufallsvariablen zurück. NEGBINOM.VERT() berechnet, wie wahrscheinlich es ist, dass es genau *Zahl_Misserfolge* gibt, bevor der letzte positive Ausgang (*Zahl_Erfolge*) gezogen wird, wenn *Erfolgswahrsch* die gleichbleibende Wahrscheinlichkeit eines Erfolgs angibt.

Argumente ***Zahl_Misserfolge*** (erforderlich) ist die Zahl der ungünstigen Ereignisse.

Zahl_Erfolge (erforderlich) ist die Zahl der günstigen Ereignisse.

Erfolgswahrsch (erforderlich) ist die Wahrscheinlichkeit für den günstigen Ausgang des Experiments.

Hinweis *Zahl_Misserfolge* und *Zahl_Erfolge* werden durch Abschneiden ihrer Nachkommastellen in ganze Zahlen überführt.

Ist eines der Argumente kein numerischer Ausdruck, gibt die Funktion NEGBINOM.VERT() den Fehlerwert *#WERT!* zurück.

Ist *Erfolgswahrsch* kleiner 0 oder ist *Erfolgswahrsch* größer 1, gibt NEGBINOM.VERT() den Fehlerwert *#ZAHL!* zurück.

Ist *Zahl_Misserfolge* kleiner 0 bzw. *Zahl_Erfolge* kleiner 1, gibt NEGBINOM.VERT() den Fehlerwert *#ZAHL!* zurück.

Hintergrund Die Vorgehensweise dieser Funktion unterscheidet sich von der Binomialverteilung nur dadurch, dass die Anzahl der Erfolge feststeht und die Anzahl der Versuche variabel ist. Es handelt sich hierbei um eine negative Binomialverteilung. Analog zu einer Binomialverteilung wird vorausgesetzt, dass die jeweiligen Versuche voneinander unabhängig sind.

Hinweis Mehr Informationen zur Binomialverteilung finden Sie unter BINOM.VERT() auf Seite 393.

Die negative Binomialverteilung, auch Pascal-Verteilung genannt, liefert also die Wahrscheinlichkeit für das Erhalten von einer festen Anzahl von Misserfolgen **vor** dem x-ten Erfolg bei einem Zufallsexperiment mit voneinander unabhängigen Wiederholungen und nur zwei möglichen Ergebnissen (Erfolg oder Misserfolg).

Die Wahrscheinlichkeit für einen Erfolg pro Wiederholung entspricht der Erfolgswahrscheinlichkeit.

Die Gleichung einer negativen Binomialverteilung lautet:

$$nb(x,r,p) = \binom{x+r-1}{r-1} p(1-p)^x$$

Wobei:

- x ist gleich *Zahl_Misserfolge*
- r ist gleich *Zahl_Erfolge*
- p ist gleich *Erfolgswahrsch*

Praxiseinsatz

Sie sind im Urlaub in einer fremden Stadt, suchen den Weg zu einer bestimmten Sehenswürdigkeit und fragen zufällig ausgewählte Passanten nach der entsprechenden Richtung. Ihre Frage kann nur zwei Antworten zur Folge haben: ja oder nein. Das heißt, die Wahrscheinlichkeit, dass Sie ein »Ja« zu hören bekommen, beträgt 50 %. Daraus ergibt sich ein p von 0,5.

Nachdem Sie einige Fußgänger befragt haben und keiner Ihnen richtig helfen konnte, kaufen Sie sich einen Stadtplan. Der Weg zur Sehenswürdigkeit ist nun klar.

Jetzt möchten Sie wissen, wie hoch die Wahrscheinlichkeit ist, dass Sie fünf Personen treffen, die Ihnen auf Anhieb den richtigen Weg sagen können, bzw. wie viele »Es tut mir leid, ich weiß den Weg nicht« Sie zu hören bekommen, bevor Sie diese fünf Personen mit der richtigen Erklärung treffen.

Die gesuchte Wahrscheinlichkeit berechnen Sie mit der Funktion NEGBINOM.VERT().

	B	C	D	E	F	G	H	I
10	Argumente für die Funktion				Beispiele			
11	AnzahlMisserfolge	15	10	8	6	4	2	0
12	AnzahlErfolge	5	5	5	5	5	5	5
13	Erfolgswahrscheinlichkeit	0,5	0,5	0,5	0,5	0,5	0,5	0,5
14	NEGBINOM.VERT()	0,37%	3,05%	6,04%	10,25%	13,67%	11,72%	3,13%
15					=NEGBINOM.VERT(F11;F12;F13)			

Abbildung 11.90: Berechnen Sie die gesuchte Wahrscheinlichkeit mit der Funktion NEGBINOM.VERT()

Aussagen

Welche Aussage kann für Abbildung 11.90 in Bezug auf *AnzahlMisserfolge* = 6 getroffen werden?

Die Wahrscheinlichkeit, dass Sie zunächst sechs Personen treffen, die Ihre Frage nach dem Weg verneinen müssen, bevor Sie fünf Personen treffen, die den Weg zu der von Ihnen gesuchten Sehenswürdigkeit kennen, beträgt 10,25 %.

Siehe auch

BINOM.VERT(), FAKULTÄT(), HYPGEOM.VERT(), KOMBINATIONEN(), BINOM.INV(), VARIATIONEN(), WAHRSCHBEREICH()

CD-ROM

Dieses Beispiel finden Sie auf der CD-ROM zum Buch im Ordner *\Buch\Kap11* in den Arbeitsmappen *Wahrscheinlichkeit.xls* (Excel 97-2003) bzw. *Wahrscheinlichkeit.xlsx* (Excel 2007/2010) auf dem Arbeitsblatt *Negbinom.vert.*

NORM.INV() / NORMINV()

NORM.INV() / NORMINV()

Syntax NORMINV(*Wahrsch*;*Mittelwert*;*Standabwn*)

Definition Die Funktion NORM.INV() gibt Quantile der Normalverteilung zurück.

Argumente ***Wahrsch*** (erforderlich) ist die zur Standardnormalverteilung gehörige Wahrscheinlichkeit.

Mittelwert (erforderlich) ist das arithmetische Mittel der Verteilung.

Standabwn (erforderlich) ist die Standardabweichung der Verteilung.

Hinweis Ist eines der Argumente kein numerischer Ausdruck, gibt die Funktion NORM.INV() den Fehlerwert *#WERT!* zurück.

Ist *Wahrsch* kleiner 0, oder ist *Wahrsch* größer 1, gibt NORM.INV() den Fehlerwert *#ZAHL!* zurück.

Ist *Standabwn* kleiner oder gleich 0, gibt NORM.INV() den Fehlerwert *#ZAHL!* zurück.

NORM.INV() verwendet die Standardnormalverteilung, wenn *Mittelwert* = 0 und *Standabwn* = 1 ist.

Vergleichen Sie hierzu auch die Funktion NORM.S.INV().

Hintergrund Die standardisierte Normalverteilung ist eine Normalverteilung mit dem Mittelwert = 0 und der Standardabweichung = 1. Jede Normalverteilung lässt sich in eine Standardnormalverteilung transformieren, indem von jedem Wert x_i der Mittelwert subtrahiert wird und dann die Differenz durch die Standardabweichung dividiert wird.

Weil die Standardnormalverteilung normiert ist, lassen sich aus ihren Daten (bezeichnet als *z*-Werte) Flächen für jede Normalverteilung mithilfe folgender Formel berechnen:

$$z_i = \frac{x_i - \overline{x}}{s}$$

Aufgrund dieser Normierung liegen die Flächenanteile in Tabellenform vor und lassen sich für jeden *z*-Wert entweder aus Tafeln oder eben direkt per Excel-Funktionen entnehmen.

Die errechneten Flächenanteile werden immer von der linken Seite der Grafik (siehe Abbildung 11.91) aus gelesen.

Hinweis Mehr Informationen zur Normalverteilung finden Sie unter der Funktion NORM.VERT() auf Seite 491.

Wie Sie der Abbildung 11.91 entnehmen können, sind bei dieser Darstellung der Dichtefunktion der Standardnormalverteilung die Intervalle im Abstand 1, 2 und 3 Standardabweichungen vom Erwartungswert 0 angegeben. Diese Bereiche umfassen ca. 68 %, 95,5 % und 99,7 % der Fläche unter der Glockenkurve. Die gleichen Prozentsätze gelten für alle Normalverteilungen in Bezug auf die entsprechenden Erwartungswerte und Standardabweichungen.

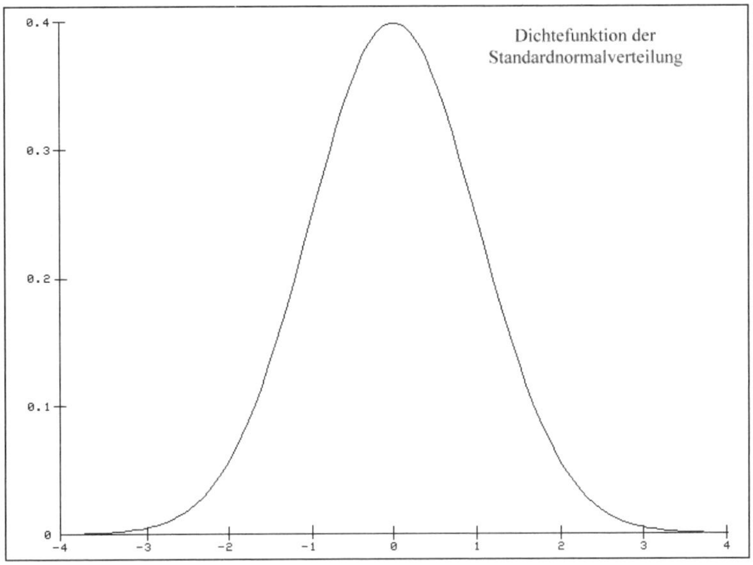

Abbildung 11.91: Dichtefunktion der Standardnormalverteilung

Praxiseinsatz

Sie sind Hersteller von Glühbirnen, die Sie europaweit vertreiben, und sind dabei, die Leistung der Glühbirnen zu analysieren. Die mittlere Lebenserwartung sowie die dazugehörige Standardabweichung haben Sie bereits errechnet. Nun möchten Sie wissen, wie hoch die Brennleistung von 85 % und 15 % Ihrer Glühbirnen unter Berücksichtigung des Mittelwerts und der Standardabweichung ist.

Unter Angabe der nachfolgenden Argumente nutzen Sie für diese Berechnung die Funktion NORM.INV().

- *Wahrsch* – 85 % (15 %), das heißt für 85 % (15 %) der Glühbirnen suchen Sie die dazugehörige Brennleistung
- *Mittelwert* – 2.000 Stunden, errechnet aus der Grundgesamtheit der Glühbirnen
- *Standabwn* – 579 Stunden, errechnet aus der Grundgesamtheit der Glühbirnen

Die Ergebnisse für beide Berechnungen können Sie Abbildung 11.92 entnehmen.

	B	C	D	E
7	**Wie hoch ist die Brennleistung von 85% der Glühbirnen bei einem Mittelwert von 2000 Stunden und einer Standardabweichung von 579?**			
8				
9	**Argumente für die Normalverteilung**	**Beispiel**	**Ergebnis**	
10	Wahrscheinlichkeit	0,85		
11	Mittelwert	2000		
12	Standardabweichung	579		
13			2600	=NORM.INV(C10;C11;C12)
14				
15	**Wie hoch ist die Brennleistung von 15% der Glühbirnen bei einem Mittelwert von 2000 Stunden und einer Standardabweichung von 579?**			
16				
17	**Argumente für die Normalverteilung**	**Beispiel**	**Ergebnis**	
18	Wahrscheinlichkeit	0,15		
19	Mittelwert	2000		
20	Standardabweichung	579		
21			1400	=NORM.INV(C18;C19;C20)

Abbildung 11.92: *NORM.INV()* liefert die Brennleistung für 85 % bzw. 15 % der Glühbirnen

Aussagen

- 85 % der Glühbirnen haben eine Brennleistung von bis zu 2.600 Stunden
- 15 % der Glühbirnen haben eine Brennleistung von nur 1.400 Stunden

Siehe auch NORM.VERT(), G.TEST(), STANDARDISIERUNG(), NORM.S.VERT(), NORM.S.INV()

CD-ROM Dieses Beispiel finden Sie auf der CD-ROM zum Buch im Ordner *\Buch\Kap11* in den Arbeitsmappen *Wahrscheinlichkeit.xls* (Excel 97-2003) auf dem Arbeitsblatt *Norminv* bzw. *Wahrscheinlichkeit.xlsx* (Excel 2007/2010) auf dem Arbeitsblatt *Norm.inv.*

NORM.S.INV() / STANDNORMINV()

NORM.S.INV() / NORMSINV()

Syntax NORM.S.INV(***Wahrsch***)

Definition Die Funktion NORM.S.INV() gibt Quantile der Standardnormalverteilung zurück. Die Standardnormalverteilung hat einen Mittelwert von 0 und eine Standardabweichung von 1.

Argumente ***Wahrsch*** (erforderlich) ist die zur Standardnormalverteilung gehörige Wahrscheinlichkeit.

Hinweis Ist *Wahrsch* kein numerischer Ausdruck, gibt NORM.S.INV() den Fehlerwert *#WERT!* zurück.

Ist *Wahrsch* kleiner 0 oder ist *Wahrsch* größer 1, gibt NORM.S.INV() den Fehlerwert *#ZAHL!* zurück.

Bei gegebenem Wert für *Wahrsch* sucht NORM.S.INV() den Wert *z* so, dass STANDNORMVERT(*z*) = *Wahrsch* gilt.

Daher hängt die Genauigkeit von NORM.S.INV() von der Genauigkeit von NORM.S.VERT() ab. NORM.S.INV() geht bei der Suche iterativ vor. Hat die Suche nach 100 Iterationsschritten noch nicht konvergiert, gibt die Funktion den Fehlerwert *#NV* zurück.

Hintergrund Die Funktion NORM.S.INV() ist die Umkehrfunktion zur Funktion NORM.S.VERT() und liefert die zu einer bestimmten Wahrscheinlichkeit gehörende standardnormalverteilte Zufallsvariable bzw. den *z*-Wert einer Standardnormalverteilung.

Mit der Funktion NORM.S.INV() wird also die Stelle *z* auf der horizontalen Achse berechnet, die dem kumulierten Flächenanteil der Standardnormalverteilung entspricht.

Hinweis Mehr Informationen erhalten Sie auf nachfolgenden Seitenangaben: (Standard-) Normalverteilung auf Seite 491 unter der Funktion NORM.VERT(), Funktion STANDARDISIERUNG() auf Seite 535, Funktion NORM.S.VERT() auf Seite 490.

Praxiseinsatz Wie schon unter den Funktion STANDARDISIERUNG() und NORM.S.VERT() möchten wir auch für die Funktion NORM.S.INV() auf das Beispiel des Glühbirnenherstellers zurückgreifen.

Sie sind Hersteller von Glühbirnen, die Sie europaweit vertreiben, und sind dabei, die Leistung der Glühbirnen zu analysieren. Eine Aufstellung der Messungen haben Sie bereits in Excel gemacht. Die mittlere Lebenserwartung sowie die dazugehörige Standardabweichung sind errechnet. Zusätzlich sind die Wahrscheinlichkeiten für die gemessenen Werte der Brennleistungen gegeben.

	B	C	D
9	Testglühbirnen	Gemessene Brennleistung in Stunden (=X)	Wahrscheinlichkeiten der Verteilung
10	1	1000	4,20%
11	2	1100	6,00%
12	3	1200	8,35%
13	4	1300	11,33%
14	5	1400	15,00%
15	6	1500	19,38%
16	7	1600	24,48%
17	8	1700	30,21%
18	9	1800	36,48%
19	10	1900	43,14%
20	11	2000	50,00%
21	12	2100	56,86%
22	13	2200	63,52%
23	14	2300	69,79%

Abbildung 11.93: Die Brennleistungen inklusive der jeweiligen Wahrscheinlichkeit

Nun möchten Sie, mithilfe der Funktion NORM.S.INV(), die standardnormalverteilten *z*-Werte (Variablen) der jeweiligen Wahrscheinlichkeit berechnen.

Welches Argument ist für die Funktion notwendig?

- *Wahrsch* = ist die zur Standardnormalverteilung gehörige Wahrscheinlichkeit (*Spalte D*)

Das Ergebnis können Sie der Abbildung 11.94 entnehmen.

E10 — =NORM.S.INV(D10)

	B	C	D	E
9	Testglühbirnen	Gemessene Brennleistung in Stunden (=X)	Wahrscheinlichkeiten der Verteilung	z-Werte
10	1	1000	4,20%	-1,7277
11	2	1100	6,00%	-1,5550
12	3	1200	8,35%	-1,3822
13	4	1300	11,33%	-1,2094
14	5	1400	15,00%	-1,0366
15	6	1500	19,38%	-0,8639
16	7	1600	24,48%	-0,6911
17	8	1700	30,21%	-0,5183
18	9	1800	36,48%	-0,3455
19	10	1900	43,14%	-0,1728
20	11	2000	50,00%	0,0000
21	12	2100	56,86%	0,1728
22	13	2200	63,52%	0,3455
23	14	2300	69,79%	0,5183
24	15	2400	75,52%	0,6911

Abbildung 11.94: Die Berechnung der standardnormalverteilten Variablen über NORM.S.INV*()*

Über die Funktion NORM.S.INV() und unter Angabe einer Wahrscheinlichkeit haben Sie alle standardnormalverteilten Werte der Verteilung generiert.

Hinweis

Diese standardnormalverteilten Werte können Sie auch mithilfe der Funktion STANDARDISIERUNG() errechnen. Hierbei sind die Angabe der Argumente *x*, *Mittelwert* und *Standabwn* notwendig. Vergleichen Sie die Funktion STANDARDISIERUNG() auf Seite 535.

Siehe auch

G.TEST(), NORM.INV(), NORM.VERT(), NORM.S.VERT(), STANDARDISIERUNG()

CD-ROM

Dieses Beispiel finden Sie auf der CD-ROM zum Buch im Ordner *\Buch\Kap11* in den Arbeitsmappen *Wahrscheinlichkeit.xls* (Excel 97-2003) auf dem Arbeitsblatt *Standnorminv* bzw. *Wahrscheinlichkeit.xlsx* (Excel 2007/2010) auf dem Arbeitsblatt *Norm.s.inv.*

NORM.S.VERT() / STANDNORMVERT()

NORM.S.DIST() / NORMSDIST()

Syntax NORM.S.INV (*z;**kumuliert***)

Definition Die Funktion NORM.S.VERT() gibt Werte bzw. Wahrscheinlichkeiten der Verteilungsfunktion einer standardnormalverteilten Zufallsvariablen zurück. Die Standardnormalverteilung hat einen Mittelwert von 0 und eine Standardabweichung von 1. Sie können diese Funktion anstelle einer Tabelle verwenden, in der Werte der Verteilungsfunktion der Standardnormalverteilung zusammengestellt sind.

Argumente *z* (erforderlich) ist der Wert der Verteilung (Quantil), dessen Wahrscheinlichkeit Sie berechnen möchten.

kumuliert (erforderlich) ist ein Wahrheitswert, der den Typ der Funktion bestimmt. Ist kumuliert mit WAHR belegt, gibt NORM.S.VERT() den Wert der Verteilungsfunktion (kumulierte Dichtefunktion) zurück. Ist kumuliert mit FALSCH belegt, gibt NORM.S.VERT() den Wert der Dichtefunktion zurück.

Hinweis Ist *z* kein numerischer Ausdruck, gibt die Funktion NORM.S.VERT() den Fehlerwert *#WERT!* zurück.

Hintergrund Die Funktion NORM.S.VERT() liefert die kumulierten Wahrscheinlichkeiten einer standardnormalverteilten Zufallsvariablen.

Die Standardnormalverteilung (auch »standardisierte Normalverteilung«) ist eine Normalverteilung, deren arithmetisches Mittel μ gleich Null und deren Standardabweichung ó gleich 1 ist.

Die Gleichung der Dichtefunktion der standardisierten Normalverteilung lautet:

$$f(z) = \frac{1}{\sqrt{2\pi}} e^{-\frac{z^2}{2}}$$

Hinweis Mehr Informationen zur (Standard-) Normalverteilung und zur Funktion STANDARDISIERUNG() finden Sie auf Seite 488 unter der Funktion NORM.VERT() bzw. auf Seite 535 unter STANDARDISIERUNG().

Praxiseinsatz Um Ihnen die Funktion NORM.S.VERT() in der Praxis zu verdeutlichen, bleiben wir bei dem Beispiel des Glühbirnenherstellers, das wir bereits unter der Funktion STANDARDISIERUNG() aufgeführt haben.

Sie sind Hersteller von Glühbirnen, die Sie europaweit vertreiben, und sind dabei, die Leistung der Glühbirnen zu analysieren. Eine Aufstellung der Messungen haben Sie bereits in Excel gemacht.

Auch die mittlere Lebenserwartung sowie die dazugehörige Standardabweichung haben Sie bereits errechnet. Die standardisierten Werte der Verteilung haben Sie mithilfe der Funktion STANDARDISIERUNG() errechnet.

Nun möchten Sie die Werte bzw. Wahrscheinlichkeiten aller standardnormalverteilten Variablen der Verteilung zurückgeben. Dies erledigen Sie mithilfe der Funktion NORM.S.VERT().

Welches Argument ist für die Funktion notwendig?

- *z* = ist der Wert der Verteilung (Quantil), dessen Wahrscheinlichkeit Sie berechnen möchten. In unserem Fall die Brennleistung in Form des standardnormalverteilten *z*-Werts.
- *kumuliert* = ist der Wahrheitswert, der den Typ der Funktion bestimmt

Die Ergebnisse können Sie beispielhaft Abbildung 11.95 entnehmen.

E10 | =NORM.S.VERT(D10;WAHR)

	B	C	D	E
9	Testglühbirnen	Gemessene Brennleistung in Stunden (=X)	Standardisierung =z-Werte	Wahrscheinlichkeiten der Verteilung
10	1	1000	-1,728	0,042
11	2	1100	-1,555	0,060
12	3	1200	-1,382	0,083
13	4	1300	-1,209	0,113
14	5	1400	-1,037	0,150
15	6	1500	-0,864	0,194
16	7	1600	-0,691	0,245
17	8	1700	-0,518	0,302
18	9	1800	-0,346	0,365
19	10	1900	-0,173	0,431
20	11	2000	0,000	0,500
21	12	2100	0,173	0,569
22	13	2200	0,346	0,635
23	14	2300	0,518	0,698
24	15	2400	0,691	0,755
25	16	2500	0,864	0,806

Abbildung 11.95: Berechnen Sie die Wahrscheinlichkeit standardnormalverteilter Variablen

Aussagen

Welche Aussage kann nun getroffen werden?

Mit einer Wahrscheinlichkeit von 4,2 % (Zelle *E10*) tritt der standardnormalverteilte Wert -1,728 (Zelle *D10*) auf.

Siehe auch

G.TEST(), NORM.INV(), NORM.VERT(), NORM.S.INV(), STANDARDISIERUNG()

CD-ROM

Dieses Beispiel finden Sie auf der CD-ROM zum Buch im Ordner *\Buch\Kap11* in den Arbeitsmappen *Wahrscheinlichkeit.xls* (Excel 97-2003) auf dem Arbeitsblatt *Standnormvert* bzw. *Wahrscheinlichkeit.xlsx* (Excel 2007/2010) auf dem Arbeitsblatt *Norm.s.vert*.

NORM.VERT() / NORMVERT() NORM.DIST() / NORMDIST()

Syntax

NORM.VERT(***x***;***Mittelwert***;***Standabwn***;***kumuliert***)

Definition

Die Funktion NORM.VERT() gibt die Normalverteilung für den angegebenen Mittelwert und die angegebene Standardabweichung zurück. Diese Funktion hat sehr viele Anwendungsgebiete innerhalb der Statistik – unter anderem auch beim Testen von Hypothesen.

Argumente *x* (erforderlich) ist der Wert der Verteilung (Quantil), dessen Wahrscheinlichkeit Sie berechnen möchten.

Mittelwert (erforderlich) ist das arithmetische Mittel der Verteilung.

Standabwn (erforderlich) ist die Standardabweichung der Verteilung.

kumuliert (erforderlich) ist der Wahrheitswert, der den Typ der Funktion bestimmt. Ist das Argument *kumuliert* mit *WAHR* belegt, gibt die Funktion NORM.VERT() den Wert der Verteilungsfunktion (kumulierte Dichtefunktion) zurück. Ist *kumuliert* mit *FALSCH* belegt, gibt NORM.VERT() den Wert der Dichtefunktion zurück.

Hinweis Ist *Mittelwert* oder *Standabwn* kein numerischer Ausdruck, gibt die Funktion NORM.VERT() den Fehlerwert *#WERT!* zurück.

Ist *Standabwn* kleiner oder gleich 0, gibt NORM.VERT() den Fehlerwert *#ZAHL!* zurück.

Ist *Mittelwert* = 0, *Standabwn* = 1 und *kumuliert* = *WAHR*, gibt NORM.VERT() die Standardnormalverteilung (NORM.S.VERT()) zurück.

Hintergrund Um in Excel das Berechnen von Verteilungen und das Prüfen von Hypothesen vorzunehmen, stehen Ihnen verschiedene Funktionen zur Verfügung. So zum Beispiel die Funktion NORM.VERT(). Generell helfen Verteilungen bei typischen Fragen zur Wahrscheinlichkeit. Ein Beispiel wäre der Wurf einer Münze, bei der es nur zwei Ausprägungen gibt: Treffer oder Nicht-Treffer.

Wie oben im Abschnitt »Definition« erwähnt, gibt die Funktion NORM.VERT() die Normalverteilung für bestimmte angegebene Werte zurück.

Die Normalverteilung (nach Carl Friedrich Gauß) ist der wichtigste Typ kontinuierlicher Wahrscheinlichkeitsverteilungen, die eine Aussage darüber liefert, mit welcher Wahrscheinlichkeit eine Zufallsvariable *X* einen bestimmten Wert annimmt. Ihre Wahrscheinlichkeitsdichte wird auch Gauß-Funktion, Gauß-Kurve, Gauß-Glocke oder Glockenkurve genannt.

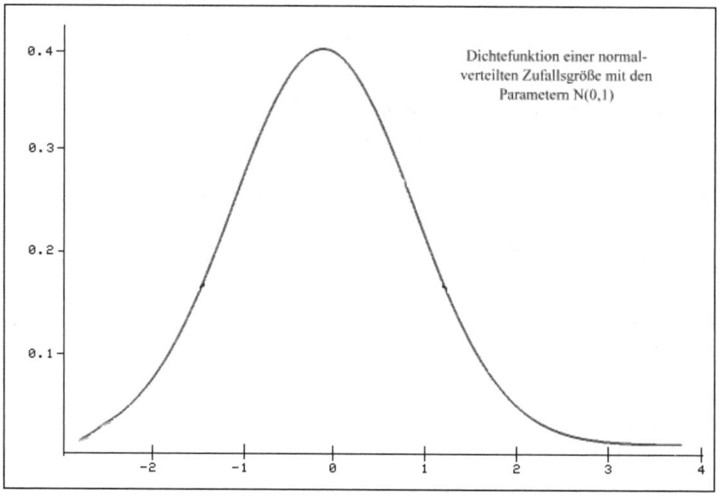

Abbildung 11.96: Verschiedene Dichtefunktionen von normalverteilten Zufallsgrößen grafisch dargestellt

Die besondere Bedeutung der Normalverteilung beruht unter anderem auf dem zentralen Grenzwertsatz, der besagt, dass eine Summe von *n* unabhängigen, identisch verteilten Zufallsvariablen in der Grenze normalverteilt ist.

Viele natur-, wirtschafts- und ingenieurwissenschaftliche Vorgänge lassen sich durch die Normalverteilung entweder exakt oder wenigstens in sehr guter Näherung beschreiben – vor allem Prozesse, die in mehreren Faktoren unabhängig voneinander in verschiedene Richtungen wirken.

Die Normalverteilung ist, im Gegensatz zur Binomialverteilung, symmetrisch aufgebaut (siehe Abbildung 11.96). Das heißt, sie gleicht einer Glockenkurve, bei der der niedrigste und höchste Wert die geringste und der Mittelwert die höchste Wahrscheinlichkeit hat.

Aussagen

Was sind die Eigenschaften einer Normalverteilung?

- glockenförmig
- eingipfelig
- nähert sich asymptotisch der X-Achse
- und ist symmetrisch

Aufgrund dessen

- liegt das Maximum beim arithmetischen Mittel
- liegen je 50 % der Fläche beidseitig vom arithmetischen Mittel
- sind auch arithmetisches Mittel und Median deckungsgleich
- fallen Modalwert, Median und arithmetisches Mittel zusammen
- liegen die Wendepunkte bei Mittelwert plus Standardabweichung und bei Mittelwert minus Standardabweichung

Für die meisten Verteilungen bietet Excel je zwei Funktionen an. Die Funktion zur Berechnung einer Verteilung, mit der Endung VERT, berechnet die Wahrscheinlichkeit, mit der ein bestimmter Wert eintritt. Die dazugehörige Umkehrfunktion, mit der Endung INV, berechnet den Wert, der mit einer bestimmten Wahrscheinlichkeit eintritt.

Hinweis

Die Funktion NORM.INV() enthält als Argument eine Wahrscheinlichkeit, eine Standardabweichung und einen Mittelwert und liefert den Wert, der mit in der Funktion NORM.VERT() eingegeben wurde.

Die Gleichung der Dichtefunktion der Normalverteilung (*kumuliert* = *FALSCH*) lautet:

$$f(x,\mu,\sigma)=\frac{1}{\sqrt{2\pi\sigma}}e^{-\left(\frac{(x-\mu)^2}{2\sigma^2}\right)}$$

Wenn *kumuliert* = *WAHR*, gibt die Formel das Integral einer gegebenen Formel von der negativen Unendlichkeit bis *x* zurück.

Praxiseinsatz

Sie sind Hersteller von Glühbirnen, die Sie europaweit vertreiben, und sind dabei, die Leistung der Glühbirnen zu analysieren. Die mittlere Lebenserwartung sowie die dazugehörige Standardabweichung haben Sie bereits errechnet. Nun möchten Sie wissen, wie wahrscheinlich es ist, dass die Glühbirnen im alltäglichen Gebrauch länger oder weniger lang als die durchschnittliche Leistungsdauer halten.

Für diese Berechnung nutzen Sie die Funktion NORM.VERT().

Die Lebenserwartung Ihrer Glühbirnen sei normal verteilt mit

- einem Mittelwert von 2.000 »Brenn«-Stunden = Argument *Mittelwert*
- einer Standardabweichung von 579 Stunden = Argument *Standabwn*

Um den Wert der Verteilungsfunktion zu ermitteln, geben Sie für das Argument *kumuliert* den Wahrheitswert *WAHR* an. Wollen Sie den Wert der Dichtefunktion ermitteln, verwenden Sie den Wahrheitswert *FALSCH*.

Sie stellen sich folgende Frage:

Wie groß ist die Wahrscheinlichkeit, dass eine Glühbirne bis zu 2.600 Stunden oder nur bis zu 1.400 Stunden brennt? Und wie groß ist die Wahrscheinlichkeit, dass genau diese Stundenzahlen erreicht werden?

Die beiden Werte, 2.600 Stunden und 1.400 Stunden, stellen jeweils das Argument *x* dar – also Werte innerhalb der Verteilung, deren Wahrscheinlichkeit Sie berechnen möchten.

Die Ergebnisse für beide Berechnungen können Sie der Abbildung 11.97 entnehmen.

	B	C	D	E
8	**Wie hoch ist die Wahrscheinlichkeit, dass die Glühbirne bis zu 2600 Stunden brennt?**			
9				
10	**Argumente für die Normalverteilung**	**Beispiel**	**Ergebnis**	
11	Der zu prüfende Wert x	2600		
12	Mittelwert	2000		
13	Standardabweichung	579		
14	Kumuliert Ja	WAHR	0,85	=NORM.VERT(C11;C12;C13;C14)
15	Kumuliert Nein	FALSCH	0,0004	=NORM.VERT(C11;C12;C13;C15)
16				
22				
23	**Argumente für die Normalverteilung**	**Beispiel**	**Ergebnis**	
24	Der zu prüfende Wert x	1400		
25	Mittelwert	2000		
26	Standardabweichung	579		
27	Kumuliert Ja	WAHR	0,15	=NORM.VERT(C24;C25;C26;C27)
28	Kumuliert Nein	FALSCH	0,0004	=NORM.VERT(C24;C25;C26;C28)

Abbildung 11.97: Die Wahrscheinlichkeitsberechnung für verschiedene Brennleistungen

Welche Aussagen können aus den Ergebnissen getroffen werden?

1. Die Wahrscheinlichkeit, dass eine Glühbirne bis zu 2.600 Stunden brennt, beträgt 85 %.
2. Die Wahrscheinlichkeit, dass eine Glühbirne genau 2.600 Stunden brennt, beträgt 0,04 %.
3. Die Wahrscheinlichkeit, dass eine Glühbirne nur bis zu 1.400 Stunden brennt, beträgt 15 %.
4. Die Wahrscheinlichkeit, dass eine Glühbirne genau 1.400 Stunden brennt, beträgt 0,04 %.

Auf diese Weise können Sie eine Vielzahl an Berechnungen anstellen, verschiedene Hypothesen prüfen und die Realisierungswahrscheinlichkeit angeben, mit der einzelne Merkmalsausprägungen innerhalb bestimmter Intervalle zu erwarten sind.

Siehe auch NORM.INV(), G.TEST(), STANDARDISIERUNG(), NORM.S.INV(), NORM.S.VERT()

CD-ROM Dieses Beispiel finden Sie auf der CD-ROM zum Buch im Ordner *\Buch\Kap11* in den Arbeitsmappen *Wahrscheinlichkeit.xls* (Excel 97-2003) auf dem Arbeitsblatt *Normvert* bzw. *Wahrscheinlichkeit.xlsx* (Excel 2007/2010) auf dem Arbeitsblatt *Norm.vert.*

PEARSON() PEARSON()

Syntax

PEARSON(*Matrix1;Matrix2*)

Definition

Die Funktion PEARSON() gibt den Pearsonschen Korrelationskoeffizienten *r* zurück. Dieser Koeffizient ist ein dimensionsloser Index mit dem Wertebereich –1,0 kleiner oder gleich *r* kleiner oder gleich 1,0 und ein Maß dafür, inwieweit zwischen zwei Datensätzen eine lineare Abhängigkeit besteht.

Argumente

Matrix1 (erforderlich) ist eine Reihe unabhängiger Werte.

Matrix2 (erforderlich) ist eine Reihe abhängiger Werte.

Hinweis

Als Argumente müssen entweder Zahlen oder Namen, Matrizen oder Bezüge angegeben werden, die Zahlen enthalten.

Enthält ein als Matrix oder Bezug angegebenes Argument Text, Wahrheitswerte oder leere Zellen, werden diese Werte ignoriert. Zellen, die den Wert 0 enthalten, werden dagegen berücksichtigt.

Enthalten die Argumente *Matrix1* und *Matrix2* keine oder unterschiedlich viele Datenpunkte, gibt die Funktion PEARSON() den Fehlerwert *#NV* zurück.

Hintergrund

Ein quantitatives Maß für die Stärke des Zusammenhangs bei metrischen Merkmalen bietet der Korrelationskoeffizient nach Bravais-Pearson (empirischer Korrelationskoeffizient).

Dieser wird in Excel mit der Funktion PEARSON() berechnet. Als Eingabe fungieren zwei auszuwählende Datenreihen: *Matrix1* und *Matrix2*. Die erste Datenreihe stellt die Werte der unabhängigen Variable *x* dar, die zweite Datenreihe besteht aus den Werten der abhängigen Variable *y*.

Das Ergebnis der Berechnung für *r* über die Funktion PEARSON() liegt im Wertebereich zwischen –1 und +1. Doch was sagen die Ergebnisse innerhalb dieses Wertebereiches aus?

- Bei *r = –1* liegt eine perfekte negative Korrelation vor – das heißt, die Datenreihen sind nicht voneinander abhängig
- Bei *r = +1* liegt eine perfekte positive Korrelation vor – das heißt, die Datenreihen sind absolut voneinander abhängig
- Ein Wert in der Nähe von *r = 0* bedeutet, das keine lineare Korrelation vorliegt

Der Zusammenhang zwischen den beiden Merkmalen muss linear sein, da ein nichtlinearer Zusammenhang von der Funktion PEARSON() nicht erfasst wird. Deshalb sollte zusätzlich zur Berechnung des Korrelationskoeffizienten *r* immer auch das Streudiagramm betrachtet werden. Ansonsten könnte man fälschlicherweise behaupten, ein Merkmalspaar zeige aufgrund des errechneten Werts für *r*, keinen Zusammenhang auf obwohl ein nichtlinearer, also beispielsweise ein exponentieller, Zusammenhang vorliegt.

Der Wert eines Korrelationskoeffizienten, errechnet durch die Funktionen PERARSON() oder KORREL(), gibt keine Richtung der Beeinflussung zwischen zwei Variablen vor. Diese kann nur durch inhaltliche Überlegungen gefunden werden. Darüber hinaus muss bei der Interpretation einer statistisch gesicherten Korrelation von Fall zu Fall geklärt werden, ob es sich um einen echten oder nur um einen scheinbaren Zusammenhang handelt. Dazu ist jeweils Kenntnis über den Sachverhalt nötig.

Scheinkorrelationen, die inhaltlich nicht gerechtfertigt sind, findet man oft in Zeitreihen, wenn für die beiden Variablen der gleiche Trend vorherrscht.

Generell gilt: Man sollte eine hohe Korrelation nur als *Hinweis* auf einen bestehenden Zusammenhang ansehen. Auf kausale Zusammenhänge sollte aufgrund inhaltlicher Überlegungen geschlossen werden.

Die Formel für den Pearsonschen Korrelationskoeffizienten *r* lautet:

$$r = \frac{\sum(x-\bar{x})(y-\bar{y})}{\sqrt{\sum(x-\bar{x})^2 \sum(y-\bar{y})^2}}$$

Dabei sind *x* und *y* die Stichprobenmittelwerte MITTELWERT(*Matrix1*) und MITTELWERT(*Matrix2*).

Hinweis Der Unterschied zwischen den Funktionen KORREL() und PEARSON() besteht darin, dass bei der Funktion PEARSON() ein linearabhängiger Zusammenhang zwischen zwei Komponenten vorausgesetzt wird. Als Argumente für die Funktion werden daher *Matrix1*, eine Reihe unabhängiger Werte, und *Matrix2*, eine Reihe abhängiger Werte, gefordert. Das heißt, über PEARSON() wird die Stärke einer bereits ersichtlichen Abhängigkeit berechnet, deren Ausmaß jedoch zunächst unbekannt ist.

Bei der Funktion KORREL() wird dieser lineare Zusammenhang nicht vorausgesetzt. Die Werte, für die eine Korrelation aufgezeigt werden soll, werden wie zwei unabhängige Variablen betrachtet. Deshalb fordert die Funktion die Argumente *Matrix1*, ein Zellbereich mit Werten, und *Matrix2*, ebenfalls ein Zellbereich mit Werten. Das heißt, über KORREL() wird ein wahrscheinlicher Zusammenhang berechnet, der jedoch nicht zwingend sein muss.

Praxiseinsatz Ein in der Softwarebranche tätiges Unternehmen verkauft auf der firmeneigenen Website alle vom Unternehmen angebotenen Produkte. Regelmäßig verschickt das Unternehmen Newsletter, um über Neuheiten zu informieren und bereits vorhandene, aber auch potenzielle Neukunden auf die Website und damit auf das Unternehmen aufmerksam zu machen.

Die Produktbestellungen auf der Website sind im vergangenen Jahr merklich gestiegen. Die Geschäftsführung möchte die Gründe hierfür erforschen. Hängt der Anstieg der Bestellungen mit dem aktiven Marketing und den straffen Werbemaßnahmen der letzten Zeit zusammen? Sind durch die vermehrten Websitezugriffe auch die Bestellungen gestiegen?

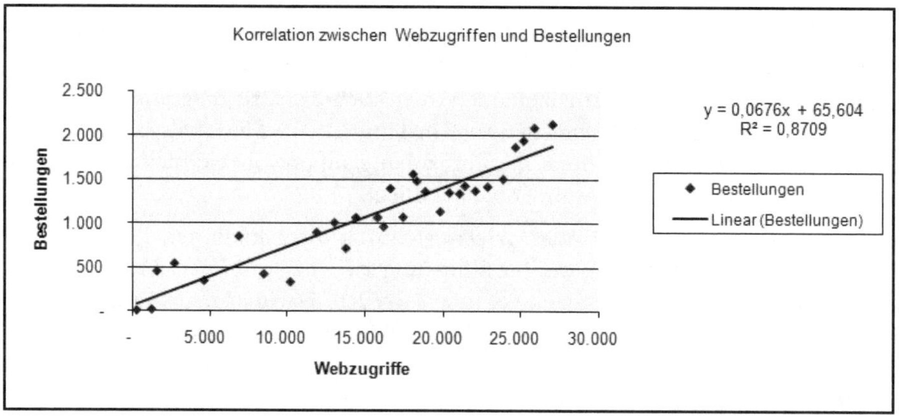

Abbildung 11.98: Das Streudiagramm zeigt bereits eine lineare Abhängigkeit zwischen den Variablen auf

Es soll also aufgezeigt werden, inwieweit ein Zusammenhang zwischen den Websitezugriffen und den Bestellungen besteht. Durch die Erstellung eines Streudiagramms und mithilfe einer linearen Trendlinie (siehe Abbildung 11.98) wurde bereits aufgezeigt, das ein linearer Zusammenhang zwischen den beiden Variablen *x* und *y*, also in diesem Fall den Webseitenzugriffen und den Bestellungen, besteht.

Hinweis

Liefert das Streudiagramm keinen eindeutigen linearen Zusammenhang zwischen den zwei zu betrachtenden Variablen, muss anstatt der Funktion PEARSON() die Funktion KORREL() eingesetzt werden.

Die Berechnung des Korrelationskoeffizienten *r* über die Funktion PEARSON() liefert den Beweis für eine lineare Abhängigkeit, wie in Abbildung 11.99 dargestellt.

	B	C	D
8		Unabhängig = x-Wert	Abhängig = y-Wert
9	Monat	Webzugriffe	Bestellungen
10	Januar 2006	236	6
11	Februar 2006	1.221	17
12	März 2006	1.563	456
13	April 2006	2.682	544
14	Mai 2006	4.569	349
15	Juni 2006	6.848	854
16	Juli 2006	8.463	427
17	August 2006	10.157	337
18	September 2006	11.837	899
19	Oktober 2006	12.987	1.011
20	November 2006	13.739	720
21	Dezember 2006	14.376	1.069
22	Januar 2007	15.739	1.070
23	Februar 2007	16.123	967
24	März 2007	16.548	1.401
25	April 2007	17.352	1.076
26	Mai 2007	17.986	1.563
27	Juni 2007	18.234	1.485
28	Juli 2007	18.769	1.367
29	August 2007	19.736	1.138
30	September 2007	20.333	1.352
31	Oktober 2007	20.987	1.343
32	November 2007	21.323	1.430
33	Dezember 2007	21.999	1.375
34	Januar 2008	22.786	1.421
35	Februar 2008	23.784	1.508
36	März 2008	24.574	1.876
37	April 2008	25.111	1.948
38	Mai 2008	25.789	2.094
39	Juni 2008	26.948	2.134
40	Korrelationskoeffizient nach Pearson		0,933231423
41		=PEARSON(C10:C39;D10:D39)	

Abbildung 11.99: Die Funktion *PEARSON()* liefert den Wert für den Korrelationskoeffizienten *r*

Der Korrelationskoeffizient in Höhe von 0,933 steht für eine nahezu perfekte positive Korrelation. Das heißt, da nichtlineare Zusammenhänge von der Funktion PEARSON() nicht erfasst werden, dass die Datenreihen *Webseitenzugriffe* und *Bestellungen* linear voneinander abhängig sind. Dies wurde bereits durch das Streudiagramm (siehe Abbildung 11.98) angenommen bzw. vorausgesetzt.

Anders ausgedrückt bedeutet der Korrelationskoeffizient von 0,933 auch, dass, wenn sich die Anzahl der Webseitenzugriffe beispielsweise durch verschiedene Marketingaktionen erhöht, auch die Anzahl der Bestellungen über das Web steigt.

Siehe auch KORREL(), ACHSENABSCHNITT(), BESTIMMTHEITSMASS(), RGP(), STEIGUNG(), STFEHLERYX()

CD-ROM Dieses Beispiel finden Sie auf der CD-ROM zum Buch im Ordner *\Buch\Kap11* in den Arbeitsmappen *Regression.xls* (Excel 97-2003) bzw. *Regression.xlsx* (Excel 2007/2010) auf dem Arbeitsblatt *Pearson*.

POISSON.VERT() / POISSON() — POISSON.DIST() / POISSON()

Syntax POISSON.DIST(*x*; ***Mittelwert***;***kumuliert***)

Definition Die Funktion POISSON.VERT() gibt Wahrscheinlichkeiten einer poissonverteilten Zufallsvariablen zurück. Eine übliche Anwendung der Poissonverteilung ist die Modellierung der Anzahl der Ereignisse innerhalb eines bestimmten Zeitraums, beispielsweise die Anzahl der in einem Call-Center eingehenden Anrufe innerhalb einer Stunde, die einen sofortigen Vororteinsatz mit sich bringen.

Argumente *x* (erforderlich) ist die Zahl der Fälle.

Mittelwert (erforderlich) ist der erwartete Zahlenwert.

kumuliert (erforderlich) ist der Wahrheitswert, der den Typ der Funktion bestimmt. Ist *kumuliert* mit *WAHR* belegt, gibt POISSON.VERT() den Wert der Verteilungsfunktion der jeweiligen Poissonverteilung zurück, also die Wahrscheinlichkeit, dass die Anzahl zufällig eintretender Ereignisse zwischen 0 und einschließlich *x* liegt. Ist *kumuliert* mit *FALSCH* belegt, gibt POISSON.VERT() den Wert der Wahrscheinlichkeitsfunktion zurück, also die Wahrscheinlichkeit, dass die Anzahl der Ereignisse genau *x* sein wird.

Hinweis Ist *x* keine ganze Zahl, werden die Nachkommastellen abgeschnitten.

Ist *x* oder *Mittelwert* kein numerischer Ausdruck, gibt POISSON.VERT() den Fehlerwert *#WERT!* zurück.

Ist *x* kleiner 0, gibt POISSON.VERT() den Fehlerwert *#ZAHL!* zurück.

Ist *Mittelwert* kleiner oder gleich 0, gibt POISSON.VERT() den Fehlerwert *#ZAHL!* zurück.

Hintergrund Die Funktion POISSON.VERT(), benannt nach Denis Poisson (1781 bis 1840), liefert Wahrscheinlichkeiten einer poisson-verteilten Zufallsvariable. Die Poisson-Verteilung ist ein besonderes Modell für die Häufigkeit eines sogenannten »seltenen Ereignisses«. Sie beschreibt das Eintreffen voneinander unabhängiger, gleichartiger, seltener Ereignisse in einer großen Anzahl von Elementen.

Ein Beispiel wäre das Eintreffen von Kunden an einem Schalter oder das Eingehen von Telefonanrufen.

Die Poisson-Verteilung eignet sich besonders für Wahrscheinlichkeitsverteilungen, bei denen sehr viele Ergebnisse aus einer Stichprobe vorliegen und die Wahrscheinlichkeit, dass das zu untersuchende Ereignis eintritt, sehr klein ist.

Hier nähert sich die Poisson-Verteilung nämlich der Binomialverteilung an. Im Gegensatz zur Binomialverteilung benötigt die Poisson-Verteilung (abgesehen von *x*) jedoch nur einen Parameter – den Erwartungswert bzw. das Argument *Mittelwert*.

Für kleine Erfolgswahrscheinlichkeiten kann die Binomialverteilung also durch die Poisson-Verteilung angenähert werden. D.h. sie gilt, wenn die durchschnittliche Anzahl der Ereignisse das Ergebnis einer sehr großen Zahl von Ereignismöglichkeiten und einer sehr kleinen Ereigniswahrscheinlichkeit ist.

Als Beispiel hierzu wird oft der radioaktive Zerfall erwähnt. Aus einer sehr großen Anzahl von Atomen zerfällt in einer Zeiteinheit nur ein sehr kleiner Anteil der Atome. Dieser Zerfall ist rein zufällig und unabhängig von den schon zerfallenen Atomen. Dies ist eine wesentliche Voraussetzung für die Poisson-Verteilung.

Wie bereits erwähnt, geht das Poisson-Modell davon aus, dass das Ereignis sehr selten innerhalb eines bestimmten Zeitintervalls auftritt. Es ist dabei aber dennoch nur von der Länge des Intervalls und nicht von der Lage auf der Zeitachse abhängig.

Über die Poisson-Verteilung lässt sich also die Fehlerwahrscheinlichkeit bzw. ein Ereignis pro Einheit ermitteln.

Die Funktion POISSON.VERT() berechnet die folgenden Formeln.

Für *kumuliert* = *FALSCH*:

$$POISSON.\mathrm{VERT} = \frac{e^{-\lambda}\lambda^{x}}{x!}$$

Für *kumuliert* = *WAHR*:

$$CUMPOISSON = \sum_{k=0}^{x} \frac{e^{\lambda}\lambda^{x}}{k!}$$

Diese Formeln werden durch die Funktion POISSON.VERT() ersetzt mit x = Zahl der Fälle und *Mittelwert* = erwarteter Zahlenwert. Das Argument *kumuliert* bestimmt, ob genau der Mittelwert (*kumuliert* = *FALSCH*) oder höchstens der Mittelwert (*kumuliert* = *WAHR*) erreicht werden soll.

Praxiseinsatz

Stellen Sie sich vor, Sie sind Reifenhändler. Sie haben eine eigene »Hausmarke«, deren Qualität Sie über längere Zeit analysiert haben. Es hat sich herausgestellt, dass bei dem PKW-Reifentyp Ihrer Hausmarke pro 100.000 gefahrenen Kilometern durchschnittlich vier Reifenschäden auftreten.

	B	C
8		**Reifenschaden auf 100.000 km**
9	Testfahrzeug 1	5
10	Testfahrzeug 2	3
11	Testfahrzeug 3	6
12	Testfahrzeug 4	2
13	Testfahrzeug 5	3
14	Testfahrzeug 6	5
15	Testfahrzeug 7	4
16	Testfahrzeug 8	2
17	Testfahrzeug 9	3
18	Testfahrzeug 10	4
19	Testfahrzeug 11	5
20	Testfahrzeug 12	6
21	Testfahrzeug 13	3
22	Testfahrzeug 14	7
23	Testfahrzeug 15	2
24	**Mittelwert**	**4**

Abbildung 11.100: Die Analyse der Reifen ergibt eine Fehlerquote von 4 auf 100.000 Kilometer

Die vier Ereignisse, also die Reifenschäden, sind im Vergleich zum Intervall, den 100.000 Kilometern, ein recht seltenes Ereignis. Deshalb gilt hier die Poisson-Verteilung.

Sie stellen sich folgende Frage:

Wie groß ist die Wahrscheinlichkeit, dass nur genau drei Reifenschäden auf 100.000 km auftreten?

Sie haben folgende Werte für die Funktion POISSON.VERT() notwendigen Argumente:

- $x = 3$ (Zahl der Ereignisse, die Sie untersuchen möchten)
- *Mittelwert* = 4 (Zahl der erwarteten Ereignisse)
- *kumuliert* = *FALSCH*, da Sie die Wahrscheinlichkeit errechnen möchten, mit der **genau** die Anzahl der Ereignisse *x* eintritt

Das Ergebnis stellt sich wie in Abbildung 11.101 dar.

	E	F	G	H
15	x = Zahl der "gewünschten" Ereignisse			3
16	Mittelwert = Zahl der erwarteten Ereignisse			4
17	Kumuliert			FALSCH
18	POISSON.VERT()			19,54%
19				=POISSON.VERT(H15;H16;H17)

Abbildung 11.101: Berechnen Sie die Wahrscheinlichkeit für genau drei Ereignisse

Mithilfe der Berechnung über die Funktion POISSON() ergibt sich eine Wahrscheinlichkeit von 19,54 %, dass genau drei Reifenschäden auf 100.000 Kilometer eintreten.

Möchten Sie wissen, wie groß die Wahrscheinlichkeit ist, dass die Anzahl der Reifenschäden auf 100.000 km zwischen 0 und einschließlich *x*, also 3, liegt, verwenden Sie für das Argument *kumuliert* den Wahrheitswert *WAHR*. Vergleichen Sie dazu die Abbildung 11.102.

	E	F	G	H
26	x = Zahl der "gewünschten" Ereignisse			3
27	Mittelwert = Zahl der erwarteten Ereignisse			4
28	Kumuliert			WAHR
29	POISSON.VERT()			43,35%
30				=POISSON.VERT(H26;H27;H28)

Abbildung 11.102: Berechnen Sie die Wahrscheinlichkeit für 0 bis 3 Ereignisse

Die Berechnung über die Funktion POISSON.VERT() liefert eine Wahrscheinlichkeit von 43,35 %, dass 0 bis 3 Reifenschäden auf 100.000 Kilometer eintreten.

Siehe auch EXPON.VERT()

CD-ROM Dieses Beispiel finden Sie auf der CD-ROM zum Buch im Ordner *\Buch\Kap11* in den Arbeitsmappen *Wahrscheinlichkeit.xls* (Excel 97-2003) auf dem Arbeitsblatt *Poisson* bzw. *Wahrscheinlichkeit.xlsx* (Excel 2007/2010) auf dem Arbeitsblatt *Poisson.vert*.

QUANTIL() PERCENTILE()

Hinweis

Die Funktion QUANTIL() wird in Microsoft Excel 2010 durch die Funktionen QUANTIL.EXKL() und QUANTIL.INKL() ersetzt. Damit wird das Ergebnis bzw. die Genauigkeit der Funktionen erhöht. Um die Abwärtskompatibilität von QUANTIL.EXKL() und QUANTIL.INKL) zu sichern, ist die Funktionen QUANTIL() weiter unter ihrem alten Namen verfügbar.

Syntax

QUANTIL(*Matrix;Alpha*)

Definition

Die Funktion QUANTIL() gibt das *Alpha*-Quantil einer Gruppe von Daten zurück. Mithilfe dieser Funktion können Sie einen Akzeptanzschwellenwert festlegen. Mithilfe dieses Schwellenwerts haben Sie beispielsweise die Möglichkeit, nur die Kunden zu einer Feier einzuladen, deren Umsätze oberhalb des 80 %-Quantils liegen.

In der Statistik bezeichnet man für eine Wahrscheinlichkeitsfunktion das *p%*-Quantil als jenen Wert des Ereignisraums, dem ein Wert von *p%* der Verteilungsfunktion zugeordnet ist. Es sind dann *p%* der Beobachtungen oder der Grundgesamtheit kleiner als das *p%*-Quantil.

Argumente

Matrix (erforderlich) ist eine Matrix oder ein Datenbereich, die bzw. der die relative Lage der Daten beschreibt.

Alpha (erforderlich) ist ein Wert aus dem geschlossenen Intervall von 0 bis 1.

Hinweis

Enthält Matrix keine oder mehr als 8.191 Datenpunkte, gibt die Funktion QUANTIL() den Fehlerwert *#ZAHL!* zurück. Ist *Alpha* kein numerischer Ausdruck, gibt Quantil den Fehlerwert *#WERT!* zurück.

Ist *Alpha* kleiner 0 oder ist *Alpha* größer 1, gibt QUANTIL() den Fehlerwert *#ZAHL!* zurück. Ist *Alpha* kein Vielfaches von *1/(n – 1)*, interpoliert QUANTIL(), um das Alpha-Quantil zu bestimmen.

Hintergrund

Ein Quantil ist ein definierter Teil eines der Größe nach sortierten Datenbündels. Bei Quantilen handelt es sich, mit Ausnahme des Medians, um Werte, die die Streuung eines Datenbündels charakterisieren sollen. Zu den wichtigsten Quantilen zählen die Dezile, die Quartile und der bereits erwähnte Median. Der Median entspricht dem 50 %-Quantil.

Etwas formaler ausgedrückt kann man auch sagen, dass das p-Quantil einer Verteilung angibt, welcher Wert die unteren *p*100* Prozent der Datenwerte von den oberen *100–p*100* Prozent trennt. Gibt man also z.B. das 0,65-Quantil einer Verteilung an, so besagt dieses, dass 65 Prozent aller Daten kleiner oder gleich dem betreffenden Datenwert sind und gleichzeitig 35 Prozent größer oder gleich diesem Wert.

Es kommt des Öfteren vor, dass es keinen Wert im Datenbündel gibt, der exakt dem betreffenden Quantil entspricht. Eine häufig verwendete Regel für die Bestimmung von Quantilen lautet (mit *n* = Anzahl der Datenwerte):

Wenn *n*p* keine ganze Zahl ist, so wird als Ordnungsziffer für den Quantilswert die auf *n*p* folgende ganze Zahl festgelegt. Ist *n*p* eine ganze Zahl, so liegt das Quantil zwischen der Ordnungszahl *n*p* und *n*p+1*; hier müssen also Interpolationsregeln eingesetzt werden, wie z.B. das arithmetische Mittel aus *n*p* und *n*p+1*.

Hat man als Beispiel 16 Datenwerte, ergibt sich für das 0,25-Quantil, was gleichzeitig dem ersten Quartil entspricht, die Ordnungsziffer 4 (aus *16*0,25*). Das 0,25-Quantil oder 1. Quartil sollte aber möglichst zwischen den unteren 25 und den oberen 75 Prozent liegen; also ist es zweckmäßig, einen Wert zwischen dem 4. und dem 5. Wert des geordneten Datenbündels zu bestimmen.

Das erste Dezil wird bestimmt durch die Ordnungsziffer des beispielsweise auf $n*p = 1{,}6$ folgenden Werts. In diesem Falle wäre das der **zweite** Wert im Datenbündel. Tatsächlich betrachtet sind dann mindestens 10 Prozent der Daten kleiner oder gleich und mindestens 90 Prozent größer oder gleich diesem Wert.

Die Feinheit der Abstufung der Quantile sollte natürlich passend zu den vorhandenen Daten gewählt werden.

Praxiseinsatz

Nehmen wir wieder das Beispiel des Softwareherstellers zur Hand. Der Controllingleiter hat die Umsätze der verschiedenen Unternehmensbereiche für ein Jahr generiert und möchte die vorhandenen Daten unterteilen, um weitere Analysen machen zu können. Ziel ist es, nur die Umsätze für eine spätere Analyse zu generieren, die über dem 0,6-Quantil (60tes Perzentil) liegen.

Mit Excel kann er jedes beliebige *p%*-Quantil ermitteln. Dabei muss für das Argument *Alpha* der Prozentsatz als Dezimalzahl eingegeben werden. Der Controllingleiter lässt sich die gewünschten Ergebnisse in 10 %-Schritten errechnen.

	B	C	D	E	F	G
9	**Umsatz innerhalb verschiedener Unternehmensbereiche in einem Jahr**					
10						
11	UMSÄTZE	EVENTS	PUBLIKATIONEN	TEAM	TRAINING	WISSEN
12	Januar	1.127 €	1.141,00 €	1.049,00 €	1.339,00 €	1.060,00 €
13	Februar	1.407 €	945,00 €	938,00 €	1.014,00 €	1.230,00 €
14	März	1.334 €	1.388,00 €	902,00 €	1.153,00 €	805,00 €
15	April	981 €	1.353,00 €	897,00 €	1.441,00 €	1.398,00 €
16	Mai	1.223 €	813,00 €	1.464,00 €	1.481,00 €	861,00 €
17	Juni	1.322 €	1.358,00 €	1.385,00 €	1.166,00 €	1.081,00 €
18	Juli	1.316 €	982,00 €	892,00 €	1.015,00 €	1.424,00 €
19	August	1.168 €	896,00 €	1.000,00 €	1.035,00 €	1.094,00 €
20	September	1.212 €	1.243,00 €	1.050,00 €	1.077,00 €	848,00 €
21	Oktober	1.218 €	1.088,00 €	998,00 €	1.446,00 €	1.108,00 €
22	November	1.311 €	945,00 €	1.222,00 €	828,00 €	1.465,00 €
23	Dezember	1.421 €	903,00 €	1.087,00 €	854,00 €	1.189,00 €
24	Quantil 0,1	1.131 €	897 €	898 €	870 €	849 €
25	Quantil 0,2	1.177 €	911 €	909 €	1.014 €	901 €
26	Quantil 0,3	1.214 €	945 €	956 €	1.021 €	1.066 €
27	Quantil 0,4	1.220 €	960 €	999 €	1.052 €	1.086 €
28	Quantil 0,5	1.267 €	1.035 €	1.025 €	1.115 €	1.101 €
29	Quantil 0,6	1.314 €	1.120 €	1.050 €	1.161 €	1.157 €
30	Quantil 0,7	1.320 €	1.212 €	1.076 €	1.287 €	1.218 €
31	Quantil 0,8	1.332 €	1.331 €	1.195 €	1.421 €	1.364 €
32	Quantil 0,9	1.400 €	1.358 €	1.369 €	1.446 €	1.421 €
33	Quantil 0,10	1.421 €	1.388 €	1.464 €	1.481 €	1.465 €

Abbildung 11.103: Die Quantile werden in 10 %-Schritten errechnet

Wie Sie der Abbildung 11.103 entnehmen können, stellen die Ergebnisse der einzeln berechneten Quantile gleichzeitig eine aufsteigende Rangfolge dar. Der Controllingleiter kann sich nun allen Umsätzen, die gleich oder größer dem 0,6-Quantil sind, widmen und die Zahlen weiter verarbeiten.

Über das 0,6-Quantil kann ausgesagt werden, dass 60 % der Werte innerhalb der Urdaten gleich oder kleiner und 40 % gleich oder größer dieses Werts sind.

Siehe auch KGRÖSSTE(), KKLEINSTE(), MAX(), MEDIAN(), MIN(), QUARTILSRANG(), QUARTILE()

CD-ROM Dieses Beispiel finden Sie auf der CD-ROM zum Buch im Ordner *\Buch\Kap11* in den Arbeitsmappen *Mittelwert.xls* (Excel 97-2003) bzw. *Mittelwert.xlsx* (Excel 2007) auf dem Arbeitsblatt *Quantile*.

QUANTIL.EXKL() PERCENTILE.EXC()

Syntax

QUANTIL.EXKL(***Array;k***)

Definition

Die Funktion QUANTIL.EXKL() gibt das k-Quantil von Werten in einem Bereich zurück, wobei k im Bereich von 0...1 ausschließlich liegt.

Argumente

Array (erforderlich) ist ein Datenbereich, der die relative Lage der Daten beschreibt.

k (erforderlich) ist der Quantilwert aus dem geschlossenen Intervall von 0 bis ausschließlich 1.

Hinweis

Enthält *Array* keine Datenpunkte, gibt QUANTIL.EXKL() den Fehlerwert *#ZAHL!* zurück.

Ist *k* kein numerischer Ausdruck, gibt QUANTIL.EXKL() den Fehlerwert *#WERT!* zurück.

Bei $k \leq 0$ oder $k \geq 1$ gibt QUANTIL.EXKL() den Fehlerwert *#ZAHL!* zurück.

Ist *k* kein Vielfaches von *1/(n - 1)*, interpoliert QUANTIL.EXKL(), um das k-Quantil zu bestimmen.

QUANTIL.EXKL() interpoliert, wenn der Wert für das angegebene Quantil zwischen zwei Werten im *Array* liegt. Wenn keine Interpolation für das Quantil möglich und k angegeben ist, gibt Excel den Fehlerwert *#ZAHL!* zurück.

Hintergrund

Mehr Informationen zum Thema Quantile finden Sie im gleichnamigen Abschnitt auf Seite 501.

Praxiseinsatz

Mehr zum Einsatz der Funktion erfahren Sie mithilfe des Praxiseinsatzes der Funktion QUANTIL() auf Seite 501.

Siehe auch

KGRÖSSTE(), KKLEINSTE(), MAX(), MEDIAN(), MIN(), QUARTILSRANG(), QUARTILE.EXKL(), QUARTILE.INKL()

CD-ROM

Dieses Beispiel finden Sie auf der CD-ROM zum Buch im Ordner *\Buch\Kap11* in den Arbeitsmappen *Mittelwert.xls* (Excel 97-2003) bzw. *Mittelwert.xlsx* (Excel 2007) auf dem Arbeitsblatt *Quantile*.

QUANTIL.INKL() PERCENTILE.INC()

Syntax

QUANTIL.INKL(***Array;k***)

Definition

Die Funktion QUANTIL.INKL() gibt das k-Quantil von Werten in einem Bereich zurück, wobei *k* im Bereich von 0...1 einschließlich liegt.

Mithilfe dieser Funktion können Sie einen Akzeptanzschwellenwert festlegen. So könnten Sie beispielsweise entscheiden, dass nur Kandidaten untersucht werden, deren Prüfungsergebnisse oberhalb des 90 %-Quantils liegen.

Argumente

Array (erforderlich) ist ein Datenbereich, der die relative Lage der Daten beschreibt.

k (erforderlich) ist der Quantilwert aus dem geschlossenen Intervall von 0 bis 1.

Hinweis

Enthält Array keine Datenpunkte, gibt QUANTIL.INKL() den Fehlerwert *#ZAHL!* zurück.

Ist *k* kein numerischer Ausdruck, gibt QUANTIL.INKL() den Fehlerwert *#WERT!* zurück.

Ist $k < 0$ oder ist $k > 1$, gibt QUANTIL.INKL() den Fehlerwert *#ZAHL!* zurück.

Ist *k* kein Vielfaches von 1/(n – 1), interpoliert QUANTIL.INKL(), um das k-Quantil zu bestimmen.

Hintergrund

Mehr Informationen zum Thema Quantile finden Sie im gleichnamigen Abschnitt auf Seite 501.

Praxiseinsatz Mehr zum Einsatz der Funktion erfahren Sie mithilfe des Praxiseinsatzes der Funktion QUANTIL() auf Seite 501.

Siehe auch KGRÖSSTE(), KKLEINSTE(), MAX(), MEDIAN(), MIN(), QUARTILSRANG(), QUARTILE.EXKL(), QUARTILE.INKNL()

CD-ROM Dieses Beispiel finden Sie auf der CD-ROM zum Buch im Ordner *\Buch\Kap11* in den Arbeitsmappen *Mittelwert.xls* (Excel 97-2003) bzw. *Mittelwert.xlsx* (Excel 2007/2010) auf dem Arbeitsblatt *Quantile.inkl*.

QUANTILSRANG() PERCENTRANK()

Hinweis Die Funktion QUANTILSRANG() wird in Microsoft Excel 2010 durch die Funktionen QUANTILSRANG.EXKL() und QUANTILSRANG.INKL() ersetzt. Damit wird das Ergebnis bzw. die Genauigkeit der Funktionen erhöht.

Um die Abwärtskompatibilität von QUANTILSRANG.EXKL() und QUANTILSRANG.INKL() zu sichern, ist die Funktion QUANTILSRANG() weiter unter ihrem alten Namen verfügbar.

Syntax QUANTILSRANG(*Matrix;x;Genauigkeit*)

Definition Die Funktion QUANTILSRANG() gibt den prozentualen Rang (Alpha) eines Werts zurück. Diese Funktion kann dazu verwendet werden, die relative Position zu ermitteln, die ein Wert innerhalb einer Datenmenge einnimmt. So können Sie beispielsweise mithilfe von QUANTILSRANG() ermitteln, welche relative Position das Ergebnis einer Eingangsuntersuchung innerhalb der Ergebnisse aller Untersuchungen einnimmt.

Argumente *Matrix* (erforderlich) ist die Matrix oder der Bereich numerischer Daten, die oder der die relative Lage der Daten beschreibt.

x (erforderlich) ist der Wert, dessen Rang Sie bestimmen möchten.

Genauigkeit (optional) ist ein Wert, der die Anzahl der Nachkommastellen des zurückgegebenen Quantilsrangs festlegt. Fehlt dieses Argument, verwendet QUANTILSRANG() drei Dezimalstellen (0,xxx).

Hinweis Ist die *Matrix* leer, liefert QUANTILSRANG() den Fehlerwert *#ZAHL!*. Ist *Genauigkeit* kleiner 1, liefert QUANTILSRANG() den Fehlerwert *#ZAHL!*.

Ist *x* nicht mit einem der in Matrix stehenden Werte identisch, interpoliert QUANTILSRANG(), um den entsprechenden Quantilsrang zu bestimmen.

Hintergrund Die Funktion QUARTILSRANG() ist die Umkehrfunktion von QUANTIL(). Mithilfe dieser Funktion können Sie die relative Position *a* des Werts *x* innerhalb einer Wertereihe ermitteln.

Mehr Hintergrundinformationen zu den Quantilen finden Sie auf Seite 501.

Praxiseinsatz Der Controllingleiter des Softwareherstellers möchte den Gesamtumsatz, also die Summe aller in verschiedenen Abteilungen getätigten Umsätze innerhalb eines Jahrs, näher analysieren.

Sein Ziel ist es, darzustellen, welche Position ein bestimmter Umsatz in einem bestimmten Monat aus der Menge aller Umsätze auf einer Skala von 1 bis 100 einnimmt. Allgemein ausgedrückt möchte er zeigen, wie die einzelnen Monatsumsätze im Vergleich zu der Gesamtheit aller Umsätze streuen. Hierzu bedient er sich der Funktion QUANTILSRANG().

Umsatz innerhalb verschiedener Unternehmensbereiche in einem Jahr

UMSÄTZE	EVENTS	PUBLIKATIONEN	TEAM	TRAINING	GESAMT	QUANTILSRANG
Januar	1.127 €	1.141,00 €	1.049,00 €	1.339,00 €	4.656,00 €	0,55
Februar	1.407 €	945,00 €	938,00 €	1.014,00 €	4.304,00 €	0,27
März	1.334 €	1.388,00 €	902,00 €	1.153,00 €	4.777,00 €	0,82
April	981 €	1.353,00 €	897,00 €	1.441,00 €	4.672,00 €	0,64
Mai	1.223 €	813,00 €	1.464,00 €	1.481,00 €	4.981,00 €	0,91
Juni	1.322 €	1.358,00 €	1.385,00 €	1.166,00 €	5.231,00 €	1,00
Juli	1.316 €	982,00 €	892,00 €	1.015,00 €	4.205,00 €	0,09
August	1.168 €	896,00 €	1.000,00 €	1.035,00 €	4.099,00 €	-
September	1.212 €	1.243,00 €	1.050,00 €	1.077,00 €	4.582,00 €	0,45
Oktober	1.218 €	1.088,00 €	998,00 €	1.446,00 €	4.750,00 €	0,73
November	1.311 €	945,00 €	1.222,00 €	828,00 €	4.306,00 €	0,36
Dezember	1.421 €	903,00 €	1.087,00 €	854,00 €	4.265,00 €	0,18

Abbildung 11.104: Jeweiliger Quantilsrang für die Monatsumsätze verschiedener Bereiche

Nimmt man z.B. den Umsatz von 4.656,00 € im Monat Januar und den errechneten Quantilsrang von 0,55, so kann man folgende Aussage treffen: Der Umsatz von 4.656,00 € im Januar aus meinem Gesamtbereich aller Umsätze liegt auf einer Skala von 1 bis 100 bei 55. Das heißt, 55 % der Werte des Gesamtbereichs sind kleiner oder gleich bzw. 45 % der Werte sind größer oder gleich 4656,00 €.

Siehe auch KGRÖSSTE(), KKLEINSTE(), MAX(), MEDIAN(), MIN(), QUANTIL(), QUANTIL.EXKL(), QUANTIL.INKL(), QUARTILE(), QUARTILE.EXKL(), QUARTILE.INKL()

CD-ROM Dieses Beispiel finden Sie auf der CD-ROM zum Buch im Ordner *\Buch\Kap11* in den Arbeitsmappen *Mittelwert.xls* (Excel 97-2003) bzw. *Mittelwert.xlsx* (Excel 2007/2010) auf dem Arbeitsblatt *Quantilsrang*.

QUARTILSRANG.EXKL() PERCENTRANK.EXC()

Syntax QUANTILSRANG.EXKL(*Matrix;x;Genauigkeit*)

Definition Die Funktion QUANTILSRANG.EXKL() gibt den prozentualen (0..1 ausschließlich) Rang (Alpha) eines Werts in einem Dataset zurück.

Argumente ***Matrix*** (erforderlich) ist die Matrix oder der Bereich numerischer Daten, die oder der die relative Lage der Daten beschreibt.

x (erforderlich) ist der Wert, dessen Rang Sie bestimmen möchten.

Genauigkeit (optional) ist ein Wert, der die Anzahl der Nachkommastellen des zurückgegebenen Quantilsrangs festlegt. Fehlt dieses Argument, verwendet QUANTILSRANG() drei Dezimalstellen (0,xxx).

Hinweis Ist *Matrix* leer, gibt QUANTILSRANG.EXKL() den Fehlerwert *#ZAHL!* zurück.

Ist *Genauigkeit* < 1, gibt QUANTILSRANG.EXKL() den Fehlerwert *#ZAHL!* zurück.

Ist *x* nicht mit einem der in Array stehenden Werte identisch, interpoliert QUANTILSRANG.EXKL(), um den entsprechenden Quantilsrang zu bestimmen.

Hintergrund Die Funktionen QUARTILSRANG.EXKL() und QUARTILSRANG.INKL() sind die Umkehrfunktionen von QUANTIL.EXKL() und QUANTIL.INKL(). Mithilfe dieser Funktion können Sie die relative Position *a* des Werts *x* innerhalb einer Wertereihe ermitteln.

Mehr Hintergrundinformationen zu den Quantilen finden Sie auf Seite 501.

Praxiseinsatz Mehr zum Einsatz der Funktion erfahren Sie mithilfe des Praxiseinsatzes der Funktion QUANTILSRANG() auf Seite 504.

Siehe auch KGRÖSSTE(), KKLEINSTE(), MAX(), MEDIAN(), MIN(), QUANTIL.EXKL(), QUANTIL.INKL(), QUARTILE.EXKL(), QUARTILE.INKL()

CD-ROM Dieses Beispiel finden Sie auf der CD-ROM zum Buch im Ordner *\Buch\Kap11* in der Arbeitsmappe *Mittelwert.xlsx* (Excel 2007/2010) auf dem Arbeitsblatt *Quantilsrang.exkl*.

QUARTILSRANG.INKL() PERCENTRANK.INC()

Syntax QUANTILSRANG.INKL(***Matrix;x;****Genauigkeit*)

Definition Die Funktion QUANTILSRANG.INKL() gibt den prozentualen (0...1 einschließlich) Rang (Alpha) eines Werts in einem Dataset zurück.

Diese Funktion kann dazu verwendet werden, die relative Position zu ermitteln, die ein Wert innerhalb einer Datenmenge einnimmt. So können Sie beispielsweise mithilfe von QUANTILSRANG.INKL() ermitteln, welche relative Position das Ergebnis einer Eingangsuntersuchung innerhalb der Ergebnisse aller Untersuchungen einnimmt.

Argumente ***Matrix*** (erforderlich) ist die Matrix oder der Bereich numerischer Daten, die oder der die relative Lage der Daten beschreibt.

x (erforderlich) ist der Wert, dessen Rang Sie bestimmen möchten.

Genauigkeit (optional) ist ein Wert, der die Anzahl der Nachkommastellen des zurückgegebenen Quantilsrangs festlegt. Fehlt dieses Argument, verwendet QUANTILSRANG.INKL() drei Dezimalstellen (0,xxx).

Hinweis Ist *Matrix* leer, gibt QUANTILSRANG.INKL() den Fehlerwert *#ZAHL!* zurück.

Ist *Genauigkeit* < 1, gibt QUANTILSRANG.INKL() den Fehlerwert *#ZAHL!* zurück.

Ist *x* nicht mit einem der in *Matrix* stehenden Werte identisch, interpoliert QUANTILSRANG.INKL(), um den entsprechenden Quantilsrang zu bestimmen.

Hintergrund Die Funktionen QUARTILSRANG.EXKL() und QUARTILSRANG.INKL() sind die Umkehrfunktionen von QUANTIL.EXKL() und QUANTIL.INKL(). Mithilfe dieser Funktion können Sie die relative Position *a* des Werts *x* innerhalb einer Wertereihe ermitteln.

Mehr Hintergrundinformationen zu den Quantilen finden Sie auf Seite 501.

Praxiseinsatz Mehr zum Einsatz der Funktion erfahren Sie mithilfe des Praxiseinsatzes der Funktion QUANTILSRANG() auf Seite 504.

Siehe auch KGRÖSSTE(), KKLEINSTE(), MAX(), MEDIAN(), MIN(), QUANTIL.EXKL(), QUANTIL.INKL(), QUARTILE.EXKL(), QUARTILE.INKL()

CD-ROM Dieses Beispiel finden Sie auf der CD-ROM zum Buch im Ordner *\Buch\Kap11* in der Arbeitsmappe *Mittelwert.xlsx* (Excel 2007/2010) auf dem Arbeitsblatt *Quantilsrang.inkl*.

QUARTILE() QUARTILE()

Hinweis

Die Funktion QUARTILE() wird in Microsoft Excel 2010 durch die Funktionen QUARTILE.EXKL() und QUARTILE.INKL() ersetzt. Damit wird das Ergebnis bzw. die Genauigkeit der Funktionen erhöht.

Um die Abwärtskompatibilität von QUARTILE.EXKL() und QUARTILE.INKL() zu sichern, ist die Funktion QUARTILE() weiter unter ihrem alten Namen verfügbar.

Syntax

QUARTILE(***Matrix;Quartil***)

Definition

Die Funktion QUARTILE() gibt die Quartile einer Datengruppe zurück. Quartile werden häufig bei beispielsweise Verkaufs- oder Umfragedaten verwendet, um die Grundgesamtheiten in Gruppen einzuteilen und einen Überblick zu bieten. So können Sie als Beispiel mit QUARTILE() für eine Stichprobe erhobener Umsatzzahlen den Wert ermitteln, ab dessen Höhe ein Umsatz zu den oberen 25 Prozent der Umsatzkategorien gehört.

Über das Argument *Quartil* geben Sie an, welcher Wert ausgegeben werden soll. Die möglichen Werte für dieses Argument haben wir Ihnen in Tabelle 11.3 dargestellt.

Argumente

Matrix (erforderlich) ist eine Matrix oder ein Zellbereich numerischer Werte, deren Quartile Sie bestimmen möchten.

Quartil (erforderlich) gibt an, welcher Wert ausgegeben werden soll.

Hinweis

Ist die *Matrix* leer, gibt QUARTILE() den Fehlerwert *#ZAHL!* zurück. Ist *Quartil* keine ganze Zahl, werden die Nachkommastellen abgeschnitten. Ist *Quartil* kleiner 0 oder ist *Quartil* größer 4, gibt QUARTILE() den Fehlerwert *#ZAHL!* zurück.

MIN(), MEDIAN() bzw. MAX() geben denselben Wert wie QUARTILE() zurück, wenn Quartil mit 0, 2 beziehungsweise 4 belegt ist.

Hintergrund

Neben dem Median kann man mit den Quantilen und Quartilen sehr gute Einteilungen der Daten berechnen. Während der Median die Verteilung genau halbiert, teilen Quantile sie in mehrere und Quartile in vier gleiche Teile auf. Das heißt, es lässt sich im Prinzip jeder beliebige Wert als Abschneidegrenze verwenden, um eine Einteilung der Daten vorzunehmen.

Die Funktion QUARTILE() verlangt neben dem Argument *Matrix*, also dem zu untersuchenden Bereich, auch das *Quartil*, das zurückgegeben soll. Dies kann ein Wert zwischen 0 und 4 sein.

Die Bedeutung des Parameters *Quartil* finden Sie in nachfolgender Tabelle:

Tabelle 11.3 Die Argumente für das Argument *Quartile*

Wert ...	Liefert Ergebnis ...
0	den kleinste Wert (Minimum)
1	das untere Quartil (25 %-Quantil)
2	den Median (50 %-Quantil)
3	das obere Quartil (75 %-Quantil)
4	den größten Wert (Maximum)

Wenn das *Quartil* 0 dem Minimum entspricht, das *Quartil* 4 dem Maximum und das *Quartil* 2 dem Median, ist es keine Kunst mehr, die *Quartile* 1 und 3 zu deuten.

Praxiseinsatz Ein Pharmaunternehmen, das unter anderem Kopfschmerztabletten produziert und diese im gesamten Bundesgebiet vertreibt, möchte den Umsatz der Tabletten in den Bundesländern Bayern, Hessen, Berlin, Bremen und Nordrhein-Westfalen pro 100.000 Einwohner je Bundesland auswerten.

Ziel ist es, eine Aussage darüber zu treffen, bis zu welchem Betrag 25 % des Umsatzes in einem bestimmten Bundesland innerhalb eines Jahrs getätigt werden.

Pro Bundesland liegen die Umsätze für ein ganzes Jahr, also zwölf Werte, vor. Bei der Berechnung der Quartile werden die Werte aufsteigend sortiert und anschließend, wie in Tabelle 11.3 dargestellt, errechnet.

	B	C	D	E	F	G
8	**Umsatz Kopfschmerztabletten pro 100.000 Einwohner**					
9						
10	Monat	Bayern	Hessen	Berlin	Bremen	NRW
11	Januar	800,00 €	236,00 €	189,00 €	987,00 €	1.563,00 €
12	Februar	1.190,00 €	356,00 €	505,00 €	1.319,00 €	3.000,00 €
13	März	1.545,00 €	756,00 €	1.307,00 €	2.233,00 €	6.116,00 €
14	April	1.168,00 €	518,00 €	884,00 €	1.903,00 €	2.860,00 €
15	Mai	1.139,00 €	684,00 €	835,00 €	1.589,00 €	3.126,00 €
16	Juni	5.083,00 €	1.678,00 €	820,00 €	2.428,00 €	6.682,00 €
17	Juli	3.609,00 €	844,00 €	276,00 €	1.559,00 €	3.311,00 €
18	August	4.810,00 €	622,00 €	365,00 €	1.502,00 €	3.317,00 €
19	September	5.581,00 €	893,00 €	309,00 €	1.628,00 €	3.542,00 €
20	Oktober	5.506,00 €	724,00 €	259,00 €	1.440,00 €	2.971,00 €
21	November	11.786,00 €	1.046,00 €	447,00 €	2.255,00 €	4.735,00 €
22	Dezember	6.227,00 €	339,00 €	234,00 €	1.583,00 €	2.652,00 €
23	**Quartil 0 = Min**	**800**	**236**	**189**	**987**	**1.563**
24	**Quartil 1**	**1.185**	**478**	**272**	**1.487**	**2.943**
25	**Quartil 2 =Median**	**4.210**	**704**	**406**	**1.586**	**3.219**
26	**Quartil 3**	**5.525**	**856**	**824**	**1.986**	**3.840**
27	**Quartil 4 = Max**	**11.786**	**1.678**	**1.307**	**2.428**	**6.682**

Abbildung 11.105: Die Jahresumsätze der einzelnen Bundesländer werden in Quartile unterteilt, um so eine bessere Übersicht zu erhalten

Betrachtet man, wie in Abbildung 11.105 dargestellt, die Umsätze für Bayern, so erkennt man, dass der kleinste Wert dem Minimum entspricht, der größte dem Maximum und das Quartil 2, also die 50 %-Grenze und gleichzeitig der Median, dem Wert 4.210.

Wie kommt man auf das 2. Quartil ohne Zuhilfenahme der Funktion QUARTILE()? Da Sie eine Zahlenreihe mit einer geraden Anzahl von Werten haben, muss die 50 %-Grenze irgendwo zwischen dem fünften und sechsten Wert liegen. Addieren Sie die beiden Werte und dividieren das Ergebnis durch zwei, erhalten Sie den Median. Gäbe es 13 Werte, läge der Median bzw. das 2. Quartil an siebter Stelle der sortierten Zahlenreihe.

Sie haben nun bereits folgende Quartile vorliegen:

Quartil 0 = 800

Quartil 2 = 4.210

Quartil 4 = 11.786

Fehlen noch Quartil 1 und Quartil 3, die die 25 %- und 75 %-Grenze in der angegebenen Zahlenreihe definieren. Das heißt, es gilt, ausgehend von der sortierten Urdatenliste, die Werte an der Position 0,25 und 0,75 zu definieren.

Betrachten wir die Abbildung 11.105, müssen nun die Werte berechnet werden, von denen gesagt wird, dass 25 % der Beobachtungen kleiner oder gleich (1. Quartil) und 75 % der Beobachtungen größer oder gleich (3. Quartil) diesem Wert sind.

In unserem Beispiel haben wir zwölf Zahlenwerte (*n*). Multipliziert man *n* mit 0,25 sowie mit 0,75, kann man die Aussage treffen, dass das 1. Quartil zwischen dem dritten und vierten und das 3. Quartil zwischen dem neunten und zehnten Wert der sortierten Urdaten liegen muss.

Die Excelfunktion QUARTIL() liefert für das 1. und 3. Quartil die folgenden Ergebnisse:

1. Quartil = 1.185

3. Quartil = 5.525

Wie Sie sehen können, wird die zuvor getätigte Aussage durch die Ergebnisse der Excel-Berechnung untermauert. So liegt beispielsweise das 1. Quartil zwischen dem dritten und vierten Wert der Datenreihe, jedoch nicht in der Mitte, sondern eher in Richtung des vierten Werts.

Aussagen

Im Bezug auf Abbildung 11.105 können Sie nun z.B. folgende Aussagen treffen:

- In Bayern werden 25 % des Umsatzes bis 1.185,00 € erreicht
- In Nordrhein-Westfalen werden 75 % des Umsatzes bis 3.840,00 € erreicht

Siehe auch

KGRÖSSTE(), KKLEINSTE(), MAX(), MEDIAN(), MIN(), QUANTIL(), QUANTIL.EXKL(), QUANTIL.INKL(), QUANTILSRANG(), QUANTILSRANG.EXKL(), QUANTILSRANG.INKL()

CD-ROM

Dieses Beispiel finden Sie auf der CD-ROM zum Buch im Ordner *\Buch\Kap11* in den Arbeitsmappen *Mittelwert.xls* (Excel 97-2003) bzw. *Mittelwert.xlsx* (Excel 2007/2010) auf dem Arbeitsblatt *Quartile*.

QUARTILE.EXKL() — QUARTILE.EXC()

Syntax

QUARTILE.EXKL(***Matrix;Quartile***)

Definition

Die Funktion QUARTILE.EXKL() gibt die Quartile eines Datasets zurück, basierend auf Perzentilwerten von 0...1 ausschließlich.

Argumente

Matrix (erforderlich) ist eine Matrix oder ein Zellbereich numerischer Werte, deren Quartile Sie bestimmen möchten.

Quartile (erforderlich) gibt an, welcher Wert ausgegeben werden soll.

Hinweis

Ist *Matrix* leer, gibt QUARTILE.EXKL() den Fehlerwert *#ZAHL!* zurück.

Ist *Quartile* keine ganze Zahl, werden die Nachkommastellen abgeschnitten.

Ist *Quartile* 0 oder ist *Quartile* 4, gibt QUARTILE.EXKL() den Fehlerwert *#ZAHL!* zurück.

MIN(), MEDIAN() bzw. MAX() geben denselben Wert wie QUARTILE.EXKL() zurück, wenn *Quartile* mit 0 (Null), 2 beziehungsweise 4 belegt ist.

Hintergrund

Mehr Informationen zu den Quartilen lesen Sie im gleichnamigen Abschnitt auf Seite 507.

Praxiseinsatz

Mehr zum Einsatz der Funktion erfahren Sie mithilfe des Praxiseinsatzes der Funktion QUARTILE() auf Seite 507.

Siehe auch KGRÖSSTE(), KKLEINSTE(), MAX(), MEDIAN(), MIN(), QUANTIL(), QUANTIL.EXKL(), QUANTIL.INKL(), QUANTILSRANG(), QUANTILSRANG.EXKL(), QUANTILSRANG.INKL()

CD-ROM Dieses Beispiel finden Sie auf der CD-ROM zum Buch im Ordner *\Buch\Kap11* in der Arbeitsmappe *Mittelwert.xlsx* (Excel 2007/2010) auf dem Arbeitsblatt *Quartile.exkl*.

QUARTILE.INKL() — QUARTILE.INC()

Syntax QUARTILE.INKL(***Matrix;Quartile***)

Definition Gibt die Quartile eines Datasets zurück, basierend auf Perzentilwerten von 0...1 einschließlich.

Argumente ***Matrix*** (erforderlich) ist eine Matrix oder ein Zellbereich numerischer Werte, deren Quartile Sie bestimmen möchten.

Quartile (erforderlich) gibt an, welcher Wert ausgegeben werden soll.

Hinweis Ist *Matrix* leer, gibt QUARTILE.INKL() den Fehlerwert *#ZAHL!* zurück.

Ist *Quartil* keine ganze Zahl, werden die Nachkommastellen abgeschnitten.

Ist *Quartil* < 0, oder ist *Quartil* > 4, gibt QUARTILE.INKL() den Fehlerwert *#ZAHL!* zurück.

MIN(), MEDIAN() bzw. MAX() geben denselben Wert wie QUARTILE.INKL() zurück, wenn *Quartil* mit 0 (Null), 2 beziehungsweise 4 belegt ist.

Hintergrund Mehr Informationen zu den Quartilen lesen Sie im gleichnamigen Abschnitt auf Seite 507.

Praxiseinsatz Mehr zum Einsatz der Funktion erfahren Sie mithilfe des Praxiseinsatzes der Funktion QUARTILE() auf Seite 507.

Siehe auch KGRÖSSTE(), KKLEINSTE(), MAX(), MEDIAN(), MIN(), QUANTIL(), QUANTIL.EXKL(), QUANTIL.INKL(), QUANTILSRANG(), QUANTILSRANG.EXKL(), QUANTILSRANG.INKL()

CD-ROM Dieses Beispiel finden Sie auf der CD-ROM zum Buch im Ordner *\Buch\Kap11* in der Arbeitsmappe *Mittelwert.xlsx* (Excel 2007/2010) auf dem Arbeitsblatt *Quartile.inkl*.

RANG() — RANK()

Hinweis Die Funktion RANG() wird in Microsoft Excel 2010 durch die Funktionen RANG.GLEICH() und RANG.MITTELW() ersetzt. Damit wird das Ergebnis bzw. die Genauigkeit der Funktionen erhöht. Um die Abwärtskompatibilität von RANG.GLEICH() und RANG.MITTELW() zu sichern, ist die Funktion RANG() weiter unter ihrem alten Namen verfügbar.

Syntax RANG(***Zahl;Bezug;****Reihenfolge*)

Definition RANG() gibt den Rang zurück, den eine Zahl innerhalb einer Liste von Zahlen einnimmt. Als Rang einer Zahl wird deren Größe, bezogen auf die anderen Werte der jeweiligen Liste, bezeichnet. Wenn Sie die Liste sortieren würden, würde die Rangzahl der einzelnen Werte deren Position angeben.

Argumente ***Zahl*** (erforderlich) ist die Zahl, deren Rangzahl Sie bestimmen möchten.

Bezug (erforderlich) ist eine Matrix mit Zahlen oder ein Bezug auf eine Liste von Zahlen. Nicht numerische Werte im Bezug werden hierbei ignoriert.

Reihenfolge (optional) ist eine Zahl, die angibt, wie der Rang von *Zahl* bestimmt werden soll. Ist *Reihenfolge* mit Null belegt oder nicht angegeben, wird der Rang der angegebenen Zahl so bestimmt, als wäre *Bezug* eine in absteigender Reihenfolge sortierte Liste.

Ist *Reihenfolge* mit einem Wert ungleich Null belegt, wird der Rang von *Zahl* so bestimmt, als wäre *Bezug* eine in aufsteigender Reihenfolge sortierte Liste.

Hintergrund

Diese Funktion ist vor allem bei großen Datenmengen sehr empfehlenswert und zeitsparend, da die Rangverteilung »per Hand« in solch einem Fall sehr schwer und unübersichtlich wird.

Zu beachten ist, das RANG() zwei gleichen Zahlen denselben Rang zuordnet. Der darauf folgende Rang wird dann übersprungen. Gelegentlich kann es jedoch auch wünschenswert sein, eine Rangdefinition zu verwenden, die gleiche Werte berücksichtigt. Dies lässt sich erreichen, indem ein Korrekturfaktor zu dem Wert addiert wird, den RANG() zurückgibt. Dieser Korrekturfaktor ist sowohl geeignet, wenn der Rang in absteigender Reihenfolge (*Reihenfolge* = 0 oder nicht angegeben) berechnet wird, als auch, wenn er in aufsteigender Reihenfolge (*Reihenfolge* = Wert ungleich 0) berechnet wird.

Der Korrekturfaktor für wertgleiche Ränge lautet:

[ANZAHL(Bezug) + 1 – RANG(Zahl; Bezug; 0) – RANG(Zahl; Bezug; 1)]/2

Hinweis

Wenn Sie nicht den Rang, sondern den Wert des zweitgrößten bzw. zweitkleinsten Werts ermitteln möchten, verwenden Sie dazu die Funktionen KGRÖSSTE() bzw. KKLEINSTE().

Praxiseinsatz

Der Softwarehersteller hat eine Tabelle mit den Umsätzen der letzten zwei Jahre erstellt. Da es den Geschäftsführer interessiert, welcher Monat welchen Platz erreicht hat, wollen Sie nun eine Rangfolge unter den einzelnen Umsätzen erstellen, um anschließend eine entsprechende Aussage treffen zu können.

	B	C	D	E	F
1	**Fragestellung:** **Wie ist die Rangfolge des Umsatzes?**				
2	**Monat**	**Umsatz**	**Rang**		
3	Januar 07	107.629 €	24		=RANG(C3;$C$3:$C$26)
4	Februar 07	185.385 €	18		
5	März 07	180.807 €	19		**Hinweis:**
6	April 07	124.328 €	22		Um einen absoluten Bezug zum Bereich zu
7	Mai 07	146.215 €	21		bekommen, drücken Sie nach Angabe des
8	Juni 07	185.675 €	17		entsprechenden Bereiches die Taste F4.
9	Juli 07	210.169 €	11		Sie erkennen absolute Bezüge an den Dollar-
10	August 07	221.729 €	9		Zeichen innerhalb der Klammer.
11	September 07	234.187 €	7		
12	Oktober 07	237.947 €	6		
13	November 07	210.088 €	12		
14	Dezember 07	207.791 €	14		
15	Januar 08	201.097 €	16		
16	Februar 08	222.460 €	8		
17	März 08	208.585 €	13		
18	April 08	206.387 €	15		
19	Mai 08	218.951 €	10		
20	Juni 08	365.425 €	5		
21	Juli 08	542.896 €	2		
22	August 08	365.478 €	4		
23	September 08	165.845 €	20		
24	Oktober 08	642.598 €	1		
25	November 08	432.695 €	3		
26	Dezember 08	123.458 €	23		

Abbildung 11.106: Mit der Formel *RANG()* generieren Sie die Rangverteilung unter den Umsätzen

In der Spalte *Rang* werden die Ränge 1 bis 24 entsprechend der Umsätze in den einzelnen Monaten verteilt. Da alle Umsätze unterschiedlich hoch waren, wurden alle Ränge belegt.

Siehe auch Keine

CD-ROM Dieses Beispiel finden Sie auf der CD-ROM zum Buch im Ordner *\Buch\Kap11* in den Arbeitsmappen *Zählen.xls* (Excel 97-2003) bzw. *Zählen.xlsx* (Excel 2007/2010) auf dem Arbeitsblatt *Rang*.

RANG.GLEICH() RANK.EQ()

Syntax RANG.GLEICH(***Zahl***;***Bezug***;*Reihenfolge*)

Definition RANG.GLEICH() gibt den Rang zurück, den eine Zahl innerhalb einer Liste von Zahlen einnimmt. Als Rang einer Zahl wird deren Größe, bezogen auf die anderen Werte der jeweiligen Liste, bezeichnet. Wenn Sie die Liste sortieren würden, würde die Rangzahl der einzelnen Werte deren Position angeben.

Argumente ***Zahl*** (erforderlich) ist die Zahl, deren Rangzahl Sie bestimmen möchten.

Bezug (erforderlich) ist eine Matrix mit Zahlen oder ein Bezug auf eine Liste von Zahlen. Nicht numerische Werte im Bezug werden hierbei ignoriert.

Reihenfolge (optional) ist eine Zahl, die angibt, wie der Rang von *Zahl* bestimmt werden soll. Ist *Reihenfolge* mit Null belegt oder nicht angegeben, wird der Rang der angegebenen Zahl so bestimmt, als wäre *Bezug* eine in absteigender Reihenfolge sortierte Liste.

Ist *Reihenfolge* mit einem Wert ungleich Null belegt, wird der Rang von *Zahl* so bestimmt, als wäre *Bezug* eine in aufsteigender Reihenfolge sortierte Liste.

Hintergrund Mehr Informationen zum Rang lesen Sie im gleichnamigen Abschnitt auf Seite 510.

Praxiseinsatz Mehr zum Einsatz der Funktion erfahren Sie mithilfe des Praxiseinsatzes der Funktion RANG() auf Seite 510.

Siehe auch Keine

CD-ROM Dieses Beispiel finden Sie auf der CD-ROM zum Buch im Ordner *\Buch\Kap11* in der Arbeitsmappe *Zählen.xlsx* (Excel 2007/2010) auf dem Arbeitsblatt *Rang.gleich*.

RANG.MITTELW() RANK.AVG()

Syntax RANG.MITTELW(***Zahl***;***Bezug***;*Reihenfolge*)

Definition RANG.MITTELW() gibt den Rang zurück, den eine Zahl innerhalb einer Liste von Zahlen einnimmt. Als Rang einer Zahl wird deren Größe, bezogen auf die anderen Werte der jeweiligen Liste, bezeichnet.

Wenn mehrere Werte die gleiche Rangzahl aufweisen, wird die durchschnittliche Rangzahl zurückgegeben.

Argumente ***Zahl*** (erforderlich) ist die Zahl, deren Rangzahl Sie bestimmen möchten.

Bezug (erforderlich) ist eine Matrix mit Zahlen oder ein Bezug auf eine Liste von Zahlen. Nicht numerische Werte im Bezug werden hierbei ignoriert.

Reihenfolge (optional) ist eine Zahl, die angibt, wie der Rang von *Zahl* bestimmt werden soll. Ist *Reihenfolge* mit Null belegt oder nicht angegeben, wird der Rang der angegebenen Zahl so bestimmt, als wäre *Bezug* eine in absteigender Reihenfolge sortierte Liste.

Ist *Reihenfolge* mit einem Wert ungleich Null belegt, wird der Rang von *Zahl* so bestimmt, als wäre *Bezug* eine in aufsteigender Reihenfolge sortierte Liste.

Hintergrund

Mehr Informationen zum Rang lesen Sie im gleichnamigen Abschnitt auf Seite 510.

Praxiseinsatz

Mehr zum Einsatz der Funktion erfahren Sie mithilfe des Praxiseinsatzes der Funktion RANG() auf Seite 510.

Siehe auch

Keine

CD-ROM

Dieses Beispiel finden Sie auf der CD-ROM zum Buch im Ordner *\Buch\Kap11* in der Arbeitsmappe *Zählen.xlsx* (Excel 2007/2010) auf dem Arbeitsblatt *Rang.mittelw.*

RGP() LINEST()

Syntax

RGP(***Y_Werte***;*X_Werte*;*Konstante*;*Stats*)

Definition

Die Funktion RGP() berechnet die Statistik für eine Linie unter Verwendung der Methode der kleinsten Quadrate, zur Berechnung einer geraden Linie, die für die Daten am geeignetsten ist, und gibt eine Matrix zurück, die die Linie beschreibt. Da diese Funktion ein Wertarray liefert, muss die Formel als Matrixformel eingegeben werden.

Die Gleichung einer solchen Geraden lautet:

$$y = mx + b \text{ oder}$$

$$y = m1x1 + m2x2 + \ldots + b \text{ (bei mehreren Bereichen mit x-Werten)}$$

Dabei ist der abhängige y-Wert eine Funktion der unabhängigen x-Werte. Die m-Werte sind Koeffizienten, die zu den jeweiligen x-Werten gehören, und b ist eine Konstante. Beachten Sie, dass y, x und m Vektoren sein können. Eine von RGP() ausgegebene Matrix hat die Form *{mn;mn-1;...;m1;b}*. RGP() kann darüber hinaus zusätzliche Regressionskenngrößen bereitstellen (siehe Tabelle 11.4).

Argumente

Y_Werte (erforderlich) sind die y-Werte, die Ihnen bereits aus der Beziehung $y = mx + b$ bekannt sind.

- Besteht die Matrix *Y_Werte* aus nur einer Spalte, wird jede Spalte der Matrix *X_Werte* als eigenständige Variable interpretiert
- Besteht die Matrix *Y_Werte* aus nur einer Zeile, wird jede Zeile der Matrix *X_Werte* als eigenständige Variable interpretiert

X_Werte (optional) sind x-Werte, die Ihnen möglicherweise bereits aus der Beziehung $y = mx + b$ bekannt sind.

- Die Matrix *X_Werte* kann eine oder mehrere Variablengruppen umfassen. Wird nur eine Variable verwendet, können *Y_Werte* und *X_Werte* Bereiche beliebiger Form sein, solange sie dieselben Dimensionen haben. Werden mehrere Variablen verwendet, muss *Y_Werte* ein Vektor sein, das heißt ein Bereich, der aus nur einer Zeile oder nur einer Spalte besteht.
- Fehlt die Matrix *X_Werte*, wird an ihrer Stelle die Matrix *{1;2;3;...}* angenommen, die genauso viele Elemente wie *Y_Werte* enthält

Konstante (optional) ist ein Wahrheitswert, der angibt, ob die Konstante *b* den Wert 0 annehmen soll.

- Ist *Konstante* mit *WAHR* belegt oder nicht angegeben, wird *b* normal berechnet
- Ist *Konstante* mit *FALSCH* belegt, wird *b* gleich 0 gesetzt und die *m*-Werte werden so angepasst, dass sie zu der Beziehung $y = mx$ passen

Stats (optional) ist ein Wahrheitswert, der angibt, ob zusätzliche Regressionskenngrößen ausgegeben werden sollen.

- Ist *Stats* mit *WAHR* belegt, liefert RGP() weitere Regressionskenngrößen, sodass eine wie folgt aufgebaute Matrix zurückgegeben wird: *{mn;mn-1;...;m1;b.sen;sen-1;...;se1;seb.r2;sey.F;df.ssreg;ssresid}*
- Ist *Stats* mit *FALSCH* belegt oder nicht angegeben, liefert RGP() nur die *m*-Koeffizienten sowie die Konstante *b*

Die folgenden Regressionskenngrößen (-statistiken) können zusätzlich ermittelt werden:

Tabelle 11.4 Die Regressionskenngrößen im Überblick

Kenngröße (Statistik)	Beschreibung
$se_1, se_2, ..., se_n$	Sind die Standardfehler der Koeffizienten *m1;m2;...;mn*
se_b	Der Standardfehler der Konstanten *b* (se_b = *#NV*, wenn Konstante mit *FALSCH* belegt ist)
r2	Das Bestimmtheitsmaß. Vergleicht die berechneten mit den tatsächlichen *y*-Werten und kann Werte von 0 bis 1 annehmen. Hat es den Wert 1, besteht für die Stichprobe eine vollkommene Korrelation: Ein berechneter *y*-Wert und der entsprechende tatsächliche *y*-Wert unterscheiden sich nicht. Im anderen Extremfall, wenn das Bestimmtheitsmaß 0 ist, ist die Regressionsgerade ungeeignet, einen *y*-Wert vorherzusagen. Informationen darüber, wie *r2* berechnet wird, finden Sie unter BESTIMMTHEITSMASS() auf Seite 384.
se_y	Der Standardfehler des Schätzwerts *y* (Prognosewert)
F	Die F-Statistik (oder der berechnete F-Wert). Anhand der F-Statistik können Sie entscheiden, ob die zwischen der abhängigen und der unabhängigen Variablen beobachtete Beziehung zufällig ist oder nicht.
df	Der Freiheitsgrad. Mit diesem Freiheitsgrad können Sie den jeweiligen kritischen F-Wert (Quantil F) einer entsprechenden statistischen Tabelle entnehmen. Vergleichen Sie den jeweils auf solche Weise ermittelten kritischen F-Wert mit der von RGP() gelieferten F-Statistik, um das Konfidenzniveau Ihres Modells zu beurteilen.
ss_{reg}	Die Regressions-Quadratsumme
ss_{resid}	Die Residual-Quadratsumme (Summe der Abweichungsquadrate)

Hinweis Jede Gerade lässt sich durch ihre Steigung und die jeweilige Anfangsordinate (*y*-Achsenabschnitt) beschreiben.

1. Steigung (*m*): Die Steigung einer Geraden (häufig als *m* bezeichnet) lässt sich aus zwei Punkten der Geraden, *(x1,y1)* und *(x2,y2)*, gemäß der Beziehung *(y2 – y1)/(x2 – x1)* berechnen.
2. *y*-Achsenabschnitt (*b*): Der *y*-Achsenabschnitt (häufig als *b* bezeichnet) ist der *y*-Wert des Punkts, in dem die Gerade die *y*-Achse schneidet.

Detaillierte Informationen zur Steigung und zum Achsenabschnitt finden Sie unter STEIGUNG() auf Seite 538 und unter ACHSENABSCHNITT() auf Seite 378.

Eine Gerade wird durch die Gleichung $y = mx + b$ beschrieben. Sobald Sie die Werte von m und b kennen, können Sie jeden Punkt der Geraden berechnen, indem Sie den jeweiligen y- oder x-Wert in die Gleichung einsetzen. Sie können dafür auch die Funktion TREND() verwenden (siehe Seite 547).

Hintergrund

Während die Korrelation untersucht, ob die Variablen in einer wechselseitigen Beziehung zueinander stehen und dies durch eine einzige Zahl ausdrückt, versucht man mit der Regressionsanalyse, die Ausprägungen von einer abhängigen Variablen – in unserem Beispiel die Bestellungen – von einer unabhängigen Variablen, also die Websitezugriffe, zu bestimmen.

Die Regressionsanalyse ist demnach ein Verfahren, mit dem man versucht, ein Merkmal (abhängige Variable) durch ein oder mehrere andere Merkmale (unabhängige Variable) zu erklären. Man geht dabei davon aus, dass die abhängige Variable immer um den gleichen Wert zu- oder abnimmt, wenn sich die unabhängige Variable um eine Einheit ändert (Linearität).

Es wird also eine einseitige Abhängigkeit bestimmt. Welche der beiden Variablen abhängig oder unabhängig ist, müssen Sie selbst abschätzen. Natürlich muss die Abhängigkeit plausibel sein.

Wenn nur eine unabhängige x-Variable vorliegt, können Sie die Steigung und den y-Achsenabschnitt direkt mithilfe der folgenden Formeln ermitteln:

- Steigung: *=INDEX(RGP(Bekannte_y_Werte;Bekannte_x_Werte);1)*
- y-Achsenabschnitt: *=INDEX(RGP(Bekannte_y_Werte;Bekannte_x_Werte);2)*

Die Genauigkeit einer von RGP() berechneten Geraden hängt davon ab, wie sehr Ihre Daten streuen. Je linearer die Daten sind, desto genauer ist das von RGP() ermittelte Modell. RGP() verwendet die Methode der kleinsten Quadrate, um die für die jeweiligen Daten beste Anpassung zu ermitteln. Wenn nur eine unabhängige x-Variable vorliegt, werden m und b entsprechend der folgenden Formeln berechnet:

$$m = \frac{\sum\left(x-\bar{x}\right)\left(y-\bar{y}\right)}{\sqrt{\sum\left(x-\bar{x}\right)^2}}$$

Dabei sind x und y Stichprobenmittelwerte, d.h. x = *MITTELWERT(Bekannte_x_Werte)* und y = *MITTELWERT(Bekannte_y_Werte)*.

Die Regressionsfunktionen RGP() (lineare Regression) und RKP() (exponentielle Regression) können die Koeffizienten bezüglich der von Ihnen bereitgestellten Daten optimal angepassten Geraden bzw. Exponentialkurve berechnen.

Trotzdem ist es nach wie vor Ihre Aufgabe, zu entscheiden, welches der beiden Ergebnisse besser zu Ihren Daten passt.

Bei einer Regressionsanalyse berechnet Excel für jeden Punkt das Quadrat der Differenz, die zwischen dem für diesen Punkt berechneten y-Wert und dessen tatsächlichem y-Wert liegt. Die Summe dieser quadrierten Differenzen wird Residual-Quadratsumme (ss_{resid}) genannt.

Danach berechnet Microsoft Excel die Gesamtsumme der Quadrate (ss_{total}). Wenn *Konstante = WAHR* oder nicht angegeben ist, ist die Gesamtsumme der Quadrate gleich der Summe der quadrierten Differenzen, die zwischen den tatsächlichen y-Werten und dem Mittelwert der y-Werte liegen.

Wenn *Konstante* = *FALSCH* ist, ist die Gesamtsumme der Quadrate gleich der Summe der Quadrate der tatsächlichen *y*-Werte.

Die Regressions-Quadratsumme (ss_{reg}) lässt sich dann wie folgt berechnen:

$$ss_{reg} = ss_{total} - ss_{resid}$$

Je kleiner die Residual-Quadratsumme im Vergleich zur Gesamtsumme der Abweichungsquadrate ist, desto größer ist der Wert des Bestimmtheitsmaßes (*r*2), das anzeigt, wie gut die aus der Regressionsanalyse resultierende Gleichung die zwischen den Variablen bestehende Beziehung beschreibt.

$$r^2 = \frac{ss_{reg}}{ss_{total}}$$

Es gibt Fälle, in denen eine oder mehrere der *X*-Spalten (unter der Annahme, die *x*- und *y*-Werte stehen in Spalten) zusammen mit den anderen *X*-Spalten keinen zusätzlichen Beitrag zu den Schätzwerten leisten. Anders formuliert bedeutet dies, dass das Herausnehmen dieser *X*-Spalte(n) zu geschätzten *y*-Werten führt, die ebenso genau sind.

In einem solchen Fall sollten die redundanten *X*-Spalten aus dem Regressionsmodell entfernt werden. Dieses Phänomen wird als »Kollinearität« bezeichnet, weil jede redundante *X*-Spalte als Summe von Vielfachen der nicht redundanten *X*-Spalten ausgedrückt werden kann. RGP() prüft auf Kollinearität und entfernt alle *X*-Spalten aus dem Regressionsmodell, die es als redundant ermittelt hat.

Eine entfernte *X*-Spalte kann in der Ausgabe von RGP() daran erkannt werden, dass sowohl ihre Koeffizienten als auch ihre *se*-Werte gleich 0 sind. Wurden eine oder mehrere Spalten wegen Redundanz entfernt, wirkt sich dies auf *df* aus, weil *df* von der Zahl der *X*-Spalten abhängt, die tatsächlich zum Berechnen der Schätzwerte verwendet werden.

Ändert sich der Wert von *df*, weil redundante *X*-Spalten entfernt wurden, wirkt sich dies auch auf die Werte von *sey* und *F* aus. Kollinearität tritt in der Praxis üblicherweise selten auf.

df wird, wenn keine *X*-Spalten wegen Kollinearität aus dem Modell entfernt wurden, wie folgt berechnet: Gibt es *k* Spalten und ist *Konstante* = *WAHR* oder nicht angegeben, ist

$$df = n - k - 1$$

Ist *Konstante* = *FALSCH*, lautet die Gleichung

$$df = n - k$$

In beiden Fällen bewirkt jede *X*-Spalte, die wegen Kollinearität entfernt wurde, dass *df* um 1 erhöht wird.

Wird eine Matrix-Konstante (wie zum Beispiel *X_Werte*) als Argument eingegeben, müssen Sie **Punkte** verwenden, um Werte derselben Zeile zu trennen, und ein **Semikolon**, um die Zeilen zu trennen.

Tipp Beachten Sie, dass mithilfe einer Regressionsgleichung vorhergesagte *y*-Werte eventuell keinen Sinn machen, wenn diese außerhalb des Bereichs der *y*-Werte liegen, die Sie zur Ermittlung der Gleichung verwendet haben.

Praxiseinsatz

Dieses Szenario ist heute bereits Standard: Ein in der Softwarebranche tätiges Unternehmen verkauft auf der firmeneigenen Website alle vom Unternehmen angebotenen Produkte. Regelmäßig verschickt das Unternehmen Newsletter, um über Neuheiten zu informieren und bereits vorhandene, aber auch potenzielle Neukunden auf die Website und damit auf das Unternehmen aufmerksam zu machen.

Die Produktbestellungen auf der Website sind im vergangenen Jahr merklich gestiegen. Die Geschäftsführung möchte die Gründe hierfür erforschen. Hängt der Anstieg der Bestellungen mit dem aktiven Marketing und den straffen Werbemaßnahmen der letzten Zeit zusammen? Sind durch die vermehrten Websitezugriffe auch die Bestellungen gestiegen?

Es soll also aufgezeigt werden, ob ein Zusammenhang zwischen den Websitezugriffen und den Bestellungen besteht. Mit einem regelmäßigen Websitecontrolling können Sie wichtige Aussagen über das Verhalten der Nutzer Ihrer Webseite liefern und somit eine effektive Erfolgskontrolle Ihrer Online- bzw. sonstigen Aktivitäten ermöglichen.

Die Marketingabteilung wird damit beauftragt, diese Analyse durchzuführen, und erstellt eine Excel-Liste, in der die Websitezugriffe der letzten 18 Monate mit den in diesem Zeitraum eingehenden Bestellungen gegenübergestellt werden.

Anschließend soll eine Regressionsanalyse mit der Funktion RGP() durchgeführt werden.

	B	C	D
9	Monat	Webseitenzugriff	Bestellungen
10	Januar 2007	236	98
11	Februar 2007	11593	8000
12	März 2007	18491	6000
13	April 2007	11743	8587
14	Mai 2007	11452	7985
15	Juni 2007	26651	18968
16	Juli 2007	16287	9753
17	August 2007	17750	7857
18	September 2007	19985	13986
19	Oktober 2007	17285	6875
20	November 2007	30369	22765
21	Dezember 2007	19674	9465
22	Januar 2008	28464	19875
23	Februar 2008	25000	15987
24	März 2008	24574	9653
25	April 2008	23141	12986
26	Mai 2008	17700	8543
27	Juni 2008	3702	1654
28	Steigung		0,660130798

Abbildung 11.107: Die Gegenüberstellung von Webseitenzugriffen und Bestellungen

Die Funktion RGP() liefert folgende Ergebnisse:

	B	C	D	E
39	b	m_1	0,660130798	-1383,85617
40	se_b	se_1	0,083627684	1642,68237
41	R^2	se_y	0,795684605	2785,72374
42	F	d_f	62,31030061	16
43	ss_{reg}	ss_{resid}	483543930,9	124164108

Abbildung 11.108: Die Berechnung der Regressionsgrößen mithilfe der Funktion *RGP()*

Achtung Formeln, die als Ergebnis eine Matrix liefern, müssen als Matrixformeln eingegeben werden. Das heißt, da Sie über RGP() alle zehn Regressionsgrößen auf einmal errechnen können und somit eine Matrix ausgegeben wird, muss die Eingabe der Formel bzw. der Argumente unter bestimmten Kriterien erfolgen.

Markieren Sie zunächst, wie in Abbildung 11.108 dargestellt, die Zellen *D39:E43* und geben Sie anschließend in die Zelle *D39* die Argumente für die Funktion RGP() ein. Beenden Sie die Eingabe der Formel durch Klicken auf die Taste [F2] und anschließendes Drücken der Tastenkombination [Strg]+[⇧]+[↵].

Siehe auch RKP(), TREND(), VARIATION()

CD-ROM Dieses Beispiel finden Sie auf der CD-ROM zum Buch im Ordner *\Buch\Kap11* in den Arbeitsmappen *Regression.xls* (Excel 97-2003) bzw. *Regression.xlsx* (Excel 2007/2010) auf dem Arbeitsblatt *RGP.*

RKP() LOGEST()

Syntax RKP(*Y_Werte;X_Werte;Konstante;Stats*)

Definition In Regressionsanalysen berechnet die Funktion RKP() eine Exponentialkurve, die möglichst gut an die von Ihnen bereitgestellten Daten angepasst ist, und liefert ein Wertarray, das diese Kurve beschreibt. Da diese Funktion ein Wertarray liefert, muss die Formel als Matrixformel eingegeben werden.

Argumente *Y_Werte* (erforderlich) sind die *y*-Werte, die Ihnen aus der jeweiligen Beziehung $y = b * m^x$ bereits bekannt sind.

- Besteht die Matrix *Y_Werte* aus nur einer Spalte, wird jede Spalte der Matrix *X_Werte* als eigenständige Variable interpretiert
- Besteht die Matrix *Y_Werte* aus nur einer Zeile, wird jede Zeile der Matrix *X_Werte* als eigenständige Variable interpretiert

X_Werte (optional) ist eine optionale Gruppe von *x*-Werten, die Ihnen aus der Beziehung $y = b * m^x$ eventuell bereits bekannt sind.

- Die Matrix *X_Werte* kann eine oder mehrere Gruppen von Variablen umfassen. Wird nur eine Variable verwendet, können *Y_Werte* und *X_Werte* Bereiche beliebiger Form sein, solange sie dieselben Dimensionen haben. Werden mehrere Variablen verwendet, müssen *Y_Werte* als Zellbereiche vorliegen, wobei sich der Bereich nur über eine Zeile oder eine Spalte erstrecken darf (auch als Vektor bezeichnet).
- Fehlt die Matrix *X_Werte*, wird an ihrer Stelle die Matrix *{1;2;3;...}* angenommen, die genauso viele Elemente wie *Y_Werte* enthält

Konstante (optional) ist ein Wahrheitswert, der angibt, ob die Konstante *b* den Wert 1 annehmen soll.

- Ist *Konstante* mit *WAHR* belegt oder nicht angegeben, wird *b* normal berechnet
- Ist *Konstante* mit *FALSCH* belegt, wird *b* gleich 1 gesetzt und die *m*-Werte werden gemäß $y = m^x$ berechnet

Stats (optional) ist ein Wahrheitswert, der angibt, ob zusätzliche Regressionskenngrößen ausgegeben werden sollen.

- Ist *Stats* mit *WAHR* belegt, liefert RKP() diese zusätzlichen Regressionskenngrößen, sodass die zurückgegebene Matrix wie folgt aussieht:

```
{mn.mn-1. ... .m1.b;sen.sen-1. ... .se1.seb;r 2.sey;F.df.ssreg.ssresid}
```

- Ist *Stats* mit *FALSCH* belegt oder nicht angegeben, liefert RKP() nur die *m*-Koeffizienten und die Konstante *b*

Hinweis

Detaillierte Informationen zu den Regressionskenngrößen finden Sie unter RGP() auf Seite 513.

Hintergrund

Im Gegensatz zur Funktion RGP() versucht die Funktion RKP() die abhängigen *y*-Werte und die unabhängigen *x*-Werte durch Berechnung einer Exponentialkurve nach folgender allgemeiner Formel zu beschreiben:

$$y = b \times m^x$$

wobei *y* und *x* Vektoren sein können, also

$$y = \left(b \times \left(m_1^{x^1}\right) \times \left(m_2^{x^2}\right) \times \left(m_n^{x^n}\right)\right)$$

Zu jeder Basis *m* gehört ein entsprechender Exponent *x*. Sie müssen also auch bei dieser Funktion darauf achten, dass die verwendeten Bezüge oder Werte die gleiche Anzahl an Elementen aufweisen.

Je mehr die grafische Darstellung Ihrer Daten einer Exponentialkurve gleicht, desto besser wird die berechnete Kurve an diese Daten angepasst sein.

Wie RGP() liefert RKP() eine Matrix, deren Elemente die Beziehung zwischen den Werten beschreiben, wobei RGP() Ihre Daten an eine gerade Linie anpasst und RKP() an eine Exponentialkurve.

Wenn Sie nur eine unabhängige *x*-Variable haben, können Sie die Werte für die Steigung *m* und den *y*-Schnittpunkt *b* mit den folgenden Formeln direkt ermitteln:

- Steigung *m*: *INDEX(RKP(Y_Werte;X_Werte);1)*
- *y*-Schnittpunkt *b*: *INDEX(RKP(Y_Werte;X_Werte);2)*

Mithilfe der Gleichung $y = b^*mx$ können Sie zukünftige *y*-Werte abschätzen. Solche Abschätzungen können Sie aber auch mit der von Excel bereitgestellten Funktion VARIATION() (siehe Seite 568) vornehmen.

Wird eine Matrix-Konstante (wie zum Beispiel *X_Werte*) als Argument eingegeben, müssen Sie **Punkte** verwenden, um Werte derselben Zeile zu trennen, und ein **Semikolon**, um die Zeilen zu trennen.

Tipp

Sie sollten daran denken, dass mithilfe einer Regressionsgleichung vorhergesagte *y*-Werte eventuell ungültig sind, wenn diese außerhalb des Bereichs der *y*-Werte liegen, mit denen Sie die Gleichung ermittelt haben.

Praxiseinsatz Um Ihnen die Berechnung der Regressionsgrößen über die Funktion RKP() näher zu erläutern, halten wir uns an das bereits unter RGP() auf Seite 513 genannte Beispiel.

Die Produktbestellungen auf der Website eines Softwareherstellers sind im vergangenen Jahr merklich gestiegen. Die Geschäftsführung möchte die Gründe hierfür erforschen. Hängt der Anstieg der Bestellungen mit dem aktiven Marketing und den straffen Werbemaßnahmen der letzten Zeit zusammen? Sind durch die vermehrten Websitezugriffe auch die Bestellungen gestiegen?

Es soll also auch hier, diesmal mithilfe der Funktion RKP(), aufgezeigt werden, ob ein Zusammenhang zwischen den Websitezugriffen und den Bestellungen besteht.

Die Marketingabteilung wird damit beauftragt, diese Analyse durchzuführen, und erstellt eine Excel-Liste mit einer Gegenüberstellung der Websitezugriffe der letzten 18 Monate und den in diesem Zeitraum eingegangenen Bestellungen. Anschließend soll eine Regressionsanalyse mit der Funktion RKP() durchgeführt werden.

	B	C	D
9	Monat	Webseitenzugriff	Bestellungen
10	Januar 2007	236	485
11	Februar 2007	11593	5948
12	März 2007	18491	6000
13	April 2007	11743	7465
14	Mai 2007	11452	8364
15	Juni 2007	26651	9486
16	Juli 2007	16287	10837
17	August 2007	17750	11937
18	September 2007	19985	12847
19	Oktober 2007	17285	13857
20	November 2007	30369	14827
21	Dezember 2007	19674	15736
22	Januar 2008	28464	16837
23	Februar 2008	25000	17483
24	März 2008	24574	18938
25	April 2008	23141	19524
26	Mai 2008	17700	20492
27	Juni 2008	3702	21938

Abbildung 11.109: Die Gegenüberstellung der Webseitenzugriffe und Bestellungen

In einer Grafik stellen sich die Bestellung in Abhängigkeit zu den Webseitenzugriffen folgendermaßen dar:

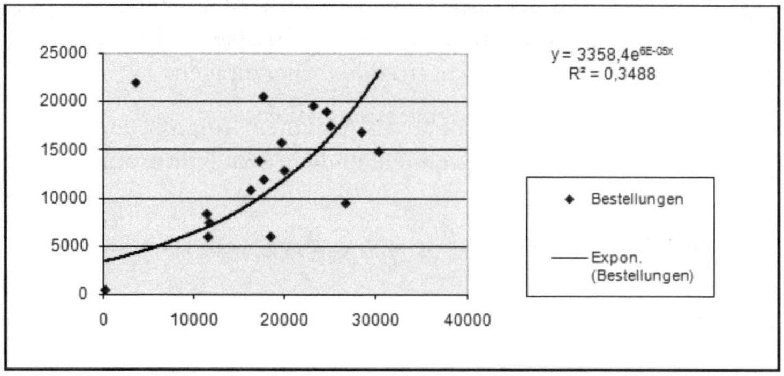

Abbildung 11.110: Die Bestellungen als exponentielle Trendlinie

Wie Sie der Abbildung 11.110 entnehmen können, weisen die Bestellungen in Abhängigkeit zu den Webseitenzugriffen ein exponentielles Wachstum auf. Das heißt, es kann angenommen werden, dass die Bestellungen exponentiell ansteigen, wenn die Anzahl der Webseitenzugriffe steigt.

In diesem Fall bietet sich zur Berechnung der Regressionsgrößen die Funktion RKP() an. Sie liefert folgende Ergebnisse:

	B	C	D	E
31	b	m_1	1,00006366	3358,432538
32	se_b	se_1	2,17467E-05	0,427166435
33	R^2	se_y	0,348768458	0,724405218
34	F	d_f	8,568834519	16
35	ss_{reg}	ss_{resid}	4,496606619	8,396206712

Abbildung 11.111: Die Ergebnisse für die exponentielle Regressionsanalyse

Achtung

Formeln, die als Ergebnis eine Matrix liefern, müssen als Matrixformeln eingegeben werden. Das heißt, da Sie über RKP() alle zehn Regressionsgrößen auf einmal errechnen können und somit eine Matrix ausgegeben wird, muss die Eingabe der Formel bzw. der Argumente unter bestimmten Kriterien erfolgen.

Markieren Sie zunächst, wie in Abbildung 11.111 dargestellt, die Zellen *D31:E35* und geben Sie anschließend in die Zelle *D31* die Argumente für die Funktion RKP() ein. Beenden Sie die Eingabe der Formel durch Klicken auf die Taste [F2] und anschließendes Drücken der Tastenkombination [Strg]+[⇧]+[↵].

Siehe auch

RGP(), TREND(), VARIATION(), SCHÄTZER()

CD-ROM

Dieses Beispiel finden Sie auf der CD-ROM zum Buch im Ordner *\Buch\Kap11* in den Arbeitsmappen *Regression.xls* (Excel 97-2003) bzw. *Regression.xlsx* (Excel 2007/2010) auf dem Arbeitsblatt *RKP*.

SCHÄTZER() FORECAST()

Syntax

SCHÄTZER(*x*;*Y_Werte*;*X_Werte*)

Definition

Die Funktion SCHÄTZER() gibt den Schätzwert für einen linearen Trend zurück. Der Vorhersagewert ist ein *y*-Wert bei einem gegebenen *x*-Wert. Bei den bekannten Werten handelt es sich um vorhandene *x*- und *y*-Werte, und der neue Wert wird, ausgehend von einer linearen Regression, vorhergesagt. Diese Funktion ermöglicht Ihnen, beispielsweise zukünftige Umsätze, erforderliche Lagerbestände oder Verbrauchertrends vorherzusagen.

Argumente

x (erforderlich) ist der Datenpunkt, dessen Wert Sie schätzen möchten.

Y_Werte (erforderlich) ist eine abhängige Matrix oder ein abhängiger Datenbereich.

X_Werte (erforderlich) ist eine unabhängige Matrix oder ein unabhängiger Datenbereich.

Hinweis

Ist *x* kein numerischer Ausdruck, gibt SCHÄTZER() den Fehlerwert *#WERT!* zurück.

Sind *Y_Werte* und *X_Werte* leer oder umfassen sie unterschiedlich viele Datenpunkte, gibt SCHÄTZER() den Fehlerwert *#NV* zurück.

Ist die Varianz von *X_Werte* gleich 0, gibt SCHÄTZER() den Fehlerwert *#DIV/0!* zurück.

Die Gleichung für SCHÄTZER() lautet: $a+bx$, mit:

$$a = \bar{a} - \overline{bx}$$

und

$$b = \frac{\sum\left(x-\bar{x}\right)\left(y-\bar{y}\right)}{\sum\left(x-\bar{x}\right)^2}$$

Dabei sind x und y die Stichprobenmittelwerte MITTELWERT(*X_Werte*) und MITTELWERT(*Y_Werte*).

Hintergrund Für ausführliche Trendanalysen stellt Excel die Funktionen TREND() und VARIATION() bereit. Diese Funktionen sind in der Bedienung aber recht erklärungsbedürftig und verlangen eine Matrix zur Ausgabe der ermittelten Werte.

Hinweis Mehr zu den Funktionen TREND() und VARIATION() finden Sie auf Seite 547 bzw. auf Seite 568.

Möchten Sie dagegen auf die Schnelle aus einer Zahlenreihe oder einem Bereich eine Prognose für einen bestimmten Wert ermitteln, geht das bequemer mit der Funktion SCHÄTZER().

SCHÄTZER() gibt den Schätzwert für einen linearen Trend zurück. Das heißt, die Funktion versucht anhand von bestehenden Daten einen Trend zu ermitteln und berechnet für den angegebenen x-Wert die entsprechende »Zukunftszahl«. In unserem Beispiel bedeutet dies, dass für den Monat Juli 2008 (x-Wert) die geschätzten Webseitenzugriffe ausgegeben werden.

Praxiseinsatz Als Marketingleiter des Softwareunternehmens haben Sie die Webseitenzugriffe und Onlinebestellungen nun schon ausgiebig analysiert. Da Sie zukunftsorientiert arbeiten, möchten Sie eine Tabelle mit Voraussagen erstellen.

Vorgegeben sind die kommenden neun Monate – von Juli 2008 bis März 2009 – und gesucht ist sowohl die Anzahl der Webseitenzugriffe als auch die Anzahl der Onlinebestellungen.

Als Modell nehmen Sie an, dass sich die Daten von Januar 2006 bis Juni 2008 annähernd linear verhalten, d.h. Sie haben bereits eine Gerade berechnet, mit der Sie auch Voraussagen über die Zukunft machen könnten (siehe Abbildung 11.112).

Da Sie aber noch etwas mehr von Excel kennenlernen wollen, verwenden Sie daher die Funktion SCHÄTZER().

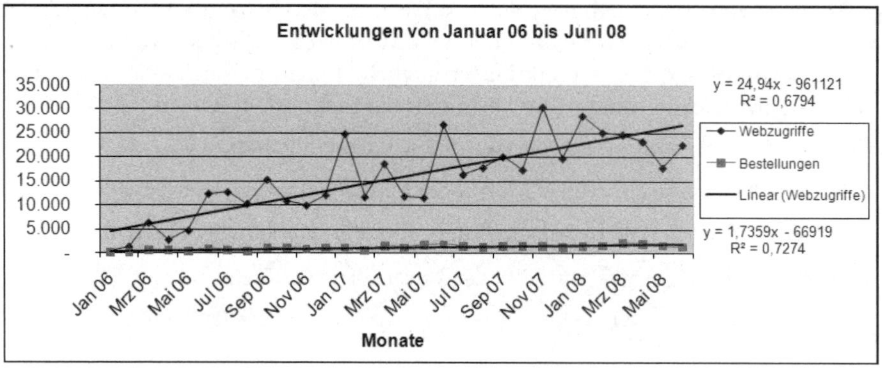

Abbildung 11.112: Die grafische Darstellung der linearen Regressionsgeraden der Bereiche *Webseitenzugriffe* und *Bestellungen*

Zunächst möchten Sie die erwartete Anzahl von Webseitenzugriffen für den Monat Juli 2008 berechnen. Als Argumente für die Funktion SCHÄTZER() verwenden Sie folgende Werte (vergleichen Sie dazu auch die Abbildung 11.113):

- *x* = Zelle *B40* (Juli 2008) – für diese Zelle suchen Sie die voraussichtliche Anzahl an Webseitenzugriffen
- *Y_Werte* = Zellen *C10:C39* – die Anzahl der Webseitenzugriffe von Januar 2006 bis Juni 2008 stellen die abhängigen *Y_Werte* dar
- *X_Werte* = Zellen *B10:B39* – die Monate Januar 2006 bis Juni 2008 stellen die unabhängigen *X_Werte* dar

Die Eingabe der Argumente für den gesuchten Trend in Zelle *C40* stellt sich entsprechend Abbildung 11.113 dar.

C40 =SCHÄTZER(B40;$C$10:$C$39;$B$10:$B$39)

	B	C	D
9	Monat	Webzugriffe	Bestellungen
10	Januar 2006	236	6
11	Februar 2006	1.221	17
12	März 2006	6.195	456
13	April 2006	2.682	544
14	Mai 2006	4.569	349
15	Juni 2006	12.229	854
16	Juli 2006	12.564	427
17	August 2006	10.157	337
18	September 2006	15.160	899
19	Oktober 2006	10.716	1.011
20	November 2006	9.844	720
21	Dezember 2006	11.975	1.069
22	Januar 2007	24.695	1.070
23	Februar 2007	11.593	498
24	März 2007	18.491	1.401
25	April 2007	11.743	1.076
26	Mai 2007	11.452	1.563
27	Juni 2007	26.651	1.790
28	Juli 2007	16.287	1.367
29	August 2007	17.750	1.138
30	September 2007	19.985	1.352
31	Oktober 2007	17.285	1.343
32	November 2007	30.369	1.430
33	Dezember 2007	19.674	1.140
34	Januar 2008	28.464	1.421
35	Februar 2008	25.000	1.508
36	März 2008	24.574	2.137
37	April 2008	23.141	1.948
38	Mai 2008	17.700	1.521
39	Juni 2008	22.456	1.304
40	Juli 2008	27.258	
41	August 2008	28.031	
42	September 2008	28.804	
43	Oktober 2008	29.552	
44	November 2008	30.326	
45	Dezember 2008	31.074	
46	Januar 2009	31.847	
47	Februar 2009	32.620	
48	März 2009	33.318	

Abbildung 11.113: Die Funktion *SCHÄTZER()* berechnet die Webseitenzugriffe für den Monat Juli 2008

Hinweis Achten Sie bei der Eingabe der Zellbereiche in unserem Beispiel darauf, dass Sie für die Argumente *Y_Werte* und *X_Werte* absolute Pfade angeben. Drücken Sie deshalb die Taste [F4], nachdem Sie die jeweiligen Zellen markiert haben. Wie in Abbildung 11.113 dargestellt, erscheint daraufhin das $-Zeichen um die Zellangabe. Durch die absolute Adressierung (und gleichzeitige Fixierung) können Sie anschließend die Formel in die noch zu berechnenden Zellen *C41:C48* wie gewohnt kopieren.

Die Zelle mit dem gesuchten Argument *x*, also die geschätzte Anzahl an Webseitenzugriffen, wird während des Kopiervorgangs automatisch an die jeweilige Zeile angepasst, da sie relativ adressiert ist.

Wie in Abbildung 11.114 dargestellt, erhalten Sie durch einfaches Kopieren der Formel aus Zelle *C40* in die noch zu berechnenden Felder *C41:C48* den Trend im Bereich der Webseitenzugriffe für die Monate Juli 2008 bis März 2009.

Auf gleiche Weise können Sie mit der Funktion SCHÄTZER() auch eine Prognose für die Onlinebestellungen in Abhängigkeit der soeben errechneten Webseitenzugriffe generieren. Im Unterschied zur Berechnung der geschätzten Webseitenzugriffe müssen Sie jedoch für die Zukunftswerte der Onlinebestellungen folgende Argumente angeben.

- *x* = Zelle *C40* (Anzahl der Webseitenzugriffe im Juli 2008) – für diese Zelle suchen Sie die voraussichtliche Anzahl an Onlinebestellungen
- *Y_Werte* = Zellen *D10:D39* – die Anzahl der Onlinebestellungen von Januar 2005 bis Juni 2008 stellen die abhängigen *Y_Werte* dar
- *X_Werte* = Zellen *C10:C39* – die Webseitenzugriffe von Januar 2005 bis Juni 2008 stellen die unabhängigen *X_Werte* dar

Das Ergebnis und die Eingabe der Formel für die Funktion SCHÄTZER() zur Berechnung der voraussichtlichen Onlinebestellungen sehen Sie in Abbildung 11.114.

D40 =SCHÄTZER(C40;$D$10:$D$39;$C$10:$C$39)

	B	C	D
9	Monat	Webzugriffe	Bestellungen
40	Juli 2008	27.258	1.706
41	August 2008	28.031	1.748
42	September 2008	28.804	1.791
43	Oktober 2008	29.552	1.832
44	November 2008	30.326	1.875
45	Dezember 2008	31.074	1.916
46	Januar 2009	31.847	1.959
47	Februar 2009	32.620	2.002
48	März 2009	33.318	2.040

Abbildung 11.114: Die Prognosewerte für die Onlinebestellungen, ermittelt durch die Funktion *SCHÄTZER()*

Geben Sie, wie zuvor im Hinweis erwähnt, für die Argumente *Y_Werte* und *X_Werte* absolute Pfade an, können Sie die eingegebene Funktion in Zelle *D40* in die Zellen *D41:D48* kopieren und erhalten so die Trendwerte für die restlichen Monate – in Abhängigkeit von den Webseitenzugriffen.

Siehe auch RGP(), RKP(), TREND(), VARIATION()

CD-ROM Dieses Beispiel finden Sie auf der CD-ROM zum Buch im Ordner *\Buch\Kap11* in den Arbeitsmappen *Regression.xls* (Excel 97-2003) bzw. *Regression.xlsx* (Excel 2007/2010) auf dem Arbeitsblatt *Schätzer*.

SCHIEFE() SKEW()

SCHIEFE(*Zahl1*;*Zahl2*; ...) **Syntax**

Definition Die Funktion SCHIEFE() gibt die Schiefe einer Verteilung zurück. Die Schiefe ist ein Maß für die Asymmetrie einer eingipfligen Häufigkeitsverteilung um ihren Mittelwert. Eine positive Schiefe zeigt eine Verteilung an, deren Gipfel sich tendenziell zu Werten größer dem Mittelwert hin orientiert. Diese Verteilung wird auch linksschiefe Verteilung genannt. Eine negative Schiefe zeigt eine rechtsschiefe Verteilung an, deren Gipfel sich tendenziell zu Werten kleiner dem Mittelwert hin orientiert.

Argumente ***Zahl1*** (erforderlich); *Zahl2* (optional); ... sind 1 bis 255 Argumente (30 bis Excel 2003), deren Schiefe Sie berechnen möchten. Anstelle der durch ein Semikolon voneinander getrennten Argumente können Sie eine Matrix oder einen Bezug auf eine Matrix angeben.

Hinweis Als Argumente sollten entweder Zahlen oder Namen, Matrizen oder Bezüge angegeben werden, die Zahlen enthalten.

Enthält ein als Matrix oder Bezug angegebenes Argument Text, Wahrheitswerte oder leere Zellen, werden diese Werte ignoriert. Zellen, die den Wert 0 enthalten, werden dagegen berücksichtigt.

Wenn weniger als drei Datenpunkte vorhanden sind oder die Standardabweichung der Stichprobe gleich 0 ist, gibt SCHIEFE() den Fehlerwert *#DIV/0!* zurück.

Hintergrund SCHIEFE() liefert Ihnen die Schiefe oder besser ausgedrückt, die Asymmetrie einer eingipfeligen Häufigkeitsverteilung zum Mittelwert. Die Schiefe wie auch die Kurtosis charakterisieren zusammen also die Form und den Grad der Symmetrie einer Verteilung

Hinweis Mehr zum Thema *Kurtosis* finden Sie auf Seite 457 dieses Buchs.

Die Schiefe hängt stark von extremen Werten (Ausreißern) ab.

Da die Gaußsche Normalverteilung die Schiefe Null hat und somit immer symmetrisch zum Mittelwert ist, ist die Schiefe ein geeignetes Werkzeug, um eine beliebige Verteilung mit der Normalverteilung zu vergleichen.

Die Normalverteilung hat folgende charakteristische Eigenschaften: Mittelwert, Median und Modus befinden sich in einem Punkt. Die Streuung ist demnach symmetrisch um das arithmetische Mittel herum. Beim ersten Wendepunkt ist *Mittelwert* minus *Standardabweichung*, beim dritten Wendepunkt ist *Mittelwert* plus *Standardabweichung*. Zwischen *Mittelwert* minus *Standardabweichung* und *Mittelwert* plus *Standardabweichung* befinden sich ca. 66 % der Werte.

Schiefe Verteilungen kommen in der Praxis jedoch öfter vor. Bei ihnen sind Mittelwert, Median und Modus nicht mehr im selben Punkt.

Die Formel zur Berechnung der Schiefe lautet wie folgt:

$$\frac{n}{(n-1)(n-2)}\sum\left(\frac{x_i-\overline{x}}{s}\right)^3$$

In der Statistik ist die Schiefe wie folgt definiert:

$$v=\frac{m^3(\mu)}{\sigma^3}$$

Bei dieser Gleichung steht *m3(μ)* für das dritte zentrale Moment und σ für die Standardabweichung.

Ist $v > 0$, so ist die Verteilung rechtsschief, ist $v < 0$, ist die Verteilung linksschief.

Praxiseinsatz Um Ihnen die Funktionsweise der SCHIEFE() zu verdeutlichen, greifen wir auf das Webseitenbeispiel unseres Softwareherstellers zurück. Die Marketingabteilung möchte eine Auswertung des Download- und gesamten Webseitenbereichs machen und hierbei die Schiefe, also die asymmetrische Verteilung der Webseitenklicks um deren jeweiligen Mittelwert, berechnen.

Als Ergebnis dieser Berechnung erhalten die Mitarbeiter einen Wert, mit dessen Hilfe die eingipfelige Häufigkeitsverteilung der Werte um den Mittelwert analysiert werden kann.

	B	C	D	E	F
10	DATUM	ANZAHL KLICKS IM BEREICH DOWNLOAD	MITTELWERT	ANZAHL KLICKS AUF DER GESAMTEN WEBSEITE	MITTELWERT
11	Jan 07	5000	1725	13987	15163
12	Feb 07	1000	1725	17645	15048
13	Mrz 07	1076	1725	13435	15048
14	Apr 07	1521	1725	14424	15048
15	Mai 07	1790	1725	15000	15048
16	Jun 07	3908	1725	17875	15048
17	Jul 07	1138	1725	16049	15048
18	Aug 07	1352	1725	16734	15048
19	Sep 07	1343	1725	15039	15048
20	Okt 07	1430	1725	23424	15048
21	Nov 07	1140	1725	8974	15048
22	Dez 07	1421	1725	15049	15048
23	Jan 08	1508	1725	15874	15048
24	Feb 08	2137	1725	15987	15048
25	Mrz 08	1948	1725	4980	15048
26	Apr 08	1521	1725	1600	15048
27	Mai 08	426	1725	23424	15048
28	Jun 08	1384	1725	23442	15048
29	Schiefe	2,23		-0,73	

Abbildung 11.115: Die Berechnung der Schiefe für den Downloadbereich und für den gesamten Webseitenbereich

Um eine Vorstellung der Häufigkeitsverteilung sowohl im Downloadbereich als auch für den gesamten Webseitenbereich zu erhalten, werden mit wenigen Mausklicks noch die dazugehörigen Diagramme erstellt. Diese stellen sich entsprechend der Abbildung 11.116 und der Abbildung 11.117 dar.

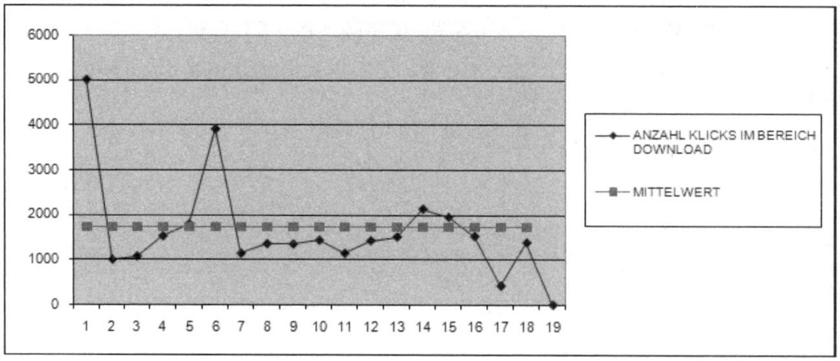

Abbildung 11.116: Die Verteilung der Klicks im Downloadbereich um deren Mittelwert

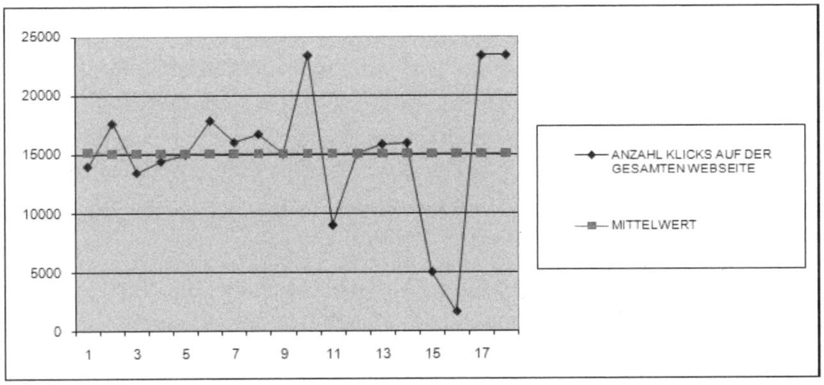

Abbildung 11.117: Die Verteilung der Klicks der gesamten Webseite um deren Mittelwert

Was sagen die Ergebnisse der Berechnung der Schiefe aus? **Aussagen**

1. Die positive Schiefe für den Downloadbereich mit dem Wert 2,23 bedeutet, dass es sich hierbei um eine Verteilung handelt, deren Gipfel sich tendenziell in Richtung der Werte orientiert, die größer dem Mittelwert sind (linksschiefe Verteilung).

   Diese Verteilung nennt sich auch linksgipfelig, weil der höchste Punkt der Verteilung links liegt bzw. die Messdaten sich über einen längeren Bereich in die mathematisch als positiv definierte Richtung erstrekken (siehe Abbildung 11.116).
2. Die negative Schiefe für den gesamten Webseitenbereich mit dem Wert –0,73 bedeutet, dass es sich hierbei um eine Verteilung handelt, deren Gipfel sich tendenziell in Richtung der Werte orientiert, die kleiner dem Mittelwert sind (rechtsschiefe Verteilung).

Diese Verteilung nennt sich auch rechtsgipfelig, weil der höchste Punkt der Verteilung vorwiegend auf der mathematisch als negativ (rechts) definierten Richtung liegt (siehe Abbildung 11.117).

Siehe auch KURT(), STABW.S(), STDABWN(), VAR.S(), VAR.P()

CD-ROM Dieses Beispiel finden Sie auf der CD-ROM zum Buch im Ordner *\Buch\Kap11* in den Arbeitsmappen *Symmetrie.xls* (Excel 97-2003) bzw. *Symmetrie.xlsx* (Excel 2007/2010) auf dem Arbeitsblatt *Schiefe*.

STABW.S() / STABW() — STDEV.S() / STDEV()

Syntax STABW.S(***Zahl1***;*Zahl2*;…)

Definition Die Funktion STABW.S() schätzt die Standardabweichung ausgehend von einer Stichprobe. Die Standardabweichung ist ein Maß dafür, wie weit die jeweiligen Werte um den Mittelwert (Durchschnitt) streuen.

Argumente ***Zahl1*** (erforderlich); *Zahl2* (optional); ... sind 1 bis 255 numerische Argumente (30 bis Excel 2003), die einer Stichprobe aus der Grundgesamtheit entsprechen. Anstelle der durch Semikolon voneinander getrennten Argumente können Sie eine Matrix oder einen Bezug auf eine Matrix angeben.

Hinweis STABW.S() geht davon aus, dass die ihr übergebenen Argumente eine Stichprobe darstellen, die aus einer Grundgesamtheit gezogen wurde. Entsprechen die als Argumente übergebenen Daten hingegen einer Grundgesamtheit, sollte die zugehörige Standardabweichung mithilfe der Funktion STABW.N() berechnet werden.

Die berechnete Standardabweichung ist eine erwartungsgetreue Schätzung der Standardabweichung der Stichprobe aus einer Grundgesamtheit. Das bedeutet, es wird durch *n–1* anstatt durch *n* geteilt.

Logische Werte wie *WAHR* und *FALSCH* sowie Text werden nicht berücksichtigt. Möchten Sie logische Werte und Text berücksichtigen, verwenden Sie die Funktion STABWA().

Hintergrund Die Standardabweichung ist die Quadratwurzel aus der Varianz. Gegenüber dieser hat die Standardabweichung den Vorteil, dass sie die Streuung in der Maßeinheit des Merkmals wiedergibt.

Hinweis Mehr zur Varianz und zu den Streumaßen können Sie unter VAR.S() auf Seite 561 nachlesen.

Beide Maße kommen aus der schließenden Statistik und zwar aus der Gleichung für die Normalverteilung, die dort eine wichtige Rolle spielt.

Sie haben sich allerdings auch in der deskriptiven Statistik etabliert und gegenüber der linearen Abweichung (= arithmetisches Mittel der Abweichung der Reihenwerte vom Mittelwert ohne Berücksichtigung der Vorzeichen), weil sie als zuverlässiger gelten.

In ihrer Höhe hängen Varianz und Standardabweichung von der Maßeinheit ab, in der die Merkmalsausprägung vorliegt. Dieser Faktor muss bei Vergleichen von verschiedenen Verteilungen berücksichtigt werden, und zwar insbesondere dann, wenn Variablen verglichen werden, die sich zusätzlich auf verschiedene Eigenschaftsdimensionen beziehen.

In solchen Fällen wird auf den Variationskoeffizienten zurückgegriffen. Er ergibt sich aus der Division der Standardabweichung durch das arithmetische Mittel und ist ein relatives Streumaß. Je größer der Variationskoeffizient, desto größer ist, relativ zu anderen Verteilungen, die Streuung. Voraussetzung für die Berechnung des Variationskoeffizienten ist das Verhältnisskalenniveau.

Die Standardabweichung gehört zu den wichtigsten Streumaßen. Auch sie beschreibt, wie die Varianz, die Abweichung der Werte vom Mittelwert. Allerdings wird für die Berechnung nicht wie bei der Varianz die Differenz der Werte vom Mittelwert verwendet, sondern das Quadrat der Differenz.

Anders ausgedrückt: Die Standardabweichung ist die Quadratwurzel aus dem arithmetischen Mittel der quadrierten Abweichung der Werte vom arithmetischen Mittel. Sie entspricht der Wurzel aus der Varianz.

STABW() verwendet die folgende Formel:

$$\sqrt{\frac{\sum\left(x-\bar{x}\right)^2}{(n-1)}}$$

Dabei ist x der Stichprobenmittelwert MITTELWERT(*Zahl1*;*Zahl2*;...) und n der Stichprobenumfang.

Praxiseinsatz

Die Marketingabteilung des Softwareherstellers hat bereits viel über Statistik und die damit verbundenen möglichen Auswertungen gelernt. Nun möchten sich die Mitarbeiter der Abteilung der Funktion STABW.S() widmen, um noch detaillierte Auswertungen bezüglich der Webseite und der Zugriffe darauf zu generieren.

Ziel soll es sein, die Standardabweichung ausgehend von einer Stichprobe zu errechnen, um anschließend beurteilen zu können, inwieweit die Anzahl der Zugriffe (Klicks) um den Mittelwert streuen.

Hinweis

Beachten Sie, dass es sich bei den zu untersuchenden Daten um eine Stichprobe handelt. Das heißt, die Webseite und somit auch die Zugriffe darauf gibt es bereits seit längerer Zeit. Für die Berechnung der Standardabweichung mit den Funktionen STABW.S() und STABW.A() werden jedoch lediglich 18 Monate, von Januar 07 bis Juni 08, aus dem gesamten Zeitraum betrachtet.

Die Mitarbeiter haben bereits eine Excel-Datei mit der Anzahl der Zugriffe pro Monat auf die verschiedenen Webseitenbereiche erstellt. Neben der Standardabweichung wurden, zur besseren Übersicht für weiterführende Vergleiche, noch die Varianz, die mittlere Abweichung sowie der Mittelwert für die einzelnen Datenbereiche errechnet.

	B	C	D	E	F	G	H	I
12	DATUM	ADVENT	DOWNLOAD	EVENT	TRAINING	WISSEN	PRODUKTE	GESAMT
13	Jan 07		6		19	43	22	90
14	Feb 07		498	38	1319	3000	1170	6025
15	Mrz 07		1401	119	2233	6116	1545	11414
16	Apr 07		1076	16	1903	2860	1168	7023
17	Mai 07		1563	15	1589	3126	1139	7432
18	Jun 07		1790	1853	2428	6682	5083	17836
19	Jul 07		1367	1622	1559	3311	3609	11468
20	Aug 07		1138	2170	1502	3317	4810	12937
21	Sep 07		1352	2611	1628	3542	5581	14714
22	Okt 07	1	1343	538	1440	2971	5506	11799
23	Nov 07	272	1430	1254	2255	4735	11786	21732
24	Dez 07	1874	1140	631	1583	2652	6227	14107
25	Jan 08	42	1421	1515	2224	4837	9500	19539
26	Feb 08	32	1508	1433	1418	4006	12000	20397
27	Mrz 08	10	2137	3114	1298	3128	8000	17687
28	Apr 08	10	1948	2347	1085	3575	8208	17173
29	Mai 08	9	1521	848	765	2139	7739	13021
30	Jun 08		426	440	123	768	778	2535
31	**Summe**	**2250**	**23065**	**20564**	**26371**	**60808**	**93871**	**226929**
32	**Mittelwert**	**281,25**	**1281,39**	**1209,65**	**1465,06**	**3378,22**	**5215,06**	**12607,17**
33	**Mittlere Abweichung**	**398,2**	**378,3**	**827,3**	**472,6**	**1093,9**	**3067,9**	**4785,7**
34	**Varianz**	**422303**	**279408**	**966160**	**444330**	**2561816**	**14361231**	**37396918**
35	**Standardabweichung**	**649,85**	**528,59**	**982,93**	**666,58**	**1600,57**	**3789,62**	**6115,30**

Abbildung 11.118: Quadrieren Sie das Ergebnis der Standardabweichung, erhalten Sie die Varianz

Aussagen

Betrachten wir den Bereich *PRODUKTE* näher, kann folgende Aussage getroffen werden:

Das Ergebnis von 3.789,62 bedeutet, dass die Zugriffe auf die Webseite (Klicks) in Höhe von 3.789,62 Klicks um den Mittelwert, der in diesem Fall 5.215,06 beträgt, streuen. Das heißt, die Klicks sind im Schnitt um 3.789,62 Klicks höher oder niedriger als der Mittelwert.

Quadrieren Sie den unter Standardabweichung errechneten Wert, erhalten Sie die Varianz, wie in Abbildung 11.118 dargestellt.

Für den Bereich *GESAMT*, also die Berechnung der Standardabweichung für **alle** Bereiche in **allen** Monaten des betrachteten Stichprobenzeitraums lässt sich feststellen, dass die Zugriffe auf die Webseite in Höhe von 6.115,3 Klicks vom Mittelwert abweichen.

Siehe auch STABW.A(), STABWN(), STABWNA(), DBSTABW(), DBSTDABWN()

CD-ROM Dieses Beispiel finden Sie auf der CD-ROM zum Buch im Ordner *\Buch\Kap11* in den Arbeitsmappen *Varianz.xls* (Excel 97-2003) bzw. *Varianz.xlsx* (Excel 2007/2010) auf dem Arbeitsblatt *Stabw.s*.

STABWA() STDEVA()

Syntax STABWA(*Wert1*;*Wert2*;...)

Definition Die Funktion STABWA() schätzt die Standardabweichung ausgehend von einer Stichprobe. Die Standardabweichung ist ein Maß für die Streuung von Werten im Bezug auf deren Mittelwert (dem Durchschnitt). Ausschlaggebend für die Funktion STABWA() ist, dass Text und Wahrheitswerte wie *WAHR* und *FALSCH* bei der Berechnung berücksichtigt werden.

Argumente *Wert1* (erforderlich); *Wert2* (optional); ... sind 1 bis 255 Werte (30 bis Excel 2003), die einer Stichprobe aus der Grundgesamtheit entsprechen. Anstelle der durch Semikola voneinander getrennten Argumente können Sie eine Matrix oder einen Bezug auf eine Matrix angeben.

Hinweis STABWA() geht davon aus, dass die ihr übergebenen Argumente der Stichprobe aus einer Grundgesamtheit entsprechen. Für den Fall, dass die zugehörigen Daten eine Grundgesamtheit angeben, verwenden Sie zur Berechnung der Standardabweichung die Funktion STABWNA().

Im Gegensatz zur Funktion STABW.S() werden bei STABWA() Text und Wahrheitswerte berücksichtigt. Bei der Berechnung werden Argumente, die den Wert *WAHR* enthalten, zu 1, und Argumente, die Text oder den Wahrheitswert *FALSCH* enthalten, zu 0 evaluiert. Soll die Berechnung weder Text noch Wahrheitswerte berücksichtigen, verwenden Sie demnach die Funktion STABW.S().

Wie bei STABW.S() ist die berechnete Standardabweichung eine erwartungsgetreue Schätzung der Standardabweichung der Stichprobe aus einer Grundgesamtheit. Das bedeutet, auch hier wird durch *n–1* anstatt durch *n* geteilt.

Hintergrund Da sich die Funktion STABWA() zur Funktion STABW.S() lediglich darin unterscheidet, dass sie Wahrheitswerte sowie Text berücksichtigt, richten wir unser Augenmerk hier vor allem auf die Darstellung der Funktion STABWA() im Beispiel.

Detaillierte Informationen zum Thema Standardabweichung können Sie auf Seite 527 unter STABW.S() nachlesen.

STABWA() verwendet die gleiche Formel wie STABW.S().

$$\sqrt{\frac{\sum\left(x-\overline{x}\right)^2}{(n-1)}}$$

Dabei ist *x* der Stichprobenmittelwert MITTELWERT(*Wert1*;*Wert2*;...) und *n* der Stichprobenumfang.

Praxiseinsatz Betrachten wir wieder die Auswertung der Zugriffe auf die Webseite des Softwareherstellers. Da es im Betrachtungszeitraum, also in den vergangenen 18 Monaten, verschiedene Probleme mit und auf der Webseite gab, konnten nicht für alle Monate die Zugriffe gezählt werden.

Folgende Probleme lagen im Unternehmen vor:

- Im Monat März 07 und September 07 gab es Probleme mit dem Webseitenhosting, sodass in beiden Monaten nicht auf die Webseite zugegriffen werden konnte. Diese Monate wurden mit dem Text »Hostingprobleme« versehen.
- Im Monat Februar 08 wurden die Inhaltsseiten des Trainingsbereichs umstrukturiert, sodass der gesamte Bereich geschlossen war. Da somit von Extern kein Zugriff auf den Trainingsbereich möglich war, wurde dieser Monat mit dem Wahrheitswert *FALSCH* gekennzeichnet.
- Im Monat Mai 08 wurden aus bisher noch unerklärter Ursache die Klicks auf die Webseitenbereiche nicht gezählt. Da jedoch ein Zugriff stattgefunden hat, wurde dieser Monat mit dem Wahrheitswert *WAHR* gekennzeichnet.

	B	C	D	E	F	G	H	I
12	**DATUM**	**ADVENT**	**DOWNLOAD**	**EVENT**	**TRAINING**	**WISSEN**	**PRODUKTE**	**GESAMT**
13	**Jan 07**		6		19	43	22	90
14	**Feb 07**		498	38	1319	3000	1170	6025
15	**Mrz 07**	Hostingprobleme	Hostingprobleme	Hostingprobleme	Hostingprobleme	Hostingprobleme	Hostingprobleme	Hostingprobleme
16	**Apr 07**		1076	16	1903	2860	1168	7023
17	**Mai 07**		1563	15	1589	3126	1139	7432
18	**Jun 07**		1790	1853	2428	6682	5083	17836
19	**Jul 07**		1367	1622	1559	3311	3609	11468
20	**Aug 07**		1138	2170	1502	3317	4810	12937
21	**Sep 07**	Hostingprobleme	Hostingprobleme	Hostingprobleme	Hostingprobleme	Hostingprobleme	Hostingprobleme	Hostingprobleme
22	**Okt 07**	1	1343	538	1440	2971	5506	11799
23	**Nov 07**	272	1430	1254	2255	4735	11786	21732
24	**Dez 07**	1874	1140	631	1583	2652	6227	14107
25	**Jan 08**	42	1421	1515	2224	4837	9500	19539
26	**Feb 08**	FALSCH	FALSCH	FALSCH	FALSCH	FALSCH	FALSCH	FALSCH
27	**Mrz 08**	10	2137	3114	1298	3128	8000	17687
28	**Apr 08**	10	1948	2347	1085	3575	8208	17173
29	**Mai 08**	WAHR	WAHR	WAHR	WAHR	WAHR	WAHR	WAHR
30	**Jun 08**		426	440	123	768	778	2535
31	**Summe**	**2209**	**17283**	**15553**	**20327**	**45005**	**67006**	**167383**
32	**Mittelwert**	**368,17**	**1234,50**	**1196,38**	**1451,93**	**3214,64**	**4786,14**	**11955,93**
33	**Mittlere Abweichung**	**501,9**	**446,1**	**846,2**	**489,7**	**1024,2**	**2975,8**	**5331,4**
34	**Varianz (VAR.S())**	**554909**	**353161**	**1010192**	**495586**	**2594171**	**13504340**	**43314992**
35	**STABW.S()**	**744,92**	**594,27**	**1005,08**	**703,98**	**1610,64**	**3674,83**	**6581,41**
36	**STABWA()**	**586,84**	**740,85**	**1015,46**	**874,44**	**1968,42**	**3810,32**	**7699,47**

Abbildung 11.119: Unter Berücksichtigung von Text und Wahrheitswerten liefert *STABWA()* ein anderes Ergebnis als *STABW.S()*

Wie Sie in Abbildung 11.119 sehen können, liefert die Funktion STABWA() ein anderes Ergebnis als die Berechnung der Standardabweichung über die Funktion STABW.S(). Das liegt an der Tatsache, dass STABWA() wie bereits erwähnt, Text und Wahrheitswerte berücksichtigt. Text und der Wahrheitswert *FALSCH* wurden bei der Berechnung auf 0 und der Wahrheitswert *WAHR* auf 1 gesetzt.

Aussagen

Betrachten wir den Bereich *PRODUKTE* näher, kann folgende Aussage getroffen werden:

Das Ergebnis von 3.810,32 bedeutet, dass die Zugriffe auf die Webseite (Klicks) in Höhe von 3.810,32 Klicks, unter Berücksichtigung von Text und Wahrheitswerten, um den Mittelwert streuen. Das heißt, die Klicks sind im Schnitt um 3.810,32 Klicks höher oder niedriger als der errechnete Mittelwert für diesen Bereich.

Siehe auch

STABW.S(), STABW.N(), STABWNA(), DBSTABW(), DBSTDABWN()

CD-ROM

Dieses Beispiel finden Sie auf der CD-ROM zum Buch im Ordner *\Buch\Kap11* in den Arbeitsmappen *Varianz.xls* (Excel 97-2003) bzw. *Varianz.xlsx* (Excel 2007/2010) auf dem Arbeitsblatt *Stabwa*.

STABW.N() / STABWN() STDEV.P() / STDEVP()

Syntax STABW.N(*Zahl1*;*Zahl2*;...)

Definition Die Funktion STABW.N() berechnet die Standardabweichung ausgehend von der Grundgesamtheit. Es wird vorausgesetzt, dass **alle** Werte als Argumente angegeben werden. Die Standardabweichung ist ein Maß dafür, wie weit die jeweiligen Werte um den Mittelwert (Durchschnitt) streuen.

Argumente *Zahl1* (erforderlich); *Zahl2* (optional); ... sind 1 bis 255 numerische Argumente (30 bis Excel 2003), die einer Grundgesamtheit entsprechen. Anstelle der durch Semikola voneinander getrennten Argumente können Sie eine Matrix oder einen Bezug auf eine Matrix angeben.

Logische Werte wie *WAHR* und *FALSCH* sowie Text werden ignoriert. Möchten Sie logische Werte und Text berücksichtigen, verwenden Sie die Funktion STABW.N().

Hinweis STABW.N() geht, im Gegensatz zu STABW.S() davon aus, dass die ihr übergebenen Argumente einer Grundgesamtheit entsprechen. Für den Fall, dass die zugehörigen Daten nur eine Stichprobe einer Grundgesamtheit angeben, berechnen Sie die Standardabweichung mit der Funktion STABW.S().

Für Stichproben mit vielen Werten geben die Funktionen STABW.S() und STABW.N() näherungsweise gleiche Werte zurück.

Für eine Stichprobe ist die berechnete Standardabweichung keine erwartungsgetreue Schätzung der Standardabweichung der Grundgesamtheit. Das bedeutet, es wird durch *n* anstatt durch *n–1* geteilt.

Hintergrund Da sich die Funktion STABW.N() zur Funktion STABW.S() lediglich darin unterscheidet, dass sie die Standardabweichung nicht auf Basis einer Stichprobe, sondern auf Basis einer Grundgesamtheit berechnet, richten wir unser Augenmerk hier vor allem auf die Darstellung der Funktionen STABW.N() im Beispiel.

Detaillierte Informationen zum Thema Standardabweichung können Sie auf Seite 528 unter STABW.S() nachlesen.

STABW.N() verwendet folgende Formel:

$$\sqrt{\frac{\sum\left(x-\overline{x}\right)^2}{n}}$$

Dabei ist *x* der Stichprobenmittelwert MITTELWERT(*Zahl1*;*Zahl2*;...) und *n* der Stichprobenumfang.

Praxiseinsatz Kommen wir wieder zur Webseitenauswertung unseres Softwareherstellers und betrachten die Abbildung 11.120 etwas genauer.

Hinweis Beachten Sie, dass es sich bei den zu untersuchenden Daten um die Grundgesamtheit handelt. Das heißt, die Webseite besteht erst seit 18 Monaten und somit wurden auch die Zugriffe darauf erst seit 18 Monaten registriert. Für die Berechnung der Standardabweichung mit den Funktionen STABW.N() und STABWNA() wird also die Grundgesamtheit der Daten von Januar 07 bis Juni 08 betrachtet.

	B	C	D	E	F	G	H	I
12	DATUM	ADVENT	DOWNLOAD	EVENT	TRAINING	WISSEN	PRODUKTE	GESAMT
13	Jan 07		6		19	43	22	90
14	Feb 07		498	38	1319	3000	1170	6025
15	Mrz 07		1401	119	2233	6116	1545	11414
16	Apr 07		1076	16	1903	2860	1168	7023
17	Mai 07		1563	15	1589	3126	1139	7432
18	Jun 07		1790	1853	2428	6682	5083	17836
19	Jul 07		1367	1622	1559	3311	3609	11468
20	Aug 07		1138	2170	1502	3317	4810	12937
21	Sep 07		1352	2611	1628	3542	5581	14714
22	Okt 07	1	1343	538	1440	2971	5506	11799
23	Nov 07	272	1430	1254	2255	4735	11786	21732
24	Dez 07	1874	1140	631	1583	2652	6227	14107
25	Jan 08	42	1421	1515	2224	4837	9500	19539
26	Feb 08	32	1508	1433	1418	4006	12000	20397
27	Mrz 08	10	2137	3114	1298	3128	8000	17687
28	Apr 08	10	1948	2347	1085	3575	8208	17173
29	Mai 08	9	1521	848	765	2139	7739	13021
30	Jun 08		426	440	123	768	778	2535
31	Summe	2250	23065	20564	26371	60808	93871	226929
32	Mittelwert	281,25	1281,39	1209,65	1465,06	3378,22	5215,06	12607,17
33	Mittlere Abweichung	398,2	378,3	827,3	472,6	1093,9	3067,9	4785,7
34	VAR.P()	369515	263885	909327	419645	2419493	13563385	35319311
35	STABW.S()	649,85	528,59	982,93	666,58	1600,57	3789,62	6115,30
36	STABW.N()	607,88	513,70	953,59	647,80	1555,47	3682,85	5943,01

Abbildung 11.120: Ausgehend von einer Grundgesamtheit liefert die Funktion *STABW.N()* ein anderes Ergebnis als die Funktion *STABW.S()*, die von der Stichprobe einer Grundgesamtheit ausgeht

Deshalb liefern die Funktionen STABW.N() und STABW.S(), die unterschiedlichen Formeln unterliegen, auch unterschiedliche Ergebnisse.

Aussagen

Betrachten wir den Bereich *PRODUKTE* näher, kann folgende Aussage getroffen werden:

Das Ergebnis von 3.682,85 bedeutet, dass die Zugriffe auf die Webseite (Klicks) in Höhe von 3.682,85 Klicks um den Mittelwert, ausgehend von einer Grundgesamtheit, streuen. Das heißt, die Klicks sind im Schnitt um 3.682,85 Klicks höher oder niedriger als der Mittelwert.

Quadrieren Sie den unter STABW.N() errechneten Wert, erhalten Sie das Ergebnis von VAR.P(), wie in Abbildung 11.120 dargestellt.

Siehe auch

STABW.S(), STABWA(), STABWNA(), DBSTABW(), DBSTDABWN()

CD-ROM

Dieses Beispiel finden Sie auf der CD-ROM zum Buch im Ordner *\Buch\Kap11* in den Arbeitsmappen *Varianz.xls* (Excel 97-2003) bzw. *Varianz.xlsx* (Excel 2007/2010) auf dem Arbeitsblatt *Stabw.n*.

STABWNA() STDEVPA()

Syntax

STABWNA(***Wert1***;*Wert2*;...)

Definition

Die Funktion STABWNA() berechnet die Standardabweichung ausgehend von einer als Argumente angegebenen Grundgesamtheit, einschließlich Text und logischer Werte. Die Standardabweichung ist ein Maß für die Streuung von Werten bezüglich ihres Mittelwerts (dem Durchschnitt).

Argumente *Wert1* (erforderlich); *Wert2* (optional); ... sind 1 bis 255 Werte, die einer Grundgesamtheit entsprechen. Anstelle der durch Semikola voneinander getrennten Argumente können Sie eine Matrix oder einen Bezug auf eine Matrix angeben.

Hinweis STABWNA() geht davon aus, dass die ihr übergebenen Argumente einer Grundgesamtheit entsprechen. Für den Fall, dass die zugehörigen Daten nur eine Stichprobe einer Grundgesamtheit angeben, berechnen Sie die Standardabweichung mit der Funktion STABWA().

Entsprechend der Funktion STABWA() werden Argumente, die den Wert *WAHR* enthalten, als 1, und Argumente, die Text oder den Wahrheitswert *FALSCH* enthalten, als 0 berücksichtigt. Soll die Berechnung weder Text noch Wahrheitswerte berücksichtigen, verwenden Sie stattdessen die Funktion STABW.N().

Bei großem Stichprobenumfang geben STABWA() und STABWNA() das gleiche Ergebnis zurück.

Für eine Stichprobe ist die berechnete Standardabweichung keine erwartungsgetreue Schätzung der Standardabweichung der Grundgesamtheit. Das bedeutet, es wird durch *n* anstatt durch *n–1* geteilt.

Hintergrund Da wir das Thema Standardabweichung bereits ausführlich auf Seite 528 unter STABW() behandelt haben, möchten wir in diesem Abschnitt unser Augenmerk hauptsächlich auf das Beispiel legen.

STABWNA() verwendet, wie STABW.N(), folgende Formel:

$$\sqrt{\frac{\sum\left(x-\bar{x}\right)^2}{n}}$$

Dabei ist *x* der Stichprobenmittelwert MITTELWERT(*Wert1;Wert2;...*) und *n* der Stichprobenumfang.

Praxiseinsatz Zur Darstellung der Funktion STABWNA() möchten wir auf das Beispiel aus STABWA() zurückgreifen. In diesem Beispiel hatte der Softwarehersteller folgende Probleme mit seiner Webseite:

- Im Monat März 07 und September 07 gab es Probleme mit dem Webseitenhosting, sodass in beiden Monaten nicht auf die Webseite zugegriffen werden konnte. Diese Monate wurden mit dem Text »Hostingprobleme« versehen.
- Im Monat Februar 08 wurden die Inhaltsseiten des Trainingsbereichs umstrukturiert, sodass der gesamte Bereich geschlossen war. Da somit von extern kein Zugriff auf den Trainingsbereich möglich war, wurde dieser Monat mit dem Wahrheitswert *FALSCH* gekennzeichnet.
- Im Monat Mai 08 wurden aus bisher noch unerklärter Ursache die Klicks auf die Webseitenbereiche nicht gezählt. Da jedoch ein Zugriff stattgefunden hat, wurde dieser Monat mit dem Wahrheitswert *WAHR* gekennzeichnet.

Hinweis Beachten Sie, dass es sich, wie unter STABW.N(), bei den zu untersuchenden Daten um die Grundgesamtheit handelt. Das heißt, die Webseite besteht erst seit 18 Monaten und somit wurden auch die Zugriffe darauf erst seit 18 Monaten registriert.

	B	C	D	E	F	G	H	I
12	**DATUM**	**ADVENT**	**DOWNLOAD**	**EVENT**	**TRAINING**	**WISSEN**	**PRODUKTE**	**GESAMT**
13	**Jan 07**		6		19	43	22	90
14	**Feb 07**		498	38	1319	3000	1170	6025
15	**Mrz 07**	Hostingprobleme	Hostingprobleme	Hostingprobleme	Hostingprobleme	Hostingprobleme	Hostingprobleme	Hostingprobleme
16	**Apr 07**		1076	16	1903	2860	1168	7023
17	**Mai 07**		1563	15	1589	3126	1139	7432
18	**Jun 07**		1790	1853	2428	6682	5083	17836
19	**Jul 07**		1367	1622	1559	3311	3609	11468
20	**Aug 07**		1138	2170	1502	3317	4810	12937
21	**Sep 07**	Hostingprobleme	Hostingprobleme	Hostingprobleme	Hostingprobleme	Hostingprobleme	Hostingprobleme	Hostingprobleme
22	**Okt 07**	1	1343	538	1440	2971	5506	11799
23	**Nov 07**	272	1430	1254	2255	4735	11786	21732
24	**Dez 07**	1874	1140	631	1583	2652	6227	14107
25	**Jan 08**	42	1421	1515	2224	4837	9500	19539
26	**Feb 08**	FALSCH	FALSCH	FALSCH	FALSCH	FALSCH	FALSCH	FALSCH
27	**Mrz 08**	10	2137	3114	1298	3128	8000	17687
28	**Apr 08**	10	1948	2347	1085	3575	8208	17173
29	**Mai 08**	WAHR	WAHR	WAHR	WAHR	WAHR	WAHR	WAHR
30	**Jun 08**		426	440	123	768	778	2535
31	**Summe**	**2209**	**17283**	**15553**	**20327**	**45005**	**67006**	**167383**
32	**Mittelwert**	**368,17**	**1234,50**	**1196,38**	**1451,93**	**3214,64**	**4786,14**	**11955,93**
33	**Mittlere Abweichung**	**501,9**	**446,1**	**846,2**	**489,7**	**1024,2**	**2975,8**	**5331,4**
34	**VARIANZENA()**	**309942**	**518360**	**970510**	**722160**	**3659402**	**13711984**	**55988426**
35	**STABW.N()**	**680,02**	**572,66**	**965,65**	**678,37**	**1552,05**	**3541,15**	**6342,01**
36	STABWNA()	556,72	719,97	985,14	849,80	1.912,96	3.702,97	7.482,54

Abbildung 11.121: Unter Berücksichtigung von Text und Wahrheitswerten liefert *STABWNA()* ein anderes Ergebnis als *STABW.N()*

Wie Sie in Abbildung 11.121 sehen können, liefert die Funktion STABWNA() ein anderes Ergebnis als die Berechnung der Standardabweichung über die Funktion STABW.N(). Das liegt an der Tatsache, dass STABWNA(), wie bereits erwähnt, Text und Wahrheitswerte berücksichtigt. In unserem Beispiel wurden Text und der Wahrheitswert *FALSCH* auf 0 und der Wahrheitswert *WAHR* auf 1 gesetzt.

Aussagen

Betrachten wir den Bereich *PRODUKTE* näher, kann folgende Aussage getroffen werden:

Das Ergebnis von 3.702,97 bedeutet, dass die Zugriffe auf die Webseite (Klicks) in Höhe von 3.702,97 Klicks um den Mittelwert, ausgehend von einer Grundgesamtheit und unter Berücksichtigung von Text und Wahrheitswerten, streuen. Das heißt, die Klicks sind im Schnitt um 3.702,97 Klicks höher oder niedriger als der Mittelwert.

Siehe auch

STABW.S(), STABWA(), STABW.N(), DBSTABW(), DBSTDABWN()

CD-ROM

Dieses Beispiel finden Sie auf der CD-ROM zum Buch im Ordner *\Buch\Kap11* in den Arbeitsmappen *Varianz.xls* (Excel 97-2003) bzw. *Varianz.xlsx* (Excel 2007/2010) auf dem Arbeitsblatt *Stabwna*.

STANDARDISIERUNG() STANDARDIZE()

Syntax

STANDARDISIERUNG(***x***;***Mittelwert***;***Standabwn***)

Definition

Die Funktion STANDARDISIERUNG() gibt den standardisierten Wert einer Verteilung zurück, die durch *Mittelwert* und *Standabwn* charakterisiert ist.

Argumente

x (erforderlich) ist der Wert, den Sie standardisieren möchten.

Mittelwert (erforderlich) ist das arithmetische Mittel der Verteilung.

Standabwn (erforderlich) ist die Standardabweichung der Verteilung.

Hinweis

Ist *Standabwn* kleiner oder gleich 0, gibt die Funktion STANDARDISIERUNG() den Fehlerwert *#ZAHL!* zurück.

Hintergrund In der Statistik versteht man unter einer Standardisierung die Transformation unterschiedlich skalierter Zahlenwerte in einen einheitlichen Wertebereich von 0 bis 1, um beispielsweise Vergleiche unterschiedlich verteilter Werte vornehmen zu können.

Die Gauß- oder (Standard-) Normalverteilung (nach Carl Friedrich Gauß) ist ein wichtiger Typ kontinuierlicher Wahrscheinlichkeitsverteilungen. Die besondere Bedeutung der Normalverteilung beruht unter anderem auf dem zentralen Grenzwertsatz, der besagt, dass eine Summe von n unabhängigen, identisch verteilten Zufallsvariablen in der Grenze »n bis unendlich« normalverteilt ist.

Hinweis Mehr Informationen zur (Standard-) Normalverteilung finden Sie auf Seite 491 unter der Funktion NORM.VERT().

Die *standardisierte* Normalverteilung besitzt den Mittelwert 0 und die Standardabweichung 1.

Die Funktion STANDARDISIERUNG() berechnet den standardisierten Wert von x einer Normalverteilung mit bekanntem Mittelwert und Standardabweichung.

Ein standardisierter Wert wird gemäß folgender Gleichung berechnet:

$$Z = \frac{x - \mu}{\sigma}$$

Praxiseinsatz Sie sind Hersteller von Glühbirnen, die Sie europaweit vertreiben, und sind dabei, die Leistung der Glühbirnen zu analysieren. Eine Aufstellung der Messungen haben Sie bereits in Excel gemacht.

	B	C	D
10	Testglühbirnen	Gemessene Brennleistung in Stunden (=X)	Standardisierung z-Werte
11	1	1000	-1,728
12	2	1100	-1,555
13	3	1200	-1,382
14	4	1300	-1,209
15	5	1400	-1,037
16	6	1500	-0,864
17	7	1600	-0,691
18	8	1700	-0,518
19	9	1800	-0,346
20	10	1900	-0,173
21	11	2000	0,000
22	12	2100	0,173
23	13	2200	0,346
24	14	2300	0,518
25	15	2400	0,691
26	16	2500	0,864
27	17	2600	1,037
28	18	2700	1,209
29	19	2800	1,382
30	20	2900	1,555
31	21	3000	1,728
32	22	2900	1,555
33	23	2800	1,382
34	24	2700	1,209
35	25	2600	1,037
36	26	2500	0,864
37	27	2400	0,691
38	28	2300	0,518
39	29	2200	0,346
40	30	2100	0,173
41	31	2000	0,000
42	32	1900	-0,173
43	33	1800	-0,346
44	34	1700	-0,518
45	35	1600	-0,691
46	36	1500	-0,864
47	37	1400	-1,037
48	38	1300	-1,209
49	39	1200	-1,382
50	40	1100	-1,555

Abbildung 11.122: Die Aufstellung der Messergebnisse

Auch die mittlere Lebenserwartung sowie die dazugehörige Standardabweichung haben Sie bereits errechnet.

Mittelwert	Standardabweichung
2000	579

Abbildung 11.123: Mittelwert und Standardabweichung der Brennleistung

Um alle gemessenen Werte zu standardisieren, verwenden Sie die Funktion STANDARDISIERUNG().

Welche Argumente für die Funktion sind gegeben?

- *x* = Werte der Verteilung (gemessene Brennleistungen)
- *Mittelwert* = 2000 (*F13*)
- *Standabwn* = 579 (*G13*)

Die Ergebnisse können Sie beispielhaft Abbildung 11.124 entnehmen.

D11 =STANDARDISIERUNG(C11;$F$13;$G$13)

	B	C	D	E	F	G
10	Testglühbirnen	Gemessene Brennleistung in Stunden (=X)	Standardisierung z-Werte			
11	1	1000	-1,728		Berechnung	
12	2	1100	-1,555		Mittelwert	Standardabweichung
13	3	1200	-1,382		2000	579
14	4	1300	-1,209			
15	5	1400	-1,037			
16	6	1500	-0,864			
17	7	1600	-0,691			
18	8	1700	-0,518			
19	9	1800	-0,346			
20	10	1900	-0,173			
21	11	2000	0,000			
22	12	2100	0,173			
23	13	2200	0,346			
24	14	2300	0,518			

Abbildung 11.124: Ermitteln Sie die standardisierten Werte mithilfe der Funktion *STANDARDISIERUNG()*

Mithilfe der Funktion STANDARDISIERUNG() haben Sie alle standardisierten Werte der Verteilung generiert.

Tipp

Geben Sie für die Argumente *Mittelwert* und *Standabwn* absolute Zellbezüge an, müssen Sie die Formel nur einmal für einen beliebigen Wert der Verteilung angeben und können sie dann auf die anderen Werte kopieren.

Einen absoluten Zellbezug erhalten Sie durch Drücken der Taste F4 nach Eingabe der Zelle. Vergleichen Sie hierzu die Bearbeitungsleiste für Funktionen in Abbildung 11.124.

Siehe auch

G.TEST(), NORM.INV(), NORM.VERT(), NORM.S.INV(), NORM.S.VERT()

CD-ROM

Dieses Beispiel finden Sie auf der CD-ROM zum Buch im Ordner *\Buch\Kap11* in den Arbeitsmappen *Wahrscheinlichkeit.xls* (Excel 97-2003) bzw. *Wahrscheinlichkeit.xlsx* (Excel 2007/2010) auf dem Arbeitsblatt *Standardisierung*.

STEIGUNG() SLOPE()

Syntax STEIGUNG(*Y_Werte;X_Werte*)

Definition Die Funktion STEIGUNG() gibt die Steigung der Regressionsgeraden zurück, die an die in *Y_Werte* und *X_Werte* abgelegten Datenpunkte angepasst ist. Die Steigung entspricht dem Quotienten aus dem jeweiligen vertikalen und dem horizontalen Abstand zweier beliebiger Punkte der Geraden und ist ein Maß für die Änderung entlang der Regressionsgeraden.

Argumente *Y_Werte* (erforderlich) ist eine Matrix oder ein Zellbereich numerisch abhängiger Datenpunkte.

X_Werte (erforderlich) ist eine Reihe unabhängiger Datenpunkte.

Hinweis Als Argumente müssen entweder Zahlen oder Namen, Matrizen oder Bezüge angegeben werden, die Zahlen enthalten. Enthält ein als Matrix oder Bezug angegebenes Argument Text, Wahrheitswerte oder leere Zellen, werden diese Werte ignoriert. Zellen, die den Wert 0 enthalten, werden dagegen berücksichtigt.

Enthalten *Y_Werte* und *X_Werte* keine oder unterschiedlich viele Datenpunkte, gibt STEIGUNG() den Fehlerwert *#NV* zurück.

Hintergrund Die Berechnung der Steigung mit der Funktion STEIGUNG() findet vor allem im Zusammenhang mit der Regressionsanalyse in Excel Anwendung.

Hinweis Detaillierte Informationen zur Regressionsanalyse finden Sie unter RGP() auf Seite 513.

Eine lineare Funktion sieht in allgemeiner mathematischer Schreibweise so aus:

$$yt_i = a + bx_i$$

Den einzelnen Variablen kommt hierbei folgende Bedeutung zu:

- a= Ordinatenabschnitt der Funktion (Schnittpunkt mit der Y-Achse)
- b= Steigung der Funktion (Tangens des Steigungswinkels)
- x_i= Werte auf der x-Achse ($i=1,2,\ldots,n$)
- yt_i = Werte auf der y-Achse ($i=1,2,\ldots,n$; der Zusatz t steht für theoretisch)

Eine lineare Funktion stellt sich entsprechend der Abbildung 11.125 dar:

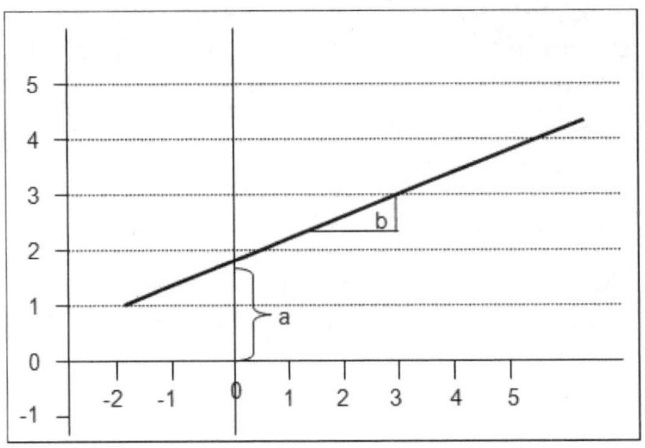

Abbildung 11.125: Die mathematische Darstellung einer linearen Funktion

Wenn der Ordinatenabschnitt *a* und die Steigung *b* numerisch vorgegeben sind, ist eine lineare Funktion im Achsenkreuz eindeutig definiert.

Beispiel: $yt_i = 2 + 0{,}4 * x_i$

Diese Funktion hat den Ordinatenabschnitt $a = 2$ und die Steigung $b = 0{,}4$. 0,4 bedeutet in diesem Fall, dass die Funktion um 0,4 *y*-Einheiten steigt, wenn *x* um eine Einheit zunimmt.

Die Gleichung, nach der nun die Steigung einer Regressionsgeraden berechnet wird, lautet wie folgt:

$$b = \frac{\sum\left(x-\bar{x}\right)\left(y-\bar{y}\right)}{\sqrt{\sum\left(x-\bar{x}\right)^{2}}}$$

Hierbei sind *x* und *y* die Stichprobenmittelwerte MITTELWERT(*X_Werte*) und MITTELWERT(*Y_Werte*).

Praxiseinsatz

Um die Steigung einer Regressionsgeraden oder einer Trendlinie zu ermitteln, bedienen Sie sich der Tabellenfunktion STEIGUNG().

Die Marketingabteilung unseres Softwareherstellers ist dabei, die firmeninterne Webseite bis ins kleinste Detail zu analysieren. Nachdem nun die Anzahl der Online-Bestellungen der vergangenen 18 Monate der Anzahl der Webseitenzugriffe gegenübergestellt wurde, wollen die Mitarbeiter die Steigung der linearen Trendlinie für die Bestellungen errechnen.

Ziel soll es sein, mit dem Ergebnis Aussagen darüber treffen zu können, wie sich die Regressionsgerade pro Einheit ändert.

	B	C	D
10	Monat	Webseitenzugriff	Bestellungen
11	Januar 2007	236	6
12	Februar 2007	11593	17
13	März 2007	18491	456
14	April 2007	11743	544
15	Mai 2007	11452	349
16	Juni 2007	26651	854
17	Juli 2007	16287	427
18	August 2007	17750	337
19	September 2007	19985	899
20	Oktober 2007	17285	1011
21	November 2007	30369	720
22	Dezember 2007	19674	1069
23	Januar 2008	28464	1070
24	Februar 2008	25000	498
25	März 2008	24574	1401
26	April 2008	23141	1076
27	Mai 2008	17700	1563
28	Juni 2008	3702	1790
29	Steigung		0,014360319

Abbildung 11.126: Die Berechnung der Steigung für die Regressionsgerade, die die Bestellungen in Abhängigkeit von den Webseitenzugriffen zeigt

Die Regressionsgerade in Form eines Diagramms sehen Sie in Abbildung 11.127.

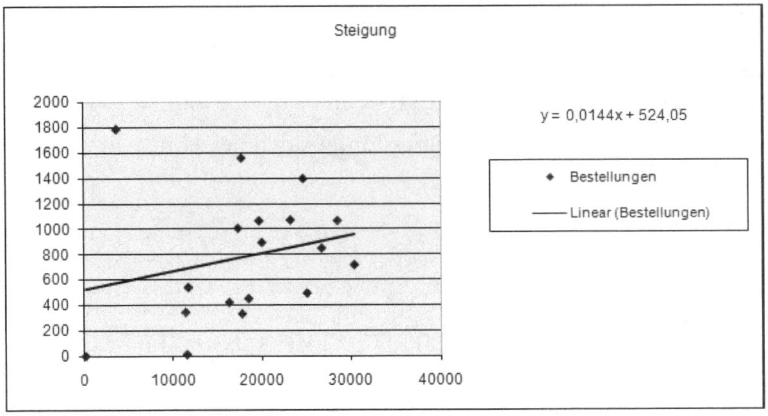

Abbildung 11.127: Die Regressionsgerade mit der Steigung 0,0144

Als Ergebnis der Berechnung der Steigung kann man festhalten, dass pro Webseitenbesuch (Klick) die Bestellungen um 0,0144 steigen. Allgemeiner ausgedrückt heißt das, dass die Funktion um 0,0144 y-Einheiten steigt, wenn x um eine Einheit zunimmt.

Siehe auch ACHSENABSCHNITT(), BESTIMMTHEITSMASS(), PEARSON(), RGP(), RKP(), STFEHLERYX(), TREND()

CD-ROM Dieses Beispiel finden Sie auf der CD-ROM zum Buch im Ordner *\Buch\Kap11* in den Arbeitsmappen *Regression.xls* (Excel 97-2003) bzw. *Regression.xlsx* (Excel 2007/2010) auf dem Arbeitsblatt *Steigung*.

STFEHLERYX() STEYX()

Syntax STFEHLERYX(*Y_Werte;X_Werte*)

Definition Die Funktion STFEHLERYX() gibt den Standardfehler der geschätzten y-Werte für alle x-Werte der Regression zurück. Der Standardfehler ist ein Maß dafür, wie groß der Fehler bei der Prognose (Vorhersage) des zu einem x-Wert gehörenden y-Werts ist.

Argumente *Y_Werte* (erforderlich) ist eine Matrix oder ein Bereich abhängiger Datenpunkte.

X_Werte (erforderlich) ist eine Matrix oder ein Bereich unabhängiger Datenpunkte.

Hinweis Die Argumente müssen entweder als Zahlen oder Namen, Matrizen oder Bezüge angegeben werden, die Zahlen enthalten.

Enthält ein als Matrix oder Bezug angegebenes Argument Text, Wahrheitswerte oder leere Zellen, werden diese Werte ignoriert. Zellen, die den Wert 0 enthalten, werden dagegen berücksichtigt.

Enthalten *Y_Werte* und *X_Werte* keine oder unterschiedlich viele Datenpunkte, gibt die Funktion STFEHLERYX() den Fehlerwert *#NV* zurück.

Hintergrund Der Standardfehler ist die Streuung von Stichprobenkennwerten um den wahren Wert des gesuchten Parameters in der Grundgesamtheit. Der Mittelwert könnte einen solchen Stichprobenkennwert darstellen. Je größer der Standardfehler, desto breiter ist das Konfidenzintervall, das den wahren Parameter mit vorgegebener Wahrscheinlichkeit enthält.

Die Größe des Standardfehlers hängt von der Varianz der Messwerte in der Grundgesamtheit ab. Je geringer die Varianz, desto geringer auch der Standardfehler vom Umfang der Stichprobe. Im Allgemeinen nimmt der Standardfehler proportional zur Quadratwurzel des Stichprobenumfangs ab. Dies bedeutet, dass man, um z.B. einen Standardfehler zu halbieren, den Stichprobenumfang vervierfachen muss.

Die Funktion STFEHLERYX() liefert diesen geschätzten Standardfehler einer linearen Regression und ist ein Maß für die Zuverlässigkeit einer linearen Regression. Je größer der Standardfehler ist, desto stärker weichen die geschätzten Werte von den tatsächlichen Werten – also den Werten aus der Grundgesamtheit – ab.

Für die Argumente *Y_Werte* und *X_Werte* geben Sie in der Regel einen Zellbereich an. Hierbei sind die *Y_Werte* abhängige und die *X_Werte* unabhängige Variablen.

Beachten Sie, dass diese Funktion erst die ***Y_Werte*** und dann die ***X_Werte*** erwartet – nicht umgekehrt.

Ist die Grundgesamtheit mit μ und σ normalverteilt, so gilt für die Schätzfunktion aus Mittelwerten mehrerer Stichproben vom Umfang n:

- Sie ist normalverteilt,
- sie hat den Mittelwert μ,
- die in Standardabweichungen gemessene Streuung der Stichprobenverteilung wird als Standardfehler des Mittelwerts bezeichnet.

Der Standardfehler definiert also die Standardabweichung aller Stichprobenmittelwerte vom vermuteten Mittelwert der Grundgesamtheit. Ist die Streuung verschiedener Stichprobenmittelwerte annähernd 0, ist auch der Standardfehler etwa 0. Ist die Streuung jedoch groß, wird der Standardfehler auch eher groß ausfallen. Mit größerem Stichprobenumfang verringert sich auch der Standardfehler.

Die Gleichung zur Berechnung des Standardfehlers eines prognostizierten y-Werts lautet:

$$\sqrt{\left(\frac{1}{n-2}\right)\left[\sum\left(y-\bar{y}\right)^2-\frac{\left[\sum\left(x-\bar{x}\right)\left(y-\bar{y}\right)\right]^2}{\sum\left(x-\bar{x}\right)^2}\right]}$$

Dabei sind x und y die Stichprobenmittelwerte MITTELWERT(*X_Werte*) und MITTELWERT(*Y_Werte*) und ist n der Stichprobenumfang.

Praxiseinsatz

Wir möchten Ihnen die Funktion STFEHLERYX() anhand unseres Softwareunternehmens verdeutlichen. Es verkauft auf der firmeneigenen Website alle vom Unternehmen angebotenen Produkte.

Das Unternehmen besteht seit zehn Jahren. Obwohl die Webseite und auch die Möglichkeit der Online-Bestellungen bereits seit Anfang an zur Verfügung stehen, werden erst seit acht Jahren die Webseitenzugriffe zahlenmäßig festgehalten. Die Online-Bestellungen hingegen wurden seither noch nicht in einer separaten Datenbank erfasst.

Der Marketingleiter des Unternehmens hat die Zahlen der letzten 2,5 Jahre vorliegen und möchte diese nun näher analysieren. Dafür hat er die Anzahl der Webseitenzugriffe pro Monat sowie die geschätzten Online-Bestellungen pro Monat in Excel erfasst.

Die Online-Bestellungen sind von den Webseitenzugriffen abhängig. Das heißt je mehr Webseitenzugriffe, desto mehr Online-Bestellungen. Auch den Mittelwert für beide Komponenten hat der Marketingleiter bereits errechnet. Für den abhängigen Bereich Online-Bestellungen (*y*-Werte) ergibt sich ein Mittelwert von 1.121 Online-Bestellungen im Zeitraum von Juli 2007 bis Juni 2008. Vergleichen Sie dazu den Ausschnitt aus der Aufstellung in Abbildung 11.128.

	B	C	D
8	Monat	Webzugriffe	Bestellungen
26	Juni 2007	18.234	1.485
27	Juli 2007	18.769	1.367
28	August 2007	19.736	1.138
29	September 2007	20.333	1.352
30	Oktober 2007	20.987	1.343
31	November 2007	21.323	1.430
32	Dezember 2007	21.999	1.375
33	Januar 2008	22.786	1.421
34	Februar 2008	23.784	1.508
35	März 2008	24.574	1.876
36	April 2008	25.111	1.948
37	Mai 2008	25.789	2.094
38	Juni 2008	26.948	2.134
39	**Mittelwert**	**15.427**	**1.121**

Abbildung 11.128: Der berechnete Mittelwert für die Webseitenzugriffe und die Online-Bestellungen

Nun möchte der Marketingleiter wissen, wie »realitätsnah« der berechnete Mittelwert der Stichprobe für die prognostizierten Online-Bestellungen ist. Die Frage, die er sich stellt, lautet demnach: Wie hoch ist der Standardfehler der geschätzten Online-Bestellungen für alle Webzugriffe? Hierzu verwendet er die Funktion STFEHLERYX().

Das Ergebnis der Berechnung sehen Sie in Abbildung 11.129.

C40 *fx* =STFEHLERYX(D9:D38;C9:C38)

	B	C	D
7		Unabhängig = x-Wert	Abhängig = y-Wert
8	Monat	Webzugriffe	Bestellungen
9	Januar 2006	236	20
10	Februar 2006	1.221	387
11	März 2006	1.563	456
12	April 2006	2.682	544
13	Mai 2006	4.569	349
14	Juni 2006	6.848	854
15	Juli 2006	8.463	427
16	August 2006	10.157	337
17	September 2006	11.837	899
18	Oktober 2006	12.987	1.011
19	November 2006	13.739	720
20	Dezember 2006	14.376	1.069
21	Januar 2007	15.739	1.070
22	Februar 2007	16.123	967
23	März 2007	16.548	1.401
24	April 2007	17.352	1.076
25	Mai 2007	17.986	1.563
26	Juni 2007	18.234	1.485
27	Juli 2007	18.769	1.367
28	August 2007	19.736	1.138
29	September 2007	20.333	1.352
30	Oktober 2007	20.987	1.343
31	November 2007	21.323	1.430
32	Dezember 2007	21.999	1.375
33	Januar 2008	22.786	1.421
34	Februar 2008	23.784	1.508
35	März 2008	24.574	1.876
36	April 2008	25.111	1.948
37	Mai 2008	25.789	2.094
38	Juni 2008	26.948	2.134
39	**Mittelwert**	**15.427**	**1.121**
40	**Standardfehler**	210,07	

Abbildung 11.129: *STFEHLERYX()* liefert den Standardfehler für die den *x*-Werten zugeordneten *y*-Werte

Wie Sie in der Abbildung 11.129 sehen können, ergibt sich ein Standardfehler von 210,07.

Aussagen

Welche Aussagen können auf Basis dieses Ergebnisses getroffen werden?

- Das Ergebnis von 210,07 sagt aus, dass der errechnete Stichprobenmittelwert der geschätzten Online-Bestellungen für alle Webzugriffe um 210 Bestellungen um den wahren Mittelwert – also dem Mittelwert aus der Grundgesamtheit der Online-Bestellungen – streut

Das Ergebnis von 210,07 ist demnach die Größe für den Fehler bei der Prognose der Online-Bestellungen in Abhängigkeit von den Webseitenzugriffen.

Siehe auch

ACHSENABSCHNITT(), BESTIMMTHEITSMASS(), PEARSON(), RGP(), RKP(), STEIGUNG()

CD-ROM

Dieses Beispiel finden Sie auf der CD-ROM zum Buch im Ordner *\Buch\Kap11* in den Arbeitsmappen *Wahrscheinlichkeit.xls* (Excel 97-2003) bzw. *Wahrscheinlichkeit.xlsx* (Excel 2007/2010) auf dem Arbeitsblatt *Stfehleryx*.

SUMQUADABW() DEVSQ()

Syntax

SUMQUADABW(***Zahl1***;*Zahl2*;...)

Definition

Die Funktion SUMQUADABW() gibt die Summe der quadrierten Abweichungen von Datenpunkten, berechnet auf Basis einer Stichprobe und bezogen auf deren Mittelwert, zurück.

Argumente

Zahl1 (erforderlich); *Zahl2* (optional); ... sind 1 bis 255 Argumente (30 bis Excel 2003), deren quadratische Abweichungen Sie summieren möchten. Anstelle von durch Semikola getrennten Argumenten können Sie auch eine einzeilige oder einspaltige Matrix oder einen Bezug auf eine solche Matrix verwenden.

Hinweis

Zulässige Argumente sind Zahlen, Namen von Matrizen oder auch Bezüge zu Zellen, die Zahlen enthalten.

Enthält ein als Matrix oder Bezug angegebenes Argument Text, Wahrheitswerte oder leere Zellen, werden diese Werte ignoriert. Zellen, die den Wert 0 enthalten, werden dagegen berücksichtigt.

Hintergrund

Generell kann man Zusammenhänge zwischen zwei Variablen durch Koeffizienten beschreiben. Mit der Regressionsrechnung können für intervallskalierte Variablen darüber hinaus Modelle geschätzt werden. Ein Modell ist der (mathematisch) formalisierte Kern einer Theorie. Modelle ermöglichen es, die abhängige Variable durch die unabhängige Variable vorherzusagen. Auf diese Weise können z.B. lineare Zusammenhänge aufgezeigt werden. Das heißt: je mehr *x*, desto mehr (oder weniger) *y*. Zusätzlich kann die Beziehung *x* zu *y* durch eine einfache Gerade veranschaulicht werden. Ebenso sind natürlich auch kompliziertere Modelle denkbar.

Die Qualität der Regression wird in der Regel durch *r2* beschrieben.

Hinweis

Mehr Informationen zu *r2*, also dem Bestimmtheitsmaß, finden Sie auf Seite 384 dieses Buchs.

Im Bezug auf die Qualität der Regression ist der beste *y*-Prognosewert für einen beliebigen Fall, ohne weitere Zusatzinformation, der Durchschnitt (quadrierte Abweichungen minimal). Die Abweichung vom Durchschnitt wird auch als Vorhersagefehler bezeichnet. Zur Berechnung der Abweichung vom Durchschnitt können Sie z.B. die Funktion VAR.S() verwenden (siehe Seite 561).

Die Funktion SUMQUADABW() ist eine spezielle Funktion für die Regressionsrechnung – sie berechnet die Summe der quadrierten Abweichungen von deren Stichprobenmittelwert und lässt so weitere Aussagen über die betrachteten Werte zu.

Die Gleichung für die Summe der quadratischen Abweichungen lautet:

$$SUMQUADABW = \sum \left(x - \overline{x} \right)^2$$

Praxiseinsatz Sie sind immer noch mit der Analyse Ihrer Webseite beschäftigt und wollen weitere Aussagen über den Zusammenhang zwischen den Webseitenzugriffen und den Online-Bestellungen treffen. Sie beschäftigen sich jetzt intensiv mit den Webseitenzugriffen – das heißt mit der unabhängigen Variablen *y*. Sie wollen wissen, wie hoch die Summe der quadrierten Abweichungen von deren Stichprobenmittelwert ist, und bedienen sich der Funktion SUMQUADABW().

Die folgende Abbildung 11.130 zeigt die Lösung:

C28 | fx =SUMQUADABW(C10:C27)

	B	C
8		Unabhängige Variable
9	Monat	Webseitenzugriff
10	Januar 2007	236
11	Februar 2007	11593
12	März 2007	18491
13	April 2007	11743
14	Mai 2007	11452
15	Juni 2007	26651
16	Juli 2007	16287
17	August 2007	17750
18	September 2007	19985
19	Oktober 2007	17285
20	November 2007	30369
21	Dezember 2007	19674
22	Januar 2008	28464
23	Februar 2008	25000
24	März 2008	24574
25	April 2008	23141
26	Mai 2008	17700
27	Juni 2008	3702
28	Sumquadabw	1109624270

Abbildung 11.130: Die Summe der quadrierten Abweichungen von deren Stichprobenmittelwert

Im Bereich der Webseitenzugriffe liefert die Funktion SUMQUADABW() den Wert 1.109.624.270. Dieser Wert entspricht der Summe der quadrierten Abweichungen von deren Stichprobenmittelwert.

Siehe auch MITTELABW(), STABW.S(), STDABWN(), VAR.S(), VAR.P()

CD-ROM Dieses Beispiel finden Sie auf der CD-ROM zum Buch im Ordner *\Buch\Kap11* in den Arbeitsmappen *Regression.xls* (Excel 97-2003) bzw. *Regression.xlsx* (Excel 2007/2010) auf dem Arbeitsblatt *Sumquadabw*.

T.INV.2S() / TINV()   T.INV.2T() / TINV()

Hinweis

Die Funktion TINV() wird in Microsoft Excel 2010 durch die Funktion T.INV.2S() ersetzt und zusätzlich durch die Funktion T.INV() ergänzt. Damit wird das Ergebnis bzw. die Genauigkeit der Funktionen erhöht. Um die Abwärtskompatibilität von T.INV.2S() zu sichern, ist die Funktion TINV() weiter unter ihrem alten Namen verfügbar.

Syntax

T.INV.2S(***Wahrsch;Freiheitsgrade***)

Definition

Die Funktion T.INV.2S() gibt den t-Wert der t-Verteilung als eine Funktion der Wahrscheinlichkeit und der Freiheitsgrade zurück.

Argumente

Wahrsch (erforderlich) ist die zur t-Verteilung gehörige Wahrscheinlichkeit (zweiseitig).

Freiheitsgrade (erforderlich) ist die Anzahl der Freiheitsgrade, durch die die Verteilung gekennzeichnet ist.

Hinweis

Ist eines der beiden Argumente kein numerischer Ausdruck, gibt die Funktion T.INV.2S() den Fehlerwert *#WERT!* zurück.

Ist *Wahrsch* kleiner 0 oder ist *Wahrsch* größer 1, gibt T.INV.2S() den Fehlerwert *#ZAHL!* zurück.

Ist *Freiheitsgrade* keine ganze Zahl, wird der Dezimalanteil abgeschnitten.

Ist *Freiheitsgrade* kleiner 1, gibt T.INV.2S() den Fehlerwert *#ZAHL!* zurück.

T.INV.2S() gibt den Wert *t* zurück, für den gilt: $P(|X| > t) = Wahrsch$. Dabei ist *X* eine t-verteilte Zufallsvariable und $P(|X| > t) = P(X < -t \text{ oder } X > t)$.

Ein Quantil der t-Verteilung ist als der t-Wert eines einseitigen Konfidenzintervalls interpretierbar. Aufgrund der Symmetrie der t-Verteilung kann der t-Wert für ein einseitiges Konfidenzintervall durch Ersetzen des Arguments *Wahrsch* durch *2*Wahrsch* ermittelt werden.

Für eine Wahrscheinlichkeit von 0,05 und 10 Freiheitsgraden wird der t-Wert für ein beidseitiges Konfidenzintervall mit `=T.INV.2S()(0,05;10)` berechnet. Das Ergebnis ist 2,28139.

Der t-Wert für ein einseitiges Konfidenzintervall für die gleiche Wahrscheinlichkeit und die gleiche Anzahl Freiheitsgrade kann mit `=T.INV.2S() (2*0,05;10)` berechnet werden. Das Ergebnis lautet dann 1,812462.

Bei gegebenem Wert für das Argument *Wahrsch* sucht die Funktion T.INV.2S() den Wert *x* so, dass *T.VERT.2S(x;Freiheitsgrade;2) = Wahrsch* gilt. Daher hängt die Genauigkeit von T.INV.2S() von der Genauigkeit von T.VERT.2S() ab. T.INV.2S() geht bei der Suche iterativ vor. Hat die Suche nach 100 Iterationsschritten noch nicht konvergiert, gibt die Funktion den Fehlerwert *#NV* zurück.

Hintergrund

Der t-Wert, der durch die Funktion T.INV.2S() zurückgegeben wird, wird auch als »kritischer Wert« bezeichnet und stellt somit eine Prüfgröße für die aufgestellten Hypothesen dar.

Auf Basis dieser Prüfgröße können anschließend weitere Tests – z.B. mit der Funktion T.VERT.2S() – durchgeführt werden, um Aussagen über die Gültigkeit der Nullhypothese zu treffen.

Die Argumente der Funktion sind die Wahrscheinlichkeit und die Anzahl der Freiheitsgrade. Das Argument *Wahrsch* stellt das Signifikanzniveau *a* dar, dass unter anderem durch die Funktion T.VERT.2S() berechnet werden kann. Beim einseitigen t-Test wird dieses verdoppelt. Die Anzahl der Freiheitsgrade berechnet sich nach der Summe der beiden Stichprobenumfänge vermindert um 2.

Hinweis Mehr Informationen zur Funktion T.VERT.2S() und den t-Tests finden Sie auf der Seite 558 bzw. 552.

Praxiseinsatz Im Rahmen einer medizinischen Studie wird die Verträglichkeit eines Medikamentes untersucht. Dazu werden die Testpersonen in zwei Gruppen eingeteilt: Eine Gruppe nimmt die normale Tagesdosis, die andere Gruppe nimmt einmalig zu Beginn eine erhöhte Dosis. Aus privaten Gründen muss eine Testperson den Test frühzeitig abbrechen.

Das Ziel ist es, zu prüfen, ob die erhöhte Dosis den Heilungsprozess beschleunigen kann. Dazu wird die gesamte Behandlungsdauer in Tagen ermittelt.

Die Nullhypothese besagt, dass es *keinen* Unterschied in beiden Gruppen bezüglich des Behandlungserfolgs gibt. Die Gegenhypothese besagt, dass Gruppe 2 schneller wieder gesund ist, da die Behandlungsmethode erfolgreicher als die herkömmliche ist.

Es wird ein *einseitiger t-Test* mit dem *Typ 2*, also dem Mittelwertvergleich von zwei unabhängigen Stichproben, und einem Signifikanzniveau von 0,05 verwendet. Sie wollen nun den kritischen Wert des Stichprobenumfangs über die Funktion T.INV.2S() berechnen. Die Berechnung von T.INV.2S() zeigt die nachfolgende Abbildung 11.131.

	B	C	D	E	F	G
7	Gruppe 1 x_1	Gruppe 2 x_2		Berechnete/gegebene Werte	Wert	
8	7	2		Beob. Mittelwert X_1' =	6,60	=SUMME(B8:B17)/ANZAHL(B8:B17)
9	8	4		Beob. Mittelwert X_2' =	4,33	=SUMME(C8:C17)/ANZAHL(C8:C17)
10	8	3		Signifikanzniveau α=	0,050000001	= gegeben
11	9	5		Stichprobenumfang N_1=	10	=ANZAHL(B8:B17)
12	6	2		Stichprobenumfang N_2=	9	=ANZAHL(C8:C17)
13	8	9		Freiheitsgrade = N_1+N_2-2 =	17	=F11+F12-2
14	4	5		Prüfgröße t	2,39049197	= festgelegt
15	7	6		Kritische Wert	GESUCHT	
16	6	3				
17	3					
18						
24						
25	Ergebnis für T.INV.2S					
	1,739606716	=T.INV.2S(F10*2;F13)				

Abbildung 11.131: T.INV.2S() liefert den t-Wert – auch kritischer Wert genannt

Der t-Wert für die Anzahl der untersuchten Stichproben auf Basis einer bestimmten Wahrscheinlichkeit beträgt 1,7396. Dieser kritische Wert ist eine Prüfgröße und dient weiteren Untersuchungen bezüglich der Nullhypothese.

Hinweis Der t-Wert kann auch aus einer t-Tabelle in Statistikbüchern abgelesen werden.

Siehe auch T.TEST(), T.VERT.2S()

CD-ROM Dieses Beispiel finden Sie auf der CD-ROM zum Buch im Ordner *\Buch\Kap11* in den Arbeitsmappen *Wahrscheinlichkeit.xls* (Excel 97-2003) auf dem Arbeitsblatt *Tinv* bzw. *Wahrscheinlichkeit.xlsx* (Excel 2007/2010) auf dem Arbeitsblatt *T.inv.2s*.

T.INV() — T.INV()

Syntax T.INV(***Wahrsch;Freiheitsgrade***)

Definition Die Funktion T.INV() gibt linksseitige Quantile der (Student) t-Verteilung zurück.

Argumente ***Wahrsch*** (erforderlich) ist die zur t-Verteilung gehörige Wahrscheinlichkeit (zweiseitig).

Freiheitsgrade (erforderlich) ist die Anzahl der Freiheitsgrade, durch die die Verteilung gekennzeichnet ist.

Hinweis

Ist eines der Argumente kein numerischer Ausdruck, gibt T.INV() den Fehlerwert *#WERT!* zurück.

Ist *Wahrsch* <= 0 oder ist *Wahrsch* >1, gibt T.INV() den Fehlerwert *#ZAHL!* zurück.

Ist *Freiheitsgrade* keine ganze Zahl, werden die Nachkommastellen abgeschnitten.

Ist *Freiheitsgrade* < 1, gibt T.INV() den Fehlerwert *#ZAHL!* zurück.

Hintergrund

Hintergrund zum t-Wert bzw. zum kritischen Wert sowie zum t-Test lesen Sie im Zusammenhang mit der Funktion T.INV.2S() auf Seite 545 und auf Seite 552.

Praxiseinsatz

Mehr zum Einsatz der Funktion erfahren Sie mithilfe des Praxiseinsatzes der Funktion T.INV.2S() auf Seite 545.

Siehe auch

T.TEST(), T.VERT.2S()

CD-ROM

Dieses Beispiel finden Sie auf der CD-ROM zum Buch im Ordner *\Buch\Kap11* in der Arbeitsmappe *Wahrscheinlichkeit.xlsx* (Excel 2007/2010) auf dem Arbeitsblatt *T.inv*.

TREND() TREND()

Syntax

TREND(***Y_Werte***;*X_Werte*;*Neue_X_Werte*;*Konstante*)

Definition

Die Funktion TREND() liefert Werte, die sich aus einem linearen Trend ergeben. Diese Funktion passt den als Matrizen *Y_Werte* und *X_Werte* übergebenen Werten eine Gerade an (nach der Methode der kleinsten Quadrate). Als Ergebnis liefert die Funktion die auf der Geraden liegenden y-Werte, die zu den in *Neue_X_Werte* angegebenen x-Werten gehören.

Argumente

Y_Werte (erforderlich) sind die y-Werte, die Ihnen bereits aus der Beziehung $y = mx + b$ bekannt sind.

- Besteht die Matrix *Y_Werte* aus nur einer Spalte, wird jede Spalte der Matrix *X_Werte* als eigenständige Variable interpretiert
- Besteht die Matrix *Y_Werte* aus nur einer Zeile, wird jede Zeile der Matrix *X_Werte* als eigenständige Variable interpretiert

X_Werte (optional) sind x-Werte, die Ihnen möglicherweise bereits aus der Beziehung $y = mx + b$ bekannt sind.

- Die Matrix *X_Werte* kann eine oder mehrere Variablengruppen umfassen. Wird nur eine Variable verwendet, können *Y_Werte* und *X_Werte* Bereiche beliebiger Form sein, solange sie dieselben Dimensionen haben. Werden mehrere Variablen verwendet, muss *Y_Werte* ein Vektor sein, das heißt ein Bereich, der aus nur einer Zeile oder nur einer Spalte besteht.
- Fehlt die Matrix *X_Werte*, wird an ihrer Stelle die Matrix *{1;2;3;...}* angenommen, die genauso viele Elemente wie *Y_Werte* enthält
- Die Argumente *Y_Werte* und *X_Werte* sind auch bei dieser Funktion Matrizen, die jeweils die gleiche Anzahl an Zeilen (Spalten) haben müssen. Ist dies nicht der Fall, erhalten Sie den Fehlerwert *#BEZUG!*. Ist einer der y-Werte gleich Null oder negativ, erhalten Sie den Fehlerwert *#ZAHL!*.

Neue_X_Werte (optional) sind die neuen *x*-Werte, für die die Funktion TREND() die zugehörigen *y*-Werte liefern soll.

- Analog zur Matrix *X_Werte* muss auch *Neue_X_Werte* für jede unabhängige Variable eine eigene Spalte (oder Zeile) bereitstellen. Daher müssen die Matrizen *X_Werte* und *Neue_X_Werte* gleich viele Spalten haben, wenn *Y_Werte* sich in einer einzelnen Spalte befindet. Befindet sich *Y_Werte* in einer einzelnen Zeile, müssen die Matrizen *X_Werte* und *Neue_X_Werte* gleich viele Zeilen haben.
- Fehlt die Matrix *Neue_X_Werte*, wird angenommen, dass sie mit der Matrix *X_Werte* identisch ist
- Fehlt sowohl die Matrix *X_Werte* als auch die Matrix *Neue_X_Werte*, werden diese als die Matrix *{1;2;3;...}* angenommen, die genauso viele Elemente wie die Matrix *Y_Werte* enthält

Konstante (optional) ist ein Wahrheitswert, der angibt, ob die Konstante *b* den Wert 0 annehmen soll.

- Ist *Konstante* mit *WAHR* belegt oder nicht angegeben, wird *b* normal berechnet
- Ist *Konstante* mit *FALSCH* belegt, wird *b* gleich 0 (Null) gesetzt und *m* so angepasst, dass $y = mx$ gilt

Hinweis Sie können TREND() zur Anpassung von Polynomen verwenden, indem Sie eine lineare Regression bezüglich Potenzen einer Variablen durchführen. Nehmen wir beispielsweise an, die Spalte *A* enthält *y*-Werte und die Spalte *B* enthält *x*-Werte. Sie könnten *x2* in Spalte *C*, *x3* in Spalte *D* eingeben usw. und anschließend eine Regression für die Spalten *B:D* gegen die Spalte *A* durchführen.

Formeln, die als Ergebnis eine Matrix liefern, müssen als Matrixformeln eingegeben werden.

Wird anstelle eines Arguments (z.B. *X_Werte*) eine Matrixkonstante eingegeben, müssen Sie das Semikolon verwenden, um die zu einer Zeile gehörenden Werte voneinander zu trennen, und Punkte, um die Zeilen selbst voneinander zu trennen.

Hintergrund Wenn bekannt ist, dass verschiedene Werte voneinander abhängig sind, kann man aus den bekannten Werten auf die Zukunft schließen.

In Excel gibt es eine Reihe statistischer Funktionen, die für die Berechnung eines Trends verwendet werden können. Die statistischen Funktionen berechnen auf der Grundlage von bekannten Werten eine Gerade bzw. Kurve. Wenn Sie die Zeitachse verlängern, können Sie künftige Werte ablesen. Es wird also versucht, die bekannten Werte zu analysieren und mit einer Formel zu beschreiben, die eine Fortschreibung der Werte erlaubt. Vorausgesetzt wird dabei jedoch, dass die Datenreihe lang genug ist, um beispielsweise saisonale Schwankungen ausgleichen zu können.

Auch sonstige Einflüsse, die nicht vorhersehbar sind, aber auf die Entwicklung einen starken Einfluss haben, könnten unter Umständen, trotz tatkräftiger Unterstützung Ihres Rechners, Probleme bereiten.

Zum Beispiel, wenn ein Mitbewerber mit einem neuen Produkt und riesigem Werbeetat ausgerechnet in Ihrer Region Traumumsätze erzielt. Da die Regressionsanalyse davon ausgeht, dass die Daten über eine mathematische Funktion angenähert werden können, bietet Excel mehrere derartige Funktionen an, unter anderem die Funktion TREND().

Diese Funktion verwenden Sie, um einen linearen Trend zu berechnen. Mit der Funktion TREND() können Sie bekannte Werte analysieren. Hierbei werden diese Werte in einer Formel fortgeschrieben und erlauben so Aussagen über zukünftige Entwicklungen.

Die *Y_Werte* und *X_Werte* sind die bereits bekannten Werte aus der Beziehung $y = mx + b$ mit dem Achsenabschnitt b, der uns den Schnittpunkt der Geraden mit der Y-Achse angibt, und Steigung m, die uns zeigt, um wie viel ein y-Wert sich bei einer Einheit der x-Wert verändert.

Wenn sich also eine Zahlenreihe immer konstant um einen bestimmten Wert ändert, liegt ein linearer Trend vor.

Praxiseinsatz

Als Marketingleiter eines Softwareunternehmens sind Sie dabei, die firmeneigene Webseite zu analysieren. Die Zugriffe auf die Webseite sowie die Online-Bestellungen sind in der vergangenen Zeit merklich angestiegen.

Da Sie wissen möchten, wie sich beide Komponenten in der Zukunft entwickeln werden, wollen Sie mithilfe der Funktion TREND() die zukünftigen Werte berechnen, um so auf die geschätzte Anzahl der Webseitenzugriffe und der Onlinebestellungen schließen zu können.

Bis Juni 2008 stellen sich die Webseitenzugriffe und Bestellungen wie in Abbildung 11.132 dar.

	B	C	D
8	Monat	Webzugriffe	Bestellungen
9	Januar 2006	236	6
10	Februar 2006	1.221	17
11	März 2006	6.195	456
12	April 2006	2.682	544
13	Mai 2006	4.569	349
14	Juni 2006	12.229	854
15	Juli 2006	12.564	427
16	August 2006	10.157	337
17	September 2006	15.160	899
18	Oktober 2006	10.716	1.011
19	November 2006	9.844	720
20	Dezember 2006	11.975	1.069
21	Januar 2007	24.695	1.070
22	Februar 2007	11.593	498
23	März 2007	18.491	1.401
24	April 2007	11.743	1.076
25	Mai 2007	11.452	1.563
26	Juni 2007	26.651	1.790
27	Juli 2007	16.287	1.367
28	August 2007	17.750	1.138
29	September 2007	19.985	1.352
30	Oktober 2007	17.285	1.343
31	November 2007	30.369	1.430
32	Dezember 2007	19.674	1.140
33	Januar 2008	28.464	1.421
34	Februar 2008	25.000	1.508
35	März 2008	24.574	2.137
36	April 2008	23.141	1.948
37	Mai 2008	17.700	1.521
38	Juni 2008	22.456	1.304
39	Juli 2008		
40	August 2008		
41	September 2008		
42	Oktober 2008		
43	November 2008		
44	Dezember 2008		
45	Januar 2009		
46	Februar 2009		
47	März 2009		

Abbildung 11.132: Übersicht über Webseitenzugriffe und Onlinebestellungen bis Juni 2008

Sie erstellen aus den bisher generierten Werten ein Diagramm, um zu sehen, wie sich ein linearer Trend sowohl für den Bereich Webseitenzugriff als auch für den Bereich Bestellung darstellt – inklusive der jeweiligen Gleichung und dem berechneten Wert für *r2* (siehe Abbildung 11.133).

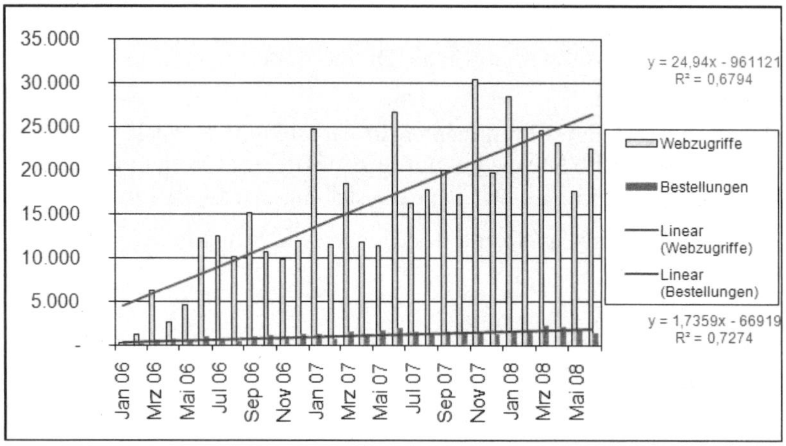

Abbildung 11.133: Die Darstellung der Webseitenzugriffe und Onlinebestellungen in Diagrammform

Betrachtet man die lineare Trendlinie und die dazugehörige Funktion der Bestellungen näher, so kann man die Aussage treffen, dass die Bestellungen pro Monat um 52,872 steigen. Das heißt, jeden Monat kommen ca. 53 Bestellungen hinzu.

Nun wollen Sie aber wissen, wie sich sowohl die Webseitenzugriffe als auch die Onlinebestellungen von Juli 2008 bis März 2009 weiterentwickeln werden (siehe Abbildung 11.134).

Verwenden Sie die Funktion TREND(), haben Sie zur Berechnung der Webseitenzugriffe für die kommenden neun Monate folgende Argumente zur Verfügung:

- *Y_Werte* = Webseitenzugriffe von Januar 2006 bis Juni 2008
- *X_Werte* = Monate (Januar 2006 bis Juni 2008)
- *Neue_X_Werte* = Monate von Juli 2008 bis März 2009
- *Konstante* = *WAHR*, das heißt die Konstante b der Gleichung $y = mx + b$ wird normal berechnet

Das Ergebnis stellt sich wie in Abbildung 11.134 dar:

Hinweis Denken Sie bei der Berechnung der gesuchten Zukunftswerte mit der Funktion TREND() für den Bereich *C39:C47* daran (Abbildung 11.134), dass es sich hier um eine Matrixfunktion handelt. Das heißt, die Funktion liefert sofort für alle Monate das gewünschte Ergebnis. Deshalb müssen Sie den gesamten Bereich von *C39:C47* markieren, die Formel eingeben und die Eingabe mit der Tastenkombination `Strg`+`⇧`+`↵` beenden.

Sie erkennen Matrixfunktionen an den geschweiften Klammern (siehe die Formel in der Bearbeitungsleiste von Abbildung 11.134).

C39 | {=TREND(C9:C38;B9:B38;B39:B47;WAHR)}

	B	C	D
8	Monat	Webzugriffe	Bestellungen
9	Januar 2006	236	6
10	Februar 2006	1.221	17
11	März 2006	6.195	456
12	April 2006	2.682	544
13	Mai 2006	4.569	349
14	Juni 2006	12.229	854
15	Juli 2006	12.564	427
16	August 2006	10.157	337
17	September 2006	15.160	899
18	Oktober 2006	10.716	1.011
19	November 2006	9.844	720
20	Dezember 2006	11.975	1.069
21	Januar 2007	24.695	1.070
22	Februar 2007	11.593	498
23	März 2007	18.491	1.401
24	April 2007	11.743	1.076
25	Mai 2007	11.452	1.563
26	Juni 2007	26.651	1.790
27	Juli 2007	16.287	1.367
28	August 2007	17.750	1.138
29	September 2007	19.985	1.352
30	Oktober 2007	17.285	1.343
31	November 2007	30.369	1.430
32	Dezember 2007	19.674	1.140
33	Januar 2008	28.464	1.421
34	Februar 2008	25.000	1.508
35	März 2008	24.574	2.137
36	April 2008	23.141	1.948
37	Mai 2008	17.700	1.521
38	Juni 2008	22.456	1.304
39	Juli 2008	27.258	
40	August 2008	28.031	
41	September 2008	28.804	
42	Oktober 2008	29.552	
43	November 2008	30.326	
44	Dezember 2008	31.074	
45	Januar 2009	31.847	
46	Februar 2009	32.620	
47	März 2009	33.318	

Abbildung 11.134: Die Berechnung der zukünftigen Webseitenzugriffe mithilfe der Funktion *TREND()*

Nach dem gleichen Verfahren berechnen Sie nun noch, abhängig von den soeben errechneten Trendwerten für die Webseitenzugriffe, die zukünftigen Werte für den Bereich *Bestellungen*.

Das Ergebnis und die Eingabe der Argumente in die Funktion TREND() entnehmen Sie bitte der Abbildung 11.135.

Excel ermöglicht Ihnen mit der Funktion TREND() nun eine recht gute Entwicklungsprognose für die Bereiche *Webseitenzugriffe* und *Bestellungen*. Voraussetzung ist selbstverständlich, der bisherige Trend hält an.

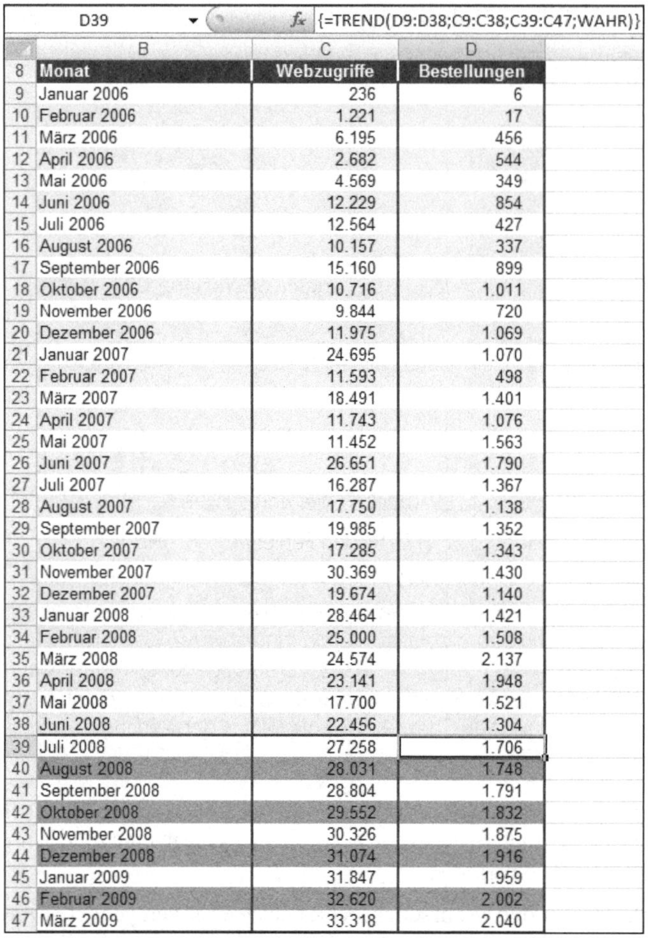

D39 {=TREND(D9:D38;C9:C38;C39:C47;WAHR)}

	B	C	D
8	Monat	Webzugriffe	Bestellungen
9	Januar 2006	236	6
10	Februar 2006	1.221	17
11	März 2006	6.195	456
12	April 2006	2.682	544
13	Mai 2006	4.569	349
14	Juni 2006	12.229	854
15	Juli 2006	12.564	427
16	August 2006	10.157	337
17	September 2006	15.160	899
18	Oktober 2006	10.716	1.011
19	November 2006	9.844	720
20	Dezember 2006	11.975	1.069
21	Januar 2007	24.695	1.070
22	Februar 2007	11.593	498
23	März 2007	18.491	1.401
24	April 2007	11.743	1.076
25	Mai 2007	11.452	1.563
26	Juni 2007	26.651	1.790
27	Juli 2007	16.287	1.367
28	August 2007	17.750	1.138
29	September 2007	19.985	1.352
30	Oktober 2007	17.285	1.343
31	November 2007	30.369	1.430
32	Dezember 2007	19.674	1.140
33	Januar 2008	28.464	1.421
34	Februar 2008	25.000	1.508
35	März 2008	24.574	2.137
36	April 2008	23.141	1.948
37	Mai 2008	17.700	1.521
38	Juni 2008	22.456	1.304
39	Juli 2008	27.258	1.706
40	August 2008	28.031	1.748
41	September 2008	28.804	1.791
42	Oktober 2008	29.552	1.832
43	November 2008	30.326	1.875
44	Dezember 2008	31.074	1.916
45	Januar 2009	31.847	1.959
46	Februar 2009	32.620	2.002
47	März 2009	33.318	2.040

Abbildung 11.135: Die Berechnung der Trendwerte für den Bereich *Bestellungen*

Siehe auch RGP(), RKP(), VARIATION(), SCHÄTZER()

CD-ROM Dieses Beispiel finden Sie auf der CD-ROM zum Buch im Ordner *\Buch\Kap11* in den Arbeitsmappen *Regression.xls* (Excel 97-2003) bzw. *Regression.xlsx* (Excel 2007/2010) auf dem Arbeitsblatt *Trend.*

T.TEST() / TTEST()

T.TEST() / TTEST()

Syntax T.TEST(*Matrix1*;*Matrix2*;*Seiten*;*Typ*)

Definition Die Funktion T.TEST() gibt die Teststatistik eines Studentschen t-Tests zurück. Mithilfe von T.TEST() können Sie testen, ob zwei Stichproben aus zwei Grundgesamtheiten mit demselben Mittelwert stammen.

Argumente *Matrix1* (erforderlich) ist die erste Datengruppe.

Matrix2 (erforderlich) ist die zweite Datengruppe.

Seiten (erforderlich) bestimmt die Anzahl der Endflächen (Schwänze). Ist *Seiten = 1*, verwendet T.TEST() eine Endfläche (einseitiger Test). Ist *Seiten = 2*, verwendet T.TEST() zwei Endflächen (zweiseitiger Test).

Typ (erforderlich) bestimmt den Typ des durchzuführenden t-Tests.

- Ist der Typ gleich »1«, wird der Test »gepaart« ausgeführt
- Ist der Typ gleich »2«, wird der Test » Zwei Stichproben, gleiche Varianz (homoskedastisch)« ausgeführt
- Ist der Typ gleich »3«, wird der Test » Zwei Stichproben, ungleiche Varianz (heteroskedastisch)« ausgeführt

Hinweis

Enthalten *Matrix1* und *Matrix2* unterschiedlich viele Datenpunkte und ist *Typ = 1* (gepaart), gibt TTEST() den Fehlerwert *#NV* zurück.

Die Argumente *Seiten* und *Typ* werden durch Abschneiden ihrer Nachkommastellen zu ganzen Zahlen gekürzt.

Ist *Seiten* oder *Typ* kein numerischer Ausdruck, gibt T.TEST() den Fehlerwert *#WERT!* zurück.

Ist *Seiten* mit einem Wert ungleich 1 oder 2 belegt, gibt T.TEST() den Fehlerwert *#ZAHL!* zurück.

Die Funktion T.TEST() verwendet die Daten aus *Matrix1* und *Matrix2*, um eine nicht negative t-Kenngröße zu berechnen. Wenn *Seiten = 1* ist, gibt T.TEST() die Wahrscheinlichkeit zurück, die es für einen größeren Wert der t-Kenngröße unter der Annahme gibt, dass *Matrix1* und *Matrix2* »Stichproben aus Grundgesamtheiten mit demselben Mittelwert« sind. Der von T.TEST() zurückgegebene Wert ist, wenn *Seiten=2* ist, doppelt so groß wie der Wert, der zurückgegeben wird, wenn *Seiten = 1* ist, und entspricht der Wahrscheinlichkeit eines größeren absoluten Werts der t-Kenngröße unter der Annahme »identische Mittelwerte der Grundgesamtheiten«.

Hintergrund

Die Funktionen der t-Verteilung geben Aufschluss darüber, ob eine oder zwei Stichproben der Normalverteilung entsprechen. So kann beispielsweise getestet werden, ob eine medizinische Behandlungsmethode besser ist als eine andere.

Entwickelt wurde die t-Verteilung, die zu den Wahrscheinlichkeitsverteilungen gehört, 1908 von William Sealey Gosset (Pseudonym Student). Er hatte festgestellt, dass standardisierte normalverteilte Daten nicht mehr normalverteilt sind, wenn die Varianz des Merkmals unbekannt ist und mit der Stichprobenvarianz geschätzt werden muss.

Die t-Verteilung ist vom Mittelwert μ und der Standardabweichung *s* unabhängig und hängt lediglich vom Freiheitsgrad ab.

Hinweis

Die t-Verteilung ist der Standardnormalverteilung sehr ähnlich. Denn wie die Standardnormalverteilung ist auch die t-Verteilung stetig, symmetrisch, glockenförmig und hat einen Variationsbereich von plus/minus unendlich.

Da die Normalverteilung nur für eine große Anzahl an Daten gilt, muss sie in der Regel korrigiert werden. Diese Unsicherheit wird in der t-Verteilung, durch die modifizierte und symmetrische Art der Verteilung berücksichtigt. Liegen hohe Freiheitsgrade vor, geht die t-Verteilung in die Normalverteilung über.

Je weniger Freiheitsgrade vorliegen, desto mehr entfernen sich die Integralgrenzen bei vorgegebener Wahrscheinlichkeit und festgelegter Standardabweichung vom Mittelwert, sodass bei zweiseitigem Test das Intervall breiter als 1,96 (für P = 0,95) wird.

Die t-Verteilung beschreibt die Verteilung eines Ausdrucks

$$t_m = \frac{N(0,1)}{\sqrt{\frac{\chi_m^2}{m}}}$$

wobei *N(0,1)* eine standardnormalverteilte Zufallsvariable bedeutet und eine χ^2-verteilte mit *m* Freiheitsgraden. Die Zählervariable muss unabhängig von der Nennervariablen sein. Die Dichtefunktion der t-Verteilung ist dann symmetrisch bezüglich ihres Erwartungswerts 0.

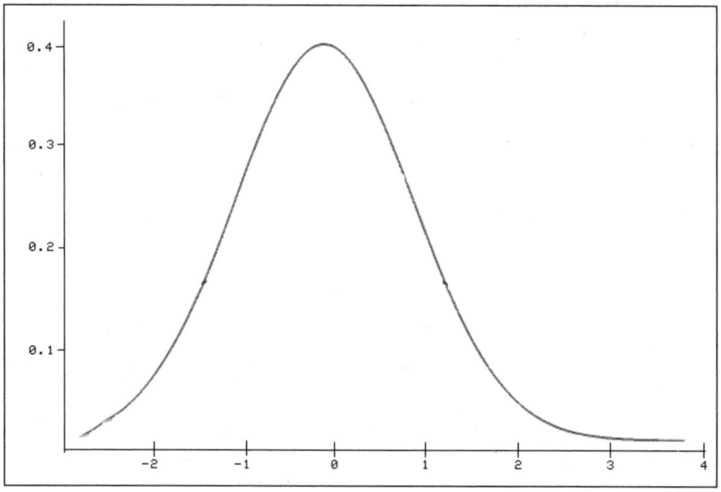

Abbildung 11.136: Dichtefunktion von t-verteilten Zufallsgröße

Der t-Test erlaubt Hypothesen für kleinere Stichproben, wenn die Grundgesamtheit eine Normalverteilung aufweist, ein bestimmter Mittelwert angenommen wird und die Standardabweichung unbekannt ist.

Es gibt drei verschiedene Typen von t-Tests:

1. Vergleich des Mittelwerts aus der Stichprobe mit dem Mittelwert aus der Grundgesamtheit.

   Ein Beispiel hierfür wäre der Vergleich des Durchschnittsalters in München mit dem aus der Population der gesamten Bundesrepublik.

2. Mittelwertvergleich aus unabhängigen Stichproben.

   Als Beispiel kann man hier den Vergleich des durchschnittlichen Einkommens von Männern und Frauen in München nennen. Da die Varianzen der beiden Grundgesamtheiten, aus denen die beiden Stichproben gezogen wurden, meistens unbekannt sind, werden die Varianzen aus der Stichprobe geschätzt. Die Teststatistik *T* folgt einer t-Verteilung mit *k* Freiheitsgraden.

Hinweis

Sind die Varianzen der Grundgesamtheiten bekannt, aus denen die beiden Stichproben stammen, so ist die Teststatistik normalverteilt.

3. Vergleich der Stichprobenmittelwerte aus voneinander abhängigen Stichproben.

   Ein Beispiel hierfür wäre der Bildungsvergleich zwischen Ehepartnern. Dieser Fall liegt z.B. vor, wenn bei den Untersuchungseinheiten einer Stichprobe ein Merkmal zweimal gemessen wird und daraufhin geprüft wird, ob der zweite Messwert höher (oder niedriger) als der erste liegt. Die Größe T folgt einer t-Verteilung mit $n - 1$ Freiheitsgraden. n ist hier die Anzahl der Messwertpaare.

Die für den t-Test relevante Fragestellung lautet:

Mit welcher Wahrscheinlichkeit ist ein gefundener Unterschied der Mittelwerte, errechnet durch eine der drei soeben erläuterten Typen von t-Tests, zufällig zustande gekommen? Und mit welcher Wahrscheinlichkeit begeht man einen Alpha-Fehler, wenn man aufgrund des in der Stichprobe gefundenen Unterschieds der Mittelwerte annimmt, dass dieser Unterschied auch in der Grundgesamtheit vorhanden ist?

Hinweis

Der Alpha-Fehler, auch Alpha Risiko genannt, ist die Wahrscheinlichkeit dafür, dass das Datenmaterial eine entsprechende Ausprägung aus reinem Zufall annimmt. Der Alpha-Fehler liegt sehr oft bei 10 %, 5 % oder weniger als 5 % (Signifikanzniveau) und ist selten größer als 10 %.

In wenigen Worten zusammengefasst wird mit dem t-Test die (Fehler-) Wahrscheinlichkeit der stichprobenbasierten Behauptungen überprüft, d.h. es wird überprüft, mit welcher Wahrscheinlichkeit ein Alpha-Fehler begangen wird.

t-Test-Typen

Es gibt zusätzlich zu den verschiedenen Typen von t-Tests noch zwei generelle Unterscheidungsarten:

1. **Einseitiger t-Test**

   Beim einseitigen t-Test werden sogenannte *gerichtete* Hypothesen aufgestellt. Für H_0 und H_1 gilt dann:

   H_0: $\mu_1 - \mu_2$ kleiner oder gleich 0

   H_1: $\mu_1 - \mu_2 > 0$

   Um ein konventionelles Alpha-Niveau (Signifikanzniveau) von 5 % zu erreichen, muss t auf der vorhergesagten Seite der t-Verteilung im extremem 5 %-Bereich liegen.

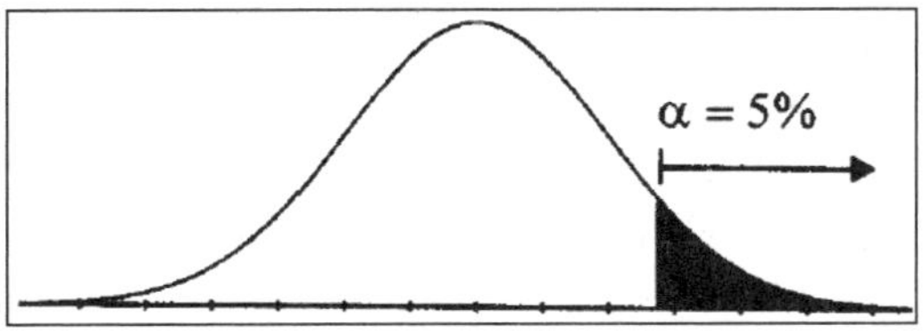

Abbildung 11.137: Grafische Darstellung eines einseitigen t-Tests

2. Zweiseitiger t-Test

Beim zweiseitigen t-Test werden sogenannte ungerichtete Hypothesen aufgestellt. Für H_0 und H_1 gilt dann:

H_0: $\mu_1 - \mu_2 = 0$

H_1: $\mu_1 - \mu_2$? 0

Um insgesamt das Alpha-Niveau (Signifikanzniveau) von 5 % zu erreichen, muss *t* in der t-Verteilung im extremen unteren oder oberen 2,5 %-Bereich liegen.

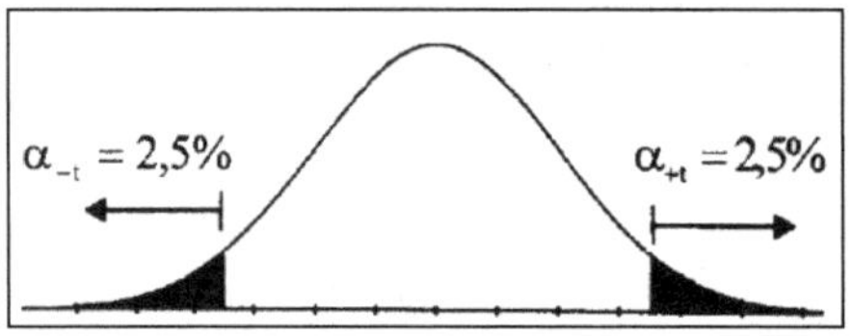

Abbildung 11.138: Grafische Darstellung eines zweiseitigen t-Tests

Einseitiger und zweiseitiger t-Test im Vergleich:

- *t* muss beim zweiseitigen Test einen größeren Wert annehmen, um signifikant (α=0.05) zu werden
- Demselben *t* wird im zweiseitigen Test eine größere Irrtumswahrscheinlichkeit zugeordnet als im einseitigen Test
- Dasselbe X_1–X_2 wird im einseitigen Test leichter signifikant als im zweiseitigen Test
- Der einseitige Test hat eine höhere Teststärke

Generell wird einem bestimmten *t*-Wert im zweiseitigen Test ein doppelt so großer *P*-Wert wie im einseitigen Test zugeordnet. Dieser *P*-Wert kann deshalb problemlos in den entsprechenden *P*-Wert für den einseitigen Test umgerechnet werden – und umgekehrt.

Daraus ergeben sich folgende Formeln:

$$P_{zweiseitig} = 2 \times P_{einseitig}$$

$$P_{einseitig} = \frac{1}{2} P_{zweiseitig}$$

Praxiseinsatz Im Rahmen einer medizinischen Studie wurde die Verträglichkeit eines Medikaments untersucht. Dazu liegen Ihnen die Testergebnisse sowie einige Erläuterungen vor: Eine Gruppe nahm die normale Tagesdosis, die andere Gruppe nahm einmalig zu Beginn eine erhöhte Dosis ein. Aus privaten Gründen musste eine Testperson den Test frühzeitig abbrechen.

Das Ziel sollte es sein, zu prüfen, ob die erhöhte Dosis den Heilungsprozess beschleunigen kann. Dazu wurde die Behandlungsdauer in Tagen ermittelt.

Die Nullhypothese besagt nun, dass es *keinen* Unterschied in beiden Gruppen bezüglich des Behandlungserfolgs gibt. Die Gegenhypothese besagt, dass Gruppe 2 schneller wieder gesund ist, da die Behandlungsmethode erfolgreicher als die herkömmliche ist.

Ihnen wurde nun die Aufgabe übertragen, die Testergebnisse zu analysieren und aufgrund Ihrer Auswertungen eine Aussage darüber zu treffen, ob die Nullhypothese angenommen werden kann oder verworfen werden muss.

Da Sie während der Testphase nicht anwesend waren und Ihnen noch einige Hintergrundinformationen fehlen, wollen Sie zunächst mit der Funktion T.TEST() herausfinden, mit wievielprozentiger Wahrscheinlichkeit die Mittelwerte der beiden Stichproben gleich sind. Verglichen mit dem Signifikanzniveau kann daraufhin eine erste Aussage über die Nullhypothese getroffen werden.

Sie führen einen *einseitigen t-Test* mit dem *Typ 2*, also dem Mittelwertvergleich von zwei unabhängigen Stichproben, durch. Das *Signifikanzniveau* beträgt *5 %*.

Die Prüfgröße *t* wird mit folgender Formel berechnet:

$$t = \frac{\overline{X_1} - \overline{X_2}}{\sqrt{\frac{\left[\sum X_2^1 - \frac{(\sum X_1)^2}{N_1}\right] + \left[\sum X_2^2 - \frac{(\sum X_2)^2}{N_2}\right]}{N_1 + N_2 - 2} \times \left(\frac{N_1 + N_2}{N_1 \times N_2}\right)}}$$

wobei die *X*-Werte über dem Bruchstrich die Mittelwerte von Gruppe 1 und 2, N_1 und N_2 den Umfang der beiden Stichproben darstellen.

Das Ergebnis der Studie zeigt die nachfolgende Abbildung 11.139.

	B	C	D	E	F
9	Gruppe 1 x_1	Gruppe 2 x_2		Berechnete/gegebene Werte	Wert
10	7	2		Beob. Mittelwert X_1' =	6,60
11	8	4		Beob. Mittelwert X_2' =	4,33
12	8	3		Signifikanzniveau α=	0,05
13	9	5		Stichprobenumfang N_1=	10
14	6	2		Stichprobenumfang N_2=	9
15	8	9		Freiheitsgrade = N_1+N_2-2 =	17
16	4	5		Prüfgröße t	2,39049197
17	7	6			
18	6	3			
19	3				
20					
21	Ergebnis für T.TEST				
22	0,01433616	=T.TEST(B10:B19;C10:C19;1;2)			

Abbildung 11.139: Sind die Mittelwerte der beiden Stichproben gleich? Die Berechnung erfolgt über *T.TEST()*.

Da T.TEST() den Wert für eine Wahrscheinlichkeit liefert, lautet das Ergebnis 1,4 %. Sie können nun davon ausgehen, dass mit 1,4%iger Wahrscheinlichkeit die Stichprobenmittelwerte der beiden Stichproben nicht gleich sind. Oder anders ausgedrückt: Mit 1,4%iger Sicherheit sind die Stichproben nicht als gleich zu betrachten. Diese Tatsache haben wir in Abbildung 11.139 bereits in den Zellen *F10* und *F11* nachgewiesen. Allerdings sind dies nur geschätzte Werte, da es sich um Stichproben handelt.

Da in diesem Beispiel das Ergebnis für *T.TEST()* $< \alpha$, muss die Nullhypothese verworfen werden. Das heißt, die Aussage, dass es keinen Unterschied zwischen den beiden Gruppen bezüglich der Behandlungsmethode gibt, wird nicht angenommen.

Siehe auch T.VERT.2S(), T.VERT.RE(), T.VERT(), T.INV(), T.INV.2S

CD-ROM Dieses Beispiel finden Sie auf der CD-ROM zum Buch im Ordner *\Buch\Kap11* in den Arbeitsmappen *Wahrscheinlichkeit.xls* (Excel 97-2003) auf dem Arbeitsblatt *T.test* bzw. *Wahrscheinlichkeit.xlsx* (Excel 2007/2010) auf dem Arbeitsblatt *T.test*.

T.VERT.2S() / TVERT() — T.DIST.2T() / TDIST()

Hinweis Die Funktion TVERT() wird in Microsoft Excel 2010 durch die Funktion T.VERT.2S() ersetzt und zusätzlich durch die Funktionen T.VERT() und T.VERT.RE ergänzt. Damit wird das Ergebnis bzw. die Genauigkeit der Funktionen erhöht.

Um die Abwärtskompatibilität von T.VERT.2S() zu sichern, ist die Funktion TVERT() weiter unter ihrem alten Namen verfügbar.

Syntax T.VERT.2S(*x*;***Freiheitsgrade***)

Definition Die Funktion T.VERT.2S() gibt Werte der Verteilungsfunktion (1-Alpha) einer t-verteilten Zufallsvariablen zurück. Die t-Verteilung wird für das Testen von Hypothesen bei kleinem Stichprobenumfang verwendet. Sie können diese Funktion anstelle einer Wertetabelle mit den kritischen Werten der t-Verteilung heranziehen.

Argumente ***x*** (erforderlich) ist der Wert der Verteilung (Quantil), dessen Wahrscheinlichkeit Sie berechnen möchten.

Freiheitsgrade (erforderlich) ist eine ganze Zahl, durch die die Anzahl der Freiheitsgrade bestimmt wird.

Hinweis Ist eines der Argumente kein numerischer Ausdruck, gibt T.VERT.2S() den Fehlerwert *#WERT!* zurück.

Ist *Freiheitsgrade* < 1, gibt T.VERT.2S() den Fehlerwert *#ZAHL!* zurück.

Ist *x* < 0, gibt T.VERT.2S() den Fehlerwert *#ZAHL!* zurück

Hintergrund Wie unter der Definition bereits erwähnt, berechnen Sie mit der Funktion T.VERT.2S() das Signifikanzniveau (Alpha-Risiko) einer t-verteilten Zufallsgröße. Mit diesem Signifikanzniveau kann die Wahrscheinlichkeit einer Hypothese beurteilt werden.

Hinweis Mehr Informationen zu t-verteilten Zufallsgrößen und der t-Verteilung im Allgemeinen finden Sie unter der Funktion T.TEST() auf Seite 552.

Interessant wird die Berechnung dieses Signifikanzniveaus, wenn Sie beispielsweise einen kritischen Wert für den gesamten Stichprobenumfang berechnen und für diesen kritischen Wert anschließend das Signifikanzniveau über die Funktion T.VERT.2S() ermitteln.

Mithilfe des Ergebnisses aus der Funktion T.VERT.2S() können Sie eine Aussage über die Gültigkeit der Nullhypothese treffen.

Praxiseinsatz Im Rahmen einer medizinischen Studie wird die Verträglichkeit eines Medikaments untersucht. Dazu werden die Testpersonen in zwei Gruppen eingeteilt: Eine Gruppe nimmt die normale Tagesdosis, die andere Gruppe nimmt einmalig zu Beginn eine erhöhte Dosis. Aus privaten Gründen muss eine Testperson den Test frühzeitig abbrechen.

Das Ziel ist es, zu prüfen, ob die erhöhte Dosis den Heilungsprozess beschleunigen kann. Dazu wird die gesamte Behandlungsdauer in Tagen ermittelt.

Die Nullhypothese besagt, dass es *keinen* Unterschied in beiden Gruppen bezüglich des Behandlungserfolgs gibt. Die Gegenhypothese besagt, dass Gruppe 2 schneller wieder gesund ist, da die Behandlungsmethode erfolgreicher als die herkömmliche ist.

Es wird ein *zweiseitiger t-Test* mit dem *Typ 2*, also dem Mittelwertvergleich von zwei unabhängigen Stichproben, verwendet.

Sie wollen nun das Signifikanzniveau für den kritischen Wert der Stichproben berechnen, um auf Basis dieses Ergebnisses eine Aussage über die Hypothesen treffen zu können. Hierzu verwenden Sie die Funktion T.VERT.2S().

Die Berechnung von T.VERT.2S() zeigt die nachfolgende Abbildung 11.140.

B24 | =T.VERT.2S(F16;F14)

	B	C	D	E	F
8	Gruppe 1 x_1	Gruppe 2 x_2		Berechnete/gegebene Werte	Wert
9	7	2		Beob. Mittelwert X_1' =	6,60
10	8	4		Beob. Mittelwert X_2' =	4,33
11	8	3		Signifikanzniveau α=	
12	9	5		Stichprobenumfang N_1=	10
13	6	2		Stichprobenumfang N_2=	9
14	8	9		Freiheitsgrade = N_1+N_2-2 =	17
15	4	5		Prüfgröße t	2,39049197
16	7	6		Kritische Wert	1,739606716
17	6	3			
18	3				
19					
20	Ergebnis für T.TEST				
21	0,01433616	=T.TEST(B9:B18;C9:C18;1;2)			
22					
23	Ergebnis für T.VERT.2S				
24	0,100000002	=T.VERT.2S(F16;F14)			

Abbildung 11.140: T.VERT.2S() liefert das Signifikanzniveau für den kritischen Wert

Da T.VERT.2S() den Wert für eine Wahrscheinlichkeit liefert, lautet das Ergebnis 10 %. Sie können nun davon ausgehen, dass mit 10%iger Wahrscheinlichkeit die Nullhypothese zutrifft.

Diese Wahrscheinlichkeit ist sehr gering – deshalb kann man davon ausgehen, dass die Nullhypothese – also die Aussage, dass es keine Unterschiede in den beiden Gruppen bezüglich der Behandlungserfolge gibt – verworfen werden muss.

Siehe auch

T.TEST(), T.INV(), T.INV.2S

CD-ROM

Dieses Beispiel finden Sie auf der CD-ROM zum Buch im Ordner *\Buch\Kap11* in den Arbeitsmappen *Wahrscheinlichkeit.xls* (Excel 97-2003) auf dem Arbeitsblatt *Tvert* bzw. *Wahrscheinlichkeit.xlsx* (Excel 2007/2010) auf dem Arbeitsblatt *T.vert.2s*.

T.VERT() T.DIST()

Syntax T.VERT(***x;Freiheitsgrade;kumuliert***)

Definition Gibt die Student-t-Verteilung zurück. Die t-Verteilung wird in der Hypothesenüberprüfung von kleinen Beispieldatasets verwendet. Verwenden Sie diese Funktion anstelle einer Tabelle mit kritischen Werten für die t-Verteilung.

Argumente *x* (erforderlich) ist der numerische Wert, für den die Verteilung ausgewertet werden soll.

Freiheitsgrade (erforderlich) ist eine ganze Zahl, mit der die Anzahl der Freiheitsgrade angegeben wird.

kumuliert (erforderlich) ist der Wahrheitswert, der den Typ der Funktion bestimmt. Ist kumuliert mit WAHR belegt, gibt T.VERT() die kumulierte Verteilungsfunktion zurück. Ist kumuliert mit FALSCH belegt, gibt die Funktion die Wahrscheinlichkeitsdichtefunktion zurück.

Hinweis Ist eines der Argumente kein numerischer Ausdruck, gibt T.VERT() den Fehlerwert *#WERT!* zurück.

Ist *Freiheitsgrade* < 1, gibt T.VERT() den Fehlerwert *#ZAHL!* zurück.

Ist *x* < 0, gibt T.VERT() den Fehlerwert *#ZAHL!* zurück.

Hintergrund Mehr Informationen zu t-verteilten Zufallsgrößen und der t-Verteilung im Allgemeinen finden Sie unter der Funktion T.TEST() auf Seite 552.

Praxiseinsatz Mehr zum Einsatz der Funktion erfahren Sie mithilfe des Praxiseinsatzes der Funktion T.VERT.2S() auf Seite 558.

Siehe auch T.TEST(), T.INV(), T.INV.2S

CD-ROM Dieses Beispiel finden Sie auf der CD-ROM zum Buch im Ordner *\Buch\Kap11* in der Arbeitsmappe *Wahrscheinlichkeit.xlsx* (Excel 2007/2010) auf dem Arbeitsblatt *T.vert*.

T.VERT.RE() T.DIST.RT()

Syntax T.VERT.RE(***x;Freiheitsgrade***)

Definition Gibt die (Student) t-Verteilung für die rechte Endfläche zurück. Die t-Verteilung wird für das Testen von Hypothesen bei kleinem Stichprobenumfang verwendet. Verwenden Sie diese Funktion anstelle einer Tabelle mit kritischen Werten für die t-Verteilung.

Argumente x (erforderlich) ist der numerische Wert, für den die Verteilung ausgewertet werden soll.

Freiheitsgrade (erforderlich) ist eine ganze Zahl, mit der die Anzahl der Freiheitsgrade angegeben wird.

Hinweis Ist eines der Argumente kein numerischer Ausdruck, gibt T.VERT.RE() den Fehlerwert *#WERT!* zurück.

Ist *Freiheitsgrade* < 1, gibt T.VERT.RE() den Fehlerwert *#ZAHL!* zurück.

Ist *x* < 0, gibt T.VERT.RE() den Fehlerwert *#ZAHL!* zurück.

Hintergrund Mehr Informationen zu t-verteilten Zufallsgrößen und der t-Verteilung im Allgemeinen finden Sie unter der Funktion T.TEST() auf Seite 552.

Praxiseinsatz Mehr zum Einsatz der Funktion erfahren Sie mithilfe des Praxiseinsatzes der Funktion T.VERT.2S() auf Seite 558.

Siehe auch T.TEST(), T.INV(), T.INV.2S

CD-ROM Dieses Beispiel finden Sie auf der CD-ROM zum Buch im Ordner *\Buch\Kap11* in den Arbeitsmappen *Wahrscheinlichkeit.xls* (Excel 97-2003) bzw. *Wahrscheinlichkeit.xlsx* (Excel 2007/2010) auf dem Arbeitsblatt *T.vert.re*.

VAR.S() / VARIANZ() — VAR.S() / VAR()

Syntax VAR.S(***Zahl1***;*Zahl2*;...)

Definition Mit der Funktion VAR.S() wird die Varianz auf der Basis einer Stichprobe geschätzt. Sie ist ein Maß dafür, wie die einzelnen Daten um den Mittelwert verteilt sind, das heißt, wie stark die Daten um den Mittelwert streuen.

Argumente ***Zahl1*** (erforderlich); *Zahl2* (optional);... sind 1 bis 255 numerische Argumente (30 bis Excel 2003), die einer Stichprobe aus der Grundgesamtheit entsprechen.

Hinweis Die Funktion VAR.S() geht davon aus, dass die ihr übergebenen Argumente eine Stichprobe, gezogen aus einer Grundgesamtheit, darstellen. Entsprechen die als Argumente übergebenen Daten dagegen einer Grundgesamtheit, sollte die zugehörige Varianz mithilfe der Funktion VAR.P() berechnet werden.

Logische Werte wie *WAHR* und *FALSCH* sowie Text werden hierbei nicht berücksichtigt. Wenn logische Werte und Text berücksichtigt werden sollen, verwenden Sie die Arbeitsblattfunktion VAR.P().

Hintergrund Die gebräuchlichsten Streumaße in der Statistik sind sicher die Varianz und die Standardabweichung. Die Varianz ist ein Maß für die Abweichung einer Zufallsvariable *x* von ihrem Erwartungswert *E(x)*. Anders ausgedrückt ist die Varianz der Durchschnitt der quadratischen Abweichungen der Einzelwerte vom Durchschnitt, dividiert durch die Anzahl der Werte. Das Ergebnis wird auch als sogenannte empirische Varianz bezeichnet.

Man unterscheidet zunächst:

- Varianz einer Zufallsvariablen: Das ist die durchschnittliche quadratische Abweichung der Ausprägungen vom Durchschnitt in der Grundgesamtheit. Verwendete Funktion ist VAR.P().
- Stichprobenvarianz: Das ist die Varianz von Beobachtungswerten, die als Stichprobe einer Grundgesamtheit entstammen. Diese Varianz wird in der deskriptiven Statistik als Maß für die Streubreite von Daten verwendet. Als inferentielle Varianz dient sie zur Schätzung der unbekannten Varianz in der Grundgesamtheit. Verwendete Funktion ist VAR.S().

Wenn es sich bei den untersuchten Daten um eine Stichprobe handelt, wird die Summe der quadrierten Abweichungen nicht durch die Anzahl der Werte (n), sondern durch die um eins reduzierte Anzahl ($n - 1$), dividiert.

VAR.S() verwendet daher die folgende Formel:

$$\frac{\sum\left(x-\bar{x}\right)^2}{(n-1)}$$

Dabei ist x der Stichprobenmittelwert MITTELWERT(*Zahl1*;*Zahl2*;...) und n der Stichprobenumfang.

Beachten Sie bei der Verwendung der Varianz, dass wegen der Quadrierung die Extremwerte eventuell ein größeres Gewicht haben.

Der Nachteil der Varianz liegt vor allem darin, dass sie eine andere Einheit als die Daten besitzt – nämlich die Einheit zum Quadrat. Man verwendet daher oft auch die Standardabweichung, die als Quadratwurzel aus der Varianz definiert ist.

Praxiseinsatz Da die Stichprobenvarianz als Maß für die Streubreite von Daten verwendet wird, taucht sie in der deskriptiven Statistik recht häufig auf.

Auch die Marketingabteilung des Softwareherstellers hat sich der Funktion VAR.S() angenommen, um noch detaillierte Auswertungen bezüglich der Webseite und der Zugriffe darauf vorzunehmen. Ziel soll es nach abschließender Untersuchung sein, noch genauere Aussagen über Veränderungen treffen zu können und dementsprechend auch Verbesserungen in den einzelnen Bereichen vorzunehmen.

Beachten Sie, dass es sich bei den zu untersuchenden Daten um eine Stichprobe handelt. Das heißt, die Webseite und somit auch die Zugriffe darauf gibt es bereits seit langem. Für die Berechnung der Varianz mit den Funktionen VAR.S() und VARIANZA() werden jedoch lediglich 18 Monate, von Januar 07 bis Juni 08 betrachtet.

	B	C	D	E	F	G	H	I
12	DATUM	ADVENT	DOWNLOAD	EVENT	TRAINING	WISSEN	PRODUKTE	GESAMT
13	Jan 07		6		19	43	22	90
14	Feb 07		498	38	1319	3000	1170	6025
15	Mrz 07		1401	119	2233	6116	1545	11414
16	Apr 07		1076	16	1903	2860	1168	7023
17	Mai 07		1563	15	1589	3126	1139	7432
18	Jun 07		1790	1853	2428	6682	5083	17836
19	Jul 07		1367	1622	1559	3311	3609	11468
20	Aug 07		1138	2170	1502	3317	4810	12937
21	Sep 07		1352	2611	1628	3542	5581	14714
22	Okt 07	1	1343	538	1440	2971	5506	11799
23	Nov 07	272	1430	1254	2255	4735	11786	21732
24	Dez 07	1874	1140	631	1583	2652	6227	14107
25	Jan 08	42	1421	1515	2224	4837	9500	19539
26	Feb 08	32	1508	1433	1418	4006	12000	20397
27	Mrz 08	10	2137	3114	1298	3128	8000	17687
28	Apr 08	10	1948	2347	1085	3575	8208	17173
29	Mai 08	9	1521	848	765	2139	7739	13021
30	Jun 08		426	440	123	768	778	2535
31	**Summe**	**2250**	**23065**	**20564**	**26371**	**60808**	**93871**	**226929**
32	**Mittelwert**	**281,25**	**1281,39**	**1209,65**	**1465,06**	**3378,22**	**5215,06**	**12607,17**
33	**Mittlere Abweichung**	**398,2**	**378,3**	**827,3**	**472,6**	**1093,9**	**3067,9**	**4785,7**
34	Varianz (VAR.S)	422303	279408	966160	444330	2561816	14361231	37396918

Abbildung 11.141: Mithilfe der Funktion VAR.S() wird berechnet, wie die einzelnen Daten auf Basis einer Stichprobe um den Mittelwert verteilt sind

Wie Sie der Abbildung 11.141 entnehmen können, haben die Mitarbeiter der Marketingabteilung für den besseren Überblick neben der Varianz sowohl den Mittelwert als auch die mittlere Abweichung berechnet.

Betrachten wir den Bereich *DOWNLOAD* näher, kann folgende Aussage getroffen werden: **Aussagen**

Die durchschnittlich quadrierte Abweichung der einzelnen Messwerte vom arithmetischen Mittel beträgt im Bereich *DOWNLOAD* 279.408.

Hinweis Würden die Abweichungen nicht quadriert, ergäbe die Summe der Abweichungen den Wert 0, also eine recht unfruchtbare statistische Operation.

Siehe auch VARIANZA(), VAR.P(), VARIANZENA(), DBVARIANZ(), DBVARIANZEN()

CD-ROM Dieses Beispiel finden Sie auf der CD-ROM zum Buch im Ordner *\Buch\Kap11* in den Arbeitsmappen *Varianz.xls* (Excel 97-2003) auf dem Arbeitsblatt *Varianz – Var.s* bzw. *Varianz.xlsx* (Excel 2007/2010) auf dem Arbeitsblatt *Var.s*.

VARIANZA() VARA()

Syntax VARIANZA(***Wert1***;*Wert2*;...)

Definition Die Funktion VARIANZA() schätzt die Varianz auf der Basis einer Stichprobe. Wichtig hierbei: Neben Zahlen werden auch Text und Wahrheitswerte wie *WAHR* und *FALSCH* bei der Berechnung berücksichtigt.

Argumente ***Wert1*** (erforderlich); *Wert2* (optional); ... sind 1 bis 255 Werte (30 bis Excel 2003), die einer Stichprobe aus der Grundgesamtheit entsprechen.

Hinweis VARIANZA() geht davon aus, dass die Argumente einer Stichprobe der Grundgesamtheit entsprechen. Stehen die Daten für die ganze Grundgesamtheit, verwenden Sie die Funktion VARIANZENA().

Der Unterschied zwischen den Funktionen VAR.S() und VARIANZA() liegt darin, das bei VARIANZA() Argumente, die den Wert *WAHR* enthalten, zu 1 ausgewertet, und Argumente, die Text oder den Wahrheitswert *FALSCH* enthalten, zu 0 ausgewertet werden.

Das heißt: Wollen Sie, dass bei der Berechnung weder Text noch Wahrheitswerte berücksichtigt werden, müssen Sie die Funktion VAR.S() verwenden.

Hintergrund Da sich die Funktion VARIANZA() zur Funktion VAR.S() lediglich darin unterscheidet, dass sie Wahrheitswerte sowie Text berücksichtigt, richten wir unser Augenmerk hier vor allem auf die Darstellung der VARIANZA() im Beispiel.

Detaillierte Informationen zum Thema Varianz können Sie auf Seite 560 unter VAR.S() nachlesen.

VARIANZA() verwendet die gleiche Formel wie VAR.S().

$$\frac{\sum\left(x-\bar{x}\right)^2}{(n-1)}$$

Dabei ist x der Stichprobenmittelwert MITTELWERT(*Wert1;Wert2;…*) und n der Stichprobenumfang.

Praxiseinsatz Betrachten wir wieder die Auswertung der Zugriffe auf die Webseite des Softwareherstellers. Da es im Betrachtungszeitraum, also in den vergangenen 18 Monaten, verschiedene Probleme mit und auf der Webseite gab, konnten nicht für alle Monate die Zugriffe gezählt werden.

Folgende Probleme lagen im Unternehmen vor:

- Im Monat Mai 07 und August 07 gab es Probleme mit dem Webseitenhosting, sodass in beiden Monaten nicht auf die Webseite zugegriffen werden konnte. Diese Monate wurden mit dem Text »Hostingprobleme« versehen.
- Im Monat März 08 wurden die Inhaltsseiten des Produktbereichs umgestellt und angepasst, sodass der gesamte Bereich geschlossen war. Da somit von extern kein Zugriff auf den Produktbereich möglich war, wurde dieser Monat mit dem Wahrheitswert *FALSCH* gekennzeichnet.

	B	C	D	E	F	G	H	I
12	DATUM	ADVENT	DOWNLOAD	EVENT	TRAINING	WISSEN	PRODUKTE	GESAMT
13	Jan 07		6		19	43	22	90
14	Feb 07		498	38	1319	3000	1170	6025
15	Mrz 07		1401	119	2233	6116	1545	11414
16	Apr 07		1076	16	1903	2860	1168	7023
17	Mai 07	Hostingprobleme	Hostingprobleme	Hostingprobleme	Hostingprobleme	Hostingprobleme	Hostingprobleme	Hostingprobleme
18	Jun 07		1790	1853	2428	6682	5083	17836
19	Jul 07		1367	1622	1559	3311	3609	11468
20	Aug 07	Hostingprobleme	Hostingprobleme	Hostingprobleme	Hostingprobleme	Hostingprobleme	Hostingprobleme	Hostingprobleme
21	Sep 07		1352	2611	1628	3542	5581	14714
22	Okt 07	1	1343	538	1440	2971	5506	11799
23	Nov 07	272	1430	1254	2255	4735	11786	21732
24	Dez 07	1874	1140	631	1583	2652	6227	14107
25	Jan 08	42	1421	1515	2224	4837	9500	19539
26	Feb 08	32	1508	1433	1418	4006	12000	20397
27	Mrz 08	FALSCH	FALSCH	FALSCH	FALSCH	FALSCH	FALSCH	FALSCH
28	Apr 08	10	1948	2347	1085	3575	8208	17173
29	Mai 08	9	1521	848	765	2139	7739	13021
30	Jun 08		426	440	123	768	778	2535
31	Summe	2240	18227	15265	21982	51237	79922	188873
32	Mittelwert	320	1215,13	1090,36	1465,47	3415,80	5328,13	12591,53
33	Mittlere Abweichung	444,0	390,6	714,6	545,2	1277,7	3189,6	5038,2
34	Varianz	478672	275154	714102	536355	3099980	15672494	41646292
35	VARIANZA	343008	443737	763784	757527	4268761	17081614	57612639

Abbildung 11.142: Text und Wahrheitswerte werden bei der Berechnung der Varianz mithilfe der Funktion *VARIANZA()* berücksichtigt

Wie Sie in Abbildung 11.142 sehen können, liefert die Funktion VARIANZA() ein anderes Ergebnis als die Berechnung der Varianz über die Funktion VAR.S(). Das liegt an der Tatsache, dass VARIANZA(), wie bereits erwähnt, Text und Wahrheitswerte berücksichtigt. Da es sich in unserem Beispiel um Text und den Wahrheitswert *FALSCH* handelt, wurden beide Werte auf 0 gesetzt.

Aussagen **Betrachten wir den Bereich *DOWNLOAD* näher, kann folgende Aussage getroffen werden:**

Die durchschnittlich quadrierte Abweichung der einzelnen Messwerte vom arithmetischen Mittel beträgt im Bereich *DOWNLOAD*, unter Berücksichtigung von Text und Wahrheitswerten, 443.737.

Siehe auch VAR.S(),VAR.P(), VARIANZENA(), DBVARIANZ(), DBVARIANZEN()

CD-ROM Dieses Beispiel finden Sie auf der CD-ROM zum Buch im Ordner *\Buch\Kap11* in den Arbeitsmappen *Varianz.xls* (Excel 97-2003) bzw. *Varianz.xlsx* (Excel 2007/2010) auf dem Arbeitsblatt *Varianza*.

VAR.P() / VARIANZEN() VAR.P() / VARP()

VAR.P(***Zahl1***;*Zahl2*;...) **Syntax**

Die Funktion VAR.P() berechnet die Varianz ausgehend von der Grundgesamtheit. **Definition**

Zahl1 (erforderlich); *Zahl2* (optional); ... sind 1 bis 255 numerische Argumente (30 bis Excel 2003), die einer Grundgesamtheit entsprechen. **Argumente**

Hinweis Die Funktion VAR.P() geht davon aus, dass die ihr übergebenen Argumente einer Grundgesamtheit entsprechen. Für den Fall, dass die von Ihnen bereitgestellten Daten nur eine Stichprobe einer Grundgesamtheit angeben, sollte die Varianz mit der Funktion VAR.S() bzw. VARIANZA() berechnet werden.

Logische Werte wie *WAHR* und *FALSCH* sowie Text werden nicht berücksichtigt. Möchten Sie logische Werte in Ihrer Berechnung berücksichtigen, verwenden Sie die Arbeitsblattfunktion VARIANZENA().

Hintergrund Da sich die Funktion VAR.P() zur Funktion VAR.S() lediglich darin unterscheidet, dass sie die Varianz nicht auf Basis einer Stichprobe sondern auf Basis einer Grundgesamtheit berechnet, richten wir unser Augenmerk hier vor allem auf die Darstellung der VAR.P() im Beispiel.

Detaillierte Informationen zum Thema Varianz können Sie auf Seite 560 unter VAR.S() nachlesen.

VAR.P() verwendet folgende Formel:

$$\frac{\sum\left(x-\overline{x}\right)^2}{n}$$

Dabei ist x der Stichprobenmittelwert MITTELWERT(*Zahl1*;*Zahl2*;...) und n der Stichprobenumfang.

Praxiseinsatz Kommen wir wieder zur Webseitenauswertung unseres Softwareherstellers und betrachten Abbildung 11.143 etwas genauer.

Hinweis Beachten Sie, dass es sich bei den zu untersuchenden Daten um die Grundgesamtheit handelt. Das heißt, die Webseite besteht erst seit 18 Monaten und somit wurden auch die Zugriffe darauf erst seit 18 Monaten registriert. Für die Berechnung der Varianz mit den Funktionen VAR.P() und VARIANZENA() wird also die Grundgesamtheit der Daten von Januar 07 bis Juni 08 betrachtet.

Deshalb liefern die Funktionen VAR.P() und VAR.S(), die unterschiedlichen Formeln unterliegen, auch unterschiedliche Ergebnisse.

Aussagen **Betrachten wir den Bereich *DOWNLOAD* näher, kann folgende Aussage getroffen werden:**

Die durchschnittlich quadrierte Abweichung der einzelnen Messwerte vom arithmetischen Mittel auf Basis der Grundgesamtheit beträgt 263.885.

	B	C	D	E	F	G	H	I
11	DATUM	ADVENT	DOWNLOAD	EVENT	TRAINING	WISSEN	PRODUKTE	GESAMT
12	Jan 07		6		19	43	22	90
13	Feb 07		498	38	1319	3000	1170	6025
14	Mrz 07		1401	119	2233	6116	1545	11414
15	Apr 07		1076	16	1903	2860	1168	7023
16	Mai 07		1563	15	1589	3126	1139	7432
17	Jun 07		1790	1853	2428	6682	5083	17836
18	Jul 07		1367	1622	1559	3311	3609	11468
19	Aug 07		1138	2170	1502	3317	4810	12937
20	Sep 07		1352	2611	1628	3542	5581	14714
21	Okt 07	1	1343	538	1440	2971	5506	11799
22	Nov 07	272	1430	1254	2255	4735	11786	21732
23	Dez 07	1874	1140	631	1583	2652	6227	14107
24	Jan 08	42	1421	1515	2224	4837	9500	19539
25	Feb 08	32	1508	1433	1418	4006	12000	20397
26	Mrz 08	10	2137	3114	1298	3128	8000	17687
27	Apr 08	10	1948	2347	1085	3575	8208	17173
28	Mai 08	9	1521	848	765	2139	7739	13021
29	Jun 08		426	440	123	768	778	2535
30	**Summe**	**2250**	**23065**	**20564**	**26371**	**60808**	**93871**	**226929**
31	**Mittelwert**	**281,25**	**1281,39**	**1209,65**	**1465,06**	**3378,22**	**5215,06**	**12607,17**
32	**Mittlere Abweichung**	**398,2**	**378,3**	**827,3**	**472,6**	**1093,9**	**3067,9**	**4785,7**
33	**Varianz**	**422303**	**279408**	**966160**	**444330**	**2561816**	**14361231**	**37396918**
34	VAR.P()	369515	263885	909327	419645	2419493	13563385	35319311

Abbildung 11.143: Im Gegensatz zu VAR.S() wird bei VAR.P() die Grundgesamtheit betrachtet

Siehe auch VAR.S(), VARIANZA(), VARIANZENA(), DBVARIANZ(), DBVARIANZEN()

CD-ROM Dieses Beispiel finden Sie auf der CD-ROM zum Buch im Ordner *\Buch\Kap11* in den Arbeitsmappen *Varianz.xls* (Excel 97-2003) auf dem Arbeitsblatt *Varianzen – Var.p* bzw. *Varianz.xlsx* (Excel 2007/2010) auf dem Arbeitsblatt *Var.p*.

VARIANZENA() VARPA()

Syntax VARIANZENA(*Wert1*;*Wert2*;...)

Definition Die Funktion VARIANZENA() berechnet die Varianz ausgehend von der Grundgesamtheit. Neben Zahlen werden bei der Berechnung auch Text und Wahrheitswerte wie *WAHR* und *FALSCH* berücksichtigt.

Argumente *Wert1* (erforderlich); *Wert2* (optional); ... sind 1 bis 255 Wertargumente (30 bis Excel 2003), die einer Grundgesamtheit entsprechen.

Hinweis VARIANZENA() geht davon aus, dass die Argumente der Grundgesamtheit entsprechen. Sind die Daten eine Stichprobe aus Grundgesamtheit, berechnen Sie die Varianz mithilfe der Funktion VARIANZA().

WAHR als Argument evaluiert zu 1; Text oder der Wahrheitswert *FALSCH* evaluiert zu 0.

Wollen Sie bei der Berechnung weder Text noch Wahrheitswerte berücksichtigen, verwenden Sie stattdessen die Funktion VAR.P().

Hintergrund Da wir das Thema Varianz bereits ausführlich auf Seite 560 unter VAR.S() behandelt haben, möchten wir in diesem Abschnitt unser Augenmerk hauptsächlich auf das Beispiel legen.

VARIANZENA() verwendet, wie VAR.P(), folgende Formel:

$$\frac{\sum\left(x-\overline{x}\right)^2}{n}$$

Dabei ist x der Stichprobenmittelwert MITTELWERT(*Wert1*;*Wert2*;...) und n der Stichprobenumfang.

Praxiseinsatz

Zur Darstellung der Funktion VARIANZENA() möchten wir auf das Beispiel aus VARIANZA() zurückgreifen. In diesem Beispiel hatte der Softwarehersteller folgende Probleme mit seiner Webseite:

- Im Monat Mai 07 und August 07 gab es Probleme mit dem Webseitenhosting, sodass in beiden Monaten nicht auf die Webseite zugegriffen werden konnte. Diese Monate wurden mit dem Text »Hostingprobleme« versehen.
- Im Monat März 08 wurden die Inhaltsseiten des Produktbereichs umgestellt und angepasst, sodass der gesamte Bereich geschlossen war. Da somit von extern kein Zugriff auf den Produktbereich möglich war, wurde dieser Monat mit dem Wahrheitswert *FALSCH* gekennzeichnet.

Hinweis

Beachten Sie, dass es sich, wie unter VAR.P(), bei den zu untersuchenden Daten um die Grundgesamtheit handelt. Das heißt, die Webseite besteht erst seit 18 Monaten und somit wurden auch die Zugriffe darauf erst seit 18 Monaten registriert.

	B	C	D	E	F	G	H	I
11	DATUM	ADVENT	DOWNLOAD	EVENT	TRAINING	WISSEN	PRODUKTE	GESAMT
12	Jan 07		6		19	43	22	90
13	Feb 07		498	38	1319	3000	1170	6025
14	Mrz 07		1401	119	2233	6116	1545	11414
15	Apr 07		1076	16	1903	2860	1168	7023
16	Mai 07	Hostingprobleme	Hostingprobleme	Hostingprobleme	Hostingprobleme	Hostingprobleme	Hostingprobleme	Hostingprobleme
17	Jun 07		1790	1853	2428	6682	5083	17836
18	Jul 07		1367	1622	1559	3311	3609	11468
19	Aug 07	Hostingprobleme	Hostingprobleme	Hostingprobleme	Hostingprobleme	Hostingprobleme	Hostingprobleme	Hostingprobleme
20	Sep 07		1352	2611	1628	3542	5581	14714
21	Okt 07	1	1343	538	1440	2971	5506	11799
22	Nov 07	272	1430	1254	2255	4735	11786	21732
23	Dez 07	1874	1140	631	1583	2652	6227	14107
24	Jan 08	42	1421	1515	2224	4837	9500	19539
25	Feb 08	32	1508	1433	1418	4006	12000	20397
26	Mrz 08	FALSCH	FALSCH	FALSCH	FALSCH	FALSCH	FALSCH	FALSCH
27	Apr 08	10	1948	2347	1085	3575	8208	17173
28	Mai 08	9	1521	848	765	2139	7739	13021
29	Jun 08		426	440	123	768	778	2535
30	Summe	2240	18227	15265	21982	51237	79922	188873
31	Mittelwert	320	1215,13	1090,36	1465,47	3415,80	5328,13	12591,53
32	Mittlere Abweichung	444,0	390,6	714,6	545,2	1277,7	3189,6	5038,2
33	VAR.P()	410290	256810	663094	500598	2893314	14627661	38869873
34	VARIANZENA()	308707	419085	718856	715442	4031608	16132635	54411937

Abbildung 11.144: Die Berechnung der Varianz, ausgehend von einer Grundgesamtheit, unter Berücksichtigung von Text und Wahrheitswerten

Wie Sie in Abbildung 11.144 sehen können, liefert die Funktion VARIANZENA() ein anderes Ergebnis als die Berechnung der Varianz über die Funktion VAR.P(). Das liegt an der Tatsache, dass VARIANZENA() wie bereits erwähnt, Text und Wahrheitswerte berücksichtigt. Da es sich in unserem Beispiel um Text und den Wahrheitswert *FALSCH* handelt, wurden beide Werte auf 0 gesetzt.

Aussagen **Betrachten wir den Bereich *DOWNLOAD* näher, kann folgende Aussage getroffen werden:**

Die durchschnittlich quadrierte Abweichung der einzelnen Messwerte vom arithmetischen Mittel, auf Basis der Grundgesamtheit und unter Berücksichtigung von Text und Wahrheitswerten beträgt im Bereich *DOWNLOAD* 419.085.

Siehe auch VAR.S(), VARIANZA(),VAR.P(), DBVARIANZ(), DBVARIANZEN()

CD-ROM Dieses Beispiel finden Sie auf der CD-ROM zum Buch im Ordner *\Buch\Kap11* in den Arbeitsmappen *Varianz.xls* (Excel 97-2003) bzw. *Varianz.xlsx* (Excel 2007/2010) auf dem Arbeitsblatt *Varianzena*.

VARIATION() GROWTH()

Syntax VARIATION(***Y_Werte***;*X_Werte*;*Neue_x_Werte*;*Konstante*)

Definition Die Funktion VARIATION() liefert Werte, die sich aus einem exponentiellen Trend ergeben. VARIATION() liefert die *y*-Werte für eine Reihe neuer *x*-Werte, die Sie mithilfe vorhandener *x*- und *y*-Werte festlegen. Sie können die VARIATION() auch verwenden, um eine zu den vorhandenen *x*- und *y*-Werten passende Exponentialkurve zu ermitteln.

Argumente ***Y_Werte*** (erforderlich) sind die *y*-Werte, die Ihnen bereits aus der Beziehung $y = b * mx$ bekannt sind.

- Besteht die Matrix *Y_Werte* aus nur einer Spalte, wird jede Spalte der Matrix *X_Werte* als eigenständige Variable interpretiert
- Besteht die Matrix *Y_Werte* aus nur einer Zeile, wird jede Zeile der Matrix *X_Werte* als eigenständige Variable interpretiert

X_Werte (optional) sind *x*-Werte, die Ihnen möglicherweise bereits aus der Beziehung $y = b * mx$ bekannt sind.

- Die Matrix *X_Werte* kann eine oder mehrere Variablengruppen umfassen. Wird nur eine Variable verwendet, können *Y_Werte* und *X_Werte* Bereiche beliebiger Form sein, solange sie dieselben Dimensionen haben. Werden mehrere Variablen verwendet, muss *Y_Werte* ein Vektor sein, das heißt ein Bereich, der aus nur einer Zeile oder nur einer Spalte besteht.
- Fehlt die Matrix *X_Werte*, wird an ihrer Stelle die Matrix *{1;2;3;...}* angenommen, die genauso viele Elemente wie *Y_Werte* enthält
- Die Argumente *Y_Werte* und *X_Werte* sind auch bei dieser Funktion Matrizen, die jeweils die gleiche Anzahl an Zeilen (Spalten) haben müssen. Ist dies nicht der Fall, erhalten Sie den Fehlerwert *#BEZUG!*. Ist einer der *y*-Werte gleich Null oder negativ, erhalten Sie den Fehlerwert *#ZAHL!*.

Neue_X_Werte (optional) sind die neuen *x*-Werte, für die die Funktion TREND() die zugehörigen *y*-Werte liefern soll.

- Analog zur Matrix *X_Werte* muss auch *Neue_X_Werte* für jede unabhängige Variable eine eigene Spalte (oder Zeile) bereitstellen. Daher müssen die Matrizen *X_Werte* und *Neue_X_Werte* gleich viele Spalten haben, wenn *Y_Werte* sich in einer einzelnen Spalte befindet. Befindet sich *Y_Werte* in einer einzelnen Zeile, müssen die Matrizen *X_Werte* und *Neue_X_Werte* gleich viele Zeilen haben.

- Fehlt die Matrix *Neue_X_Werte*, wird angenommen, dass sie mit der Matrix *X_Werte* identisch ist
- Fehlt sowohl die Matrix *X_Werte* als auch die Matrix *Neue_X_Werte*, werden diese als die Matrix *{1;2;3;...}* angenommen, die genauso viele Elemente wie die Matrix *Y_Werte* enthält

Konstante (optional) ist ein Wahrheitswert, der angibt, ob die Konstante b den Wert 0 annehmen soll.

- Ist *Konstante* mit *WAHR* belegt oder nicht angegeben, wird b normal berechnet
- Ist *Konstante* mit *FALSCH* belegt, wird *b* gleich 0 (Null) gesetzt und *m* so angepasst, dass $y = mx$ gilt

Hinweis

Formeln, die ihre Ergebnisse als Matrizen liefern, müssen, nachdem die richtige Anzahl von Zellen markiert ist, als Matrixformeln eingegeben werden.

Wird anstelle eines Arguments (z.B. *X_Werte*) eine Matrixkonstante eingegeben, müssen Sie ein Semikolon verwenden, um die zu einer Zeile gehörenden Werte voneinander zu trennen, und Punkte, um die Zeilen selbst voneinander zu trennen.

Hintergrund

Entsprechend der Funktion TREND(), die einen linearen Trend – also künftige Werte – aus bereits bestehenden Werten berechnet, können Sie auch einen exponentiellen Trend berechnen. Denn nicht alle Modelle folgen dem linearen Trend.

Hinweis

Mehr Informationen zu »Trends« in Daten und der Funktion TREND() finden Sie auf Seite 546 dieses Buchs.

Ein exponentieller Trend liegt vor, wenn sich der Wert immer um den gleichen Faktor oder Prozentsatz ändert. Der exponentielle Trend passt den jeweiligen Daten eine Exponentialkurve an. Um ein solches exponentielles Trendmodell zu berechnen, verwenden Sie die Funktion VARIATION().

Praxiseinsatz

Bleiben wir bei dem Beispiel wie unter TREND() bereits erwähnt. Als Marketingleiter eines Softwareunternehmens analysieren Sie momentan die firmeneigene Webseite. Die Zugriffe auf die Webseite als auch die Online-Bestellungen sind in der vergangenen Zeit merklich angestiegen.

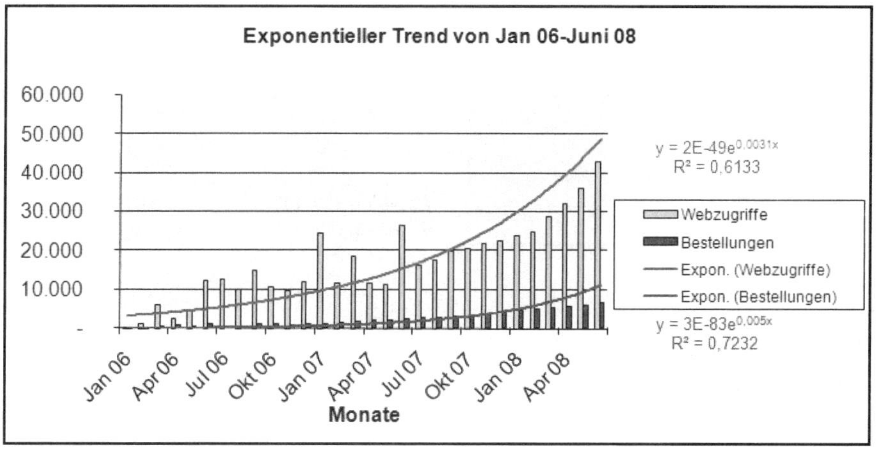

Abbildung 11.145: Die exponentiellen Trendlinien für den Bereich *Webseitenzugriff* und *Onlinebestellung*

Eine Grafik mit eingefügter Trendlinie verdeutlicht Ihnen, dass sich der Anstieg der Webseitenzugriffe und auch der Onlinebestellungen eher exponentiell entwickelt (siehe Abbildung 11.145).

Sie kennen die Zahlen für die Webseitenzugriffe und Onlinebestellungen von Januar 07 bis Juni 08. Jetzt möchten Sie wissen, wie sich beide Komponenten in der Zukunft entwickeln werden – Sie möchten also eine Prognose erstellen.

Zur Berechnung dieses exponentiellen Trends verwenden Sie die Funktion VARIATION().

Bis zum Juni 2008 stellen sich die Webseitenzugriffe und Bestellungen wie in Abbildung 11.146 dar.

	B	C	D
9	Monat	Webzugriffe	Bestellungen
10	Januar 2006	236	6
11	Februar 2006	1.221	17
12	März 2006	6.195	456
13	April 2006	2.682	544
14	Mai 2006	4.569	349
15	Juni 2006	12.229	854
16	Juli 2006	12.564	427
17	August 2006	10.157	337
18	September 2006	15.160	899
19	Oktober 2006	10.716	1.011
20	November 2006	9.844	720
21	Dezember 2006	11.975	1.069
22	Januar 2007	24.695	1.070
23	Februar 2007	11.593	1.284
24	März 2007	18.491	1.572
25	April 2007	11.743	1.874
26	Mai 2007	11.452	2.098
27	Juni 2007	26.651	2.284
28	Juli 2007	16.287	2.534
29	August 2007	17.750	2.764
30	September 2007	19.985	2.987
31	Oktober 2007	20.543	3.173
32	November 2007	21.958	3.587
33	Dezember 2007	22.645	3.982
34	Januar 2008	23.954	4.620
35	Februar 2008	24.932	4.912
36	März 2008	28.743	5.374
37	April 2008	31.948	5.729
38	Mai 2008	35.928	6.046
39	Juni 2008	42.943	6.439
40	Juli 2008		
41	August 2008		
42	September 2008		
43	Oktober 2008		
44	November 2008		
45	Dezember 2008		
46	Januar 2009		
47	Februar 2009		
48	März 2009		

Abbildung 11.146: Übersicht über Webseitenzugriffe und Onlinebestellungen bis Juni 2008

Nun wollen Sie wissen, wie sich sowohl die Webseitenzugriffe als auch die Onlinebestellungen von Juli 2008 bis März 2009 weiterentwickeln werden.

Verwenden Sie die Funktion VARIATION(), haben Sie zur Berechnung der Webseitenzugriffe für die kommenden neun Monate folgende Argumente zur Verfügung:

- *Y_Werte* = Webseitenzugriffe von Januar 2006 bis Juni 2008
- *X_Werte* = Monate (Januar 2006 bis Juni 2008)
- *Neue_X_Werte* = Monate von Juli 2008 bis März 2009
- *Konstante* = *WAHR*, das heißt, die Konstante b der Gleichung $y = mx + b$ wird normal berechnet

Das Ergebnis zeigt die Abbildung 11.147.

C40 {=VARIATION(C10:C39;B10:B39;B40:B48;WAHR)}

	B	C	D	E
9	Monat	Webzugriffe	Bestellungen	
10	Januar 2006	236	6	
11	Februar 2006	1.221	17	
12	März 2006	6.195	456	
13	April 2006	2.682	544	
14	Mai 2006	4.569	349	
15	Juni 2006	12.229	854	
16	Juli 2006	12.564	427	
17	August 2006	10.157	337	
18	September 2006	15.160	899	
19	Oktober 2006	10.716	1.011	
20	November 2006	9.844	720	
21	Dezember 2006	11.975	1.069	
22	Januar 2007	24.695	1.070	
23	Februar 2007	11.593	1.284	
24	März 2007	18.491	1.572	
25	April 2007	11.743	1.874	
26	Mai 2007	11.452	2.098	
27	Juni 2007	26.651	2.284	
28	Juli 2007	16.287	2.534	
29	August 2007	17.750	2.764	
30	September 2007	19.985	2.987	
31	Oktober 2007	20.543	3.173	
32	November 2007	21.958	3.587	
33	Dezember 2007	22.645	3.982	
34	Januar 2008	23.954	4.620	
35	Februar 2008	24.932	4.912	
36	März 2008	28.743	5.374	
37	April 2008	31.948	5.729	
38	Mai 2008	35.928	6.046	
39	Juni 2008	42.943	6.439	
40	Juli 2008	53.742		
41	August 2008	59.183		
42	September 2008	65.175		
43	Oktober 2008	71.551		
44	November 2008	78.796		
45	Dezember 2008	86.504		
46	Januar 2009	95.263		
47	Februar 2009	104.908		
48	März 2009	114.457		

Abbildung 11.147: Die Berechnung der zukünftigen Werte für die exponentiell wachsenden Webseitenzugriffe

Hinweis

Denken Sie bei der Berechnung der gesuchten Zukunftswerte mit der Funktion VARIATION() für den Bereich *C40:C48* daran (Abbildung 11.147), dass es sich hier um eine Matrixfunktion handelt. Das heißt, die Funktion liefert sofort für alle Monate das gewünschte Ergebnis. Deshalb müssen Sie den gesamten Bereich von *C40:C48* markieren, die Formel eingeben und die Eingabe mit der Tastenkombination [Strg]+[⇧]+[↵] beenden.

Sie erkennen Matrixfunktionen an den geschweiften Klammern in der Bearbeitungsleiste für Funktionen.

Nach dem gleichen Verfahren berechnen Sie nun noch, abhängig von den soeben errechneten Trendwerten für die Webseitenzugriffe, die zukünftigen Werte für den Bereich *Bestellungen*. Ergebnis und Eingabe der Argumente in die Funktion VARIATION() entnehmen Sie bitte der Abbildung 11.148.

D40 {=VARIATION(D10:D39;C10:C39;C40:C48;WAHR)}

	B	C	D	E
9	Monat	Webzugriffe	Bestellungen	
40	Juli 2008	53.742	104.183	
41	August 2008	59.183	201.298	
42	September 2008	65.175	415.757	
43	Oktober 2008	71.551	899.527	
44	November 2008	78.796	2.161.947	
45	Dezember 2008	86.504	5.496.234	
46	Januar 2009	95.263	15.866.575	
47	Februar 2009	104.908	50.993.886	
48	März 2009	114.457	161.983.212	

Abbildung 11.148: Die Berechnung der exponentiellen Trendwerte für den Bereich *Bestellungen*

Excel ermöglicht Ihnen, mit der Funktion VARIATION() eine recht gute Entwicklungsprognose für die Bereiche *Webseitenzugriffe* und *Bestellungen*. Voraussetzung ist selbstverständlich, der bisherige exponentielle Trend hält an.

Siehe auch RGP(), RKP(), TREND(), SCHÄTZER()

CD-ROM Dieses Beispiel finden Sie auf der CD-ROM zum Buch im Ordner *\Buch\Kap11* in den Arbeitsmappen *Regression.xls* (Excel 97-2003) bzw. *Regression.xlsx* (Excel 2007/2010) auf dem Arbeitsblatt *Variation*.

VARIATIONEN() PERMUT()

Syntax VARIATIONEN(***n***;***k***)

Definition Die Funktion VARIATIONEN() gibt die Anzahl der Möglichkeiten zurück, um *k* Elemente aus einer Menge von *n* Elementen ohne Zurücklegen zu ziehen. Eine Variation ist eine Menge von Elementen oder Ereignissen, deren interne Anordnung oder Reihenfolge relevant ist.

Argumente ***n*** (erforderlich) ist die Anzahl aller Elemente.

k (erforderlich) gibt an, aus wie vielen Elementen jede Variationsmöglichkeit bestehen soll.

Hinweis Beide Argumente werden durch Abschneiden ihrer Nachkommastellen zu ganzen Zahlen gekürzt.

Ist *n* oder *k* kein numerischer Ausdruck, gibt VARIATIONEN() den Fehlerwert *#WERT!* zurück.

Ist *n* kleiner oder gleich 0 bzw. *k* kleiner 0, gibt VARIATIONEN() den Fehlerwert *#ZAHL!* zurück.

Ist *n* kleiner *k*, gibt VARIATIONEN() den Fehlerwert *#ZAHL!* zurück.

Hintergrund Die Funktion VARIATIONEN() gehört zum Bereich der Kombinatorik, die sich mit der Bestimmung der Anzahl möglicher Anordnungen von Objekten beschäftigt.

Variationen unterscheiden sich von Kombinationen, für welche die interne Anordnung nicht relevant ist.

Das heißt, bei den Variationen darf die Reihenfolge der gezogenen Elemente nachträglich nicht mehr verändert werden – bei den Kombinationen spielt das keine Rolle.

Mit der Funktion VARIATIONEN() können Sie also zum Beispiel berechnen, wie viele Möglichkeiten es für die ersten drei Plätze eines Wettlaufs mit zehn Teilnehmern gibt. Mit der Funktion KOMBINATIONEN() können Sie hingegen ermitteln, wie viele Möglichkeiten es beim Ziehen der Lottozahlen von 6 Kugeln aus 49 gibt.

Der Unterschied: Während sich die Reihenfolge der gezogen Lottozahlen beliebig ändern lässt, würden die Läufer protestieren, wenn Sie die Plätze 1 bis 3 nun plötzlich nach den Anfangsbuchstaben der Nachnamen sortieren würden.

Bei den Variationen spielt also die Anordnung eine wichtige Rolle.

Die Funktion VARIATIONEN ermittelt also die Anzahl der geordneten Stichproben vom Umfang *k*, die man einer Gesamtheit von *n* verschiedenen Elementen **ohne** Zurücklegen entnehmen kann.

Die Gleichung zur Berechnung der Anzahl der Variationen lautet:

$$P_{k,n} = \frac{n!}{(n-k)!}$$

Praxiseinsatz

Bleiben wir bei dem Beispiel mit den Wettläufern. An dem Wettrennen nehmen insgesamt zehn Läufer teil. Die ersten drei Personen, die in das Ziel einlaufen, erhalten ein Preisgeld, die anderen nichts. Nun möchten Sie wissen, wie viele unterschiedliche Variationen es für die ersten **3 Plätze** bezüglich der Teilnehmer gibt. Hierfür nutzen Sie die Formel VARIATIONEN.

Welche Werte sind für die Argumente *n* und *k* der Funktion gegeben?

- $n = 10$ (Anzahl der Elemente sind in diesem Beispiel die Anzahl der teilnehmenden Läufer)
- $k = 3$ (die Variationsmöglichkeit soll aus drei Elementen, also den ersten drei Plätzen, bestehen)

Das Ergebnis der Berechnung sehen Sie in Abbildung 11.149.

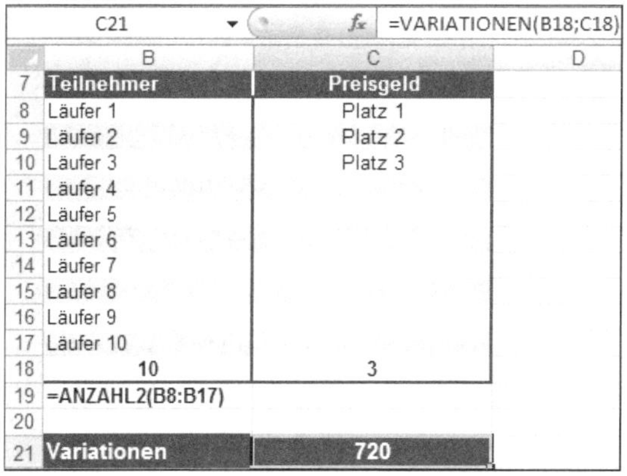

Abbildung 11.149: Die Berechnung möglicher »Gewinner«-Variationen

Laut der Berechnung mithilfe der Funktion VARIATIONEN() gibt es 720 verschiedene Möglichkeiten, unter den zehn Teilnehmern die ersten drei Plätze zu belegen.

Siehe auch BINOM.VERT(), FAKULTÄT(), HYPGEOM.VERT(), KOMBINATIONEN(), BINOM.INV(), NEGBINOM.VERT()

CD-ROM Dieses Beispiel finden Sie auf der CD-ROM zum Buch im Ordner *\Buch\Kap11* in den Arbeitsmappen *Wahrscheinlichkeit.xls* (Excel 97-2003) bzw. *Wahrscheinlichkeit.xlsx* (Excel 2007/2010) auf dem Arbeitsblatt *Variationen*.

WAHRSCHBEREICH() PROB()

Syntax WAHRSCHBEREICH(***Beob_Werte***;***Beob_Wahrsch***;***Untergrenze***;*Obergrenze*)

Definition Die Funktion WAHRSCHBEREICH() gibt die Wahrscheinlichkeit für ein von zwei Werten eingeschlossenes Intervall zurück. Ist das Argument *Obergrenze* nicht angegeben, berechnet diese Funktion die Wahrscheinlichkeit, dass zu *Beob_Werte* gehörende Werte gleich dem Wert von *Untergrenze* sind.

Argumente ***Beob_Werte*** (erforderlich) ist ein Bereich von Realisationen der Zufallsvariablen, denen Wahrscheinlichkeiten zugeordnet sind.

Beob_Wahrsch (erforderlich) sind die Wahrscheinlichkeiten zu den beobachteten Werten.

Untergrenze (erforderlich) ist die untere Grenze der Werte, deren Wahrscheinlichkeit berechnet werden soll.

Obergrenze (optional) ist die obere Grenze der Werte, deren Wahrscheinlichkeit berechnet werden soll.

Hinweis Ist eine der zu *Beob_Wahrsch* gehörenden Zahlen kleiner oder gleich 0 bzw. größer 1, gibt die Funktion WAHRSCHBEREICH() den Fehlerwert *#ZAHL!* zurück.

Ist die Summe der zu *Beob_Wahrsch* gehörenden Zahlen größer 1, gibt WAHRSCHBEREICH() den Fehlerwert *#ZAHL!* zurück.

Fehlt das Argument *Obergrenze*, gibt WAHRSCHBEREICH() die Wahrscheinlichkeit für den Wert *Untergrenze* zurück.

Enthalten *Beob_Werte* und *Beob_Wahrsch* unterschiedlich viele Datenpunkte, gibt die Funktion WAHRSCHBEREICH() den Fehlerwert *#NV* zurück.

Hintergrund Mithilfe der Funktion WAHRSCHBEREICH() können Sie die Wahrscheinlichkeit für ein Intervall von Werten berechnen, deren Einzelwahrscheinlichkeiten jeweils angegeben sind. Anders ausgedrückt summiert die Funktion die jeweiligen Wahrscheinlichkeiten der Werte in diesem Intervall.

Die Werte entsprechen dem Argument *Beob_Werte*, die zu untersuchen sind, die Wahrscheinlichkeiten bezeichnen das Argument *Beob_Wahrsch*, also die zu den Werten gehörenden Einzelwahrscheinlichkeiten.

Alle Wahrscheinlichkeiten müssen größer oder gleich 0 (0 %) und kleiner oder gleich 1 (100 %) sein und deren Summe muss 1 ergeben.

Praxiseinsatz

Sie sind Arzt und bieten Ihren Patienten einen kostenlosen Gesundheitscheck an. Dazu gehört auch der Gang auf die Waage.

Fünf Ihrer Patienten haben sich bereits wiegen lassen. Aus anderen, früheren Messungen konnten Sie den aktuell gemessenen Werten Wahrscheinlichkeiten zuordnen. Die Werte und deren Wahrscheinlichkeiten haben Sie in einer Tabelle festgehalten (siehe Abbildung 11.150).

	C	D	E
9	Person	Gewicht in kg	Wahrscheinlichkeit
10	1	30	10%
11	2	40	15%
12	3	50	20%
13	4	60	25%
14	5	70	30%

Abbildung 11.150: Die Messewerte sowie die dazugehörigen Wahrscheinlichkeiten

Patient Nr. 6 betritt das Behandlungszimmer. Sie stellen sich folgende Fragen:

1. Wie hoch ist die Wahrscheinlichkeit, dass Patient 6 gewichtsmäßig genau dem Wert 4 entspricht, also 60 kg wiegt?
2. Wie hoch ist die Wahrscheinlichkeit, dass Patient 6 gewichtsmäßig zwischen Wert 4 und 5 liegt, also zwischen 60 und 70 kg wiegt?

Die Antworten liefert die Funktion WAHRSCHBEREICH(), dargestellt in Abbildung 11.151.

D16 =WAHRSCHBEREICH(D10:D14;E10:E14;D13;D14)

	B	C	D	E
9		Person	Gewicht in kg	Wahrscheinlichkeit
10		1	30	10%
11		2	40	15%
12		3	50	20%
13		4	60	25%
14		5	70	30%
15	Nur Untergrenze	Wahrschbereich 1	0,25	25%
16	Untergrenze/ Obergrenze	Wahrschbereich 2	0,55	55%

Abbildung 11.151: Die Berechnung der Wahrscheinlichkeiten mithilfe der Funktion *WAHRSCHBEREICH()*

Die Antworten auf die Fragen lauten demnach:

1. Die Wahrscheinlichkeit, dass Patient 6 genau 60 kg wiegt, beträgt 30 %.
2. Die Wahrscheinlichkeit, dass Person 6 zwischen 60 und 70 kg wiegt beträgt 55 %.

Wie Sie der Abbildung 11.151 entnehmen können, wurde zur Beantwortung von Frage 1 das optionale Argument *Obergrenze* nicht angegeben. Das heißt, WAHRSCHBEREICH() hat die Wahrscheinlichkeit für die Untergrenze, in unserem Beispiel 60 kg, berechnet.

Um für Frage 2 eine Antwort zu erhalten, musste sowohl das Argument ***Untergrenze*** als auch das Argument *Obergrenze* angegeben werden. Das heißt, es wurde die Wahrscheinlichkeit für einen Wert *x* innerhalb eines Intervalls, in unserem Beispiel das Intervall zwischen 60 und 70 kg, berechnet.

Siehe auch BINOM.VERT(), BINOM.INV()

CD-ROM Dieses Beispiel finden Sie auf der CD-ROM zum Buch im Ordner *\Buch\Kap11* in den Arbeitsmappen *Wahrscheinlichkeit.xls* (Excel 97-2003) bzw. *Wahrscheinlichkeit.xlsx* (Excel 2007/2010) auf dem Arbeitsblatt *Wahrschbereich*.

WEIBULL.VERT() / WEIBULL() — WEIBULL.DIST() / WEIBULL()

Syntax WEIBULL.VERT(*x*;***Alpha***;***Beta***;***kumuliert***)

Definition Die Funktion WEIBULL.VERT() gibt Wahrscheinlichkeiten einer weibullverteilten Zufallsvariablen zurück. Diese Verteilung können Sie bei Zuverlässigkeitsanalysen verwenden, also beispielsweise dazu, die mittlere Lebensdauer eines Geräts zu berechnen.

Argumente ***x*** (erforderlich) ist der Wert, für den die Funktion ausgewertet werden soll.

Alpha (erforderlich) ist ein Parameter der Verteilung.

Beta (erforderlich) ist ein Parameter der Verteilung.

kumuliert (erforderlich) ist der Wahrheitswert, der den Typ der Funktion bestimmt. Ist *kumuliert* mit *WAHR* belegt, gibt WEIBULL.VERT() den Wert der Verteilungsfunktion zurück, also die Wahrscheinlichkeit, dass die Anzahl zufällig auftretender Ereignisse zwischen 0 und einschließlich *x* liegt. Ist *kumuliert* mit *FALSCH* belegt, gibt WEIBULL.VERT() den Wert der Dichtefunktion zurück.

Hinweis Ist eines der Argumente *x*, *Alpha* oder *Beta*, kein numerischer Ausdruck, gibt WEIBULL.VERT() den Fehlerwert *#WERT!* zurück.

Ist *x* kleiner 0, gibt WEIBULL.VERT() den Fehlerwert *#ZAHL!* zurück.

Ist *Alpha* kleiner oder gleich 0 oder ist *Beta* kleiner oder gleich 0, gibt WEIBULL.VERT() den Fehlerwert *#ZAHL!* zurück.

Hintergrund Wie viele andere in diesem Buch bereits erwähnte Verteilungen gehört auch die Weibull-Verteilung zu den statistischen Verteilungen, die beispielsweise zur Untersuchung der Lebensdauer im Bereich der Qualitätssicherung verwendet wird. Hier sind Fragestellungen bezüglich der Materialermüdung von spröden Werkstoffen oder auch Ausfällen von elektronischen Bauteilen relevant.

Benannt ist die Weibull-Verteilung nach dem Schweden Waloddi Weibull (1887 bis 1979).

Die Weibull-Analyse gilt als klassische Zuverlässigkeitsanalyse oder das klassische Lebensdauerdiagramm. Sie hat besonders in der Automobilindustrie eine große Bedeutung. Aus dem sogenannten »Weilbull-Netz« lassen sich die charakteristische Lebensdauer sowie eine »Ausfallwahrscheinlichkeit« von Bauteilen oder anderen Komponenten ablesen.

Verallgemeinert handelt es sich bei der Weilbull-Verteilung um eine Exponentialverteilung. Mit der Weibull-Verteilung wird aus verschiedenen Gründen gearbeitet:

- Sehr viele Verteilungsformen lassen sich mit der Weibull-Verteilung darstellen
- Die Weibull-Funktion ist mathematisch leicht zu handhaben
- Zeitabhängige Ausfallmechanismen erscheinen als Gerade

Hinweis Mehr Informationen zur Exponentialverteilung finden Sie auf Seite 406 unter der Funktion EXPON.VERT().

Sie können mithilfe der Funktion WEIBULL.VERT() sowohl die Dichte- als auch die Verteilungsfunktion der Weibull-Verteilung berechnen.

Zur Berechnung der Dichtefunktion verwenden Sie für das Argument *kumuliert* den Wahrheitswert *FALSCH*. Die Dichtefunktion stellt die erste Ableitung der Verteilungsfunktion nach der Zufallsvariablen (z.B. Zeit bei der Ausfalldichtefunktion) dar. Anders ausgedrückt wird die differentielle Änderung der relativen Häufigkeit pro Skalenabschnitt errechnet.

Zur Berechnung der Verteilungsfunktion verwenden Sie für das Argument *kumuliert* den Wahrheitswert *WAHR*. Die Verteilungsfunktion *F(x)* gibt die relative Häufigkeit von Ereignissen in kumulierter Form an.

Im eindimensionalen Fall bedeutet das, wie bei einigen anderen Verteilungsfunktionen auch, dass *F(x)* die Wahrscheinlichkeit angibt, dass die Zufallsvariable *y* höchstens den Wert *x* annimmt.

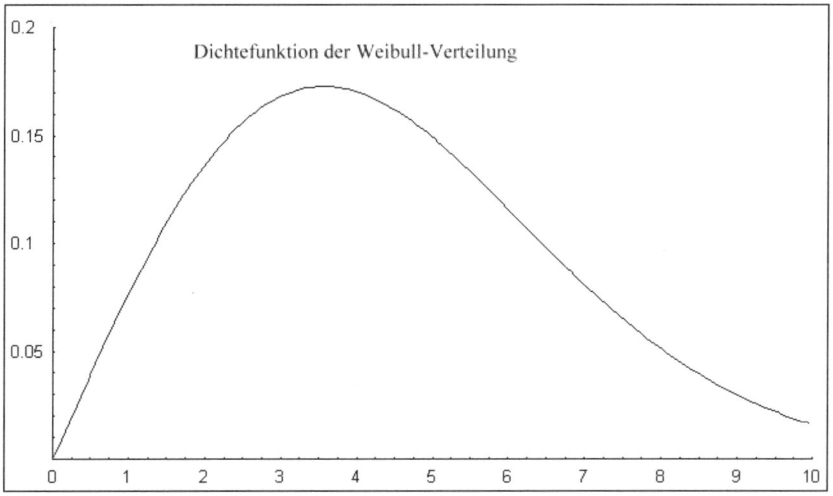

Abbildung 11.152: Die grafische Darstellung der Weibull-Verteilung mit den Argumenten *x*, *Alpha*=5, *Beta*=2, *kumuliert* = Falsch

Die Gleichung der Verteilungsfunktion einer Weibull-Verteilung lautet wie folgt:

$$F(x,\alpha,\beta) = 1 - e^{-(x/\beta)^{\alpha}}$$

Die Gleichung der Dichtefunktion einer Weibull-Verteilung lautet wie folgt:

$$f(x,\alpha,\beta) = \frac{\alpha}{\beta^{\alpha}} x^{\alpha-1} e^{-(x/\beta)^{\alpha}}$$

Ist *Alpha* = 1, gibt die Funktion WEIBULL.VERT() die Exponentialverteilung mit Folgendem zurück:

$$\lambda = \frac{1}{\beta}$$

Das Verhalten der Ausfallrate hängt demnach vom Parameter β ab:

- 1 > β monoton wachsend
- 1 = β konstant und somit eine Exponentialverteilung
- 1 < β monoton fallend

Praxiseinsatz Gehen Sie folgendermaßen zur Berechnung von WEIBULL.VERT() vor:

Gegeben sind die Werte:

- 105 = Wert, für den die Funktion ausgewertet werden soll (*x*)
- 20 = Alpha-Parameter der Verteilung (*Alpha*)
- 100 = Beta-Parameter der Verteilung (*Beta*)
- *WAHR = kumuliert*
- *FALSCH = kumuliert*

Die Berechnung von WEIBULL.VERT() sehen Sie in Abbildung 11.153.

E15 =WEIBULL.VERT(E10;E11;E12;E13)

	B	E
9	**Bedeutung**	**Parameter**
10	Wert, für den die Funktion ausgewertet werden soll	105
11	Alpha-Parameter der Verteilung	20
12	Beta-Parameter der Verteilung	100
13	Kumuliert	WAHR
14	Kumuliert	FALSCH
15	**WEIBULL.VERT() für Kumuliert = WAHR**	**0,929581**
16	**WEIBULL.VERT() für Kumuliert = FALSCH**	**0,035589**

Abbildung 11.153: Berechnung von WEIBULL.VERT()

Unter Angabe der in Abbildung 11.153 dargestellten Parameter gibt die Funktion WEIBULL.VERT() folgende Ergebnisse zurück:

- Für *kumuliert = WAHR* liefert WEIBULL.VERT() die Verteilungsfunktion einer Weibull-Verteilung mit dem Wert 0,929581
- Für *kumuliert = FALSCH* liefert WEIBULL.VERT() die Dichtefunktion einer Weibull-Verteilung mit dem Wert 0,035589

Siehe auch EXPON.VERT()

CD-ROM Dieses Beispiel finden Sie auf der CD-ROM zum Buch im Ordner *\Buch\Kap11* in den Arbeitsmappen *Wahrscheinlichkeit.xls* (Excel 97-2003) auf dem Arbeitsblatt *Weibull* bzw. *Wahrscheinlichkeit.xlsx* (Excel 2007/2010) auf dem Arbeitsblatt *Weibull.vert*.

ZÄHLENWENN() COUNTIF()

Syntax

ZÄHLENWENN(*Bereich*;*Kriterien*)

Definition

ZÄHLENWENN() zählt die nicht leeren Zellen eines Bereichs, deren Inhalte mit den Suchkriterien übereinstimmen.

Argumente

Bereich (erforderlich) ist der Zellbereich, von dem Sie wissen möchten, wie viele seiner Zellen einen Inhalt haben, der mit den Suchkriterien übereinstimmt.

Kriterien (erforderlich) gibt die Kriterien in Form einer Zahl, eines Ausdrucks oder einer Zeichenfolge an. Diese Kriterien bestimmen, welche Zellen gezählt werden. Ein Suchkriterium kann als Zahl (z.B. 2000), als Text, z.B. *Kein*, in Bezug auf nicht erzielte Umsätze oder als Zellbezug (z.B. *B5*) formuliert werden.

Hintergrund

Mit dieser Funktion haben Sie eine weitere Möglichkeit, Ihre Daten auf Grundlage einer Bedingung zu analysieren. Warum diese Funktion allerdings unter den statistischen Funktionen und nicht, wie die SUMMEWENN()-Funktion, unter den mathematischen & trigonometischen Funktionen zu finden ist, lässt sich nicht genau sagen.

Die Funktion ZÄHLENWENN() kann als Suchkriterium nur mit einem konkreten Wert arbeiten. Der Versuch, alle Zellen mit Zahlen kleiner 0 zu suchen, scheitert erst mal. Sie können die Zeichen < und > nur verwenden, wenn Sie die Zeichen sowie den anschließenden Vergleichswert in Anführungsstriche einfassen. Alternativ können Sie < oder > in Anführungsstriche setzen und den darauffolgenden Wert mit einem & anschließen.

Praxiseinsatz 1

Kommen wir wieder auf die Tabelle des Softwareherstellers mit den Umsätzen der letzten zwei Jahre zurück. Unternehmensziel war es, den Umsatz über 200.000 € pro Monat zu bringen – nun steht die Prüfung an, um zu sehen, wie oft dieses Ziel in den vergangenen 24 Monaten erreicht wurde.

Mithilfe der Funktion ZÄHLENWENN() soll das Ergebnis errechnet werden. Für den ***Bereich*** werden die Zellen *C3:C26*, für *Kriterien* > 200000 angegeben. Wie in Abbildung 11.154 dargestellt, ergibt sich ein Ergebnis von 15 Umsätzen, die über 200.000 € liegen.

Tipp

Obwohl ZÄHLENWENN() eigentlich nur auf die Verwendung mit einer Bedingung ausgerichtet ist, können Sie mit einem Trick trotzdem mehrere Bedingungen angeben, um Ihre Datenmenge zu untersuchen. Möchten Sie mit zwei Bedingungen arbeiten, erstellen Sie für jede der Bedingungen eine ZÄHLENWENN()-Funktion und verknüpfen diese mit einem »+«-Zeichen. Auf unser Beispiel bezogen könnten Sie z.B. nach Werten innerhalb der Tabelle suchen, die zwischen 180.000 € und 200.000 € liegen.

In diesem Fall ist die erste Bedingung größer 180.000 € und die zweite kleiner 200.000 €.

Für jede der beiden Bedingungen erstellen Sie eine ZÄHLENWENN()-Funktion, verknüpfen diese mit einem «+» und setzen diesen Teil in Klammern. Danach ziehen Sie die Gesamtanzahl aller Werte in diesem Bereich vom Ergebnis ab und erhalten damit die Anzahl der Zahlen, die größer als 180.000 und kleiner als 200.000 sind.

E3 =ZÄHLENWENN(C3:C26;">200000")

Fragestellung:
Wie oft war der Umsatz größer als 200000€?

Monat	Umsatz		Ergebnis
Januar 07	107.629 €		15
Februar 07	185.385 €		
März 07	180.807 €		
April 07	124.328 €		
Mai 07	146.215 €		
Juni 07	185.675 €		
Juli 07	210.169 €		
August 07	221.729 €		
September 07	234.187 €		
Oktober 07	237.947 €		
November 07	210.088 €		
Dezember 07	207.791 €		
Januar 08	201.097 €		
Februar 08	222.460 €		
März 08	208.585 €		
April 08	206.387 €		
Mai 08	218.951 €		
Juni 08	95.642 €		
Juli 08	126.895 €		
August 08	654.988 €		
September 08	126.874 €		
Oktober 08	524.985 €		
November 08	346.852 €		
Dezember 08	236.985 €		

Abbildung 11.154: Wie viele Zellen der Tabelle stimmen mit dem Suchkriterium »>200000« überein

Praxiseinsatz 2 ZÄHLENWENN() ist auch mit Platzhalterzeichen möglich.

Der Personalleiter des Softwareherstellers hat eine Liste angelegt, in der die Mitarbeiter eintragen sollen, wann Sie Urlaub und wann Gleitzeit beantragt haben. Nun möchten Sie alle Gleitzeittage zählen, doch die Angestellten haben in die Liste sowohl »Gleitzeit«, als auch »Gleit«, »Gl« oder nur »G« eingetragen.

Da die ZÄHLENWENN()-Funktion als Suchkriterium auch Platzhalter zulässt, kann der Personalleiter auch hier auf sie zurückgreifen.

E37 =ZÄHLENWENN(C37:D43;"G*")

Fragestellung:
Wie viele Gleitzeittage wurden genommen?

Mitarbeiter	1. Jan. 08	2. Jan. 08	Ergebnis
Reinke	Gl	U	6
Jeschke	Gl	Gleitzeit	=ZÄHLENWENN(C37:D43;"G*")
Unverhau	U	Urlaub	
Müller	Ur	U	
Schmidt	Url	Gleit	
Fischer	Gleitzeit	Url	
Kammer	Urlaub	Gleit	

Abbildung 11.155: Nutzen Sie als Suchkriterium einen Platzhalter

Wie Sie Abbildung 11.155 beispielhaft sehen können, liefert der Platzhalter »*« in Verbindung mit »G« alle Werte der Tabelle, die mit dem Buchstaben »G« beginnen – in unserem Fall handelt es sich um sechs Einträge und somit um sechs Gleitzeittage, die von den verschiedenen Mitarbeitern in zwei Tagen beantragt wurden.

Siehe auch

ANZAHLLEEREZELLEN(), SUMMEWENN(), ZÄHLENWENNS()

CD-ROM

Diese Beispiele und das Beispiel aus dem Tipp finden Sie auf der CD-ROM zum Buch im Ordner *\Buch\Kap11* in den Arbeitsmappen *Zählen.xls* (Excel 97-2003) bzw. *Zählen.xlsx* (Excel 2007/2010) auf dem Arbeitsblatt *Zählenwenn*.

ZÄHLENWENNS() COUNTIFS()

Neu in 2007!

Syntax

ZÄHLENWENNS(***Bereich1;Kriterien1***;*Bereich2;Kriterien2…*)

Hinweis

ZÄHLENWENNS() ist eine neue Funktion in Excel 2007!

Definition

ZÄHLENWENNS() zählt die Anzahl der Zellen eines Bereichs, die mehreren Kriterien entsprechen.

Argumente

Bereich1 (erforderlich) ist der Bereich, in dem die entsprechenden Kriterien ausgewertet werden sollen. Bei den Zellen des Bereichs muss es sich um Namen von Zellen, Matrizen von Zellen oder Bezüge zu Zellen, die Zahlen enthalten, handeln. Leere und Textwerte werden ignoriert.

Kriterien1 (erforderlich) ist das Kriterium in Form einer Zahl, eines Ausdrucks, Zellbezugs oder Texts, mit dem definiert wird, welche Zellen gezählt werden.

Bereich2… (optional) sind Bereiche von 1 bis 127, in denen die entsprechenden Kriterien ausgewertet werden sollen. Bei den Zellen in den einzelnen Bereichen muss es sich um Namen von Zellen, Matrizen von Zellen oder Bezüge zu Zellen handeln, die Zahlen enthalten. Leere und Textwerte werden ignoriert.

Kriterien2… (optional) sind 1 bis 127 Kriterien in Form einer Zahl, eines Ausdrucks, Zellbezugs oder Texts, mit denen definiert wird, welche Zellen gezählt werden.

Hinweis

Die einzelnen Zellen eines Bereichs werden nur gezählt, wenn alle entsprechenden angegebenen Kriterien für diese Zelle zutreffen.

Wenn *Kriterien* eine leere Zelle darstellt, behandelt ZÄHLENWENNS() sie als Nullwert.

Die Kriterien dürfen die Platzhalterzeichen »Fragezeichen (?)« und »Sternchen (*)« enthalten. Ein Fragezeichen ersetzt bei Übereinstimmung ein einzelnes Zeichen und ein Sternchen eine beliebige Zeichenfolge. Wenn Sie nach einem tatsächlichen Fragezeichen oder Sternchen suchen möchten, geben Sie eine »Tilde (~)« vor dem zu suchenden Zeichen ein.

Hintergrund

Die Funktion ZÄHLENWENNS() ist die Erweiterung der Funktion ZÄHLENWENN. Vorteil der Funktion ZÄHLENWENNS() ist, dass sie die Anzahl der Zellen eines Zellbereichs unter Angabe mehrerer Bedingungen und Kriterien ermitteln kann.

Mehr Informationen zur Funktion ZÄHLENWENN(), als Basis der Funktion ZÄHLENWENNS(), erfahren Sie auf Seite 581.

Praxiseinsatz

Kommen wir auf die Tabelle des Software-Herstellers mit den Umsätzen der letzten zwei Jahre zurück.

Unternehmensziel war es, den Umsatz über 200.000 € pro Monat zu bringen – nun steht die Prüfung an, um zu sehen, wie oft dieses Ziel in den vergangenen 24 Monaten erreicht wurde. Für den gesamten Zeitraum können Sie dies mit der Funktion ZÄHLENWENN() berechnen.

	Monat	Jahr	Umsatz
3	Januar	2007	107.629 €
4	Februar	2007	185.385 €
5	März	2007	180.807 €
6	April	2007	124.328 €
7	Mai	2007	146.215 €
8	Juni	2007	185.675 €
9	Juli	2007	210.169 €
10	August	2007	221.729 €
11	September	2007	234.187 €
12	Oktober	2007	237.947 €
13	November	2007	210.088 €
14	Dezember	2007	207.791 €
15	Januar	2008	201.097 €
16	Februar	2008	222.460 €
17	März	2008	208.585 €
18	April	2008	206.387 €
19	Mai	2008	218.951 €
20	Juni	2008	95.642 €
21	Juli	2008	126.895 €
22	August	2008	654.988 €
23	September	2008	126.874 €
24	Oktober	2008	524.985 €
25	November	2008	346.852 €
26	Dezember	2008	236.985 €

Abbildung 11.156: Auszug aus der Umsatztabelle für die beiden Jahre 2007 und 2008

Das reicht Ihnen jedoch nicht – Sie möchten die beiden Jahre miteinander vergleichen. Suchen Sie also die Anzahl der Monate, in denen ein Umsatz größer als 200.000 € erwirtschaftet wurde, und das jeweils für das Jahr 2007 bzw. 2008.

Hierfür nutzen Sie die Funktion ZÄHLENWENNS(), da es Ihnen so möglich ist, mehrere Kriterien gleichzeitig anzugeben. In unserem Fall die Kriterien ">200.000" und "2007" bzw. "2008". Die Abbildung 11.157 zeigt das Ergebnis.

F3 =ZÄHLENWENNS(D3:D26;">200000";C3:C26;"2007")

	Monat	Jahr	Umsatz		
2					Ergebnis 2007
3	Januar	2007	107.629 €		6
4	Februar	2007	185.385 €		
5	März	2007	180.807 €		Ergebnis 2008
6	April	2007	124.328 €		9
7	Mai	2007	146.215 €		
8	Juni	2007	185.675 €		
9	Juli	2007	210.169 €		

Abbildung 11.157: Berechnung der Anzahl der Umsätze höher als 200.000 und getrennt nach Jahr

Wie Sie der Abbildung entnehmen können, ist die Anzahl der Monate, deren Umsatz über 200.000 € lag im Jahr 2008 um drei gestiegen. Damit hat der Software-Hersteller wohl alles richtig gemacht!

Siehe auch SUMMEWENN(), ZÄHLENWENN(),

CD-ROM Diese Beispiele zur Funktion und das Beispiel aus dem Tipp finden Sie auf der CD-ROM zum Buch im Ordner *\Buch\Kap11* in der Arbeitsmappe *Zählen.xlsx* (Excel 2007/2010) auf dem Arbeitsblatt *Zählenwenns.*

Kapitel 12

Datenbankfunktionen

In diesem Kapitel des Buches über die Excel-Funktionen wollen wir Ihnen die Datenbankfunktionen näherbringen. Da Datenbanken mittlerweile hauptsächlich auf Tabellen beruhen, bietet sich Excel als Tabellenkalkulationsprogramm und dem darin integrieren Datenbankmodul geradezu an – das heißt, die Excel-Datenbankfunktionen finden immer dann Anwendung, wenn es darum geht, Auswertungen aus einer bereits bestehen Datenbank zu generieren.

Eine Datenbank in Excel bezeichnet eine Tabelle mit Überschriften (die in der Terminologie der Datenverwaltung *Feldnamen* genannt werden) und einer bestimmten Anzahl von Zeilen. Entsprechend des Feldnamens befinden sich darunter gleichartige Informationen wie beispielsweise Umsätze oder Namen. Diese Informationen innerhalb der einzelnen Spalten werden *Feldinhalte* genannt.

	A	B	C	D	E	F
1	Firma	Ort	Datum	Land	Artikelname	Umsatz
2	Alfreds Futterkiste	Berlin	12.03.08	Deutschland	Chai	kein
3	Alfreds Futterkiste	Berlin	11.01.08	Deutschland	Chang	1.449,00 €
4	Alfreds Futterkiste	Berlin	01.08.08	Deutschland	Aniseed Syrup	1.530,00 €
5	Alfreds Futterkiste	Berlin	18.03.08	Deutschland	Chef Anton's Cajun Seasoning	1.662,00 €
6	Alfreds Futterkiste	Berlin	30.06.08	Deutschland	Chef Anton's Gumbo Mix	1.633,00 €
7	Alfreds Futterkiste	Berlin	02.08.07	Deutschland	Grandma's Boysenberry Spread	1.959,00 €
8	Alfreds Futterkiste	Berlin	24.03.08	Deutschland	Uncle Bob's Organic Dried Pears	1.382,00 €
9	Alfreds Futterkiste	Berlin	08.02.08	Deutschland	Northwoods Cranberry Sauce	1.940,00 €
10	Alfreds Futterkiste	Berlin	28.11.07	Deutschland	Mishi Kobe Niku	1.296,00 €
11	Alfreds Futterkiste	Berlin	21.06.08	Deutschland	Ikura	1.588,00 €
12	Alfreds Futterkiste	Berlin	10.09.07	Deutschland	Queso Cabrales	1.207,00 €
13	Alfreds Futterkiste	Berlin	06.12.07	Deutschland	Queso Manchego La Pastora	1.061,00 €
14	Alfreds Futterkiste	Berlin	18.12.07	Deutschland	Konbu	1.880,00 €

Abbildung 12.1: Der Datenbankbereich besteht aus Feldnamen und Feldinhalten

Eine Tabelle wie in Abbildung 12.1 erkennt Excel intern als Datenbank, das heißt, der Aufbau der Datenbank spielt eine wichtige Rolle. So ist es zum Beispiel wichtig, dass sich Feldnamen nicht wiederholen, die Überschriften in der obersten Reihe stehen und im gesamten Datenbankbereich keine Leerzeilen auftreten.

Ebenso erkennt Excel eine solche Liste automatisch als Datenbank, wenn für den Datenbankbereich typische Aufgaben oder Abfragen durchgeführt werden. Hierzu gehören z.B. die Such- und Sortierfunktion oder das Berechnen von Teilergebnissen. Bei solchen Datenbankaufgaben werden die Spalten als *Datenbankfelder* und die Zeilen als *Datensätze* bezeichnet.

Die Excel-Datenbankfunktionen sind zwar eher weniger bekannte Funktionen, bieten jedoch verschiedenste und sehr effiziente Möglichkeiten, um Tabellen und Listen bzw. deren Dateninhalte nach vorgegebenen Kriterien auszuwerten.

Hinweis Die DB-Funktionen sind ausschließlich auf Excel-Datenbanken anwendbar.

Zusätzlich können Sie beispielsweise PivotTables erstellen oder verschiedene Filter auf die Daten anwenden, um weitere Ergebnisse aus Analysen zu generieren. Ebenso stellt Excel einige Datenbankfunktionen zur Verfügung, mit denen Suchkriterien bei der Auswertung von Bereichen berücksichtigt werden können.

Vorteil ab 2007 Die Verwendung von Excel als Datenbank stieß in den Versionen bis 2003 relativ schnell an ihre Grenzen – eine Tabelle konnte maximal 65.536 Zeilen umfassen. Diese Grenze hat sich ab der Version 2007 nach oben verändert: Sie können hier bis zu 1.048.576 Zeilen je Arbeitsblatt für Ihre Datenlisten nutzen.

Argumente in Datenbankfunktionen

Da die Argumente für die Datenbankfunktionen – mit Ausnahme der Funktion PIVOTDATENZUORDNEN() – immer gleich sind, möchten wir gleich zu Beginn dieses Kapitels näher darauf eingehen. Vor allem interessiert uns in diesem Bereich das Argument *Kriterien*.

Bei den Datenbankfunktionen sind drei Argumente anzugeben:

1. **Datenbank**

   Mit dem erforderlichen Argument *Datenbank* wird der Zellbereich angegeben, den die Liste oder die Datenbank umfasst. In unserem Beispiel wäre das also der Bereich *A1:F7008* mit dem dynamischen Namen *Datenbank*.

2. **Feld**

   Das Argument *Feld* gibt an, welche Spalte in der Funktion verwendet wird. Ein Feld kann als Text zusammen mit der Spaltenbeschriftung aufgeführt werden, und zwar in doppelten Anführungszeichen, wie z.B. *"Land"*, *"Umsatz"* oder *"Firma"*. Alternativ kann ein Feld aber auch als Zahl angegeben werden, die die Position der Spalte innerhalb der Liste bezeichnet, wie z.B. *1* für die erste Spalte oder *2* für die zweite Spalte.

   Tipp Wir empfehlen Ihnen, in Bezug auf das Argument *Feld*, mit Namen zu arbeiten. Dies macht die Funktion verständlicher und auch lesbarer.

3. **Kriterien**

   Das erforderliche Argument *Kriterien* bezeichnet den Zellbereich, der die Feldnamen und darunter die Filterkriterien enthält. Sie können für dieses Argument *Suchkriterien* jeden Bereichs verwenden. Hierbei muss jedoch beachtet werden, dass er mindestens eine Spaltenbeschriftung und mindestens eine Zelle unter der Spaltenbeschriftung umfasst, damit eine Bedingung für die Spalte angegeben werden kann.

Hinweis Leider ist es nicht möglich, die Kriterien als Matrixausdruck (Matrixkonstante) direkt in die Funktion einzugeben. Sie kommen also nicht umhin, einen Kriterienbereich auf dem Arbeitsblatt anzulegen, um diesen dann als Bereichsbezug in der DB-Funktion zu verwenden.

Im Folgenden möchten wir Ihnen die Suchkriterien und deren Funktionsweise verdeutlichen.

CD-ROM Die Excel-Datenbank für dieses Beispiel finden Sie auf der CD-ROM zum Buch im Ordner *\Buch\Kap12* in den Arbeitsmappen *DBFUNKTION leer.xls* (Excel 97-2003) bzw. *DBFUNKTION leer.xlsx* (Excel 2007/2010) auf dem Arbeitsblatt *Urdaten*.

Die Bedingungen zur Auswertung der Daten sollten der Einfachheit und Übersicht halber ebenfalls in das entsprechende Arbeitsblatt eingetragen werden.

Nehmen wir an, Sie möchten die Kategorien *Land*, *Artikelname* und *Umsatz* näher betrachten:

1. Kopieren Sie aus dem Arbeitsblatt *Urdaten* die entsprechenden Spaltenüberschriften (Feldnamen) und fügen Sie diese rechts neben der Tabelle wieder ein.
2. Tragen Sie nun direkt unter die Kopie der Feldnamen eine Bedingung ein. Als Bedingung können sowohl Texte und Zahlen wie z.B. »Deutschland«, »1500« oder »D*« als auch Kombinationen aus logischen Operatoren und Begriffen wie z.B. »>K« oder »<2000« verwendet werden.

3. Den Bereich mit den Feldnamen und den darunter befindlichen Filterbedingungen (Kriterienbereich) können Sie nun in den DB-Funktionen verwenden.

Hinweis Der Stern bei »D*« steht in den Suchkriterien als Platzhalter für beliebige, beliebig viele Zeichen, das Fragezeichen für ein einzelnes beliebiges Zeichen.

Die Eingabe der Suchkriterien kann nun wie in Abbildung 12.2 dargestellt aussehen.

G	H	I
Land	Artikelname	Umsatz
Mexiko	Geitost	>1500

Abbildung 12.2: Die Suchkriterien für weitere Datenbankauswertungen als *UND*-Bedingung

Wenn Sie in mehrere Spalten einer Zeile eine Bedingung eintragen (Abbildung 12.2), werden nur die Daten der Datenbank zusammengefasst, die den Bedingungen **aller** Spalten entsprechen. Für die Bedingungen gilt das logische »UND« – man spricht daher auch von *UND-Bedingungen*.

Möchten Sie beispielsweise die Summe der Einträge in der Datenbank erhalten, die sowohl das Kriterium »Mexiko« als auch »Geitost« und »>1500« erfüllen, wäre die in Abbildung 12.2 dargestellte Schreibweise der Suchkriterien – also in einer Zeile – die richtige.

Neben der *UND-Bedingung* können Sie aber auch mit *ODER-Bedingungen* arbeiten. Bei ODER-Bedingungen werden die Suchkriterien auf mehrere Zeilen verteilt, wie in Abbildung 12.3 dargestellt.

G	H	I
Land	Artikelname	Umsatz
Mexiko	Geitost	
		>1500

Abbildung 12.3: Die Suchkriterien für weitere Datenbankauswertungen als *ODER*-Bedingung

In diesem Beispiel würde die Summe der Datensätze innerhalb der Datenbank gebildet, die die Kriterien »Mexiko« UND »Geitost« enthalten ODER »>1500«.

Hinweis Würden Sie als Suchkriterium »Cha« angeben, würden sowohl Datensätze mit dem Artikelnamen »Chai« als auch »Chang« in die Berechnung eingehen. Für eine exakte Übereinstimmung tragen Sie den Wert in Anführungszeichen und mit einem Gleichheitszeichen ein. Auf diese Weise findet »"=Chai"« nur die Artikel, die exakt diesem Eintrag entsprechen.

Arbeiten mit Datenbanken und -sätzen

Vorsicht mit Leerzeichen Bei der Groß- und Kleinschreibung zeigt sich Excel sehr tolerant. Anders ist der Fall aber mit Leerzeichen, die versehentlich am Ende eines Eintrags stehen. Wenn Sie beim Filtern keine Datensätze finden, liegt das vielleicht an solch einem versehentlich eingetragenen Leerzeichen. Dieses Leerzeichen kann in einem Datensatz oder in den Suchkriterien zu Problemen führen. Wenn Sie sicher sind, dass Daten mit den entsprechenden Suchkriterien vorhanden sind, aber trotzdem keine Daten ausgewertet werden, versuchen Sie es mit einem angehängten Fragezeichen oder dem Stern als Platzhalter bzw. sorgen Sie dafür, dass Ihre Datenbestände bereinigt werden. Dazu stehen Ihnen die in Kapitel 7 vorgestellten Textfunktionen GLÄTTEN() oder SÄUBERN() zur Verfügung.

Alle Datensätze mit oder ohne Inhalt berücksichtigen

Wenn Sie bei den Berechnungen alle Datensätze berücksichtigen wollen, die in einem Feld einen Eintrag haben, verwenden Sie als Suchkriterium für dieses Feld die Zeichenfolge »< >«. Wenn Sie diese Zeichenfolge z.B. für den Nachnamen verwenden, werden alle Datensätze berücksichtigt, bei denen das Feld *Nachname* nicht leer ist.

Wenn Sie alle Datensätze berücksichtigen wollen, bei denen z.B. das Feld *Umsatz* leer ist, tragen Sie für das Suchkriterium ein Gleichheitszeichen » = « ein und drücken die [↵]-Taste.

Berechnete Kriterien

Wenn Sie mehrere Bedingungen für ein Feld festlegen wollen, können Sie dies erreichen, indem Sie einen Feldnamen mehrfach verwenden und hierfür Bedingungen festlegen. Sie können aber auch berechnete Kriterien festlegen.

Für berechnete Kriterien ist es wichtig, dass Sie hier keinen Feldnamen als Überschrift verwenden dürfen. Tragen Sie einen beliebigen anderen Begriff wie z.B. »Kriterien« ein.

Nachfolgend stellen wir Ihnen die Operatoren und Platzhalter im Überblick vor.

Operatoren und Platzhalter im Überblick

Tabelle 12.1 Übersicht zu Operatoren

Operator	Beispiel	Angezeigt werden als Ergebnis alle Datensätze, deren Werte in der gewählten Spalte ...
> (größer als)	> 5000	... größer als 5.000 sind
< (kleiner als)	< 5000	... kleiner als 5.000 sind
>= (größer als oder gleich)	>= 5000	... 5.000 entsprechen oder größer sind
<= (kleiner als oder gleich)	<= 5000	... 5.000 entsprechen oder kleiner sind
< > (ungleich)	< > 5000	... einen anderen Wert als 5.000 aufweisen
= (gleich)	= 5000	... genau den Wert 5.000 aufweisen Die Eingabe des Gleichheitszeichens bei den Suchkriterien ist in diesem Fall nicht erforderlich

Tabelle 12.2 Übersicht zu Platzhaltern

Platzhalter	Beispiel	Angezeigt werden als Ergebnis alle Datensätze, die in der gewählten Spalte ...
* (beliebig viele Zeichen)	D*	... mit D beginnen
=* (beliebig viele Zeichen, kombiniert mit einer exakten Zeichenfolge)	="=*ecker"	... mit einem oder mehreren beliebigen Zeichen beginnen und mit *ecker* enden, z.B. Becker oder Wecker. Meckerheini würde nicht angezeigt, da hier nach *ecker* weitere Zeichen folgen.
? (einzelnes Zeichen)	?ecker	... mit einem beliebigen Zeichen, gefolgt von *ecker*, beginnen, z.B. Becker, Wecker und Meckerheini. Hochecker würde nicht angezeigt, da hier vor *ecker* mehrere Zeichen stehen.
=? (einzelnes Zeichen, kombiniert mit einer exakten Zeichenfolge)	="=?ecker"	... mit einem beliebigen Zeichen beginnen und mit *ecker* enden, z.B. Becker oder Wecker. Meckerheini und Hochecker würden nicht angezeigt.

Bei der Verwendung von Platzhaltern in Kombination mit einer exakten Zeichenfolge muss der Suchbegriff in Anführungszeichen gesetzt werden, z.B. *"=?ecker"*, da Excel nach einem Gleichheitszeichen (=) eine Formel erwartet – es sei denn, dem Gleichheitszeichen folgt eine Zeichenfolge in Anführungszeichen. Zusätzlich muss das Ganze noch von einem Gleichheitszeichen eingeleitet werden, da die »Suchformel« sonst nicht als solche erkannt würde und beispielsweise nach der Zeichenfolge *"=?ecker"* gesucht würde.

Verwendung von Steuerelementen

Unter Steuerelementen versteht man Schaltflächen, Listenfelder, Kontrollkästchen, Optionsfelder usw. Sie sind Bestandteil der integrierten Dialogfelder in Excel. Im Rahmen einer VBA-Programmierung können sie vom Anwender in benutzerdefinierten Dialogfeldern verwendet werden.

Excel verwendet Steuerelemente auch in Arbeitsblättern. Die Funktion »AutoFilter« verwendet beispielsweise Listenfelder zur Auswahl eines Filterkriteriums.

AutoFilter ab 2007

Um den AutoFilter in Excel 2007/2010 zu setzen, gehen Sie wie folgt vor:

1. Öffnen Sie die Registerkarte *Daten*.
2. Klicken Sie in der Gruppe *Sortieren und Filtern* auf die Schaltfläche *Filtern*.

Wie in Abbildung 12.4 dargestellt, wird die Filterfunktion automatisch eingefügt und steht zum Filtern nach bestimmten Kriterien bereit.

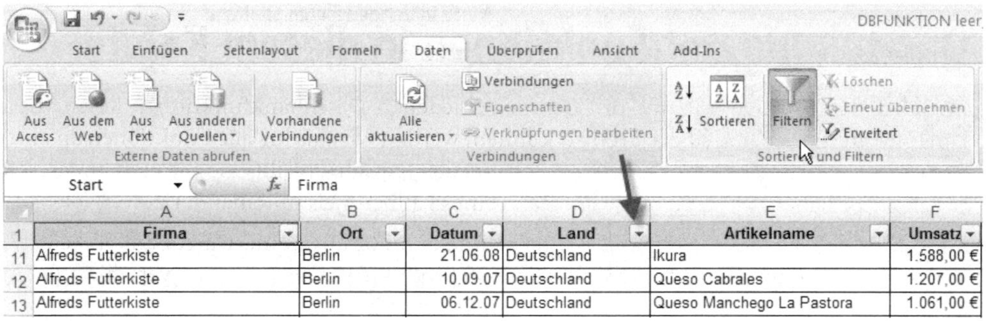

Abbildung 12.4: Aktivierte AutoFilter-Funktion ab Excel 2007

AutoFilter in 2003

Den AutoFilter für eine Tabelle setzten Sie über den Menübefehl *Daten/Filter/AutoFilter*. Natürlich ist auch die benutzerdefinierte Verwendung von Steuerelementen in einem Arbeitsblatt möglich.

Die Datenbankfunktionen im Überblick

Nachdem wir nun die Grundlagen erläutert haben, können wir uns an die Datenbankfunktionen, die damit verbundenen Fragestellungen und die Auswertungen der Daten begeben. Welche Funktionen gehören in den Bereich der Datenbanken?

Tabelle 12.3 Übersicht über die Datenbankfunktionen

Die Funktion ...	... ermittelt ...
DBANZAHL()	... die Anzahl der Felder, die die Bedingung(en) erfüllen
DBANZAHL2()	... die Anzahl der nicht leeren Felder, die die Bedingung(en) erfüllen
DBAUSZUG()	... einen einzelnen Wert, der die Bedingung(en) erfüllt
DBMAX()	... den größten Wert, der die Bedingung(en) erfüllt ▶

Die Funktion ...	... ermittelt ...
DBMIN()	... den kleinsten Wert, der die Bedingung(en) erfüllt
DBMITTELWERT()	... den Mittelwert der Werte, die die Bedingung(en) erfüllen
DBPRODUKT()	... das Produkt der Werte, die die Bedingung(en) erfüllen
DBSTDABW()	... geschätzt (aus einer Stichprobe) die Standardabweichung der Werte, die die Bedingung(en) erfüllen
DBSTDABWN()	... exakt die Standardabweichung der Werte, die die Bedingung(en) erfüllen.
DBSUMME()	... die Summe der Werte, die die Bedingung(en) erfüllen
DBVARIANZ()	... geschätzt (aus einer Stichprobe) die Varianz der Werte, die die Bedingung(en) erfüllen
DBVARIANZEN()	... exakt die Varianz der Werte, die die Bedingung(en) erfüllen
PIVOTDATENZURODNUNG()	... Werte aus einem PivotTable-Bericht

Darstellung der Funktionen in diesem Kapitel

Im Folgenden werden wir uns mit den verschiedenen Datenbankfunktionen beschäftigen. Um die Funktionen gezielt erklären zu können, werden wir uns für alle Funktionen an einem Beispiel orientieren, sodass zum einen die Übersicht gewahrt bleibt und Sie zum anderen die Möglichkeit haben, die Ergebnisse auf Basis eines Fallbeispiels miteinander zu vergleichen.

Das Szenario

Sie sind Inhaber eines Großhandelsunternehmens und haben eine Datenbank angelegt, in der 76 Ihrer Produkte aufgeführt sind. Diese 76 Produkte vertreiben Sie an verschiedene Einzelhändler in verschiedenen Ländern.

Ebenfalls erfasst sind das Herkunftsland des Einzelhändlers sowie das Verkaufsdatum und der getätigte Umsatz. Nun möchten Sie mithilfe der Datenbankfunktionen Ihre Datenbank bis ins Detail analysieren und dadurch neue Erkenntnisse über Umsätze usw. generieren.

Sie machen sich an die Arbeit ...

DBANZAHL() DCOUNT()

Syntax

DBANZAHL(***Datenbank***;*Feld*;***Kriterien***)

Definition

Die Funktion DBANZAHL() zählt die Anzahl von Zellen in einer Spalte einer Liste oder Datenbank, die Zahlen enthalten und den angegebenen Bedingungen entsprechen. Das *Feld*-Argument ist hierbei optional. Wenn das Argument *Feld* weggelassen wird, zählt DBANZAHL() alle Datensätze, die den Kriterien entsprechen.

Argumente

Datenbank (erforderlich) ist der Zellbereich, den die Liste oder Datenbank umfasst.

Feld (optional) gibt an, welche Spalte in der Funktion verwendet wird. Ein Feld kann als Text zusammen mit der Spaltenbeschriftung aufgeführt werden, und zwar in doppelten Anführungszeichen, wie z.B. *"Land"*, *"Umsatz"* oder *"Firma"*. Alternativ kann ein Feld aber auch als Zahl angegeben werden, die die Position der Spalte innerhalb der Liste bezeichnet, wie z.B. *1* für die erste Spalte, *2* für die zweite usw.

Kriterien (erforderlich) bezeichnet den Zellbereich, der die Feldnamen und darunter die Filterkriterien enthält. Sie können für dieses Argument Suchkriterien jeden Bereichs verwenden. Hierbei muss jedoch beachtet werden, dass er mindestens eine Spaltenbeschriftung und mindestens eine Zelle unter der Spaltenbeschriftung umfasst, damit eine Bedingung für die Spalte angegeben werden kann.

Hintergrund Die Funktion DBANZAHL() übernimmt eine einfache, jedoch oftmals sehr arbeitszeitsparende Aufgabe. Denn gerade bei Datenbanken ist ein Abzählen »von Hand« nicht mehr möglich. Möchten Sie also Datensätze in Ihrer Datenbank zählen, die bestimmten Kriterien unterliegen, verwenden Sie die Funktion DBANZAHL().

Hinweis Bei einer Zählung werden alle Argumente berücksichtigt, die entweder Zahlen, Null, Wahrheitswerte, Datumsangaben oder Zahlen in Textform sind. Argumente, die mit einem Fehlerwert oder mit einem Text belegt sind, der nicht in eine Zahl umgewandelt werden kann, werden hierbei ignoriert.

Praxiseinsatz Als Inhaber des Großhandelsunternehmens möchten Sie wissen, bei wie vielen Lieferungen innerhalb der erfassten Einträge in Ihrer Datenbank Rechnungen gestellt wurden – also Umsätze getätigt wurden, deren Betrag größer Null ist.

CD-ROM Um dieses Beispiel selber auf Ihrem Rechner nachstellen zu können, finden Sie auf der CD-ROM zum Buch im Ordner *\Buch\Kap12* in den Arbeitsmappen *DBFUNKTIONEN.xls* (Excel 97-2003) bzw. *DBFUNKTIONEN.xlsx* (Excel 2007-2010) auf dem Arbeitsblatt *Urdaten* die entsprechende Datenbank.

Sie öffnen ein neues Arbeitsblatt, in dem Sie zunächst den Kriterienbereich definieren – in diesem Fall ist dies das Feld *Umsatz* aus den Urdaten. Des Weiteren ist das Suchkriterium festzulegen, also *>0*.

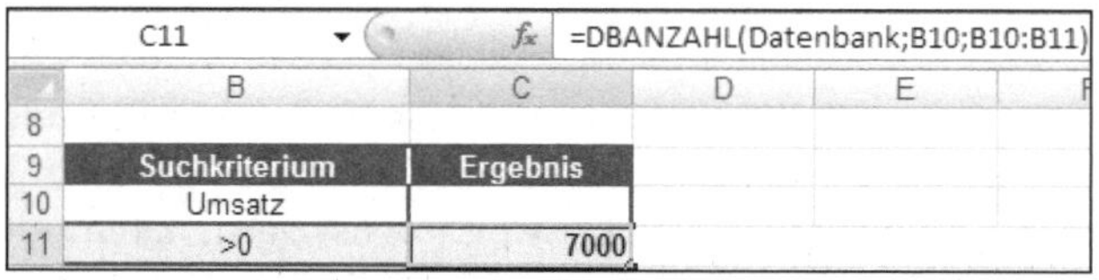

Abbildung 12.5: Es wird die Anzahl der Einträge ermittelt, deren Umsatz größer 0 ist

Mit der Formel DBANZAHL() können Sie nun leicht die Anzahl der Einträge mit einem *Umsatz>0* innerhalb der Datenbank errechnen.

Für das Argument *Datenbank* geben Sie den Zellbereich an, den die Datenbank umfasst, also beispielsweise *A1:F7008*. In unserem Beispiel trägt dieser Zellbereich den dynamischen Namen *Datenbank*, da es auf Dauer betrachtet zu aufwendig wäre, bei jeder Eingabe des Datenbankbereichs die Zellen von *A1:F7008* manuell zu markieren.

Hinweis Wie Sie dynamische Namen anlegen, können Sie ausführlich im Abschnitt »Dynamische Namen für Datenbanken« in Kapitel 1 nachlesen.

Das gleiche Ergebnis erzielen Sie auch, wenn Sie dem Bereich *B10:B11* – also den Suchkriterien, wie in Abbildung 12.5 dargestellt, den Namen *SUCH1* geben und das Argument *Feld*, in diesem Beispiel also der Umsatz, nicht durch die entsprechende Zelle *B10* angeben, sondern das Wort »Umsatz« selbst eintragen. Achten Sie hierbei darauf, dass der Feldname »Umsatz« in Anführungszeichen gesetzt wird.

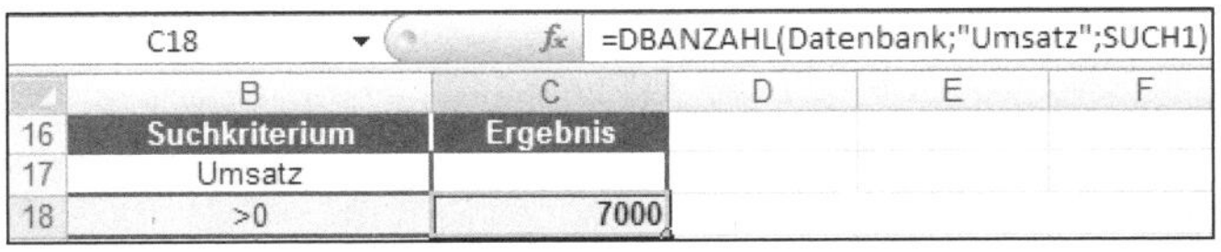

Abbildung 12.6: Die veränderte Eingabe der Argumente für die Funktion *DBANZAHL()*

Wie die Abbildung 12.6 darstellt, erhalten Sie auch hier das Ergebnis *7000*.

Das heißt, es befinden sich 7.000 Einträge in der Datenbank, deren Umsatz größer als 0 war und somit fakturiert wurden. Auf diese Weise können Sie in wenigen Minuten beispielsweise auch die Datensätze zählen, deren *Umsatz >1500* ist.

Siehe auch ANZAHL(), ANZAHL2(), DBANZAHL2(), ZÄHLENWENN(), ANZAHLLEEREZELLEN()

CD-ROM Dieses Beispiel finden Sie auf der CD-ROM zum Buch im Ordner *\Buch\Kap12* in den Arbeitsmappen *DBFUNKTIONEN.xls* (Excel 97-2003) bzw. *DBFUNKTIONEN.xlsx* (Excel 2007/2010) auf dem Arbeitsblatt *DBANZAHL*.

DBANZAHL2() DCOUNTA()

Syntax DBANZAHL2(***Datenbank***;*Feld*;***Kriterien***)

Definition Die Funktion DBANZAHL2() zählt die Anzahl von Zellen in einer Spalte einer Liste oder Datenbank, die nicht leer sind und den angegebenen Bedingungen entsprechen. Das *Feld*-Argument ist optional. Wird dieses Argument weggelassen, zählt DBANZAHL2() alle Datensätze, die den Kriterien entsprechen.

Argumente ***Datenbank*** (erforderlich) ist der Zellbereich, den die Liste oder Datenbank umfasst.

Feld (optional) gibt an, welche Spalte in der Funktion verwendet wird.

Kriterien (erforderlich) bezeichnet den Zellbereich, der die Feldnamen und darunter die Filterkriterien enthält.

Hintergrund Möchten Sie Datensätze in Ihrer Datenbank zählen, die nicht nur Zahlenwerte enthalten, verwenden Sie die Funktion DBANZAHL2(). Der Unterschied zur Funktion DBANZAHL() liegt darin, dass DBANZAHL2() jede beliebige Art von Information, auch leeren Text (""), zählt. Nicht mit einberechnet werden leere Zellen (Inhalt Null).

Praxiseinsatz Da Sie Ihr Großhandelsgewerbe noch nicht so lange betreiben, möchten Sie wissen, wie viele der in der Datenbank erfassten Rechnungen an Unternehmen innerhalb Deutschlands gingen.

Des Weiteren wollen Sie herausbekommen, wie viele Rechnungen insgesamt geschrieben wurden, um anschließend den prozentualen Anteil der Rechnungen an Unternehmen innerhalb Deutschlands zur Gesamtanzahl an Rechnungen zu generieren.

Sie öffnen ein neues Arbeitsblatt, in dem Sie zunächst den Kriterienbereich innerhalb der Datenbank definieren – in diesem Fall ist dies das Feld *Land* aus den Urdaten. Des Weiteren ist das Suchkriterium festzulegen, also *Deutschland*.

F11 =DBANZAHL2(Datenbank;E10;E10:E11)

	E	F	G	H
9	Suchkriterium	Ergebnis		
10	Land			
11	Deutschland	847		

Abbildung 12.7: Es wird die Anzahl der Einträge ermittelt, die als Land »Deutschland« enthalten

Da die Formel DBANZAHL2() auch Text zählt, wird mit ihrer Hilfe die Anzahl aller Einträge ermittelt, die dem Suchkriterium »Deutschland« im Suchbereich »Land« entsprechen.

Für das Argument *Datenbank* geben Sie den Zellbereich an, den die Datenbank umfasst, also beispielsweise *A1:F7008*. In unserem Beispiel trägt dieser Zellbereich treffenderweise den dynamischen Namen *Datenbank*.

Das gleiche Ergebnis erzielen Sie auch, wenn Sie dem Bereich *B10:B11* – also den Suchkriterien, wie in Abbildung 12.8 dargestellt, den Namen *SUCH2* geben und das Argument *Feld*, in diesem Beispiel also das *Land*, nicht durch die entsprechende Zelle *B10* angeben, sondern das Wort »Land« selbst eintragen. Achten Sie hierbei darauf, dass der Feldname »Land« in Anführungszeichen gesetzt wird.

C11 =DBANZAHL2(Datenbank;"LAND";SUCH2)

	A	B	C	D	E
9		Suchkriterium	Ergebnis		
10		Land			
11		Deutschland	847		

Abbildung 12.8: Die veränderte Eingabe der Argumente für die Funktion *DBANZAHL2()*

Wie in Abbildung 12.8 darstellt, erhalten Sie auch hier das Ergebnis 847, d.h. es befinden sich 847 Einträge in der Datenbank, die im Suchbereich *Land* das Kriterium *Deutschland* erfüllen. Es wurden also 847 Rechnungen an Unternehmen innerhalb Deutschlands versandt.

Hinweis Für ganz Aufmerksame unter Ihnen sei angemerkt, dass die gezeigte Ermittlung der in Deutschland gestellten Rechnungen die Umsatzeinträge nicht berücksichtigt. Es ist wenig wahrscheinlich, dass für die Datensätze ohne Umsatz Rechnungen gestellt worden sind. Sollten Sie auf diesen Umstand Wert legen, erweitern Sie den Kriterienbereich um das *Umsatz*-Feld und notieren dort die in Abbildung 12.9 gezeigte Bedingung und Formel.

J11 =DBANZAHL2(Datenbank;H10;H10:I11)

	H	I	J	K	L
9	Suchkriterium	Suchkriterium	Ergebnis		
10	Land	Umsatz			
11	Deutschland	>0	843		

Abbildung 12.9: Da bei den Null-Umsätzen keine Rechnung gestellt wird, muss das zweite Filterkriterium hinzu, um die korrekte Zahl der Rechnungen zu ermitteln

Nun berechnen Sie auf gleiche Art und Weise die Gesamtzahl an Rechnungen, die gestellt wurden. Der Suchbereich verändert sich in diesem Fall nicht. Als Suchkriterium wird auf eine leere Zelle Bezug genommen, sodass alle Einträge im Suchbereich *Land* gezählt werden.

F18		f_x =DBANZAHL2(Datenbank;E17;E17:E18)		
	E	F	G	H
16	Suchkriterium	Ergebnis		
17	Land			
18		7007		

Abbildung 12.10: Mit *DBANZAHL2()* wird die Anzahl aller gestellten Rechnungen ermittelt

Nachdem Sie nun die Gesamtzahl aller Rechnungen in Höhe von 7.007 ermittelt haben, können Sie nun noch den prozentualen Anteil der Rechnungen an Unternehmen innerhalb Deutschlands zur Gesamtanzahl an Rechnungen generieren.

Anzahl der Rechnungen an Deutschland anteilig zur Gesamtanzahl	
12,09%	=C11/F18
12,09%	=DBANZAHL2(Datenbank;"LAND";SUCH2)/DBANZAHL2(Datenbank;"LAND";SUCH3)

Abbildung 12.11: Die prozentuale Verteilung der Rechnungen

Wie Sie in Abbildung 12.11 sehen, können Sie den prozentualen Anteil auch unter Verwendung der Funktion DBANZAHL2() errechnen. Dies ist mit Sicherheit der schwierigere Weg, aber dennoch möglich. Sie wissen nun, dass Sie 12,09 % Ihrer Rechnungen an Unternehmen innerhalb Deutschlands verschicken. Der Rest verteilt sich auf Unternehmen im Ausland.

ANZAHL(), ANZAHL2(), DBANZAHL(), ZÄHLENWENN(), ANZAHLLEEREZELLEN() **Siehe auch**

Dieses Beispiel finden Sie auf der CD-ROM zum Buch im Ordner *\Buch\Kap12* in den Arbeitsmappen *DBFUNKTIONEN.xls* (Excel 97-2003) bzw. *DBFUNKTIONEN.xlsx* (Excel 2007/2010) auf dem Arbeitsblatt *DBANZAHL2*. **CD-ROM**

DBAUSZUG() DGET()

DBAUSZUG(*Datenbank*;*Feld*;*Kriterien*) **Syntax**

Die Funktion DBAUSZUG() extrahiert einen einzelnen Wert aus einer Spalte einer Liste oder Datenbank, der den angegebenen Bedingungen entspricht. **Definition**

Datenbank (erforderlich) ist der Zellbereich, den die Liste oder Datenbank umfasst. **Argumente**

Feld (erforderlich) gibt an, welche Spalte in der Funktion verwendet wird.

Kriterien (erforderlich) bezeichnet den Zellbereich, der die Feldnamen und darunter die Filterkriterien enthält.

Wenn kein Datensatz den Kriterien entspricht, gibt DBAUSZUG() den Fehlerwert *#WERT!* zurück. **Hinweis**

Wenn mehr als ein Datensatz den Kriterien entspricht, gibt DBAUSZUG() den Fehlerwert *#ZAHL!* zurück.

Suchen Sie **einen** bestimmten Wert innerhalb Ihrer Datenbank, also den Inhalt eines Felds eines Datensatzes unter Beachtung bestimmter Kriterien, können Sie hierzu die Funktion DBAUSZUG() nutzen. **Hintergrund**

Mehr über die Eingabemöglichkeiten von Suchkriterien finden Sie im Abschnitt »Argumente in Datenbankfunktionen« in diesem Kapitel ab Seite 585. **Hinweis**

Praxiseinsatz Im Vertrieb Ihres Großhandelsunternehmens ging eine Beschwerde von einem Ihrer Kunden – dem deutschen Unternehmen »Blauer See Delikatessen« – ein. Dieser Kunde hat das erste Mal bei Ihnen Nuss-Nougat-Creme bestellt und nun gesehen, dass diese bereits schimmelt.

Um beim Hersteller dieser Nuss-Nougat-Creme ebenfalls Beschwerde einlegen zu können und um nachzufragen, ob bereits etwaige Produktionsfehler bekannt sind, wollen Sie das Datum herausbekommen, an dem Sie die Nuss-Nougat-Creme an die Firma »Blauer See Delikatessen« verkauft haben. Hierbei hilft Ihnen die Funktion DBAUSZUG().

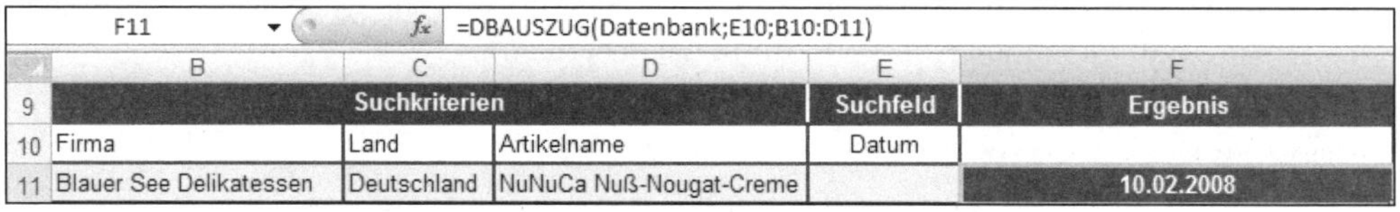

F11 =DBAUSZUG(Datenbank;E10;B10:D11)

	B	C	D	E	F
9	Suchkriterien			Suchfeld	Ergebnis
10	Firma	Land	Artikelname	Datum	
11	Blauer See Delikatessen	Deutschland	NuNuCa Nuß-Nougat-Creme		10.02.2008

Abbildung 12.12: Die Funktion *DBAUSZUG()* liefert das Datum, an dem die fehlerhafte Nuss-Nougat-Creme geliefert wurde

Da das Unternehmen »Blauer See Delikatessen« das erste Mal bei Ihnen Nuss-Nougat-Creme bestellt hat, können Sie also sicher sein, dass die Funktion DBAUSZUG() ein Ergebnis liefert.

Wie Sie in Abbildung 12.12 sehen können, liefert DBAUSZUG() unter Angabe der Suchkriterien *Firmennamen*, *Land* und *Artikelname* (*B10:D11*) das gesuchte Datum, was in diesem Beispiel das Suchfeld darstellt. Es handelt sich um den 10. Februar 2008.

Auf diese Weise können Sie in Minutenschnelle, auch unter Angabe mehrerer Suchkriterien, aus Ihrer Datenbank einzelne Werte generieren.

Siehe auch DBMAX(), DBMIN()

CD-ROM Dieses Beispiel finden Sie auf der CD-ROM zum Buch im Ordner *\Buch\Kap12* in den Arbeitsmappen *DBFUNKTIONEN.xls* (Excel 97-2003) bzw. *DBFUNKTIONEN.xlsx* (Excel 2007/2010) auf dem Arbeitsblatt *DBAUSZUG*.

DBMAX() DMAX()

Syntax DBMAX(***Datenbank;Feld;Kriterien***)

Definition Die Funktion DBMAX() liefert die größte Anzahl bzw. den größten Wert in einer Spalte einer Liste oder Datenbank, die den angegebenen Bedingungen entspricht.

Argumente ***Datenbank*** (erforderlich) ist der Zellbereich, den die Liste oder Datenbank umfasst.

Feld (erforderlich) gibt an, welche Spalte in der Funktion verwendet wird.

Kriterien (erforderlich) bezeichnet den Zellbereich, der die Feldnamen und darunter die Filterkriterien enthält.

Hintergrund Für die Ermittlung der größten bzw. kleinsten Werte innerhalb einer Datenbank unter Verwendung bestimmter Kriterien nutzen Sie die Funktionen DBMAX() und DBMIN(). Mithilfe dieser Funktionen erhalten Sie in wenigen Minuten aus einer Datenbank die Zahl, die beispielsweise der höchsten Produktionsmenge eines bestimmten Produkts innerhalb der letzten fünf Jahre entspricht.

Praxiseinsatz

Als Inhaber des Großhandelsunternehmens haben Sie bereits viele Kunden akquiriert und auch viele Umsätze mit den im Sortiment zur Verfügung stehenden Produkten erzielt.

Sie möchten nun alle drei Komponenten analysieren und zunächst wissen, mit welchem Produkt und mit welchem Kunden Sie den größten Umsatz in Bezug auf eine Bestellung innerhalb Deutschlands gemacht haben. Hierzu verwenden Sie die Funktion DBMAX().

	B	C	D	E
9	Suchkriterien		Suchfeld	Ergebnis
10	Artikelname	Land	Umsatz	
11		Deutschland		2000

Abbildung 12.13: Die Funktion *DBMAX()* liefert den größten Wert in einer Liste unter Verwendung bestimmter Kriterien

Wie Sie in Abbildung 12.13 sehen können, werden als Suchkriterien für die Errechnung des größten Werts der Artikelname und das Land verwendet. Da Sie nur den größten Umsatz innerhalb Deutschlands suchen, wird »Deutschland« auch entsprechend angegeben (*C11*). Für das Produkt bzw. den Artikelnamen werden keine weiteren Angaben gemacht, da alle zum Verkauf stehenden Produkte in die Berechnung mit einbezogen werden sollen.

Als Ergebnis liefert DBMAX() den Wert *2000*. Das heißt, der höchste Umsatz für eine Bestellung innerhalb Deutschlands beträgt 2.000 €.

Falls Sie nun noch wissen wollen, welches Unternehmen mit welchem Produkt Ihnen diesen Umsatz eingebracht hat, können Sie beispielsweise mit der Funktion DBAUSZUG() weitere Berechnungen anstellen. Die Abbildung 12.14 zeigt Ihnen einen möglichen Lösungsweg.

	B	C	D	E
14	Wie heißt das Unternehmen, das eine Bestellung für 2000€ aufgegeben hat?			
15				
16	Suchkriterien		Suchfeld	Ergebnis
17	Land	Umsatz	Firma	
18	Deutschland	2000		Die Wandernde Kuh
19				=DBAUSZUG(Datenbank;D17;B17:C18)
20				
21	Mit welchem Produkt hat dieses Unternehmen den Umsatz gemacht?			
22				
23	Suchkriterien		Suchfeld	Ergebnis
24	Firma	Umsatz	Artikelname	
25	Die Wandernde Kuh	2000		Alice Mutton
26				=DBAUSZUG(Datenbank;D24;B24:C25)

Abbildung 12.14: Zur weiteren Analyse wird die Funktion *DBAUSZUG()* herangezogen

Auf diese Weise können Sie mit wenig Zeitaufwand aussagekräftige Analysen erstellen und Ihre Umsätze und Kunden genau unter die Lupe nehmen.

Siehe auch

DBMIN(), MAX(), MIN()

CD-ROM

Dieses Beispiel finden Sie auf der CD-ROM zum Buch im Ordner *\Buch\Kap12* in den Arbeitsmappen *DBFUNKTIONEN.xls* (Excel 97-2003) bzw. *DBFUNKTIONEN.xlsx* (Excel 2007/2010) auf dem Arbeitsblatt *DBMAX*.

DBMIN() DMIN()

Syntax DBMIN(*Datenbank;Feld;Kriterien*)

Definition Die Funktion DBMIN() liefert die kleinste Anzahl bzw. den kleinsten Wert in einer Spalte einer Liste oder Datenbank, die den angegebenen Bedingungen entspricht.

Argumente *Datenbank* (erforderlich) ist der Zellbereich, den die Liste oder Datenbank umfasst.

Feld (erforderlich) gibt an, welche Spalte in der Funktion verwendet wird.

Kriterien (erforderlich) bezeichnet den Zellbereich, der die Feldnamen und darunter die Filterkriterien enthält.

Hintergrund Für die Ermittlung der kleinsten bzw. größten Werte innerhalb einer Datenbank unter Verwendung bestimmter Kriterien nutzen Sie die Funktionen DBMIN() und DBMAX(). Mithilfe dieser Funktionen erhalten Sie in wenigen Minuten aus einer Datenbank die Zahl, die bspw. dem kleinsten Umsatz für ein bestimmtes Produkt innerhalb der letzten fünf Jahre entspricht.

Praxiseinsatz Ihr Großhandelsunternehmens läuft recht gut. Sie machen gute Umsätze und der Verkauf läuft. Dennoch wollen Sie analysieren, mit welchem Produkt Sie in der vergangenen Zeit den geringsten Umsatz gemacht haben, um anschließend eventuell das Sortiment zu ändern oder das entsprechende Produkt auszutauschen.

Deshalb wollen Sie Schritt für Schritt für jedes Unternehmen das Produkt ermitteln, das den geringsten Umsatz bringt. Hierzu verwenden Sie die Funktion DBMIN().

D10 =DBMIN(Datenbank;C9;B9:C10)

	B	C	D
9	Firma	Umsatz	Ergebnis
10	Alfreds Futterkiste	>0	1002

Abbildung 12.15: Die Funktion *DBMIN()* liefert den kleinsten Umsatz für das Unternehmen »Alfreds Futterkiste«

Wie Sie in Abbildung 12.15 sehen können, werden als Suchkriterien für die Errechnung des kleinsten Werts der Firmenname und der Umsatz größer 0 verwendet. Da in der Datenbank auch Einträge mit einem Umsatz von 0 € vorhanden sind, muss das Kriterium *>0* angegeben werden.

DBMIN() liefert als kleinsten Wert einen Umsatz von 1.002 € für das Unternehmen »Alfreds Futterkiste«. Da Sie noch wissen wollen, mit welchem Produkt »Alfreds Futterkiste« den kleinsten Umsatz erbracht hat, bedienen Sie sich der Funktion DBAUSZUG().

Die Abbildung 12.16 zeigt Ihnen den Lösungsweg.

E17 =DBAUSZUG(Datenbank;D16;B16:C17)

	B	C	D	E
14	Mit welchem Produkt wurde dieser Umsatz gemacht?			
15				
16	Umsatz	Firma	Artikelname	Ergebnis
17	1002	Alfreds Futterkiste		Geitost

Abbildung 12.16: Errechnen Sie das gesuchte Produkt mit *DBAUSZUG()*

Auf diese Weise können Sie nun jedes Unternehmen für sich analysieren, die Produkte mit dem geringsten Umsatz ermitteln und gegebenenfalls Ihr Sortiment anpassen.

Siehe auch DBMAX(), MAX(), MIN()

CD-ROM Dieses Beispiel finden Sie auf der CD-ROM zum Buch im Ordner *\Buch\Kap12* in den Arbeitsmappen *DBFUNKTIONEN.xls* (Excel 97-2003) bzw. *DBFUNKTIONEN.xlsx* (Excel 2007/2010) auf dem Arbeitsblatt *DBMIN*.

DBMITTELWERT() DAVERAGE()

Syntax DBMITTELWERT(***Datenbank***;***Datenbankfeld***;***Suchkriterien***)

Definition DBMITTELWERT() liefert das arithmetische Mittel aus den Werten einer Listen- oder Datenbankspalte, die den von Ihnen angegebenen Bedingungen entsprechen.

Argumente ***Datenbank*** (erforderlich) ist der Zellbereich, aus dem die Liste oder Datenbank besteht.

Datenbankfeld (erforderlich) gibt an, welche Spalte in der Funktion verwendet wird.

Suchkriterien (erforderlich) ist der Zellbereich, der die angegebenen Bedingungen enthält.

Hintergrund Das arithmetische Mittel ist der bekannteste Mittelwert und hat damit auch die größte Akzeptanz unter den Nicht-Statistikern. Da der Mittelwert recht einfach zu berechnen ist und auf allen Werten beruht, in diesem Fall auf allen Werten, die den vorgegebenen Kriterien entsprechen, spielt er in der schließenden Statistik eine wichtige Rolle.

Um den Mittelwert zu errechnen, werden die Einzelwerte eines Wertbereichs addiert und durch die Anzahl der Zahlenwerte dividiert.

Hinweis Mehr Informationen zum Mittelwert finden Sie in Kapitel 8.

Mit der Funktion DBMITTELWERT() errechnen Sie den Mittelwert der ausgewählten Datenbankeinträge.

Praxiseinsatz Es ist Jahresende und Sie wollen sich als Geschäftsführer des Großhandelsunternehmens näher mit den Umsätzen der vergangenen Jahre befassen. Um zunächst einen Überblick zu erhalten, welches Ihrer Produkte in welchem Land im Schnitt am meisten Umsatz gebracht hat, wollen Sie mithilfe der Funktion DBMITTELWERT() die entsprechenden Werte errechnen.

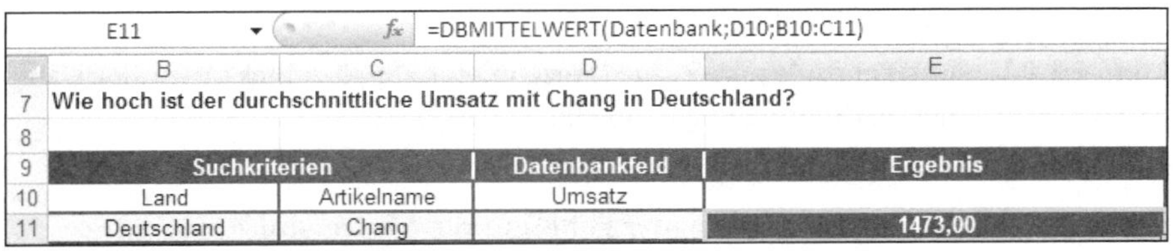

E11 =DBMITTELWERT(Datenbank;D10;B10:C11)

	B	C	D	E
7	Wie hoch ist der durchschnittliche Umsatz mit Chang in Deutschland?			
8				
9	Suchkriterien		Datenbankfeld	Ergebnis
10	Land	Artikelname	Umsatz	
11	Deutschland	Chang		1473,00

Abbildung 12.17: Die Funktion *DBMITTELWERT()* liefert den durchschnittlichen Umsatz für den Artikel »Chang« in Deutschland

Um den durchschnittlichen Umsatz für »Chang« in Deutschland zu erhalten, werden als Suchkriterien das Land *Deutschland* und der Artikelname *Chang* festgelegt. Da nach dem durchschnittlichen Umsatz gesucht wird, dient *Umsatz* als Datenbankfeld. Wie Sie in Abbildung 12.17 sehen können, liefert DBMITTELWERT() den Wert *1.473,00 €*.

Auf gleiche Weise wollen Sie nun noch errechnen, wie hoch der durchschnittliche Gesamtumsatz mit dem Produkt *Chang* war.

E18 fx =DBMITTELWERT(Datenbank;D17;B17:C18)

	B	C	D	E
14	**Wie hoch ist der gesamte durchschnittliche Umsatz mit Chang?**			
15				
16	**Suchkriterien**		**Datenbankfeld**	**Ergebnis**
17	Land	Artikelname	Umsatz	
18		Chang		1560,02

Abbildung 12.18: Die Funktion *DBMITTELWERT()* liefert den durchschnittlichen Umsatz für den Artikel »Chang«

Um den durchschnittlichen Umsatz für *Chang* nicht länderbezogen zu berechnen, wird in diesem Fall eine Angabe für das Suchkriterium *Land* weggelassen. Das heißt, es werden alle unter dem Suchkriterium *Land* aufgeführten Länder mit in die Berechung einbezogen. DBMITTELWERT() ermittelt dann einen Umsatz von *1.560,02 €*.

Auf diese Weise können Sie eine Vielzahl von Berechnungen erstellen und Vergleiche zwischen einzelnen durchschnittlichen Umsätzen für bestimmte Produkte in verschiedenen Ländern ziehen. Ebenso können Sie beispielsweise den prozentualen Anteil eines durchschnittlichen Umsatzes für ein Produkt im Vergleich zum durchschnittlichen Gesamtumsatz dieses Produkts errechnen.

Siehe auch MITTELWERT(), MEDIAN()

CD-ROM Dieses Beispiel finden Sie auf der CD-ROM zum Buch im Ordner *\Buch\Kap12* in den Arbeitsmappen *DBFUNKTIONEN.xls* (Excel 97-2003) bzw. *DBFUNKTIONEN.xlsx* (Excel 2007/2010) auf dem Arbeitsblatt *DBMITTELWERT*.

DBPRODUKT() DPRODUCT()

Syntax DBPRODUKT(***Datenbank***;***Feld***;***Kriterien***)

Definition Die Funktion DBPRODUKT() multipliziert die Werte in einer Spalte einer Liste oder Datenbank, die den angegebenen Bedingungen entsprechen.

Argumente ***Datenbank*** (erforderlich) ist der Zellbereich, den die Liste oder Datenbank umfasst.

Feld (erforderlich) gibt an, welche Spalte in der Funktion verwendet wird.

Kriterien (erforderlich) bezeichnet den Zellbereich, der die angegebenen Bedingungen enthält.

Hintergrund Der Begriff Produkt bezeichnet in der Mathematik das Ergebnis einer Multiplikation von Zahlen oder bestimmter anderer Verknüpfungen. Mit der Funktion DBPRODUKT() können Sie, unter Angabe bestimmter Kriterien, Werte einer Liste – also Werte aus einer Spalte – miteinander multiplizieren und so in Kürze deren Produkt generieren.

Praxiseinsatz

Da der Einsatz der Funktion DBPRODUKT() in Bezug auf unser Beispiel keinen Sinn machen würde, möchten wir in diesem Fall auf ein anderes Beispiel zurückgreifen.

Hinweis

Wir möchten an dieser Stelle erwähnen, dass es uns in diesem Fall sehr schwer gefallen ist, ein sinnvolles Anwendungsbeispiel zu finden. Uns sind keine Anwendungen für diese Funktion bekannt, da das Ausmultiplizieren eines Datenbankfeldes in den uns bekannten Anwendungen nicht benötigt wird. Bei unseren Recherchen stießen wir auf das von Microsoft in der Hilfe dargestellte Beispiel. Welche Aussage jedoch das Produkt aller Erträge der Apfelbäume zwischen 1,5 und 2,5 m Höhe haben soll, erklären weder Microsoft in der Excel-Hilfe noch andere Quellen im Web.

Andere, in der jüngeren Literatur beschriebene Anwendungsbeispiele sind grundsätzlich auch mit den anderen Funktionen zu lösen und erfordern nicht zwingend DBPRODUKT(). Deshalb beschränken wir uns auf eine ganz simple Darstellung einer evtl. denk-, allerdings auch streitbaren, Anwendung der Funktion.

Stellen Sie sich vor, Sie sind Immobilienmakler und haben eine Datenbank mit den von Ihnen zum Verkauf angebotenen Wohnungen angelegt (Abbildung 12.19).

	B	C	D	E
9	**Wohnung**	**Zimmer**	**Abmaße für**	**Maße in m**
10	Schusterstraße 5	1	Länge	3,50
11	Schusterstraße 5	1	Breite	2,10
12	Schusterstraße 5	2	Länge	5,20
13	Schusterstraße 5	2	Breite	2,45
14	Schusterstraße 5	3	Länge	3,60
15	Schusterstraße 5	3	Breite	4,10
16	Schusterstraße 5	4	Länge	4,70
17	Schusterstraße 5	4	Breite	3,30
18	Ankerstraße 23	1	Länge	3,50
19	Ankerstraße 23	1	Breite	2,10
20	Ankerstraße 23	2	Länge	5,20
21	Ankerstraße 23	2	Breite	2,45
22	Ankerstraße 23	3	Länge	3,60
23	Ankerstraße 23	3	Breite	4,10
24	Maxstraße 134	1	Länge	4,70
25	Maxstraße 134	1	Breite	3,30
26	Maxstraße 134	2	Länge	3,50
27	Maxstraße 134	2	Breite	2,10
28	Maxstraße 134	3	Länge	5,20
29	Maxstraße 134	3	Breite	2,45
30	Maxstraße 134	4	Länge	3,60
31	Maxstraße 134	4	Breite	4,10
32	Maxstraße 134	5	Länge	4,70
33	Maxstraße 134	5	Breite	3,30
34	Maxstraße 134	6	Länge	3,50
35	Maxstraße 134	6	Breite	2,10

Abbildung 12.19: Die Immobiliendatenbank, aufgeschlüsselt nach den einzelnen Zimmern

Sie haben für jede Wohnung und für jedes darin befindliche Zimmer *Länge* und *Breite* angegeben und möchten nun durch eine einfache Eingabe die zur Verfügung stehenden Quadratmeter pro Zimmer errechnen. So können Sie Ihren Kunden im Handumdrehen Auskunft über die genaue Größe der Zimmer geben.

Um die Quadratmeterzahl zu berechnen, verwenden Sie die Funktion DBPRODUKT(). Die Abbildung 12.20 zeigt einen möglichen Lösungsweg.

J11 fx =DBPRODUKT(B9:E35;I10;G10:H11)

	G	H	I	J
9	Suchkriterien		Datenbankfeld	Ergebnis
10	Wohnung	Zimmer	Maße in m	
11	Schusterstraße 5	1		7,35

Abbildung 12.20: Die zur Verfügung stehenden Quadratmeter werden unter bestimmten Bedingungen berechnet

In unserem Beispiel wird für das Argument *Datenbank* der Bereich *B9:E35* markiert. Als *Kriterien* wurden die Straße sowie eines der Zimmer angegeben und das Argument *Feld* wird durch die Zelle *I10* also *Maße in m* ausgedrückt.

Auf diese Weise erhalten Sie die in Zimmer »1« der Wohnung in der »Schusterstraße 5« zur Verfügung stehenden Quadratmeter von 7,35 m^2.

Ändern Sie die in Zelle *H11* angegebene Zahl oder geben Sie einen anderen Straßennamen ein, erhalten Sie automatisch die aktualisierte, und unter den neuen Bedingungen berechnete, Quadratmeterzahl.

Siehe auch DBSUMME(), PRODUKT(), SUMMEWENN()

CD-ROM Dieses Beispiel finden Sie auf der CD-ROM zum Buch im Ordner *\Buch\Kap12* in den Arbeitsmappen *DBFUNKTIONEN.xls* (Excel 97-2003) bzw. *DBFUNKTIONEN.xlsx* (Excel 2007/2010) auf dem Arbeitsblatt *DBPRODUKT*.

DBSTDABW() — DSTDEV()

Syntax DBSTABW(***Datenbank***;***Feld***;***Kriterien***)

Definition Die Funktion DBSTDABW() schätzt die Standardabweichung einer Grundgesamtheit ausgehend von den Zahlen aus einer Spalte einer Liste oder Datenbank, die den angegebenen Bedingungen entsprechen.

Argumente ***Datenbank*** (erforderlich) ist der Zellbereich, den die Liste oder Datenbank umfasst.

Feld (erforderlich) gibt an, welche Spalte in der Funktion verwendet wird.

Kriterien (erforderlich) bezeichnet den Zellbereich, der die angegebenen Bedingungen enthält.

Hintergrund Die Standardabweichung gehört zu den wichtigsten Streumaßen. Wie die Varianz beschreibt auch sie die Abweichung der Werte vom Mittelwert. Allerdings wird für die Berechnung nicht wie bei der Varianz die Differenz der Werte vom Mittelwert verwendet, sondern das Quadrat der Differenz.

Anders ausgedrückt: Die Standardabweichung ist die Quadratwurzel aus dem arithmetischen Mittel der quadrierten Abweichung der Werte vom arithmetischen Mittel. Sie entspricht der Wurzel aus der Varianz.

Hinweis Mehr Informationen zum Thema »Standardabweichung und Varianz« finden Sie in Kapitel 11.

Praxiseinsatz

Als Inhaber des Großhandelsunternehmens haben Sie bereits einige Auswertungen erstellt. Nun widmen Sie sich der Funktion DBSTDABW(), um noch detaillierter Auswertungen bezüglich Ihrer getätigten Umsätze zu generieren.

Ziel soll es sein, die Standardabweichung, ausgehend von einer Stichprobe, unter Verwendung bestimmter Kriterien zu errechnen, um anschließend beurteilen zu können, inwieweit die Umsätze für ein bestimmtes Produkt innerhalb eines bestimmten Landes um den Mittelwert streuen.

Hinweis

Beachten Sie, dass es sich bei den zu untersuchenden Daten um eine Stichprobe handelt. Das heißt, es wurden bereits mehr Umsätze mit diesem Produkt im entsprechenden Land getätigt. Es wird jedoch lediglich eine Stichprobe daraus betrachtet.

E11 | =DBSTDABW(Datenbank;D10;B10:C11)

	B	C	D	E
8	**In welcher Höhe streuen die Umsätze für das Produkt *Queso Cabrales* innerhalb Deutschlands um deren Mittelwert ausgehend von einer Stichprobe?**			
9				
10	**Land**	**Artikelname**	**Umsatz**	**Ergebnis**
11	Deutschland	Queso Cabrales		**248,15**

Abbildung 12.21: Die Berechnung der Standardabweichung, ausgehend von einer Stichprobe

Um eine Aussage treffen zu können, fehlt nun noch die Berechnung des dazugehörigen Mittelwertes.

E18 | =DBMITTELWERT(Datenbank;D17;B17:C18)

	B	C	D	E
15	**Wie hoch ist der Mittelwert für die Umsätze mit dem Produkt Queso Cabrales innerhalb Deutschlands?**			
16				
17	**Land**	**Artikelname**	**Umsatz**	**Ergebnis**
18	Deutschland	Queso Cabrales		**1448,27**

Abbildung 12.22: Der Mittelwert für den Umsatz des Produkts »Queso Cabrales« innerhalb Deutschlands

Aussagen

Folgende Aussage kann nun getroffen werden: Das Ergebnis der Berechnung der Standardabweichung ausgehend von einer Stichprobe und unter Beachtung bestimmter Kriterien von *248,15* bedeutet, dass die Umsätze von *Queso Cabrales* innerhalb Deutschlands in Höhe von 248,15 € um den dazugehörigen Mittelwert, der in diesem Fall 1.448,27 € beträgt, streuen. Das heißt, die Umsätze sind im Schnitt um 248,15 € höher oder niedriger als der Mittelwert.

Siehe auch

DBSTDABWN(), STABWA(), STABW.N(), STABWNA()

CD-ROM

Dieses Beispiel finden Sie auf der CD-ROM zum Buch im Ordner *\Buch\Kap12* in den Arbeitsmappen *DBFUNKTIONEN.xls* (Excel 97-2003) bzw. *DBFUNKTIONEN.xlsx* (Excel 2007/2010) auf dem Arbeitsblatt *DBSTDABW*.

DBSTDABWN() DSTDEVP()

Syntax DBSTDABWN(***Datenbank;Feld;Kriterien***)

Definition Die Funktion DBSTDABWN() berechnet die Standardabweichung einer vollständigen Grundgesamtheit ausgehend von den Zahlen in einer Spalte einer Liste oder Datenbank, die den angegebenen Bedingungen entsprechen.

Argumente ***Datenbank*** (erforderlich) ist der Zellbereich, den die Liste oder Datenbank umfasst.

Feld (erforderlich) gibt an, welche Spalte in der Funktion verwendet wird.

Kriterien (erforderlich) bezeichnet den Zellbereich, der die angegebenen Bedingungen enthält.

Hintergrund Die Funktion DBSTDABWN() unterscheidet sich zur Funktion DBSTDABW() lediglich darin, dass sie die Standardabweichung nicht auf Basis einer Stichprobe berechnet, sondern auf Basis einer Grundgesamtheit unter Beachtung der angegebenen Kriterien.

Hinweis Mehr Informationen zum Thema »Standardabweichung« finden Sie in Kapitel 11 sowie in der Beschreibung zur Funktion DBSTDABW() in diesem Kapitel auf Seite 600.

Praxiseinsatz Als Inhaber des Großhandelsunternehmens sind Sie immer noch mit der Auswertung Ihrer Excel-Datenbank beschäftigt. Sie haben bereits die Standardabweichung für den Umsatz eines bestimmten Produkts mit der Funktion DBSTDABW() berechnet. Nun möchten Sie das Gleiche auf Basis einer Grundgesamtheit berechnen.

Ziel soll es also sein, die Standardabweichung, ausgehend von einer Grundgesamtheit und unter Verwendung bestimmter Kriterien zu errechnen, um anschließend beurteilen zu können, inwieweit die Umsätze für ein bestimmtes Produkt innerhalb eines bestimmten Landes um den Mittelwert streuen.

Hinweis Beachten Sie, dass es sich bei den zu untersuchenden Umsätzen um die Grundgesamtheit handelt. Das heißt, die Umsätze die untersucht werden, entsprechen **allen** bisher getätigten Umsätzen. Deshalb liefern die Funktionen DBSTDABW() und DBSTDABWN() auch unterschiedliche Ergebnisse.

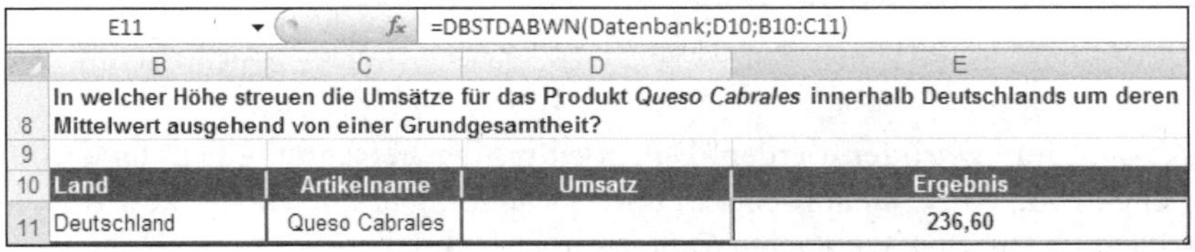
E11 fx =DBSTDABWN(Datenbank;D10;B10:C11)

	B	C	D	E
8	In welcher Höhe streuen die Umsätze für das Produkt *Queso Cabrales* innerhalb Deutschlands um deren Mittelwert ausgehend von einer Grundgesamtheit?			
9				
10	Land	Artikelname	Umsatz	Ergebnis
11	Deutschland	Queso Cabrales		236,60

Abbildung 12.23: Die Berechnung der Standardabweichung, ausgehend von einer Grundgesamtheit

Um eine Aussage treffen zu können, fehlt nun noch die Berechnung des dazugehörigen Mittelwerts.

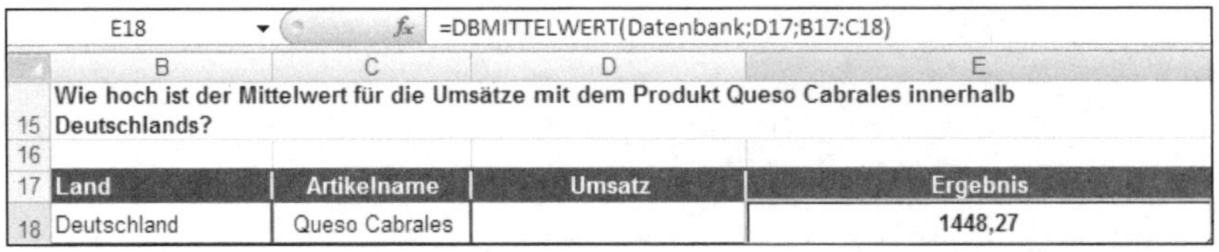
E18 fx =DBMITTELWERT(Datenbank;D17;B17:C18)

	B	C	D	E
15	Wie hoch ist der Mittelwert für die Umsätze mit dem Produkt Queso Cabrales innerhalb Deutschlands?			
16				
17	Land	Artikelname	Umsatz	Ergebnis
18	Deutschland	Queso Cabrales		1448,27

Abbildung 12.24: Der Mittelwert für den Umsatz des Produkts »Queso Cabrales« innerhalb Deutschlands

Aussagen

Folgende Aussage kann nun getroffen werden: Das Ergebnis der Berechnung der Standardabweichung ausgehend von einer Grundgesamtheit und unter Beachtung bestimmter Kriterien von 223,60 bedeutet, dass die Umsätze von *Queso Cabrales* innerhalb Deutschlands in Höhe von 236,60 € um den dazugehörigen Mittelwert, der in diesem Fall 1.448,27 € beträgt, streuen. Das heißt, die Umsätze sind im Schnitt um 223,60 € höher oder niedriger als der Mittelwert.

Siehe auch

DBSTABW(), STABW.S(), STABWA(), STABWNA()

CD-ROM

Dieses Beispiel finden Sie auf der CD-ROM zum Buch im Ordner *\Buch\Kap12* in den Arbeitsmappen *DBFUNKTIONEN.xls* (Excel 97-2003) bzw. *DBFUNKTIONEN.xlsx* (Excel 2007/2010) auf dem Arbeitsblatt *DBSTDABWN*.

DBSUMME() DSUM()

Syntax

DBSUMME(***Datenbank***;***Feld***;***Kriterien***)

Definition

Die Funktion DBSUMME() addiert die Zahlen in einer Spalte aus einer Liste oder Datenbank, die den angegebenen Bedingungen entsprechen.

Argumente

Datenbank (erforderlich) ist der Zellbereich, den die Liste oder Datenbank umfasst.

Feld (erforderlich) gibt an, welche Spalte in der Funktion verwendet wird.

Kriterien (erforderlich) bezeichnet den Zellbereich, der die angegebenen Bedingungen enthält.

Hintergrund

Unter Verwendung der Datenbankfunktion DBSUMME() können Sie einen Bereich mit Suchkriterien versehen und bei Übereinstimmung die Werte aus diesem Bereich addieren. Die Angabe eines Suchkriteriums ist hierbei erforderlich.

Wenn Sie sich für Summen aus Daten interessieren, die nicht nur einer Bedingung oder einem Kriterium genügen, bietet Ihnen die Funktion DBSUMME() die besten Voraussetzungen.

Praxiseinsatz

Die Datenbank, die Sie zur Kontrolle aller getätigten Umsätze innerhalb Ihres Großhandelsunternehmens angelegt haben, enthält nun bereits viele Einträge. Sie sind dabei, die Inhalte bis ins Detail zu analysieren.

Sie haben mithilfe der Funktion DBMITTELWERT() den durchschnittlichen Umsatz für das Produkt *Chai* in Deutschland ermittelt.

E24 =DBMITTELWERT(Datenbank;D23;B23:C24)

	B	C	D	E
21	Wie hoch ist der durchschnittliche Umsatz für Chai in Deutschland?			
22				
23	Land	Artikelname	Umsatz	Ergebnis
24	Deutschland	Chai		1486,67

Abbildung 12.25: Der durchschnittliche Umsatz für das Produkt »Chai« in Deutschland

Hinweis

Mehr Informationen zum Thema »Mittelwert« finden Sie in Kapitel 11.

Um nun herauszubekommen, wie hoch die Summe der Umsätze ist, die über diesem Mittelwert liegt, bedienen Sie sich der Funktion DBSUMME(). Das heißt, Sie berechnen die Summe der Umsätze unter Berücksichtigung der Kriterien

- Land = Deutschland
- Artikelname = Chai
- Umsatz = >1486,67 €

Die Abbildung 12.26 zeigt die Lösung.

E10 fx =DBSUMME(Datenbank;D9;B9:D10)

	B	C	D	E
7	Wie hoch ist die Summe der Umsätze über 1486,67€ für das Produkt Chai in Deutschland?			
8				
9	Land	Artikelname	Umsatz	Ergebnis
10	Deutschland	Chai	>1486,67	9549,00

Abbildung 12.26: Die Berechnung der Umsatzsumme mit bestimmten Kriterien

Für das Argument *Datenbank* geben Sie den Zellbereich an, den die Datenbank umfasst. Also bspw. von Zelle *A1:F7008*. In unserem Beispiel trägt dieser Zellbereich den dynamischen Namen *Datenbank*.

Hinweis Wie Sie dynamische Namen anlegen, können Sie ausführlich im Abschnitt »Dynamische Namen in Datenbanken« in Kapitel 1 nachlesen.

Das gleiche Umsatzergebnis erzielen Sie also auch, wenn Sie dem Bereich *B9:D10* – also den Suchkriterien, wie in Abbildung 12.26 dargestellt, den Namen *SUCH4* geben und das Argument *Feld*, in diesem Beispiel also der Umsatz, nicht durch die entsprechende Zelle *D9* angeben, sondern das Wort »Umsatz« selbst eintragen. Achten Sie hierbei darauf, dass der Feldname »Umsatz« in Anführungszeichen gesetzt wird.

E17 fx =DBSUMME(Datenbank;"Umsatz";SUCH4)

	B	C	D	E
15				
16	Land	Artikelname	Umsatz	Ergebnis
17	Deutschland	Chai	>1486,67	9549,00

Abbildung 12.27: Die Berechnung der Umsatzsumme mithilfe von Namen

Bisher haben Sie in Bezug auf die Kriterien immer mit UND-Bedingungen gearbeitet. Natürlich haben Sie auch die Möglichkeit, ODER-Bedingungen aufzustellen.

Stellen Sie sich vor, Sie haben für den Gesamtumsatz für *Chai* in *Deutschland* bereits die Standardabweichung ausgehend von einer Stichprobe, wie in Abbildung 12.28 dargestellt, ermittelt.

Hinweis Mehr Informationen zum Thema »Standardabweichung« finden Sie in Kapitel 11.

E31 =DBSTDABW(Datenbank;D30;B30:C31)

	B	C	D	E
28	Wie hoch ist die Standardabweichung (Stichprobe) in Bezug auf den Umsatz für Chai in Deutschland?			
29				
30	Land	Artikelname	Umsatz	Ergebnis
31	Deutschland	Chai		232,16

Abbildung 12.28: Die Standardabweichung im Bezug auf den Umsatz für das Produkt »Chai« in Deutschland

Das heißt, die Umsätze von *Chai* innerhalb Deutschlands streuen in Höhe von 232,16 € um den dazugehörigen Mittelwert, der in diesem Fall 1.486,67 € beträgt. Das heißt, die Umsätze sind im Schnitt um 232,16 € höher oder niedriger als der dazugehörige Mittelwert.

Nun wollen Sie berechnen, wie hoch die Umsätze für das Produkt *Chai* in Deutschland sind – allerdings möchten Sie nur die Umsätze summieren, die entweder über dem Mittelwert plus der Standardabweichung oder unter dem Mittelwert abzüglich der Standardabweichung liegen.

Das heißt, folgende Kriterien müssen erfüllt sein:

- Land = Deutschland UND
- Artikelname = Chai UND
- Umsatz = > 1718,83 € (Mittelwert plus Standardabweichung)

ODER

- Land = Deutschland UND
- Artikelname = Chai UND
- Umsatz = < 1254,51 € (Mittelwert minus Standardabweichung)

Das Ergebnis ist in Abbildung 12.29 dargestellt.

E38 =DBSUMME(Datenbank;D36;B36:D38)

	B	C	D	E
34	Wie hoch ist die Summe der Umsätze für Chai in Deutschland deren Wert entweder über 1718,83€ oder unter 1254,51€ liegen?			
35				
36	Land	Artikelname	Umsatz	Ergebnis
37	Deutschland	Chai	>1718,83	
38	Deutschland	Chai	<1254,51	2906

Abbildung 12.29: Die Berechnung der Summe mit einer *ODER*-Bedingung

Kontrollieren Sie das berechnete Ergebnis von 2.906 € mit den Urdaten, erkennen Sie dessen Richtigkeit. Es gibt lediglich zwei Umsätze für *Chai* in Deutschland, die den angegebenen Kriterien entsprechen.

	A	B	C	D	E	F
1	Firma	Ort	Datum	Land	Artikelname	Umsatz
2	Alfreds Futterkiste	Berlin	12.03.08	Deutschland	Chai	kein
387	Blauer See Delikatessen	Mannheim	22.11.07	Deutschland	Chai	kein
1234	Drachenblut Delikatessen	Aachen	17.01.08	Deutschland	Chai	1.471,00 €
1850	Frankenversand	München	08.10.07	Deutschland	Chai	1.516,00 €
2928	Königlich Essen	Brandenburg	10.03.08	Deutschland	Chai	1.535,00 €
3313	Lehmanns Marktstand	Frankfurt a.M.	06.02.08	Deutschland	Chai	1.354,00 €
3929	Morgenstern Gesundkost	Leipzig	21.08.07	Deutschland	Chai	1.510,00 €
4237	Ottilies Käseladen	Köln	10.10.07	Deutschland	Chai	1.006,00 €
4776	QUICK-Stop	Cunewalde	25.11.07	Deutschland	Chai	1.568,00 €
6008	Toms Spezialitäten	Münster	12.12.07	Deutschland	Chai	1.520,00 €
6547	Die Wandernde Kuh	Stuttgart	24.02.08	Deutschland	Chai	1.900,00 €

Abbildung 12.30: Der Vergleich mit den Urdaten

Auf diese Weise können Sie mit der Funktion DBSUMME() und unter Berücksichtigung bestimmter Kriterien, die entweder durch eine UND-Bedingung oder aber durch eine ODER-Bedingung miteinander verknüpft sind, Ihre Umsätze analysieren.

Siehe auch SUMMEWENN(), SUMME()

CD-ROM Dieses Beispiel finden Sie auf der CD-ROM zum Buch im Ordner *\Buch\Kap12* in den Arbeitsmappen *DBFUNKTIONEN.xls* (Excel 97-2003) bzw. *DBFUNKTIONEN.xlsx* (Excel 2007/2010) auf dem Arbeitsblatt *DBSUMME*.

DBVARIANZ() DVAR()

Syntax DBVARIANZ(***Datenbank***;***Feld***;***Kriterien***)

Definition Die Funktion DBVARIANZ() schätzt die Varianz ausgehend von einer Stichprobe mit den Zahlen in einer Spalte einer Liste oder Datenbank, die den angegebenen Bedingungen entsprechen.

Argumente ***Datenbank*** (erforderlich) ist der Zellbereich, den die Liste oder Datenbank umfasst.

Feld (erforderlich) gibt an, welche Spalte in der Funktion verwendet wird.

Kriterien (erforderlich) bezeichnet den Zellbereich, der die angegebenen Bedingungen enthält.

Hintergrund Die gebräuchlichsten Streumaße in der Statistik sind sicher die *Varianz* und die *Standardabweichung*. Die Varianz ist ein Maß für die Abweichung einer Zufallsvariablen x von ihrem Erwartungswert *E(x)*. Anders ausgedrückt ist die Varianz der Durchschnitt der quadratischen Abweichungen der Einzelwerte vom Durchschnitt, dividiert durch die Anzahl der Werte. Das Ergebnis wird auch als sogenannte »Empirische Varianz« bezeichnet.

Hinweis Mehr Informationen zum Thema »Varianz« finden Sie in Kapitel 11.

Praxiseinsatz Da die Stichprobenvarianz als Maß für die Streubreite von Daten verwendet wird, taucht sie in der deskriptiven Statistik recht häufig auf.

Auch Sie, als Inhaber eines Großhandelsunternehmens, haben sich der Funktion DBVARIANZ() angenommen, um noch detailliertere Auswertungen bezüglich Ihrer Datenbank zu generieren.

Kommen wir auf unser Beispiel aus der Beschreibung zur Funktion DBSTDABW() auf Seite 600 zurück. Ziel soll es nun sein, anstatt der Standardabweichung die Varianz, ausgehend von einer Stichprobe, unter Verwendung bestimmter Kriterien zu errechnen, um anschließend beurteilen zu können, inwieweit die Umsätze für ein bestimmtes Produkt innerhalb eines bestimmten Landes um den Mittelwert streuen.

Hinweis Beachten Sie, dass es sich bei den zu untersuchenden Daten um eine Stichprobe handelt. Das heißt, es wurden bereits mehr Umsätze mit diesem Produkt im entsprechenden Land getätigt. Es wird jedoch lediglich eine Stichprobe daraus betrachtet.

	B	C	D	E
7	**Wie hoch ist die Varianz in Bezug auf den Umsatz für das Produkt *Queso Cabrales* innerhalb Deutschlands ausgehend von einer Stichprobe?**			
8				
9	**Land**	**Artikelname**	**Umsatz**	**Ergebnis**
10	Deutschland	Queso Cabrales		**61576,02**

Abbildung 12.31: Die Berechnung der Varianz, ausgehend von einer Stichprobe

Um eine Aussage treffen zu können, fehlt nun noch die Berechnung des dazugehörigen Mittelwerts.

	B	C	D	E
14	**Wie hoch ist der Mittelwert für die Umsätze mit dem Produkt Queso Cabrales innerhalb Deutschlands?**			
15				
16	**Land**	**Artikelname**	**Umsatz**	**Ergebnis**
17	Deutschland	Queso Cabrales		**1448,27**

Abbildung 12.32: Der Mittelwert für den Umsatz des Produkts »Queso Cabrales« innerhalb Deutschlands

Aussagen Folgende Aussage kann nun getroffen werden: Das Ergebnis der Berechnung der Varianz, ausgehend von einer Stichprobe und unter Berücksichtigung der Kriterien bedeutet, dass die durchschnittlich quadrierte Abweichung der einzelnen Messwerte 61.576,02 ($€^2$) vom arithmetischen Mittel beträgt.

Ziehen Sie die Wurzel aus der soeben berechneten Varianz, erhalten Sie das Ergebnis für die *Standardabweichung* (siehe die Funktion DBSTDABW() auf Seite 600).

Siehe auch DBVARIANZEN(), VAR.S(), VARIANZA(), VAR.P(), VARIANZENA()

CD-ROM Dieses Beispiel finden Sie auf der CD-ROM zum Buch im Ordner *\Buch\Kap12* in den Arbeitsmappen *DBFUNKTIONEN.xls* (Excel 97-2003) bzw. *DBFUNKTIONEN.xlsx* (Excel 2007/2010) auf dem Arbeitsblatt *DBVARIANZ*.

DBVARIANZEN() DVARP()

Syntax DBVARIANZEN(*Datenbank*;*Feld*;*Kriterien*)

Definition Die Funktion DBVARIANZEN() berechnet die Varianz einer vollständigen Grundgesamtheit ausgehend von den Zahlen in einer Spalte einer Liste oder Datenbank, die den angegebenen Bedingungen entsprechen.

Argumente ***Datenbank*** (erforderlich) ist der Zellbereich, den die Liste oder Datenbank umfasst.

Feld (erforderlich) gibt an, welche Spalte in der Funktion verwendet wird.

Kriterien (erforderlich) bezeichnet den Zellbereich, der die angegebenen Bedingungen enthält.

Hintergrund Die Funktion DBVARIANZEN() unterscheidet sich zur Funktion DBVARIANZ() lediglich darin, dass sie die Standardabweichung nicht auf Basis einer Stichprobe, sondern auf Basis einer Grundgesamtheit unter Beachtung bestimmter Kriterien berechnet.

Hinweis Mehr Informationen zum Thema »Varianz« finden Sie in Kapitel 11 sowie in der Beschreibung zur Funktion DBVARIANZ() in diesem Kapitel auf Seite 606.

Praxiseinsatz Als Inhaber des Großhandelsunternehmens sind Sie immer noch mit der Auswertung Ihrer Excel-Datenbank beschäftigt. Sie haben bereits die Varianz für den Umsatz eines bestimmten Produkts mit der Funktion DBVARIANZ() berechnet. Nun möchten Sie das Gleiche auf Basis einer Grundgesamtheit berechnen.

Ziel soll es also sein, die Varianz, ausgehend von einer Grundgesamtheit und unter Verwendung bestimmter Kriterien zu errechnen, um anschließend beurteilen zu können, inwieweit die Umsätze für ein bestimmtes Produkt innerhalb eines bestimmten Landes um den Mittelwert streuen.

Hinweis Beachten Sie, dass es sich bei den zu untersuchenden Umsätzen um die Grundgesamtheit handelt. Das heißt, die Umsätze, die untersucht werden, entsprechen **allen** bisher getätigten Umsätzen. Deshalb liefern die Funktionen DBVARIANZ() und DBVARIANZEN() auch unterschiedliche Ergebnisse.

E10 | *fx* =DBVARIANZEN(Datenbank;D9;B9:C10)

	B	C	D	E
7	**Wie hoch ist die Varianz im Bezug auf den Umsatz für das Produkt *Queso Cabrales* innerhalb Deutschlands ausgehend von einer Grundgesamtheit?**			
8				
9	**Land**	**Artikelname**	**Umsatz**	**Ergebnis**
10	Deutschland	Queso Cabrales		55978,20

Abbildung 12.33: Die Berechnung der Varianz, ausgehend von einer Grundgesamtheit

Um eine Aussage treffen zu können, fehlt nun noch die Berechnung des dazugehörigen Mittelwerts.

E17 | *fx* =DBMITTELWERT(Datenbank;D16;B16:C17)

	B	C	D	E
16	**Land**	**Artikelname**	**Umsatz**	**Ergebnis**
17	Deutschland	Queso Cabrales		1448,27

Abbildung 12.34: Der Mittelwert für den Umsatz des Produkts »Queso Cabrales« innerhalb Deutschlands

Aussagen Die folgende Aussage kann nun getroffen werden: Das Ergebnis der Berechnung der Varianz, ausgehend von einer Grundgesamtheit und unter Berücksichtigung bestimmter Kriterien bedeutet, dass die durchschnittlich quadrierte Abweichung der einzelnen Messwerte 55.978,20 ($€^2$) vom arithmetischen Mittel beträgt.

Wie schon bei der Funktion DBVARIANZ() gilt auch hier: Ziehen Sie die Wurzel aus der soeben berechneten Varianz, erhalten Sie das Ergebnis für die *Standardabweichung* (ausgehend von einer Grundgesamtheit) – siehe die Funktion DBSTDABWN() auf Seite 602.

Siehe auch

DBVARIANZ(), VAR.S(), VARIANZA(), VAR.P(), VARIANZENA()

CD-ROM

Dieses Beispiel finden Sie auf der CD-ROM zum Buch im Ordner *\Buch\Kap12* in den Arbeitsmappen *DBFUNKTIONEN.xls* (Excel 97-2003) bzw. *DBFUNKTIONEN.xlsx* (Excel 2007/2010) auf dem Arbeitsblatt *DBVARIANZEN*.

PIVOTDATENZUORDNEN() GETPIVOTDATA()

Syntax

PIVOTDATENZUORDNEN(***Datenfeld***;***PivotTable***;*Feld1*;*Element1*;*Feld2*;*Element2*;...)

Definition

Die Funktion PIVOTDATENZUORDNEN() gibt Daten aus einem PivotTable-Bericht zurück. Sie können PIVOTDATENZUORDNEN() verwenden, um Datenzusammenfassungen aus einem PivotTable-Bericht abzurufen, vorausgesetzt, die Datenzusammenfassung im Bericht ist sichtbar.

Tipp

Sie können eine einfache PIVOTDATENZUORDNEN()-Formel schneller eingeben, indem Sie ein Gleichheitszeichen in die Zelle eingeben, in der Sie den Wert zurückgeben möchten. Anschließend klicken Sie im PivotTable-Bericht auf die Zelle, die die Daten enthält, die Sie zurückgeben möchten.

Argumente

Datenfeld (erforderlich) stellt den Namen in Anführungszeichen für das Datenfeld dar, das die Daten enthält, die Sie abrufen möchten.

PivotTable (erforderlich) stellt einen Bezug auf eine Zelle, einen Zellbereich oder einen benannten Zellbereich in einem PivotTable-Bericht dar. Diese Informationen werden dazu verwendet, zu ermitteln, welcher PivotTable-Bericht die Daten enthält, die Sie abrufen möchten.

Feld1, Element1, Feld2, Element2 (optional) stehen für Paare aus Feld- und Elementnamen (zwischen 1 und 14), die die Daten beschreiben, die Sie abrufen möchten. Diese Paare können in einer beliebigen Reihenfolge auftreten. Feld- und Elementnamen, die nicht aus Datumsangaben oder Zahlen bestehen, werden in Anführungszeichen eingeschlossen. Für OLAP-PivotTable-Berichte können Elemente den Quellnamen der Dimension sowie den Quellnamen des Elements enthalten. Ein Paar aus Feld und Element könnte für eine OLAP-PivotTable wie folgt aussehen:

```
"[Produkt]","[Produkt].[Alle Produkte].[Lebensmittel].[Backwaren]"
```

Hinweis

Berechnete Felder oder Elemente und benutzerdefinierte Berechnungen werden von der Funktion PIVOTDATENZUORDNEN() berücksichtigt.

Ist *PivotTable* ein Bereich, der zwei oder mehr PivotTable-Berichte enthält, werden die Daten aus dem in diesem Bereich zuletzt erstellten Bericht abgerufen.

Wenn die Feld- und Elementargumente eine einzelne Zelle beschreiben, wird deren Wert zurückgegeben, unabhängig davon, ob es sich um eine Zeichenfolge, eine Zahl, einen Fehler o.Ä. handelt.

Wenn ein Element eine Datumsangabe enthält, muss der Wert als serielle Nummer angegeben oder mithilfe der Funktion DATUM() gefüllt worden sein, damit der Wert erhalten bleibt, wenn das Arbeitsblatt mit anderen Ländereinstellungen geöffnet wird. Zeitangaben können als Dezimalwerte oder mithilfe der Funktion ZEIT() eingegeben werden.

Ist *PivotTable* kein Bereich, in dem sich ein PivotTable-Bericht befindet, gibt PIVOTDATENZUORDNEN() die Fehlermeldung *#BEZUG!* zurück.

Wenn die Argumente kein sichtbares Feld beschreiben oder sie ein Seitenfeld umfassen, das nicht angezeigt wird, gibt PIVOTDATENZUORDNEN() die Fehlermeldung *#BEZUG!* zurück.

Hintergrund

Die PivotTable-Funktion von Excel ist ein mächtiges Instrument zur Datenanalyse. In einer PivotTable lassen sich die Daten einer Datenbank immer wieder anders anordnen und aus verschiedenen Perspektiven betrachten. So können die Daten gruppiert, ausgeblendet, gefiltert und ausgewertet werden, ohne dass man den Datenbestand selber, also die Excel-Tabelle, verändert.

Das Besondere an PivotTables ist, dass Sie das Aussehen der Daten in Sekundenschnelle verändern können. Darüber hinaus bieten PivotTables eine Vielfalt an Layoutfunktionen, sodass Sie Ihre Daten aus den verschiedensten Perspektiven betrachten können.

Sinnvoll ist der Einsatz dieses Mittels nur bei Datenbanken oder Listen, die gleichartige Elemente enthalten. Denn nur dann macht die Zusammenfassung der Daten nach verschiedenen Kriterien die Übersicht über dieselben leichter. Wenn z.B. fünfmal *München* und dreimal *Stuttgart* mit den dazugehörigen Umsatzzahlen vorkommt, dann kann man diese Städte jeweils zusammenfassen, um sich die Anzahl der Bestellungen oder die Summe der Umsätze anzeigen zu lassen. Kämen sowohl *Stuttgart* als auch *München* jeweils nur einmal vor, macht eine solche Zusammenfassung nicht viel Sinn, da man die Daten der Tabelle direkt entnehmen kann.

Eine PivotTable stellt die Daten in aller Regel mit Zeilen- und Spaltenüberschriften dar. Sie ist eine Weiterentwicklung der »Kreuztabellen« aus früheren Excel-Versionen.

Mithilfe der Funktion PIVOTDATENZUORDNEN() ist es nun möglich, Daten, die in einem PivotTable-Bericht zusammengefasst wurden, direkt aus dem Bericht herauszulesen. Man kann auf jedes Ergebnis der PivotTable von der aktuellen oder einer anderen Arbeitsmappe Bezug nehmen.

Praxiseinsatz

Wieder endet ein Geschäftsjahr Ihres Großhandelsunternehmens. Sie haben Ihre Datenbank bereits in alle Richtungen ausgewertet und möchten zu guter Letzt noch eine PivotTable erstellen, um daraus mit der Funktion PIVOTDATENZUORDNEN() auf einen Blick zu sehen, mit welchem Produkt Sie welchen Umsatz gemacht haben.

Als Erstes erstellen Sie deshalb aus den Urdaten über den Menübefehl *Daten/PivotTable- und PivotChart-Bericht* und unter Angabe des Bereichs *Datenbank* (Urdaten), eine PivotTable entsprechend der Abbildung 12.35.

	A	B	C	D	E	F	G	H
2	Ort	(Alle)						
3	Firma	(Alle)						
4	Land	(Alle)						
5								
6	Summe von Umsatz	Datum						
7	Artikelname	Jan	Feb	Mrz	Apr	Mai	Jun	Jul
8	Alice Mutton	12.223,00 €	7.452,00 €	10.808,00 €	11.135,00 €	14.478,00 €	9.673,00 €	1.928,00 €
9	Aniseed Syrup	2.954,00 €	10.747,00 €	20.229,00 €	11.331,00 €	21.443,00 €	14.165,00 €	
10	Boston Crab Meat	12.307,00 €	12.320,00 €	5.844,00 €	9.265,00 €	17.178,00 €	15.106,00 €	1.855,00 €
11	Camembert Pierrot	21.890,00 €	7.940,00 €	12.308,00.€	14.503,00 €	11.752,00 €	16.767,00 €	4.698,00 €
12	Carnarvon Tigers	9.986,00 €	8.938,00 €	5.986,00 €	15.200,00 €	9.526,00 €	23.850,00 €	6.370,00 €
13	Chai	15.530,00 €	7.763,00 €	11.687,00 €	11.783,00 €	12.591,00 €	7.574,00 €	4.073,00 €
14	Chang	9.727,00 €	8.034,00 €	3.023,00 €	10.533,00 €	22.458,00 €	13.617,00 €	2.166,00 €
15	Chartreuse verte	9.137,00 €	9.772,00 €	21.558,00 €	9.777,00 €	16.522,00 €	10.766,00 €	4.569,00 €
16	Chef Anton's Cajun Seasoning	12.281,00 €	8.853,00 €	14.697,00 €	14.375,00 €	16.055,00 €	12.356,00 €	
17	Chef Anton's Gumbo Mix	13.714,00 €	6.492,00 €	11.174,00 €	9.034,00 €	13.180,00 €	18.012,00 €	6.756,00 €
18	Chocolade	4.322,00 €	20.424,00 €	11.040,00 €	8.035,00 €	20.094,00 €	7.769,00 €	1.043,00 €

Abbildung 12.35: Die PivotTable aus den Urdaten

Hinweis

Die Anordnung der Daten spielt für das spätere Einsetzen der Funktion PIVOTDATENZUORDNEN() keine Rolle.

Um Ihnen bereits vorab das Ergebnis der Funktion PIVOTDATENZUORDNEN() zu verdeutlichen, vergleichen Sie die Abbildung 12.36.

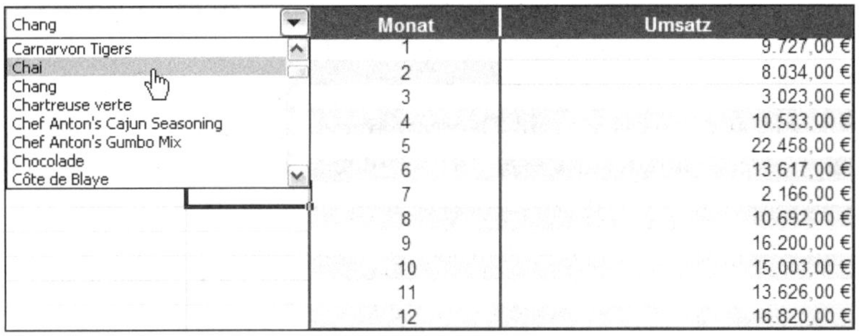

Monat	Umsatz
1	9.727,00 €
2	8.034,00 €
3	3.023,00 €
4	10.533,00 €
5	22.458,00 €
6	13.617,00 €
7	2.166,00 €
8	10.692,00 €
9	16.200,00 €
10	15.003,00 €
11	13.626,00 €
12	16.820,00 €

Abbildung 12.36: Nach Auswahl eines Produkts wird der Umsatz in den Monaten Januar bis Dezember für alle Länder angezeigt

Ihr Ziel ist es also, sich nach Auswahl eines Ihrer Produkte über das integrierte Kombinationsfeld, alle dazugehörigen Umsätze eines Jahres für alle Länder anzeigen zu lassen.

Nun öffnen Sie ein neues Arbeitsblatt und klicken dort in eine beliebige Zelle. Um zunächst die Funktion PIVOTDATENZURODNEN() zu testen, schreiben Sie in die markierte Zelle ein Gleichheitszeichen »=« und klicken in eine Zelle, wiederum beliebig, Ihrer zuvor erstellten PivotTable.

Automatisch wird nun die Funktion PIVOTDATENZUORDNEN() angewandt (Abbildung 12.37).

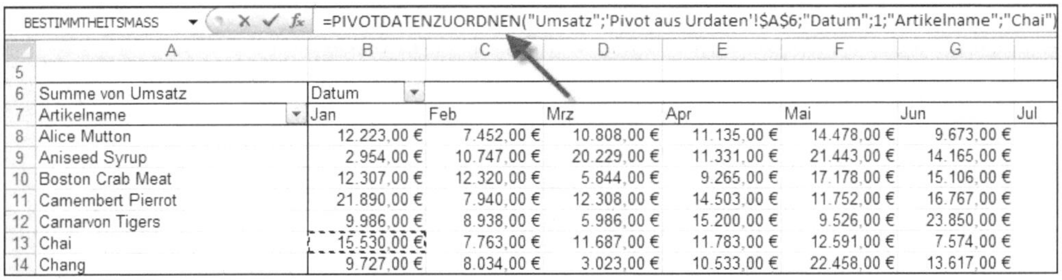

	A	B	C	D	E	F	G
5							
6	Summe von Umsatz	Datum					
7	Artikelname	Jan	Feb	Mrz	Apr	Mai	Jun
8	Alice Mutton	12.223,00 €	7.452,00 €	10.808,00 €	11.135,00 €	14.478,00 €	9.673,00 €
9	Aniseed Syrup	2.954,00 €	10.747,00 €	20.229,00 €	11.331,00 €	21.443,00 €	14.165,00 €
10	Boston Crab Meat	12.307,00 €	12.320,00 €	5.844,00 €	9.265,00 €	17.178,00 €	15.106,00 €
11	Camembert Pierrot	21.890,00 €	7.940,00 €	12.308,00 €	14.503,00 €	11.752,00 €	16.767,00 €
12	Carnarvon Tigers	9.986,00 €	8.938,00 €	5.986,00 €	15.200,00 €	9.526,00 €	23.850,00 €
13	Chai	15.530,00 €	7.763,00 €	11.687,00 €	11.783,00 €	12.591,00 €	7.574,00 €
14	Chang	9.727,00 €	8.034,00 €	3.023,00 €	10.533,00 €	22.458,00 €	13.617,00 €

Abbildung 12.37: Die Funktion *PIVOTDATENZUORDNEN()* wird durch Klicken in die PivotTable aktiviert

Bestätigen Sie die markierte Zelle, in diesem Fall die Zelle *E10*, durch Klicken auf die [↵]-Taste, erscheint der Wert von 15.530 € in Ihrem neuen Arbeitsblatt, wie in Abbildung 12.38 dargestellt.

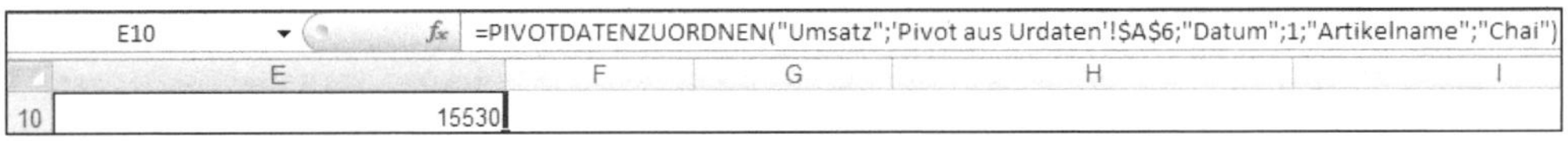

	E	F	G	H	I
10	15530				

Abbildung 12.38: Die Daten der PivotTable wurden der Zelle *A1* zugeordnet

Wie sind die Argumente der Funktion PIVOTDATENZURODNEN() hier zu deuten?

```
=PIVOTDATENZUORDNEN("Umsatz";'Pivot aus Urdaten'!$A$6;"Datum";1;"Artikelname";"Chai")
```

- *"Umsatz"*: Stellt das erforderliche Datenfeld dar, das die Daten enthält, die Sie abrufen wollen – in diesem Fall also den Umsatz
- *'Pivot aus Urdaten'!$A$6*: Stellt den Bezug auf die Zelle *A6* (oder auch den Zellbereich) innerhalb der PivotTable dar, um zu definieren, welcher PivotTable-Bericht die Daten enthält, die Sie abrufen möchten
- *"Datum";1*: Stellt das erste Paar aus Feld- und Elementnamen dar. Das heißt, es soll der Umsatz für den Datumswert Januar zurückgegeben werden. Die Zahl 1 steht für den Monat Januar, die Zahl 2 für Februar usw. (siehe Abbildung 12.37 auf Seite 611).
- *"Artikelname";"Chai"*: Stellt das zweite Paar aus Feld- und Elementnamen dar. Es wird also festgelegt, dass der berechnete Umsatz für das Feld *Artikelname* und dessen Element *Chai* zurückgegeben werden soll.

Sie haben sich nun einen ersten Überblick über die Funktionsweise von PIVOTDATENZURODNEN() verschafft und machen sich ans Werk, Ihre Umsatzübersicht zu erstellen.

Dazu kopieren Sie zunächst alle Artikelnamen aus der Urdatenliste und fügen Sie in das neu angelegte Arbeitsblatt ein, wie in Abbildung 12.39 dargestellt.

Artikelnamen aus Urdaten
Alice Mutton
Aniseed Syrup
Boston Crab Meat
Camembert Pierrot
Carnarvon Tigers
Chai
Chang
Chartreuse verte
Chef Anton's Cajun Seasoning
Chef Anton's Gumbo Mix
Chocolade
Côte de Blaye
Escargots de Bourgogne
Filo Mix
Fløtemysost
Geitost

Abbildung 12.39: Die kopierten Artikelnamen aus den Urdaten

Je nachdem, ob Sie mit Excel 2007/2010 oder Excel 2003 und früher arbeiten, gehen Sie nun folgendermaßen vor, um ein Kombinationsfeld in die Arbeitsmappe einzufügen:

Kombinationsfeld in Excel 2007

Wird bei Ihnen die Registerkarte *Entwicklertools* nicht angezeigt, müssen Sie diese zunächst aktivieren.

Klicken Sie auf die *Office-Schaltfläche* und anschließend auf die Schaltfläche *Excel-Optionen*. Aktivieren Sie danach in der Kategorie *Häufig verwendet* das Kontrollkästchen *Entwicklerregisterkarte in der Multifunktionsleiste anzeigen* und klicken Sie auf *OK*.

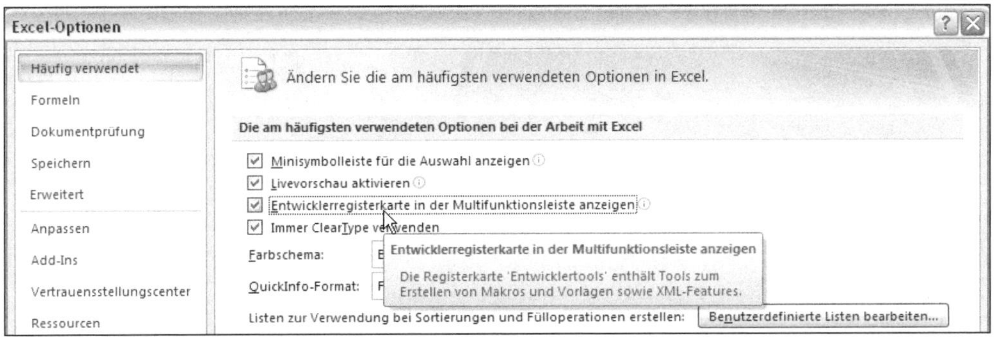

Abbildung 12.40: Aktivieren Sie die Entwicklertools in 2007

Kombinationsfeld in Excel 2010

Klicken Sie auf die Registerkarte *Datei* und anschließend auf *Optionen*. Wählen Sie die Kategorie *Menüband anpassen* und aktivieren Sie anschließend das Kontrollkästchen *Entwicklertools* im rechten Listenfeld *Hauptregisterkarten*. Bestätigen Sie mit *OK*.

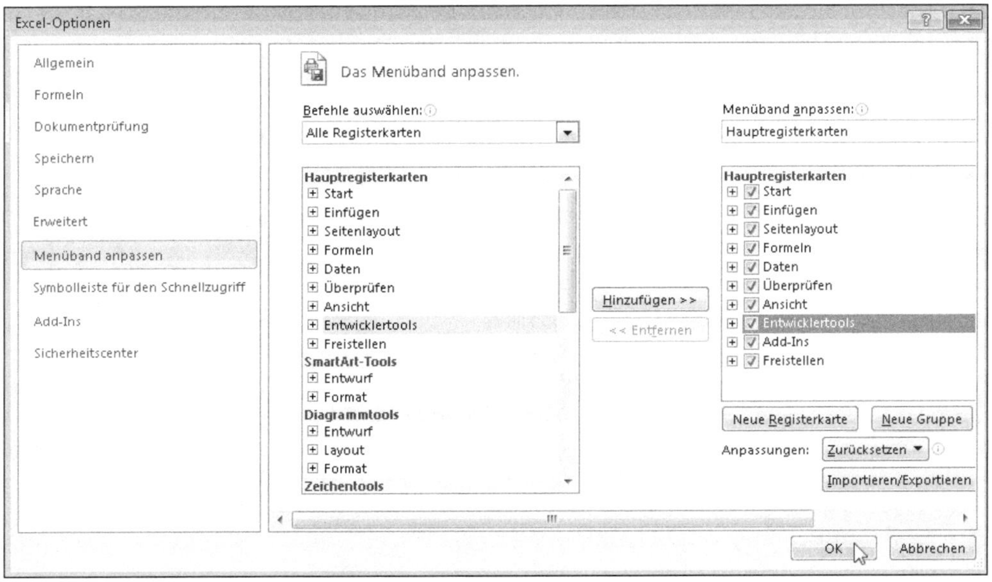

Abbildung 12.41: Aktivieren Sie die Entwicklertools in 2010

Sie sehen nun im Menüband die Registerkarte *Entwicklertools*. Klicken Sie hier in der Gruppe *Steuerelemente* auf die Schaltfläche *Einfügen* und fügen Sie das Kombinationsfeld ein.

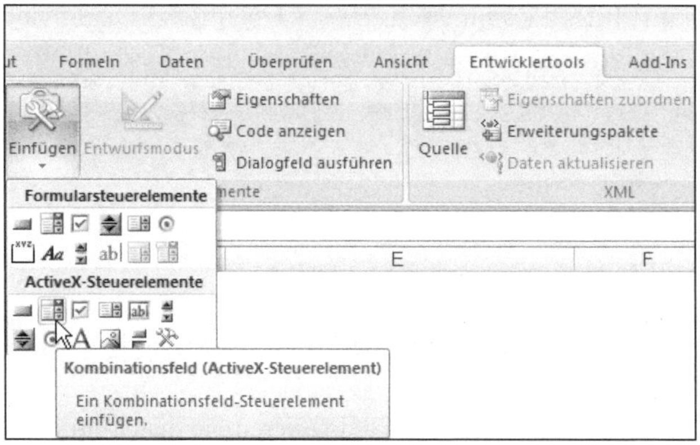

Abbildung 12.42: Die Entwicklertools stellen Formularfelder bereit

Kombinationsfeld in Excel 2003 und früher

Aktivieren Sie die *Formular*-Symbolleiste per Rechtsklick in der Menüleiste und durch die Wahl des Eintrags *Formular*.

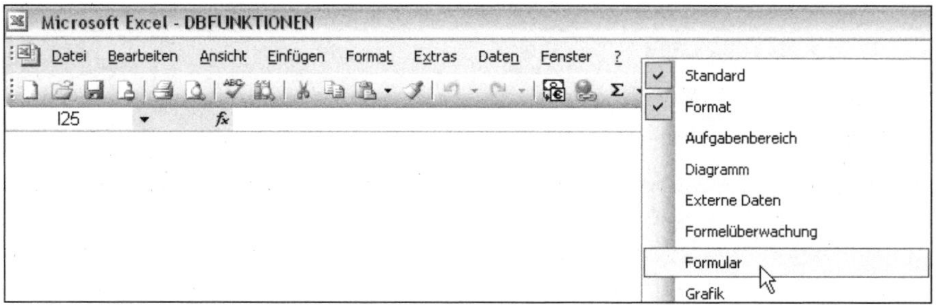

Abbildung 12.43: Aktivieren Sie die *Formular*-Symbolleiste

Es öffnet sich die entsprechende Symbolleiste. Anschließend ziehen Sie über die Symbolleiste *Formular* ein *Kombinationsfeld* in das Arbeitsblatt und ordnen diesem in den Eigenschaften (zu öffnen über einen Doppelklick) unter *Eingabebereich* die zuvor in das Arbeitsblatt kopierten Artikelnamen und unter *Zellverknüpfung* eine beliebige leere Zelle im Arbeitsblatt zu.

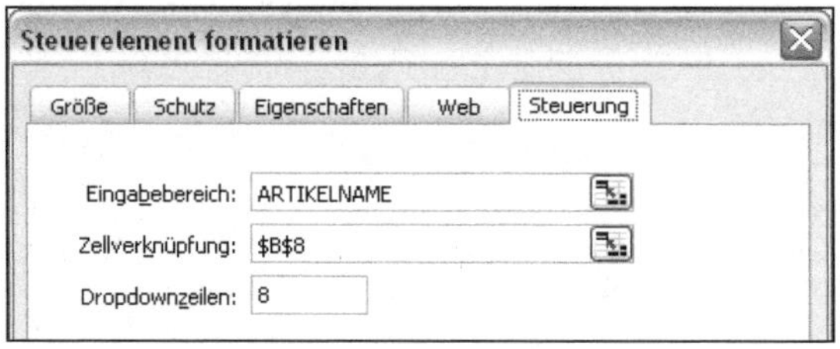

Abbildung 12.44: Dem Kombinationsfeld Eigenschaften zuweisen

Hinweis In unserem Beispiel haben wir den Artikelnamen einen *Namen* zugeordnet. Daher wird in Abbildung 12.44 nicht ein Zellbereich, also beispielsweise von *H12:H88* angegeben, sondern der Name *Artikelname*. Beides ist natürlich möglich.

Klicken Sie nun auf den Dropdownpfeil des Kombinationsfeldes, stehen bereits sämtliche Artikelnamen zur Auswahl zur Verfügung. Die zuvor in den Eigenschaften des Kombinationsfelds angegebene Zellverknüpfung gibt die Stelle wieder, an der sich der ausgewählte Eintrag befindet.

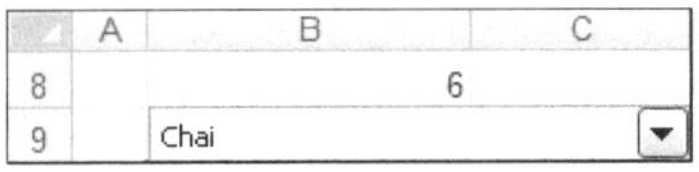

Abbildung 12.45: Der Eintrag »Chai« im Kombinationsfeld befindet sich an sechster Stelle

Aus dieser Zahl wollen Sie nun eine Art Überschrift für Ihre Auswertung generieren. Das erreichen Sie mit der Funktion INDEX().

Klicken Sie wieder in eine leere Zelle Ihres Tabellenblatts und definieren Sie die Argumente der Funktion INDEX() wie in der folgenden Abbildung 12.46 dargestellt.

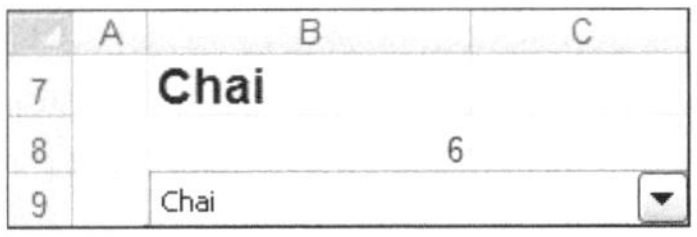

Abbildung 12.46: Erstellen Sie über die Funktion *INDEX()* eine Art Überschrift für Ihre Auswertung

Folgende Argumente sind hier angegeben:

- *Matrix* = Liste der Artikelnamen
- *Zeile* = *B8* markiert die Zeile bzw. Zelle, aus der der Wert geliefert werden soll
- *Spalte* = Das Argument *Spalte* muss in diesem Fall nicht angegeben werden, da die Zeile als Argument bereits benannt wurde. Wäre *Zeile* nicht definiert, müsste *Spalte* angegeben werden.

Egal, welchen Artikel Sie nun aus dem Kombinationsfeld wählen, wird dieser als eine Art Überschrift angezeigt.

Um jetzt eine Umsatzanzeige für die einzelnen Monate des ausgewählten Produkts zu erstellen, legen Sie, wie in Abbildung 12.36 auf Seite 611 dargestellt, eine zweispaltige Tabelle mit den Spaltennamen *Monat* und *Umsatz* an. Tragen Sie in die Spalte *Monat* die Zahlen 1 bis 12 ein und klicken Sie anschließend in die Umsatzzelle für den Monat 1, sprich Januar.

Tragen Sie, wie vorhin bereits beschrieben, in diese Zelle ein Gleichheitszeichen ein und klicken Sie in der PivotTable auf eine Zelle unter dem Monat *Januar*. Bestätigen Sie mit der ↵-Taste. Vergleichen Sie dazu die Abbildung 12.37 auf Seite 611 und die Abbildung 12.38 auf Seite 611.

Hinweis

Für welches Produkt Sie sich in diesem Schritt entscheiden, ist egal, da der Bezug zu dem gewünschten Produkt nicht direkt aus der PivotTable hergestellt werden soll, sondern über das Kombinationsfeld.

Der erste Eintrag in der Umsatzzelle für den Monat *Januar* stellt sich wie in Abbildung 12.47 gezeigt dar.

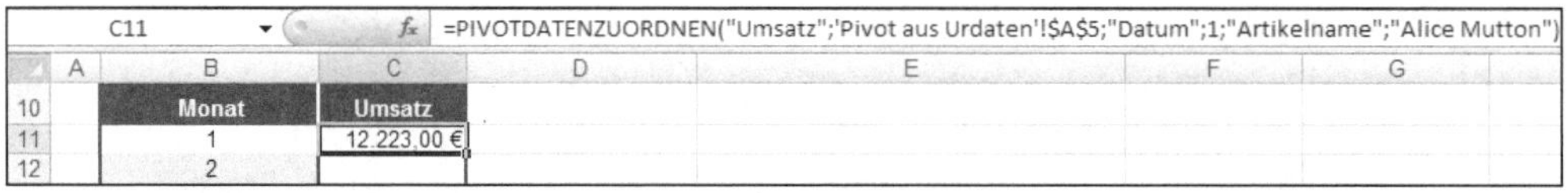

Abbildung 12.47: Der Umsatz für das Produkt »Alice Mutton« im Januar

Nun müssen Sie nur noch die Formel für die Funktion PIVOTDATENZUORDNEN() etwas ändern, und Ihr Umsatzcockpit ist fertig.

Da Sie für den Monat Januar nicht immer den Umsatz des Produkts bzw. des Artikelnamens *Alice Mutton* angezeigt bekommen wollen, sondern die Ausgabe davon abhängig machen wollen, welchen Artikelnamen Sie in dem Kombinationsfeld ausgewählt haben, müssen Sie den Zellbezug ändern.

Deshalb löschen Sie den Elementnamen *Alice Mutton* samt Anführungsstrichen aus der Formel und ersetzen es durch die Zelle, die Sie zur Überschriftenzelle Ihrer Auswertung gemacht haben.

In der folgenden Abbildung 12.48 wäre das die Zelle *B7*.

Wichtig Drücken Sie nach Eingabe der Zelle die Taste [F4], um einen *absoluten* Bezug herzustellen, und bestätigen Sie anschließend mit der [↵]-Taste.

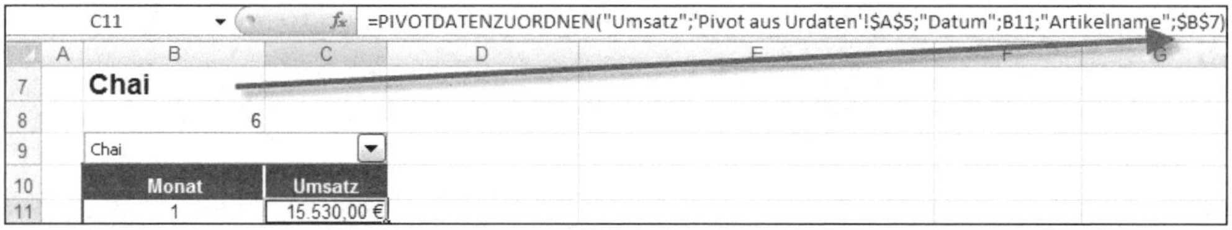

Abbildung 12.48: Die Umsatzausgabe wird davon abhängig gemacht, welches Produkt im Kombinationsfeld ausgewählt ist

Wie Sie in der Formel der Abbildung 12.48 erkennen können, wird der Feldname *"Datum"* durch den Elementnamen *B12* ergänzt.

Nun müssen Sie nur noch die in Zelle *C12* bereits eingetragene Formel bis zum Monat Dezember herunterziehen und erhalten auf diese Weise für alle Monate den entsprechenden Umsatz – abhängig von dem im Kombinationsfeld ausgewählten Produkt. Vergleichen Sie dazu die Abbildung 12.36 auf Seite 611.

Wie in diesem Beispiel dargestellt, können Sie mit der Funktion PIVOTDATENZUORDNEN() auf einfache Art und Weise übersichtliche und einfach zu handhabende Cockpits bzw. Auswertungen Ihrer Datenbank erstellen und haben alle Umsätze »per Knopfdruck« parat.

Siehe auch Keine

CD-ROM Dieses Beispiel finden Sie auf der CD-ROM zum Buch im Ordner *\Buch\Kap12* in den Arbeitsmappen *DBFUNKTIONEN.xls* (Excel 97-2003) bzw. *DBFUNKTIONEN.xlsx* (Excel 2007/2010) auf dem Arbeitsblatt *PIVOTDATENZUORDNEN*.

Kapitel 13

Cube-Funktionen

Cube-Funktionen gibt es seit Excel 2007. Sie werden immer dann eingesetzt, wenn eine Datenverbindung zu einem Cube[1] der Analysis Services von SQL Server (ab Version 2005) innerhalb einer Arbeitsmappe vereinbart wurde. Das ist unter anderem dann der Fall, wenn der Anwender eine PivotTable eingerichtet hat, deren Datenherkunft eben dieser Cube ist. Ein Cube unterscheidet sich von aufbereiteten Abfragen, wie sie aus Access oder SQL Server gewonnen werden können dadurch, dass in ihm bereits verschiedene Gruppierungen der Daten in Hierarchien vorgenommen wurden und für diese Kennzahlen (Measures) berechnet und im Cube gespeichert wurden. Das erzeugt beim Anwender zwei Vorteile: Die ihn interessierenden Daten liegen ohne weitere rechnerische oder gar kompliziertere mathematische Vorbereitungen entsprechend aufbereitet vor und den Hauptteil der Zeit zum Berechnen der Auswertungen hat der Server bereits verbracht, nur ein Bruchteil dieser Arbeit verbleibt für Excel. Diese Vorteile haben aber auch u. U. eine Schattenseite: Der Einsatz von berechneten Feldern/Elementen für die PivotTable selbst ist nicht mehr möglich, die entsprechende Schaltfläche bleibt inaktiv.

Der Einsatz der Cube-Funktionen setzt eine von zwei (zugegeben eher technischen) Bedingungen voraus:

- Beim Einrichten der Arbeitsmappe besteht eine Verbindung zu den Analysis Services von SQL Server oder
- die Daten liegen in einem Offline-Cube (also ohne Verbindung zum Server) im Dateisystem des Anwenders bereit

Diese Voraussetzungen schränken sicher den Nutzerkreis der Funktionen erheblich ein. Damit Sie dennoch etwas experimentieren können, finden Sie auf der CD-ROM zum Buch einen Offline-Cube und Datenverbindungsdateien für das in Kapitel 1 beschriebene Beispiel.

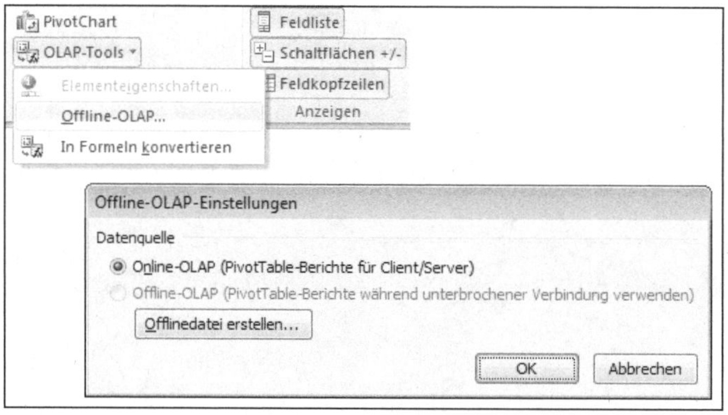

Abbildung 13.1: In begleiteten Schritten zum Offline-Cube

1 Genauer kann man von OLAP-Cubes sprechen, wobei OLAP für *Online Analytical Processing* steht.

Tipp

Ein solcher Offline-Cube (Dateiendung *.cub*) kann mithilfe von Excel erstellt und auch später in seinem Aufbau modifiziert werden.

Besteht eine Verbindung zu den Analysis Services, die über MS Query (*Daten/Externe Daten abrufen/Aus anderen Quellen/Von Microsoft Query*[2]) oder den Datenverbindungs-Assistenten (*Einfügen/PivotTable/Externe Datenquelle verwenden*) eingerichtet wurde, gelingt nach dem Anlegen einer PivotTable über die Schaltfläche aus Abbildung 13.1 der Übergang in ein Dialogfeld. In diesem wird Schritt für Schritt das Anlegen des Cubes begleitet.

Die Datenverbindungsdateien (Endung *.odc* für den Zugriff über Arbeitsmappen-Verbindungen und *.oqy* für den Zugriff über MS Query) sind jedoch vor ihrem Einsatz etwas zu modifizieren. Das liegt daran, dass im allgemeinen Pfade zu Datenbanken stets absolut angegeben werden. Mithilfe des Windows-Editors passen Sie also etwas wie

```
Data Source='X:\Dokumente\Kap13\Buch\CubeTest.cub';
Location='X:\Dokumente\Kap13\Buch\CubeTest.cub';
```

entsprechend der von Ihnen verwendeten Pfade an. Die vorbereitete Arbeitsmappe dient als Muster. Um unnötige weitere Anpassungen zu vermeiden, gestalten Sie am besten Ihre eigene Auswertungsdatei in folgenden Schritten[3]:

- *Einfügen/PivotTable/Externe Datenquelle verwenden* (hier können Sie nach weiteren Elementen suchen und die vorbereiteten Datenverbindungsdateien einsetzen)
- Anlegen des Layouts und Erfassen der zahlenmäßigen Inhalte der Datenquelle
- Einsatz der Cube-Funktionen

In der Excel-Standardeinstellung ist beim Öffnen einer Mappe mit Datenverbindungen das Nutzen dieser Verbindung in der Statusleiste explizit zu erlauben (Schaltfläche *Optionen* in Abbildung 13.2). Nutzen Sie Excel 2010, wird das Dokument nach der Aktivierung vertrauenswürdig und die Aktivierung muss so lange nicht mehr bestätigt werden, bis im Sicherheitscenter die Vertrauenswürdigkeit aller Dokumente zurückgesetzt wird.

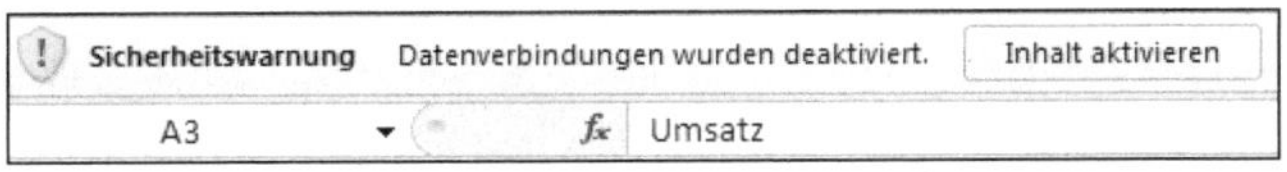

Abbildung 13.2: Beim Zugriff auf externe Daten darf die Sicherheitswarnung nicht ignoriert werden

Hinweis

Nicht immer ist es der Anwender, der manuell Cube-Funktionen ins Arbeitsblatt einfügt. Verwenden Sie den Befehl *In Formeln konvertieren* aus Abbildung 13.1 (siehe Seite 618), wandelt Excel einen Teil der PivotTable – auf Wunsch auch die gesamte – in eine Tabelle um, die zunächst unformatiert ist, aber den gleichen Inhalt wie die PivotTable hat. Der Vorteil[4] dabei ist, dass das gesamte Layout, also die Anordnung von Spalten und Zeilen, fixiert wird. Auch die Filter können in diese Fixierung mit eingeschlossen werden.

Hat man das Prinzip der Formeln erkannt, gelingt es, Pivot-ähnliche Strukturen vollkommen individuell aufzubauen und somit flexibel gestaltete Auswertungen von Daten zu schaffen.

---

2 Hier gibt es ein Dialogfeld, welches hilft, OLAP-Cubes abzurufen.

3 Ganz schnell gelingt es, eine Mappe zu erstellen, wenn Sie auf die *.odc*-Datei im Explorer doppelt klicken. Dann sollte sich Excel ab Version 2007 öffnen, die Datenverbindung ist zu akzeptieren und los geht es mit dem Layout der PivotTable.

4 Je nach Ausgangslage wird das der eine oder andere Nutzer auch als Nachteil empfinden mögen.

Die Detailbeschreibung der Funktionen bezieht sich in allen Fällen auf das in Kapitel 1 eingeführte Beispiel des Umsatzes (dargestellt als Kennzahlen-Gruppe *Umsatz* mit den Kennzahlen *Umsatz*, *BruttoUmsatz* und *Umsatz Count*) von Süßwaren (Schokolade und Kekse, zusammengefasst in der Dimension *Produkte*) in zwei Filialgruppen zu je zwei Filialen (zusammengefasst in der Dimension *Filialen*) in drei aufeinanderfolgenden Jahren (zusammengefasst in der Dimension *Jahre*). Damit bleiben die Formeldetails übersichtlich, die Reichweite der Möglichkeiten (detaillierte Monatsumsätze für Produktgruppen mit zahlreichen Produkten und Filialen, die über ein ganzes Land bis auf den einzelnen Verkäufer strukturiert sind) wird vorstellbar.

Tabelle 13.1 Die Cube-Funktionen in der Übersicht

Funktion	Beschreibung
CUBEELEMENT()	Gibt für den angegebenen Dimensionspfad das Dimensionselement zurück
CUBEELEMENTEIGENSCHAFT()	Gibt für ein Dimensionselement die geforderte Eigenschaft, auch Attribut genannt, zurück
CUBEKPIELEMENT()	Gibt die angeforderte Eigenschaft von Key Performance-Indikatoren eines Würfels zurück
CUBEMENGE()	Gibt eine definierte Menge von Elementen eines Cubes zurück. Dieses sogenannte *Set* stellt einen Teilwürfel dar.
CUBEMENGENANZAHL()	Gibt die Anzahl der Elemente eines Sets zurück
CUBERANGELEMENT()	Gibt das per Index definierte Element eines Sets zurück
CUBEWERT()	Gibt den Wert für eine gegebene Adresse aus einem Datenwürfel zurück

CUBEELEMENT() CUBEMEMBER()

Syntax CUBEELEMENT(*Verbindung;Element_Ausdruck;Beschriftung*)

Definition Die Funktion gibt ein Element (Zelle) aus einem Cube zurück. Sie kann verwendet werden, um die Existenz eines solchen Elements zu prüfen und das gefundene Element an andere Funktionen durch Zellbezug weiterzugeben.

Argumente *Verbindung* (erforderlich) ist eine Zeichenkette mit dem Namen der Arbeitsmappenverbindung zum Cube. Nach dem Schreiben des ersten Anführungszeichens werden vorhandene Datenverbindungen kontextsensitiv eingeblendet (Abbildung 13.3).

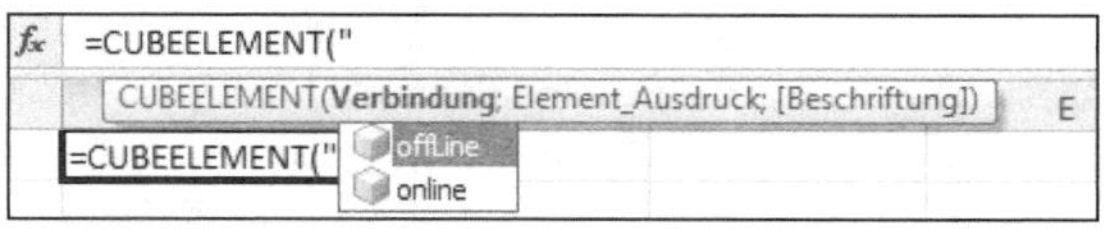

Abbildung 13.3: Kontextsensitivität beim Schreiben von Formeln ist ein starkes Hilfsmittel

Element_Ausdruck (erforderlich) definiert die Lage des Elements im Cube durch die Angabe eines multidimensionalen Ausdrucks (MDX[5]). Dieser kann direkt eingegeben werden oder sich in einer Zelle befinden, auf die dann Bezug genommen wird. Die Verwendung von Tupeln im Ausdruck ist erlaubt.

5 MDX steht für *Multidimensional Expressions.*

Beschriftung (optional) ersetzt bei der Anzeige des Ergebnisses in der Excel-Zelle die eventuell vorhandene Beschriftung des Elements im Cube. Wurde ein Tupel verwendet, liefert die Funktion die (sofern vorhanden) Beschriftung des letzten Elements im Tupel.

Hintergrund

In der Zelle, die die Funktion enthält, wird während der Datenabfrage vorübergehend die Meldung *#DATEN_ABRUFEN…* angezeigt.

Wird CUBEELEMENT() als Argument für eine andere Cube-Funktion verwendet, wird der MDX-Ausdruck im Argument und nicht der angezeigte Wert verwendet.

Mögliche Fehlerwerte und Meldungen geben darüber Auskunft, was u. U. nicht beachtet wurde oder warum ein Element nicht gefunden werden kann[6]:

- Wenn der Verbindungsname keiner gültigen Arbeitsmappenverbindung entspricht, gibt CUBEELEMENT() den Fehlerwert *#NAME?* zurück
- Steht der OLAP-Server (oder der Offline-Cube) nicht zur Verfügung, erfolgt eine Fehlermeldung. Der Zellinhalt der betroffenen Zellen ändert sich nicht.
- Ist mindestens ein Element im Tupel ungültig ist, gibt CUBEELEMENT() den Fehlerwert *#WERT!* zurück
- Wenn *Element_Ausdruck* mehr als 255 Zeichen lang ist[7], gibt CUBEELEMENT() den Fehlerwert *#WERT!* zurück
- CUBEELEMENT() gibt unter folgenden Bedingungen den Fehlerwert *#NV* zurück:
  - Die *Element_Ausdruck*-Syntax enthält Fehler
  - Das durch die MDX-Abfrage angegebene Element ist nicht im Cube vorhanden
  - Für die angegebenen Werte im Tupel gibt es keine gemeinsame Schnittmenge[8]
  - Die Menge der angeforderten Elemente enthält mindestens ein Element mit einer anderen Dimensionalität als die der anderen Elemente
  - CUBEELEMENT() kann den Fehlerwert *#NV* zurückgeben, wenn die Verbindung zur Datenquelle abgerissen ist und nicht neu aufgebaut werden kann

Praxiseinsatz

Zum besseren Verständnis des Einsatzes der Funktionen in diesem Kapitel schauen Sie sich die PivotTable unseres Beispiels an (Abbildung 13.4).

	A	B	C	D
1	Jahr	All		
2				
3	**Umsatz**	**Spaltenbeschriftungen**		
4	**Zeilenbeschriftungen**	**Kekse**	**Schokolade**	**Gesamtergebnis**
5	**Nord**	**9936**	**5593**	**15529**
6	NordOst	4682	3121	7803
7	NordWest	5254	2472	7726
8	**Süd**	**6900**	**7841**	**14741**
9	SüdOst	3467	3783	7250
10	SüdWest	3433	4058	7491
11	**Gesamtergebnis**	**16836**	**13434**	**30270**

Abbildung 13.4: Umsätze an Süßwaren

6 Wegen der Kontextsensitivität während der Eingabe der Formeln lassen sich die meisten Fehler vermeiden.

7 Diese Beschränkung für ein Argument oder eine Funktion kann dadurch umgangen werden, dass die benötigten Informationen als Werte in Zellen stehen, auf die in der Funktion selbst Bezug genommen wird.

8 Stellt man sich unter einem Cube in der Tat einen mehrdimensionalen Würfel vor, geben die Ausdrücke im Tupel die »Marschrichtung« entlang jeder Achse vor. Ziel des Tupels muss es sein, mindestens einen gemeinsamen Schnittpunkt zu finden.

Und so liefert die Formel, die eine einzelne Zelle sucht,

```
=CUBEELEMENT("offLine";"[Produkte].[Produkt].[All].[Kekse]")
```

im Ergebnis das Element *Kekse*, das die gleiche Beschriftung hat. Nutzen Sie ein Tupel in der Form

```
=CUBEELEMENT("offLine";"([Filialen].[Filiale].[All].[NordOst],[Produkte].[All].[Kekse],
[Jahre].[2009])")
```

entsteht im Ergebnis der Anzeige *2009* (der Inhalt besteht aus den Informationen zum Verkauf von Keksen im Jahre 2009 durch die Filiale NordOst) und versuchen Sie mit

```
=CUBEELEMENT("offLine";"([Filialen].[Gruppe].[All].[Nord],[Filialen].[Filiale].[All].
[NordOst]")
```

einen leeren Schnittpunkt zu finden, wird das mit dem Fehler *#NV* quittiert.

Statt des englischen *All*, welches aus

```
=CUBEELEMENT("offLine";"[Produkte].[Produkt].[All]")
```

entsteht, lässt sich mit

```
=CUBEELEMENT("offLine";"[Produkte].[Produkt].[All]";"Gesamtergebnis")
```

das Wort *Gesamtergebnis* anzeigen. Wichtig ist es nun zu verstehen, dass die Anzeige in der Zelle mit der Formel genutzt werden kann, um Zellbeschriftungen zu erstellen. Der wirkliche Inhalt der Zelle ist viel informativer, wie der Einsatz der Funktion CUBEWERT() beweisen wird, wenn diese auf die Zellen mit den CUBEELEMENT()-Einträgen Bezug nimmt.

Siehe auch Alle Cube-Funktionen, PIVOTDATENZUORDNEN()

CUBEELEMENTEIGENSCHAFT() — CUBEMEMBERPROPERTY()

Syntax CUBEELEMENTEIGENSCHAFT(*Verbindung;Element_Ausdruck;Eigenschaft*)

Definition Die Funktion gibt den Wert einer Elementeigenschaft aus dem Cube zurück. Damit kann ebenso geprüft werden, ob das Element im Cube vorhanden ist. Im Erfolgsfall wird die Eigenschaft als Wert der Excel-Zelle angezeigt.

Argumente ***Verbindung*** (erforderlich) ist eine Zeichenkette mit dem Namen der Arbeitsmappenverbindung zum Cube. Nach dem Schreiben des ersten Anführungszeichens werden vorhandene Datenverbindungen kontextsensitiv eingeblendet (siehe Abbildung 13.3 auf Seite 620).

Element_Ausdruck (erforderlich) definiert die Lage des Elements im Cube durch die Angabe eines multidimensionalen Ausdrucks (MDX). Dieser kann direkt eingegeben werden oder sich in einer Zelle befinden, auf die dann Bezug genommen wird. Die Verwendung von Tupeln im Ausdruck ist erlaubt.

Eigenschaft (erforderlich) ist der Name der Eigenschaft, deren Wert abgefragt wird.

Hintergrund Ob ein Element Eigenschaften hat, kann mithilfe der PivotTable-Tools einer PivotTable ermittelt werden, die ihre Daten aus dem gegebenen Cube bezieht (Abbildung 13.5)

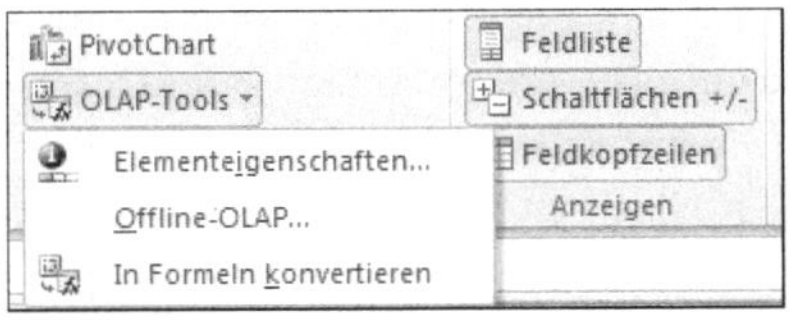

Abbildung 13.5: Nicht alle Elemente haben Eigenschaften

Im vorliegenden Beispiel (Abbildung 13.4 auf Seite 621) sind es die Filialen, die durch ihre Zugehörigkeit zu einer Gruppe die Eigenschaft *Gruppe* mit den möglichen Werten *Nord* oder *Süd* haben.

In der Zelle, die die Funktion enthält, wird während der Datenabfrage vorübergehend die Meldung *#DATEN_ABRUFEN…* angezeigt.

Mögliche Fehlerwerte und Meldungen geben darüber Auskunft, was u. U. nicht beachtet wurde oder warum ein Element nicht gefunden werden kann:

- Wenn der Verbindungsname keiner gültigen Arbeitsmappenverbindung entspricht, gibt CUBEELEMENTEIGENSCHAFT() den Fehlerwert *#NAME?* zurück
- Steht der OLAP-Server (oder der Offline-Cube) nicht zur Verfügung, erfolgt eine Fehlermeldung. Der Zellinhalt der betroffenen Zellen ändert sich nicht.
- Wenn die Syntax von *Element_Ausdruck* nicht korrekt ist oder das hierdurch angegebene Element nicht im Cube vorhanden ist, gibt CUBEELEMENTEIGENSCHAFT() den Fehlerwert *#NV* zurück
- CUBEELEMENTEIGENSCHAFT() kann den Fehlerwert *#NV* zurückgeben, wenn die Verbindung zur Datenquelle abgerissen ist und nicht neu aufgebaut werden kann

Praxiseinsatz

Wie bereits erwähnt, haben nur die Filialen in der PivotTable unseres Beispiels (Abbildung 13.4 auf Seite 621) eine Eigenschaft, diese heißt *Gruppe*. Und damit liefert

```
=CUBEELEMENTEIGENSCHAFT("offLine";"[Filialen].[Filiale].[All].[NordOst]";"Gruppe")
```

den Wert *Nord* und

```
=CUBEELEMENTEIGENSCHAFT("offLine";"[Filialen].[Filiale].&[3]";"Gruppe")
```

den Wert *Süd*. In diesem Beispiel wurde statt des Namens der Filiale die Nummer ihres Auftretens in der Liste in der Formel eingesetzt[9].

Siehe auch

Alle Cube-Funktionen, PIVOTDATENZUORDNEN()

CUBEKPIELEMENT() CUBEKPIMEMBER()

Syntax

CUBEKPIELEMENT(*Verbindung;KPI_Name;KPI_Eigenschaft;Beschriftung*)

Definition

Diese Funktion gibt die Eigenschaft eines sogenannten Key Performance Indicators (KPI) zurück und zeigt dessen KPI-Namen in der Zelle an[10].

9 Eine kurze Einführung in die Syntax von MDX finden Sie unter anderem in *Business Intelligence und Reporting mit Microsoft SQL Server 2008* (Autorenteam, erschienen bei Microsoft Press, 2009, ISBN-13: 978-3-86645-657-0)

10 Diese Indikatoren müssen durch Projekte auf den Analysis Services von Microsoft SQL Server ab Version 2005 erstellt werden und definieren u. a. quantifizierbare Größen, mit denen Unternehmensleistungen überwacht werden können.

Argumente *Verbindung* (erforderlich) ist eine Zeichenkette mit dem Namen der Arbeitsmappenverbindung zum Cube. Nach dem Schreiben des ersten Hochkommas werden vorhandene Datenverbindungen kontextsensitiv eingeblendet (Abbildung 13.3 auf Seite 620).

KPI_Name (erforderlich) definiert den Namen des KPI im Cube.

Ein KPI besteht aus mehreren Komponenten (je nach Definition des KPI auf dem Server). Diese werden durch das erforderliche Argument *KPI_Eigenschaft* mithilfe einer Ziffer abgefragt. Diese Ziffer ergibt sich aus Tabelle 13.2.

Tabelle 13.2 Die Bedeutung der Ziffern für das dritte Argument der Funktion

Argument	Zu verwendender MDX-Ausdruck	Beschreibung
1	[KPI-Name Value]	Auf dem Server berechneter Wert
2	[KPI-Name Goal]	Hinterlegter Zielwert
3	[KPI-Name Status]	Der auf einen Zeitpunkt bezogene Zustand
4	[KPI-Name Trend]	Über einen Zeitraum berechnete Werte
5	[KPI-Name Weight]	Information über die bedeutung des KPI
6	[KPI-Name CurrentTimeMember]	Zeitliche Einordnung des KPI

Beschriftung (optional) ersetzt bei der Anzeige des Ergebnisses in der Excel-Zelle die eventuell vorhandene Beschriftung der KPI-Komponente im Cube.

Hintergrund In der Zelle, die die Funktion enthält, wird während der Datenabfrage vorübergehend die Meldung *#DATEN_ABRUFEN...* angezeigt.

Mögliche Fehlerwerte und Meldungen geben darüber Auskunft, was u. U. nicht beachtet wurde oder warum ein Element nicht gefunden werden kann:

- Wenn der Verbindungsname keiner gültigen Arbeitsmappenverbindung entspricht, gibt CUBEKPIELEMENT() den Fehlerwert *#NAME?* zurück
- Steht der OLAP-Server (oder der Offline-Cube) nicht zur Verfügung, erfolgt eine Fehlermeldung. Der Zellinhalt der betroffenen Zellen ändert sich nicht.
- CUBEKPIELEMENT() gibt den Fehlerwert *#NV* zurück, wenn *kpi_Name* oder *kpi_Eigenschaft* ungültig ist
- CUBEKPIELEMENT() kann den Fehlerwert *#NV* zurückgeben, wenn die Verbindung zur Datenquelle abgerissen ist und nicht neu aufgebaut werden kann

Sie können die Funktion mit der Funktion CUBEWERT() kombinieren. Dazu geben Sie Letzterer als zweites Argument die CUBEKPIELEMENT()-Funktion oder einen Zellbezug auf eine Zelle mit der CUBEKPIELEMENT()-Funktion mit.

Praxiseinsatz Im durchgehenden Beispiel zu diesem Kapitel wurde im Cube ein KPI namens *Durchschnitt* hinterlegt. Dieser berechnete den Mittelwert aus dem Gesamtumsatz und der Anzahl der Umsätze ohne Nachkommastellen. Beide Größen liegen auch als Kennziffern (Measures) im Cube vor, lassen sich aber in der PivotTable nicht zum Berechnen von Feldern einsetzen (die Option berechneter Felder fehlt bei Cube-basierten Daten). Der Zielwert (Goal) beläuft sich ohne weitere Unterscheidungen der Einfachheit halber auf 1.500 €. Die Abbildung 13.6 zeigt die Details im Falle von Keksen.

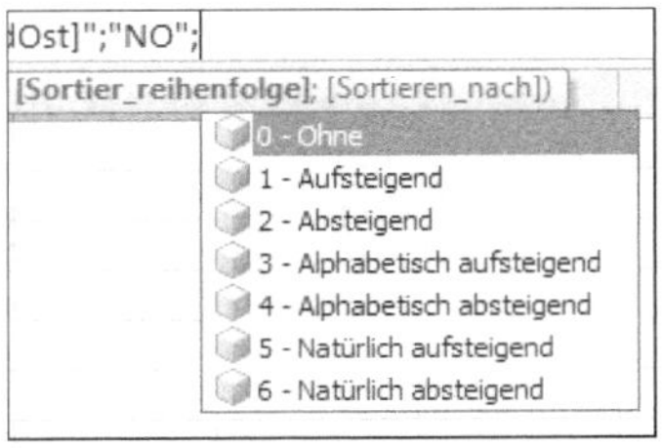

Abbildung 13.6: Der KPI *Durchschnitt* im Einsatz

Die Formel

```
=CUBEKPIELEMENT("offLine";"Durchschnitt";1)
```

zeigt nun das Wort *Durchschnitt* an. Mit

```
=CUBEWERT("offLine";CUBEKPIELEMENT("offLine";"Durchschnitt";1))
```

erhalten Sie die Zahl *1261* (das ist der gerundete Durchschnitt über alle Umsätze). In der zweiten Formel können Sie als zweites Argument auch den Bezug zu der Zelle geben, in der die erste der beiden Formeln steht.

Den Zielwert der Kenngröße *Durchschnitt* erhalten Sie aus

```
=CUBEWERT("offLine";CUBEKPIELEMENT("offLine";"Durchschnitt";2))
```

Entscheidend ist hier der Wert 2 im letzten Argument.

Wichtig ist es also auch in diesem Fall zu verstehen, dass die Anzeige in der Zelle mit der Formel genutzt werden kann, um Zellbeschriftungen zu erstellen. Der wirkliche Inhalt der Zelle ist viel informativer, wie der Einsatz der Funktion CUBEWERT() zeigt.

Weitere Komponenten des genannten KPI liegen im Beispiel-Cube nicht vor.

Siehe auch

Alle Cube-Funktionen, PIVOTDATENZUORDNEN()

CUBEMENGE() CUBESET()

Syntax

CUBEMENGE(***Verbindung;Menge_Ausdruck;****Beschriftung;Sortierreihenfolge;Sortieren_nach*)

Definition

Die Funktion gibt eine berechnete Menge (Set oder Satz) von Elementen zurück, indem eine Berechnungsvorschrift an den Cube (auf dem Server gesendet) wird, der daraufhin die Menge erstellt und anschließend an Microsoft Office Excel zurückgibt. Damit besteht auch bei dieser Funktion ein Unterschied zwischen dem, was in der Zelle angezeigt wird und dem, was die Zelle tatsächlich beinhaltet.

Argumente

Verbindung (erforderlich) ist eine Zeichenkette mit dem Namen der Arbeitsmappenverbindung zum Cube. Nach dem Schreiben des ersten Hochkommas werden vorhandene Datenverbindungen kontextsensitiv eingeblendet (Abbildung 13.3 auf Seite 620).

Menge_Ausdruck (erforderlich) definiert die Elementmenge im Cube durch die Angabe eines multidimensionalen Ausdrucks (MDX). Dieser kann direkt eingegeben werden oder sich in einer Zelle befinden, auf die dann Bezug genommen wird. Die Verwendung von Tupeln im Ausdruck ist erlaubt.

Beschriftung (optional) ersetzt bei der Anzeige des Ergebnisses in der Excel-Zelle die eventuell vorhandene Beschriftung des Elements im Cube. Wurde ein Tupel verwendet, liefert die Funktion die (sofern vorhanden) Beschriftung des letzten Elements im Tupel.

Sortierreihenfolge (optional) ist die Art einer eventuell auszuführenden Sortierung, die Werte sind ganze Zahlen nach der Tabelle 13.3. Während des Schreibens der Formel werden Sie, wie in Abbildung 13.7 festgehalten, kontextsensitiv unterstützt.

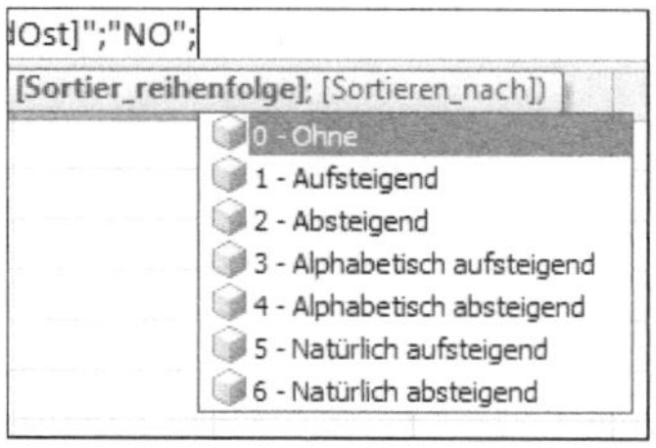

Abbildung 13.7: Tooltipps zeigen an, was zu tun ist.

Tabelle 13.3 Die Bedeutung der Ziffern für das vierte Argument der Funktion

Argument	Beschreibung	Auswirkung auf das fünfte Argument
0	Belässt die Menge in der Reihenfolge im Cube	Wird ignoriert
1	Sortiert aufsteigend nach dem fünften Argument	Ist erforderlich
2	Sortiert absteigend nach dem fünften Argument	Ist erforderlich
3	Sortiert alphabetisch aufsteigend	Wird ignoriert
4	Sortiert alphabetisch absteigend	Wird ignoriert
5	Sortiert natürlich aufsteigend	Wird ignoriert
6	Sortiert natürlich absteigend	Wird ignoriert

Der Standardwert des vierten Arguments ist 0. Mit einer alphabetischen Sortierung für eine Menge, die aus Tupeln definiert wird, wird anhand des letzten Elements im Tupel sortiert. Weitere Informationen zu diesen verschiedenen Sortierreihenfolgen finden Sie im Microsoft SQL Analysis Services-Hilfesystem.

Das in Abhängigkeit vom vierten Argument erforderliche Argument *Sortieren_nach* definiert die Werte in der Menge, nach denen sortiert werden soll. Wird es in den Fällen, in denen es erforderlich ist, weggelassen, reagiert die Funktion mit dem Fehlerwert *#WERT!*.

Hintergrund

In der Zelle, die die Funktion enthält, wird während der Datenabfrage vorübergehend die Meldung *#DATEN_ABRUFEN…* angezeigt.

Wird CUBEMENGE() als Argument für eine andere Cube-Funktion verwendet, werden die Anweisungen zur Zurückgabe der Menge und nicht der angezeigte Wert verwendet.

Mögliche Fehlerwerte und Meldungen geben darüber Auskunft, was u. U. nicht beachtet wurde oder warum ein Element nicht gefunden werden kann:[11]

11 Wegen der Kontextsensitivität während der Eingabe der Formeln lassen sich die meisten Fehler vermeiden.

- Wenn der Verbindungsname keiner gültigen Arbeitsmappenverbindung entspricht, gibt CUBEMENGE() den Fehlerwert *#NAME?* zurück
- Steht der OLAP-Server (oder der Offline-Cube) nicht zur Verfügung, erfolgt eine Fehlermeldung. Der Zellinhalt der betroffenen Zellen ändert sich nicht.
- Wenn *Element_Ausdruck* mehr als 255 Zeichen lang ist,[12] gibt CUBEMENGE() den Fehlerwert *#WERT!* zurück
- CUBEMENGE() gibt unter folgenden Bedingungen den Fehlerwert *#NV* zurück:
  - Die *Element_Ausdruck*-Syntax enthält Fehler
  - Die durch die MDX-Abfrage angegebene Menge ist nicht im Cube vorhanden
  - Der Satz enthält mindestens ein Element mit einer anderen Dimensionalität als die anderen Elemente
  - CUBEMENGE() kann den Fehlerwert *#NV* zurückgeben, wenn die Verbindung zur Datenquelle abgerissen ist und nicht neu aufgebaut werden kann

Praxiseinsatz

Im Beispiel zu diesem Kapitel entsteht durch

```
=CUBEMENGE("offLine";"[Filialen].[Filiale].Children";
"alle Filialumsätze";2;"[Measures].[Umsatz]")
```

die geordnete Menge aller Filialen, wobei zur Ordnung der Umsatz (über alle Produkte und alle Jahre) herangezogen wird. Die Filiale mit dem größten Umsatz steht an erster Stelle.

Wichtig ist es zu verstehen, dass die Anzeige in der Zelle mit der Formel[13] genutzt werden kann, um Zellbeschriftungen zu erstellen. Der wirkliche Inhalt der Zelle ist viel informativer, wie der Einsatz der Funktionen CUBEMENGENANZAHL(), CUBERANGELEMENT() und CUBEWERT() beweist, wenn diese auf die Zellen mit den CUBEMENGE()-Einträgen Bezug nimmt.

Siehe auch

Alle Cube-Funktionen, PIVOTDATENZUORDNEN()

CUBEMENGENANZAHL() CUBESETCOUNT()

Syntax

CUBEMENGENANZAHL(*Menge*)

Definition

Die Funktion gibt die Anzahl der Elemente aus einer Elementmenge (Satz von Elementen) zurück.

Argumente

Menge (erforderlich) wird mithilfe der Funktion CUBEMENGE() definiert oder ist der Bezug auf eine Zelle, in der durch CUBEMENGE() Elemente des Cubes bereitgehalten werden.

Hintergrund

In der Zelle, die die Funktion enthält, wird während der Datenabfrage vorübergehend die Meldung *#DATEN_ABRUFEN…* angezeigt.

Das Ergebnis ist eine nicht negative ganze Zahl. Wird durch das Argument ein Fehler erzeugt, wird dieser auch als Ergebnis angezeigt.

---

12 Diese Beschränkung für ein Argument oder eine Funktion kann dadurch umgangen werden, dass die benötigten Informationen als Werte in Zellen stehen, auf die in der Funktion selbst Bezug genommen wird.

13 Im vorliegenden Fall wird *alle Filialumsätze* angezeigt

Praxiseinsatz Nehmen Sie im Beispiel dieses Kapitels mit der Funktion CUBEMENGEANZAHL() Bezug auf eine Zelle, in der durch

```
=CUBEMENGE("offLine";"[Filialen].[Filiale].Children";
"alle Filialumsätze";2;"[Measures].[Umsatz]")
```

die geordnete Menge der Filialen bereitgehalten wird, entsteht das Ergebnis *4*. Das gleiche Ergebnis erhalten Sie, wenn Sie die genannte Formel als Argument übergeben. Beachten Sie, dass das Schlüsselwort *Children* bei der Formeleingabe nicht kontextsensitiv angezeigt wird.

Siehe auch Alle Cube-Funktionen, PIVOTDATENZUORDNEN()

CUBERANGELEMENT() CUBERANKEDMEMBER()

Syntax CUBERANGELEMENT(*Verbindung;Menge_Ausdruck;Rang;Beschriftung*)

Definition Die Funktion das gibt n-te Element einer geordneten Menge zurück.

Argumente *Verbindung* (erforderlich) ist eine Zeichenkette mit dem Namen der Arbeitsmappenverbindung zum Cube. Nach dem Schreiben des ersten Hochkommas werden vorhandene Datenverbindungen kontextsensitiv eingeblendet (Abbildung 13.3 auf Seite 620).

Menge_Ausdruck (erforderlich) definiert die Elementmenge im Cube durch die Angabe eines multidimensionalen Ausdrucks (MDX). Dieser kann direkt eingegeben werden oder sich in einer Zelle befinden, auf die dann Bezug genommen wird. Die Verwendung von Tupeln im Ausdruck ist erlaubt.

Rang (erforderlich) ist eine nicht negative ganze Zahl, die die Position des gesuchten Elements in der Menge bestimmt.

Beschriftung (erforderlich) ersetzt bei der Anzeige des Ergebnisses in der Excel-Zelle die eventuell vorhandene Beschriftung des Elements im Cube. Wurde ein Tupel verwendet, liefert die Funktion die (sofern vorhanden) Beschriftung des letzten Elements im Tupel.

Hintergrund In der Zelle, die die Funktion enthält, wird während der Datenabfrage vorübergehend die Meldung *#DATEN_ABRUFEN…* angezeigt.

Mögliche Fehlerwerte und Meldungen geben darüber Auskunft, was u. U. nicht beachtet wurde oder warum ein Element nicht gefunden werden kann:[14]

- Wenn der Verbindungsname keiner gültigen Arbeitsmappenverbindung entspricht, gibt CUBERANGELEMENT() den Fehlerwert *#NAME?* zurück
- Steht der OLAP-Server (oder der Offline-Cube) nicht zur Verfügung, erfolgt eine Fehlermeldung. Der Zellinhalt der betroffenen Zellen ändert sich nicht.
- Wenn *Menge_Ausdruck* mehr als 255 Zeichen lang ist[15], gibt CUBERANGELEMENT() den Fehlerwert *#WERT!* zurück

14 Wegen der Kontextsensitivität während der Eingabe der Formeln lassen sich die meisten Fehler vermeiden.

15 Diese Beschränkung für ein Argument oder eine Funktion kann dadurch umgangen werden, dass die benötigten Informationen als Werte in Zellen stehen, auf die in der Funktion selbst Bezug genommen wird.

- CUBERANGELEMENT() gibt unter folgenden Bedingungen den Fehlerwert *#NV* zurück:
  - Die *Menge_Ausdruck*-Syntax enthält Fehler
  - Die durch die MDX-Abfrage angegebene Menge ist nicht im Cube vorhanden
  - CUBERANGELEMENT() kann den Fehlerwert *#NV* zurückgeben, wenn die Verbindung zur Datenquelle abgerissen ist und nicht neu aufgebaut werden kann

Praxiseinsatz

Nehmen Sie im Beispiel dieses Kapitels mit der Funktion

```
=CUBERANGELEMENT("offLine";B9;1)
```

Bezug auf eine Zelle (hier *B9*), in der durch

```
=CUBEMENGE("offLine";"[Filialen].[Filiale].Children";
"alle Filialumsätze";2;"[Measures].[Umsatz]")
```

die geordnete Menge der Filialen bereitgehalten wird, entsteht das Ergebnis *NordOst*. Diese Filiale ist über alle Produkte und Jahre die umsatzstärkste.

Mit der verschachtelten Formel

```
=CUBERANGELEMENT("offLine";CUBEMENGE("offLine";"([Filialen].[Filiale].[All].[NordOst],
[Jahre].Children)";"alle Filialumsätze";2;"[Measures].[Umsatz]");3)
```

ermitteln Sie das umsatzschwächste Jahr (Position 3) dieser Filiale, nämlich *2008*.

Siehe auch

Alle Cube-Funktionen, PIVOTDATENZUORDNEN()

CUBEWERT() CUBEVALUE()

Syntax

CUBEWERT(***Verbindung;Element_Ausdruck1***;*Element_Ausdruck2;...*)

Definition

Die Funktion gibt den Wert eines Elements (Zelle) aus einem Cube zurück.

Argumente

Verbindung (erforderlich) ist eine Zeichenkette mit dem Namen der Arbeitsmappenverbindung zum Cube. Nach dem Schreiben des ersten Anführungszeichens werden vorhandene Datenverbindungen kontextsensitiv eingeblendet (Abbildung 13.3 auf Seite 620).

Element_Ausdruck (erforderlich) definiert die Lage des Elements im Cube durch die Angabe eines multidimensionalen Ausdrucks (MDX). Dieser kann direkt eingegeben werden oder sich in einer Zelle befinden, auf die dann Bezug genommen wird. Die Verwendung von Tupeln im Ausdruck ist erlaubt. *Element_Ausdruck* kann auch eine Menge darstellen, wie sie mit der CUBEMENGE()-Funktion definiert wird. Wenn keine Kennzahl (Measure) in *Element_Ausdruck* angegeben ist, wird die Standardkennzahl des Cubes verwendet.

Durch die mögliche Wiederholung des Arguments können Schnittmengen definiert werden. Die Verwendung von Tupeln ist erlaubt.

Hintergrund

In der Zelle, die die Funktion enthält, wird während der Datenabfrage vorübergehend die Meldung *#DATEN_ABRUFEN…* angezeigt.

Wird CUBEWERT() als Argument für eine andere Cube-Funktion verwendet, wird der MDX-Ausdruck im Argument und nicht der angezeigte Wert verwendet.

Mögliche Fehlerwerte und Meldungen geben darüber Auskunft, was u. U. nicht beachtet wurde oder warum ein Element nicht gefunden werden kann:[16]

- Wenn der Verbindungsname keiner gültigen Arbeitsmappenverbindung entspricht, gibt CUBEWERT() den Fehlerwert *#NAME?* zurück
- Steht der OLAP-Server (oder der Offline-Cube) nicht zur Verfügung, erfolgt eine Fehlermeldung. Der Zellinhalt der betroffenen Zellen ändert sich nicht.
- Ist mindestens ein Element in den Argumenten bzw. im Tupel ungültig, gibt CUBEWERT() den Fehlerwert *#WERT!* zurück
- Wenn *Element_Ausdruck* mehr als 255 Zeichen lang ist,[17] gibt CUBEWERT() den Fehlerwert *#WERT!* zurück
- CUBEWERT() gibt unter folgenden Bedingungen den Fehlerwert *#NV* zurück:
  - Die *Element_Ausdruck*-Syntax enthält Fehler
  - Das durch die MDX-Abfrage angegebene Element ist nicht im Cube vorhanden
  - Für die angegebenen Werte im Tupel gibt es keine gemeinsame Schnittmenge[18]
  - Die Menge der angeforderten Elemente enthält mindestens ein Element mit einer anderen Dimensionalität als die der anderen Elemente
  - CUBEWERT() kann den Fehlerwert *#NV* zurückgeben, wenn die Verbindung zur Datenquelle abgerissen ist und nicht neu aufgebaut werden kann

Praxiseinsatz Im durchgängigen Beispiel dieses Kapitels können Sie mit

```
=CUBEWERT("offLine";"[Measures].[BruttoUmsatz]";"[Filialen].[Filiale].[All].[NordOst]";
"[Jahre].[Jahr].[All].[2008]";"[Produkte].[Produkt].[All].[Kekse]")
```

den Kekse-Bruttoumsatz der NordOst-Filiale im Jahre 2008 ermitteln. Dieser lautet *1.785 €*.[19] Das gleiche Ergebnis erhalten Sie, wenn Sie ein Tupel verwenden (die Argumente der vorigen Formel werden in Klammern zusammengefasst, das Trennzeichen ist dann das Komma):

```
=CUBEWERT("offLine";"([Measures].[BruttoUmsatz],[Filialen].[Filiale].[All].[NordOst],
[Jahre].[Jahr].[All].[2008],[Produkte].[Produkt].[All].[Kekse])")
```

Haben Sie in der Zelle *B3* die Formel

```
=CUBEELEMENT("offLine";"[Produkte].[Produkt].[All].[Kekse]")
```

eingetragen, liefert

```
=CUBEWERT("offLine";B3)
```

den Gesamtumsatz an Keksen, nämlich *16.836 €*.

Sie können die Liste der Beispiele um die ergänzen, die zur Funktion CUBEKPIELEMENT() angegeben wurden. Und auch die Funktionen CUBERANGELEMENT() und CUBEMENGE() sind mit

16 Wegen der Kontextsensitivität während der Eingabe der Formeln lassen sich die meisten Fehler vermeiden.

17 Diese Beschränkung für ein Argument oder eine Funktion kann dadurch umgangen werden, dass die benötigten Informationen als Werte in Zellen stehen, auf die in der Funktion selbst Bezug genommen wird.

18 Stellt man sich unter einem Cube in der Tat einen mehrdimensionalen Würfel vor, geben die Ausdrücke im Tupel die »Marschrichtung« entlang jeder Achse vor. Ziel des Tupels muss es sein, mindestens einen gemeinsamen Schnittpunkt zu finden.

19 Hier wurde der Nettoumsatz im Cube mit 1,19 multipliziert.

```
=CUBEWERT("offLine";CUBERANGELEMENT("offLine";CUBEMENGE("offLine";"[Filialen]
.[Filiale].Children";"alle Filialumsätze";2;"[Measures].[Umsatz]");1))
```

vertreten. Hier lautet das Ergebnis *7.803 €*, das ist der Gesamtumsatz der besten Filiale hinsichtlich der Einzelumsätze, nämlich *NordOst*.

Siehe auch

Alle Cube-Funktionen, PIVOTDATENZUORDNEN()

CD-ROM

Die Dateien für das durchgängige Beispiel dieses Kapitels finden Sie auf der CD-ROM zum Buch im Ordner *\Buch\Kap13*.

Kapitel 14

Finanzmathematische Funktionen

Grundlegende finanzmathematische Aufgabenstellungen lassen sich in folgende Gebiete aufteilen:

- **Probleme der einfachen Zinsrechnung**

  Einfache Zinsrechnung zeichnet sich dadurch aus, dass Zinsen zum Zeitpunkt ihrer Fälligkeit nicht dem Kapital hinzugeschlagen werden. Diese Art der Berechnung findet vor allem bei Zeiträumen Anwendung, die unterhalb eines Jahres, evtl. sogar im Tagesbereich, liegen.

  Die Finanzmathematik kennt die verschiedensten Zinsbegriffe. In jedem Falle handelt es sich bei Zinsen um den Preis für geliehenes (Leihzinsen) oder verliehenes Kapital (Guthabenzinsen). Um die Höhe dieses Preises anzugeben, wird ein relativer Preis in Form eines Zinsfußes (Preis für 100 Geldeinheiten) bzw. Zinssatzes (Preis für eine Geldeinheit) formuliert. Dieser bezieht sich immer auf eine bestimmte Periodenlänge, im Allgemeinen ein ganzes Jahr. In diesem Falle lautet der Zusatz *p.a.* (»per annum«).

  Zwei prinzipiell verschiedene Zinsberechnungen begegnen Ihnen in diesem Kapitel immer wieder: nachschüssige und vorschüssige Verzinsung.

  Bei der nachschüssigen Verzinsung werden die Zinsen am Ende der Zinsperiode vom Kapital, um welches es an deren Anfang ging, mithilfe des Zinssatzes ermittelt und bezahlt. Bei vorschüssiger Verzinsung werden die Zinsen vom Kapital, welches am Ende fällig ist, mithilfe des Zinssatzes berechnet und am Anfang der Periode bezahlt.

- **Probleme der Zinseszinsrechnung**

  In diesem Fall werden Zinsen bei Fälligkeit dem Kapital zugeschlagen. Das führt zum sogenannten Zinseszinseffekt. Da oft auf Formeln abgezielt wird, wird ebenso oft angenommen, dass der Zinssatz sich über den gesamten Betrachtungszeitraum nicht ändert.

- **Probleme der Rentenrechnung**

  Unter einer Rente versteht man eine regelmäßig wiederkehrende Zahlung konstanter Höhe. Alle in Excel verfügbaren Funktionen gehen davon aus, dass die Rentenzahlungstermine mit den Zinsterminen übereinstimmen. Unterschieden wird nur zwischen vorschüssigen Renten am Anfang der Zinsperioden und nachschüssigen, deren Zahlung am Ende der Perioden erfolgt.

- **Probleme der Tilgungsrechnung**

  Die Finanzmathematik kennt wenigstens drei prinzipielle Formen der Tilgung von Krediten – Tilgung durch Einmalzahlung am Ende, Tilgung durch Ratenzahlung mit konstanten Tilgungbeträgen und Tilgung durch Annuitätenzahlung, bei der die Summe aus Tilgungsbetrag plus Zinsen konstant bleibt.

  Die letzte Form ist im Prinzip eine Form der Rentenrechnung.

  Die Funktionen, die Excel zur Tilgungsrechnung bereitstellt, beziehen sich ausschließlich auf die erste und die dritte Form. Was nicht heißen soll, dass sich etwas anderes auf Tabellenblättern unter Einsatz verschiedenster Mittel auch ohne Funktionen nicht nachbilden lässt.

- **Probleme der Kursrechnung**

  Kurs- und Renditerechnungen, vor allem für festverzinsliche Wertpapiere (Anleihen), sind ein besonders anspruchsvolles Thema der Finanzmathematik. Sehr viele der integrierten Funktionen beschäftigen sich mit diesem Schwerpunkt. Dabei definiert sich der Kurs immer als relativer Barwert zukünftiger Leistungen nach eventuellem Abzug sogenannter Stückzinsen. Die Rendite ist die Kennzahl (als Zinssatz), die einen am Markt vorhandenen Kurs realisiert.

- **Probleme der Investitionsrechnung**

  Investitionsrechnung tritt oft in den Formen der statischen und der dynamischen Investitionsanalyse auf. Zur ersten Form gehören Methoden wie Kosten- und Gewinnvergleich sowie Amortisationsrechnung. Diese beruhen auf Daten der Kosten- und Leistungsrechnung. Dynamische Methoden berücksichtigen Zinseszinseffekte und bewerten Geld, welches aus Ein- und Auszahlungen stammt. Excel verfügt über einige Funktionen zum Bearbeiten von Aufgaben der dynamischen Investitionsrechnung (Kapitalwertmethode und Methode des internen Zinssatzes).

- **Probleme der Abschreibungsrechnung**

  Etwas ist für das Verständnis finanzmathematischer Vorgänge wichtig: Zahlungen werden nie allein durch ihre Höhe, sondern immer auch durch den Zeitpunkt, an dem sie erfolgen, bewertet. Es ist ein Unterschied, ob ein Schuldner seine Schuld heute oder erst in einem Jahr bezahlt. Je länger der Abstand, desto höher der Betrag, der fällig wird: zur Schuld kommen noch die Zinsen. Manchmal wird dieses Prinzip auch anders herum formuliert: Spätes Geld ist wenig wert. Das hat nichts mit dem Begriff der Inflation zu tun, sondern damit, dass es finanzmathematisch bei einem Jahreszinssatz von 10 % unerheblich ist, ob in einem Jahr 110 Geldeinheiten oder bereits heute 100 Geldeinheiten den Besitzer wechseln.

  In diesem Sinne sind Probleme der Abschreibungsrechnung eigentlich keine Probleme finanzmathematischer Überlegungen. Traditionell werden Sie allerdings in Fachbüchern mit den anderen Problemen besprochen und auch Excel hält die entsprechenden Funktionen in einer gemeinsamen Gruppe parat. Die Bedeutung der Abschreibungsmethoden, die Excel zur Verfügung stellt, ist für die Praxis in Deutschland, die durch das Steuerrecht bestimmt wird, eher unerheblich.

CD-ROM Im Ordner *\Buch\Kap14* der CD-ROM zum Buch finden Sie Arbeitsmappen, deren Namen genau den genannten Gebieten entsprechen und mit denen versucht wird, eine Gliederung in die Verwendung der Funktionen zu bringen.

Wichtig Bei einer Standardinstallation von Excel bis zur Version 2003 ist der überwiegende Teil der finanzmathematischen Funktionen nicht ohne Weiteres zugänglich. Bevor Sie die Gruppe der Analyse-Funktionen nutzen können, müssen Sie sie über den Menübefehl *Extras/Add-Ins* im Dialogfeld *Add-Ins* aktivieren (Abbildung 14.1). Dies gilt nicht für Excel ab Version 2007.

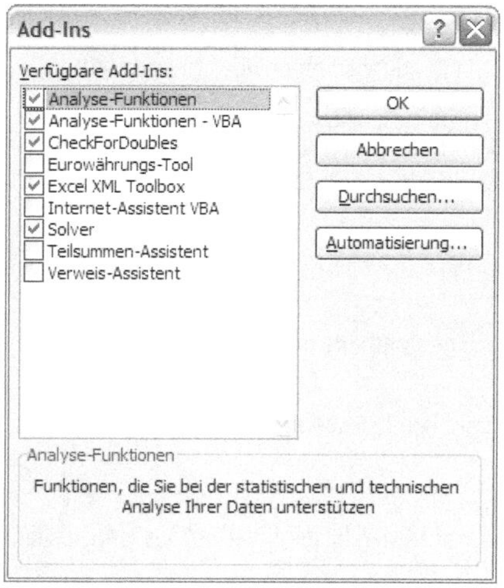

Abbildung 14.1: Im Dialogfeld *Add-Ins* muss der Eintrag *Analyse-Funktionen* aktiviert werden

2003: Add-In!

Sie erkennen die Funktionen, die unter Excel 2003 und früheren Versionen nur bei aktiviertem Add-In *Analyse-Funktionen* verfügbar sind, an dem nebenstehend dargestellten Text in der Marginalspalte.

Die Sprache der Excel-Hilfe zu Themen der Finanzmathematik ist nicht unbedingt an allen Stellen die Sprache der Finanzmathematik selbst. Gelegentlich wurde die Excel-Hilfe auch etwas unglücklich übersetzt bzw. die gegebenen Erläuterungen stimmen so nicht unbedingt. Vergleichen Sie deshalb mit den in diesem Kapitel aufgeschriebenen Hintergrund-Informationen und ziehen Sie im Zweifelsfall die Beispiele und auch weitere Fachliteratur zur Klarstellung heran.

Tabelle 14.1 Die finanzmathematischen Funktionen in der Übersicht

Funktion	Beschreibung
AMORDEGRK()	Berechnet einen Abschreibungsbetrag auf der Basis des französischen Buchführungssystems
AMORLINEARK()	Berechnet den linearen Abschreibungsbetrag für Wirtschaftsgüter
AUFGELZINS()	Berechnet die aufgelaufenen Zinsen einer gesamtfälligen Schuld im unterjährlichen Bereich bzw. die Stückzinsen eines festverzinslichen Wertpapiers mit periodischen Zinszahlungen
AUFGELZINSF()	Berechnet die aufgelaufenen Zinsen einer gesamtfälligen Schuld im unterjährlichen Bereich bzw. die Stückzinsen eines festverzinslichen Wertpapiers mit einer einmaligen Zinszahlung im Jahr
AUSZAHLUNG()	Ermittelt den Rückzahlungsbetrag einer durch einfache, vorschüssige Abzinsung entstandenen Einzahlung
BW()	Berechnet den Barwert eines regelmäßigen Zahlungsstroms unter Beachtung eventueller einmaliger Zahlungen am Ende des betrachteten Zeitraums nach dem finanzmathematischen Äquivalenzprinzip
DIA()	Ermittelt die Abschreibungsbeträge eines Wirtschaftsguts nach der arithmetisch-degressiven Methode
DISAGIO()	Berechnet den vorschüssigen Zinssatz bei vorgegebenem Bar- bzw. Endwert und vorgegebener Laufzeit ▶

Funktion	Beschreibung
DURATION()	Berechnet die (durchschnittliche) Kapitalbindungsdauer eines festverzinslichen Wertpapiers
EFFEKTIV()	Berechnet aus einem Nominalzinssatz, der auf verschiedene, gleich lange Perioden innerhalb eines Jahres gleichmäßig aufgeteilt wird, den dazu äquivalenten effektiven Jahreszinssatz
GDA()	Berechnet die Abschreibungsbeträge nach der Methode einer Mehrfachraten-Abschreibung
GDA2()	Berechnet Abschreibungsbeträge nach der Methode der geometrisch-degressiven Abschreibung
IKV()	Berechnet eine Kenngröße der dynamischen Investitionsrechnung: den internen Zinssatz
ISPMT()	Berechnet bei gegebenem Jahreszinssatz und einfacher nachschüssiger Verzinsung die Summe der Zinsen, die auf einen bestimmten Teil des Jahres fallen
KAPZ()	Ermittelt den Anteil an einer Annuität, der zur Tilgung eines Darlehens benutzt wird
KUMKAPITAL()	Berechnet den Tilgungsanteil, der zwischen zwei Zeitpunkten gezahlt wird, wenn ein Darlehen als Annuitätendarlehen getilgt wird
KUMZINSZ()	Berechnet die kumulierten Zinsen, die zwischen zwei Zeitpunkten gezahlt werden, wenn ein Darlehen als Annuitätendarlehen getilgt wird
KURS()	Berechnet den Kurs eines festverzinslichen Wertpapiers
KURSDISAGIO()	Berechnet den Auszahlungsbetrag eines mit vorschüssiger Verzinsung einfach abgezinsten Wertpapiers
KURSFÄLLIG()	Gibt den Kurs (als Prozentfuß, d.h. bezogen auf einen Nennwert) eines Wertpapiers zurück, welches mit einfacher nachschüssiger Verzinsung ausgestattet ist
LIA()	Berechnet die Abschreibungsbeträge von Wirtschaftgütern nach der Methode der linearen Abschreibung
MDURATION()	Berechnet die als »modified duration« bekannte Kennzahl für festverzinsliche Wertpapiere
NBW()	Berechnet den Nettobarwert der mit einer Investition verbundenen zukünftigen Periodenüberschüsse (cash flow) auf Basis eines vorgegebenen Kalkulationszinssatzes
NOMINAL()	Berechnet aus einem gegebenen Effektivzinssatz den Nominalzinssatz, der finanzmathematisch zur Äquivalenz führt
NOTIERUNGBRU()	Wandelt die Dezimalstellen einer Dezimalzahl in den Zähler eines Bruchs mit vorgegebenem Nenner um und stellt diese in den Nachkommastellen dar
NOTIERUNGDEZ()	Wandelt einen als Zähler eines Bruchs zu interpretierenden Nachkommaanteil einer Zahl bei gegebenem Nenner in eine Dezimalzahl um
QIKV()	Berechnet die interne Verzinsung einer Investition, wobei negative Periodenüberschüsse mit einem anderen Zinssatz als positiv bewertet werden
RENDITE()	Ermittelt die Rendite eines festverzinslichen Wertpapiers (Anleihe)
RENDITEDIS()	Berechnet die jährliche Rendite (als nachschüssigen Zinssatz) für ein Wertpapier, welches mit einem Abschlag (Diskont, Disagio) für eine in der Regel unterjährliche Laufzeit ausgestattet wurde ▶

Funktion	Beschreibung
RENDITEFÄLL()	Berechnet die jährliche Rendite eines festverzinslichen Wertpapiers im unterjährlichen Bereich (ohne Zinseszinseffekte)
RMZ()	Liefert die Höhe der Rente eines der Rentenrechnung zuzuordnenden Vorgangs bzw. in der Tilgungsrechnung die Annuität für ein Darlehen mit Annuitätentilgung
TBILLÄQUIV()	Berechnet den äquivalenten nachschüssigen Jahreszinssatz auf der Basis von 365 Tagen für einen gegebenen vorschüssigen Jahreszinssatz auf der Basis von 360 Tagen
TBILLKURS()	Liefert den Kurs eines abgezinsten Wertpapiers als Prozentfuß, so, als ob der Nennwert 100 Geldeinheiten beträgt
TBILLRENDITE()	Liefert die Rendite eines abgezinsten Wertpapiers als nachschüssigen Jahreszinssatz
UNREGER.KURS()	Berechnet den Kurs eines festverzinslichen Wertpapiers unter Berücksichtigung einer ersten Zinsperiode
UNREGER.REND()	Berechnet die Rendite eines festverzinslichen Wertpapiers für den Zeitraum vom Abrechnungstag bis zum Fälligkeitstermin
UNREGLE.KURS()	Berechnet den Kurs eines festverzinslichen Wertpapiers in einer letzten Zinsperiode
UNREGLE.REND()	Berechnet die Rendite eines festverzinslichen Wertpapiers in einer letzten Zinsperiode
VDB()	Berechnet Abschreibungsbeträge für Wirtschaftsgüter nach der geometrisch-degressiven Abschreibung
XINTZINSFUSS()	Liefert den internen Zinssatz einer Reihe nicht notwendig periodisch anfallender Zahlungen im unterjährlichen Bereich
XKAPITALWERT()	Gibt den Kapitalwert einer Reihe nicht notwendig periodisch anfallender Überschüsse (als Differenz zwischen Ein- und Auszahlungen) im unterjährlichen Bereich zurück
ZINS()	Ermittelt den zutreffenden Zinssatz bei Aufgaben der Zinseszinsrechnung sowie der Rentenrechnung
ZINSSATZ()	Berechnet den äquivalenten nachschüssigen Zinssatz für ein Wertpapier, welches mit einem Abschlag (Diskont, Disagio) für eine in der Regel unterjährliche Laufzeit ausgestattet wurde
ZINSTERMNZ()	Ermittelt das Datum der ersten Kuponzinszahlung, nachdem ein festverzinsliches Wertpapier mit regelmäßigen Zinsterminen den Besitzer gewechselt hat
ZINSTERMTAGE()	Ermittelt die Anzahl der Tage der Zinsperiode, in die der Besitzwechsel eines festverzinslichen Wertpapiers mit regelmäßigen Zinsterminen fällt
ZINSTERMTAGNZ()	Ermittelt die Anzahl der Tage zwischen dem Tag des Besitzerwechsels eines festverzinslichen Wertpapiers mit regelmäßigen Zinsterminen und dem nächsten Zinstermin
ZINSTERMTAGVA()	Ermittelt die Anzahl der Tage, die seit der letzten Zinszahlung bis zum Besitzwechsel eines festverzinslichen Wertpapiers mit regelmäßigen Zinsterminen vergangen sind
ZINSTERMVZ()	Ermittelt das Datum der bislang letzten Zinszahlung vor Besitzwechsel eines festverzinslichen Wertpapiers mit regelmäßigen Zinsterminen ▶

Funktion	Beschreibung
ZINSTERMZAHL()	Ermittelt die Anzahl der Zinszahlungen (Kupontermine), die der neue Besitzer nach Kauf eines festverzinslichen Wertpapiers mit regelmäßigen Zinsterminen vor sich hat
ZINSZ()	Ermittelt den Anteil an einer Annuität, der zur Zinszahlung für Darlehen benutzt wird, welches nach dem Prinzip der Annuitätentilgung zurückgezahlt wird
ZW()	Berechnet den Endwert eines regelmäßigen Zahlungsstroms unter Beachtung einmaliger Zahlungen am Anfang des betrachteten Zeitraums nach dem finanzmathematischen Äquivalenzprinzip
ZW2()	Berechnet den Endwert für ein Kapital mit variablen Periodenzinssätzen
ZZR()	Berechnet die Laufzeit eines Vorgangs der Zinseszinsrechnung, Rentenrechnung oder Tilgungsrechnung

2003: Add-In!

AMORDEGRK() — AMORDEGRC()

Syntax AMORDEGRK(***Kosten***;***Datum***;***Erste_Periode***;***Restwert***;***Periode***;***Rate***;*Basis*)

Definition Diese Funktion berechnet in Abhängigkeit von der gewünschten Periode den Abschreibungsbetrag für Wirtschaftsgüter auf der Basis des französischen Buchführungssystems.

Der berechnete Betrag wird auf eine ganze Zahl gerundet.

Argumente ***Kosten*** (erforderlich) verlangt die Anschaffungskosten (Nettokaufpreis plus Anschaffungsnebenkostenkosten minus Anschaffungskostenminderungen) eines Wirtschaftsguts. Verwenden Sie keine Zahl, erscheint der Fehlerwert *#WERT!*. Ist die eingegebene Zahl negativ, erscheint die Fehlermeldung *#ZAHL!*.

Datum (erforderlich) ist das Anschaffungsdatum des Wirtschaftsguts, also der Beginn der Abschreibung.

Erste_Periode (erforderlich) meint das Datum am Ende der ersten Periode im Abschreibungszeitraum. Diese Periode bekommt die Nummer 0 (Null).

Restwert (erforderlich) ist der vorgesehene Restwert des Wirtschaftsguts nach den Jahren der Abschreibung. Verwenden Sie hier eine Zahl größer als Kosten, wird der Fehlerwert *#ZAHL!* ausgegeben. Der gleiche Fehlerwert erscheint bei Verwendung einer negativen Zahl.

Periode (erforderlich) gibt den Zeitraum an, für welchen der Abschreibungsbetrag ermittelt werden soll. Verwenden Sie nur ganze Zahlen größer oder gleich Null.

Rate (erforderlich) ist der (zunächst lineare) Abschreibungsprozentsatz.

Basis (optional) definiert die zu verwendende Methode bei der Zählung von Tagen gemäß der Tabelle 14.2.

Tabelle 14.2 Methoden des Zählens von Tagen im Jahr

Basis	Methode	Bedeutung
0	30/360 (NASD-Methode)	Jeder Monat hat 30 Tage, ein Jahr 12 Monate. Ist das Ausgangsdatum der 31. eines Monats, wird dieses Datum zum 30. desselben Monats. Ist das Enddatum der 31. eines Monats und das Ausgangsdatum ein Datum vor dem 30. eines Monats, wird das Enddatum zum 1. des darauf folgenden Monats. In allen anderen Fällen wird das Enddatum zum 30. desselben Monats.
1	Genau/Genau	Jeder Monat hat so viele Tage wie im Kalender stehen, die Summe über alle Monate ergibt die Anzahl der Tage im Jahr
3	Genau/365 Tage	Jeder Monat hat so viele Tage wie im Kalender stehen. Ein Jahr hat immer 365 Tage.
4	30/360 (europäische Methode)	Jeder Monat hat 30 Tage, ein Jahr 12 Monate. Jedes Ausgangs- und Enddatum, das auf den 31. eines Monats fällt, wird zum 30. desselben Monats.

Hintergrund

Abschreibung hat den Sinn, den Werteverlust eines Wirtschaftsguts zu ermitteln und sichtbar zu machen. Davon zu unterscheiden ist der Begriff der Absetzung für Abnutzung, der die Kosten für den Erwerb eines Wirtschaftsguts als Betriebsausgaben steuerlich erfasst.

Der durch *Rate* gegebene Abschreibungsprozentsatz wird zunächst als linearer Abschreibungssatz interpretiert und bestimmt so die Dauer der Abschreibung (5 % gleich 20 Jahre, 10 % gleich 10 Jahre, 20 % gleich 5 Jahre usw.). Degressive Abschreibung entsteht durch eine zusätzliche Gewichtung (Multiplikation) des Abschreibungssatzes mit einem Faktor nach folgender Regel:

- Faktor 1,5 bei einer *Rate* größer 25 % (das entspricht einer Abschreibungsdauer von drei bis vier Jahren)
- Faktor 2 bei einer *Rate* zwischen 16,66 % und 25 % (das entspricht einer Abschreibungsdauer von fünf bis sechs Jahren)
- Faktor 2,5 bei einer *Rate* kleiner 16,67 % (das entspricht einer Abschreibungsdauer von mehr als sechs Jahren)

Wird auf einen Restwert von 0 (Null) abgeschrieben, kann dieser nicht in der Anzahl der geforderten Perioden erreicht werden (er wird zwar immer kleiner, verschwindet aber erst dann, wenn durch Runden auch die Nachkommastellen verschwinden). Deshalb wird in diesem Fall der in der dritten Periode vor Schluss verbleibende Restwert auf die beiden letzten Perioden aufgeteilt.

Wird auf einen Restwert größer als 0 (Null) abgeschrieben, endet die Abschreibung nach obigem Vorgehen in der Periode, in welcher ein Buchwert kleiner oder gleich dem vorgegebenen Restwert erreicht wird. Die Funktion liefert in den Folgeperioden den Abschreibungswert 0 (Null). Sie müssen allerdings den letzten Buchwert als letzten Abschreibungswert verwenden.

Eine Besonderheit liegt im Abschreibungsbetrag der ersten Periode (diese bekommt die Nummer 0). Diese wird nur anteilig am Jahr berücksichtigt, wobei die Zählung der Tage wie in der obigen Tabelle erfolgt.

Wegen des Gewichtungsfaktors kann die Funktion nicht nach dem in Deutschland geltenden Steuerrecht eingesetzt werden.

Praxiseinsatz Ein am 6.6.2010 erworbenes Wirtschaftsgut mit Anschaffungskosten von 1.000,00 € wird im ersten Jahr bei einem Abschreibungsprozentsatz von 10 % unabhängig vom gedachten Restwert um 142,00 € abgeschrieben. Das ergibt sich aus der Formel

```
=AMORDEGRK(1000;"6.6.2010";"31.12.2010";0;0;10%;4)
```

wobei sich hinter den Zahlen in der Regel die Bezüge auf die Zellen befinden, in denen diese Zahlen stehen.

Sie können versuchen, diesen Betrag auszurechnen, indem Sie die Formel `=TAGE360("6.6.2010";"31.12.2010";WAHR)` zur Ermittlung der Tage nutzen. Die Formel sollte aussehen wie

```
=RUNDEN(1000*10%*2,5*TAGE360("6.6.2010";"31.12.2010";WAHR)/360;0)
```

Die späteren Abschreibungsbeträge ermitteln sich einfacher aus dem jeweiligen Buchwert am Ende der vorhergehenden Periode multipliziert mit 10 % mal 2,5.

Siehe auch AMORLINEARK(), TAGE360(), ZINSTERMTAGVA()

CD-ROM Einzelheiten zur Umsetzung des Beispiels finden Sie auf dem Arbeitsblatt *AMORDEGRK* der Arbeitsmappe *Abschreibungsrechnung.xlsx* (Excel 2007/2010) bzw. *Abschreibungsrechnung.xls* (Excel 97-2003) im Ordner *\Buch\Kap14* der CD-ROM zum Buch.

2003: Add-In!

AMORLINEARK() AMORLINC()

Syntax AMORLINEARK(***Kosten***;***Datum***;***Erste_Periode***;***Restwert***;***Periode***;***Rate***;*Basis*)

Definition Diese Funktion berechnet den Abschreibungsbetrag in der gewünschten Periode bei linearer Abschreibung von Wirtschaftsgütern. Die Berechnungen beruhen zwar auf dem französischen Buchführungssystem, lassen sich aber mit ein paar Zusatzüberlegungen für die Abschreibungsrechnung nach derzeit geltendem Steuerrecht in Deutschland anpassen.

Argumente ***Kosten*** (erforderlich) verlangt die Anschaffungskosten (Nettokaufpreis plus Anschaffungsnebenkostenkosten minus Anschaffungskostenminderungen) eines Wirtschaftsguts. Verwenden Sie keine Zahl, erscheint der Fehlerwert *#WERT!*. Ist die eingegebene Zahl negativ, erscheint die Fehlermeldung *#ZAHL!*.

Datum (erforderlich) ist das Anschaffungsdatum des Wirtschaftsguts, also der Beginn der Abschreibung.

Erste_Periode (erforderlich) meint das Datum am Ende der ersten Periode im Abschreibungszeitraum. Diese Periode bekommt die Nummer 0 (Null).

Restwert (erforderlich) ist der vorgesehene Restwert des Wirtschaftsguts nach den Jahren der Abschreibung. Verwenden Sie hier eine Zahl größer als *Kosten*, wird der Fehlerwert *#ZAHL!* ausgegeben. Der gleiche Fehlerwert erscheint bei Verwendung einer negativen Zahl.

Periode (erforderlich) gibt den Zeitraum an, für welchen der Abschreibungsbetrag ermittelt werden soll. Verwenden Sie nur ganze Zahlen größer gleich Null.

Rate (erforderlich) ist der (zunächst lineare) Abschreibungsprozentsatz. Dieser wird in der Regel als Reziprokes der geplanten Abschreibungsdauer ermittelt (10 Jahre ergeben 10 %, 5 Jahre 20 % usw.)

Basis (optional) definiert die zu verwendende Methode bei der Zählung von Tagen gemäß der Tabelle 14.2.

Hintergrund

Eine Abschreibung hat den Sinn, den Werteverlust eines Wirtschaftsguts zu ermitteln und sichtbar zu machen. Davon zu unterscheiden ist der Begriff der Absetzung für Abnutzung, der die Kosten für den Erwerb eines Wirtschaftsguts als Betriebsausgaben steuerlich erfasst.

Der durch *Rate* gegebene Abschreibungsprozentsatz ist ein linearer Abschreibungssatz und bestimmt so die Dauer der Abschreibung.

Eine Besonderheit liegt im Abschreibungsbetrag der ersten Periode (diese bekommt die Nummer 0). Diese wird nur anteilig am Jahr berücksichtigt, wobei die Zählung der Tage nach verschiedenen Methoden erfolgen kann.

Wird auf einen Restwert von 0 (Null) abgeschrieben und ist die erste Periode kein ganzes Jahr, entsteht im Endergebnis eine Periode mehr, als ursprünglich gedacht. Der aus der verkürzten ersten Periode verbleibende »Überhang« wird in der letzten Periode abgeschrieben.

Wird auf einen Restwert größer als 0 (Null) abgeschrieben, endet die Abschreibung nach obigem Vorgehen in der Regel vor Erreichen der ursprünglich gedachten letzten Periode. Das liegt daran, dass der Abschreibungsprozentsatz immer auf die Kosten und nicht – wie in Deutschland üblich – auf die Differenz von Kosten und Restwert angewendet wird.

Wollen Sie die Funktion nach dem zum Zeitpunkt des Erscheinens dieses Buchs in Deutschland geltenden Steuerrecht verwenden, können Sie im Falle der vollständigen Abschreibung (*Restwert = 0*) mit *Basis = 4* und einem Anschaffungsdatum (Argument *Datum*) arbeiten, welches auf den ersten Tag des Monats der tatsächlichen Anschaffung fällt. Wählen Sie dann als Datum für *Erste_Periode* den 1. Januar des Folgejahrs. Dadurch ist sichergestellt, dass der angefangene Monat der Anschaffung mit $^1/_{12}$ der *Kosten* berücksichtigt wird. Durch entsprechende Beispiele überzeugen Sie sich schnell, dass es nicht zutreffend ist, als Anschaffungsdatum den letzten Tag des Vormonats bei Ende der Periode zum 31.12. zu wählen (so liegen etwa vom 28.2. bis Jahresende 302 und nicht 300 Tage).

Praxiseinsatz

Sie kaufen am 5.10.2010 einen PC für 3.000 €. Der Abschreibungsprozentsatz beträgt wegen der dreijährigen Abschreibungsdauer 33,333 %. Folgende Formel berechnet die Abschreibung des ersten Jahrs (Periode 0):

```
=AMORLINEARK(3000;DATUM(JAHR("5.10.2010");MONAT("5.10.2010");1);"1.1.2011";0;0;33,333%;4)
```

wobei statt der konkreten Werte die Zellbezüge auf Zellen mit diesen Werten stehen sollten.

Sie können das Ergebnis von 250,00 € auch durch

```
=3000*33,333%*TAGE360(DATUM(JAHR("5.10.2010");MONAT("5.10.2010");1);"1.1.2011";WAHR)/360
```

nachbilden. Statt des Einsatzes von TAGE360() steht Ihnen die einfache Verwendung von

```
=3000*33,333%*(13-MONAT("5.10.2010"))/12
```

als Alternative zur Verfügung.

Siehe auch

AMORDEGRK(), TAGE360(), ZINSTERMTAGVA()

CD-ROM

Das Beispiel sowie Formeln zu den Hintergrund-Informationen finden Sie auf der CD-ROM zum Buch im Ordner *\Buch\Kap14* in der Arbeitsmappe *Abschreibungsrechnung.xlsx* (Excel 2007/2010) bzw. *Abschreibungsrechnung.xls* (Excel 97-2003) auf dem Arbeitsblatt *AMORLINEARK*.

2003: Add-In!

AUFGELZINS() ACCRINT()

Syntax AUFGELZINS(***Emission***;***Erster_Zinstermin***;***Abrechnung***;***Nominalzins***;*Nennwert*;***Häufigkeit***;*Basis*;*Berechnungsmethode*)

Definition Die Funktion AUFGELZINS() berechnet die aufgelaufenen Zinsen einer gesamtfälligen Schuld im unterjährlichen Bereich bzw. die Stückzinsen eines festverzinslichen Wertpapiers mit periodischen Zinszahlungen.

Argumente ***Emission*** (erforderlich) gibt das Datum der Schuldvereinbarung bzw. der Ausgabe des Wertpapiers an.

Erster_Zinstermin (erforderlich) ist im unterjährlichen Fall mit dem Datum der Fälligkeit identisch und ergibt sich sonst aus der durch Häufigkeit definierten Periodenzahl.

Abrechnung (erforderlich) ist das Datum, an dem das Wertpapier den Besitzer wechselt.

Nominalzins (erforderlich) ist der vereinbarte jährliche Zinssatz (Kuponzinssatz) des Schuldpapiers/der Anleihe.

Nennwert (optional) ist der Nominalwert des Wertpapiers. Wird er nicht angegeben, rechnet Excel (entgegen der Information der Excel-Hilfe) mit *1000* (Geldeinheiten).

Häufigkeit (erforderlich) bestimmt die Anzahl der Zinszahlungen innerhalb eines Jahresabstands. Zulässig sind die ganzen Zahlen *1* = jährlich; *2* = halbjährlich; *4* = vierteljährlich.

Basis (optional) entscheidet über die Methode zur Ermittlung von Tagen im Jahr nach Tabelle 14.3. Wird es weggelassen, rechnet Excel mit *Basis* = *0*.

Tabelle 14.3 Verschiedene Methoden zur Ermittlung der Anzahl der Tage eines Jahres

Basis	Methode	Bedeutung
0	30/360 (NASD-Methode)	Jeder Monat hat 30 Tage, ein Jahr 12 Monate. Ist das Ausgangsdatum der 31. eines Monats, wird dieses Datum zum 30. desselben Monats. Ist das Enddatum der 31. eines Monats und das Ausgangsdatum ein Datum vor dem 30. eines Monats, wird das Enddatum zum 1. des darauf folgenden Monats. In allen anderen Fällen wird das Enddatum zum 30. desselben Monats.
1	Genau/Genau	Jeder Monat hat so viele Tage wie im Kalender stehen, die Summe über alle Monate ergibt die Anzahl der Tage im Jahr
2	Genau/360 Tage	Jeder Monat hat so viele Tage wie im Kalender stehen. Ein Jahr hat immer 360 Tage.
3	Genau/365 Tage	Jeder Monat hat so viele Tage wie im Kalender stehen. Ein Jahr hat immer 365 Tage.
4	30/360 (europäische Methode)	Jeder Monat hat 30 Tage, ein Jahr 12 Monate. Jedes Ausgangs- und Enddatum, das auf den 31. eines Monats fällt, wird zum 30. desselben Monats.

Berechnungsmethode ist ein optionaler Wahrheitswert, der darüber entscheidet, ob die Zinsen für die gesamte bisherige Laufzeit berechnet werden sollen (WAHR oder weggelassen) oder ob nur die Zinsen seit der letzten Zinszahlung angegeben werden sollen (FALSCH).

Alle Argumente der Funktion, die ein Datum betreffen, verwenden eine Datumsangabe ohne Uhrzeit. Mit anderen Worten, gebrochene Zahlen werden abgerundet. Die beiden Argumente *Häufigkeit* und *Basis* verlangen ebenfalls ganze Zahlen und schneiden Nachkommastellen ab.

Werden ungültige Datumseinträge verwendet bzw. keine Zahlen dort angegeben, wo sie erforderlich sind, liefert die Funktion den Fehlerwert *#WERT!*. Im Falle ungültiger Zahlen für die Nicht-Datums-Argumente lautet die Fehlermeldung *#ZAHL!*.

Wichtig

Die Excel-Hilfe formuliert folgenden Hinweis:

»Datumsangaben sollten mit der DATUM()-Funktion oder als Ergebnisse anderer Formeln oder Funktionen eingegeben werden. Es können Probleme auftreten, wenn Datumsangaben als Text eingegeben werden.«

Hintergrund

Zinsen für festverzinsliche Anleihen werden entsprechend dem Argument *Häufigkeit* einmal oder mehrmals im Jahr ausgezahlt. Wechselt das Wertpapier zwischen den Zinsstichtagen den Besitzer, muss der Käufer dem Verkäufer neben dem Kurs die bis dato angefallenen Stückzinsen bezahlen (das ergibt den Kaufpreis). Gibt es mehr als einen Zinstermin im Jahresabstand, wird zur Berechnung der Stückzinsen der Nominalzinssatz durch die Anzahl der Zinstermine geteilt. Mit diesem (sogenannten relativen) Zinssatz werden dann die Tage der angebrochenen Zinsperiode bewertet, wobei sich die Zählweise der Tage nach dem Argument *Basis* richtet.

Praxiseinsatz

Eine gesamtfällige Schuld über 1.000,00 € wurde am 1.6.2010 mit einem Nominalzinssatz von 4 % p. a. und die Rückzahlung zum 1.12.2010 vereinbart. Am 9.8.2010 erfolgt ein Gläubigerwechsel. Zu diesem Termin sind Realzinsen von 4,5 % p. a. für die ausstehende Zeit bis zur Rückzahlung üblich. Welchen Preis zahlt der Übernehmende?

Um es vorweg zu nehmen: Sie können das Ergebnis einfach mithilfe der Funktionen KURSFÄLLIG() und AUFGELZINS() bestimmen. Wollen Sie aber nachbilden, was diese Funktionen leisten, sind folgende Überlegungen sinnvoll:

1. Welche Zinsen sind bis heute aufgelaufen und dem bisherigen Gläubiger zu zahlen? Die Antwort von 7,56 € (nach Rundung) bringt

   ```
   =AUFGELZINS(C2;C4;C3;4%;1000;1;4)
   ```

   wenn in Zelle *C2* das Datum vom 1.6.2010, in Zelle *C3* das vom 9.8.2010 und in Zelle *C4* das vom 1.12.2010 steht. Sie prüfen das, indem Sie die seit der Schuldvereinbarung vergangenen Tage zählen (es sind 68, wie auch TAGE360() und ZINSTERMTAGVA() beweisen) und den Zinsanteil durch 1000*68/360*4% bestimmen.
2. Welchen Wert hat die Auszahlung von 1.000,00 € plus Zinsen (in Höhe von 4%/2 auf 1000 wegen des Abstands von nur einem halben Jahr) zum 1.12.2010 bei der gegebenen Realverzinsung am 9.8.2010? Das berechnen Sie durch Abzinsen des Zukunftswertes von 1.020,00 € auf den Tag vom 9.8.2010. Hierzu ermitteln Sie, dass zwischen beiden Terminen ein Abstand von 112 Tagen (bei *Basis* 4) ist. Bei dieser Ermittlung hilft Ihnen TAGE360() bzw. die Funktion ZINSTERMTAGNZ(), die auch andere als die 30/360-Tage-Zählung kennt. Der Barwert beträgt 1.005,92 €.
3. Dieser Barwert (Preis) ergibt sich auch, wenn Sie das 10-fache des Ergebnisses von KURSFÄLLIG() nehmen und die Stückzinsen addieren. Das 10-fache ist deshalb zu nehmen, weil KURSFÄLLIG() mit einem Nennwert von 100 arbeitet.

Siehe auch AUFGELZINSF(), KURSFÄLLIG(), ZINSTERMTAGVA(), ZINSTERMTAGNZ(), TAGE360()

CD-ROM Dieses Beispiel finden Sie auf der CD-ROM zum Buch im Ordner *\Buch\Kap14* in der Arbeitsmappe *Einfache Zinsrechnung.xlsx* (Excel 2007/2010) bzw. *Einfache Zinsrechnung.xls* (Excel 97-2003) auf dem Arbeitsblatt *AUFGELZINS*.

2003: Add-In!

AUFGELZINSF() ACCRINTM()

Syntax AUFGELZINSF(***Emission***;***Abrechnung***;***Nominalzins***;*Nennwert*;*Basis*)

Definition Die Funktion AUFGELZINSF() berechnet die aufgelaufenen Zinsen einer gesamtfälligen Schuld im unterjährlichen Bereich bzw. die Stückzinsen eines festverzinslichen Wertpapiers mit einer einmaligen Zinszahlung im Jahr.

Argumente ***Emission*** (erforderlich) ist das Datum der Ausgabe des Wertpapiers.

Abrechnung (erforderlich) ist das Datum, an dem das Wertpapier den Besitzer wechselt.

Nominalzins (erforderlich) ist der vereinbarte Zinssatz des Wertpapiers, bezogen auf ein ganzes Jahr.

Nennwert (optional) ist der Nominalwert des Wertpapiers. Wird er nicht angegeben, rechnet Excel (entgegen der Information der Excel-Hilfe bis Excel 2003[1]) mit *1000* (Geldeinheiten).

Basis (optional) entscheidet über die Methode zur Ermittlung von Tagen im Jahr nach Tabelle 14.3.

Alle Argumente der Funktion, die ein Datum betreffen, verwenden eine Datumsangabe ohne Uhrzeit. Mit anderen Worten, gebrochene Zahlen werden abgerundet. Die beiden Argumente *Häufigkeit* und *Basis* verlangen ebenfalls ganze Zahlen und schneiden Nachkommastellen ab.

Werden ungültige Datumseinträge verwendet bzw. keine Zahlen dort angegeben, wo sie erforderlich sind, liefert die Funktion den Fehlerwert *#WERT!*. Im Falle ungültiger Zahlen für die Nicht-Datums-Argumente lautet die Fehlermeldung *#ZAHL!*.

Hintergrund Diese Funktion ist eine vereinfachte Form der Funktion AUFGELZINS(). Der Unterschied besteht in der Vorgabe nur einer Zinsperiode, die mit einem ganzen Jahr (nicht notwendigerweise das Kalenderjahr) identisch ist. Aufgrund der genannten Gemeinsamkeit gelten alle zutreffenden Hintergrund-Informationen zu AUFGELZINS().

Praxiseinsatz Gesamtfällige Schuld Die Stückzinsen aus dem Beispiel zur Funktion AUFGELZINS() im vorigen Abschnitt berechnen sich nun nach der Formel

```
=AUFGELZINSF(C2;C3;4%;1000;4)
```

wobei in *C2* das Ausgabedatum und in *C3* das Datum des Besitzwechsels steht.

Bundesanleihen Die Bundesanleihe WKN 113517 wurde am 25.10.2000 mit einem Nominalzinssatz von 5,5 % bei einer Zinszahlung im Jahr begeben und ist am 4.1.2031 fällig (Quelle: *http://www.bundesbank.de/download/kredit/kredit_emission_chronologie.pdf*)

Am 30.8.2010 lag der Kurs bei 143,27. Wie viel musste ein Käufer (ohne Gebühren) zum Erwerb zahlen?

---

1 Mit Excel 2007 wurden etliche Fehler der Beschreibung von Funktionen, die bis Version 2003 im Add-In *Analyse-Funktionen* umgesetzt wurden, bereinigt.

Zur Lösung beachten Sie, dass Sie als *Emission* nicht den 25.10.2000 nehmen können, sondern den Tag der letzten Zinszahlung – das ist der 4.1.2010 – einsetzen müssen:

```
=AUFGELZINSF(C24;C25;5,5%;100;4)
```

(in *C24* steht der 4.1.2010 und in *C25* der 30.8.2010). Zum Kaufkurs von 143,27 sind also noch 3,61 € Stückzinsen pro Anleiheanteil hinzuzufügen.

Tipp

Um die Rendite einer Anlage in einem solchen Wertpapier zu bestimmen, ist die Funktion RENDITE() geeignet. Diese arbeitet im Gegensatz zu RENDITEFÄLL(), die im unterjährlichen Bereich Anwendung findet, mit Zinseszinseffekten.

Siehe auch

AUFGELZINS()

CD-ROM

Die Beispiele finden Sie auf der CD-ROM zum Buch im Ordner *\Buch\Kap14* in der Arbeitsmappe *Einfache Zinsrechnung.xlsx* (Excel 2007/2010) bzw. *Einfache Zinsrechnung.xls* (Excel 97-2003) auf dem Arbeitsblatt *AUFGELZINSF*.

AUSZAHLUNG() — INTRATE()

2003: Add-In!

Syntax

AUSZAHLUNG(***Abrechnung***;***Fälligkeit***;***Anlage***;***Disagio***;*Basis*)

Definition

Diese Funktion ermittelt den Rückzahlungsbetrag einer durch einfache, vorschüssige Abzinsung entstandenen Einzahlung.

Argumente

Abrechnung (erforderlich) ist der Tag, an dem die Einzahlung (Investition seitens des Käufers, Kreditaufnahme seitens des Verkäufers) vorgenommen wird.

Fälligkeit (erforderlich) markiert das Datum, an welchem die Rückzahlung der Einzahlung erfolgt.

Anlage (erforderlich) informiert über die Höhe der Einzahlung (des Darlehens).

Disagio (erforderlich) gibt den Prozentsatz der vorschüssigen Verzinsung an.

Basis (optional) entscheidet über die Methode zur Ermittlung von Tagen im Jahr nach Tabelle 14.3.

Alle Argumente der Funktion, die ein Datum betreffen, verwenden eine Datumsangabe ohne Uhrzeit, gebrochene Zahlen werden also abgerundet. Das Argument *Basis* verlangt ebenfalls eine ganze Zahl und schneidet Nachkommastellen ab.

Werden ungültige Datumseinträge verwendet bzw. keine Zahlen dort angegeben, wo sie erforderlich sind, liefert die Funktion den Fehlerwert *#WERT!*. Im Falle ungültiger Zahlen für die Nicht-Datums-Argumente lautet die Fehlermeldung *#ZAHL!*.

Wichtig

Die Excel-Hilfe formuliert folgenden Hinweis:

»Datumsangaben sollten mit der DATUM()-Funktion oder als Ergebnisse anderer Formeln oder Funktionen eingegeben werden. Es können Probleme auftreten, wenn Datumsangaben als Text eingegeben werden.«

Hintergrund

Das Prinzip der vorschüssigen Verzinsung besteht in der Annahme, dass sich ein Anfangskapital (einzuzahlender Betrag, Darlehen) aus dem Rückzahlungsbetrag minus die Zinsen auf diesen Betrag ergeben. Dieses Prinzip wird vor allem im unterjährlichen Bereich verwendet und unterscheidet sich von dem Prinzip, welches einem Sparbuch oder einem Hypothekendarlehen zugrunde liegt. Dort werden nämlich die Zinsen am Ende einer Periode auf Basis des Anfangskapitals berechnet (nachschüssige Verzinsung).

Hinweis Zwischen den Funktionen zu diesem Themenkreis besteht die Verbindung

$$AUSZAHLUNG() - AUSZAHLUNG() \cdot DISAGIO() \cdot \frac{TAGE360()}{360} = KURSDISAGIO()$$

(hier notiert für den Fall von *Basis* = *4*). Das ist aber gerade das Prinzip vorschüssiger Verzinsung.

Die Funktion AUSZAHLUNG() löst die obige Gleichung für den Fall auf, dass die anderen Angaben vorliegen.

Praxiseinsatz Wechselrechnung Am 10.5.2010 hat ein Geschäftsmann seiner Bank einen Wechsel mit einer (Rest-) Laufzeit von zwei Monaten vorgelegt. Diese hat einen Diskontsatz von 5 % p. a. angesetzt und (ohne Gebühren zu fordern) dem Konto 4.958,33 € gutgeschrieben. Wie hoch war die Wechselsumme?

Diese Aufgabenstellung ist natürlich nicht ganz typisch. Gewöhnlich wird man die Wechselsumme (Rückzahlungsbetrag, die »Erfinder« von Excel nennen dies AUSZAHLUNG()) kennen und nach dem Auszahlungsbetrag (dieser heißt KURSDISAGIO()) fragen.

Sie lesen die Gleichung aus den Hintergrund-Informationen als

$$Wechselsumme - Wechselsumme \cdot Diskontsatz \cdot \frac{TAGE360()}{360} = Gutschrift$$

und verwenden

```
=AUSZAHLUNG("10.5.2010";"10.7.2010";4958,33;5%;4)
```

um zum Ergebnis 5.000 € zu gelangen.

Sinnvollerweise stehen die konkreten Zahlen in Zellen und die Formel verwendet Zellbezüge.

Bundesfinanzierungsschätze Ein weiteres Beispiel, bei dem eine vorschüssige Verzinsung zur Anwendung kommt, sind Bundesfinanzierungsschätze. Sehen Sie sich dazu bitte die Beispiele zu den Funktionen KURSDISAGIO() und RENDITEDIS() an.

Siehe auch KURSDISAGIO(), DISAGIO(), RENDITEDIS(), ZINSSATZ()

CD-ROM Das Beispiel zur Wechselrechnung finden Sie auf dem gleichnamigen Arbeitsblatt der Arbeitsmappe *Einfache Zinsrechnung.xlsx* (Excel 2007/2010) bzw. *Einfache Zinsrechnung.xls* (Excel 97-2003) im Ordner *\Buch\Kap14* auf der CD-ROM zum Buch.

BW() PV()

Syntax BW(***Zins***;***Zzr***;***Rmz***;*Zw*;*F*)

Definition Die Funktion BW() berechnet den Barwert eines regelmäßigen Zahlungsstroms unter Beachtung eventueller einmaliger Zahlungen am Ende des betrachteten Zeitraums nach dem finanzmathematischen Äquivalenzprinzip:

```
Leistung des Schuldners + Leistung des Gläubigers = 0
```

Argumente

Zins (erforderlich) legt den (konstanten) Perioden-Zinssatz als nachschüssigen Zinssatz fest.

Zzr (erforderlich) bestimmt die Anzahl der Zinsperioden. Dabei wird davon ausgegangen, dass eventuelle regelmäßige Zahlungen (Argument *Rmz* ist größer Null) am Ende oder Anfang der Zinsperioden erfolgen.

Rmz (erforderlich/optional, siehe Hinweis) informiert über die Höhe der regelmäßigen Zahlung und kann als Rente oder Annuität interpretiert werden.

Zw (optional/erforderlich, siehe Hinweis) ist der Kontostand, der sich am Ende des Vorgangs einstellen soll (etwa ein Restguthaben bei Auszahlungsplänen oder eine Abschlusstilgung in Höhe der Restschuld bei Krediten).

F (optional) legt fest, ob die regelmäßigen Zahlungen am Ende der Perioden (*F = 0* oder nicht angegeben) oder aber am Anfang der Perioden (*F = 1*) erfolgen.

Hinweis

Wird das Argument *Rmz* weggelassen, ist die Angabe von *Zw* zwingend. Ist *Zw* vorhanden, kann *Rmz* weggelassen werden. Das Weglassen der Argumente wirkt so, als ob sie mit 0 (Null) angegeben wurden.

Wichtig

Das genannte finanzmathematische Äquivalenzprinzip bedeutet, dass hinsichtlich des Vorzeichens zwischen Aus- und Einzahlungen (Kreditaufnahme und Tilgung, Investition und Desinvestition) unterschieden werden muss. Hier weicht Excel vom in der finanzmathematischen Literatur gebräuchlichen Äquivalenzprinzip

```
Leistung des Schuldners = Leistung des Gläubigers
```

ab.

Hintergrund

Die fünf Funktionen BW() = Barwert, ZW() = Zukunftswert, RMZ() = regelmäßige Zahlung, ZZR() = Zins- oder Zahlungszeiträume und ZINS() = Zinssatz stehen in Umsetzung des obigen Äquivalenzprinzips in folgendem Zusammenhang:

$$BW \cdot (1 + ZINS)^{ZZR} + RMZ \cdot (1 + F \cdot ZINS) \cdot \frac{(1 + ZINS)^{ZZR} - 1}{ZINS} + ZW = 0$$

Der Barwert wird bis zum Ende aufgezinst, ebenso die regelmäßigen Zahlungen. Zum Ende wird die Summe mit dem Zukunftswert verglichen.

Die Nutzung einer dieser Funktionen ist gleichbedeutend mit der jeweiligen finanzmathematischen Grundaufgabe: Berechnung eines Werts aus obiger Gleichung, wenn die anderen Werte bekannt sind. Die Funktionen stellen also die Gleichung nach der gleichnamigen Größe um (außer bei ZINS() – hier wird eine Näherungsrechnung durchgeführt).

Hinweis

In der Praxis erfolgt die Angabe des Zinssatzes nahezu immer als Jahreszinssatz. Die genannten Funktionen arbeiten nur dann korrekt, wenn die Perioden zum Zinssatz passen. Bei unterjährlicher Verzinsung wird in der Regel der Jahreszinssatz gleichmäßig auf die Perioden aufgeteilt: 12 Monate zu einem Zwölftel des Zinssatzes, 3 Monate zu einem Viertel und ein halbes Jahr zur Hälfte.

Praxiseinsatz

Die folgenden Beispiele orientieren sich in den Überschriften am »finanzmathematischen Sprachgebrauch«.

Zinseszinsrechnung

Jemand möchte im Alter ein kleines finanzielles Polster haben und beschließt, eine gerade angefallene Erbschaft in Höhe von 10.000,00 € auf 15 Jahre zu einem Zinssatz von 5 % fest anzulegen. Er hofft auf eine Auszahlung von wenigsten 25.000,00 €. Gelingt der Plan?

Eine Berechnung nach

```
=BW(5%;15;;25000)
```

liefert –12.025,43 €. Das heißt, das ist der Betrag, der einzuzahlen wäre (deshalb das Minuszeichen), damit nach 15 Jahren die geforderten 25.000,00 € aufgelaufen sind. Der Plan misslingt also.

Rentenrechnung Jemand hat bis zum 60. Lebensjahr 100.000,00 € angespart und möchte sich eine zusätzliche Rente in Höhe von 750,00 € monatlich auszahlen lassen. Reicht das angesparte Geld, wenn 4,5 % p. a. auf das noch vorhandene Guthaben gezahlt werden und 15 Jahre Zahlungen geplant sind.

Sie ermitteln den Barwert der Rente aus

```
=BW(4,5%/12;15*12;750)
```

zu –98.040,08 €. Es bleibt also nach 15 Jahren sogar ein kleiner Rest, da die vorhandene Summe größer ist. Das Minuszeichen interpretieren Sie als Verzicht auf sofortige Auszahlung.

Die Rechnung geht von Zinseszinsen innerhalb eines Jahres aus. Auf einem normalen Sparbuch lässt sich der Zinseszinseffekt allerdings nicht umsetzen, sodass das Ergebnis etwas »theoretisch« ist.

Tilgungsrechnung (Annuitätentilgung) Jemand kann monatlich 1.000,00 € zur Rückzahlung (Tilgung plus Zinsen) eines Kredits einsetzen. Wie hoch kann dieser ausfallen, wenn an eine Laufzeit von 30 Jahren zum festen Zinssatz von 5,5 % p. a. gedacht ist?

Auch hier führt die Barwertformel zum Ziel (Tilgungsrechnung in diesem Sinne ist Rentenrechnung). Sie ermitteln 176.121,76 € über

```
=BW(5,5%/12;30*12;-1000)
```

Anders als beim Sparbuch erfolgt bei Hypothekendarlehen tatsächlich eine monatliche Verzinsung zu einem Zwölftel des vereinbarten Jahreszinssatzes (Nominalzins).

Wichtig Die Verwendung von Formeln unterscheidet sich von der ausführlichen Notierung eines Kontoverlaufs mit den gegebenen Ein- und Auszahlungen möglicherweise durch Rundungsfehler. Das liegt daran, dass auf einem tatsächlich geführten Konto Rundungen auf zwei Stellen nach dem Komma erfolgen. Gestalten Sie ein solches Konto unter Excel nach, ist in den Zwischenschritten, die konkretes Geld bedeuten, jeweils die Funktion RUNDEN() einzusetzen. Eine lediglich Begrenzung der Anzeige des Zellwerts auf zwei Stellen ist oft nicht korrekt.

Investitionsrechnung Die Kapitalwertmethode der Investitionsrechnung bestimmt den Barwert zukünftiger Einnahmeüberschüsse und stellt diesen den Anschaffungskosten gegenüber. Gerechnet wird dabei mit einem Kalkulationszinssatz von (oft) 10 %. Fallen die Einnahmeüberschüsse als gedachte regelmäßige jährliche Zahlungen an und verfügt das Investitionsgut nach der Desinvestionsdauer über einen Restwert, kann der Kapitalwert mittels BW() nach dem Muster

```
-BW(10%;Anzahl der Jahre;Jährlicher Einnahmeüberschuss;Restwert)-Anschaffungskosten
```

ermittelt werden.

Die Investition ist ökonomisch sinnvoll, wenn der berechnete Betrag positiv ausfällt.

Kursrechnung Einige Anwendungen der Funktion BW() finden Sie auch in den Beispielen zu KURS() und RENDITE().

Siehe auch RMZ(), ZINS(), ZINSZ(), ZW(), ZZR(), KAPZ(), KUMKAPITAL(), NBW()

CD-ROM Die Arbeitsmappen *Zinseszinsrechnung.xlsx* (Excel 2007/2010) bzw. *Zinseszinsrechnung.xls* (Excel 97-2003), *Rentenrechnung.xlsx* (Excel 2007/2010) bzw. *Rentenrechnung.xls* (Excel 97-2003) und *Tilgungsrechnung.xlsx* (Excel 2007/2010) bzw. *Tilgungsrechnung.xls* (Excel 97-2003) im Ordner *\Buch\Kap14* der CD-ROM zum Buch halten die Beispiele auf dem jeweiligen Arbeitsblatt *BW* bereit.

DIA() SYD()

Syntax DIA(*Ansch_Wert*;*Restwert*;*Nutzungsdauer*;*Zr*)

Definition Diese Funktion ermittelt die Abschreibungsbeträge eines Wirtschaftsguts nach der arithmetisch-degressiven Methode (auch digitale Methode genannt).

Argumente ***Ansch_Wert*** (erforderlich) verlangt die Anschaffungskosten (Nettokaufpreis plus Anschaffungsnebenkostenkosten minus Anschaffungskostenminderungen) eines Wirtschaftsguts. Verwenden Sie keine Zahl, erscheint der Fehlerwert *#WERT!*. Ist die eingegebene Zahl negativ, lassen sich die berechneten Werte nicht interpretieren.

Restwert (erforderlich) gibt den Wert des Wirtschaftsguts am Ende der Abschreibungsdauer an. Verwenden Sie keine Zahl, erscheint der Fehlerwert *#WERT!*. Ist die eingegebene Zahl negativ, erfolgt die Fehlermeldung *#ZAHL!*.

Nutzungsdauer (erforderlich) verlangt die Anzahl der Perioden, in denen das Wirtschaftsgut abgeschrieben wird. Sie sollten für dieses Argument eine ganze Zahl größer 0 (Null) verwenden.

Zr (erforderlich) gibt die Periode innerhalb der Abschreibungsdauer an, für die der Abschreibungsbetrag ermittelt werden soll. Auch hier sollten Sie eine ganze Zahl größer 0 (Null) verwenden.

Hintergrund Abschreibung hat den Sinn, den Werteverlust eines Wirtschaftsguts zu ermitteln und sichtbar zu machen. Davon zu unterscheiden ist der Begriff der Absetzung für Abnutzung, der die Kosten für den Erwerb eines Wirtschaftsguts als Betriebsausgaben steuerlich erfasst.

Arithmetisch-degressive Abschreibung beruht auf einer konstanten Minderung des Abschreibungsbetrags von Periode zu Periode. Der erste Abschreibungsbetrag wird aus der Formel

$$erste\ Abschreibung = \frac{2 \cdot (Anschaffungskosten - Restwert)}{Abschreibungsdauer + 1}$$

ermittelt. Der konstante Betrag, der die Abschreibungsbeträge jeweils mindert, entsteht aus der Teilung des ersten Abschreibungsbetrags durch die Gesamtzahl der Abschreibungsperioden.

Wichtig Die arithmetisch-degressive Abschreibungsmethode ist im deutschen Steuerrecht nicht zulässig.

Praxiseinsatz Ein Wirtschaftsgut mit Anschaffungskosten von 1.000,00 € soll in 5 Jahren arithmetisch-degressiv auf einen Restwert von 0 € abgeschrieben werden. Sie können hierzu in jeder Periode den Abschreibungsbetrag mittels DIA() berechnen und vom Buchwert der Vorperiode abziehen.

Alternativ können Sie aber auch einen Abschreibungsplan erstellen, der die oben genannten Formeln zur Berechnung des ersten Abschreibungsbetrags sowie die Vorgehensweise zur Berechnung der anderen Beträge umsetzt. Die Erstellung eines Abschreibungsplans nach eigenem Muster ist vor allem bei der Anwendung steuerlich zulässiger Methoden (Zwölftel-Regelung seit 2004) zu empfehlen, da die integrierten Funktionen im Allgemeinen nicht anwendbar sind.

Einzelheiten zu diesem Beispiel entnehmen Sie bitte der zugehörigen Arbeitsmappe.

Siehe auch GDA(), GDA2(), LIA(), VDB(), AMORLINEARK()

CD-ROM Dieses Beispiel finden Sie auf der CD-ROM zum Buch im Ordner *\Buch\Kap14* in der Arbeitsmappe *Abschreibungsrechnung.xlsx* (Excel 2007/2010) bzw. *Abschreibungsrechnung.xls* (Excel 97-2003) auf dem Arbeitsblatt *DIA*.

2003: Add-In!

DISAGIO()

DISC()

Syntax DISAGIO(***Abrechnung***;***Fälligkeit***;***Kurs***;***Rückzahlung***;*Basis*)

Definition Diese Funktion berechnet den vorschüssigen Zinssatz (prozentualer Abschlag, Diskont, Disagio) bei vorgegebenem Bar- bzw. Endwert und vorgegebener Laufzeit (einfache Verzinsung).

Argumente ***Abrechnung*** (erforderlich) ist der Tag, an dem das Wertpapier den Besitzer wechselt.

Fälligkeit (erforderlich) ist der Tag, an dem die Leistungen aus dem Wertpapier erfolgen müssen.

Kurs (erforderlich) gibt an, zu welchem Preis der Besitzwechsel erfolgt.

Rückzahlung (erforderlich) beschreibt die Leistung am Fälligkeitstag.

Basis (optional) entscheidet über die Methode zur Ermittlung von Tagen im Jahr nach Tabelle 14.4. Wird dieses Argument weggelassen, rechnet Excel mit *Basis = 0*.

Tabelle 14.4 Verschiedene Methoden zur Ermittlung der Anzahl der Tage eines Jahres

Basis	Methode	Bedeutung
0	30/360 (NASD-Methode)	Jeder Monat hat 30 Tage, ein Jahr 12 Monate. Ist das Ausgangsdatum der 31. eines Monats, wird dieses Datum zum 30. desselben Monats. Ist das Enddatum der 31. eines Monats und das Ausgangsdatum ein Datum vor dem 30. eines Monats, wird das Enddatum zum 1. des darauf folgenden Monats. In allen anderen Fällen wird das Enddatum zum 30. desselben Monats.
1	Genau/Genau	Jeder Monat hat so viele Tage wie im Kalender stehen, die Summe über alle Monate ergibt die Anzahl der Tage im Jahr
2	Genau/360 Tage	Jeder Monat hat so viele Tage wie im Kalender stehen. Ein Jahr hat immer 360 Tage.
3	Genau/365 Tage	Jeder Monat hat so viele Tage wie im Kalender stehen. Ein Jahr hat immer 365 Tage.
4	30/360 (Europäische Methode)	Jeder Monat hat 30 Tage, ein Jahr 12 Monate. Jedes Ausgangs- und Enddatum, das auf den 31. eines Monats fällt, wird zum 30. desselben Monats.

Alle Argumente der Funktion, die ein Datum betreffen, verwenden eine Datumsangabe ohne Uhrzeit, gebrochene Zahlen werden also abgerundet. Das Argument *Basis* verlangt ebenfalls eine ganze Zahl und schneidet Nachkommastellen ab.

Werden ungültige Datumseinträge verwendet bzw. keine Zahlen dort angegeben, wo sie erforderlich sind, liefert die Funktion den Fehlerwert *#WERT!*. Im Falle ungültiger Zahlen für die Nicht-Datums-Argumente lautet die Fehlermeldung *#ZAHL!*.

Wichtig

Die Excel-Hilfe formuliert folgenden Hinweis:

»Datumsangaben sollten mit der DATUM()-Funktion oder als Ergebnisse anderer Formeln oder Funktionen eingegeben werden. Es können Probleme auftreten, wenn Datumsangaben als Text eingegeben werden.«

Der Hinweis auf den Nennwert in den Argumenten *Kurs* und *Rückzahlung* ist irrelevant, da DISAGIO() eine Verhältniszahl liefert.

Hintergrund

Das Prinzip der vorschüssigen Verzinsung besteht in der Annahme, dass sich ein Anfangskapital (einzuzahlender Betrag, Darlehen) aus dem Rückzahlungsbetrag minus den Zinsen auf diesen Betrag ergibt. Dieses Prinzip wird vor allem im unterjährlichen Bereich verwendet und unterscheidet sich von dem Prinzip, welches einem normalen Sparbuch oder einem Hypothekendarlehen zugrunde liegt. Dort werden nämlich die Zinsen am Ende einer Periode auf Basis des Anfangskapitals berechnet (nachschüssige Verzinsung).

Hinweis

Zwischen den Funktionen zu diesem Themenkreis besteht die Verbindung

$$AUSZAHLUNG() - AUSZAHLUNG() \cdot DISAGIO() \cdot \frac{TAGE360()}{360} = KURSDISAGIO()$$

(hier notiert für den Fall von *Basis = 4*). Das ist aber gerade das Prinzip vorschüssiger Verzinsung.

Die Funktion DISAGIO() löst die obige Gleichung für den Fall auf, dass die anderen Angaben vorliegen.

Die Funktion DISAGIO() steht mit der Funktion ZINSSATZ() in folgender Beziehung:

$$(1 + ZINSSATZ()) \cdot (1 - DISAGIO()) = 1$$

Diese Beziehung erlaubt es, aus einem vorschüssigen Jahreszinssatz den dazu äquivalenten nachschüssigen Jahreszinssatz auszurechnen. Äquivalenz bedeutet dabei, dass zwei Anleger, die das gleiche Kapital einsetzen – der eine mit vorschüssiger, der andere mit nachschüssiger Verzinsung – am Ende eines Jahres auch eine gleiche Rückzahlung bekommen. Im Wesentlichen gleichwertig zu ZINSSATZ() ist die Funktion RENDITEDIS(), die sich nur in der Bezeichnung der Argumente unterscheidet.

Praxiseinsatz

Wechselrechnung

Am 10.5.2010 hat ein Geschäftsmann seiner Bank einen Wechsel mit einer Wechselsumme über 5.000,00 € und einer (Rest-)Laufzeit von 2 Monaten vorgelegt. Diese hat (ohne Gebühren zu fordern) dem Konto 4.958,33 € gutgeschrieben. Wie hoch war der Diskontsatz?

Sie lesen die Gleichung aus den Hintergrund-Informationen als

$$Wechselsumme - Wechselsumme \cdot Diskontsatz \cdot \frac{TAGE360()}{360} = Gutschrift$$

und verwenden

```
=DISAGIO("10.5.2010";"10.7.2010";4958,33;5000;4)
```

zur Erlangung des Ergebnisses von 5 %.

Sinnvollerweise stehen die konkreten Zahlen in Zellen und die Formel verwendet Zellbezüge.

Bundesfinanzierungsschätze Zur Zeit der Abfassung dieses Abschnitts bietet die Bundesrepublik Deutschland Finanzierungsschätze (Wertpapier-Kennnummer 111 704) zu folgenden Bedingungen: Laufzeit 1 Jahr, Einlösungswert (Wert nach Laufzeit) 500 € (ergibt sich aus der Mindestkaufsumme), Fälligkeit am 22.8.2011. Am 30.8.2010 wurde der Verkaufspreis mit 497,75 € angegeben. Wie hoch hatte die Bundesbank den Verkaufszins (das ist hier der Name für den vorschüssigen Abschlag) festgelegt?

Hier gibt DISAGIO() die korrekte Antwort: 0,46 %.

Zur Erfassung der Daten lesen Sie die obige Formel als

$$Einlösungswert - Einlösungswert \cdot Verkaufszins \cdot \frac{TAGE360()}{360} = Verkaufspreis$$

Die durch die Bundesbank mitgeteilte Rendite der Anlage von 0.45 % ermitteln Sie, indem Sie die Differenz zwischen Kaufpreis und Erlös ins Verhältnis zum Kaufpreis setzen. Oder aber Sie setzen RENDITEDIS() bzw. ZINSSATZ() ein.

Siehe auch KURSDISAGIO(), RENDITEDIS(), AUSZAHLUNG()

CD-ROM Die Beispiele zur Wechselrechnung und zu Bundesfinanzierungsschätzen finden Sie auf den gleichnamigen Arbeitsblättern der Arbeitsmappe *Einfache Zinsrechnung.xlsx* (Excel 2007/2010) bzw. *Einfache Zinsrechnung.xls* (Excel 97-2003) im Ordner *\Buch\Kap14* der CD-ROM zum Buch.

2003: Add-In!

DURATION() DURATION()

Syntax DURATION(***Abrechnung***;***Fälligkeit***;***Nominalzins***;***Rendite***;***Häufigkeit***;*Basis*)

Definition Diese Funktion berechnet die (durchschnittliche) Kapitalbindungsdauer eines festverzinslichen Wertpapiers. Nach dem Entwickler dieser Kennzahl wird sie auch manchmal als Macauley-Duration bezeichnet.

Argumente ***Abrechnung*** (erforderlich) ist das Datum, an dem das Wertpapier den Besitzer wechselt.

Fälligkeit (erforderlich) ist das Datum, an dem die Rückzahlung des durch das Wertpapier verbrieften Darlehens erfolgt.

Nominalzins (erforderlich) informiert über den vereinbarten Jahreszinssatz als Preis für das geliehene Geld.

Rendite (erforderlich) ist der am Abrechnungstag geltende Marktzinssatz, zu dem bei der Berechnung der Duration alle zukünftigen Zahlungen abgezinst werden.

Da es durchaus üblich ist, festverzinsliche Wertpapiere mit mehreren Zinsterminen im Jahr auszustatten, informiert das erforderliche Argument ***Häufigkeit*** über deren Anzahl. Zulässige Werte sind: *1* = jährlich; *2* = halbjährlich; *4* = vierteljährlich.

Basis (optional) entscheidet über die Methode zur Ermittlung von Tagen im Jahr nach Tabelle 14.4. Wird es weggelassen, rechnet Excel mit *Basis = 0*.

Alle Argumente der Funktion, die ein Datum betreffen, verwenden eine Datumsangabe ohne Uhrzeit, gebrochene Zahlen werden also abgerundet. Die Argumente *Häufigkeit* und *Basis* verlangen ebenfalls eine ganze Zahl und schneiden Nachkommastellen ab.

Werden ungültige Datumseinträge verwendet bzw. keine Zahlen dort angegeben, wo sie erforderlich sind, liefert die Funktion den Fehlerwert *#WERT!*. Im Falle ungültiger Zahlen für die Nicht-Datums-Argumente lautet die Fehlermeldung *#ZAHL!*.

Wichtig

Die Excel-Hilfe formuliert folgenden Hinweis:

»Datumsangaben sollten mit der DATUM()-Funktion oder als Ergebnisse anderer Formeln oder Funktionen eingegeben werden. Es können Probleme auftreten, wenn Datumsangaben als Text eingegeben werden.«

Der Bezug auf den Nennwert ist irrelevant, da durch die Mittelwertbildung eine relative Größe hinsichtlich des eingesetzten Kapitals entsteht.

Hintergrund

Die Duration nach Macauley ist ein gewichteter arithmetischer Mittelwert. Es werden dabei die Barwerte der garantierten zukünftigen Erträge (Zinsen und Rückzahlung) aus dem aktuellen Marktzins für die Gesamtlaufzeit bis zur Fälligkeit durch Abzinsen berechnet und mit dem zeitlichen Abstand bis zu ihrer Zahlung gewichtet. Durch etwas kompliziertere mathematische Betrachtungen kann dann bewiesen werden, dass die so berechnete »durchschnittliche Kapitalbindungsdauer« gleichzeitig den Zeitpunkt bestimmt, bei dem eine (theoretische) Immunisierung gegen Zinsänderungen eintritt. Der mit dem aktuellen Marktzins berechnete Zukunftswert aller Zahlungen zum Zeitpunkt, der durch die Duration geliefert wird, ist der Mindestwert, der unabhängig von sich ändernden Marktzinsen zu diesem Zeitpunkt in der Tat erzielt wird.

Das Ergebnis wird nun verwendet, um Anleihen (festverzinsliche Wertpapiere) mit nahezu gleichen Konditionen (Rendite und Laufzeit) miteinander zu vergleichen. Der Anleihe mit der geringeren Kapitalbindungsdauer ist beim Erwerb der Vorzug zu geben, da erwartet wird, das Risiko minimal zu halten.

Die Kennzahl ist natürlich kein Garant für die Zukunft. Kurse und damit Renditen am Markt stellen sich durch Angebot und Nachfrage ein, deren Ursachen sehr unterschiedlich sein können. Eine heute getroffene Bewertung muss deshalb in nicht ferner Zukunft wieder korrigiert werden. Ein mögliches Kriterium kann auch dann wieder die Duration sein.

Praxiseinsatz

Am 30.8.2010 gab es für zwei Bundeswertpapiere folgende Informationen (*http://www.deutsche-finanzagentur.de*):

Wertpapier	Nominalzins	Fälligkeit	Kurs	Rendite
Bundesanleihe von 05	3,25 %	4.7.2015	109,040	1,31 %
Bundesobligation Serie 157	2,25 %	10.4.2015	104,500	1,24 %

Eine Berechnung der Duration ergibt Folgendes:

Wertpapier	Duration
Bundesanleihe von 05	4,54 Jahre
Bundesobligation Serie 157	4,40 Jahre

Es ist die Bundesobligation vorzuziehen. Der Unterschied ist hier bezogen auf die Laufzeit doch recht gering. Für andere Schuldner und andere Konditionen sowie unter Einbeziehung steuerlicher Aspekte (der Nominalzins ist in Abhängigkeit vom Steuersatz zu reduzieren) kann sich auch ein anderer Risiko-Vorteil abzeichnen.

Siehe auch MDURATION(), RENDITE(), KURS()

CD-ROM Dieses Beispiel finden Sie auf der CD-ROM zum Buch im Ordner *\Buch\Kap14* in der Arbeitsmappe *Kursrechnung.xlsx* (Excel 2007/2010) bzw. *Kursrechnung.xls* (Excel 97-2003) auf dem Arbeitsblatt *DURATION*.

2003: Add-In!

EFFEKTIV() EFFECT()

Syntax EFFEKTIV(*Nominalzins;Perioden*)

Definition Diese Funktion berechnet aus einem (nachschüssigen) Nominalzinssatz[2], der auf verschiedene, gleich lange Perioden innerhalb eines Jahres gleichmäßig aufgeteilt wird (das führt zum Begriff des relativen Zinssatzes) den dazu äquivalenten effektiven (nachschüssigen) Jahreszinssatz (auch konformer Zinssatz genannt). Obwohl nicht üblich, kann hier das »Jahr« auch durch eine andere Zeiteinheit ersetzt werden.

Argumente *Nominalzins* (erforderlich) gibt den Jahreszinssatz an, der durch Aufteilung auf die Perioden zu einer jeweils unterjährlichen Verzinsung genutzt wird.

Perioden (erforderlich) ist die Anzahl der Zinstage im Jahr. Gewöhnlich sind dies 2, 4 oder 12.

Jedes der Argumente muss sich als Zahl auswerten lassen, ansonsten erscheint der Fehlerwert *#WERT!*. Das Argument *Perioden* wird durch Abschneiden von Nachkommastellen stets zu einer ganzen Zahl gemacht. Ist *Nominalzins* kleiner oder gleich 0 (Null) oder *Perioden* kleiner 1, gibt EFFEKTIV() den Fehlerwert *#ZAHL!* zurück.

Hintergrund Bei verschiedenen Finanzgeschäften (Hypothekendarlehen, Bausparen, Guthabenverzinsung bei bestimmten Girokonten, Kontokorrentkonten, Dispo-Kredite u. a. m.) wird zwar ein Jahreszinssatz angegeben, dieser dient aber nur zur Vorbereitung weiterer Modalitäten. Diese bestehen darin, dass nicht jährlich verzinst wird, sondern in unterjährlichen Perioden. Der dann angewendete Zinssatz entsteht durch Teilung des Nominalzinssatzes durch die Periodenzahl.

Um Vergleichbarkeit verschiedener Konditionen zu haben, wird der Zinssatz, der für einen feststehenden Betrag bei einmaliger Verzinsung das gleiche Ergebnis wie die unterjährliche Verzinsung liefert, als effektiver Jahreszinssatz bezeichnet. Zwischen beiden Zinssätzen besteht die Beziehung

$$1+\mathit{Effektivzinssatz}=\left(1+\frac{\mathit{Nominalzinssatz}}{\mathit{Periodenzahl}}\right)^{\mathit{Periodenzahl}}$$

Praxiseinsatz Ein Sparvorgang Ein Sparer hat auf einem Konto die Möglichkeit monatlicher Verzinsung und dort rechtzeitig vor Jahresanfang 1.000,00 € eingezahlt. Der angegebene nominale Jahreszinssatz beträgt 5 %. Wie hoch ist das Guthaben am Ende des Jahres, welche Effektivverzinsung liegt vor?

---

2 Hierfür setzt sich momentan der Begriff »Sollzinssatz« durch.

Zur Lösung der Aufgabe können Sie ein Konto notieren, auf welchem die Zinsgutschriften monatlich erfolgen (achten Sie dabei auf korrektes Runden auf zwei Stellen nach dem Komma). Der Kontostand am Ende beträgt 1.051,16 €.

Zum gleichen Ergebnis gelangen Sie, wenn Sie die Funktion ZW() mit den zutreffenden Argumenten benutzen:

```
=ZW(5%/12;12;;-1000)
```

Setzen Sie den Kontoendstand zum eingesetzten Kapital ins Verhältnis, ergibt sich eine Verzinsung mit 5,12 %. Das ist aber genau das, was auch `=EFFEKTIV(5%;12)` ausrechnet.

Hypothekendarlehen

Eine Bank wirbt mit einem Hypothekendarlehen, welches einen Nominalzins (Sollzinssatz) von 2,42 % angibt und bei monatlicher Tilgung und bei vollständiger Kreditauszahlung (ohne Disagio) einen (anfänglichen) effektiven Jahreszinssatz von 2,45 % bei fünfjähriger Zinsbindung verspricht.

Sie können diesen effektiven Jahreszinssatz in diesem Fall zwar mithilfe von EFFEKTIV() nachbilden, aber das ist nicht die Art, wie die Bank die Zahl ermittelt. Die Übereinstimmung bis auf zwei Stellen nach dem Komma ist Zufall. Die Effektivzinsermittlung muss nach der seit dem Jahre 2002 in Deutschland geltenden Preisangabenverordnung vorgenommen werden.

Diese Verordnung ist Nachfolger jener aus dem Jahre 1985, in welcher gefordert wurde, Kredite auf einem nach deutschen Gepflogenheiten eingerichteten Sparbuch (30/360 Tage) nachzubilden. Der Zinssatz, der dann Schuldner und Gläubiger gleichstellte, wurde als (anfänglicher) effektiver Jahreszinssatz bezeichnet. Anfänglich in den Fällen, in denen er nur die Zeit der Zinsbindung berücksichtigte.

Die Verordnung des Jahres 2002 fordert zur Bewertung international übliche Tagezählung (taggenau/365) und die weitgehende Verwendung gebrochener Laufzeiten zum Erfassen von Zinseszinseffekten. Eine genaue Diskussion kann in diesem Buch nicht erfolgen. Excel stellt für Berechnungen nach der Preisangabenverordnung keine Funktionen bereit, jedoch lassen sich die Anforderungen nach eingehendem Studium der Verordnung in umfangreicheren Arbeitsblättern umsetzen.

Siehe auch

NOMINAL(), RENDITE(), ZINS()

CD-ROM

Die beiden Beispiele finden Sie auf der CD-ROM zum Buch im Ordner *\Buch\Kap14* in der Arbeitsmappe *Zinseszinsrechnung.xlsx* (Excel 2007/2010) bzw. *Zinseszinsrechnung.xls* (Excel 97-2003) auf dem Arbeitsblatt *EFFEKTIV*.

GDA() DDB()

Syntax

GDA(***Ansch_Wert***;***Restwert***;***Nutzungsdauer***;***Periode***;*Faktor*)

Definition

Diese Funktion berechnet die Abschreibungsbeträge nach der Methode einer Mehrfachraten-Abschreibung.

Argumente

Ansch_Wert (erforderlich) verlangt die Anschaffungskosten (Nettokaufpreis plus Anschaffungsnebenkostenkosten minus Anschaffungskostenminderungen) eines Wirtschaftsguts. Verwenden Sie keinen als Zahl auswertbaren Wert, erscheint der Fehlerwert *#WERT!*. Ist die eingegebene Zahl negativ, erfolgt die Fehlermeldung *#ZAHL!*.

Restwert (erforderlich) entspricht dem Wert des Wirtschaftsguts am Ende der Abschreibungsdauer. Verwenden Sie keine Zahl, erscheint der Fehlerwert *#WERT!*. Ist die eingegebene Zahl negativ, erfolgt die Fehlermeldung *#ZAHL!*.

Nutzungsdauer (erforderlich) verlangt die Anzahl der Perioden, in denen das Wirtschaftsgut abgeschrieben wird. Sie sollten für dieses Argument eine ganze Zahl größer 0 (Null) verwenden.

Periode (erforderlich) ist die Periode innerhalb der Abschreibungszeit, für die der Abschreibungsbetrag ermittelt wird. Es wird eine positive ganze Zahl verlangt, die nicht größer als *Nutzungsdauer* ist.

Faktor (optional) ist der Multiplikator für den (gedachten linearen) Abschreibungssatz (Reziprokes der Abschreibungsdauer). Wird er nicht angegeben, rechnet Excel mit der Zahl 2.

Hintergrund Abschreibung hat den Sinn, den Werteverlust eines Wirtschaftsguts zu ermitteln und sichtbar zu machen. Davon zu unterscheiden ist der Begriff der Absetzung für Abnutzung, der die Kosten für den Erwerb eines Wirtschaftsguts als Betriebsausgaben steuerlich erfasst.

Die Methode zielt zunächst auf lineare Abschreibung. Der so ermittelte Abschreibungsprozentsatz als Reziprokes der Abschreibungsdauer wird allerdings mit einem weiteren Faktor multipliziert und auf den jeweiligen Buchwert angewendet. Dadurch kommt es im Endeffekt zu geometrischer Abschreibung. Im Fall eines verwendeten Faktors gleich 2 heißt das Verfahren »Methode der degressiven Doppelraten-Abschreibung«.

Wichtig Die hier genannte Abschreibungsmethode ist im deutschen Steuerrecht nicht zulässig.

Praxiseinsatz Ein Wirtschaftsgut mit Anschaffungskosten von 1.000,00 € soll in 5 Jahren nach der genannten Methode auf einen Restwert von 100,00 € abgeschrieben werden (dieser Restwert hat für die Berechnung allerdings keine Bedeutung). Sie können dazu in jeder Periode den Abschreibungsbetrag mittels GDA() berechnen und vom Buchwert der Vorperiode abziehen.

Alternativ können Sie aber auch einen Abschreibungsplan erstellen, der die oben genannte Vorgehensweise zur Berechnung umsetzt. Die Erstellung eines Abschreibungsplans nach eigenem Muster ist vor allem bei der Anwendung steuerlich zulässiger Methoden (Zwölftel-Regelung seit 2004) zu empfehlen, da die integrierten Funktionen im Allgemeinen nicht anwendbar sind.

Einzelheiten zu diesem Beispiel entnehmen Sie bitte der zugehörigen Arbeitsmappe.

Siehe auch DIA(), GDA2(), LIA, VDB(), AMORLINEARK()

CD-ROM Das Beispiel finden Sie auf der CD-ROM zum Buch im Ordner *\Buch\Kap14* in der Arbeitsmappe *Abschreibungsrechnung.xlsx* (Excel 2007/2010) bzw. *Abschreibungsrechnung.xls* (Excel 97-2003) auf dem Arbeitsblatt *GDA*.

GDA2() DB()

Syntax GDA2(***Ansch_Wert***;***Restwert***;***Nutzungsdauer***;***Periode***;*Monate*)

Definition Diese Funktion berechnet Abschreibungsbeträge für ein Wirtschaftsgut nach der Methode der geometrisch-degressiven Abschreibung, wobei der Bruchteil eines Jahres (in vollen Monaten) in der ersten Abschreibungsperiode berücksichtigt wird.

Argumente

Ansch_Wert (erforderlich) verlangt die Anschaffungskosten (Nettokaufpreis plus Anschaffungsnebenkostenkosten minus Anschaffungskostenminderungen) eines Wirtschaftsguts. Verwenden Sie keinen als Zahl auswertbaren Wert, erscheint der Fehlerwert *#WERT!*. Ist die eingegebene Zahl negativ, erfolgt die Fehlermeldung *#ZAHL!*.

Restwert (erforderlich) entspricht dem Wert des Wirtschaftsguts am Ende der Abschreibungsdauer. Verwenden Sie keine Zahl, erscheint der Fehlerwert *#WERT!*. Ist die eingegebene Zahl negativ, erfolgt die Fehlermeldung *#ZAHL!*.

Nutzungsdauer (erforderlich) verlangt die Anzahl der Perioden, in denen das Wirtschaftsgut abgeschrieben wird. Sie sollten für dieses Argument eine ganze Zahl größer 0 (Null) verwenden.

Periode (erforderlich) ist die Periode innerhalb der Abschreibungszeit, für die der Abschreibungsbetrag ermittelt wird. Es wird eine positive ganze Zahl verlangt, die nicht größer als *Nutzungsdauer* ist.

Monate (optional) gibt die Dauer einer zu **berücksichtigenden Teilperiode im Anschaffungsjahr in ganzen Monaten an. Wird es weggelassen, rechnet Excel mit dem vollen Jahr (12 Monate).**

Hintergrund

Abschreibung hat den Sinn, den Werteverlust eines Wirtschaftsguts zu ermitteln und sichtbar zu machen. Davon zu unterscheiden ist der Begriff der Absetzung für Abnutzung, der die Kosten für den Erwerb eines Wirtschaftsguts als Betriebsausgaben steuerlich erfasst.

Für den geometrisch-degressiven Abschreibungsprozentsatz gilt die Formel

$$Abschreibungssatz = 1 - \sqrt[Abschreibungsdauer]{\frac{Restwert}{Anschaffungskosten}}$$

die auch erklärt, weshalb ein Restwert von 0 (Null) ohne Sinn ist – die Abschreibung würde vollständig im ersten Jahr erfolgen. In der Regel wird in solchen Fällen von einem Erinnerungswert von 1,00 € ausgegangen.

Der berechnete Abschreibungssatz wird (in Excel) auf drei Stellen nach dem Komma gerundet und jede Periode auf den Buchwert angewendet. Der so bestimmte Abschreibungsbetrag mindert den Buchwert für die nächste Periode.

Ist die erste Periode kein ganzes Jahr lang, wird der Abschreibungssatz für diese Periode entsprechend gezwölftelt.

Hinweis

Die geometrisch-degressive Abschreibungsmethode war im deutschen Steuerrecht nur noch bis 2007 zulässig, und dies auch nur mit Einschränkungen. So darf der Abschreibungsprozentsatz, der für die Zeit der geometrisch-degressiven Abschreibung konstant bleiben muss, maximal das doppelte des linearen Abschreibungssatzes betragen und dabei 20 % nicht übersteigen. Dies wurde für kurze Zeit aufgehoben. Im Jahre 2010 gibt es wieder diese Abschreibemöglichkeiten, 2011 aller Voraussicht nach nicht mehr.

Die Funktion GDA2() ist zur Berechnung steuerlicher Absetzungsbeträge in diesem Sinne nicht geeignet.

Praxiseinsatz

Ein Wirtschaftsgut mit Anschaffungskosten von 1.000,00 € soll in 5 Jahren geometrisch-degressiv auf einen Restwert von 100,00 € abgeschrieben werden. Sie können hierzu in jeder Periode den Abschreibungsbetrag mittels GDA2() berechnen und vom Buchwert der Vorperiode abziehen.

Alternativ können Sie aber auch einen Abschreibungsplan erstellen, der die oben genannten Formeln zur Berechnung des ersten Abschreibungsbetrags sowie die Vorgehensweise zur Berechnung der anderen Beträge umsetzt.

Einzelheiten zu diesem Beispiel entnehmen Sie bitte der zugehörigen Arbeitsmappe. Diese enthält auch einen Abschreibungsplan, der bis 2007 und 2009/2010 in Deutschland steuerlich zulässig ist. Die Bestimmung des linearen Abschreibungssatzes geschieht dabei nach der Formel

$$Abschreibungssatz = \frac{Anschaffungskosten - Restwert}{Anschaffungskosten} \cdot \frac{1}{Abschreibungsdauer}$$

Siehe auch DIA(), GDA(), LIA(), VDB(), AMORLINEARK()

CD-ROM Das Beispiel mit seinen Ergänzungen finden Sie auf der CD-ROM zum Buch im Ordner *\Buch\Kap14* in der Arbeitsmappe *Abschreibungsrechnung.xlsx* (Excel 2007/2010) bzw. *Abschreibungsrechnung.xls* (Excel 97-2003) auf dem Arbeitsblatt *GDA2*.

IKV() IRR()

Syntax IKV(*Werte*;*Schätzwert*)

Definition Diese Funktion berechnet eine Kenngröße der dynamischen Investitionsrechnung: den internen Zinssatz, der den Barwert aller Aus- und Einzahlungen in Zusammenhang mit einer Investition zu Null macht.

Argumente *Werte* (erforderlich) sind die lückenlos in einer Spalte angeordneten (tatsächlichen und/oder erwarteten) Überschüsse aus Aus- und Einzahlungen. Jeder Wert vertritt eine Periode (in der Regel ein Jahr) in aufsteigender Ordnung und ohne Lücken. Negative Überschüsse werden mit einem Minuszeichen versehen.

Da eine Berechnung des internen Zinssatzes aus mathematischen Gründen für mehr als zwei Perioden nur näherungsweise erfolgen kann, kann diese Näherungsrechnung zu verschiedenen, teilweise auch unsinnigen (Zinssatz ist negativ) Ergebnissen führen. Sie können die Berechnung durch das optionale Argument *Schätzwert* als Ausgangspunkt für die Näherungsrechnung beeinflussen. Verzichten Sie auf das Argument, rechnet Excel mit einem Ausgangspunkt von 10 %. Das ist ein in der Praxis durchaus üblicher Kalkulationszinssatz, in dessen »Nähe« die Verzinsung einer ökonomisch realen Investition auch liegt.

Enthalten Zellen des Arguments *Werte* keine Zahlen oder sind leer, rechnet Excel so, als ob diese Zellen nicht vorhanden sind. Liefert die Funktion den Fehlerwert *#ZAHL!*, war die oben genannte Näherungsberechnung mit dem gedachten *Schätzwert* für den internen Zinssatz erfolglos. Das kann seine Ursache sowohl im eingesetzten *Schätzwert*, aber auch in den Daten selbst haben (etwa nur Auszahlungen oder nur Einzahlungen).

Hintergrund Als Kapitalwert einer Investition wird der Barwert aller Aus- und Einzahlungen (auch als Nettobarwert bezeichnet) verstanden. Dabei wird davon ausgegangen, dass die Zahlungen am Ende eines Jahres erfolgen (die Startperiode bekommt die Nummer 0, in ihr liegt gewöhnlich nur eine Auszahlung vor). Diese Zahlungen werden zu einem Kalkulationszinssatz, der in der Praxis bei 10 % plus/minus Risikozu- und -abschlägen liegt, abgezinst. Eine Ausnahme sind Finanzinvestitionen, wo mit der für die Laufzeit üblichen Marktrendite gerechnet werden kann.

Die interne Kapitalverzinsung (interner Zinssatz) ist nun jener Wert, der den Kapitalwert zu Null macht:

$$\sum_{n=0}^{Dauer} \frac{Einzahlungen\ minus\ Auszahlungen\ im\ Jahre\ n}{(1+IKV)^n} = 0$$

Eine besondere Form der Investition sind Investitionen, bei denen Geld ver- oder geliehen wird. Anstelle von interner Kapitalverzinsung spricht man bei Krediten von Effektivzins, bei Sparanlagen (hier ist der Sparer oder Anleger der Kreditgeber) von Rendite.

Praxiseinsatz Sachinvestition

Die Anschaffungskosten für eine Maschine belaufen sich auf 80.000,00 €. Die erwarteten jährlichen Überschüsse (Einzahlungen minus Auszahlungen) werden wie in Tabelle 14.5 geschätzt.

Tabelle 14.5 Geschätzte jährliche Überschüsse beim Einsatz einer Maschine

Jahr	Überschuss (in €)
1	15.000
2	19.000
3	25.000
4	27.000
5	17.000
6	7.000

Ist diese Investition empfehlenswert, wenn die Verzinsung der eingesetzten Summe mit wenigstens 10 % erfolgen soll?

Zur Lösung notieren Sie in der ersten Zeile die Anschaffungskosten (mit negativem Vorzeichen) und darunter lückenlos die Daten aus Tabelle 14.5. Die Anwendung von IKV() führt zu einem internen Zinssatz von 10,47 %, der leicht über dem geforderten liegt.

Beachten Sie, dass es bei Sachinvestitionen, deren zukünftige Überschüsse nur geschätzt sind, nicht unbedingt auf Stellen nach dem Komma ankommt.

Finanzinvestition

Bundesschatzbriefe vom Typ A sind für Anleger Investitionen, bei denen die jährlichen Zahlungen der Zukunft auf »Heller und Pfennig« feststehen. Am 30.8.2010 informierte die Bundesbank wie in Tabelle 14.6 und stellte für das letzte Jahr eine Rendite von 1,44 % fest.

Tabelle 14.6 Konditionen für Bundesschatzbriefe

Laufzeitjahr	Nominalzins
2010/2011	0,25 %
2011/2012	0,50 %
2012/2013	1,00 %
2013/2014	1,75 %
2014/2015	2,50 %
2015/2016	2,75 %

Diese Information (interne Kapitalverzinsung von 1,44 %) können Sie in Excel unmittelbar nachbilden. Der Aufbau der Tabelle kann dabei wie in Abbildung 14.2 aussehen, IKV() liefert das gewünschte Ergebnis.

Bundesschatzbriefe Typ A

Anlagebetrag	100,00

Jahr	Zinssätze	Ausgaben	Einnahmen	Überschuss
0		100,00		-100,00
1	0,25%		0,25	0,25
2	0,50%		0,50	0,50
3	1,00%		1,00	1,00
4	1,75%		1,75	1,75
5	2,50%		2,50	2,50
6	2,75%		102,75	102,75

Rendite	**IKV**	**1,44%**

Abbildung 14.2: Renditeberechnung durch *IKV()*

Siehe auch NBW(), QIKV(), XINTZINSFUSS(), XKAPITALWERT(), BW(), ZINS()

CD-ROM Die beiden Beispiele finden Sie auf der CD-ROM zum Buch im Ordner *\Buch\Kap14* in der Arbeitsmappe *Investitionsrechnung.xlsx* (Excel 2007/2010) bzw. *Investitionsrechnung.xls* (Excel 97-2003) auf dem Arbeitsblatt *IKV*.

ISPMT() ISPMT()

Syntax ISPMT(*ZINS*;*PRO*;*Zzr*;*Bw*) bzw. ISPMT(*Rate*;*Per*;*Nper*;*Pv*)

Definition Diese Funktion berechnet bei gegebenem Jahreszinssatz und einfacher nachschüssiger Verzinsung die Summe der Zinsen, die auf einen bestimmten Teil des Jahres fallen. Es sind auch andere Zeiträume als ein Jahr denkbar, aber kaum üblich.

Sie wurde aus Gründen der Kompatibilität zu Lotus-1-2-3 aufgenommen.

Argumente *ZINS*/*Rate* (erforderlich) ist der nachschüssige Jahreszinssatz, der gleichmäßig auf die Gesamtperiodenzahl im Jahr aufgeteilt werden soll.

PRO/*Per* (erforderlich) gibt die Nummer der Periode an (beginnend ab Null), von deren Ende aus die Zinsberechnung bis zum Jahresende erfolgen soll.

Zzr/*Nper* (erforderlich) ist die Gesamtzahl der Perioden innerhalb des Jahres und bestimmt den Teiler für den Jahreszinssatz.

Bw/*Pv* (erforderlich) ist der Gegenwartswert (Barwert), dessen nachschüssige Verzinsung erfolgen soll.

Hintergrund Die Aufteilung eines Jahreszinssatzes auf einen Periodenzinssatz unterjährlicher Zeitabschnitte ist ein oft durchgeführter Vorgang (Überziehung von Girokonten, Kontokorrentkonten, Hypothekendarlehen). Allerdings wird meist der unterjährliche Zinssatz benutzt, um auch innerhalb des Jahres mit Zinseszinseffekten zu verzinsen. Das wird durch die Funktion nicht berücksichtigt.

Praxiseinsatz

Das, was die Funktion tut, lässt sich am besten an einem Sparbuch verdeutlichen. Bringen Sie am 30.4. eines Jahres 100,00 € auf ein Sparbuch mit 6 % Zinsen, stehen Ihnen diese (falls der Betrag bis zum Jahresende auf dem Konto bleibt) für 8/12 des Jahres zu. Den Zinsertrag können Sie durch

```
=ISPMT(6%;4;12;-100)
```

als 4,00 € ermitteln.

Bringen Sie den gleichen Betrag am 15.5. zur Kasse, sind bereits 135 Zinstage des Jahres vergangen und Sie bekommen noch für 225 Tage Zinsen. Über

```
=ISPMT(6%;135;360;-100)
```

errechnen Sie einen Betrag von 3,75 €.

Siehe auch

AUFGELZINS(), AUFGELZINSF(), KAPZ(), KUMZINS()

CD-ROM

Das Beispiel finden Sie auf der CD-ROM zum Buch im Ordner *\Buch\Kap14* in der Arbeitsmappe *Einfache Zinsrechnung.xlsx* (Excel 2007/2010) bzw. *Einfache Zinsrechnung.xls* (Excel 97-2003) auf dem Arbeitsblatt *ISPMT*.

KAPZ() PPMT()

Syntax

KAPZ(*Zins*;*Zr*;*Zzr*;*Bw*;*Zw*;*F*)

Definition

Diese Funktion ermittelt den Anteil an einer Annuität, der zur Tilgung eines Darlehens benutzt wird, welches nach dem Prinzip der Annuitätentilgung zurückgezahlt wird.

Argumente

Zins (erforderlich) benennt den Nominalzins des Kredits.

Zr (erforderlich) enthält die für die gewünschte Periode zutreffende Nummer.

Zzr (erforderlich) gibt die Gesamtzahl der Perioden, in denen der Kredit zurückgezahlt wird, an.

Bw (erforderlich) erfasst die Darlehenssumme.

Zw (optional) bewertet Darlehen, deren Rückzahlung nach der Gesamtperiodenzahl noch nicht vollständig erfolgt ist. Ein solcher Effekt tritt etwa ein, wenn Hypothekendarlehen mit einer Zinsbindungsfrist ausgezahlt werden.

F (optional) legt fest, ob die Zahlungen zu Beginn der Perioden zinswirksam werden (*F = 1*) oder erst an deren Ende (*F = 0*). Wird das Argument weggelassen, rechnet Excel so, als ob es 0 (Null) wäre.

Hintergrund

Die Tilgung von Krediten kennt verschiedene Formen. Eine davon ist, dass der Schuldner jede Periode den gleichen Betrag zahlt. Dieser setzt sich aus einem Tilgungsanteil (der sich mit fortschreitender Zeit zunehmend vergrößert) und einem Zinsanteil (der sich immer mehr verkleinert) zusammen. Die Veränderung der Zusammensetzung hängt damit zusammen, dass die abzutragende Schuld mit der Zeit immer geringer wird. Diese Form wird als Annuitätentilgung bezeichnet, der Gesamtbetrag heißt – auch wenn seine Zahlung nicht unbedingt jährlich erfolgt – Annuität.

Der Tilgungsanteil der ersten Annuität ergibt sich aus dieser nach Abzug des Zinsanteils. Dieser ist aber gerade die Kreditsumme multipliziert mit dem für die Periode festgelegten Nominalzinssatz. Die Tilgungsanteile der weiteren Perioden bestimmen sich (nach einigen mathematischen Zwischenschritten) aus

$$(\mathit{Tilgungsanteil\ der\ ersten\ Periode}) \cdot (1 + \mathit{Nominalzinssatz})^{\mathit{Periodennummer}-1}$$

Hinweis Sehr oft wird bei Kreditverträgen ein Jahreszinssatz als Nominalzinssatz formuliert, die Zahlung erfolgt aber unterjährlich. In solchen Fällen müssen Sie den unterjährlichen Periodenzinssatz ermitteln, indem Sie den Jahreszinssatz durch die Anzahl der Zahlungen im Jahr dividieren. Die Gesamtperiodenzahl ergibt sich dann aus den Perioden pro Jahr multipliziert mit der Anzahl der Jahre.

Praxiseinsatz Im Beispiel »Tilgungsrechnung« zur Funktion BW() standen folgende Daten fest: Ein Schuldner nimmt einen Kredit in Höhe von 176.121,76 € auf, den er bei einem Zinssatz von 5,5 % innerhalb von 30 Jahren jeden Monat mit 1.000,00 € bedient. Der Tilgungsplan weist im 18. Monat einen Zinsanteil von 791,64 € aus. Damit beträgt der Tilgungsanteil in diesem Monat 208,36 €. Sie können dieses Ergebnis, bis auf eventuelle Rundungsfehler, durch die Funktion KAPZ() überprüfen:

```
=KAPZ(5,5%/12;18;30*12;-176121,76)
```

(die konkreten Zahlen entstehen aus Zellbezügen zu den Zellen, in denen sich die Daten befinden).

Rundungsfehler treten bei der Benutzung der integrierten Funktionen oft auf. Diese können nämlich nicht berücksichtigen, was am Bankschalter tatsächlich passiert: Es gibt nur Geldbeträge mit zwei Stellen nach dem Komma. Schreiben Sie also einen Tilgungsplan Monat für Monat auf, müssen Sie die Funktion RUNDEN() einsetzen, damit Sie das wirkliche Geschehen auch richtig abbilden.

Siehe auch BW(), RMZ(), ZINS(), ZW(), ZZR(), KUMKAPITAL(), ZINSZ()

CD-ROM Das Beispiel befindet sich auf dem Arbeitsblatt *BW* der Arbeitsmappe *Tilgungsrechnung.xlsx* (Excel 2007/2010) bzw. *Tilgungsrechnung.xls* (Excel 97-2003) im Ordner *\Buch\Kap14* auf der CD-ROM zum Buch.

2003: Add-In!

KUMKAPITAL() CUMPRINC()

Syntax KUMKAPITAL(***Zins***;***Zzr***;***Bw***;***Zeitraum_Anfang***;***Zeitraum_Ende***;***F***)

Definition Diese Funktion berechnet den Tilgungsanteil, der zwischen zwei Zeitpunkten gezahlt wird, wenn ein Darlehen als Annuitätendarlehen getilgt wird.

Argumente ***Zins*** (erforderlich) benennt den Nominalzins des Kredits.

Zzr (erforderlich) gibt die Gesamtzahl der Perioden, in denen der Kredit zurückgezahlt wird, an.

Bw (erforderlich) erfasst die Darlehenssumme.

Zeitraum_Anfang (erforderlich) verlangt die erste in die Berechnung einfließende Periode, das ebenfalls erforderliche Argument ***Zeitraum_Ende*** die letzte.

Mithilfe des (hier ausnahmsweise) erforderlichen Fälligkeitsarguments ***F*** kann angegeben werden, ob die Zahlungen zu Beginn der Perioden zinswirksam werden (*F = 1*) oder erst an deren Ende (*F = 0*).

Werden die Werte von Argumenten der Funktion, die sinnvollerweise ganze Zahlen verlangen, als gebrochene Zahlen ausgewertet, werden deren Nachkommastellen abgeschnitten.

Die Argumente *Zins*, *Zzr* und *Bw* werden als positive Zahlen erwartet, ansonsten gibt KUMKAPITAL() den Fehlerwert *#ZAHL!* zurück.

Auch die anderen Argumente müssen »vernünftig« ausfallen: *Zeitraum_Anfang* größer oder gleich 1 sowie *Zeitraum_Ende* größer oder gleich 1und dabei nicht kleiner als *Zeitraum_Anfang*.

F muss sich zu 0 oder 1 auswerten lassen.

Hintergrund

Die Tilgung von Krediten kennt verschiedene Formen. Eine davon ist, dass der Schuldner jede Periode den gleichen Betrag zahlt. Dieser setzt sich aus einem Tilgungsanteil (der sich mit fortschreitender Zeit zunehmend vergrößert) und einem Zinsanteil (der sich immer mehr verkleinert) zusammen. Die Veränderung der Zusammensetzung hängt damit zusammen, dass die abzutragende Schuld mit der Zeit immer geringer wird. Diese Form wird als Annuitätentilgung bezeichnet, der Gesamtbetrag heißt – auch wenn seine Zahlung nicht unbedingt jährlich erfolgt – Annuität.

Die Funktion berechnet den (auch kumulierten) Anteil, der mit Zahlung der Annuitäten zur Kredittilgung verwendet wurde, also keine Zinszahlungen darstellt. Insbesondere kann durch Summierung über alle vergangenen Perioden die verbliebene Restschuld eines ursprünglichen Darlehens bestimmt werden.

Hinweis

Sehr oft wird bei Kreditverträgen ein Jahreszinssatz als Nominalzinssatz formuliert, die Zahlung erfolgt aber unterjährlich. In solchen Fällen müssen Sie den unterjährlichen Periodenzinssatz ermitteln, indem Sie den Jahreszinssatz durch die Anzahl der Zahlungen im Jahr dividieren. Die Gesamtperiodenzahl ergibt sich dann aus den Perioden pro Jahr multipliziert mit der Anzahl der Jahre.

Praxiseinsatz Zinsbindung über die gesamte Laufzeit

Im Beispiel »Tilgungsrechnung« zur Funktion BW() standen folgende Daten fest: Ein Schuldner nimmt einen Kredit in Höhe von 176.121,76 € auf, den er bei einem Zinssatz von 5,5 % innerhalb von 30 Jahren jeden Monat mit 1.000,00 € bedient. Der Tilgungsplan weist im 19. Monat eine Restschuld von 172.513,25 € aus, damit wurden also 3.608,51 € getilgt. Sie können dieses Ergebnis, bis auf eventuelle Rundungsfehler, durch die Funktion KUMKAPITAL() überprüfen:

```
=-KUMKAPITAL(5,5%/12;30*12;176121,76;1;18;0)
```

(die konkreten Zahlen entstehen aus Zellbezügen zu den Zellen, in denen sich die Daten befinden). Das Vorzeichen des Ergebnisses ist negativ, da der Zahlungsstrom in die andere Richtung als der Barwert (Kreditsumme) geht.

Rundungsfehler treten bei der Benutzung der integrierten Funktionen oft auf. Diese können nämlich nicht berücksichtigen, was am Bankschalter tatsächlich passiert: Es gibt nur Geldbeträge mit zwei Stellen nach dem Komma. Schreiben Sie also einen Tilgungsplan Monat für Monat auf, müssen Sie die Funktion RUNDEN() einsetzen, damit Sie das wirkliche Geschehen auch richtig abbilden.

Zinsbindung nur am Anfang

Hypothekendarlehen werden oft mit einer Zinsbindung vereinbart, die Zeit bis zum Wechsel der Zinsbedingungen reicht aber zur vollständigen Tilgung nicht aus. In einem solchen Fall kann der Kreditnehmer anhand der Restschuld bestimmen, wie hoch sein Risiko im Falle dann gestiegener Zinsen ist und so ggf. auch verschiedene Darlehensangebote miteinander vergleichen. Will er keinen Tilgungsplan im Detail aufschreiben, kann er die Restschuld ermitteln, indem er von der Kreditsumme den innerhalb der Zinsbindungsfrist getilgten Betrag abzieht. Diesen Betrag rechnet aber KUMKAPITAL() aus. Die konkrete Rechnung erfolgt wie im vorigen Beispiel.

Siehe auch BW(), RMZ(), ZINS(), ZW(), ZZR(), ZINSZ(), KUMZINSZ()

CD-ROM Das erste Beispiel befindet sich auf dem Arbeitsblatt *BW* der Arbeitsmappe *Tilgungsrechnung.xlsx* (Excel 2007/2010) bzw. *Tilgungsrechnung.xls* (Excel 97-2003) im Ordner *\Buch\Kap14* auf der CD-ROM zum Buch.

2003: Add-In!

KUMZINSZ() CUMIPMT()

Syntax KUMZINSZ(***Zins***;***Zzr***;***Bw***;***Zeitraum_Anfang***;***Zeitraum_Ende***;***F***)

Definition Diese Funktion berechnet die kumulierten Zinsen, die zwischen zwei Zeitpunkten gezahlt werden, wenn ein Darlehen als Annuitätendarlehen getilgt wird.

Argumente *Zins* (erforderlich) benennt den Nominalzins des Kredits.

Zzr (erforderlich) gibt die Gesamtzahl der Perioden, in denen der Kredit zurückgezahlt wird, an.

Bw (erforderlich) gibt die Darlehenssumme an.

Zeitraum_Anfang (erforderlich) verlangt die erste in die Berechnung einfließende Periode, das ebenfalls erforderliche Argument ***Zeitraum_Ende*** die letzte.

Mithilfe des (hier ausnahmsweise) erforderlichen Fälligkeitsarguments ***F*** kann angegeben werden, ob die Zahlungen zu Beginn der Perioden zinswirksam werden (*F = 1*) oder erst an deren Ende (*F = 0*).

Werden die Werte von Argumenten der Funktion, die sinnvollerweise ganze Zahlen verlangen, als gebrochene Zahlen ausgewertet, werden deren Nachkommastellen abgeschnitten.

Die Argumente *Zins*, *Zzr* und *Bw* werden als positive Zahlen erwartet, ansonsten gibt KUMKAPITAL() den Fehlerwert *#ZAHL!* zurück.

Auch die anderen Argumente müssen »vernünftig« ausfallen: *Zeitraum_Anfang* größer oder gleich 1 sowie *Zeitraum_Ende* größer oder gleich 1und dabei nicht kleiner als *Zeitraum_Anfang*.

F muss sich zu 0 oder 1 auswerten lassen.

Hintergrund Die Tilgung von Krediten kennt verschiedene Formen. Eine davon ist, dass der Schuldner jede Periode den gleichen Betrag zahlt. Dieser setzt sich aus einem Tilgungsanteil (der sich mit fortschreitender Zeit zunehmend vergrößert) und einem Zinsanteil (der sich immer mehr verkleinert) zusammen. Die Veränderung der Zusammensetzung hängt damit zusammen, dass die abzutragende Schuld mit der Zeit immer geringer wird. Diese Form wird als Annuitätentilgung bezeichnet, der Gesamtbetrag heißt – auch wenn seine Zahlung nicht unbedingt jährlich erfolgt – Annuität.

Während das Zusammenzählen von Tilgungsanteilen korrekt ist (es wird so die Restschuld ermittelt), ist das Zusammenzählen der Zinsen ohne finanzmathematische Bedeutung. Dies wird zwar gern gemacht (auch von Kreditinstituten), um Kredite miteinander zu vergleichen, es ist aber kein finanzmathematischer Vergleich. Dieser kann nur, wie es die Preisangabenverordnung aus dem Jahr 2002 vorschreibt, durch einen Barwertvergleich der Gläubiger- mit den Schuldnerleistungen erfolgen. Wenn also Zinsen sinnvoll addiert werden, dann nur nach deren

Bewertung zum Zeitpunkt des Vertragsabschlusses. Wer einen Kredit über 100.000 Geldeinheiten aufnimmt, zahlt auch nur diese zurück. Wenn er das später tut, fallen Zinsen an.

Hinweis

Sehr oft wird bei Kreditverträgen ein Jahreszinssatz als Nominalzinssatz (Sollzinssatz) formuliert, die Zahlung erfolgt aber unterjährlich. In solchen Fällen müssen Sie den unterjährlichen Periodenzinssatz ermitteln, indem Sie den Jahreszinssatz durch die Anzahl der Zahlungen im Jahr dividieren. Die Gesamtperiodenzahl ergibt sich dann aus den Perioden pro Jahr multipliziert mit der Anzahl der Jahre.

Praxiseinsatz

Im Beispiel »Tilgungsrechnung« zur Funktion BW() standen folgende Daten fest: Ein Schuldner nimmt einen Kredit in Höhe von 176.121,76 € auf, den er bei einem Zinssatz von 5,5 % innerhalb von 30 Jahren jeden Monat mit 1.000,00 € bedient.

Der Tilgungsplan weist im 19. Monat eine Restschuld von 172.513,25 € aus. Der Kredit wurde bisher mit 18.000,00 € bedient und Sie sind (trotz der oben geäußerten Bedenken) an der Summe interessiert, die nur Zinsen darstellt. Sie können an der Restschuld erkennen, dass 3.608,51 € getilgt wurden, also muss die Differenz in Höhe von 14.391,49 € der Zinsanteil sein. Sie können dieses Ergebnis, bis auf eventuelle Rundungsfehler, durch die Funktion KUMZINSZ() überprüfen:

```
=-KUMZINSZ(5,5%/12;30*12;176121,76;1;18;0)
```

(die konkreten Zahlen entstehen aus Zellbezügen zu den Zellen, in denen sich die Daten befinden). Das Vorzeichen des Ergebnisses ist negativ, da der Zahlungsstrom in die andere Richtung als der Barwert (Kreditsumme) geht.

Rundungsfehler treten bei der Benutzung der integrierten Funktionen oft auf. Diese können nämlich nicht berücksichtigen, was am Bankschalter tatsächlich passiert: Es gibt nur Geldbeträge mit zwei Stellen nach dem Komma. Schreiben Sie also einen Tilgungsplan Monat für Monat auf, müssen Sie die Funktion RUNDEN() einsetzen, damit Sie das wirkliche Geschehen auch richtig abbilden.

Siehe auch

BW(), RMZ(), ZINS(), ZW(), ZZR(), ZINSZ(), KUMKAPITAL()

CD-ROM

Sie finden dieses Beispiel auf dem Arbeitsblatt *BW* der Arbeitsmappe *Tilgungsrechnung.xlsx* (Excel 2007/2010) bzw. *Tilgungsrechnung.xls* (Excel 97-2003) im Ordner *\Buch\Kap14* auf der CD-ROM zum Buch.

KURS() PRICE()

2003: Add-In!

Syntax

KURS(***Abrechnung***;***Fälligkeit***;***Zins***;***Rendite***;***Rückzahlung***;***Häufigkeit***;*Basis*)

Definition

Berechnet den Kurs eines festverzinslichen Wertpapiers (Anleihe), also den Kaufpreis ohne Stückzinsen.

Argumente

Abrechnung (erforderlich) ist das Datum, an dem das Wertpapier den Besitzer wechselt.

Fälligkeit (erforderlich) ist das Datum, an dem die Rückzahlung des durch das Wertpapier verbrieften Darlehens erfolgt.

Zins (erforderlich) informiert über den vereinbarten Jahreszinssatz als Preis für das geliehene Geld (Kuponzinssatz).

Rendite (erforderlich) ist der am Abrechnungstag geltende Marktzinssatz, zu dem bei der Berechnung des Kurses alle zukünftigen Zahlungen abgezinst werden.

Rückzahlung (erforderlich) ist der Prozentfuß bezogen auf den Nennwert des Wertpapiers (also so, als ob dieser 100 Geldeinheiten wäre), zu welchem am Fälligkeitstag zurückgezahlt wird.

Da es durchaus üblich ist, festverzinsliche Wertpapiere mit mehreren Zinsterminen im Jahr auszustatten, informiert das erforderliche Argument ***Häufigkeit*** über deren Anzahl. Zulässige Werte sind: *1* = jährlich; *2* = halbjährlich; *4* = vierteljährlich.

Basis (optional) entscheidet über die Methode zur Ermittlung von Tagen im Jahr nach Tabelle 14.7. Wird es weggelassen, rechnet Excel mit *Basis = 0.*

Tabelle 14.7 Verschiedene Methoden zur Ermittlung der Anzahl der Tage eines Jahres

Basis	Methode	Bedeutung
0	30/360 (NASD-Methode)	Jeder Monat hat 30 Tage, ein Jahr 12 Monate. Ist das Ausgangsdatum der 31. eines Monats, wird dieses Datum zum 30. desselben Monats. Ist das Enddatum der 31. eines Monats und das Ausgangsdatum ein Datum vor dem 30. eines Monats, wird das Enddatum zum 1. des darauf folgenden Monats. In allen anderen Fällen wird das Enddatum zum 30. desselben Monats.
1	Genau/Genau	Jeder Monat hat so viele Tage wie im Kalender stehen, die Summe über alle Monate ergibt die Anzahl der Tage im Jahr
2	Genau/360 Tage	Jeder Monat hat so viele Tage wie im Kalender stehen. Ein Jahr hat immer 360 Tage.
3	Genau/365 Tage	Jeder Monat hat so viele Tage wie im Kalender stehen. Ein Jahr hat immer 365 Tage.
4	30/360 (Europäische Methode)	Jeder Monat hat 30 Tage, ein Jahr 12 Monate. Jedes Ausgangs- und Enddatum, das auf den 31. eines Monats fällt, wird zum 30. desselben Monats.

An die Argumente von KURS() werden folgende Anforderungen gestellt:

- Datumsangaben verlangen diese ohne Angabe der Uhrzeit, Nachkommastellen werden also abgeschnitten. Auch die Argumente *Häufigkeit* und *Basis* werden zu ganzen Zahlen eingekürzt.
- Lassen sich Datumsargumente nicht zu einem zulässigen Datum auswerten, gibt KURS() den Fehlerwert *#ZAHL!* zurück
- Für *Rendite* und *Zins* werden nicht negative Zahlen, für *Rückzahlung* sogar positive Zahlen verlangt. Andernfalls gibt KURS() den Fehlerwert *#ZAHL!* zurück.
- Lässt sich *Häufigkeit* nicht zu 1, 2 oder 4 sowie *Basis* nicht zu einer Zahl zwischen 0 und 4 auswerten, gibt KURS() den Fehlerwert *#ZAHL!* zurück. Das Gleiche geschieht, wenn der Abrechnungstermin nach der Fälligkeit liegt.

Hintergrund Um das finanzmathematische Äquivalenzprinzip

```
Leistung des Gläubigers = Leistung des Schuldners
```

bezogen auf den »Startpunkt« des Geschäfts umzusetzen, ist der Kurs eines festverzinslichen Wertpapiers (Anleihe) plus eventuell zu zahlende Stückzinsen gleich dem Barwert der zukünftigen in diesem Wertpapier verbrieften Leistungen des Emittenten (Schuldners). Der Kurs wird als Prozentfuß bezogen auf den Nennwert des Wertpapiers angegeben, also so, als ob der Nennwert 100 Geldeinheiten beträgt.

Die Barwertberechnung ist dann kein Problem, wenn das Kaufdatum (Besitzwechsel) eines mit Jahreskupon versehenen Wertpapiers mit dem Tag der Zinszahlung einhergeht. In diesem Fall gilt es nur ganze Jahre zu berücksichtigen. Nicht so einfach ist die Situation, wenn der Besitzwechsel zwischen Zinsterminen erfolgt bzw. Zinszahlungen mehrfach im Jahr vereinbart sind. Die Finanzmathematik kennt verschiedene Arten des Umgangs mit gebrochenen Jahresanteilen. Die bekanntesten sind die Methoden Moosmüller und Braess/Fangmeyer sowie die ISMA-Methode. ISMA steht für International Securities Market Association, eine Organisation, die aus der Association of International Bond Dealers (AIBD) hervorgegangen ist.

Die ISMA-Methode liefert für eine einmalige Zinszahlung im Jahr das gleiche wie KURS() und lässt sich für Halb- und Vierteljahreskupons leicht mit KURS() nachbilden.

Das genannte Äquivalenzprinzip durch Barwertbildung (Abzinsen zukünftiger Leistungen) lautet bei der Kursberechnung durch Excel in der von Excel und seinen Funktionen entlehnten Terminologie

$$KURS = \frac{Rückzahlung}{\left(1+\frac{Rendite}{Häufigkeit}\right)^{ZINSTERMZAHL-1+\frac{ZINSTERMTAGNZ}{Tage\ der\ Zinsperiode}}} + \sum_{K=1}^{ZINSTERMZAHL} \frac{\frac{ZINS}{Häufigkeit}\cdot 100}{\left(1+\frac{Rendite}{Häufigkeit}\right)^{K-1+\frac{ZINSTERMTAGNZ}{Tage\ der\ Zinsperiode}}} - \frac{ZINS}{Häufigkeit}\cdot 100\cdot \frac{ZINSTERMTAGVA}{Tage\ der\ Zinsperiode}$$

wobei mit *ZINSTERMZAHL* die Anzahl der Zinszahlungen nach dem Kauf, mit *ZINSTERMTAGNZ* die Anzahl der Tage bis zum nächsten Zinstermin und mit *ZINSTERMTAGVA* die Anzahl der Tage seit dem letzten Zinstermin bezeichnet wurden.

Ist *Häufigkeit = 1*, stellt diese Formel gerade auch die ISMA-Methode dar. Ist die *Häufigkeit* gleich 2 oder 4, rechnet Excel mit einer gleichmäßigen Verteilung der *Rendite* auf die Perioden innerhalb des Jahres. Die ISMA-Methode dagegen verwendet eine periodengerechte Umlegung nach dem Zusammenhang zwischen Nominal- und Effektivzins, den Sie in den Erläuterungen zur Funktion EFFEKTIV() bzw. NOMINAL() finden:

$$Rendite\ der\ Periode = \frac{NOMINAL(Rendite\ im\ Jahr; Häufigkeit)}{Häufigkeit}$$

Deshalb können Sie im Falle von mehreren Zinszahlungen pro Jahr den Kurs nach der ISMA-Methode mithilfe von KURS() berechnen, indem Sie vorher eine Umrechnung der »effektiven« *Rendite* in eine »nominale« vornehmen (durch Anwenden der Funktion NOMINAL()).

Achtung

Die oben gegebenen Erläuterungen gelten nur, wenn mehr als ein einziger Zinstermin bis zur Fälligkeit verbleibt. Andernfalls rechnet Excel nicht nach der obigen Formel für den Kurs, sondern benutzt statt der gebrochenen Laufzeit eine gebrochene Rendite. KURS() liefert dann das gleiche Ergebnis wie KURSFÄLLIG().

Praxiseinsatz Jahreskupon

Die 4,500 %-Bundesanleihe von 03 rentierte am 31.8.2010 mit 0,61 %. Ihre Fälligkeit ist am 4.1.2013. Wie viel muss jemand bezahlen, der Papiere im Nennwert von 1.000,00 € erwerben will?

Hinweis

Diese Aufgabenstellung ist nicht ganz typisch, da sich Kurse durch Angebot und Nachfrage bilden, die Rendite wird dann aus dem Kurs ausgerechnet. Es soll aber das Prinzip an einem Wertpapier demonstriert werden, dessen Verhalten täglich unter *http://www.deutsche-finanzagentur.de* nachzulesen ist.

Kursberechnungen dieser Art sind denkbar, wenn ein Emittent ein Wertpapier begibt, dieses mit einem »runden« Nominalzins versieht ($^1/_8$-Abstände) und es mit gewissen Renditevorstellungen mit Zu- oder Abschlägen beim Kurs auf den Markt bringen will.

Wollen Sie den ISMA-Kurs nach der Tagezähl-Methode taggenau/taggenau bestimmen, ohne die Funktion KURS() zu verwenden (Sie wollen verstehen, was KURS() genau umsetzt), können Sie ein Arbeitsblatt wie in Abbildung 14.3 vorbereiten.

	A	B	C	D
1				
2		**Bundesanleihe von 03**		
3		**Jahreskupon (Excel=ISMA)**		
4				
5		Kaufdatum	31.08.2010	
6		Rückzahlung	100,00%	
7		Fälligkeit	04.01.2013	
8		Nominalzins	4,500%	
9		Nennwert	1.000,00 €	
10		Rendite	0,61%	
11		Tagezählweise	1	
12				
13		vorhergehender Zinstermin	04.01.2010	
14		nächster Zinszahlungstermin	04.01.2011	
15		Jahresrest in Tagen	126	
16		Tage für Stückzinsen	239	
17		Tage im Jahr	365	
18		Stückzinsen	29,47 €	
19		Anzahl der Zinstermine	3	
20				
21		BW der Zinsen am nächsten Zinstermin	134,18 €	
22		BW der Rückzahlung am nächsten Zinstermin	987,91 €	
23				
24		Barwert aller Leistungen	1.119,74 €	
25				
26		**Kurs**	**109,02749**	**[%]**
27				
28		**KURS**	**109,02749**	**[%]**

Abbildung 14.3: Vorbereitung von Kurs- und Renditeberechnungen

In die ersten sieben Zellen von *C5* bis *C11* geben Sie die bekannten Daten ein. Vorbereitend notieren Sie die Tagezählweise mit 1 (das entspricht *Basis = 1* in allen verwendeten integrierten Funktionen).

Als Nächstes ermitteln Sie mit `=ZINSTERMNZ(C5;C7;1;C11)` den nächsten Zinstermin: 4.1.2011. Die Formel `=ZINSTERMTAGNZ(C5;C7;1;C11)` hilft Ihnen beim Zählen der Tage bis zu diesem Zinstermin: 126. Zur Berechnung der Stückzinsen brauchen Sie die Tage seit dem letzten Zinstermin (`=ZINS-`

`TERMTAGVA(C5;C7;1;C11)` zählt hier 239), sodass Sie über `=C8*C15/C16*C9` einen Betrag von 29,47 € fast im Kopf bestimmen können. Die Zahl der verbleibenden Zinstermine, die Sie zum Abzinsen der zukünftigen Leistungen brauchen, wird durch `=ZINSTERMZAHL(C5;C7;1;C11)` zu 3 ermittelt.

Nun geht es ans Abzinsen. Hier hilft Ihnen die Funktion BW(), und zwar mit `=BW(C10;C18-1;-C8*C9;-C8*C9;1)` als Aufgabe der Rentenrechnung zur Berechnung des Barwerts zukünftiger Zinszahlungen (Ergebnis 134,18 €) sowie als Aufgabe der Zinseszinsrechnung zum Abzinsen des Rückzahlbetrags über `=BW(C10;C18-1;0;-C6*C9)` zu 987,91 €.

Die Summe der beiden Barwerte ist nun, entsprechend der Vorgabe von ISMA, über die gebrochene Laufzeit von 126 aus 365 Tagen mit einem gebrochenen Exponenten in der Zinsformel zu ermitteln: `=(C20+C21)/(1+C10)^(C14/C16)` liefert 1.119,74 €.

Der Kurs ist der Prozentfuß (also eine Zahl bezogen auf einen Nennwert von 100), der vom gerade berechneten Barwert noch den Wert der Stückzinsen abziehen muss: `=(C23-C17)/C9*100`.

Im Ergebnis kommt nun das heraus, was auch `=KURS(C5;C7;C8;C10;C6*100;1;C11)` ermittelt: 109,027.

Beachten Sie, dass es wegen der geringen Rendite zu Abweichungen des berechneten Kurses zu den Angaben am jeweiligen Tag kommen kann (Rundungsfehler).

Halbjahreskupon

In Deutschland gibt es nur wenige Anleihen, die mehr als einen Zinstermin pro Jahr haben. Auf der CD-ROM zum Buch wurde deshalb die Anleihe des vorigen Beispiels fiktiv mit einem Halbjahreskupon ausgestattet und die Berechnungen durchgeführt. Der Excel-Kurs unterscheidet sich von dem nach ISMA in Nachkommastellen. Wollen Sie den ISMA-Kurs bestimmen, ist der Marktzins *Rendite* mittels NOMINAL(*Rendite*;*Häufigkeit*) periodengerecht aufzuteilen und in die Funktion KURS() einzusetzen.

Siehe auch

RENDITE(), UNREGER.KURS(), UNREGER.REND(), UNREGLE.KURS(), UNREGLE.REND()

CD-ROM

Die beiden Beispiele finden Sie auf der CD-ROM zum Buch im Ordner *\Buch\Kap14* in der Arbeitsmappe *Kursrechnung.xlsx* (Excel 2007/2010) bzw. *Kursrechnung.xls* (Excel 97-2003) auf dem Arbeitsblatt *KURS*.

KURSDISAGIO() PRICEDISC()

2003: Add-In!

Syntax

KURSDISAGIO(***Abrechnung***;***Fälligkeit***;***Disagio***;***Rückzahlung***;*Basis*)

Definition

Diese Funktion berechnet den Auszahlungsbetrag eines mit vorschüssiger Verzinsung einfach abgezinsten Wertpapiers.

Argumente

Abrechnung (erforderlich) ist der Tag, an dem das Wertpapier den Besitzer wechselt.

Fälligkeit (erforderlich) erfasst den Tag, an dem die Leistungen aus dem Wertpapier erfolgen müssen.

Disagio (erforderlich) gibt an, zu welchem Zinssatz die Abzinsung (Abschlag, Diskont) erfolgt.

Rückzahlung (erforderlich) beschreibt die Leistung am Fälligkeitstag.

Basis (optional) entscheidet über die Methode zur Ermittlung von Tagen im Jahr nach Tabelle 14.7. Wird es weggelassen, rechnet Excel mit *Basis = 0*.

Alle Argumente der Funktion, die ein Datum betreffen, verwenden eine Datumsangabe ohne Uhrzeit, gebrochene Zahlen werden also abgerundet. Das Argument *Basis* verlangt ebenfalls eine ganze Zahl und schneidet Nachkommastellen ab.

Werden ungültige Datumseinträge verwendet bzw. keine Zahlen dort angegeben, wo sie erforderlich sind, liefert die Funktion den Fehlerwert *#WERT!*. Im Falle ungültiger Zahlen für die Nicht-Datums-Argumente lautet die Fehlermeldung *#ZAHL!*.

Wichtig Die Excel-Hilfe formuliert folgenden Hinweis:

»Datumsangaben sollten mit der DATUM()-Funktion oder als Ergebnisse anderer Formeln oder Funktionen eingegeben werden. Es können Probleme auftreten, wenn Datumsangaben als Text eingegeben werden.«

Der Hinweis auf den Nennwert ist falsch.

Hintergrund Das Prinzip der vorschüssigen Verzinsung besteht in der Annahme, dass sich ein Anfangskapital (einzuzahlender Betrag, Darlehen) aus dem Rückzahlungsbetrag minus die Zinsen auf diesen Betrag ergibt. Dieses Prinzip wird vor allem im unterjährlichen Bereich verwendet und unterscheidet sich von dem Prinzip, welches einem Sparbuch oder einem Hypothekendarlehen zugrunde liegt. Dort werden nämlich die Zinsen am Ende einer Periode auf Basis des Anfangskapitals berechnet (nachschüssige Verzinsung).

Hinweis Zwischen den Funktionen zu diesem Themenkreis besteht die Verbindung

$$AUSZAHLUNG() - AUSZAHLUNG() \cdot DISAGIO() \cdot \frac{TAGE360()}{360} = KURSDISAGIO()$$

(hier notiert für den Fall von *Basis* = *4*). Das ist aber gerade das Prinzip vorschüssiger Verzinsung.

Das von der Funktion verwendete Argument *Rückzahlung* ist hier der Funktion AUSZAHLUNG() »zuzuordnen«.

Praxiseinsatz Wechselrechnung Am 10.5.2010 hat ein Geschäftsmann seiner Bank einen Wechsel in Höhe von 5.000 € mit einer (Rest-) Laufzeit von 2 Monaten vorgelegt. Diese setzt einen Diskontsatz von 5 % p. a. an und fordert keine Gebühren. Wie hoch ist die Summe, die dem Konto gutgeschrieben wird.

Sie lesen die Gleichung aus den Hintergrund-Informationen als

$$Wechselsumme - Wechselsumme \cdot Diskontsatz \cdot \frac{TAGE360()}{360} = Gutschrift$$

und verwenden

```
=KURSDISAGIO("10.5.2010";"10.7.2010";5%;5000;4)
```

zur Erlangung des Ergebnisses von 4.958,33 €.

Sinnvollerweise stehen die konkreten Zahlen in Zellen und die Formel verwendet Zellbezüge.

Bundesfinanzierungsschätze Am 30.8.2010 bietet die Bundesrepublik Deutschland Finanzierungsschätze (Wertpapier-Kennnummer 111 704) zu folgenden Bedingungen: Laufzeit 1 Jahr, Auszahlung 500 € (ergibt sich aus der Mindestkaufsumme), Fälligkeit am 22.8.2011. Es wird ein Verkaufszinssatz (das ist hier der Name für den prozentualen vorschüssigen Abschlag) von 0,46 % festgelegt. Wie hoch ist der Kaufpreis?

Auch hier gibt KURSDISAGIO() die korrekte Antwort: 497,75 €.

Zu welchem nachschüssigen Zinssatz müsste eine vergleichbare Anlage (gleiche Laufzeit, gleicher Einsatz, gleiches Ergebnis) erfolgen? Zur Beantwortung müssen Sie nur das Verhältnis des »Gewinns« auf das eingesetzte Kapital bilden und beachten, dass die Laufzeit 365 von 365 Tagen beträgt[3]. Einfacher haben Sie es mit der Funktion ZINSSATZ(). Dies Funktion arbeitet nach dem Muster

```
ZINSSATZ(Tag des Kaufs;Tag der Fälligkeit;Einsatz;Rückzahlung;Basis)
```

und liefert 0,46 %. Das ist auch die Zahl, die Sie bei der Deutschen Bundesbank als Rendite erfahren können. Die Funktion RENDITEDIS() arbeitet wie ZINSSATZ() und bringt das gleiche Ergebnis.

Aufgrund der geringen Rendite sind diese Ergebnisse wegen der Differenzen zum Nominalzins weit nach dem Komma momentan wenig spannend.

Siehe auch

DISAGIO(), AUSZAHLUNG(), RENDITEDIS(), ZINSSATZ()

CD-ROM

Die beiden Beispiele finden Sie auf den Arbeitsblättern *Wechselrechnung* bzw. *Bundesfinanzierungsschätze* in der Arbeitsmappe *Einfache Zinsrechnung.xlsx* (Excel 2007/2010) bzw. *Einfache Zinsrechnung.xls* (Excel 97-2003) im Ordner *\Buch\Kap14* auf der CD-ROM zum Buch.

KURSFÄLLIG() PRICEMAT()

2003: Add-In!

Syntax

KURSFÄLLIG(***Abrechnung***;***Fälligkeit***;***Emission***;***Zins***;***Rendite***;*Basis*)

Definition

Gibt den Kurs (als Prozentfuß, d. h. bezogen auf einen Nennwert) eines Wertpapiers zurück, welches mit einfacher nachschüssiger Verzinsung ausgestattet ist (keine Zinseszinseffekte).

Argumente

Abrechnung (erforderlich) ist das Datum, an dem das Wertpapier den Besitzer wechselt.

Fälligkeit (erforderlich) erwartet den Fälligkeitstermin des Wertpapiers.

Emission (erforderlich) ist das Datum der Ausgabe des Wertpapiers.

Zins (erforderlich) ist der vereinbarte Nominal-Zinssatz des Wertpapiers, bezogen auf ein ganzes Jahr.

Rendite (erforderlich) erwartet den gegenwärtig vorhandenen Marktzinssatz bzw. die erwartete Rendite des Wertpapiers (als Zinssatz bezogen auf ein ganzes Jahr).

Basis (optional) entscheidet über die Methode zur Ermittlung von Tagen im Jahr nach Tabelle 14.7. Wird es weggelassen, rechnet Excel mit *Basis = 0*.

An die Argumente der Funktion werden folgende Forderungen gestellt:

- *Abrechnung*, *Fälligkeit*, und *Emission* verlangen eine Datumsangabe ohne Uhrzeit, Nachkommastellen werden also abgeschnitten. Ebenso wird aus *Basis* durch Abschneiden der Nachkommastellen eine ganzen Zahl.
- Sind *Abrechnung*, *Fälligkeit* oder *Emission* kein zulässiges Datum, gibt KURSFÄLLIG() den Fehlerwert *#WERT!* zurück. Der Abrechnungstermin muss vor dem Fälligkeitstermin liegen.

3 Die besprochene Vorgehensweise funktioniert auch zu einem späteren Zeitpunkt als dem, zu welchem das Buch erstellt wurde. Die dann zu verwendende Zahl an Tagen richtet sich nach den Angaben der Bundesbank und dem konkreten Kaufdatum.

- Sind *Zins* oder *Rendite* kleiner 0, liefert KURSFÄLLIG() den Fehlerwert *#ZAHL!*
- *Basis* muss sich zu einer Zahl zwischen 0 und 4 auswerten lassen, sonst gibt KURSFÄLLIG() den Fehlerwert *#ZAHL!* zurück.

Wichtig Die Excel-Hilfe formuliert folgenden Hinweis:

»Datumsangaben sollten mit der DATUM()-Funktion oder als Ergebnisse anderer Formeln oder Funktionen eingegeben werden. Es können Probleme auftreten, wenn Datumsangaben als Text eingegeben werden.«

Hintergrund Um das finanzmathematische Äquivalenzprinzip

```
Leistung des Gläubigers = Leistung des Schuldners
```

bezogen auf den »Startpunkt« des Geschäfts umzusetzen, ist der Kurs eines festverzinslichen Wertpapiers plus eventuell zu zahlende Stückzinsen gleich dem Barwert der zukünftigen in diesem Wertpapier verbrieften Leistungen des Emittenten (Schuldners). Der Kurs wird als Prozentfuß bezogen auf den Nennwert des Wertpapiers angegeben, also so, als ob der Nennwert 100 Geldeinheiten beträgt. Im vorliegenden Fall besteht die zukünftige Leistung in der Rückzahlung plus Nominalzinsen. Zinseszinseffekte treten nicht auf, da nur Bewertungen im unterjährlichen Bereich vorgenommen werden. Beim Abzinsen wird nicht mit gebrochener Laufzeit im Exponenten (ISMA-Methode), sondern mit einem gebrochenen, der Laufzeit entsprechenden Zinssatz gerechnet.

Praxiseinsatz Eine gesamtfällige Schuld über 1.000,00 € wurde am 1.6.2010 mit einem Nominalzinssatz von 4 % p. a. und Rückzahlung zum 1.12.2010 vereinbart. Am 9.8.2010 erfolgt ein Gläubigerwechsel. Zu diesem Termin sind Realzinsen von 2,5 % p. a. für die ausstehende Zeit bis zur Rückzahlung üblich. Welchen Preis zahlt der Übernehmende?

Den Kurs von 100,46, der wegen des Nennwerts von 1.000,00 € mit 10 zu multiplizieren ist, erhalten Sie über

```
=KURSFÄLLIG(C3;C4;C2;4%;4,5%;4)
```

wenn *C3* das Kaufdatum, *C4* das Fälligkeitsdatum und *C2* den Emissionstag bereit halten.

Hinzukommen Stückzinsen in Höhe von 7,56 €, die Sie mithilfe von AUFGELZINS() oder »per Hand« berechnen können. Weitere Erläuterungen finden Sie im Beispiel zur Funktion AUFGELZINS().

Siehe auch AUFGELZINS(), RENDITEFÄLL(), ZINSTERMTAG()

CD-ROM Dieses Beispiel finden Sie auf der CD-ROM zum Buch im Ordner *\Buch\Kap14* in der Arbeitsmappe *Einfache Zinsrechnung.xlsx* (Excel 2007/2010) bzw. *Einfache Zinsrechnung.xls* (Excel 97-2003) auf dem Arbeitsblatt *AUFGELZINS*.

LIA() SLN()

Syntax LIA(***Ansch_Wert;Restwert;Nutzungsdauer***)

Definition Die Funktion berechnet die Abschreibungsbeträge von Wirtschaftsgütern nach der Methode der linearen Abschreibung.

Argumente

Ansch_Wert (erforderlich) verlangt die Anschaffungskosten (Nettokaufpreis plus Anschaffungsnebenkostenkosten minus Anschaffungskostenminderungen) eines Wirtschaftsguts. Verwenden Sie keine Zahl, erscheint der Fehlerwert *#WERT!*, ist die eingegebene Zahl negativ, lassen sich die berechneten Werte nicht interpretieren.

Restwert (erforderlich) entspricht dem Wert des Wirtschaftsguts am Ende der Abschreibungsdauer. Verwenden Sie keine Zahl, erscheint der Fehlerwert *#WERT!*. Ist die eingegebene Zahl negativ, erfolgt die Fehlermeldung *#ZAHL!*.

Nutzungsdauer (erforderlich) verlangt die Anzahl der Perioden, in denen das Wirtschaftsgut abgeschrieben wird. Sie sollten für dieses Argument eine ganze Zahl größer 0 (Null) verwenden.

Hintergrund

Abschreibung hat den Sinn, den Werteverlust eines Wirtschaftsguts zu ermitteln und sichtbar zu machen. Davon zu unterscheiden ist der Begriff der Absetzung für Abnutzung, der die Kosten für den Erwerb eines Wirtschaftsguts als Betriebsausgaben steuerlich erfasst.

Der Abschreibungsbetrag, der in jeder Periode konstant ist, bestimmt sich aus der Differenz zwischen Anschaffungskosten und Restwert, aufgeteilt auf die Anzahl der Perioden. Dieser Betrag mindert den Buchwert in jeder Periode.

Die lineare Abschreibungsmethode ist im deutschen Steuerrecht zulässig. Da aber ein gebrochener Jahresanteil der ersten Periode gesondert zu berücksichtigen ist, ist die Funktion LIA() im Allgemeinen nicht einsetzbar. Sie müssen den Betrag der ersten Abschreibungsperiode »per Hand« anpassen und schreiben den Rest mithilfe von LIA() auf.

Praxiseinsatz

Ein Wirtschaftsgut mit Anschaffungskosten von 1.000,00 € soll in 5 Jahren linear auf einen Restwert von 100,00 € abgeschrieben werden. Sie können hierzu in jeder Periode den Abschreibungsbetrag mittels LIA() berechnen und vom Buchwert der Vorperiode abziehen.

Alternativ können Sie aber auch einen Abschreibungsplan erstellen, der die oben genannten Formeln zur Berechnung des ersten Abschreibungsbetrags sowie die Vorgehensweise zur Berechnung der anderen Beträge umsetzt. Die Erstellung eines Abschreibungsplans nach eigenem Muster ist vor allem dann notwendig, wenn wegen der Zwölftel-Regelung seit 2004 der unmittelbare Einsatz der integrierten Funktionen versagt.

Einzelheiten zu diesem Beispiel entnehmen Sie bitte der zugehörigen Arbeitsmappe.

Siehe auch

DIA(), GDA(), GDA2() VDB(), AMORLINEARK()

CD-ROM

Dieses Beispiel finden Sie auf der CD-ROM zum Buch im Ordner *\Buch\Kap14* in der Arbeitsmappe *Abschreibungsrechnung.xlsx* (Excel 2007/2010) bzw. *Abschreibungsrechnung.xls* (Excel 97-2003) auf dem Arbeitsblatt *LIA*.

MDURATION() MDURATION()

2003: Add-In!

Syntax

MDURATION(***Abrechnung***;***Fälligkeit***;***Nominalzins***;***Rendite***;***Häufigkeit***;*Basis*)

Definition

Diese Funktion berechnet die als »modified duration« bekannte Kennzahl für festverzinsliche Wertpapiere.

Argumente

Abrechnung (erforderlich) ist das Datum, an dem das Wertpapier den Besitzer wechselt.

Fälligkeit (erforderlich) ist das Datum, an dem die Rückzahlung des durch das Wertpapier verbrieften Darlehens erfolgt.

Nominalzins (erforderlich) informiert über den vereinbarten Jahreszinssatz als Preis für das geliehene Geld.

Rendite (erforderlich) ist der am Abrechnungstag geltende Marktzinssatz, zu dem bei der Berechnung der Duration alle zukünftigen Zahlungen abgezinst werden.

Da es durchaus üblich ist, festverzinsliche Wertpapiere mit mehreren Zinsterminen im Jahr auszustatten, informiert das erforderliche Argument ***Häufigkeit*** über deren Anzahl. Zulässige Werte sind: *1* = jährlich; *2* = halbjährlich; *4* = vierteljährlich.

Basis (optional) entscheidet über die Methode zur Ermittlung von Tagen im Jahr nach Tabelle 14.7. Wird es weggelassen, rechnet Excel mit *Basis = 0*.

Alle Argumente der Funktion, die ein Datum betreffen, verwenden eine Datumsangabe ohne Uhrzeit, gebrochene Zahlen werden also abgerundet. Die Argumente *Häufigkeit* und *Basis* verlangen ebenfalls eine ganze Zahl und schneiden Nachkommastellen ab.

Werden ungültige Datumseinträge verwendet bzw. keine Zahlen dort angegeben, wo sie erforderlich sind, liefert die Funktion den Fehlerwert *#WERT!*. Im Falle ungültiger Zahlen für die Nicht-Datums-Argumente lautet die Fehlermeldung *#ZAHL!*.

Hintergrund

Volatilität, das heißt Veränderungen von Kursen in Reaktion auf veränderte Marktzinsen, ist eine wichtige Kennzahl zum Risikomanagement von Portfolios. Im Gegensatz zu Aktien und Optionen verringert sich die »Schwankungsbreite« von festverzinslichen Wertpapieren gegen Ende deren Laufzeit, da der Auszahlungsbetrag für den Fälligkeitstermin feststeht.

Mithilfe der mathematischen Differentialrechnung kann festgestellt werden, dass für festverzinsliche Wertpapiere gilt:

$$\textit{relative Kursänderung} = -\frac{\textit{Duration}}{(1+\textit{Marktzins})} \cdot \textit{Marktzinsänderung}$$

wobei Duration die Macauley-Duration des Wertpapiers ist (siehe Funktion DURATION())

MDURATION() liefert nun gerade den Faktor, mit dem die Marktzinsänderung zu multiplizieren ist (ohne Vorzeichen), um die relative Kursänderung zu ermitteln.

Erfolgen mehrere Zinszahlungen im Jahr, wird der in der Regel als Jahreszinssatz bekannte Marktzins gleichmäßig auf die Zinsperioden aufgeteilt.

Praxiseinsatz

Die 4,500 %-Bundesanleihe von 03 rentierte am 31.8.2010 mit 0,61 %. Ihre Fälligkeit ist am 4.1.2013. Ihr Kurs betrug an diesem Tag 109,027 (Beispiel *Jahreskupon* zur Funktion KURS()).

Führen Sie die Kursberechnungen aus dem genannten Beispiel noch einmal durch, aber nun mit einer um 0,5 Prozentpunkte auf 1,11 % nach oben korrigierten Rendite (das ist die von Ihnen erwartete Marktzinsänderung für die nahe Zukunft), ändert sich der Kurs auf 107,800. Dies entspricht einem Kursverlust von 1,13 %.

Eine Näherung dieses Ergebnisses erhalten Sie, wenn Sie die modifizierte Duration über MDURATION() ausrechnen. Diese beträgt mit den Daten der Anleihe 2,208. Multiplizieren Sie dies mit den 0,5 Prozentpunkten der Marktzinsänderung, erhalten Sie eine relative Kursänderung von 1,1 %. Wegen des Vorzeichens führt das zu einem Kursverlust von 1,204, was einem (genäherten) Kurs der Zukunft von 107,824 entspricht.

Die Kennzahl »modified duration« kann also begleitend zum Kurs einer Anleihe geliefert werden, damit ein Anleger in der Lage ist, ohne ausführliche Um- und Neuberechnungen die Struktur eines Depots unter Risikogesichtspunkten zu bewerten.

Siehe auch DURATION(), KURS(), BW()

CD-ROM Dieses Beispiel finden Sie auf der CD-ROM zum Buch im Ordner *\Buch\Kap14* in der Arbeitsmappe *Kursrechnung.xlsx* (Excel 2007/2010) bzw. *Kursrechnung.xls* (Excel 97-2003) auf dem Arbeitsblatt *MDURATION*.

NBW() NPV()

Syntax NBW(*Zins*;*Wert1*;*Wert2*; ...)

Definition Diese Funktion berechnet den Nettobarwert der mit einer Investition verbundenen zukünftigen Periodenüberschüsse (cash flow) auf Basis eines vorgegebenen Kalkulationszinssatzes.

Argumente ***Zins*** (erforderlich) ist der vom Investierenden vorgegebene Kalkulationszinssatz.

Wert1;Wert2;... (erforderlich) sind die lückenlos in einer Spalte angeordneten (tatsächlichen und erwarteten) Überschüsse aus Aus- und Einzahlungen. Jeder Wert vertritt das Ende einer Periode (in der Regel ein Jahr) in aufsteigender Ordnung und ohne Lücken. Negative Überschüsse werden mit einem Minuszeichen versehen.

Enthalten Zellen des Arguments *WertX* keine Zahlen oder sind leer, rechnet Excel so, als ob diese Zellen nicht vorhanden sind. Dies ist auch so, wenn eventuelle Zellbezüge im Argument auf solche Zellen verweisen.

Hintergrund Dynamische Methoden der Investitionsrechnung gehen im Unterschied zu statischen Methoden, die Kosten und Erlöse einer Investition berücksichtigen, von (geschätzten und prognostizierten) Ein- und Auszahlungen und deren Verzinsung aus. Beide Zahlungsrichtungen werden dabei mit einem einheitlichen Kalkulationszinssatz bewertet, der aus den Erfahrungen des Investierenden resultiert. Als Kapitalwert wird die Summe aller abgezinsten Periodenüberschüsse bezeichnet.

$$Kapitalwert = \sum_{n=0}^{Dauer} \frac{Ein - minus\ Auszahlungen\ im\ Jahre\ n}{(1+Zins)^n}$$

Eine Investition gilt als wirtschaftlich sinnvoll, wenn der Kapitalwert nicht negativ ist, da dann wenigstens das eingesetzte Kapital plus dessen Verzinsung zurückkommt.

Der erste Wert der *Werte*-Argumente von NBW() vertritt das Ende der ersten Periode. Der Kapitalwert der Investition ermittelt sich deswegen aus NBW() abzüglich der am Anfang der ersten Periode entstehenden Auszahlungen.

Hinweis Sind die Periodenüberschüsse konstant, kann als Alternative zu NBW() die Funktion BW() zur Berechnung des Nettobarwerts herangezogen werden. Da BW() auch einen Zukunftswert als Argument erlaubt, lässt sich ein auf einem Restwert der Investition beruhender und von den konstanten Überschüssen abweichender Überschuss am Ende der Investitionsdauer ebenfalls berücksichtigen.

Praxiseinsatz Vergleichen Sie zu den folgenden Beispielen auch die Erläuterungen zu IKV() und die dortigen Beispiele.

Sachinvestition

Die Anschaffungskosten für eine Maschine belaufen sich auf 80.000,00 €. Die erwarteten jährlichen Überschüsse (Einzahlungen minus Auszahlungen) werden wie in Tabelle 14.8 geschätzt.

Tabelle 14.8 Geschätzte jährliche Überschüsse beim Einsatz einer Maschine

Jahr	Überschuss (in €)
1	15.000
2	19.000
3	25.000
4	27.000
5	17.000
6	7.000

Ist diese Investition wirtschaftlich sinnvoll, wenn (aus Erfahrung) ein Kalkulationszinssatz von 10 % (im Jahr) angesetzt wird.

Zur Lösung notieren Sie in einer Zelle die Anschaffungskosten und an anderer Stelle lückenlos in einer Spalte die Werte aus Tabelle 14.8. Die Anwendung von NBW() führt zu einem Betrag von rund 81.070 €, der die Anschaffungskosten leicht übersteigt. Die Verzinsung erfolgt also voraussichtlich zu einem etwas besseren Zinssatz als erwartetet.

Beachten Sie, dass es bei Sachinvestitionen, deren zukünftige Überschüsse nur geschätzt sind, nicht unbedingt auf Stellen nach dem Komma ankommt.

Finanzinvestition

Bundesschatzbriefe vom Typ A mit den Konditionen vom 30.8.2010 aus Tabelle 14.9 erwecken bei einem Anleger nach kurzem Blick den Eindruck einer Gesamtverzinsung von etwa 1,5 % p. a.

Tabelle 14.9 Konditionen für Bundesschatzbriefe

Laufzeitjahr	Nominalzins
2010/2011	0,25 %
2011/2012	0,50 %
2012/2013	1,00 %
2013/2014	1,75 %
2014/2015	2,50 %
2015/2016	2,75 %

Auf der CD-ROM zum Buch finden Sie Berechnungen, die zeigen, dass der Nettobarwert für einen Anlagebetrag von 100,00 € dann nur bei 99,63 € liegt und damit die Investition bei dieser zu erwartenden Verzinsung nicht sinnvoll ist.

Siehe auch

BW(), IKV(), QIKV(), XINTZINSFUSS(), XKAPITALWERT()

CD-ROM

Die beiden Beispiele finden Sie auf der CD-ROM zum Buch im Ordner *\Buch\Kap14* in der Arbeitsmappe *Investitionsrechnung.xlsx* (Excel 2007/2010) bzw. *Investitionsrechnung.xls* (Excel 97-2003) auf dem Arbeitsblatt *NBW*.

NOMINAL() · NOMINAL()

2003: Add-In!

Syntax

NOMINAL(*Effektiver_Zins*;*Perioden*)

Definition

Diese Funktion errechnet aus einem gegebenen Effektivzinssatz den Nominalzinssatz, der finanzmathematisch zur Äquivalenz führt.

Argumente

Effektiver_Zins (erforderlich) beschreibt den vorgegebenen effektiven Jahreszinssatz, der sich durch Zinseszinseffekte bei unterjährlicher Verzinsung ergibt.

Perioden (erforderlich) liefert die Anzahl der Zinsperioden im Jahr.

Das Argument *Perioden* wird im Falle einer gebrochenen Zahl durch Abschneiden der Stellen eingekürzt. Das Ergebnis muss größer als 0 (Null) sein, sonst gibt NOMINAL() den Fehlerwert *#ZAHL!* zurück. Ist eines der Argumente kein numerischer Ausdruck oder *Effektiver_Zins* nicht positiv, liefert NOMINAL() ebenfalls den Fehlerwert *#ZAHL!*

Hintergrund

Bei verschiedenen Finanzgeschäften (Hypothekendarlehen, Bausparen, Guthabenverzinsung bei bestimmten Girokonten, Kontokorrentkonten, Dispo-Kredite u. a. m.) wird zwar ein Jahreszinssatz angegeben, dieser dient aber nur zur Vorbereitung weiterer Modalitäten. Diese bestehen darin, dass nicht jährlich verzinst wird, sondern in unterjährlichen Perioden. Der dann angewendete Zinssatz entsteht durch Teilung des Nominalzinssatzes durch die Periodenzahl.

Um Vergleichbarkeit verschiedener Konditionen zu haben, wird der Zinssatz, der bei einmaliger Verzinsung das gleiche Ergebnis wie die unterjährliche Verzinsung liefert, als effektiver Jahreszinssatz bezeichnet. Zwischen beiden Zinssätzen besteht die Beziehung

$$1 + Effektivzinssatz = \left(1 + \frac{Nominalzinssatz}{Periodenzahl)}\right)^{Periodenzahl}$$

Die Funktion NOMINAL() löst die obige Gleichung nach dem Nominalzinssatz auf.

Praxiseinsatz Zusammenhänge

Die Zusammenhänge zwischen Nominal- und Effektivzinssatz werden in den Beispielen zur Funktion EFFEKTIV() deutlich. Dort wird auch auf die Problematik der Preisangabenverordnung in Deutschland eingegangen.

ISMA-Kurs und ISMA-Rendite

Im Beispiel zum Halbjahreskupon zur Anwendung der Funktion KURS() finden Sie die Nachbildung des ISMA-Kurses durch die integrierte Excel-Funktion. Hierzu ist es notwendig, die zu verwendende Rendite vor Anwendung der Funktion mittels NOMINAL() umzurechnen.

Siehe auch

EFFEKTIV()

NOTIERUNGBRU() DOLLARFR()

2003: Add-In!

Syntax

NOTIERUNGBRU(*Zahl*;*Teiler*)

Definition

Diese Funktion wandelt die Dezimalstellen einer Dezimalzahl in den Zähler eines Bruchs mit vorgegebenem Nenner um und stellt diese in den Nachkommastellen dar.

Argumente

Zahl (erforderlich) ist die Dezimalzahl, deren Dezimalstellen umgewandelt werden sollen.

Teiler (erforderlich) definiert den Nenner, für den der Zähler ermittelt wird.

Ist *Teiler* keine ganze Zahl, werden die Nachkommastellen abgeschnitten. Außerdem wird ein positiver Teiler erwartet. Ist er gleich 0 (Null), gibt NOTIERUNGBRU() den Fehlerwert *#DIV/0!* zurück. Im Falle negativer Zahlen lautet die Fehlermeldung *#ZAHL!*.

Hintergrund Zwei Beispiele: Die Aktiennotierungen an den großen Börsen in den USA wurden bis 2001[4] aus traditionellen Gründen mithilfe natürlicher Brüche vorgenommen. Zinsfestlegungen in Deutschland geschehen in der Regel in Achtel-Schritten.

Die Funktion hilft bei der Umwandlung in die genannte Darstellung und erleichtert damit einen Vergleich der Notierungen.

Praxiseinsatz Die Abbildung 14.4 zeigt die Wirkungen der Funktion.

	A	B	C	D	E
2					
3		Nenner	8	4	2
4		8,250	8,2	8,1	8,05
5		1,125	1,1	1,05	1,025

Abbildung 14.4: Umrechnung in Achtel, Viertel und Halbe

Die Ergebnisse sind zu lesen als: 8,25 ist gleich $8^1/_4$ und 1,125 ist gleich $1^1/_8$.

Achtung Die Ergebnisse der Umwandlung sind nur zum Lesen da, nicht zum Weiterrechnen. Multiplizieren Sie das Ergebnis in der Spalte *D* etwa mit 10, entsteht im ersten Fall 81 und nicht etwa 82,5.

Siehe auch NOTIERUNGDEZ()

CD-ROM Dieses Beispiel finden Sie auf der CD-ROM zum Buch im Ordner *\Buch\Kap14* in der Arbeitsmappe *Sonstiges.xlsx* (Excel 2007/2010) bzw. *Sonstiges.xls* (Excel 97-2003) auf dem Arbeitsblatt *NOTIERUNGBRU*.

2003: Add-In!

NOTIERUNGDEZ() DOLLARDE()

Syntax NOTIERUNGDEZ(*Zahl*;*Teiler*)

Definition Diese Funktion wandelt einen als Zähler eines Bruchs zu interpretierenden Nachkommaanteil einer Zahl bei gegebenem Nenner in eine Dezimalzahl um.

Argumente ***Zahl*** (erforderlich) ist die Zahl, deren Dezimalstellen als Zähler eines Bruchs interpretiert werden.

Teiler (erforderlich) ist der Nenner des Bruchs, für den der Dezimalanteil von Zahl als Zähler interpretiert wird.

Für *Teiler* wird eine ganze Zahl erwartet, Nachkommastellen werden abgeschnitten. Ist *Teiler* kleiner 0 (Null), gibt NOTIERUNGDEZ() den Fehlerwert *#ZAHL!* zurück. Im Falle von gleich 0 lautet der Fehlerwert *#DIV/0!*.

Hintergrund Zwei Beispiele: Die Aktiennotierungen an den großen Börsen in den USA wurden bis 2001 aus traditionellen Gründen mithilfe natürlicher Brüche vorgenommen. Zinsfestlegungen in Deutschland geschehen in der Regel in Achtel-Schritten.

Die Funktion hilft bei der Umwandlung aus der genannten Darstellung und erleichtert damit einen Vergleich der Notierungen.

Praxiseinsatz Die Abbildung 14.5 zeigt die Wirkungen der Funktion.

---

4 Quelle: http://www.infoplease.com/spot/stockdecimal1.html

	A	B	C	D	E	F
1						
2		**Nenner**	**1,1**	**2,2**	**1,01**	**2,02**
3		**2**	1,5	3	1,05	2,1
4		**4**	1,25	2,5	1,025	2,05
5		**8**	1,125	2,25	1,0125	2,025
6		**16**	1,625	3,25	1,0625	2,125

Abbildung 14.5: Umrechnung aus Halben, Vierteln, Achteln, Sechzehnteln

Die Ergebnisse der Spalte C interpretieren die erste Zahl 1,1 der Reihe nach als $1^1/_2$, $1^1/_4$ und $1^1/_8$. Problematisch ist die Interpretation als $1^1/_{16}$, da hier die Zahl der Dezimalstellen (es ist eine einzige) nur die Interpretation bis zu Zehnteln erlaubt. Sie sehen die Lösung in der Spalte *E*. In Spalte D wird die Zahl 2,2 interpretiert – die Zahl vor dem Komma sind die Ganzen, die nach dem Komma geben die Zahl der Viertel, Achtel usw. an. Auch hier können die Sechzehntel nicht korrekt interpretiert werden.

Achtung

Die Zahlen, die umgewandelt werden sollen, können in der Regel nur per Hand eingegeben werden und nicht als Ergebnisse von Rechnungen – außer durch NOTIERUNGBRU() – entstanden sein. Mit den Umwandlungsergebnissen kann aber – im Gegensatz zu NOTIERUNGBRU() – »normal« weitergerechnet werden.

Siehe auch

NOTIERUNGBRU()

CD-ROM

Dieses Beispiel finden Sie auf der CD-ROM zum Buch im Ordner *\Buch\Kap14* in der Arbeitsmappe *Sonstiges.xlsx* (Excel 2007/2010) bzw. *Sonstiges.xls* (Excel 97-2003) auf dem Arbeitsblatt *NOTIERUNGDEZ*.

QIKV() MIRR()

Syntax

QIKV(*Werte*;*Investition*;*Reinvestition*)

Definition

Diese Funktion berechnet die interne Verzinsung einer Investition, wobei negative Periodenüberschüsse mit einem anderen Zinssatz als positiv bewertet werden (»qualifizierte interne Kapitalverzinsung«).

Argumente

Werte (erforderlich) verlangt die lückenlos in einer Spalte angeordneten (tatsächlichen oder erwarteten) Überschüsse aus Aus- und Einzahlungen. Jeder Wert vertritt das Ende einer Periode (in der Regel ein Jahr) in aufsteigender Ordnung und ohne Lücken. Negative Überschüsse sollen mit einem Minuszeichen versehen sein. Es werden wenigstens zwei Werte erwartet, davon mindestens einer positiv und einer negativ.

Investition (erforderlich) ist der Zinssatz, mit dem die negativen Beträge (Auszahlungen) auf ihren Barwert reduziert (abgezinst) werden.

Reinvestition (erforderlich) ist der Zinssatz, mit dem die positiven Beträge (Einzahlungen) auf ihren Endwert aufgezinst werden.

Enthalten Zellen des Arguments *Werte* keine Zahlen oder sind leer, rechnet Excel so, als ob diese Zellen nicht vorhanden sind. Das ist auch so, wenn eventuelle Zellbezüge im Argument auf solche Zellen verweisen.

Hintergrund Die Benutzung der Methode der internen Kapitalverzinsung zur Bewertung von Investitionen ist Gegenstand der dynamischen Investitionsrechnung. Wird dabei wie in den Erläuterungen zu den Funktionen IKV() und NBW() vorgegangen, gibt es Vor- und Nachteile. Ein Vorteil der Kapitalwertbildung durch Abzinsen aller zukünftigen Zahlen ist der nach oben offene Zeithorizont, der keine Überlegungen zur Wiederanlegbarkeit von Erträgnissen fordert. Ein Nachteil ist der dabei stets vorausgesetzte sich nicht ändernde Zinssatz zur Bewertung.

Die Methode des »qualifizierten internen Zinssatzes« schränkt den Zeithorizont nach oben ein, lässt aber dafür etwas Spielraum bei den Bewertungszinssätzen. Alle Auszahlungen werden zum »Fremdkapitalzinssatz« durch Abzinsen zu ihrem heutigen Wert, also dem Barwert, beurteilt. Alle Einzahlungen werden wie Anlagen behandelt, das Ergebnis ist ihr Zukunftswert (der durch Aufzinsen entsteht) zum Ende der Investition.

Der qualifizierte interne Zinssatz ist der, der durch Verzinsung des Barwerts der Auszahlungen gerade zum Zukunftswert der Einzahlungen führt – er beantwortet also die Frage, zu welchem Zinssatz ausgegebenes Geld am Ende wieder da ist.

Praxiseinsatz Jemand erwirbt eine Bundesobligation, die 5 Jahre lang jährlich 4,25 % Zinsen abwirft. Eine Wiederanlage der Zinsen ist aber aus verschiedenen Gründen nur zu 2 % möglich.

Während die interne Kapitalverzinsung (berechnet mittels IKV()) hier 4,25 % beträgt, bringt der Mischzins über QIKV() nur 4,08 % im Jahr.

	A	B	C	D	E	F	G
1							
2		Zinssatz der Obligation	(Investition)	4,25%			
3		Wiederanlagezinssatz	(Reinvestition)	2,00%			
4							
5		Anlagebetrag		100,00 €			
6							
7		Jahr	QIKV	Anlage	Wiederanlage		
8		0	- 100,00 €	- 100,00 €	- €		
9		1	4,25 €	- €	4,25 €		
10		2	4,25 €	- €	4,25 €		
11		3	4,25 €	- €	4,25 €		
12		4	4,25 €	- €	4,25 €		
13		5	104,25 €	- €	104,25 €		
14							
15		IKV	4,25%		Barwert der Anlage		- 100,00 €
16					Endwert der Wiederanlage		122,12 €
17		**QIKV**	**4,08%**				
18					**Mischzins**		**4,08%**

Abbildung 14.6: Hinter *QIKV()* verbirgt sich eine »Mischzins-Kalkulation«

Die Abbildung 14.6 zeigt die Interpretation: Einer Ausgabe von 100,00 € steht am Ende ein (durch Aufzinsung entstandenes) Ergebnis von 122,12 € gegenüber.

Siehe auch IKV(), NBW(), ZINS(), XINTZINSFUSS(), XKAPITALWERT()

CD-ROM Dieses Beispiel finden Sie auf der CD-ROM zum Buch im Ordner *\Buch\Kap14* in der Arbeitsmappe *Investitionsrechnung.xlsx* (Excel 2007/2010) bzw. *Investitionsrechnung.xls* (Excel 97-2003) auf dem Arbeitsblatt *QIKV*.

RENDITE() YIELD()

2003: Add-In!

Syntax

RENDITE(***Abrechnung***;***Fälligkeit***;***Zins***;***Kurs***;***Rückzahlung***;***Häufigkeit***;*Basis*)

Definition

Diese Funktion ermittelt die Rendite eines festverzinslichen Wertpapiers (Anleihe).

Argumente

Abrechnung (erforderlich) ist das Datum, an dem das Wertpapier den Besitzer wechselt.

Fälligkeit (erforderlich) ist das Datum, an dem die Rückzahlung des durch das Wertpapier verbrieften Darlehens erfolgt.

Zins (erforderlich) informiert über den vereinbarten Jahreszinssatz als Preis für das geliehene Geld (Kuponzinssatz).

Kurs (erforderlich) nimmt den Kurs des Wertpapiers am Abrechnungstag auf (ohne Stückzinsen).

Rückzahlung (erforderlich) ist der Prozentfuß bezogen auf den Nennwert des Wertpapiers (also so, als ob dieser 100 Geldeinheiten wäre), zu welchem am Fälligkeitstag zurückgezahlt wird.

Da es durchaus üblich ist, festverzinsliche Wertpapiere mit mehreren Zinsterminen im Jahr auszustatten, informiert das erforderliche Argument ***Häufigkeit*** über deren Anzahl. Zulässige Werte sind: *1* = jährlich; *2* = halbjährlich; *4* = vierteljährlich.

Basis (optional) entscheidet über die Methode zur Ermittlung von Tagen im Jahr nach Tabelle 14.10. Wird dieses Argument weggelassen, rechnet Excel mit *Basis = 0*.

Tabelle 14.10 Verschiedene Methoden zur Ermittlung der Anzahl der Tage eines Jahres

Basis	Methode	Bedeutung
0	30/360 (NASD-Methode)	Jeder Monat hat 30 Tage, ein Jahr 12 Monate. Ist das Ausgangsdatum der 31. eines Monats, wird dieses Datum zum 30. desselben Monats. Ist das Enddatum der 31. eines Monats und das Ausgangsdatum ein Datum vor dem 30. eines Monats, wird das Enddatum zum 1. des darauf folgenden Monats. In allen anderen Fällen wird das Enddatum zum 30. desselben Monats.
1	Genau/Genau	Jeder Monat hat so viele Tage wie im Kalender stehen, die Summe über alle Monate ergibt die Anzahl der Tage im Jahr
2	Genau/360 Tage	Jeder Monat hat so viele Tage wie im Kalender stehen. Ein Jahr hat immer 360 Tage.
3	Genau/365 Tage	Jeder Monat hat so viele Tage wie im Kalender stehen. Ein Jahr hat immer 365 Tage.
4	30/360 (Europäische Methode)	Jeder Monat hat 30 Tage, ein Jahr 12 Monate. Jedes Ausgangs- und Enddatum, das auf den 31. eines Monats fällt, wird zum 30. desselben Monats.

An die Argumente von RENDITE() werden folgende Anforderungen gestellt:

- Datumsangaben verlangen diese ohne Uhrzeit, Nachkommastellen werden also abgeschnitten. Auch die Argumente *Häufigkeit* und *Basis* werden zu ganzen Zahlen eingekürzt.
- Lassen sich Datumsargumente nicht zu einem zulässigen Datum auswerten, gibt RENDITE() den Fehlerwert *#WERT!* zurück

- Für *Zins* werden nicht negative Zahlen, für *Rückzahlung* sogar positive Zahlen verlangt. Andernfalls gibt RENDITE() den Fehlerwert *#ZAHL!* zurück.
- Lässt sich *Häufigkeit* nicht zu 1, 2 oder 4 sowie *Basis* nicht zu einer Zahl zwischen 0 und 4 auswerten, gibt RENDITE() den Fehlerwert *#ZAHL!* zurück. Das Gleiche geschieht, wenn der Abrechnungstermin nach der Fälligkeit liegt.

Wichtig Die Excel-Hilfe formuliert folgenden Hinweis:

»Datumsangaben sollten mit der DATUM()-Funktion oder als Ergebnisse anderer Formeln oder Funktionen eingegeben werden. Es können Probleme auftreten, wenn Datumsangaben als Text eingegeben werden.«

Hintergrund Um das finanzmathematische Äquivalenzprinzip

```
Leistung des Gläubigers = Leistung des Schuldners
```

bezogen auf den »Startpunkt« des Geschäfts umzusetzen, ist der Kurs eines festverzinslichen Wertpapiers (Anleihe) plus eventuell zu zahlende Stückzinsen gleich dem Barwert der zukünftigen in diesem Wertpapier verbrieften Leistungen des Emittenten (Schuldners). Der Kurs wird als Prozentfuß bezogen auf den Nennwert des Wertpapiers angegeben, also so, als ob der Nennwert 100 Geldeinheiten beträgt.

Da der Kurs in der Regel durch Angebot und Nachfrage am Markt entsteht, dient das Äquivalenzprinzip dazu, diejenige Verzinsung zu errechnen, mit der ein Kurs durch Barwertberechnung zu bilden wäre, der dem am Markt entspricht. Diese innere Verzinsung heißt Rendite. Eine Auflösungsformel hierzu gibt es im Allgemeinen nicht. Es muss ein mathematisches Näherungsverfahren verwendet werden. Mit einem ausführlichen Rechenschema wie in den unten aufgeführten Beispielen hält Excel die Zielwertsuche zur Auflösung der Gleichung bereit.

Die Barwertberechnung ist dann ohne Probleme, wenn das Kaufdatum (Besitzwechsel) eines mit Jahreskupon versehenen Wertpapiers mit dem Tag der Zinszahlung einhergeht. In diesem Fall gibt es nur ganze Jahre zu berücksichtigen. Nicht so einfach ist die Situation, wenn der Besitzwechsel zwischen Zinsterminen erfolgt bzw. Zinszahlungen mehrfach im Jahr vereinbart sind. Die Finanzmathematik kennt verschiedene Arten des Umgangs mit gebrochenen Jahresanteilen. Die bekanntesten sind die Methoden Moosmüller und Braess/Fangmeyer sowie die ISMA-Methode. ISMA steht für International Securities Market Association, eine Organisation, die aus der Association of International Bond Dealers (AIBD) hervorgegangen ist.

Die ISMA-Methode liefert für eine einmalige Zinszahlung im Jahr das gleiche wie RENDITE() und lässt sich für Halb- und Vierteljahreskupons mit RENDITE() nachbilden.

Das genannte Äquivalenzprinzip durch Barwertbildung (Abzinsen zukünftiger Leistungen) lautet bei der Kursberechnung durch Excel in der von Excel und seinen Funktionen entlehnten Terminologie

$$KURS = \frac{Rückzahlung}{\left(1+\frac{Rendite}{Häufigkeit}\right)^{ZINSTERMZAHL-1+\frac{ZINSTERMTAGNZ}{Tage\ der\ Zinsperiode}}} + \sum_{K=1}^{ZINSTERMZAHL} \frac{\frac{ZINS}{Häufigkeit}\cdot 100}{\left(1+\frac{Rendite}{Häufigkeit}\right)^{K-1+\frac{ZINSTERMTAGNZ}{Tage\ der\ Zinsperiode}}} - \frac{ZINS}{Häufigkeit}\cdot 100 \cdot \frac{ZINSTERMTAGVA}{Tage\ der\ Zinsperiode}$$

wobei mit *ZINSTERMZAHL* die Anzahl der Zinszahlungen nach dem Kauf, mit *ZINSTERMTAGNZ* die Anzahl der Tage bis zum nächsten Zinstermin und mit *ZINSTERMTAGVA* die Anzahl der Tage seit dem letzten Zinstermin bezeichnet wurden.

Ist *Häufigkeit = 1*, stellt diese Formel gerade auch die ISMA-Methode dar. Ist die *Häufigkeit* gleich 2 oder 4, rechnet Excel mit einer gleichmäßigen Verteilung der *Rendite* auf die Perioden innerhalb des Jahres. Die ISMA-Methode dagegen verwendet eine periodengerechte Umlegung nach dem Zusammenhang zwischen Nominal- und Effektivzins, den Sie in den Erläuterungen zur Funktion EFFEKTIV() bzw. NOMINAL() finden:

$$Rendite\ der\ Periode = \frac{NOMINAL(Rendite\ im\ Jahr; Häufigkeit)}{Häufigkeit}$$

Deshalb können Sie im Falle von mehreren Zinszahlungen pro Jahr die Rendite nach der ISMA-Methode mithilfe von RENDITE() berechnen, indem Sie im Nachhinein eine Umrechnung der Excel-Rendite in eine »effektive« vornehmen (durch Anwenden der Funktion EFFEKTIV()).

Achtung

Die oben gegebenen Erläuterungen gelten nur, wenn mehr als eine einzige Zinsperiode bis zur Fälligkeit verbleibt. Anderenfalls rechnet Excel nicht nach der obigen Formel für den Kurs, sondern benutzt statt der gebrochenen Laufzeit eine gebrochene Rendite (einfache Verzinsung). RENDITE() liefert dann das gleiche Ergebnis wie RENIDTEFÄLL().

Praxiseinsatz Jahreskupon

Die 4,500 %-Bundesanleihe von 03 wurde am 31.8.2010 zu einem Kurs von 109,010 gehandelt. Ihre Fälligkeit ist am 4.1.2013. Welche Rendite konnten Sie in den entsprechenden Mitteilungen oder auch Tageszeitungen finden?

Wollen Sie die ISMA-Rendite nach der Tagezähl-Methode taggenau/taggenau bestimmen, ohne die Funktion RENDITE() zu verwenden (Sie wollen verstehen, was RENDITE() genau umsetzt), können Sie ein Arbeitsblatt wie in Abbildung 14.7 vorbereiten.

	A	B	C
1			
2		**Jahreskupon**	
3			
4		**ISMA=Excel**	
5			
6		Kaufdatum	31.08.2010
7		Kaufkurs	109,01
8		Rückzahlung	100,00
9		Fälligkeit	04.01.2013
10		Nominalzins	4,500%
11		Tagezählweise	1
12		Häufigkeit	1
13			
14		Nächster Zinszahlungstermin	04.01.2011
15		Jahresrest in Tagen	126
16		Tage für Stückzinsen	239
17		Tage im Jahr	365
18		Stückzinsen	2,95
19		Anzahl der Zinstermine	3
20		BW der Zinsen am nächsten Zinstermin	13,42
21		BW der Rückzahlung am nächsten Zinstermin	98,78
22			
23		Kaufpreis	111,96
24		Barwert der zukünftigen Zahlungen	111,96
25		Differenz	0,0000
26			
27		**Rendite p.a.**	**0,6171%**

Abbildung 14.7: Vorbereitung von Kurs- und Renditeberechnungen

In die ersten sieben Zellen von *C6* bis *C10* geben Sie die bekannten Daten ein. Vorbereitend notieren Sie die Tagezählweise mit 1 (das entspricht Basis = 1 in allen verwendeten integrierten Funktionen) sowie die Häufigkeit der Kuponzahlungen.

Als Nächstes ermitteln Sie mit `=ZINSTERMNZ(C6;C9;C12;C11)` den nächsten Zinstermin: 4.1.2011. Die Formel `=ZINSTERMTAGNZ(C6;C9;C12;C11)` hilft Ihnen beim Zählen der Tage bis zu diesem Zinstermin: 126. Zur Berechnung der Stückzinsen brauchen Sie die Tage seit dem letzten Zinstermin (`=ZINSTERMTAGVA(C6;C9;C12;C11)` zählt hier 239), sodass Sie über C10*C16/C17*C8 einen Betrag von 2,95 fast im Kopf bestimmen können. Die Zahl der verbleibenden Zinstermine, die Sie zum Abzinsen der zukünftigen Leistungen brauchen, wird durch `=ZINSTERMZAHL(C6;C9;C12;C11)` zu 3 ermittelt.

Nun geht es ans Abzinsen. Hier hilft Ihnen die Funktion BW(), und zwar mit `=BW(C27;C19-1;-C10*C8;-C10*C8;1)` als Aufgabe der Rentenrechnung zur Berechnung des Barwerts zukünftiger Zinszahlungen (Ergebnis 13,42) sowie als Aufgabe der Zinseszinsrechnung zum Abzinsen des Rückzahlbetrags über `=BW(C27;C19-1;0;-C8)` zu 98,78. Bei diesem Abzinsen verwenden Sie eine zunächst gedachte Rendite (4,5 %) in *C27*, was andere Ziffernfolgen in den beiden Barwerten bewirken kann.

Die Summe der beiden Barwerte ist nun, entsprechend der Vorgabe von ISMA, über die gebrochene Laufzeit von 126 aus 365 Tagen mit einem gebrochenen Exponenten in der Zinsformel zu ermitteln: `=BW(C27;C15/C17;0;-C21-C20)` liefert 102,92.

Sie vergleichen nun die Summe aus Kurs und zu zahlenden Stückzinsen (*C23*) mit der Summe der berechneten Barwerte (*C24*) durch Differenzbildung in *C25*. Auf diese Zelle lassen Sie die Zielwertsuche mit Zielwert 0 und veränderbarer Zelle *C27* (dort steht Ihre bisher angenommene Rendite) wirken.

Im Ergebnis kommt dann das heraus, was auch `=RENDITE(C6;C9;C10;C7;C8;C12;C11)` ermittelt: 0,617 %.

Halbjahreskupon

In Deutschland gibt es nur wenige Anleihen, die mehr als einen Zinstermin pro Jahr haben. Auf der CD-ROM zum Buch wurde deshalb die Anleihe des vorigen Beispiels fiktiv mit einem Halbjahreskupon ausgestattet und die Berechnungen durchgeführt. Die Excel-Kurs unterscheidet sich von der nach ISMA in Nachkommastellen. Wollen Sie die ISMA-Rendite bestimmen, ist die durch *RENDITE()* errechnete Zahl (sie ist das doppelte der korrekten ISMA-Halbjahres-Rendite) mittels *EFFEKTIV(RENDITE();Häufigkeit)* periodengerecht auszuwerten.

Siehe auch

KURS(), ZINS(), DURATION(), MDURATION()

CD-ROM

Die beiden Beispiel finden Sie auf der CD-ROM zum Buch im Ordner *\Buch\Kap14* in der Arbeitsmappe *Kursrechnung.xlsx* (Excel 2007/2010) bzw. *Kursrechnung.xls* (Excel 97-2003) auf dem Arbeitsblatt *RENDITE*.

RENDITEDIS() YIELDDISC()

2003: Add-In!

Syntax

RENDITEDIS(***Abrechnung***;***Fälligkeit***;***Kurs***;***Rückzahlung***;*Basis*)

Definition

Diese Funktion berechnet die jährliche Rendite (als nachschüssigen Zinssatz) für ein Wertpapier, welches mit einem Abschlag (Diskont, Disagio) für eine in der Regel unterjährliche Laufzeit ausgestattet wurde.

Diese Funktion unterscheidet sich von der Funktion ZINSSATZ() nur durch die Benennung der Argumente.

Argumente

Abrechnung (erforderlich) ist der Tag, an dem das Wertpapier den Besitzer wechselt.

Fälligkeit (erforderlich) erfasst den Tag, an dem die Leistungen aus dem Wertpapier erfolgen müssen.

Kurs (erforderlich) ist der Kaufpreis des Wertpapiers am Abrechnungstag.

Rückzahlung (erforderlich) beschreibt die Leistung am Fälligkeitstag.

Basis (optional) entscheidet über die Methode zur Ermittlung von Tagen im Jahr nach Tabelle 14.10. Wird es weggelassen, rechnet Excel mit *Basis = 0*.

Alle Argumente der Funktion, die ein Datum betreffen, verwenden eine Datumsangabe ohne Uhrzeit, gebrochene Zahlen werden also abgerundet. Das Argument *Basis* verlangt ebenfalls eine ganze Zahl und schneidet Nachkommastellen ab.

Folgendes ist zu beachten:

- Werden ungültige Datumseinträge verwendet bzw. keine Zahlen dort angegeben, wo sie erforderlich sind, liefert die Funktion den Fehlerwert *#WERT!*
- Für *Kurs* und *Rückzahlung* werden positive Zahlen verlangt. Andernfalls gibt RENDITEDIS() den Fehlerwert *#ZAHL!* zurück.

- Lässt sich *Häufigkeit* nicht zu 1, 2 oder 4 sowie *Basis* nicht zu einer Zahl zwischen 0 und 4 auswerten, gibt RENDITEDIS() den Fehlerwert *#ZAHL!* zurück. Das Gleiche geschieht, wenn der Abrechnungstermin nach der Fälligkeit liegt.

Wichtig Die Excel-Hilfe formuliert folgenden Hinweis:

»Datumsangaben sollten mit der DATUM()-Funktion oder als Ergebnisse anderer Formeln oder Funktionen eingegeben werden. Es können Probleme auftreten, wenn Datumsangaben als Text eingegeben werden.«

Die Hinweise auf einen Nennwert von 100 sind falsch.

Hintergrund Vom Grundsatz her gehört diese Funktion in den Umkreis der vorschüssigen Verzinsung. Das Prinzip besteht in der Annahme, dass sich ein Anfangskapital (einzuzahlender Betrag, Darlehen) aus dem Rückzahlungsbetrag minus die Zinsen auf diesen Betrag ergeben. Dieses Prinzip wird vor allem im unterjährlichen Bereich verwendet und unterscheidet sich von dem Prinzip, welches einem Sparbuch oder einem Hypothekendarlehen zugrunde liegt. Dort werden nämlich die Zinsen am Ende einer Periode auf Basis des Anfangskapitals berechnet (nachschüssige Verzinsung).

Um die Vergleichbarkeit von Wertpapieren mit nachschüssiger Verzinsung herzustellen, wird die Differenz zwischen Rückzahlung und Kurs ins Verhältnis zum Kurs gesetzt. Das Ergebnis entspricht dem relativen Zuwachs bis zur Fälligkeit, also einem nachschüssigen Zinssatz, der hier, wie oft in ähnlichen Situationen, den Namen Rendite erhält. Die Berechnung erfolgt ohne Zinseszinseffekte, der Zinssatz ist unter diesem Aspekt noch auf ein Jahr (bei entsprechender Tagezählung) hochzurechnen.

Praxiseinsatz Wechselrechnung Wechsel haben eine lange Tradition im Geldverleih, sie stellen eine Form des Lieferantenkredits dar. Es erfolgt vorschüssige Verzinsung. Will nun ein Geschäftsmann die Aufnahme eines Lieferantenkredits mittels Wechsel gegen die Effektivverzinsung seines Kontokorrent-Kredits vergleichen, muss er den vorschüssigen Zinssatz äquivalent umrechnen. Dazu kann er RENDITEDIS() (oder auch ZINSSATZ()) verwenden.

Am 10.5.2010 hat ein Geschäftsmann seiner Bank einen Wechsel in Höhe von 5.000 € mit einer (Rest-) Laufzeit von 2 Monaten vorgelegt. Diese setzt einen Diskontsatz von 5 % p. a. an und fordert keine Gebühren. Er erhält eine Gutschrift von 4.958,33 € (das ist 5.000,00 € minus 5 % davon). Wie hoch ist der Preis als nachschüssiger Zinssatz, mit dem sich die Bank die sofortige Gutschrift bezahlen lässt?

Mit

```
=RENDITEDIS("10.5.2010";"10.7.2010";4958,33;5000;4)
```

berechnen Sie 5,04 % als Jahreszinssatz.

Die konkreten Zahlen stehen natürlich in Zellen und die Formel verwendet Zellbezüge.

Bundesfinanzierungsschätze Am 30.8.2010 bietet die Bundesrepublik Deutschland Finanzierungsschätze (Wertpapier-Kennnummer 111 704) zu folgenden Bedingungen: Laufzeit 1 Jahr, Auszahlung 500 € (ergibt sich aus der Mindestkaufsumme), Fälligkeit am 22.8.2011. Es wird ein Verkaufszinssatz (das ist hier der Name für den prozentualen vorschüssigen Abschlag) von 0,46 % festgelegt. Welche Effektivverzinsung ergibt sich bei einem Kaufpreis von 497,75 €?

Zur Beantwortung müssen Sie das Verhältnis des »Gewinns« auf das eingesetzte Kapital bilden und beachten, dass die Laufzeit 360 von 360 Tagen beträgt[5]. Einfacher haben Sie es mit der Formel (statt der konkreten Zahlen verwenden Sie Bezüge auf Zellen mit diesen Zahlen)

```
=RENDITEDIS("30.8.2010";"22.8.2011";497,75;500;4)
```

welche 4,25 % liefert. Das ist auch die Zahl, die Sie bei der Deutschen Bundesbank als Rendite erfahren können.

Siehe auch

AUSZAHLUNG(), DISAGIO(), KURSDISAGIO(), ZINSSATZ()

CD-ROM

Die beiden Beispiele finden Sie auf den Arbeitsblättern *Wechselrechnung* bzw. *Bundesfinanzierungsschätze* in der Arbeitsmappe *Einfache Zinsrechnung.xlsx* (Excel 2007/2010) bzw. *Einfache Zinsrechnung.xls* (Excel 97-2003) im Ordner *\Buch\Kap14* auf der CD-ROM zum Buch.

RENDITEFÄLL() YIELDMAT()

2003: Add-In!

Syntax

RENDITEFÄLL(***Abrechnung***;***Fälligkeit***;***Emission***;***Zins***;***Kurs***;*Basis*)

Definition

Berechnet die jährliche Rendite eines festverzinslichen Wertpapiers im unterjährlichen Bereich (ohne Zinseszinseffekte).

Argumente

Abrechnung (erforderlich) ist das Datum, an dem das Wertpapier den Besitzer wechselt.

Fälligkeit (erforderlich) erwartet den Fälligkeitstermin des Wertpapiers.

Emission (erforderlich) ist das Datum der Ausgabe des Wertpapiers.

Zins (erforderlich) ist der vereinbarte Nominalzinssatz des Wertpapiers, bezogen auf ein ganzes Jahr.

Kurs (erforderlich) ist der Prozentfuß bezogen auf den Nennwert des Wertpapiers (also so, als ob dieser 100 Geldeinheiten wäre).

Basis (optional) entscheidet über die Methode zur Ermittlung von Tagen im Jahr nach Tabelle 14.10. Wird es weggelassen, rechnet Excel mit *Basis = 0.*

An die Argumente der Funktion werden folgende Forderungen gestellt:

- *Abrechnung*, *Fälligkeit* und *Emission* verlangen eine Datumsangabe ohne Uhrzeit, Nachkommastellen werden also abgeschnitten. Ebenso wird aus *Basis* durch Abschneiden der Nachkommastellen eine ganze Zahl.
- Sind *Abrechnung*, *Fälligkeit* oder *Emission* kein zulässiges Datum, gibt RENDITEFÄLL() den Fehlerwert *#WERT!* zurück. Der Abrechnungstermin muss vor dem Fälligkeitstermin liegen.
- Ist *Zins* oder *Kurs* kleiner 0, liefert RENDITEFÄLL() den Fehlerwert *#ZAHL!*
- *Basis* muss sich zu einer Zahl zwischen 0 und 4 auswerten lassen, sonst gibt RENDITEFÄLL() den Fehlerwert *#ZAHL!* zurück

Wichtig

Die Excel-Hilfe formuliert folgenden Hinweis:

»Datumsangaben sollten mit der DATUM()-Funktion oder als Ergebnisse anderer Formeln oder Funktionen eingegeben werden. Es können Probleme auftreten, wenn Datumsangaben als Text eingegeben werden.«

5 Die besprochene Vorgehensweise funktioniert auch zu einem späteren Zeitpunkt als dem, zu welchem das Buch erstellt wurde. Die dann zu verwendende Zahl an Tagen richtet sich nach den Angaben der Bundesbank und dem konkreten Kaufdatum.

Hintergrund Um das finanzmathematische Äquivalenzprinzip

```
Leistung des Gläubigers = Leistung des Schuldners
```

bezogen auf den »Startpunkt« des Geschäfts umzusetzen, ist der Kurs eines festverzinslichen Wertpapiers plus eventuell zu zahlende Stückzinsen gleich dem Barwert der zukünftigen in diesem Wertpapier verbrieften Leistungen des Emittenten (Schuldners). Der Kurs wird als Prozentfuß bezogen auf den Nennwert des Wertpapiers angegeben, also so, als ob der Nennwert 100 Geldeinheiten beträgt. Im vorliegenden Fall besteht die zukünftige Leistung in der Rückzahlung plus Nominalzinsen. Zinseszinseffekte treten nicht auf, da nur Bewertungen im unterjährlichen Bereich vorgenommen werden. Beim Abzinsen wird nicht mit gebrochener Laufzeit im Exponenten (ISMA-Methode), sondern mit einem gebrochenen, der Laufzeit entsprechenden Zinssatz gerechnet.

Um die so definierte Rendite auszurechen, wird die Differenz zwischen den zukünftigen Leistungen des Schuldners und der Gegenwartsleistung des Gläubigers (Käufers des Wertpapiers) ins Verhältnis zu dieser Gegenwartsleistung gesetzt:

$$\frac{(\mathit{Rückzahlung} + \mathit{Zinsen}) - (\mathit{Kurs} + \mathit{Stückzinsen})}{\mathit{Kurs} + \mathit{Stückzinsen}}$$

Dabei berechnen sich die Zinsen aus dem jährlichen Nominalzinssatz bezogen auf die Differenz zwischen Fälligkeits- und Emissionsdatum. Die Stückzinsen ermitteln sich genauso, nur dass hier die Zeitspanne zwischen Kaufzeitpunkt und Emissionsdatum entscheidend ist. Die so ermittelte Verhältniszahl wird durch proportionales Hochrechnen auf das Jahr zur Rendite.

Praxiseinsatz Eine Bundesanleihe von 2000 wurde mit einem Kupon von 5,250 % ausgestattet, der Fälligkeitstermin wurde auf den 4.1.2011 festgelegt. Am 31.8.2010 betrug der Kurs 101,670. Wie hoch war zu diesem Zeitpunkt die Rendite? Das Einsetzen der entsprechenden bekannten Daten in RENDITEFÄLL() liefert 0,32 %. Das gleiche Ergebnis erhalten Sie auch mit der Funktion RENDITE().

Siehe auch KURSFÄLLIG()

CD-ROM Das Beispiel finden Sie auf dem Arbeitsblatt *RENDTEFÄLL* in der Arbeitsmappe *Einfache Zinsrechnung.xlsx* (Excel 2007/2010) bzw. *Einfache Zinsrechnung.xls* (Excel 97-2003) im Ordner *\Buch\Kap14* auf der CD-ROM zum Buch.

RMZ() PMT()

Syntax RMZ(***Zins***;***Zzr***;***Bw***;*Zw*;*F*)

Definition Diese Funktion liefert die Höhe der Rente (regelmäßige Zahlung) eines der Rentenrechnung zuzuordnenden Vorgangs. Im Falle der Tilgungsrechnung ist hier die Annuität gemeint, falls das Darlehen mittels Annuitätentilgung zurückgezahlt wird.

Wichtig Das von Excel verwendete finanzmathematische Äquivalenzprinzip

```
Leistung des Schuldners + Leistung des Gläubigers = 0
```

bedeutet, dass hinsichtlich des Vorzeichens zwischen Aus- und Einzahlungen (Kreditaufnahme und Tilgung, Investition und Desinvestition) unterschieden werden muss.

Excel weicht hier vom in der finanzmathematischen Literatur gebräuchlichen Äquivalenzprinzip

```
Leistung des Schuldners = Leistung des Gläubigers
```

ab.

Argumente

Zins (erforderlich) gibt den Periodenzinssatz an. Oft handelt es sich dabei um einen Jahreszinssatz.

Zzr (erforderlich) erfasst die Anzahl der Zinstermine über die gesamte Laufzeit. Es wird angenommen, dass diese Termine mit den Rentenzahlungsterminen zusammenfallen.

Bw (erforderlich/optional) ist der Anfangswert einer Richtung der Zahlungen. Für Auszahlpläne handelt es sich um den Kontostand am Anfang der Betrachtungen, bei Tilgungsplänen um die Kreditsumme.

Zw (optional/erforderlich) ist der Endwert einer Richtung der Zahlungen. Bei Sparvorgängen ist es das angestrebte Sparziel, bei Auszahlungsplänen ein gewünschter Kontostand am Ende der Betrachtungen, bei Tilgungsplänen die im gegebenen Zeitraum angestrebte Restschuld.

F (optional) legt fest, ob die regelmäßigen Zahlungen zu Beginn der Zinsperioden ($F = 1$) oder an deren Ende ($F = 0$) erfolgen. Wird das Argument nicht angegeben, rechnet Excel mit $F = 0$.

Eines der beiden Argumente *Bw* und *Zw* muss unbedingt angegeben werden.

Hintergrund

Die fünf Funktionen BW() = Barwert, ZW() = Zukunftswert, RMZ() = regelmäßige Zahlung, ZZR() = Zins- oder Zahlungszeiträume und ZINS() = Zinssatz, stehen in Umsetzung des von Excel verwendeten Äquivalenzprinzips in folgendem Zusammenhang:

$$BW \cdot (1+ZINS)^{ZZR} + RMZ \cdot (1+F \cdot ZINS) \cdot \frac{(1+ZINS)^{ZZR}-1}{ZINS} + ZW = 0$$

Der Barwert wird bis zum Ende aufgezinst, ebenso die regelmäßigen Zahlungen. Zum Ende wird die Summe mit dem Zukunftswert verglichen.

Die Nutzung einer dieser Funktionen ist gleichbedeutend mit der jeweiligen finanzmathematischen Grundaufgabe: Berechnung eines Werts aus obiger Gleichung, wenn die anderen Werte bekannt sind. Die Funktionen stellen also die Gleichung nach der gleichnamigen Größe um (außer bei *ZINS* – hier wird eine Näherungsrechnung durchgeführt).

Hinweis

Gewöhnlich erfolgen die Angaben des Zinssatzes als Jahreszinssatz. Die genannten Funktionen arbeiten nur dann korrekt, wenn die Perioden zum Zinssatz passen. Bei unterjährlicher Verzinsung wird in der Regel der Jahreszinssatz gleichmäßig auf die Perioden aufgeteilt: 12 Monate zu einem Zwölftel des Zinssatzes, 3 Monate zu einem Viertel und ein halbes Jahr zur Hälfte.

Praxiseinsatz

Die folgenden Beispiele orientieren sich in den Überschriften am »finanzmathematischen Sprachgebrauch«.

Rentenrechnung

Jemand hat bis zum 60. Lebensjahr 100.000,00 € angespart und möchte sich monatlich eine zusätzliche Rente auszahlen lassen. Es gelingt, für 15 Jahre 4,5 % p. a. auf das jeweils vorhandene Guthaben zu vereinbaren. Wie hoch fällt die Rente aus, wenn Kapitalverzehr geplant ist bzw. wie hoch fällt sie aus, wenn am Ende noch 10.000,00 € auf dem Konto sein sollen?

Im ersten Fall ermitteln Sie die Rente aus

```
=RMZ(4,5%/12;15*12;-100000)
```

zu 764,99 €, im zweiten aus

```
=RMZ(4,5%/12;15*12;-100000;10000)
```

zu 725,99 €. Das Minuszeichen bei *Bw* interpretieren Sie als Verzicht auf sofortige Auszahlung, *Zw* und *RMZ* »zeigen« dann in die andere Zahlungsrichtung.

Die Rechnung geht von Zinseszinsen innerhalb eines Jahres aus. Auf einem Sparbuch lässt sich der Zinseszinseffekt allerdings so nicht umsetzen, sodass das Ergebnis etwas »theoretisch« ist.

Tilgungsrechnung (Annuitätentilgung) Jemand hat ein Annuitätendarlehen über 100.000,00 € aufgenommen. Es wurde ein Zinssatz von 5,5 % p. a. für eine Zinsbindungsfrist von 5 Jahren vereinbart. Die Bank teilt mit, dass die Restschuld nach 5 Jahren noch 80.000 € beträgt.

Wie groß ist die (konstante) monatliche Belastung (Tilgung plus Zinsen) für den Schuldner?

```
=RMZ(5,5%/12;5*12;100000;-80000)
```

liefert die Lösung: 748,69 € (mit Minuszeichen).

Anders als beim Sparbuch erfolgt bei Hypothekendarlehen eine monatliche Verzinsung zu einem Zwölftel des vereinbarten Jahreszinssatzes (Nominalzins).

Wichtig Die Verwendung von Formeln unterscheidet sich von der ausführlichen Notierung eines Kontoverlaufs mit den gegebenen Ein- und Auszahlungen möglicherweise durch Rundungsfehler. Das liegt daran, dass auf einem tatsächlich geführten Konto Rundungen auf zwei Stellen nach dem Komma erfolgen. Gestalten Sie ein solches Konto unter Excel nach, ist in den Zwischenschritten, die konkretes Geld bedeuten, jeweils die Funktion RUNDEN() einzusetzen. Eine lediglich Begrenzung der Anzeige des Zellwerts auf zwei Stellen ist oft nicht korrekt.

Siehe auch BW(), KAPZ(), ZINS(), ZINSZ(), ZW(), ZZR()

CD-ROM Die Arbeitsmappen *Rentenrechnung.xlsx* (Excel 2007/2010) bzw. *Rentenrechnung.xls* (Excel 97-2003) und *Tilgungsrechnung.xlsx* (Excel 2007/2010) bzw. *Tilgungsrechnung.xls* (Excel 97-2003) im Ordner *\Buch\Kap14* der CD-ROM zum Buch halten die Beispiele auf dem jeweiligen Arbeitsblatt *RMZ* bereit.

2003: Add-In!

TBILLÄQUIV() TBILLEQ()

Syntax TBILLÄQUIV(***Abrechnung;Fälligkeit;Diskont***)

Definition Diese Funktion errechnet den äquivalenten nachschüssigen Jahreszinssatz auf der Basis von 365 Tagen für einen gegebenen vorschüssigen Jahreszinssatz auf der Basis von 360 Tagen. Letzterer wird im Allgemeinen als Diskontsatz auf den Nennwert formuliert (Disagio). Anwendungsgebiet sind amerikanische Schatzanweisungen (Treasury Bills).

Argumente ***Abrechnung*** (erforderlich) ist das Datum, an dem das Wertpapier den Besitzer wechselt.

Fälligkeit (erforderlich) ist das Datum der Rückzahlung des verbrieften Nennwerts.

Diskont (erforderlich) ist der prozentuale Abschlag vom Nominalwert (Disagio) des Wertpapiers.

Folgende Anforderungen werden gestellt:

- *Abrechnung* und *Fälligkeit* verlangen eine Datumsangabe ohne Uhrzeit, Nachkommastellen werden also abgeschnitten. Unzulässige Datumsangaben werden mit dem Fehlerwert *#WERT!* quittiert.
- Ist *Diskont* nicht positiv, gibt TBILLÄQUIV() den Fehlerwert *#ZAHL!* zurück
- Der gleiche Fehler wird erzeugt, wenn *Abrechnung* nach *Fälligkeit* liegt oder *Fälligkeit* mehr als ein Jahr Abstand zu *Abrechnung* hat

Wichtig

Die Excel-Hilfe formuliert folgenden Hinweis:

»Datumsangaben sollten mit der DATUM()-Funktion oder als Ergebnisse anderer Formeln oder Funktionen eingegeben werden. Es können Probleme auftreten, wenn Datumsangaben als Text eingegeben werden.«

Hintergrund

Die Äquivalenz zwischen vorschüssiger und nachschüssiger Verzinsung wird in diesem Falle durch die Gleichung

$$(1+\frac{Tage}{365}\cdot TBILL\ddot{A}QUIV)\cdot(1-\frac{Tage}{360}\cdot Diskont)=1$$

hergestellt. Dabei ist *Tage* der taggenaue Abstand zwischen *Fälligkeit* und *Abrechnung*,

Praxiseinsatz

Auf der CD-ROM zum Buch finden Sie einige Zahlenexperimente, die durch »Handrechnung« die obige Formel nachgestalten und die Ergebnisse mit denen von RENDITEDIS() und ZINSSATZ() vergleicht, deren Aufgabe ebenfalls in der Umwandlung vorschüssiger Zinssätze in nachschüssige besteht.

Siehe auch

TBILLKURS(), TBILLRENDITE()

CD-ROM

Die genannten Vergleiche finden Sie auf der CD-ROM zum Buch im Ordner *\Buch\Kap14* in der Arbeitsmappe *Einfache Zinsrechnung.xlsx* (Excel 2007/2010) bzw. *Einfache Zinsrechnung.xls* (Excel 97-2003) auf dem Arbeitsblatt *TBILL*.

TBILLKURS() TBILLPRICE()

2003: Add-In!

Syntax

TBILLKURS(***Abrechnung***;***Fälligkeit***;***Disagio***)

Definition

Diese Funktion liefert den Kurs eines abgezinsten Wertpapiers als Prozentfuß, so, als ob der Nennwert 100 Geldeinheiten beträgt.

Anwendungsgebiet sind amerikanische Schatzanweisungen (Treasury Bills).

Argumente

Abrechnung (erforderlich) ist das Datum, an dem das Wertpapier den Besitzer wechselt.

Fälligkeit (erforderlich) ist das Datum der Rückzahlung des verbrieften Nennwerts.

Disagio (erforderlich) ist der prozentuale Abschlag vom Nominalwert (Diskont) des Wertpapiers.

Folgende Anforderungen werden gestellt:

- *Abrechnung* und *Fälligkeit* verlangen eine Datumsangabe ohne Uhrzeit, Nachkommastellen werden also abgeschnitten. Unzulässige Datumsangaben werden mit dem Fehlerwert *#WERT!* quittiert.
- Ist *Disagio* nicht positiv, gibt TBILLKURS() den Fehlerwert *#ZAHL!* zurück
- Der gleiche Fehler wird erzeugt, wenn *Abrechnung* nach *Fälligkeit* liegt oder *Fälligkeit* mehr als ein Jahr Abstand zu *Abrechnung* hat

Hintergrund Die Berechnung des Kurses ist hier einfache Prozentrechnung: Der vorschüssige Jahreszinssatz (Disagio) wird auf die tatsächliche Laufzeit heruntergebrochen. Die Tagezählung erfolgt mit 360 Tagen im Jahr, wobei jeder Monat so viele Tage hat, wie im Kalender stehen. Das entspricht der Option *Basis = 2* bei den Funktionen, die ein solches Argument wie in Tabelle 14.10 benutzen.

$$\text{TBILLKURS} = 100 * \left(1 - \frac{Tage}{360} \cdot Disagio\right)$$

Praxiseinsatz Auf der CD-ROM zum Buch finden Sie einige Zahlenexperimente, die die Äquivalenz zur Funktion KURSDISAGIO() zeigen, falls dort die Tagezählung mit *Basis = 2* erfolgt.

Siehe auch TBILLÄQUIV(), TBILLRENDITE()

CD-ROM Die genannten Vergleiche finden Sie auf der CD-ROM zum Buch im Ordner *\Buch\Kap14* in der Arbeitsmappe *Einfache Zinsrechnung.xlsx* (Excel 2007/2010) bzw. *Einfache Zinsrechnung.xls* (Excel 97-2003) auf dem Arbeitsblatt *TBILL*.

2003: Add-In!

TBILLRENDITE() — TBILLYIELD()

Syntax TBILLRENDITE(***Abrechnung***;***Fälligkeit***;***Kurs***)

Definition Diese Funktion liefert die Rendite eines abgezinsten Wertpapiers als nachschüssigen Jahreszinssatz.

Anwendungsgebiet sind amerikanische Schatzanweisungen (Treasury Bills).

Argumente ***Abrechnung*** (erforderlich) ist das Datum, an dem das Wertpapier den Besitzer wechselt.

Fälligkeit (erforderlich) ist das Datum der Rückzahlung des verbrieften Nennwerts.

Kurs (erforderlich) ist der Kurs des Wertpapiers am Abrechnungstag als Prozentfuß, also so zu interpretieren, als ob der Nennwert des Papiers 100 Geldeinheiten beträgt.

Folgende Anforderungen werden gestellt:

- *Abrechnung* und *Fälligkeit* verlangen eine Datumsangabe ohne Uhrzeit, Nachkommastellen werden also abgeschnitten. Unzulässige Datumsangaben werden mit dem Fehlerwert *#WERT!* quittiert.
- Ist *Kurs* nicht positiv, gibt TBILLRENDITE() den Fehlerwert *#ZAHL!* zurück
- Der gleiche Fehler wird erzeugt, wenn *Abrechnung* nach *Fälligkeit* liegt oder *Fälligkeit* mehr als ein Jahr Abstand zu *Abrechnung* hat

Wichtig

Die Excel-Hilfe formuliert folgenden Hinweis:

»Datumsangaben sollten mit der DATUM()-Funktion oder als Ergebnisse anderer Formeln oder Funktionen eingegeben werden. Es können Probleme auftreten, wenn Datumsangaben als Text eingegeben werden.«

Hintergrund

Die Berechnung der Rendite ist hier eine einfache Prozentrechnung: der Gewinn zum Tage der Fälligkeit, der sich aus der Differenz zwischen 100 und dem bezahlten Kaufkurs ergibt, wird ins Verhältnis zum Kaufkurs gesetzt (das entspricht nachschüssiger Verzinsung). Da das Papier weniger als ein Jahr gehalten wird, ist der Zins zu Vergleichszwecken auf ein ganzes Jahr hochzurechnen:

$$\text{TBILLRENDITE} = \frac{100 - Kurs}{Kurs} * \frac{360}{Tage}$$

Die Tagezählung erfolgt mit 360 Tagen im Jahr, wobei jeder Monat so viele Tage hat, wie im Kalender stehen. Das entspricht der Option *Basis = 2* bei den Funktionen, die ein solches Argument wie in Tabelle 14.10 benutzen.

Praxiseinsatz

Auf der CD-ROM zum Buch finden Sie einige Zahlenexperimente, die durch »Handrechnung« die obige Formel nachgestalten und die Ergebnisse mit denen von RENDITEDIS() und ZINSSATZ() vergleicht, deren Aufgabe ebenfalls in der Umwandlung vorschüssiger Zinssätze in nachschüssige Zinssätze (Renditen) besteht. Beide Funktionen liefern das Ergebnis TBILLRENDITE(), wenn die entsprechende Tagezählung (*Basis = 2*) verwendet wird.

Siehe auch

TBILLÄQUIV(), TBILLKURS()

CD-ROM

Die genannten Vergleiche finden Sie auf der CD-ROM zum Buch im Ordner *\Buch\Kap14* in der Arbeitsmappe *Einfache Zinsrechnung.xlsx* (Excel 2007/2010) bzw. *Einfache Zinsrechnung.xls* (Excel 97-2003) auf dem Arbeitsblatt *TBILL*.

UNREGER.KURS() ODDFPRICE()

2003: Add-In!

Syntax

UNREGER.KURS(***Abrechnung***;***Fälligkeit***;***Emission***;***Erster_Zinstermin***;***Zins***;***Rendite***;***Rückzahlung***;***Häufigkeit***;*Basis*)

Definition

Berechnet den Kurs eines festverzinslichen Wertpapiers unter Berücksichtigung einer ersten Zinsperiode, die kürzer oder länger als die restlichen regelmäßigen Zinsperioden (Viertel-, halbe oder ganze Jahre) ausfällt.

Argumente

Abrechnung (erforderlich) nimmt das Datum, an dem die Anleihe in den Besitz des Käufers übergeht.

Fälligkeit (erforderlich) ist der Tag, an dem die Rückzahlung des verbrieften Betrags erfolgt.

Emission (erforderlich) ist das Datum der Ausgabe des Wertpapiers.

Erster_Zinstermin (erforderlich) ist das Datum der ersten Verzinsung.

Zins (erforderlich) informiert über die Nominalverzinsung (Jahreszinssatz) der Anleihe.

Rendite (erforderlich) ist der am Markt gültige Zinssatz für Anleihen der gegebenen Laufzeit.

Rückzahlung (erforderlich) ist der Prozentfuß der Rückzahlung bezogen auf den Nennwert des Wertpapiers (also so, als ob dieser 100 Geldeinheiten beträgt).

Häufigkeit (erforderlich) ist die Anzahl der regelmäßigen Zinszahlungen im Laufe eines Jahrs (jährlich, halbjährlich, vierteljährlich).

Basis (optional) entscheidet über die Methode zur Ermittlung von Tagen im Jahr nach Tabelle 14.11. Wird es weggelassen, rechnet Excel mit *Basis = 0*.

Tabelle 14.11 Verschiedene Methoden zur Ermittlung der Anzahl der Tage eines Jahres

Basis	Methode	Bedeutung
0	30/360 (NASD-Methode)	Jeder Monat hat 30 Tage, ein Jahr 12 Monate. Ist das Ausgangsdatum der 31. eines Monats, wird dieses Datum zum 30. desselben Monats. Ist das Enddatum der 31. eines Monats und das Ausgangsdatum ein Datum vor dem 30. eines Monats, wird das Enddatum zum 1. des darauf folgenden Monats. In allen anderen Fällen wird das Enddatum zum 30. desselben Monats.
1	Genau/Genau	Jeder Monat hat so viele Tage wie im Kalender stehen, die Summe über alle Monate ergibt die Anzahl der Tage im Jahr
2	Genau/360 Tage	Jeder Monat hat so viele Tage wie im Kalender stehen. Ein Jahr hat immer 360 Tage.
3	Genau/365 Tage	Jeder Monat hat so viele Tage wie im Kalender stehen. Ein Jahr hat immer 365 Tage.
4	30/360 (Europäische Methode)	Jeder Monat hat 30 Tage, ein Jahr 12 Monate. Jedes Ausgangs- und Enddatum, das auf den 31. eines Monats fällt, wird zum 30. desselben Monats.

Folgendes ist zu beachten:

- Datumsangaben verlangen diese ohne Uhrzeit, Nachkommastellen werden also abgeschnitten. Auch die Argumente *Häufigkeit* und *Basis* werden zu ganzen Zahlen eingekürzt.
- Lassen sich Datumsargumente nicht zu einem zulässigen Datum auswerten, gibt UNREGER.KURS() den Fehlerwert *#WERT!* zurück.
- Für *Zins* und *Rendite* werden nicht negative Zahlen verlangt. Andernfalls gibt UNREGER.KURS () den Fehlerwert *#ZAHL!* zurück.
- Lässt sich *Häufigkeit* nicht zu 1, 2 oder 4 sowie *Basis* nicht zu einer Zahl zwischen 0 und 4 auswerten, gibt UNREGER.KURS () den Fehlerwert *#ZAHL!* zurück
- Das Gleiche geschieht, wenn die Reihenfolge *Fälligkeit* größer *Erster_Zinstermin* größer *Abrechnung* größer *Emission* nicht eingehalten wird.

Wichtig Die Excel-Hilfe formuliert folgenden Hinweis:

»Datumsangaben sollten mit der DATUM()-Funktion oder als Ergebnisse anderer Formeln oder Funktionen eingegeben werden. Es können Probleme auftreten, wenn Datumsangaben als Text eingegeben werden.«

Hintergrund Um das finanzmathematische Äquivalenzprinzip

```
Leistung des Gläubigers = Leistung des Schuldners
```

bezogen auf den »Startpunkt« des Geschäfts umzusetzen, ist der Kurs eines festverzinslichen Wertpapiers (Anleihe) plus eventuell zu zahlende Stückzinsen gleich dem Barwert der zukünftigen in diesem Wertpapier verbrieften Leistungen des Emittenten (Schuldners). Der Kurs wird als Prozentfuß bezogen auf den Nennwert des Wertpapiers angegeben, also so, als ob der Nennwert 100 Geldeinheiten beträgt.

Die Barwertberechnung ist dann ohne Probleme, wenn das Kaufdatum (Besitzwechsel) eines mit Jahreskupon versehenen Wertpapiers mit dem Tag der Zinszahlung einhergeht. In diesem Fall gibt es nur ganze Jahre zu berücksichtigen. Nicht so einfach ist die Situation, wenn der Besitzwechsel zwischen Zinsterminen erfolgt bzw. Zinszahlungen mehrfach im Jahr vereinbart sind. Die Finanzmathematik kennt verschiedene Arten des Umgangs mit gebrochenen Jahresanteilen. Die bekanntesten sind die Methoden Moosmüller und Braess/Fangmeyer sowie die ISMA-Methode. ISMA steht für International Securities Market Association, eine Organisation, die aus der Association of International Bond Dealers (AIBD) hervorgegangen ist.

Über den Zusammenhang zwischen der ISMA-Methode und den Berechnungen der Excel-Funktionen lesen Sie bitte die Hintergrund-Informationen zu KURS() und RENDITE().

Die in der Excel-Hilfe angegebene Formel reduziert sich für den Fall einer einzigen regelmäßigen Zinszahlung im Jahr (das Jahr zu 360 Tagen) und einer verkürzten ersten Zinsperiode zu

$$UNREGER.KURS = \left[\frac{Rückzahlung}{(1+Rendite)^{N-1+DSC/360}}\right] + \left[\frac{100 \cdot Zins \cdot DFC/360}{(1+Rendite)^{DSC/360}}\right] + \left[\sum_{k=2}^{N}\frac{100 \cdot Zins}{(1+Rendite)^{k-1+DSC/360}}\right] - \left[100 \cdot Zins \cdot \frac{A}{360}\right]$$

(*N* ist die Gesamtzahl der Zinstermine, *A* der Abstand zwischen Emissionstag und Abrechnungstag, *DSC* die Zeit vom Abrechnungstag bis zum ersten Zinstag und *DFC* die Zeit zwischen erstem Zinstag und Emissionsdatum).

Sie sehen, dass es als Besonderheit gegenüber der Kursformel aus den Hintergrund-Informationen zur Funktion KURS() die Sonderbehandlung der ersten Periode gibt. Sie fällt aus der Summation und Barwertbildung der Folgeperioden heraus, weil die Zinszahlung nicht zum vollen Kupon erfolgt.

Ist die Häufigkeit größer als 1 (also 2, oder 4), ersetzen Sie Zins und Rendite durch die gleichmäßigen Aufteilungen auf die unterjährlichen Perioden.

Um die Formel der Excel-Hilfe für eine erste Zinsperiode, die länger ist, als die restlichen »normalen«, zu verstehen, beachten Sie einfach, dass es nun in der ersten Periode zu mehreren fiktiven Zinszahlungen kommt, die am Ende der Periode in die Tat umgesetzt werden müssen.

Ähnlich ist mit den Stückzinsen in der ersten Periode zu verfahren.

Sobald der erste Zinstermin überschritten ist, findet die Funktion keine Verwendung mehr.

Praxiseinsatz

Auf der CD-ROM zum Buch finden Sie ein Beispiel, welches einen Rechenweg für eine fiktive Anleihe mit verkürzter erster Zinsperiode aufbaut, der ähnlich dem aus Abbildung 14.3 (siehe Seite 670) verläuft. Das Ergebnis ist das gleiche, wie es auch durch Anwendung der Funktion UNREGER.KURS() geliefert wird.

Siehe auch

KURS(), RENDITE(), UNREGER.REND(), UNREGLE.KURS(), UNREGLE.REND()

CD-ROM

Dieses Beispiel finden Sie auf der CD-ROM zum Buch im Ordner *\Buch\Kap14* in der Arbeitsmappe *Kursrechnung.xlsx* (Excel 2007/2010) bzw. *Kursrechnung.xls* (Excel 97-2003) auf dem Arbeitsblatt *UNREGER.KURS*.

2003: Add-In!

UNREGER.REND() ODDFYIELD()

Syntax UNREGER.REND(*Abrechnung;Fälligkeit;Emission;Erster_Zinstermin;Zins;Kurs;Rückzahlung;Häufigkeit; Basis*)

Definition Diese Funktion berechnet die Rendite eines festverzinslichen Wertpapiers für den Zeitraum vom Abrechnungstag bis zum Fälligkeitstermin. Dabei wird berücksichtigt, dass die erste Zinsperiode kürzer oder länger als die restlichen regelmäßigen Zinsperioden ist.

Argumente *Abrechnung* (erforderlich) entspricht dem Datum, an dem die Anleihe in den Besitz des Käufers übergeht.

Fälligkeit (erforderlich) ist der Tag, an dem die Rückzahlung des verbrieften Betrags erfolgt.

Emission (erforderlich) ist das Datum der Ausgabe des Wertpapiers.

Erster_Zinstermin (erforderlich) ist das Datum der ersten Verzinsung.

Zins (erforderlich) informiert über die Nominalverzinsung (Jahreszinssatz) der Anleihe.

Kurs (erforderlich) ist der Kurs des Wertpapiers am Abrechnungstag, angegeben als Prozentfuß auf den Nennwert des Wertpapiers (also so, als ob dieser 100 Geldeinheiten beträgt).

Rückzahlung (erforderlich) ist der Prozentfuß der Rückzahlung bezogen auf den Nennwert des Wertpapiers (also so, als ob dieser 100 Geldeinheiten beträgt).

Häufigkeit (erforderlich) ist die Anzahl der regelmäßigen Zinszahlungen im Laufe eines Jahrs (jährlich, halbjährlich, vierteljährlich).

Basis (optional) entscheidet über die Methode zur Ermittlung von Tagen im Jahr nach Tabelle 14.11. Wird es weggelassen, rechnet Excel mit *Basis = 0.*

Folgendes ist zu beachten:

- Datumsangaben verlangen diese ohne Uhrzeit, Nachkommastellen werden also abgeschnitten. Auch die Argumente *Häufigkeit* und *Basis* werden zu ganzen Zahlen eingekürzt.
- Lassen sich Datumsargumente nicht zu einem zulässigen Datum auswerten, gibt UNREGER.REND() den Fehlerwert *#WERT!* zurück
- Für *Zins* und *Rendite* werden nicht negative Zahlen verlangt. Andernfalls gibt UNREGER.REND() den Fehlerwert *#ZAHL!* zurück.
- Lässt sich *Häufigkeit* nicht zu 1, 2 oder 4 sowie *Basis* nicht zu einer Zahl zwischen 0 und 4 auswerten, gibt UNREGER. REND() den Fehlerwert *#ZAHL!* zurück
- Das Gleiche geschieht, wenn die Reihenfolge *Fälligkeit* größer *Erster_Zinstermin* größer *Abrechnung* größer *Emission* nicht eingehalten wird.

Wichtig Die Excel-Hilfe formuliert folgenden Hinweis:

»Datumsangaben sollten mit der DATUM()-Funktion oder als Ergebnisse anderer Formeln oder Funktionen eingegeben werden. Es können Probleme auftreten, wenn Datumsangaben als Text eingegeben werden.«

Hintergrund Lesen Sie hierzu die Hintergrund-Informationen zur Funktion UNREGER.KURS().

Die Funktion UNREGER.REND() ermittelt den Wert der Rendite so, dass sich ein gewünschter (bzw. am Markt zu zahlender) Kurs einstellt und informiert den Käufer so über die zu erwartende Effektivverzinsung der Anlage.

Praxiseinsatz Auf der CD-ROM zum Buch finden Sie ein Beispiel, welches einen Rechenweg für eine fiktive Anleihe mit verkürzter erster Zinsperiode aufbaut, der ähnlich dem aus Abbildung 14.7 (siehe Seite 686) verläuft. Dabei folgt der Rechenweg der Berechnung des Kurses (wie im Beispiel zu UNREGER.KURS()). Die gesuchte Rendite wird dann mittels Zielwertsuche (eine gedachte Rendite ändert sich so, dass der gewünschte Kurs berechnet wird) ermittelt. UNREGER.REND() liefert das gleiche Ergebnis.

Siehe auch KURS(), RENDITE(), UNREGER.KURS(), UNREGLE.KURS(), UNREGLE.REND()

CD-ROM Dieses Beispiel finden Sie auf der CD-ROM zum Buch im Ordner *\Buch\Kap14* in der Arbeitsmappe *Kursrechnung.xlsx* (Excel 2007/2010) bzw. *Kursrechnung.xls* (Excel 97-2003) auf dem Arbeitsblatt *UNREGER.REND.*

UNREGLE.KURS() ODDLPRICE()

2003: Add-In!

Syntax UNREGLE.KURS(***Abrechnung***;***Fälligkeit***;***Letzter_Zinstermin***;***Zins***;***Rendite***;***Rückzahlung***;***Häufigkeit***;*Basis*)

Definition Diese Funktion berechnet den Kurs eines festverzinslichen Wertpapiers in einer letzten Zinsperiode, deren Länge sich von den regelmäßigen Zinsperioden der Vergangenheit unterscheidet. Zinseszinseffekte werden nicht berücksichtigt.

Argumente Das erforderliche Argument ***Abrechnung*** nimmt das Datum, an dem die Anleihe in den Besitz des Käufers übergeht.

Das Datum der ***Fälligkeit*** (erforderlich) ist der Tag, an dem die Rückzahlung des verbrieften Betrags erfolgt.

Das Argument ***Letzter_Zinstermin*** (erforderlich) ist das Datum der letzten (regelmäßigen) Zinszahlung.

Zins (erforderlich) informiert über die Nominalverzinsung (Jahreszinssatz) der Anleihe.

Das Argument ***Rendite*** (erforderlich) ist der am Markt gültige Jahreszinssatz für Anleihen der gegebenen Laufzeit.

Rückzahlung (erforderlich) ist der Prozentfuß der Rückzahlung bezogen auf den Nennwert des Wertpapiers (also so, als ob dieser 100 Geldeinheiten beträgt).

Häufigkeit (erforderlich) ist die Anzahl der regelmäßigen Zinszahlungen im Laufe eines Jahrs (jährlich, halbjährlich, vierteljährlich).

Das optionale Argument *Basis* entscheidet über die Methode zur Ermittlung von Tagen im Jahr nach Tabelle 14.11. Wird es weggelassen, rechnet Excel mit *Basis = 0*.

Folgendes ist zu beachten:

- Datumsangaben verlangen diese ohne Uhrzeit, Nachkommastellen werden also abgeschnitten. Auch die Argumente *Häufigkeit* und *Basis* werden zu ganzen Zahlen eingekürzt.
- Lassen sich Datumsargumente nicht zu einem zulässigen Datum auswerten, gibt *UNREGLE.KURS()* den Fehlerwert *#ZAHL!* zurück
- Für *Zins* und *Rendite* werden nicht negative Zahlen verlangt. Andernfalls gibt *UNREGLE.KURS()* den Fehlerwert *#ZAHL!* zurück.

- Lässt sich *Häufigkeit* nicht zu 1, 2 oder 4 sowie *Basis* nicht zu einer Zahl zwischen 0 und 4 auswerten, gibt *UNREGLE.KURS ()* den Fehlerwert *#ZAHL!* zurück
- Das Gleiche geschieht, wenn die Reihenfolge *Fälligkeit* größer *Abrechnung* größer *Letzter_Zinstermin* nicht eingehalten wird.

Wichtig Die Excel-Hilfe formuliert folgenden Hinweis:

»Datumsangaben sollten mit der DATUM()-Funktion oder als Ergebnisse anderer Formeln oder Funktionen eingegeben werden. Es können Probleme auftreten, wenn Datumsangaben als Text eingegeben werden.«

Hintergrund Um das finanzmathematische Äquivalenzprinzip

```
Leistung des Gläubigers = Leistung des Schuldners
```

bezogen auf den »Startpunkt« des Geschäfts umzusetzen, ist der Kurs eines festverzinslichen Wertpapiers (Anleihe) plus eventuell zu zahlende Stückzinsen gleich dem Barwert der zukünftigen in diesem Wertpapier verbrieften Leistungen des Emittenten (Schuldners). Der Kurs wird als Prozentfuß bezogen auf den Nennwert des Wertpapiers angegeben, also so, als ob der Nennwert 100 Geldeinheiten beträgt.

Die Barwertberechnung ist dann ohne Probleme, wenn das Kaufdatum (Besitzwechsel) eines mit Jahreskupon versehenen Wertpapiers mit dem Tag der Zinszahlung einhergeht. In diesem Fall gibt es nur ganze Jahre zu berücksichtigen. Nicht so einfach ist die Situation, wenn der Besitzwechsel zwischen Zinsterminen erfolgt bzw. Zinszahlungen mehrfach im Jahr vereinbart sind. Die Finanzmathematik kennt verschiedene Arten des Umgangs mit gebrochenen Jahresanteilen. Die bekanntesten sind die Methoden Moosmüller und Braess/Fangmeyer sowie die ISMA-Methode. ISMA steht für International Securities Market Association, eine Organisation, die aus der Association of International Bond Dealers (AIBD) hervorgegangen ist.

Über den Zusammenhang zwischen der ISMA-Methode und den Berechnungen der Excel-Funktionen lesen Sie bitte in den Hintergrund-Informationen zu KURS() und RENDITE().

Im vorliegenden Fall lässt sich das durch Excel angewendete Prinzip wegen der einfachen Verzinsung (keine Zinseszinsen) bei vorgegebenem Marktzins (Jahres-Rendite) so formulieren:

$$Kurs + Stückzinsen = \frac{Nennwert + Zinsen \;\; bei \; Fälligkeit}{1 + anteilige \;\; Rendite}$$

wobei sich die Stückzinsen aus den anteiligen Zinsen seit dem letzten Zinstermin und die anteilige Rendite sich aus den Tagen bis zur Fälligkeit (bezogen auf die Gesamttage im Jahr) ergeben.

Außerhalb des letzten Zeitraums bis zur Fälligkeit findet die Funktion keine Anwendung.

Praxiseinsatz Auf der CD-ROM zum Buch finden Sie ein Beispiel, welches einen Rechenweg für eine fiktive Anleihe mit der geforderten Ausstattung aufbaut, der ähnlich dem aus Abbildung 14.3 (siehe Seite 670) verläuft. Das Ergebnis ist das gleiche, wie es auch durch Anwendung der Funktion UNREGLE.KURS() geliefert wird.

Siehe auch UNREGLE.REND(), KURSDISAGIO(), RENDITEDIS(), UNREGER.KURS(), UNREGER.REND(), RENDITE(), KURS()

CD-ROM Dieses Beispiel finden Sie auf der CD-ROM zum Buch im Ordner *\Buch\Kap14* in der Arbeitsmappe *Einfache Zinsrechnung.xlsx* (Excel 2007/2010) bzw. *Einfache Zinsrechnung.xls* (Excel 97-2003) auf dem Arbeitsblatt *UNREGLE.KURS*.

UNREGLE.REND() ODDLYIELD()

2003: Add-In!

Syntax

UNREGLE.REND(*Abrechnung*;*Fälligkeit*;*Letzter_Zinstermin*;*Zins*;*Kurs*;*Rückzahlung*;*Häufigkeit*;Basis)

Definition

Diese Funktion berechnet die Rendite eines festverzinslichen Wertpapiers in einer letzten Zinsperiode, deren Länge sich von den regelmäßigen Zinsperioden der Vergangenheit unterscheidet. Zinseszinseffekte werden nicht berücksichtigt.

Argumente

Abrechnung (erforderlich) nimmt das Datum, an dem die Anleihe in den Besitz des Käufers übergeht.

Fälligkeit (erforderlich) ist der Tag, an dem die Rückzahlung des verbrieften Betrags erfolgt.

Letzter_Zinstermin (erforderlich) ist das Datum der letzten (regelmäßigen) Zinszahlung vor dem Kauftermin.

Zins (erforderlich) informiert über die Nominalverzinsung (Jahreszinssatz) der Anleihe.

Kurs (erforderlich) ist der Kurs des Wertpapiers am Abrechnungstag, angegeben als Prozentfuß auf den Nennwert des Wertpapiers (also so, als ob dieser 100 Geldeinheiten beträgt).

Rückzahlung (erforderlich) ist der Prozentfuß der Rückzahlung bezogen auf den Nennwert des Wertpapiers (also so, als ob dieser 100 Geldeinheiten beträgt).

Häufigkeit (erforderlich) ist die Anzahl der regelmäßigen Zinszahlungen im Laufe eines Jahrs (jährlich, halbjährlich, vierteljährlich).

Das optionale Argument *Basis* entscheidet über die Methode zur Ermittlung von Tagen im Jahr nach Tabelle 14.11. Wird es weggelassen, rechnet Excel mit *Basis = 0.*

Folgendes ist zu beachten:

- Datumsangaben verlangen diese ohne Uhrzeit, Nachkommastellen werden also abgeschnitten. Auch die Argumente *Häufigkeit* und *Basis* werden zu ganzen Zahlen eingekürzt.
- Lassen sich Datumsargumente nicht zu einem zulässigen Datum auswerten, gibt UNREGLE.REND() den Fehlerwert *#ZAHL!* zurück.
- Für *Zins* und *Kurs* werden nicht negative Zahlen verlangt. Andernfalls gibt UNREGLE.REND() den Fehlerwert *#ZAHL!* zurück
- Lässt sich *Häufigkeit* nicht zu 1, 2 oder 4 sowie *Basis* nicht zu einer Zahl zwischen 0 und 4 auswerten, gibt UNREGLE.REND() den Fehlerwert *#ZAHL!* zurück
- Das Gleiche geschieht, wenn die Reihenfolge *Fälligkeit* größer *Abrechnung* größer *Letzter_Zinstermin* nicht eingehalten wird.

Wichtig

Die Excel-Hilfe formuliert folgenden Hinweis:

»Datumsangaben sollten mit der DATUM()-Funktion oder als Ergebnisse anderer Formeln oder Funktionen eingegeben werden. Es können Probleme auftreten, wenn Datumsangaben als Text eingegeben werden.«

Hintergrund

Lesen Sie hierzu die Hintergrund-Informationen zur Funktion UNREGLE.KURS().

Die Funktion UNREGLE.REND() ermittelt den Wert der Rendite so, dass sich ein gewünschter (bzw. am Markt zu zahlender) Kurs einstellt und informiert den Käufer so über die zu erwartende Effektivverzinsung der Anlage. Wegen des verwendeten Prinzips der einfachen

Verzinsung (keine Zinseszinseffekte) lässt sich die Kursformel nach der Rendite auflösen. Die Formel der Excel-Hilfe liest sich »in Worten« so:

$$\mathit{Rendite} = \frac{(\mathit{Rückzahlung} + \mathit{Zinsen\,bei\,Fälligkeit}) - (\mathit{Kurs} + \mathit{Stückzinsen})}{\mathit{Kurs} + \mathit{Stückzinsen}} \cdot \frac{1}{\mathit{Periodenanteil}}$$

Der Periodenanteil bezogen auf ein Jahr führt dazu, dass *Rendite* ein Jahreszinssatz ist. Die Zinsen bei Fälligkeit ergeben sich aus den Zinsen seit dem letzten Zinstermin, die Stückzinsen berechnen sich anteilig bezogen auf den Zeitpunkt der letzten Zinszahlung bis zum Kauf.

Praxiseinsatz Auf der CD-ROM zum Buch finden Sie ein Beispiel, welches einen Rechenweg für eine fiktive Anleihe mit veränderter letzter Zinsperiode aufbaut, der ähnlich dem aus Abbildung 14.7 (siehe Seite 686) verläuft. Dabei folgt der Rechenweg der Berechnung des Kurses (wie im Beispiel zu UNREGLE.KURS()). Die gesuchte Rendite wird dann mittels Zielwertsuche (eine gedachte Rendite ändert sich so, dass der gewünschte Kurs berechnet wird) ermittelt. UNREGLE.REND() liefert das gleiche Ergebnis.

Siehe auch UNREGLE.KURS(), KURSDISAGIO(), RENDITEDIS(), UNREGER.KURS(), UNREGER.REND(), RENDITE(), KURS()

CD-ROM Dieses Beispiel finden Sie auf der CD-ROM zum Buch im Ordner *\Buch\Kap14* in der Arbeitsmappe *Einfache Zinsrechnung.xlsx* (Excel 2007/2010) bzw. *Einfache Zinsrechnung.xls* (Excel 97-2003) auf dem Arbeitsblatt *UNREGLE.REND*.

VDB() — VDB()

Syntax VDB(***Ansch_Wert***;***Restwert***;***Nutzungsdauer***;***Anfang***;***Ende***;*Faktor*;*Nicht_wechseln*)

Definition Diese Funktion berechnet Abschreibungsbeträge nach der geometrisch-degressiven Abschreibung. Optional kann ein (durch steuerrechtliche Regelungen vorgeschlagener) Wechsel zur linearen Abschreibung ausgewertet werden.

Argumente ***Ansch_Wert*** (erforderlich) verlangt die Anschaffungskosten (Nettokaufpreis plus Anschaffungsnebenkostenkosten minus Anschaffungskostenminderungen) eines Wirtschaftsguts. Verwenden Sie keinen als Zahl auswertbaren Wert, erscheint der Fehlerwert *#WERT!*. Ist die eingegebene Zahl negativ, erfolgt die Fehlermeldung *#ZAHL!*.

Restwert (erforderlich) entspricht dem Wert des Wirtschaftsguts am Ende der Abschreibungsdauer. Verwenden Sie keine Zahl, erscheint der Fehlerwert *#WERT!*. Ist die eingegebene Zahl negativ, erfolgt die Fehlermeldung *#ZAHL!*.

Nutzungsdauer (erforderlich) verlangt die Anzahl der Perioden, in denen das Wirtschaftsgut abgeschrieben wird. Sie sollten für dieses Argument eine ganze Zahl größer 0 (Null) verwenden.

Anfang (erforderlich) ist die Periode innerhalb der *Abschreibungsdauer*, an deren Ende die Berechnung der (eventuell über mehrere Perioden summierten) Abschreibungsbeträge beginnen soll. Die erste Periode hat die Nummer 0 (Null).

Ende (erforderlich) ist die letzte Periode innerhalb der *Abschreibungsdauer*, an deren Ende die Berechnung der (eventuell über mehrere Perioden summierten) Abschreibungsbeträge enden soll.

Faktor (optional) ist der Multiplikator für den (gedachten linearen) Abschreibungssatz (Reziprokes der Abschreibungsdauer). Wird er nicht angegeben, rechnet Excel mit der Zahl 2.

Nicht_wechseln (optional) ist ein Wahrheitswert, der angibt, ob (wegen größerer Abschreibungsbeträge, siehe die Erläuterungen weiter unten) zur linearen Abschreibung gewechselt werden soll. Wenn dieses Argument *FALSCH* ist oder nicht angegeben wird, wird der (eventuell summierte) Abschreibungsbetrag durch den Wechsel zur linearen Abschreibung ermittelt.

Hintergrund

Abschreibung hat den Sinn, den Werteverlust eines Wirtschaftsguts zu ermitteln und sichtbar zu machen. Davon zu unterscheiden ist der Begriff der Absetzung für Abnutzung, der die Kosten für den Erwerb eines Wirtschaftsguts als Betriebsausgaben steuerlich erfasst.

Der Abschreibungsprozentsatz, den die Funktion VDB() nutzt, bestimmt sich aus dem Reziproken der Abschreibungsdauer multipliziert mit einem Faktor. Wird dieser nicht angegeben, wird mit der Zahl 2 gerechnet. Der Buchwert am Anfang der Abschreibungsperiode wird mit dem Abschreibungsprozentsatz multipliziert. Der entstehende Betrag mindert den Buchwert zum Ende der Periode.

Optional prüft die Funktion, ob ein solcher Abschreibungsbetrag kleiner ist als der, der durch Wechsel zu einer linearen Abschreibung (auf den ursprünglichen Restwert) entstehen würde und wechselt im »Ja-Fall« zur linearen Abschreibung.

Diese Form der Abschreibungsmethode (einschließlich des Wechsels zur linearen Abschreibung) ist zum Zeitpunkt der Niederschrift dieses Kapitels im deutschen Steuerrecht bis zum Steuerjahr 2007 zulässig, wobei an den anfänglichen Abschreibungsprozentsatz Forderungen im Einkommensteuergesetz gemacht werden. Er darf nicht mehr als das Doppelte des linearen Satzes und nicht mehr als 20 % betragen. Diese Forderungen können mithilfe des *Faktors* u. U. reguliert werden.

Da aber ein eventueller gebrochener Jahresanteil der ersten Periode gesondert zu berücksichtigen ist, ist die Funktion VDB() im Allgemeinen ohne Zusatzrechnungen »per Hand« nicht einsetzbar. Ein Aufschreiben des Abschreibungsplans unter Nutzung der Prozentrechnung und arithmetischer Verknüpfung einzelner Zellen sollte da eher zum Ziele führen.

Praxiseinsatz

Ein Wirtschaftsgut mit Anschaffungskosten von 1.000,00 € soll in 10 Jahren geometrisch-degressiv auf einen Restwert von 100,00 € abgeschrieben werden. Sie können hierzu in jeder Periode den Abschreibungsbetrag mittels VDB() berechnen und vom Buchwert der Vorperiode abziehen.

Alternativ können Sie aber auch einen Abschreibungsplan erstellen, der die oben genannten Formeln zur Berechnung des ersten Abschreibungsbetrags sowie die Vorgehensweise zur Berechnung der anderen Beträge umsetzt. Die Erstellung eines Abschreibungsplans nach eigenem Muster ist vor allem bei der Anwendung steuerlich zulässiger Methoden (Zwölftel-Regelung seit 2004, wechselndes Steuerrecht in den Jahren 2009/2010 hinsichtlich degressiver Abschreibungen und neuer Wechsel 2011) zu empfehlen, da die integrierten Funktionen im Allgemeinen nicht anwendbar sind.

Einzelheiten zu diesem Beispiel entnehmen Sie bitte der zugehörigen Arbeitsmappe.

Siehe auch

DIA(), GDA(), GDA2(), LIA()

CD-ROM

Dieses Beispiel finden Sie auf der CD-ROM zum Buch im Ordner *\Buch\Kap14* in der Arbeitsmappe *Abschreibungsrechnung.xlsx* (Excel 2007/2010) bzw. *Abschreibungsrechnung.xls* (Excel 97-2003) auf dem Arbeitsblatt *VDB*.

2003: Add-In!

XINTZINSFUSS() XIRR()

Syntax XINTZINSFUSS(*Werte*;***Zeitpunkte***;*Schätzwert*)

Definition Diese Funktion liefert den internen Zinssatz (und nicht, wie der Name suggeriert, den Zinsfuß) einer Reihe nicht notwendig periodisch anfallender Zahlungen im unterjährlichen Bereich.

Argumente *Werte* (erforderlich) sind die lückenlos in einer Spalte angeordneten (tatsächlichen und/oder erwarteten) Überschüsse aus Aus- und Einzahlungen. Jeder Wert vertritt einen Zeitpunkt. Negative Überschüsse werden mit einem Minuszeichen versehen.

Zeitpunkte (erforderlich) sind die Termine, für die die Überschüsse zutreffen. Die Anordnung muss mit der der Zahlungen im Argument *Werte* übereinstimmen. Der erste Termin gibt den Startpunkt der Bewertung, alle anderen müssen (nicht unbedingt selbst geordnet) nach diesem Termin liegen (der Fehlerwert *#ZAHL!* zeigt eine mögliche Nichtbeachtung dieser Forderung).

Da eine Berechnung des internen Zinssatzes aus mathematischen Gründen für mehr als zwei Perioden nur näherungsweise erfolgen kann, kann diese Näherungsrechnung zu verschiedenen, teilweise auch unsinnigen Ergebnissen (Zinssatz ist negativ) führen. Sie können die Berechnung durch das optionale Argument *Schätzwert* als Ausgangspunkt für die Näherungsrechnung beeinflussen.

Beachten Sie weiterhin:

- Datumsangaben verlangen diese ohne Uhrzeit, Nachkommastellen werden also abgeschnitten
- Ungültige Datumsangaben werden mit dem Fehlerwert *#WERT!* quittiert
- XINTZINSFUSS() erwartet mindestens eine positive und mindestens eine negative Zahlung, andernfalls gibt die Funktion den Fehlerwert *#ZAHL!* zurück. Die erste Zahlung selbst muss nicht negativ sein.
- Umfassen *Werte* und *Zeitpunkte* unterschiedlich viele Werte, gibt XINTZINSFUSS() ebenfalls den Fehlerwert *#ZAHL!* zurück

Hintergrund Obwohl »klassische« Investitionsrechnung mit Jahresperioden rechnet, gibt es eine Reihe von Aufgaben, die im unterjährlichen Bereich zu bearbeiten sind. Dazu zählt vor allem die Bewertung kurzfristiger Finanzgeschäfte.

Die Berechnungen hier gehen von der Barwertformel für Zahlungen aus, die bei gebrochenen Jahresperioden nicht mit einem gebrochenen Zinssatz, sondern mit gebrochener Laufzeit rechnet. Basis bleibt trotz allem ein ganzes Jahr, was vermutlich seine Ursache darin hat, dass ein »Tageszinssatz« (oder noch kleinere Perioden) mit Nullen nach dem Komma nicht die notwendige Vorstellungskraft bei der Interpretation hervorruft. Der Barwert (auch Kapitalwert genannt) berechnet sich aus

$$Barwert = \sum_{k=1}^{Periodenanzahl} \frac{Zahlungen\ zum\ Zeitpunkt_k}{(1+Jahreszinssatz)^{(Zeitpunkt_k - Zeitpunkt_1)/365}}$$

Der Jahreszinssatz, der den Barwert zu 0 (Null) macht, heißt interner Zinssatz (Rendite oder Effektivzinssatz).

Ratenkreditgeschäfte (Konsumentenkredite) verlangen Zahlungen in regelmäßigen Abständen im unterjährlichen Bereich. XINTZINSFUSS() kann solche Zahlungen verarbeiten, dennoch ist es keine gute Funktion, um die Forderungen der in Deutschland geltenden Preisangabenverordnung von 2002 zur Angabe von Effektivzinssätzen zu erfüllen. Anders als die Verordnung von 1985, die die Nachbildung von Krediten auf einem Konto analog zum Sparbuch forderte, verlangt die Verordnung aus dem Jahr 2002 die Bewertung aller Zahlungen als Barwerte im Sinne der obigen Formel (Abzinsen durch gebrochene Laufzeiten, nicht durch gebrochene Zinssätze). Jedoch stimmt die Tagezählung nicht: Die Preisangabenverordnung setzt in diesem Fall einen Monat mit 365/12=30,4166… Tagen an.

Hinweis

Die zur Berechnung verwendeten Werte können nicht »beliebig« gewählt werden. Negative Renditen deuten darauf hin, dass mehr Geld in eine Richtung geflossen ist, aus der es später nicht zurückkommt. Das kann die Ursache sowohl in »falschen« Beträgen als auch »falschen« Zeitpunkten haben. Investiert jemand 100 Geldeinheiten und bekommt später dreimal 33 zurück, kann das nicht in Ordnung sein. Anders aber, wenn er erst dreimal 33 investiert, um dann später 100 zu erhalten. Zahlenreihen mit solchen Effekten lassen sich beliebig erzeugen und »verschachteln«.

Die Gleichung der obigen Formel gestattet eine Auflösung nur in wenigen Sonderfällen. Excel muss also mit einem mathematischen Näherungsverfahren arbeiten. Dieses bewegt sich, eine gute »Startposition« vorausgesetzt, Schritt für Schritt auf die Lösung – falls es eine solche überhaupt gibt – zu. Sie können diese Iteration durch die Mitgabe eines geeigneten Schätzwerts für den internen Zinssatz unterstützen, die Berechnung einer Lösung aber nicht erzwingen.

In Situationen, die einem »normalen« Alltag bei der Bewertung von Finanzinvestitionen entspricht, sollte es kaum zu Problemen kommen. Die Bewertung von Sachinvestitionen empfiehlt sich wegen deren »Ungewissheit der Überschüsse« ohnehin nicht in gebrochenen Jahren.

Praxiseinsatz Konsumentenkredit

Ein Händler wirbt mit dem Finanzkauf (= Ratenkredit oder Konsumentenkredit) einer Waschmaschine im Wert von 599,00 €. Er verlangt dafür 12 Monate lang eine Zahlung von 52,48 €.

Wie hoch ist die Effektivverzinsung?

Sie tragen dazu in einer Spalte 13 Termine im Abstand von einem Monat ein. Neben dem ersten notieren Sie den »Barpreis« mit positivem Vorzeichen, darunter die Monatsraten – mit negativen Vorzeichen.

Die Anwendung von XINTZINSFUSS() liefert dann 9,80 %. Das ist allerdings nicht die Zahl, die der Händler nach der Preisangabenverordnung von 2002 angibt. In der Arbeitsmappe der CD-ROM zum Buch finden Sie die Berechnung, die die korrekte Monatslänge verwendet und durch Zielwertsuche den Barwert aus der obigen Formel zu 0 (Null) macht. Es sind 9,76 %.

Versicherungsprämie auf Raten

Versicherungsgesellschaften bieten Kunden die Möglichkeit, ihre Prämien mit einem Aufschlag in Raten zu zahlen[6]. Gewöhnlich wird dabei ein Aufschlag von 3 % bei halbjährlicher, 5 % bei vierteljährlicher und 8 % bei monatlicher Zahlung fällig.

Zu welchem Effektivzinssatz muss der Kunde den so eingeräumten Kredit bezahlen?

Eine Möglichkeit besteht in der Bewertung mittels der obigen Barwertformel. Andere Möglichkeiten bestehen in der Nachbildung auf einem Sparbuch oder eine Bewertung nach Preisangabenverordnung 2002, die hier allerdings nicht greift, einen Effektivzins muss die Versicherungsgesellschaft wohl nicht nennen.

---

6 Inzwischen gibt es auch Angebote, die statt mit Aufschlägen mit Abschlägen (Skonto) arbeiten. Solche Verträge lassen sich analog bewerten.

Im Falle vierteljährlicher Zahlungen einer Prämie von 1.000,00 € steht also die Alternative von vier Zahlungen zu je 262,50 € gegenüber. Der Versicherungsnehmer kann das zunächst »gesparte« Geld von 737,50 € zur Bank bringen, um alle drei Monate von dort 262,50 € abzuheben. XINTZINSFUSS() informiert darüber, zu welchem (jährlichen) Zinssatz die Bank das Guthaben verzinsen müsste (Zinszahlungen alle drei Monate), damit das Konto am Ende nicht überzogen werden muss und die letzte Rate zur Verfügung steht. Das sind aber »stolze« 14,2 %. Der Versicherungsnehmer kann sich deshalb durchaus überlegen, die Gesamtprämie unter Nutzung eines Dispo-Kredits sofort zu zahlen.

Siehe auch XKAPITALWERT(), IKV(), QIKV(), ZINS()

CD-ROM Diese Beispiele finden Sie auf der CD-ROM zum Buch im Ordner *\Buch\Kap14* in der Arbeitsmappe *Investitionsrechnung.xlsx* (Excel 2007/2010) bzw. *Investitionsrechnung.xls* (Excel 97-2003) auf dem Arbeitsblatt *XINTZINSFUSS*.

XKAPITALWERT() XNPV()

Syntax XKAPITALWERT(*Zins*;*Werte*;*Zeitpunkte*)

Definition Diese Funktion gibt den Kapitalwert einer Reihe nicht notwendig periodisch anfallender Überschüsse (als Differenz zwischen Ein- und Auszahlungen) im unterjährlichen Bereich zurück.

Argumente *Zins* (erforderlich) ist der Jahreszinssatz, der in die Berechnung eingeht. Es kann sich dabei um einen Guthabenzinssatz, einen Zinssatz auf einem Kontokorrentkonto oder einen Marktzinssatz handeln, der die Ausgangssituation am besten beschreibt.

Werte (erforderlich) sind die lückenlos in einer Spalte angeordneten (tatsächlichen und/oder erwarteten) Überschüsse aus Aus- und Einzahlungen. Jeder Wert vertritt einen Zeitpunkt. Negative Überschüsse werden mit einem Minuszeichen versehen.

Zeitpunkte (erforderlich) sind die Termine, für die die Überschüsse zutreffen. Die Anordnung muss mit der der Zahlungen im Argument *Werte* übereinstimmen. Der erste Termin gibt den Startpunkt der Bewertung, alle anderen müssen (nicht unbedingt selbst geordnet) nach diesem Termin liegen (der Fehlerwert *#ZAHL!* zeigt eine mögliche Nichtbeachtung dieser Forderung).

Beachten Sie außerdem:

- Datumsangaben verlangen diese ohne Uhrzeit, Nachkommastellen werden also abgeschnitten
- Ungültige Datumsangaben werden mit dem Fehlerwert *#WERT!* quittiert
- XKAPITALWERT() erwartet mindestens eine positive und mindestens eine negative Zahlung, andernfalls gibt die Funktion den Fehlerwert *#ZAHL!* zurück. Die erste Zahlung selbst muss nicht negativ sein.
- Umfassen *Werte* und *Zeitpunkte* unterschiedlich viele Werte, gibt XKAPITALWERT() ebenfalls den Fehlerwert *#ZAHL!* zurück

Hintergrund Lesen Sie bitte hierzu die Informationen zur Funktion XINTZINSFUSS(). Der in der dortigen Formel ermittelte Barwert ist gerade der Kapitalwert, den XKAPITALWERT() bei gegebener Verzinsung errechnet.

Praxiseinsatz

Ein Händler bietet seinen Kunden an, Rechnungen später bezahlen zu können oder bei Sofortzahlung einen Skontobetrag abzuziehen. Die Möglichkeit des Späterzahlens stellt also eine Form des »Geldverleihs« dar.

Angenommen, es gibt drei Rechnungen mit den Daten aus Tabelle 14.12.

Tabelle 14.12 Fiktive Rechnungsbeträge mit Skontobedingungen

Datum	Betrag	Skonto	Zahlungsziel
2.1.2010	700,00 €	0,5 %	14 Tage
3.4.2010	300,00 €	1 %	4 Wochen
7.7.2010	250,00 €	2 %	2 Monate

Ist das Gewähren von Kredit in dieser Form finanzmathematisch sinnvoll, wenn es Anlageformen gibt, die sich mit 10 % im Jahr rentieren?

Die finanzmathematische Lösung (diese beachtet weder Fragen der Kundenbeziehungen noch solche der Liquidität oder Bonität) bringt der Einsatz von XKAPITALWERT() wie in Abbildung 14.8.

	A	B	C	D	E	F
1						
2		Zinssatz	10,00%			
3						
4		Datum	Betrag	Skonto	Frist (Tage)	Konto
5		02.01.2005	700,00 €	0,50%	14	- 696,50 €
6		16.01.2005				700,00 €
7		03.04.2005	300,00 €	1,00%	28	- 297,00 €
8		01.05.2005				300,00 €
9		07.07.2005	250,00 €	2,00%	60	- 245,00 €
10		05.09.2005				250,00 €
11						
12		XKAPITALWERT	2,80			
13						
14		Rendite	13,58%			
15						

Abbildung 14.8: Kreditvergabe durch Skonti

Angenommen, der Kunde schöpft die Skontomöglichkeit nicht aus. Dann ist das so, als ob mit Lieferung der Händler das Geld zu einer fiktiven Bank bringt und dort mit Zahlungseingang wieder holt. Eine Bewertung der Bank nach dem hier verwendeten Barwertprinzip zeigt einen positiven Kapitalwert. Der Händler hat also mehr Zinseffekte als 10 % pro Jahr.

Der Einsatz von XINTZINSFUSS() beziffert den Effektivzins auf 13,58 % im Jahr. Einen solchen Eindruck bekommt man auch durch Überschlagsrechnung, indem man die Skontosätze (die im Prinzip vorschüssige Zinssätze sind) im Kopf hochrechnet: 1 % für einen Monat bringt 12 % fürs ganze Jahr.

Siehe auch

XINTZINSFUSS(), NBW(), BW()

CD-ROM

Dieses Beispiel finden Sie auf der CD-ROM zum Buch im Ordner *\Buch\Kap14* in der Arbeitsmappe *Investitionsrechnung.xlsx* (Excel 2007/2010) bzw. *Investitionsrechnung.xls* (Excel 97-2003) auf dem Arbeitsblatt *XKAPITALWERT*.

ZINS() RATE()

Syntax ZINS(*Zzr*;*Rmz*;*Bw*;*Zw*;*F*;*Schätzwert*)

Definition Diese Funktion ermittelt den zutreffenden Zinssatz bei Aufgaben der Zinseszinsrechnung sowie der Rentenrechnung (auch Tilgungsrechnung nach dem Prinzip der Annuitätentilgung).

Argumente *Zzr* (erforderlich) legt die Anzahl der Zinsperioden fest. Dabei wird davon ausgegangen, dass eventuelle regelmäßige Zahlungen (Argument *Rmz* ist größer Null) am Ende (oder Anfang) der Zinsperioden erfolgen.

Rmz (erforderlich/optional, siehe Hinweis) informiert über die Höhe der regelmäßigen Zahlungen und kann als Rente interpretiert werden.

Bw (erforderlich/optional, siehe Hinweis) ist der Anfangswert einer Richtung der Zahlungen. Für Auszahlpläne handelt es sich um den Kontostand am Anfang der Betrachtungen, bei Tilgungsplänen um die Kreditsumme.

Zw (optional/erforderlich, siehe Hinweis) ist der Zukunftswert, der am Ende des betrachteten Zeitraums vorliegen soll.

F (optional) legt fest, ob die regelmäßigen Zahlungen am Ende der Perioden (*F = 0* oder nicht angegeben) oder aber am Anfang der Perioden (*F = 1*) erfolgen.

Schätzwert (optional) kann angegeben werden, um die notwendige Näherungsrechnung (siehe Hintergrund-Informationen) in Gang zu bringen. Wenn Sie keinen Wert für *Schätzwert* angeben, rechnet Excel mit einem Wert von 10 %.

Hinweis Jeweils zwei der drei Größen *Rmz*, *Bw* und *Zw* müssen angegeben werden und dabei verschieden von 0 (Null) sein. Die Vorzeichen richten sich nach der »Richtung des Geldflusses« (vgl. die untenstehende Formel).

Wichtig Das genannte finanzmathematische Äquivalenzprinzip bedeutet, dass hinsichtlich des Vorzeichens zwischen Aus- und Einzahlungen (Kreditaufnahme und Tilgung, Investition und Desinvestition) unterschieden werden muss. Hier weicht Excel vom in der finanzmathematischen Literatur gebräuchlichen Äquivalenzprinzip

```
Leistung des Schuldners = Leistung des Gläubigers
```

ab.

Hintergrund Die fünf Funktionen BW() = Barwert, ZW() = Zukunftswert, RMZ() = regelmäßige Zahlung, ZZR() = Zins- oder Zahlungszeiträume und ZINS() = Zinssatz, stehen in Umsetzung des obigen Äquivalenzprinzips in folgendem Zusammenhang:

$$BW \cdot (1+ZINS)^{ZZR} + RMZ \cdot (1+F \cdot ZINS) \cdot \frac{(1+ZINS)^{ZZR}-1}{ZINS} + ZW = 0$$

Der Barwert wird bis zum Ende aufgezinst, ebenso die regelmäßigen Zahlungen. Zum Ende wird die Summe mit dem Zukunftswert verglichen.

Die Nutzung einer dieser Funktionen ist gleichbedeutend mit der jeweiligen finanzmathematischen Grundaufgabe: Berechnung eines Werts aus obiger Gleichung, wenn die anderen Werte bekannt sind.

Die Funktionen stellen also die Gleichung nach der gleichnamigen Größe um (außer bei *ZINS* – hier wird eine Näherungsrechnung durchgeführt).

Die Rechnung als Näherungsrechnung wird durch Excel vom genannten Schätzwert aus gestartet und sollte Schritt für Schritt an die Lösung heranführen, wenn es denn eine solche überhaupt gibt. Durch Variation des Schätzwerts können Sie Excel bei der Lösungssuche unterstützen. Die Lösbarkeit der Gleichung lässt sich dadurch aber nicht erzwingen.

Hinweis

Gewöhnlich erfolgen die Angaben des Zinssatzes als Jahreszinssatz. Die genannten Funktionen arbeiten nur dann korrekt, wenn die Perioden zum Zinssatz passen. Bei unterjährlicher Verzinsung wird in der Regel der Jahreszinssatz gleichmäßig auf die Perioden aufgeteilt: 12 Monate zu einem Zwölftel des Zinssatzes, 3 Monate zu einem Viertel und ein halbes Jahr zur Hälfte.

Praxiseinsatz

Die folgenden Beispiele orientieren sich in einigen Überschriften am »finanzmathematischen Sprachgebrauch«.

Zinseszinsrechnung

Jemand möchte im Alter ein kleines finanzielles Polster haben und beschließt, eine gerade angefallene Erbschaft in Höhe von 10.000,00 € auf 15 Jahre fest anzulegen. Er hofft auf eine Auszahlung von wenigstens 25.000,00 €. Bei welchem Zinssatz gelingt der Plan?

Eine Berechnung nach

```
=ZINS(15;;-10000;25000)
```

liefert einen erforderlichen Jahreszinssatz von 6,3 %.

Bundesschatzbriefe Typ B

Bundesschatzbriefe vom Typ B sind solche, bei denen gezahlte Zinsen zu den vereinbarten Konditionen wieder angelegt werden. Im Beispiel zur Funktion ZW2() finden Sie eine Rechnung, die ZINS() benutzt, um die durch die Bundesbank veröffentlichten Renditen zu bestätigen.

Rentenrechnung

Jemand hat bis zum 60. Lebensjahr 100.000,00 € angespart und möchte sich eine zusätzliche Rente in Höhe von 750,00 € monatlich auszahlen lassen. Zu welchem Zinssatz muss das jeweils noch vorhandene Guthaben verzinst werden, wenn 15 Jahre lang Zahlungen am Monatsanfang geplant sind?

Sie ermitteln den erforderlichen Monatszinssatz der Rente aus

```
=ZINS(15*12;-750;100000;;1)
```

zu 0,354796 % (die 1 in der Formel zielt auf den Monatsanfang der Zahlungen). Die Rechnung geht von Zinseszinsen innerhalb eines Jahres aus. Auf einem Sparbuch lässt sich der Zinseszinseffekt allerdings nicht umsetzen, sodass das Ergebnis etwas »theoretisch« ist. Außerdem ist bei der Angabe des (12-fachen) Nominalzinses für ein ganzes Jahr dieser auf zwei Stellen nach dem Komma beschränkt: 4,26 % p. a.. Ein konkretes Konto muss dann mit einem Zwölftel dieser Zahl geführt werden.

Tilgungsrechnung (Annuitätentilgung)

Jemand kann monatlich 1.000,00 € zur (monatlich konstanten) Rückzahlung (Tilgung plus Zinsen) eines Kredits einsetzen. Zu welchem Zinssatz müsste dieser verzinst werden, wenn 175.000,00 € im Laufe von 30 Jahren zurückgezahlt werden sollen?

Tilgungsrechnung in diesem Sinne ist Rentenrechnung. Der Einsatz von ZINS() führt über

```
=ZINS(30*12;-1000;175000)
```

auf 0,46316 %. Anders als beim Sparbuch erfolgt beim Hypothekendarlehen eine monatliche Verzinsung zu einem Zwölftel des vereinbarten Jahreszinssatzes (Nominalzins). Allerdings ist der durch ZINS() berechnete Zinssatz noch durch Multiplikation mit 12 auf ein Jahr hochzurechnen und das Konto mit dem daraus resultierenden Nominalzins von 5,56 % p. a. zu führen. Zur monatlichen Berechnung der Zinsen wird dann ein Zwölftel dieses Zinssatzes angewendet. Dies führt zu einer verbleibenden Restschuld nach 30 Jahren.

Hinweis Mit ZINS() können Sie den durch die Preisangabenverordnung des Jahres 2000 notwendig anzugebenden effektiven Jahreszinssatz für Hypothekendarlehen nur näherungsweise berechnen. Das liegt daran, dass ZINS() einen gebrochenen Zinssatz bei unterjährlichen Zinsperioden ermittelt, die Preisangabenverordnung aber die Nutzung gebrochener Jahresperioden verlangt.

Wichtig Die Verwendung von Formeln unterscheidet sich von der ausführlichen Notierung eines Kontoverlaufs mit den gegebenen Ein- und Auszahlungen möglicherweise durch Rundungsfehler. Das liegt daran, dass auf einem tatsächlich geführten Konto Rundungen auf zwei Stellen nach dem Komma erfolgen. Gestalten Sie ein solches Konto unter Excel nach, ist in den Zwischenschritten, die konkretes Geld bedeuten, jeweils die Funktion RUNDEN() einzusetzen. Eine lediglich Begrenzung der Anzeige des Zellwerts auf zwei Stellen ist oft nicht korrekt.

Die Beispiele auf der CD-ROM zum Buch lassen Spielraum zum Experimentieren mit den Rundungseffekten, da die Kontopläne bereits vorbereitet sind.

Investitionsrechnung Sind bei Investitionsbewertungen die jährlichen zukünftigen Überschüsse konstant, können Sie statt der Funktion IKV() auch die Funktion ZINS() zur Bestimmung der internen Kapitalverzinsung verwenden. Details zur Methode des internen Zinssatzes finden Sie bei den Erläuterungen zu IKV().

Siehe auch BW(), RMZ(), ZW(), ZZR(), IKV()

CD-ROM Die Arbeitsmappen *Zinseszinsrechnung.xlsx* (Excel 2007/2010) bzw. *Zinseszinsrechnung.xls* (Excel 97-2003), *Rentenrechnung.xlsx* (Excel 2007/2010) bzw. *Rentenrechnung.xls* (Excel 97-2003) und *Tilgungsrechnung.xlsx* (Excel 2007/2010) bzw. *Tilgungsrechnung.xls* (Excel 97-2003) im Ordner *\Buch\Kap14* der CD-ROM zum Buch halten die Beispiele mit entsprechender Überschrift auf dem jeweiligen Arbeitsblatt *ZINS* bereit.

ZINSSATZ() — RECEIVED()

2003: Add-In!

Syntax ZINSSATZ(***Abrechnung***;***Fälligkeit***;***Anlage***;***Rückzahlung***;*Basis*)

Definition Diese Funktion berechnet den äquivalenten nachschüssigen Zinssatz für ein Wertpapier, welches mit einem Abschlag (Diskont, Disagio) für eine in der Regel unterjährliche Laufzeit ausgestattet wurde.

Sie unterscheidet sich von der Funktion RENDITEDIS() nur durch die Benennung der Argumente.

Argumente ***Abrechnung*** (erforderlich) ist der Tag, an dem das Wertpapier den Besitzer wechselt.

Fälligkeit (erforderlich) erfasst den Tag, an dem die Leistungen aus dem Wertpapier erfolgen müssen.

Anlage (erforderlich) ist der Kaufpreis des Wertpapiers am Abrechnungstag.

Rückzahlung (erforderlich) beschreibt die Leistung am Fälligkeitstag.

Basis (optional) entscheidet über die Methode zur Ermittlung von Tagen im Jahr nach Tabelle 14.13. Wird es weggelassen, rechnet Excel mit *Basis = 0*.

Basis	Methode	Bedeutung
0	30/360 (NASD-Methode)	Jeder Monat hat 30 Tage, ein Jahr 12 Monate. Ist das Ausgangsdatum der 31. eines Monats, wird dieses Datum zum 30. desselben Monats. Ist das Enddatum der 31. eines Monats und das Ausgangsdatum ein Datum vor dem 30. eines Monats, wird das Enddatum zum 1. des darauf folgenden Monats. In allen anderen Fällen wird das Enddatum zum 30. desselben Monats.
1	Genau/Genau	Jeder Monat hat so viele Tage wie im Kalender stehen, die Summe über alle Monate ergibt die Anzahl der Tage im Jahr
2	genau/360 Tage	Jeder Monat hat so viele Tage wie im Kalender stehen. Ein Jahr hat immer 360 Tage.
3	Genau/365 Tage	Jeder Monat hat so viele Tage wie im Kalender stehen. Ein Jahr hat immer 365 Tage.
4	30/360 (Europäische Methode)	Jeder Monat hat 30 Tage, ein Jahr 12 Monate. Jedes Ausgangs- und Enddatum, das auf den 31. eines Monats fällt, wird zum 30. desselben Monats.

Tabelle 14.13 Verschiedene Methoden zur Ermittlung der Anzahl der Tage eines Jahres

Alle Argumente der Funktion, die ein Datum betreffen, verwenden eine Datumsangabe ohne Uhrzeit, gebrochene Zahlen werden also abgerundet. Das Argument *Basis* verlangt ebenfalls eine ganze Zahl und schneidet Nachkommastellen ab.

Folgendes ist zu beachten:

- Werden ungültige Datumseinträge verwendet bzw. keine Zahlen dort angegeben, wo sie erforderlich sind, liefert die Funktion den Fehlerwert *#WERT!*
- Ist *Anlage* kleiner oder gleich 0 oder ist *Rückzahlung* kleiner oder gleich 0, gibt ZINSSATZ() den Fehlerwert *#ZAHL!* zurück
- Ist *Basis* kleiner 0 oder größer 4, gibt ZINSSATZ() den Fehlerwert *#ZAHL!* zurück
- Ist *Abrechnung* größer oder gleich *Fälligkeit*, gibt ZINSSATZ() den Fehlerwert *#ZAHL!* zurück

Wichtig

Die Excel-Hilfe formuliert folgenden Hinweis:

»Datumsangaben sollten mit der DATUM()-Funktion oder als Ergebnisse anderer Formeln oder Funktionen eingegeben werden. Es können Probleme auftreten, wenn Datumsangaben als Text eingegeben werden.«

Hintergrund

Vom Grundsatz her gehört diese Funktion in den Umkreis der vorschüssigen Verzinsung. Das Prinzip besteht in der Annahme, dass sich ein Anfangskapital (einzuzahlender Betrag, Darlehen) aus dem Rückzahlungsbetrag minus die Zinsen auf diesen Betrag ergibt. Dieses Prinzip wird vor allem im unterjährlichen Bereich verwendet und unterscheidet sich von dem Prinzip, welches einem Sparbuch oder einem Hypothekendarlehen zugrunde liegt. Dort werden nämlich die Zinsen am Ende einer Periode auf Basis des Anfangskapitals berechnet (nachschüssige Verzinsung).

Um Vergleichbarkeit von Wertpapieren mit nachschüssiger Verzinsung herzustellen, wird die Differenz zwischen Rückzahlung und Kurs ins Verhältnis zum Kurs gesetzt. Das Ergebnis entspricht dem relativen Zuwachs bis zur Fälligkeit, also einem nachschüssigen Zinssatz, der hier, wie oft in ähnlichen Situationen, den Namen Rendite erhält. Die Berechnung erfolgt ohne Zinseszinseffekte, der Zinssatz ist unter diesem Aspekt noch auf ein Jahr (bei entsprechender Tagezählung) hochzurechnen.

Die Funktion DISAGIO() steht mit der Funktion ZINSSATZ() in folgender Beziehung:

$$(1+ZINSSATZ())\cdot(1-DISAGIO())=1$$

Diese Beziehung erlaubt es, aus einem vorschüssigen Jahreszinssatz den dazu äquivalenten nachschüssigen Jahreszinssatz auszurechnen. Äquivalenz bedeutet dabei, dass zwei Anleger, die das gleiche Kapital einsetzen – der eine mit vorschüssiger, der andere mit nachschüssiger Verzinsung – am Ende eines Jahres auch eine gleiche Rückzahlung bekommen.

Praxiseinsatz Als Beispiele für diese Funktion können Sie die Beispiele zu RENDITEDIS() nehmen und stattdessen die Funktion ZINSSATZ() für die Berechnungen verwenden.

Siehe auch AUSZAHLUNG(), DISAGIO(), KURSDISAGIO(), RENDITEDIS(), TBILLÄQUIV()

CD-ROM Sie finden die Beispiele auf der CD-ROM zum Buch im Ordner *\Buch\Kap14* in der Arbeitsmappe *Einfache Zinsrechnung.xlsx* (Excel 2007/2010) bzw. *Einfache Zinsrechnung.xls* (Excel 97-2003) auf den Arbeitsblättern *Wechselrechnung* und *Bundesfinanzierungsschätze.*

2003: Add-In!

ZINSTERMNZ() COUPNCD()

Syntax ZINSTERMNZ(***Abrechnung***;***Fälligkeit***;***Häufigkeit***;*Basis*)

Definition Diese Funktion ermittelt das Datum der ersten Kuponzinszahlung, nachdem ein festverzinsliches Wertpapier mit regelmäßigen Zinsterminen den Besitzer gewechselt hat.

Argumente ***Abrechnung*** (erforderlich) ist das Datum, an dem das Wertpapier den Besitzer wechselt.

Fälligkeit (erforderlich) ist das Datum, an dem die Rückzahlung des durch das Wertpapier verbrieften Darlehens erfolgt.

Da es durchaus üblich ist, festverzinsliche Wertpapiere mit mehreren Zinsterminen im Jahr auszustatten, informiert das erforderliche Argument ***Häufigkeit*** über deren Anzahl. Zulässige Werte sind: *1* = jährlich; *2* = halbjährlich; *4* = vierteljährlich.

Basis (optional) entscheidet über die Methode zur Ermittlung von Tagen im Jahr nach Tabelle 14.13. Wird es weggelassen, rechnet Excel mit *Basis = 0.*

An die Argumente werden folgende Anforderungen gestellt:

- Datumsangaben verlangen diese ohne Uhrzeit, Nachkommastellen werden also abgeschnitten. Auch die Argumente *Häufigkeit* und *Basis* werden zu ganzen Zahlen eingekürzt.
- Lassen sich Datumsargumente nicht zu einem zulässigen Datum auswerten, wird der Fehlerwert *#WERT!* zurückgegeben
- Lässt sich *Häufigkeit* nicht zu 1, 2 oder 4 sowie *Basis* nicht zu einer Zahl zwischen 0 und 4 auswerten, gibt die Funktion den Fehlerwert *#ZAHL!* zurück. Das Gleiche geschieht, wenn der Abrechnungstermin nach der Fälligkeit liegt.

Wichtig Die Excel-Hilfe formuliert folgenden Hinweis:

»Datumsangaben sollten mit der DATUM()-Funktion oder als Ergebnisse anderer Formeln oder Funktionen eingegeben werden. Es können Probleme auftreten, wenn Datumsangaben als Text eingegeben werden.«

Hintergrund

Regelmäßige Kuponzinszahlungen eines festverzinslichen Wertpapiers (Anleihe) richten sich nach dem Fälligkeitsdatum und der Häufigkeit innerhalb eines Jahres.

Unterschiedliche Ergebnisse im unterjährlichen Bereich können dabei durch unterschiedliche Tagezählung im Jahr entstehen.

Praxiseinsatz

Diese Funktion wurde in den ausführlichen Rechnungen der Beispiele zu KURS() und RENDITE() verwendet.

Siehe auch

ZINSTERMTAGE(), ZINSTERMTAGNZ(), ZINSTERMTAGVA(), ZINSTERMVZ(), ZINSTERMZAHL(), KURS(), RENDITE(), TAGE360()

CD-ROM

Die genannten Beispiele finden Sie auf der CD-ROM zum Buch im Ordner *\Buch\Kap14* in der Arbeitsmappe *Kursrechnung.xlsx* (Excel 2007/2010) bzw. *Kursrechnung.xls* (Excel 97-2003) auf den Arbeitsblättern *KURS* und *RENDITE*.

ZINSTERMTAGE() COUPDAYS()

2003: Add-In!

Syntax

ZINSTERMTAGE(***Abrechnung***;***Fälligkeit***;***Häufigkeit***;*Basis*)

Definition

Diese Funktion ermittelt die Anzahl der Tage der Zinsperiode, in die der Besitzwechsel eines festverzinslichen Wertpapiers mit regelmäßigen Zinsterminen fällt.

Argumente

Abrechnung (erforderlich) ist das Datum, an dem das Wertpapier den Besitzer wechselt.

Fälligkeit (erforderlich) ist das Datum, an dem die Rückzahlung des durch das Wertpapier verbrieften Darlehens erfolgt.

Da es durchaus üblich ist, festverzinsliche Wertpapiere mit mehreren Zinsterminen im Jahr auszustatten, informiert das erforderliche Argument ***Häufigkeit*** über deren Anzahl. Zulässige Werte sind: *1* = jährlich; *2* = halbjährlich; *4* = vierteljährlich.

Basis (optional) entscheidet über die Methode zur Ermittlung von Tagen im Jahr nach Tabelle 14.13. Wird es weggelassen, rechnet Excel mit *Basis = 0*.

An die Argumente werden folgende Anforderungen gestellt:

- Datumsangaben verlangen diese ohne Uhrzeit, Nachkommastellen werden also abgeschnitten. Auch die Argumente *Häufigkeit* und *Basis* werden zu ganzen Zahlen eingekürzt.
- Lassen sich Datumsargumente nicht zu einem zulässigen Datum auswerten, wird der Fehlerwert *#WERT!* zurückgegeben
- Lässt sich *Häufigkeit* nicht zu 1, 2 oder 4 sowie *Basis* nicht zu einer Zahl zwischen 0 und 4 auswerten, gibt die Funktion den Fehlerwert *#ZAHL!* zurück. Das Gleiche geschieht, wenn der Abrechnungstermin nach der Fälligkeit liegt.

Wichtig

Die Excel-Hilfe formuliert folgenden Hinweis:

»Datumsangaben sollten mit der DATUM()-Funktion oder als Ergebnisse anderer Formeln oder Funktionen eingegeben werden. Es können Probleme auftreten, wenn Datumsangaben als Text eingegeben werden.«

Hintergrund

Regelmäßige Kuponzinszahlungen eines festverzinslichen Wertpapiers (Anleihe) richten sich nach dem Fälligkeitsdatum und der Häufigkeit innerhalb eines Jahres.

Unterschiedliche Ergebnisse im unterjährlichen Bereich können dabei durch unterschiedliche Tagezählung im Jahr entstehen.

Praxiseinsatz Diese Funktion wurde in den ausführlichen Rechnungen der Beispiele zu KURS() und RENDITE() verwendet.

Siehe auch ZINSTERMNZ(), ZINSTERMTAGNZ(), ZINSTERMTAGVA(), ZINSTERMVZ(), ZINSTERMZAHL(), KURS(), RENDITE(), TAGE360()

CD-ROM Die genannten Beispiele finden Sie auf der CD-ROM zum Buch im Ordner *\Buch\Kap14* in der Arbeitsmappe *Kursrechnung.xlsx* (Excel 2007/2010) bzw. *Kursrechnung.xls* (Excel 97-2003) auf den Arbeitsblättern *KURS* und *RENDITE*.

2003: Add-In!

ZINSTERMTAGNZ() COUPDAYSNC()

Syntax ZINSTERMTAGNZ(***Abrechnung***;***Fälligkeit***;***Häufigkeit***;*Basis*)

Definition Diese Funktion ermittelt die Anzahl der Tage zwischen dem Tag des Besitzerwechsels eines festverzinslichen Wertpapiers mit regelmäßigen Zinsterminen und dem nächsten Zinstermin.

Argumente ***Abrechnung*** (erforderlich) ist das Datum, an dem das Wertpapier den Besitzer wechselt.

Fälligkeit (erforderlich) ist das Datum, an dem die Rückzahlung des durch das Wertpapier verbrieften Darlehens erfolgt.

Da es durchaus üblich ist, festverzinsliche Wertpapiere mit mehreren Zinsterminen im Jahr auszustatten, informiert das erforderliche Argument ***Häufigkeit*** über deren Anzahl. Zulässige Werte sind: *1* = jährlich; *2* = halbjährlich; *4* = vierteljährlich.

Basis (optional) entscheidet über die Methode zur Ermittlung von Tagen im Jahr nach Tabelle 14.13. Wird es weggelassen, rechnet Excel mit *Basis = 0*.

An die Argumente werden folgende Anforderungen gestellt:

- Datumsangaben verlangen diese ohne Uhrzeit, Nachkommastellen werden also abgeschnitten. Auch die Argumente *Häufigkeit* und *Basis* werden zu ganzen Zahlen eingekürzt.
- Lassen sich Datumsargumente nicht zu einem zulässigen Datum auswerten, wird der Fehlerwert *#WERT!* zurückgegeben
- Lässt sich *Häufigkeit* nicht zu 1, 2 oder 4 sowie *Basis* nicht zu einer Zahl zwischen 0 und 4 auswerten, gibt die Funktion den Fehlerwert *#ZAHL!* zurück. Das Gleiche geschieht, wenn der Abrechnungstermin nach der Fälligkeit liegt.

Wichtig Die Excel-Hilfe formuliert folgenden Hinweis:

»Datumsangaben sollten mit der DATUM()-Funktion oder als Ergebnisse anderer Formeln oder Funktionen eingegeben werden. Es können Probleme auftreten, wenn Datumsangaben als Text eingegeben werden.«

Hintergrund Regelmäßige Kuponzinszahlungen eines festverzinslichen Wertpapiers (Anleihe) richten sich nach dem Fälligkeitsdatum und der Häufigkeit innerhalb eines Jahres.

Das Ergebnis der Funktion kann genutzt werden, um die Zinsen auszurechnen, die dem neuen Besitzer aus dem Rest der Zinsperiode noch zustehen, oder eine Barwertberechnung von Leistungen zum Zinstermin über eine gebrochene Periode vorzunehmen. Unterschiedliche Ergebnisse im unterjährlichen Bereich können dabei durch unterschiedliche Tagezählung im Jahr entstehen.

Praxiseinsatz Diese Funktion wurde in den ausführlichen Rechnungen der Beispiele zu KURS() und RENDITE() verwendet.

Siehe auch ZINSTERMNZ(), ZINSTERMTAGE(), ZINSTERMTAGVA(), ZINSTERMVZ(), ZINSTERMZAHL(),KURS(), RENDITE(), TAGE360()

CD-ROM Die genannten Beispiele finden Sie auf der CD-ROM zum Buch im Ordner *\Buch\Kap14* in der Arbeitsmappe *Kursrechnung.xlsx* (Excel 2007/2010) bzw. *Kursrechnung.xls* (Excel 97-2003) auf dem Arbeitsblatt *KURS* und *RENDITE*.

ZINSTERMTAGVA() COUPDAYBS()

2003: Add-In!

Syntax ZINSTERMTAGVA(***Abrechnung***;***Fälligkeit***;***Häufigkeit***;*Basis*)

Definition Diese Funktion ermittelt die Anzahl der Tage, die seit der letzten Zinszahlung bis zum Besitzwechsel eines festverzinslichen Wertpapiers mit regelmäßigen Zinsterminen vergangen sind.

Argumente ***Abrechnung*** (erforderlich) ist das Datum, an dem das Wertpapier den Besitzer wechselt.

Fälligkeit (erforderlich) ist das Datum, an dem die Rückzahlung des durch das Wertpapier verbrieften Darlehens erfolgt.

Da es durchaus üblich ist, festverzinsliche Wertpapiere mit mehreren Zinsterminen im Jahr auszustatten, informiert das erforderliche Argument ***Häufigkeit*** über deren Anzahl. Zulässige Werte sind: *1* = jährlich; *2* = halbjährlich; *4* = vierteljährlich.

Basis (optional) entscheidet über die Methode zur Ermittlung von Tagen im Jahr nach Tabelle 14.13. Wird es weggelassen, rechnet Excel mit *Basis = 0*.

An die Argumente werden folgende Anforderungen gestellt:

- Datumsangaben verlangen diese ohne Uhrzeit, Nachkommastellen werden also abgeschnitten. Auch die Argumente *Häufigkeit* und *Basis* werden zu ganzen Zahlen eingekürzt.
- Lassen sich Datumsargumente nicht zu einem zulässigen Datum auswerten, wird der Fehlerwert *#WERT!* zurückgegeben
- Lässt sich *Häufigkeit* nicht zu 1, 2 oder 4 sowie *Basis* nicht zu einer Zahl zwischen 0 und 4 auswerten, gibt die Funktion den Fehlerwert *#ZAHL!* zurück. Das Gleiche geschieht, wenn der Abrechnungstermin nach der Fälligkeit liegt.

Wichtig Die Excel-Hilfe formuliert folgenden Hinweis:

»Datumsangaben sollten mit der DATUM()-Funktion oder als Ergebnisse anderer Formeln oder Funktionen eingegeben werden. Es können Probleme auftreten, wenn Datumsangaben als Text eingegeben werden.«

Hintergrund Regelmäßige Kuponzinszahlungen eines festverzinslichen Wertpapiers (Anleihe) richten sich nach dem Fälligkeitsdatum und der Häufigkeit innerhalb eines Jahres.

Das Ergebnis der Funktion kann verwendet werden, um die Zinsen auszurechnen, die der zukünftige Besitzer für die bereits vergangenen Tage der aktuellen Zinsperiode (sogenannte Stückzinsen) zusätzlich zum Kurs bei Kauf bezahlen muss. Unterschiedliche Ergebnisse im unterjährlichen Bereich können dabei durch unterschiedliche Tagezählung im Jahr entstehen.

Praxiseinsatz Diese Funktion wurde in den ausführlichen Rechnungen der Beispiele zu KURS() und RENDITE() verwendet.

Siehe auch ZINSTERMNZ(), ZINSTERMTAGE(), ZINSTERMTAGNZ(), ZINSTERMVZ(), ZINSTERMZAHL(),KURS(), RENDITE(), TAGE360()

CD-ROM Die genannten Beispiele finden Sie auf der CD-ROM zum Buch im Ordner *\Buch\Kap14* in der Arbeitsmappe *Kursrechnung.xlsx* (Excel 2007/2010) bzw. *Kursrechnung.xls* (Excel 97-2003) auf dem Arbeitsblatt *KURS* und *RENDITE*.

2003: Add-In!

ZINSTERMVZ() COUPPCD()

Syntax ZINSTERMVZ(***Abrechnung***;***Fälligkeit***;***Häufigkeit***;*Basis*)

Definition Diese Funktion ermittelt das Datum der bislang letzten Zinszahlung vor Besitzwechsel eines festverzinslichen Wertpapiers mit regelmäßigen Zinsterminen.

Argumente ***Abrechnung*** (erforderlich) ist das Datum, an dem das Wertpapier den Besitzer wechselt.

Fälligkeit (erforderlich) ist das Datum, an dem die Rückzahlung des durch das Wertpapier verbrieften Darlehens erfolgt.

Da es durchaus üblich ist, festverzinsliche Wertpapiere mit mehreren Zinsterminen im Jahr auszustatten, informiert das erforderliche Argument ***Häufigkeit*** über deren Anzahl. Zulässige Werte sind: *1* = jährlich; *2* = halbjährlich; *4* = vierteljährlich.

Basis (optional) entscheidet über die Methode zur Ermittlung von Tagen im Jahr nach Tabelle 14.13. Wird es weggelassen, rechnet Excel mit *Basis = 0.*

An die Argumente werden folgende Anforderungen gestellt:

- Datumsangaben verlangen diese ohne Uhrzeit, Nachkommastellen werden also abgeschnitten. Auch die Argumente *Häufigkeit* und *Basis* werden zu ganzen Zahlen eingekürzt.
- Lassen sich Datumsargumente nicht zu einem zulässigen Datum auswerten, wird der Fehlerwert *#WERT!* zurückgegeben
- Lässt sich *Häufigkeit* nicht zu 1, 2 oder 4 sowie *Basis* nicht zu einer Zahl zwischen 0 und 4 auswerten, gibt die Funktion den Fehlerwert *#ZAHL!* zurück. Das Gleiche geschieht, wenn der Abrechnungstermin nach der Fälligkeit liegt.

Wichtig Die Excel-Hilfe formuliert folgenden Hinweis:

»Datumsangaben sollten mit der DATUM()-Funktion oder als Ergebnisse anderer Formeln oder Funktionen eingegeben werden. Es können Probleme auftreten, wenn Datumsangaben als Text eingegeben werden.«

Hintergrund Regelmäßige Kuponzinszahlungen eines festverzinslichen Wertpapiers (Anleihe) richten sich nach dem Fälligkeitsdatum und der Häufigkeit innerhalb eines Jahres.

Das Ergebnis der Funktion kann verwendet werden, um Stückzinsen »per Hand« auszurechnen (siehe die Erläuterungen zu ZINSTERMTAGVA()) oder den Termin auf einem Arbeitsblatt zur besseren Orientierung mit aufzunehmen. Unterschiedliche Ergebnisse im unterjährlichen Bereich können dabei durch unterschiedliche Tagezählung im Jahr entstehen.

Praxiseinsatz Diese Funktion wurde zur Verdeutlichung der Überlegungen in den ausführlichen Rechnungen der Beispiele zu KURS() verwendet.

Siehe auch ZINSTERMNZ(), ZINSTERMTAGE(), ZINSTERMTAGVA(), ZINSTERMTAGNZ(), ZINSTERMZAHL(), KURS(), RENDITE(), TAGE360()

CD-ROM Die genannten Beispiele finden Sie auf der CD-ROM zum Buch im Ordner *\Buch\Kap14* in der Arbeitsmappe *Kursrechnung.xlsx* (Excel 2007/2010) bzw. *Kursrechnung.xls* (Excel 97-2003) auf dem Arbeitsblatt *KURS*.

ZINSTERMZAHL() COUPNUM()

2003: Add-In!

Syntax ZINSTERMZAHL(***Abrechnung***;***Fälligkeit***;***Häufigkeit***;*Basis*)

Definition Diese Funktion ermittelt die Anzahl der Zinszahlungen (Kupontermine), die der neue Besitzer nach Kauf eines festverzinslichen Wertpapiers mit regelmäßigen Zinsterminen vor sich hat.

Argumente ***Abrechnung*** (erforderlich) ist das Datum, an dem das Wertpapier den Besitzer wechselt.

Fälligkeit (erforderlich) ist das Datum, an dem die Rückzahlung des durch das Wertpapier verbrieften Darlehens erfolgt.

Da es durchaus üblich ist, festverzinsliche Wertpapiere mit mehreren Zinsterminen im Jahr auszustatten, informiert das erforderliche Argument ***Häufigkeit*** über deren Anzahl. Zulässige Werte sind: *1* = jährlich; *2* = halbjährlich; *4* = vierteljährlich.

Basis (optional) entscheidet über die Methode zur Ermittlung von Tagen im Jahr nach Tabelle 14.13. Wird es weggelassen, rechnet Excel mit *Basis = 0*.

An die Argumente werden folgende Anforderungen gestellt:

- Datumsangaben verlangen diese ohne Uhrzeit, Nachkommastellen werden also abgeschnitten. Auch die Argumente *Häufigkeit* und *Basis* werden zu ganzen Zahlen eingekürzt.
- Lassen sich Datumsargumente nicht zu einem zulässigen Datum auswerten, wird der Fehlerwert *#WERT!* zurückgegeben.
- Lässt sich *Häufigkeit* nicht zu 1, 2 oder 4 sowie *Basis* nicht zu einer Zahl zwischen 0 und 4 auswerten, gibt die Funktion den Fehlerwert *#ZAHL!* zurück. Das Gleiche geschieht, wenn der Abrechnungstermin nach der Fälligkeit liegt.

Wichtig Die Excel-Hilfe formuliert folgenden Hinweis:

»Datumsangaben sollten mit der DATUM()-Funktion oder als Ergebnisse anderer Formeln oder Funktionen eingegeben werden. Es können Probleme auftreten, wenn Datumsangaben als Text eingegeben werden.«

Hintergrund Regelmäßige Kuponzinszahlungen eines festverzinslichen Wertpapiers (Anleihe) richten sich nach dem Fälligkeitsdatum und der Häufigkeit innerhalb eines Jahres.

Das Ergebnis der Funktion kann verwendet werden, um den Barwert der zukünftigen Leistungen aus dem Wertpapier (Kurs) zum Tage des nächsten Zinstermins zu berechnen. Vergleichen Sie hierzu die Erläuterungen zum ausführlichen Rechenbeispiel der Funktion KURS() bzw. RENDITE(). Unterschiedliche Ergebnisse im unterjährlichen Bereich können dabei durch unterschiedliche Tagezählung im Jahr entstehen.

Praxiseinsatz Diese Funktion wurde in den ausführlichen Rechnungen der Beispiele zu KURS() und RENDITE() verwendet.

Siehe auch ZINSTERMNZ(), ZINSTERMTAGE(), ZINSTERMTAGNZ(), ZINSTERMTAGVA(), ZINSTERMVZ(),KURS(), RENDITE(), TAGE360()

CD-ROM Die genannten Beispiele finden Sie auf der CD-ROM zum Buch im Ordner *\Buch\Kap14* in der Arbeitsmappe *Kursrechnung.xlsx* (Excel 2007/2010) bzw. *Kursrechnung.xls* (Excel 97-2003) auf dem Arbeitsblatt *KURS* und *RENDITE*.

ZINSZ() IPMT()

Syntax ZINSZ(*Zins*;*Zr*;*Zzr*;*Bw*;*Zw*;*F*)

Definition Diese Funktion ermittelt den Anteil an einer Annuität, der zur Zinszahlung für Darlehen benutzt wird, welches nach dem Prinzip der Annuitätentilgung zurückgezahlt wird.

Argumente *Zins* (erforderlich) benennt den Nominalzins des Kredits.

Zr (erforderlich) wird die für die gewünschte Periode zutreffende Nummer übergeben.

Zzr (erforderlich) gibt die Gesamtzahl der Perioden, in denen der Kredit zurückgezahlt wird, an.

Bw (erforderlich) erfasst die Darlehenssumme.

Zw (optional) bewertet Darlehen, deren Rückzahlung nach der Gesamtperiodenzahl noch nicht vollständig erfolgt ist. Ein solcher Effekt tritt etwa ein, wenn Hypothekendarlehen mit einer Zinsbindungsfrist ausgezahlt werden.

F (optional) legt fest, ob die Zahlungen zu Beginn der Perioden zinswirksam werden (*F = 1*) oder erst an deren Ende (*F = 0*). Wird das Argument weggelassen, rechnet Excel so, als ob es 0 (Null) wäre.

Hintergrund Die Tilgung von Krediten kennt verschiedene Formen. Eine davon ist, dass der Schuldner jede Periode den gleichen Betrag zahlt. Dieser setzt sich aus einem Tilgungsanteil (der mit fortschreitender Zeit immer größer wird) und einem Zinsanteil (der immer kleiner wird) zusammen. Die Veränderung der Zusammensetzung hängt damit zusammen, dass die abzutragende Schuld mit der Zeit immer geringer wird. Diese Form wird als Annuitätentilgung bezeichnet, der Gesamtbetrag wird, auch wenn seine Zahlung nicht unbedingt jährlich erfolgt, als Annuität bezeichnet.

Der Tilgungsanteil der ersten Annuität ergibt sich aus dieser nach Abzug des Zinsanteils. Dieser ist aber gerade die Kreditsumme multipliziert mit dem für die Periode festgelegten Nominalzinssatz. Die Tilgungsanteile der weiteren Perioden bestimmen sich (nach einigen mathematischen Zwischenschritten) aus

$$(Tilgungsanteil\ der\ ersten\ Periode)\cdot(1+Nominalzinssatz)^{Periodennummer-1}$$

Die Zinsanteile dieser Perioden können durch Abzug des Tilgungsanteils von der Annuität berechnet werden.

Hinweis Sehr oft wird bei Kreditverträgen ein Jahreszinssatz als Nominalzinssatz formuliert, die Zahlung erfolgt aber unterjährlich. In solchen Fällen müssen Sie den unterjährlichen Periodenzinssatz ermitteln, indem Sie den Jahreszinssatz durch die Anzahl der Zahlungen im Jahr dividieren. Die Gesamtperiodenzahl ergibt sich dann aus den Perioden pro Jahr multipliziert mit der Anzahl der Jahre.

Praxiseinsatz

Im Beispiel »Tilgungsrechnung« zur Funktion BW() standen folgende Daten fest: Ein Schuldner nimmt einen Kredit in Höhe von 176.121,76 € auf, den er bei einem Zinssatz von 5,5 % innerhalb von 30 Jahren jeden Monat mit 1.000,00 € bedient. Der Tilgungsplan weist im 18. Monat einen Zinsanteil von 791,64 € aus. Sie können dieses Ergebnis, bis auf eventuelle Rundungsfehler, durch die Funktion ZINSZ() überprüfen:

```
=ZINSZ(5,5%/12;18;30*12;176121,76)
```

(die konkreten Zahlen entstehen aus Zellbezügen zu den Zellen, in denen sich die Daten befinden).

Das sich ergebende negative Vorzeichen des Betrags ist der anderen »Richtung« der Zahlung zuzuschreiben.

Rundungsfehler treten bei der Benutzung der integrierten Funktionen oft auf. Diese können nämlich nicht berücksichtigen, was am Bankschalter tatsächlich passiert: Es gibt nur Geldbeträge mit zwei Stellen nach dem Komma. Schreiben Sie also einen Tilgungsplan Monat für Monat auf, müssen Sie die Funktion RUNDEN() einsetzen, damit Sie das wirkliche Geschehen auch richtig abbilden.

Siehe auch

KAPZ(), BW(), RMZ(), ZINS(), ZW(), ZZR(), KUMKAPITAL()

CD-ROM

Dieses Beispiel finden Sie auf der CD-ROM zum Buch im Ordner *\Buch\Kap14* in der Arbeitsmappe *Tilgungsrechnung.xlsx* (Excel 2007/2010) bzw. *Tilgungsrechnung.xls* (Excel 97-2003) auf dem Arbeitsblatt *BW*.

ZW() FV()

Syntax

ZW(***Zins***;***Zzr***;***Rmz***;*Bw*;*F*)

Definition

Die Funktion ZW() berechnet den Zukunftswert (Endwert) eines regelmäßigen Zahlungsstroms unter Beachtung einmaliger Zahlungen am Anfang des betrachteten Zeitraums nach dem finanzmathematischen Äquivalenzprinzip

```
Leistung des Schuldners + Leistung des Gläubigers = 0
```

Argumente

Zins (erforderlich) legt den (konstanten) Perioden-Zinssatz als nachschüssigen Zinssatz fest.

Zzr (erforderlich) legt die Anzahl der Zinsperioden fest. Dabei wird davon ausgegangen, dass eventuelle regelmäßige Zahlungen (Argument *Rmz* ist größer Null) am Ende oder Anfang der Zinsperioden erfolgen.

Rmz (erforderlich/optional, siehe Hinweis) informiert über die Höhe der regelmäßigen Zahlungen und kann als Rente oder Annuität interpretiert werden.

Bw (optional/erforderlich, siehe Hinweis) ist der Anfangswert des Vorgangs im betrachteten Zeitraum (ein Kontostand mit Guthaben oder der Betrag eines Darlehens).

F (optional) legt fest, ob die regelmäßigen Zahlungen am Ende der Perioden (*F = 0* oder nicht angegeben) oder aber am Anfang der Perioden (*F = 1*) erfolgen.

Hinweis

Wird das Argument *Rmz* weggelassen, ist die Angabe von *Bw* zwingend. Ist *Bw* vorhanden, kann *Rmz* weggelassen werden. Das Weglassen der Argumente wirkt so, als ob sie mit 0 (Null) angegeben wurden.

Wichtig Das genannte finanzmathematische Äquivalenzprinzip bedeutet, dass hinsichtlich des Vorzeichens zwischen Aus- und Einzahlungen (Kreditaufnahme und Tilgung, Investition und Desinvestition) unterschieden werden muss. Hier weicht Excel vom in der finanzmathematischen Literatur gebräuchlichen Äquivalenzprinzip

```
Leistung des Schuldners = Leistung des Gläubigers
```

ab.

Hintergrund Die fünf Funktionen BW() = Barwert, ZW() = Zukunftswert, RMZ() = regelmäßige Zahlung, ZZR() = Zins- oder Zahlungszeiträume und ZINS() = Zinssatz, stehen in Umsetzung des obigen Äquivalenzprinzips in folgendem Zusammenhang:

$$BW \cdot (1 + ZINS)^{ZZR} + RMZ \cdot (1 + F \cdot ZINS) \cdot \frac{(1 + ZINS)^{ZZR} - 1}{ZINS} + ZW = 0$$

Der Barwert wird bis zum Ende aufgezinst, ebenso die regelmäßigen Zahlungen. Zum Ende wird die Summe mit dem Zukunftswert verglichen.

Die Nutzung einer dieser Funktionen ist gleichbedeutend mit der jeweiligen finanzmathematischen Grundaufgabe: Berechnung eines Werts aus obiger Gleichung, wenn die anderen Werte bekannt sind. Die Funktionen stellen also die Gleichung nach der gleichnamigen Größe um (außer bei ZINS – hier wird eine Näherungsrechnung durchgeführt).

Hinweis Gewöhnlich erfolgen die Angaben des Zinssatzes als Jahreszinssatz. Die genannten Funktionen arbeiten nur dann korrekt, wenn die Perioden zum Zinssatz passen. Bei unterjährlicher Verzinsung wird in der Regel der Jahreszinssatz gleichmäßig auf die Perioden aufgeteilt: 12 Monate zu einem Zwölftel des Zinssatzes, 3 Monate zu einem Viertel und ein halbes Jahr zur Hälfte.

Praxiseinsatz Die folgenden Beispiele orientieren sich in den Überschriften am »finanzmathematischen Sprachgebrauch«.

Zinseszinsrechnung Jemand möchte im Alter ein kleines finanzielles Polster haben und beschließt, eine gerade angefallene Erbschaft in Höhe von 10.000,00 € auf 15 Jahre zu einem Zinssatz von 4,5 % fest anzulegen. Wie hoch ist das Guthaben nach Ablauf der Zeit?

Eine Berechnung nach

```
=ZW(4,5%;15;;-10000)
```

liefert 19.352,82 €. Der Betrag der Erbschaft erhält deshalb das Minuszeichen, weil er zunächst abgegeben wird.

Rentenrechnung Jemand möchte bis zu seinem 60. Lebensjahr zu Beginn jeden Monats 750,00 € sparen. Es ist möglich, ein Konto zu benutzen, welches 4,5 % p. a. abwirft. Es ist gedacht, diesen Sparplan 15 Jahre lang durchzuhalten. Wie hoch ist das Guthaben am Ende?

Sie ermitteln den Zukunftswert der »Rente« (das ist hier eine regelmäßige Sparrate) aus

```
=ZW(4,5%/12;15*12;-750;;1)
```

zu 193.032,17 €. Die 1 steht für das vorschüssige Zahlen der Sparrate, das Minuszeichen für die Abgabe des Geldes bei der Bank.

Die Rechnung geht von Zinseszinsen innerhalb eines Jahres aus. Auf einem Sparbuch lässt sich der Zinseszinseffekt allerdings nicht umsetzen, sodass das Ergebnis etwas »theoretisch« ist.

Tilgungsrechnung (Annuitätentilgung)

Jemand kann monatlich 1.000,00 € zur Rückzahlung (Tilgung plus Zinsen) eines Kredits einsetzen. Bei einem Zinssatz von 5,5 % p. a. beträgt die Zinsbindungsfrist zunächst 5 Jahre. Wie hoch ist die Restschuld nach dieser Zeit?

Auch hier führt ZW() zum Ziel (Tilgungsrechnung in diesem Sinne ist Rentenrechnung). Sie ermitteln 62.689,55 € über

```
=ZW(5,5%/12;5*12;-1000;100000)
```

Der Betrag erhält ein Minuszeichen, weil er noch zu tilgen ist.

Anders als beim Sparbuch erfolgt bei Hypothekendarlehen eine monatliche Verzinsung zu einem Zwölftel des vereinbarten Jahreszinssatzes (Nominalzins).

Wichtig

Die Verwendung von Formeln unterscheidet sich von der ausführlichen Notierung eines Kontoverlaufs mit den gegebenen Ein- und Auszahlungen möglicherweise durch Rundungsfehler. Das liegt daran, dass auf einem tatsächlich geführten Konto Rundungen auf zwei Stellen nach dem Komma erfolgen. Gestalten Sie ein solches Konto unter Excel nach, ist in den Zwischenschritten, die konkretes Geld bedeuten, jeweils die Funktion RUNDEN() einzusetzen. Eine lediglich Begrenzung der Anzeige des Zellwerts auf zwei Stellen ist oft nicht korrekt.

Siehe auch

BW(), KAPZ(), RMZ(), ZINS()

CD-ROM

Die Arbeitsmappen *Zinseszinsrechnung.xlsx* (Excel 2007/2010) bzw. *Zinseszinsrechnung.xls* (Excel 97-2003), *Rentenrechnung.xlsx* (Excel 2007/2010) bzw. *Rentenrechnung.xls* (Excel 97-2003) und *Tilgungsrechnung.xlsx* (Excel 2007/2010) bzw. *Tilgungsrechnung.xls* (Excel 97-2003) im Ordner *\Buch\Kap14* der CD-ROM zum Buch halten die Beispiele mit entsprechender Überschrift auf dem jeweiligen Arbeitsblatt *ZW* bereit.

ZW2() — FVSCHEDULE()

2003: Add-In!

Syntax

ZW2(***Kapital***;***Zinsen***)

Definition

Diese Funktion errechnet den Endwert für ein Kapital mit variablen Periodenzinssätzen.

Argumente

Kapital (erforderlich) benötigt die Angabe des Kapitals, welches in der Zukunft einer Verzinsung unterworfen werden soll.

Zinsen (erforderlich) verlangt eine lückenlose, die Reihenfolge beachtende Liste mit den Zinssätzen für die Perioden. Das kann ein Zellbezug oder eine Matrix (in geschweifte Klammern eingeschlossene, durch Semikolon getrennte Werte) sein. Nicht als Zahlen auswertbare Werte verursachen den Fehlerwert *#WERT!*. Leere Zellen werden so behandelt, als wären sie mit Nullen belegt.

Hintergrund

Die Berechnung erfolgt unter Beachtung, dass Zinsen am Ende der Periode dem Kapital hinzugeschlagen werden:

$$Endwert\ in\ einer\ Periode = \left(Anfangswert\ in\ der\ Periode\right) \cdot \left(1 + Periodenzinssatz\right)$$

Dadurch werden natürlich Zinseszinseffekte abgebildet.

Die Resultate sind aber nicht in übersichtlichen Formeln darstellbar, ein Zugeständnis, welches gemacht werden muss, sollen einzelne Perioden besser (genauer als mit einem konstanten Zinssatz über die gesamte Zeit) bewertet werden können.

Praxiseinsatz

Bundesschatzbriefe vom Typ B sind nicht an der Börse handelbare Wertpapiere, deren Zinsen auf der Basis jährlich festgelegter Zinssätze berechnet, am Ende der Zinsperiode dem Wert hinzugeschlagen und in möglichen Folgeperioden mit den dann geltenden Zinssätzen mit verzinst werden. Das ist der Unterschied zu den Bundesschatzbriefen vom Typ A, deren Zinsen jeweils ausgezahlt werden und zu diesen Bedingungen im Allgemeinen nicht wieder angelegt werden (können).

Am 12.8.2008 informierte die Bundesbank entsprechend der Tabelle 14.14.

Tabelle 14.14 Konditionen für Bundesschatzbriefe

Laufzeitjahr	Nominalzins
2010/2011	0,25 %
2011/2012	0,50 %
2012/2013	1,00 %
2013/2014	1,75 %
2014/2015	2,50 %
2015/2016	2,75 %
2016/2017	2,75 %

Die Renditen lassen sich in einem Arbeitsblatt unter Verwendung von ZW2() und ZINS() wie in Abbildung 14.9 nachrechnen.

Bundesschatzbriefe Typ B

Anlagebetrag	52,00 €

Laufzeit	Zinssätze	ZW2	ZINS
1 Jahre	0,25%	52,13 €	0,25%
2 Jahre	0,50%	52,39 €	0,37%
3 Jahre	1,00%	52,91 €	0,58%
4 Jahre	1,75%	53,84 €	0,87%
5 Jahre	2,50%	55,19 €	1,20%
6 Jahre	2,75%	56,70 €	1,45%
7 Jahre	2,75%	58,26 €	1,64%

Abbildung 14.9: Renditeberechnung bei Bundesschatzbriefen

Die Funktion ZW2() ermittelt den Stand der Dinge in den einzelnen Jahren durch Verwendung der Zinssätze der Spalte *C* vom Anfang bis zum jeweiligen Jahr. ZINS() ermittelt daraus und aus der Mindestkaufsumme von 52,00 € die Rendite.

Diese lässt sich so interpretieren: Würde der Betrag zu jährlich konstantem Zinssatz (gleich Rendite) angelegt, entstünde dasselbe Ergebnis wie durch die wechselnden Zinssätze.

CD-ROM

Dieses Beispiel finden Sie auf der CD-ROM zum Buch im Ordner *\Buch\Kap14* in der Arbeitsmappe *Zinseszinsrechnung.xlsx* (Excel 2007/2010) bzw. *Zinseszinsrechnung.xls* (Excel 97-2003) auf dem Arbeitsblatt *ZW2*.

ZZR() NPER()

Syntax

ZZR(*Zins*;*Rmz*;*Bw*;*Zw*;*F*)

Definition

Die Funktion ZZR() berechnet die Laufzeit eines Vorgangs der Zinseszinsrechnung, Rentenrechnung oder Tilgungsrechnung. Dieser geht von eventuellen regelmäßigen Zahlungen gleicher Höhe und/oder einmaliger Zahlungen am Anfang/Ende des betrachteten Zeitraums nach dem finanzmathematischen Äquivalenzprinzip

```
Leistung des Schuldners + Leistung des Gläubigers = 0
```

aus.

Argumente

Zins (erforderlich) legt den (konstanten) Perioden-Zinssatz als nachschüssigen Zinssatz fest.

Rmz (erforderlich/optional, siehe Hinweis) informiert über die Höhe der regelmäßigen Zahlungen und kann als Rente oder Annuität interpretiert werden.

Bw (erforderlich/optional, siehe Hinweis) ist der Anfangswert einer Richtung der Zahlungen. Für Auszahlpläne handelt es sich um den Kontostand am Anfang der Betrachtungen, bei Tilgungsplänen um die Kreditsumme.

Zw (optional/erforderlich, siehe Hinweis) ist der Kontostand, der sich am Ende des Vorgangs einstellen soll (etwa ein Restguthaben bei Auszahlungsplänen oder eine Abschlusstilgung bei Krediten in Höhe der Restschuld).

F (optional) legt fest, ob die regelmäßigen Zahlungen am Ende der Perioden ($F = 0$ oder nicht angegeben) oder aber am Anfang der Perioden ($F = 1$) erfolgen.

Hinweis

Jeweils zwei der drei Größen *Rmz*, *Bw* und *Zw* müssen angegeben werden und dabei verschieden von 0 (Null) sein. Die Vorzeichen richten sich nach der »Richtung des Geldflusses« (vgl. die untenstehende Formel).

Wichtig

Das genannte finanzmathematische Äquivalenzprinzip bedeutet, dass hinsichtlich des Vorzeichens zwischen Aus- und Einzahlungen (Kreditaufnahme und Tilgung, Investition und Desinvestition) unterschieden werden muss. Hier weicht Excel vom in der finanzmathematischen Literatur gebräuchlichen Äquivalenzprinzip

```
Leistung des Schuldners = Leistung des Gläubigers
```

ab.

Hintergrund

Die fünf Funktionen BW() = Barwert, ZW() = Zukunftswert, RMZ() = regelmäßige Zahlung, ZZR() = Zins- oder Zahlungszeiträume und ZINS() = Zinssatz, stehen in Umsetzung des obigen Äquivalenzprinzips in folgendem Zusammenhang:

$$BW \cdot (1+ZINS)^{ZZR} + RMZ \cdot (1+F \cdot ZINS) \cdot \frac{(1+ZINS)^{ZZR}-1}{ZINS} + ZW = 0$$

Der Barwert wird bis zum Ende aufgezinst, ebenso die regelmäßigen Zahlungen. Zum Ende wird die Summe mit dem Zukunftswert verglichen.

Die Nutzung einer dieser Funktionen ist gleichbedeutend mit der jeweiligen finanzmathematischen Grundaufgabe: Berechnung eines Werts aus obiger Gleichung, wenn die anderen Werte bekannt sind. Die Funktionen stellen also die Gleichung nach der gleichnamigen Größe um (außer bei *ZINS* – hier wird eine Näherungsrechnung durchgeführt).

Hinweis Gewöhnlich erfolgen die Angaben des Zinssatzes als Jahreszinssatz. Die genannten Funktionen arbeiten nur dann korrekt, wenn die Perioden zum Zinssatz passen. Bei unterjährlicher Verzinsung wird in der Regel der Jahreszinssatz gleichmäßig auf die Perioden aufgeteilt: 12 Monate zu einem Zwölftel des Zinssatzes, 3 Monate zu einem Viertel und ein halbes Jahr zur Hälfte.

Praxiseinsatz Die folgenden Beispiele orientieren sich in den Überschriften am »finanzmathematischen Sprachgebrauch«.

Zinseszinsrechnung Jemand möchte im Alter ein kleines finanzielles Polster haben und beschließt, eine gerade angefallene Erbschaft in Höhe von 10.000,00 € zu einem Zinssatz von 4,5 % fest anzulegen. Er hofft auf eine Auszahlung von wenigstens 25.000,00 €. Wie lange muss das Geld liegen bleiben?

Eine Berechnung nach

```
=ZZR(4,5%;;-10000;25000)
```

liefert 20,82 Jahre. Damit ist am Ende des 20. Jahres das Ziel noch nicht erreicht, am Ende des 21. aber bereits überschritten. Die konkreten Kontostände lassen sich mit den Zahlen 20 bzw. 21 für das Laufzeitargument mittels ZW() berechnen. Oder Sie nutzen einen Kontoplan.

Rentenrechnung Jemand hat bis zum 60. Lebensjahr 100.000,00 € angespart und möchte sich eine zusätzliche Rente in Höhe von 750,00 € monatlich auszahlen lassen. Wie lange reicht das angesparte Geld, wenn 4,5 % p. a. auf das noch vorhandene Guthaben gezahlt werden?

Sie ermitteln die Laufzeit der Rente aus

```
=ZZR(4,5%/12;-750;100000;;1)
```

zu 184,19 Monaten. Damit ist am Ende des 184. Monates das Konto soweit abgeschmolzen, dass eine weitere Abhebung nicht erfolgen kann.

Die Rechnung geht von Zinseszinsen innerhalb eines Jahres aus. Auf einem Sparbuch lässt sich der Zinseszinseffekt allerdings nicht umsetzen, sodass das Ergebnis etwas »theoretisch« bleibt.

Tilgungsrechnung (Annuitätentilgung) Jemand zahlt monatlich 1.000,00 € zur Rückzahlung (Tilgung plus Zinsen) eines Kredits. Der Zinssatz ist über die gesamte Laufzeit mit 5,5 % p. a. vereinbart. Wie lange muss der Kredit bedient werden, wenn die Kreditsumme 175.000,00 € beträgt?

Auch hier führt die Anwendung von ZZR() zum Ziel (Tilgungsrechnung in diesem Sinne ist Rentenrechnung). Sie ermitteln 354,24 Monate über

```
=ZZR(5,5%/12;-1000;175000)
```

Damit erfolgt im 355. Monat eine letzte Zahlung, die geringer als die regelmäßigen ausfällt.

Hinweis Dieses Beispiel zeigt, dass Excel auch mit sogenannten Prozentannuitäten in der Tilgungsrechnung umgehen kann. Bei diesen ermittelt sich die Höhe der Rückzahlung nicht aus der Laufzeit (siehe RMZ()), sondern durch die Angabe eines Tilgungssatzes, der die erste Tilgungsrate bestimmt (Stichwort: Kredit mit 1 % Tilgung). Die Summe aus der ersten Tilgungsrate und den Zinsen der ersten Periode ist dann der regelmäßige Rückzahlungsbetrag.

Anders als beim Sparbuch erfolgt beim Hypothekendarlehen eine monatliche Verzinsung zu einem Zwölftel des vereinbarten Jahreszinssatzes (Nominalzins).

Wichtig

Die Verwendung von Formeln unterscheidet sich von der ausführlichen Notierung eines Kontoverlaufs mit den gegebenen Ein- und Auszahlungen möglicherweise durch Rundungsfehler. Dies liegt daran, dass auf einem tatsächlich geführten Konto Rundungen auf zwei Stellen nach dem Komma erfolgen. Gestalten Sie ein solches Konto unter Excel nach, ist in den Zwischenschritten, die konkretes Geld bedeuten, jeweils die Funktion RUNDEN() einzusetzen. Eine lediglich Begrenzung der Anzeige des Zellwerts auf zwei Stellen ist oft nicht korrekt.

Siehe auch

BW(), KAPZ(), RMZ(), ZINS(), ZINSZ(), ZW()

CD-ROM

Die Arbeitsmappen *Zinseszinsrechnung.xlsx* (Excel 2007/2010) bzw. *Zinseszinsrechnung.xls* (Excel 97-2003), *Rentenrechnung.xlsx* (Excel 2007/2010) bzw. *Rentenrechnung.xls* (Excel 97-2003) und *Tilgungsrechnung.xlsx* (Excel 2007/2010) bzw. *Tilgungsrechnung.xls* (Excel 97-2003) im Ordner *\Buch\Kap14* der CD-ROM zum Buch halten die Beispiele mit entsprechender Überschrift auf dem jeweiligen Arbeitsblatt *ZZR* bereit.

Kapitel 15

Mathematisch-trigonometrische Funktionen

Grundlegende mathematische und trigonometrische Aufgabenstellungen lassen sich in folgende Gebiete aufteilen:

1. Funktionen für allgemeine mathematische Aufgabenstellungen
2. Funktionen für trigonometrische Aufgabenstellungen
3. Sonstige Funktionen

Formeln für allgemeine mathematische Aufgabenstellungen

Dies ist der Bereich mit den meisten Funktionen innerhalb dieses Kapitels. Wir unterteilen ihn noch einmal wie folgt:

- **Grundlegende Rechenarten** Neben den Grundrechenarten Addieren, Subtrahieren, Multiplizieren und Dividieren werden in diesem Kapitel noch das Potenzieren, Radizieren und Logarithmieren behandelt. Die in diesem Kapitel dargestellten Rechenarten bilden die Grundlage für die Algebra.
- **Runden** Beim Runden gilt: Alle Werte < 5 werden abgerundet und ≥ 5 werden aufgerundet. Es gibt jedoch eine Vielzahl von Gründen, um von diesem Grundsatz abzuweichen, sei es, um Preise auf ein Vielfaches, von z.B. 5, zu runden, um einheitliche Beträge zu erhalten oder ein striktes Aufrunden mit dem Ziel, Werte innerhalb eines Bereichs zu vereinheitlichen.
- **Matrizenrechnung** Matrizen sind eine Anordnung von Zahlen in Tabellenform. Eine Matrix lässt sich in Zeilen und Spalten einteilen, welche auch als Vektoren bezeichnet werden (Zeilen- und Spaltenvektor). Die Matrix bildet die Grundlage für die lineare Algebra. In der linearen Algebra werden mithilfe von Matrizen Gleichungen mit mehreren Variablen berechnet.

Funktionen für trigonometrische Aufgabenstellungen

Als ein Unterbereich der Geometrie beschäftigt sich die Trigonometrie mit der Berechnung von Dreiecken. Als wichtige Grundlage dafür dienen die Winkel und Seitenlängen eines rechtwinkeligen Dreiecks. Die längste Seite eines Dreiecks liegt dem rechten Winkel gegenüber und wird als Hypotenuse bezeichnet. Die beiden anderen (kürzeren) Seiten sind die Katheten. Die dem zu berechnenden Winkel anliegende Kathete bezeichnet man als Ankathete, die dem Winkel gegenüberliegende Kathete als Gegenkathete. Durch die sog. Winkelfunktionen lassen sich über die Winkel eines rechtwinkeligen Dreiecks die Verhältnisse von Katheten und Hypotenuse bestimmen. Mit den Arcus-Funktionen oder inversen Winkelfunktionen lassen sich aus den Verhältnissen von Hypotenuse und Katheten die Winkel berechnen. Erläutert werden die Winkelfunktionen anhand eines Vollkreises (=360 Grad) anhand dessen sich alle Möglichkeiten der Winkelkonstellationen darstellen lassen.

Sonstige Funktionen

Die Funktion RÖMISCH() zum Umwandeln von Zahlenwerten in römische Zahlen (mit denen Sie allerdings nicht rechnen können, weil das Ergebnis ein Text ist) gehört in diese Kategorie. Wir beschreiben sie hier, weil sie von Microsoft so kategorisiert wurde. Nach unserer Meinung gehört sie eigentlich in die Kategorie der »Text- und Datenfunktionen« (siehe Kapitel 7).

Add-In Analyse-Funktionen in Excel 2003

Hinweis Bei einer Standardinstallation von Excel (bis Version 2003) sind einige der mathematischen und trigonometrischen Funktionen nicht ohne Weiteres zugänglich. Bevor Sie diese Funktionen nutzen können, müssen Sie sie über den Menübefehl *Extras/Add-Ins* im Dialogfeld *Add-Ins* aktivieren. Mehr dazu finden Sie in Kapitel 1 im Abschnitt »Datums- und Zeitfunktionen anwenden«.

Tabelle 15.1 Die Mathematisch trigonometrischen Funktionen in der Übersicht

Funktion	Beschreibung
ABRUNDEN()	Rundet einen Wert ab
ABS()	Liefert den absoluten Wert einer Zahl
AGGREGAT()	Gibt das Aggregat in einer Liste oder Matrix zurück
ARCCOS()	Berechnet den Winkel, dessen Kosinus Zahl ist
ARCCOSHYP()	Liefert den umgekehrten hyperbolischen Kosinus einer Zahl
ARCSIN()	Gibt den Arkussinus oder auch umgekehrten Sinus einer Zahl zurück
ARCSINHYP()	Errechnet den umgekehrten hyperbolischen Sinus einer Zahl
ARCTAN()	Liefert den Arkustangens oder auch umgekehrten Tangens einer Zahl zurück
ARCTAN2()	Gibt den Arkustangens oder auch umgekehrten Tangens ausgehend von einer x- und einer y-Koordinate zurück
ACHTANHYP()	Berechnet den umgekehrten hyperbolischen Tangens einer Zahl
AUFRUNDEN()	Rundet eine Zahl auf
BOGENMASS()	Wandelt Grad in Bogenmaß (Radiant) um
COS()	Gibt den Kosinus einer Zahl zurück
COSHYP()	Berechnet den hyperbolischen Kosinus einer Zahl
EXP()	Potenziert eine Basis mit dem angegebenen Wert
FAKULTÄT()	Liefert die Fakultät zu Zahl mit einer Schrittlänge von 1
GANZZAHL()	Rundet eine Zahl auf die nächst kleinere ganze Zahl ab
GERADE()	Rundet eine Zahl auf die nächste gerade ganze Zahl auf
GGT()	Berechnet den größten gemeinsamen Teiler
GRAD()	Wandelt Bogenmaß (Radiant) in Grad um
KGV()	Errechnet das kleinste gemeinsame Vielfache
KOMBINATION()	Berechnet, wie viele Gruppen aus einer bestimmten Anzahl von Elementen gebildet werden können
KÜRZEN()	Kürzt eine Zahl auf die angegebene Anzahl an Stellen hinter dem Komma
LN()	Gibt den natürlichen Logarithmus einer Zahl zurück
LOG()	Errechnet den Logarithmus einer Zahl zu einer beliebigen Basis
LOG10()	Berechnet den Logarithmus einer Zahl zur Basis 10
MDET()	Errechnet die Determinante einer Matrix
MINV()	Gibt die Inverse einer Matrix zurück
MMULT()	Berechnet das Produkt zweier Matrizen ▶

Funktion	Beschreibung
OBERGRENZE()	Rundet eine Zahl betragsmäßig auf das kleinste Vielfache eines anderen Wertes auf
OBERGRENZE.GENAU()	Rundet eine Zahl unabhängig vom Vorzeichen auf
PI()	Gibt die Konstante PI zurück
POLYNOMIAL()	Gibt den Polynomialkoeffizienten einer Gruppe zurück
POTENZ()	Potenziert eine Zahl
POTENZREIHE()	Gibt die Summe von Potenzen zurück. Wird zur Berechnung von Potenzreihen und dichotomen Wahrscheinlichkeiten verwendet.
PRODUKT()	Einfache Multiplikation von Werten
QUADRATSUMME()	Summiert die quadrierten Argumente
QUOTIENT()	Gibt den ganzzahligen Anteil einer Division zurück
REST()	Gibt den Rest einer Division zurück
RÖMISCH()	Wandelt eine arabische Zahl in eine römische Zahl als Text um
RUNDEN()	Rundet eine Zahl auf eine bestimmte Anzahl von Dezimalstellen
SIN()	Berechnet den Sinus einer Zahl
SINHYP()	Gibt den hyperbolischen Sinus einer Zahl zurück
SUMME()	Bildet die Summer von Argumenten
SUMMENPRODUKT()	Multipliziert die einander entsprechenden Komponenten einer angegebenen Matrix und bildet die Summe dieser Produkte
SUMMEWENN()	Addiert die Zahlen, die mit einem Suchkriterium übereinstimmen
SUMMEWENNS()	Addiert die Zahlen, die mit mehreren Suchkriterien übereinstimmen
SUMMEX2MY2()	Summiert für zusammengehörige Komponenten zweier Matrizen die Differenzen der Quadrate
SUMMEX2PY2()	Summiert für zusammengehörige Komponenten zweier Matrizen die Summen der Quadrate
SUMMEXMY2()	Summiert für zusammengehörige Komponenten zweier Matrizen die quadrierten Differenzen
TAN()	Berechnet den Tangens einer Zahl
TANHYP()	Gibt den hyperbolischen Tangens einer Zahl zurück
TEILERGEBNIS()	Berechnet ein Teilergebnis in einer Liste oder Datenbank
UNGRADE()	Rundet eine Zahl auf die nächste ungerade ganze Zahl auf
UNTERGRENZE()	Rundet eine Zahl ab auf das Vielfache einer anderen Zahl
UNTERGRENZE.GENAU()	Rundet eine Zahl unabhängig vom Vorzeichen ab
VORZEICHEN()	Gibt das Vorzeichen einer Zahl zurück
VRUNDEN()	Gibt eine auf das gewünschte Vielfache gerundete Zahl zurück
WURZEL()	Berechnet die Quadratwurzel einer Zahl
WURZELPI()	Errechnet die Wurzel aus einer mit Pi multiplizierten Zahl ▶

Funktion	Beschreibung
ZUFALLSBERICH()	Gibt eine ganze Zufallszahl aus dem festgelegten Bereich zurück
ZUFALLSZAHL()	Gibt eine Zufallszahl zwischen 0 und 1 zurück mit bis zu 16 Stellen hinter dem Komma
ZWEIFAKULTÄT()	Berechnet die Fakultät zu einer Zahl mit Schrittlänge 2

ABRUNDEN() ROUNDDOWN()

Syntax ABRUNDEN(*Zahl; Anzahl_Stellen*)

Definition Durch die Funktion ABRUNDEN() wird eine Zahl auf eine in Anzahl_Stellen festgelegte Anzahl an Stellen abgerundet.

Argumente *Zahl* (erforderlich) ist eine reelle Zahl, die abgerundet werden soll.

Anzahl_Stellen (erforderlich) gibt an, auf wie viele Dezimalstellen die Zahl abgerundet werden soll.

Hintergrund Im Gegensatz zu RUNDEN(), wo bei Zahlen < 5 ab- und ≥ 5 aufgerundet wird, wird bei ABRUNDEN() konsequent auf die vorstehende Ziffer abgerundet. Im Prinzip wird *Zahl* an einer bestimmten Stelle einfach abgeschnitten. Diesen Schnittpunkt legt man mit *Anzahl_Stellen* fest. Ist *Anzahl_Stellen* ein negativer Wert, wird auf die entsprechende Anzahl von Stellen vor dem Komma abgerundet.

Ist *Anzahl_Stellen*:

- größer gleich 0 (Null), wird die jeweilige Zahl entsprechend der angegebenen Anzahl von Dezimalstellen abgerundet
- gleich 0, wird Zahl auf die nächste ganze Zahl abgerundet
- kleiner 0, wird die jeweilige Zahl links des Kommas abgerundet

Praxiseinsatz Bei einer Preiskalkulation sollen die errechneten Endbeträge 15,482 und 83,2578 auf zwei Stellen hinter dem Komma abgerundet werden:

`=ABRUNDEN(15,482;2)` ergibt 15,48 €€

`=ABRUNDEN(83,2578;2)` ergibt 83,25 €.

Hier noch weitere Beispiele, um die Funktionsweise zu dokumentieren:

`=ABRUNDEN(1,9;0)` ergibt einen Wert von 1.

`=ABRUNDEN(-2,846;2)` ergibt einen Wert von –2,84.

`=ABRUNDEN(18;-1)` ergibt einen Wert von 10.

Siehe auch AUFRUNDEN(), GANZZAHL(), REST(), VRUNDEN(), OBERGRENZE(), OBERGRENZE.GENAU(), RUNDEN(), KÜRZEN(), UNTERGRENZE(), UNTERGRENZE.GENAU()

CD-ROM Weitere Beispiele zum Testen finden Sie auf der Buch-CD im Ordner *\Buch\Kap15* in der Arbeitsmappe *Kap15.xls* (Excel 97-2003) bzw. *Kap15.xlsx* (Excel 2007/2010) auf dem Arbeitsblatt *Runden*.

ABS() — ABS()

Syntax ABS(*Zahl*)

Definition Liefert den Absolutwert einer *Zahl*. Der Absolutwert einer Zahl ist die Zahl ohne ihr Vorzeichen.

Argumente *Zahl* (erforderlich) ist die reelle Zahl, deren Absolutwert Sie ermitteln möchten.

Hintergrund

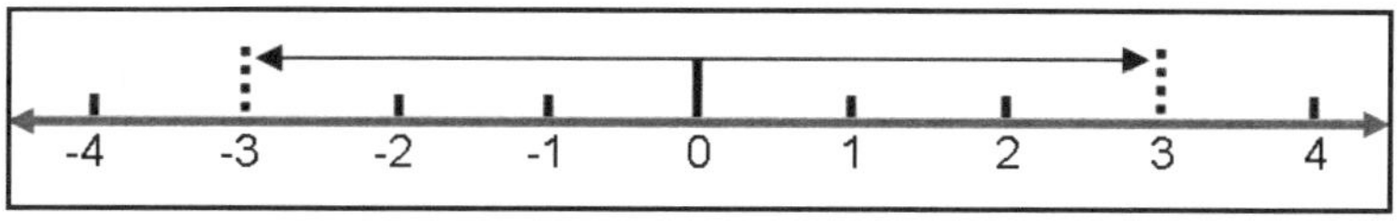

Abbildung 15.1: Gleicher Abstand von 3 zur 0

Die ganzen Zahlen 3 und –3 stehen auf einem Zahlenstrahl auf unterschiedlichen Seiten des Nullwerts. Sie sind aber beide um die gleichen Einheiten (Betrag oder Wert) vom Nullpunkt entfernt. Die Zahlen haben beide den gleichen absoluten Wert.

Absolute Werte werden zwischen zwei senkrechte Striche gesetzt: |a|. Es gilt:

|a| = |-a|

Praxiseinsatz Absolute Werte finden sich in einer Vielzahl von mathematischen Formeln wieder, z.B. in der mathematischen Definition des Areatangens (siehe die Funktion ARCTANHYP() auf Seite 743). Hier wird der Wert x als absoluter Wert definiert:

$$y = \text{arctanh}\ x = \frac{1}{2}\ln\frac{1+x}{1-x}\ \text{mit}\ |x| < 1$$

Hier noch ein paar weitere Beispiele, um die Funktion zu dokumentieren:

`=ABS(-18)` ergibt einen absoluten Wert von 18.

`=ABS(-3,47)` ergibt einen absoluten Wert von 3,47.

`=ABS(5)`ergibt einen absoluten Wert von 5.

Siehe auch IMABS() Technische Funktionen, VORZEICHEN()

CD-ROM Diese und andere Beispiele finden Sie auf der Buch-CD im Ordner *\Buch\Kap15* in der Arbeitsmappe *Kap15.xls* (Excel 97-2003) bzw. *Kap15.xlsx* (Excel 2007/2010) auf dem Arbeitsblatt *Runden*.

AGGREGAT() — AGGREGATE()

Neu in 2010!

Syntax Enthält zwei Versionen:

- Bezugsversion
  AGGREGAT(***Funktion, Option, Bezug1***, *Bezug2*, …)
- Matrixversion
  AGGREGAT(***Funktion, Option, Bereich***, *k*)

Definition Gibt ein Aggregat in einer Liste oder einer Datenbank zurück.

Agrumente *Funktion* (erforderlich) Ein Wert von 1 bis 19, der die zu verwendende Funktion angibt:

Funktion	Funktion
1	MITTELWERT()
2	ANZAHL()
3	ANZAHL2()
4	MAX()
5	MIN()
6	PRODUKT()
7	STABW.S()
8	STABW.N()
9	SUMME()
10	VAR.S()
11	VAR.P()
12	MEDIAN()
13	MODUS.EINF()
14	KGRÖSSTE()
15	KKLEINSTE()
16	QUANTIL.INKL()
17	QUARTILE.INKL()
18	QUANTIL.EXKL()
19	QUARTILE.EXKL()

Option (erforderlich) Ein numerischer Wert, der bestimmt, welche Werte im Berechnungsbereich ignoriert werden sollen.

Option	Verhalten
0 oder nicht angegeben	Geschachtelte TEILERGEBNIS()- und AGGREGAT()-Funktionen ignorieren
1	Ausgeblendete Zeilen, geschachtelte TEILERGEBNIS()- und AGGREGAT()-Funktionen ignorieren
2	Fehlerwerte, geschachtelte TEILERGEBNIS()- und AGGREGAT()-Funktionen ignorieren
3	Ausgeblendete Zeilen, Fehlerwerte, geschachtelte TEILERGEBNIS()- und AGGREGAT()-Funktionen ignorieren
4	Nichts ignorieren
5	Ausgeblendete Zeilen ignorieren
6	Fehlerwerte ignorieren
7	Ausgeblendete Zeilen und Fehlerwerte ignorieren

Bezug1 (erforderlich) Das erste numerische Argument für Funktionen, die mehrere numerische Argumente nutzen, für die Sie den Aggregatwert ermitteln möchten.

Bezug2... (optional) Die numerischen Argumente 2 bis 253, deren Aggregatwert Sie berechnen möchten.

In der Matrixversion ist ***Bezug1*** eine Matrix, eine Matrixformel oder ein Bezug auf einen Zellbereich, für den Sie den Aggregatwert berechnen möchten. Der optionale Parameter *k* steht in diesem Fall für die Position in der Matrix. Gemeint ist je nach angegebener *Funktion* der *k*-größte oder –kleinste Wert bzw. das *k*-Quantil oder -Quartil. Z.B. gibt der Wert *3* für *k* bei Verwendung der *Funktion* Nr. *14* KGRÖSSTE() den drittgrößten Wert wieder.

Hinweis

Wenn ein zweites Bezugsargument erforderlich, aber nicht angegeben ist, gibt die Funktion AGGREGAT() den Fehler *#WERT!* zurück. Auch wenn Sie einen 3D-Bezug verwenden, gibt AGGREGAT() den *#WERT!* zurück.

Sehr nützlich: Gibt es innerhalb der Bezüge weitere AGGREGAT()-Funktionen, werden diese geschachtelten Aggregate ignoriert, damit sie nicht mehrfach berücksichtigt werden. Dasselbe gilt, wenn die Bezüge Teilergebnisse enthalten.

Bitte beachten Sie: Die Funktion AGGREGAT() wurde für Datenspalten oder vertikale Bereiche konzipiert, nicht für Zeilen oder horizontale Bereiche. Das Ausblenden einer Spalte hat keine Auswirkungen auf das Ergebnis des Aggregats. Wird hingegen eine Zeile im vertikalen Bereich ausgeblendet, wirkt sich das auf das Aggregat aus.

Hintergrund

Die AGGREGAT()-Funktion ist eine sehr mächtige Funktion. Sie wurde von Microsoft zu Excel 2010 hinzugefügt, um bestimmte Beschränkungen bei den 19 enthaltenen Funktionen zu überwinden. Die meisten von ihnen geben z.B. einen Fehler zurück, wenn in den zu berechnenden Bezügen ein Fehler enthalten ist. In früheren Excel-Versionen war hierfür eine aufwendige WENNFEHLER()-Abfrage notwendig. Auch das Verhalten hinsichtlich der Behandlung von ausgeblendeten Zeilen kann nun gesteuert werden.

Zusätzlich ist es mit der AGGREGAT()-Funktion jetzt möglich, Formeln über Wertebereiche mit Teilergebnissen zu berechnen, ohne die Teilergebnisse in das Ergebnis mit einzubeziehen.

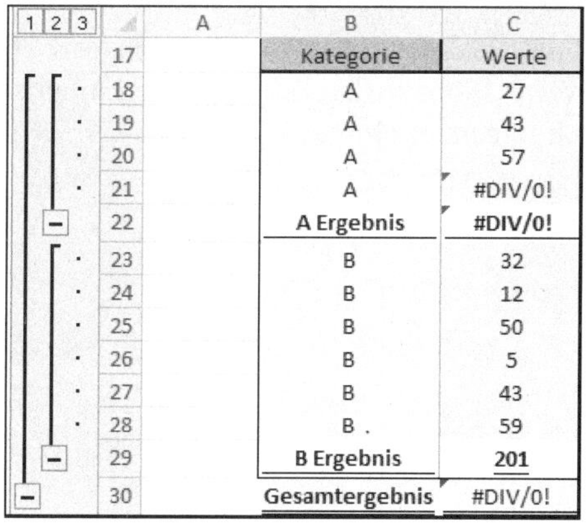

	A	B	C
17		Kategorie	Werte
18		A	27
19		A	43
20		A	57
21		A	#DIV/0!
22		A Ergebnis	#DIV/0!
23		B	32
24		B	12
25		B	50
26		B	5
27		B	43
28		B .	59
29		B Ergebnis	201
30		Gesamtergebnis	#DIV/0!

Abbildung 15.2: Die TEILERGEBNIS()-Funktion kann die Fehler nicht ignorieren

Wollte man eine Summe über die Werte der Spalte C bilden, käme man durch die einfache SUMME() nicht weiter. Auch die Funktion TEILERGEBNIS() führt aufgrund der Fehlerwerte zu keiner Lösung. Mit der Funktion

```
=AGGREGAT(9;3;C18:C29)
```

erhält man trotz Fehlerwert und Teilergebnissen ein verwertbares Ergebnis. Zusätzlich besteht noch die Möglichkeit, ausgeblendete Zellen zu ignorieren, sodass eine Summe nur über den sichtbaren Bereich gebildet wird. So kann man mit einem Klick ganze Bereiche im Ergebnis berücksichtigen oder ausblenden.

Praxiseinsatz Der Einsatz in der Praxis ist sehr vielfältig, z.B. Kalkulationsschemata oder Messreihen, bei denen trotz Fehlerwerten und Teilergebnissen ein Gesamtergebnis berechnet werden soll.

Siehe auch TEILERGEBNIS()

CD-ROM Weitere Beispiele zum Testen finden Sie auf der Buch-CD im Ordner *\Buch\Kap15* in der Arbeitsmappe *Aggregat.xlsx* (nur Excel 2010).

ARCCOS() ACOS()

Syntax ARCCOS(*Zahl*)

Definition Der Arkuskosinus ist der Winkel, dessen Kosinus *Zahl* ist.

Argumente *Zahl* (erforderlich) ist der Kosinus des jeweiligen Winkels und muss zwischen –1 und 1 liegen.

Hintergrund Mithilfe der ARCCOS()-Funktion lässt sich mit der Angabe des Kosinus (also dem Verhältnis von Ankathete zur Hypotenuse) der anliegende Winkel berechnen. Das Ergebnis wird als Bogenmaß ausgegeben und muss, wenn es als Grad-Wert vorliegen soll, mit der Funktion GRAD() umgerechnet werden. Da jeder Winkel in einem Vollkreis zweimal vorkommt (Sublementärwinkel) wird der Wertebereich für den Arkuskosinus eingeschränkt:

- Wird der Winkel als Bogenmaß berechnet, erstreckt sich der Wertebereich von 0 (Null) bis π (Pi)
- Wird der Winkel in Grad angegeben, erstreckt sich der Wertebereich von 0 bis 180 Grad

Der Arkuskosinus gehört zu streng monotonen Funktionen, da er im Definitionsbereich streng monoton abnimmt. Werden die einzelnen Werte des Arkuskosinus aus dem Einheitskreis in ein Koordinatenkreuz übertragen, ergibt sich folgender Graph:

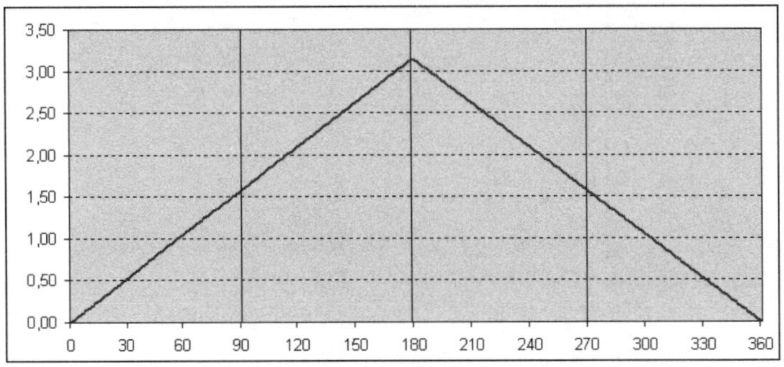

Abbildung 15.3: Darstellung der ARCCOS()-Funktion

Praxiseinsatz

Eine 10 m lange Leiter ist an eine Hauswand gelehnt. Das untere Ende ist 2,5 m von der Mauer entfernt. Wie groß ist der Neigungswinkel?

Zuerst wird der Kosinus aus dem Verhältnis von Ankathete (Abstand zur Wand) zur Hypotenuse (Länge der Leiter) berechnet:

$$\cos\alpha = \frac{2,5}{10} = 0,25$$

Anschließend wird aus dem Kosinus der Winkel ? ermittelt:

```
=GRAD(ARCOS(2,5/10))
```

Der Neigungswinkel beträgt 75,52° oder 75° und 30?. Da das Ergebnis der ARCCOS()-Funktion im Bogenmaß ausgegeben wird, rechnen wir noch in Grad um.

Hinweis

Das etwa halbe Grad (°) hinter dem Komma bei der Winkelangabe 75,52° kann auch in Winkelminuten angegeben werden: Ein (°) wird in 60 Winkelminuten (?) eingeteilt. Deshalb kann man den Winkel auch durch 75°30? ausdrücken. Diese Angabe findet man auch z.B. auf Seekarten wieder, in denen die Längen- bzw. Breitengrade entsprechend gekennzeichnet sind.

Weitere Beispiele

Gegeben ist ein Kosinus von 0,707106781. Der sich daraus ergebende Winkel kann sowohl 45° als auch 315° betragen. Da sich der Definitionsbereich auf 0° bis 180° beschränkt, lautet das Ergebnis 45°. Die entsprechende Formel sieht in Excel wie folgt aus:

```
=GRAD(ARCOS(0,707106781))
```

Weil Excel das Ergebnis in Bogenmaß ausgibt, muss eine Umrechnung des Ergebnisses mithilfe der Funktion GRAD() erfolgen.

`=ARCCOS(0)` ergibt ein Bogenmaß von 1,570796327 und einen Winkel von 90 Grad

`=ARCCOS(-0,5)` ergibt ein Bogenmaß von 2,094395102 und einen Winkel von 120 Grad

`=ARCCOS(–1)` ergibt ein Bogenmaß von 3,141592654 und einen Winkel von 180 Grad

Siehe auch

COS(), PI()

CD-ROM

Die oben genannten Beispielwerte finden Sie auf der Buch-CD im Ordner *\Buch\Kap15* in der Arbeitsmappe *Kap15.xls* (Excel 97-2003) bzw. *Kap15.xlsx* (Excel 2007/2010) auf dem Arbeitsblatt *sin_cos* in der Tabelle mit Winkeln, Bogenmaßen und den Winkelfunktionsergebnissen.

ARCCOSHYP() ACOSH()

Syntax

ARCCOSHYP(***Zahl***)

Definition

ARCCOSHYP() liefert den umgekehrten hyperbolischen Kosinus (math.: *arcosh*) einer Zahl. Der Definitionsbereich erstreckt sich von x = +1 bis + ∞.

Argumente

Zahl (erforderlich) kann jede beliebige reelle Zahl sein, die größer gleich 1 ist.

Hintergrund

Die inversen Hyperbelfunktionen sind die Umkehrfunktionen zu den hyperbolischen Funktionen. Die Hyperbelfunktionen sinh, tanh und coth sind streng monoton, sodass sie genau eine inverse Funktion besitzen. Dagegen hat die Funktion cosh zwei symmetrisch zum positiven Zweig der Ordinate liegende Monotonintervalle und demnach auch zwei Umkehrfunktionen:

```
y = Arcosh x
```

und

`y = -Arcosh x`, wobei:

$$\text{arcosh } x = \ln\left(x + \sqrt{x^2 - 1}\right) \text{ mit } x \in [1, \infty) \text{ ist.}$$

Der Graph beginnt im Punkt(1,0) und wächst bzw. fällt dann monoton.

Hinweis Die Umkehrfunktionen der hyperbolischen Funktionen tragen nicht den gleichen Präfix wie die Umkehrfunktionen der trigonometrischen Funktion »Arkus«, sondern »Area«. Ihre korrekten Namen lauten also Areasinus, Areakosinus, Areatangens usw. Der Hinweis auf die Zugehörigkeit zu den Hyperbelfunktionen erübrigt sich, weil die Areafunktionen laut Definition deren Umkehrfunktionen sind. Der Name »Area« (lat. Fläche) leitet sich von der geometrischen Definition dieser Funktionen ab, nach der sie die Fläche eines Hyperbelsektors bezeichnen.

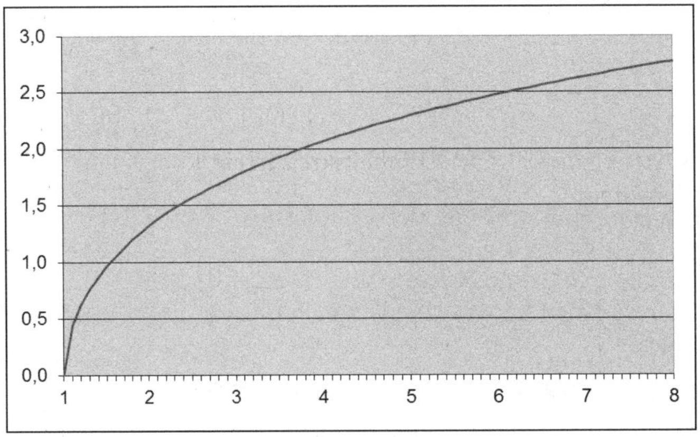

Abbildung 15.4: Die grafische Darstellung des Areakosinus zeigt nur den monoton steigenden, als den im 1. Quadranten gelegenen Zweig; der monoton fallende Zweig liegt spiegelbildlich unter der Abszisse

Praxiseinsatz Zwei parallele elektrische Leiter mit dem Durchmesser d im Abstand a mit der Länge l haben die Kapazität C

$$C = \frac{\pi \cdot \varepsilon \cdot l}{\text{arcosh } \frac{a}{d}}$$

Mit $\varepsilon = \varepsilon_0 \varepsilon_r$ als Dielektrizitätskonstante des Mediums.

Hier noch weitere Beispiele, um die Funktionsweise zu illustrieren:

`=ARCCOSHYP(1)` ergibt 0.

`=ARCCOSHYP(2)` ergibt 1,3169579.

`=ARCCOSHYP(8)` ergibt 2,76865938.

Siehe auch ARCSINHYP(), ARCTANHYP(), COSHYP, SINHYP(), TANHYP()

CD-ROM Die Tabelle für die grafische Darstellung aus Abbildung 15.4 und das Beispiel aus der Elektrizitätslehre finden Sie auf der Buch-CD im Ordner *\Buch\Kap15* in der Arbeitsmappe *AreaCos.xls* (Excel 97-2003) bzw. *AreaCos.xlsx* (Excel 2007/2020) auf den Arbeitsblättern *Graph* und *Kapazität*.

ARCSIN() ASIN()

ARCSIN(*Zahl*)

Syntax

Definition

Mithilfe der ARCSIN()-Funktion lässt sich mit der Angabe des Sinus (also das Verhältnis von Hypotenuse zur Gegenkathete) der anliegende Winkel berechnen.

Argumente

Zahl (erforderlich) ist der Sinus des Winkels, der berechnet werden soll. Der entsprechende Sinuswert muss zwischen –1 bis 1 liegen.

Hintergrund

Die Formel ARCSIN() berechnet aus einem Sinuswert den zugrunde liegenden Winkel. Das Ergebnis wird in Bogenmaß ausgegeben. Soll das Ergebnis als Grad vorliegen, muss es entweder mit 180/PI() multipliziert oder mithilfe der GRAD()-Funktion umgewandelt werden.

Da jeder Winkel in einem Vollkreis zweimal vorkommt (Supplementärwinkel) wird der Wertebereich für den Arcus-Sinus eingeschränkt:

- Wird der Winkel als Bogenmaß berechnet, erstreckt sich der Wertebereich von $-\pi/2$ bis $\pi/2$
- Wird der Winkel in Grad angegeben, erstreckt sich der Wertebereich von –90° bis 90°

Werden die einzelnen Werte des Arcus-Sinus aus dem Einheitskreis in ein Koordinatenkreuz übertragen, erhalten wir folgenden Graph:

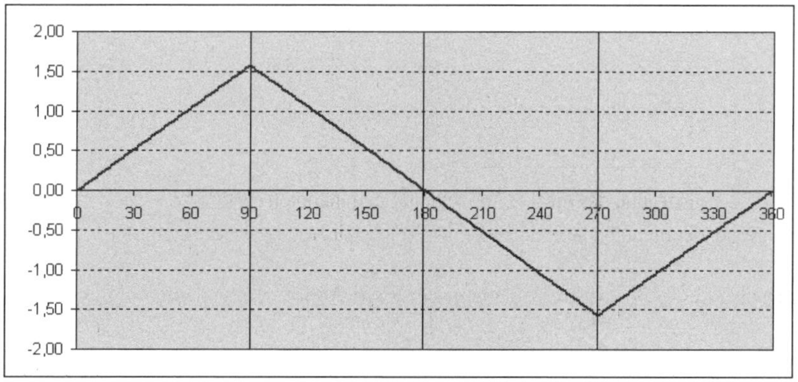

Abbildung 15.5: Darstellung der ARCSIN()-Funktion

Praxiseinsatz

In der Praxis wird die Funktion ARCSIN() verwendet, wenn von einem rechtwinkeligen Dreieck die Gegenkathete und die Hypotenuse bekannt sind und Sie die Winkel berechnen möchten:

$$\theta = \arcsin\left(\frac{Gegenkathete}{Hypotenuse}\right)$$

Hier weitere Beispiele, um die Funktion zu dokumentieren:

`=ARCSIN(1)` ergibt ein Bogenmaß von 1,570796327 und einen Winkel von 90 Grad

`=ARCSIN(0,5)` ergibt ein Bogenmaß von 0,523598776 und einen Winkel von 150 Grad

`=ARCSIN(-0,5)` ergibt ein Bogenmaß von -0,523598776 und einen Winkel von 210 Grad

Siehe auch ARCSINHYP(), PI(), SIN()

CD-ROM Die oben genannten Beispielwerte finden Sie auf der Buch-CD im Ordner *\Buch\Kap15* in der Arbeitsmappe *Kap15.xls* (Excel 97-2003) bzw. *Kap15.xlsx* (Excel 2007/2010) auf dem Arbeitsblatt *sin_cos* in der Tabelle mit Winkeln, Bogenmaßen und den Winkelfunktionsergebnissen.

ARCSINHYP() ASINH()

Syntax ARCSINHYP(*Zahl*)

Definition Gibt den umgekehrten hyperbolischen Sinus (math.: *arsinh*) einer Zahl zurück.

Argumente *Zahl* (erforderlich) ist eine beliebige reelle Zahl.

Hintergrund Die inversen Hyperbelfunktionen sind die Umkehrfunktionen zu den hyperbolischen Funktionen. Die mathematische Definition des Areasinus ist:

$$y = \operatorname{ar}\sinh x = \ln\left(x + \sqrt{x^2 + 1}\right) \text{ mit } x = \in \Re .$$

Hinweis Die Umkehrfunktionen der hyperbolischen Funktionen tragen nicht den gleichen Präfix wie die Umkehrfunktionen der trigonometrischen Funktion »Arkus«, sondern »Area«. Ihre korrekten Namen lauten also Areasinus, Areakosinus, Areatangens usw. Der Hinweis auf die Zugehörigkeit zu den Hyperbelfunktionen erübrigt sich, weil die Areafunktionen laut Definition deren Umkehrfunktionen sind. Der Name »Area« (lat. Fläche) leitet sich von der geometrischen Definition dieser Funktionen ab, nach der sie die Fläche eines Hyperbelsektors bezeichnen.

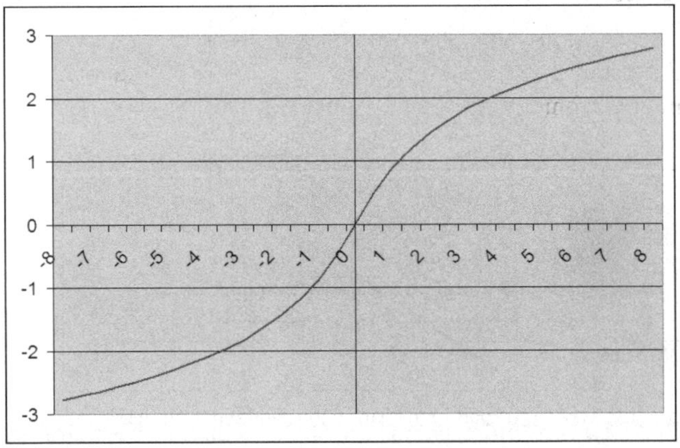

Abbildung 15.6: Der Areasinus ist ungerade und eine zwischen –∞ und +∞ streng monoton wachsende Funktion

Hier einige Beispiele, um die Funktion zu dokumentieren:

`=ARCSINHYP(0)` ergibt 0

`=ARCSINHYP(1)` ergibt 0,88137359

`=ARCSINHYP(-1)` ergibt –0,88137359

`=ARCSINHYP(10)` ergibt 2,99822295

`=ARCSINHYP(-10)` ergibt –2,99822295

ARCCOSHYP(), ARCTANHYP(), COSHYP, SINHYP(), TANHYP() **Siehe auch**

CD-ROM Die Tabelle für die grafische Darstellung aus Abbildung 15.6 finden Sie auf der Buch-CD im Ordner *\Buch\Kap15* in der Arbeitsmappe *AreaSin.xls* (Excel 97-2003) bzw. *AreaSin.xlsx* (Excel 2007/2010) auf dem Arbeitsblatt *Graph*.

ARCTAN() ATAN()

Syntax ARCTAN(*Zahl*)

Definition Gibt den Arkustangens oder auch umgekehrten Tangens einer Zahl zurück.

Argumente *Zahl* (erforderlich) ist der Tangens des Winkels, den Sie berechnen möchten.

Hintergrund Mithilfe der ARCTAN()-Funktion lässt sich mit der Angabe des Tangens (also das Verhältnis von Gegenkathete zur Ankathete) der anliegende Winkel berechnen. Anders gesagt: Der Arkustangens ist der Winkel, dessen Tangens Zahl ist. Der zurückgegebene Winkel wird im Bogenmaß (Radiant) mit einem Wert zwischen $-\pi/2$ und $\pi/2$ ausgegeben. Soll der Arkustangens in Grad ausgedrückt werden, muss das Ergebnis mit 180/PI() multipliziert oder mithilfe der GRAD()-Funktion umgewandelt weden.

Da jeder Winkel in einem Vollkreis zweimal vorkommt (Sublementärwinkel) wird der Wertebereich für den Arkustangens eingeschränkt:

- Wird der Winkel als Bogenmaß berechnet, erstreckt sich der Wertebereich von $-\pi/2$ bis $\pi/2$
- Wird der Winkel in Grad angegeben, erstreckt sich der Wertebereich von –90° bis 90° Grad

Werden die einzelnen Werte des Arkustangens aus dem Einheitskreis in ein Koordiantensystem übertragen, ergibt sich folgender Graph:

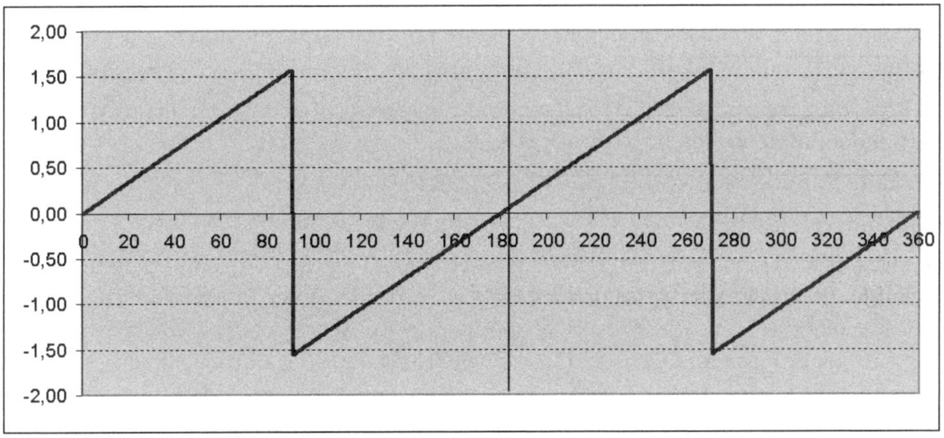

Abbildung 15.7: Darstellung der ARCTAN()-Funktion

Praxiseinsatz In der Praxis wird die Funktion ARCTAN() verwendet, wenn von einem rechtwinkeligen Dreieck die Gegen- und Ankathete bekannt sind und Sie die Winkel berechnen möchten:

$$\theta = \arctan\left(\frac{Gegenkathete}{Ankathete}\right)$$

Hier weitere Beispiele, um die Funktion zu dokumentieren:

Gegeben ist ein Tangens von *1*. Der sich daraus ergebende Winkel kann sowohl 45° als auch 225° betragen. Da sich der Definitionsbereich von –90° bis 90° beschränkt, lautet das Ergebnis 45°. Die entsprechende Formel sieht dann in Excel wie folgt aus:

`=GRAD(ARCTAN(1))`

Weil Excel das Ergebnis als Bogenmaß ausgibt, erfolgt eine Umrechnung des Ergebnisses durch die Funktion GRAD().

`=GRAD(ARCTAN(-1))` ergibt einen Winkel α von -45°

`=GRAD(ARCTAN(0,75355405))` ergibt einen Winkel α von 37°

`=GRAD(ARCTAN(4,010780934))` ergibt einen Winkel α von 76°

Siehe auch ARCTAN2(), ARCTANHYP(), PI(), TAN()

CD-ROM Die oben genannten Beispielwerte finden Sie auf der Buch-CD im Ordner *\Buch\Kap15* in der Arbeitsmappe *Kap15.xls* (Excel 97-2003) bzw. *Kap15.xlsx* (Excel 2007/2010) auf dem Arbeitsblatt *sin_cos* in der Tabelle mit Winkeln, Bogenmaßen und den Winkelfunktionsergebnissen.

ARCTAN2() ATAN2()

Syntax ARCTAN2(*x_Koordinate;y_Koordinate*)

Definition Diese Funktion gibt den Arkustangens ausgehend von einer X/Y-Koordinate zurück. Dieser Arkustangens ist der Winkel zwischen der X-Achse und der Linie, die durch den Koordinatenursprung (0; 0) und den Punkt verläuft, der durch die X/Y-Koordinaten bestimmt ist.

Der als Ergebnis zurückgegebene Winkel wird im Bogenmaß (Radiant) mit einem Wert zwischen –π und π (ausgenommen –π) ausgegeben.

Argumente ***x_Koordinate*** (erforderlich) ist die X-Koordinate des Punktes.

y_Koordinate (erforderlich) ist die Y-Koordinate des Punktes.

Hintergrund Der Arkustangens2 ist neben ARCTAN() eine weitere inverse (Umkehr-) Funktion der TAN()-Funktion. Das Ergebnis wird jedoch nicht auf Grundlage des Tangens berechnet, sondern mithilfe einer XY-Koordinate (siehe Abbildung 15.8). Das Ergebnis wird als Bogenmaß ausgegeben. Soll der Arkustangens in Grad ausgedrückt werden, müssen Sie das jeweilige Ergebnis mit 180/PI() multiplizieren oder die GRAD()-Funktion verwenden.

Ein positives Ergebnis entspricht einem Winkel der, bezogen auf die x-Achse, gegen den Uhrzeigersinn abgemessen wird; ein negatives Ergebnis entspricht einem im Uhrzeigersinn abgemessenen Winkel.

Das Ergebnis der Formel `=ARCTAN2(a;b)` entspricht dem Ergebnis von ARCTAN(b/a) mit dem Unterschied, dass a in ARCTAN2() den Wert 0 annehmen darf.

Ist sowohl der Wert der *x_Koordinate* als auch der Wert der *y_Koordinate* gleich 0 (Null), gibt die Funktion ARCTAN2() den Fehlerwert #DIV/0! zurück.

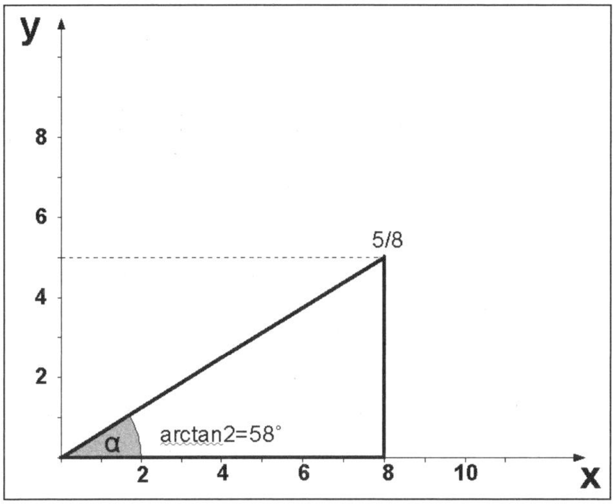

Abbildung 15.8: Darstellung der ARCTAN2-Funktion

Praxiseinsatz In der Praxis lässt sich die Funktion anwenden, wenn als Ergebnis einer Berechnung XY-Koordinaten ausgegeben werden und daraus der Winkel ? berechnet werden soll.

`=GRAD(ARCTAN2(1;2))` ergibt einen Winkel α von 85,236°

`=GRAD(ARCTAN2(-6;-2))` ergibt einen Winkel α von –130,601°

`=GRAD(ARCTAN2(11;2))` ergibt einen Winkel α von 10,305°

Siehe auch ARCTANHYP(), ATAN(), PI(), TAN()

CD-ROM Weitere Beispielwerte finden Sie auf der Buch-CD im Ordner *\Buch\Kap15* in der Arbeitsmappe *Kap15.xls* (Excel 97-2003) bzw. *Kap15.xlsx* (Excel 2007/2010) auf dem Arbeitsblatt *arctan2* zum Ausprobieren.

ARCTANHYP() ATANH()

Syntax ARCTANHYP(***Zahl***)

Definition ARCTANHYP() gibt den umgekehrten hyperbolischen Tangens (math.: *artanh*) einer Zahl zurück. Für Zahl sind nur Werte zulässig, die im Bereich –1 < Zahl < 1 liegen.

Argumente ***Zahl*** (erforderlich) kann jede beliebige reelle Zahl sein, die im Bereich –1 < Zahl < 1 liegt.

Hintergrund Die inversen Hyperbelfunktionen sind die Umkehrfunktionen zu den hyperbolischen Funktionen. Die mathematische Definition des Areatangens lautet

$$y = \operatorname{ar}\tanh x = \frac{1}{2}\ln\frac{1+x}{1-x} \quad \text{mit } |x| < 1 .$$

Hinweis Die Umkehrfunktionen der hyperbolischen Funktionen tragen nicht den gleichen Präfix wie die Umkehrfunktionen der trigonometrischen Funktion »Arkus«, sondern »Area«. Ihre korrekten Namen lauten also Areasinus, Areakosinus, Areatangens usw. Der Hinweis auf die Zugehörigkeit zu den Hyperbelfunktionen erübrigt sich, weil die Areafunktionen laut Definition deren Umkehrfunktionen sind. Der Name »Area« (lat. Fläche) leitet sich von der geometrischen Definition dieser Funktionen ab, nach der sie die Fläche eines Hyperbelsektors bezeichnen.

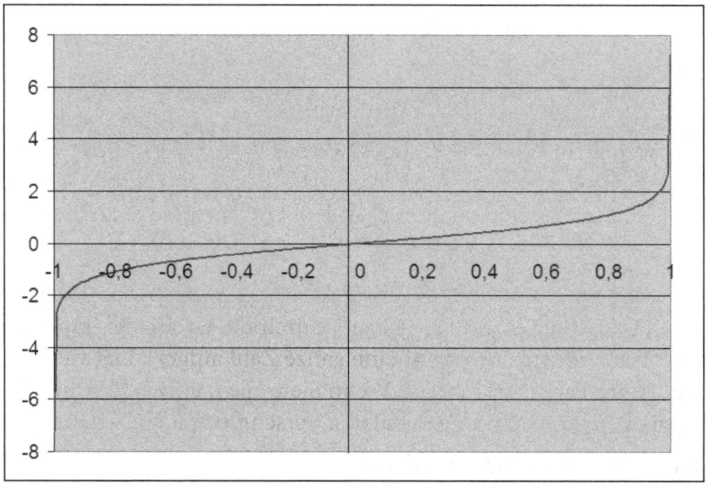

Abbildung 15.9: Die Funktion *Areatangens* ist ungerade und nur für |x| < 1 definiert

Hier einige Beispiele, um die Funktion zu dokumentieren:

`=ARCTANHYP(0)` ergibt 0

`=ARCTANHYP(0,5)` ergibt 0,54930614

`=ARCTANHYP(-0,5)` ergibt –0,54930614

`=ARCTANHYP(0,999)` ergibt 3,80020117

`=ARCTANHYP(-0,999)` ergibt –3,80020117

Siehe auch ARCCOSHYP(), ARCSINHYP(), TANHYP()

CD-ROM Die Tabelle für die grafische Darstellung aus Abbildung 15.9 finden Sie auf der Buch-CD im Ordner *\Buch\Kap15* in der Arbeitsmappe *AreaTan.xls* (Excel 97-2003) bzw. *AreaTan.xlsx* (Excel 2007/2010) auf dem Arbeitsblatt *Graph*.

AUFRUNDEN() ROUNDUP()

Syntax AUFRUNDEN(*Zahl;Anzahl_Stellen*)

Definition Diese Funktion rundet eine Zahl auf eine beliebige Anzahl an Stellen auf.

Argumente *Zahl* (erforderlich) ist eine reelle Zahl, die Sie aufrunden möchten.

Anzahl_Stellen (erforderlich) gibt an, auf wie viele Dezimalstellen die Zahl gerundet werden soll.

Hintergrund

Im Gegensatz zur Funktion RUNDEN(), wo bei Zahlen < 5 ab- und ≥ 5 aufgerundet wird, wird beim AUFRUNDEN konsequent die vorstehende Ziffer aufgerundet. Mithilfe des Arguments *Anzahl_Stellen* wird die Anzahl der Dezimalstellen festgelegt, auf die Zahl gerundet werden soll.

Ist der in *Anzahl_Stellen* angegebene Wert:

- größer gleich 0 (Null), wird die jeweilige Zahl entsprechend der angegebenen Anzahl von Dezimalstellen aufgerundet
- gleich 0, wird Zahl auf die nächste ganze Zahl aufgerundet
- kleiner 0, wird die jeweilige Zahl links vom Komma aufgerundet

Praxiseinsatz

Sie möchten ein Zimmer tapezieren und es soll ermittelt werden, wie viele Rollen Tapete benötigt werden, um eine Fläche von 43 m^2 zu tapezieren. Die Länge einer Rolle Tapete beträgt 10,5 m, die Breite 0,53 m. Das Ergebnis lautet: 3 Rollen. Die entsprechende Formel sieht in Excel wie folgt aus:

`=AUFRUNDEN(43/10,5*0,53;0)`

Zuerst wird die Anzahl der zu tapezierenden Fläche (43 m^2) durch die Größe der Tapetenrolle (10,5 m x 0,53 m) geteilt. Das Ergebnis muss auf eine ganze Zahl aufgerundet werden, da man in der Regel ganze Rollen im Fachmarkt erhält. Wenn Sie wollen, entwickeln Sie dieses Beispiel weiter, indem Sie die Bahnlängen und geschätzten Verschnitt mit einbeziehen.

Hier weitere Beispiele, um die Funktion zu dokumentieren:

`=AUFRUNDEN(1,9;0)` ergibt einen Wert von 2

`=AUFRUNDEN (–2,8;0)` ergibt einen Wert von –2

`=AUFRUNDEN (18;–1)` ergibt einen Wert von 10

Siehe auch

ABRUNDEN(), GANZZAHL(), REST(), VRUNDEN(), OBERGRENZE(), OBERGRENZE.GENAU() RUNDEN(), KÜRZEN(), UNTERGRENZE(), UNTERGRENZE.GENAU()

CD-ROM

Das Beispiel finden Sie auf der Buch-CD im Ordner *\Buch\Kap15* in der Arbeitsmappe *Kap15.xls* (Excel 97-2003) bzw. *Kap15.xlsx* (Excel 2007/2010) auf dem Arbeitsblatt *Aufrunden*. Weitere Berechnungen zu dieser Funktion sind auf dem Arbeitsblatt *Runden* in derselben Arbeitsmappe zu finden.

BOGENMASS() RADIANS()

Syntax

BOGENMASS(***Winkel***)

Definition

Diese Funktion wandelt Grad in Bogenmaß (Radiant) um.

Argumente

Winkel (erforderlich) ist ein in Grad gegebener Winkel, den Sie umwandeln möchten.

Hintergrund

Der Abschnitt eines Kreises lässt sich sowohl durch den Winkel (1 Vollkreis = 360°) – siehe die Funktion GRAD() – als auch durch das Verhältnis von Kreisumfang zu Kreisbogen berechnen. Dieser Quotient wird als Bogenmaß bzw. Radiant bezeichnet.

Da Excel für die Berechnung der Winkelfunktionen vom Bogenmaß ausgeht, benötigen Sie die Funktion sehr häufig für die Angabe der Argumente in den Winkelfunktionen; siehe Funktionen COS(), SIN().

Es gilt: Kreisumfang (2πr) / Kreisbogen (b) = Vollwinkel (360°) / Zentrierwinkel (α)

Die Maßeinheit für das Bogenmaß ist der Radiant (kurz: rad). Der Vollumfang eines Kreises entspricht 360° oder auch als Bogenmaß 2π = 6,28318531 rad. Ein Halbkreis entspricht π = 3,14159265 rad.

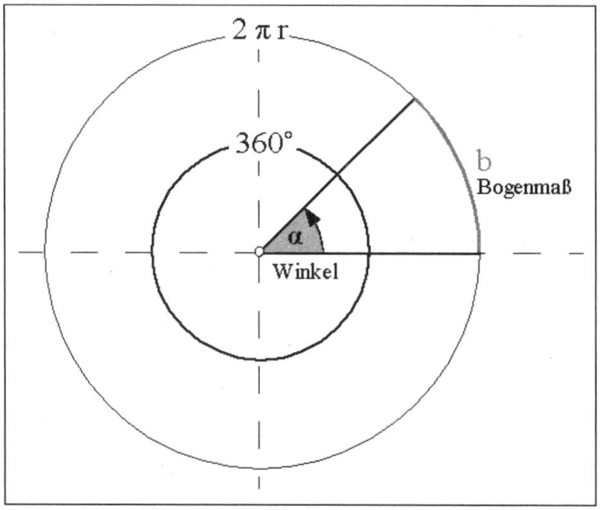

Abbildung 15.10: Darstellung des Bogenmaß im Vollkreis

Praxiseinsatz Eine interessante Anwendung ist die Maßeinheit »Seemeilen«". Der Erdumfang beträgt 360° mal 60', was 21.600 Bogenminuten oder Seemeilen entspricht. Der Erdumfang ist 360°*60' = 21.600 Bogenminuten oder Seemeilen.

Hier noch ein paar Beispiele, um die Funktion zu dokumentieren:

`=BOGENMASS(1)` ergibt 0,017453293 rad

`=BOGENMASS(45)` ergibt 0,785398163 rad

`=BOGENMASS(90)` ergibt 1,570796327 rad

Siehe auch GRAD()

CD-ROM Die oben genannten Beispielwerte finden Sie auf der Buch-CD im Ordner *\Buch\Kap15* in der Arbeitsmappe *Kap15.xls* (Excel 97-2003) bzw. *Kap15.xlsx* (Excel 2007/2010) auf dem Arbeitsblatt *sin_cos* in der Tabelle mit Winkeln, Bogenmaßen und den Winkelfunktionsergebnissen.

COS() COS()

Syntax COS(*Zahl*)

Definition Gibt den Kosinus einer Zahl zurück.

Argumente *Zahl* (erforderlich) ist der im Bogenmaß angegebene Winkel, dessen Kosinus Sie berechnen möchten.

Hintergrund

In einem rechtwinkeligen Dreieck ist das Verhältnis von Ankathete zur Hypotenuse abhängig vom Öffnungswinkel. Das Verhältnis der Ankathete eines Winkels zur Hypotenuse ist der Kosinus (cos) eines Winkels.

$$\cos\alpha = \frac{b}{c}; \cos\beta = \frac{a}{c}$$

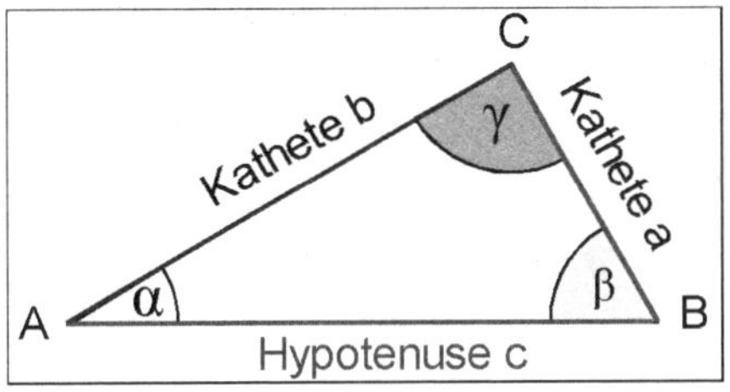

Abbildung 15.11: Seitenverhältnisse im rechtwinkeligen Dreieck

Bei der Darstellung der Abhängigkeit des Kosinus vom Winkel α in einem Einheitskreis (c = 1) nimmt der Winkel α von 0° bis 90° zu, so nimmt der Kosinus von 1 bis 0 ab.

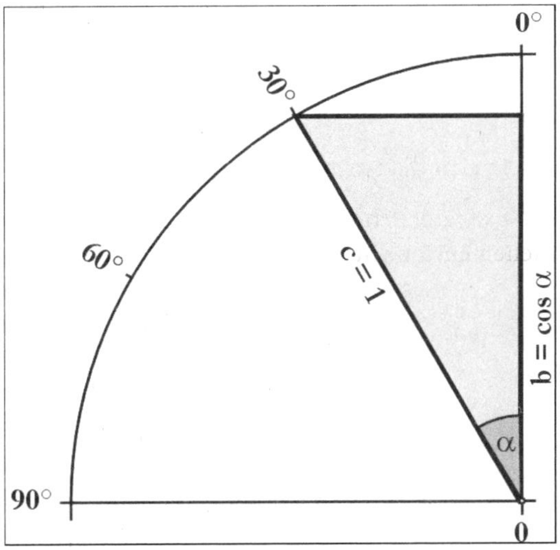

Abbildung 15.12: Kosinus im Einheitskreis

Beim Übertrag der Werte in ein Koordinatensystem, mit den Werten des Winkel ? auf der x-Achse und dem Sinus von α auf y-Achse, ergibt sich folgende Kurve für den gesamten Kreis.

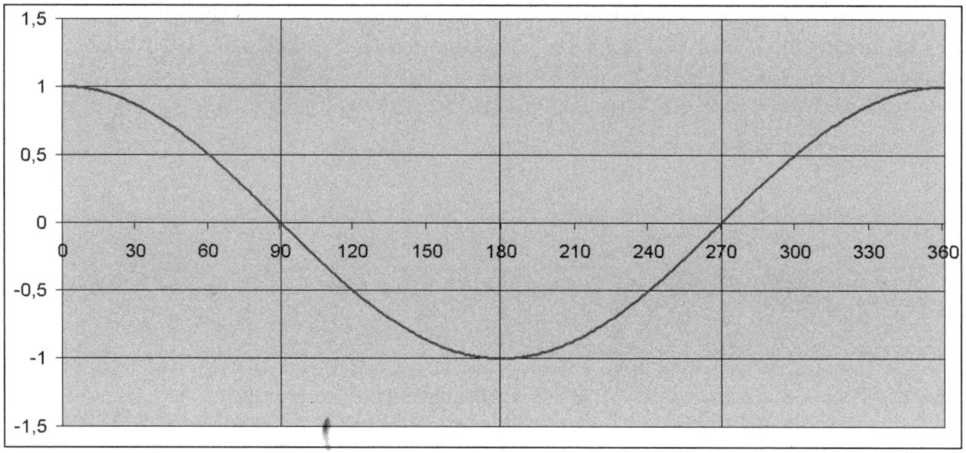

Abbildung 15.13: Die Kosinuskurve

Praxiseinsatz Eine ICE-Strecke muss über eine Brücke geführt werden. Berechnen Sie die Länge der zu einer Brücke ansteigenden Strecke (s), wenn man 1.500 m (l) vor der Brücke mit der Steigung beginnt und der Steigungswinkel α 1° betragen soll.

Mit der Umstellung der Formel cos α = Ankathete (l) / Hypotenuse (s) nach der Strecke s:

```
s = l / cos α
```

erhalten Sie die Berechnungsformel. In Excel stellt sich die Formel so dar:

```
=1500/COS(BOGENMASS(1))
```

Die Berechnung ergibt eine Steigungstrecke von 1.500,23 m, also eine um ganze 23 cm längere Strecke als die Entfernung selbst.

Siehe auch ARCCOS(), COSHYP(), PI()

CD-ROM Das Beispiel finden Sie auf der Buch-CD im Ordner *\Buch\Kap15* in der Arbeitsmappe *Kap15.xls* (Excel 97-2003) bzw. *Kap15.xlsx* (Excel 2007/2010) auf dem Arbeitsblatt *sin_cos* in der Tabelle mit Winkeln, Bogenmaßen und den Winkelfunktionsergebnissen. Das ICE-Beispiel haben wir auf dem Arbeitsblatt *trigon* in derselben Arbeitsmappe dargestellt.

COSHYP() COSH()

Syntax COSHYP(***Zahl***)

Definition Die Funktion COSHYP() gibt den hyperbolischen Kosinus (Hyperbelkosinus, Kosinus Hyperbolicus, math.: cosh) einer reellen Zahl zurück.

Argumente ***Zahl*** (erforderlich) ist eine beliebige reelle Zahl.

Hintergrund Der hyperbolische Kosinus gehört zu den Hyperbelfunktionen, die ebenso wie die Kreisfunktionen (z.B. Sinus und Tangens) für alle reellen und komplexen Zahlen definiert sind. (Microsoft Excel erlaubt aber nur reelle Argumente für die Hyperbelfunktionen.) Die Definition für den hyperbolischen Kosinus lautet:

$$y = \alpha \cos \frac{x}{a}$$

Seine grafische Darstellung zeigt die folgende Abbildung 15.14:

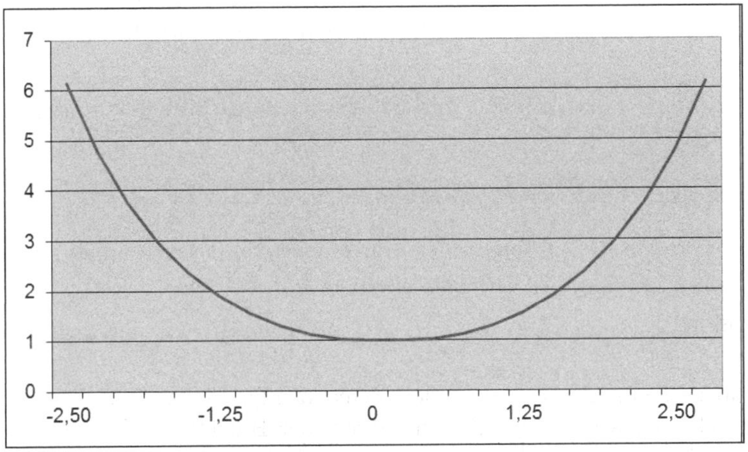

Abbildung 15.14: Der Hyperbelkosinus ist eine gerade Funktion, die symmetrisch zur y-Achse liegt, weil sie zwei Monotonieintervalle besitzt

Der hyperbolische Kosinus wird in der Technik und in den Naturwissenschaften, vor allem in der Forschung und Entwicklung, häufig gebraucht. Seinen größten Bekanntheitsgrad hat der Hyperbelkosinus als »Kettenlinie« oder »Katenoide«. Sie beschreibt die Form einer an zwei Punkten befestigten, frei hängenden Kette. Die Gleichung der Kettenlinie lautet:

$$y = \alpha \cos \frac{x}{a}$$

mit α als Abstand des Scheitelpunkts von der Nulllinie (des tiefsten Punkts).

Siehe auch ARCCOSHYP(), SINHYP(), TANHYP()

CD-ROM Die Tabelle für die grafische Darstellung aus Abbildung 15.14 und das Beispiel »Kettenlinie« finden Sie auf der Buch-CD im Ordner *\Buch\Kap15* in der Arbeitsmappe *COSHYP.xls* (Excel 97-2003) bzw. *COSHYP.xlsx* (Excel 2007/2010) auf den Arbeitsblättern *Graph* und *Kettenlinie*.

EXP() EXP()

Syntax EXP(***Zahl***)

Definition Die Funktion EXP() potenziert die Basis e mit der als Argument angegebenen *Zahl*.

Argumente ***Zahl*** (erforderlich) ist der Exponent zur Basis e.

Hintergrund Das Potenzieren gehört, wie das Radizieren und Logarithmieren, zu den Rechenarten der dritten Stufe. Das Potenzieren entsteht für natürliche Zahlen genauso aus dem Multiplizieren wie das Multiplizieren aus dem Addieren. Die Funktion EXP() verwendet für das Potenzieren als Basis die transzendent-irrationale Eulersche Zahl e. Diese Konstante ist die Basis des natürlichen Logarithmus und hat den Wert *2,71828182845904*.

Diese, nach dem Schweizer Mathematiker Leonhard Euler benannte Zahl ist eine irrationale und transzendente Zahl, d.h. wie die Kreiszahl Pi, siehe auch Funktion PI(), lässt sie sich weder als Bruch zweier natürlicher Zahlen noch als Lösung einer algebraischen Gleichung endlichen Grades darstellen. Die Eulersche Zahl spielt in der Differential- und Integralrechnung eine wichtige Rolle.

EXP() ist die Umkehrfunktion zu LN(), welche den natürlichen Logarithmus zurückgibt, und rechnet nach dieser Formel:

$$x = e^{Zahl}\text{, aufgelöst als Produkt: } x = e_{Zahl} \cdot e_{Zahl-1} \cdot \ldots \cdot e_2 \cdot e_1$$

Um eine Potenz mit einer anderen Basis zu berechnen, müssen Sie den Potenzierungsoperator (^) verwenden. Die achte Potenz von 2 (Basis) ermitteln Sie in Excel so:

`=2^8` ergibt 256

Hinweis Mehr zu den Logarithmensystemen erfahren Sie unter der Funktion LN().

Praxiseinsatz Die Exponentialfunktion findet in der Praxis neben der Wahrscheinlichkeitsberechnung (Stochastik) z.B. auch Anwendung in der Physik bei der Berechnung des radioaktiven Zerfalls oder in der Biologie bei der Berechnung von »exponentiellem« Wachstum von Organismen.

Weitere Informationen würden den Rahmen dieses Buchs sprengen. Wenden Sie sich bitte der entsprechenden Spezialliteratur zu.

Hier noch zwei Beispiele, um die Funktion zu dokumentieren:

`=EXP(1)` ergibt den Wert 2,71828183 = e

`=EXP(2)` ergibt den Wert 7,3890561 = e^2

Siehe auch IMEXP(), LN(), LOG(), POTENZ()

CD-ROM Eine Reihe mit Beispielrechnungen finden Sie auf der Buch-CD im Ordner *\Buch\Kap15* in der Arbeitsmappe *Kap15.xls* (Excel 97-2003) bzw. *Kap15.xlsx* (Excel 2007/2010) auf dem Arbeitsblatt *Exp*.

FAKULTÄT() FACT()

Syntax FAKULTÄT(***Zahl***)

Definition Diese Funktion gibt die Fakultät zu *Zahl* mit einer Schrittlänge von 1 zurück.

Argumente ***Zahl*** (erforderlich) ist die nicht negative Zahl, deren Fakultät Sie berechnen möchten. Ist Zahl keine ganze Zahl, werden die Nachkommastellen abgeschnitten und nicht gerundet.

Hintergrund Die Fakultät ist eine in der Mathematik immer dann verwendete Funktion, wenn es um Produktfolgen, hier speziell die »Partialproduktfolge der Folge der natürlichen Zahlen«, geht. Die Fakultät einer Zahl ergibt sich aus dem Produkt aller natürlichen Zahlen von 1 bis zum Argument Zahl.

Für die Zahl 4 wird beispielsweise die Fakultät wie folgt ermittelt:

$$4! = 1 \cdot 2 \cdot 3 \cdot 4 = 24$$

Die mathematische Definition lautet:

$$n! = n \cdot (n-1) \cdot (n-2) \cdot \ldots \cdot 3 \cdot 2 \cdot 1$$

Zweckmäßigerweise wird definiert: 0! = 1 und 1! = 1.

Praxiseinsatz

In der abzählenden Kombinatorik spielen Fakultäten eine wichtige Rolle, weil *n*! die Anzahl der Möglichkeiten ist, *n* unterscheidbare Gegenstände in einer Reihe anzuordnen.

Beispiel: Bei einem Marathon starten 4 Läufer. Wie viele Möglichkeiten gibt es für die Reihenfolge beim Zieleinlauf dieser Läufer, wenn alle Läufer das Ziel erreichen?

Lösung: Für den ersten Platz kommen alle 4 Läufer in Frage. Ist der erste Läufer angekommen, können nur noch 3 Läufer um den zweiten Platz konkurrieren. Ist auch der zweite Platz vergeben, kommen für den 3. Platz nur noch 2 Läufer in Frage, für den 4 und letzen Platz dann nur noch einer. Es gibt also 4! = 24 verschiedene Ranglisten für den Zieleinlauf.

Die Formel in Excel lautet `=Fakultät(4)`

Siehe auch

FACTDOUBLE(), PRODUKT()

CD-ROM

Eine Beispielreihe mit alternativen Prüfberechnungen finden Sie auf der Buch-CD im Ordner *\Buch\Kap15* in der Arbeitsmappe *Kap15.xls* (Excel 97-2003) bzw. *Kap15.xlsx* (Excel 2007/2010) auf dem Arbeitsblatt *Fakultät*.

GANZZAHL() INT()

Syntax

GANZZAHL(***Zahl***)

Definition

Die Funktion rundet das Argument *Zahl* auf die nächst kleinere ganze Zahl ab.

Argumente

Zahl (erforderlich) ist die reelle Zahl, die Sie auf die nächste ganze Zahl abrunden möchten.

Hintergrund

Zu den reellen Zahlen zählen alle Dezimalzahlen, d.h. alle Zahlen, die sich durch die Ziffern 1,2, …9,0 sowie dem »,« (Komma) und den Vorzeichen »+« und »–« darstellen lassen. Beim Zahlenbereich der »Reellen Zahlen« handelt es sich um die Erweiterung des Bereichs der »Rationalen Zahlen« um die »Irrationalen Zahlen«. Diese Erweiterung ist notwendig, um die Rechenoperationen der dritten Stufe – Radizieren, Logarithmieren und Potenzieren – uneingeschränkt im Bereich der absolut rationalen Zahlen ausführbar zu machen.

»Ganze Zahlen« gehören zu den rationalen Zahlen. Zu ihnen gehören alle positiven und negativen Zahlen sowie die Zahl 0 (Null). Im Bereich der positiven Zahlen schneidet die Funktion GANZZAHL() die Nachkommastellen ab, bei den negativen Zahlen rundet sie auf die nächst kleinere Zahl ab.

Praxiseinsatz

Bei der Berechnung der Steuererklärung soll das Ergebnis in ganzen Eurobeträgen erscheinen und (zu Ihren Gunsten) abgerundet werden.

Hier weitere Beispiele, um die Funktion zu dokumentieren:

`=GANZZAHL(4,3)` ergibt einen Wert von 4

`=GANZZAHL(-2,51)` ergibt einen Wert von –3

`=GANZZAHL(78,8)` ergibt einen Wert von 78

Siehe auch REST(), VRUNDEN(), OBERGRENZE(), OBERGRENZE.GENAU() RUNDEN(), KÜRZEN(), UNTERGRENZE(), UNTERGRENZE.GENAU()

CD-ROM Eine Reihe mit GANZZAHL()-Berechnungen finden Sie auf der Buch-CD im Ordner *\Buch\Kap15* in der Arbeitsmappe *Kap15.xls* (Excel 97-2003) bzw. *Kap15.xlsx* (Excel 2007/2010) auf dem Arbeitsblatt *Runden*.

GERADE() EVEN()

Syntax GERADE(***Zahl***)

Definition Rundet eine Zahl auf die nächste gerade ganze Zahl auf.

Argumente ***Zahl*** (erforderlich) ist der Wert, der auf die nächste gerade Zahl aufgerundet werden soll. Das Argument Zahl muss ein numerischer Ausdruck sein, sonst gibt GERADE() den Fehlerwert #WERT! zurück.

Hintergrund Im Gegensatz zur Funktion RUNDEN(), wo bei Zahlen < 5 ab- und > 5 aufgerundet wird, rundet die Funktion GERADE() konsequent auf die nächste gerade ganze Zahl auf. Unabhängig davon, welches Vorzeichen *Zahl* hat, wird ein Wert aufgerundet, wenn die Anpassung von Null ausgehend erfolgt. Ist *Zahl* eine gerade ganze Zahl, erfolgt keine Rundung.

Als gerade Zahl werden alle Zahlen bezeichnet, die ganzzahlig durch 2 teilbar sind. Sie können diese Funktion für die Verarbeitung von Elementen verwenden, die paarweise auftreten.

Praxiseinsatz Zwei Erben wollen Ihre Erbschaft zusammenrechnen. Um die Aufteilung zu vereinfachen, sollen alle Beträge durch zwei teilbar sein.

Hier einige Beispiele, um die Funktion zu dokumentieren:

`=GERADE(4,5)` ergibt einen Wert von 6

`=GERADE(-6,3)` ergibt einen Wert von –8

`=GERADE(59959)` ergibt einen Wert von 59.960

Siehe auch GANZZAHL(), ISTGERADE() (Informationsfunktion), ISTUNGERADE() (Informationsfunktion), OBERGRENZE(), OBERGRENZE.GENAU(), RUNDEN(), KÜRZEN(), UNGERADE(), UNTERGRENZE(), UNTERGRENZE.GENAU()

CD-ROM Eine Reihe mit GERADE()-Berechnungen finden Sie auf der Buch-CD im Ordner *\Buch\Kap15* in der Arbeitsmappe *Kap15.xls* (Excel 97-2003) bzw. *Kap15.xlsx* (Excel 2007/2010) auf dem Arbeitsblatt *Runden*.

GGT() GCD()

Syntax

GGT(***Zahl1***;*Zahl2*; ...)

Definition

Gibt den größten gemeinsamen Teiler für die Wertereihe *Zahl1;Zahl2;…* zurück.

Argumente

Zahl1;*Zahl2*;... sind 1 bis 255 (bis Excel 2003: 29) Werte (erforderlich ist mindestens eine Zahl).

Hintergrund

Der größte gemeinsame Teiler (ggT) spielt in der Mathematik eine große Rolle, z.B. beim Kürzen von Brüchen. Der größte gemeinsame Teiler ist die ganze Zahl, durch die sowohl *Zahl1* als auch *Zahl2* usw. dividiert werden können – ohne dass ein Rest bleibt.

Excel berechnet den ggT auf der Grundlage von ganzen Zahlen, Werte nach einem Komma werden abgeschnitten.. Wird in die Formel ein nicht numerischer Ausdruck mit einbezogen, gibt GGT() den Fehlerwert *#WERT!* zurück. Ist eines der Argumente kleiner als 0 (Null), gibt GGT() den Fehlerwert *#ZAHL!* zurück.

Es gibt zwei Möglichkeiten zur Berechnung des ggT:

1. Die Primfaktorenzerlegung

Der ggT ist das Produkt aus den Primfaktoren, die in allen Zahlen gemeinsam vorkommen. Diese werden dabei jeweils nur einmal als Faktor verwendet. Der ggT lässt sich also über die Primfaktorzerlegung von m und n berechnen.

Beispiel:

$$m = 36 = 2^2 \cdot 3^2$$

$$n = 120 = 2^2 \cdot 3 \cdot 5$$

Anschließend werden die Faktoren, die in beiden Zahlen vorkommen, miteinander multipliziert:

2. Euklidischer Algorithmus (Euklid, griechischer Mathematiker um 325 v.u.Z.)

Diese Methode ist nur für die Ermittlung des ggT von zwei Zahlen geeignet. Man dividiert die größere der beiden Zahlen, von denen man den ggT ermitteln möchte, durch die kleinere. Anschließend wird der Divisor durch den verbleibenden Rest dividiert. Dieser Vorgang wird wiederholt, bis die Division aufgeht. Der letzte Divisor ist der ggT der beiden Ausgangszahlen.

Hinweis

Aus dem ggT sowie dem Produkt von m und n lässt sich auch das kgV (kleinstes gemeinsames Vielfaches) – siehe Funktion KGV() – bestimmen:

$$kgV(m,n) = \frac{m \cdot n}{ggT(m,n)}$$

Praxiseinsatz Ein Zimmer der Länge 7,65 m und der Breite 3,60 m soll mit möglichst großen quadratischen Platten ausgelegt werden. Welche Seitenlänge müssen die Platten haben?

`=GGT(765;360)` ergibt 45, d.h. die Seitenlänge einer Platte sollte 45 cm betragen.

Siehe auch KGV()

CD-ROM Die Beispiele finden Sie auf der Buch-CD im Ordner *\Buch\Kap15* in der Arbeitsmappe *Kap15.xls* (Excel 97-2003) bzw. *Kap15.xlsx* (Excel 2007/2010) auf dem Arbeitsblatt *GGT_KGV*.

GRAD() DEGREES()

Syntax GRAD(***Winkel***)

Definition Die Funktion wandelt Bogenmaße (Radiant) in Gradzahlen um.

Argumente ***Winkel*** (erforderlich) ist ein in Bogenmaß (Radiant) angegebener Winkel, den Sie umwandeln möchten.

Hintergrund Als Grad (°) wird die Maßeinheit für einen Winkel angegeben. Ein Vollkreis entspricht einem Winkel von 360°. Unterteilt wird ein Grad in 60 (Winkel-)Minuten ('), wobei eine Minute in 60 (Winkel-)Sekunden ('') eingeteilt wird.

In der Mathematik und Physik wird der Winkel auch als Bogenmaß angegeben. Dabei entspricht der Vollkreis einem Maß von 2π. Ein Winkel von π entspricht 180°.

In Excel spielt diese Funktion eine besondere Rolle. Da alle Formeln der Winkelfunktionen mit dem Bogenmaß rechnen, müssen die Ergebnisse bei Bedarf in Grad umgerechnet werden – siehe die Funktionen ARCOS() und ARCSIN().

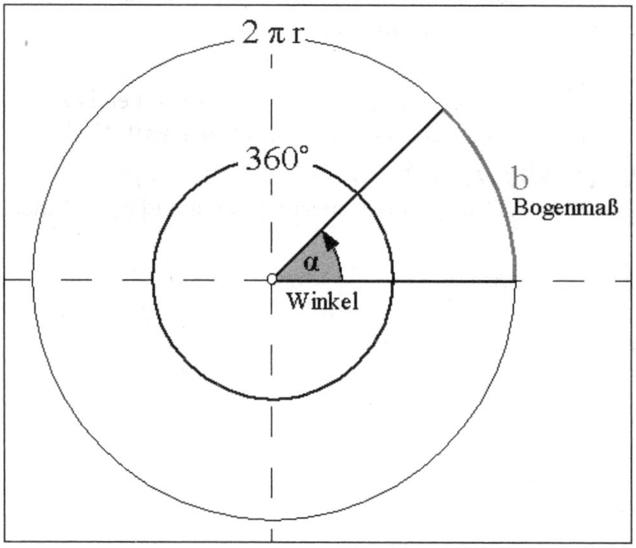

Abbildung 15.15: Gegenüberstellung von Winkel und Bogenmaß

Praxiseinsatz

Bei Kreisberechnungen werden die Ergebnisse meistens als Bogenmaß ausgegeben. Siehe zum Beispiel die Funktion ARCTAN() oder ARCTAN2(). Mit der GRAD()-Funktion wird das Ergebnis in Grad umgerechnet z.B.:

`=GRAD(ARCOS(7,5/15)`

Hier weitere Beispiele, um die Funktion zu dokumentieren:

`=GRAD(1)` ergibt 57,296 Grad

`=GRAD(0,785)` ergibt 45 Grad

`=GRAD(1,571)` ergibt 90 Grad

Siehe auch

BOGENMASS()

CD-ROM

Die Beispiele finden Sie auf der Buch-CD im Ordner *\Buch\Kap15* in der Arbeitsmappe *Kap15.xls* (Excel 97-2003) bzw. *Kap15.xlsx* (Excel 2007/2010) auf dem Arbeitsblatt *sin_cos*.

KGV() LCM()

Syntax

KGV(***Zahl1***;*Zahl2; ...*)

Definition

Die Funktion gibt das kleinste gemeinsame Vielfache (kgV) der als Argumente angegebenen ganzen Zahlen zurück. Als kgV wird die kleinste positive ganze Zahl bezeichnet, die ein Vielfaches aller ganzzahligen Argumente *Zahl1, Zahl2* usw. ist. KGV() können Sie verwenden, wenn Sie Brüche addieren müssen, die unterschiedliche Nenner haben.

Argumente

Zahl1; *Zahl2*;... sind 1 bis 255 (bis Excel 2003: 29) Werte, deren kleinstes gemeinsames Vielfaches Sie berechnen möchten (erforderlich ist mindestens eine Zahl).

Hintergrund

Das kgV spielt in der Mathematik eine große Rolle, z.B. beim Addieren von Brüchen. Das kgV ist die kleinste ganze Zahl, die gleichzeitig durch Zahl1 (m) und Zahl2 (n) ohne Rest teilbar ist.

Excel berechnet das kgV auf der Grundlage von ganzen Zahlen. Werte nach einem Komma werden abgeschnitten. Wird in die Formel ein nicht numerischer Ausdruck mit einbezogen, gibt KGV() den Fehlerwert #WERT! zurück. Ist eines der Argumente kleiner als 0 (Null), gibt KGV() den Fehlerwert #ZAHL! zurück.

Das kgV lässt sich ebenso wie der ggT über die Primfaktorenzerlegung von m und n berechnen.

Beispiel:

$$m = 36 = 2^2 \cdot 3^2$$

$$n = 120 = 2^3 \cdot 3 \cdot 5$$

Anschließend werden sämtliche vorkommenden Primfaktoren miteinander multipliziert:

$$2^3 \cdot 3^2 \cdot 5 = 360$$

Hinweis

Aus dem kgV sowie dem Produkt von m und n lässt sich der ggT – siehe Funktion GGT() – bestimmen:

$$ggT(m,n) = \frac{m \cdot n}{kgV(m,n)}$$

Praxiseinsatz Zwei Menschen laufen nebeneinander. Läufer 1 hat eine Schrittlänge von 1,10 m, Läufer 2 hat eine Schrittlänge von 1,43 m. Sie laufen gleichzeitig los. Nach welcher Wegstrecke treten beide zum ersten Mal wieder gleichzeitig auf?

`=KGV(110;143)` ergibt 1430, d.h. nach 14,30 m treten beide wieder gleichzeitig auf.

Siehe auch GGT()

CD-ROM Die Beispiele finden Sie auf der Buch-CD im Ordner *\Buch\Kap15* in der Arbeitsmappe *Kap15.xls* (Excel 97-2003) bzw. *Kap15.xlsx* (Excel 2007/2010) auf dem Arbeitsblatt *GGT_KGV*.

KOMBINATIONEN() COMBIN()

Syntax KOMBINATIONEN(***n;k***)

Definition Die Funktion gibt die Anzahl der möglichen Kombinationen von k Elementen aus einer Menge von n Elementen zurück.

Argumente ***n*** (erforderlich) ist die Anzahl der Elemente.

k (erforderlich) gibt an, aus wie vielen Elementen jede Kombination bestehen soll.

Hinweise Verwenden Sie KOMBINATIONEN(), um zu berechnen, wie viele Gruppen aus einer bestimmten Anzahl von Elementen gebildet werden können.

Die Kombination ist eine beliebige Menge oder Teilmenge von Elementen. Im Gegensatz zur Permutation oder Variation (siehe auch Funktion VARIATIONEN() in Kapitel 11) spielt bei der Kombination die interne Reihenfolge der Elemente keine Rolle, d.h. die Anordnungen werden außer Acht gelassen. Die Elementfolge »ABC« ist gleichwertig mit »BCA« oder »CAB«. Es muss also weniger Kombinationen als Variationen oder Permutationen geben.

Da KOMBINATIONEN() nur mit Werten ohne Komma rechnet, kürzt Excel numerische Werte zu ganzen Zahlen. Ist eines der Argumente kein numerischer Ausdruck, gibt KOMBINATIONEN() den Fehlerwert #WERT! zurück. Ist n < 0, k < 0 oder n < k, wird der Fehlerwert #ZAHL! ausgegeben.

Die Anzahl möglicher Kombinationen wird wie folgt berechnet, wobei n allen Elementen und k der Anzahl der ausgewählten Elemente entspricht:

$$\binom{n}{k} = \frac{P_{k,n}}{k!} = \frac{n!}{k!(n-k)!}$$

wobei:

$$P_{k,n} = \frac{n!}{(n-k)!}$$

Praxiseinsatz Für die Organisation eines Fußballturniers soll ermittelt werden, wie viele Spiele stattfinden müssen, damit alle Mannschaften einmal gegeneinander gespielt haben.

Folgende Mannschaften haben sich angemeldet: A, B, C, D

Möglichkeiten:

1. A + B
2. A + C
3. A + D
4. B + C
5. B + D
6. C + D

Das Ergebnis lautet 6. Die Formel in Excel sieht so aus:

`=KOMBINATIONEN(4;2)`

Siehe auch

BINOMVERT() (Statistische Funktionen), FAKULTÄT(), HYPGEOMVERT() (Statistische Funktionen), KRITBINOM() (Statistische Funktionen), NEGBINOMVERT()(Statistische Funktionen), VARIATIONEN()

CD-ROM

Die Beispiele finden Sie auf der Buch-CD im Ordner *\Buch\Kap15* in der Arbeitsmappe *Kap15.xls* (Excel 97-2003) bzw. *Kap15.xlsx* (Excel 2007/2010) auf dem Arbeitsblatt *Kombin*.

KÜRZEN() TRUNC()

Syntax

KÜRZEN(*Zahl;Anzahl_Stellen*)

Definition

Die Funktion schneidet die Kommastellen der Zahl ab und gibt als Ergebnis eine ganze Zahl zurück.

Argumente

Zahl (erforderlich) ist die Zahl, deren Stellen Sie abschneiden möchten.

Anzahl_Stellen (optional) ist eine Zahl, die angibt, wie viele Nachkommastellen erhalten bleiben sollen. Liegt keine Eingabe vor, ist die Voreinstellung für *Anzahl_Stellen* 0 (Null). Es sind positive und negative Werte für *Anzahl_Stellen* möglich.

Hintergrund

Bei der Funktion KÜRZEN() werden die restlichen Zellen hinter dem durch *Anzahl_Stellen* bestimmten Schnittpunkt einfach abgeschnitten. Wird kein Schnittpunkt angegeben, wird hinter der ganzen Zahl abgetrennt.

Die Funktionen KÜRZEN() und ABRUNDEN() geben das gleiche Ergebnis zurück. Beide Funktionen unterscheiden sich nur darin, dass die Anzahl der Stellen, auf die abgerundet werden soll, bei der Funktion KÜRZEN() angegeben werden **kann** und bei der Funktion ABRUNDEN() angegeben werden **muss**.

Praxiseinsatz

Als Praxiseinsatz bietet sich das Kürzen von monetären Beträgen z.B. auf 2 Stellen hinter dem Komma oder auf volle Beträge an.

`=KÜRZEN(234,4692354;2)` ergibt 234,46

`=KÜRZEN(234,4692354;-1)` ergibt 230

`=KÜRZEN(9,3)` ergibt einen Wert von 9

`=KÜRZEN(-9,3)` ergibt einen Wert von –9

`=KÜRZEN(18,628;2)` ergibt einen Wert von 18,62

Siehe auch GANZZAHL(), REST(), OBERGRENZE(), OBERGRENZE.GENAU(), RUNDEN(), UNTERGRENZE(), UNTERGRENZE.GENAU(),

CD-ROM Die Beispiele finden Sie auf der Buch-CD im Ordner *\Buch\Kap15* in der Arbeitsmappe *Kap15.xls* (Excel 97-2003) bzw. *Kap15.xlsx* (Excel 2007/2010) auf dem Arbeitsblatt *Runden*.

LN() LN()

Syntax LN(***Zahl***)

Definition Die Funktion gibt den natürlichen Logarithmus einer Zahl zurück. Natürliche Logarithmen haben als Basis die Konstante e (2,71828182845904, siehe »Eulersche Zahl« im Abschnitt zur Funktion EXP()).

Argumente ***Zahl*** (erforderlich) ist die positive reelle Zahl, deren natürlichen Logarithmus Sie berechnen möchten.

Hintergrund Bei einer Gleichung $b = ax$, wobei a und b bekannt sind, lässt sich der Wert x durch das sog. Logarithmieren ermitteln:

$$x = \log_a b$$

Beispiel:

$$2 = \log_3 9$$

Der Wert x wird als Logarithmus der Basis a mit dem Numerus b bezeichnet.

Alle Logarithmen mit gleicher Basis bilden ein Logarithmensystem. Als Basis können alle positiven Zahlen außer 0 und 1 verwendet werden.

Die Logarithmen mit der Basis 2 (binär) kürzt man mit lb ab.

In der Naturwissenschaft wird vielfach die Eulersche Zahl *e* (2,71828182845904) als Basis verwendet. Weitere Informationen zur Zahl *e* finden Sie unter der Funktion EXP(). Die Abkürzung für Logarithmen mit der Basis *e* ist *ln* (natürliche Logarithmen).

Excel bietet die Funktion LN() zur Berechnung von natürlichen Logarithmen, wobei LN() die Umkehrfunktion zu EXP() ist.

Der *ln* steht im folgenden Zusammenhang zum *log*:

$$\log_b x = \frac{\ln x}{\ln b}$$

Um das Rechnen einfacher zu gestalten, wählte der Engländer Henry Briggs die Basis 10. Man nennt diese Logarithmen Briggsche, dekadische oder Zehnerlogarithmen – siehe LOG10().

Praxiseinsatz Er wird unter anderem zur Beschreibung von Wachstums- oder Zerfallsprozessen benutzt ähnlich wie die Funktion EXP().

Hier einige Beispiele, um die Funktion zu dokumentieren:

`=LN(86)` ergibt den natürlichen Logarithmus von 86 = 4,4543473

`=LN(2,7182818)` ergibt den natürlichen Logarithmus zur Konstante e = 1

`=LN(EXP(3))`ergibt den natürlichen Logarithmus der Basis potenziert mit 3 = 3

Siehe auch EXP(), IMLN() (Technische Funktionen), IMLOG10() (Technische Funktionen), IMLOG2() (Technische Funktionen), LOG(), LOG10()

CD-ROM Die Beispiele finden Sie auf der Buch-CD im Ordner *\Buch\Kap15* in der Arbeitsmappe *Kap15.xls* (Excel 97-2003) bzw. *Kap15.xlsx* (Excel 2007/2010) auf dem Arbeitsblatt *log_ln*.

LOG() LOG()

Syntax LOG(***Zahl;Basis***)

Definition Die Funktion gibt den Logarithmus von *Zahl* zu der angegebenen *Basis* zurück

Argumente ***Zahl*** (erforderlich) ist die positive reelle Zahl, deren Logarithmus Sie berechnen möchten.

Basis (erforderlich) ist die Basis des Logarithmus. Wenn das Argument *Basis* fehlt, wird es als 10 angenommen.

Hintergrund Der Logarithmus ist die Umkehrung der Exponentialfunktion.

Beispiel:

Die Exponentialfunktion $a = b^x$ lässt sich mit dem Logarithmus wie folgt umstellen:

$$x = \log_b a$$

Der Logarithmus eines Produkts (Quotienten) entspricht der Summe (Differenz) der Logarithmen aus ihren Faktoren (dem Dividenden und Divisor):

$$\lg(a \cdot b) = \lg a + \lg b$$

$$\lg(a : b) = \lg a - \lg b$$

Durch die Logarithmen werden:

- Multiplikation und Division auf Addition und Subtraktion,
- Potenzieren und Radizieren auf Multiplikation und Division

zurückgeführt.

Logarithmen erleichtern also das Rechnen mit vielstelligen Zahlen.

Im Gegensatz zu den Funktionen LN() und LOG10() ist bei der Funktion LOG() die Möglichkeit, die Basis selber zu bestimmen. Wird die Basis nicht angegeben, entspricht LOG() der Funktion LOG10().

Siehe auch EXP(), IMLN() (Technische Funktionen), IMLOG10() (Technische Funktionen), IMLOG2() (Technische Funktionen), LN(), LOG10()

CD-ROM Weitere Beispiele finden Sie auf der Buch-CD im Ordner *\Buch\Kap15* in der Arbeitsmappe *Kap15.xls* (Excel 97-2003) bzw. *Kap15.xlsx* (Excel 2007/2010) auf den Arbeitsblättern *log_ln* und *exp_Log_ln*

LOG10() LOG10()

Syntax LOG10(*Zahl*)

Definition Die Funktion gibt den dekadischen Logarithmus (Basis 10) von *Zahl* zurück.

Argumente *Zahl* (erforderlich) ist die positive reelle Zahl, deren Logarithmus zur Basis 10 Sie berechnen möchten.

Hintergrund Die Funktion LOG10() bildet den so genannten »Zehnerlogarithmus« oder auch »Dekadischen Logarithmus« mit der Zahl 10 als Basis.

Praxiseinsatz In der Praxis wir der dekadische Logarithmus häufig bei naturwissenschaftlichen Funktionen angewendet z.B. zur Berechnung der Lautstärke in Dezibel:

$$L = (\log \frac{P_2}{P_1})\ B = 10(\log \frac{P_2}{P_1}) dB$$

Für weitere Informationen wenden Sie sich bitte der entsprechenden Fachliteratur zu.

Hier noch einige Beispiele, um die Funktion zu dokumentieren:

`=LOG10(2)` ergibt den Wert 0,301029996

`=LOG10(6)` ergibt den Wert 0,77815125

`=LOG10(9)` ergibt den Wert 0,954242509

`=LOG10(10)` ergibt den Wert 1

Siehe auch EXP(), IMLN() (Technische Funktionen), IMLOG10() (Technische Funktionen), IMLOG2() (Technische Funktionen), LN(), LOG()

CD-ROM Die Beispiele finden Sie auf der Buch-CD im Ordner *\Buch\Kap15* in der Arbeitsmappe *Kap15.xls* (Excel 97-2003) bzw. *Kap15.xlsx* (Excel 2007/2010) auf dem Arbeitsblatt *log_ln*.

MDET() MDETERM()

Syntax MDET(*Matrix*)

Definition Gibt die Determinante einer Matrix zurück.

Argumente *Matrix* (erforderlich) ist eine quadratische Matrix, d.h. die Anzahl der Zeilen und Spalten ist identisch.

Hintergrund Voraussetzung zur Ermittlung der Determinante ist eine quadratische Matrix als Berechnungsgrundlage. In Excel kann Matrix als

- Zellbereich (zum Beispiel A1:C3),
- Matrix-Konstante (zum Beispiel {1.2.3;4.5.6;7.8.9} oder
- Name, der einem Zellbereich oder einer Matrix-Konstanten zugeordnet ist

eingegeben werden.

Sind die zu einer Matrix gehörenden Zellen leer oder enthalten diese Text, gibt MDET() den Fehlerwert *#WERT!* zurück. MDET() gibt ebenfalls den Fehlerwert *#WERT!* zurück, wenn *Matrix* nicht quadratisch ist.

Mithilfe der Determinante lässt sich bestimmen, ob ein lineares Gleichungssystem eine eindeutige Lösung hat. Ist der Wert der Determinante gleich 0, hat die Gleichung keine oder keine eindeutige Lösung.

Zur Berechnung der Determinante einer Matrix A werden folgende Formeln angewendet:

1. A ist eine 1x1-Matrix:

$$\det(A) = a_{1,1}$$

2. A ist eine 2x2-Matrix:

$$\det(A) = a_{1,1} \cdot a_{2,2} - a_{2,1} \cdot a_{1,2}$$

3. A ist eine 3x3-Matrix:

$$\det(A) = a_{1,1} \cdot a_{2,2}\, a_{3,3} + a_{1,3} \cdot a_{2,1} \cdot a_{3,2} + a_{3,1} \cdot a_{2,2} \cdot a_{1,3} - a_{1,1} \cdot a_{2,3} \cdot a_{3,2} - a_{1,2} \cdot a_{2,1} \cdot a_{3,3}$$

Als allgemeine Formel für eine n mal n-Matrix hat Gottfried Leibniz (Deutscher Philosoph und Mathematiker, 1646 bis 1716) die nach ihm benannte Leibniz-Formel entwickelt:

$$\det(A) = \sum_{\sigma \in S_n} (\mathrm{sgn}(\sigma) \prod_{i=l}^{n} a_{i,\sigma(i)})$$

Praxiseinsatz Siehe das Praxisbeispiel zur Funktion MINV().

Siehe auch MINV(), MMULT(), MTRANS() (Matrixfunktionen)

CD-ROM Beispiele zu dieser Funktion finden Sie auf der Buch-CD im Ordner *\Buch\Kap15* in der Arbeitsmappe *Kap15.xls* (Excel 97-2003) bzw. *Kap15.xlsx* (Excel 2007/2010) auf dem Arbeitsblatt *Matrix*.

MINV() MINVERSE()

Syntax MINV(***Matrix***)

Definition Die Funktion gibt die Inverse einer Matrix (die zu einer Matrix gehörende Kehrmatrix) zurück.

Argumente ***Matrix*** (erforderlich) ist eine quadratische Matrix (die Anzahl der Zeilen und Spalten ist identisch).

Hintergrund Die Inverse einer Matrix wird verwendet, um lineare Gleichungen mit mehreren Variablen zu lösen. Voraussetzung für die Invertierbarkeit einer Matrix ist eine quadratische Matrix. Außerdem muss es sich nicht um eine singuläre Matrix handeln, d.h. die Determinante der Matrix ist $\neq 0$, siehe die Funktion MDET().

In der Mathematik wird die Inverse einer Matrix durch ein –1 gekennzeichnet (Matrix A wird zu A–1).

Die Lösung der Gleichung Ax=b ergibt x=A–1b.

Manuell lässt sich die Inverse über folgende Verfahren errechnen:

1. Gaußsches Eliminationsverfahren

   Beim Gaußschen Eliminationsverfahren handelt es sich um eine häufig angewendete Methode zur manuellen Berechnung einer Inversen. Eine detaillierte Erklärung würde den Rahmen dieses Buchs sprengen. Bitte schauen Sie in der einschlägigen Literatur nach.

2. Cramersche Regel

   Die Cramersche Regel ist aufgrund der erforderlichen, meist aufwendigen Berechnung, nur von theoretischem Interesse. Für Dimensionen <=3 kann sie durchaus für die schnelle Lösungsberechnung herangezogen werden. Bitte wenden Sie sich auch hier der einschlägigen Literatur zu.

3. Mithilfe der Formel:

   $$A^{-1} = \frac{1}{\det(A)} \cdot A^{\#}$$

   Für die Formel werden die Determinante – *det(A)* siehe Funktion MDET() – sowie die komplementäre Matrix (A#) benötigt.

In die Bearbeitungsleiste von Excel kann eine *Matrix* als

- Zellbereich, beispielsweise als A1:C3,
- Matrixkonstante, beispielsweise {1.2.3;4.5.6;7.8.9} oder
- Name für eine dieser beiden Möglichkeiten

angegeben werden.

Wenn Zellen in der Matrix leer sind oder Text enthalten, gibt MINV() den Fehlerwert #WERT! zurück. MINV gibt außerdem den Fehlerwert #WERT! zurück, wenn die Anzahl der Zeilen und Spalten in der Matrix nicht gleich ist.

Da es sich bei dem Ergebnis der Formel MINV() um eine Matrix handelt, muss die Formel als Matrixformel eingegeben werden – Abschluss der Eingabe mit den Tasten [Strg]+[⇧]+[↵].

MINV() wird mit einer Genauigkeit von ungefähr 16 Stellen berechnet; dies kann zu einem kleinen numerischen Fehler führen, wenn nicht richtig gerundet wird.

Für einige quadratische Matrizen kann keine Inverse ermittelt werden; die Funktion MINV() gibt in diesem Fall den Fehlerwert #ZAHL! zurück. Die Determinante für eine nicht invertierbare Matrix ist 0.

Praxiseinsatz Aus folgender Gleichung soll der Wert x berechnet werden:

$$A\,x = b$$

Wobei:

	A	B	C	D	E	F	G
2							
3		1	-2	-2			1
4	A =	-2	1	0		b =	2
5		-1	-2	-3			3
6							

Abbildung 15.16: Variablen der Gleichung

Lösung:

1. Umstellung der Formel nach x: $x = A^{-1}b$
2. Um zu kontrollieren, ob die Gleichung eindeutig lösbar ist, kann mit MDET() die Determinante für die Matrix A gebildet werden. Ist die Determinante ungleich 0 besteht eine eindeutige Lösung, die mithilfe der Inversen Matrix ermittelt werden kann.

   Die Formel für die Determinante lautet: `=MDET(B3:D5)`

   Ergebnis: die Determinante von A ist = –1

   Fazit: Die Determinante von A ist ungleich 0, also besteht für die Matrix A eine eindeutige Lösung.
3. Berechnung des inversen Elementes von A = A^{-1}

   Hierfür wird in einen Zellenbereich (*B9:D11*) folgende Matrixformel in Bezug auf die Matrix A eingegeben: `{=MINV(B3:D5}`

	A	B	C	D	E
8					
9		3	2	-2	
10	A^{-1}=	6	5	-4	
11		-5	-4	3	
12					

Abbildung 15.17: Berechnung des inversen Elements

4. Um zu kontrollieren, ob die Inverse Matrix auch korrekt gebildet worden ist, wird A mit A–1 multipliziert Die Formel (im Bereich *B14:D16*) lautet: `{=MMULT(B3:D5;B9:D11)}`. Das Ergebnis muss eine Einheitsmatrix sein:

	A	B	C	D	E
12					
13	Kontrolle:				
14		1	0	0	
15	A A^{-1}=	0	1	0	
16		0	0	1	
17					

Abbildung 15.18: Kontrolle durch Einheitsmatrix

(Wir sehen, Excel hat richtig gerechnet ;)

5. Zum Schluss wird noch A–1 mit b multipliziert. Die Formel lautet `{=MMULT(B9:D11;G3:G5)}` und das Ergebnis ist x.

	A	B	C
17			
18		1	
19	x =	4	
20		-4	
21			

Abbildung 15.19: Das Ergebnis der Gleichung

Siehe auch

INDEX(), MMULT(), MTRANS() (Suchfunktionen)

CD-ROM

Beispiele zu dieser Funktion finden Sie auf der Buch-CD im Ordner *\Buch\Kap15* in der Arbeitsmappe *Kap15.xls* (Excel 97-2003) bzw. *Kap15.xlsx* (Excel 2007/2010) auf dem Arbeitsblatt *Matrix*.

MMULT() — MMULT()

Syntax MMULT(*Matrix1;Matrix2*)

Definition Gibt das Produkt zweier Matrizen zurück. Das Ergebnis ist eine Matrix, die dieselbe Anzahl von Zeilen wie *Matrix1* und dieselbe Anzahl von Spalten wie *Matrix2* hat.

Argumente *Matrix1* (erforderlich); *Matrix2* (erforderlich) sind die Matrizen, die Sie multiplizieren möchten.

Hintergrund In die Bearbeitungsleiste von Excel kann *Matrix1* und *Matrix2*

- als Zellbereich, beispielsweise als A1:C3,
- als Matrixkonstante, beispielsweise {1.2.3;4.5.6;7.8.9} oder
- als Name für eine dieser beiden Möglichkeiten

angegeben werden.

Das Produkt zweier Matrizen kann nur berechnet werden, wenn die Anzahl der Spalten der ersten Matrix gleich der Anzahl der Zeilen der zweiten Matrix ist. Beide Matrizen dürfen nur Zahlen enthalten.

Zur Berechnung des Produkts werden die Zeilenelemente der ersten Matrix mit den entsprechenden Spaltenelementen der zweiten Matrix multipliziert.

$$\begin{pmatrix} a_{11} & a_{12} & a_{13} \\ a_{21} & a_{22} & a_{23} \end{pmatrix} \cdot \begin{pmatrix} b_{11} & b_{12} \\ b_{21} & b_{22} \\ b_{31} & b_{32} \end{pmatrix}$$

$$\cdot \begin{pmatrix} (a_{11} \cdot b_{12} + a_{12} \cdot b_{21} + a_{13} \cdot b_{31}) & (a_{11} \cdot b_{12} + a_{12} \cdot b_{22} + a_{13} \cdot b_{32}) \\ (a_{21} \cdot b_{11} + a_{22} \cdot b_{21} + a_{23} \cdot b_{31}) & (a_{21} \cdot b_{12} + a_{22} \cdot b_{22} + a_{23} \cdot b_{32}) \end{pmatrix}$$

$$\begin{pmatrix} c_{11} & c_{12} \\ c_{21} & c_{22} \end{pmatrix}$$

Praxiseinsatz Siehe das Praxisbeispiel zur Funktion MINV().

Siehe auch MDET(), MINV(), MTRANS() (Suchfunktionen)

CD-ROM Beispiele zu dieser Funktion finden Sie auf der Buch-CD im Ordner *\Buch\Kap15* in der Arbeitsmappe *Kap15.xls* (Excel 97-2003) bzw. *Kap15.xlsx* (Excel 2007/2010) auf dem Arbeitsblatt *Matrix*.

OBERGRENZE() — CEILING()

Syntax OBERGRENZE(*Zahl;Schritt*)

Definition Rundet eine Zahl betragsmäßig auf das kleinste Vielfache von *Schritt* auf.

Argumente *Zahl* (erforderlich) ist der Wert, den Sie runden möchten.

Schritt (erforderlich) ist das Vielfache, auf das Sie runden möchten.

Hintergrund

Diese Funktion gibt Ihnen die Möglichkeit, Zahlen auf eine bestimmte Intervallgrenze aufzurunden, wobei Sie das Intervall angeben können. Diese Herangehensweise kommt besonders bei kaufmännischen Berechnungen vor. Natürlich wäre diese Art der Berechnung auch mit den anderen Runden-Funktionen in einer eigenen Formelkonstruktion möglich, aber OBERGRENZE() stellt den fertigen, d.h. kürzesten Weg.

Unabhängig davon, welches Vorzeichen *Zahl* hat, wird ein Wert betragsmäßig gerundet, d.h. bei positivem Vorzeichen wird der Wert aufgerundet und bei negativem Vorzeichen abgerundet. Ist *Zahl* ein genaues Vielfaches von *Schritt*, erfolgt keine Rundung. Ist eines der beiden Argumente kein numerischer Ausdruck, gibt OBERGRENZE() den Fehlerwert #WERT! zurück. Haben *Zahl* und *Schritt* unterschiedliche Vorzeichen, gibt OBERGRENZE() den Fehlerwert #ZAHL! zurück.

Praxiseinsatz

Sie möchten in einer Tariftabelle die Entgelte entsprechend der vereinbarten Tariferhöhung berechnen. Dabei sollen alle Ergebnisse auf ganze 50 Cent aufgerundet werden. Anders formuliert: Es sind nur Beträge mit einer 0 (Null) oder einer 5 nach dem Komma möglich.

Die Formel

`=OBERGRENZE(Betrag;0,5)`

löst diese Rechenaufgabe.

Hier noch ein paar Beispiele, um die Funktion zu dokumentieren:

`=OBERGRENZE(2345,47;0,5)` ergibt ein Entgelt von 2.345,50 €

`=OBERGRENZE(2345,67;0,5)` ergibt ein Entgelt von 2.346,00 €

Siehe auch

ABRUNDEN(), AUFRUNDEN(), GERADE(), GANZZAHL(), OBERGRENZE.GENAU(), RUNDEN(), KÜRZEN(), UNGERADE(), UNTERGRENZE(), UNTERGRENZE.GENAU()

CD-ROM

Eine Beispielreihe mit alternativen Prüfberechnungen finden Sie auf der Buch-CD im Ordner *\Buch\Kap15* in der Arbeitsmappe *Kap15.xls* (Excel 97-2003) bzw. *Kap15.xlsx* (Excel 2007/2010) auf dem Arbeitsblatt *Runden*.

OBERGRENZE.GENAU() CEILING.PRECISE()

Neu in 2010!

Syntax

OBERGRENZE.GENAU(***Zahl***;*Schritt*)

Definition

Rundet eine Zahl auf die nächste ganze Zahl oder das nächste Vielfache von *Schritt* auf. Die Zahl wird unabhängig vom Vorzeichen aufgerundet.

Argumente

Zahl (erforderlich) ist der Wert, den Sie runden möchten.

Schritt (optional) ist das Vielfache, auf das Sie runden möchten.

Wenn *Schritt* ausgelassen wird, ist der Standardwert 1

Hintergrund

Diese Funktion gibt Ihnen die Möglichkeit, Zahlen auf eine bestimmte Intervallgrenze aufzurunden, wobei Sie das Intervall angeben können. Natürlich wäre diese Art der Berechnung auch mit den anderen Runden-Funktionen in einer eigenen Formelkonstruktion möglich, aber OBERGRENZE.GENAU() stellt den fertigen, d.h. kürzesten Weg.

Als Grundlage für die Funktion OBERGRENZE.GENAU() wird der Absolutwert (siehe die Funktion ABS() auf Seite 733) des Vielfachen verwendet, damit gibt die Funktion OBERGRENZE.GENAU() die mathematische Obergrenze unabhängig von den Vorzeichen der Zahl und von *Schritt* zurück.

Um den Unterschied den Funktionen OBERGRENZE() und OBERGRENZE.GENAU() zu verdeutlichen, hier ein Beispiel:

```
OBERGRENZE(-3,2;-1) = -4
OBERGRENZE.GENAU(-3,2;-1) = -3
```

Wie Sie sehen, wird Zahl (–3,2) bei der Funktion OBERGRENZE.GENAU() unabhängig vom Vorzeichen auf den absoluten Wert aufrundet, während die Funktion OBERGRENZE() betragsmäßig rundet, d.h. bei negativen Vorzeichen abrundet.

Die Funktion OBERGRENZE.GENAU() grenzt sich von der Funktion OBERGRENZE() im negativen Bereich ab, da dort anstatt des niedrigen Werts auf den höheren Wert gerundet wird.

Praxiseinsatz Ein Thermometer im Gefrierhaus ist auf 2 Grad Celsius geeicht. Für den Einsatz soll der gemessene Wert auf ein Vielfaches von 2 Grad (wärmer) aufgerundet werden, also werden aus gemessenen –17 Grad OBERGRENZE.GENAU(–17,–2) = –16 Grad Celsius.

Siehe auch ABRUNDEN(), AUFRUNDEN(), GANZZAHL(), GERADE(), RUNDEN(), KÜRZEN(), OBERGRENZE(), UNGERADE(), UNTERGRENZE(), UNTERGRENZE.GENAU()

CD-ROM Dieses Beispiel finden Sie auf der Buch-CD im Ordner *\Buch\Kap15* in der Arbeitsmappe *Kap15.xlsx* (nur Excel 2010) auf dem Arbeitsblatt *Ober-Untergrenze.Genau*.

PI() — PI()

Syntax PI( )

Definition Gibt die mathematische Konstante Pi (π=3,14159265358979) mit einer Genauigkeit von 15 Stellen zurück.

Argumente Keine

Hintergrund Pi (π) ist die sog. Kreiszahl. Sie beschreibt das Verhältnis eines Kreises zu seinem Durchmesser (d) bzw. Radius (r):

$$d \cdot \pi = u \text{ oder}$$

$$2r \cdot \pi = u$$

wobei *u* der Kreisumfang ist. π ist eine unendliche Zahl, die nur annähernd bestimmt werden kann. Excel rechnet mit 15 Nachkommastellen. Gerundet auf 100 Nachkommastellen hat π folgenden Wert:

3,141 592 653 589 793 238 462 643 383 279 502 884 197 169 399 375 105 820 974 944 592 307 816 406 286 208 998 628 034 825 342 117 067 0

Praxiseinsatz PI findet in der Praxis immer dann Anwendung, wenn eine Kreisberechnung eine Rolle spielt z.B.

In der Geometrie:

- Volumen eines Zylinders (r = Radius, h=Höhe) : $V = r^2 \pi h$
- Oberfläche einer Kugel (r=Radius): $A_0 = 4\pi r^2$

In der Arithmetik:

- Eulersche Identität: $e^{i\varphi} = \cos(\varphi) + i\sin(\varphi)$

In der Physik:

- Kreisbewegung: $\omega = 2\pi f$ (Winkelgeschwindigkeit = 2π mal Umlaufgeschwindigkeit)

Siehe auch COS(), SIN(), TAN()

POLYNOMIAL() MULTINOMINAL()

Syntax POLYNOMIAL(*Zahl1;Zahl2*, ...)

Definition POLYNOMIAL() gibt den Polynomialkoeffizienten einer Gruppe von Zahlen zurück.

Die Formel für die POLYNOMIAL()-Funktion lautet:

$$\text{POLYNOMIAL}(a,b,c) = \frac{(a+b+c)!}{a! \cdot b! \cdot c!}$$

Argumente ***Zahl1;Zahl2;*** ... (erforderlich) sind 1 bis 255 (bis Excel 2003: 29) Werte, deren Polynomialkoeffizienten berechnet werden sollen.

Hintergrund Die Funktion POLYNOMIAL() berechnet den Polynomialkoeffizienten für einen Satz von Zahlen zur Bestimmung der Permutationen, also der Anordnungsmöglichkeiten von Gruppen identischer Elemente unter Beachtung der Reihenfolge. Die Beispiele unten verdeutlichen dies.

Ferner sich lässt damit die Polynomialverteilung ermitteln. Dies stellt die Verallgemeinerung des Spezialfalls Binomialkoeffizienten bzw. Binomialverteilung dar.

Praxiseinsatz Es sollen die Möglichkeiten berechnet werden, in welcher Reihenfolge 5 Personen, nämlich zwei Frauen (a=2), zwei Männer (b=2) und ein Kind (c=1) auf einer Bank mit 5 Sitzplätzen sitzen können. Folgende Formel führt zum Ergebnis:

`=POLYNOMIAL(2;2;1)` ergibt 30, d.h. es stehen 30 verschiedene Sitzmöglichkeiten zur Verfügung.

Siehe auch FACTDOUBLE(), FAKULTÄT()

POTENZ() POWER()

Syntax POTENZ(*Zahl;Potenz*)

Definition Gibt als Ergebnis eine potenzierte Zahl zurück.

Argumente ***Zahl*** (erforderlich) ist die Zahl, die Sie mit dem Exponenten potenzieren möchten. Es sind alle reellen Zahlen zulässig.

Potenz (erforderlich) ist der Exponent, mit dem Sie die *Zahl* potenzieren möchten.

Hintergrund Potenzieren ist das (wiederholte) Multiplizieren einer Zahl mit sich selbst:

$$a \cdot a \cdot a \cdot a \ldots a = a^n$$

(Die Anzahl mit der *a* mit sich selbst multipliziert wird, ergibt die Potenz *n*.)

a wird als Basis bzw. Grundzahl und

n wird als Exponent bzw. Hochzahl bezeichnet.

Das Ergebnis ist die Potenz. Sowohl der Logarithmus als auch die Wurzelfunktion sind Umkehrfunktionen des Potenzierens.

Alternativ zur Funktion POTENZ() kann der Operator »^« zum Potenzieren einer Zahl verwendet werden, zum Beispiel =5^2 anstelle von `=POTENZ(5;2)`.

Praxiseinsatz Für die digitale Verarbeitung am Computer kommt das Dualsystem zum Einsatz. Die Basis für das Dualsystem liefert die Zahl 2. Die Größeneinheiten von digitalen Speichermedien sind daher die Potenzen zur Basis 2 (Zweierpotenzen). Aus diesem Grund entspricht ein Kilobyte 2^{10} Byte = 1024 Byte und nicht 1000 Byte.

Hier noch ein paar weitere Beispiele, um die Funktion zu dokumentieren:

`=POTENZ(3;2)` entspricht 3^2 – Ergebnis: 9

`=POTENZ(3,2;3)` entspricht $3{,}2^3$ – Ergebnis: 32,768

`=POTENZ(7;1,33)` entspricht $7^{1{,}33}$ – Ergebnis: 3,65930571

Siehe auch Wurzel()

POTENZREIHE() SERIESSUM()

Syntax POTENZREIHE(*x;n;m;Koeffizienten*)

Definition POTENZREIHE(x;n;m;{a1;a2;a3;a4;...;ak}) gibt folgende Summe von Potenzen zurück:

$$y = a_1x^n + a_2x^{n+m} + a_3x^{n+2m} + a_4x^{n+3m} + \ldots + a_kx^{n+km}$$

Die Anzahl *k* der Koeffizienten bestimmt die Anzahl der Glieder in der Potenzreihe.

Argumente *x* (erforderlich) ist der Wert der unabhängigen Variablen der Potenzreihe.

n (erforderlich) ist die Potenz von x im ersten Term der Potenzreihe.

m (erforderlich) ist das Inkrement, um das Sie n in jedem Glied der Reihe vergrößern möchten.

Koeffizienten (erforderlich) ist eine Matrix oder eine Bereichsangabe, die eine Gruppe von Koeffizienten enthält, mit denen die aufeinanderfolgenden Potenzen der Variablen *x* multipliziert werden. Die Anzahl der in der Matrix oder dem Bereich angegebenen Werte bestimmt, wie viele Glieder (Potenzen) die jeweilige Potenzreihe umfasst. Sind in Koeffizienten beispielsweise drei Werte angegeben, besteht die zugehörige Potenzreihe aus drei Gliedern.

Hintergrund Unter einer Potenzreihe versteht man in der Analysis eine unendliche Reihe in der Form:

$$\sum_{n=0}^{\infty} a_n \left(x - x_0\right)^n$$

$$\left(a_n\right)_{n \in N_0}$$

ist als eine beliebige Folge von reellen oder komplexen Zahlen definiert. Der Wert x_0 wird als Entwicklungspunkt der Potenzreihe definiert.

Praxiseinsatz

Viele Funktionen können mithilfe einer Potenzreihenentwicklung angenähert werden. Die Genauigkeit des erreichten Ergebnisses hängt von der Anzahl der Glieder der Potenzreihe ab; je mehr Glieder sie aufweist, umso exakter ist das Ergebnis.

Die folgenden Beispiele verdeutlichen das Einsatzgebiet der Funktion.

Beispiel 1:

```
=POTENZREIHE(1;0;1;{1;1;0,5;0,16666667;0,04166667;0,00833333;0,00019841})
```

ergibt 2,71686508. Hierin wurden eingesetzt:

x = 1

n = 0

m = 1

a1 = 1

a2 = 1

a3 = 0,5 =1/2!

a4 = 0,16666667 = 1/3!

a5 = 0,04166667 = 1/4!

a6 = 0,00833333 = 1/5!

a7 = 0,00019841 = 1/6!

Das stellt die ersten sieben Glieder der Reihe

$$1+1+\frac{1}{2}+\frac{1}{6}+\frac{1}{24}+\frac{1}{120}+\frac{1}{720}+\ldots$$

zur Berechnung der Eulerschen Zahl *e* dar.

Beispiel 2:

In dieser Tabelle wird die im Kasten dargestellte Potenzreihe ausgewertet (siehe Abbildung 15.20). Die Funktionsargumente sind namentlich und mit ihren Werten im Block *B4:C10* zusammengefasst.

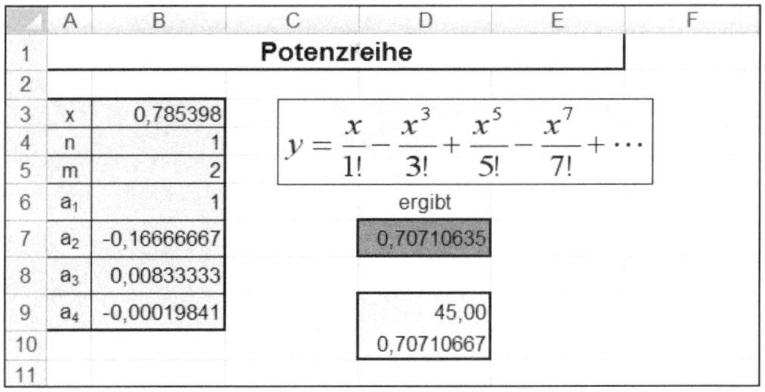

	A	B	C	D	E	F
1		Potenzreihe				
2						
3	x	0,785398				
4	n	1		$y=\frac{x}{1!}-\frac{x^3}{3!}+\frac{x^5}{5!}-\frac{x^7}{7!}+\cdots$		
5	m	2				
6	a_1	1		ergibt		
7	a_2	-0,16666667		0,70710635		
8	a_3	0,00833333				
9	a_4	-0,00019841		45,00		
10				0,70710667		
11						

Abbildung 15.20: Eine Potenzreihe mit einem ziemlich bekannten Ergebnis

In der Zelle *D7* sehen Sie das Ergebnis, das uns die Potenzreihen-Funktion mit den gegebenen Argumenten auswirft. Vielleicht kommt Ihnen diese Zahl bekannt vor. – Wenn nicht, dann betrachten Sie doch einmal die Zellen *D9* und *D10* und ihre Inhalte!

In *D9* steht die Formel

```
=GRAD(B3)
```

die den x-Wert in *B3* ins Gradmaß (45°) umwandelt. Dann muss also in *B3* ein Wert im Bogenmaß stehen. In *D10* steht die Formel

```
=SIN(B3)
```

die aus den 45° den Sinus berechnet. Das Ergebnis stimmt bis zur sechsten Nachkommastelle mit dem Wert überein, den die Potenzreihen-Funktion errechnete.

CD-ROM Dieses Beispiel finden Sie auf der Buch-CD im Ordner *\Buch\Kap15* in der Arbeitsmappe *Potenzreihe.xls* (Excel 97-2003) bzw. *Potenzreihe.xlsx* (Excel 2007/2010) auf dem Arbeitsblatt *Potenzreihe*.

PRODUKT() PRODUCT()

Syntax PRODUKT(***Zahl1***;*Zahl2*;...)

Definition Diese Funktion multipliziert die Argumente und gibt das Produkt zurück.

Argumente ***Zahl1*** (erforderlich); *Zahl2*; ... sind 1 bis 255 (bis Excel 2003: 30) Zahlen, die Sie multiplizieren möchten.

Hintergrund Als Produkt wird das Ergebnis einer Multiplikation bezeichnet, wobei die Werte, die miteinander multipliziert werden, Faktoren heißen:

$$a_1 \cdot a_2 \cdot a_3 \cdot a_4 \cdot \ldots = b$$

In der Mathematik gibt es analog zum Summensymbol Σ das Symbol Π für Summe, um das Produkt über mehrere Faktoren darzustellen.

Praxiseinsatz Multiplikation von Beträgen z.B. auf einer Einkaufsliste, wie in der Abbildung 15.21 dargestellt.

D2 | fx =PRODUKT(B2;C2)

	A	B	C	D	E	F
1	Obst	Anzahl	Einzelpreis	Gesamtpreis		
2	Äpfel	5	0,45 €	2,25 €		
3	Melonen	1	2,30 €	2,30 €		
4	Birnen	3	0,53 €	1,59 €		

Abbildung 15.21: Anwendung der Funktion PRODUKT()

Siehe auch FAKULTÄT(), SUMME(), SUMMENPRODUKT()

QUADRATESUMME() SUMSQ()

Syntax QUADRATESUMME(***Zahl1***;*Zahl2; ...*)

Definition Summiert die quadrierten Argumente.

Argumente ***Zahl1*** (erforderlich); *Zahl2;* ... sind 1 bis 255 (bis Excel 2003: 30) Argumente, deren Quadrate Sie summieren möchten. Anstelle von durch ein Semikolon getrennten Argumenten können Sie auch eine einzeilige oder einspaltige Matrix oder einen Bezug auf eine solche Matrix verwenden.

Hintergrund QUADRATESUMME() bildet die Quadratzahlen der übergebenen Argumente und summiert diese auf. Die Formel dafür lautet:

$$\sum\left(a^2, b^2, c^2, d^2 \ldots\right)$$

Hier noch ein paar Beispiele, um die Funktion zu dokumentieren:

`=QUADRATSUMME(2;3;4)` ergibt einen Wert von 29 (4+9+16)

`=QUADRATSUMME(5;6)` ergibt einen Wert von 61 (25+36)

`=QUADRATSUMME(12;3)` ergibt einen Wert von 153 (144+9)

Siehe auch SUMME(), SUMMENPRODUKT()

QUOTIENT() QUOTIENT()

Syntax QUOTIENT(***Zähler;Nenner***)

Definition Diese Funktion gibt den ganzzahligen Anteil einer Division zurück.

Wenn diese Funktion nicht verfügbar ist und der Fehlerwert #NAME? zurückgegeben wird, installieren und laden Sie das Add-In Analyse-Funktionen.

Argumente ***Zähler*** (erforderlich) ist der Dividend.

Nenner (erforderlich) ist der Divisor.

Hintergrund Die Division ist die Umkehrung der Multiplikation. Sie kann durch einen Doppelpunkt $a : b$ oder als Bruch

$$\left.\frac{a(Zähler, Divident)}{b(Nenner, Divisor)}\right\} Quotient$$

dargestellt werden, d.h. der Doppelpunkt und der Bruchstrich sind gleichbedeutende Rechenzeichen. In Excel-Formeln verwenden Sie jedoch den Schrägstrich (/) als Operator für die Division.

Hinweis Mehr zu den Operatoren in Excel-Formeln finden Sie im Kapitel 2.

Die Teilungszahl (a) heißt »Zähler« oder »Dividend«, der Teiler (b) »Nenner« oder »Divisor«. Beide zusammen bilden einen »Quotienten«.

Ist eines der Argumente ein nicht numerischer Ausdruck, gibt QUOTIENT() den Fehlerwert #WERT! zurück. Wenn Divisor den Wert 0 (Null) hat, gibt QUOTIENT() den Fehlerwert #DIV/0! zurück.

Praxiseinsatz Eine graue Farbe soll aus einem Teil schwarzer Farbe und vier Teilen weißer Farbe gemischt werden. Der Quotient lautet 1:4. Die Formel lautet:

```
=Quotient(1;4)
```

Das Ergebnis ist 0,25. Für den Farbton benötigt man 1 * 0,25 Liter schwarze Farbe und 4 * 0,25 Liter weiße Farbe.

Siehe auch REST()

REST() MOD()

Syntax REST(***Zahl;Divisor***)

Definition Die Funktion gibt den Rest einer Division zurück. Das Ergebnis hat dasselbe Vorzeichen wie *Divisor.*

Argumente ***Zahl*** (erforderlich) ist die Zahl, für die der Rest einer Division gesucht wird.

Divisor (erforderlich) ist die Zahl, durch die *Zahl* dividiert werden soll.

Hintergrund Bei bestimmten Berechnungen müssen Sie den Rest einer Division betrachten. Man spricht auch vom »Modulo«-Rechnen (mod). Hierfür steht Ihnen die REST()-Funktion zur Verfügung.

Wenn *Divisor* den Wert 0 (Null) hat, gibt REST() den Fehlerwert #DIV/0! zurück.

Die REST()-Funktion kann auch mithilfe der GANZZAHL()-Funktion formuliert werden:

```
=Zähler-Divisor*GANZZAHL(Zähler/Divisor)
```

Diese Formel steht für die am häufigsten in Softwaresystemen implementierte Modulo-Berechnungsmethode. Es gibt nämlich zwei Varianten der Modulo-Berechnung, die für negative Argumente unterschiedliche Ergebnisse liefern:

- **Mathematische Methode** (Excel-REST()-Funktion)

  `Z mod D = Z – D * [Z/D]`

  wobei [Z/D] die Division in Gaußschen Klammern beschreibt (z.B. –4,3 ≈ –5). Dies entspricht dem Ergebnis der Funktion =GANZZAHL(Z/D). Für die math. Methode gilt hinsichtlich negativer Werte:

  (·Z) mod D ≠ ·(Z mod D)

  Beispiel: `-7 mod 3 = 2` ≠ `-1 = -(7 mod 3)`

  Das Ergebnis hat immer dasselbe Vorzeichen wie der Divisor (D).

- **Symmetrische Methode**

  `Z mod D = Z – D * (Z div D)`

  Dabei bezeichnet (Z div D) den **zur Null hin** gerundeten Quotienten (z.B. –4,3 ≈ –4). Hinsichtlich negativer Werte gilt:

  `(·Z) mod D = ·(Z mod D)`

  Beispiel: `-7 mod 3 = -1  =  -1 = -(7 mod 3)`

  Das Ergebnis hat immer dasselbe Vorzeichen wie der Zähler (Z).

Praxiseinsatz Die Funktion REST() findet häufig zusammen mit anderen Formeln Anwendung, z.B. bei der Addition jeder zweiten Zeile:

	A	B	C	D	E
1					
2		**Name**	**Taschengeld**		
3		Uwe	10,00 €		
4		Kai	12,00 €		
5		Britta	9,00 €		
6		Finn	15,00 €		
7		Susi	12,00 €		
8		Peter	8,00 €		
9					
10			35,00 €	Summe jeder 2. Zeile	

Abbildung 15.22: Addition jeder 2. Zeile

Die Formel lautet `{=SUMME(WENN(REST(ZEILE(B2:B7);2)=0;B2:B7))}`. Da es sich hier um eine Matrixformel handelt, muss die Formel mit `Strg`+`⇧`+`↵` eingegeben werden.

Hier weitere Beispiele, um die Funktion zu dokumentieren:

`=REST(7;3)` ergibt einen Wert von 1

`=REST(–7;3)` ergibt einen Wert von 1 (Der Wert ist positiv, da Divisor positiv ist)

`=REST(7;–3)` ergibt einen Wert von –1 (Der Wert ist negativ, da Divisor negativ ist)

`=REST(12,56;3,2)` ergibt einen Wert von 2,96

Siehe auch ABRUNDEN(), AUFRUNDEN(), GANZZAHL(), RUNDEN() KÜRZEN()

CD-ROM Die Beispiele finden Sie auf der Buch-CD im Ordner *\Buch\Kap15* in der Arbeitsmappe *Kap15.xls* (Excel 97-2003) bzw. *Kap15.xlsx* (Excel 2007/2010) auf dem Arbeitsblatt *Rest*.

RÖMISCH() ROMAN()

Syntax RÖMISCH(***Zahl;****Typ*)

Definition Die Funktion konvertiert eine arabische Zahl in einen römischen Zahltext.

Argumente ***Zahl*** (erforderlich) ist die arabische Zahl, die Sie umwandeln möchten. Es sind Zahlenangaben von 0 (Null) bis 3999 möglich. Negative Werte und Zahlen >3999 ergeben die Fehlermeldung #WERT!

Typ (optional) ist eine Zahl oder Wahrheitswert, die den Typ der römischen Zahl festlegt. Die Schreibweise der römischen Zahlen reicht von klassisch bis vereinfacht, wobei die Zeichenfolge kürzer wird, sobald ein höherer Typ vorliegt. Hier die möglichen Typangaben und ihre Bedeutung:

Tabelle 15.2 Typen der römischen Zahlen

Typ	Schreibweise
0	Klassisch
1	Kürzer
2	Kürzer
3	Kürzer
4	Vereinfacht
WAHR	Klassisch
FALSCH	Vereinfacht

	Römisch				
Arabisch	0 Klassisch	1 kürzer	2 kürzer	3 kürzer	4 vereinfacht
3.999	MMMCMXCIX	MMMLMVLIV	MMMXMIX	MMMVMIV	MMMIM

Abbildung 15.23: Die unterschiedlichen Zahl-Typen und ihre Auswirkung auf die Konvertierung der größten möglichen Zahl

Hintergrund Bei den römischen Zahlzeichen unterscheidet man in Grundzeichen und Hilfszeichen. Die Hilfszeichen sind historisch später entstanden, weil die Römer gemerkt haben, dass die Grundzeichen manchmal zu unpraktisch großen Zahlendarstellungen führen.

Tabelle 15.3 Römische Zahlen und deren dezimale Entsprechung

Grundzeichen		Hilfszeichen	
Zeichen	**Wertigkeit**	**Zeichen**	**Wertigkeit**
I	1	V	5
X	10	L	50
C	100	D	500
M	1000		

Regeln zur Bildung von römischen Zahlen:

1. Gleiche Ziffern nebeneinander werden addiert. Es dürfen höchstens drei Grundzeichen nebeneinander stehen. Beispiel: III = 3
2. Kleinere Ziffern rechts von größeren werden addiert, links von größeren subtrahiert. Hilfszeichen dürfen nicht subtrahiert werden. Beispiel: XI = 11, IX= 9, XLV = 45
3. Die Grundzeichen I, X, C dürfen nur von dem nächst höheren Hilfs- oder Grundzeichen subtrahiert werden. Beispiele: CD = 400, CM = 900

Die heutzutage gelehrten Regeln für römische Zahlenzeichen waren in Mitteleuropa bis in das 16. Jahrhundert allgemein gebräuchlich und wurden bis dahin ständig angepasst. Arabische Ziffern setzten sich erst mit Beginn des Buchdrucks durch. So kannten die Römer z.B. nicht die »Subtraktionsregel«. Noch heute befindet sich auf Zifferblättern von Uhren mit römischen Ziffern die ursprüngliche Schreibweise der Zahl 4: IIII.

Neben der klassischen Schreibweise der römischen Ziffern sind weitere, kürzere Schreibweisen möglich. Excel trägt dem durch die verschiedenen Typen Rechnung.

Praxiseinsatz

Mit der Funktion RÖMISCH() können Sie arabische Zahlen in römische Zahlen umwandeln, wie sie z.B. noch in Überschriften von Kapiteln oder Aufzählungen verwendet werden:

1 Quellenverzeichnis	I Quellenverzeichnis
2 Inhaltsverzeichnis	II Inhaltsverzeichnis
3 Einleitung	III Einleitung

usw.

Hier weitere Beispiele, um die Funktion zu dokumentieren:

`=RÖMISCH(999;0)` ergibt CMXCIX - klassisch (Typ 0)

`=RÖMISCH(999;1)` ergibt LMVLIV - kürzer (Typ 1)

`=RÖMISCH(999;2)` ergibt XMIX - kürzer (Typ 2)

`=RÖMISCH(999;3)` ergibt VMIV - kürzer (Typ 3)

`=RÖMISCH(999;4)` ergibt IM - vereinfacht (Typ 4)

CD-ROM

Die Beispiele finden Sie auf der Buch-CD im Ordner *\Buch\Kap15* in der Arbeitsmappe *Kap15.xls* (Excel 97-2003) bzw. *Kap15.xlsx* (Excel 2007/2010) auf dem Arbeitsblatt *Römisch*.

RUNDEN() ROUND()

Syntax

RUNDEN(***Zahl;Anzahl_Stellen***)

Definition

Die Funktion rundet eine Zahl auf eine bestimmte Anzahl von Dezimalstellen.

Argumente

Zahl (erforderlich) ist die Zahl, die Sie auf- oder abrunden möchten.

Anzahl_Stellen (erforderlich) gibt an, auf wie viel Dezimalstellen Sie die Zahl auf- oder abrunden möchten.

Hintergrund

Das Runden ist aus unserem Zahlensystem nicht wegzudenken. Die meisten Zahlenwerte, die uns begegnen, sind in ihrer Entstehung irgendwann einmal gerundet worden. Die Gründe sind vielfältig: Große oder lange Zahlen lassen sich durch Runden in einem übersichtlichen, leichter rechenbaren Rahmen halten, z.B. bei Bevölkerungsstatistiken oder die Zahl Pi (π). Ebenso werden (fast) alle Preise auf zwei Stellen hinter dem Komma gerundet, da die kleinste bezahlbare Einheit 1 Cent ist.

Beim Runden wird die Zahl direkt hinter der zu rundenden Ziffer betrachtet. Ist diese größer als 4, wird aufgerundet. Ist diese Zahl kleiner oder gleich 4, wird abgerundet. Beispiele:

3,2549 € werden auf 3,25 € gerundet

3,2551 € werden auf 3,26 € gerundet

Negative Beträge werden von der Null weg aufgerundet.

–3,2549 € werden auf –3,25 € gerundet

–3,2551 € werden auf –3,26 € gerundet

Ist die Angabe in *Anzahl_Stellen* größer 0 (Null), wird Zahl auf die angegebene Anzahl von Dezimalstellen gerundet. Ist sie gleich 0, wird *Zahl* auf die nächste ganze Zahl gerundet. Ist der Wert in *Anzahl_Stellen* kleiner 0, wird der links des Dezimalzeichens stehende Teil von *Zahl* gerundet.

Praxiseinsatz In einer Preiskalkulation sollen folgende Werte auf 2 Stellen hinter dem Komma ausgewiesen werden: 14,5943 €

Die Formel lautet `=RUNDEN(14,5943;2)` und ergibt den gerundeten Wert 14,49 €.

Siehe auch ABRUNDEN(), AUFRUNDEN(), EUROCONVERT() (externe Funktionen), GANZZAHL(), REST(), VRUNDEN(), OBERGRENZE(), OBERGRENZE.GENAU(), KÜRZEN(), UNTERGRENZE(), UNTERGRENZ.GENAU()

CD-ROM Eine Beispielreihe mit alternativen Prüfberechnungen finden Sie auf der Buch-CD im Ordner *\Buch\Kap15* in der Arbeitsmappe *Kap15.xls* (Excel 97-2003) bzw. *Kap15.xlsx* (Excel 2007/2010) auf dem Arbeitsblatt *Runden*.

SIN() SIN()

Syntax SIN(***Zahl***)

Definition Gibt den Sinus einer Zahl zurück.

Argumente *Zahl* (erforderlich) ist der im Bogenmaß angegebene Winkel, dessen Sinuswert Sie berechnen möchten.

Hintergrund In einem rechtwinkeligen Dreieck ist das Verhältnis von Hypotenuse zur Gegenkathete abhängig vom Öffnungswinkel. Das Verhältnis der Gegenkathete eines Winkels zur Hypotenuse ist der Sinus (sin) eines Winkels.

$$\sin\alpha = \frac{a}{c}, \sin\beta = \frac{b}{c}$$

Die Funktion SIN() benötigt als Rechengrundlage das Bogenmaß. Liegt der Winkel im Gradmaß vor, müssen Sie ihn durch Multiplizieren mit PI()/180 oder der Funktion BOGENMASS() in das Bogenmaß überführen.

Bei der Darstellung der Abhängigkeit des Sinus vom Winkel α in einem Einheitskreis (c = 1) nimmt der Sinus bis zu einem Winkel von 90° zu und entspricht in diesem Winkel genau dem Wert 1.

Beim Übertrag der Werte in ein Koordinatensystem, mit den Werten des Winkel α auf der *x*-Achse und dem Sinus von α auf *y*-Achse, ergibt sich folgende Kurve für den gesamten Kreis.

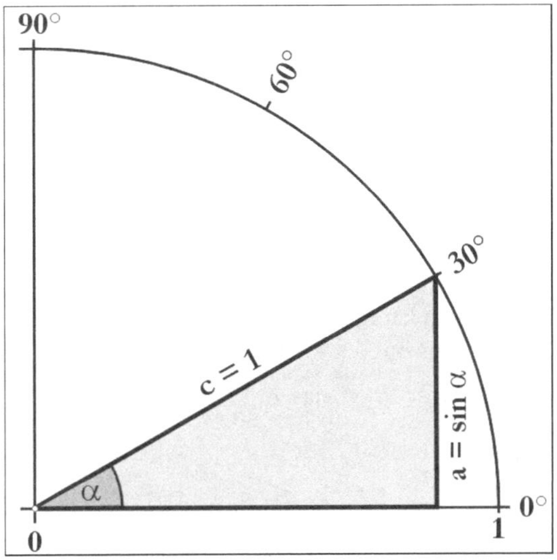

Abbildung 15.24: Sinus im Einheitskreis

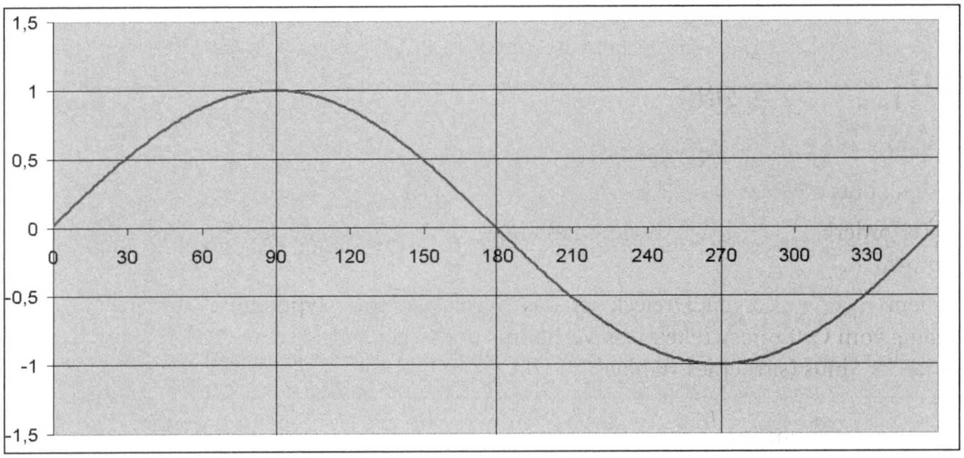

Abbildung 15.25: Sinuskurve

Praxiseinsatz

Es soll die Höhe eines Bergs berechnet werden. Die Entfernung von einer Beobachtungsstation zum Berggipfel beträgt 3,7 km. Der Gipfel erscheint unter einem Winkel von 19,5°.

Die Formel für den Sinus lautet:

$$Sin() = \frac{Gegenkathete}{Hypotenuse}$$

Die Formel wird mit den vorhandenen Daten ausgefüllt,

$$Sin(19{,}5) = \frac{Höhe}{3{,}7km}$$

und für die zu berechnende Höhe umgestellt.

$$Höhe = \sin(19,5) \cdot 3,7$$

Das Ergebnis lautet:

$$Höhe = 1,23508538\,km \approx 1,235\,km = 1235\,m$$

In die Bearbeitungsleiste von Excel wird dafür folgende Formel eingegeben:

```
=SIN(BOGENMASS(19,5))*3,7
```

Damit Excel den Sinus des Winkels von 19,5° berechnen kann, muss dieser zuerst in ein Bogenmaß umgerechnet werden. Anschließend wird der Sinus mit der Hypotenuse multipliziert.

Damit das Ergebnis gleich in Meter ausgegeben wird, muss das Ergebnis auf drei Stellen gerundet und mit 1.000 multipliziert werden:

```
=RUNDEN((SIN(BOGENMASS(19,5))*3,7);3)*1000
```

Siehe auch ARCSIN(), PI()

CD-ROM Die oben genannten Beispielwerte finden Sie auf der Buch-CD im Ordner *\Buch\Kap15* in der Arbeitsmappe *Kap15.xls* (Excel 97-2003) bzw. *Kap15.xlsx* (Excel 2007/2010) auf dem Arbeitsblatt *sin_cos* in der Tabelle mit Winkeln, Bogenmaßen und den Winkelfunktionsergebnissen. Ein weiteres Beispiel zur Anwendung der SIN()-Funktion finden Sie auf dem Arbeitsblatt *trigon*.

SINHYP() SINH()

Syntax SINHYP(***Zahl***)

Definition SINHYP() gibt den hyperbolischen Sinus (Hyperbelsinus, Sinus Hyperbolicus, math.: sinh) einer reellen Zahl zurück.

Argumente ***Zahl*** (erforderlich) ist eine beliebige reelle Zahl.

Hintergrund Der hyperbolische Sinus gehört zu den Hyperbelfunktionen, die ebenso wie die Kreisfunktionen (z.B. Sinus und Tangens) für alle reellen und komplexen Zahlen definiert sind. (Microsoft Excel erlaubt aber nur reelle Argumente für die Hyperbelfunktionen.) Die Definition für den hyperbolischen Sinus lautet:

$$\sinh x = \frac{e^x - e^{-x}}{2}$$

Seine grafische Darstellung zeigt die Abbildung 15.26. Der hyperbolische Sinus wird in der Technik und in den Naturwissenschaften, vor allem in der Forschung und Entwicklung, häufig gebraucht. Populärwissenschaftliche Anwendungen sind nicht bekannt.

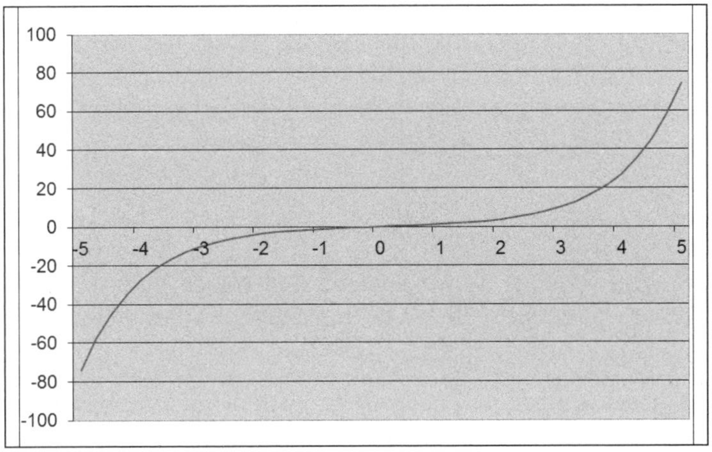

Abbildung 15.26: Der Hyperbelsinus ist ungerade und eine zwischen –∞ und +∞ monoton wachsende Funktion

Hier einige Beispiele, um die Funktion zu dokumentieren:

`=SINHYP(0)` ergibt 0

`=SINHYP(0,5)` ergibt 0,52109531

`=SINHYP(-0,5)` ergibt –0,52109531

Tipp

Das letzte Beispiel aus der Microsoft Excel-Hilfe befasst sich mit einer empirischen kumulativen Verteilungsfunktion. Derartige Verteilungsfunktionen werden auf reale Messreihen angewendet, wenn das zu beobachtende System oder seine Komponenten sich nicht »ideal« verhalten, d.h. wenn es nicht die z.B. für die Normal- oder Poisson-Verteilung notwendigen Bedingungen und Annahmen erfüllt.

Oft kann dann eine besser geeignete kumulative[1] Verteilungsfunktion auf empirischem Weg gefunden werden – wie eben eine auf dem Hyperbelsinus basierende Funktion. Ein darauf basierendes Beispiel mit der Funktion SINHYP() finden Sie auf der Buch-CD.

Siehe auch

ARCSINHYP(), COSHYP(), TANHYP()

CD-ROM

Die Tabelle für die grafische Darstellung aus Abbildung 15.26 und das Beispiel aus dem Tipp finden Sie auf der Buch-CD im Ordner *\Buch\Kap15* in der Arbeitsmappe *SINHYP.xls* (Excel 97-2003) bzw. *SINHYP.xlsx* (Excel 2007/2010) auf den Arbeitsblättern *Graph* und *Verteilung*.

SUMME() SUM()

Syntax

SUMME(*Zahl1;Zahl2; ...*)

Definition

Die (sicher meistbenutzte) Excel-Funktion summiert die Argumente.

Argumente

Zahl1 (erforderlich); *Zahl2; ...* sind 1 bis 255 (bis Excel 2003: 30) Argumente, deren Summe Sie berechnen möchten.

1 Die Angabe »kumulativ« soll helfen, Verwechslungen mit der rein mathematischen Funktion »Wahrscheinlichkeitsdichte« zu vermeiden.

Hintergrund Das Ergebnis einer Addition wird als Summe bezeichnet. Das Rechenzeichen für die Addition ist das Zeichen »+« (Plus). In der Mathematik ist ebenso das »Σ« als sog. Summenzeichen gebräuchlich

$$x = a + b + c + d + ...$$

oder

$$x = \sum(a, b, c, d ...)$$

In der Funktion SUMME() werden Zahlen, Wahrheitswerte und Zahlen in Textform als Argumente berücksichtigt – soweit sie direkt in die Formel eingetragen werden. Beispiele:

- Das Argument WAHR wird in den Wert 1 umgewandelt
- "12" wird als der Wert 12 berücksichtigt, obwohl der Wert durch die Anführungszeichen als Text gekennzeichnet ist

Hinweis Werden Text oder Wahrheitswerte über einen Zellenbezug in die Formel eingebunden, werden sie nicht berücksichtigt.

Ist als Argument eine Matrix oder ein Bezug angegeben, werden nur die Elemente dieser Matrix oder dieses Bezugs berücksichtigt, die Zahlen sind. Alle anderen Elemente, wie leere Zellen, Wahrheitswerte, Texte oder Fehlerwerte werden ignoriert.

Alle Fehlerwerte oder als Text angegebene Argumente, die nicht in Zahlen umgewandelt werden können, führen zu Fehlern.

Praxiseinsatz Der Praxiseinsatz ist so vielfältig, dass in Excel für diese Funktion das Icon Σ gleich mehrfach vorkommt: In der Startleiste und in der Leiste für die Funktionen. Kein Anwender von Excel wird diese Anwendung missen wollen und sei es nur um »mal eben« seine Einnahmen oder Ausgaben zusammenzuzählen z.B.: `=Summe(3,25;5,30;4,70)` Das Ergebnis lautet 13,25.

Weitere Beispiele:

`=Summe(1;4;7)` ergibt den Wert 12

`=Summe(A2:B5)` addiert die Werte im Zellbereich A2 bis B5

`=Summe(A2:B5;12)` addiert zu der Summe des Zellbereichs A2 bis B5 den Wert 12

Siehe auch ANZAHL() (Statistische Funktionen), ANZAHL2()(Statistische Funktionen), MITTELWERT(), PRODUKT(), SUMMENPRODUKT()

SUMMENPRODUKT() SUMPRODUCT()

Syntax SUMMENPRODUKT(***Matrix1***;*Matrix2*;*Matrix3*; ...)

Definition Die Funktion multipliziert die einander entsprechenden Komponenten der angegebenen Matrizen miteinander und gibt die Summe dieser Produkte zurück.

Argumente **Matrix1** (erforderlich); *Matrix2*; ... sind 2 bis 255 (bis Excel 2003: 30) Matrizen, deren Komponenten Sie zunächst multiplizieren und anschließend addieren möchten.

Hintergrund

Beim Summenprodukt werden die einzelnen Werte einer Matrix miteinander multipliziert und die Ergebnisse addiert. Die Formel dafür lautet:

$$\begin{matrix} a_1 & b_1 \\ a_2 & b_2 \\ a_3 & b_3 \end{matrix} = \left(a_1 \cdot b_1 + a_2 \cdot b_2 + a_3 \cdot b_3\right)$$

So lässt sich z.B. ein Gesamtpreis ermitteln, wenn unterschiedliche Produkte mit Anzahl und Preis in einer Tabelle stehen.

Die als Argumente angegebenen Matrizen müssen bezüglich der Zeilen- und Spaltenanzahl identisch sein. Ist dies nicht der Fall, gibt SUMMENPRODUKT() den Fehlerwert *#WERT!* zurück

Matrixelemente, die keine numerischen Ausdrücke sind, behandelt SUMMENPRODUKT() so, als wären sie mit 0 (Null) belegt.

Praxiseinsatz

Es soll für folgende Produkte ein Gesamtpreis ermittelt werden:

12 Äpfel à 0,39 €

15 Birnen à 0,42 €

Das Ergebnis wird wie folgt ermittelt:

$$\textit{Gesamtpreis} = 12 \cdot 0{,}39 + 15 \cdot 0{,}42 = 10{,}98$$

In Excel werden die Ausgangswerte in zwei Matrizen dargestellt:

	A	B	C
1		Menge	Preis
2	Äpfel	12	0,39 €
3	Birnen	15	0,42 €
4			
5		Gesamtpreis:	10,98 €

Abbildung 15.27: Menge/Preis-Matrizen

In die Bearbeitungsleiste von Excel geben Sie folgende Formel ein:

```
=SUMMENPRODUKT(B2:B3;C2:C3)
```

Siehe auch

MMULT(), PRODUKT(), SUMME()

CD-ROM

Die Beispiele finden Sie auf der Buch-CD im Ordner *\Buch\Kap15* in der Arbeitsmappe *Kap15.xls* (Excel 97-2003) bzw. *Kap15.xlsx* (Excel 2007/2010) auf dem Arbeitsblatt *Summenprodukt.*

SUMMEWENN() SUMIF()

Syntax

SUMMEWENN(***Bereich***;***Kriterien***;*Summe_Bereich*)

Definition

Diese Funktion addiert alle Zahlen in *Summe_Bereich*, die mit dem angegebenen Suchkriterium im Bereich *Kriterien* übereinstimmen.

Argumente

Bereich (erforderlich) ist der Zellbereich, in dem Sie die Kriterien suchen möchten.

Kriterien (erforderlich) gibt die Kriterien in Form einer Zahl, eines Ausdrucks oder einer Zeichenfolge an. Diese Kriterien bestimmen, welche Zellen addiert werden. Zum Beispiel kann das Argument Kriterien als 32, "32", ">32", "Äpfel" formuliert werden.

Summe_Bereich (optional) gibt die tatsächlich zu addierenden Zellen an.

Hintergrund Die Funktion SUMMEWENN() ist ein sehr interessantes Instrument, um aus einer Auflistung von Werten bestimmte Werte herauszufiltern und diese zu addieren. Werte aus einem festgelegten Bereich werden nur dann addiert, wenn Sie mit dem Suchkriterium übereinstimmen.

Excel stellt weitere Funktionen zur Verfügung, die es ermöglichen, Daten auf der Grundlage einer Bedingung zu analysieren. Um beispielsweise die Anzahl der Vorkommen einer Textzeichenfolge oder einer Zahl innerhalb eines Bereichs von Zellen zu zählen, verwenden Sie die Funktion ZÄHLENWENN() aus dem Bereich »Statistische Funktionen«, siehe Kapitel 11. Dort finden Sie auch die neuen Funktionen MITTELWERTWENN() und MITTELWERTWENNS().

Damit eine Formel einen oder zwei Werte auf der Grundlage einer Bedingung zurückgibt, beispielsweise einen Umsatzbonus, der auf einer bestimmten Umsatzmenge beruht, verwenden Sie die Logikfunktion WENN(), siehe Kapitel 8.

Praxiseinsatz Aufgabe ist es, aus einer Liste mit Umsätzen, diejenigen Umsätze zu addieren, die dem Außendienstmitarbeiter »Meier« zugeordnet sind.

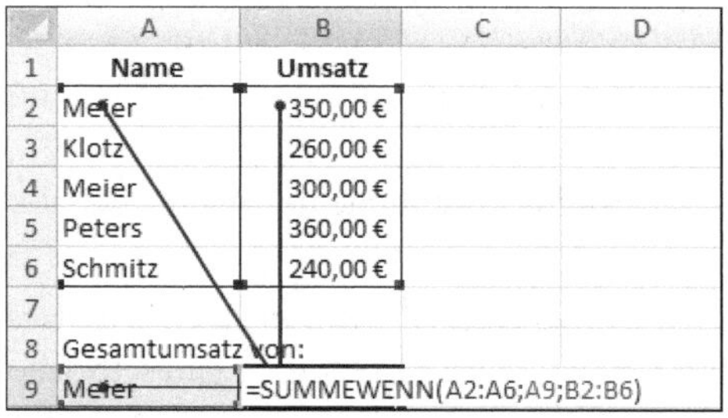

Abbildung 15.28: Listensumme mit Filter

In die Zelle *B9* wird folgende Formel eingegeben:

```
=SUMMEWENN(A2:A6;A9;B2:B6)
```

- Als Erstes wird der Bereich der Werte festgelegt, aus dem das Kriterium herausgefiltert werden soll (*A2:A6*)
- Anschließend wird das Suchkriterium, nach dem summiert wird, festgelegt (*A9*)
- Zum Schluss muss noch der *Summe_Bereich* bestimmt werden, in dem die zu addierenden Werte stehen (*B2:B6*)

Das Ergebnis ist die Summe aller Beträge von Meier: 650 €.

Fehlt eine Angabe für *Summe_Bereich*, werden die zu *Bereich* gehörenden Zellen addiert.

Siehe auch SUMME(), SUMMEWENNS() sowie MITTELWERTWENN(), MITTELWERTWENNS(), ZÄHLENWENN() (Statistische Funktionen)

CD-ROM Das Beispiel finden Sie auf der Buch-CD im Ordner *\Buch\Kap15* in der Arbeitsmappe *Kap15.xls* (Excel 97-2003) bzw. *Kap15.xlsx* (Excel 2007/2010) auf dem Arbeitsblatt *SummeWenn*.

SUMMEWENNS() SUMIFS()

Neu in 2007

Syntax

SUMMEWENNS(***Summe_Bereich***;***Kriterien_Bereich1***;***Kriterien1***; *Kriterien_Bereich2*;*Kriterien2*;…)

Definition

Diese Funktion addiert alle Zahlen in *Summe_Bereich*, die mit den angegebenen Suchkriterien in den Bereichen *Kriterien_Bereich1*, *Kriterien_Bereich2* usw. mit den *Kriterien1*, *Kriterien2* usw. übereinstimmen.

Argumente

Summe_Bereich (erforderlich) ist der Zellbereich, in dem Sie die Kriterien suchen möchten.

Kriterien_Bereich1 (erforderlich), *Kriterien_Bereich2*,… sind 1 bis 127 Zellbereiche, in denen Sie die Werte aus den zugeordneten *Kriterien1*, *Kriterien2*,… suchen möchten.

Kriterien1 (erforderlich), *Kriterien2*,… gibt die Kriterien in Form einer Zahl, eines Ausdrucks oder einer Zeichenfolge an. Diese Kriterien bestimmen, welche Zellen addiert werden. Zum Beispiel kann das Argument Kriterien als 32, "32", ">32", "Äpfel" formuliert werden.

Hintergrund

Auf diese neue Funktion in Excel 2007 hat die Welt gewartet. Endlich ist es möglich, in der SUMMEWENN()-Berechnung mehr als ein Kriterium anzugeben. SUMMEWENNS() ist also eine Erweiterung der SUMMEWENN()-Funktion und, wie diese, ein Instrument, um aus einer Auflistung von Werten bestimmte Werte herauszufiltern und diese zu addieren. Werte aus einem festgelegten Bereich werden nur dann addiert, wenn Sie mit den Suchkriterien übereinstimmen.

Excel stellt weitere Funktionen zur Verfügung, die es ermöglichen, Daten auf der Grundlage einer Bedingung zu analysieren. Um beispielsweise die Anzahl der Vorkommen einer Textzeichenfolge oder einer Zahl innerhalb eines Bereichs von Zellen zu zählen, verwenden Sie die Funktion ZÄHLENWENN() aus dem Bereich »Statistische Funktionen«, siehe Kapitel 11. Dort finden Sie auch die neuen Funktionen MITTELWERTWENN() und MITTELWERTWENNS().

Damit eine Formel einen oder zwei Werte auf der Grundlage einer Bedingung zurückgibt, beispielsweise einen Umsatzbonus, der auf einer bestimmten Umsatzmenge beruht, verwenden Sie die Logikfunktion WENN(), siehe Kapitel 8.

Praxiseinsatz

Aufgabe ist es, aus einer Liste mit Umsätzen, diejenigen Umsätze zu addieren, die einer bestimmten Firma zugeordnet sind, für ein bestimmtes Produkt stehen und in einem bestimmten Monat getätigt wurden. Die Abbildung 15.29 zeigt die Lösung mit SUMMEWENNS().

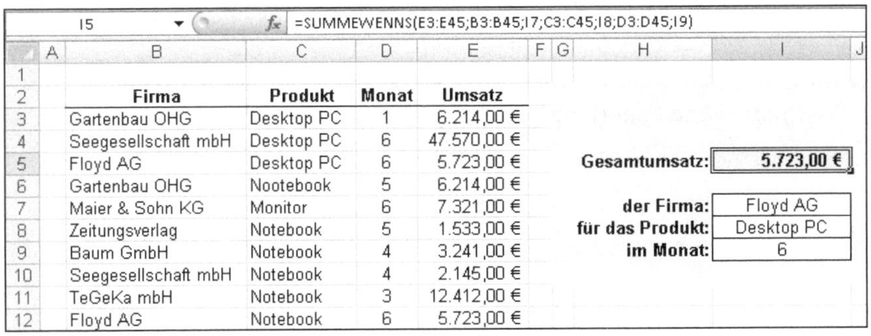

I5 =SUMMEWENNS(E3:E45;B3:B45;I7;C3:C45;I8;D3:D45;I9)

	A	B	C	D	E	F	G	H	I
1									
2		Firma	Produkt	Monat	Umsatz				
3		Gartenbau OHG	Desktop PC	1	6.214,00 €				
4		Seegesellschaft mbH	Desktop PC	6	47.570,00 €				
5		Floyd AG	Desktop PC	6	5.723,00 €			Gesamtumsatz:	5.723,00 €
6		Gartenbau OHG	Nootebook	5	6.214,00 €				
7		Maier & Sohn KG	Monitor	6	7.321,00 €			der Firma:	Floyd AG
8		Zeitungsverlag	Notebook	5	1.533,00 €			für das Produkt:	Desktop PC
9		Baum GmbH	Notebook	4	3.241,00 €			im Monat:	6
10		Seegesellschaft mbH	Notebook	4	2.145,00 €				
11		TeGeKa mbH	Notebook	3	12.412,00 €				
12		Floyd AG	Notebook	6	5.723,00 €				

Abbildung 15.29: Listensummen mit Mehrfachfilter bilden

In den Zellen *I7* bis *I9* stehen die Filterkriterien. In die Zelle *I5* geben Sie folgende Formel ein:

```
=SUMMEWENNS(E3:E45;B3:B45;I7;C3:C45;I8;D3:D45;I9)
```

- Als Erstes wird der *Summe_Bereich* bestimmt, in dem die zu addierenden Werte stehen (*E3:E45*). Die Liste ist länger als in Abbildung 15.29 dargestellt.
- Es folgt der erste Bereich, aus dem das erste Kriterium herausgefiltert werden soll (*B3:B45*)
- Anschließend wird das erste Suchkriterium, nach dem summiert wird, festgelegt (*I7*)
- Es geht weiter mit dem zweiten Kriterienbereich (*C3:C45*), dem zweiten Kriterium (*I8*) usw.

Die Floyd AG hat im Monat 6 mit dem Produkt Desktop PC 5.723 € umgesetzt..

Siehe auch SUMME(), SUMMEWENN() sowie MITTELWERTWENN(), MITTELWERTWENNS(), ZÄHLENWENN() (Statistische Funktionen)

CD-ROM Das Beispiel finden Sie auf der Buch-CD im Ordner *\Buch\Kap15* in der Arbeitsmappe *Kap15.xlsx* (Excel 2007/2010) auf dem Arbeitsblatt *SummeWenns*.

SUMMEX2MY2() SUMX2MY2()

Syntax SUMMEX2MY2(***Matrix_x;Matrix_y***)

Definition Die Funktion summiert für zusammengehörige Komponenten zweier Matrizen die Differenzen der Quadrate.

Argumente ***Matrix_x*** (erforderlich) ist die erste Matrix bzw. der erste Wertebereich.

Matrix_y (erforderlich) ist die zweite Matrix bzw. der zweite Wertebereich.

Hintergrund Als Argumente müssen in die Formel SUMMEX2MY2() Zahlen, Namen, Matrizen oder Bezüge angegeben werden, die Zahlen enthalten.

Enthält ein als Matrix oder Bezug angegebenes Argument Text, Wahrheitswerte oder leere Zellen, werden diese Werte ignoriert. Zellen, die den Wert 0 (Null) enthalten, werden dagegen berücksichtigt.

Enthalten *Matrix_x* und *Matrix_y* unterschiedlich viele Werte, gibt SUMMEX2MY2() den Fehlerwert *#NV* zurück.

Die Gleichung für die Summe der aus Quadratzahlen gebildeten Differenzen lautet:

$$\sum\left(x^2 - y^2\right)$$

1. Aus zwei festgelegten Bereich mit Werten …

   Bereich A: 4, 5

   Bereich B: 2, 3

2. ... werden zuerst für jeden Wert die Quadratzahlen ermittelt:

   Bereich A: 16, 25

   Bereich B: 4, 9

3. Anschließend werden die Quadratzahlen für jeden Bereich addiert und …
   Bereich A: 41
   Bereich B: 13
4. … Summen der Quadratzahlen voneinander subtrahiert:
   41 – 13 = 28

	A	B
1	Bereich A:	Bereich B:
2	4	2
3	5	3
4		
5	Ergebnis	28
6		

Abbildung 15.30: Darstellung der Formel SUMMEX2MY2()

Praxiseinsatz

Diese Funktion benötigen Sie, wenn Sie statistische Prüfungen anstellen, in denen es um die Parallelität von Modellen, deren Richtigkeit oder Relevanz geht. Die Rede ist von Anwendungen der Varianzanalyse wie

- dem Entdecken von Variationen in Messserien oder
- der Analyse von linearen Modellen (Signifikanz von Parametern, Güte des Modells)

In diesen Verfahren werden die Quadratsummen gebildet und die Freiheitsgrade (F-Werte) für die Differenzen der Quadratsummen gebildet. Die Funktion SUMMEX2MY2() bildet einen guten Baustein innerhalb solcher Berechnungen. Lesen Sie mehr darüber unter Funktionen wie FTEST(), FVERT() und VARIANZ() bzw. VARIANZEN() in Kapitel 11 »Statistische Funktionen«.

Siehe auch

SUMMENPRODUKT(), SUMMEX2PY2(), SUMMEXMY2()

CD-ROM

Dieses Beispiel finden Sie auf der Buch-CD im Ordner *\Buch\Kap15* in der Arbeitsmappe *Kap15.xls* (Excel 97-2003) bzw. *Kap15.xlsx* (Excel 2007/2010) auf dem Arbeitsblatt *SummeXY*.

SUMMEX2PY2() SUMX2PY2()

Syntax

SUMMEX2PY2(*Matrix_x;Matrix_y*)

Definition

Die Funktion summiert für zusammengehörige Komponenten zweier Matrizen die Summen der Quadrate. Die Gesamtsumme aus der Summe von Quadratzahlen ist ein Ausdruck, der häufig in statistischen Berechnungen verwendet wird.

Argumente

Matrix_x ist die erste Matrix bzw. der erste Wertebereich.

Matrix_y ist die zweite Matrix bzw. der zweite Wertebereich.

Hintergrund

Als Argumente der Formel SUMMEX2PY2() müssen Zahlen, Namen, Matrizen oder Bezüge angegeben werden, die Zahlen enthalten.

Enthält ein als Matrix oder Bezug angegebenes Argument Text, Wahrheitswerte oder leere Zellen, werden diese Werte ignoriert. Zellen, die den Wert 0 enthalten, werden dagegen berücksichtigt.

Enthalten *Matrix_x* und *Matrix_y* unterschiedlich viele Werte, gibt SUMMEX2PY2() den Fehlerwert #NV zurück.

Die Gleichung für die Summe der aus Quadratzahlen gebildeten Differenzen lautet:

$$\sum\left(x^2 - y^2\right)$$

1. Aus zwei festgelegten Bereichen mit Werten …

   Bereich A: 4, 5

   Bereich B: 2, 3
2. ... werden zuerst für jeden Wert die Quadratzahlen ermittelt:

   Bereich A: 16, 25

   Bereich B: 4, 9
3. Anschließend werden die Quadratzahlen für jeden Bereich addiert und …

   Bereich A: 41

   Bereich B: 13
4. … Summen der Quadratzahlen wieder miteinander addiert:

   41 + 13 = 54

	A	B
1	**Bereich A:**	**Bereich B:**
2	4	2
3	5	3
4		
5	Ergebnis	**54**

Abbildung 15.31: Quadratsumme für zusammengehörige Komponenten von Matrizen

Siehe auch SUMMENPRODUKT(), SUMMEX2MY2(), SUMMEXMY2()

CD-ROM Die Beispiele finden Sie auf der Buch-CD im Ordner *\Buch\Kap15* in der Arbeitsmappe *Kap15.xls* (Excel 97-2003) bzw. *Kap15.xlsx* (Excel 2007/2010) auf dem Arbeitsblatt *SummeXY.*

SUMMEXMY2() SUMXMY2()

Syntax SUMMEXMY2(***Matrix_x;Matrix_y***)

Definition Die Funktion summiert für zusammengehörige Komponenten zweier Matrizen die quadrierten Differenzen.

Argumente ***Matrix_x*** ist die erste Matrix oder der erste Wertebereich.

Matrix_y ist die zweite Matrix oder der zweite Wertebereich.

Hintergrund Als Argumente müssen in die Formel SUMMEXMY2() Zahlen, Namen, Matrizen oder Bezüge angegeben werden, die Zahlen enthalten.

Enthält ein als Matrix oder Bezug angegebenes Argument Text, Wahrheitswerte oder leere Zellen, werden diese Werte ignoriert. Zellen, die den Wert 0 enthalten, werden dagegen berücksichtigt.

Enthalten *Matrix_x* und *Matrix_y* unterschiedlich viele Werte, gibt SUMMEXMY2() den Fehlerwert #NV zurück.

Die Gleichung für die Summe quadrierter Differenzen lautet:

$$\sum(x-y)^2$$

1. Aus zwei festgelegten Bereichen mit Werten …
   Bereich A: 4, 5
   Bereich B: 2, 3
2. …werden die jeweils gegenüberstehenden Werte voneinander abgezogen und …
   Erster Wert der Bereiche A und B: 4 – 2
   Zweiter Wert der Bereiche A und B: 5 – 3
3. … die Quadratzahlen der Ergebnisse addiert:
   $2^2 + 2^2 = 4 + 4 = 8$

	A	B
1	Bereich A:	Bereich B:
2	4	2
3	5	3
4		
5	Ergebnis	8

Abbildung 15.32: Darstellung der Funktion *SUMMEXMY2()*

Siehe auch

SUMMENPRODUKT(), SUMMEX2MY2(), SUMMEX2PY2()

CD-ROM

Die Beispiele finden Sie auf der Buch-CD im Ordner *\Buch\Kap15* in der Arbeitsmappe *Kap15.xls* (Excel 97-2003) bzw. *Kap15.xlsx* (Excel 2007/2010) auf dem Arbeitsblatt *SummeXY*.

TAN() TAN()

Syntax

TAN(***Zahl***)

Definition

Die Funktion gibt den Tangens eines Winkels zurück.

Argumente

Zahl (erforderlich) ist der Winkel im Bogenmaß, für den Sie den Tangenswert berechnen möchten

Hintergrund

In einem rechtwinkeligen Dreieck ist das Verhältnis von Gegenkathete zur Ankathete abhängig vom Öffnungswinkel. Das Verhältnis der Gegenkathete eines Winkels zur Ankathete ist der Tangens (tan) eines Winkels.

$$\tan\alpha = \frac{a}{b}; \tan\beta = \frac{b}{a};$$

Die Funktion TAN() benötigt als Rechengrundlage das Bogenmaß. Liegt der Winkel im Gradmaß vor, müssen Sie ihn durch Multiplizieren mit PI()/180 oder der Funktion BOGENMASS() in das Bogenmaß überführen.

Bei der Darstellung der Abhängigkeit des Tangens vom Winkel α in einem Einheitskreis (c = 1) nimmt der Winkel α von 0° bis 90° zu und der Tangens nimmt von 0 bis ∞ (Unendlich) zu.

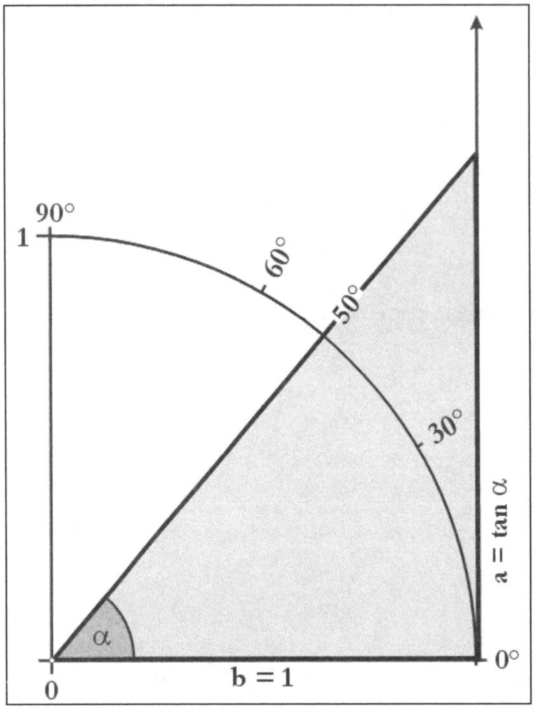

Abbildung 15.33: Der Tangens im Einheitskreis

Beim Übertrag der Werte in ein Koordinatensystem, mit den Werten des Winkel α auf der x-Achse und dem Tangens von α auf y-Achse, ergeben sich folgende Kurven für den gesamten Kreis.

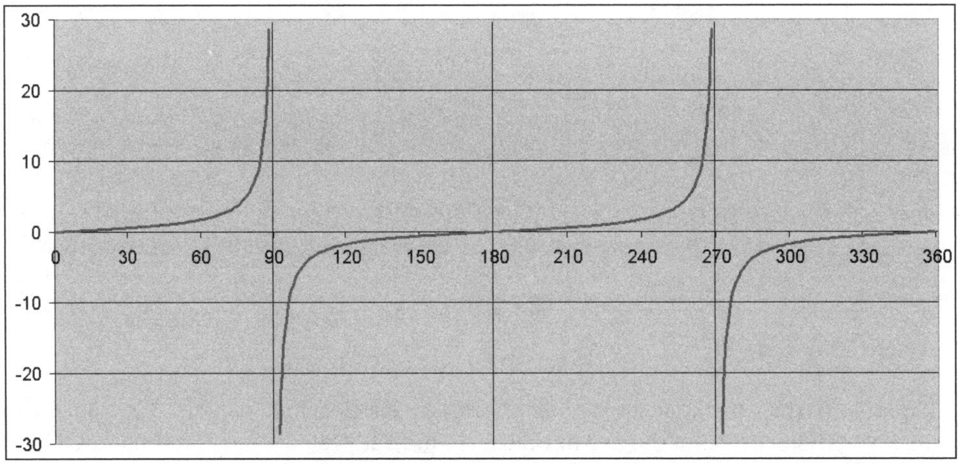

Abbildung 15.34: Tangenskurve

Zu den Funktionen Sinus und Kosinus steht der Tangens in der Beziehung:

$$\tan = \frac{\sin}{\cos}$$

Dem Tangens kommt eine ganz besondere Stellung zu, da er den Zusammenhang zwischen dem Steigungswinkel und dem Anstieg (der Steigung) einer Geraden ausdrückt.

Ist also beispielsweise der Steigungswinkel einer Straße 12°, so ist ihr Anstieg tan(12°), was näherungsweise 0,21 ist. Die Verkehrstafel, die die Steigung der Straße anzeigt, wird dann die Aufschrift »21%« tragen (was als »21 Meter Höhenunterschied pro 100 Meter laut Straßenkarte zurückgelegter Entfernung« gelesen werden kann).

Für eine senkrechte Gerade ist der Anstieg kein sinnvolles Konzept, was genau der Tatsache, dass tan(90°) und tan(–90°) nicht definiert sind, entspricht.

Praxiseinsatz

Die Höhe eines Schornsteins soll berechnet werden. Der Schornstein ist vom Betrachter aus 130 m entfernt und die Spitze erscheint unter dem Erhebungswinkel von α=24°50'. Wie hoch ist der Schornstein, wenn die Augenhöhe 1,6 m beträgt?

Die Formel für den Tangens lautet:

$$\tan() = \frac{Gegenkathete}{Ankathete}$$

Die Formel wird mit den vorhandenen Daten ausgefüllt,

$$\tan(24,5) = \frac{Schornsteinhöhe(h)}{130}$$

und für die zu berechnende Höhe umgestellt.

$$h = 130 \cdot \tan(24,5)$$

Das Ergebnis wird auf zwei Stellen hinter dem Komma gerundet und die 1,60 m für die Augenhöhe addiert.

$$h = 59,2444132 \approx 59,24\,m + 1,60\,m(Augenhöhe) = 60,84\,m$$

In die Bearbeitungsleiste von Excel wird folgende Formel eingegeben:

```
=RUNDEN(TAN(BOGENMASS(24,5))*130;2)+1,6
```

Damit Excel den Tangens des Winkels 19,5° berechnen kann, muss dieser zuerst in ein Bogenmaß umgerechnet werden. Anschließend wird der Tangens mit der Gegenkathete multipliziert. Das Ergebnis wird auf zwei Stellen hinter dem Komma gerundet und zum Schluss wird noch 1,6 für die Augenhöhe addiert

Siehe auch

ARCTAN2(), ATAN(), PI()

CD-ROM

Die oben genannten Beispielwerte finden Sie auf der Buch-CD im Ordner *\Buch\Kap15* in der Arbeitsmappe *Kap15.xls* (Excel 97-2003) bzw. *Kap15.xlsx* (Excel 2007/2010) auf dem Arbeitsblatt *sin_cos* in der Tabelle mit Winkeln, Bogenmaßen und den Winkelfunktionsergebnissen sowie dem Arbeitsblatt *trigon* mit anderen Anwendungsbeispielen.

TANHYP() TANH()

Syntax TANHYP(*Zahl*)

Definition Gibt den hyperbolischen Tangens (Hyperbeltangens, Tangens Hyperbolicus, math.: tanh) einer reellen Zahl zurück.

Argumente *Zahl* (erforderlich) ist eine beliebige reelle Zahl.

Hintergrund Der hyperbolische Tangens gehört zu den Hyperbelfunktionen, die ebenso wie die Kreisfunktionen (z.B. Sinus und Tangens) für alle reellen und komplexen Zahlen definiert sind (Microsoft Excel erlaubt aber nur reelle Argumente für die Hyperbelfunktionen.) Die Definition für den hyperbolischen Tangens lautet

$$\tanh x = \frac{e^x - e^{-x}}{e^x + e^{-x}} = \frac{\sinh x}{\cosh x}$$

wobei die Ähnlichkeit zu den trigonometrischen Funktionen beim letzten Term auffällig ist. Seine grafische Darstellung zeigt die Abbildung 15.34.

Der hyperbolische Tangens wird in der Technik und in den Naturwissenschaften, vor allem in der Forschung und Entwicklung, häufig gebraucht. Populärwissenschaftliche Anwendungen sind nicht zu finden.

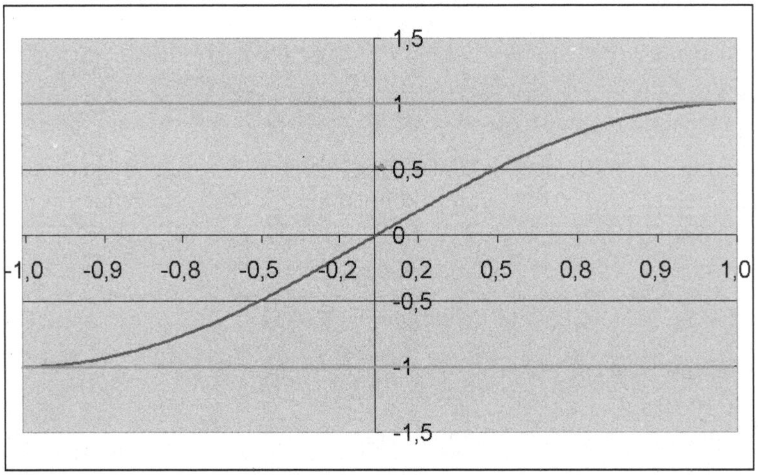

Abbildung 15.35: Der Hyperbeltangens als Grafik

Vielleicht vermissen Sie hier den passenden Kotangens, wie Sie es von trigonometrischen Funktionen her gewohnt sind: sin, cos, tan und cot.

Aber weder der trigonometrische Kotangens noch der hyperbolische Kotangens sind als Tabellenfunktion implementiert. Denn für beide gilt: Kotangens = Tangens^{-1}.

Trigonometrisch: $\cot x = \frac{1}{\tan x}$

Hyperbolisch: $\coth x = \frac{1}{\tanh x}$

Daraus folgt die Definition für den Hyperbelkotangens:

$\coth x = \frac{e^x + e^{-x}}{e^x - e^{-x}}$ und seine Verwendung als Tabellenfunktion.

Statt beispielsweise

```
=COTHYP(A1)
```

zu versuchen (COTHYP() gibt es ja nicht), schreiben Sie einfach

```
=1/TANHYP(A1)
```

Praxiseinsatz

Die Ausbreitungsgeschwindigkeit von Wasserwellen bedient sich des Hyperbeltangens. Die Formel für die Ausbreitungsgeschwindigkeit υ von Wasserwellen lautet

$$v = \sqrt{\frac{g\lambda}{2\pi}} \tanh \frac{2\pi h}{\lambda}$$

mit der Erdbeschleunigung g [m/s²], der Wellenlänge λ [m] und der Wassertiefe h [m]. Wenn Sie diese Formel in einer Tabelle verwenden, können Sie die beiden folgenden Näherungsformeln für seichtes und tiefes Wasser verifizieren:

Seichtes Wasser: $h \ll \lambda \rightarrow v_s = \sqrt{gh}$

Tiefes Wasser: $h \gg \lambda \rightarrow v_t = \sqrt{\frac{g\lambda}{2\pi}}$

Hier weitere Beispiele, um die Funktion zu dokumentieren:

`=TANHYP(0)` ergibt 0

`=TANHYP(1)` ergibt 0,761594156

`=TANHYP(-1)` ergibt –0,76159416

`=TANHYP(10)` ergibt 1

`=TANHYP(-10)` ergibt –1

Siehe auch

ARCTANHYP(), COSHYP(), SINHYP()

CD-ROM

Die Tabelle für die grafische Darstellung und das Beispiel aus dem Tipp finden Sie auf der Buch-CD im Ordner *\Buch\Kap15* in der Arbeitsmappe *TANHYP.xls* (Excel 97-2003) bzw. *TANHYP.xlsx* (Excel 2007/2010) auf den Arbeitsblättern *Graph* und *Wasserwellen*.

TEILERGEBNIS() SUBTOTAL()

Syntax TEILERGEBNIS(*Funktion; Bezug1*; *Bezug2*; …)

Definition Die Funktion gibt ein Teilergebnis über eine Liste oder Datenbank zurück. Grundsätzlich ist es einfacher, eine mit Teilergebnissen versehene Liste mithilfe des Menübefehls *Daten/Teilergebnisse* zu erstellen. Nachdem eine solche mit Teilergebnissen versehene Liste erstellt wurde, können Sie diese mit der Funktion TEILERGEBNIS() bearbeiten.

Argumente ***Funktion*** (erforderlich) ist eine Zahl von 1 bis 11 (bezieht ausgeblendete Werte ein) oder von 101 bis 111 (ignoriert ausgeblendete Werte), die festlegt, welche Funktion bei der Berechnung des Teilergebnisses innerhalb einer Liste verwendet werden soll.

Tabelle 15.4 Code-Tabelle der Funktion TEILERGEBNIS()

Code für eingeblendet Werte	Code für ausgeblendet Werte	Funktion
1	101	MITTELWERT
2	102	ANZAHL
3	103	ANZAHL2
4	104	MAX
5	105	MIN
6	106	PRODUKT
7	107	STABW
8	108	STABWN
9	109	SUMME
10	110	VARIANZ
11	111	VARIANZEN

Bezug1;*Bezug2*;... (mind. ein Bezugsbereich erforderlich) ist der Bereich oder Bezug, für den Teilergebnisse berechnet werden sollen.

Hintergrund Während bei einer »einfachen« Formel herausgefilterte Werte mit einbezogen werden, kann mit der Funktion TEILERGEBNIS() ein Bezug auf gefilterte Ergebnisse gebildet werden. Werden innerhalb der mit *Bezug1*;*Bezug2*;… angegebenen Bereiche weitere Teilergebnisse (oder geschachtelte Teilergebnisse) berechnet, werden diese geschachtelten Teilergebnisse ignoriert, damit sie nicht mehrfach berücksichtigt werden.

Handelt es sich bei einem Bezug um einen 3D-Bezug, gibt TEILERGEBNIS() den Fehlerwert *#WERT!* zurück.

Durch das Einsetzen der Funktionskonstanten von 1 bis 11 bezieht die Funktion TEILERGEBNIS() die über den Befehl *Format/Zeile/Ausblenden* (Excel 2003) *Start/Format/Ausblenden & Einblenden* (Excel 2007/2010) ausgeblendeten Datenwerte mit ein. Verwenden Sie diese Konstanten, wenn Sie das Teilergebnis von ausgeblendeten und nicht ausgeblendeten Zahlen in einer Liste berechnen möchten.

Bei den Funktionskonstanten von 101 bis 111 ignoriert die Funktion TEILERGEBNIS() Datenwerte, die über den Menübefehl *Format/Zeile/Ausblenden* (Excel 2003) *Start/Format/Ausblenden & Einblenden* (Excel 2007/2010) ausgeblendet wurden. Verwenden Sie diese Konstanten, wenn das Teilergebnis von ausschließlich nicht ausgeblendeten Zahlen in einer Liste berechnet werden soll.

Die Funktion TEILERGEBNIS() ignoriert alle Zeilen, die nicht im Ergebnis eines Filters enthalten sind, unabhängig vom verwendeten Funktionswert.

Die Funktion TEILERGEBNIS() wurde für Datenspalten oder vertikale Bereiche konzipiert, jedoch nicht für Zeilen mit Daten oder horizontale Bereiche. Wenn Sie beispielsweise das Teilergebnis eines horizontalen Bereichs mithilfe der Funktionskonstanten 101 oder höher berechnen, wie z.B. `=TEILERGEBNIS(109,B2:G2)`, hat das Ausblenden einer Spalte keine Auswirkungen auf das Teilergebnis. Wird hingegen eine Zeile im Teilergebnis eines vertikalen Bereichs ausgeblendet, wirkt sich das auf das Teilergebnis aus.

Praxiseinsatz

Mit der Funktion TEILERGEBNIS() können Sie z.B. für eine Umsatzliste Summen auf gefilterte Werte bilden:

	A	B	C	D	E
1	Bundesland	Firma	Umsatz	Umsatz Summe:	485.694,00 €
2	NRW	Michel AG	51.857,00 €		
3	Bayern	Hummer & Sohn GmbH	30.090,00 €		
4	Hamburg	Müller GmbH & Co. KG	85.164,00 €		
5	NRW	Lotus GmbH	84.843,00 €		
6	Bremen	Sahne KG	46.536,00 €		
7	Sachsen	Michel Delias	71.731,00 €		
8	Hamburg	Himmelsberger AG	51.560,00 €		
9	Berlin	Möchtegern AG	63.913,00 €		

Abbildung 15.36: Die Umsatzsumme in E1 richtet sich nach der Filterung der Liste

Die Formel für »Umsatz Summe« lautet: `=TEILERGEBNIS(9;C2:C9)`

Wenn Sie jetzt die Umsätze z.B. für die Region NRW ansehen wollen, brauchen sie nur den entsprechenden Filter in der Spalte *A* setzen und erhalten folgendes Ergebnis:

	A	B	C	D	E
1	Bundesland	Firma	Umsatz	Umsatz Summe:	136.700,00 €
2	NRW	Michel AG	51.857,00 €		
5	NRW	Lotus GmbH	84.843,00 €		

Abbildung 15.37: Umsatzliste mit »Summe« als Teilergebnis

Siehe auch

ANZAHL(), ANZAHL2(), MAX(), MIN(), MITTELWERT(), STABW(), STDAN(), AGGREGAT(), VARIANZ() (alles Statistische Funktionen), PRODUKT(), SUMME()

CD-ROM

Ein Beispiel finden Sie auf der Buch-CD im Ordner *\Buch\Kap15* in der Arbeitsmappe *Kap15.xls* (Excel 97-2003) bzw. *Kap15.xlsx* (Excel 2007/2010) auf dem Arbeitsblatt *Teilergebnis*.

UNGERADE() ODD()

Syntax UNGERADE(*Zahl*)

Definition Die Funktion rundet eine Zahl auf die nächste ungerade ganze Zahl auf.

Argumente *Zahl* (erforderlich) ist der Wert, der aufgerundet werden soll.

Hintergrund Ungerade Zahlen sind alle Zahlen, die sich nicht ganzzahlig durch zwei teilen lassen. Die Funktion UNGERADE() rechnet nur mit numerischen Werten. Wenn *Zahl* kein numerischer Ausdruck ist, gibt UNGERADE() den Fehlerwert #WERT! zurück.

Unabhängig davon, welches Vorzeichen *Zahl* hat, wird ein Wert aufgerundet, wenn die Anpassung von Null ausgehend erfolgt. Ist *Zahl* eine ungerade ganze Zahl, erfolgt keine Rundung.

Hier noch ein paar Beispiele, um die Funktion zu dokumentieren:

`=UNGERADE(1,9)` ergibt einen Wert von 3

`=UNGERADE(-2,8)` ergibt einen Wert von –3

`=UNGERADE(18)` ergibt einen Wert von 19

Siehe auch GERADE(), GANZZAHL(), ISTGERADE() (Informationsfunktionen), ISTUNGERADE() (Informationsfunktionen), OBERGRENZE(), OBERGRENZE.GENAU(), RUNDEN(), KÜRZEN(), UNTERGRENZE(), UNTERGRENZE.GENAU()

CD-ROM Dieses Beispiel und weitere Beispiele finden Sie auf der Buch-CD im Ordner *\Buch\Kap15* in der Arbeitsmappe *Kap15.xls* (Excel 97-2003) bzw. *Kap15.xlsx* (Excel 2007/2010) auf dem Arbeitsblatt *Runden*.

UNTERGRENZE() FLOOR()

Syntax UNTERGRENZE(*Zahl;Schritt*)

Definition Die Funktion rundet eine Zahl auf das kleinste Vielfache einer anderen Zahl ab.

Argumente *Zahl* (erforderlich) ist der numerische Wert, den Sie runden möchten.

Schritt (erforderlich) ist das Vielfache, auf das Sie runden möchten.

Hintergrund Unabhängig davon, welches Vorzeichen die Variable *Zahl* hat, wird ein Wert betragsmäßig gerundet, d.h. bei positivem Vorzeichen wird der Wert abgerundet und bei negativem Vorzeichen wird der Wert aufgerundet. Ist *Zahl* ein genaues Vielfaches der Variablen *Schritt*, erfolgt keine Rundung.

Die Funktion UNTERGRENZE() benötigt als Grundlage numerische Werte. Ist eines der Argumente kein numerischer Ausdruck, gibt UNTERGRENZE() den Fehlerwert #WERT! zurück.

Haben *Zahl* und *Schritt* unterschiedliche Vorzeichen, gibt UNTERGRENZE() den Fehlerwert #ZAHL! zurück.

Unabhängig davon, welches Vorzeichen *Zahl* hat, wird ein Wert abgerundet, wenn die Anpassung von Null ausgehend erfolgt. Ist *Zahl* ein genaues Vielfaches von *Schritt*, erfolgt keine Rundung.

Praxiseinsatz

In einer Preisaktion sollen alle Preise auf volle 25 Cent abgerundet werden. Die neue Preisliste soll also nur noch Viertel-Euro-Schritte enthalten. Abbildung 15.38 zeigt eine mögliche Lösung unter Verwendung der Funktion UNTERGRENZE().

C3 | =UNTERGRENZE(B3;0,25)

	A	B	C
1			
2	Preisaktion!	Alter Preis	Neuer Preis
3		12,75 €	12,75 €
4		29,20 €	29,00 €
5		15,86 €	15,75 €
6		20,25 €	20,25 €
7		19,41 €	19,25 €
8		19,88 €	19,75 €
9		25,62 €	25,50 €

Abbildung 15.38: Die neuen Preise in 25 Cent-Schritten

Siehe auch

ABRUNDEN(), AUFRUNDEN(), GERADE(), GANZZAHL(), OBERGRENZE(), OBERGRENZE.GENAU(), RUNDEN(), KÜRZEN(), UNGERADE(), UNTERGRENZE.GENAU()

CD-ROM

Die Beispiele finden Sie auf der Buch-CD im Ordner *\Buch\Kap15* in der Arbeitsmappe *Kap15.xls* (Excel 97-2003) bzw. *Kap15.xlsx* (Excel 2007/2010) auf dem Arbeitsblatt *Runden*.

UNTERGRENZE.GENAU() FLOOR.PRECISE()

Neu in 2010!

Syntax

UNTERGRENZE.GENAU(***Zahl***;*Schritt*)

Definition

Rundet eine Zahl auf die nächste ganze Zahl oder das nächste Vielfache von *Schritt* auf. Die Zahl wird unabhängig vom Vorzeichen abgerundet. Wenn die *Zahl* oder der *Schritt* jedoch Null ist, wird Null zurückgegeben.

Argumente

Zahl (erforderlich) ist der Wert, den Sie runden möchten.

Schritt (optional) ist das Vielfache, auf das Sie runden möchten.

Wenn *Schritt* ausgelassen wird, ist der Standardwert 1.

Wenn *Zahl* oder *Schritt* Null ist, wird Null zurückgegeben.

Hintergrund

Diese Funktion gibt Ihnen die Möglichkeit, Zahlen auf eine bestimmte Intervallgrenze abzurunden, wobei Sie das Intervall angeben können. Natürlich wäre diese Art der Berechnung auch mit den anderen Runden-Funktionen in einer eigenen Formelkonstruktion möglich, aber UNTERGRENZE.GENAU() stellt den fertigen, d.h. kürzesten Weg dar.

Als Grundlage für die Funktion UNTERGRENZE.GENAU() wird der Absolutwert (siehe die Funktion ABS() auf Seite 733) des Vielfachen verwendet. Damit gibt die Funktion UNTERGRENZE.GENAU() die mathematische Untergrenze unabhängig von den Vorzeichen der Zahl und von *Schritt* zurück.

Um den Unterschied zwischen den Funktionen UNTERGRENZE() und UNTERGRENZE.GENAU() zu verdeutlichen, hier ein Beispiel:

```
UNTERGRENZE(-3,2;-1) = -3
UNTERGRENZE.GENAU(-3,2;-1) =  -4
```

Wie Sie sehen, wird *Zahl* (–3,2) bei der Funktion UNTERGRENZE.GENAU() unabhängig vom Vorzeichen auf den absoluten Wert abgerundet, während die Funktion UNTERGRENZE() betragsmäßig rundet, d.h. bei negativen Vorzeichen wird aufgerundet.

Die Funktion UNTERGRENZE.GENAU() grenzt sich von der Funktion UNTERGRENZE() im negativen Bereich ab, da dort anstatt des höheren Werts der niedrigere Wert wiedergegeben wird.

Praxiseinsatz Bei einem Fahrradhersteller kann ein Großhändler nur mindestens 5 Fahrräder bestellen. Immer wenn der Lagerbestand unter 0 fällt, soll bestellt werden. Dabei kann der Lagerbestand unter 0 fallen, wenn keine Räder mehr auf Lager sind und Bestellungen durch den Einzelhandel vorliegen. Also sagen wir mal, der Lagerbestand sei –6, d.h. 6 Fahrräder sind von Einzelhändlern bestellt. Damit ergibt sich für den Großhändler beim Hersteller eine Bestellmenge von UNTERGRENZE.GENAU(–6;–5) = –10 bzw. ABS(–10) = 10 Fahrräder. Die beiden Formeln kann man auch zusammenfassen:

```
=ABS(UNTERGRENZE.GENAU(-6;-5))
```

Siehe auch ABRUNDEN(), AUFRUNDEN(), GERADE(), GANZZAHL(), OBERGRENZE(), OBERGRENZE.GENAU(), RUNDEN(), KÜRZEN(), UNGERADE(), UNTERGRENZE()

CD-ROM Dieses Beispiel finden Sie auf der Buch-CD im Ordner *\Buch\Kap15* in der Arbeitsmappe *Kap15.xlsx* (nur Excel 2010) auf dem Arbeitsblatt *Ober-Untergrenze.Genau*.

VORZEICHEN() SIGN()

Syntax VORZEICHEN(***Zahl***)

Definition Die Funktion gibt das Vorzeichen einer Zahl zurück. Die Funktion gibt folgende Werte zurück:

- 1, wenn die Zahl positiv ist
- 0 (Null), wenn die Zahl 0 ist
- –1, wenn die Zahl negativ ist

Argumente ***Zahl*** (erforderlich) ist eine beliebige reelle Zahl.

Hintergrund In der Mathematik werden Zahlen, die größer als 0 (Null) sind, als »Positive Zahlen« bezeichnet und mit einem »+« (Plus) gekennzeichnet. Zahlen kleiner als 0 bezeichnet man als »Negative Zahlen«. Vor negativen Zahlen steht immer ein »–« (Minus)-Zeichen. Das »+« Zeichen vor positiven Zahlen kann weggelassen werden. Die Zahl 0 (Null) ist weder positiv noch negativ.

Durch die Formel VORZEICHEN() lassen sich beispielsweise alle Werte mit einem bestimmten Vorzeichen herausfiltern.

Praxiseinsatz Aus einer Liste mit Gewinnen sollen die Niederlassungen herausgefiltert werden, die negative Beträge erwirtschaften. Zusätzlich soll die Summe der Verluste separat ausgewiesen werden.

C2 | =VORZEICHEN(B2)

	A	B	C	D	E
1	Niederlassung	Gewinn	Vorzeichen		
2	Wien	723.672,00 €	1		
3	Bremen	-15.423,00 €	-1		
4	Hamburg	12.489,00 €	1		
5	Frankfurt	124.875,00 €	1		
6	Paris	-23.534,00 €	-1		
7	Essen	62.335,00 €	1		
8	München	-44.347,00 €	-1		
9	Berlin	235.612,00 €	1		
10					
11				Verluste	-83.304,00 €
12				Gewinn	1.158.983,00 €
13				Saldo	**1.075.679,00 €**

Abbildung 15.39: Gewinnaufstellung mit unterschiedlichen Vorzeichen

In der Spalte *C* fügen Sie die Formel VORZEICHEN() mit Bezug auf den »Gewinn« ein (siehe Abbildung 15.40).

Jetzt haben Sie die Möglichkeit, sich über die Filterfunktion in der Spalte *C* alle Gewinne mit negativem Vorzeichen herauszufiltern und separat zu betrachten:

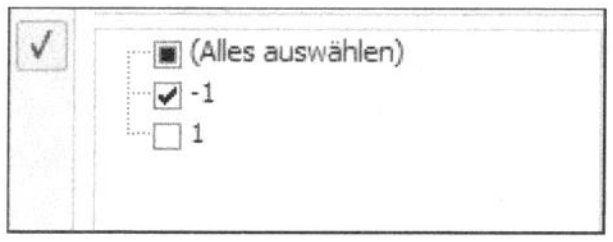

Abbildung 15.40: Filter von Werten mit negativem Vorzeichen

Um die Summe der Verluste auszuweisen, wird in das Feld *E11* folgende Formel eingegeben:

`{=SUMME(WENN(VORZEICHEN(B2:B9)=-1;B2:B9))}`

Für die Gewinne ist folgende Formel eingegeben worden:

`{=SUMME(WENN(VORZEICHEN(B2:B9)=1;B2:B9))}`

Beide Formeln müssen als Matrixformel eingegeben werden, d.h. Sie schließen die Formeleingabe mit den Tasten `Strg`+`⇧`+`↵` ab.

Siehe auch

ABS()

CD-ROM

Dieses Beispiel finden Sie auf der Buch-CD im Ordner *\Buch\Kap15* in der Arbeitsmappe *Kap15.xls* (Excel 97-2003) bzw. *Kap15.xlsx* (Excel 2007/2010) auf dem Arbeitsblatt *Vorzeichen*.

VRUNDEN() MROUND()

Syntax

VRUNDEN(***Zahl***;***Vielfaches***)

Definition

Die Funktion gibt eine auf das gewünschte Vielfache gerundete Zahl zurück.

Argumente

Zahl (erforderlich) ist der Wert, der gerundet werden soll.

Vielfaches (erforderlich) ist das Vielfache, auf das Sie *Zahl* runden möchten.

Hintergrund Die Funktion VRUNDEN() ermöglicht, eine Zahl auf das Vielfache eines bestimmten Werts zu runden. VRUNDEN() rundet auf (weg von Null), wenn der Rest der Division von *Zahl* durch *Vielfaches* größer oder gleich der Hälfte von *Vielfaches* ist. Ist die Zahl kleiner oder gleich der Hälfte des Vielfachen, wird abgerundet.

Praxiseinsatz Für die Auszeichnung im Geschäft sollen die Verkaufspreise alle einen Endwert haben, der sich durch 0,05 Teilen lässt. Bsp.: 10,05 €, 11,10 €, 15,25 € oder 20,00 €

`=VRUNDEN(12,31;0,05)` ergibt einen Auszeichnungspreis von 12,35 €

`=VRUNDEN(0,32;0,05)` ergibt einen Auszeichnungspreis von 0,30 €

`=VRUNDEN(1,24;0,05)` ergibt einen Auszeichnungspreis von 1,25 €

Siehe auch ABRUNDEN(), AUFRUNDEN(), GERADE(), OBERGRENZE(), RUNDEN(), KÜRZEN(), UNGERADE(), UNTERGRENZE()

CD-ROM Die Beispiele finden Sie auf der Buch-CD im Ordner *\Buch\Kap15* in der Arbeitsmappe *Kap15.xls* (Excel 97-2003) bzw. *Kap15.xlsx* (Excel 2007/2010) auf dem Arbeitsblatt *Runden*.

WURZEL() SQRT()

Syntax WURZEL(***Zahl***)

Definition Die Funktion gibt die Quadratwurzel von *Zahl* zurück.

Argumente ***Zahl*** (erforderlich) ist die Zahl, deren Quadratwurzel Sie berechnen möchten.

Hintergrund Die Wurzelfunktion ist neben dem Logarithmus eine Umkehrfunktion des Potenzierens.

$$a^x = b \Leftrightarrow \sqrt[x]{b} = a$$

Die Basis (b) wir als »Radiant« und *x* als »Wurzelexponent« bezeichnet.

Ist der Wurzelexponent 2, spricht man von einer Quadratwurzel.

Die Funktion WURZEL() gibt nur die Quadratwurzel einer positiven *Zahl* wieder. Wenn *Zahl* negativ ist, gibt WURZEL() den Fehlerwert #ZAHL! zurück.

Praxiseinsatz Die Seiten eines rechteckigen Bauplatzes sind 19,5 x 10,5m. Sie möchten jetzt wissen, wie lang ist die Seite eines flächengleichen quadratischen Bauplatzes?

Sowohl die Formel

```
=WURZEL(19,5*10,5)
```

als auch

```
=WURZEL(PRODUKT(19,5;10,5))
```

ergeben 14,309088. Um das Ergebnis gleich auf zwei Stellen hinter dem Komma zu runden, können Sie zusätzlich noch die Formel RUNDEN() einsetzen:

```
=RUNDEN((WURZEL(PRODUKT(19,5;10,5)));2)
```

Die Formel löst sich wie folgt auf:

1. Bilden Sie das Produkt von 19,5 und 10,5:
   `=PRODUKT(19,5;10,4)`
2. Ziehen Sie die Wurzel aus dem Produkt:
   `=WURZEL(PRODUKT(19,5;10,5))`
3. Runden Sie das Ergebnis auf zwei Stellen hinter dem Komma:
   `=RUNDEN((WURZEL(PRODUKT(19,5;10,5)));2)`

Das Ergebnis lautet 14,31 m.

Siehe auch WURZELPI()

CD-ROM Die Beispiele finden Sie auf der Buch-CD im Ordner *\Buch\Kap15* in der Arbeitsmappe *Kap15.xls* (Excel 97-2003) bzw. *Kap15.xlsx* (Excel 2007/2010) auf dem Arbeitsblatt *Wurzel*.

WURZELPI() SQRTPI()

Syntax WURZELPI(*Zahl*)

Definition Die Funktion gibt die Wurzel aus der mit Pi (π) multiplizierten Zahl zurück.

Argumente ***Zahl*** (erforderlich) ist die Zahl, mit der Pi multipliziert wird.

Hintergrund Die Funktion WURZELPI() berechnet die Wurzel einer mit Pi – näheres zu Pi siehe Funktion PI() – multiplizierten positiven Zahl. Ist Zahl < 0, gibt WURZELPI() den Fehlerwert #ZAHL! zurück. Es gilt:

$$WURZELPI(x) = WURZEL(PI() \cdot X) = \sqrt{\pi \cdot x}$$

Hier noch ein paar Beispiele, um die Funktion zu dokumentieren:

`=WURZELPI(12)` ergibt 6,13996025

`=WURZELPI(5)` ergibt 3,9633273

Siehe auch PI(), WURZEL()

ZUFALLSBEREICH() RANDBETWEEN()

Syntax ZUFALLSBEREICH(***Untere_Zahl;Obere_Zahl***)

Definition Die Funktion gibt eine ganze Zufallszahl aus dem festgelegten Bereich zurück. Bei jeder Neuberechnung der jeweiligen Tabelle wird eine neue Zufallszahl ausgegeben.

Argumente ***Untere_Zahl*** (erforderlich) ist die kleinste ganze Zahl, die ZUFALLSBEREICH als Ergebnis zurückgeben kann.

Obere_Zahl (erforderlich) ist die größte ganze Zahl, die ZUFALLSBEREICH als Ergebnis zurückgeben kann.

Hintergrund Hin und wieder benötigt man zufällige Werte, sei es für Beispieldarstellungen oder in der Naturwissenschaft/Technik für das Simulieren bestimmter Prozesse.

Zum Generieren einer Datumszufallszahl muss der jeweilige Wert im Zahlenformat vorliegen.

Tipp Für den Fall, dass Sie mit ZUFALLSBEREICH() zwar eine Zufallszahl erzeugen möchten, aber nicht wünschen, dass sich deren Wert bei jeder Neuberechnung der entsprechenden Zelle ändert, können Sie auch =ZUFALLSBEREICH(*Untere_Zahl;Obere_Zahl*) in die Bearbeitungsleiste eingeben und anschließend [F9] drücken, um die Formel in eine Zufallszahl zu ändern

Größere Mengen an Zellen mit einer Zufallszahl-Formel können Sie auch kopieren und anschließend in denselben Bereich mit der rechten Maustaste über *Inhalte einfügen/Werte* in Zahlenwerte umwandeln.

Praxiseinsatz Siehe das Beispiel zur Funktion ZUFALLSZAHL().

Siehe auch ZUFALLSZAHL()

CD-ROM Die Beispiele finden Sie auf der Buch-CD im Ordner *\Buch\Kap15* in der Arbeitsmappe *Kap15.xls* (Excel 97-2003) bzw. *Kap15.xlsx* (Excel 2007/2010) auf dem Arbeitsblatt *Zufall*.

ZUFALLSZAHL() RAND()

Syntax ZUFALLSZAHL()

Definition Die Funktion gibt eine Zufallszahl zwischen 0 und 1 mit bis zu 16 Stellen hinter dem Komma zurück.

Argumente Keine

Hintergrund Die Funktion ZUFALLSZAHL() gibt zufällige Werte zwischen 0 und 1 zurück, wobei die 0 (Null) als zufälliger Wert erscheinen kann, die 1 aber nie.

Mit der folgenden Anweisung kann eine reelle Zufallszahl erzeugt werden, die zwischen a und b liegt:

`=ZUFALLSZAHL()*(b-a)+a`

Bei jeder Neuberechnung in der jeweiligen Tabelle wird eine neue Zufallszahl erzeugt.

Praxiseinsatz Diese Funktion wird recht häufig verwendet, um eine Tabelle mit Testdaten zu füllen oder in der Naturwissenschaft/Technik für das Simulieren bestimmter Prozesse. Dafür wird die Formel in jede Zelle eingefügt.

Tipp Für den Fall, dass Sie mit ZUFALLSZAHL() zwar eine Zufallszahl erzeugen möchten, aber nicht wünschen, dass sich deren Wert bei jeder Neuberechnung der entsprechenden Zelle ändert, können Sie auch =ZUFALLSZAHL() in die Bearbeitungsleiste eingeben und anschließend [F9] drücken, um die Formel in eine Zufallszahl zu ändern.

Größere Mengen an Zellen mit einer Zufallszahl-Formel können Sie auch kopieren und anschließend in denselben Bereich mit der rechten Maustaste über *Inhalte einfügen/Werte* in Zahlenwerte umwandeln.

Beispiele:

`=ZUFALLSZAHL()*(100–1)+1` ergibt eine Zufallszahl zwischen 1 und 100

`=ZUFALLSZAHL()*(250–150)+150` ergibt eine Zufallszahl zwischen 150 und 250

Siehe auch ZUFALLSBEREICH()

CD-ROM Die Beispiele finden Sie auf der Buch-CD im Ordner *\Buch\Kap15* in der Arbeitsmappe *Kap15.xls* (Excel 97-2003) bzw. *Kap15.xlsx* (Excel 2007/2010) auf dem Arbeitsblatt *Zufall*.

ZWEIFAKULTÄT() FACTDOUBLE()

Syntax

ZWEIFAKULTÄT(*Zahl*)

Definition

Die Funktion gibt die Fakultät zu *Zahl* mit Schrittlänge 2 zurück.

Argumente

Zahl (erforderlich) ist der Wert, für den die Fakultät mit Schrittlänge 2 berechnet werden soll. Ist *Zahl* keine ganze Zahl, werden die Nachkommastellen abgeschnitten.

Hintergrund

Die Fakultät n! einer Zahl n ist eine häufig benutzte Funktion, deren Definition lautet:

$$n! = n(n-1)(n-2)\ldots(3)(2)(1)$$

Davon abgeleitet ist die Funktion ZWEIFAKULTÄT(), die in der Zahlentheorie eine große Rolle spielt. Sie ist für gerade Zahlen so definiert

$$n!! = n(n-2)(n-4)\ldots(4)(2)$$

und für ungerade Zahlen so:

$$n!! = n(n-2)(n-4)\ldots(3)(1)$$

Die Funktion ZWEIFAKULTÄT() rechnet auf der Grundlage von numerischen Werten. Ist Zahl nicht numerisch, gibt ZWEIFAKULTÄT() den Fehlerwert #WERT! zurück. Ist Zahl negativ, gibt ZWEIFAKULTÄT() den Fehlerwert #ZAHL! zurück.

Hier zwei Beispiele zur Arbeitsweise der Funktion:

`=ZWEIFAKULTÄT(5)` ergibt 15 (=5*3*1)

`=ZWEIFAKULTÄT(8)` ergibt 384 (=8*6*4*2)

Siehe auch

FAKULTÄT(), POLYNOMINAL()

CD-ROM

Die Beispiele finden Sie auf der Buch-CD im Ordner *\Buch\Kap15* in der Arbeitsmappe *Kap15.xls* (Excel 97-2003) bzw. *Kap15.xlsx* (Excel 2007/2010) auf dem Arbeitsblatt *Fakultät*.

Kapitel 16

Konstruktionsfunktionen

In diesem Kapitel werden die Funktionen der Kategorie »Konstruktion« behandelt, die als die so genannten technischen Funktionen (engl.: engineering functions) in den Standardinstallationen von Excel bis zur Version 2003 ein recht verborgenes Dasein geführt haben: Erst nach Aktivierung des Add-Ins *Analyse-Funktionen* standen sie im Funktions-Assistenten in der neuen Kategorie *Technisch* bereit und konnten in Formeln verwendet werden (zur Vorgehensweise siehe Kapitel 1).

In der Excel-Version 2010 erreichen Sie diese Funktionen auf der Registerkarte *Formeln* des Menübands in der Gruppe *Funktionsbibliothek*. Nach einem Klick auf den Befehl *Mehr Funktionen* werden Ihnen fünf weitere Funktionskategorien angeboten: an zweiter Stelle finden Sie *Konstruktion*, wo alle Funktionen in alphabetischer Reihenfolge aufgelistet sind.

Die Kategorie »Konstruktion« lässt sich in vier Gruppen einteilen:

- Umwandlungsfunktionen
- Funktionen für komplexe Zahlen
- Funktionen der höheren Mathematik
- Sprungfunktionen

Abweichend von der alphabetischen Liste im Befehlsregister sollen die Funktionen in diesem Kapitel entsprechend dieser Gruppeneinteilung behandelt werden.

Umwandlungsfunktionen

Die Umwandlungsfunktionen helfen Ihnen, Zahlen aus einem Zahlensystem in ein anderes umzurechnen, z.B. von dem in der elektronischen Datenverarbeitung gebräuchlichen Hexadezimalsystem in das uns vertraute Dezimalsystem.

Mit UMWANDELN() steht Ihnen eine Funktion zur Verfügung, mit der Sie physikalische Maße ineinander umwandeln können. Das ist vor allem hilfreich, wenn es sich um angloamerikanische Maße handelt. Wem sind schon beispielsweise die Umrechnungsregeln für die verschiedenen Temperaturskalen geläufig? Diese Funktionen zu verstehen, sollte nicht allzu schwer sein; es fehlt im Allgemeinen nur an der Übung im Umgang mit den verschiedenen Zahlen- und Maßsystemen.

Funktionen für komplexe Zahlen

Grundsätzlich lässt Excel in Zellen, Formeln oder Funktionen nur reelle Zahlen zu. Wollen Sie jedoch Berechnungen mit imaginären oder komplexen Zahlen durchführen, muss dafür ein Umweg über die Funktionen dieser Gruppe beschritten werden. Hier finden Sie alle dafür notwendigen Funktionen.

Funktionen der höheren Mathematik

Die dritte Gruppe beinhaltet Funktionen, die typischerweise im Ingenieurwesen eingesetzt werden. Der englische Name »engineering functions« für diese Kategorie ist daher treffend gewählt. Für den Einsatz dieser Funktionen sollten Sie idealerweise über Kenntnisse in der höheren Mathematik verfügen, und zwar aus den Sachgebieten Differenzialgleichungen, Fehlerrechnung und Wahrscheinlichkeitsrechnung.

Sprungfunktionen

Hier befinden sich zwei Funktionen, die nicht in die üblichen Gruppierungen passen. (Mathematiker nennen sie Sprungfunktionen, was wir deswegen auch als Gruppentitel nehmen.)

Hinweis

Die Funktion ZWEIFAKULTÄT() befand sich bis zur Version 2003 in der Kategorie *Technisch* (jetzt: *Konstruktion*). Ab Excel 2007 ist sie in der Kategorie *Mathematik und Trigonometrie* untergebracht und wird deswegen in Kapitel 15 erklärt.

Tabelle 16.1 Die Konstruktionsfunktionen in der Übersicht

Alle Funktionen der Kategorie »Konstruktion«

Umwandlungsfunktionen	
Funktion	**Beschreibung**
BININDEZ()	Wandelt eine Binär- in eine Dezimalzahl um
BININHEX()	Wandelt eine Binär- in eine Hexadezimalzahl um
BININOKT()	Wandelt eine Binär- in eine Oktalzahl um
DEZINBIN()	Wandelt eine Dezimal- in eine Binärzahl um
DEZINHEX()	Wandelt eine Dezimal- in eine Hexadezimalzahl um
DEZINOKT()	Wandelt eine Dezimal- in eine Oktalzahl um
HEXINBIN()	Wandelt eine Hexadezimal- in eine Binärzahl um
HEXINDEZ()	Wandelt eine Hexadezimal- in eine Dezimalzahl um
HEXINOKT()	Wandelt eine Hexadezimal- in eine Oktalzahl um
OKTINBIN()	Wandelt eine Oktalzahl in eine Binärzahl um
OKTINDEZ()	Wandelt eine Oktalzahl in eine Dezimalzahl um
OKTINHEX()	Wandelt eine Oktalzahl in eine Hexadezimalzahl um
UMWANDELN()	Führt Umrechnungen zwischen verschiedenen Maßsystemen durch
Funktionen für komplexe Zahlen	
Funktion	**Beschreibung**
IMABS()	Berechnet den Absolutwert einer komplexen Zahl
IMAGINÄRTEIL()	Berechnet den Imaginärteil *y* einer komplexen Zahl
IMAPOTENZ()	Potenziert eine komplexe Zahl
IMARGUMENT()	Berechnet das Argument (φ) einer komplexen Zahl
IMCOS()	Berechnet den Kosinus einer komplexen Zahl
IMDIV()	Berechnet den Quotienten zweier komplexer Zahlen
IMEXP()	Exponentialfunktion für komplexe Zahlen
IMKONJUGIERTE()	Berechnet die konjugiert komplexe Zahl zu einer komplexen Zahl
IMLN()	Berechnet den natürlichen Logarithmus einer komplexen Zahl
IMLOG10()	Berechnet den dekadischen Logarithmus einer komplexen Zahl
IMLOG2()	Berechnet den binären Logarithmus einer komplexen Zahl
IMPRODUKT()	Berechnet das Produkt komplexer Zahlen
IMREALTEIL()	Liefert den Realteil einer komplexen Zahl
IMSIN()	Berechnet den Sinus einer komplexen Zahl
IMSUB()	Berechnet die Differenz zweier komplexer Zahlen
IMSUMME()	Berechnet die Summe komplexer Zahlen
IMWURZEL()	Berechnet die Quadratwurzel einer komplexen Zahl
KOMPLEXE()	Berechnet bildet aus zwei Zahlen eine komplexe Zahl ▶

Alle Funktionen der Kategorie »Konstruktion«

Funktionen der höheren Mathematik	
Funktion	**Beschreibung**
BESSELI()	Berechnet einen Wert der modifizierten Besselfunktion der ersten Art $I_n(x)$
BESSELJ()	Berechnet einen Wert der Besselfunktion der ersten Art Jn(x)
BESSELK()	Berechnet einen Wert der modifizierten Besselfunktion der zweiten Art $K_n(x)$
BESSELY()	Berechnet einen Wert der Besselfunktion der zweiten Art $Y_n(x)$
GAUSSF.GENAU() bzw. GAUSSFEHLER()	Berechnen die Werte des Gaußschen Fehlerintegrals
GAUSSFKOMPL.GENAU() bzw. GAUSSFKOMPL()	Berechnen die Werte des Komplements zur Gaußschen Fehlerfunktion
Sprungfunktionen	
Funktion	**Beschreibung**
DELTA()	Überprüft zwei Werte auf Gleichheit
GGANZZAHL()	Überprüft, ob eine Zahl größer als ein gegebener Schwellenwert ist

Umwandlungsfunktionen

Zahlensysteme

In dieser Gruppe steht eine Serie von Umwandlungsfunktionen, die Zahlen von einem Zahlensystem in ein anderes konvertieren.

Das gebräuchlichste und uns am besten vertraute Zahlensystem ist das Dezimalsystem, das mit zehn Ziffern arbeitet und sich von unseren zehn Fingern herleitet. In der englischen Sprache hat sich dieser Zusammenhang auch sprachlich erhalten: »digit« kann sowohl mit »Finger« als auch mit »Ziffer« übersetzt werden.

Mit der Entwicklung der Datenverarbeitung kam ein Bedarf an einem Zahlensystem auf, das den technischen Gegebenheiten der frühen Rechenmaschinen entgegenkam. So wird gern als Grund für die Einführung des Dualsystems angeführt, dass die Rechenmaschinen als Binärrechner nur mit zwei Zuständen (*ein* und *aus*) umgehen können. (Konrad Zuse baute übrigens im Jahre 1941 den ersten programmierbaren Binärrechner, den Z3.)

Hinweis

Das eben Gesagte über die Einführung des Dualsystems in die Rechentechnik ist nur die halbe Wahrheit: Ebenso wichtig oder noch wichtiger ist, dass das Dualsystem viel einfachere Rechenregeln hat.

Mit wie vielen Mühen müssen unsere »ABC-Schützen« im Rechenunterricht die zahlreichen Regeln unseres lieb gewonnenen 10er-Systems erlernen! *3+4*, *3+5*, *4+7* usw. – dazu noch das kleine und große Einmaleins! Das Alles in die damals noch mechanischen Rechenmaschinen einzubauen (zu »implementieren«) war ein Ding der Unmöglichkeit.

Das Dualsystem kommt im Grunde mit drei Rechenregeln aus, auf denen alle weiteren aufbauen:

```
0 + 0 =  0
0 + 1 =  1 bzw. 1 + 0 = 1
1 + 1 = 10
```

So kommen zum vertrauten Dezimalsystem noch drei weitere in der Rechentechnik gebräuchliche, die unten näher beschrieben werden. Weil Excel diese vier Zahlensysteme beherrscht, benötigt man zwölf Umwandlungsfunktionen: vier Zahlensysteme können in jeweils die drei anderen konvertiert werden.

Die Zahlensysteme sind im Einzelnen:

- Dezimal (10)
- Dual (2)
- Oktal (8)
- Hexadezimal (16)

In den Klammern steht die Basis des jeweiligen Zahlensystems und damit die Anzahl der Ziffern, über die dieses Zahlensystem verfügt. Weil wir bei dem Hexadezimalsystem mehr Ziffern benötigen als uns zur Verfügung stehen, werden für die Darstellung der fehlenden Ziffern die Buchstaben A bis F genommen. (Das Hexadezimalsystem sollte nicht mit dem »Hexagesimalsystem« (eigentlich das »Sexagesimalsystem«) mit der Basis 60 verwechselt werden, das bei Winkeln, geografischen Längen und Breiten und bei der Zeitmessung angewendet wird und uns Zahlbegriffe aus alten Zeiten wie »Dutzend« oder »Schock« eingebracht hat.)

Tabelle 16.2 Übersicht der Zahlensysteme

System	Basis	Ziffern
Dualsystem	2	0 und 1
Oktalsystem	8	0 ... 7
Dezimalsystem	10	0 ... 9
Hexadezimalsystem	16	0 ... 9, A ... F

Einige Funktionsnamen enthalten die Buchstabenfolge »BIN« wie beispielsweise die Funktion BININDEZ(). Der Name von BININDEZ() leitet sich vom Englischen her und lautet dort »bin2dec« und in voller Länge »BINary TO DECimal«. Das Wort »binary« bedeutet »binär« und bildet in der IT-Branche mit »digit« eine feste Wendung (binary digit = Dualziffer), deren Abkürzung »bit« aus der heutigen Zeit nicht mehr wegzudenken ist.

Hinweis

Im Gegensatz dazu wird der Begriff »binär« im Deutschen eher für physikalische Systeme mit zwei stabilen Zuständen wie z.B. einem elektrischen Schalter benutzt, sodass man hierzulande beim Zahlensystem mit 2 als Basis lieber vom dualen Zahlensystem oder kurz Dualsystem spricht (nach Gottfried Wilhelm Leibniz, der in seinem berühmten Neujahrsbrief vom 2. Januar 1679 Herzog Rudolf August von Wolfenbüttel erklärte, dass sich alle Zahlen mit nur zwei Ziffern ausdrücken lassen: der Eins und der Null [1]). Daher hieße diese Funktion besser »DUALINDEZ()«. Das duale Zahlensystem ist ein Sonderfall aller binären Systeme.

Dualsystem

Weil beim Dualsystem nur zwei Werte pro Zahlenstelle möglich sind, erreichen Dualzahlen schnell beträchtliche Längen und sind unübersichtlich zu lesen. Daher fasst man

- entweder drei duale Ziffern zu einem Zahlensystem auf der Basis 8 (Oktalsystem) **Oktalsystem**
- oder vier duale Ziffern zu einem Zahlensystem auf der Basis 16 (Hexadezimalsystem) zusammen. **Hexadezimalsystem**

1 Renate Loosen, Franz Vonessen, G.W. Leibniz: Zwei Briefe über das binäre Zahlensystem und die chinesische Philosophie, Stuttgart, 1968, S. 19-23

Beispielsweise ist

2005 (dezimal) = 11111010101 (dual) = 3725 (oktal) = 7D5 (hexadezimal).

Es ist deutlich zu sehen, dass das Zahlensystem mit der größten Basis (hier: hexadezimal) mit der geringsten Anzahl an Ziffern auskommt.

Allgemein ist der Zusammenhang zwischen Wertebereich *M*, der mit einer Zahl bestimmter Länge in einem Zahlensystem der Basis *b* ausgedrückt werden kann, und der Anzahl der Ziffern *n*:

$M = B$n

Beispielsweise können wir mit acht Ziffern ($n = 8$) im Dualsystem ($B = 2$) maximal $M = 2^8 = 256$ Zahlen ausdrücken. Der Wertebereich erstreckt sich von 0 bis 255. Weil man auf diese Weise nur positive Zahlen darstellen kann, nennt man diese Zahlen »vorzeichenlos« oder auf Englisch »unsigned integer«[2].

Im Alltagsleben kennzeichnen wir negative Zahlen mit einem vorangestellten Minuszeichen. Im Computer mit seinem Binärsystem (= zwei physikalische Zustände) ist kein Platz für ein drittes Symbol, das Vorzeichen. Daher reserviert man zur Kennzeichnung negativer Zahlen die am weitesten links stehende Dualziffer, das höchstwertige Bit (MSB = Most Significant Bit). Negative Zahlen haben dort eine Eins, positive eine Null.

Einer-Komplement

Damit der Computer mit diesen Zahlen rechnen kann, muss die »Laufrichtung« der negativen Zahlen umgekehrt werden: Auch bei den Dualzahlen gilt, dass negative Zahlen umso kleiner werden, je größer ihr Absolutbetrag ist. Dies erreicht man, indem die einzelnen Ziffern (mit Ausnahme des Vorzeichenbits) invertiert werden. Jede Eins wird in eine Null verwandelt und umgekehrt. Somit hat man das »Einer-Komplement« erhalten, das allerdings noch ein paar Nachteile aufweist, auf die hier nicht näher eingegangen werden soll – abgesehen davon, dass das Einer-Komplement zwei Nullwerte aufweist: +0 und –0, was mathematisch, aber nicht technisch dasselbe ist.

Zweier-Komplement

Zur Perfektionisierung dieser Zahlendarstellung addiert man eine Eins hinzu, vernachlässigt einen eventuellen Überlauf und erhält die »Zweier-Komplement-Darstellung«. Ihr Wertebereich erstreckt sich von –128 bis +127. Auf diese Zahlen kann der Computer die Rechenregeln für vorzeichenlose Zahlen unterschiedslos anwenden. Die Zahlen werden nur anders interpretiert. Sinngemäß gilt das Gesagte auch für größere Zahlen, lediglich die Anzahl der Ziffern steigt. An diese Zahlendarstellung[3] halten sich auch die Dualzahlen in Excel, die maximal zehn Bits haben dürfen und deswegen den Wertebereich von –512 bis +511 (wegen $2^{10} = 1024$) abdecken.

2003: Add-In!

BININDEZ() BIN2DEC()

Syntax BININDEZ(*Zahl*;*Stellen*)

Definition Die Funktion wandelt eine Dualzahl in eine Dezimalzahl um.

Argumente *Zahl* (erforderlich) ist die maximal 10stellige Dualzahl in Zweier-Komplement-Darstellung (s.o.), die in eine Dezimalzahl umgewandelt werden soll.

Das Argument *Stellen* ist optional, weil das Ziel, führende Nullen anzuzeigen, leicht mit der Zellenformatierung erreicht werden kann.

2 Das entspricht dem Datentyp *Byte* in VBA.

3 So werden in VBA die Datentypen *Integer* und *Long* dargestellt.

Hintergrund

Das Thema »Zahlensysteme« wurde ausführlich in der Einleitung zu diesen Funktionen erläutert (siehe Seite 806).

Praxiseinsatz

`=BININDEZ(1110)` ergibt *14*

`=BININDEZ(111111111)` ergibt *511*

`=BININDEZ(1111111111)` ergibt *–1*

`=BININDEZ(1111111110)`ergibt *–2*

Zahlreiche weitere Beispiele können Sie in der Tabelle in Abbildung 16.1 sehen, wobei zum Vergleich auch die Umrechnung in das Oktal- und Hexadezimalsystem aufgeführt ist.

	A	B	C	D	E
1	**Konvertierung von Dualzahlen in ein anderes Zahlensystem**				
2					
3	**Zahlensystem**	**dual**	**dezimal**	**oktal**	**hexadezimal**
4	*Basis*	*2*	*10*	*8*	*16*
5		00000001	1	001	01
6		00001001	9	011	09
7		00001010	10	012	0A
8		00010011	19	023	13
9		00010100	20	024	14
10		01100011	99	143	63
11		01100100	100	144	64
12		11000111	199	307	C7
13		11001000	200	310	C8
14		11111111	255	377	FF

Abbildung 16.1: Mit dieser Excel-Tabelle können Sie Dualzahlen in die anderen Zahlensysteme umrechnen

Siehe auch

EDATUM(), HEUTE(), JETZT(), MONATSENDE(), NETTOARBEITSTAGE()

CD-ROM

Das Beispiel finden Sie auf der CD-ROM zum Buch im Ordner *\Buch\Kap16* in der Arbeitsmappe *Konvert.xls* (Excel 97-2003) bzw. *Konvert.xlsx* (Excel 2007/2010) auf dem Arbeitsblatt *dual*.

BININHEX() BIN2HEX()

2003: Add-In!

Syntax

BININHEX(***Zahl***;*Stellen*)

Definition

Die Funktion wandelt eine Dualzahl in eine Hexadezimalzahl um.

Argumente

Zahl (erforderlich) ist die maximal 10stellige Dualzahl in Zweier-Komplement-Darstellung (siehe Seite 808), die in eine Hexadezimalzahl umgewandelt werden soll. Bei negativen Werten von *Zahl* werden immer 10stellige Hexadezimalzahlen zurückgegeben.

Stellen (optional) gibt an, wie viele Ziffern der Hexadezimalzahl angezeigt werden sollen, und dient zur Anzeige von führenden Nullen im Ergebnis. Wenn das Argument *Stellen* fehlt, wird nur die erforderliche Anzahl an Ziffern angezeigt. Eventuell vorhandene Nachkommastellen werden beim Argument *Stellen* vernachlässigt.

Hintergrund

Das Thema »Zahlensysteme« wurde ausführlich in der Einleitung zu diesen Funktionen erläutert (siehe Seite 806).

Achtung Das Ergebnis von BININHEX() ist eine Zeichenfolge, die Sie nicht ohne Weiteres für weitere Rechenoperationen verwenden dürfen. Falls erforderlich, können Sie Textfunktionen auf die so erhaltenen Hexadezimalzahlen anwenden.

Ein besonderes Augenmerk verdient die Tatsache, dass Formeln, die Bezüge auf die Hexadezimalzahlen mit Rechenoperatoren verknüpfen, keine Fehlermeldung produzieren, solange diese Zahlen nur Ziffern enthalten, die auch im Dezimalsystem vorkommen (also 0...9); sie werden dann als Dezimalzahlen interpretiert und die Formel liefert dann ein nicht beabsichtigtes Ergebnis.

Einen besonderen Fall zeigt das folgende Beispiel:

`=BININHEX(111100100)` ergibt *1E4* als hexadezimale Zahl. Wenn dieser Wert über einen Zellbezug in einer Formel verwendet wird, kann er als »1E+4«, also als eine gänzlich andere Zahl im wissenschaftlichen Format interpretiert werden. Weil keine Fehlermeldung in der Tabelle angezeigt wird, ist dieser Fehler schwer zu finden.

Praxiseinsatz `=BININHEX(1110)` ergibt die hexadezimale Zahl *E*

`=BININHEX(1110;4)` ergibt die hexadezimale Zahl *000E*

`=BININHEX(111111111)` ergibt *1FF*

`=BININHEX(1111111111)` ergibt *FFFFFFFFFF* (entspricht -1_{dezimal})

`=BININHEX(1111111111;4)` ergibt ebenfalls *FFFFFFFFFF* (entspricht -1_{dezimal})

Für weitere Beispiele sehen Sie bitte im Abschnitt »Praxiseinsatz« von BININDEZ() auf Seite 808 nach.

Siehe auch BININDEZ(), BININOKT(), DEZINBIN(), DEZINHEX(), DEZINOKT(), HEXINBIN(), HEXINDEZ(), HEXINOKT(), OKTINBIN(), OKTINDEZ(), OKTINHEX()

CD-ROM Das Beispiel finden Sie auf der CD-ROM zum Buch im Ordner *\Buch\Kap16* in der Arbeitsmappe *Konvert.xls* (Excel 97-2003) bzw. *Konvert.xlsx* (Excel 2007/2010) auf dem Arbeitsblatt *dual*.

2003: Add-In!

BININOKT() BIN2OCT()

Syntax BININOKT(***Zahl***;*Stellen*)

Definition Die Funktion wandelt eine Dualzahl in eine Oktalzahl um.

Argumente ***Zahl*** (erforderlich) ist die maximal 10stellige Dualzahl in Zweier-Komplement-Darstellung (siehe Seite 808), die in eine Oktalzahl umgewandelt werden soll. Bei negativen Werten von *Zahl* werden immer 10stellige Oktalzahlen zurückgegeben.

Stellen (optional) gibt an, wie viele Ziffern der Oktalzahl angezeigt werden sollen, und dient zur Anzeige von führenden Nullen im Ergebnis. Wenn das Argument *Stellen* fehlt, wird nur die erforderliche Anzahl an Ziffern angezeigt. Eventuell vorhandene Nachkommastellen werden beim Argument *Stellen* vernachlässigt.

Hintergrund Das Thema »Zahlensysteme« wurde ausführlich in der Einleitung zu diesen Funktionen erläutert (siehe Seite 806).

Achtung

Die mit dieser Funktion erhaltenen Oktalzahlen sind Zeichenfolgen, die nicht ohne Weiteres wie gewöhnliche Zahlen in anderen Formeln weiterverwendet werden dürfen. Wird eine Oktalzahl in einer Formel mit Rechenoperatoren verwendet, wird sie als Dezimalzahl interpretiert. Wenn beispielsweise in den Zellen *C13* und *C14* die Oktalzahlen 320 bzw. 377 stehen, ergibt die Formel

`=C13+C14`

den Wert *697*, was aber falsch ist. Offensichtlich wird das schon dadurch, dass die Zahl 697 keine gültige Oktalzahl ist, weil der Ziffernvorrat des Oktalsystems nur von 0 bis 7 reicht und die Ziffer 9 darin nicht vorkommt. Korrekt wäre die Oktalzahl 717.

Korrekt arbeitet die Formel

`=DEZINOKT(OKTINDEZ(C13)+OKTINDEZ(C14))`

Praxiseinsatz

`=BININOKT(1110)` ergibt *16*

`=BININOKT(1110;4)` ergibt *0016*

`=BININOKT(111111111)` ergibt *777*

`=BININOKT(1111111111)` ergibt *7777777777* (-1_{dezimal})

Für weitere Beispiele sehen Sie bitte im Abschnitt »Praxiseinsatz« von BININDEZ() auf Seite 808 nach.

Siehe auch

BININDEZ(), BININHEX(), DEZINBIN(), DEZINHEX(), DEZINOKT(), HEXINBIN(), HEXINDEZ(), HEXINOKT(), OKTINBIN(), OKTINDEZ(), OKTINHEX()

CD-ROM

Das Beispiel finden Sie auf der CD-ROM zum Buch im Ordner *\Buch\Kap16* in der Arbeitsmappe *Konvert.xls* (Excel 97-2003) bzw. *Konvert.xlsx* (Excel 2007/2010) auf dem Arbeitsblatt *dual*.

DEZINBIN() DEC2BIN()

2003: Add-In!

Syntax

DEZINBIN(*Zahl*;*Stellen*)

Definition

Die Funktion wandelt eine dezimale Zahl in eine Dualzahl (binäre Zahl) um.

Argumente

Zahl (erforderlich) ist die Dezimalzahl, die in eine Dualzahl in Zweier-Komplement-Darstellung (siehe Seite 808) umgewandelt werden soll. Die gültigen Eingabewerte für *Zahl* gehen von –512 bis +511. Wenn das Argument *Zahl* keine ganze Zahl ist, werden ihre Nachkommastellen ignoriert. Bei negativen Werten von *Zahl* werden immer 10stellige Dualzahlen zurückgegeben.

Stellen (optional) gibt an, wie viele Ziffern der Dualzahl angezeigt werden sollen und dient zur Anzeige von führenden Nullen im Ergebnis. Wenn das Argument *Stellen* fehlt, wird nur die erforderliche Anzahl an Ziffern angezeigt. Eventuell vorhandene Nachkommastellen werden beim Argument *Stellen* vernachlässigt.

Hintergrund

Das Thema »Zahlensysteme« wurde ausführlich in der Einleitung zu diesen Funktionen erläutert (siehe Seite 806).

Achtung Excel-Funktionen betrachten die erhaltenen Dualzahlen als Text. Mit ihnen können daher ohne besondere Maßnahmen keine Rechenoperationen in anderen Formeln durchgeführt werden. Zur Weiterverwendung bieten sich nur Textfunktionen an.

Wenn Formeln mit Rechenoperatoren Bezüge auf diese Dualzahlen verarbeiten, gibt Excel keine Fehlermeldung aus, sondern interpretiert sie als Dezimalzahlen, was selbstverständlich zu falschen Ergebnissen führt.

Praxiseinsatz `=DEZINBIN(14)` ergibt *1110*

`=DEZINBIN(341)` ergibt *101010101*

`=DEZINBIN(6;8)` ergibt *00000110*

`=DEZINBIN(–1)` ergibt *1111111111*

`=DEZINBIN(–1;8)` ergibt ebenfalls *1111111111*

Zahlreiche weitere Beispiele können Sie in der Tabelle in Abbildung 16.2 sehen, wobei zum Vergleich auch die Umrechnung in das Oktal- und Hexadezimalsystem aufgeführt ist.

	A	B	C	D	E
1	**Konvertierung von Dezimalzahlen in ein anderes Zahlensystem**				
2					
3	**Zahlensystem**	**dezimal**	**dual**	**oktal**	**hexadezimal**
4	*Basis*	*10*	*2*	*8*	*16*
5		1	00000001	001	01
6		9	00001001	011	09
7		10	00001010	012	0A
8		19	00010011	023	13
9		20	00010100	024	14
10		99	01100011	143	63
11		100	01100100	144	64
12		199	11000111	307	C7
13		200	11001000	310	C8
14		255	11111111	377	FF

Abbildung 16.2: Mit dieser Excel-Tabelle können Sie Dezimalzahlen in die anderen Zahlensysteme umrechnen

Siehe auch BININDEZ(), BININHEX(), BININOKT(), DEZINHEX(), DEZINOKT(), HEXINBIN(), HEXINDEZ(), HEXINOKT(), OKTINBIN(), OKTINDEZ(), OKTINHEX()

CD-ROM Das Beispiel finden Sie auf der CD-ROM zum Buch im Ordner *\Buch\Kap16* in der Arbeitsmappe *Konvert.xls* (Excel 97-2003) bzw. *Konvert.xlsx* (Excel 2007/2010) auf dem Arbeitsblatt *dezimal*.

2003: Add-In! DEZINHEX() DEC2HEX()

Syntax DEZINHEX(***Zahl***;*Stellen*)

Definition Die Funktion wandelt eine dezimale Zahl in eine hexadezimale Zahl um.

Argumente *Zahl* (erforderlich) ist die Dezimalzahl, die in eine Hexadezimalzahl in Zweier-Komplement-Darstellung (siehe Seite 808) umgewandelt werden soll. Die gültigen Eingabewerte für *Zahl* reichen von –549.755.813.888 bis +549.755.813.887. Wenn das Argument *Zahl* keine ganze Zahl ist, werden ihre Nachkommastellen vernachlässigt. Bei negativen Werten von *Zahl* werden immer 10stellige Hexadezimalzahlen zurückgegeben.

Stellen (optional) gibt an, wie viele Ziffern der Hexadezimalzahl angezeigt werden sollen, und dient zur Anzeige von führenden Nullen im Ergebnis. Wenn das Argument *Stellen* fehlt, wird nur die erforderliche Anzahl an Ziffern angezeigt. Eventuell vorhandene Nachkommastellen werden beim Argument *Stellen* vernachlässigt.

Hintergrund

Das Thema »Zahlensysteme« wurde ausführlich in der Einleitung zu diesen Funktionen erläutert (siehe Seite 806).

Achtung

Das Ergebnis von DEZINHEX() ist eine Zeichenfolge, die Sie nicht ohne besondere Maßnahmen für weitere Rechenoperationen nehmen dürfen. Falls erforderlich können Sie Textfunktionen auf die so erhaltenen Hexadezimalzahlen anwenden.

Ein besonderes Augenmerk verdient die Tatsache, dass Formeln, die Bezüge auf die Hexadezimalzahlen mit Rechenoperatoren verknüpfen, keine Fehlermeldung produzieren, solange diese Zahlen nur Ziffern enthalten, die auch im Dezimalsystem vorkommen (also 0…9). Sie werden dann als Dezimalzahlen interpretiert und die Formel liefert dann ein nicht beabsichtigtes Ergebnis.

Einen besonderen Fall illustriert das folgende Beispiel:

`=DEZINHEX(123456)` ergibt *1E240* als hexadezimale Zahl. Wenn dieser Wert über einen Zellbezug in einer Formel verwendet wird, kann er als »1E+240«, also als eine gänzlich andere Zahl im wissenschaftlichen Format interpretiert werden.

Praxiseinsatz

`=DEZINHEX(14)` ergibt *E*

`=DEZINHEX(31;4)` ergibt *001F*

`=DEZINHEX(341;4)` ergibt *0155*

`=DEZINHEX(–5)` ergibt *FFFFFFFFFB*

`=DEZINHEX(–5;4)` ergibt ebenfalls *FFFFFFFFFB*

Für weitere Beispiele sehen Sie bitte im Abschnitt »Praxiseinsatz« von DEZINBIN() auf Seite 811 nach.

Siehe auch

BININDEZ(), BININHEX(), BININOKT(), DEZINBIN(), DEZINOKT(), HEXINBIN(), HEXINDEZ(), HEXINOKT(), OKTINBIN(), OKTINDEZ(), OKTINHEX()

CD-ROM

Das Beispiel finden Sie auf der CD-ROM zum Buch im Ordner *\Buch\Kap16* in der Arbeitsmappe *Konvert.xls* (Excel 97-2003) bzw. *Konvert.xlsx* (Excel 2007/2010) auf dem Arbeitsblatt *dezimal*.

DEZINOKT() DEC2OCT()

2003: Add-In!

Syntax

DEZINOKT(***Zahl***;*Stellen*)

Definition

Die Funktion wandelt eine Dezimalzahl in eine Oktalzahl um.

Argumente

Zahl (erforderlich) ist die Dezimalzahl, die in eine Oktalzahl in Zweier-Komplement-Darstellung (siehe Seite 808) umgewandelt werden soll. Die gültigen Eingabewerte für *Zahl* reichen von –536.870.912 bis +536.870.911. Wenn das Argument *Zahl* keine ganze Zahl ist, werden ihre Nachkommastellen vernachlässigt. Bei negativen Werten von *Zahl* werden immer 10stellige Oktalzahlen zurückgegeben.

Stellen (optional) gibt an, wie viele Ziffern der Oktalzahl angezeigt werden sollen, und dient zur Anzeige von führenden Nullen im Ergebnis. Wenn das Argument *Stellen* fehlt, wird nur die erforderliche Anzahl an Ziffern angezeigt. Eventuell vorhandene Nachkommastellen werden beim Argument *Stellen* vernachlässigt.

Hintergrund Das Thema »Zahlensysteme« wurde ausführlich in der Einleitung zu diesen Funktionen erläutert (siehe Seite 806).

Achtung Das Ergebnis von DEZINHEX() ist eine Zeichenfolge, die Sie nicht ohne besondere Maßnahmen für weitere Rechenoperationen nehmen dürfen. Falls erforderlich können Sie Textfunktionen auf die so erhaltenen Hexadezimalzahlen anwenden.

Ein besonderes Augenmerk verdient die Tatsache, dass Formeln, die Bezüge auf die Hexadezimalzahlen mit Rechenoperatoren verknüpfen, keine Fehlermeldung produzieren, solange diese Zahlen nur Ziffern enthalten, die auch im Dezimalsystem vorkommen (also 0...9). Sie werden dann als Dezimalzahlen interpretiert und die Formel liefert dann ein nicht beabsichtigtes Ergebnis.

Einen besonderen Fall beleuchtet das folgende Beispiel:

`=DEZINHEX(123456)` ergibt *1E240* als hexadezimale Zahl. Wenn dieser Wert über einen Zellbezug in einer Formel verwendet wird, kann er als »1E+240«, also als eine gänzlich andere Zahl im wissenschaftlichen Format interpretiert werden.

Praxiseinsatz `=DEZINHEX(14)` ergibt *E*

`=DEZINHEX(31;4)` ergibt *001F*

`=DEZINHEX(341;4)` ergibt *0155*

`=DEZINHEX(–5)` ergibt *FFFFFFFFFB*

`=DEZINHEX(–5;4)` ergibt ebenfalls *FFFFFFFFFB*

Für weitere Beispiele sehen Sie bitte im Abschnitt »Praxiseinsatz« von DEZINBIN() auf Seite 811 nach.

Siehe auch BININDEZ(), BININHEX(), BININOKT(), DEZINBIN(), DEZINOKT(), HEXINBIN(), HEXINDEZ(), HEXINOKT(), OKTINBIN(), OKTINDEZ(), OKTINHEX()

CD-ROM Das Beispiel finden Sie auf der CD-ROM zum Buch im Ordner *\Buch\Kap16* in der Arbeitsmappe *Konvert.xls* (Excel 97-2003) bzw. *Konvert.xlsx* (Excel 2007/2010) auf dem Arbeitsblatt *dezimal*.

2003: Add-In!

HEXINBIN() HEX2BIN()

Syntax HEXINBIN("*Zahl*";*Stellen*)

Definition Die Funktion wandelt eine Hexadezimalzahl in eine Dualzahl um.

Argumente *Zahl* (erforderlich) ist die maximal 10stellige Hexadezimalzahl, die in eine Dualzahl in Zweier-Komplement-Darstellung (siehe Seite 808) umgewandelt werden soll. Die gültigen Eingabewerte für *Zahl* gehen von FFFFFFFE00 (= $-512_{dezimal}$) bis 1FF (= $+511_{dezimal}$). Bei negativen Werten von *Zahl* werden immer 10stellige Dualzahlen zurückgegeben.

Stellen (optional) gibt an, wie viele Ziffern der Dualzahl angezeigt werden sollen, und dient zur Anzeige von führenden Nullen im Ergebnis. Wenn das Argument *Stellen* fehlt, wird nur die erforderliche Anzahl an Ziffern angezeigt. Eventuell vorhandene Nachkommastellen werden beim Argument *Stellen* vernachlässigt.

Hintergrund Das Thema »Zahlensysteme« wurde ausführlich in der Einleitung zu diesen Funktionen erläutert (siehe Seite 806).

Achtung

Excel-Funktionen geben die erhaltenen Dualzahlen als Text im Standardformat/rechtsbündig aus. Mit ihnen können daher ohne besondere Maßnahmen keine Rechenoperationen in anderen Formeln durchgeführt werden. Zur Weiterverwendung bieten sich nur Textfunktionen an, obwohl das Ergebnis den Anschein einer Zahl hat.

Wenn Formeln mit Rechenoperatoren Bezüge auf diese Dualzahlen verarbeiten, gibt Excel keine Fehlermeldung aus, sondern interpretiert sie als Dezimalzahlen, was selbstverständlich zu falschen Ergebnissen führt.

Praxiseinsatz

`=HEXINBIN("E")` ergibt *1110*

`=HEXINBIN("E";6)` ergibt *001110*

`=HEXINBIN("155")` ergibt *101010101*

`=HEXINBIN("FFFFFFFFFF")` ergibt *1111111111* (entspricht $-1_{dezimal}$)

`=HEXINBIN("FFFFFFFFFF";6)` ergibt ebenfalls 1111111111 (entspricht $-1_{dezimal}$)

Zahlreiche weitere Beispiele können Sie in der Tabelle in Abbildung 16.3 sehen, wobei zum Vergleich auch die Umrechnung in das Dezimal- und Hexadezimalsystem aufgeführt ist.

	A	B	C	D	E
1	**Konvertierung von Hexadezimalzahlen in ein anderes Zahlensystem**				
2					
3	**Zahlensystem**	**hexadezimal**	**dual**	**dezimal**	**oktal**
4	*Basis*	*16*	*2*	*10*	*8*
5		01	00000001	1	001
6		09	00001001	9	011
7		0A	00001010	10	012
8		13	00010011	19	023
9		14	00010100	20	024
10		63	01100011	99	143
11		64	01100100	100	144
12		C7	11000111	199	307
13		C8	11001000	200	310
14		FF	11111111	255	377

Abbildung 16.3: Mit dieser Excel-Tabelle können Sie Hexadezimalzahlen in die anderen Zahlensysteme umrechnen

Siehe auch

BININDEZ(), BININHEX(), BININOKT(), DEZINBIN(), DEZINHEX(), DEZINOKT(), HEXINDEZ(), HEXINOKT(), OKTINBIN(), OKTINDEZ(), OKTINHEX()

CD-ROM

Das Beispiel finden Sie auf der CD-ROM zum Buch im Ordner *\Buch\Kap16* in der Arbeitsmappe *Konvert.xls* (Excel 97-2003) bzw. *Konvert.xlsx* (Excel 2007/2010) auf dem Arbeitsblatt *hexadezimal*.

HEXINDEZ() HEX2DEC()

2003: Add-In!

Syntax

HEXINDEZ("*Zahl*")

Definition

Die Funktion wandelt eine hexadezimale Zahl in eine dezimale Zahl um.

Argumente

Zahl (erforderlich) ist die maximal 10stellige Hexadezimalzahl in Zweier-Komplement-Schreibweise, die in eine Dezimalzahl umgewandelt werden soll. Die gültigen Eingabewerte für *Zahl* gehen von 8000000000 bis 7FFFFFFFFF (d.h. von $-549.755.813.888_{dezimal}$ bis $+549.755.813.887_{dezimal}$).

Ein (optionales) Argument *Stellen* ist hier nicht notwendig, weil das Ziel, führende Nullen anzuzeigen, leicht mit der Zellenformatierung erreicht werden kann.

Hintergrund Das Thema »Zahlensysteme« wurde ausführlich in der Einleitung zu diesen Funktionen erläutert (siehe Seite 806).

Praxiseinsatz `=HEXINDEZ("E")` ergibt *14*

`=HEXINDEZ("155")` ergibt *341*

`=HEXINDEZ("FFFFFFFFFF")` ergibt *–1*

Für weitere Beispiele sehen Sie bitte im Abschnitt »Praxiseinsatz« von HEXINBIN() auf Seite 814 nach.

Siehe auch BININDEZ(), BININHEX(), BININOKT(), DEZINBIN(), DEZINHEX(), DEZINOKT(), HEXINBIN(), HEXINOKT(), OKTINBIN(), OKTINDEZ(), OKTINHEX()

CD-ROM Das Beispiel finden Sie auf der CD-ROM zum Buch im Ordner *\Buch\Kap16* in der Arbeitsmappe *Konvert.xls* (Excel 97-2003) bzw. *Konvert.xlsx* (Excel 2007/2010) auf dem Arbeitsblatt *hexadezimal*.

2003: Add-In!

HEXINOKT() HEX2OCT()

Syntax HEXINOKT("***Zahl***";*Stellen*)

Definition Die Funktion wandelt eine Hexadezimalzahl in eine Oktalzahl um.

Argumente ***Zahl*** (erforderlich) ist die maximal 10stellige Hexadezimalzahl in Zweier-Komplement-Schreibweise, die in eine Oktalzahl umgewandelt werden soll. Die gültigen Eingabewerte für *Zahl* gehen von FFE0000000 bis 1FFFFFFF.

Stellen (optional) gibt an, wie viele Ziffern angezeigt werden sollen, und dient zur Anzeige von führenden Nullen im Ergebnis. Wenn das Argument *Stellen* fehlt, wird nur die erforderliche Anzahl an Ziffern angezeigt. Eventuell vorhandene Nachkommastellen werden beim Argument *Stellen* vernachlässigt.

Hintergrund Das Thema »Zahlensysteme« wurde ausführlich in der Einleitung zu diesen Funktionen erläutert (siehe Seite 806).

Achtung Die mit dieser Funktion erhaltenen Oktalzahlen sind Zeichenfolgen, die nicht wie gewöhnliche Zahlen in anderen Formeln weiterverwendet werden dürfen. Wird eine Oktalzahl in einer Formel mit Rechenoperatoren verwendet, wird sie als Dezimalzahl interpretiert. Wenn beispielsweise in den Zellen *C13* und *C14* die Oktalzahlen 320 bzw. 377 stehen, ergibt die Formel

```
=C13+C14
```

den Wert *697*, was aber falsch ist. Offensichtlich wird das schon dadurch, dass die Zahl 697 keine gültige Oktalzahl ist, weil der Ziffernvorrat des Oktalsystems nur von 0 bis 7 reicht und die Ziffer 9 darin nicht vorkommt. Korrekt ist die Oktalzahl 717.

Korrekt arbeitet die Formel

```
=DEZINOKT(OKTINDEZ(C13)+OKTINDEZ(C14))
```

Praxiseinsatz

`=HEXINOKT("E")` ergibt *16*

`=HEXINOKT("E";4)` ergibt *0016*

`=HEXINOKT("155")` ergibt *525*

`=HEXINOKT("155";4)` ergibt *0525*

`=HEXINOKT("FFFFFFFFFF")` ergibt *7777777777* (entspricht $-1_{dezimal}$)

Für weitere Beispiele sehen Sie bitte im Abschnitt »Praxiseinsatz« von HEXINBIN() auf Seite 814 nach.

Siehe auch BININDEZ(), BININHEX(), BININOKT(), DEZINBIN(), DEZINHEX(), DEZINOKT(), HEXINBIN(), HEXINDEZ(), OKTINBIN(), OKTINDEZ(), OKTINHEX()

CD-ROM Das Beispiel finden Sie auf der CD-ROM zum Buch im Ordner *\Buch\Kap16* in der Arbeitsmappe *Konvert.xls* (Excel 97-2003) bzw. *Konvert.xlsx* (Excel 2007/2010) auf dem Arbeitsblatt *hexadezimal*.

OKTINBIN() OCT2BIN()

2003: Add-In!

Syntax OKTINBIN(***Zahl***;*Stellen*)

Definition Die Funktion wandelt eine Oktalzahl in eine Dualzahl (binäre Zahl) um.

Argumente ***Zahl*** (erforderlich) ist die maximal 10stellige Oktalzahl in Zweier-Komplement-Darstellung (siehe Seite 808), die in eine Dualzahl umgewandelt werden soll. Bei negativen Werten von *Zahl* werden immer 10stellige Dualzahlen zurückgegeben.

Stellen (optional) gibt an, wie viele Ziffern der Dualzahl angezeigt werden sollen, und dient zur Anzeige von führenden Nullen im Ergebnis. Wenn das Argument *Stellen* fehlt, wird nur die erforderliche Anzahl an Ziffern angezeigt. Eventuell vorhandene Nachkommastellen werden beim Argument *Stellen* vernachlässigt.

Hintergrund Das Thema »Zahlensysteme« wurde ausführlich in der Einleitung zu diesen Funktionen erläutert (siehe Seite 806).

Achtung Excel-Funktionen geben die erhaltenen Dualzahlen als Text im Standardformat/rechtsbündig aus. Mit ihnen können daher ohne besondere Maßnahmen keine Rechenoperationen in anderen Formeln durchgeführt werden. Zur Weiterverwendung bieten sich nur Textfunktionen an, obwohl das Ergebnis den Anschein einer Zahl hat.

Wenn Formeln mit Rechenoperatoren Bezüge auf diese Dualzahlen verarbeiten, gibt Excel keine Fehlermeldung aus, sondern interpretiert sie als Dezimalzahlen, was selbstverständlich zu falschen Ergebnissen führt.

Praxiseinsatz

`=OKTINBIN(16)` ergibt *1110*

`=OKTINBIN(16;6)` ergibt *001110*

`=OKTINBIN(525)` ergibt *101010101*

`=OKTINBIN(7777777777)` ergibt *1111111111* (entspricht $-1_{dezimal}$)

Zahlreiche weitere Beispiele können Sie in der Tabelle in Abbildung 16.4 sehen, wobei zum Vergleich auch die Umrechnung in das Dezimal- und Hexadezimalsystem aufgeführt ist.

	A	B	C	D	E
1	**Konvertierung von Oktalzahlen in ein anderes Zahlensystem**				
2					
3	**Zahlensystem**	**oktal**	**dual**	**dezimal**	**hexadezimal**
4	*Basis*	*8*	*2*	*10*	*16*
5		001	00000001	1	01
6		011	00001001	9	09
7		012	00001010	10	0A
8		023	00010011	19	13
9		024	00010100	20	14
10		143	01100011	99	63
11		144	01100100	100	64
12		307	11000111	199	C7
13		310	11001000	200	C8
14		377	11111111	255	FF

Abbildung 16.4: Mit dieser Excel-Tabelle können Sie Oktalzahlen in die anderen Zahlensysteme umrechnen

Siehe auch BININDEZ(), BININHEX(), BININOKT(), DEZINBIN(), DEZINHEX(), DEZINOKT(), HEXINBIN(), HEXINDEZ(), HEXINOKT(), OKTINDEZ(), OKTINHEX()

CD-ROM Das Beispiel finden Sie auf der CD-ROM zum Buch im Ordner *\Buch\Kap16* in der Arbeitsmappe *Konvert.xls* (Excel 97-2003) bzw. *Konvert.xlsx* (Excel 2007/2010) auf dem Arbeitsblatt *oktal*.

2003: Add-In!

OKTINHEX() OCT2HEX()

Syntax OKTINHEX(*Zahl*;*Stellen*)

Definition Diese Funktion wandelt eine Oktalzahl in eine Hexadezimalzahl um.

Argumente *Zahl* (erforderlich) ist die maximal 10stellige Oktalzahl in Zweier-Komplement-Darstellung (siehe Seite 808), die in eine Hexadezimalzahl umgewandelt werden soll. Bei negativen Werten von *Zahl* werden immer 10stellige Hexadezimalzahlen zurückgegeben.

Stellen (optional) gibt an, wie viele Ziffern angezeigt werden sollen, und dient zur Anzeige von führenden Nullen im Ergebnis. Wenn das Argument *Stellen* fehlt, wird nur die erforderliche Anzahl an Ziffern angezeigt. Eventuell vorhandene Nachkommastellen werden beim Argument *Stellen* vernachlässigt.

Hintergrund Das Thema »Zahlensysteme« wurde ausführlich in der Einleitung zu diesen Funktionen erläutert (siehe Seite 806).

Achtung Das Ergebnis von OKTINHEX() ist eine Zeichenfolge, die Sie nicht für weitere Rechenoperationen nehmen dürfen. Falls erforderlich, können Sie Textfunktionen auf die so erhaltenen Hexadezimalzahlen anwenden. Ein besonderes Augenmerk verdient die Tatsache, dass Formeln, die Bezüge auf die Hexadezimalzahlen mit Rechenoperatoren verknüpfen, keine Fehlermeldung produzieren, solange diese Zahlen nur Ziffern enthalten, die auch im Dezimalsystem verkommen (also 0...9). Sie werden dann als Dezimalzahlen interpretiert und die Formel liefert anschließend ein nicht beabsichtigtes Ergebnis.

Einen besonderen Fall veranschaulicht das folgende Beispiel:

`=OKTINHEX(1750)` ergibt *3E8* als hexadezimale Zahl. Wenn dieser Wert über einen Zellbezug in einer Formel verwendet wird, kann er als »3E+08«, also als eine gänzlich andere Zahl im wissenschaftlichen Format interpretiert werden.

Praxiseinsatz

`=OKTINHEX(16)` ergibt *E*

`=OKTINHEX(16;2)` ergibt *0E*

`=OKTINHEX(525)` ergibt *155*

`=OKTINHEX(7777777777)` ergibt *FFFFFFFFFF* (entspricht $-1_{dezimal}$)

`=OKTINHEX(7777777777;4)` ergibt ebenfalls *FFFFFFFFFF* (entspricht $-1_{dezimal}$)

Für weitere Beispiele sehen Sie bitte im Abschnitt »Praxiseinsatz« von OKTINBIN() auf Seite 817 nach.

Siehe auch

BININDEZ(), BININHEX(), BININOKT(), DEZINBIN(), DEZINHEX(), DEZINOKT(), HEXINBIN(), HEXINDEZ(), HEXINOKT(), OKTINBIN(), OKTINDEZ()

CD-ROM

Das Beispiel finden Sie auf der CD-ROM zum Buch im Ordner *\Buch\Kap16* in der Arbeitsmappe *Konvert.xls* (Excel 97-2003) bzw. *Konvert.xlsx* (Excel 2007/2010) auf dem Arbeitsblatt *oktal*.

UMWANDELN() CONVERT()

2003: Add-In!

Syntax

UMWANDELN(***Zahl***;***Von_Maßeinheit***;***In_Maßeinheit***)

Definition

Die Funktion führt Umrechnungen zwischen verschiedenen Maßsystemen durch.

Argumente

Zahl (erforderlich) ist der Wert, der umgewandelt werden soll, in der Einheit ***Von_Maßeinheit***.

Von_Maßeinheit (erforderlich) ist die Einheit der Ausgangszahl.

In_Maßeinheit (erforderlich) ist die Einheit, in die umgerechnet werden soll.

UMWANDELN() akzeptiert für *Von_Maßeinheit* und *In_Maßeinheit* die in den folgenden Tabellen aufgeführten Textwerte als Maßeinheiten, die in Anführungszeichen gesetzt werden müssen. Wenn diese Argumente Zellbezüge enthalten, müssen die Texte in den einbezogenen Zellen nicht in Anführungszeichen stehen, weil die in Excel implementierten Regeln diese Textwerte auch ohne Anführungszeichen als Texte kenntlich machen. Beachten Sie auf jeden Fall die Groß- und Kleinschreibweise! Andernfalls erhalten Sie die Fehlermeldung *#NV*.

Manche Maßeinheiten haben auch alternative Schreibweisen, die ebenfalls in den Tabellen angeführt sind.

Tabelle 16.3 (Handels-) Gewichte der Funktion UMWANDELN()

Gewicht und Masse	Abkürzungen für die Maßeinheiten
Gramm	g
»Stück«, Slug[a]	sg
Pfund (Handelsgewicht)	lbm
U (Atommasseeinheit)	u
Unze (Handelsgewicht)	ozm

[a] »Slug« ist eine Masseneinheit im »British Gravitational System« (BG) und im »English Engineering System« (EE). Die deutsche Übersetzung »Stück« in der Hilfe zu Microsoft Excel führt etwas in die Irre.

Tabelle 16.4 Längeneinheiten der Funktion UMWANDELN()

Entfernung	Abkürzungen für die Maßeinheiten
Meter	m
Feste Meile, statute mile, engl. Meile	mi
Seemeile	Nmi
Zoll, inch	in
Fuß, foot	ft
Yard	yd
Ångström	ang
Pica (1/72 Zoll)	Pica

Tabelle 16.5 Zeiteinheiten der Funktion UMWANDELN()

Zeit	Abkürzungen für die Maßeinheiten
Jahr[a]	yr
Tag	day
Stunde	hr
Minute	mn
Sekunde	sec

[a] Das Jahr wird mit 365,25 Tagen als Mittelwert über vier Jahre angenommen. Die wissenschaftlichen Jahre (astronomisch, siderisch, tropisch, »mittlere Sonne«, Kalenderjahr) werden nicht berücksichtigt.

Tabelle 16.6 Druckeinheiten der Funktion UMWANDELN()

Druck	Abkürzungen für die Maßeinheiten
Pascal	Pa, p
Atmosphäre (physikalisch)	atm, at
mm Quecksilber	mmHg

Tabelle 16.7 Krafteinheiten der Funktion UMWANDELN()

Kraft	Abkürzungen für die Maßeinheiten
Newton	N
Dyn	dyn, dy
Pound-Kraft, pound force[a]	lbf

[a] Ab Excel 2000

Tabelle 16.8 Energieeinheiten der Funktion UMWANDELN()

Energie	Abkürzungen für die Maßeinheiten
Joule	J
Erg	e
Thermodynamische Kalorie	c
IT-Kalorie, int. Kalorie	cal
Elektronenvolt	eV, ev
Pferdestärke/Stunde	HPh, hh

▶

Energie	Abkürzungen für die Maßeinheiten
Wattstunde	Wh, wh
Fuß-Pound, foot-poundals[a]	flb
BTU	BTU, btu

[a] Ab Excel 2000

Tabelle 16.9 Leistungseinheiten der Funktion UMWANDELN()

Leistung	Abkürzungen für die Maßeinheiten
Pferdestärke, horsepower (UK)	HP, h
Watt	W, w

Tabelle 16.10 Einheiten der magnetischen Feldstärke der Funktion UMWANDELN()

Magnetismus	Abkürzungen für die Maßeinheiten
Tesla	T
Gauß	ga

Tabelle 16.11 Temperatureinheiten der Funktion UMWANDELN()

Temperatur	Abkürzungen für die Maßeinheiten
Grad Celsius (°C)	C, cel
Grad Fahrenheit (°F)	F, fah
Kelvin (K)	K, kel

Tabelle 16.12 Flüssigkeitsmaße der Funktion UMWANDELN()

Flüssigkeitsmaße	Abkürzungen für die Maßeinheiten
Teelöffel, teaspoon (US)	tsp
Esslöffel, tablespoon (US)	tbs
Flüssigunze, Ounce (US)	oz
Tasse, cups (US)	cup
U.S. Pint (liq.)	pt, us_pt
U.K. Pint[a]	uk_pt
Quart (US, liq.)	qt
Gallone (US, liq.)	gal
Liter	l, lt

[a] Ab Excel 2000

Die folgenden abgekürzten Einheitenpräfixe können allen metrischen Angaben *Von_Maßeinheit* und *In_Maßeinheit* vorangestellt werden. Beachten Sie bitte, dass auch hier zwischen Groß- und Kleinschreibung unterschieden werden muss.

Tabelle 16.13 Einheitenpräfixe

Präfix	Multiplikator	Abkürzung
exa	1E+18 (10^{18})	E
peta	1E+15 (10^{15})	P
tera	1E+12 (10^{12})	T
giga	1E+09 (10^{9})	G
mega	1E+06 (10^{6})	M
kilo	1E+03 (10^{3})	k
hekto	1E+02 (10^{2})	h
deka	1E+01 (10^{1})	e
dezi	1E–01 (10^{-1})	d
zenti	1E–02 (10^{-2})	c
milli	1E–03 (10^{-3})	m
mikro	1E–06 (10^{-6})	u
nano	1E–09 (10^{-9})	n
pico	1E–12 (10^{-12})	p
femto	1E–15 (10^{-15})	f
atto	1E–18 (10^{-18})	a

Hintergrund Traditionell benutzt der angloamerikanische Sprachraum nicht-metrische Maße, also Maße, die nicht auf dem Gaußschen Maßsystem (CGS-System) beruhen. Heute wird im wissenschaftlichen, geschäftlichen und amtlichen Verkehr nur das Internationale Einheitensystem (SI-System) verwendet, das sich auch im angloamerikanischen Raum immer mehr durchsetzt. Die Umrechnung zwischen den teilweise exotisch anmutenden angloamerikanischen und den internationalen Einheiten fällt nicht immer leicht. Hier kann Ihnen die UMWANDELN()-Funktion viel Arbeit abnehmen.

So kann UMWANDELN() eine metrische Längenangabe in Yards (und umgekehrt) ändern. Die umzuwandelnden Einheiten müssen allerdings aus derselben Kategorie stammen. So können Sie z.B. Zeitangaben natürlich nicht in Längenmaße umformen. In den oben stehenden Tabellen von Tabelle 16.3 bis Tabelle 16.12 sind die unterschiedlichsten Maßsysteme nach Kategorien geordnet. Die anschließende Tabelle 16.13 führt die Vergrößerungs- und Verkleinerungsfaktoren, die »Einheitenpräfixe« auf.

Wichtig Bei Einheitennamen und -präfixen wird zwischen Groß- und Kleinschreibung unterschieden.

Praxiseinsatz Zu jeder Möglichkeit dieser Funktion finden Sie in der Tabelle der Abbildung 16.5 ein Beispiel.

UMWANDELN()

Gewicht und Masse		
1 Slug	14.593,90	g
1 Pfund	453,59	g
1 Atommasseeinheit u	1,66E-24	g
1 Unze	28,35	g
Länge		
1 Feste Meile	1.609,34	m
1 Seemeile	1.852,00	m
1 Zoll	0,0254	m
1 Fuß	0,305	m
1 Yard	0,91	m
1 Ångström	1,00E-10	m
1 Pica (1/72 Zoll)	0,353	mm
Zeit		
1 Jahr	31.557.600	s
1 Tag	86.400	s
1 Stunde	3.600	s
1 Minute	60	s
Druck		
1 Atmosphäre	101.325,00	pa
1 mm Quecksilber (Torr)	133,32	pa
Kraft		
1 Dyn	1,00E-05	N
1 Pound-Kraft	4,45	N

Energie		
1 erg	1,00E-07	J
1 Thermodynamische Kalorie	4,18	J
1 IT-Kalorie	4,19	J
1 Elektronenvolt (eV)	1,60E-19	J
1 Pferdestärke je Stunde	2.684.519,54	J
1 Wattstunde (Wh)	3.600,00	J
1 Fuß-Pound	1,356	J
1 BTU	1.055,06	J
Leistung		
1 Pferdestärke	745,70	W
Magnetismus		
1 Gauß	1,00E-04	T
Temperatur		
37 Grad Celsius (°C)	310,15	K
98,6 Grad Fahrenheit (°F)	310,15	K
Flüssigkeiten		
1 Teelöffel	4,93	ml
1 Esslöffel	14,79	ml
1 Flüssigunze	29,57	ml
1 Tasse	236,59	ml
1 U.S. Pint	473,18	ml
1 U.K. Pint	568,26	ml
1 Quart	946,35	ml
1 Gallone	3.785,41	ml

Abbildung 16.5: Die Möglichkeiten der Funktion UMWANDELN() auf einen Blick

CD-ROM Dieses Beispiel finden Sie auf der CD-ROM zum Buch im Ordner *\Buch\Kap16* in der Arbeitsmappe *Umwandeln.xls* (Excel 97-2003) bzw. *Umwandeln.xlsx* (Excel 2007/2010) auf dem Arbeitsblatt *Tabelle1*.

Funktionen für komplexe Zahlen

Komplexe Zahlen Insgesamt 18 Funktionen betreffen das Thema »Komplexe Zahlen«. An dieser Stelle möchten wir Ihnen zu diesem Thema einige grundsätzliche Erläuterungen mit auf den Weg geben; bei den einzelnen Funktionen wird hierauf verwiesen.

Als Schüler haben wir gelernt, dass das Quadrat einer beliebigen Zahl immer positiv ist:

$$2^2 = 4$$

$$(-2)^2 = 4$$

Andersherum bedeutet dies, dass wir aus negativen Zahlen nicht die Wurzel ziehen können:

$$\sqrt{-4} = ?$$

Bei den vier Grundrechenarten gibt es für alle Zahlen eine Umkehrung: Addition ↔ Subtraktion und Multiplikation ↔ Division. Sollte das bei Potenzieren ↔ Wurzelziehen nicht gelten? Mathematikern ließ dies keine Ruhe. Denn sie sehen die Forderung der »Vollständigkeit der Mathematik« als gegeben an. Was bedeutet, dass man zumindest theoretisch jedes mathematische Problem lösen können muss, – und sie fanden auch hier eine Lösung. Es zeigte sich sogar, dass diese Lösung auch für die Praxis von Bedeutung ist. Viele technische Berechnungen greifen darauf zurück.

Zur Lösung derartiger Probleme muss man den Zahlenstrahl für die reellen Zahlen – so nennt man in der Mathematik unsere »Alltagszahlen« –, der von $-\infty$ über Null bis $+\infty$ reicht, verlassen und den Zahlenraum, der oberhalb und unterhalb davon liegt, betreten.

Imaginärteil

Ähnlich wie bei einem zweidimensionalen Koordinatensystem mit x- und y-Achse gibt es bei den komplexen Zahlen ein kartesisches Achsenkreuz aus Abszisse (x-Achse) und Ordinate (y-Achse). Der Zahlenstrahl der reellen Zahlen bildet die Abszisse; die Ordinate wird mit einer Eigenschaft versehen, die die oben dargestellten mathematischen Probleme in sich vereinigt und »imaginäre Einheit i« (oder auch »j«) genannt wird. Die y-Achse heißt nun »imaginär« und x-Achse »reell«. Die Zahlen, die sich in diesem Koordinatensystem (»Gaußsche Ebene«) darstellen lassen, nennt man »komplexe Zahlen«.

Damit erhält man als Darstellung einer komplexen Zahl z

$$z = x + y\mathrm{i}$$

mit x als Realteil (Strecke auf der x-Achse) und y als Imaginärteil (Strecke auf der y-Achse) der komplexen Zahl (Abbildung 16.6). Die Menge aller Zahlen $x + y\mathrm{i}$ bildet den »Körper der komplexen Zahlen«, von denen jede einem geordneten Paar $(x;y)$ entspricht. Neben der Darstellung der komplexen Zahlen in der arithmetischen Form kann man sie auch mit Polarkoordinaten beschreiben – mit Betrag r und Winkel φ (die »goniometrische Form«):

$$z = r(\cos\phi + i\sin\phi)$$

Zu dieser Darstellungsform gehören die Excel-Funktionen IMARGUMENT() auf Seite 829, IMCOS() auf Seite 829 und IMSIN() auf Seite 834.

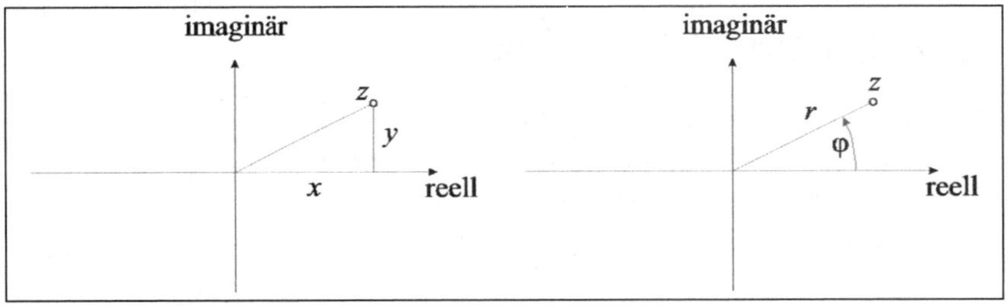

Abbildung 16.6: Grafische Darstellungen einer komplexen Zahl in der arithmetischen Form und in der goniometrischen Form

Die komplexen Zahlen bilden die Grundlage für die *Funktionentheorie*, in der unter vielen anderen die Besselfunktionen entwickelt wurden (siehe den Abschnitt »Hintergrund« zu BESSELJ() u.a. auf Seite 840 ff.).

Wichtig

Aus diesen Grundlagen der komplexen Zahlen ergibt sich ihre besondere Behandlung innerhalb eines Tabellenkalkulationsprogramms wie Excel: Komplexe Zahlen bestehen aus zwei Zahlen, dem Realteil und dem Imaginärteil (bzw. Betrag und Winkel). Tabellenkalkulationen arbeiten nun mit Zellen, in die nur jeweils genau ein Wert eingesetzt werden kann: ein Text, eine Datums-/Zeitangabe, ein Fehlerwert, ein Wahrheitswert, eine Formel oder eben eine Zahl. Excels wirksames Mittel zum Entkommen aus diesem Dilemma ist – wie schon bei den anderen »unmöglichen« Zahlen (Dual-, Oktal- und Hexadezimalzahlen) eingesetzt – die Darstellung der komplexen Zahl als Text, der beide Zahlen verkettet und nun in einer Zelle unterkommen kann.

Dabei wird allerdings der Nachteil erkauft, dass die gängigen Rechenoperationen und die übrigen Excel-Funktionen darauf nicht angewandt werden können, weil sie »echte« Zahlen erfordern.

Aus der arithmetischen Form in Abbildung 16.6 links ist ersichtlich, wie der Ort der komplexen Zahl z durch den Realteil x und dem Imaginärteil y gegeben ist; der Abstand vom Ursprung ist damit aber noch nicht bekannt. Dieser Abstand entspricht der Länge r in der goniometrischen Form (Abbildung 16.6 rechts). r wird auch das Modul oder der (Absolut-) Betrag $|z|$ der komplexen Zahl z genannt. Der Absolutwert $|z|$ einer komplexen Zahl wird wie folgt berechnet

$$|z| = \sqrt{x^2 + y^2}$$

was genau die Funktion IMABS() leistet (s.u.).

IMABS() IMABS()

2003: Add-In!

Syntax IMABS(*Komplexe_Zahl*)

Definition Diese Funktion gibt den Absolutwert (Modul) einer komplexen Zahl zurück. Akzeptiert werden Zeichenfolgen der Form $x + y$i oder $x + y$j.

Argumente ***Komplexe_Zahl*** (erforderlich) ist die komplexe Zahl, deren Absolutwert berechnet werden soll.

Hinweis Mit der Funktion KOMPLEXE() können Sie aus einer Zahl als Realteil und einer zweiten als Imaginärteil eine komplexe Zahl zusammensetzen.

Hintergrund Über komplexe Zahlen können Sie in der Einleitung zum Abschnitt »Funktionen für komplexe Zahlen« auf Seite 823 wichtige Grundlagen nachlesen.

Praxiseinsatz

Beispiel 1 `=IMABS("3–4i")` ergibt *5*

Beispiel 2 In der folgenden Abbildung 16.7 werden sämtliche Funktionen, die das Thema »Komplexe Zahlen« berühren, mit jeweils einem Beispiel vorgeführt. In den Zellen mit blauem Hintergrund (*C5*, *C8* und *E8*) befinden sich die Werte, die als Argumente in den verschiedenen Formeln benötigt werden.

	A	B	C	D	E
1	Funktionen mit komplexen Zahlen - als Argument und/oder Ergebnis				
2	**a :**	**3**	→ a + bi		
3	**b :**	**-4**			
4	**Funktion mit Argumenten** (wie sie in Spalte C eingesetzt wurde)		**Unformatiertes Ergebnis**		**Formatiertes Ergebnis**
5	=KOMPLEXE(B3;B3)	:	**3-4i**		
6	=IMABS(C5)	:	5		
7	=IMAGINÄRTEIL(C5)	:	-4		
8	=IMAPOTENZ(C5;E8)	:	**-7-24i**		2
9	=IMARGUMENT(C5)	:	-0,927295218		
10	=IMCOS(C5)	:	-27,0349456030742+3,85115333481178i		-27,03+3,85i
11	=IMDIV(C5;C8)	:	0,12+0,16i		
12	=IMEXP(C5)	:	-13,1287830814622+15,200784463068i		-13,13+15,20i
13	=IMKONJUGIERTE(C5)	:	3+4i		
14	=IMLN(C5)	:	1,6094379124341-0,927295218001612i		1,61-0,93i
15	=IMLOG10(C5)	:	0,698970004336019-0,402719196273373i		0,70-0,40i
16	=IMLOG2(C5)	:	2,32192809488736-1,33780421245098i		2,32-1,34i
17	=IMPRODUKT(C5;C8)	:	-117-44i		
18	=IMREALTEIL(C5)	:	3		
19	=IMSIN(C5)	:	3,85373803791938+27,0168132580039i		3,85+27,02i
20	=IMSUB(C5;C8)	:	10+20i		
21	=IMSUMME(C5;C8)	:	-4-28i		
22	=IMWURZEL(C5)	:	2-i		

Abbildung 16.7: Übersicht über alle, bei den Konstruktions- bzw. technischen Funktionen, verfügbaren Funktionen mit Bezug auf komplexe Zahlen

Tipp Beachten Sie bitte, dass die Funktionsergebnisse teilweise durch sehr lange Zahlen wiedergegeben werden, wie Sie in Spalte *C* der Excel-Tabelle erkennen können. Wir können allerdings aus den oben erwähnten Gründen nicht die üblichen Formatierungsmöglichkeiten auf komplexe Zahlen anwenden.

In dieser Tabelle wird eine in VBA (Visual Basic for Applications) geschriebene Formatfunktion eingesetzt, die der Microsoft-Support bis vor einiger Zeit im Internet bereitgestellt hatte.

Um das auf der CD-ROM zum Buch mitgelieferte Beispiel nachvollziehen zu können, benötigen Sie die Datei aus dem Internet aber nicht – genauso wenig wie VBA-Kenntnisse. Diese Funktion ist schon in das Beispiel eingearbeitet. Zum Verwenden dieser Funktion müssen Sie möglicherweise die Makrosicherheit von Excel reduzieren, anderenfalls erhalten Sie in der Spalte *E* Fehlermeldungen. Das geht bei Excel 2010 mit folgenden Schritten:

1. Im Menüband die Registerkarte *Datei* öffnen.
2. Schaltfläche *Optionen* anklicken.
3. Kategorie *Sicherheitscenter* auswählen.
4. Schaltfläche *Einstellungen für das Sicherheitscenter* betätigen.
5. Kategorie *Einstellungen für Makros* öffnen.
6. Option *Alle Makros aktivieren*.
7. Zwei Mal mit *OK* bestätigen.

Bei anderen Versionen (2000 bis 2003) müssen Sie gegebenenfalls die Makrosicherheit von Excel auf *Mittel* (oder auch *Niedrig*) setzen. Falls Sie das noch nicht durchgeführt haben, gehen Sie bitte so vor:

1. Rufen Sie den Menübefehl *Extras/Makro/Sicherheit* auf.
2. Wählen Sie im Dialogfeld *Sicherheit* die Option *Mittel* aus.
3. Bestätigen Sie mit der Schaltfläche *OK*.

Wenn Sie die Arbeitsmappe *Komplex.xls* das nächste Mal öffnen, erscheint zuerst das in Abbildung 16.8 gezeigte Dialogfeld *Sicherheitswarnung*. Durch einen Mausklick auf die Schaltfläche *Makros aktivieren* öffnet sich die Arbeitsmappe endgültig, wobei das enthaltene VBA-Modul im Hintergrund aktiviert wird. Nun sind alle Formeln voll funktionsfähig und Sie sollten dasselbe Bild wie im Beispiel erhalten.

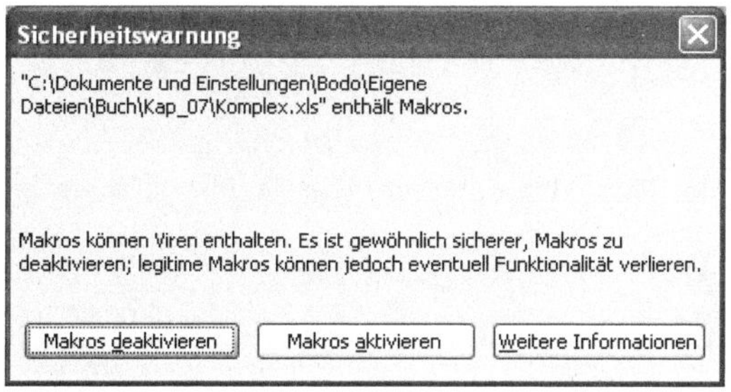

Abbildung 16.8: Beim Öffnen einer Arbeitsmappe mit Makros oder VBA-Code unter Excel 2003 (oder früher) erscheint bei der Makro-Sicherheitsstufe *Mittel* dieses Dialogfeld

Wenn Sie die Funktionen, die Makros und VBA-Module bereitstellen, nicht mehr benötigen, können Sie die Makrosicherheit wieder so heraufsetzen, wie Sie es hatten.

Siehe auch IMAGINÄRTEIL(), IMARGUMENT(), IMEXP(), IMREALTEIL(), KOMPLEXE()

CD-ROM Beispiele mit allen Funktionen zu dem Thema »Komplexe Zahlen« finden Sie auf der CD-ROM zum Buch im Ordner *\Buch\Kap16* in der Arbeitsmappe *Komplex.xls* (Excel 97-2003) bzw. *Komplex.xlsm* (Excel 2007/2010) auf dem Arbeitsblatt *Komplex*.

IMAGINÄRTEIL() IMAGINARY()

2003: Add-In!

Syntax IMAGINÄRTEIL(***Komplexe_Zahl***)

Definition Die Funktion gibt den Imaginärteil y einer komplexen Zahl zurück, die als Zeichenfolge der Form $x + yi$ oder $x + yj$ vorliegt.

Hinweis Mit der Funktion KOMPLEXE() können Sie aus einer Zahl als Realteil und einer zweiten als Imaginärteil eine komplexe Zahl bilden.

Argumente ***Komplexe_Zahl*** (erforderlich) ist die komplexe Zahl, deren Imaginärteil Sie ermitteln möchten.

Hintergrund Über komplexe Zahlen können Sie in der Einleitung zum Abschnitt »Funktionen für komplexe Zahlen« auf Seite 823 wichtige Grundlagen nachlesen.

Praxiseinsatz `=IMAGINÄRTEIL("3-4i")` ergibt *–4*

Dieses Beispiel finden Sie mit den Beispielen der anderen komplexen Funktionen bei der zuerst aufgeführten Funktion der komplexen Zahlen auf Seite 825.

Siehe auch IMABS(), IMARGUMENT(), IMEXP(), IMREALTEIL(), KOMPLEXE()

CD-ROM Das Beispiel finden Sie auf der CD-ROM zum Buch im Ordner *\Buch\Kap16* in der Arbeitsmappe *Komplex.xls* (Excel 97-2003) bzw. *Komplex.xlsm* (Excel 2007/2010) auf dem Arbeitsblatt *Komplex*.

2003: Add-In!

IMAPOTENZ() IMPOWER()

Syntax IMAPOTENZ(***Komplexe_Zahl;Potenz***)

Definition Die Funktion potenziert eine komplexe Zahl, die als Zeichenfolge der Form $x + yi$ oder $x + yj$ vorliegen muss, mit einer ganzen Zahl.

Argumente ***Komplexe_Zahl*** (erforderlich) ist die komplexe Zahl, die Sie in eine Potenz erheben möchten.

Potenz (erforderlich) ist der Exponent, mit dem Sie die komplexe Zahl potenzieren möchten; das Argument *Potenz* kann eine ganze Zahl, eine rationale Zahl (ein Bruch) oder negativ sein.

Hinweis Mit der Funktion KOMPLEXE() können Sie aus einer Zahl als Realteil und einer zweiten als Imaginärteil eine komplexe Zahl bilden.

Hintergrund Eine Potenz einer komplexen Zahl wird nach der Formel von Moivre wie folgt berechnet:

$$(x+yi)^n = r^n \cdot e^{n\phi i} = \left[r \cdot (\cos\phi + i \cdot \sin\phi)\right]^n = r^n \cdot (\cos n\phi + i \cdot \sin n\phi)$$

wobei

$$r = \sqrt{x^2 + y^2}$$

und

$$\phi(x+yi) = \arctan\frac{y}{x}$$

mit

$$\phi \in (-\pi, \pi]$$

(halboffenes Intervall) gilt.

Über komplexe Zahlen können Sie in der Einleitung zum Abschnitt »Funktionen für komplexe Zahlen« auf Seite 823 wichtige Grundlagen nachlesen.

Praxiseinsatz `=IMAPOTENZ("3-4i";2)` ergibt *–7–24i*

Dieses Beispiel finden Sie mit den Beispielen der anderen komplexen Funktionen bei der zuerst aufgeführten Funktion der komplexen Zahlen auf Seite 825.

Siehe auch IMEXP(), IMLN(), IMLOG10(), IMLOG2(), IMWURZEL()

CD-ROM Das Beispiel finden Sie auf der CD-ROM zum Buch im Ordner *\Buch\Kap16* in der Arbeitsmappe *Komplex.xls* (Excel 97-2003) bzw. *Komplex.xlsm* (Excel 2007/2010) auf dem Arbeitsblatt *Komplex*.

IMARGUMENT() IMARGUMENT()

2003: Add-In!

Syntax

IMARGUMENT(*Komplexe_Zahl*)

Definition

Die Funktion gibt das Argument (φ) einer komplexen Zahl zurück, einen Winkel im Bogenmaß für die Darstellung einer komplexen Zahl in der goniometrischen Form (siehe Abbildung 16.6 rechts auf Seite 824).

$$x + yi = |x + yi| \cdot (\cos\phi + i \cdot \sin\phi)$$

Argumente

Komplexe_Zahl (erforderlich) ist die komplexe Zahl, für die Sie das Argument φ ermitteln möchten.

Hintergrund

Das Argument einer komplexen Zahl in der Form $x + yi$ wird auf folgende Art berechnet:

$$\phi(x + yi) = \arctan\frac{y}{x}$$

Über komplexe Zahlen können Sie in der Einleitung zum Abschnitt »Funktionen für komplexe Zahlen« auf Seite 823 wichtige Grundlagen nachlesen.

Praxiseinsatz

`=IMARGUMENT("3–4i")` ergibt *–0,927295218* (das ist der Winkel φ im Bogenmaß)

Dieses Beispiel finden Sie mit den Beispielen der anderen komplexen Funktionen bei der zuerst aufgeführten Funktion der komplexen Zahlen auf Seite 825.

Siehe auch

IMABS(), IMAGINÄRTEIL(), IMREALTEIL(), KOMPLEXE()

CD-ROM

Das Beispiel finden Sie auf der CD-ROM zum Buch im Ordner *\Buch\Kap16* in der Arbeitsmappe *Komplex.xls* (Excel 97-2003) bzw. *Komplex.xlsm* (Excel 2007/2010) auf dem Arbeitsblatt *Komplex*.

IMCOS() IMCOS()

2003: Add-In!

Syntax

IMCOS(*Komplexe_Zahl*)

Definition

Die Funktion gibt den Kosinus einer komplexen Zahl zurück, die als Zeichenfolge der Form $x + yi$ oder $x + yj$ vorliegt.

Argumente

Komplexe_Zahl (erforderlich) ist die komplexe Zahl, deren Kosinus Sie berechnen möchten.

Hintergrund

Für den Kosinus einer komplexen Zahl gilt

$$\cos(x + yi) = \cos(x) \cdot \cosh(y) - i \cdot \sin(x) \cdot \sinh(y)$$

Über komplexe Zahlen können Sie in der Einleitung zum Abschnitt »Funktionen für komplexe Zahlen« auf Seite 823 wichtige Grundlagen nachlesen.

sinh und *cosh* sind die mathematischen Funktionen »Sinus Hyperbolicus« und »Cosinus Hyperbolicus«, über die Sie sich in Kapitel 15 informieren können.

Praxiseinsatz

`=IMCOS("3–4i")` ergibt *–27,03+3,85i*

Dieses Beispiel (mit mehr Nachkommastellen) finden Sie mit den Beispielen der anderen komplexen Funktionen bei der zuerst aufgeführten Funktion der komplexen Zahlen auf Seite 825.

Siehe auch

IMSIN()

CD-ROM

Das Beispiel finden Sie auf der CD-ROM zum Buch im Ordner *\Buch\Kap16* in der Arbeitsmappe *Komplex.xls* (Excel 97-2003) bzw. *Komplex.xlsm* (Excel 2007/2010) auf dem Arbeitsblatt *Komplex*.

2003: Add-In!

IMDIV() IMDIV()

Syntax IMDIV(*Komplexe_Zahl1;Komplexe_Zahl2*)

Definition Die Funktion gibt den Quotient zweier komplexer Zahlen zurück, die beide als Zeichenfolgen der Form $x + yi$ oder $x + yj$ erwartet werden.

Argumente *Komplexe_Zahl1* (erforderlich) ist der komplexe Zähler oder Dividend.

Komplexe_Zahl2 (erforderlich) ist der komplexe Nenner oder Divisor.

Hintergrund Für den Quotienten z zweier komplexer Zahlen $z_1=a+bi$ und $z_2=c+di$ gilt:

$$z = \frac{z_1}{z_2} = \frac{(a+bi)}{(c+di)} = \frac{ac+bd}{c^2+d^2} + i \cdot \frac{bc-ad}{c^2+d^2}$$

Über komplexe Zahlen können Sie in der Einleitung zum Abschnitt »Funktionen für komplexe Zahlen« auf Seite 823 wichtige Grundlagen nachlesen.

Praxiseinsatz `=IMDIV("3–4i";"–7–24i")` ergibt *0,12+0,16i*

Dieses Beispiel finden Sie mit den Beispielen der anderen komplexen Funktionen bei der zuerst aufgeführten Funktion der komplexen Zahlen auf Seite 825.

Siehe auch IMPRODUKT(), IMSUB(), IMSUMME()

CD-ROM Beispiele finden Sie auf der CD-ROM zum Buch im Ordner *\Buch\Kap16* in der Arbeitsmappe *Komplex.xls* (Excel 97-2003) bzw. *Komplex.xlsm* (Excel 2007/2010) auf dem Arbeitsblatt *Komplex*.

2003: Add-In!

IMEXP() IMEXP()

Syntax IMEXP(*Komplexe_Zahl*)

Definition Die Funktion gibt die algebraische Form einer komplexen Zahl z zurück, die als Ergebnis der Exponentialfunktion mit einem komplexen Exponenten erhalten wird:

$$z = e^{(x+yi)}$$

Sie ist damit das Gegenstück zur EXP()-Funktion, die mit einer reellen Zahl als Argument arbeitet ($z = e$).

Die Umkehrfunktion zu IMEXP() ist IMLN() (siehe Seite831).

Achtung Wenn Sie die IMEXP()- und die IMLN()-Funktion zum Vorwärts- und Rückwärtsrechnen einsetzen, werden Sie gelegentlich bemerken, dass der zurückgewonnene Wert nicht der ursprünglichen Zahl entspricht. So wird z.B. aus (1+4i) mittels der IMEXP()-Funktion (–1,77–2,057i); beim Logarithmieren dieser komplexen Zahl mit der IMLN()-Funktion erhalten Sie jedoch (1–2,283i) und nicht wie erwartet die Ausgangszahl (1+4i).

Dieses auf dem ersten Blick sonderbare Verhalten beruht auf der Periodizität der Winkelfunktionen: Bei Winkeln von 0° bis 360° (oder 0 bis 2π im Bogenmaß) durchläuft der Sinus Werte von Null über 1 zurück zu Null und weiter über –1 wieder zu Null. Bei größer werdenden Winkeln wird diese Folge immer wieder durchlaufen – periodisch mit Ergebnissen zwischen –1 und +1.

Damit sich die IMEXP()- und die IMLN()-Funktionen reziprok verhalten, muss der Imaginärteil y von *Komplexe_Zahl* bei IMEXP() im Bereich von $-\pi$ bis $+\pi$ liegen. Wenn y außerhalb dieses Bereiches liegt, erhalten Sie beim Anwenden der Umkehrfunktion unerwartete (aber korrekte) Ergebnisse.

Komplexe_Zahl (erforderlich) ist der Exponent der Exponentialfunktion, der als Zeichenfolge der Form $x + yi$ oder $x + yj$ eingegeben werden muss. **Argumente**

Für eine in exponentieller Schreibweise vorliegende komplexe Zahl gilt wegen der Eulerschen Formel: **Hintergrund**

$$e^{(x+yi)} = e^x \cdot e^{yi} = e^x \cdot (\cos y + i \cdot \sin y)$$

Über komplexe Zahlen können Sie in der Einleitung zum Abschnitt »Funktionen für komplexe Zahlen« auf Seite 823 wichtige Grundlagen nachlesen.

`=IMEXP("3-4i")` ergibt *–13,13+15,20i* **Praxiseinsatz**

Dieses Beispiel finden Sie mit den Beispielen der anderen komplexen Funktionen bei der zuerst aufgeführten Funktion der komplexen Zahlen auf Seite 825.

EXP(), IMABS(), IMAGINÄRTEIL(), IMARGUMENT(), IMREALTEIL(), KOMPLEXE() **Siehe auch**

Beispiele finden Sie auf der CD-ROM zum Buch im Ordner *\Buch\Kap16* in der Arbeitsmappe *Komplex.xls* (Excel 97-2003) bzw. *Komplex.xlsm* (Excel 2007/2010) auf dem Arbeitsblatt *Komplex*. **CD-ROM**

IMKONJUGIERTE() IMCONJUGATE()

2003: Add-In!

IMKONJUGIERTE(***Komplexe_Zahl***) **Syntax**

Die Funktion gibt die konjugiert komplexe Zahl zu einer komplexen Zahl zurück, wobei die komplexe Zahl als Zeichenfolge der Form $x + yi$ oder $x + yj$ eingegeben wird. **Definition**

Komplexe_Zahl (erforderlich) ist die komplexe Zahl, deren konjugiert komplexe Zahl Sie erzeugen möchten. **Argumente**

Für die konjugiert komplexe Zahl $\overline{z}$ einer komplexen Zahl $z = x + yi$ gilt: **Hintergrund**

$$\overline{z} = x - yi$$

Über komplexe Zahlen können Sie in der Einleitung zum Abschnitt »Funktionen für komplexe Zahlen« auf Seite 823 wichtige Grundlagen nachlesen.

`=IMKONJUGIERTE("3-4i")` ergibt *3+4i* **Praxiseinsatz**

Dieses Beispiel finden Sie mit den Beispielen der anderen komplexen Funktionen bei der zuerst aufgeführten Funktion der komplexen Zahlen auf Seite 825.

KOMPLEXE() **Siehe auch**

Beispiele finden Sie auf der CD-ROM zum Buch im Ordner *\Buch\Kap16* in der Arbeitsmappe *Komplex.xls* (Excel 97-2003) bzw. *Komplex.xlsm* (Excel 2007/2010) auf dem Arbeitsblatt *Komplex*. **CD-ROM**

IMLN() IMLN()

2003: Add-In!

IMLN(***Komplexe_Zahl***) **Syntax**

Die Funktion gibt den natürlichen Logarithmus einer komplexen Zahl zurück, die als Zeichenfolge der Form $x + yi$ oder $x + yj$ eingegeben wird. Sie ist die für komplexe Zahlen zu verwendende Variante der reellen LN()-Funktion aus der Kategorie »Mathematische und trigonometrische Funktionen«. **Definition**

Die IMLN()-Funktion stellt die Umkehrfunktion zu IMEXP() dar. Beachten Sie dazu bitte die Warnung bei IMEXP() auf Seite 830!

Argumente *Komplexe_Zahl* (erforderlich) ist die komplexe Zahl, deren natürlichen Logarithmus Sie berechnen möchten.

Hintergrund Für den natürlichen Logarithmus einer komplexen Zahl gilt

$$\ln(x+yi) = \ln\sqrt{x^2+y^2} + i\cdot\arctan\frac{y}{x}$$

mit

$$\phi \in (-\pi, \pi]$$

(halboffenes Intervall).

Über komplexe Zahlen können Sie in der Einleitung zum Abschnitt »Funktionen für komplexe Zahlen« auf Seite 823 wichtige Grundlagen nachlesen.

Praxiseinsatz `=IMLN("3–4i")` ergibt *1,61–0,93i*

Dieses Beispiel (mit mehr Dezimalstellen) finden Sie mit den Beispielen der anderen komplexen Funktionen bei der zuerst aufgeführten Funktion der komplexen Zahlen auf Seite 825.

Siehe auch IMAPOTENZ(), IMEXP(), IMLOG10(), IMLOG2(), IMWURZEL(), LN()

CD-ROM Beispiele mit allen Funktionen zu dem Thema »Komplexe Zahlen« finden Sie auf der CD-ROM zum Buch im Ordner *\Buch\Kap16* in der Arbeitsmappe *Komplex.xls* (Excel 97-2003) bzw. *Komplex.xlsm* (Excel 2007/2010) auf dem Arbeitsblatt *Komplex*.

2003: Add-In!

IMLOG10() IMLOG10()

Syntax IMLOG10(***Komplexe_Zahl***)

Definition Die Funktion gibt den Logarithmus einer komplexen Zahl zur Basis 10 zurück, die als Zeichenfolge der Form $x + y$i oder $x + y$j eingegeben wird.

Der gewöhnliche Logarithmus einer komplexen Zahl kann wie folgt aus dem natürlichen Logarithmus berechnet werden:

$$\log_{10}(x+yi) = \log_{10} e \cdot \ln(x+yi)$$

Argumente ***Komplexe_Zahl*** ist die komplexe Zahl, deren gewöhnlichen (dekadischen) Logarithmus Sie berechnen möchten.

Hintergrund Über komplexe Zahlen können Sie in der Einleitung zum Abschnitt »Funktionen für komplexe Zahlen« auf Seite 823 wichtige Grundlagen nachlesen.

Praxiseinsatz `=IMLOG10("3–4i")` ergibt *0,70–0,40i*

Dieses Beispiel (mit höherer Genauigkeit) finden Sie mit den Beispielen der anderen komplexen Funktionen bei der zuerst aufgeführten Funktion der komplexen Zahlen auf Seite 825.

Siehe auch IMAPOTENZ(), IMEXP(), IMLN(), IMLOG2(), IMWURZEL(), LOG10()

CD-ROM Beispiele mit allen Funktionen zu dem Thema »Komplexe Zahlen« finden Sie auf der CD-ROM zum Buch im Ordner *\Buch\Kap16* in der Arbeitsmappe *Komplex.xls* (Excel 97-2003) bzw. *Komplex.xlsm* (Excel 2007/2010) auf dem Arbeitsblatt *Komplex*.

IMLOG2() IMLOG2()

2003: Add-In!

Syntax

IMLOG2(***Komplexe_Zahl***)

Definition

Die Funktion gibt den Logarithmus einer komplexen Zahl zur Basis 2 zurück, die als Zeichenfolge der Form *x* + *y*i oder *x* + *y*j eingegeben wird.

Argumente

Komplexe_Zahl (erforderlich) ist die komplexe Zahl, deren Zweierlogarithmus Sie berechnen möchten.

Hintergrund

Der Zweierlogarithmus einer komplexen Zahl wird wie folgt aus dem natürlichen Logarithmus berechnet:

$$\log_2(x+yi) = \log_2 e \cdot \ln(x+yi)$$

Über komplexe Zahlen können Sie in der Einleitung zum Abschnitt »Funktionen für komplexe Zahlen« auf Seite 823 wichtige Grundlagen nachlesen.

Praxiseinsatz

`=IMLOG2("3-4i")` ergibt *2,32–1,34i*

Dieses Beispiel (mit größerer Genauigkeit) finden Sie mit den Beispielen der anderen komplexen Funktionen bei der zuerst aufgeführten Funktion der komplexen Zahlen auf Seite 825.

Siehe auch

IMAPOTENZ(), IMEXP(), IMLN(), IMLOG10(), IMWURZEL(), LOG()

CD-ROM

Beispiele mit allen Funktionen zu dem Thema »Komplexe Zahlen« finden Sie auf der CD-ROM zum Buch im Ordner *\Buch\Kap16* in der Arbeitsmappe *Komplex.xls* (Excel 97-2003) bzw. *Komplex.xlsm* (Excel 2007/2010) auf dem Arbeitsblatt *Komplex*.

IMPRODUKT() IMPRODUCT()

2003: Add-In!

Syntax

IMPRODUKT(***Komplexe_Zahl1***;*Komplexe_Zahl2*;...)

Definition

Die Funktion gibt das Produkt komplexer Zahlen zurück, die beide als Zeichenfolgen der Form *x* + *y*i oder *x* + *y*j erwartet werden.

Argumente

Komplexe_Zahl1 (erforderlich), *Komplexe_Zahl2* (optional), ... sind 1 bis 255 komplexe Zahlen, die multipliziert werden sollen.

Hintergrund

Das Produkt zweier komplexer Zahlen *(a + bi)* und *(c + di)* wird wie folgt berechnet:

$$(a+bi)\cdot(c+di) = (ac-bd) + i\cdot(ad+bc)$$

Über komplexe Zahlen können Sie in der Einleitung zum Abschnitt »Funktionen für komplexe Zahlen« auf Seite 823 wichtige Grundlagen nachlesen.

Praxiseinsatz

`=IMPRODUKT("3-4i";"-1-24i")` ergibt *–117–44i*

Dieses Beispiel finden Sie mit den Beispielen der anderen komplexen Funktionen bei der zuerst aufgeführten Funktion der komplexen Zahlen auf Seite 825.

Siehe auch

IMDIV(), IMSUB(), IMSUMME(), PRODUKT()

CD-ROM

Beispiele mit allen Funktionen zu dem Thema »Komplexe Zahlen« finden Sie auf der CD-ROM zum Buch im Ordner *\Buch\Kap16* in der Arbeitsmappe *Komplex.xls* (Excel 97-2003) bzw. *Komplex.xlsm* (Excel 2007/2010) auf dem Arbeitsblatt *Komplex*.

2003: Add-In!

IMREALTEIL() IMREAL()

Syntax IMREALTEIL(*Komplexe_Zahl*)

Definition Die Funktion liefert den Realteil *x* einer komplexen Zahl, die als Zeichenfolge der Form *x* + *y*i oder *x* + *y*j vorliegt.

Argumente *Komplexe_Zahl* (erforderlich) ist die komplexe Zahl, zu der der Realteil ermittelt werden soll.

Hintergrund Über komplexe Zahlen können Sie in der Einleitung zum Abschnitt »Funktionen für komplexe Zahlen« auf Seite 823 wichtige Grundlagen nachlesen.

Praxiseinsatz `=IMREALTEIL("3-4i")` ergibt *3*

Dieses Beispiel finden Sie mit den Beispielen der anderen komplexen Funktionen bei der zuerst aufgeführten Funktion der komplexen Zahlen auf Seite 825.

Siehe auch IMABS(), IMAGINÄRTEIL(), IMARGUMENT(), IMEXP(), KOMPLEXE()

CD-ROM Beispiele mit allen Funktionen zu dem Thema »Komplexe Zahlen« finden Sie auf der CD-ROM zum Buch im Ordner *\Buch\Kap16* in der Arbeitsmappe *Komplex.xls* (Excel 97-2003) bzw. *Komplex.xlsm* (Excel 2007/2010) auf dem Arbeitsblatt *Komplex*.

2003: Add-In!

IMSIN() IMSIN()

Syntax IMSIN(*Komplexe_Zahl*)

Definition Die Funktion gibt den Sinus einer komplexen Zahl zurück, die als Zeichenfolge der Form *x* + *y*i oder *x* + *y*j vorliegen muss.

Argumente *Komplexe_Zahl* (erforderlich) ist die komplexe Zahl, deren Sinus zurückgegeben werden soll.

Hintergrund Der Sinus einer komplexen Zahl ist wie folgt definiert:

$$\sin(x+yi) = \sin(x)\cdot\cosh(y) - i\cdot\cos(x)\cdot\sinh(y)$$

Über komplexe Zahlen können Sie in der Einleitung zum Abschnitt »Funktionen für komplexe Zahlen« auf Seite 823 wichtige Grundlagen nachlesen.

sinh und *cosh* sind die mathematischen Funktionen »Sinus Hyperbolicus« und »Cosinus Hyperbolicus«, über die Sie sich im Kapitel »Mathematik und Trigonometrie« informieren können.

Praxiseinsatz `=IMSIN("3-4i")` ergibt *3,85+27,02i*

Dieses Beispiel (mit mehr Dezimalstellen) finden Sie mit den Beispielen der anderen komplexen Funktionen bei der zuerst aufgeführten Funktion der komplexen Zahlen auf Seite 825.

Siehe auch IMCOS()

CD-ROM Beispiele mit allen Funktionen zu dem Thema »Komplexe Zahlen« finden Sie auf der CD-ROM zum Buch im Ordner *\Buch\Kap16* in der Arbeitsmappe *Komplex.xls* (Excel 97-2003) bzw. *Komplex.xlsm* (Excel 2007/2010) auf dem Arbeitsblatt *Komplex*.

IMSUB() IMSUB()

2003: Add-In!

Syntax

IMSUB(***Komplexe_Zahl1***;***Komplexe_Zahl2***)

Definition

Die Funktion gibt die Differenz zweier komplexer Zahlen zurück, die beide als Zeichenfolgen der Form $x + y$i oder $x + y$j vorliegen müssen.

Argumente

Komplexe_Zahl1 (erforderlich) ist die komplexe Zahl, von der *Komplexe_Zahl2* subtrahiert werden soll.

Komplexe_Zahl2 (erforderlich) ist die komplexe Zahl, die von *Komplexe_Zahl1* subtrahiert werden soll.

Hintergrund

Die Differenz zweier komplexer Zahlen wird berechnet, indem man die Differenz der Realteile und die Differenz der Imaginärteile bildet:

$$(a+bi)-(c+di)=(a-c)+i\cdot(b-d)$$

D.h. die Realteile und Imaginärteile beider komplexer Zahlen werden getrennt subtrahiert.

Über komplexe Zahlen können Sie in der Einleitung zum Abschnitt »Funktionen für komplexe Zahlen« auf Seite 823 wichtige Grundlagen nachlesen.

Praxiseinsatz

`=IMSUB("3-4i";"-7-24i")` ergibt *10+20i*

Dieses Beispiel finden Sie mit den Beispielen der anderen komplexen Funktionen bei der zuerst aufgeführten Funktion der komplexen Zahlen auf Seite 825.

Siehe auch

IMDIV(), IMPRODUKT(), IMSUMME()

CD-ROM

Beispiele mit allen Funktionen zu dem Thema »Komplexe Zahlen« finden Sie auf der CD-ROM zum Buch im Ordner *\Buch\Kap16* in der Arbeitsmappe *Komplex.xls* (Excel 97-2003) bzw. *Komplex.xlsm* (Excel 2007/2010) auf dem Arbeitsblatt *Komplex*.

IMSUMME() IMSUM()

2003: Add-In!

Syntax

IMSUMME(***Komplexe_Zahl1***;*Komplexe_Zahl2*;...)

Definition

IMSUMME() gibt die Summe komplexer Zahlen zurück, die als Zeichenfolgen der Form $x + y$i oder $x + y$j erwartet werden.

Argumente

Komplexe_Zahl1 (erforderlich), *Komplexe_Zahl2* (optional), ... sind 1 bis 255 komplexe Zahlen, die addiert werden.

Hintergrund

Die Summe zweier komplexer Zahlen wird berechnet, indem man die Realteile und die Imaginärteile addiert:

$$(a+bi)+(c+di)=(a+c)+i\cdot(b+d)$$

Über komplexe Zahlen können Sie in der Einleitung zum Abschnitt »Funktionen für komplexe Zahlen« auf Seite 823 wichtige Grundlagen nachlesen.

Praxiseinsatz

`=IMSUMME("3-4i";"-7-24i")` ergibt *–4–28i*

Dieses Beispiel finden Sie mit den Beispielen der anderen komplexen Funktionen bei der zuerst aufgeführten Funktion der komplexen Zahlen auf Seite 825.

Siehe auch IMDIV(), IMPRODUKT(), IMSUB() sowie SUMME() aus der Kategorie »Mathematik & Trigonometrie«

CD-ROM Beispiele mit allen Funktionen zu dem Thema »Komplexe Zahlen« finden Sie auf der CD-ROM zum Buch im Ordner *\Buch\Kap16* in der Arbeitsmappe *Komplex.xls* (Excel 97-2003) bzw. *Komplex.xlsm* (Excel 2007/2010) auf dem Arbeitsblatt *Komplex*.

2003: Add-In!

IMWURZEL() IMSQRT()

Syntax IMWURZEL(*Komplexe_Zahl*)

Definition Diese Funktion gibt die Quadratwurzel einer komplexen Zahl zurück, die als Zeichenfolge der Form $x + yi$ oder $x + yj$ erwartet wird.

Argumente ***Komplexe_Zahl*** (erforderlich) ist die komplexe Zahl, deren Quadratwurzel ermittelt werden soll.

Hintergrund Die Quadratwurzel einer komplexen Zahl wird wie folgt berechnet:

$$\sqrt{x+yi} = \sqrt{r} \cdot \left(\cos\frac{\phi}{2} + i \cdot \sin\frac{\phi}{2} \right)$$

wobei

$$r = \sqrt{x^2 + y^2}$$

und

$$\phi = \arctan\frac{y}{x}$$

mit

$$\phi \in (-\pi, \pi]$$

(halboffenes Intervall) ist.

Über komplexe Zahlen können Sie in der Einleitung zum Abschnitt »Funktionen für komplexe Zahlen« auf Seite 823 wichtige Grundlagen nachlesen.

Praxiseinsatz `=IMWURZEL("3-4i")` ergibt *2-i*

Dieses Beispiel finden Sie mit den Beispielen der anderen komplexen Funktionen bei der zuerst aufgeführten Funktion der komplexen Zahlen auf Seite 825.

Siehe auch IMAPOTENZ(), IMEXP(), IMLN(), IMLOG10(), IMLOG2() sowie WURZEL() aus der Kategorie »Mathematik & Trigonometrie«

CD-ROM Beispiele mit allen Funktionen zu dem Thema »Komplexe Zahlen« finden Sie auf der CD-ROM zum Buch im Ordner *\Buch\Kap16* in der Arbeitsmappe *Komplex.xls* (Excel 97-2003) bzw. *Komplex.xlsm* (Excel 2007/2010) auf dem Arbeitsblatt *Komplex*.

KOMPLEXE() COMPLEX()

2003: Add-In!

Syntax

KOMPLEXE(***Realteil***;***Imaginärteil***;*Suffix*)

Definition

KOMPLEXE() verknüpft zwei reelle Zahlen zu einer komplexen Zahl; die erste Zahl bildet den Realteil der komplexen Zahl und die zweite den Imaginärteil ($x + yi$ oder $x + yj$).

Argumente

Realteil (erforderlich) ist der Realteil der zu bildenden komplexen Zahl.

Imaginärteil (erforderlich) ist der Imaginärteil der zu bildenden komplexen Zahl.

Suffix (optional) ist der Buchstabe, der für die imaginäre Einheit der komplexen Zahl verwendet werden soll. Wenn das Argument *Suffix* fehlt, wird es als »i« angenommen.

Wichtig

Komplexe Zahlen, die in Tabellenfunktionen als Argument eingesetzt werden sollen, müssen immer in der algebraischen Form $a+bi$ vorliegen. Die imaginäre Einheit kann wahlweise *i* oder *j* sein und muss immer mit Kleinbuchstaben geschrieben werden; innerhalb der Argumentliste einer Funktion darf die Schreibweise der imaginären Einheit nicht wechseln.

Hintergrund

Über komplexe Zahlen können Sie in der Einleitung zum Abschnitt »Funktionen für komplexe Zahlen« auf Seite 823 wichtige Grundlagen nachlesen.

Praxiseinsatz

`=KOMPLEXE(3;-4)` ergibt *3–4i*

`=KOMPLEXE(3;-4;"j")` ergibt *3–4j*

Diese Beispiele finden Sie mit den Beispielen der anderen komplexen Funktionen bei der zuerst aufgeführten Funktion der komplexen Zahlen auf Seite 825.

Siehe auch

IMABS(), IMAGINÄRTEIL(), IMARGUMENT(), IMEXP(), IMREALTEIL()

CD-ROM

Beispiele mit allen Funktionen zu dem Thema »Komplexe Zahlen« finden Sie auf der CD-ROM zum Buch im Ordner *\Buch\Kap16* in der Arbeitsmappe *Komplex.xls* (Excel 97-2003) bzw. *Komplex.xlsm* (Excel 2007/2010) auf dem Arbeitsblatt *Komplex*.

Funktionen der höheren Mathematik

Mathematik im Alltag

Geht es Ihnen auch so? Obwohl wir in der Schule und Berufsausbildung eine Menge gelernt haben, wenden wir das Gelernte auf unsere Beobachtungen im Alltag nicht an; das gilt vor allem in der Mathematik und den Naturwissenschaften. Wir haben das ja schon so oft gesehen.

Dennoch: Manchmal passiert es eben. Wie neulich – ein paar Jungen toben mit einem Seil herum. Unter ihnen Kevin, ein etwas jüngerer und schmächtiger Junge, der aber seine Nachteile an Jahren und Körpergröße mit Pfiffigkeit wettzumachen versucht.

Kevin und ein anderer Junge drehen ein Seil herum, über das die anderen springen. Kevin versucht nun das Seil dem anderen wegzunehmen. Das geht aber nicht. Der andere Junge ist zu groß und zu stark. Als dieser sich jedoch ablenken lässt, reißt Kevin seine Hände kurz und kräftig nach oben und sofort wieder nach unten. Der Ruck wandert das Seil entlang und entreißt dem anderen das Seil.

Wie kommt der Ruck bei dem anderen Jungen an? Nun hat das Seil unsere Aufmerksamkeit. Zum Glück versucht Kevin seinen Erfolg zu wiederholen, als auf der anderen Seite das Seil wieder festgehalten wird. Noch mal ein Ruck und noch einer – aber sein Kompagnon passt jetzt auf. Ein Doppelruck. So können wir deutlich sehen, wie dieses Rucken mehrere Ausschläge nach oben und unten erzeugt, die das Seil entlanglaufen. Die Form dieser Ausschläge kommt uns sehr vertraut vor. Richtig – das sind Sinus-Kurven! Wir beobachten gerade ein mechanisches Modell für die Ausbreitung elektromagnetischer Wellen in einem elektrischen Leiter. Wenn Sie sich die Form von Sinus-Kurven noch einmal ansehen wollen, dann schauen Sie doch einfach in das Kapitel 15 »Mathematische und trigonometrische Funktionen« bei der Funktion SIN() hinein!

Kann uns Kevin noch mehr zeigen? Jetzt halten unsere jungen Darsteller das Seil mal ruhig. Also nichts Besonderes – oder doch? Welche Form hat eigentlich ein hängendes Seil? Die Antwort auf diese Frage können Sie ebenfalls in dem Kapitel 15 »Mathematische und trigonometrische Funktionen« finden, dieses Mal bei der Funktion COSHYP(). Sie können auch im Stichwortverzeichnis unter »Kettenlinie« nachschauen, so heißt diese Form nämlich.

Inzwischen hat Kevin das Seil mit dem einen Ende an einem Klettergerüst festgebunden und bewegt das lose Ende rhythmisch auf und ab. Sind das wieder Sinus-Kurven? Nein, sie werden zum befestigten Ende hin kleiner und auch die Form ist irgendwie anders. Das, was Kevin uns hier so anschaulich vor Augen führt, nennt der Techniker »gedämpfte Schwingungen«. Und wie kann man diese mathematisch beschreiben? »Mit Besselfunktionen« lautet die Antwort. Deren Beschreibung folgt hier. Zuvor sollten Sie sich aber die Diagramme zu den Funktionen BESSELJ() und BESSELY() auf Seite 840 und Seite 843 ansehen – wegen Kevin.

Besselfunktionen Die Besselfunktionen (oder Zylinderfunktionen) sind die bei der Integration der Besselschen Differenzialgleichung durch Reihenentwicklung gefundenen Lösungen, die bei manchen elektrotechnischen Problemen die Möglichkeit einer exakten (oder doch recht genauen) Berechnung bieten, z.B. bei der Stromverdrängung in Leitern. Ferner werden sie bei der Beschreibung von Schwingungen und den dazu gehörenden Dämpfungen, zur Berechnung von Planetenbahnen und Bahnstörungen bei Himmelskörpern, wo sie von Friedrich Wilhelm Bessel (Königsberger Astronom, 1784 bis 1846) eingeführt wurden, und zur Simulation von Pumpversuchen in der Hydrogeologie angewendet und sind in der Quantenmechanik, der Satelliten-Geodäsie (Erdvermessung) und der Nachrichtentechnik von Wichtigkeit. Sie entstehen typischerweise als Lösungen der Wellengleichung, wobei zylindrische Randbedingungen zugrunde liegen.

Fehlerintegrale Nach den Besselfunktionen folgen noch zwei Funktionen, mit denen man die Wahrscheinlichkeit berechnen kann, mit der ein bestimmter Wert innerhalb oder außerhalb einer Gaußverteilung liegt (siehe STANDNORMVERT() im Kapitel 11 »Statistische Funktionen«).

2003: Add-In!

BESSELI() — BESSELI()

Syntax BESSELI(*z*;*n*)

Definition Die Funktion gibt die modifizierte Besselfunktion der ersten Art $I_n(z)$ zurück, die der für rein imaginäre Argumente ausgewerteten Besselfunktion J_n entspricht.

Argumente *z* (erforderlich) ist der Wert, für den die Funktion ausgewertet werden soll; *x* muss eine reelle Zahl sein und kann Werte von über ±700 annehmen. (Der Wertebereich variiert mit der Ordnung *n*.)

n (erforderlich) ist die Ordnung der Besselfunktion und muss positiv und ganzzahlig sein. Ist *n* keine ganze Zahl, werden deren Nachkommastellen von der Funktion für die Berechnung ignoriert, also abgeschnitten und nicht gerundet.

Hintergrund

$I_n(z)$ gehört, wie auch $K_n(z)$, zu den modifizierten Besselfunktionen, die – im Gegensatz zu den normalen Besselfunktionen $J_n(z)$ und $Y_n(z)$, die oszillieren, – exponentiell ansteigen oder fallen. $I_n(z)$ ist die Lösung der leicht veränderten Besselschen Differenzialgleichung

$$x^2 y'' + xy' - \left(x^2 + n^2\right) \cdot y = 0$$

bzw.

$$x^2 \cdot \frac{d^2}{dx^2} y + x \cdot \frac{d}{dx} y - \left(x^2 + n^2\right) \cdot y = 0$$

Diese modifizierte Besselfunktion der ersten Art $I_n(z)$ kann als das Ringintegral

$$I_n(z) = \frac{1}{2\pi i} \cdot \oint e^{\frac{z}{2}(t+\frac{1}{t})} t^{-n-1} dt$$

n-ter Ordnung beschrieben werden. Für eine reelle Zahl v kann die Funktion mittels

$$I_\nu(z) = (\tfrac{1}{2} z)^\nu \sum_{k=0}^{\infty} \frac{(\frac{1}{4} z^2)^k}{k!\Gamma(\nu + k + 1)}$$

berechnet werden, wobei $\Gamma(y)$ die Gamma-Funktion ist.

Praxiseinsatz

Weil der Gebrauch der Besselfunktionen vertiefte Kenntnisse im jeweiligen Anwendungsgebiet erfordert, wird auf sehr spezielle Praxisbeispiele verzichtet und der praktische Einsatz anhand der mathematischen Eigenschaften und ihrer grafischen Darstellung erklärt.

	A	B	C	D	E	F	G	H	I	J	K	L	M	N	O	P	Q
1	Modifizierte Bessel-Funktion 1. Art							$I_n(x)$									
2																	
3	**Ordnung**	**x**	0,00	0,25	0,50	0,75	1,00	1,25	1,50	1,75	2,00	2,25	2,50	2,75	3,00	3,25	3,50
4	**0**	**$I_n(x)$**	1,00	1,02	1,06	1,15	1,27	1,43	1,65	1,93	2,28	2,73	3,29	4,00	4,88	5,99	7,38
5	**1**		0,00	0,13	0,26	0,40	0,57	0,76	0,98	1,26	1,59	2,00	2,52	3,16	3,95	4,95	6,21
6	**2**		0,00	0,01	0,03	0,07	0,14	0,22	0,34	0,49	0,69	0,95	1,28	1,70	2,25	2,94	3,83
7	**3**		0,00	0,00	0,00	0,01	0,02	0,04	0,08	0,13	0,21	0,32	0,47	0,68	0,96	1,33	1,83
8	**4**		0,00	0,00	0,00	0,00	0,00	0,01	0,01	0,03	0,05	0,09	0,14	0,21	0,33	0,48	0,70

Abbildung 16.9: Ausschnitt aus der Excel-Tabelle *Bessel_I.xls* zur Berechnung der Funktionswerte für die Ordnungen 0 bis 4

Die Zelle mit dem Text »Ordnung« hat in dem Beispiel auf der CD-ROM zum Buch den Bezug *A3*. Im Bereich *C4* bis *Q8* stehen die Formeln mit den BESSELI()-Funktionen. Ihr erstes Argument, der x-Wert, befindet sich jeweils in der Zelle oberhalb in der Zeile *3* und in der Spalte *A* in derselben Zeile wurde das zweite Argument, die Ordnung der Funktion, eingetragen, die für alle Formeln in einer Zeile gleich ist. Damit muss die vollständige Formel in *C4* beispielsweise lauten:

```
=BESSELI(C$3;$A4)
```

Aus dem Bereich *C3* bis *Q8* lässt sich das in Abbildung 16.10 gezeigte Diagramm erstellen, das die modifizierte Besselfunktion der ersten Art grafisch darstellt. Gut ist der exponentielle Anstieg zu erkennen, der auch schon für kleine x-Werte große Beträge hervorruft.

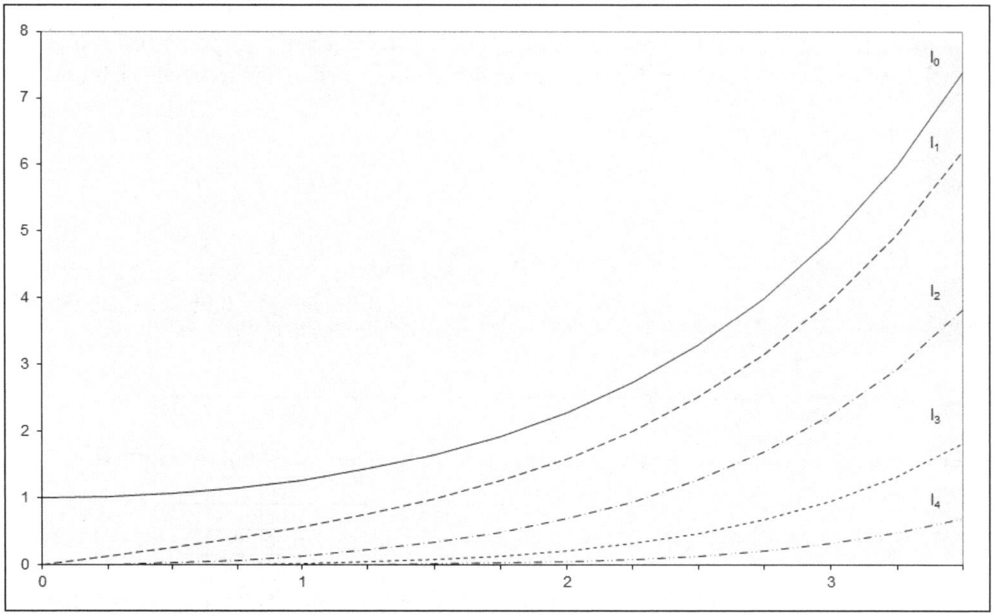

Abbildung 16.10: Grafische Darstellung der Besselfunktion der ersten Art $I_n(x)$ mittels der BESSELI()-Funktion

Siehe auch BESSELJ(), BESSELK(), BESSELY()

CD-ROM Dieses Beispiel finden Sie auf der CD-ROM zum Buch im Ordner *\Buch\Kap16* in der Arbeitsmappe *Bessel_I.xls* (Excel 97-2003) bzw. *Bessel_I.xlsx* (Excel 2007/2010) auf dem Arbeitsblatt *Bessel I*. Die grafische Darstellung befindet sich auf dem Arbeitsblatt *Diagramm*.

2003: Add-In!

BESSELJ() BESSELJ()

Syntax BESSELJ(***x***;***n***)

Definition Die Funktion gibt die Besselfunktion der ersten Art $J_n(x)$ zurück.

Argumente ***x*** (erforderlich) ist der Wert, für den die Funktion ausgewertet werden soll; *x* muss eine reelle Zahl sein und kann Werte von unter $-1{,}34 \cdot 10^8$ bis über $+1{,}34 \cdot 10^8$ annehmen. (Der Wertebereich variiert mit der Ordnung *n*.)

n (erforderlich) ist die Ordnung der Besselfunktion und muss positiv sein. Ist *n* keine ganze Zahl, werden deren Nachkommastellen von der Funktion für die Berechnung ignoriert, also nicht gerundet.

Hintergrund Die Besselfunktion der ersten Art $J_n(x)$ ist die Lösung der Besselschen Differenzialgleichung

$$x^2 y'' + xy' + \left(x^2 - n^2\right) \cdot y = 0$$

bzw.

$$x^2 \cdot \frac{d^2}{dx^2} y + x \cdot \frac{d}{dx} y + \left(x^2 - n^2\right) \cdot y = 0$$

Für eine reelle Zahl ν kann die Funktion mittels

$$J_\nu(z) = \sum_{k=0}^{\infty} \frac{(-1)^k\, z^{n+2k}}{k! \cdot 2^{n+2k} \cdot \Gamma(\nu + k + 1)}$$

berechnet werden, wobei Γ(y) die Gamma-Funktion ist.

Praxiseinsatz

Wegen des sehr speziellen Charakters der Besselfunktionen wird auch hier, wie bei den anderen Besselfunktionen, nur auf deren grafische Darstellung eingegangen (siehe Seite 839).

In dieser Tabelle, die Sie ebenfalls auf der CD-ROM zum Buch finden können, werden die Funktionswerte für die BESSELJ()-Funktion mit den Ordnungen von 0 bis 4 berechnet und auf dem folgenden Diagrammblatt (siehe Abbildung 16.12) gezeichnet.

	A	B	C	D	E	F	G	H	I	J	K	L	M	N	O
1	Bessel-Funktion 1. Art							$J_n(x)$							
2															
3	**Ordnung**	**x**	0,00	0,25	0,50	0,75	1,00	1,25	1,50	1,75	2,00	2,25	2,50	2,75	3,00
4	**0**	$J_n(x)$	1,00	0,98	0,94	0,86	0,77	0,65	0,51	0,37	0,22	0,08	-0,05	-0,16	-0,26
5	**1**		0,00	0,12	0,24	0,35	0,44	0,51	0,56	0,58	0,58	0,55	0,50	0,43	0,34
6	**2**		0,00	0,01	0,03	0,07	0,11	0,17	0,23	0,29	0,35	0,40	0,45	0,47	0,49
7	**3**		0,00	0,00	0,00	0,01	0,02	0,04	0,06	0,09	0,13	0,17	0,22	0,26	0,31
8	**4**		0,00	0,00	0,00	0,00	0,00	0,01	0,01	0,02	0,03	0,05	0,07	0,10	0,13

Abbildung 16.11: Berechnung der BESSELJ()-Funktion für die Ordnungen n = 0...4 (Ausschnitt)

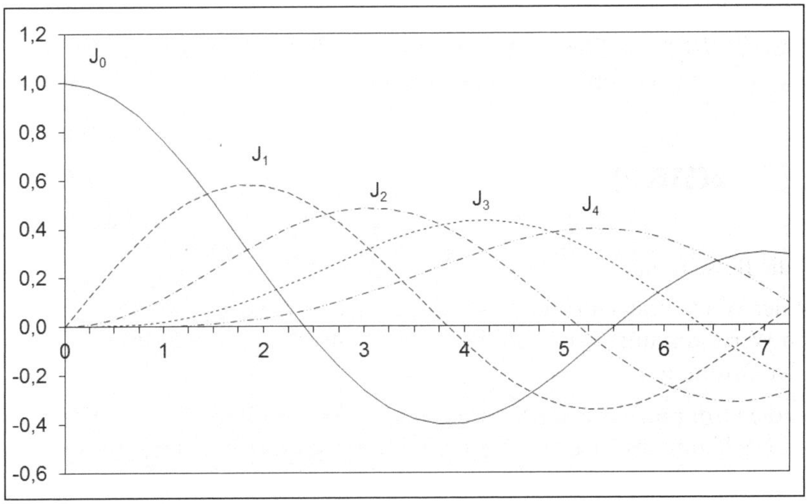

Abbildung 16.12: Grafische Darstellung der Besselfunktion der ersten Art $J_n(x)$ mittels der BESSELJ()-Funktion

Siehe auch

BESSELI(), BESSELK(), BESSELY()

CD-ROM

Dieses Beispiel finden Sie auf der CD-ROM zum Buch im Ordner *\Buch\Kap16* in der Arbeitsmappe *Bessel_J.xls* (Excel 97-2003) bzw. *Bessel_J.xlsx* (Excel 2007/2010) auf dem Arbeitsblatt *Bessel J*; die dazu gehörende Abbildung auf dem Arbeitsblatt *Diagramm*.

2003: Add-In!

BESSELK() BESSELK()

Syntax BESSELK(*x*;*n*)

Definition Die Funktion gibt die modifizierte Besselfunktion 2. Art $K_n(x)$ zurück.

Argumente *x* (erforderlich) ist der Wert, für den die Funktion ausgewertet werden soll; *x* muss eine reelle Zahl sein und kann Werte von $+1 \cdot 10^{-307}$ bis über +700 annehmen. Der genaue Wert für die Obergrenze von *x* ist von der Ordnung *n* abhängig (und umgekehrt), liegt aber weit oberhalb der in der Praxis vorkommenden Zahlen.

n (erforderlich) ist die Ordnung der Besselfunktion und muss eine positive und ganzzahlige Zahl sein, die größer als 100 sein kann. In der Praxis kommen in der Regel jedoch nur Ordnungen kleiner als 10 vor. Ist *n* keine ganze Zahl, werden deren Nachkommastellen von der Funktion für die Berechnung ignoriert, also abgeschnitten und nicht gerundet.

Hintergrund $K_n(x)$ entspricht den für rein imaginäre Argumente ausgewerteten Besselfunktionen J_n und Y_n. Sie wird gelegentlich »Basset-Funktion«, »Macdonaldsche Funktion« oder auch modifizierte Besselfunktion der 3. Art genannt. Sie ist die Lösung der modifizierten Besselschen Differenzialgleichung

$$x^2y'' + xy' - \left(x^2 + n^2\right) \cdot y = 0$$

bzw.

$$x^2 \cdot \frac{d^2}{dx^2} y + x \cdot \frac{d}{dx} y - \left(x^2 + n^2\right) \cdot y = 0$$

Die modifizierte Besselfunktion zweiter Art $K_n(x)$ der Ordnung *n* kann in Termen der modifizierten Besselfunktion der ersten Art $I_n(x)$ ausgedrückt werden:

$$K_n(x) = \lim_{p \to n} \frac{I_{-p}(x) - I_p(x)}{\sin p\pi} \qquad mit\ n = 0, 1, 2, \ldots$$

Praxiseinsatz Wegen des sehr speziellen Charakters der Besselfunktionen wird auch hier, wie bei der BESSELI()-Funktion, nur auf deren grafische Darstellung eingegangen (siehe Seite 839).

	A	B	C	D	E	F	G	H	I	J	K	L	M	N	O
1	Modifizierte Bessel-Funktion 2. Art							$K_n(x)$							
2															
3	Ordnung	x	0,00	0,10	0,30	0,50	0,70	0,90	1,10	1,30	1,50	1,70	1,90	2,10	2,30
4	0	$K_n(x)$	7,02	2,43	1,37	0,92	0,66	0,49	0,37	0,28	0,21	0,17	0,13	0,10	0,08
5	1			9,85	3,06	1,66	1,05	0,72	0,51	0,37	0,28	0,21	0,16	0,12	0,09
6	2				21,75	7,55	3,66	2,08	1,29	0,85	0,58	0,41	0,30	0,22	0,16
7	3						21,97	9,96	5,21	2,99	1,83	1,18	0,78	0,54	0,38
8	4									14,66	7,92	4,57	2,78	1,75	1,14

Abbildung 16.13: Berechnung der BESSELK()-Funktion für die Ordnungen n = 0...4

Mit dieser Tabelle lassen sich die Funktionswerte der BESSELK()-Funktion für die Ordnungen n = 0...4 berechnen und grafisch darstellen. Bei den höheren Ordnungen werden die ersten Formeln weggelassen, weil ihre Funktionswerte für eine übersichtliche Grafik zu groß sind.

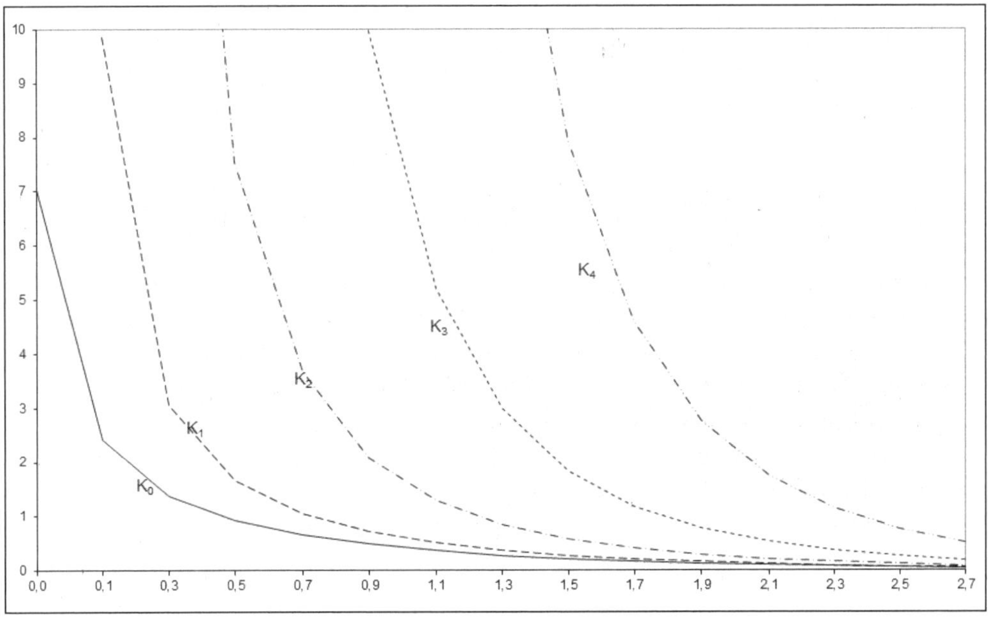

Abbildung 16.14: Grafische Darstellung der modifizierten Besselfunktion der ersten Art $K_n(x)$ mittels der BESSELK()-Funktion

Siehe auch

BESSELI(), BESSELJ(), BESSELY()

CD-ROM

Dieses Beispiel finden Sie auf der CD-ROM zum Buch im Ordner *\Buch\Kap16* in der Arbeitsmappe *Bessel_K.xls* (Excel 97-2003) bzw. *Bessel_K.xlsx* (Excel 2007/2010) auf den Arbeitsblättern *Bessel K* und *Diagramm*.

BESSELY() BESSELY()

2003: Add-In!

Syntax

BESSELY(***x***;***n***)

Definition

Die Funktion gibt die Besselfunktion zweiter Art $Y_n(x)$ zurück.

Argumente

x (erforderlich) ist der Wert, für den die Funktion ausgewertet werden soll; *x* muss eine reelle Zahl größer als 0 sein und kann Werte bis über $\pm 1{,}34 \cdot 10^8$ annehmen. (Der Wertebereich variiert etwas mit der Ordnung *n*.)

n (erforderlich) ist die Ordnung der Besselfunktion und muss positiv sein. Der Maximalwert von *n* hängt von *x* ab; deckt aber alle praxisrelevanten Bereiche ab. Wenn *n* keine ganze Zahl ist, werden deren Nachkommastellen von der Funktion für die Berechnung ignoriert, also nicht gerundet.

Hintergrund

Die Besselfunktion zweiter Art $Y_n(x)$ der Ordnung *n*, die auch als »Webersche Funktion« oder »Neumannsche Funktion« bezeichnet wird, ist die Lösung der Besselschen Differenzialgleichung

$$x^2 y'' + xy' + \left(x^2 - n^2\right) \cdot y = 0$$

bzw.

$$x^2 \cdot \frac{d^2}{dx^2} y + x \cdot \frac{d}{dx} y + \left(x^2 - n^2\right) \cdot y = 0$$

Sie kann in Termen der Besselfunktion der ersten Art $J_n(x)$ ausgedrückt werden:

$$Y_n(x) = \lim_{p \to n} \frac{J_p(x) \cdot \cos p\pi - J_{-p}(x)}{\sin p\pi} \qquad mit\ n = 0, 1, 2, \ldots$$

Praxiseinsatz Wegen des sehr speziellen Charakters der Besselfunktionen wird auch hier, wie bei der BESSELI()-Funktion, nur auf deren grafische Darstellung eingegangen (siehe Seite 839).

	A	B	C	D	E	F	G	H	I	J	K	L	M	N	O
1		Bessel-Funktion 2. Art						$Y_n(x)$							
2															
3	**Ordnung**	**x**	0,25	0,50	0,75	1,00	1,25	1,50	1,75	2,00	2,25	2,50	2,75	3,00	3,25
4	**0**	**$Y_n(x)$**	-0,93	-0,44	-0,14	0,09	0,26	0,38	0,47	0,51	0,52	0,50	0,45	0,38	0,29
5	**1**				-1,04	-0,78	-0,58	-0,41	-0,25	-0,11	0,03	0,15	0,25	0,32	0,38
6	**2**							-0,93	-0,76	-0,62	-0,50	-0,38	-0,27	-0,16	-0,05
7	**3**										-0,91	-0,76	-0,64	-0,54	-0,45
8	**4**													-0,92	-0,77

Abbildung 16.15: Berechnung der BESSELY()-Funktion für die Ordnungen n = 0...4

Mit dieser Tabelle lassen sich die Funktionswerte der BESSELY()-Funktion für die Ordnungen n = 0...4 berechnen und grafisch darstellen. Bei den höheren Ordnungen werden die ersten Formeln weggelassen, weil ihre Funktionswerte für eine übersichtliche Grafik zu groß sind.

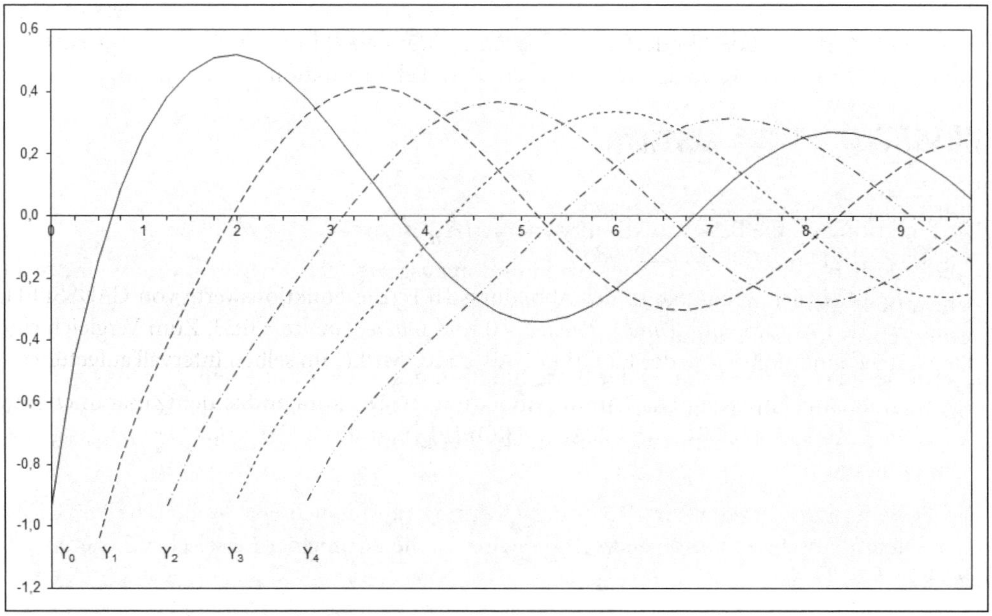

Abbildung 16.16: Grafische Darstellung der Besselfunktionen zweiter Art $Y_n(x)$

Siehe auch

BESSELI(), BESSELJ(), BESSELK()

CD-ROM

Dieses Beispiel und die Grafik finden Sie auf der CD-ROM zum Buch im Ordner *\Buch\Kap16* in der Arbeitsmappe *Bessel_Y.xls* (Excel 97-2003) bzw. *Bessel_Y.xlsx* (Excel 2007/2010) auf den Arbeitsblättern *Bessel Y* bzw. *Diagramm*.

GAUSSF.GENAU() bzw. GAUSSFEHLER() ERF()

2003: Add-In!

Syntax

GAUSSF.GENAU(***_Grenze***;*Obere_Grenze*)

GAUSSFEHLER(***Untere_Grenze***;*Obere_Grenze*)

Definition

Diese Funktionen geben die Werte des Wahrscheinlichkeitsintegrals (auch »Gaußsches Fehlerintegral«, »Fehler-Funktion« oder »Error-Funktion« genannt) zurück. Für Excel 2010 wurde die Funktion GAUSSFEHLER() im Algorithmus verbessert. Zusätzlich bekam sie einen Zwilling, der dasselbe leistet, aber einen neuen, an Konventionen angepassten Namen erhielt: GAUSSF.GENAU(). Wer Abwärtskompatibilität benötigt, kann ohne Nachteil die »alte« Funktion verwenden – so wie die folgenden Erklärungen.

Argumente

Untere_Grenze (erforderlich) ist die untere Grenze für die Integration in GAUSSFEHLER().

Obere_Grenze (optional) ist die obere Grenze für die Integration in GAUSSFEHLER(). Wenn dieses Argument fehlt, integriert GAUSSFEHLER von 0 (Null) bis *Untere_Grenze*.

Hintergrund

Die Gaußsche Fehlerfunktion *erf(z)* erhält man durch Integration der Normalverteilung, der normalisierten Form der Gaußfunktion. Sie hat die Form:

$$erf(z) = \frac{2}{\sqrt{\pi}} \cdot \int_0^z e^{-t^2} dt$$

Bei der Excel-Funktion ist die untere Grenze zusätzlich variabel und lässt sich als erstes Argument eingeben, um alle Sonderfälle abdecken zu können. Mit den Integrationsgrenzen z_1 und z_2 lautet die Definition der »verallgemeinerten Fehlerfunktion« $erf(z_1,z_2)$:

$$erf(z_1, z_2) = \frac{2}{\sqrt{\pi}} \cdot \int_{z_1}^{z_2} e^{-t^2} dt$$

Praxiseinsatz

`=GAUSSFEHLER(0;0,5)` ergibt *0,52049988*

`=GAUSSFEHLER(0,5;1)` ergibt *0,32220086*

Als weitere Beispiele sehen Sie in der Abbildung 16.17 die Funktionswerte von GAUSSFEHLER() mit den Argumenten *Untere_Grenze* = 0 und *Obere_Grenze* = 0...3. Zum Vergleich sind daneben die Funktionswerte der Funktion GAUSSFKOMPL() im selben Intervall aufgeführt.

Aus dem dazu gehörenden Diagramm (Abbildung 16.18) können Sie den Zusammenhang zwischen GAUSSFEHLER() und GAUSSFKOMPL() grafisch dargestellt erkennen: Beide Funktionen summieren sich an jeder Stelle zum Wert 1.

	A	B	C	D
1	Gauss			
2				
3	x	GAUSSFEHLER	GAUSSFKOMPL	GAUSSFEHLER + GAUSSFKOMPL
4	0,00	0	1	1,00
5	0,25	0,27632639	0,72367361	1,00
6	0,50	0,52049988	0,47950012	1,00
7	0,75	0,71115563	0,28884437	1,00
8	1,00	0,84270079	0,15729921	1,00
9	1,25	0,92290013	0,07709987	1,00
10	1,50	0,96610515	0,03389485	1,00
11	1,75	0,98667167	0,01332833	1,00
12	2,00	0,99532227	0,00467773	1,00
13	2,25	0,99853728	0,00146272	1,00
14	2,50	0,99959305	0,00040695	1,00
15	2,75	0,99989938	0,00010062	1,00
16	3,00	0,99997791	0,00002209	1,00

Abbildung 16.17: In dieser Tabelle sehen Sie, wie die Ergebnisse der GAUSSFEHLER()-Funktion (Spalte B) und der GAUSSFKOMPL()-Funktion (Spalte C) zusammen den Wert 1 (Spalte D) ergeben.

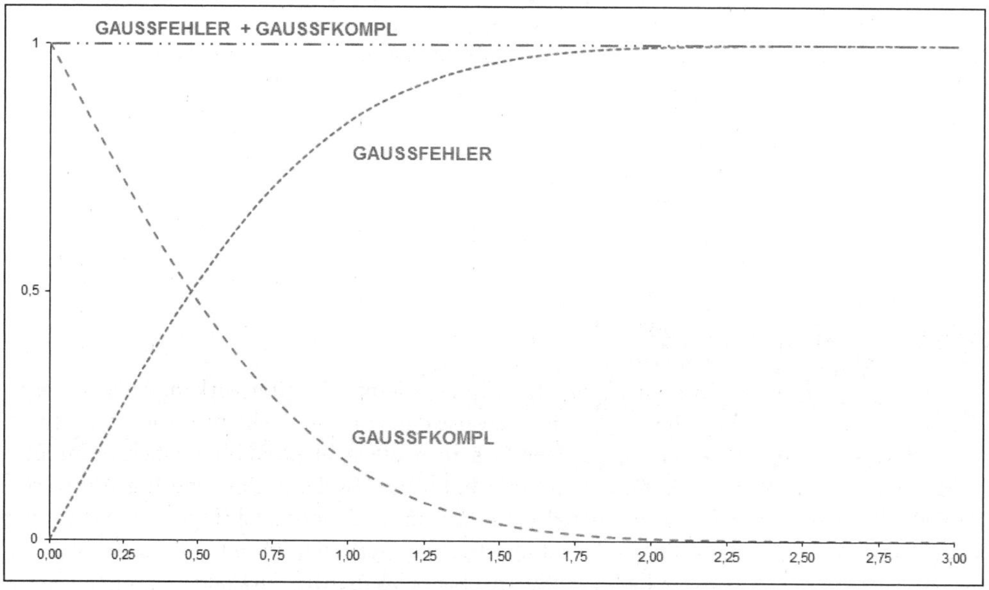

Abbildung 16.18: Dieses Diagramm führt Ihnen grafisch vor, wie sich die beiden Funktionen GAUSSFEHLER() und GAUSSKOMPL() ergänzen

Siehe auch GAUSSFKOMPL.GENAU(), GAUSSFKOMPL()

CD-ROM Das Beispiel und das Diagramm finden Sie auf der CD-ROM zum Buch im Ordner *\Buch\Kap16* in der Arbeitsmappe *Gauss.xls* (Excel 97-2003) bzw. *Gauss.xlsx* (Excel 2007/2010) auf den Arbeitsblättern *GaussDaten* bzw. *Gauss*.

GAUSSFKOMPL.GENAU() bzw. GAUSSFKOMPL() ERFC()

2003: Add-In!

Syntax

GAUSSFKOMPL.GENAU(*Untere_Grenze*)

GAUSSFKOMPL(*Untere_Grenze*)

Definition

Die Funktion gibt das Komplement zur Gaußschen Fehlerfunktion zurück. Für Excel 2010 wurde die Funktion GAUSSFKOMPL() im Algorithmus verbessert. Zusätzlich bekam sie einen Zwilling, der dasselbe leistet, aber einen neuen, an Konventionen angepassten Namen erhielt: GAUSSFKOMPL.GENAU(). Wer Abwärtskompatibilität benötigt, kann ohne Nachteil die »alte« Funktion verwenden – so wie die folgenden Erklärungen.

Argumente

Untere_Grenze (erforderlich) ist die untere Grenze für die Integration in GAUSSFKOMPL(). Diese Funktion kennt nur ein Argument.

Hintergrund

Das Komplement *erfc(z)* der Gaußschen Fehlerfunktion *erf(z)* (siehe im Abschnitt »Hintergrund« bei der Funktion GAUSSFEHLER() auf Seite 845) ergibt sich aus folgendem Zusammenhang:

$$erfc(z) = 1 - erf\ (z) = \frac{2}{\sqrt{\pi}} \cdot \int_{z}^{\infty} e^{-t^2} dt$$

Die obere Integrationsgrenze ist auf unendlich (∞) festgesetzt; *erfc(z)* erfordert daher nur eine Variable *z* (das einzige Argument, das dann auch konsequenterweise *Untere_Grenze* genannt wird).

Praxiseinsatz

Ein Beispiel finden Sie im Abschnitt »Praxiseinsatz« bei der Funktion GAUSSF.GENAU()/ GAUSSFEHLER() auf Seite 845.

Siehe auch

GAUSSF.GENAU(), GAUSSFEHLER()

CD-ROM

Das Beispiel und das Diagramm finden Sie auf der CD-ROM zum Buch im Ordner *\Buch\Kap16* in der Arbeitsmappe *Gauss.xls* (Excel 97-2003) bzw. *Gauss.xlsx* (Excel 2007/2010) auf den Arbeitsblättern *GaussDaten* bzw. *Gauss*.

Sprungfunktionen

Hier begegnen uns zwei mathematische Funktionen, die wie Schalter wirken. Anders als die uns vertrauten Funktionen, die – wie beispielsweise der Sinus – zu einem Ausgangswert uns einen von diesem Ausgangswert abhängigen Ergebniswert liefern und ohne Überraschungen auskommen[4], kennen die beiden Sprungfunktionen nur zwei verschiedene Ergebniswerte: *Null* und *Eins*. Je nachdem, welchen Betrag der Ausgangwert besitzt, springen sie zwischen *0* und *1* hin und her. Dabei kennt die Funktion DELTA() nur einen Punkt, an dem sie sich für die *Eins* entscheidet; ansonsten bleibt sie hartnäckig bei *Null*. Die Funktion GGANZZAHL() dagegen schaltet dauerhaft von *Null* auf *Eins* um, wenn der Ausgangswert eine festzulegende Mindestgröße, eine Schwelle, erreicht und überschreitet.

Die Diracsche Delta-Funktion δ(x) ist der mathematische Stammvater dieser Excel-Funktionen. Sie zählt, wie die beiden Excel-Funktionen, zu den Sprungfunktionen. Auch die Sprungfunktionen, wie sie in der Mathematik gelehrt werden, ändern an einer besonderen Stelle

4 Diese Eigenschaft wird in der Mathematik »stetig« genannt.

(oder auch mehreren) übergangslos, also sprunghaft, ihren Ergebniswert und sind an dieser Stelle also nicht stetig.

Der Definitionsbereich der Diracschen Delta-Funktion reicht von $x = -\infty$ bis $x = +\infty$ und an der Stelle $x = 0$ wird sie unendlich (nicht *Eins*!). Sie wird beispielsweise in der Mechanik und der Elektrizitätslehre zur Darstellung von Momentanimpulsen eingesetzt.

2003: Add-In!

DELTA() DELTA()

Syntax DELTA(*Zahl1*;*Zahl2*)

Definition Die DELTA()-Funktion überprüft zwei Werte auf Gleichheit. Die Funktion gibt 1 zurück, wenn *Zahl1* und *Zahl2* exakt gleich sind; andernfalls gibt sie 0 (Null) zurück.

Argumente *Zahl1* (erforderlich) und *Zahl2* (optional) sind zwei beliebige reelle Zahlen. Wenn das Argument *Zahl2* fehlt, wird es als Null angenommen.

Hintergrund Wenn man bei dieser Funktion das zweite (optionale) Argument weglässt oder gleich Null setzt, hat man nahezu die direkte Entsprechung der Diracschen Delta-Funktion: Für jeden Wert von *Zahl1* liefert die DELTA()-Funktion den Wert Null und für *Zahl1* gleich Null den Wert 1. Eigentlich müsste dieser letzte Wert nicht 1, sondern ∞ (unendlich) sein. Weil aber Rechnersysteme den Wert ∞ nicht darstellen können, haben die Programmierer dieser Funktion den sinnvollen Wert 1 als Ergebniswert festgelegt (siehe auch die Einleitung zum Abschnitt »Sprungfunktionen« auf Seite 847).

Sie leistet damit das Gleiche wie die WENN()-Funktion in der Schreibweise:

```
WENN(Zahl1=Zahl2;1;0)
```

Die Vorteile der DELTA()-Funktion gegenüber der WENN()-Funktion liegen in der einfacheren Syntax, der größeren Übersichtlichkeit und der höheren Ausführungsgeschwindigkeit.

Praxiseinsatz Mit dieser Funktion können Sie eine Gruppe von Werten filtern. Beispielsweise können Sie durch Summieren über mehrere DELTA()-Funktionen berechnen, wie viele gleiche Zahlenpaare vorliegen.

Beispiel 1 `=DELTA(A1;C3)` ergibt *1*,

wenn die Inhalte der Zellen *A1* und *C3* gleich sind, andernfalls *0*.

Beispiel 2 Ein fertig verpacktes Sortiment soll aus fünf Teilen mit unterschiedlicher und zuweilen wechselnder Stückzahl bestehen. Dazu soll in übersichtlicher Form der Verpackungsfortschritt des Sortiments in einer Excel-Tabelle dargestellt werden. Die Übereinstimmung von Soll- und Ist-Wert lässt sich einfach mit der Delta-Funktion erledigen. In der Excel-Tabelle in Abbildung 16.19 erhält man in der Zelle *D8* nur dann den Wert 5 (= der Anzahl der verschiedenen Teile im Sortiment), wenn alle Soll- und Ist-Werte identisch sind.

Eine ähnliche Lösung hätten Sie auch mit der Funktion GGANZZAHL() auf Seite 849 erreichen können. Der Nachteil wäre allerdings, dass eine Übererfüllung nicht festzustellen wäre, was die DELTA()-Funktion jedoch leisten kann. Wenn Sie in der in Abbildung 16.19 stehenden Tabelle beispielsweise in der Zelle *C3* den Wert von 12 auf 13 ändern, wird auch das Ergebnis der DELTA()-Funktion in der Zelle *D3* sogleich auf Null geändert.

	A	B	C	D
1	Sortiment A			
2		Sollwert	Istwert	Übereinstimmung
3	Teil 1	12	12	1
4	Teil 2	5	4	0
5	Teil 3	20	17	0
6	Teil 4	100	100	1
7	Teil 5	3	3	1
8				3

Abbildung 16.19: Die Übereinstimmung zweier Werte lässt sich mit der DELTA()-Funktion leicht ermitteln

Hinweis

Beim Betrachten dieses einfachen Beispiels könnte man auf die Idee kommen, den Einsatz der DELTA()-Funktion als überflüssig zu erachten, weil man beim Eingeben der Werte schon mit einem Blick erkennen kann, ob die Übereinstimmung erreicht ist. Dem ist entgegenzuhalten, dass in der beruflichen Praxis selten Dateneingabe und Auswertung örtlich und zeitlich zusammenfallen. So können die Werte in den Zellen von *B3* bis *C7* durchaus aus anderen Excel-Arbeitsmappen durch Verknüpfungen – häufig über ein Netzwerk – in diese Tabelle eingebunden werden. Derjenige, der die Daten eingibt, muss nicht zwangsläufig derjenige sein, der sie auch auswerten muss. Daher hebt die DELTA()-Funktion für den Nutzer der Tabelle das Entscheidende hervor.

Siehe auch

GGANZZAHL() sowie IDENTISCH() aus der Kategorie »Textfunktionen«

CD-ROM

Das Beispiel aus Abbildung 16.19 finden Sie auf der CD-ROM zum Buch im Ordner *\Buch\Kap16* in der Arbeitsmappe *Delta.xls* (Excel 97-2003) bzw. *Delta.xlsx* (Excel 2007/2010) auf dem Arbeitsblatt *Tabelle1*.

GGANZZAHL() GESTEP()

2003: Add-In!

Syntax

GGANZZAHL(*Zahl*;*Schritt*)

Definition

GGANZZAHL() gibt den Wert 1 zurück, wenn das Argument *Zahl* größer oder gleich dem Argument *Schritt* ist; andernfalls gibt sie 0 (Null) zurück.

Argumente

Zahl (erforderlich) ist der Wert, der gegen *Schritt* geprüft werden soll.

Schritt (optional) steht für den Schwellenwert. Wenn Sie für *Schritt* keinen Wert angeben, arbeitet GGANZZAHL() mit 0 (Null).

Anders, als der Name vermuten lässt, dürfen beide Argumente auch Dezimalbrüche und müssen nicht ganze Zahlen sein.

Hintergrund

Mit dieser Funktion können Sie eine Gruppe von Werten filtern. Beispielsweise können Sie durch Aufsummieren mehrerer GGANZZAHL()-Funktionen berechnen, wie viele Werte größer sind als ein Schwellenwert. (Siehe auch die Einleitung zum Abschnitt »Sprungfunktionen« auf Seite 847)

Sie leistet das Gleiche wie die WENN()-Funktion in der Schreibweise:

```
=WENN(Zahl>=Schritt;1;0)
```

Die Vorteile der GGANZZAHL()-Funktion gegenüber der WENN()-Funktion liegen in der einfacheren Syntax, der größeren Übersichtlichkeit und der höheren Ausführungsgeschwindigkeit.

Praxiseinsatz

Beispiel 1

`=GGANZZAHL(2;5)` ergibt *0*

`=GGANZZAHL(5;5)` ergibt *1*

`=GGANZZAHL(8;5)` ergibt *1*

Beispiel 2 Eine Schulklasse tritt bei einem Sportfest zum Weitsprung an. Der Lehrer will wissen, welche Sprünge ein gewisses Mindestmaß erreichen oder überschreiten. Im Bereich *E6:G16* stehen die Formeln, die mithilfe der GGANZZAHL()-Funktion die jeweilige Sprungweite im Bereich *B6:D16* mit dem vorgegebenen Mindestmaß von 3,80 m in Zelle *E5* (benannt als »minWeite«) vergleichen.

	A	B	C	D	E	F	G	H
1	Bundesjugendspiele 2010			Weitsprung				
2								
3	Klasse 9a	Weite			Mindest-			Von 3 Sprüngen
4					weite			über der
5	Schüler/Schülerin	1. Sprung	2. Sprung	3. Sprung	3,80			Mindestweite
6	Arwenheim	3,78	3,95	3,80	0	1	1	2
7	Brabant	4,12	4,07	4,28	1	1	1	3
8	Cullman	4,09	3,75	3,79	1	0	0	1
9	Duisenberg	3,52	4,17	4,32	0	1	1	2
10	Ehrig	2,95	3,09	3,41	0	0	0	0
11	Flunkherr	4,89	4,88	4,87	1	1	1	3
12	Gieselmann	3,66	3,54	3,74	0	0	0	0
13	Hansen	3,43	3,39	3,41	0	0	0	0
14	Imain	4,52	4,31	4,78	1	1	1	3
15	Jolandarka	3,94	3,82	4,01	1	1	1	3
16	Kim	3,62	3,71	3,53	0	0	0	0
17					insgesamt:			17

Abbildung 16.20: Im *Bereich E6:G16* zeigt uns die GGANZZAHL()-Funktion mit einer 1, welcher Sprung über der Mindestweite von 3,80 m (vorgegeben in Zelle E5) lag

Siehe auch DELTA() sowie IDENTISCH() aus der Kategorie »Textfunktionen«

CD-ROM Dieses Beispiel finden Sie auf der CD-ROM zum Buch im Ordner *\Buch\Kap16* in der Arbeitsmappe *GGanzzahl.xls* (Excel 97-2003) bzw. *GGanzzahl.xlsx* (Excel 2007/2010) auf dem Arbeitsblatt *Weitsprung*.

Teil D

Anhang

Anhang A

Funktionslisten alphabetisch

Prinzipiell sind die folgenden Funktionslisten alphabetisch sortiert. Die neuen bzw. umbenannten Funktionen in Excel 2010 machen hier teilweise eine Ausnahme. Wir haben sie immer unterhalb der alten Funktion angeordnet, welche in 2010 in der Gruppe der *Kompatibilitäts*-Funktionen erscheint. Extremstes Beispiel: Sie finden die Funktion NORM.S.INV() in der deutschen Liste unter der Vorgängerin STANDNORMINV(). Wir ziehen es trotzdem vor, diese zusammengehörigen Funktionen auch untereinander aufzulisten.

Funktionsliste Deutsch-Englisch

ID	Deutsch	Englisch	Kategorie	Zweck
1	ABRUNDEN	ROUNDDOWN	Math. & Trigonom.	Rundet die Zahl auf *Anzahl_Stellen* ab
2	ABS	ABS	Math. & Trigonom.	Liefert den Absolutwert einer Zahl
3	ACHSENABSCHNITT	INTERCEPT	Statistik	Gibt den Schnittpunkt der Regressionsgeraden zurück
4	ADRESSE	ADDRESS	Matrix	Liefert einen Bezug auf eine Zelle einer Tabelle als Text
5	AGGREGAT (2010)	AGGREGATE	Math. & Trigonom.	Gibt ein Aggregat in einer Liste oder Datenbank zurück
6	AMORDEGRK	AMORDEGRC	Finanzmathematik	Liefert den für eine Abrechnungsperiode anzusetzenden Abschreibungsbetrag auf Basis des französischen Buchführungssystems
7	AMORLINEARK	AMORLINC	Finanzmathematik	Gibt den für eine Abrechnungsperiode anzusetzenden Abschreibungsbetrag auf Basis des französischen Buchführungssystems zurück
8	ANZAHL	COUNT	Statistik	Berechnet, wie viele Zahlen eine Liste von Argumenten enthält
9	ANZAHL2	COUNTA	Statistik	Berechnet, wie viele Werte eine Liste von Argumenten enthält
10	ANZAHLLEEREZELLEN	COUNTBLANK	Statistik	Zählt die leeren Zellen in einem Zellbereich
11	ARBEITSTAG	WORKDAY	Datum & Zeit	Gibt die Datumsangabe als fortlaufenden Tag im Jahr zurück, vor oder nach einer bestimmten Anzahl von Arbeitstagen
12	ARBEITSTAG.INTL (2010)	WORKDAY.INTL	Datum & Zeit	Gibt unter Beachtung der Wochenenddefinition die Datumsangabe als fortlaufenden Tag im Jahr zurück, vor oder nach einer bestimmten Anzahl von Arbeitstagen
13	ARCCOS	ACOS	Math. & Trigonom.	Liefert den Arkuskosinus oder umgekehrten Kosinus einer Zahl ▶

ID	Deutsch	Englisch	Kategorie	Zweck
14	ARCCOSHYP	ACOSH	Math. & Trigonom.	Liefert den umgekehrten hyperbolischen Kosinus einer Zahl
15	ARCSIN	ASIN	Math. & Trigonom.	Gibt den Arkussinus oder auch umgekehrten Sinus einer Zahl zurück
16	ARCSINHYP	ASINH	Math. & Trigonom.	Gibt den umgekehrten hyperbolischen Sinus einer Zahl zurück
17	ARCTAN	ATAN	Math. & Trigonom.	Gibt den Arkustangens oder auch umgekehrten Tangens einer Zahl zurück
18	ARCTAN2	ATAN2	Math. & Trigonom.	Gibt den Arkustangens oder auch umgekehrten Tangens ausgehend von einer *x*- und einer *y*-Koordinate zurück
19	ARCTANHYP	ATANH	Math. & Trigonom.	Gibt den umgekehrten hyperbolischen Tangens einer Zahl zurück
20	ASC	ASC	Text	Wandelt bei Sprachen mit einem Double-Byte-Zeichensatz (DBCS) Zeichen voller Breite (Double-Byte-Zeichen) in Zeichen halber Breite (Single-Byte-Zeichen) um
21	AUFGELZINS	ACCRINT	Finanzmathematik	Liefert die aufgelaufenen Zinsen (Stückzinsen) eines Wertpapiers mit periodischen Zinszahlungen
22	AUFGELZINSF	ACCRINTM	Finanzmathematik	Liefert die aufgelaufenen Zinsen (Stückzinsen) eines Wertpapiers, die bei Fälligkeit ausgezahlt werden
23	AUFRUNDEN	ROUNDUP	Math. & Trigonom.	Rundet die Zahl auf *Anzahl_Stellen* auf
24	AUSZAHLUNG	INTRATE	Finanzmathematik	Gibt den Auszahlungsbetrag eines voll investierten Wertpapiers am Fälligkeitstermin zurück
25	BAHTTEXT	BAHTTEXT	Text	Wandelt eine Zahl in Thai-Text um und fügt diesem das Suffix »Baht« hinzu
26	BEREICH.VERSCHIEBEN	OFFSET	Matrix	Gibt einen Bezug zurück, der gegenüber dem angegebenen Bezug versetzt ist
27	BEREICHE	AREAS	Matrix	Gibt die Anzahl der innerhalb eines Bezuges aufgeführten Bereiche zurück
28	BESSELI	BESSELI	Technisch	Gibt die modifizierte Besselfunktion *In(x)* zurück, die der für rein imaginäre Argumente ausgewerteten Besselfunktion *Jn* entspricht
29	BESSELJ	BESSELJ	Technisch	Gibt die Besselfunktion *Jn(x)* zurück ▶

ID	Deutsch	Englisch	Kategorie	Zweck
30	BESSELK	BESSELK	Technisch	Gibt die modifizierte Besselfunktion *Kn(x)* zurück, die den für rein imaginäre Argumente ausgewerteten Besselfunktionen *Jn* und *Yn* entspricht
31	BESSELY	BESSELY	Technisch	Gibt die Besselfunktion *Yn(x)* zurück, die auch als Webersche Funktion oder Neumannsche Funktion bezeichnet wird
32	BESTIMMTHEITSMASS	RSQ	Statistik	Gibt das Quadrat des Pearsonschen Korrelationskoeffizienten zurück, entsprechend den in *Y_Werte* und *X_Werte* abgelegten Datenpunkten
33	BETAINV	BETAINV	Statistik (in 2010 Kompatibilität)	Gibt das Quantil der angegebenen Betaverteilung zurück
34	BETA.INV (2010)	BETA.INV	Statistik	Siehe BETAINV
35	BETAVERT	BETADIST	Statistik (in 2010 Kompatibilität)	Gibt die Werte der kumulierten Betaverteilungsfunktion zurück
36	BETA.VERT (2010)	BETA.DIST	Statistik	Siehe BETAVERT
37	BININDEZ	BIN2DEC	Technisch	Wandelt eine binäre Zahl (Dualzahl) in eine dezimale Zahl um
38	BININHEX	BIN2HEX	Technisch	Wandelt eine binäre Zahl (Dualzahl) in eine hexadezimale Zahl um
39	BININOKT	BIN2OCT	Technisch	Wandelt eine binäre Zahl (Dualzahl) in eine Oktalzahl um
40	BINOM.INV (2010)	BINOM.INV	Statistik	Gibt den kleinsten Wert, für den die kumulierten Wahrscheinlichkeiten der Binominalverteilung größer oder gleich einer Grenzwahrscheinlichkeit sind, zurück
41	BINOMVERT	BINOMDIST	Statistik (in 2010 Kompatibilität)	Gibt Wahrscheinlichkeiten einer binomialverteilten Zufallsvariablen zurück
42	BINOM.VERT (2010)	BINOM.DIST	Statistik	Siehe BINOMVERT
43	BOGENMASS	RADIANS	Math. & Trigonom.	Wandelt Grad in Bogenmaß (Radiant) um
44	BRTEILJAHRE	YEARFRAC	Datum & Zeit	Wandelt die Anzahl der ganzen Tage zwischen Ausgangsdatum und Enddatum in Bruchteile von Jahren um
45	BW	PV	Finanzmathematik	Gibt den Barwert einer Investition zurück
46	CHIINV	CHIINV	Statistik (in 2010 Kompatibilität)	Gibt Quantile der $\gamma 2$ -Verteilung zurück
47	CHIQU.INV (2010)	CHISQ.INV	Statistik	Gibt Quantile der linksseitigen $\gamma 2$ -Verteilung zurück ▶

ID	Deutsch	Englisch	Kategorie	Zweck
48	CHIQU.INV.RE (2010)	CHISQ.INV.RE	Statistik	Gibt Quantile der rechtsseitigen $\gamma2$ -Verteilung zurück
49	CHITEST	CHITEST	Statistik (in 2010 Kompatibilität)	Gibt die Teststatistik eines $\gamma2$-Unabhängigkeitstests zurück
50	CHIQU.TEST (2010)	CHISQ.TEST	Statistik	Siehe CHITEST
51	CHIVERT	CHIDIST	Statistik (in 2010 Kompatibilität)	Gibt Werte der Verteilungsfunktion (1-Alpha) einer Chi-Quadrat-verteilten Zufallsgröße zurück
52	CHIQU.VERT (2010)	CHISQ.DIST	Statistik	Gibt Werte der linksseitigen Verteilungsfunktion (1-Alpha) einer Chi-Quadrat-verteilten Zufallsgröße zurück
53	CHIQU.VERT.RE (2010)	CHISQ.DIST.RT	Statistik	Gibt Werte der rechtsseitigen Verteilungsfunktion (1-Alpha) einer Chi-Quadrat-verteilten Zufallsgröße zurück
54	CODE	CODE	Text	Gibt die Codezahl des ersten Zeichens in einem Text zurück
55	COS	COS	Math. & Trigonom.	Gibt den Kosinus einer Zahl zurück
56	COSHYP	COSH	Math. & Trigonom.	Gibt den hyperbolischen Kosinus einer Zahl zurück
57	CUBEELEMENT	CUBEMEMBER	Cubefunktionen	Gibt für den angegebenen Dimensionspfad das Dimensionselement zurück
58	CUBEELEMENTEIGENSCHAFT	CUBEMEMBERPROPERTY	Cubefunktionen	Gibt für ein Dimensionselement die geforderte Eigenschaft, auch Attribut genannt, zurück
59	CUBEKPIELEMENT	CUBEKPIMEMBER	Cubefunktionen	Gibt die angeforderte Eigenschaft von Key Performance-Indikatoren eines Würfels zurück
60	CUBEMENGE	CUBESET	Cubefunktionen	Gibt eine definierte Menge von Elementen eines Cubes zurück. Dieses sog. Set stellt einen Teilwürfel dar
61	CUBEMENGENANZAHL	CUBESETCOUNT	Cubefunktionen	Gibt die Anzahl der Elemente eines Sets zurück
62	CUBERANGELEMENT	CUBERANKEDMEMBER	Cubefunktionen	Gibt das per Index definierte Element eines Sets zurück
63	CUBEWERT	CUBEVALUE	Cubefunktionen	Gibt den Wert für eine gegebene Adresse aus einem Datenwürfel zurück
64	DATEDIF	DATEDIF	Datum & Zeit	Ermittelt die Differenz zwischen Anfangs- und Enddatum in Jahren, Monaten oder Tagen ▶

ID	Deutsch	Englisch	Kategorie	Zweck
65	DATUM	DATE	Datum & Zeit	Gibt die fortlaufende Zahl zurück, die ein bestimmtes Datum darstellt
66	DATWERT	DATEVALUE	Datum & Zeit	Wandelt ein als Text vorliegendes Datum in eine fortlaufende Zahl um
67	DBANZAHL	DCOUNT	Datenbank	Zählt die Anzahl von Zellen in einer Spalte einer Liste oder Datenbank, die den angegebenen Bedingungen entsprechen
68	DBANZAHL2	DCOUNTA	Datenbank	Zählt die Anzahl von Zellen in einer Spalte einer Liste oder Datenbank, die den angegebenen Bedingungen entsprechen
69	DBAUSZUG	DGET	Datenbank	Extrahiert einen einzelnen Wert in einer Spalte einer Liste oder Datenbank, der den angegebenen Bedingungen entspricht
70	DBMAX	DMAX	Datenbank	Liefert die größte Anzahl in einer Spalte einer Liste oder Datenbank, die den angegebenen Bedingungen entspricht
71	DBMIN	DMIN	Datenbank	Liefert die kleinste Anzahl in einer Spalte einer Liste oder Datenbank, die den angegebenen Bedingungen entspricht
72	DBMITTELWERT	DAVERAGE	Datenbank	Liefert den Mittelwert aus den Werten einer Listen- oder Datenbankspalte, die den von Ihnen angegebenen Bedingungen entsprechen
73	DBPRODUKT	DPRODUCT	Datenbank	Multipliziert die Werte in einer Spalte einer Liste oder Datenbank, die den angegebenen Bedingungen entsprechen
74	DBSTABW	DSTDEV	Datenbank	Schätzt die Standardabweichung einer Grundgesamtheit ausgehend von den Zahlen in einer Spalte einer Liste oder Datenbank, die den angegebenen Bedingungen entsprechen
75	DBSTDABWN	DSTDEVP	Datenbank	Berechnet die Standardabweichung einer vollständigen Grundgesamtheit ausgehend von den Zahlen in einer Spalte einer Liste oder Datenbank, die den angegebenen Bedingungen entsprechen ▶

ID	Deutsch	Englisch	Kategorie	Zweck
76	DBSUMME	DSUM	Datenbank	Fügt die Zahlen in einer Spalte aus einer Liste oder Datenbank hinzu, die den angegebenen Bedingungen entsprechen
77	DBVARIANZ	DVAR	Datenbank	Schätzt die Varianz einer Grundgesamtheit ausgehend von einer Stichprobe mit den Zahlen in einer Spalte einer Liste oder Datenbank, die den angegebenen Bedingungen entsprechen
78	DBVARIANZEN	DVARP	Datenbank	Berechnet die Varianz einer vollständigen Grundgesamtheit ausgehend von den Zahlen in einer Spalte einer Liste oder Datenbank, die den angegebenen Bedingungen entsprechen
79	DELTA	DELTA	Technisch	Überprüft, ob zwei Werte gleich sind
80	DEZINBIN	DEC2BIN	Technisch	Wandelt eine dezimale Zahl in eine binäre Zahl (Dualzahl) um
81	DEZINHEX	DEC2HEX	Technisch	Wandelt eine dezimale Zahl in eine hexadezimale Zahl um
82	DEZINOKT	DEC2OCT	Technisch	Wandelt eine dezimale Zahl in eine Oktalzahl um
83	DIA	SYD	Finanzmathematik	Gibt die arithmetisch-degressive Abschreibung eines Wirtschaftsguts für eine bestimmte Periode zurück
84	DISAGIO	DISC	Finanzmathematik	Gibt den in Prozent ausgedrückten Abzinsungssatz eines Wertpapiers zurück
85	DM	DOLLAR	Text	Konvertiert eine Zahl in ein Textformat und ordnet ein Währungssymbol zu
86	DURATION	DURATION	Finanzmathematik	Gibt für einen angenommenen Nennwert von 100 € die Macauley-Dauer zurück
87	EDATUM	EDATE	Datum & Zeit	Gibt die fortlaufende Zahl des Datums zurück, das eine bestimmte Anzahl von Monaten vor bzw. nach dem angegebenen Datum (Ausgangsdatum) liegt
88	EFFEKTIV	EFFECT	Finanzmathematik	Gibt die jährliche Effektivverzinsung zurück, ausgehend von einer Nominalverzinsung sowie der jeweiligen Anzahl der Zinszahlungen pro Jahr ▶

ID	Deutsch	Englisch	Kategorie	Zweck
89	ERSETZEN	REPLACE	Text	Ersetzt auf der Grundlage der Anzahl von Zeichen, die Sie angeben, einen Teil einer Textzeichenfolge durch eine andere Textzeichenfolge
90	ERSETZENB	REPLACEB	Text	Ersetzt auf der Grundlage der von Ihnen angegebenen Anzahl der Bytes einen Teil einer Textzeichenfolge durch eine andere Textzeichenfolge
91	EUROCONVERT	EUROCONVERT	Externe Funktionen	Sie können diese Funktion verwenden, um eine Zahl in Euro oder von Euro in eine beteiligte Währung umzuwandeln
92	EXP	EXP	Math. & Trigonom.	Potenziert die Basis *e* mit der als Argument angegebenen Zahl. Die Konstante *e* ist die Basis des natürlichen Logarithmus und hat den Wert 2,71828182845904.
93	EXPONVERT	EXPONDIST	Statistik (in 2010 Kompatibilität)	Gibt Wahrscheinlichkeiten einer exponential verteilten Zufallsvariablen zurück
94	EXPON.VERT (2010)	EXPON.DIST	Statistik	Siehe EXPONVERT
95	FAKULTÄT	FACT	Math. & Trigonom.	Gibt die Fakultät einer Zahl zurück. Die Fakultät einer Zahl wird aus *1*2*3*...* Zahl* berechnet.
96	FALSCH	FALSE	Logik	Gibt den Wahrheitswert *FALSCH* zurück
97	FEHLER.TYP	ERROR.TYPE	Information	Gibt eine Zahl zurück, die einem der Fehlerwerte in Microsoft Excel entspricht, oder den Fehlerwert *#NV*, wenn kein Fehler vorhanden ist
98	FEST	FIXED	Text	Formatiert eine Zahl als Text mit einer festen Anzahl von Nachkommastellen
99	FINDEN	FIND	Text	Sucht eine Zeichenfolge (Suchtext) innerhalb einer anderen Zeichenfolge (Text) und gibt als Ergebnis die Nummer der Anfangsposition von Suchtext ab dem ersten Zeichen von Text zurück
100	FINDENB	FINDB	Text	Sucht eine Zeichenfolge (Suchtext) innerhalb einer anderen Zeichenfolge (Text) und gibt als Ergebnis die Nummer der Anfangsposition von Suchtext ab dem ersten Zeichen von Text auf der Grundlage der Anzahl von Bytes zurück, die jedes Zeichen verwendet ▶

ID	Deutsch	Englisch	Kategorie	Zweck
101	FINV	FINV	Statistik (in 2010 Kompatibilität)	Gibt Quantile der F-Verteilung zurück
102	F.INV (2010)	F.INV	Statistik	Gibt Quantile der linksseitigen F-Verteilung zurück
103	F.INV.RE (2010)	F.INV.RT	Statistik	Gibt Quantile der rechtsseitigen F-Verteilung zurück
104	FISHER	FISHER	Statistik	Gibt die Fisher-Transformation für x zurück
105	FISHERINV	FISHERINV	Statistik	Gibt die Umkehrung der Fisher-Transformation zurück
106	FTEST	FTEST	Statistik (in 2010 Kompatibilität)	Gibt die Teststatistik eines F-Tests zurück
107	F.TEST (2010)	F.TEST	Statistik	Siehe FTEST
108	FVERT	FDIST	Statistik (in 2010 Kompatibilität)	Gibt Werte der Verteilungsfunktion (1-Alpha) einer F-verteilten Zufallsvariablen zurück
109	F.VERT (2010)	F.DIST	Statistik	Gibt Werte der Verteilungsfunktion (1-Alpha) einer linksseitigen F-verteilten Zufallsvariablen zurück
110	F.VERT.RE (2010)	F.DIST.RT	Statistik	Gibt Werte der Verteilungsfunktion (1-Alpha) einer rechtsseitigen F-verteilten Zufallsvariablen zurück
111	GAMMAINV	GAMMAINV	Statistik (in 2010 Kompatibilität)	Gibt Quantile der Gammaverteilung zurück
112	GAMMA.INV (2010)	GAMMA.INV	Statistik	Siehe GAMMAINV
113	GAMMALN	GAMMALN	Statistik	Gibt den natürlichen Logarithmus der Gammafunktion zurück, $\Gamma(x)$
114	GAMMALN.GENAU (2010)	GAMMALN.PRECISE	Statistik	Siehe GAMMALN
115	GAMMAVERT	GAMMADIST	Statistik (in 2010 Kompatibilität)	Gibt Wahrscheinlichkeiten einer gammaverteilten Zufallsvariablen zurück
116	GAMMA.VERT (2010)	GAMMA.DIST	Statistik	Siehe GAMMAVERT
117	GANZZAHL	INT	Math. & Trigonom.	Rundet eine Zahl auf die nächst kleinere ganze Zahl ab
118	GAUSSFEHLER	ERF	Technisch	Gibt die Gaußsche Fehlerfunktion zurück
119	GAUSSF.GENAU (2010)	ERF.PRECISE	Technisch	Siehe GAUSSFEHLER
120	GAUSSFKOMPL	ERFC	Technisch	Gibt das Komplement zur Gaußschen Fehlerfunktion zurück
121	GAUSSFKOMPL.GENAU (2010)	ERFC.PRECISE	Technisch	Siehe GAUSSFKOMPL

▶

ID	Deutsch	Englisch	Kategorie	Zweck
122	GDA	DDB	Finanzmathematik	Gibt die Abschreibung eines Anlageguts für einen angegebenen Zeitraum unter Verwendung der degressiven Doppelraten-Abschreibung oder eines anderen von Ihnen angegebenen Abschreibungsverfahrens zurück
123	GDA2	DB	Finanzmathematik	Gibt die geometrisch-degressive Abschreibung eines Wirtschaftsguts für eine bestimmte Periode zurück
124	GEOMITTEL	GEOMEAN	Statistik	Gibt das geometrische Mittel einer Menge positiver Zahlen zurück
125	GERADE	EVEN	Math. & Trigonom.	Rundet eine Zahl auf die nächste gerade ganze Zahl auf
126	GESTUTZTMITTEL	TRIMMEAN	Statistik	Gibt den Mittelwert einer Datengruppe zurück, ohne die Randwerte zu berücksichtigen
127	GGANZZAHL	GESTEP	Technisch	Gibt den Wert 1 zurück, wenn *Zahl* ≥ *Schritt* gilt; andernfalls gibt sie 0 (Null) zurück
128	GGT	GCD	Math. & Trigonom.	Gibt den größten gemeinsamen Teiler zurück
129	GLÄTTEN	TRIM	Text	Löscht Leerzeichen in Text, die nicht als jeweils einzelne, zwischen Wörtern stehende Trennzeichen dienen
130	GRAD	DEGREES	Math. & Trigonom.	Wandelt ein Bogenmaß (Radiant) in Grad um
131	GROSS	UPPER	Text	Wandelt Text in Großbuchstaben um
132	GROSS2	PROPER	Text	Wandelt den ersten Buchstaben aller Wörter einer Zeichenfolge in Großbuchstaben und alle anderen Buchstaben in Kleinbuchstaben um
133	GTEST	ZTEST	Statistik (in 2010 Kompatibilität)	Gibt den einseitigen Wahrscheinlichkeitswert für einen Gaußtest (Normalverteilung) zurück
134	G.TEST (2010)	Z.TEST	Statistik	Gibt den einseitigen Wahrscheinlichkeitswert für einen Gaußtest (Normalverteilung) zurück
135	HARMITTEL	HARMEAN	Statistik	Gibt das harmonische Mittel einer Datenmenge zurück
136	HÄUFIGKEIT	FREQUENCY	Statistik	Gibt eine Häufigkeitsverteilung als einspaltige Matrix zurück
137	HEUTE	TODAY	Datum & Zeit	Gibt die fortlaufende Zahl des heutigen Datums zurück ▶

ID	Deutsch	Englisch	Kategorie	Zweck
138	HEXINBIN	HEX2BIN	Technisch	Wandelt eine hexadezimale Zahl in eine Binärzahl um
139	HEXINDEZ	HEX2DEC	Technisch	Wandelt eine hexadezimale Zahl in eine dezimale Zahl um
140	HEXINOKT	HEX2OCT	Technisch	Wandelt eine hexadezimale Zahl in eine Oktalzahl um
141	HYPERLINK	HYPERLINK	Matrix	Erstellt eine Verknüpfung oder einen Sprung, über die ein auf einem Netzwerkserver, in einem Intranet oder im Internet gespeichertes Dokument geöffnet wird
142	HYPGEOMVERT	HYPGEOMDIST	Statistik (in 2010 Kompatibilität)	Gibt Wahrscheinlichkeiten einer hypergeometrisch-verteilten Zufallsvariablen zurück
143	HYPGEOM.VERT (2010)	HYPGEOM.DIST	Statistik	Gibt Wahrscheinlichkeiten einer hypergeometrisch-verteilten Zufallsvariablen zurück
144	IDENTISCH	EXACT	Text	Prüft, ob zwei Zeichenfolgen identisch sind
145	IKV	IRR	Finanzmathematik	Gibt den internen Zinsfuß einer Investition ohne Finanzierungskosten oder Reinvestitionsgewinne zurück
146	IMABS	IMABS	Technisch	Gibt den Absolutwert (Modul) einer komplexen Zahl zurück
147	IMAGINÄRTEIL	IMAGINARY	Technisch	Gibt den Imaginärteil einer komplexen Zahl zurück, die als Zeichenfolge der Form $x + yi$ oder $x + yj$ vorliegt
148	IMAPOTENZ	IMPOWER	Technisch	Potenziert eine komplexe Zahl, die als Zeichenfolge der Form $x + yi$ oder $x + yj$ vorliegt, mit einer ganzen Zahl
149	IMARGUMENT	IMARGUMENT	Technisch	Gibt das Argument (Theta) zurück, einen Winkel, der als Bogenmaß ausgedrückt wird
150	IMCOS	IMCOS	Technisch	Gibt den Kosinus einer komplexen Zahl zurück, die als Zeichenfolge der Form $x + yi$ oder $x + yj$ vorliegt
151	IMDIV	IMDIV	Technisch	Gibt den Quotient zweier komplexer Zahlen zurück, die beide als Zeichenfolgen der Form $x + yi$ oder $x + yj$ erwartet werden ▶

ID	Deutsch	Englisch	Kategorie	Zweck
152	IMEXP	IMEXP	Technisch	Gibt die algebraische Form einer in exponentieller Form vorliegenden komplexen Zahl zurück, wobei deren Exponent als Zeichenfolge der Form *x* + *yi* oder *x* + *yj* eingegeben wird
153	IMKONJUGIERTE	IMCONJUGATE	Technisch	Gibt die konjugiert komplexe Zahl zu einer komplexen Zahl zurück, wobei die komplexe Zahl als Zeichenfolge der Form *x* + *yi* oder *x* + *yj* eingegeben wird
154	IMLN	IMLN	Technisch	Gibt den natürlichen Logarithmus einer komplexen Zahl zurück, die als Zeichenfolge der Form *x* + *yi* oder *x* + *yj* eingegeben wird
155	IMLOG10	IMLOG10	Technisch	Gibt den Logarithmus einer komplexen Zahl zur Basis 10 zurück, die als Zeichenfolge der Form *x* + *yi* oder *x* + *yj* eingegeben wird
156	IMLOG2	IMLOG2	Technisch	Gibt den Logarithmus einer komplexen Zahl zur Basis 2 zurück, die als Zeichenfolge der Form *x* + *yi* oder *x* + *yj* eingegeben wird
157	IMPRODUKT	IMPRODUCT	Technisch	Gibt das Produkt komplexer Zahlen zurück, die beide als Zeichenfolgen der Form *x* + *yi* oder *x* + *yj* erwartet werden
158	IMREALTEIL	IMREAL	Technisch	Gibt den Realteil einer komplexen Zahl zurück, die als Zeichenfolge der Form *x* + *yi* oder *x* + *yj* eingegeben wird
159	IMSIN	IMSIN	Technisch	Diese Funktion gibt den Sinus einer komplexen Zahl zurück, die als Zeichenfolge der Form *x* + *yi* oder *x* + *yj* eingegeben wird
160	IMSUB	IMSUB	Technisch	Gibt die Differenz zweier komplexer Zahlen zurück, die beide als Zeichenfolgen der Form *x* + *yi* oder *x* + *yj* erwartet werden
161	IMSUMME	IMSUM	Technisch	Gibt die Summe komplexer Zahlen zurück, die als Zeichenfolgen der Form *x* + *yi* oder *x* + *yj* erwartet werden
162	IMWURZEL	IMSQRT	Technisch	Gibt die Quadratwurzel einer komplexen Zahl zurück, die als Zeichenfolge der Form *x* + *yi* oder *x* + *yj* eingegeben wird ▶

ID	Deutsch	Englisch	Kategorie	Zweck
163	INDEX	INDEX	Matrix	Verwendet einen Index, um aus einem Bezug oder einer Matrix einen Wert zu wählen
164	INDIREKT	INDIRECT	Matrix	Gibt den Bezug eines Textwerts zurück. Bezüge werden sofort ausgewertet, sodass die zu ihnen gehörenden Werte angezeigt werden.
165	INFO	INFO	Information	Gibt Informationen zu der aktuellen Betriebssystemumgebung zurück
166	ISPMT	ISPMT	Finanzmathematik	Berechnet die während eines bestimmten Zeitraums für eine Investition gezahlten Zinsen
167	ISTBEZUG	ISREF	Information	Gibt *WAHR* zurück, wenn der Wert ein gültiger Zellbezug ist, oder *FALSCH*, wenn der Wert ein ungültiger Zellbezug ist
168	ISTFEHL	ISERR	Information	Gibt *WAHR* zurück, wenn der Wert einen Fehler ergibt, oder *FALSCH*, wenn der Wert keinen Fehler ergibt
169	ISTFEHLER	ISERROR	Information	Gibt *WAHR* zurück, wenn der Wert einen beliebigen Fehler ergibt, oder *FALSCH*, wenn der Wert keinen Fehler ergibt
170	ISTGERADE	ISEVEN	Information	Gibt *WAHR* zurück, wenn die Zahl gerade ist, oder *FALSCH*, wenn die Zahl ungerade ist
171	ISTKTEXT	ISNONTEXT	Information	Gibt *WAHR* zurück, wenn der Wert kein Text ist, oder *FALSCH*, wenn der Wert ein Text ist
172	ISTLEER	ISBLANK	Information	Gibt *WAHR* zurück, wenn der Wert sich auf eine leere Zelle bezieht, oder *FALSCH*, wenn der Wert sich auf eine nicht leere Zelle bezieht
173	ISTLOG	ISLOGICAL	Information	Gibt *WAHR* zurück, wenn der Wert sich auf einen Wahrheitswert bezieht, oder *FALSCH*, wenn der Wert sich nicht auf einen Wahrheitswert bezieht
174	ISTNV	ISNA	Information	Gibt *WAHR* zurück, wenn der Wert sich auf den Fehlerwert *#NV* bezieht, oder *FALSCH*, wenn der Wert sich nicht auf den Fehlerwert *#NV* bezieht ▶

ID	Deutsch	Englisch	Kategorie	Zweck
175	ISTTEXT	ISTEXT	Information	Gibt *WAHR* zurück, wenn der Wert ein Text ist, oder *FALSCH*, wenn der Wert kein Text ist. Beachten Sie, dass diese Funktion *FALSCH* zurückgibt, wenn sich der Wert auf eine leere Zelle bezieht.
176	ISTUNGERADE	ISODD	Information	Gibt *WAHR* zurück, wenn die Zahl ungerade ist, oder *FALSCH*, wenn die Zahl gerade ist
177	ISTZAHL	ISNUMBER	Information	Gibt *WAHR* zurück, wenn der Wert eine Zahl (numerischer Wert) ist, oder *FALSCH*, wenn der Wert keine Zahl ist
178	JAHR	YEAR	Datum & Zeit	Wandelt eine fortlaufende Zahl in eine Jahreszahl um
179	JETZT	NOW	Datum & Zeit	Liefert die fortlaufende Zahl des aktuellen Datums und der aktuellen Uhrzeit
180	JIS	JIS	Text	Diese Funktion wandelt für Japanisch lateinische Buchstaben halber Breite (Single-Byte-Zeichen) oder Katakana innerhalb einer Zeichenfolge in Zeichen voller Breite (Double-Byte-Zeichen) um
181	KALENDERWOCHE	WEEKNUM	Datum & Zeit	Gibt eine Zahl zurück, die angibt, in welche Woche des dazugehörigen Jahres das angegebene Datum fällt
182	KAPZ	PPMT	Finanzmathematik	Gibt die Kapitalrückzahlung einer Investition für die angegebene Periode zurück
183	KGRÖSSTE	LARGE	Statistik	Gibt den k-größten Wert einer Datengruppe zurück
184	KGV	LCM	Math. & Trigonom.	Gibt das kleinste gemeinsame Vielfache der als Argumente angegebenen ganzen Zahlen zurück
185	KKLEINSTE	SMALL	Statistik	Gibt den k-kleinsten Wert einer Datengruppe zurück
186	KLEIN	LOWER	Text	Wandelt einen Text in Kleinbuchstaben um
187	KOMBINATIONEN	COMBIN	Math. & Trigonom.	Gibt die Anzahl der Kombinationen ohne Wiederholung von *k* Elementen aus einer Menge von *n* Elementen zurück
188	KOMPLEXE	COMPLEX	Technisch	Wandelt den Real- und Imaginärteil in eine komplexe Zahl um ($x + yi$ oder $x + yj$) ▶

ID	Deutsch	Englisch	Kategorie	Zweck
189	KONFIDENZ	CONFIDENCE	Statistik (in 2010 Kompatibilität)	Gibt einen Wert zurück, den Sie zum Erstellen eines Konfidenzintervalls für den Erwartungswert einer Zufallsvariablen verwenden können
190	KONFIDENZ.NORM (2010)	CONFIDENCE.NORM	Statistik	Siehe KONFIDENZ
191	KONFIDENZ.T (2010)	CONFIDENCE.T	Statistik	Gibt einen Wert zurück, den Sie zum Erstellen eines Konfidenzintervalls für den Erwartungswert einer t-verteilten Zufallsvariablen verwenden können
192	KORREL	CORREL	Statistik	Gibt den Korrelationskoeffizient einer zweidimensionalen Zufallsgröße zurück, deren Werte in den Zellbereichen *Matrix1* und *Matrix2* stehen
193	KOVAR	COVAR	Statistik (in 2010 Kompatibilität)	Diese Funktion gibt die Kovarianz zurück, den Mittelwert, der für alle Datenpunktpaare gebildeten Produkte der Abweichungen
194	KOVARIANZ.P (2010)	COVARIANCE.P	Statistik	Siehe KOVAR
195	KOVARIANZ.S (2010)	COVARIANCE.S	Statistik	Diese Funktion gibt die Kovarianz einer Stichprobe zurück, den Mittelwert, der für alle Datenpunktpaare gebildeten Produkte der Abweichungen
196	KRITBINOM	CRITBINOM	Statistik	Gibt den kleinsten Wert zurück, für den die kumulierten Wahrscheinlichkeiten der Binomialverteilung größer oder gleich einer Grenzwahrscheinlichkeit sind
197	KUMKAPITAL	CUMPRINC	Finanzmathematik	Berechnet die aufgelaufene Tilgung eines Darlehens, die zwischen zwei Perioden zu zahlen ist
198	KUMZINSZ	CUMIPMT	Finanzmathematik	Berechnet die kumulierten Zinsen, die zwischen zwei Perioden zu zahlen sind
199	KURS	PRICE	Finanzmathematik	Gibt den Kurs pro 100 € Nennwert eines Wertpapiers zurück, das periodisch Zinsen auszahlt
200	KURSDISAGIO	PRICEDISC	Finanzmathematik	Gibt den Kurs pro 100 € Nennwert eines unverzinslichen Wertpapiers zurück
201	KURSFÄLLIG	PRICEMAT	Finanzmathematik	Gibt den Kurs pro 100 € Nennwert eines Wertpapiers zurück, das Zinsen am Fälligkeitsdatum auszahlt ▶

ID	Deutsch	Englisch	Kategorie	Zweck
202	KURT	KURT	Statistik	Gibt die Kurtosis (Exzess) einer Datengruppe zurück
203	KÜRZEN	TRUNC	Math. & Trigonom.	Schneidet die Kommastellen der Zahl ab und gibt als Ergebnis eine ganze Zahl zurück
204	LÄNGE	LEN	Text	Gibt die Anzahl der Zeichen einer Zeichenfolge zurück
205	LIA	SLN	Finanzmathematik	Gibt die lineare Abschreibung eines Wirtschaftsguts pro Periode zurück
206	LINKS	LEFT	Text	Gibt auf der Grundlage der Anzahl von Zeichen, die Sie angeben, das oder die erste(n) Zeichen in einer Textzeichenfolge zurück
207	LN	LN	Math. & Trigonom.	Gibt den natürlichen Logarithmus einer Zahl zurück
208	LOG	LOG	Math. & Trigonom.	Gibt den Logarithmus einer Zahl zu der angegebenen Basis zurück
209	LOG10	LOG10	Math. & Trigonom.	Gibt den Logarithmus einer Zahl zur Basis 10 zurück
210	LOGINV	LOGINV	Statistik (in 2010 Kompatibilität)	Gibt Quantile der Lognormalverteilung von *x* zurück, wobei *ln(x)* mit den Parametern *Mittelwert* und *Standabwn* normal verteilt ist.
211	LOGNORM.INV (2010)	LOGNORM.INV	Statistik	Siehe LOGINV
212	LOGNORMVERT	LOGNORMDIST	Statistik (in 2010 Kompatibilität)	Gibt Werte der Verteilungsfunktion einer lognormalverteilten Zufallsvariablen zurück, wobei *ln(x)* normalverteilt ist mit den Parametern *Mittelwert* und *Standabwn*
213	LOGNORM.VERT (2010)	LOGNORM.DIST	Statistik	Siehe LOGNORMVERT
214	MAX	MAX	Statistik	Gibt den größten Wert innerhalb einer Argumentliste zurück
215	MAXA	MAXA	Statistik	Gibt den größten Wert einer Liste von Argumenten zurück
216	MDET	MDETERM	Math. & Trigonom.	Gibt die Determinante einer Matrix zurück
217	MDURATION	MDURATION	Finanzmathematik	Gibt die modifizierte Macauley-Duration eines Wertpapiers mit einem angenommenen Nennwert von 100 € zurück
218	MEDIAN	MEDIAN	Statistik	Gibt den Median der angegebenen Zahlen zurück
219	MIN	MIN	Statistik	Gibt den kleinsten Wert innerhalb einer Argumentliste zurück ▶

ID	Deutsch	Englisch	Kategorie	Zweck
220	MINA	MINA	Statistik	Gibt den kleinsten Wert einer Liste von Argumenten zurück
221	MINUTE	MINUTE	Datum & Zeit	Wandelt eine fortlaufende Zahl in eine Minute um
222	MINV	MINVERSE	Math. & Trigonom.	Gibt die Inverse einer Matrix (die zu einer Matrix gehörende Kehrmatrix) zurück
223	MITTELABW	AVEDEV	Statistik	Gibt die durchschnittliche absolute Abweichung einer Reihe von Merkmalsausprägungen und ihrem Mittelwert zurück
224	MITTELWERT	AVERAGE	Statistik	Durch das arithmetische Mittel wird der Zahlenwert bestimmt, der sich bei gleichmäßiger Aufteilung der Summen auf die Werte ergibt
225	MITTELWERTA	AVERAGEA	Statistik	Berechnet den Mittelwert (arithmetisches Mittel) der Werte in der Liste der Argumente
226	MITELWERTWENN	AVERAGEIF	Statistik	Durchschnittswert (arithmetisches Mittel) für alle Zellen in einem Bereich, die einem angegebenen Kriterium entsprechen
227	MITELWERTWENNS	AVERAGEIFS	Statistik	Gibt den Durchschnittswert (arithmetisches Mittel) aller Zellen zurück, die mehreren Kriterien entsprechen
228	MMULT	MMULT	Math. & Trigonom.	Gibt das Produkt zweier Matrizen zurück
229	MODALWERT	MODE	Statistik (in 2010 Kompatibilität)	Gibt den häufigsten Wert einer Datengruppe zurück
230	MODUS.EINF (2010)	MODE.SNGL	Statistik	Siehe MODALWERT
231	MODUS.VIELF (2010)	MODE.MULT	Statistik	Gibt ein vertikales Array der am häufigsten vorkommenden Werte in einem Array oder Datenbereich zurück
232	MONAT	MONTH	Datum & Zeit	Wandelt eine fortlaufende Zahl in einen Monat um
233	MONATSENDE	EOMONTH	Datum & Zeit	Gibt die fortlaufende Zahl des letzten Tages des Monats zurück, der eine bestimmte Anzahl von Monaten vor bzw. nach dem Ausgangsdatum liegt
234	MTRANS	TRANSPOSE	Matrix	Gibt die transponierte Matrix der angegebenen Matrix zurück
235	N	N	Information	Gibt den in eine Zahl umgewandelten Wert zurück ▶

ID	Deutsch	Englisch	Kategorie	Zweck
236	NBW	NPV	Finanzmathematik	Gibt den Nettobarwert (Kapitalwert) einer Investition auf Basis eines Abzinsungsfaktors für eine Reihe periodischer Zahlungen zurück
237	NEGBINOMVERT	NEGBINOMDIST	Statistik (in 2010 Kompatibilität)	Gibt Wahrscheinlichkeiten einer negativbinomialverteilten Zufallsvariablen zurück
238	NEGBINOM.VERT (2010)	NEGBINOM.DIST	Statistik	Siehe NEGBINOMVERT
239	NETTOARBEITSTAGE	NETWORKDAYS	Datum & Zeit	Gibt die Anzahl der Arbeitstage in einem Zeitintervall zurück
240	NETTOARBEITS-TAGE.INTL (2010)	NETWORK-DAYS.INTL	Datum & Zeit	Gibt die Anzahl der Arbeitstage in einem Zeitintervall unter Beachtung der Wochenend-Definition zurück
241	NICHT	NOT	Logik	Kehrt den Wert eines Arguments um.
242	NOMINAL	NOMINAL	Finanzmathematik	Gibt die jährliche Nominalverzinsung zurück, ausgehend vom effektiven Zinssatz sowie der Anzahl der Verzinsungsperioden innerhalb eines Jahres
243	NORMINV	NORMINV	Statistik (in 2010 Kompatibilität)	Gibt Quantile der Normalverteilung zurück
244	NORM.INV (2010)	NORM.INV	Statistik	Siehe NORMINV
245	NORMVERT	NORMDIST	Statistik (in 2010 Kompatibilität)	Gibt die Normalverteilung für den angegebenen Mittelwert und die angegebene Standardabweichung zurück
246	NORM.VERT (2010)	NORM.DIST	Statistik	Siehe NORMVERT
247	NOTIERUNGBRU	DOLLARFR	Finanzmathematik	Wandelt eine Notierung, die als Dezimalzahl ausgedrückt wurde, in einen Dezimalbruch um
248	NOTIERUNGDEZ	DOLLARDE	Finanzmathematik	Wandelt eine Notierung, die als Dezimalbruch ausgedrückt wurde, in eine Dezimalzahl um
249	NV	NA	Information	Gibt den Fehlerwert *#NV* zurück
250	OBERGRENZE	CEILING	Math. & Trigonom.	Rundet eine Zahl betragsmäßig auf das kleinste Vielfache von Schritt auf
251	OBERGRENZE.GENAU (2010)	CEILING.PRECISE	Math. & Trigonom.	Siehe OBERGRENZE
252	ODER	OR	Logik	Gibt *WAHR* zurück, wenn ein Argument *WAHR* ist. Gibt *FALSCH* zurück, wenn alle Argumente *FALSCH* sind.
253	OKTINBIN	OCT2BIN	Technisch	Wandelt eine Oktalzahl in eine Binärzahl (Dualzahl) um ▶

ID	Deutsch	Englisch	Kategorie	Zweck
254	OKTINDEZ	OCT2DEC	Technisch	Wandelt eine Oktalzahl in eine Dezimalzahl um
255	OKTINHEX	OCT2HEX	Technisch	Wandelt eine Oktalzahl in eine Hexadezimalzahl um
256	PEARSON	PEARSON	Statistik	Gibt den Pearsonschen Korrelationskoeffizienten *r* zurück
257	PHONETIC	PHONETIC	Text	Extrahiert die phonetischen (Furigana-) Zeichen aus einer Textzeichenfolge
258	PI	PI	Math. & Trigonom.	Gibt den Wert *Pi* zurück, die mathematische Konstante (3,14159265358979) mit einer Genauigkeit von 15 Stellen
259	PIVOTDATEN-ZUORDNEN	GETPIVOTDATA	Datenbank	Gibt Daten aus einem PivotTable-Bericht zurück
260	POISSON	POISSON	Statistik (in 2010 Kompatibilität)	Gibt Wahrscheinlichkeiten einer poissonverteilten Zufallsvariablen zurück
261	POISSON.VERT (2010)	POISSON.DIST	Statistik	Siehe POISSON
262	POLYNOMIAL	MULTINOMINAL	Math. & Trigonom.	Gibt den Polynominalkoeffizienten einer Gruppe von Zahlen zurück
263	POTENZ	POWER	Math. & Trigonom.	Gibt als Ergebnis eine potenzierte Zahl zurück
264	POTENZREIHE	SERIESSUM	Math. & Trigonom.	Gibt die Summe von Potenzen (zur Berechnung von Potenzreihen und dichotomen Wahrscheinlichkeiten) zurück
265	PRODUKT	PRODUCT	Math. & Trigonom.	Multipliziert die Argumente und gibt das Produkt zurück
266	QIKV	MIRR	Finanzmathematik	Gibt einen modifizierten internen Zinsfuß zurück, bei dem positive und negative Cashflows mit unterschiedlichen Zinssätzen finanziert werden
267	QUADRATESUMME	SUMSQ	Math. & Trigonom.	Summiert die quadrierten Argumente
268	QUANTIL	PERCENTILE	Statistik (in 2010 Kompatibilität)	Gibt das Alpha-Quantil einer Gruppe von Daten zurück
269	QUANTIL.EXKL (2010)	PERCENTILE.EXC	Statistik	Gibt das k-Quantil einer Gruppe von Daten zurück, wobei k ausschließlich im Bereich 0 bis 1 liegt
270	QUANTIL.INKL (2010)	PERCENTILE.INC	Statistik	Gibt das k-Quantil einer Gruppe von Daten zurück, wobei k einschließlich im Bereich 0 bis 1 liegt ▶

ID	Deutsch	Englisch	Kategorie	Zweck
271	QUANTILSRANG	PERCENTRANK	Statistik (in 2010 Kompatibilität)	Gibt den prozentualen Rang (Alpha) eines Werts zurück
272	QUANTILSRANG.EXKL (2010)	PERCENTRANK.EXC	Statistik	Gibt den prozentualen Rang (Alpha) eines Werts ausschließlich im Bereich 0 bis 1 zurück
273	QUANTILSRANG.INKL (2010)	PERCENTRANK.INC	Statistik	Gibt den prozentualen Rang (Alpha) eines Werts einschließlich im Bereich 0 bis 1 zurück
274	QUARTILE	QUARTILE	Statistik (in 2010 Kompatibilität)	Gibt die Quartile der Datengruppe zurück
275	QUARTILE.EXKL (2010)	QUARTILE.EXC	Statistik	Gibt die Quartile der Datengruppe zurück, ausschließlich basierend auf Werten von 0 bis 1
276	QUARTILE.INKL (2010)	QUARTILE.INC	Statistik	Gibt die Quartile der Datengruppe zurück, einschließlich basierend auf Werten von 0 bis 1
277	QUOTIENT	QUOTIENT	Math. & Trigonom.	Gibt den ganzzahligen Anteil einer Division zurück
278	RANG	RANK	Statistik (in 2010 Kompatibilität)	Gibt den Rang zurück, den eine Zahl innerhalb einer Liste von Zahlen einnimmt
279	RANG.GLEICH (2010)	RANK.EQ	Statistik	Siehe RANG
280	RANG.MITTELW (2010)	RANK.AVG	Statistik	Gibt die durchschnittliche Rangzahl für eine Zahl innerhalb einer Liste von Zahlen zurück
281	RECHTS	RIGHT	Text	Gibt das letzte oder die letzten Zeichen einer Textzeichenfolge auf der Grundlage der von Ihnen angegebenen Anzahl von Zeichen zurück
282	RENDITE	YIELD	Finanzmathematik	Gibt die Rendite eines Wertpapiers zurück, das periodisch Zinsen auszahlt
283	RENDITEDIS	YIELDDISC	Finanzmathematik	Gibt die jährliche Rendite eines unverzinslichen Wertpapiers zurück
284	RENDITEFÄLL	YIELDMAT	Finanzmathematik	Gibt die jährliche Rendite eines Wertpapiers zurück, das Zinsen am Fälligkeitsdatum auszahlt
285	REST	MOD	Math. & Trigonom.	Gibt den Rest einer Division zurück. Das Ergebnis hat dasselbe Vorzeichen wie Divisor. ▶

ID	Deutsch	Englisch	Kategorie	Zweck
286	RGP	LINEST	Statistik	Berechnet die Statistik für eine Linie unter Verwendung der Methode der kleinsten Quadrate, zur Berechnung einer geraden Linie, die für die Daten am geeignetsten ist, und gibt eine Matrix zurück, die die Linie beschreibt
287	RKP	LOGEST	Statistik	In Regressionsanalysen berechnet diese Funktion eine Exponentialkurve, die möglichst gut an die von Ihnen bereitgestellten Daten angepasst ist, und liefert ein Wertarray, das diese Kurve beschreibt
288	RMZ	PMT	Finanzmathematik	Gibt die konstante Zahlung einer Annuität pro Periode zurück, wobei konstante Zahlungen und ein konstanter Zinssatz vorausgesetzt werden
289	RÖMISCH	ROMAN	Math. & Trigonom.	Wandelt eine arabische Zahl in eine römische Zahl als Text um
290	RTD	RTD	Matrix	Ruft Echtzeitdaten von einem Programm ab, das die COM-Automatisierung unterstützt
291	RUNDEN	ROUND	Math. & Trigonom.	Rundet eine Zahl auf eine bestimmte Anzahl von Dezimalstellen
292	SÄUBERN	CLEAN	Text	Löscht alle nicht druckbaren Zeichen aus einem Text
293	SCHÄTZER	FORECAST	Statistik	Gibt den Schätzwert für einen linearen Trend zurück
294	SCHIEFE	SKEW	Statistik	Gibt die Schiefe einer Verteilung zurück
295	SEKUNDE	SECOND	Datum & Zeit	Wandelt eine fortlaufende Zahl in eine Sekunde um
296	SIN	SIN	Math. & Trigonom.	Gibt den Sinus einer Zahl zurück
297	SINHYP	SINH	Math. & Trigonom.	Gibt den hyperbolischen Sinus einer Zahl zurück
298	SPALTE	COLUMN	Matrix	Gibt die Spaltennummer eines Bezugs zurück
299	SPALTEN	COLUMNS	Matrix	Gibt die Anzahl der Spalten einer Matrix oder eines Bezugs zurück
300	SQL.REQUEST	SQL.REQUEST	Externe Funktionen	Stellt eine Verbindung mit einer externen Datenquelle her und führt eine Abfrage aus, die sich auf einem Arbeitsblatt befindet
301	STABW	STDEV	Statistik (in 2010 Kompatibilität)	Schätzt die Standardabweichung ausgehend von einer Stichprobe ▶

ID	Deutsch	Englisch	Kategorie	Zweck
302	STABW.S (2010)	STDEV.S	Statistik	Siehe STABW
303	STABWA	STDEVA	Statistik	Schätzt die Standardabweichung ausgehend von einer Stichprobe
304	STABWN	STDEVP	Statistik (in 2010 Kompatibilität)	Berechnet die Standardabweichung ausgehend von der Grundgesamtheit
305	STABW.N (2010)	STDEV.P	Statistik	Siehe STABWN
306	STABWNA	STDEVPA	Statistik	Berechnet die Standardabweichung ausgehend von einer als Argument angegebenen Grundgesamtheit, einschließlich Text und logischer Werte
307	STANDARDISIERUNG	STANDARDIZE	Statistik	Gibt den standardisierten Wert einer Verteilung zurück, die durch *Mittelwert* und *Stabwn* charakterisiert ist
308	STANDNORMINV	NORMSINV	Statistik (in 2010 Kompatibilität)	Gibt Quantile der Standardnormalverteilung zurück
309	NORM.S.INV (2010)	NORM.S.INV	Statistik	Siehe STANDNORMINV
310	STANDNORMVERT	NORMSDIST	Statistik (in 2010 Kompatibilität)	Gibt Werte der Verteilungsfunktion einer standardnormalverteilten Zufallsvariablen zurück
311	NORM.S.VERT (2010)	NORM.S.DIST	Statistik	Siehe NORMSVERT
312	STEIGUNG	SLOPE	Statistik	Gibt die Steigung der Regressionsgeraden zurück, die an die in *Y_Werte* und *X_Werte* abgelegten Datenpunkte angepasst ist
313	STFEHLERYX	STEYX	Statistik	Gibt den Standardfehler der geschätzten *y*-Werte für alle *x*-Werte der Regression zurück
314	STUNDE	HOUR	Datum & Zeit	Gibt die Stunde einer Zeitangabe zurück
315	SUCHEN	SEARCH	Text	Gibt, beginnend mit *Erstes_Zeichen*, die Nummer des Zeichens zurück, an der das zu suchende Zeichen oder die zu suchende Textzeichenfolge erstmals gefunden wurde
316	SUMME	SUM	Math. & Trigonom.	Summiert die Argumente
317	SUMMENPRODUKT	SUMPRODUCT	Math. & Trigonom.	Multipliziert die einander entsprechenden Komponenten der angegebenen Matrizen miteinander und gibt die Summe dieser Produkte zurück
318	SUMMEWENN	SUMIF	Math. & Trigonom.	Addiert Zahlen, die mit dem Suchkriterium übereinstimmen ▶

ID	Deutsch	Englisch	Kategorie	Zweck
319	SUMMEWENNS	SUMIFS	Math. & Trigonom.	Addiert Zahlen, die mit mehreren Suchkriterien übereinstimmen
320	SUMMEX2MY2	SUMX2MY2	Math. & Trigonom.	Summiert für zusammengehörige Komponenten zweier Matrizen die Differenzen der Quadrate
321	SUMMEX2PY2	SUMX2PY2	Math. & Trigonom.	Summiert für zusammengehörige Komponenten zweier Matrizen die Summen der Quadrate
322	SUMMEXMY2	SUMXMY2	Math. & Trigonom.	Summiert für zusammengehörige Komponenten zweier Matrizen die quadrierten Differenzen
323	SUMQUADABW	DEVSQ	Statistik	Gibt die Summe der quadrierten Abweichungen von Datenpunkten von deren Stichprobenmittelwert zurück
324	SVERWEIS	VLOOKUP	Matrix	Sucht in der am weitesten links gelegenen Spalte einer Tabelle nach einem Wert und gibt in der gleichen Zeile einen Wert aus einer von Ihnen angegebenen Spalte in der Tabelle zurück
325	T	T	Text	Wandelt die Argumente in Text um
326	TAG	DAY	Datum & Zeit	Gibt den Tag eines Datums als fortlaufende Zahl zurück
327	TAGE360	DAYS360	Datum & Zeit	Berechnet, ausgehend von einem Jahr, das 360 Tage umfasst, die Anzahl der zwischen zwei Tagesdaten liegenden Tage
328	TAN	TAN	Math. & Trigonom.	Gibt den Tangens einer Zahl zurück.
329	TANHYP	TANH	Math. & Trigonom.	Gibt den hyperbolischen Tangens einer Zahl zurück
330	TBILLÄQUIV	TBILLEQ	Finanzmathematik	Rechnet die Verzinsung eines Schatzwechsels (Treasury Bill) in die für Anleihen übliche einfache jährliche Verzinsung um
331	TBILLKURS	TBILLPRICE	Finanzmathematik	Gibt den Kurs pro 100 € Nennwert eines Schatzwechsels (Treasury Bill) zurück
332	TBILLRENDITE	TBILLYIELD	Finanzmathematik	Gibt die Rendite eines Schatzwechsels (Treasury Bill) zurück
333	TEIL	MID	Text	Gibt auf der Grundlage der angegebenen Anzahl von Zeichen eine bestimmte Anzahl von Zeichen einer Zeichenfolge ab der von Ihnen angegebenen Position zurück ▶

ID	Deutsch	Englisch	Kategorie	Zweck
334	TEILERGEBNIS	SUBTOTAL	Math. & Trigonom.	Gibt ein Teilergebnis in einer Liste oder Datenbank zurück
335	TEXT	TEXT	Text	Formatiert eine Zahl und wandelt sie in Text um
336	TINV	TINV	Statistik (in 2010 Kompatibilität)	Gibt den *t*-Wert der t-Verteilung als eine Funktion der Wahrscheinlichkeit und der Freiheitsgrade zurück
337	T.INV (2010)	T.INV	Statistik	Siehe TINV
338	T.INV.2S (2010)	T.INV.2T	Statistik	Siehe TINV
339	TREND	TREND	Statistik	Liefert Werte, die sich aus einem linearen Trend ergeben
340	TTEST	TTEST	Statistik (in 2010 Kompatibilität)	Gibt die Teststatistik eines Studentschen t-Tests zurück
341	T.TEST (2010)	T.TEST	Statistik	Siehe TTEST
342	TVERT	TDIST	Statistik (in 2010 Kompatibilität)	Gibt Werte der Verteilungsfunktion (1-Alpha) einer (Student) t-verteilten Zufallsvariablen zurück
343	T.VERT (2010)	T.DIST	Statistik	Gibt die (Student) t-Verteilung der linken Endfläche zurück
344	T.VERT.2S (2010)	T.DIST.2T	Statistik	Gibt die (Student) t-Verteilung für zwei Endflächen zurück
345	T.VERT.RE (2010)	T.DIST.RT	Statistik	Gibt die (Student) t-Verteilung der rechten Endfläche zurück.
346	TYP	TYPE	Information	Gibt eine Zahl zurück, die den Datentyp des angegebenen Werts anzeigt
347	UMWANDELN	CONVERT	Technisch	Wandelt eine Zahl von einem Maßsystem in ein anderes um
348	UND	AND	Logik	Gibt *WAHR* zurück, wenn alle Argumente *WAHR* sind. Sind die Aussagen eines oder mehrerer Argumente *FALSCH*, gibt diese Funktion den Wert *FALSCH* zurück.
349	UNGERADE	ODD	Math. & Trigonom.	Rundet eine Zahl auf die nächste ungerade ganze Zahl auf
350	UNREGER.KURS	ODDFPRICE	Finanzmathematik	Liefert den Kurs pro 100 € Nennwert eines Wertpapiers mit einem unregelmäßigen ersten Zinstermin
351	UNREGER.REND	ODDFYIELD	Finanzmathematik	Gibt die Rendite eines Wertpapiers mit einem unregelmäßigen ersten Zinstermin zurück ▶

ID	Deutsch	Englisch	Kategorie	Zweck
352	UNREGLE.KURS	ODDLPRICE	Finanzmathematik	Gibt den Kurs pro 100 € Nennwert eines Wertpapiers mit einem unregelmäßigen letzten Zinstermin zurück
353	UNREGLE.REND	ODDLYIELD	Finanzmathematik	Gibt die Rendite eines Wertpapiers mit einem unregelmäßigen letzten Zinstermin zurück
354	UNTERGRENZE	FLOOR	Math. & Trigonom.	Rundet eine Zahl ab
355	UNTERGRENZE.GENAU (2010)	FLOOR.PRECISE	Math. & Trigonom.	Siehe UNTERGRENZE
356	VARIANZ	VAR	Statistik (in 2010 Kompatibilität)	Schätzt die Varianz auf der Basis einer Stichprobe
357	VAR.S (2010)	VAR.S	Statistik	Siehe VARIANZ
358	VARIANZA	VARA	Statistik	Schätzt die Varianz auf der Basis einer Stichprobe
359	VARIANZEN	VARP	Statistik (in 2010 Kompatibilität)	Berechnet die Varianz ausgehend von der Grundgesamtheit
360	VAR.P (2010)	VAR.P	Statistik	Siehe VARIANZEN
361	VARIANZENA	VARPA	Statistik	Berechnet die Varianz ausgehend von der Grundgesamtheit
362	VARIATION	GROWTH	Statistik	Liefert Werte, die sich aus einem exponentiellen Trend ergeben
363	VARIATIONEN	PERMUT	Statistik	Gibt die Anzahl der Möglichkeiten zurück, um *k* Elemente aus einer Menge von *n* Elementen ohne Zurücklegen zu ziehen
364	VDB	VDB	Finanzmathematik	Gibt die degressive Doppelraten-Abschreibung eines Wirtschaftsguts für eine bestimmte Periode oder Teilperiode zurück
365	VERGLEICH	MATCH	Matrix	Sucht Werte innerhalb eines Bezugs oder einer Matrix
366	VERKETTEN	CONCATENATE	Text	Verknüpft mehrere Textzeichen-folgen zu einer Textzeichenfolge
367	VERWEIS	LOOKUP	Matrix	Durchsucht die Werte eines Vektors oder einer Matrix
368	VORZEICHEN	SIGN	Math. & Trigonom.	Gibt das Vorzeichen einer Zahl zurück
369	VRUNDEN	MROUND	Math. & Trigonom.	Gibt eine auf das gewünschte Vielfache gerundete Zahl zurück
370	WAHL	CHOOSE	Matrix	Verwendet Index, um einen Wert aus der Liste der Werteargumente zurückzugeben ▶

ID	Deutsch	Englisch	Kategorie	Zweck
371	WAHR	TRUE	Logik	Gibt den Wahrheitswert *WAHR* zurück
372	WAHRSCHBEREICH	PROB	Statistik	Gibt die Wahrscheinlichkeit für ein von zwei Werten eingeschlossenes Intervall zurück
373	WECHSELN	SUBSTITUTE	Text	Ersetzt alten Text durch neuen Text in einer Zeichenfolge
374	WEIBULL	WEIBULL	Statistik (in 2010 Kompatibilität)	Gibt Wahrscheinlichkeiten einer weibullverteilten Zufallsvariablen zurück
375	WEIBULL.VERT (2010)	WEIBULL.DIST	Statistik	Siehe WEIBULL
376	WENN	IF	Logik	Gibt eine Wahrheitsprüfung an, die durchgeführt werden soll
377	WENNFEHLER	IFERROR	Logik	Berechnet eine definierte Ausgabe im Fall, dass ein Ausdruck fehlerhaft ist und gibt ansonsten das Ergebnis des Ausdrucks aus
378	WERT	VALUE	Text	Wandelt ein als Text angegebenes Argument in eine Zahl um
379	WIEDERHOLEN	REPT	Text	Wiederholt einen Text so oft wie angegeben
380	WOCHENTAG	WEEKDAY	Datum & Zeit	Wandelt eine fortlaufende Zahl in einen Wochentag um
381	WURZEL	SQRT	Math. & Trigonom.	Gibt die Quadratwurzel einer Zahl zurück
382	WURZELPI	SQRTPI	Math. & Trigonom.	Gibt die Wurzel aus der mit *Pi* multiplizierten Zahl zurück
383	WVERWEIS	HLOOKUP	Matrix	Sucht in der obersten Zeile einer Tabelle oder einer Matrix nach Werten und gibt dann in der gleichen Spalte einen Wert aus einer Zeile zurück, die Sie in der Tabelle oder Matrix angeben
384	XINTZINSFUSS	XIRR	Finanzmathematik	Gibt den internen Zinsfuß einer Reihe nicht periodisch anfallender Zahlungen zurück
385	XKAPITALWERT	XNPV	Finanzmathematik	Gibt den Nettobarwert (Kapitalwert) einer Reihe nicht periodisch anfallender Zahlungen zurück
386	ZÄHLENWENN	COUNTIF	Statistik	Zählt die nicht leeren Zellen eines Bereichs, deren Inhalte mit einem Suchkriterium übereinstimmen
387	ZÄHLENWENNS	COUNTIFS	Statistik	Die Zellen eines Bereichs, deren Inhalte mit mehreren Kriterien übereinstimmen, werden gezählt ▶

ID	Deutsch	Englisch	Kategorie	Zweck
388	ZEICHEN	CHAR	Text	Gibt das der Codezahl entsprechende Zeichen zurück
389	ZEILE	ROW	Matrix	Liefert die Zeilennummer eines Bezugs
390	ZEILEN	ROWS	Matrix	Gibt die Anzahl der Zeilen in einem Bezug oder einer Matrix zurück
391	ZEIT	TIME	Datum & Zeit	Gibt die Dezimalzahl einer bestimmten Uhrzeit zurück
392	ZEITWERT	TIMEVALUE	Datum & Zeit	Wandelt eine als Text vorliegende Zeitangabe in eine fortlaufende Zahl um
393	ZELLE	CELL	Information	Gibt Informationen zur Formatierung, der Position oder dem Inhalt der Zelle links oben in einem Bezug zurück
394	ZINS	RATE	Finanzmathematik	Gibt den Zinssatz einer Annuität pro Periode zurück
395	ZINSSATZ	RECEIVED	Finanzmathematik	Gibt den Zinssatz eines voll investierten Wertpapiers zurück
396	ZINSTERMNZ	COUPNCD	Finanzmathematik	Gibt eine Zahl zurück, die den nächsten Zinstermin nach dem Abrechnungstermin angibt
397	ZINSTERMTAGE	COUPDAYS	Finanzmathematik	Gibt die Anzahl der Tage der Zinsperiode zurück, die den Abrechnungstermin einschließt
398	ZINSTERMTAGNZ	COUPDAYSNC	Finanzmathematik	Gibt die Anzahl der Tage vom Abrechnungstermin bis zum nächsten Zinstermin (Kupontermin) an
399	ZINSTERMTAGVA	COUPDAYBS	Finanzmathematik	Gibt die Anzahl der Tage vom Anfang des Zinstermins bis zum Abrechnungstermin zurück
400	ZINSTERMVZ	COUPPCD	Finanzmathematik	Gibt eine Zahl an, die die letzte Zinszahlung vor dem Abrechnungstermin repräsentiert
401	ZINSTERMZAHL	COUPNUM	Finanzmathematik	Gibt die Anzahl der zwischen dem Abrechnungsdatum und dem Fälligkeitsdatum zahlbaren Zinszahlungen an, und zwar aufgerundet zur nächsten ganzzahligen Zinszahlung
402	ZINSZ	IPMT	Finanzmathematik	Gibt die Zinszahlung einer Investition für die angegebene Periode, ausgehend von regelmäßigen, konstanten Zahlungen und einem konstanten Zinssatz zurück ▶

ID	Deutsch	Englisch	Kategorie	Zweck
403	ZUFALLSBEREICH	RANDBETWEEN	Math. & Trigonom.	Gibt eine ganze Zufallszahl aus dem festgelegten Bereich zurück
404	ZUFALLSZAHL	RAND	Math. & Trigonom.	Gibt eine Zufallszahl zwischen 0 und 1 zurück
405	ZW	FV	Finanzmathematik	Gibt den zukünftigen Wert (Endwert) einer Investition zurück
406	ZW2	FVSCHEDULE	Finanzmathematik	Gibt den aufgezinsten Wert des Anfangskapitals für eine Reihe periodisch unterschiedlicher Zinssätze zurück
407	ZWEIFAKULTÄT	FACTDOUBLE	Math. & Trigonom.	Gibt die Fakultät zu *Zahl* mit der Schrittlänge 2 zurück
408	ZZR	NPER	Finanzmathematik	Gibt die Anzahl der Zahlungsperioden einer Investition zurück, die auf periodischen, gleich bleibenden Zahlungen sowie einem konstanten Zinssatz basiert

Funktionsliste Englisch-Deutsch

ID	Function	German	Category	Scope
1	ABS	ABS	Math & Trigonometry	Liefert den Absolutwert einer Zahl
2	ACCRINT	AUFGELZINS	Financial	Liefert die aufgelaufenen Zinsen (Stückzinsen) eines Wertpapiers mit periodischen Zinszahlungen
3	ACCRINTM	AUFGELZINSF	Financial	Liefert die aufgelaufenen Zinsen (Stückzinsen) eines Wertpapiers, die bei Fälligkeit ausgezahlt werden
4	ACOS	ARCCOS	Math & Trigonometry	Liefert den Arkuskosinus oder umgekehrten Kosinus einer Zahl
5	ACOSH	ARCCOSHYP	Math & Trigonometry	Liefert den umgekehrten hyperbolischen Kosinus einer Zahl
6	ADDRESS	ADRESSE	Lookup & Reference	Liefert einen Bezug auf eine Zelle einer Tabelle als Text
7	AGGREGATE	AGGREGAT	Math & Trigonometry	Gibt ein Aggregat in einer Liste oder Datenbank zurück
8	AMORDEGRC	AMORDEGRK	Financial	Liefert den für eine Abrechnungsperiode anzusetzenden Abschreibungsbetrag auf Basis des französischen Buchführungssystems ▶

ID	Function	German	Category	Scope
9	AMORLINC	AMORLINEARK	Financial	Gibt den für eine Abrechnungsperiode anzusetzenden Abschreibungsbetrag auf Basis des französischen Buchführungssystems zurück
10	AND	UND	Logical	Gibt *WAHR* zurück, wenn alle Argumente *WAHR* sind. Sind die Aussagen eines oder mehrerer Argumente *FALSCH*, gibt diese Funktion den Wert *FALSCH* zurück.
11	AREAS	BEREICHE	Lookup & Reference	Gibt die Anzahl der innerhalb eines Bezuges aufgeführten Bereiche zurück
12	ASC	ASC	Text & Data	Wandelt bei Sprachen mit einem Double-Byte-Zeichensatz (DBCS) Zeichen voller Breite (Double-Byte-Zeichen) in Zeichen halber Breite (Single-Byte-Zeichen) um
13	ASIN	ARCSIN	Math & Trigonometry	Gibt den Arkussinus oder auch umgekehrten Sinus einer Zahl zurück
14	ASINH	ARCSINHYP	Math & Trigonometry	Gibt den umgekehrten hyperbolischen Sinus einer Zahl zurück
15	ATAN	ARCTAN	Math & Trigonometry	Gibt den Arkustangens oder auch umgekehrten Tangens einer Zahl zurück
16	ATAN2	ARCTAN2	Math & Trigonometry	Gibt den Arkustangens oder auch umgekehrten Tangens ausgehend von einer *x*- und einer *y*-Koordinate zurück
17	ATANH	ARCTANHYP	Math & Trigonometry	Gibt den umgekehrten hyperbolischen Tangens einer Zahl zurück
18	AVEDEV	MITTELABW	Statistical	Gibt die durchschnittliche absolute Abweichung einer Reihe von Merkmalsausprägungen und ihrem Mittelwert zurück
19	AVERAGE	MITTELWERT	Statistical	Durch das Arithmetische Mittel wird der Zahlenwert bestimmt, der sich bei gleichmäßiger Aufteilung der Summen auf die Werte ergibt
20	AVERAGEA	MITTELWERTA	Statistical	Berechnet den Mittelwert (arithmetisches Mittel) der Werte in der Liste der Argumente
21	AVERAGEIF	MITELWERTWENN	Statistik	Durchschnittswert (arithmetisches Mittel) für alle Zellen in einem Bereich, die einem angegebenen Kriterium entsprechen ▶

ID	Function	German	Category	Scope
22	AVERAGEIFS	MITELWERTWENNS	Statistik	Gibt den Durchschnittswert (arithmetisches Mittel) aller Zellen zurück, die mehreren Kriterien entsprechen
23	BAHTTEXT	BAHTTEXT	Text & Data	Wandelt eine Zahl in Thai-Text um und fügt diesem das Suffix »Baht« hinzu
24	BESSELI	BESSELI	Engineering	Gibt die modifizierte Besselfunktion *In(x)* zurück, die der für rein imaginäre Argumente ausgewerteten Besselfunktion *Jn* entspricht
25	BESSELJ	BESSELJ	Engineering	Gibt die Besselfunktion *Jn(x)* zurück
26	BESSELK	BESSELK	Engineering	Gibt die modifizierte Besselfunktion *Kn(x)* zurück, die den für rein imaginäre Argumente ausgewerteten Besselfunktionen *Jn* und *Yn* entspricht
27	BESSELY	BESSELY	Engineering	Gibt die Besselfunktion *Yn(x)* zurück, die auch als Webersche Funktion oder Neumannsche Funktion bezeichnet wird
28	BETADIST	BETAVERT	Statistical (in 2010 Compatibility)	Gibt die Werte der kumulierten Betaverteilungsfunktion zurück
29	BETA.DIST (2010)	BETA.VERT	Statistical	Siehe BETADIST
30	BETAINV	BETAINV	Statistical (in 2010 Compatibility)	Gibt das Quantil der angegebenen Betaverteilung zurück
31	BETA.INV (2010)	BETA.INV	Statistical	Siehe BETAINV
32	BIN2DEC	BININDEZ	Engineering	Wandelt eine binäre Zahl (Dualzahl) in eine dezimale Zahl um
33	BIN2HEX	BININHEX	Engineering	Wandelt eine binäre Zahl (Dualzahl) in eine hexadezimale Zahl um
34	BIN2OCT	BININOKT	Engineering	Wandelt eine binäre Zahl (Dualzahl) in eine Oktalzahl um
35	BINOM.INV (2010)	BINOM.INV	Statistical	Gibt den kleinsten Wert, für den die kumulierten Wahrscheinlichkeiten der Binominalverteilung größer oder gleich einer Grenzwahrscheinlichkeit sind, zurück
36	BINOMDIST	BINOMVERT	Statistical (in 2010 Compatibility)	Gibt Wahrscheinlichkeiten einer binomialverteilten Zufallsvariablen zurück
37	BINOM.DIST (2010)	BINOM.VERT	Statistical	Siehe BINOMDIST
38	CEILING	OBERGRENZE	Math & Trigonometry	Rundet eine Zahl betragsmäßig auf das kleinste Vielfache von Schritt auf
39	CEILING.PRECISE (2010)	OBERGRENZE.GENAU	Math & Trigonometry	Siehe CEILING

▶

ID	Function	German	Category	Scope
40	CELL	ZELLE	Information	Gibt Informationen zur Formatierung, der Position oder dem Inhalt der Zelle links oben in einem Bezug zurück
41	CHAR	ZEICHEN	Text & Data	Gibt das der Codezahl entsprechende Zeichen zurück
42	CHIDIST	CHIVERT	Statistical (in 2010 Compatibility)	Gibt Werte der Verteilungsfunktion (1-Alpha) einer Chi-Quadrat-verteilten Zufallsgröße zurück
43	CHISQ.DIST (2010)	CHIQU.VERT	Statistical	Gibt Werte der linksseitigen Verteilungsfunktion (1-Alpha) einer Chi-Quadrat-verteilten Zufallsgröße zurück
44	CHISQ.DIST.RT (2010)	CHISQ.VERT.RE	Statistical	Gibt Werte der rechtsseitigen Verteilungsfunktion (1-Alpha) einer Chi-Quadrat-verteilten Zufallsgröße zurück
45	CHIINV	CHIINV	Statistical (in 2010 Compatibility)	Gibt Quantile der $\gamma 2$ -Verteilung zurück
46	CHIQU.INV (2010)	CHIQU.INV	Statistical	Gibt Quantile der linksseitigen $\gamma 2$ -Verteilung zurück
47	CHIQU.INV.RT (2010)	CHIQU.INV.RE	Statistical	Gibt Quantile der rechtsseitigen $\gamma 2$ -Verteilung zurück
48	CHITEST	CHITEST	Statistical (in 2010 Compatibility)	Gibt die Teststatistik eines $\gamma 2$-Unabhängigkeitstests zurück
49	CHISQ.TEST (2010)	CHIQU.TEST	Statistical	Siehe CHITEST
50	CHOOSE	WAHL	Lookup & Reference	Verwendet Index, um einen Wert aus der Liste der Werteargumente zurückzugeben
51	CLEAN	SÄUBERN	Text & Data	Löscht alle nicht druckbaren Zeichen aus einem Text
52	CODE	CODE	Text & Data	Gibt die Codezahl des ersten Zeichens in einem Text zurück
53	COLUMN	SPALTE	Lookup & Reference	Gibt die Spaltennummer eines Bezugs zurück
54	COLUMNS	SPALTEN	Lookup & Reference	Gibt die Anzahl der Spalten einer Matrix oder eines Bezugs zurück
55	COMBIN	KOMBINATIONEN	Math & Trigonometry	Gibt die Anzahl der Kombinationen ohne Wiederholung von *k* Elementen aus einer Menge von *n* Elementen zurück
56	COMPLEX	KOMPLEXE	Engineering	Wandelt den Real- und Imaginärteil in eine komplexe Zahl um ($x + yi$ oder $x + yj$) ▶

ID	Function	German	Category	Scope
57	CONCATENATE	VERKETTEN	Text & Data	Verknüpft mehrere Textzeichen-folgen zu einer Textzeichenfolge
58	CONFIDENCE	KONFIDENZ	Statistical (in 2010 Compatibility)	Gibt einen Wert zurück, den Sie zum Erstellen eines Konfidenzintervalls für den Erwartungswert einer Zufallsvariablen verwenden können
59	CONFIDENCE.NORM (2010)	KONFIDENZ.NORM	Statistical	Siehe CONFIDENCE
60	CONFIDENCE.T (2010)	KONFIDENZ.T	Statistical	Gibt einen Wert zurück, den Sie zum Erstellen eines Konfidenzintervalls für den Erwartungswert einer t-verteilten Zufallsvariablen verwenden können
61	CONVERT	UMWANDELN	Engineering	Wandelt eine Zahl von einem Maßsystem in ein anderes um
62	CORREL	KORREL	Statistical	Gibt den Korrelationskoeffizient einer zweidimensionalen Zufallsgröße zurück, deren Werte in den Zellbereichen *Matrix1* und *Matrix2* stehen
63	COS	COS	Math & Trigonometry	Gibt den Kosinus einer Zahl zurück
64	COSH	COSHYP	Math & Trigonometry	Gibt den hyperbolischen Kosinus einer Zahl zurück
65	COUNT	ANZAHL	Statistical	Berechnet, wie viele Zahlen eine Liste von Argumenten enthält
66	COUNTA	ANZAHL2	Statistical	Berechnet, wie viele Werte eine Liste von Argumenten enthält
67	COUNTBLANK	ANZAHLLEERE-ZELLEN	Statistical	Zählt die leeren Zellen in einem Zellbereich
68	COUNTIF	ZÄHLENWENN	Statistical	Zählt die nicht leeren Zellen eines Bereichs, deren Inhalte mit den Suchkriterien übereinstimmen
69	COUNTIFS	ZÄHLENWENNS	Statistik	Die Zellen eines Bereichs, deren Inhalte mit mehreren Kriterien übereinstimmen, werden gezählt
70	COUPDAYBS	ZINSTERMTAGVA	Financial	Gibt die Anzahl der Tage vom Anfang des Zinstermins bis zum Abrechnungstermin zurück
71	COUPDAYS	ZINSTERMTAGE	Financial	Gibt die Anzahl der Tage der Zinsperiode zurück, die den Abrechnungstermin einschließt
71	COUPDAYSNC	ZINSTERMTAGNZ	Financial	Gibt die Anzahl der Tage vom Abrechnungstermin bis zum nächsten Zinstermin (Kupontermin) an ▶

ID	Function	German	Category	Scope
73	COUPNCD	ZINSTERMNZ	Financial	Gibt eine Zahl zurück, die den nächsten Zinstermin nach dem Abrechnungstermin angibt
74	COUPNUM	ZINSTERMZAHL	Financial	Gibt die Anzahl der zwischen dem Abrechnungsdatum und dem Fälligkeitsdatum zahlbaren Zinszahlungen an, und zwar aufgerundet zur nächsten ganzzahligen Zinszahlung
75	COUPPCD	ZINSTERMVZ	Financial	Gibt eine Zahl an, die die letzte Zinszahlung vor dem Abrechnungstermin repräsentiert
76	COVAR	KOVAR	Statistical (in 2010 Compatibility)	Diese Funktion gibt die Kovarianz zurück, den Mittelwert, der für alle Datenpunktpaare gebildeten Produkte der Abweichungen
77	COVARIANCE.P (2010)	KOVARIANZ.P	Statistical	Siehe COVAR
78	COVARIANCE.S (2010)	KOVARIANZ.S	Statistical	Diese Funktion gibt die Kovarianz einer Stichprobe zurück, den Mittelwert, der für alle Datenpunktpaare gebildeten Produkte der Abweichungen
79	CRITBINOM	KRITBINOM	Statistical	Gibt den kleinsten Wert zurück, für den die kumulierten Wahrscheinlichkeiten der Binomialverteilung größer oder gleich einer Grenzwahrscheinlichkeit sind
80	CUBEMEMBER	CUBEELEMENT	Cube	Gibt für den angegebenen Dimensionspfad das Dimensionselement zurück
81	CUBEMEMBERPROPERTY	CUBEELEMENTEIGENSCHAFT	Cube	Gibt für ein Dimensionselement die geforderte Eigenschaft, auch Attribut genannt, zurück
82	CUBEKPIMEMBER	CUBEKPIELEMENT	Cube	Gibt die angeforderte Eigenschaft von Key Performance-Indikatoren eines Würfels zurück
83	CUBESET	CUBEMENGE	Cube	Gibt eine definierte Menge von Elementen eines Cubes zurück. Dieses sog. Set stellt einen Teilwürfel dar
84	CUBESETCOUNT	CUBEMENGEN-ANZAHL	Cube	Gibt die Anzahl der Elemente eines Sets zurück
85	CUBERANKEDMEMBER	CUBERANG-ELEMENT	Cube	Gibt das per Index definierte Element eines Sets zurück
86	CUBEVALUE	CUBEWERT	Cube	Gibt den Wert für eine gegebene Adresse aus einem Datenwürfel zurück ▶

ID	Function	German	Category	Scope
87	CUMIPMT	KUMZINSZ	Financial	Berechnet die kumulierten Zinsen, die zwischen zwei Perioden zu zahlen sind
88	CUMPRINC	KUMKAPITAL	Financial	Berechnet die aufgelaufene Tilgung eines Darlehens, die zwischen zwei Perioden zu zahlen ist
89	DATE	DATUM	Date & Time	Gibt die fortlaufende Zahl zurück, die ein bestimmtes Datum darstellt
90	DATEDIF	DATEDIF	Date & Time	Ermittelt die Differenz zwischen Anfangs- und Enddatum in Jahren, Monaten oder Tagen
91	DATEVALUE	DATWERT	Date & Time	Wandelt ein als Text vorliegendes Datum in eine fortlaufende Zahl um
92	DAVERAGE	DBMITTELWERT	Database	Liefert den Mittelwert aus den Werten einer Listen- oder Datenbankspalte, die den von Ihnen angegebenen Bedingungen entsprechen
93	DAY	TAG	Date & Time	Gibt den Tag eines Datums als fortlaufende Zahl zurück
94	DAYS360	TAGE360	Date & Time	Berechnet, ausgehend von einem Jahr, das 360 Tage umfasst, die Anzahl der zwischen zwei Tagesdaten liegenden Tage
95	DB	GDA2	Financial	Gibt die geometrisch-degressive Abschreibung eines Wirtschaftsguts für eine bestimmte Periode zurück
96	DCOUNT	DBANZAHL	Database	Zählt die Anzahl von Zellen in einer Spalte einer Liste oder Datenbank, die den angegebenen Bedingungen entsprechen
97	DCOUNTA	DBANZAHL2	Database	Zählt die Anzahl von Zellen in einer Spalte einer Liste oder Datenbank, die den angegebenen Bedingungen entsprechen
98	DDB	GDA	Financial	Gibt die Abschreibung eines Anlageguts für einen angegebenen Zeitraum unter Verwendung der degressiven Doppelraten-Abschreibung oder eines anderen von Ihnen angegebenen Abschreibungsverfahrens zurück
99	DEC2BIN	DEZINBIN	Engineering	Wandelt eine dezimale Zahl in eine binäre Zahl (Dualzahl) um
100	DEC2HEX	DEZINHEX	Engineering	Wandelt eine dezimale Zahl in eine hexadezimale Zahl um ▶

ID	Function	German	Category	Scope
101	DEC2OCT	DEZINOKT	Engineering	Wandelt eine dezimale Zahl in eine Oktalzahl um
102	DEGREES	GRAD	Math & Trigonometry	Wandelt Bogenmaß (Radiant) in Grad um
103	DELTA	DELTA	Engineering	Überprüft, ob zwei Werte gleich sind
104	DEVSQ	SUMQUADABW	Statistical	Gibt die Summe der quadrierten Abweichungen von Datenpunkten von deren Stichprobenmittelwert zurück
105	DGET	DBAUSZUG	Database	Extrahiert einen einzelnen Wert in einer Spalte einer Liste oder Datenbank, der den angegebenen Bedingungen entspricht
106	DISC	DISAGIO	Financial	Gibt den in Prozent ausgedrückten Abzinsungssatz eines Wertpapiers zurück
107	DMAX	DBMAX	Database	Liefert die größte Anzahl in einer Spalte einer Liste oder Datenbank, die den angegebenen Bedingungen entspricht
108	DMIN	DBMIN	Database	Liefert die kleinste Anzahl in einer Spalte einer Liste oder Datenbank, die den angegebenen Bedingungen entspricht
109	DOLLAR	DM	Text & Data	Konvertiert eine Zahl in ein Textformat und ordnet ein Währungssymbol zu
110	DOLLARDE	NOTIERUNGDEZ	Financial	Wandelt eine Notierung, die als Dezimalbruch ausgedrückt wurde, in eine Dezimalzahl um
111	DOLLARFR	NOTIERUNGBRU	Financial	Wandelt eine Notierung, die als Dezimalzahl ausgedrückt wurde, in einen Dezimalbruch um
112	DPRODUCT	DBPRODUKT	Database	Multipliziert die Werte in einer Spalte einer Liste oder Datenbank, die den angegebenen Bedingungen entsprechen
113	DSTDEV	DBSTABW	Database	Schätzt die Standardabweichung einer Grundgesamtheit ausgehend von den Zahlen in einer Spalte einer Liste oder Datenbank, die den angegebenen Bedingungen entsprechen ▶

ID	Function	German	Category	Scope
114	DSTDEVP	DBSTDABWN	Database	Berechnet die Standardabweichung einer vollständigen Grundgesamtheit ausgehend von den Zahlen in einer Spalte einer Liste oder Datenbank, die den angegebenen Bedingungen entsprechen
115	DSUM	DBSUMME	Database	Fügt die Zahlen in einer Spalte aus einer Liste oder Datenbank hinzu, die den angegebenen Bedingungen entsprechen
116	DURATION	DURATION	Financial	Gibt für einen angenommenen Nennwert von 100 € die Macauley-Dauer zurück
117	DVAR	DBVARIANZ	Database	Schätzt die Varianz einer Grundgesamtheit ausgehend von einer Stichprobe mit den Zahlen in einer Spalte einer Liste oder Datenbank, die den angegebenen Bedingungen entsprechen
118	DVARP	DBVARIANZEN	Database	Berechnet die Varianz einer vollständigen Grundgesamtheit ausgehend von den Zahlen in einer Spalte einer Liste oder Datenbank, die den angegebenen Bedingungen entsprechen
119	EDATE	EDATUM	Date & Time	Gibt die fortlaufende Zahl des Datums zurück, das eine bestimmte Anzahl von Monaten vor bzw. nach dem angegebenen Datum (Ausgangsdatum) liegt
120	EFFECT	EFFEKTIV	Financial	Gibt die jährliche Effektivverzinsung zurück, ausgehend von einer Nominalverzinsung sowie der jeweiligen Anzahl der Zinszahlungen pro Jahr
121	EOMONTH	MONATSENDE	Date & Time	Gibt die fortlaufende Zahl des letzten Tages des Monats zurück, der eine bestimmte Anzahl von Monaten vor bzw. nach dem Ausgangsdatum liegt
122	ERF	GAUSSFEHLER	Engineering	Gibt die Gaußsche Fehlerfunktion zurück
123	ERF.PRECISE (2010)	GAUSSF.GENAU	Engineering	Siehe ERF
124	ERFC	GAUSSFKOMPL	Engineering	Gibt das Komplement zur Gaußschen Fehlerfunktion zurück
125	ERFC.PRECISE (2010)	GAUSSFKOMPL.GENAU	Engineering	Siehe ERFC ▶

ID	Function	German	Category	Scope
126	ERROR.TYPE	FEHLER.TYP	Information	Gibt eine Zahl zurück, die einem der Fehlerwerte in Microsoft Excel entspricht, oder den Fehlerwert *#NV*, wenn kein Fehler vorhanden ist
127	EUROCONVERT	EUROCONVERT	Externe Funktionen	Sie können diese Funktion verwenden, um eine Zahl in Euro oder von Euro in eine beteiligte Währung umzuwandeln
128	EVEN	GERADE	Math & Trigonometry	Rundet eine Zahl auf die nächste gerade ganze Zahl auf.
129	EXACT	IDENTISCH	Text & Data	Prüft, ob zwei Zeichenfolgen identisch sind
130	EXP	EXP	Math & Trigonometry	Potenziert die Basis *e* mit der als Argument angegebenen Zahl. Die Konstante *e* ist die Basis des natürlichen Logarithmus und hat den Wert 2,71828182845904
131	EXPONDIST	EXPONVERT	Statistical (in 2010 Compatibility)	Gibt Wahrscheinlichkeiten einer exponential verteilten Zufallsvariablen zurück
132	EXPON.DIST (2010)	EXPON.VERT	Statistical	Siehe EXPONDIST
133	FACT	FAKULTÄT	Math & Trigonometry	Gibt die Fakultät einer Zahl zurück. Die Fakultät einer Zahl wird aus *1*2*3*...* *Zahl* berechnet
134	FACTDOUBLE	ZWEIFAKULTÄT	Math & Trigonometry	Gibt die Fakultät zu *Zahl* mit Schrittlänge 2 zurück
135	FALSE	FALSCH	Logical	Gibt den Wahrheitswert *FALSCH* zurück
136	FDIST	FVERT	Statistical (in 2010 Compatibility)	Gibt Werte der Verteilungsfunktion (1-Alpha) einer F-verteilten Zufallsvariablen zurück
137	F.DIST (2010)	F.VERT	Statistical	Gibt Werte der Verteilungsfunktion (1-Alpha) einer linksseitigen F-verteilten Zufallsvariablen zurück
138	F.DIST.RT (2010)	F.VERT.RE	Statistical	Gibt Werte der Verteilungsfunktion (1-Alpha) einer rechtsseitigen F-verteilten Zufallsvariablen zurück
139	FIND	FINDEN	Text & Data	Sucht eine Zeichenfolge (Suchtext) innerhalb einer anderen Zeichenfolge (Text) und gibt als Ergebnis die Nummer der Anfangsposition von Suchtext ab dem ersten Zeichen von Text zurück ▶

ID	Function	German	Category	Scope
140	FINDB	FINDENB	Text & Data	Sucht eine Zeichenfolge (Suchtext) innerhalb einer anderen Zeichenfolge (Text) und gibt als Ergebnis die Nummer der Anfangsposition von Suchtext ab dem ersten Zeichen von Text auf der Grundlage der Anzahl von Bytes zurück, die jedes Zeichen verwendet
141	FINV	FINV	Statistical (in 2010 Compatibility)	Gibt Quantile der F-Verteilung zurück
142	F.INV (2010)	F.INV	Statistical	Gibt Quantile der linksseitigen F-Verteilung zurück
143	F.INV.RT (2010)	F.INV.RE	Statistical	Gibt Quantile der rechtsseitigen F-Verteilung zurück
144	FISHER	FISHER	Statistical	Gibt die Fisher-Transformation für *x* zurück
145	FISHERINV	FISHERINV	Statistical	Gibt die Umkehrung der Fisher-Transformation zurück
146	FIXED	FEST	Text & Data	Formatiert eine Zahl als Text mit einer festen Anzahl von Nachkommastellen
147	FLOOR	UNTERGRENZE	Math & Trigonometry	Rundet eine Zahl ab
148	FLOOR.PRECISE (2010)	UNTERGRENZE.GENAU	Math & Trigonometry	Siehe FLOOR
149	FORECAST	SCHÄTZER	Statistical	Gibt den Schätzwert für einen linearen Trend zurück
150	FREQUENCY	HÄUFIGKEIT	Statistical	Gibt eine Häufigkeitsverteilung als einspaltige Matrix zurück
151	FTEST	FTEST	Statistical (in 2010 Compatibility)	Gibt die Teststatistik eines F-Tests zurück
152	F.TEST (2010)	F.TEST	Statistical	Siehe FTEST
153	FV	ZW	Financial	Gibt den zukünftigen Wert (Endwert) einer Investition zurück
154	FVSCHEDULE	ZW2	Financial	Gibt den aufgezinsten Wert des Anfangskapitals für eine Reihe periodisch unterschiedlicher Zinssätze zurück
155	GAMMADIST	GAMMVERT	Statistical (in 2010 Compatibility)	Gibt Wahrscheinlichkeiten einer gammaverteilten Zufallsvariablen zurück
156	GAMMA.DIST (2010)	GAMMA.VERT	Statistical	Siehe GAMMADIST
157	GAMMAINV	GAMMAINV	Statistical (in 2010 Compatibility)	Gibt Quantile der Gammaverteilung zurück ▶

ID	Function	German	Category	Scope
158	GAMMA.INV (2010)	GAMMA.INV	Statistical	Siehe GAMMAINV
159	GAMMALN	GAMMALN	Statistical	Gibt den natürlichen Logarithmus der Gammafunktion zurück, *?(x)*
160	GAMMALN.PRECISE (2010)	GAMMALN.GENAU	Statistical	Siehe GAMMALN
161	GCD	GGT	Math & Trigonometry	Gibt den größten gemeinsamen Teiler zurück
162	GEOMEAN	GEOMITTEL	Statistical	Gibt das geometrische Mittel einer Menge positiver Zahlen zurück
163	GESTEP	GGANZZAHL	Engineering	Gibt den Wert 1 zurück, wenn *Zahl Schritt* gilt; andernfalls gibt sie 0 (Null) zurück
164	GETPIVOTDATA	PIVOTDATEN-ZUORDNEN	Database	Gibt Daten aus einem PivotTable-Bericht zurück
165	GROWTH	VARIATION	Statistical	Liefert Werte, die sich aus einem exponentiellen Trend ergeben
166	HARMEAN	HARMITTEL	Statistical	Gibt das harmonische Mittel einer Datenmenge zurück
167	HEX2BIN	HEXINBIN	Engineering	Wandelt eine hexadezimale Zahl in eine Binärzahl um
168	HEX2DEC	HEXINDEZ	Engineering	Wandelt eine hexadezimale Zahl in eine dezimale Zahl um
169	HEX2OCT	HEXINOKT	Engineering	Wandelt eine hexadezimale Zahl in eine Oktalzahl um
170	HLOOKUP	WVERWEIS	Lookup & Reference	Sucht in der obersten Zeile einer Tabelle oder einer Matrix nach Werten und gibt dann in der gleichen Spalte einen Wert aus einer Zeile zurück, die Sie in der Tabelle oder Matrix angeben
171	HOUR	STUNDE	Date & Time	Gibt die Stunde einer Zeitangabe zurück
172	HYPERLINK	HYPERLINK	Lookup & Reference	Erstellt eine Verknüpfung oder einen Sprung, über die ein auf einem Netzwerkserver, in einem Intranet oder im Internet gespeichertes Dokument geöffnet wird
173	HYPGEOMDIST	HYPGEOMVERT	Statistical (in 2010 Compatibility)	Gibt Wahrscheinlichkeiten einer hypergeometrisch-verteilten Zufalls-variablen zurück
174	HYPGEOM.DIST (2010)	HYPGEOM.VERT	Statistical	Gibt Wahrscheinlichkeiten einer hypergeometrisch-verteilten Zufalls-variablen zurück
175	IF	WENN	Logical	Gibt eine Wahrheitsprüfung an, die durchgeführt werden soll ▶

ID	Function	German	Category	Scope
176	IFERROR	WENNFEHLER	Logik	Berechnet eine definierte Ausgabe im Fall, dass ein Ausdruck fehlerhaft ist und gibt ansonsten das Ergebnis des Ausdrucks aus
177	IMABS	IMABS	Engineering	Gibt den Absolutwert (Modul) einer komplexen Zahl zurück
178	IMAGINARY	IMAGINÄRTEIL	Engineering	Gibt den Imaginärteil einer komplexen Zahl zurück, die als Zeichenfolge der Form *x* + *yi* oder *x* + *yj* vorliegt
179	IMARGUMENT	IMARGUMENT	Engineering	Gibt das Argument (Theta) zurück, einen Winkel, der als Bogenmaß ausgedrückt wird
180	IMCONJUGATE	IMKONJUGIERTE	Engineering	Gibt die konjugiert komplexe Zahl zu einer komplexen Zahl zurück, wobei die komplexe Zahl als Zeichenfolge der Form *x* + *yi* oder *x* + *yj* eingegeben wird
181	IMCOS	IMCOS	Engineering	Gibt den Kosinus einer komplexen Zahl zurück, die als Zeichenfolge der Form *x* + *yi* oder *x* + *yj* vorliegt
182	IMDIV	IMDIV	Engineering	Gibt den Quotient zweier komplexer Zahlen zurück, die beide als Zeichenfolgen der Form *x* + *yi* oder *x* + *yj* erwartet werden
183	IMEXP	IMEXP	Engineering	Gibt die algebraische Form einer in exponentieller Form vorliegenden komplexen Zahl zurück, wobei deren Exponent als Zeichenfolge der Form *x* + *yi* oder *x* + *yj* eingegeben wird
184	IMLN	IMLN	Engineering	Gibt den natürlichen Logarithmus einer komplexen Zahl zurück, die als Zeichenfolge der Form *x* + *yi* oder *x* + *yj* eingegeben wird
185	IMLOG10	IMLOG10	Engineering	Gibt den Logarithmus einer komplexen Zahl zur Basis 10 zurück, die als Zeichenfolge der Form *x* + *yi* oder *x* + *yj* eingegeben wird
186	IMLOG2	IMLOG2	Engineering	Gibt den Logarithmus einer komplexen Zahl zur Basis 2 zurück, die als Zeichenfolge der Form *x* + *yi* oder *x* + *yj* eingegeben wird
187	IMPOWER	IMAPOTENZ	Engineering	Potenziert eine komplexe Zahl, die als Zeichenfolge der Form *x* + *yi* oder *x* + *yj* vorliegt, mit einer ganzen Zahl ▶

ID	Function	German	Category	Scope
188	IMPRODUCT	IMPRODUKT	Engineering	Gibt das Produkt komplexer Zahlen zurück, die beide als Zeichenfolgen der Form *x* + *yi* oder *x* + *yj* erwartet werden
189	IMREAL	IMREALTEIL	Engineering	Gibt den Realteil einer komplexen Zahl zurück, die als Zeichenfolge der Form *x* + *yi* oder *x* + *yj* eingegeben wird
190	IMSIN	IMSIN	Engineering	Diese Funktion gibt den Sinus einer komplexen Zahl zurück, die als Zeichenfolge der Form *x* + *yi* oder *x* + *yj* eingegeben wird
191	IMSQRT	IMWURZEL	Engineering	Gibt die Quadratwurzel einer komplexen Zahl zurück, die als Zeichenfolge der Form *x* + *yi* oder *x* + *yj* eingegeben wird
192	IMSUB	IMSUB	Engineering	Gibt die Differenz zweier komplexer Zahlen zurück, die beide als Zeichenfolgen der Form *x* + *yi* oder *x* + *yj* erwartet werden
193	IMSUM	IMSUMME	Engineering	Gibt die Summe komplexer Zahlen zurück, die als Zeichenfolgen der Form *x* + *yi* oder *x* + *yj* erwartet werden
194	INDEX	INDEX	Lookup & Reference	Verwendet einen Index, um aus einem Bezug oder einer Matrix einen Wert zu wählen
195	INDIRECT	INDIREKT	Lookup & Reference	Gibt den Bezug eines Textwerts zurück. Bezüge werden sofort ausgewertet, sodass die zu ihnen gehörenden Werte angezeigt werden
196	INFO	INFO	Information	Gibt Informationen zu der aktuellen Betriebssystemumgebung zurück
197	INT	GANZZAHL	Math & Trigonometry	Rundet eine Zahl auf die nächst kleinere ganze Zahl ab
198	INTERCEPT	ACHSEN-ABSCHNITT	Statistical	Gibt den Schnittpunkt der Regressionsgeraden zurück
199	INTRATE	AUSZAHLUNG	Financial	Gibt den Auszahlungsbetrag eines voll investierten Wertpapiers am Fälligkeitstermin zurück
200	IPMT	ZINSZ	Financial	Gibt die Zinszahlung einer Investition für die angegebene Periode, ausgehend von regelmäßigen, konstanten Zahlungen und einem konstanten Zinssatz zurück ▶

ID	Function	German	Category	Scope
201	IRR	IKV	Financial	Gibt den internen Zinsfuß einer Investition ohne Finanzierungskosten oder Reinvestitionsgewinne zurück
202	ISBLANK	ISTLEER	Information	Gibt *WAHR* zurück, wenn der Wert sich auf eine leere Zelle bezieht, oder *FALSCH*, wenn der Wert sich auf eine nicht leere Zelle bezieht
203	ISERR	ISTFEHL	Information	Gibt *WAHR* zurück, wenn der Wert einen Fehler ergibt, oder *FALSCH*, wenn der Wert keinen Fehler ergibt
204	ISERROR	ISTFEHLER	Information	Gibt *WAHR* zurück, wenn der Wert einen beliebigen Fehler ergibt, oder *FALSCH*, wenn der Wert keinen Fehler ergibt
205	ISEVEN	ISTGERADE	Information	Gibt *WAHR* zurück, wenn die Zahl gerade ist, oder *FALSCH*, wenn die Zahl ungerade ist
206	ISLOGICAL	ISTLOG	Information	Gibt *WAHR* zurück, wenn der Wert sich auf einen Wahrheitswert bezieht, oder *FALSCH*, wenn der Wert sich nicht auf einen Wahrheitswert bezieht
207	ISNA	ISTNV	Information	Gibt *WAHR* zurück, wenn der Wert sich auf den Fehlerwert *#NV* bezieht, oder *FALSCH*, wenn der Wert sich nicht auf den Fehlerwert *#NV* bezieht
208	ISNONTEXT	ISTKTEXT	Information	Gibt *WAHR* zurück, wenn der Wert kein Text ist, oder *FALSCH*, wenn der Wert ein Text ist
209	ISNUMBER	ISTZAHL	Information	Gibt *WAHR* zurück, wenn der Wert eine Zahl (numerischer Wert) ist, oder *FALSCH*, wenn der Wert keine Zahl ist
210	ISODD	ISTUNGERADE	Information	Gibt *WAHR* zurück, wenn die Zahl ungerade ist, oder *FALSCH*, wenn die Zahl gerade ist
211	ISPMT	ISPMT	Financial	Berechnet die während eines bestimmten Zeitraums für eine Investition gezahlten Zinsen
212	ISREF	ISTBEZUG	Information	Gibt *WAHR* zurück, wenn der Wert ein gültiger Zellbezug ist, oder *FALSCH*, wenn der Wert ein ungültiger Zellbezug ist ▶

ID	Function	German	Category	Scope
213	ISTEXT	ISTTEXT	Information	Gibt *WAHR* zurück, wenn der Wert ein Text ist, oder *FALSCH*, wenn der Wert kein Text ist. Beachten Sie, dass diese Funktion *FALSCH* zurückgibt, wenn sich der Wert auf eine leere Zelle bezieht.
214	JIS	JIS	Text & Data	Diese Funktion wandelt für Japanisch lateinische Buchstaben halber Breite (Single-Byte-Zeichen) oder Katakana innerhalb einer Zeichenfolge in Zeichen voller Breite (Double-Byte-Zeichen) um
215	KURT	KURT	Statistical	Gibt die Kurtosis (Exzess) einer Datengruppe zurück
216	LARGE	KGRÖSSTE	Statistical	Gibt den k-größten Wert einer Datengruppe zurück
217	LCM	KGV	Math & Trigonometry	Gibt das kleinste gemeinsame Vielfache der als Argumente angegebenen ganzen Zahlen zurück
218	LEFT	LINKS	Text & Data	Gibt auf der Grundlage der Anzahl von Zeichen, die Sie angeben, das oder die erste(n) Zeichen in einer Textzeichenfolge zurück
219	LEN	LÄNGE	Text & Data	Gibt die Anzahl der Zeichen einer Zeichenfolge zurück
220	LINEST	RGP	Statistical	Berechnet die Statistik für eine Linie unter Verwendung der Methode der kleinsten Quadrate, zur Berechnung einer geraden Linie, die für die Daten am geeignetsten ist, und gibt eine Matrix zurück, die die Linie beschreibt
221	LN	LN	Math & Trigonometry	Gibt den natürlichen Logarithmus einer Zahl zurück
222	LOG	LOG	Math & Trigonometry	Gibt den Logarithmus einer Zahl zu der angegebenen Basis zurück
223	LOG10	LOG10	Math & Trigonometry	Gibt den Logarithmus einer Zahl zur Basis 10 zurück
224	LOGEST	RKP	Statistical	In Regressionsanalysen berechnet diese Funktion eine Exponentialkurve, die möglichst gut an die von Ihnen bereitgestellten Daten angepasst ist, und liefert ein Wertarray, das diese Kurve beschreibt ▶

ID	Function	German	Category	Scope
225	LOGINV	LOGINV	Statistical (in 2010 Compatibility)	Gibt Quantile der Lognormalverteilung von *x* zurück, wobei *ln(x)* mit den Parametern *Mittelwert* und *Standabwn* normal verteilt ist
226	LOGNORM.INV (2010)	LOGNORM.INV	Statistical	Siehe LOGINV
227	LOGNORMDIST	LOGNORMVERT	Statistical	Gibt Werte der Verteilungsfunktion einer lognormalverteilten Zufallsvariablen zurück, wobei *ln(x)* normalverteilt ist mit den Parametern *Mittelwert* und *Standabwn*
228	LOGNORM.DIST (2010)	LOGNORM.VERT	Statistical	Siehe LOGNORMDIST
229	LOOKUP	VERWEIS	Lookup & Reference	Durchsucht die Werte eines Vektors oder einer Matrix
230	LOWER	KLEIN	Text & Data	Wandelt einen Text in Kleinbuchstaben um
231	MATCH	VERGLEICH	Lookup & Reference	Sucht Werte innerhalb eines Bezugs oder einer Matrix
232	MAX	MAX	Statistical	Gibt den größten Wert innerhalb einer Argumentliste zurück
233	MAXA	MAXA	Statistical	Gibt den größten Wert einer Liste von Argumenten zurück
234	MDETERM	MDET	Math & Trigonometry	Gibt die Determinante einer Matrix zurück
235	MDURATION	MDURATION	Financial	Gibt die modifizierte Macauley-Duration eines Wertpapiers mit einem angenommenen Nennwert von 100 € zurück
236	MEDIAN	MEDIAN	Statistical	Gibt den Median der angegebenen Zahlen zurück
237	MID	TEIL	Text & Data	Gibt auf der Grundlage der angegebenen Anzahl von Zeichen eine bestimmte Anzahl von Zeichen einer Zeichenfolge ab der von Ihnen angegebenen Position zurück
238	MIN	MIN	Statistical	Gibt den kleinsten Wert innerhalb einer Argumentliste zurück
239	MINA	MINA	Statistical	Gibt den kleinsten Wert einer Liste von Argumenten zurück
240	MINUTE	MINUTE	Date & Time	Wandelt eine fortlaufende Zahl in eine Minute um
241	MINVERSE	MINV	Math & Trigonometry	Gibt die Inverse einer Matrix (die zu einer Matrix gehörende Kehrmatrix) zurück ▶

ID	Function	German	Category	Scope
242	MIRR	QIKV	Financial	Gibt einen modifizierten internen Zinsfuß zurück, bei dem positive und negative Cashflows mit unterschiedlichen Zinssätzen finanziert werden
243	MMULT	MMULT	Math & Trigonometry	Gibt das Produkt zweier Matrizen zurück
244	MOD	REST	Math & Trigonometry	Gibt den Rest einer Division zurück. Das Ergebnis hat dasselbe Vorzeichen wie Divisor.
245	MODE	MODALWERT	Statistical (in 2010 Compatibility)	Gibt den häufigsten Wert einer Datengruppe zurück
246	MODE.SNGL (2010)	MODUS.EINF	Statistical	Siehe MODE
247	MODE.MULT (2010)	MODUS.VIELF	Statistical	Gibt ein vertikales Array der am häufigsten vorkommenden Werte in einem Array oder Datenbereich zurück
248	MONTH	MONAT	Date & Time	Wandelt eine fortlaufende Zahl in einen Monat um
249	MROUND	VRUNDEN	Math & Trigonometry	Gibt eine auf das gewünschte Vielfache gerundete Zahl zurück.
250	MULTINOMINAL	POLYNOMIAL	Math & Trigonometry	Gibt den Polynominalkoeffizienten einer Gruppe von Zahlen zurück
251	N	N	Information	Gibt den in eine Zahl umgewandelten Wert zurück
252	NA	NV	Information	Gibt den Fehlerwert *#NV* zurück
253	NEGBINOMDIST	NEGBINOMVERT	Statistical (in 2010 Compatibility)	Gibt Wahrscheinlichkeiten einer negativbinomialverteilten Zufallsvariablen zurück
254	NEGBINOM.DIST (2010)	NEGBINOM.VERT	Statistical	Siehe NEGBINOMDIST
255	NETWORKDAYS	NETTOARBEITSTAGE	Date & Time	Gibt die Anzahl der Arbeitstage in einem Zeitintervall zurück
256	NETWORKDAY.INTL (2010)	NETTOARBEITSTAGE.INTL	Date & Time	Gibt die Anzahl der Arbeitstage in einem Zeitintervall unter Beachtung der Wochenend-Definition zurück
257	NOMINAL	NOMINAL	Financial	Gibt die jährliche Nominalverzinsung zurück, ausgehend vom effektiven Zinssatz sowie der Anzahl der Verzinsungsperioden innerhalb eines Jahres
258	NORMDIST	NORMVERT	Statistical (in 2010 Compatibility)	Gibt die Normalverteilung für den angegebenen Mittelwert und die angegebene Standardabweichung zurück ▶

ID	Function	German	Category	Scope
259	NORM.DIST (2010)	NORM.VERT	Statistical	Siehe NORMDIST
260	NORMINV	NORMINV	Statistical (in 2010 Compatibility)	Gibt Quantile der Normalverteilung zurück
261	NORM.INV (2010)	NORM.INV	Statistical	Siehe NORMINV
262	NORMSDIST	STANDNORMVERT	Statistical (in 2010 Compatibility)	Gibt Werte der Verteilungsfunktion einer standardnormalverteilten Zufallsvariablen zurück
263	NORM.S.DIST (2010)	NORM.S.VERT	Statistical	Siehe NORMSDIST
264	NORMSINV	STANDNORMINV	Statistical (in 2010 Compatibility)	Gibt Quantile der Standardnormal-verteilung zurück
265	NORM.S:INV (2010)	NORM.S.INV	Statistical	Siehe NORMSINV
266	NOT	NICHT	Logical	Kehrt den Wert eines Arguments um
267	NOW	JETZT	Date & Time	Liefert die fortlaufende Zahl des aktuellen Datums und der aktuellen Uhrzeit
268	NPER	ZZR	Financial	Gibt die Anzahl der Zahlungsperioden einer Investition zurück, die auf periodischen, gleich bleibenden Zahlungen sowie einem konstanten Zinssatz basiert
269	NPV	NBW	Financial	Gibt den Nettobarwert (Kapitalwert) einer Investition auf Basis eines Abzinsungsfaktors für eine Reihe periodischer Zahlungen zurück
270	OCT2BIN	OKTINBIN	Engineering	Wandelt eine Oktalzahl in eine Binärzahl (Dualzahl) um
271	OCT2DEC	OKTINDEZ	Engineering	Wandelt eine Oktalzahl in eine Dezimalzahl um
272	OCT2HEX	OKTINHEX	Engineering	Wandelt eine Oktalzahl in eine Hexadezimalzahl um
273	ODD	UNGERADE	Math & Trigonometry	Rundet eine Zahl auf die nächste ungerade ganze Zahl auf
274	ODDFPRICE	UNREGER.KURS	Financial	Liefert den Kurs pro 100 € Nennwert eines Wertpapiers mit einem unregelmäßigen ersten Zinstermin
275	ODDFYIELD	UNREGER.REND	Financial	Gibt die Rendite eines Wertpapiers mit einem unregelmäßigen ersten Zinstermin zurück
276	ODDLPRICE	UNREGLE.KURS	Financial	Gibt den Kurs pro 100 € Nennwert eines Wertpapiers mit einem unregelmäßigen letzten Zinstermin zurück ▶

ID	Function	German	Category	Scope
277	ODDLYIELD	UNREGLE.REND	Financial	Gibt die Rendite eines Wertpapiers mit einem unregelmäßigen letzten Zinstermin zurück
278	OFFSET	BEREICH.VER-SCHIEBEN	Lookup & Reference	Gibt einen Bezug zurück, der gegenüber dem angegebenen Bezug versetzt ist
279	OR	ODER	Logical	Gibt *WAHR* zurück, wenn ein Argument *WAHR* ist. Gibt *FALSCH* zurück, wenn alle Argumente *FALSCH* sind
280	PEARSON	PEARSON	Statistical	Gibt den Pearsonschen Korrelationskoeffizienten *r* zurück
281	PERCENTILE	QUANTIL	Statistical (in 2010 Compatibility)	Gibt das Alpha-Quantil einer Gruppe von Daten zurück
282	PERCENTILE.EXC (2010)	QUANTIL.EXKL	Statistical	Gibt das k-Quantil einer Gruppe von Daten zurück, wobei k ausschließlich im Bereich 0 bis 1 liegt
283	PERCENTILE.INC (2010)	QUANTIL.INKL	Statistical	Gibt das k-Quantil einer Gruppe von Daten zurück, wobei k einschließlich im Bereich 0 bis 1 liegt
284	PERCENTRANK	QUANTILSRANG	Statistical (in 2010 Compatibility)	Gibt den prozentualen Rang (Alpha) eines Werts zurück
285	PERCENTRANK.EXC (2010)	QUANTILSRANG. EXKL	Statistical	Gibt den prozentualen Rang (Alpha) eines Werts ausschließlich im Bereich 0 bis 1 zurück
286	PERCENTRANK.INC (2010)	QUANTILSRANG. INKL	Statistical	Gibt den prozentualen Rang (Alpha) eines Werts einschließlich im Bereich 0 bis 1 zurück
287	PERMUT	VARIATIONEN	Statistical	Gibt die Anzahl der Möglichkeiten zurück, um *k* Elemente aus einer Menge von *n* Elementen ohne Zurücklegen zu ziehen
288	PHONETIC	PHONETIC	Text & Data	Extrahiert die phonetischen (Furigana-) Zeichen aus einer Textzeichenfolge
289	PI	PI	Math & Trigonometry	Gibt den Wert *Pi* zurück, die mathematische Konstante (3,14159265358979) mit einer Genauigkeit von 15 Stellen
290	PMT	RMZ	Financial	Gibt die konstante Zahlung einer Annuität pro Periode zurück, wobei konstante Zahlungen und ein konstanter Zinssatz vorausgesetzt werden ▶

ID	Function	German	Category	Scope
291	POISSON	POISSON	Statistical (in 2010 Compatibility)	Gibt Wahrscheinlichkeiten einer poissonverteilten Zufallsvariablen zurück
292	POISSON.DIST (2010)	POISSON.VERT	Statistical	Siehe POISSON
293	POWER	POTENZ	Math & Trigonometry	Gibt als Ergebnis eine potenzierte Zahl zurück
294	PPMT	KAPZ	Financial	Gibt die Kapitalrückzahlung einer Investition für die angegebene Periode zurück
295	PRICE	KURS	Financial	Gibt den Kurs pro 100 € Nennwert eines Wertpapiers zurück, das periodisch Zinsen auszahlt
296	PRICEDISC	KURSDISAGIO	Financial	Gibt den Kurs pro 100 € Nennwert eines unverzinslichen Wertpapiers zurück
297	PRICEMAT	KURSFÄLLIG	Financial	Gibt den Kurs pro 100 € Nennwert eines Wertpapiers zurück, das Zinsen am Fälligkeitsdatum auszahlt
298	PROB	WAHRSCHBEREICH	Statistical	Gibt die Wahrscheinlichkeit für ein von zwei Werten eingeschlossenes Intervall zurück
299	PRODUCT	PRODUKT	Math & Trigonometry	Multipliziert die Argumente und gibt das Produkt zurück
300	PROPER	GROSS2	Text & Data	Wandelt den ersten Buchstaben aller Wörter einer Zeichenfolge in Großbuchstaben und alle anderen Buchstaben in Kleinbuchstaben um
301	PV	BW	Financial	Gibt den Barwert einer Investition zurück
302	QUARTILE	QUARTILE	Statistical (in 2010 Compatibility)	Gibt die Quartile der Datengruppe zurück
303	QUARTILE.EXC (2010)	QUARTILE.EXKL	Statistical	Gibt die Quartile der Datengruppe zurück, ausschließlich basierend auf Werten von 0 bis 1
304	QUARTILE.INC (2010)	QUARTILE.INKL	Statistical	Gibt die Quartile der Datengruppe zurück, einschließlich basierend auf Werten von 0 bis 1
305	QUOTIENT	QUOTIENT	Math & Trigonometry	Gibt den ganzzahligen Anteil einer Division zurück
306	RADIANS	BOGENMASS	Math & Trigonometry	Wandelt Grad in Bogenmaß (Radiant) um
307	RAND	ZUFALLSZAHL	Math & Trigonometry	Gibt eine Zufallszahl zwischen 0 und 1 zurück
308	RANDBETWEEN	ZUFALLSBEREICH	Math & Trigonometry	Gibt eine ganze Zufallszahl aus dem festgelegten Bereich zurück ▶

ID	Function	German	Category	Scope
309	RANK	RANG	Statistical (in 2010 Compatibility)	Gibt den Rang zurück, den eine Zahl innerhalb einer Liste von Zahlen einnimmt
310	RANK.EQ (2010)	RANG.GLEICH	Statistik	Siehe RANK
311	RANK.AVG (2010)	RANG.MITTELW	Statistik	Gibt die durchschnittliche Rangzahl für eine Zahl innerhalb einer Liste von Zahlen zurück
312	RATE	ZINS	Financial	Gibt den Zinssatz einer Annuität pro Periode zurück
313	RECEIVED	ZINSSATZ	Financial	Gibt den Zinssatz eines voll investierten Wertpapiers zurück
314	REPLACE	ERSETZEN	Text & Data	Ersetzt auf der Grundlage der Anzahl von Zeichen, die Sie angeben, einen Teil einer Textzeichenfolge durch eine andere Textzeichenfolge
315	REPLACEB	ERSETZENB	Text & Data	Ersetzt auf der Grundlage der von Ihnen angegebenen Anzahl der Bytes einen Teil einer Textzeichenfolge durch eine andere Textzeichenfolge
316	REPT	WIEDERHOLEN	Text & Data	Wiederholt einen Text so oft wie angegeben
317	RIGHT	RECHTS	Text & Data	Gibt das letzte oder die letzten Zeichen einer Textzeichenfolge auf der Grundlage der von Ihnen angegebenen Anzahl von Zeichen zurück
318	ROMAN	RÖMISCH	Math & Trigonometry	Wandelt eine arabische Zahl in eine römische Zahl als Text um
319	ROUND	RUNDEN	Math & Trigonometry	Rundet eine Zahl auf eine bestimmte Anzahl von Dezimalstellen
320	ROUNDDOWN	ABRUNDEN	Math & Trigonometry	Rundet die Zahl auf *Anzahl_Stellen* ab
321	ROUNDUP	AUFRUNDEN	Math & Trigonometry	Rundet die Zahl auf *Anzahl_Stellen* auf
322	ROW	ZEILE	Lookup & Reference	Liefert die Zeilennummer eines Bezugs
323	ROWS	ZEILEN	Lookup & Reference	Gibt die Anzahl der Zeilen in einem Bezug oder einer Matrix zurück
324	RSQ	BESTIMMTHEITSMASS	Statistical	Gibt das Quadrat des Pearsonschen Korrelationskoeffizienten zurück, entsprechend den in *Y_Werte* und *X_Werte* abgelegten Datenpunkten ▶

ID	Function	German	Category	Scope
325	RTD	RTD	Lookup & Reference	Ruft Echtzeitdaten von einem Programm ab, das die COM-Automatisierung unterstützt
326	SEARCH	SUCHEN	Text & Data	Gibt, beginnend mit *Erstes_Zeichen*, die Nummer des Zeichens zurück, an der das zu suchende Zeichen oder die zu suchende Textzeichenfolge erstmals gefunden wurde
327	SECOND	SEKUNDE	Date & Time	Wandelt eine fortlaufende Zahl in eine Sekunde um
328	SERIESSUM	POTENZREIHE	Math & Trigonometry	Gibt die Summe von Potenzen (zur Berechnung von Potenzreihen und dichotomen Wahrscheinlichkeiten) zurück
329	SIGN	VORZEICHEN	Math & Trigonometry	Gibt das Vorzeichen einer Zahl zurück
330	SIN	SIN	Math & Trigonometry	Gibt den Sinus einer Zahl zurück
331	SINH	SINHYP	Math & Trigonometry	Gibt den hyperbolischen Sinus einer Zahl zurück
332	SKEW	SCHIEFE	Statistical	Gibt die Schiefe einer Verteilung zurück
333	SLN	LIA	Financial	Gibt die lineare Abschreibung eines Wirtschaftsguts pro Periode zurück
334	SLOPE	STEIGUNG	Statistical	Gibt die Steigung der Regressionsgeraden zurück, die an die in *Y_Werte* und *X_Werte* abgelegten Datenpunkte angepasst ist
335	SMALL	KKLEINSTE	Statistical	Gibt den k-kleinsten Wert einer Datengruppe zurück
336	SQL.REQUEST	SQL.REQUEST	Externe Funktionen	Stellt eine Verbindung mit einer externen Datenquelle her und führt eine Abfrage aus, die sich auf einem Arbeitsblatt befindet
337	SQRT	WURZEL	Math & Trigonometry	Gibt die Quadratwurzel einer Zahl zurück
338	SQRTPI	WURZELPI	Math & Trigonometry	Gibt die Wurzel aus der mit *Pi* multiplizierten Zahl zurück
339	STANDARDIZE	STANDARDISIERUNG	Statistical	Gibt den standardisierten Wert einer Verteilung zurück, die durch *Mittelwert* und *Standabwn* charakterisiert ist
340	STDEV	STABW	Statistical (in 2010 Compatibility)	Schätzt die Standardabweichung ausgehend von einer Stichprobe
341	STDEV.S (2010)	STABW.S	Statistical	Siehe STDEV ▶

ID	Function	German	Category	Scope
342	STDEVA	STABWA	Statistical	Schätzt die Standardabweichung ausgehend von einer Stichprobe
343	STDEVP	STABWN	Statistical (in 2010 Compatibility)	Berechnet die Standardabweichung ausgehend von der Grundgesamtheit
344	STDEV.P (2010)	STABW.N	Statistical	Siehe STDEVP
345	STDEVPA	STABWNA	Statistical	Berechnet die Standardabweichung ausgehend von einer als Argument angegebenen Grundgesamtheit, einschließlich Text und logischer Werte
346	STEYX	STFEHLERYX	Statistical	Gibt den Standardfehler der geschätzten *y*-Werte für alle *x*-Werte der Regression zurück
347	SUBSTITUTE	WECHSELN	Text & Data	Ersetzt alten Text durch neuen Text in einer Zeichenfolge
348	SUBTOTAL	TEILERGEBNIS	Math & Trigonometry	Gibt ein Teilergebnis in einer Liste oder Datenbank zurück
349	SUM	SUMME	Math & Trigonometry	Summiert die Argumente
350	SUMIF	SUMMEWENN	Math & Trigonometry	Addiert Zahlen, die mit den Suchkriterien übereinstimmen
351	SUMIFS	SUMMEWENNS	Math. & Trigonom.	Addiert Zahlen, die mit mehreren Suchkriterien übereinstimmen
352	SUMPRODUCT	SUMMENPRODUKT	Math & Trigonometry	Multipliziert die einander entsprechenden Komponenten der angegebenen Matrizen miteinander und gibt die Summe dieser Produkte zurück
353	SUMSQ	QUADRATESUMME	Math & Trigonometry	Summiert die quadrierten Argumente
354	SUMX2MY2	SUMMEX2MY2	Math & Trigonometry	Summiert für zusammengehörige Komponenten zweier Matrizen die Differenzen der Quadrate
355	SUMX2PY2	SUMMEX2PY2	Math & Trigonometry	Summiert für zusammengehörige Komponenten zweier Matrizen die Summen der Quadrate
356	SUMXMY2	SUMMEXMY2	Math & Trigonometry	Summiert für zusammengehörige Komponenten zweier Matrizen die quadrierten Differenzen
357	SYD	DIA	Financial	Gibt die arithmetisch-degressive Abschreibung eines Wirtschaftsgutes für eine bestimmte Periode zurück
358	T	T	Text & Data	Wandelt die Argumente in Text um ▶

ID	Function	German	Category	Scope
359	TAN	TAN	Math & Trigonometry	Gibt den Tangens einer Zahl zurück
360	TANH	TANHYP	Math & Trigonometry	Gibt den hyperbolischen Tangens einer Zahl zurück
361	TBILLEQ	TBILLÄQUIV	Financial	Rechnet die Verzinsung eines Schatzwechsels (Treasury Bill) in die für Anleihen übliche einfache jährliche Verzinsung um
362	TBILLPRICE	TBILLKURS	Financial	Gibt den Kurs pro 100 € Nennwert eines Schatzwechsels (Treasury Bill) zurück
363	TBILLYIELD	TBILLRENDITE	Financial	Gibt die Rendite eines Schatzwechsels (Treasury Bill) zurück
364	TDIST	TVERT	Statistical (in 2010 Compatibility)	Gibt Werte der Verteilungsfunktion (1-Alpha) einer (Student) t-verteilten Zufallsvariablen zurück
365	T.DIST (2010)	T.VERT	Statistical	Gibt die (Student) t-Verteilung der linken Endfläche zurück
366	T.DIST.2T (2010)	T.VERT.2S	Statistical	Gibt die (Student) t-Verteilung für zwei Endflächen zurück
367	T.DIST.RT (2010)	T.VERT.RE	Statistical	Gibt die (Student) t-Verteilung der rechten Endfläche zurück
368	TEXT	TEXT	Text & Data	Formatiert eine Zahl und wandelt sie in Text um
369	TIME	ZEIT	Date & Time	Gibt die Dezimalzahl einer bestimmten Uhrzeit zurück
370	TIMEVALUE	ZEITWERT	Date & Time	Wandelt eine als Text vorliegende Zeitangabe in eine fortlaufende Zahl um
371	TINV	TINV	Statistical (in 2010 Compatibility)	Gibt den *t*-Wert der t-Verteilung als eine Funktion der Wahrscheinlichkeit und der Freiheitsgrade zurück
372	T.INV (2010)	T.INV	Statistical	Siehe TINV
373	T.INV.2T (2010)	T.INV.2S	Statistical	Siehe TINV
374	TODAY	HEUTE	Date & Time	Gibt die fortlaufende Zahl des heutigen Datums zurück
375	TRANSPOSE	MTRANS	Lookup & Reference	Gibt die transponierte Matrix der angegebenen Matrix zurück
376	TREND	TREND	Statistical	Liefert Werte, die sich aus einem linearen Trend ergeben
377	TRIM	GLÄTTEN	Text & Data	Löscht Leerzeichen in Text, die nicht als jeweils einzelne zwischen Wörtern stehende Trennzeichen dienen ▶

ID	Function	German	Category	Scope
378	TRIMMEAN	GESTUTZTMITTEL	Statistical	Gibt den Mittelwert einer Datengruppe zurück, ohne die Randwerte zu berücksichtigen
379	TRUE	WAHR	Logical	Gibt den Wahrheitswert *WAHR* zurück
380	TRUNC	KÜRZEN	Math & Trigonometry	Schneidet die Kommastellen der Zahl ab und gibt als Ergebnis eine ganze Zahl zurück
381	TTEST	TTEST	Statistical (in 2010 Compatibility)	Gibt die Teststatistik eines Studentschen t-Tests zurück
382	T.TEST (2010)	T.TEST	Statistical	Siehe TTEST
383	TYPE	TYP	Information	Gibt eine Zahl zurück, die den Datentyp des angegebenen Werts anzeigt
384	UPPER	GROSS	Text & Data	Wandelt Text in Großbuchstaben um
385	VALUE	WERT	Text & Data	Wandelt ein als Text angegebenes Argument in eine Zahl um
386	VAR	VARIANZ	Statistical (in 2010 Compatibility)	Schätzt die Varianz auf der Basis einer Stichprobe
387	VAR.S (2010)	VAR.S	Statistical	Siehe VAR
388	VARA	VARIANZA	Statistical	Schätzt die Varianz auf der Basis einer Stichprobe
389	VARP	VARIANZEN	Statistical (in 2010 Compatibility)	Berechnet die Varianz ausgehend von der Grundgesamtheit
390	VAR.P (2010)	VAR.P	Statistical	Siehe VARP
391	VARPA	VARIANZENA	Statistical	Berechnet die Varianz ausgehend von der Grundgesamtheit
392	VDB	VDB	Financial	Gibt die degressive Doppelraten-Abschreibung eines Wirtschaftsguts für eine bestimmte Periode oder Teilperiode zurück
393	VLOOKUP	SVERWEIS	Lookup & Reference	Sucht in der am weitesten links gelegenen Spalte einer Tabelle nach einem Wert und gibt in der gleichen Zeile einen Wert aus einer von Ihnen angegebenen Spalte in der Tabelle zurück
394	WEEKDAY	WOCHENTAG	Date & Time	Wandelt eine fortlaufende Zahl in einen Wochentag um
395	WEEKNUM	KALENDERWOCHE	Date & Time	Gibt eine Zahl zurück, die angibt, in welche Woche des dazugehörigen Jahres das angegebene Datum fällt ▶

ID	Function	German	Category	Scope
396	WEIBULL	WEIBULL	Statistical (in 2010 Compatibility)	Gibt Wahrscheinlichkeiten einer weibullverteilten Zufallsvariablen zurück
397	WEIBULL.DIST (2010)	WEIBULL.VERT	Statistical	Siehe WEIBULL
398	WORKDAY	ARBEITSTAG	Date & Time	Gibt die Datumsangabe als fortlaufenden Tag im Jahr zurück, vor oder nach einer bestimmten Anzahl von Arbeitstagen
399	WORKDAY.INTL	ARBEITSTAG.INTL	Datum & Zeit	Gibt unter Beachtung der Wochenenddefinition die Datumsangabe als fortlaufenden Tag im Jahr zurück, vor oder nach einer bestimmten Anzahl von Arbeitstagen
400	XIRR	XINTZINSFUSS	Financial	Gibt den internen Zinsfuß einer Reihe nicht periodisch anfallender Zahlungen zurück
401	XNPV	XKAPITALWERT	Financial	Gibt den Nettobarwert (Kapitalwert) einer Reihe nicht periodisch anfallender Zahlungen zurück
402	YEAR	JAHR	Date & Time	Wandelt eine fortlaufende Zahl in eine Jahreszahl um
403	YEARFRAC	BRTEILJAHRE	Date & Time	Wandelt die Anzahl der ganzen Tage zwischen Ausgangsdatum und Enddatum in Bruchteile von Jahren um
404	YIELD	RENDITE	Financial	Gibt die Rendite eines Wertpapiers zurück, das periodisch Zinsen auszahlt
405	YIELDDISC	RENDITEDIS	Financial	Gibt die jährliche Rendite eines unverzinslichen Wertpapiers zurück
406	YIELDMAT	RENDITEFÄLL	Financial	Gibt die jährliche Rendite eines Wertpapiers zurück, das Zinsen am Fälligkeitsdatum auszahlt
407	ZTEST	GTEST	Statistical (in 2010 Compatibility)	Gibt den einseitigen Wahrscheinlichkeitswert für einen Gaußtest (Normalverteilung) zurück
408	Z.TEST (2010)	G.TEST	Statistical	Gibt den einseitigen Wahrscheinlichkeitswert für einen Gaußtest (Normalverteilung) zurück

Anhang B

Funktionen nach Kategorie

Datums- und Zeitfunktionen

Funktion	Beschreibung
ARBEITSTAG	Gibt die fortlaufende Zahl des Datums zurück, das eine bestimmte Anzahl von Arbeitstagen vor bzw. nach dem Ausgangsdatum liegt
ARBEITSTAG.INTL (2010)	Gibt unter Beachtung der Wochenend-Definition die Datumsangabe als fortlaufenden Tag im Jahr zurück, vor oder nach einer bestimmten Anzahl von Arbeitstagen
BRTEILJAHRE	Gibt den Jahresanteil zurück, der der Anzahl von ganzen Tagen zwischen dem Ausgangsdatum und dem Enddatum entspricht
DATEDIF	Berechnet den Zeitabstand zwischen zwei Datumsangaben in unterschiedlichen Zeitmaßen (Tage, Wochen, Monate,...)
DATUM	Gibt die fortlaufende Zahl eines bestimmten Datums zurück
DATWERT	Wandelt ein Datum, das in Textform vorliegt, in eine fortlaufende Zahl um
EDATUM	Gibt die fortlaufende Zahl des Datums zurück, das die angegebene Anzahl von Monaten vor bzw. nach dem Ausgangsdatum liegt
HEUTE	Gibt die fortlaufende Zahl des heutigen Datums zurück
JAHR	Wandelt eine fortlaufende Zahl in ein Jahr um
JETZT	Gibt die fortlaufende Zahl des aktuellen Datums und der aktuellen Uhrzeit zurück
KALENDERWOCHE	Wandelt eine fortlaufende Zahl in eine Zahl um, die angibt, in welche Woche des dazugehörigen Jahres das angegebene Datum fällt
MINUTE	Wandelt eine fortlaufende Zahl in eine Minute um
MONAT	Wandelt eine fortlaufende Zahl in einen Monat um
MONATSENDE	Gibt die fortlaufende Zahl des letzten Tages des Monats zurück, der eine bestimmte Anzahl von Monaten vor bzw. nach dem Ausgangsdatum liegt
NETTOARBEITSTAGE	Gibt die Anzahl von ganzen Arbeitstagen zurück, die zwischen zwei Datumswerten liegen
NETTOARBEITSTAGE.INTL (2010)	Gibt die Anzahl der Arbeitstage in einem Zeitintervall unter Beachtung der Wochenend-Definition zurück.
SEKUNDE	Wandelt eine fortlaufende Zahl in eine Sekunde um
STUNDE	Wandelt eine fortlaufende Zahl in eine Stunde um
TAG	Wandelt eine fortlaufende Zahl in einen Tag des Monats um
TAGE360	Berechnet die Anzahl von Tagen zwischen zwei Datumswerten ausgehend von einem Jahr mit 360 Tagen
WOCHENTAG	Wandelt eine fortlaufende Zahl in einen Wochentag um
ZEIT	Gibt die fortlaufende Zahl einer bestimmten Uhrzeit zurück
ZEITWERT	Wandelt eine Uhrzeit, die in Textform vorliegt, in eine fortlaufende Zahl um

Text- und Datenfunktionen

Funktion	Beschreibung
ASC	Wandelt lateinische Buchstaben oder Katakana-Zeichen voller Breite (Doppelbyte-Zeichen) in einer Zeichenfolge in Zeichen halber Breite (Einzelbyte-Zeichen) um
BAHTTEXT	Wandelt eine Zahl in Text um, wobei das ß-Währungsformat (Baht) verwendet wird
CODE	Gibt die Codezahl des ersten Zeichens einer Zeichenfolge zurück
DM	Wandelt eine Zahl in Text um, wobei das DM-Währungsformat verwendet wird
ERSETZEN	Ersetzt Zeichen in einer Zeichenfolge
ERSETZENB	Ersetzt einen Teil einer Textzeichenfolge durch eine andere Textzeichenfolge. Diese Funktion wird für Double-Byte-Zeichen verwendet.
FEST	Formatiert eine Zahl als Zeichenfolge mit einer festen Anzahl von Nachkommastellen
FINDEN	Sucht nach einer Zeichenfolge in einer anderen Zeichenfolge (Groß-/Kleinschreibung wird beachtet)
FINDENB	Sucht eine Zeichenfolge innerhalb einer anderen Zeichenfolge und gibt als Ergebnis die Nummer der Anfangsposition von Suchtext ab dem ersten Zeichen von Text auf der Grundlage der Anzahl von Bytes zurück, die jedes Zeichen verwendet. Diese Funktion wird für Double-Byte-Zeichen verwendet.
GLÄTTEN	Entfernt überzählige Leerzeichen aus einer Zeichenfolge
GROSS	Wandelt Buchstaben in Großbuchstaben um
GROSS2	Wandelt den ersten Buchstaben jedes Worts eines Textes in einen Großbuchstaben um
IDENTISCH	Prüft, ob zwei Zeichenfolgen identisch sind
KLEIN	Wandelt einen Text in Kleinbuchstaben um
LÄNGE	Gibt die Anzahl von Zeichen einer Zeichenfolge zurück
LINKS	Gibt die ersten Zeichen einer Zeichenfolge zurück
PHONETIC	Extrahiert die phonetischen (Furigana-) Zeichen aus einer Textzeichenfolge
RECHTS	Gibt die letzten Zeichen einer Zeichenfolge zurück
SÄUBERN	Entfernt alle nicht druckbaren Zeichen aus einem Text
SUCHEN	Sucht nach einer Zeichenfolge in einer anderen Zeichenfolge (Groß-/Kleinschreibung wird nicht beachtet)
T	Wandelt das Argument in eine Zeichenfolge um
TEIL	Gibt eine bestimmte Anzahl von Zeichen einer Zeichenfolge ab der Stelle zurück, die Sie angegeben haben
TEXT	Formatiert eine Zahl und wandelt diese in eine Zeichenfolge um
VERKETTEN	Verknüpft mehrere Zeichenfolgen (Texte) zu einer Zeichenfolge
WECHSELN	Wechselt einen Teil einer Zeichenfolge gegen eine neue Zeichenfolge
WERT	Wandelt die als Argument angegebene Zeichenfolge in eine Zahl um
WIEDERHOLEN	Wiederholt einen Text so oft wie angegeben
ZEICHEN	Gibt das Zeichen zurück, das durch die Codezahl angegeben ist

Logische Funktionen

Funktion	Beschreibung
FALSCH	Gibt den Wahrheitswert *FALSCH* zurück
NICHT	Kehrt den Wahrheitswert des Arguments um
ODER	Gibt *WAHR* zurück, wenn eines der Argumente gleich *WAHR* ist
UND	Gibt *WAHR* zurück, wenn alle zugehörigen Argumente gleich *WAHR* sind
WAHR	Gibt den Wahrheitswert *WAHR* zurück
WENN	Gibt eine Wahrheitsprüfung an, die ausgeführt werden soll
WENNFEHLER	Berechnet eine definierte Ausgabe im Fall, dass ein Ausdruck fehlerhaft ist und gibt ansonsten das Ergebnis des Ausdrucks aus

Nachschlage- und Verweisfunktionen

Funktion	Beschreibung
ADRESSE	Gibt einen Verweis auf eine Zelle eines Arbeitsblatts als Text zurück
BEREICH.VERSCHIEBEN	Gibt einen Bezug zurück, der gegenüber dem angegebenen Bezug verschoben ist
BEREICHE	Gibt die Anzahl von Bereichen zurück, die es im angegebenen Bezug gibt
HYPERLINK	Erstellt eine Verknüpfung oder einen Sprung, über den ein auf einem Netzwerkserver, in einem Intranet oder im Internet gespeichertes Dokument geöffnet wird
INDEX	Verwendet einen Index, um einen Wert aus einem Bezug oder Array auszuwählen
INDIREKT	Gibt einen Bezug zurück, der durch einen Textwert angezeigt ist
MTRANS	Gibt das transponierte Array des angegebenen Arrays (Matrix) zurück
RTD	Ruft Echtzeitdaten von einem Programm ab, das COM-Automatisierung unterstützt
SPALTE	Gibt die Spaltennummer eines Bezugs zurück
SPALTEN	Gibt die Anzahl von Spalten zurück, die zu einem Bezug gehören
SVERWEIS	Sucht in der ersten Spalte eines Arrays und durchläuft die zugehörige Zeile, um den Wert einer Zelle zurückzugeben
VERGLEICH	Schlägt Werte in einem Bezug oder Array (Matrix) nach
VERWEIS	Schlägt Werte in einem Vektor oder Array (Matrix) nach
WAHL	Wählt einen Wert aus einer Liste von Werten aus
WVERWEIS	Sucht in der ersten Zeile eines Arrays und gibt den Wert der angezeigten Zelle zurück
ZEILE	Gibt die Zeilennummer eines Bezugs zurück
ZEILEN	Gibt die Anzahl von Zeilen zurück, die zu einem Bezug gehören

Informationsfunktionen

Funktion	Beschreibung
ANZAHLLEEREZELLEN	Zählt die leeren Zellen in einem Bereich
FEHLER.TYP	Gibt eine Zahl zurück, die einem Fehlertyp entspricht
INFO	Gibt Informationen zur aktuellen Betriebssystemumgebung zurück
ISTBEZUG	Gibt *WAHR* zurück, wenn Wert ein Bezug ist
ISTFEHL	Gibt *WAHR* zurück, wenn Wert ein Fehlerwert ist; ausgenommen ist lediglich *#NV*
ISTFEHLER	Gibt *WAHR* zurück, wenn Wert ein Fehlerwert ist
ISTGERADE	Gibt *WAHR* zurück, wenn die Zahl gerade ist
ISTKTEXT	Gibt *WAHR* zurück, wenn Wert kein Text ist
ISTLEER	Gibt *WAHR* zurück, wenn die in Wert angegebene Zelle leer ist
ISTLOG	Gibt *WAHR* zurück, wenn Wert ein logischer Wert ist
ISTNV	Gibt *WAHR* zurück, wenn Wert der Fehlerwert *#NV* ist
ISTTEXT	Gibt *WAHR* zurück, wenn Wert ein Text ist
ISTUNGERADE	Gibt *WAHR* zurück, wenn die Zahl ungerade ist
ISTZAHL	Gibt *WAHR* zurück, wenn Wert eine Zahl ist
N	Gibt einen Wert zurück, der in eine Zahl umgewandelt wurde
NV	Gibt den Fehlerwert *#NV* zurück
TYP	Gibt eine Zahl zurück, die den Datentyp von Wert anzeigt
ZELLE	Gibt Informationen zur Formatierung, zur Position oder zum Inhalt einer Zelle zurück

Statistische Funktionen

Funktion	Beschreibung
ACHSENABSCHNITT	Gibt den Wert zurück, bei dem die Regressionsgerade die Y-Achse schneidet
ANZAHL	Zählt, wie viele Zahlen sich in der Liste der Argumente befinden
ANZAHL2	Zählt, wie viele Werte sich in der Liste der Argumente befinden
BESTIMMTHEITSMASS	Gibt das Quadrat des Pearsonschen Korrelationskoeffizienten zurück
BETAINV	Gibt das Quantil der angegebenen Betaverteilung zurück
BETA.INV (2010)	Siehe BETAINV
BETAVERT	Gibt die Werte der kumulierten Betaverteilungsfunktion zurück
BETA.VERT (2010)	Siehe BETAVERT
BINOM.INV (2010)	Gibt den kleinsten Wert, für den die kumulierten Wahrscheinlichkeiten der Binominalverteilung größer oder gleich einer Grenzwahrscheinlichkeit sind, zurück.
BINOMVERT	Gibt Wahrscheinlichkeiten einer binomialverteilten Zufallsvariablen zurück ▶

Funktion	Beschreibung
BINOM.VERT (2010)	Siehe BINOMVERT
CHIINV	Gibt das Quantil der Verteilungsfunktion (1-Alpha) einer Chi-Quadrat-verteilten Zufallsgröße zurück
CHIQU.INV (2010)	Gibt Quantile der linksseitigen $\gamma 2$ -Verteilung zurück
CHIQU.INV.RE (2010)	Gibt Quantile der rechtsseitigen $\gamma 2$ -Verteilung zurück
CHITEST	Gibt die Teststatistik eines Chi-Quadrat-Unabhängigkeitstests zurück
CHIQU.TEST (2010)	Siehe CHITEST
CHIVERT	Gibt Werte der Verteilungsfunktion (1-Alpha) einer Chi-Quadrat-verteilten Zufallsgröße zurück
CHIQU.VERT (2010)	Gibt Werte der linksseitigen Verteilungsfunktion (1-Alpha) einer Chi-Quadrat-verteilten Zufallsgröße zurück
CHIQU.VERT.RE (2010)	Gibt Werte der rechtsseitigen Verteilungsfunktion (1-Alpha) einer Chi-Quadrat-verteilten Zufallsgröße zurück
EXPONVERT	Gibt die Exponentialverteilung zurück
EXPON.VERT (2010)	Siehe EXPONVERT
FINV	Gibt das jeweilige Quantil der F-Verteilung zurück
F.INV (2010)	Gibt Quantile der linksseitigen F-Verteilung zurück
F.INV.RE (2010)	Gibt Quantile der rechtsseitigen F-Verteilung zurück
FISHER	Gibt die Fisher-Transformation zurück
FISHERINV	Gibt die Inverse der Fisher-Transformation zurück
FTEST	Gibt das Ergebnis eines F-Tests zurück
F.TEST (2010)	Siehe FTEST
FVERT	Gibt die F-Verteilung zurück
F.VERT (2010)	Gibt Werte der Verteilungsfunktion (1-Alpha) einer linksseitigen F-verteilten Zufallsvariablen zurück
F.VERT.RE (2010)	Gibt Werte der Verteilungsfunktion (1-Alpha) einer rechtsseitigen F-verteilten Zufallsvariablen zurück
GAMMAINV	Gibt das jeweilige Quantil der Gammaverteilung zurück
GAMMA.INV (2010)	Siehe GAMMAINV
GAMMALN	Gibt den natürlichen Logarithmus der Gammafunktion zurück, $\Gamma(x)$
GAMMALN.GENAU (2010)	Siehe GAMMALN
GAMMVERT	Gibt die Gammaverteilung zurück
GAMMA.VERT (2010)	Siehe GAMMAVERT
GEOMITTEL	Gibt den geometrischen Mittelwert zurück
GESTUTZTMITTEL	Gibt den Mittelwert einer Datenmenge zurück, ohne die Randwerte zu berücksichtigen
GTEST	Gibt den einseitigen Wahrscheinlichkeitswert eines z-Tests zurück ▶

Funktion	Beschreibung
G.TEST (2010)	Gibt den einseitigen Wahrscheinlichkeitswert für einen Gaußtest (Normalverteilung) zurück
HARMITTEL	Gibt das harmonische Mittel zurück
HÄUFIGKEIT	Gibt eine Häufigkeitsverteilung als einspaltiges Array (Matrix) zurück
HYPGEOMVERT	Gibt die hypergeometrische Verteilung zurück
HYPGEOM.VERT (2010)	Gibt Wahrscheinlichkeiten einer hypergeometrisch-verteilten Zufallsvariablen zurück
KGRÖSSTE	Gibt den k-größten Wert einer Datenmenge zurück
KKLEINSTE	Gibt den k-kleinsten Wert einer Datenmenge zurück
KONFIDENZ	Gibt das Konfidenzintervall für den Mittelwert der Grundgesamtheit zurück
KONFIDENZ.NORM (2010)	Siehe KONFIDENZ
KONFIDENZ.T (2010)	Gibt einen Wert zurück, den Sie zum Erstellen eines Konfidenzintervalls für den Erwartungswert einer t-verteilten Zufallsvariablen verwenden können
KORREL	Gibt den Korrelationskoeffizienten von zwei Datenmengen zurück
KOVAR	Gibt die Kovarianz zurück; dies ist der Mittelwert der gebildeten Produkte paarweiser Abweichungen
KOVARIANZ.P (2010)	Siehe KOVAR
KOVARIANZ.S (2010)	Diese Funktion gibt die Kovarianz einer Stichprobe zurück, den Mittelwert, der für alle Datenpunktpaare gebildeten Produkte der Abweichungen
KRITBINOM	Gibt den kleinsten Wert zurück, für den die kumulierten Wahrscheinlichkeiten der Binomialverteilung kleiner oder gleich einer Grenzwahrscheinlichkeit sind
KURT	Gibt die Kurtosis (Exzess) einer Datenmenge zurück
LOGINV	Gibt das jeweilige Quantil der Lognormalverteilung zurück
LOGNORM.INV (2010)	Siehe LOGINV
LOGNORMVERT	Gibt den jeweiligen Wert der Verteilungsfunktion einer lognormalverteilten Zufallsvariablen zurück
LOGNORM.VERT (2010)	Siehe LOGNORMVERT
MAX	Gibt den größten der Werte zurück, die in der Liste der Argumente stehen
MAXA	Gibt den größten der Werte zurück, die in der Liste der Argumente stehen, wobei neben Zahlen auch Texte und Wahrheitswerte berücksichtigt werden
MEDIAN	Gibt den Median der angegebenen Zahlen zurück
MIN	Gibt den kleinsten der Werte zurück, die in der Liste der Argumente stehen
MINA	Gibt den kleinsten der Werte zurück, die in der Liste der Argumente stehen, wobei neben Zahlen auch Texte und Wahrheitswerte berücksichtigt werden
MITTELABW	Gibt die durchschnittliche absolute Abweichung von Datenpunkten von ihrem Mittelwert zurück
MITTELWERT	Gibt den Mittelwert der Argumente zurück
MITTELWERTA	Gibt den Mittelwert der Argumente zurück, wobei neben Zahlen auch Texte und Wahrheitswerte berücksichtigt werden ▶

Funktion	Beschreibung
MITTELWERTWENN	Der Durchschnittswert (arithmetisches Mittel) für alle Zellen in einem Bereich, die einem angegebenen Kriterium entsprechen, wird zurückgegeben
MITTELWERTWENNS	Gibt den Durchschnittswert (arithmetisches Mittel) aller Zellen zurück, die mehreren Kriterien entsprechen
MODALWERT	Gibt den Wert zurück, der in einer Datenmenge am häufigsten vorkommt
MODUS.EINF (2010)	Siehe MODALWERT
MODUS.VIELF (2010)	Gibt ein vertikales Array der am häufigsten vorkommenden Werte in einem Array oder Datenbereich zurück
NEGBINOMVERT	Gibt die negative binomiale Verteilung zurück
NEGBINOM.VERT (2010)	Siehe NEGBINOMVERT
NORMINV	Gibt das jeweilige Quantil der kumulativen Normalverteilung zurück
NORM.INV (2010)	Siehe NORMINV
NORMVERT	Gibt die kumulative Normalverteilung zurück
NORM.VERT (2010)	Siehe NORMVERT
NORM.S.INV (2010)	Siehe STANDNORMINV
NORM.S.VERT (2010)	Siehe STANDNORMVERT
PEARSON	Gibt den Pearsonschen Korrelationskoeffizienten zurück
POISSON	Gibt die Poisson-Verteilung zurück
POISSON.VERT (2010)	Siehe POISSON
QUANTIL	Gibt das Alpha-Quantil einer Datenmenge zurück
QUANTIL.EXKL (2010)	Gibt das k-Quantil einer Gruppe von Daten zurück, wobei k ausschließlich im Bereich 0 bis 1 liegt
QUANTIL.INKL (2010)	Gibt das k-Quantil einer Gruppe von Daten zurück, wobei k einschließlich im Bereich 0 bis 1 liegt
QUANTILSRANG	Gibt den prozentualen Rang eines Werts aus einer Datenmenge zurück
QUANTILSRANG.EXKL (2010)	Gibt den prozentualen Rang (Alpha) eines Werts ausschließlich im Bereich 0 bis 1 zurück
QUANTILSRANG.INKL (2010)	Gibt den prozentualen Rang (Alpha) eines Werts einschließlich im Bereich 0 bis 1 zurück
QUARTILE	Gibt das Quartil einer Datenmenge zurück
QUARTILE.EXKL (2010)	Gibt die Quartile der Datengruppe zurück, ausschließlich basierend auf Werten von 0 bis 1
QUARTILE.INKL (2010)	Gibt die Quartile der Datengruppe zurück, einschließlich basierend auf Werten von 0 bis 1
RANG	Gibt den Rang zurück, den eine Zahl innerhalb einer Liste von Zahlen einnimmt
RANG.GLEICH (2010)	Siehe RANG
RANG.MITTELW (2010)	Gibt die durchschnittliche Rangzahl für eine Zahl innerhalb einer Liste von Zahlen zurück
RGP	Gibt die Parameter eines linearen Trends zurück ▶

Funktion	Beschreibung
RKP	Gibt die Parameter eines exponentiellen Trends zurück
SCHÄTZER	Gibt einen Wert zurück, der sich aus einem linearen Trend ergibt
SCHIEFE	Gibt die Schiefe einer Verteilung zurück
STABW	Berechnet die Standardabweichung auf der Grundlage einer Stichprobe
STABW.S (2010)	Siehe STABW
STABWA	Berechnet die Standardabweichung auf der Grundlage einer Stichprobe; berücksichtigt Zahlen, Texte und Wahrheitswerte (logische Werte)
STABWN	Berechnet die Standardabweichung auf der Grundlage der Grundgesamtheit
STABW.N (2010)	Siehe STABWN
STABWNA	Berechnet die Standardabweichung auf der Grundlage der Grundgesamtheit; berücksichtigt Zahlen, Texte und Wahrheitswerte (logische Werte)
STANDARDISIERUNG	Gibt einen normalisierten Wert zurück
STANDNORMINV	Gibt das jeweilige Quantil der Standardnormalverteilung zurück
STANDNORMVERT	Gibt die Standardnormalverteilung zurück
STEIGUNG	Gibt die Steigung der Regressionsgeraden zurück
STFEHLERYX	Gibt den Standardfehler der geschätzten y-Werte für alle x-Werte der Regression zurück
SUMQUADABW	Gibt die Summe von quadrierten Abweichungen zurück
TINV	Gibt das jeweilige Quantil der Studentschen t-Verteilung zurück
T.INV (2010)	Siehe TINV
T.INV.2S (2010)	Siehe TINV
TREND	Gibt Werte zurück, die einem linearen Trend folgen
TTEST	Gibt die Wahrscheinlichkeit zurück, die zu einem Studentschen t-Test gehört
T.TEST (2010)	Siehe TTEST
TVERT	Gibt die Studentsche t-Verteilung zurück
T.VERT (2010)	Gibt die (Student) t-Verteilung der linken Endfläche zurück
T.VERT.2S (2010)	Gibt die (Student) t-Verteilung für zwei Endflächen zurück
T.VERT.RE (2010)	Gibt die (Student) t-Verteilung der rechten Endfläche zurück
VARIANZ	Berechnet die Varianz auf der Grundlage einer Stichprobe
VAR.S (2010)	Siehe VARIANZ
VARIANZA	Berechnet die Varianz auf der Grundlage einer Stichprobe; berücksichtigt Zahlen, Texte und Wahrheitswerte (logische Werte)
VARIANZEN	Berechnet die Varianz auf der Grundlage der Grundgesamtheit
VAR.P (2010)	Siehe VARIANZEN
VARIANZENA	Berechnet die Varianz auf der Grundlage der Grundgesamtheit; berücksichtigt Zahlen, Texte und Wahrheitswerte (logische Werte)
VARIATION	Gibt Werte zurück, die auf der Kurve eines exponentiellen Trends liegen ▶

Funktion	Beschreibung
VARIATIONEN	Gibt die Anzahl der Variationen (Kombinationen) für die angegebene Anzahl von Objekten zurück
WAHRSCHBEREICH	Gibt die Wahrscheinlichkeit zurück, mit der Werte zwischen zwei Grenzwerten liegen
WEIBULL	Gibt die Weibull-Verteilung zurück
ZÄHLENWENN	Zählt die nicht leeren Zellen eines Bereichs, deren Inhalte mit den Suchkriterien übereinstimmen
ZÄHLENWENNS	Die Zellen eines Bereichs, deren Inhalte mit mehreren Kriterien übereinstimmen, werden gezählt

Datenbankfunktionen

Funktion	Beschreibung
DBANZAHL	Zählt die Zellen einer Datenbank, die Zahlen enthalten
DBANZAHL2	Zählt die Zellen einer Datenbank, die nicht leer sind
DBAUSZUG	Liest aus einer Datenbank genau einen Datensatz, der die angegebenen Suchkriterien erfüllt
DBMAX	Gibt den größten Wert aus den jeweils ausgewählten Datenbank-Einträgen zurück
DBMIN	Gibt den kleinsten Wert aus den jeweils ausgewählten Datenbank-Einträgen zurück
DBMITTELWERT	Gibt den Mittelwert der ausgewählten Datenbank-Einträge zurück
DBPRODUKT	Multipliziert die Werte eines bestimmten Felds der Datenbank-Datensätze, die die Suchkriterien erfüllen
DBSTABW	Berechnet die Standardabweichung anhand einer Stichprobe aus ausgewählten Datenbank-Einträgen
DBSTDABWN	Berechnet die Standardabweichung anhand der Grundgesamtheit aus ausgewählten Datenbank-Einträgen
DBSUMME	Addiert die Zahlen, die in der Spalte Feld in den Datenbank-Datensätzen stehen, die die Suchkriterien erfüllen
DBVARIANZEN	Berechnet die Varianz anhand der Grundgesamtheit aus ausgewählten Datenbank-Einträgen
DVARIANZ	Berechnet die Varianz anhand einer Stichprobe aus ausgewählten Datenbank-Einträgen
PIVOTDATENZUORDNEN	Gibt Daten zurück, die in einem PivotTable-Bericht gespeichert sind

Cubefunktionen

Funktion	Beschreibung
CUBEELEMENT	Gibt für den angegebenen Dimensionspfad das Dimensionselement zurück
CUBEELEMENTEIGENSC HAFT	Gibt für ein Dimensionselement die geforderte Eigenschaft, auch Attribut genannt, zurück
CUBEKPIELEMENT	Gibt die angeforderte Eigenschaft von Key Performance Indikatoren eines Würfels zurück
CUBEMENGE	Gibt eine definierte Menge von Elementen eines Cubes zurück. Dieses sog. Set stellt einen Teilwürfel dar.
CUBEMENGENANZAHL	Gibt die Anzahl der Elemente eines Sets zurück
CUBERANGELEMENT	Gibt das per Index definierte Element eines Sets zurück
CUBEWERT	Gibt den Wert für eine gegebene Adresse aus einem Datenwürfel zurück

Finanzmathematische Funktionen

Funktion	Beschreibung
AMORDEGRK	Gibt den für jede Abrechnungsperiode anzusetzenden Abschreibungsbetrag zurück, wobei ein Abschreibungskoeffizient verwendet wird
AMORLINEARK	Gibt den für jede Abrechnungsperiode anzusetzenden Abschreibungsbetrag zurück
AUFGELZINS	Gibt die aufgelaufenen Zinsen (Stückzinsen) eines Wertpapiers mit periodischen Zinszahlungen zurück
AUFGELZINSF	Gibt die aufgelaufenen Zinsen (Stückzinsen) eines Wertpapiers, die bei Fälligkeit ausgezahlt werden, zurück
AUSZAHLUNG	Gibt den Auszahlungsbetrag eines voll investierten Wertpapiers am Fälligkeitstermin zurück
BW	Gibt den Barwert einer Investition zurück
DIA	Gibt die arithmetisch-degressive Abschreibung eines Wirtschaftsguts für eine bestimmte Periode zurück
DISAGIO	Gibt den in Prozent ausgedrückten Abzinsungssatz eines Wertpapiers zurück
DURATION	Gibt die jährliche Duration eines Wertpapiers mit periodischen Zinszahlungen zurück
EFFEKTIV	Gibt die jährliche Effektivverzinsung zurück
GDA	Gibt die Abschreibung eines Anlageguts für einen angegebenen Zeitraum unter Verwendung der degressiven Doppelratenabschreibung oder eines anderen von Ihnen angegebenen Abschreibungsverfahrens zurück
GDA2	Gibt die geometrisch-degressive Abschreibung eines Wirtschaftsguts für eine bestimmte Periode zurück
IKV	Gibt den internen Zinsfuß einer Investition ohne Finanzierungskosten oder Reinvestitionsgewinne zurück ▶

Funktion	Beschreibung
ISPMT	Berechnet die während eines bestimmten Zeitraums für eine Investition gezahlten Zinsen
KAPZ	Gibt die Zahlung für das Kapital einer Investition für die angegebene Periode zurück
KUMKAPITAL	Gibt die kumulierte Tilgung eines Darlehens zurück, die zwischen zwei Perioden zu zahlen ist
KUMZINSZ	Gibt die kumulierten Zinsen zurück, die zwischen zwei Perioden zu zahlen sind
KURS	Gibt den Kurs pro 100 € Nennwert eines Wertpapiers zurück, das periodisch Zinsen auszahlt
KURSDISAGIO	Gibt den Kurs pro 100 € Nennwert eines unverzinslichen Wertpapiers zurück
KURSFÄLLIG	Gibt den Kurs pro 100 € Nennwert eines Wertpapiers zurück, das Zinsen am Fälligkeitsdatum auszahlt
LIA	Gibt die lineare Abschreibung eines Wirtschaftsguts pro Periode zurück
MDURATION	Gibt die modifizierte Macauley-Duration eines Wertpapiers mit einem angenommenen Nennwert von 100 € zurück
NBW	Gibt den Nettobarwert (Kapitalwert) einer Investition zurück, für die es periodische Zahlungen (Cashflows) und einen Abzinsungssatz gibt
NOMINAL	Gibt die jährliche Nominalverzinsung zurück
NOTIERUNGBRU	Wandelt eine Notierung, die als Dezimalzahl ausgedrückt wurde, in einen Dezimalbruch um
NOTIERUNGDEZ	Wandelt eine Notierung, die als Dezimalbruch ausgedrückt wurde, in eine Dezimalzahl um
QIKV	Gibt den internen Zinsfuß zurück, bei dem positive und negative Cashflows mit unterschiedlichen Zinssätzen finanziert werden
RENDITE	Gibt die Rendite eines Wertpapiers zurück, das periodisch Zinsen auszahlt
RENDITEDIS	Gibt die jährliche Rendite eines unverzinslichen Wertpapiers zurück; z. B. für einen Schatzwechsel (Treasury Bill)
RENDITEFÄLL	Gibt die jährliche Rendite eines Wertpapiers zurück, das Zinsen am Fälligkeitsdatum auszahlt
RMZ	Gibt die periodische Zahlung für eine Annuität zurück
TBILLÄQUIV	Rechnet die Verzinsung eines Schatzwechsels (Treasury Bill) in die für Anleihen übliche einfache jährliche Verzinsung um
TBILLKURS	Gibt den Kurs pro 100 € Nennwert eines Schatzwechsels (Treasury Bill) zurück
TBILLRENDITE	Gibt die Rendite eines Schatzwechsels (Treasury Bill) zurück
UNREGER.KURS	Gibt den Kurs pro 100 € Nennwert eines Wertpapiers mit einer unregelmäßigen ersten Periode zurück
UNREGER.REND	Gibt die Rendite eines Wertpapiers mit einer unregelmäßigen ersten Periode zurück
UNREGLE.KURS	Gibt den Kurs pro 100 € Nennwert eines Wertpapiers mit einer unregelmäßigen letzten Periode zurück
UNREGLE.REND	Gibt die Rendite eines Wertpapiers mit einer unregelmäßigen letzten Periode zurück ▶

Funktion	Beschreibung
VDB	Gibt die Abschreibung eines Wirtschaftsguts für eine bestimmte Periode oder eine Teilperiode zurück, wobei eine Methode zur degressiven Abschreibung verwendet wird
XINTZINSFUSS	Gibt den internen Zinsfuß für eine Reihe nicht notwendigerweise periodisch anfallender Zahlungen zurück
XKAPITALWERT	Gibt den Nettobarwert (Kapitalwert) einer Reihe nicht notwendigerweise periodisch anfallender Zahlungen zurück
ZINS	Gibt den Zinssatz einer Annuität pro Periode zurück
ZINSSATZ	Gibt den Zinssatz eines voll investierten Wertpapiers zurück
ZINSTERMNZ	Gibt den nächsten Zinstermin (Kupontermin) nach dem Abrechnungstermin zurück
ZINSTERMTAGE	Gibt die Anzahl der Tage der Zinsperiode zurück, die den Abrechnungstermin einschließt
ZINSTERMTAGNZ	Gibt die Anzahl der Tage vom Abrechnungstermin bis zum nächsten Zinstermin (Kupontermin) zurück
ZINSTERMTAGVA	Gibt die Anzahl der Tage vom Anfang des Zinstermins bis zum Abrechnungstermin zurück
ZINSTERMVZ	Gibt den letzten Zinstermin (Kupontermin) vor dem Abrechnungstermin zurück
ZINSTERMZAHL	Gibt die Anzahl der zwischen dem Abrechnungstermin und dem Fälligkeitstermin zu leistenden Zinszahlungen zurück
ZINSZ	Gibt die Zinszahlung für eine Investition für die angegebene Periode zurück
ZW	Gibt den zukünftigen Wert (Endwert) einer Investition zurück
ZW2	Gibt den aufgezinsten Wert des Anfangskapitals für eine Reihe periodisch unterschiedlicher Zinssätze zurück
ZZR	Gibt die Anzahl der Zahlungsperioden einer Investition zurück

Mathematische und trigonometrische Funktionen

Funktion	Beschreibung
ABRUNDEN	Rundet den Betrag einer Zahl ab
ABS	Gibt den absoluten Wert einer Zahl zurück
AGGREGAT (2010)	Gibt ein Aggregat in einer Liste oder Datenbank zurück
ARCCOS	Gibt den Arkuskosinus einer Zahl zurück
ARCCOSHYP	Gibt den Areakosinus (Area Cosinus hyperbolicus) einer Zahl zurück
ARCSIN	Gibt den Arkussinus einer Zahl zurück
ARCSINHYP	Gibt den Areasinus (Area Sinus hyperbolicus) einer Zahl zurück
ARCTAN	Gibt den Arkustangens einer Zahl zurück
ARCTAN2	Gibt den Arkustangens ausgehend von einer x- und einer y-Koordinate zurück
ARCTANHYP	Gibt den Areatangens (Area Tangens hyperbolicus) einer Zahl zurück ▶

Funktion	Beschreibung
AUFRUNDEN	Rundet den Betrag einer Zahl auf
BOGENMASS	Wandelt Grad in Bogenmaß (Radiant)
COS	Gibt den Kosinus einer Zahl zurück
COSHYP	Gibt den Hyperbelkosinus (Cosinus hyperbolicus) einer Zahl zurück
EXP	Gibt e potenziert mit der angegebenen Zahl zurück
FAKULTÄT	Gibt die Fakultät einer Zahl zurück
GANZZAHL	Rundet eine Zahl auf die nächst kleinere ganze Zahl ab
GERADE	Rundet eine Zahl auf die betragsmäßig nächst größere gerade ganze Zahl auf
GGT	Gibt den größten gemeinsamen Teiler zurück
GRAD	Wandelt Bogenmaß (Radiant) in Grad um
KGV	Gibt das kleinste gemeinsame Vielfache zurück
KOMBINATIONEN	Gibt die Anzahl von Kombinationen für die angegebene Anzahl von Objekten zurück
KÜRZEN	Kürzt eine Zahl zu einer ganzen Zahl
LN	Gibt den natürlichen Logarithmus einer Zahl zurück
LOG	Gibt den Logarithmus einer Zahl zu der angegebenen Basis zurück
LOG10	Gibt den Logarithmus einer Zahl zur Basis 10 zurück
MDET	Gibt die Determinante eines Arrays (Matrix) zurück
MINV	Gibt die Inverse eines Arrays (Matrix) zurück
MMULT	Gibt das Produkt zweier Arrays (Matrizen) zurück
OBERGRENZE	Rundet eine Zahl auf die nächste ganze Zahl oder das nächste Vielfache von Schritt
OBERGRENZE.GENAU (2010)	Siehe OBERGRENZE
PI	Gibt den Wert von PI zurück
POLYNOMIAL	Gibt den Polynomialkoeffizienten einer Zahlenmenge zurück
POTENZ	Gibt das Ergebnis einer in die angegebene Potenz erhobenen Zahl zurück
POTENZREIHE	Gibt die Summe von Potenzen (zur Berechnung von Potenzreihen und dichotomen Wahrscheinlichkeiten) zurück
PRODUKT	Multipliziert die angegebenen Argumente
QUADRATESUMME	Gibt die Summe der Quadrate der Argumente zurück
QUOTIENT	Gibt den ganzzahligen Anteil einer Division zurück
REST	Gibt den Rest einer Division zurück
RÖMISCH	Wandelt eine arabische Zahl in eine römische Zahl als Text um
RUNDEN	Rundet eine Zahl auf eine bestimmte Anzahl von Dezimalstellen
SIN	Gibt den Sinus des angegebenen Winkels zurück
SINHYP	Gibt den Hyperbelsinus (Sinus hyperbolicus) einer Zahl zurück
SUMME	Addiert die angegebenen Argumente ▶

Funktion	Beschreibung
SUMMENPRODUKT	Gibt die Summe der Produkte sich entsprechender Arraykomponenten (Matrixkomponenten) zurück
SUMMEWENN	Addiert die Zellen, die mit einem Suchkriterium übereinstimmen
SUMMEWENNS	Addiert die Zellen, die mit mehreren Suchkriterien übereinstimmen
SUMMEX2MY2	Gibt für zusammengehörige Komponenten zweier Arrays (Matrizen) die Summe der Differenzen der Quadrate zurück
SUMMEX2PY2	Gibt für zusammengehörige Komponenten zweier Arrays (Matrizen) die Summe der Summen der Quadrate zurück
SUMMEXMY2	Gibt für zusammengehörige Komponenten zweier Arrays (Matrizen) die Summe der quadrierten Differenzen zurück
TAN	Gibt den Tangens einer Zahl zurück
TANHYP	Gibt den Hyperbeltangens (Tangens hyperbolicus) einer Zahl zurück
TEILERGEBNIS	Gibt ein Teilergebnis in einer Liste oder Datenbank zurück
UNGERADE	Rundet eine Zahl auf die betragsmäßig nächst größere ungerade ganze Zahl auf
UNTERGRENZE	Rundet eine Zahl in Richtung 0
UNTERGRENZE.GENAU (2010)	Siehe UNTERGRENZE
VORZEICHEN	Gibt das Vorzeichen einer Zahl zurück
VRUNDEN	Gibt eine auf das gewünschte Vielfache gerundete Zahl zurück
WURZEL	Gibt die Quadratwurzel einer Zahl zurück
WURZELPI	Gibt die Quadratwurzel von (Zahl * Pi) zurück
ZUFALLSBEREICH	Gibt eine ganze Zufallszahl aus dem angegebenen Bereich zurück
ZUFALLSZAHL	Gibt eine Zufallszahl zurück, die zwischen 0 und 1 liegt
ZWEIFAKULTÄT	Gibt die Doppelfakultät einer Zahl zurück

Konstruktionsfunktionen

Funktion	Beschreibung
BESSELI	Gibt die modifizierte Besselfunktion In(x) zurück
BESSELJ	Gibt die Besselfunktion Jn(x) zurück
BESSELK	Gibt die modifizierte Besselfunktion Kn(x) zurück
BESSELY	Gibt die Besselfunktion Yn(x) zurück
BININDEZ	Wandelt eine Binärzahl (Dualzahl) in eine Dezimalzahl um
BININHEX	Wandelt eine Binärzahl (Dualzahl) in eine Hexadezimalzahl um
BININOKT	Wandelt eine Binärzahl (Dualzahl) in eine Oktalzahl um
DELTA	Überprüft, ob zwei Werte gleich sind

▶

Funktion	Beschreibung
DEZINBIN	Wandelt eine Dezimalzahl in eine Binärzahl (Dualzahl) um
DEZINHEX	Wandelt eine Dezimalzahl in eine Hexadezimalzahl um
DEZINOKT	Wandelt eine Dezimalzahl in eine Oktalzahl um
GAUSSFEHLER	Gibt die Fehlerfunktion zurück
GAUSSF.GENAU (2010)	Siehe GAUSSFEHLER
GAUSSFKOMPL	Gibt die komplementäre Fehlerfunktion zurück
GAUSSFKOMPL.GENAU (2010)	Siehe GAUSSFKOMPL
GGANZZAHL	Prüft, ob eine Zahl größer ist als ein Schwellenwert
HEXINBIN	Wandelt eine Hexadezimalzahl in eine Binärzahl (Dualzahl) um
HEXINDEZ	Wandelt eine Hexadezimalzahl in eine Dezimalzahl um
HEXINOKT	Wandelt eine Hexadezimalzahl in eine Oktalzahl um
IMABS	Gibt den absoluten Wert einer komplexen Zahl zurück
IMAGINÄRTEIL	Gibt den Imaginärteil einer komplexen Zahl zurück
IMAPOTENZ	Gibt das Ergebnis des Potenzierens einer komplexen Zahl mit einer ganzen Zahl zurück
IMARGUMENT	Gibt das Argument Theta zurück; dies ist ein Winkel im Bogenmaß
IMCOS	Gibt den Kosinus einer komplexen Zahl zurück
IMDIV	Gibt den Quotienten zweier komplexer Zahlen zurück
IMEXP	Gibt den Exponentialwert einer komplexen Zahl zurück
IMKONJUGIERTE	Gibt konjugiert komplexe Zahlen zu einer komplexen Zahl zurück
IMLN	Gibt den natürlichen Logarithmus einer komplexen Zahl zurück
IMLOG10	Gibt den Logarithmus einer komplexen Zahl zur Basis 10 zurück
IMLOG2	Gibt den Logarithmus einer komplexen Zahl zur Basis 2 zurück
IMPRODUKT	Gibt das Produkt zweier komplexer Zahlen zurück
IMREALTEIL	Gibt den Realteil einer komplexen Zahl zurück
IMSIN	Gibt den Sinus einer komplexen Zahl zurück
IMSUB	Gibt die Differenz zweier komplexer Zahlen zurück
IMSUMME	Gibt die Summe zweier komplexer Zahlen zurück
IMWURZEL	Gibt die Quadratwurzel einer komplexen Zahl zurück
KOMPLEXE	Wandelt einen Real- und einen Imaginärkoeffizienten in eine komplexe Zahl um
OKTINBIN	Wandelt eine Oktalzahl in eine Binärzahl (Dualzahl) um
OKTINDEZ	Wandelt eine Oktalzahl in eine Dezimalzahl um
OKTINHEX	Wandelt eine Oktalzahl in eine Hexadezimalzahl um
UMWANDELN	Wandelt eine Zahl von einem Maßsystem in ein anderes um

Anhang C

Neues in Excel 2007 und 2010

In diesem Anhang listen wir die neuen Funktionen in Excel 2007 und 2010 auf und beschreiben für Interessierte, welche neuen internen Grenzen ab dieser Version in Mappen, Blättern, Zellen, Formeln und Funktionen gelten.

Neu in Excel 2007

Neue Funktionen

Zu den wichtigen Neuerungen in Excel 2007 gehörten neben der radikal veränderten Oberfläche und Bedienung einige neue Arbeitsblattfunktionen:

- In Kategorie »Logik« ist es die Funktion WENNFEHLER(), welche elegant die früher notwendige Verschachtelung der beiden Funktionen WENN(ISTFEHLER(...);...) ersetzen kann
- Die Kategorie »Statistik« hat gleich drei neue Funktionen dazu bekommen: MITTELWERTWENN(), MITTELWERTWENNS() und ZÄHLENWENNS(). Die beiden erstgenannten ermöglichen die Mittelwertberechnung nun auch unter Angabe von einer oder mehreren Filterbedingungen. ZÄHLENWENNS() ergänzt ZÄHLENWENN(), womit nun Anzahlberechnungen mit mehr als einer Filterbedingung möglich sind.
- In der Kategorie »Mathematik & Trigonometrie« ist eine neue Funktion hinzugekommen: SUMMEWENNS() ergänzt SUMMEWENN(), womit nun Summenbildungen mit mehr als einer Filterbedingung möglich sind.
- Komplett neu ist die Kategorie der »Cubefunktionen«. Sie ermöglichen den Formelzugriff auf die Datenwürfel der »Microsoft Analysis Services«. Dabei handelt es sich um einen Datenbankserver mit speziell strukturierten Datenwürfeln. Die Cubefunktionen erweitern die Möglichkeiten des Excel-Datenzugriffs auf diese Datenbanken, welche bisher auf die Auswertung in Pivot-Tabellen beschränkt war.

Tabelle 3.1 Die neuen Funktionen in Excel 2007 alphabetisch sortiert

Funktion deutsch	Funktion engl.	Kategorie	Beschreibung
CUBEELEMENT	CUBEMEMBER	Cubefunktionen	Gibt für den angegebenen Dimensionspfad das Dimensionselement zurück
CUBEELEMENTEIGENSCHAFT	CUBEMEMBERPROPERTY	Cubefunktionen	Gibt für ein Dimensionselement die geforderte Eigenschaft, auch Attribut genannt, zurück
CUBEKPIELEMENT	CUBEKPIMEMBER	Cubefunktionen	Gibt die angeforderte Eigenschaft von Key Performance Indikatoren eines Würfels zurück
CUBEMENGE	CUBESET	Cubefunktionen	Gibt eine definierte Menge von Elementen eines Cubes zurück. Dieses sog. Set stellt einen Teilwürfel dar.
CUBEMENGENANZAHL	CUBESETCOUNT	Cubefunktionen	Gibt die Anzahl der Elemente eines Sets zurück ▶

Funktion deutsch	Funktion engl.	Kategorie	Beschreibung
CUBERANGELEMENT	CUBERANKEDMEMBER	Cubefunktionen	Gibt das per Index definierte Element eines Sets zurück
CUBEWERT	CUBEVALUE	Cubefunktionen	Gibt den Wert für eine gegebene Adresse aus einem Datenwürfel zurück
MITELWERTWENN	AVERAGEIF	Statistik	Durchschnittswert (arithmetisches Mittel) für alle Zellen in einem Bereich, die einem angegebenen Kriterium entsprechen
MITELWERTWENNS	AVERAGEIFS	Statistik	Gibt den Durchschnittswert (arithmetisches Mittel) aller Zellen zurück, die mehreren Kriterien entsprechen
SUMMEWENNS	SUMIFS	Math. & Trigonometrie	Addiert Zahlen, die mit mehreren Suchkriterien übereinstimmen
WENNFEHLER	IFERROR	Logik	Berechnet eine definierte Ausgabe im Fall, dass ein Ausdruck fehlerhaft ist und gibt ansonsten das Ergebnis des Ausdrucks aus
ZÄHLENWENNS	COUNTIFS	Statistik	Die Zellen eines Bereichs, deren Inhalte mit mehreren Kriterien übereinstimmen, werden gezählt

Neue Limits

Für Interessierte sollen hier noch einige interne Grenzen ab Excel 2007 im Vergleich zu den Vorversionen aufgelistet werden. Vermutlich kennen Sie die meisten der bisherigen Beschränkungen gar nicht, weil man bei »normalen« Aufgabenstellungen in Excel nicht an Grenzen stieß, aber es gibt sie. Die Erweiterungen zeigen eindrucksvoll, dass Excel 2007 auch bzw. gerade hier einen Riesenschritt gemacht hat.

Tabelle 3.2 Vergleich der Beschränkungen in den Excel-Versionen

Beschreibung	Bis 2003	Ab 2007
Anzahl Spalten im Tabellenblatt	256 (28)	16.384 (214)
Anzahl Zeilen im Tabellenblatt	65.536 (216)	1.048.576 (220)
Maximale Anzahl Zeichen in einer Zelle	1.024 (210)	32.768 (215)
Maximale Länge von Formeln (Zeichen)	1.024 (210)	8.192 (213)
Maximale Verschachtelungstiefe in Funktionen	7	64
Maximale Anzahl von Argumenten pro Funktion	30	255
Maximale Anzahl von Matrixformeln in einem Tabellenblatt, die Bezüge auf ein anderes, identisches Tabellenblatt besitzen	65.536 (216)	unbegrenzt
Maximale Anzahl der Kategorien für benutzerdefinierte Funktionen	32	255

▶

Beschreibung	Bis 2003	Ab 2007
Maximale Anzahl von Sortierschlüsseln	3	64
Maximale Anzahl der Elemente, die in der AutoFilter-Auswahlliste angezeigt werden	1.000	10.000
Anzahl der Regeln für die bedingte Formatierung in einer Zelle	3	unbegrenzt
Anzahl verschiedenartiger Formatierungen in einer Arbeitsmappe	4.000	65.536 (216)
Anzahl Farben in einer Arbeitsmappe	56	4.294.967.296 (232)
Maximal nutzbarer Arbeitsspeicher (RAM)	1 GB (230)	Maximum dessen, was Windows bereitstellt

Wichtig Sämtliche Angaben zu den neuen Funktionen und den geltenden Grenzen gelten nur, wenn Sie die Arbeitsmappen im 2007/2010er Dateiformat abspeichern.

Bei den neuen Dateiformaten ab Excel 2007 ist alles, d.h. Daten, Formatanweisungen usw. in XML-Strukturen gespeichert. Die (sehr umfangreiche) Spezifikation »Office Open XML« ist veröffentlicht und inzwischen als ISO-Standard verabschiedet worden. Dieser offene Standard macht es möglich, dass Programmierer das neue Dateiformat auslesen, aber auch erzeugen können.

Eine Ausnahme macht die nicht als Standard eingestellte, aber noch vorhandene Möglichkeit, im Binärformat zu speichern. Diese Ausnahme wird für Mappen zur Verfügung gestellt, welche sehr schnell geladen bzw. gespeichert werden müssen.

Die XML-Strukturen werden in einem ZIP-Archiv abgelegt, was die Dateigrößen gegenüber dem alten, binären Format verkleinert. Die folgende Tabelle zeigt die neuen Dateiendungen.

Tabelle 3.3 An diesen Namenserweiterungen erkennen Sie die neuen Dateiformate ab Excel 2007

Namenserweiterung	Beschreibung
.xlsx	Excel-Arbeitsmappe
.xlsm	Excel-Arbeitsmappe mit Makros
.xltx	Excel-Arbeitsmappenvorlage (Template)
.xltm	Excel-Arbeitsmappenvorlage (Template) mit Makros
.xlam	Excel-Add-In
.xlsb	Excel-Arbeitsmappe im Binärformat

Neu in Excel 2010

64-Bit-Version Ab Excel 2010 steht Ihnen auch eine 64-Bit-Version zur Verfügung. 64-Bit-Prozessoren sind inzwischen Standard, auch auf Desktopcomputern. Gegenüber den 32-Bit-Systemen können sie mehr virtuellen und physischen Arbeitsspeicher (RAM) nutzen. Die Benutzer können deshalb mit größeren Datenmengen arbeiten als bisher und aufwendigere Berechnungsprobleme lösen. Diese zusätzliche Kapazität wird beispielsweise von Microsoft Excel-Benutzern benötigt, die Excel-Arbeitsblätter mit einer Größe von mehr als 2 GB benötigen.

Office 2010 enthält auch Komponenten, die die Ausführung der 32-Bit-Version von Excel 2010 unter 64-Bit-Windows-Betriebssystemen ermöglichen, und zwar mithilfe von »Windows-32-on-Windows-64« (WOW64). Dies ist der x86-Emulator, der die reibungslose Ausführung von 32-Bit-Windows-basierten Anwendungen auf 64-Bit-Windows-Systemen ermöglicht. Die Unterstützung der 32-Bit-Versionen von Office 2010-Anwendungen, die unter 64-Bit-Betriebssystemen ausgeführt werden können, sorgt für ein höheres Maß an Kompatibilität mit Steuerelementen, Add-Ins und VBA. Mehr Details erfahren Sie im Internet unter dieser URL:

http://technet.microsoft.com/de-de/library/ee681792.aspx

Hinweis

Beachten Sie, dass Sie mit den 64-Bit-Versionen von Excel 2010 Arbeitsmappen mit einer Größe speichern und bearbeiten können, welche in den Versionen bis 2007 nicht mehr geöffnet oder bearbeitet werden können.

Neue Funktionen

Zu den wichtigen Neuerungen in Excel 2010 gehören wieder einige neue Arbeitsblattfunktionen:

- Es gibt die neue Funktionskategorie »Kompatibilität«. Hier finden Sie alle statistischen Funktionen in der alten Schreib- und Funktionsweise, welche durch neue Funktionsnamen ersetzt worden sind. Eine Auflistung ersparen wir uns an dieser Stelle, denn Sie finden die entsprechenden Übersichten und Hinweise am Beginn des Kapitels 11.
- In der Kategorie »Statistik« gibt es die meisten Veränderungen. Es gibt zahlreiche Funktionen, deren Namen angepasst wurden, damit sie besser in die vorhandene Systematik in der Welt der Statistik und Mathematik passen. Gleichzeitig gibt es Funktionen, bei denen die Berechnungsmethoden angepasst wurden, z.B. für eine höhere Genauigkeit. Die Übersicht der nur umbenannten, im Berechnungsmodus geänderten und komplett neuen statistischen Funktionen finden Sie am Beginn des Kapitels 11.
- In der Kategorie »Datum und Zeit« sind die Funktionen ARBEITSTAG.INTL() und NETTOARBEITSTAGE.INTL() hinzugekommen. Sie erweitern die Funktionen ARBEITSTAG() und NETTOARBEITSTAGE() um die Möglichkeit, bei den Berechnungen die definierten Wochenendtage zu berücksichtigen.
- In der Kategorie »Technisch« (bis 2007 »Konstruktion«) sind die Funktionen GAUSSF.GENAU() und GAUSSKOMPL.GENAU() hinzugekommen. Sie ergänzen die Funktionen GAUSSFEHLER() und GAUSSKOMPL(), indem sie eine höhere Berechnungsgenauigkeit bieten.
- In der Kategorie »Math. & Trigonometrie« sind die Funktionen OBERGRENZE.GENAU() und UNTERGRENZE.GENAU() hinzugekommen. Sie ergänzen die Funktionen OBERGRENZE() und UNTERGRENZE(), indem sie eine höhere Berechnungsgenauigkeit bieten. Ebenfalls neu ist die Funktion AGGREGAT(), welche ähnlich wie die Funktion TEILERGEBNIS() arbeitet, allerdings hinsichtlich der bei der Berechnung zu berücksichtigenden Zellen viel flexibler ist. Sie beachtet bspw. Fehlerwerte und ausgeblendete Zeilen.

Unterstützung von HPC-Clustern

Für Administratoren und Entwickler wird die Unterstützung für Hochleistungsberechnungen in Clustern von Interesse sein. Excel 2010 enthält Optionen für die Integration von Berechnungsclustern, z. B. Windows HPC (High Performance Computing) Server 2008. Excel-Entwickler können clustersichere, benutzerdefinierte Funktionen in XLL-Add-Ins entwickeln, um das Auslagern der Verarbeitung dieser benutzerdefinierten Funktionen auf einen Berechnungscluster zu ermöglichen. Zur Unterstützung der Ausführung auf einem Berechnungscluster muss der Entwickler einen sog. Excel-Clusterconnector, eine Schnittstelle zwischen Excel und dem Berechnungscluster eines bestimmten Anbieters installieren. Wenn ein unterstützter Berechnungscluster verfügbar ist, können die Benutzer Excel 2010 anweisen, diesen Cluster zu verwenden, indem sie unter den *Optionen*, Kategorie *Erweitert* im Dialogfeld *Excel-Optionen*, Abschnitt *Formeln* einen *Computercluster zulassen* und konfigurieren.

Hinweis Dieses Feature ist in den Versionen *Ultimate, Professional Plus* und *Enterprise* der Microsoft Office 2010-Pakete verfügbar.

Neuer Solver Excel 2010 enthält eine neue Version des Add-Ins *Solver*. Mit dem Solver ermitteln Sie in Was-wäre-wenn-Analysen optimale Lösungen für bestimmte Ausgangsdaten und -bedingungen. Der neue Solver bietet eine verbesserte Benutzeroberfläche, einen neuen evolutionären Solver, der auf genetischen Algorithmen basiert und Modelle mit beliebigen Excel-Funktionen verarbeitet, neue globale Optimierungsoptionen, verbesserte lineare Programmierungs- und nichtlineare Optimierungsmethoden sowie neue Berichte zu Linearität und Machbarkeit. Für die 64-Bit-Version von Excel 2010 steht Ihnen das Solver-Add-In natürlich ebenfalls in 64 Bit zur Verfügung.

PowerPivot Für Excel 2010 gibt es ein kostenfreies Add-In, welches alle Datenanalytiker unter Ihnen interessieren wird. Wir haben am Ende des Kapitels 1 einen Einblick in die Möglichkeiten des PowerPivot-Add-Ins gegeben. Mit ihm überwinden Sie mehrere Grenzen:

- Sie arbeiten mit unbegrenzt langen Datenlisten
- Verarbeitungs- oder Analyseschritte wie Filtern oder Sortieren gehen rasend schnell, auch bei Listenlängen von mehreren Millionen Zeilen
- Sie verknüpfen diese Listen wie in Datenbanksystemen üblich und ermöglichen so das Zusammenführen der Daten aus verschiedenen Listen
- Die Auswertungen mit PowerPivot können Sie im Microsoft SharePoint 2010 für die Verwendung im Webbrowser veröffentlichen – mit allen Funktionalitäten der Datenanalyse und -aktualisierung

In den PowerPivot-Listen können Sie auch Berechnungsformeln hinterlegen und dabei einen Satz von Funktionen benutzen. Die Vorstellung dieser Funktionen, die sich grundsätzlich von den in diesem Buch behandelten Arbeitsblattfunktionen unterscheiden, bleibt einer Neuauflage dieses Buches vorbehalten…

Anhang D

Inhalt der CD-ROM zum Buch

Alle im Buch beschriebenen Beispiele finden Sie im Ordner *\Buch* auf der Begleit-CD zu diesem Buch. In der folgenden Tabelle finden Sie jeweils den Namen und Speicherort der Beispieldatei zusammen mit einer Kurzbeschreibung aufgelistet. Da wir nicht voraussetzen können, dass alle Benutzer der älteren Excel-Versionen (2000 bis 2003) die neuen Dateiformate von Excel 2007/2010 (*.xlsx*, *.xlsm* usw.) öffnen können, liegen die Beispiele in beiden Dateiformaten vor: *.xls* (Excel 97 bis 2003) und *.xlsx* (Excel 2007/2010). In der folgenden Inhaltsübersicht erkennen Sie das an der angegebenen Dateinamenserweiterung *.xls(x)*.

Tipp Bei Microsoft sind spezielle Updates und Dateikonverter verfügbar, die Sie beim Öffnen einer Excel 2007/2010-Arbeitsmappe in einer früheren Excel-Version (97-2003) unterstützen. Wenn Sie diese Konverter mit dem Office-Update noch nicht installiert haben, wird eventuell eine entsprechende Eingabeaufforderung beim Öffnen einer Excel-Mappe ab Version 2007 angezeigt.

Nach dem Installieren der Updates und der Konverter können Excel 2007/2010-Arbeitsmappen geöffnet werden. Sie können diese bearbeiten und speichern. Die neuen Features und Formatierungen von Excel 2007/2010 werden in der früheren Version von Excel allerdings nicht angezeigt. Sie sind jedoch weiterhin verfügbar, wenn die Arbeitsmappe gespeichert und dann erneut in Excel 2007 oder 2010 geöffnet wird. Lesen Sie alle Details dazu bei Microsoft im Internet nach:

http://office.microsoft.com/de-de/excel/HA100775611031.aspx

Beachten Sie auch die Hinweise zur Handhabung der Beispiel- und Übungsdateien im jeweiligen Kapitel.

Hinweis Für die meisten Beispiele ist es grundsätzlich von Vorteil, wenn Sie den jeweiligen Ordner von der CD-ROM auf die Festplatte Ihres PC kopieren und – soweit vorhanden – die Schreibschutzattribute von den Dateien entfernen. Markieren Sie dazu im Windows-Explorer die kopierte(n) Datei(en), klicken Sie mit der rechten Maustaste in die Markierung und wählen im Kontextmenü den Befehl *Eigenschaften*. Deaktivieren Sie das Kontrollkästchen für den Schreibschutz und klicken dann auf *OK*.

Dateiname und Pfad	Beschreibung
\Kap01	
Datum_Zeit.xls(x)	Alle Beispiele zu den Kapiteln 1 und 6 – Datum- und Zeitfunktionen
DBFUNKTION leer.xls(x)	Mit dieser Mappe können Sie alle Beispiele aus dem Abschnitt »Datenbankfunktionen anwenden« selbst nachvollziehen
Differenzkalkulation.xls(x)	Logikfunktionen in der Bedingten Formatierung einsetzen
Excel_Pivot_Uebungsdaten.xlsx	Übungsdaten für das PivotTable-Beispiel im 30-Minuten-Einstieg Excel 2007
Excel_Uebungsbeispiel.xlsx	Übungsbeispiele zum 30-Minuten-Einstieg in Excel 2007
Finanzmathematik.xls(x)	Beispieldatei zum Abschnitt »Finanzmathematische Funktionen anwenden«
Informationsfunktionen.xls(x)	Beispieldatei zum Abschnitt »Informationsfunktionen anwenden«
Math.xls(x)	Beispiele zum Abschnitt »Mathematisch/trigonometrische Funktionen anwenden«
Nachschlagen.xls(x)	Beispiele aus dem Abschnitt »Such- und Bezugsfunktionen anwenden«
Praxis_DB.xls(x)	Beispiele aus dem Abschnitt »Datenbankfunktionen anwenden«
Praxis_Statistik.xls(x)	Beispiele aus dem Abschnitt »Statistikfunktionen anwenden«
Text_Daten01.xls(x)	Beispieldatei zum Abschnitt »Text- und Datenfunktionen anwenden« ▶

Dateiname und Pfad	Beschreibung
\Kap02	
Kap02.xls(x)	Alle Beispiele zu den Themen aus Kapitel 2
\Kap04	
Kap04_BF.xls(x)	Beispiele zur Anwendung von Funktionen in der bedingten Formatierung
Kap04_DP.xlsx	Beispiele zu Funktionen in der Datenprüfung (2007/2010)
Kap04_GP.xls	Beispiele zu Funktionen in der Gültigkeitsprüfung (97-2003)
Kap04_Namen.xls(x)	Beispiele zur Anwendung von Funktionen in Namen
\Kap05	
FuncAkt.xla	Benutzerdefinierte Funktionen als Add-In-Datei für die Excel-Versionen 97-2003 gespeichert
FuncTool.xlam	Benutzerdefinierte Funktionen als Add-In-Datei für die Excel-Versionen 2007/2010 gespeichert
Geometrie.xls(m)	Beispieldatei zur Programmierung benutzerdefinierter Funktionen
Quersumme.xls(m)	Beispieldatei zur Programmierung benutzerdefinierter Funktionen
\Kap06	
Datum_Zeit.xls(x)	Alle Beispiele zu den Kapiteln 1 und 6 – Datum- und Zeitfunktionen
\Kap07	
Text_Daten.xls(x)	Alle Beispiele zum Kapitel 7 – Text- und Datenfunktionen
\Kap08	
Wahrheitswerte.xls(x)	Alle Beispiele zum Kapitel 8 – Logikfunktionen
\Kap09	
Adresse.xls(x)	Beispiele zur Funktion ADRESSE()
Bereich.verschieben.xls(x)	Beispiele zur Funktion BEREICH.VERSCHIEBEN()
Bezugsfunktionen.xls(x)	Beispiele zu den Such- und Bezugsfunktionen
exampleRTD.dll	Die Beispiel-DLL zum Testen der Funktion RTD()
exampleRTD.xls	Die Beispiel-Mappe (97-2003) zum Testen der Funktion RTD()
exampleRTD.xlsm	Die Beispiel-Mappe (2007/2010) zum Testen der Funktion RTD()
Verweise.xls(x)	Beispiele zu den Verweis-Funktionen
\Kap10	
Informationen.xls(x)	Alle Beispiele zu Kapitel 10 – Informationsfunktionen
\Kap11	
Mittelwert.xls(x)	Beispiele zu allen Mittelwert- und verwandten Funktionen
Regression.xls(x)	Beispiele zur Regression und verwandten Funktionen
Symmetrie.xls(x)	Beispiele zu den Funktionen KURTOSIS() und SCHIEFE()
Varianz.xls(x)	Beispiele zu Varianzen, Standardabweichungen und verwandten Funktionen
Wahrscheinlichkeit.xls(x)	Beispiele zu den Wahrscheinlichkeitsfunktionen ▶

Dateiname und Pfad	Beschreibung
WEBZUGRIFF.xls(x)	Pivot-Auswertung von Webzugriffen
Zählen.xls(x)	Beispiele zu Anzahlberechnungen und verwandten Funktionen
\Kap12	
DBFUNKTION leer.xls(x)	Mit dieser Mappe können Sie alle Beispiele zu den DB-Funktionen selbst nachvollziehen
DBFUNKTIONEN.xls(x)	Die fertigen Beispiele zu den DB-Funktionen
\Kap13	
Cube Test.cub	Offline-Cube-Datei, um die Cubefunktionen auch ohne Analysis Services testen zu können
cubeTest.xlsx	Mappe mit den Beispielanwendungen der Cubefunktionen
offLine.odc	Office-Datenverbindungsdatei für den Zugriff über Arbeitsmappen-Verbindungen
offLine.oqy	Office-Datenverbindungsdatei für den Zugriff über MS Query
\Kap14	
Abschreibungsrechnung.xls(x)	Beispiele zu den Abschreibungsfunktionen
Einfache Zinsrechnung.xls(x)	Beispiele zu Zinsberechnungen
Investitionsrechnung.xls(x)	Beispiele zu Investitionsberechnungen
Kursrechnung.xls(x)	Beispiele zu Börsenfunktionen
Rentenrechnung.xls(x)	Beispiele zu Rentenfunktionen
Sonstiges.xls(x)	Beispiele zu sonstigen finanzmath. Funktionen
Tilgungsrechnung.xls(x)	Beispiele zu Tilgungsfunktionen
Zinseszinsrechnung.xls(x)	Beispiele zu Zinseszinsberechnungen
\Kap15	
AGGREGAT.xlsx	Beispiele zur neuen Funktion AGREGAT() in Excel 2010
AreaCos.xls(x)	Beispiele zur Funktion ARCCOSHYP()
AreaSin.xls(x)	Beispiele zur Funktion ARCSINHYP()
AreaTan.xls(x)	Beispiele zur Funktion ARCTANHYP()
COSHYP.xls(x)	Beispiele zur Funktion COSHYP()
Kap15.xls(x)	Alle weiteren Beispiele zu Kapitel 15 – Mathematische und trigonometrische Funktionen
Potenzreihe.xls(x)	Beispiel zur Funktion POTENZREIHE()
SINHYP.xls(x)	Beispiele zur Funktion SINHYP()
TANHYP.xls(x)	Beispiele zur Funktion TANHYP()
\Kap16	
Bessel_I.xls(x)	Beispiele zur Funktion BESSELI()
Bessel_J.xls(x)	Beispiele zur Funktion BESSELJ()
Bessel_K.xls(x)	Beispiele zur Funktion BESSELK() ▶

Dateiname und Pfad	Beschreibung
Bessel_Y.xls(x)	Beispiele zur Funktion BESSELY()
Delta.xls(x)	Beispiele zur Funktion DELTA()
Gauss.xls(x)	Beispiele zu den Funktionen GAUSSFEHLER() und GAUSSFKOMPL()
GGanzzahl.xls(x)	Beispiele zur Funktion GGANZZAHL()
Komplex.xls(m)	Beispiele zu Funktionen mit komplexen Zahlen – als Argument und/oder Ergebnis einschl. Formatierungsmakro
Konvert.xls(x)	Beispiele zu den Konvertierungsfunktionen versch. Zahlensysteme
Modul1.bas	VBA-Moduldatei mit dem Formatierungsmakro aus *Komplex.xls* bzw. *Komplex.xlsm*.
Umwandeln.xls(x)	Beispiele zur Funktion UMWANDELN()

Beispielverzeichnis

F

G

H

I

J

K

L

M

V

W

Z

Stichwortverzeichnis

I

J

K

L

M

T